중졸 검정고시
한 권 합격

인생의 새로운 갈림길에서 열심히 노력하며 성공을 꿈꾸는 진취적인 여러분께 악수를 청합니다.

1 **검정고시는 제2의 배움을 다시 시작할 수 있도록 정부가 보장하는 제도입니다.**

배움에는 흔히 끝이 없다고들 합니다. 검정고시는 부득이한 이유로 정규 학교 교육을 받지 못하거나 중도에 포기한 사람, 자신만의 꿈을 위해 새로운 길을 선택하는 사람들에게 또 다른 교육의 기회를 주어 제2의 인생을 다시 시작할 수 있도록 정부가 보장하는 제도입니다. 이를 통해 사회 진출의 기초를 마련할 수 있게 해 줍니다.

2 **검정고시는 자신과의 싸움이며, 미래에 대한 도전입니다.**

검정고시는 어려운 환경을 극복하고 미래를 개척하는 굳은 신념의 상징이라고 할 수 있습니다. 그래서 사회에서도 자신과의 싸움에서 이겨낸 사람의 인내심과 성실함을 높이 평가하고 있습니다.

3 **시험공부에는 왕도가 없습니다.**

매일 꾸준히 공부하는 것만이 합격의 지름길이며, 출제 문제의 의도를 파악하고 실력을 늘려간다면 반드시 원하는 목표에 도달할 것으로 확신합니다. 다만, 어떤 수험서를 선택하는가에 따라 수험 기간이 길어질 수도, 짧아질 수도 있습니다. 그래서 검정고시에 가장 효과적으로 대비할 수 있도록 본서를 출간하게 되었습니다.

4 **검정고시는 밝은 앞날을 약속하는 시험입니다.**

검정고시는 배움의 시기를 놓치거나 새로운 배움의 길을 선택한 사람들에게 더 많은 기회를 제공하는 시험이며, 이를 통해 얻게 되는 자신감과 실력은 사회의 어떤 분야에서든지 자신의 꿈을 이루는 데에 도움이 될 것입니다.

5 **수험생 모두에게 행운이 함께하기를 기원합니다.**

검정고시를 준비하는 모든 수험생이 희망과 용기를 가지고 학업에 전념할 수 있도록 도움이 되고자 하는 마음에서 본서를 출간한 만큼 수험생 모두에게 좋은 결과가 있기를 기원합니다.

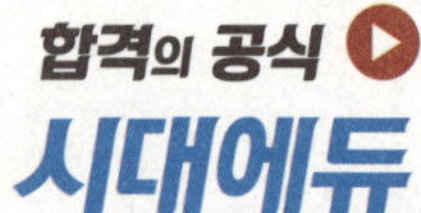

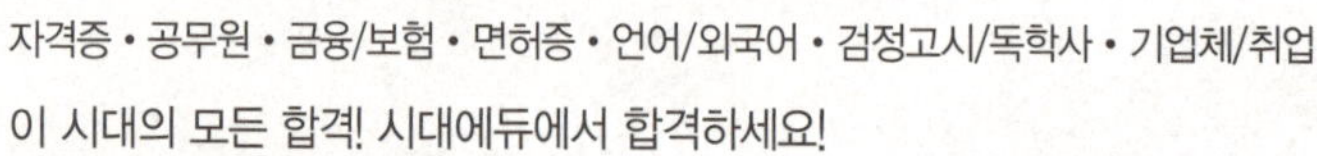

◈ 시험 일정

구분	공고일	접수일	시험일	합격자 발표
제1회	2월 초순	2월 중순	4월 초 · 중순	5월 초 · 중순
제2회	6월 초순	6월 중순	8월 초 · 중순	8월 중 · 하순

◈ 시험 과목

구분	시험 과목	비고
중졸	필수: 국어, 수학, 영어, 사회, 과학(5과목) 선택: 도덕, 기술 · 가정, 체육, 음악, 미술, 정보 중 1과목	6과목

◈ 시험 시간표

구분	과목	시간
1교시	국어	09:00~09:40(40분)
2교시	수학	10:00~10:40(40분)
3교시	영어	11:00~11:40(40분)
4교시	사회	12:00~12:30(30분)
중식(12:30~13:30)		
5교시	과학	13:40~14:10(30분)
6교시	선택 과목	14:30~15:00(30분)

※ 1교시 응시자는 시험 당일 08:40까지 지정 시험실에 입실해야 하며, 2~6교시 응시자는 해당 과목 시험 시간 10분 전까지 시험실에 입실해야 함.
※ 매 교시 시험 시작 시간(입실 시간)은 동일함.
※ 장애인 응시자의 경우, 원서 접수 시 신청자에 한하여 시험 시간을 과목당 10분 연장함. 단, 매 교시 시험 시작 시간은 동일함.

◈ 출제 기준 및 문항 형식

출제 기준	• 2015 개정 교육과정에서 출제 • 검정(또는 인정)교과서를 활용하는 교과의 출제 범위 ➜ 가급적 최소 3종 이상의 교과서에서 공통으로 다루고 있는 내용으로 출제(단, 국어와 영어의 경우 교과서 외의 지문 활용 가능) • 중졸 검정고시는 문제은행식 출제 방식 도입에 따라 기출문제 영역 포함 30% 내외 출제가 가능하며, 과목에 따라 그 비율이 달라질 수 있음. • 중졸 검정고시 '사회' 과목에 역사(한국사만 출제, 세계사 제외)를 포함하여 출제 • 중학교 졸업 정도의 지식과 그 응용 능력을 측정할 수 있는 수준으로 출제
문항 형식	• 과목별 문항 수: 25문항(단, 수학 20문항) • 문항당 배점: 4점(단, 수학 5점) • 과목별 배점: 100점 • 문제 형식: 4지 택 1형 필기시험

★ 상기 내용은 2024년도 제2회 검정고시 공고문을 참고하였습니다. 응시하고자 하는 시 · 도 교육청의 공고문을 반드시 확인하시기 바랍니다.

최신 기출 문항 핵심 키워드

◈ 국어 ▶ 2024년도 제2회 기출문제

번호	출제 문제 핵심 키워드	번호	출제 문제 핵심 키워드
1번	듣기 · 말하기) 격려하는 말하기	14번	문학) 현대 시 – 표현상의 특징 파악하기
2번	듣기 · 말하기) 토론 참여자의 역할	15번	문학) 현대 시 – 운율을 형성하는 요소 파악하기
3번	문법) 언어의 특성	16번	문학) 현대 시 – 화자의 정서 파악하기
4번	문법) 한글 맞춤법	17번	문학) 고전 소설 – 작품의 내용 파악하기
5번	문법) 국어의 음운 체계	18번	문학) 고전 소설 – 인물의 태도 파악하기
6번	문법) 표준 발음법	19번	문학) 고전 소설 – 인물 파악하기
7번	문법) 단어의 품사	20번	읽기) 핵심 주장 파악하기
8번	문법) 문장의 종류	21번	읽기) 내용의 적절성 판단하기
9번	쓰기) 개요의 세부 내용 유추하기	22번	읽기) 적절한 접속어 활용하기
10번	쓰기) 바르게 고쳐쓰기	23번	읽기) 글의 세부 내용 파악하기
11번	문학) 현대 소설 – 인물의 심리 파악하기	24번	읽기) 적절한 단어 유추하기
12번	문학) 현대 소설 – 작품의 내용 파악하기	25번	읽기) 단어의 사전적 의미 파악하기
13번	문학) 현대 소설 – 서술상의 특징 파악하기		

◈ 수학 ▶ 2024년도 제2회 기출문제

번호	출제 문제 핵심 키워드	번호	출제 문제 핵심 키워드
1번	소인수분해	11번	부등식의 해를 수직선에 나타내기
2번	수의 대소 관계	12번	연립방정식의 해
3번	문자를 사용한 식	13번	삼각형에서 평행선과 선분의 길이의 비
4번	일차방정식의 해	14번	경우의 수
5번	그래프의 이해	15번	제곱근의 덧셈과 뺄셈
6번	평행선의 성질	16번	이차방정식의 해
7번	히스토그램	17번	이차함수의 그래프의 성질
8번	유한소수로 나타낼 수 있는 분수	18번	삼각비
9번	지수법칙 – 거듭제곱의 거듭제곱	19번	원주각의 성질
10번	다항식의 덧셈과 뺄셈	20번	평균

◈ 영어 ▸ 2024년도 제2회 기출문제

번호	출제 문제 핵심 키워드	번호	출제 문제 핵심 키워드
1번	'shy'의 의미	14번	글을 쓴 목적 파악하기
2번	단어의 의미 관계	15번	대화의 내용 파악하기
3번	적절한 be동사 넣기	16번	글과 일치하지 않는 내용 파악하기
4번	적절한 접속사 넣기	17번	글에서 언급되지 않은 내용 찾기
5번	적절한 의문사 넣기	18번	인물이 제안한 내용 파악하기
6번	빈칸에 들어갈 내용 유추하기	19번	주어진 그래프의 이해와 빈칸 넣기
7번	빈칸에 들어갈 단어 유추하기	20번	글의 문맥 이해하고 어울리지 않는 문장 찾기
8번	일정표 내용 파악하기	21번	글의 문맥 이해하고 'They'에 대해 유추하기
9번	빈칸에 들어갈 단어 유추하기	22번	안전 수칙으로 언급되지 않은 내용 찾기
10번	대화 후 이어질 행동 유추하기	23번	글의 주제 파악하기
11번	빈칸에 들어갈 내용 유추하기	24번	글을 쓴 목적 파악하기
12번	대화의 주제 파악하기	25번	글의 문맥 이해하고 이어질 내용 찾기
13번	홍보문 내용 파악하기		

◈ 사회 ▸ 2024년도 제2회 기출문제

번호	출제 문제 핵심 키워드	번호	출제 문제 핵심 키워드
1번	경도	14번	균형 가격과 균형 거래량
2번	열대 우림 기후	15번	실업
3번	제주도	16번	단체 행동권
4번	물 자원	17번	구석기 시대
5번	다국적 기업	18번	세도 정치
6번	도심	19번	백제의 역사
7번	지구 온난화	20번	대조영
8번	지리적 표시제	21번	삼국사기
9번	재사회화	22번	조선 시대 세종의 업적
10번	학습성	23번	독도
11번	법률	24번	이순신
12번	민주 선거의 기본 원칙	25번	4 · 19 혁명
13번	심급 제도		

◆ 과학 ▶ 2024년도 제2회 기출문제

번호	출제 문제 핵심 키워드	번호	출제 문제 핵심 키워드
1번	중력	14번	균계
2번	진폭	15번	생물을 구성하는 단계
3번	니크롬선의 저항	16번	대뇌
4번	대류	17번	폐포
5번	운동 에너지	18번	체세포 분열 과정
6번	역학적 에너지	19번	특정 형질에 대한 유전자형
7번	기체의 상태 변화	20번	맨틀
8번	응고	21번	지구의 자전
9번	원소	22번	화성
10번	밀도	23번	염화 나트륨
11번	산화 환원 반응	24번	포화 수증기량 곡선
12번	구리의 연소 반응	25번	별의 겉보기 등급과 절대 등급
13번	광합성 과정		

◆ 도덕 ▶ 2024년도 제2회 기출문제

번호	출제 문제 핵심 키워드	번호	출제 문제 핵심 키워드
1번	도덕	14번	다문화 사회에서의 바람직한 태도
2번	도덕 원리 검사 방법	15번	마음의 평화를 얻기 위한 방법
3번	행복한 삶을 위한 좋은 습관	16번	평화 통일을 위한 노력
4번	인권	17번	평화적 갈등 해결 방법
5번	바람직한 삶의 목적	18번	과학 기술의 바람직한 활용 방안
6번	사이버 폭력	19번	청렴
7번	도덕 추론 과정	20번	통일 한국의 추구 가치
8번	아리스토텔레스	21번	환경 파괴 문제
9번	우정	22번	바람직한 시민의 자질
10번	세계 시민	23번	도덕적 성찰의 방법
11번	이웃과의 관계	24번	바람직한 국가의 역할
12번	정보 통신 매체 활용을 위한 덕목	25번	환경 친화적 삶을 위한 실천 태도
13번	간디		

◆ 2024년도 중졸 검정고시 출제 교육과정 개편 사항

출제 교육과정 변경

2020년도 중졸 검정고시		2024년도 중졸 검정고시
2009 개정 교육과정	▶	**2015 개정 교육과정**

※ 2021년도부터 2015 개정 교육과정을 바탕으로 문제 출제

주요 과목 개편 사항

2024년도 중졸 검정고시

국어
- **신설**: 말하기 불안 대처, 고전 재해석, 연극
- **고등학교 과정으로 이동**: 문법 영역의 음운의 변동과 문법 요소, 로마자 표기법, 외래어 표기법 등의 표기법
- **삭제**: 독자의 정체성, 작가의 태도, 전통적인 말하기, 문화 비교 등

수학
- **신설**: 정비례와 반비례, 입체도형에서 회전체 개념, 산점도와 상관관계
- **고등학교 과정으로 이동**: 연립일차부등식, 이차함수의 최대 · 최소
- **삭제**: 최대공약수와 최소공배수의 활용, 피타고라스 정리의 활용, 도수분포표에서의 평균, 등식의 변형

사회
- **신설**: 금융과 기업가 정신
- **고등학교 과정으로 이동**: 국제 수지

과학
- **신설**: 화학 반응에서의 에너지 출입, 과학과 나의 미래, 재해 재난과 안전, 과학 기술과 인류 문명
- **고등학교 과정으로 이동**: 지진파와 이를 이용한 지구의 층상구조 파악, 생명의 진화, 염색체와 유전의 관계, 산 · 염기, 산화 반응
- **삭제**: 빛과 파동에서 상의 작도

이 책의 구성과 특징

이론 및 문제편

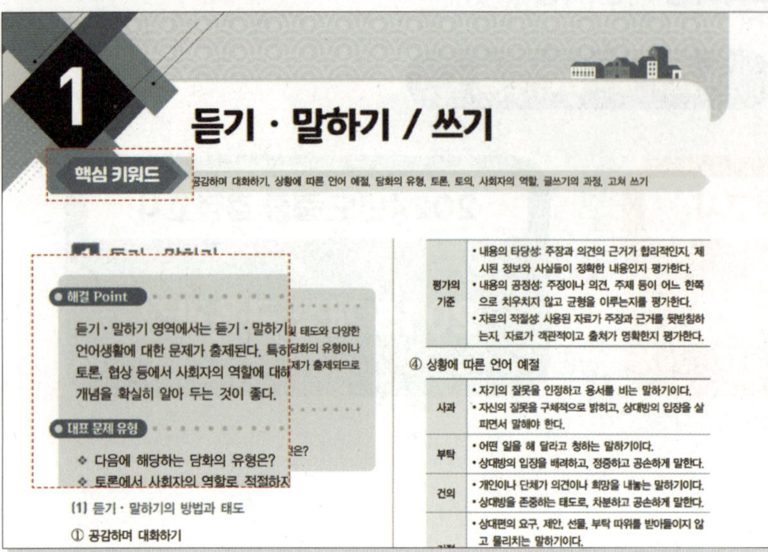

핵심 이론

2021년 시험부터 반영된 2015 개정 교육과정 이론을 고득점 합격에 부족하지 않도록 요약 정리하였습니다. 소영역별로 반복 출제되는 "핵심 키워드"와 학습 방향을 알려 주는 "해결 Point", "대표 문제 유형"을 제시하여 시험의 출제 경향을 이해하고 학습할 수 있도록 하였습니다.

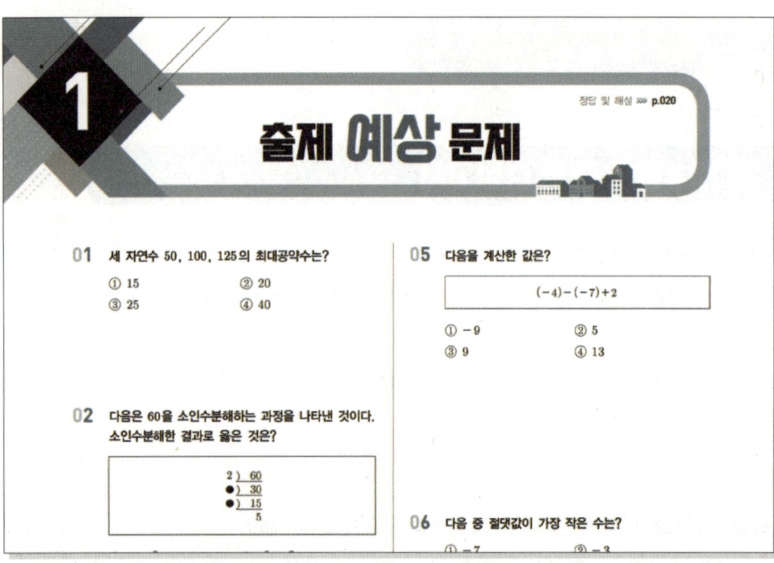

출제 예상 문제

반복해서 출제되는 형태의 기출문제와 개정 교육과정에서 학습이 꼭 필요한 내용을 문제를 통해 충분히 연습해 볼 수 있도록 하였습니다.

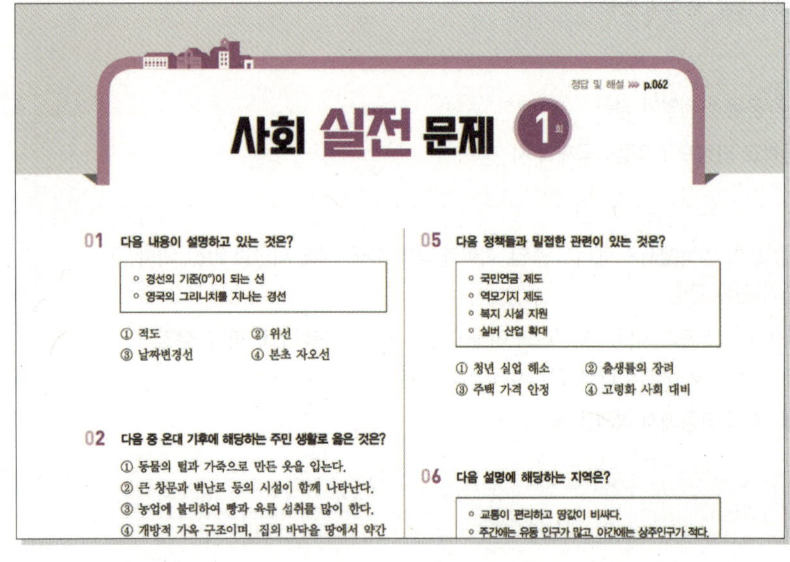

실전 문제

실전 모의고사 2회분을 수록하여 실제 시험처럼 풀어 보고, 학습 단계에서 부족한 부분을 직접 확인할 수 있도록 하였습니다.

정답 및 해설편

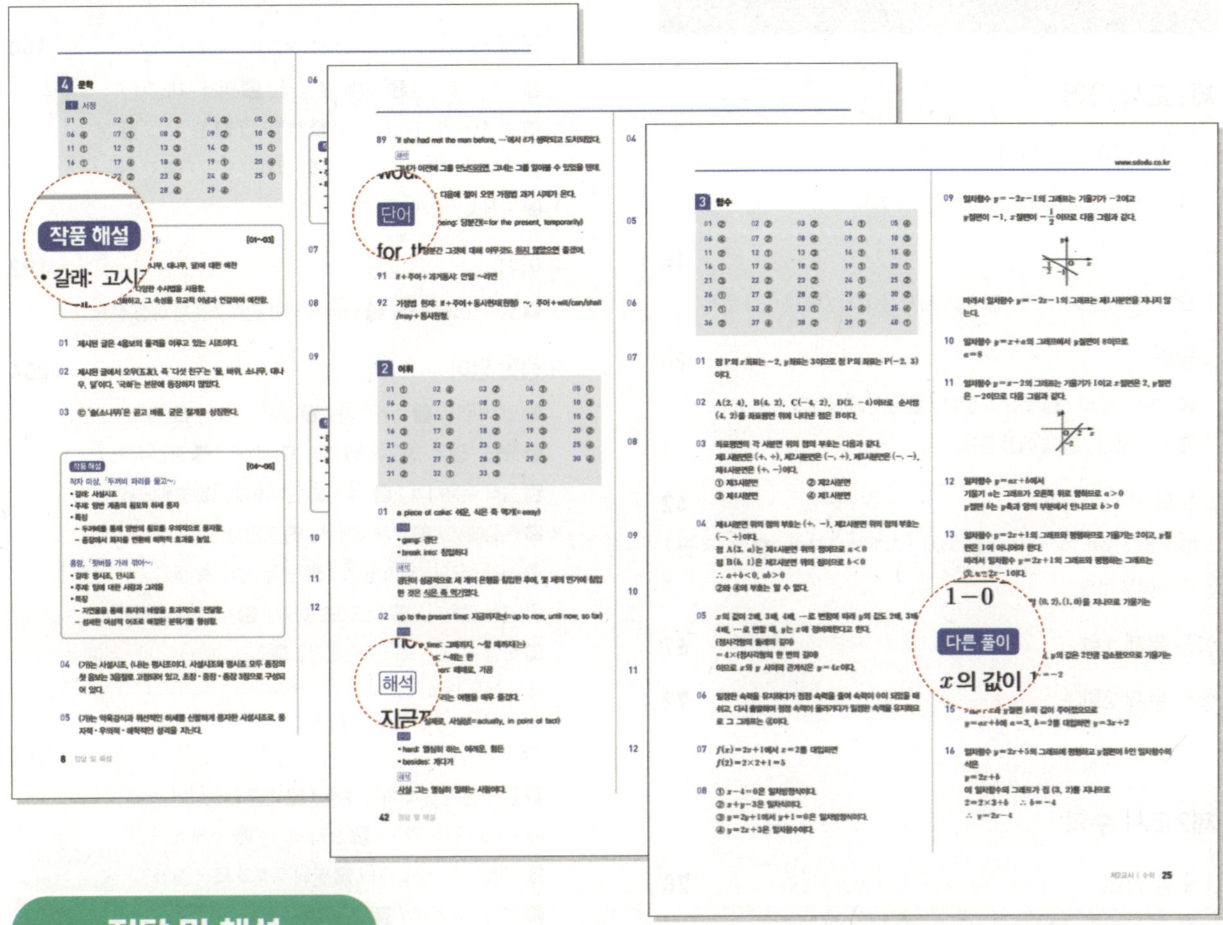

정답 및 해설

문제와 해설을 함께 점검하며 학습할 수 있도록 분권으로 구성하였고, 자세한 해설과 "작품 해설", "단어", "해석", "참고", "다른 풀이" 등의 다양한 요소를 추가하여 보충 학습까지 가능하도록 하였습니다.

2024년도 최신 기출문제까지 전 문항 해설 강의를 무료로 제공하고 있습니다. 혼자서도 쉽게 학습해 보세요.

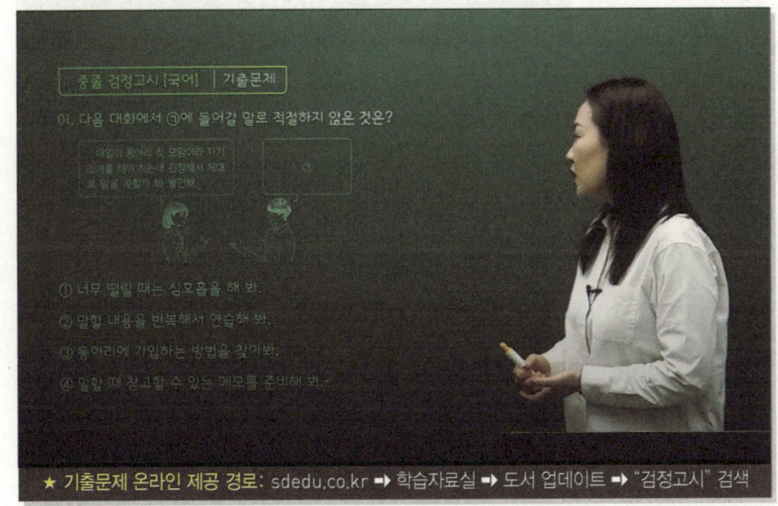

★ 기출문제 온라인 제공 경로: sdedu.co.kr ➡ 학습자료실 ➡ 도서 업데이트 ➡ "검정고시" 검색

무료 해설 강의 QR 링크 ▶

이 책의 차례 CONTENTS

제3권

정답 및 해설

reat＊＊＊

검정고시 합격으로 자존감을 찾았어요.

과거 자신을 스스로 '초졸 인간'이라고 여기며 부끄럽게 생각했습니다. 한 남자의 아내이자 두 아이의 어머니였지만, 가슴 한구석에는 항상 갈증이 있었습니다. 나이가 많아 학원을 꾸준히 다닐 엄두를 내지 못하던 차에, 착한 우리 아이들의 소개로 시대에듀 동영상 강의를 듣게 되었습니다. 강의를 듣다가 이해가 되지 않는 것은 아이들에게 물어보기도 하고, 게시판에 질문을 올리기도 했습니다. 강의를 처음 들을 때는 컴퓨터에 대해서 거의 까막눈이었지만, 두세 달이 지나니 인터넷 검색도 할 수 있게 되었습니다. 중졸 검정고시에 합격하고 나니 다른 세상에 사는 것 같습니다. 가족 그리고 강사님들과 이 기쁨을 함께 나누고 싶습니다. 고맙습니다.

cpy＊＊＊

부족했던 과목까지 극복할 수 있었어요!

처음엔 주변에서 다들 학원을 다니기에, 혼자서 강의로 공부한다는 게 솔직히 마음에 걸리긴 했습니다. 거의 세 달은 편하게 공부했고요, 마지막 남은 한 달 열심히 기출문제 풀고 틀린 답 위주로 열심히 공부했습니다. 제가 인터넷 강의를 처음 들어 봤는데 굉장히 재밌게 들었네요! 특히나 한국사 선생님 강의가 재미있었어요. 중학교 때 기초도 달리고, 많이 부족했는데 그래도 부담되는 학원비 내지 않고도 만족스러운 점수를 얻을 수 있다는 건 시대에듀가 있어서 인 것 같아요. 기출문제를 열심히 풀었던 게 도움이 됐던 것 같아요. 그리고 제가 특히나 어려움을 겪던 수학에 대한 팁인데요, 나오는 문제가 거의 비슷해서 푸는 방법과 문제 패턴은 다 똑같습니다. 비슷한 문제 몇 개만 풀 줄 알아도, 평균 올리는 데 아주 많은 도움이 돼요. 다시 예전으로 돌아간다면 또 시대에듀를 선택할 거지만, 그때는 좀 더 열심히 하고 싶네요. 시대에듀에서 강의를 들은 건 후회 없는 선택이었던 것 같아요. 감사합니다.

bvc＊＊＊

드디어 중학교 졸업장을 따게 되었습니다. 고졸도 빨리 도전하고 싶네요.

저는 50살이 훌쩍 넘은 아저씨입니다. 세상을 살다 보니 학력이 항상 제 발목을 잡더군요. 그래서 이제라도 중학교 졸업장을 따보고 싶다는 생각에 인터넷 강의를 알아보던 중 시대에듀가 좋다고 해서 상담도 받아 보고 공부를 시작했습니다. 처음에는 공부한 지 너무 오래되어 많이 힘들었습니다. 검은 것은 글씨고 하얀 건 종이로밖에 안 보이더군요. 그래도 열심히 강의를 듣고 공부하다보니 점점 자신감이 생기더라고요. 직장 생활을 하면서도 하루에 2~3시간씩 꼬박꼬박 공부했습니다. 이왕 시작한 거 한 번에 합격하고 싶었고 최선을 다했습니다. 알고 있던 문제들이 많이 나와서 쉽게 문제를 풀어나갈 수가 있었습니다. 저녁에 집에서 답을 맞혀 보았는데 합격이었어요. 제 아내도 한 번에 합격한 저를 칭찬하며 웃는 모습을 보는데 참 기분이 묘하더라고요. 이번 중졸 검정고시 시험에 합격했으니 고졸 검정고시 시험도 빨리 도전하고 싶습니다. 고졸 검정고시 강의도 시대에듀에서 진행하려고 합니다. 합격하게 해 주신 것에 대한 감사의 마음으로 합격후기를 써 보았습니다. 저에게 즐거움을 주신 선생님들과 시대에듀에게 정말 감사드립니다.

국어

1 듣기 · 말하기 / 쓰기

2 읽기

3 문법

4 문학

듣기 · 말하기 / 쓰기

1 듣기 · 말하기

● **해결 Point**

듣기·말하기 영역에서는 듣기·말하기의 방법 및 태도와 다양한 언어생활에 대한 문제가 출제된다. 특히 주어진 담화의 유형이나 토론, 협상 등에서 사회자의 역할에 대해 묻는 문제가 출제되므로 개념을 확실히 알아 두는 것이 좋다.

● **대표 문제 유형**

❖ 다음에 해당하는 담화의 유형은?
❖ 토론에서 사회자의 역할로 적절하지 <u>않은</u> 것은?

(1) 듣기 · 말하기의 방법과 태도

① 공감하며 대화하기

개념	상대의 관점에서 문제를 바라보고, 상대의 생각이나 감정을 이해하는 것을 말한다.
효과	부드럽게 대화를 이어나갈 수 있고, 원만한 인간관계를 유지할 수 있다.
유의 사항	• 상대와 협력적으로 의사소통을 한다. • 상대의 말을 끝까지 듣고 적절한 반응을 보인다. • 신뢰감과 유대감을 형성할 수 있도록 노력한다. • 상대를 무시하는 말, 함부로 평가하는 말을 하지 않는다. • 명령, 강요, 지시의 말투를 사용하지 않도록 주의한다.

② 상대를 배려하며 대화하기

효과	대화를 효과적으로 이끌어갈 수 있고, 원만한 인간관계를 유지할 수 있다.
유의 사항	• 자기중심적 사고방식에서 벗어나 상대의 입장과 처지를 고려한다. • 상대를 존중하는 태도를 갖는다. • 표정과 몸짓 등에도 유의하고 긍정적인 표현을 사용한다. • 부정적인 표현을 할 때에는 직접적인 표현보다 간접적인 표현을 사용한다.

③ 비판적으로 듣기

개념	말하는 내용과 표현, 말하는 사람의 생각이나 가치관 등을 평가하고 판단하는 것이다.

평가의 기준	• 내용의 타당성: 주장과 의견의 근거가 합리적인지, 제시된 정보와 사실들이 정확한 내용인지 평가한다. • 내용의 공정성: 주장이나 의견, 주제 등이 어느 한쪽으로 치우치지 않고 균형을 이루는지를 평가한다. • 자료의 적절성: 사용된 자료가 주장과 근거를 뒷받침하는지, 자료가 객관적이고 출처가 명확한지 평가한다.

④ 상황에 따른 언어 예절

사과	• 자기의 잘못을 인정하고 용서를 비는 말하기이다. • 자신의 잘못을 구체적으로 밝히고, 상대방의 입장을 살피면서 말해야 한다.
부탁	• 어떤 일을 해 달라고 청하는 말하기이다. • 상대방의 입장을 배려하고, 정중하고 공손하게 말한다.
건의	• 개인이나 단체가 의견이나 희망을 내놓는 말하기이다. • 상대방을 존중하는 태도로, 차분하고 공손하게 말한다.
거절	• 상대편의 요구, 제안, 선물, 부탁 따위를 받아들이지 않고 물리치는 말하기이다. • 상대방이 부담스럽지 않도록, 구체적인 이유를 제시하며, 완곡하고 정중하게 말해야 한다.
위로	• 따뜻한 말이나 행동으로 괴로움을 덜어 주거나 슬픔을 달래 주는 말하기이다. • 신중한 태도로, 희망적인 내용으로 말하는 것이 좋다.

⑤ 언어폭력

개념	상대에게 상처를 주는 말, 편견과 차별의 말, 상대방을 조롱하거나 위협하는 말 등을 '언어폭력'이라고 한다.
문제점	• 상대방의 기분을 상하게 하고, 상대방과 갈등을 일으킬 수 있다. • 거칠고 공격적인 말은 인간관계를 해치게 된다. • 일상생활뿐만 아니라 인터넷 매체 등에서 많은 사회적 문제를 일으키고 있다. • 언어폭력은 습관적으로 이루어지는 경우가 많고, 심하면 신체적 폭력으로까지 발전한다. • 언어폭력은 개인의 삶을 파괴하고, 언어폭력의 피해자가 나 자신이 될 수도 있다.

⑥ 준언어적 표현과 비언어적 표현

ㄱ 준언어적 표현: 억양, 어조, 말의 속도, 말의 높낮이, 목소리의 크기 등

ㄴ 비언어적 표현: 몸짓, 표정, 손짓, 시선 등

(2) 다양한 언어생활

① 대화

㉠ 개념: 서로 마주 대하고 언어를 통해 서로의 의견을 주고받는 의사소통 활동으로, 화자와 청자가 서로 협력해 생각이나 느낌을 교환하며 의미를 만들고 공유해 가는 과정이다.

㉡ 성격
- 직접성: 상대방을 마주 보고 이야기하는 것으로, 사람의 표정을 볼 수 있다.
- 현재성: 눈앞에서 지금 일어나는 상황이다.
- 자율성: 형식에 얽매이지 않고 자연스럽게 진행된다.
- 교류성: 화자와 청자의 관계가 서로 쌍방적이므로 교류 작용이 일어난다.

㉢ 특징
- 언어를 매개로 하여 이루어진다.
- 사회·문화적 특성, 사회적 계층, 성별이나 연령 등에 따라 듣기·말하기의 문화가 달라질 수 있다.
- 준언어적 표현과 비언어적 표현을 적절하게 사용한다.
- 듣는 사람의 상황, 지식수준 등을 고려해야 한다.

㉣ 구성 요소
- 화자와 청자: 나이, 친밀도, 심리적 상태, 성별, 내용에 대한 관심도·사전 지식 정도 등을 고려해야 한다.
- 내용(주고받는 정보): 정보 전달, 설득, 친교, 정서 표현 등으로 목적이 구분된다.
- 맥락: 내용과 더불어 의사소통이 이루어지는 시간적·공간적 상황을 말하며, 의사소통 과정에서 끝없이 변화한다.

상황 맥락	• 대화의 의미를 파악하는 데 관련되는 요인으로 의사소통이 이루어지는 구체적인 시간·공간을 말한다. • 똑같은 말이라도 상황에 따라 다르게 해석되는 것처럼, 말의 의미를 해석하는 데 관련된 요인들을 말한다. • 우리가 말을 듣고 그 뜻을 올바로 파악하려면 그 말이 사용된 상황 맥락을 제대로 파악해야 한다.
사회·문화적 맥락	• 대화의 내용을 이해하는 데 간접적으로 작용하는 것이다. • 특정한 공동체에서 사회·문화적으로 오랜 시간에 걸쳐 만들어진 맥락이다. • 지역, 세대, 문화, 성별, 역사적 상황 등을 말한다.

② 토론

㉠ 개념: 찬성과 반대 입장으로 나뉘는 주제에 대해 각각 서로의 입장을 관철시키기 위해 근거를 들어 자기의 주장을 논리적으로 펼치는 말하기이다.

㉡ 과정: 논제 정하기 → 내 주장 정하기 → 주장에 대한 근거 마련하기 → 상대의 주장을 반박할 근거 마련하기 → 토론 규칙을 지키며 토론하기 → 평가·정리하기

㉢ 토론 참여자의 역할

사회자	• 토론이 열리게 된 배경과 토론의 논제를 소개한다. • 토론자에게 토론 규칙을 알려주어, 규칙을 지키면서 토론을 할 수 있도록 유도한다. • 토론자의 발언이 모호할 경우에는 질문을 하여 그 의미를 명확히 해야 한다. • 논제의 초점이 흐려지면 논점을 다시 정리해서 토론자들에게 알려준다.
토론자	• 자기의 주장을 조리 있고 분명하게 말한다. • 상대방의 주장을 논리적으로 반박해야 한다. • 토론 규칙을 지키며 공동의 문제를 바람직한 방향으로 해결하기 위해 힘쓴다. • 논리적 오류나 윤리에 어긋나는 발언과 행동을 하지 않는다.

㉣ 유의 사항
- 토론의 주제에서 벗어나는 발언을 하지 않는다.
- 발언의 순서와 시간을 지킨다.
- 상대측 토론자의 의견을 존중하고 끝까지 듣는다.
- 상대측 토론자에 대해 예의를 지키고, 상대측을 비방하는 발언, 감정적인 발언 등을 하지 않는다.

㉤ 논제

종류	• 사실 논제: 사실의 입증이 필요한 논제 • 가치 논제: 무엇이 옳고 그른지, 무엇이 좋고 나쁜지 등 가치의 판단이 필요한 논제 • 정책 논제: 정치적 목적을 실현하기 위한 방안을 다루는 논제
조건	• 다른 사람의 판단을 참조할 때 더 적절한 판단을 내릴 수 있고 공공성이 강한 문제 • 가까운 현실의 문제를 다루고, 구체적이고 명확한 문제

③ 토의

　㉠ 개념: 어떤 공통된 문제에 대한 최선의 해결안을 얻기 위해 여러 사람이 모여서 의논하는 말하기이다.

　㉡ 과정: 토의 논제 정하기 → 토의 내용 마련하기 → 토의하기 → 토의 내용 정리·평가하기

　㉢ 유의 사항

　　• 가능한 한 참가자 전원이 의견을 제시하고 여러 방안에 대한 검토와 협의가 이루어져야 한다.

　　• 합리적이고 공정한 해결 방안을 찾기 위해 다수의 의견을 따라야 하지만, 소수의 의견도 존중한다.

　　• 참가자는 집단 사고 과정을 통해 공동의 이익과 발전에 기여하려는 태도를 지녀야 한다.

　　• 다른 사람의 의견을 열린 자세로 듣고, 자신의 의견이 다른 사람과 어떻게 다른지 인식한다.

　　• 자신의 의견을 명확하게 제시하기 위해 노력하고, 바람직한 문제 해결 방식을 찾기 위해 노력해야 한다.

　　• 상대방과 다른 의견을 가지고 있더라도 일단 합의된 결정에는 승복해야 한다.

　㉣ 유형

심포지엄	주로 학술적인 문제에 대해 두 사람 이상의 전문가가 서로 다른 각도에서 강연식으로 의견을 발표하고 참석자의 질문에 답하는 형식의 토의이다.
포럼	논제에 대해 생각이 서로 다른 토의자들이 한 사람씩 자신의 의견을 발표하고, 청중과 적극적으로 의견을 주고받는 토의이다. 공공의 장소에서 공공의 문제를 해결하기 위해서 공개적으로 하는 토의이다.
패널 토의	패널이라 불리는 3~6명의 전문가가 일반 청중 앞에서 논제에 대해 토의하면서 의견을 나누고, 청중의 질문에 답하는 토의이다.

　㉤ 사회자의 역할

　　• 토의 논제와 토의자를 소개한다.

　　• 중립적인 위치에서 자신의 의견을 반영하지 않는다.

　　• 객관적으로 발언 시간과 기회를 조절하며 토의를 진행한다.

　　• 토의 내용을 요약하고 결과를 정리한다.

④ 연설

　㉠ 개념: 공적인 자리에서 자신의 주장이나 의견을 여러 사람 앞에서 전달하는 말하기이다.

　㉡ 특징

　　• 공식적 말하기의 성격이 강하다.

　　• 설득을 목적으로 하는 말하기이다.

　　• 완결성이 강조되며, 청자와의 상호 작용이 간접적(일방적)으로 이루어진다.

　　• 주제에 맞는 적절한 자료를 제시하는 것이 좋다.

　　• 연설 상황, 청중의 수준 등을 고려해야 한다.

⑤ 강연

　㉠ 개념: 일정한 주제에 대해 청중을 이해시키는 말하기 방식으로, 강의 형식으로 이루어진다.

　㉡ 특징

　　• 공식적인 말하기 상황에서 이루어진다.

　　• 정보 전달을 목적으로 하는 말하기이다.

　　• 주로 음성 언어를 통해 의사소통이 이루어진다.

　　• 다양한 매체 자료를 사용하면 효과적이다.

⑥ 면담

　㉠ 개념: 어떤 목적을 달성하기 위해 대상을 직접 만나 의견을 나누는 것이다.

　㉡ 과정

면담 준비하기	• 면담 목적과 대상을 결정한다. • 면담을 요청하고 날짜와 시간과 장소를 정한다. • 면담 대상에 대한 사전 정보를 수집한다. • 면담 목적에 맞게 질문을 준비한다.
면담 진행하기	• 면담 목적을 구체적으로 설명한다. • 미리 준비한 질문을 적극적인 태도로 한다. • 마지막에 면담 대상에게 감사의 인사를 전한다.
면담 정리하기	• 면담을 통해 알게 된 내용을 객관적으로 정리한다. • 면담 목적에 맞게 체계적으로 정리한다. • 불필요한 내용, 중복된 내용을 삭제한다.

　㉢ 유의 사항

　　• 상대방에게 예의를 지킨다.

　　• 상대방의 말을 경청하고, 적절하게 반응한다.

　　• 면담 질문은 구체적이면서도 간결해야 한다.

　　• 면담 상황에 맞게 질문을 추가하거나 생략할 수도 있다.

　　• 녹음이나 촬영을 할 경우 미리 상대의 허락을 받는다.

⑦ 발표

　㉠ 개념: 어떤 사실에 대한 자신의 생각이나 의견을 여러 사람 앞에서 전달하는 말하기 방식이다.

　㉡ 과정: 발표 주제 선정하기 → 발표 내용 마련하기 → 발표 내용 조직하기 → 발표 자료 만들기 및 발표문 작성하기 → 발표하기

　㉢ 유의 사항

　　• 예상 청중과 발표 목적을 고려해 주제를 정한다.

　　• 주제와 관련된 정보를 정확하고 간결하게 전달한다.

　　• 매체 자료를 다양하게 활용하는 것이 효과적이다.

　　• 자료를 활용할 때에는 출처를 밝히도록 한다.

- 청중의 관심을 끌 수 있도록 한다.
- 청중에게 예의를 갖추어 말한다.
- 준언어적 표현과 비언어적 표현을 활용한다.

⑧ 방송 보도
　㉠ 개념: 텔레비전, 라디오, 인터넷 등의 매체를 통해 정보나 사건을 전달하는 것이다.
　㉡ 특징
- 현장의 모습과 상황을 신속·생생하게 전달한다.
- 시간이 한정되어 있으므로 간략하게 전달한다.
- 음성 언어, 문자 언어, 이미지 등 다양한 요소가 복합적으로 사용된다.

⑨ 협상
　㉠ 개념: 의견의 차이나 갈등을 해소하기 위해 당사자나 대표가 협의하는 것을 말한다.
　㉡ 과정: 탐색하기 → 준비하기 → 분위기 형성하기 → 요구 전달하기
　㉢ 특징
- 사람과 사람 사이의 갈등을 합리적으로 조정하는 과정이다.
- 협상을 통해 갈등과 충돌을 막을 수 있다.
- 사람 사이의 조화로운 관계 유지를 도와준다.
- 협상에 임할 때에는 자신의 의견을 명확하게 말한다.
- 상대방의 의견을 존중하며 듣는다.

2 쓰기

● 해결 Point

쓰기 영역에서는 짧은 글이나 개요를 보고 올바르게 고쳐 쓰는 방안을 묻는 문제와 각 글의 성격에 맞추어 글을 쓰는 방법에 대한 문제 등이 출제된다. 고쳐 쓰기 원칙과 다양한 글의 성격을 알아 두면 쉽게 문제를 풀 수 있다.

● 대표 문제 유형

❖ ㉠~㉣에 대한 고쳐 쓰기 방안으로 적절하지 <u>않은</u> 것은?
❖ 보고서를 작성할 때 지켜야 할 쓰기 윤리로 가장 적절한 것은?

(1) 쓰기의 방법과 태도

① 쓰기의 의미와 특징
　㉠ 쓰기의 의미: 작가가 독자와 소통하기 위해 의미를 구성하는 과정이다.
　㉡ 쓰기의 특징
- 작가와 독자가 글을 통해 의사소통하는 과정이다.
- 글쓰기를 통해 막연했던 생각이 구체화되기도 하고, 새로운 의미를 형성하기도 한다.
- 사회관계 속에서 발생하는 여러 문제들을 해결해나가는 활동이 될 수 있다.
- 글쓰기를 통해 자기 자신을 돌아볼 수 있다.

② 통일성 있는 글 쓰기
　㉠ 의미: 하나의 주제로 글 내용이 긴밀하게 연결되는 것을 말한다.
　㉡ 글의 통일성을 평가하는 기준
- 글의 주제가 분명하게 드러나는지 평가한다.
- 글의 주제에서 벗어나는 부분은 없는지 평가한다.

③ 책임감 있는 글 쓰기
　㉠ 의미: 글이 개인과 사회에 미치는 영향을 고려하여 책임감 있게 글을 써야 한다.
　㉡ 책임감 있는 글 쓰기 방법
- 사실을 축소·과장·왜곡하지 않고 오류 없이 담아야 한다.
- 내용이 어느 한쪽으로 치우치지 않도록 한다.
- 글을 읽는 사람을 존중하고, 언어 예절에 맞게 쓴다.
- 자료의 출처를 정확하게 밝히고 사용한다.

④ 매체의 특성 고려하여 표현하기

　㉠ 매체의 의미: 의사소통을 하는 송신자(생산자)와 수신자(수요자) 사이에서 정보를 전달하는 수단이나 매개체를 말한다.

　㉡ 전달 수단에 따른 매체의 종류

인쇄 매체	• 책, 신문, 잡지 등이 있다. • 주로 문자 언어를 사용한다. • 시각 자료(사진, 도표, 그림 등)를 활용한다.
방송 매체	• 텔레비전, 라디오 등이 있다. • 음성 언어, 문자 언어, 영상 등을 사용한다. • 다양한 시청각 자료를 활용한다.
인터넷 매체	• 블로그, 게시판 등이 있다. • 음성 언어, 문자 언어, 영상 등을 사용한다. • 다양한 멀티미디어 자료를 활용한다. • 시간·장소의 제약 없이 실시간으로 전달할 수 있다. • 빠르게 많은 사람들과 의사소통을 할 수 있다.

　㉢ 매체 특성에 따른 글쓰기

전자 우편	• 길이에 제한이 없고, 사진·영상·파일을 첨부하거나 쉽게 편집할 수 있다. • 일반적인 편지보다 내용이 자유롭고, 같은 내용을 여러 사람에게 보낼 수 있다.
문자 메시지	• 길이의 제약으로 인해 축약된 표현을 사용하고, 글자 수를 제한한다. • 개인적인 목적으로 사용할 때에는 이모티콘을 이용하여 감정을 나타낸다. • 사회적인 목적으로 사용할 때에는 격식을 갖춘 언어를 사용해야 한다.
온라인 대화	• 실명이 아니고 별명을 사용할 때도 있으며, 맞춤법을 무시하는 경향이 있다. • 이모티콘을 사용하여 감정을 드러낸다.
게시판 댓글	• 불특정 다수를 대상으로 하므로 격식 있는 언어를 사용한다. • 형식이 자유로운 반면 길이의 제한이 있다.
블로그	• 불특정 다수를 대상으로 하므로 격식 있는 언어를 사용한다. • 사진이나 동영상·음악 등을 함께 올릴 수 있다. • 인쇄 매체에 비해 시간적·공간적 제약을 덜 받는다.

⑤ 글쓰기의 과정

　㉠ 계획하기

　　• 목적 정하기: 쓰기의 목적은 정보 전달, 설득, 정서 표현 등으로 나눌 수 있다.

　　• 예상 독자 고려하기: 독자가 누구냐에 따라 글의 표현 방식이나 글의 수준, 글쓰기 방법 등이 달라진다.

　　• 주제 정하기: 주제란 글쓴이가 말하고자 하는 중심 내용이다. 좋은 글을 쓰기 위해서는 주제를 구체적이고 정확하게 표현해야 한다.

　　• 맥락 파악하기: 글쓰기는 상황 맥락과 사회·문화적 맥락 안에서 이루어지는 의미 구성이므로 주제와 관련된 맥락을 파악하는 것이 중요하다.

　　• 전달 매체 정하기: 글이 실리는 매체와 그 매체의 특성을 고려해야 한다.

　㉡ 내용 생성하기

내용 생성 방법	• 자신의 경험이나 배경 지식을 활용한다. • 인터넷, 책, 신문 등 매체 자료를 활용하여 많은 자료를 수집한다. • 활용할 자료의 출처를 정리해두는 것이 필요하다.
내용 선정 기준	• 주제를 뒷받침할 수 있어야 한다. • 글의 목적에 맞아야 한다. • 근거가 확실하고 의문점이 없어야 한다. • 독자의 관심을 끌 수 있는 독창적이고 새로운 것이어야 한다. • 전달 매체의 특성에 맞아야 한다.

　㉢ 내용 조직하기

　　• 내용의 조직 방법: 3단 구성(처음, 중간, 끝), 4단 구성(기, 승, 전, 결), 5단 구성(발단, 전개, 위기, 절정, 결말) 등

　　• 내용의 전개 방법: 서사, 과정, 인과, 정의, 비교, 대조, 분류, 분석, 예시 등

　　• 개요 작성하기: 글에 포함되는 주요 내용을 위계와 구조를 고려하여 표현한다.

　㉣ 표현하기

　　• 어법에 맞는 문장을 쓴다. 맞춤법, 문장 성분 간 호응 등에 유의하며 쓴다.

　　• 적절한 수사적 표현 방법을 사용한다. 내용을 잘 드러내기 위해 비유법, 변화법, 강조법 등을 적절히 사용한다.

　　• 효과적이고 개성적인 문체로 쓴다. 글쓰기 상황과 내용에 어울리며 개성을 드러낼 수 있도록 쓴다.

　　• 그림이나 도표 등의 자료를 적절히 활용한다.

㉣ 고쳐 쓰기

고쳐 쓰기의 원칙	• 추가의 원칙: 부족한 내용을 보충한다. • 삭제의 원칙: 필요 없는 내용은 삭제한다. • 대치의 원칙: 기존의 내용을 더 나은 내용으로 바꾼다. • 재구성의 원칙: 내용의 흐름을 더 좋은 순서로 배열하고, 유사한 내용은 묶고 필요한 내용은 늘리면서 내용을 조정한다.
단계별 고쳐 쓰기	• 글 수준에서 고쳐 쓰기 – 제목이 적절한가? – 주제가 적절한가? – 불필요한 부분은 없는가? – 전체적인 구성에 통일성이 있는가? • 문단 수준에서 고쳐 쓰기 – 문단의 중심 내용이 확실하게 드러나는가? – 중심 문장과 뒷받침 문장의 관계가 바른가? – 문단의 배열순서와 길이가 적절한가? • 문장 수준에서 고쳐 쓰기 – 문장의 호응 관계가 적절한가? – 접속어와 지시어가 올바르게 사용되었는가? – 모호하거나 중의적인 문장은 없는가? • 단어 수준에서 고쳐 쓰기 – 띄어쓰기와 맞춤법이 올바른가? – 문맥에 맞는 어휘를 사용했는가? – 한자어나 외국어를 무분별하게 사용하지는 않았는가?

(2) 다양한 글 쓰기

① 설명하는 글 쓰기

구성	• 머리말: 설명 대상이나 방법을 소개하고, 글을 쓰는 이유와 목적을 밝힌다. • 본문: 설명 대상에 대해 다양한 방법을 활용하여 구체적으로 설명한다. • 맺음말: 설명한 내용을 요약·마무리하고 내용을 정리한다.
글을 쓰는 방법	• 추상적인 낱말은 가급적 사용하지 않아야 한다. • 문장이 간결하고 명료해야 하며, 지나친 수식이 있어서는 안 된다. • 문단 구성에 통일성이 있어야 하며 문장과 문장의 접속이 논리적으로 전개되어야 한다. • 알리는 데 목적이 있으므로 상대방이 이해하기 쉽게 써야 한다. • 수집한 자료 중에 가치 있고 신뢰할 만한 정보를 선별해야 한다.

② 주장하는 글 쓰기

구성	• 서론: 주장할 문제를 제시하고, 글을 쓰게 된 목적이나 동기를 밝힌다. • 본론: 주장에 대한 근거를 밝히고, 이해하기 쉽게 근거를 제시하여 주장을 뒷받침한다. • 결론: 자기의 주장을 간추려 정리하고 내세운 문제에 대해 분명한 결론을 내린다.
글을 쓰는 방법	• 논리적으로 설득력 있게 의견을 표현한다. • 주장과 근거가 분명하게 드러나도록 한다. • 감정을 지나치게 드러내거나 과장된 표현을 쓰지 않는다. • 글의 각 부분이 주제와 긴밀하게 관련을 맺으며 통일성을 갖추도록 한다. • 수집한 자료는 타당성을 판단하여 논리적으로 선별하여 사용한다.

③ 광고하는 글 쓰기

광고의 목적	알리고자 하는 대상에 대해 특정한 방식으로 말하거나 보여 줌으로써 상대방을 설득하는 것을 목적으로 한다. 상업적 목적과 공익적 목적이 있다.
글을 쓰는 방법	• 독자의 흥미를 끌 수 있는 표현을 사용한다. • 욕구를 불러일으키고 실행할 수 있도록 한다. • 오래 기억할 수 있도록 한다.
매체에 따른 광고의 설득 전략	• 인쇄 광고: 시각적으로 강한 문자와 이미지를 통해 의미를 전달한다. 즉, 비유적 표현이나 재미있어서 인상적인 이미지, 이미지와 어울리는 함축적인 문구, 사진·그림 등을 사용한다. • 라디오 광고: 음성 언어와 음악·음향을 이용하여 의미를 전달한다. • 텔레비전 광고: 영상, 문자, 소리 등을 이용하여 의미를 전달한다.

④ 보고서 쓰기

과정	계획 세우기 → 자료 수집·정리하기 → 자료 해석하기 → 보고서 작성하기 → 고쳐 쓰기
글을 쓰는 방법	• 사실에 입각하여 객관적으로 써야 한다. • 정확하고 명료하게 작성하여 이해하기 쉽도록 한다. • 보조 자료(그림, 사진, 표 등)를 효과적으로 활용한다.

⑤ 건의문 쓰기

특징	공익성, 공정성, 합리성, 실현 가능성 등을 갖춘다.
형식	• 처음: 받는 사람, 인사말, 자기소개, 쓰게 된 동기 • 중간: 문제 상황 제시, 해결 방안 제안, 예상 효과 제시 • 끝: 주장이나 의견 요약, 마무리 인사말, 보낸 날짜와 보내는 이의 이름
글을 쓰는 방법	• 문제 상황과 요구 사항을 정확하게 밝힌다. • 타당한 근거를 들어 합리적으로 받아들이도록 한다. • 예의를 갖추고, 논리적으로 설득한다.

출제 예상 문제

01 다음 상황에 나타난 의사소통의 목적으로 가장 적절한 것은?

> 반가워! 나는 오늘 서울에서 전학 온 순신이야. 김순신. 이순신 장군을 가장 존경하는 우리 할아버지께서 지어주신 이름이야. 이순신 장군처럼 나라를 위하는 훌륭한 사람이 되고 싶어. 내 이름 김순신을 기억해 줘. 앞으로 친하게 지내자.

① 소개
② 감사
③ 위로
④ 건의

02 '공감하며 대화하기'에 대한 설명으로 적절하지 <u>않은</u> 것은?

① 상대의 생각이나 감정을 이해하는 말하기이다.
② 상대의 말을 끝까지 듣고 적절한 반응을 보인다.
③ 상대와 긍정적인 유대감을 형성할 수 있는 말하기이다.
④ 상대의 문제점을 분석하고 고쳐주는 것을 목적으로 한다.

03 ㉠에 들어갈 '공감하며 말하기'로 가장 적절한 것은?

> 〈병문안을 가서 친구를 위로하는 상황〉
> 환자: 어서와. 바쁠 텐데 병원까지 찾아와 줘서 고마워.
> 친구: (㉠   )

① 넌 너무 덤벙거려서 문제야.
② 힘들지? 빨리 나았으면 좋겠다.
③ 응. 요즘 너무 바빠서 운동할 시간도 없어.
④ 그러니까 앞으로 여기 오라고 하지 말았으면 좋겠어.

04 다음 글에서 '황희 정승'이 '갑'과 '을' 두 사람에게 다른 대답을 한 이유로 가장 적절한 것은?

> 갑: 대감마님, 오늘이 제삿날인데 아내가 아이를 낳았습니다. 그래도 제사를 지내야겠지요?
> 황희: 그렇지, 지내야지.
> 을: 대감마님, 오늘이 제삿날인데 키우는 개가 새끼를 낳았지 뭡니까? 개가 새끼를 낳았으니 제사를 지내면 안 되겠지요?
> 황희: 그래, 안 지내야지.
> 아내: 대감, 사람이 아이를 낳았는데 제사를 지내라 하고, 개가 새끼를 낳았는데 제사를 지내지 말라니, 왜 다른 대답을 하십니까?
> 황희: 처음 온 사람은 제사를 지내고 싶은 마음이었고, 다음 사람은 제사를 지내기 싫은 마음이었소. 사람에게 밥보다 각자의 마음이 더 중요하다는 생각에서 그러라고 했을 뿐이오.

① 질문의 내용이 어리석었기 때문이다.
② 형식보다 내용이 중요하기 때문이다.
③ 스스로 답을 찾기를 원했기 때문이다.
④ 상대의 처지와 심정을 헤아렸기 때문이다.

05 언어폭력에 대해 <u>잘못</u> 설명한 것은?

① 심하면 신체적 폭력으로까지 발전하기도 한다.
② 거칠고 공격적인 말은 인간관계를 해치게 된다.
③ 습관적이 아니라 의식적으로 이루어지는 경우가 많다.
④ 언어폭력의 피해자가 언제든 나 자신이 될 수도 있다.

※ 다음 글을 읽고 물음에 답하시오(06~07).

> 피아노가 무대 한가운데 옮겨져 있다. 그 앞에 세리가 새침하게 앉아 있다. 옥림, 어이없어하며 세리를 바라본다.
> 옥림: 네 마음대로 무대를 바꾸면 어떡해?
> 세리: 너만 무대 중앙에 있으란 법 있니?
> 옥림: 피아노 가운데 두고 드레스 입으면 없던 실력이 갑자기 생기냐? 차라리 뒤에 숨어 있는 게 나아.
> 세리: 그게 무슨 얘기야?
> 옥림: 연주나 잘 하라고. 그것도 연주냐?
> 세리: 너 보자보자 하니까 웃긴다. 난 뭐 네 시가 좋아서 참은 줄 아니? 솔직히 말해 줘? (비웃으며) 허, 초등학생도 그 정도는 쓰겠다. 우정으로 가는 계단? 유치해서 정말…….

06 윗글과 같은 말하기의 유형인 '대화'에 대해 **잘못** 설명한 것은?

① 사회자의 안내에 따라 규칙을 지켜야 한다.
② 언어를 매개로 하여 의사소통이 이루어진다.
③ 직접 상대방과 얼굴을 마주 보고 이야기한다.
④ 준언어적 표현과 비언어적 표현을 적절하게 사용한다.

07 윗글에서 '옥림'과 '세리'의 대화에 대해 **잘못** 설명한 것은?

① '옥림'과 '세리'는 상대방을 비꼬는 표현을 사용하고 있다.
② '옥림'과 '세리'는 상대방을 배려하지 않고 이야기하고 있다.
③ '옥림'과 '세리'는 상대방의 말에 감정적으로 대응하고 있다.
④ '옥림'과 '세리'는 상대방에게 긍정적인 영향을 주는 말을 한다.

※ 다음 글을 읽고 물음에 답하시오(08~10).

> ㉠ <u>사회자</u>: 오늘은 '교실에서의 에어컨 사용을 자율화해야 한다.'라는 논제로 이야기해 보겠습니다.
> 나현: 얼마 전 우리 학교 학생들을 대상으로 실시한 설문 조사에서 약 72%의 학생들이 교실이 너무 덥다고 응답했습니다. 학생 대부분이 교실 온도에 만족하지 못하는 것이죠. 우리
> 나라 헌법 제10조는 "모든 국민은 인간으로서의 존엄과 가치를 가지며, 행복을 추구할 권리를 가진다."라고 하여 행복 추구권을 규정하고 있습니다. 국민은 누구나 자신이 좋아하는 환경에서 만족스럽게 생활할 권리가 있다는 것입니다. 따라서 저는 학생들이 행복 추구권을 실현할 수 있도록 에어컨의 사용을 자율화해야 한다고 생각합니다.
> 현중: 찬성 측에서는 우리에게 행복 추구권이 있다는 것을 근거로 에어컨 사용을 자율화해야 한다고 말씀하셨습니다. 물론 쾌적한 환경에서 공부하는 것은 중요합니다. 그래야 학습에 더욱 집중할 수 있을 테니까요. 하지만 에어컨을 자율적으로 사용하여 전기 요금이 늘어난다면 어떻게 될까요? 학교를 운영하는 예산은 한정되어 있는데 에어컨을 자율적으로 사용하면 전기 요금이 더 올라갈 것이고, 그만큼 학생들을 위한 교육 예산은 줄어들 수밖에 없습니다. 그래서 저는 중앙에서 에어컨을 관리하는 방식을 유지해야 한다고 생각합니다.

08 윗글의 말하기 유형으로 옳은 것은?

① 토의하기
② 토론하기
③ 강연하기
④ 소개하기

09 윗글의 내용을 **잘못** 이해한 것은?

① 논제는 '교실에서의 에어컨 사용을 자율화해야 한다.'이다.
② '나현'은 헌법 조항을 제시하여 자신의 주장을 뒷받침하고 있다.
③ '현중'은 에어컨 사용을 자율화해야 한다는 주장을 펼치고 있다.
④ 반대 측은 학생들의 학습권 보호를 위해 자율화하면 안 된다고 주장한다.

10 윗글에서 ㉠의 역할로 적절하지 **않은** 것은?

① 논제를 제시하고 규칙을 안내한다.
② 발언 내용을 요약하거나 보충 질문을 한다.
③ 적극적으로 참여하여 자신의 주장을 내세운다.
④ 논제의 초점이 흐려지면 논점을 다시 정리하여 알려준다.

※ 다음 글을 읽고 물음에 답하시오(11~12).

> 사회자: 올해부터 학교 축제 기간에 장터를 열기로 했습니다. 우리 반이 장터에서 무엇을 운영하면 좋을지 설문 조사를 한 결과, 벼룩시장과 먹거리 가게 그리고 사진 찍기 체험장을 운영하자는 의견이 많이 나왔습니다. 오늘은 지민이와 정우, 나라가 각 의견을 대표하는 토의자로 나와서 '축제 장터에서 무엇을 운영할까?'라는 주제로 토의해 보도록 하겠습니다. 그럼 지민이, 정우, 나라의 순서로 준비해 온 의견을 이야기해 주십시오.

11 윗글과 같은 말하기에 대해 <u>잘못</u> 설명한 것은?

① 공동의 문제에 대한 최선의 해결안을 찾는 말하기이다.
② 서로 협력하여 합리적인 해결 방안을 마련하는 데 효과적이다.
③ 토의의 논제는 찬성과 반대의 입장으로 나누어지는 것이어야 한다.
④ 상대방과 다른 의견을 가지고 있더라도 일단 합의된 결정에는 승복해야 한다.

12 윗글에서 알 수 있는 사회자의 역할이 <u>아닌</u> 것은?

① 논제를 알려준다.
② 토의자들을 소개한다.
③ 발언 순서를 지정한다.
④ 타당하게 주장을 펼친다.

※ 다음 글을 읽고 물음에 답하시오(13~14).

> 오늘 졸업생 여러분 앞에서 무슨 이야기를 할지 고민을 많이 했습니다. 그래서 대학교를 졸업하던 당시에 제가 느꼈던 감정은 무엇인지, 졸업 이후 지금에 이르기까지 제가 얻은 교훈은 무엇인지 곰곰이 생각해 보았습니다. 그리고 두 가지 답을 얻었습니다. 저는 더 큰 세상으로 나아가는 출발점에 서 있는 여러분에게 '실패가 주는 혜택'과 '상상력의 중요성'을 말씀드리고 싶습니다.
> – 조앤 K. 롤링, 「세상을 바꾸는 실패와 상상력」

13 윗글의 말하기의 유형으로 옳은 것은?

① 연설하기   ② 협상하기
③ 토의하기   ④ 면담하기

14 윗글에 대한 설명으로 적절하지 <u>않은</u> 것은?

① 고등학교 입학생을 대상으로 하는 말하기이다.
② 졸업 이후 지금까지 얻은 교훈을 청중에게 전달하고자 한다.
③ 화자는 대학교 졸업 당시 자신이 느낀 감정을 전달하고자 한다.
④ '실패가 주는 혜택'과 '상상력의 중요성'에 대해 이야기하고자 한다.

※ 다음 글을 읽고 물음에 답하시오(15~16).

> 행복 중학교 학생 여러분, 안녕하세요? 저는 오늘 지진을 주제로 강연할 ○○ 소방서에 근무하는 △△△입니다. 본론에 들어가기에 앞서, 중학교에 다니는 제 딸과 함께 며칠 전에 본 영화를 소개하려 합니다. 화면을 볼까요? 「샌 안드레아스」라는 영화의 포스터인데요, 무엇을 다룬 영화일까요? (잠시 후에) 네, 맞습니다. 지진입니다. '샌 안드레아스'라는 단층대가 무너지면서 지진이 발생하자, 주인공이 가족을 구하려고 고군분투하는 이야기예요. 영화를 본 후, 제 딸은 영화 속 상황이 실제로 벌어지면 어떡하냐며 무척 걱정했답니다.
> 여러분은 어떤가요? 지진을 직접 겪어 보지 못한 학생들은 지진을 남의 일처럼 생각할 수도 있고, 제 딸처럼 막연히 두려워할 수도 있겠죠. 그래서 오늘은 지진에 대한 다양한 정보와 지진이 일어났을 때의 대처 방안을 여러분에게 알려 주려 합니다. 아는 것이 힘이라고 했습니다. 오늘 제 강연을 듣고 지진이 일어나더라도 침착하고 안전하게 대처할 수 있기를 바랍니다.

15 윗글과 같은 말하기에 대해 바르게 설명한 것은?

① 일정한 주제에 대해 청중을 이해시키는 말하기이다.
② 설득을 목적으로 자신의 의견을 여러 사람 앞에서 전달하는 말하기이다.
③ 갈등을 해소하기 위해 당사자나 대표가 협의하는 말하기이다.
④ 찬성과 반대의 입장으로 나뉘어 각각 주장을 펼치는 말하기이다.

16 윗글에 대해 <u>잘못</u> 설명한 것은?

① 화자와 청자가 누구인지 알 수 있다.
② 인사말과 자기소개로 강연을 시작하고 있다.
③ 말하고자 하는 내용이 무엇인지 알 수 있다.
④ 그래프와 도표를 활용하여 흥미를 유발한다.

※ 다음 글을 읽고 물음에 답하시오(17~18).

> 이를테면 제가 '프로그램에 출연하게 됐다.'고 생각을 하니까 걱정이 되는 거예요. '아 이거 잘해야 할 텐데, 실수하면 어떡하지?' 그런 생각이 들었어요. 그러다가 문득 스스로에게 질문을 해 봤어요. '만다꼬? 만다꼬 내가 긴장을 하지? 만다꼬 내가 프로그램에 나오면 더 잘해야 한다고 생각을 하지? 왜냐하면 나는 평소에 잘하는데…….' 저는 수많은 사람 앞에서 한 시간씩 두 시간씩 이야기를 해본 적도 있기 때문에 15분 정도 이야기하는 것은 사실 부담이 덜하잖아요. 그런데 '만다꼬 내가 긴장을 하는가.' 곰곰이 생각해 봤더니 저것 때문이었어요. 카메라. 저 뒤에도 있네요, 카메라. '저 카메라를 통해서 수많은 사람이 나를 보게 될 수도 있어.'하고 생각하니까 긴장이 되는 거였어요. 하지만 곰곰이 생각해 보면 긴장할 이유가 없죠. 왜냐하면 저는 오늘 여기 모인 여러분들께만 제 이야기를 잘 전달해 드리려고 노력하면 좋을 테고 그러면 자연스러운 모습이 카메라에 녹화가 될 테니까, 저는 결국 카메라를 의식할 필요 없이 힘을 빼고 평소에 하던 대로만 하면 되는 거였어요.
>
> – 김하나, 「힘들 때 힘을 빼면 힘이 생긴다」

17 윗글의 말하기 유형으로 옳은 것은?

① 토론하기 ② 토의하기
③ 강연하기 ④ 소개하기

18 윗글에 대한 설명으로 적절하지 <u>않은</u> 것은?

① 화자의 경험을 활용하여 설득력을 높인다.
② 사투리를 사용하여 청자에게 즐거움을 준다.
③ 유명인의 말을 인용하여 신뢰도를 높이고 있다.
④ 힘을 빼는 태도가 도움이 되는 사례를 제시한다.

※ 다음 글을 읽고 물음에 답하시오(19~20).

> 진우: 안녕하세요, 피디님. 만나 뵙게 되어 반갑습니다. 면담이 처음이라 떨리네요. 부족한 부분이 있더라도 너그러이 이해해 주세요.
> 방송 피디: 저도 면담 대상자가 되어 면담을 하는 것은 처음이에요. 그렇지만 의미 있는 면담 시간이 될 수 있도록 노력할게요.
> 진우: 감사합니다. 전화상으로도 미리 말씀드렸지만, 저는 국어 과목 과제로 관심 있는 직업을 조사하고 있어요. 그래서 이번 기회에 방송 피디라는 직업을 자세하게 알아보고 싶어서 이렇게 피디님을 찾아뵙게 되었습니다. 잘 부탁드립니다.

> 방송 피디: 네, 방송 피디와 관련하여 궁금한 것이 있으면 무엇이든지 물어보세요.
> 진우: 그럼 지금부터 제가 준비한 질문을 드리겠습니다. 제가 조사해 본 바로는 방송 피디란 방송 프로그램을 기획하고 실제로 만드는 일을 하는 사람이라고 하던데요. 방송 피디가 어떤 일을 하는지 설명해 주세요.

19 윗글과 같은 말하기의 유의 사항을 바르게 설명한 것은?

① 질문은 추상적이고 간결하게 한다.
② 면담 내용은 절대 녹음해서는 안 된다.
③ 면담 중간에 질문을 추가하거나 생략하지 않는다.
④ 면담 대상의 말을 경청하고 적절하게 반응을 한다.

20 윗글에서 면담자 '진우'에 대한 설명으로 적절하지 <u>않은</u> 것은?

① 면담 목적에 맞는 질문을 미리 준비했다.
② 면담 대상자에게 면담의 목적을 미리 설명했다.
③ 면담에 대한 소감을 말하고 감사의 인사를 전했다.
④ 가벼운 화제를 통해 편안한 면담 분위기를 조성했다.

※ 다음 글을 읽고 물음에 답하시오(21~22).

> 안녕하세요? 저는 ○○모둠에서 발표를 맡은 양세민입니다. 저희 모둠에서는 지난번 독서 모둠 활동 때, 유엔 인권 위원회 식량 특별 조사관이었던 장 지글러가 쓴 『왜 세계의 절반은 굶주리는가?』라는 책을 읽었습니다. 이 책을 읽으면서 그동안 우리가 세계의 기아 문제에 얼마나 무관심했는지를 깨달았습니다. 그래서 오늘은 이 문제를 여러분과 함께 살펴보려고 합니다.

21 윗글과 같은 '발표하기'에 대해 <u>잘못</u> 설명한 것은?

① 예상 청중을 고려하여 주제를 정하는 것이 좋다.
② 주제와 관련된 정보를 정확하고 간결하게 전달한다.
③ 여러 사람 앞에서 자신의 생각을 전달하는 말하기이다.
④ 주제를 효과적으로 전달하기 위해 비언어적 표현은 활용하지 않는다.

22 윗글의 구성 단계에 대해 바르게 설명한 것은?

① 당부하는 내용을 덧붙인다.
② 발표 내용을 요약하고 정리한다.
③ 주제를 선정한 이유를 소개한다.
④ 문제의 원인을 다양한 측면에서 분석한다.

※ 다음 글을 읽고 물음에 답하시오(23~24).

> 앵커: 바르지 않은 자세 때문에 목뼈가 휘어 변형되는 증상을 ㉠'거북목 증후군'이라고 합니다. 고개를 숙이고 스마트폰이나 컴퓨터 등을 오래 사용하는 사람에게 많이 발생하는데, 이를 방치하면 목 디스크와 척추 변형 등 관련 질환이 생길 수 있습니다.
>
> 기자: 업무 때문에 종일 컴퓨터와 스마트폰을 사용하는 직장인 정○○ 씨, 평소 목에 통증이 있었지만 금방 사라져 대수롭지 않게 생각했습니다. 그런데 최근 들어 어깨에도 통증이 오고 목을 좌우로 돌리기가 힘들어 병원을 찾았는데 거북목 증후군 진단을 받았습니다.

23 윗글과 같은 말하기의 특징을 <u>잘못</u> 설명한 것은?

① 사건을 신속하게 전달한다.
② 시간의 제한 없이 자세하게 전달한다.
③ 현장의 모습과 상황을 생생하게 전달한다.
④ 음성, 문자, 이미지 등 다양한 요소가 복합적으로 사용된다.

24 ㉠에 대해 <u>잘못</u> 설명한 것은?

① 목뼈가 휘어 변형되는 증상이다.
② 바르지 않은 자세 때문에 생긴다.
③ 통증이 금방 사라지기 때문에 방치해도 된다.
④ 스마트폰을 오래 사용하는 사람에게 많이 발생한다.

25 말하기 유형 중 '협상'에 대한 설명으로 가장 적절하지 <u>않은</u> 것은?

① 협상을 통해 갈등과 충돌을 막을 수 있다.
② 신속하고 생생하게 전달하는 것이 중요하다.
③ 사람 사이의 갈등을 합리적으로 조정하는 과정이다.
④ 협상에 임할 때에는 자신의 의견을 명확하게 말해야 한다.

26 인터넷 매체의 특징을 <u>잘못</u> 설명한 것은?

① 시간과 장소의 제약이 거의 없다.
② 한꺼번에 많은 사람들과 소통할 수 있다.
③ 정보의 수용자와 생산자의 구분이 명확하다.
④ 거의 실시간으로 빠르게 정보를 전달할 수 있다.

27 인터넷 매체를 활용할 때의 유의 사항으로 가장 적절하지 <u>않은</u> 것은?

① 상대를 배려하는 언어 표현을 사용한다.
② 불법적인 정보를 사용하거나 전달하지 않는다.
③ 검증되지 않은 정보를 무분별하게 전달하지 않는다.
④ 정확한 정보 전달을 위해 준말을 사용하는 것이 좋다.

28 '정우'가 글을 쓰기 위해 계획한 내용을 <u>잘못</u> 정리한 것은?

> 미선: 정우야, 너 이번 국어 수행 평가로 어떤 글을 쓸지 생각해 봤어?
>
> 정우: 응. 얼마 전 텔레비전에서 독도를 소개하는 여행 프로그램을 보았는데, 내가 생각보다 독도를 잘 몰랐다는 것을 알게 되었어. 그래서 이번 기회에 여러 자료를 수집해서 친구들에게 독도를 설명하는 글을 쓰려고 해.
>
> 미선: 오! 좋아. 그러고 보니, 독도는 우리나라 땅이라고 말하면서 정작 우리가 알고 있는 건 별로 없는 것 같아.
>
> 정우: 맞아, 그래서 이번에 열심히 준비해서 친구들에게 독도의 지리와 역사, 가치를 제대로 알리고 싶어.

① 글의 종류: 설명하는 글
② 예상 독자: 친구들
③ 글의 주제: 독도의 지리와 역사, 가치
④ 글의 목적: 독도가 우리 땅임을 주장하기 위해

29 다음과 관련 있는 글쓰기의 과정으로 가장 적절한 것은?

> ○ 글의 목적 정하기
> ○ 예상 독자 고려하기
> ○ 글의 주제 정하기
> ○ 맥락 파악하기
> ○ 전달 매체 정하기

① 계획하기
② 내용 조직하기
③ 표현하기
④ 고쳐 쓰기

30 다음과 관련 있는 글쓰기의 과정으로 가장 적절한 것은?

> 어제 완성한 초고를 오늘 읽고 또 읽어 보았다. 그랬더니 어제는 안 보였던 잘못 쓴 문장이 보인다. 문단의 중심 내용이 확실하게 드러나도록 수정해야겠다. 한자어나 외국어는 무분별하게 사용하지 않도록 주의해야겠다.

① 계획하기
② 내용 조직하기
③ 표현하기
④ 고쳐 쓰기

31 다음 글의 문제점을 가장 바르게 지적한 것은?

> 곧 시험이 있어 친구들과 도서관에 가기로 했다. 아침 일찍 일어나 밥을 먹고 도서관으로 갔다. 도서관으로 가는 길에 사나운 강아지를 보았다. 우리 집도 강아지를 키웠으면 좋겠다. 도서관에서 열심히 공부하다가 점심시간이 되어 식당에서 라면을 사 먹었다. 친구가 떡볶이를 먹는 걸 보니 라면을 먹은 것이 후회되었다. 나는 떡볶이를 좋아한다. 내 꿈은 요리사이다. 내가 만든 요리를 다른 사람이 맛있게 먹는 모습이 좋기 때문이다. 집에 가려고 도서관을 나섰는데 비가 내리고 있었다. 그런데 오빠가 우산을 들고 날 데리러 와서 집에 갈 수 있었다.

① 글쓴이의 경험이 드러나지 않는다.
② 외래어와 비속어의 사용이 너무 많다.
③ 전달하고자 하는 내용이 분명하지 않다.
④ 맞춤법에 어긋나는 표현이 많이 사용되었다.

32 다음은 글을 쓰기 위한 개요표이다. ㉠의 세부 내용으로 적절하지 <u>않은</u> 것은?

> 제목: 우리 고장 ○○를 알립니다
> 처음: ○○의 위치
> 중간
> • ○○의 유형 문화재 ……㉠
> • ○○의 축제
> • ○○의 음식
> 끝: ○○로 오시는 길 및 관련 홈페이지 소개

① ○○의 기온
② ○○의 석탑
③ ○○의 사찰
④ ○○의 궁궐 터

33 ㉠~㉢ 중 통일성을 깨뜨리는 문장은?

> 텔레비전은 인간 생활에 유용한 매체이다. ㉠텔레비전은 대화 상대가 필요한 현대인에게 좋은 친구가 될 수 있다. ㉡텔레비전에 중독되면 실제와 가상 현실을 식별하는 능력을 잃을 수도 있다. ㉢그리고 복잡한 일상 속에서 지친 현대인이 휴식을 취할 수 있도록 도와주는 오락 수단이 되기도 한다. ㉣텔레비전은 세상을 살아가는 데 필요한 정보를 얻는 창구이기도 하다. 이와 같이 텔레비전은 인간에게 좋은 친구가 될 수 있고, 휴식을 취할 수 있게 해 주며, 필요한 정보를 얻는 데 도움을 준다.

① ㉠   ② ㉡
③ ㉢   ④ ㉣

※ 다음 글을 읽고 물음에 답하시오(34~35).

> 초등학교 2학년 때, 어느 봄날이었다. 한 할머니께서 병아리를 나누어 주시는 걸 보았다. 노란 털로 ㉠덮여 있는 병아리는 정말 매력적이었다. (ⓐ) 난 그 앞에 쪼그리고 앉아 ㉡한창이나 병아리를 바라보았다. 나는 병아리를 키우게 해 달라고 엄마께 ㉢타이르기 시작했다. 처음에는 ㉣반대했던 엄마도 결국은 허락해 주셨다. 그렇게 나와 민들레의 인연이 시작되었다. 병아리를 집으로 데려온 날, 우리 가족은 병아리에게 민들레라는 이름을 지어주었다. 병아리가 민들레처럼 튼튼하게 어느 곳에서나 잘 자라길 바라면서 말이다.

34 ㉠~㉣을 문맥에 맞게 고쳐 쓴 것으로 적절하지 <u>않은</u> 것은?

① ㉠: 덮여   ② ㉡: 한참

③ ㉢: 조르기   ④ ㉣: 찬성

35 문맥을 고려할 때 ⓐ에 들어갈 가장 알맞은 접속어는?

① 그러나   ② 그래서

③ 그런데   ④ 왜냐하면

36 다음 글에 드러나는 보고서의 요소가 <u>아닌</u> 것은?

> 대구 근대 문화 골목은 우리 고장의 역사와 문화가 잘 남아 있는 곳으로, 대구의 대표적인 관광지이다. 대구 근대 문화 골목을 이루고 있는 유적지를 다른 지역 사람들에게 알리기 위해 이곳을 조사하기로 했다. 대구 근대 문화 골목의 유적지를 ○월 ○일부터 ○월 ○일까지 조사했다. 텔레비전 뉴스, 책, 인터넷 등을 활용하여 대구 근대 문화 골목에 대한 자료를 수집했다. 그리고 근대 문화 골목을 직접 방문하여 문화 해설사의 설명을 듣고, 유적지의 사진을 촬영했다.

① 조사 소감   ② 조사 기간

③ 조사 방법   ④ 조사 목적

※ 다음 글을 읽고 물음에 답하시오(37~38).

> **제1회 관광지 조사 보고서 공모전**
> ○ 공모 주제: 우리 지역의 관광지를 다른 지역 사람들에게 널리 알리기
> ○ (㉠): 대한민국 청소년 누구나
> ○ 응모 기간: ○월 ○일~○월 ○일

> 효주: 얘들아, 이것 봐. 관광지 조사 보고서 공모전을 한대.
> 지호: 효주야, '조사 보고서'가 뭐야?
> 효주: '보고하는 글'은 어떤 주제에 대해 관찰, 조사, 실험한 과정과 결과를 정리한 글이래.
> 현우: 관광지 조사 보고서를 쓰려면 관광지를 조사해서 그 내용을 정리하면 되겠구나.
> 효주: 설문 조사를 통해서 어떤 관광지를 소개할지 정하면 어때? 우리 학교 학생들을 대상으로 말이야.

37 윗글에서 보고하는 글의 특징을 <u>잘못</u> 설명한 것은?

① 사실에 입각하여 객관적으로 써야 한다.

② 사진과 도표 등 보조 자료를 반드시 활용한다.

③ 정확하고 명료하게 작성하여 이해하기 쉽도록 한다.

④ 관찰, 조사, 실험을 통해 얻은 정보를 정리하는 과정이 필요하다.

38 ㉠에 들어갈 내용으로 가장 적절한 것은?

① 응모 자격

② 응모 과정

③ 응모 동기

④ 응모 목적

※ 다음 글을 읽고 물음에 답하시오(39~40).

> 안녕하세요. 저는 ○○ 중학교에 다니는 △△△이라고 합니다. 얼마 전 학교 앞에서 등굣길에 차와 부딪힐 뻔한 적이 있습니다. 이 문제를 해결해 주실 수 있는 분이 구청장님이라는 생각이 들어 구청장님께 말씀드립니다.
> 우선, 우리 학교 근처 불법 주차 차량에 대한 조치를 취해 주시기 바랍니다. 학교 정문 앞 인도가 매우 좁은데 차들이 인도까지 올라와 있으니 학생들은 자연히 위험한 차도로 다닐 수밖에 없습니다.
> 그리고 인도와 차도 사이에 안전봉과 도로에 과속 방지턱을 설치해 주셨으면 합니다. 지난번 친구 학교 앞에 가보니 예쁜 안전봉과 과속 방지턱이 설치되어 있어 참으로 부러웠습니다.
> 구청장님, 제 글을 끝까지 읽어 주셔서 고맙습니다. 구청장님은 이 문제를 충분히 해결해 주실 능력이 있는 분 같습니다. 고맙습니다.

39 윗글과 같은 건의하는 글쓰기에 대해 <u>잘못</u> 설명한 것은?

① 예의를 갖추고 논리적으로 설득한다.

② 문제 상황과 요구 사항을 정확하게 밝힌다.

③ 상대를 설득하기 위해 과장된 표현을 사용하는 것이 좋다.

④ 타당한 근거를 들어 합리적으로 받아들일 수 있도록 한다.

40 윗글에서 건의하는 내용으로 가장 적절한 것은?

① 학교 앞 도로 확장
② 학교 앞 유해 시설 단속
③ 학교 앞 소음 문제 해결
④ 학교 앞 교통안전 문제 해결

43 다음 ㉠에 해당하는 글의 종류로 가장 적절한 것은?

> 저는 제 삶에서 의미 있는 경험을 떠올리며 ㉠ 이 글을 썼습니다. 이 글쓰기를 통해 저의 삶을 깊이 있게 성찰할 수 있었습니다.

① 자서전　　　　② 안내서
③ 보고서　　　　④ 건의문

※ 다음 글을 읽고 물음에 답하시오(41~42).

> 제목: (　　　　㉠　　　　)
>
> 　ⓐ 월욜 저녁 장기 자랑 시간에 친한 친구들과 노래를 불렀다. 우리 노래가 끝나자 친구들이 박수를 많이 ⓑ 처 줘서 참 ⓒ 조았다. 친구들과 장기 자랑했던 기념으로 사진도 찍었다. 이번 장기 자랑은 정말 좋은 추억이 될 것 ⓓ 갔다.
> ↳ 솜사탕: 너희 정말 잘 부르더라, 최고였어!
> ↳ 무지개: 정말? 고마워!
> ↳ 번개: 와! 초대 가수가 나온 줄 알았어!
> ↳ 딸기: 네가 칭찬을 해 주니 정말 좋다.

※ 다음 글을 읽고 물음에 답하시오(44~45).

> 　안녕! 나는 연극 ㉠ 동아리에게 무대 장치를 담당하고 있어. 내 꿈은 ㉡ 배우로서 성공하는 것이었지만 무대 공포증 때문에 배우가 되기를 포기했지. 그래도 연극에 동참할 방법을 찾다가 무대 장치를 ㉢ 맞게 되었어. 내 손으로 만든 무대 위에서 부원들이 ㉣ 공연을 연기하는 모습에 보람을 느껴.
> 　친구들아! 이번에 우리 동아리 정기 공연이 있을 거야.
> (　　　　　ⓐ　　　　　)

41 ㉠ 안에 들어갈 제목으로 가장 적절한 것은?

① 사라진 기념사진
② 행복한 가족 여행
③ 장기 자랑의 추억
④ 싸움으로 끝난 노래자랑

44 ㉠~㉣을 문맥에 맞게 고쳐 쓴 것으로 알맞지 <u>않은</u> 것은?

① ㉠: 동아리에서
② ㉡: 배우로써
③ ㉢: 맡게
④ ㉣: 공연하는

45 ⓐ에 들어갈 내용으로 〈조건〉을 모두 만족하는 것은?

> ────〈조건〉────
> ○ 관객을 초대하는 의도를 드러낼 것
> ○ 의문형 어미를 활용할 것

① 내가 배우로 성공하는 방법이 과연 있을까?
② 너희들의 도움이 절실해. 친구들과 같이 와.
③ 멋진 무대 장치를 만들 재료를 찾을 수 있을까?
④ 너희들의 많은 관람을 기대할게. 많이 와 줄 거지?

42 ⓐ~ⓓ를 맞춤법에 맞게 고쳐 쓴 것으로 알맞지 <u>않은</u> 것은?

① ⓐ: 월요일
② ⓑ: 쳐
③ ⓒ: 조왔다
④ ⓓ: 같다

핵심 키워드 내용 이해, 내용 일치, 내용 전개 방식, 서술상의 특징, 글의 종류별 읽기 방법, 글쓴이의 관점, 문맥적 의미

1 읽기의 방법과 태도

● **해결 Point**

제시된 글을 올바르게 읽고 구조를 분석하는 법을 공부하는 영역이다. 읽기 영역에서 주로 출제되는 내용 일치 및 내용 전개 방식, 글쓴이의 관점 등을 빠르게 파악하기 위해 꼭 필요한 과정이므로 전체적으로 글의 구조를 이해하는 연습을 해 두어야 한다.

● **대표 문제 유형**

❖ ㉠에 사용된 설명 방식으로 가장 적절한 것은?
❖ 윗글에서 알 수 있는 내용으로 적절하지 <u>않은</u> 것은?

(1) 읽기의 개념

① 읽기의 특성
  ㉠ 읽는 이가 머릿속에서 글쓴이와 의미를 주고받는 의사소통의 과정이다.
  ㉡ 읽는 이의 배경지식과 가치관에 따라 이해의 폭과 깊이가 달라진다.
  ㉢ 읽기는 여러 가지 문제를 해결해 나가는 문제 해결 과정이며 사고의 과정이다.

② 읽기의 과정
  ㉠ 읽기 전 활동
  • 읽기 목적에 맞는 글을 선정한다.
  • 자신의 읽기 수준을 고려하여 글을 선정한다.
  • 읽는 목적을 확인하고, 글의 종류를 고려하여 읽기 방법을 정한다.
  • 제목, 목차, 그림 등을 통해 글의 내용을 예측한다.
  • 예측한 내용과 관련된 경험·배경지식을 활성화한다.

  ㉡ 읽는 중 활동
  • 글의 목적을 확인하며 읽는다.
  • 모르는 단어가 나오면 사전을 찾아 의미를 파악한다.
  • 글의 앞뒤 맥락을 고려하여 글의 내용을 파악한다.
  • 궁금해 했던 내용에 대한 답을 찾으며 읽는다.
  • 내용을 이해하는 데 도움이 되는 자료를 찾아본다.

  ㉢ 읽은 후 활동
  • 글의 주제와 의도를 파악하고, 글의 내용을 요약한다.
  • 얻은 정보와 교훈을 실생활과 연결하고, 실천방안을 생각해 본다.
  • 더 알고 싶은 내용이 있으면 자료를 찾아본다.
  • 다른 글과 비교해 보고, 새로운 독서 계획을 세운다.

③ 읽기의 방법
  ㉠ 다양한 읽기 방법

소리	음독	소리를 내어 읽는 방법
	묵독	소리를 내지 않고 읽는 방법
읽는 속도	속독	빠르게 읽는 방법
	지독	천천히 읽는 방법
꼼꼼함	통독	전체를 훑어 읽는 방법
	정독	자세히 파악하며 읽는 방법
읽는 범위	발췌독	필요한 부분만 골라서 읽는 방법
	완독	전체를 모두 읽는 방법

  ㉡ 글의 종류에 따른 읽기 방법

백과사전	필요한 부분만 찾아 읽는다.
문학 작품	• 소설: 줄거리를 파악하며, 등장인물의 성격·갈등 양상을 이해한다. • 시: 시의 형식, 운율 등을 파악하면서 시의 정서를 느낀다.
설명문·논설문	글쓴이가 의도한 요점을 파악하며 읽는다.
복잡한 글	밑줄을 긋거나 메모하며 읽는다.

(2) 능동적으로 읽기

① 글쓴이의 관점 파악하며 읽기
  ㉠ 개념: 글쓴이가 삶이나 현상을 바라보는 시각이나 생각하는 태도를 '관점'이라 한다. 같은 대상을 다루더라도 글쓴이의 관점에 따라 내용이 달리 보이므로, 관점을 파악하려면 글쓴이가 대상을 바라보는 입장이나 기준을 파악해야 한다.

 ⓛ 글쓴이의 관점을 파악하는 방법
  • 글의 중심 내용을 먼저 파악한 다음 글쓴이가 바라보는 대상이 무엇인지 살펴본다.
  • 글의 제목에 나타난 글쓴이의 의도를 파악한다.
 ⓒ 같은 대상을 다룬 서로 다른 글로 자신의 관점을 세우는 과정
  • 대상은 같더라도 관점과 내용이 다를 수 있음을 인정하고, 어떤 점에서 다른지를 파악한다.
  • 다양한 시각에서 대상을 바라보도록 한다.
  • 대상의 근본적인 본질을 파악하고, 대상의 본질을 자신의 관점에서 바라보도록 한다.

② 요약하며 읽기
 ㉠ 개념: 글에서 핵심 내용을 찾아 그 내용이 잘 드러나게 재구성하는 것이다.
 ⓛ 일반적인 요약 방법

선택하기	핵심어와 중심 내용을 찾아 그것을 선정한다.
삭제하기	반복되는 내용, 불필요한 내용, 예로 든 세부 내용 등은 삭제한다.
일반화하기	개별적인 내용은 그 내용을 포함하는 상위 수준으로 일반화한다.
재구성하기	중심 내용이 불분명할 경우, 제시된 내용을 바탕으로 새롭게 중심 내용을 구성한다.

 ⓒ 글의 특성에 따른 요약 방법

설명하는 글	설명하는 대상에 대한 정보를 중심으로 각 문단의 중심 내용을 찾고, 전체 내용을 요약한다.
주장하는 글	주장과 근거를 중심으로 각 문단의 중심 내용을 찾고, 전체 내용을 요약한다.
이야기 글	인물, 사건, 배경(시간적·공간적) 등의 이야기 구성 요소를 중심으로 요약한다. 사건의 전개에 따라 줄거리를 간추리며 요약하는 것이 좋다.

 ⓔ 효과
  • 글을 오랫동안 기억할 수 있으며, 중심 내용을 쉽게 파악할 수 있다.
  • 다음부터는 글 전체를 읽지 않고도 내용을 쉽게 파악할 수 있다.

③ 예측하며 읽기
 ㉠ 개념: 경험, 배경지식, 읽기 맥락 등을 이용하여 글의 내용을 추측하며 읽는 것이다.
 ⓛ 활용하는 요소
  • 독자의 경험과 배경지식
  • 글에 드러난 정보: 제목, 도표, 사진, 글쓴이, 접속어 등
  • 글의 읽기 맥락

 ⓒ 효과
  • 글의 내용을 더 깊게 이해할 수 있다.
  • 글의 내용을 오래 기억할 수 있다.
  • 글의 내용에 집중하며 능동적인 읽기를 할 수 있다.

④ 자료 활용하며 읽기
 ㉠ 자료의 의미: 연구나 조사 등의 바탕이 되는 것으로 수, 단어, 영상 등의 형태로 된 의미 단위이다.
 ⓛ 자료의 종류

표	내용을 일정한 순서와 형식에 맞춰 보기 쉽게 나타낸다.
도표	시각적으로 도형화한다.
사진	사물이나 현상을 찍어 보존할 수 있다.
그림	선이나 색채로 사물의 형상이나 이미지를 평면 위에 나타낸다.
동영상	음악, 글, 표현 방법 등이 복합적으로 반응하여 영상으로 나타낸다.

 ⓒ 유의 사항
  • 내용과 관련이 있는 자료를 활용해야 한다.
  • 전체 계획에 맞춰 통일성 있는 자료를 제시해야 한다.

2 여러 가지 글 읽기

● 해결 Point

설명문과 논설문의 내용과 형식을 묻는 문제가 꾸준히 출제되고 있으므로 글의 특성에 맞는 읽기 방법을 알아 두어야 한다. 또한, 밑줄 친 부분의 사전적 의미나 지시 대상을 찾는 문제도 출제되므로 전체 구조와 중심 내용을 파악하는 능력을 기르는 것이 중요하다.

● 대표 문제 유형

❖ 문맥상 ㉠에 해당하는 내용은?
❖ ⓛ에 대한 글쓴이의 관점으로 가장 적절한 것은?

(1) 설명문

① 개념: 대상에 대한 지식이나 정보를 잘 이해할 수 있도록 쉽게 풀어서 쓴 글이다.

② 특징

객관성	글쓴이의 주관적인 의견을 배제하고 객관적으로 서술한다.
평이성	독자가 이해하기 쉽도록 간결하고 쉬운 문장으로 쓴다.
체계성	일정한 순서에 따라 짜임새 있게 내용을 전달한다.
사실성	정확한 지식이나 정보를 사실에 근거하여 전달한다.
명료성	전달하려는 정보를 간결하고 분명하게 제시한다.

③ 구성

머리말	주의 환기, 설명 대상, 이유, 배경, 방법 등을 소개한다.
본문	다양한 내용 전개 방법을 사용하여 대상을 설명한다.
맺음말	설명한 내용을 요약하고 정리하여 마무리한다.

④ 내용 전개 방식

정의	설명하고자 하는 대상의 의미를 밝히는 방법이다. 설명하는 대상이나 현상의 뜻을 분명히 밝히는 데 효과적이다.
예시	구체적이고 친근한 예를 제시하여 설명하는 방법이다. 설명하고자 하는 바를 쉽게 이해하도록 하며, 세밀한 부분까지도 제시한다.
인과	원인과 결과의 관계로 설명하는 방식이다. 주로 사회 현상, 과학의 원리 등을 설명하는 데 많이 사용된다. 원인과 결과라는 관계가 명확하게 설정되는 설명 대상에 사용하기 적절한 방법이다.
인용	남의 말이나 글을 자신의 말이나 글 속에 끌어와서 설명하는 방법이다. 설명하고자 하는 대상에 대한 전문가의 의견, 믿을 수 있는 지식과 정보를 끌어와서 사용하기 때문에 설명하는 내용에 대한 신뢰도를 높인다. • 직접 인용: 원래의 말이나 글을 그대로 가져와 따옴표와 같은 문장 부호로 묶어서 직접 제시한다. • 간접 인용: '~고 한다.'와 같은 표현을 사용하여 간접적으로 제시한다.
비교	둘 이상의 대상이나 현상에 대해 공통점, 유사점을 중심으로 밝히는 것이다. 잘 알려진 대상이나 현상을 통해 잘 모르는 대상을 설명할 때 주로 사용한다.
대조	둘 이상의 대상이나 현상의 차이점을 밝히는 설명 방법이다. 대상이나 현상의 차이점이 두드러질 때 사용한다.
분석	전체를 부분으로 쪼개어 설명하는 방법으로, 복잡한 현상이나 대상 또는 개념을 성분 또는 기능 등에 따라 하위 구성 요소로 나누어 밝힌다. 복잡한 내용을 쉽게 설명하고, 하위 구성 요소를 자세하게 설명할 수 있다.
분류	대상을 일정한 기준에 따라 종류별로 묶어서 설명하는 방법으로, 내용을 체계적으로 정리하여 설명할 수 있다. 분류를 할 때에는 기준에 따라 대상이 달라지기 때문에 기준을 정하는 것이 중요하다.
열거	여러 가지 예나 사실을 늘어놓고 설명한다. 비슷한 종류의 내용을 나란히 늘어놓거나, 많은 정보를 한 번에 제시하기에 적절하다.

(2) 논설문

① **개념:** 적절한 근거를 제시하여 의견이나 주장을 내세워 독자를 설득하는 글이다.

② 특징

명료성	주장하는 내용이 확실하고 뚜렷해야 한다.
공정성	주장하는 명제가 공정해야 한다.
타당성	뒷받침하는 논거가 구체적이고 타당해야 한다.
논리성	어떤 명제의 정당성을 입증하는 추론은 오류나 비약 없이 논리적이어야 한다.
정확성	사용하는 용어가 정확해야 하고, 함축적인 용어보다는 지시적인 용어를 사용하는 것이 좋다.

③ 구성

서론	글을 쓰는 동기와 목적을 밝힌다.
본론	논제에 대해 타당한 근거를 들어 서술한다.
결론	본론의 내용을 요약·정리하고, 문제에 대한 해결 방안을 제시한다.

④ 명제, 논증, 논거

명제	의미	어떤 문제나 대상에 대한 주장·의견·판단 등을 문장으로 나타낸 것이다.
	종류	• 사실 명제: 이미 일어난 일에 대해 명확한 사실을 단순하게 서술한다. • 가치 명제: 어떤 대상에 대해 옳음과 그름, 착함과 악함, 아름다움과 추함 등의 가치 판단을 내린다. • 정책 명제: 행동이나 방향을 제시하여 그렇게 하는 것이 바람직하다는 것을 나타낸다.
논증	의미	논리적 추론을 통해 자신의 주장을 입증하는 것을 말한다.
	방법	• 연역법: 일반적인 사실이나 원리를 전제로 하여 개별적인 사실이나 보다 특수한 다른 원리를 이끌어내는 것이다. • 귀납법: 개별적인 특수한 사실이나 원리로부터 일반적이고 보편적인 명제 및 법칙을 유도해 내는 것이다. • 유추법: 두 개의 사물이 여러 면에서 비슷하다는 것을 근거로 다른 속성도 유사할 것이라고 추론하는 것이다.
논거	의미	주장이나 의견이 타당함을 뒷받침해 주는 논리적 근거를 말한다.
	종류	• 사실 논거: 실험적 사실, 자연 법칙에 따른 사실, 보편적으로 인정되는 사실 등을 말한다. • 의견 논거: 전문가나 권위자의 의견, 목격자나 경험자의 의견 등을 말한다.

출제 예상 문제

01 설명하는 글을 읽는 방법으로 가장 적절한 것은?

① 운율을 형성하는 요소를 파악하며 읽는다.
② 등장인물의 심리 변화를 파악하며 읽는다.
③ 주장하는 내용이 합리적인지 파악하며 읽는다.
④ 믿을 만한 자료를 사용했는지 파악하며 읽는다.

02 주장하는 글을 요약하는 방법으로 가장 적절한 것은?

① 주장과 근거를 파악한다.
② 갈등 구조를 중심으로 요약한다.
③ 단어의 함축적 의미를 파악한다.
④ 인물의 대사를 중심으로 요약한다.

03 다음에 사용한 설명 방법으로 적절한 것은?

> 줄다리기에 사용하는 줄은 지역마다 조금씩 다르지만 일반적으로 올가미 모양의 머리, 중심이 되는 몸줄, 사람들이 실제로 줄을 당길 수 있도록 연결한 곁줄로 이루어져 있다. 두 줄을 연결할 때에는 수줄의 머리를 암줄의 머리에 끼우고 중간에 비녀목이라는 굵고 긴 나무 빗장을 끼운다.

① 분석　　　　　② 인용
③ 비교　　　　　④ 대조

04 다음에 사용한 설명 방식으로 적절한 것은?

> 표준어는 '교양 있는 사람들이 두루 사용하는 현대 서울말'이다.

① 유추　　　　　② 정의
③ 비교　　　　　④ 대조

※ 다음 글을 읽고 물음에 답하시오(05~07).

> 이렇듯 ㉠벼락치기를 통해 얻은 정보는 우리 머릿속에 오래 남지 않는다. 벼락치기 상황이 끝나면 싹 지워지고 마는 것이다. 시험을 볼 때까지는 머릿속에 쏙쏙 들어왔던 내용이지만 시간이 지나면 금세 빠져나가게 된다.
> 기억은 세 가지 과정으로 이루어진다. 정보가 들어오면 우선 입력하고, 자체적으로 판단해 저장하고 출력한다. 입력 전 단계가 바로 집중이다. 벼락치기는 집중하기에 아주 좋다. 그래서 벼락치기를 하면 정보를 많이 입력할 수 있다. 하지만 정보가 제대로 저장되지 않는다. 저장은 여러 번의 반복이 필요하기 때문이다. 특히 장기 기억의 경우는 더욱 그렇다. 여러 번 반복하지 않은 정보는 장기 기억에 저장되지 않아 금세 잊어버리게 된다.
> – 한국 방송 공사 과학 카페 제작 팀, 「벼락치기의 두 얼굴」

05 위와 같은 글을 읽는 목적으로 적절한 것은?

① 주장과 근거를 파악하기 위해
② 이야기를 통해 감동을 얻기 위해
③ 인물의 훌륭한 점을 본받기 위해
④ 모르는 사실에 대한 정보를 얻기 위해

06 윗글을 참고할 때, '기억의 과정'을 바르게 나열한 것은?

① 입력 → 저장 → 출력
② 입력 → 출력 → 저장
③ 저장 → 입력 → 출력
④ 저장 → 출력 → 입력

07 ㉠에 대해 잘못 설명한 것은?

① 집중하기에 아주 좋다.
② 정보를 많이 입력할 수 있다.
③ 정보가 제대로 저장되지 않는다.
④ 정보가 장기 기억으로 저장된다.

※ 다음 글을 읽고 물음에 답하시오(08~10).

직접세는 소득이나 재산에 따라 ㉠누진적으로 적용하는 경우가 많다. 소득이 높은 사람은 세금을 많이 내고 소득이 낮은 사람은 적게 내기 때문이다. 따라서 직접세는 소득 ㉡격차를 줄이는 기능을 한다. 세금을 통해 소득 격차를 줄일 수 있으니 공평해 보인다고 할 수도 있을 것이다. 물론 그 자체는 바람직하지만 단점도 있다. 소득이 높은 사람들에게 세율을 높이면, 그들이 열심히 일하고 싶은 의욕을 잃게 될 수도 있기 때문이다.

반면에 간접세는 사람들의 소득이 많든 적든 간에 물건을 살 때 부담하는 세금이 똑같다. 돈을 많이 버는 사람이 음료수 한 잔을 사 마시든지, 돈을 적게 버는 사람이 음료수 한 잔을 마시든지, 둘이 내야 하는 세금은 동일하다. 생각하기에 따라서는 누구나 똑같이 내는 간접세가 더 ㉢공평하다고 생각할 수도 있다. 하지만 간접세는 소득이 적은 사람일수록 소득에 비해 내야 할 세금의 비율이 높기 때문에, 소득이 적은 이들에게 ㉣부담이 크다는 단점이 있다.

– 조준현, 「중학생도 세금을 내나요」

08 위와 같은 글을 읽는 방법으로 가장 적절한 것은?

① 함축적 의미를 파악하며 읽는다.
② 등장인물의 갈등을 파악하며 읽는다.
③ 원인에 따른 결과를 파악하며 읽는다.
④ 정보를 파악하는 데 중점을 두며 읽는다.

09 윗글에 사용한 내용 전개 방법으로 옳은 것은?

① 대조   ② 인용
③ 분석   ④ 묘사

10 ㉠~㉣의 사전적 의미로 적절하지 <u>않은</u> 것은?

① ㉠: 모두 새어 없어지는 것
② ㉡: 빈부, 임금, 기술 수준 따위가 서로 벌어져 다른 정도
③ ㉢: 어느 쪽으로도 치우치지 않고 고름
④ ㉣: 어떠한 의무나 책임을 짐

※ 다음 글을 읽고 물음에 답하시오(11~13).

발효란 곰팡이와 효모와 같은 ㉠미생물이 탄수화물, 단백질 등을 ㉡분해하는 과정을 말한다.

미생물이 ㉢유기물에 작용하여 물질의 성질을 바꾸어 놓는다는 점에서 발효는 부패와 비슷하다.

하지만 발효는 우리에게 유용한 물질을 만드는 반면에, 부패는 우리에게 해로운 물질을 만들어낸다는 점에서 차이가 있다. 그래서 발효된 물질은 사람이 안전하게 먹을 수 있지만, 부패한 물질은 ㉣식중독을 일으킬 수 있어서 함부로 먹을 수 없다.

– 진소영, 「지혜가 담긴 음식, 발효 식품」

11 위와 같은 글을 읽을 때 유의할 점으로 가장 적절한 것은?

① 새로운 정보를 파악하며 읽는다.
② 상징적 의미를 파악하며 읽는다.
③ 감동적인 경험에 공감하며 읽는다.
④ 인물의 대사와 행동을 파악하며 읽는다.

12 윗글에 사용된 내용 전개 방법이 <u>아닌</u> 것은?

① 정의
② 비교
③ 대조
④ 분석

13 ㉠~㉣의 사전적 의미로 적절하지 <u>않은</u> 것은?

① ㉠: 눈으로는 볼 수 없는 아주 작은 생물
② ㉡: 둘 이상의 것을 합쳐서 하나를 이룸
③ ㉢: 생체 안에서 생명력에 의해 만들어지는 물질
④ ㉣: 음식물의 유독 물질을 섭취하여 생기는 병

※ 다음 글을 읽고 물음에 답하시오(14~16).

간지럼은 단순함 촉감도, 귀찮은 행동 중의 하나도 아닙니다. 이를 연구하는 것 또한 한낱 궁금증을 해결하는 데 그치는 것은 아니지요. ㉠최근 들어 심리학과 신경 과학 분야에서 간지럼을 비롯해 사람의 행동과 관련된 연구가 점점 더 활발해지고 있습니다. 간지럼이 운동과 지각의 통합 과정을 밝혀낼 수 있는 좋은 사례이기 때문입니다.

'예측'과 '행동', '피드백'은 사람에게는 매우 자연스러운 행위입니다. 예를 들어 사람은 공을 목표 지점에 던질 때 감각으로 거리를 가늠하고 그만큼 던집니다. 만약 공이 목표 지점보다 멀리 갔다면 다시 던질 때 힘을 약하게 조절해서 던지지요. 그런데 간지럼은 예외적인 사례입니다. 아무리 예측하려 해도 예측을 벗어나기 때문에 간지럼이 나타나고, 피드백 과정을 거쳐도 또다시 예측을 벗어날 수밖에 없습니다. 우리는 간지럼에서 '예측 불가능성'에 대처하는 법을 배울 수 있고 이를 인공 지능에도 활용할 수 있습니다.

– 서동준, 「우리는 왜 간지럼을 느낄까」

14 위와 같은 글의 특징으로 가장 적절한 것은?

① 함축적인 글이다.
② 대화 위주의 글이다.
③ 정보를 전달하는 글이다.
④ 자신의 의견을 주장하는 글이다.

15 윗글의 중심 내용으로 가장 적절한 것은?

① 간지럼 연구의 의의
② 간지럼을 타게 된 이유
③ '예측 불가능성'에 대처하는 방법
④ 심리학과 신경 과학 분야의 연구 성과

16 ㉠에 사용된 내용 전개 방법은?

① 정의
② 분류
③ 인과
④ 서사

※ 다음 글을 읽고 물음에 답하시오(17~19).

(가)

모든 전화번호가 휴대 전화에 저장돼 있으나 외우고 있는 전화번호는 손가락으로 꼽을 정도이고, 노래방 기기가 없이는 애창곡 하나 부를 수 없으며, 계산기가 없으면 암산은커녕 간단한 계산조차 하지 못한다. 내비게이션이 없으면 여러 번 갔던 길도 찾을 수 없고, 심지어는 가족의 생일과 같은 단순한 정보도 기억하지 못하는 경우가 있다. 이러한 현상을 ㉠'디지털 치매', 또는 '아이티(IT) 건망증'이라 부른다.

(나)

요컨대 디지털 기술 의존 현상은 인간의 진화와 문명의 진전 과정에서 늘 존재해 왔던 기존의 기술 의존 현상과 다를 바 없는 것이요, 방대한 정보 처리와 효율적 업무 처리를 요하는 현대 사회의 환경에 적응하기 위한 불가피한 선택일 뿐이며, 그로 인해 오히려 더욱 창조적인 새로운 능력을 인간에게 가져다 준 것으로 보아야 한다. 그러니 굳이 디지털 치매라는 이상한 종류의 병에 걸렸다고 걱정하지 말고 인간 진화의 자연스러운 양상일 뿐이며 미래형 인간을 향한 진보의 결과로 마음 편하게 받아들이길 권할 따름이다.

– 이준기, 「디지털 치매, 걱정할 일 아니다」

17 위와 같은 글에 대해 잘못 설명한 것은?

① 주장이 추상적이어야 한다.
② 주장하는 명제가 공정해야 한다.
③ 사용하는 용어가 정확해야 한다.
④ 주장을 뒷받침하는 근거가 타당해야 한다.

18 (가)에 사용된 내용 전개 방법은?

① 예시　　　　② 분석
③ 서사　　　　④ 대조

19 ㉠에 대한 낙관적 전망을 잘못 설명한 것은?

① 미래형 인간을 향한 진보의 결과로 볼 수 있다.
② 인간 진화 과정에서 나타나는 자연스러운 양상이다.
③ 문명의 진전 과정에서 존재해 왔던 기존의 기술 의존 현상과는 다르다.
④ 효율적 업무 처리를 요하는 현대 사회에 적응하기 위한 불가피한 선택이다.

※ 다음 글을 읽고 물음에 답하시오(20~22).

> 　최근 밥상머리 교육이 주목받고 있다. 자녀의 인성과 학업에 유익하다는 이유 때문이다. 어른과 함께 식사하는 밥상머리에는 삶의 지혜가 풍성했다. 밥상머리에서는 올바른 식습관과 인성 함양이 저절로 이루어졌다. (ⓐ) 밥상머리 교육을 강조하면서도 가장 기본적인 젓가락질 교육은 놓치고 있는 듯하다.
>
> 　밥상머리 교육의 출발은 젓가락질 가르치기였다. 젓가락질을 못하면 못 배웠다는 흉을 들을 정도로 엄격히 가르쳤다. (ⓑ) 젓가락질하는 것만 보아도 밥상머리 교육을 제대로 받았는지 판단할 수 있었다. (ⓒ) 요즘 어린이들은 어떤가. 서투른 젓가락질 때문에 후루룩거리며, 흘리며 먹는 경우가 많다. 기업들이 이런 사정을 눈치채고 젓가락질을 어려워하는 어린이들을 겨냥한 ㉠기능성 젓가락을 개발했다. 기능성 젓가락은 젓가락을 변형하여 젓가락질을 쉽게 하도록 만든 것이다. (ⓓ) 이러한 기능성 젓가락은 편리함만 추구하고, 젓가락의 숨겨진 힘은 깨닫지 못한 장난처럼 보인다.
>
> 　　　　　　　　　　　　－ 윤상원, 「젓가락으로 시작하는 밥상머리 교육」

20 위와 같은 글을 읽을 때 유의할 점으로 가장 적절한 것은?

① 감동적인 경험에 공감하며 읽는다.

② 갈등의 해결 과정을 파악하며 읽는다.

③ 인물의 일생을 시간 순으로 정리하며 읽는다.

④ 주장에 대한 근거가 타당한지 파악하며 읽는다.

21 윗글에서 ㉠에 대한 글쓴이의 태도로 가장 적절한 것은?

① 적극적　　　　　② 비판적

③ 풍자적　　　　　④ 달관적

22 ⓐ~ⓓ에 들어갈 접속어를 잘못 연결한 것은?

① ⓐ: 그래서

② ⓑ: 그러므로

③ ⓒ: 그런데

④ ⓓ: 하지만

※ 다음 글을 읽고 물음에 답하시오(23~25).

> 　학생의 본문은 공부라지만 그와 함께 적당한 휴식과 놀이도 필요하다. (㉠) 청소년들이 놀 수 있는 시간은 부족하고, 마음 놓고 놀 만한 공간은 많지 않다. 운동장이나 놀이터는 청소년의 다양한 욕구를 반영하지 못한다는 점에서 놀이 공간의 역할을 하지 못한다. 피시방이나 노래방 등은 쉽게 일탈에 노출될 수 있다는 점에서 우려의 목소리가 높은 공간이다. 그나마 어쩌다 발견할 수 있는 청소년 놀이 문화 시설은 턱없이 부족하거나 접근이 쉽지 않은 것이 현실이다. 그래서인지 청소년들은 놀 시간이 주어져도 스마트폰을 켜고 혼자만의 시간을 보내는 경우가 많다.
>
> 　혼자 노는 청소년들의 모습은 방과 후 텅 빈 학교 운동장만큼이나 쓸쓸하다.
>
> 　만약 청소년들에게 그들만의 문화를 형성하고 자유롭게 즐길 수 있는 놀이 공간이 주어진다면 어떠할까? 앞에서 살펴본 문제가 해결되지 않을까? 여기서는 청소년 놀이 공간 확대의 긍정적인 측면에 대해 생각해 보도록 하자.

23 위와 같은 글의 구성 단계에 대해 잘못 설명한 것은?

① 글의 목적을 제시한다.

② 글을 쓴 동기를 밝힌다.

③ 앞의 내용을 요약・정리한다.

④ 앞으로 다룰 문제를 제기한다.

24 윗글의 중심 내용으로 가장 적절한 것은?

① 청소년들의 놀이 공간이 부족하다.

② 한국 청소년들의 학습량이 매우 많다.

③ 혼자 노는 청소년들이 많아지고 있다.

④ 노래방은 일탈에 쉽게 노출되는 공간이다.

25 ㉠에 들어갈 가장 알맞은 접속어는?

① 하지만　　　　　② 그리고

③ 그래서　　　　　④ 왜냐하면

※ 다음 글을 읽고 물음에 답하시오(26~28).

> ㉠인공 불빛 피해는 사람에게도 이어진다. 우리나라의 도시에 사는 아이들은 시골 아이들보다 안과를 자주 찾는다. 세계적인 과학 잡지인 『네이처』에는 밤에 항상 불을 켜 놓고 자는 아이의 34%가 근시라는 연구 결과가 실렸다. 불빛 아래에서 잠이 드는 데 걸리는 시간인 수면 ㉡잠복기가 길어지고 뇌파도 불안정해지기 때문이다.
>
> 사람의 몸에는 멜라토닌이라는 생체 리듬 호르몬이 있다. 멜라토닌은 강력한 산화 방지 역할을 하며 노화를 ㉢억제하고 면역 기능을 강화한다. 이 멜라토닌이 부족해지면 면역 기능이 떨어지고 암에 걸릴 수도 있다. 2004년 영국 런던에서 열린 '국제아동백혈병학술회의'에 참가한 학자들은 야간 조명이 암을 발생시킬 수 있다고 경고했다. 야간 조명이 세포의 ㉣증식과 ㉤사멸을 조절하는 멜라토닌 분비를 방해해서 암과 연관 있는 유전 변이를 일으킨다는 것이다.
>
> – 박경화, 「도시의 밤은 너무 눈부시다」

26 윗글에 대한 설명으로 가장 적절한 것은?

① 믿을 만한 자료를 인용하고 있다.
② 해결 방안을 구체적으로 제시하고 있다.
③ 개인의 경험을 생생하게 전달하고 있다.
④ 대상을 구성 요소로 나누어 설명하고 있다.

27 ㉠을 줄일 수 있는 실천 방안으로 가장 적절한 것은?

① 물을 아끼자.
② 나무를 많이 심자.
③ 불필요한 전등을 끄자.
④ 분리수거를 철저히 하자.

28 ㉡~㉤의 사전적 의미로 적절하지 않은 것은?

① ㉡: 어떤 자극이 작용하여 반응이 나타나기까지의 시간
② ㉢: 정도나 한도를 넘어서 나아가려는 것을 억눌러 그치게 함
③ ㉣: 생물이나 조직 세포 따위의 수가 점차 줄어들게 됨
④ ㉤: 죽어 없어짐

※ 다음 글을 읽고 물음에 답하시오(29~31).

> 밤의 풍경으로 기억되는 도시들이 있다. 헝가리의 부다페스트, 체코 프라하, 베트남 호이안은 아름다운 빛의 연출로 유명한 도시들이다. 세계에서 야경이 가장 아름다운 도시로 알려진 부다페스트는 낮에는 다른 유럽 도시에 비해 내세울 것이 없는 평범한 모습이다. 그러나 해가 저물면 도나우강가에 자리한 국회 의사당, 부다 왕궁, 어부 요새 등이 은은한 주홍색 조명을 받아 일제히 빛을 발하고 그 빛을 다시 받은 강물은 황금빛으로 일렁인다. 여기에 빛으로 연출된 세체니 다리의 유려한 곡선이 더해져 말로 표현할 수 없는 환상적인 풍경을 만들어 낸다. 체코의 수도 프라하는 중세의 고풍스러운 건물들이 보전되어 있는 도시이다. 오래된 건물 사이의 좁은 골목길을 따라 블타바강에 이르면 언덕 위에 우뚝 솟은 프라하성의 야경이 드러나는데, 강에 비친 카렐교와 프라하성이 함께 만들어 내는 풍치는 인상적이고도 매력적이다. 또한 도시 곳곳의 빼어난 건물에 부드러운 색조의 빛을 비추어 도시 전체에 품위 있는 밤 풍경을 연출하고 있다. 베트남 중부 지역에 위치한 호이안은 오래된 항구 도시로, 노란색 건물로 채워진 옛 거리가 그대로 보존되어 있다. 어둠이 내리면 거리를 가득하게 장식한 연등이 일제히 켜지면서 형형색색 빛의 향연이 시작된다.
>
> – 이진숙, 「밤이 아름다운 도시」

29 윗글을 요약하는 방법으로 가장 적절한 것은?

① 중심 문장과 핵심어를 찾는다.
② 단어의 함축적 의미를 파악한다.
③ 사건을 중심으로 내용을 요약한다.
④ 인물의 대사와 행동을 중심으로 파악한다.

30 윗글의 표현 방법에 대해 가장 바르게 설명한 것은?

① 다양한 사례를 제시하고 있다.
② 두 대상의 차이점을 설명하고 있다.
③ 질문을 통해 독자들이 스스로 판단하도록 한다.
④ 타당한 근거를 들어 주장에 대한 반론을 펼치고 있다.

31 윗글의 내용을 <u>잘못</u> 설명한 것은?

① 부다페스트, 프라하, 호이안은 야경으로 유명한 도시들이다.

② 부다페스트는 세계에서 낮 풍경이 가장 아름다운 도시로 알려졌다.

③ 프라하는 체코의 수도로, 중세의 고풍스러운 건물들이 보전되어 있다.

④ 호이안에 어둠이 내리면 거리를 가득 장식한 연등이 형형색색 빛을 발한다.

※ 다음 글을 읽고 물음에 답하시오(32~33).

벽화 마을, 어디서부터 잘못된 걸까. 주민들의 목소리를 충분히 듣지 않고, 마을 고유의 ⓐ내력이나 사연을 무시한 채 그저 ⓑ눈요깃거리에만 치중하여 마을을 조성한 데에 그 원인이 있다. '일단 조성하고 보자.'는 식의 ⓒ근시안적 발상으로 조성된 벽화 마을이 심각한 문제가 되는 경우도 적지 않다.

벽화는 도시를 화려하게 보이도록 하는 '화장'일 수 있다. 또한 보기 좋지 않은 것을 잠깐 가리기 위한 위장일 수도 있다. 화장도 지나치면 아니함만 못하고, 위장이라면 사회악이나 다름없다. 마을의 특성과 동떨어진, 겉만 번지르르한 벽화 마을 ⓓ조성은 그만두는 게 낫다.

32 위와 같은 글의 목적으로 가장 적절한 것은?

① 위로	② 설득
③ 감동	④ 정보 전달

33 ⓐ~ⓓ의 사전적 의미로 적절하지 <u>않은</u> 것은?

① ⓐ: 지금까지 지내온 경로나 경력

② ⓑ: 눈으로 보면서 만족을 느끼는 대상

③ ⓒ: 가까이 있는 물체를 잘 볼 수 없는

④ ⓓ: 무엇을 만들어서 이룸

※ 다음 글을 읽고 물음에 답하시오(34~36).

그동안 경제학에서는 합리적인 선택을 하는 것, 즉 자신에게 가장 이익이 되는 쪽을 선택하는 것이 '호모 에코노미쿠스'인 인간의 본성이라고 여겨 왔다. 경제학에서 이제껏 인간의 이기적 본성을 부각해 왔던 것은 모두가 자기 위치에서 자기 이익을 추구하면 그것이 건강한 경쟁을 통해 모든 사람에게 행복을 가져다 줄 것이라고 믿었기 때문이다. (㉠) 이기심을 바탕으로 한 경쟁은 기대와 달리 환경 파괴, 물질 숭배, 지나친 경쟁, 인간성 상실 등 온갖 문제를 발생시켰다.

지금 세계 곳곳에서 나타나는 착한 소비의 움직임은 그동안의 이기적 선택에 대한 반성과 함께 이타심이라는 인간의 본성이 발현된 것이라고 할 수 있다. 경제가 어려울수록 착한 소비가 더욱 확산하는 이유 역시 여기에서 찾을 수 있다.

– KBS「명견만리」제작진,「착한 소비, 내 지갑 속의 투표용지」

34 위와 같은 글을 읽는 목적으로 가장 적절한 것은?

① 주장과 근거를 파악하기 위해

② 인물의 훌륭한 점을 본받기 위해

③ 모르는 사실에 대한 정보를 얻기 위해

④ 작가가 경험한 일을 통해 감동을 얻기 위해

35 윗글의 내용을 <u>잘못</u> 설명한 것은?

① 착한 소비의 움직임은 이기적 선택에 대한 반성이다.

② 착한 소비의 움직임은 인간의 본성인 이타심이 발현된 것이다.

③ 경제학에서는 합리적인 선택을 하는 것이 인간의 본성이라고 여긴다.

④ 인간의 이타심으로 인해 물질 숭배, 인간성 상실 등 사회적 문제가 발생했다.

36 ㉠에 들어갈 가장 알맞은 접속어는?

① 그래서	② 하지만
③ 그러므로	④ 왜냐하면

※ 다음 글을 읽고 물음에 답하시오(37~38).

오늘날 우리 사회는 ㉠빨리빨리의 문화가 대세이다. 불과 수십 년 전만 해도 '느림'의 문화가 지배적이었는데 압축 성장 과정에서 속도의 문화가 이를 대체했다. 빨리빨리의 문화는 한편으로는 고속 성장을 가능하게 했지만, 다른 한편으로는 부작용을 낳았다. 부실 공사로 인한 건축물 붕괴, 높은 교통사고 사망률 등은 이 문화의 부정적 산물이다. 또 그 안에서의 경쟁으로 인해 사람들은 임청난 스트레스를 겪고 있다.

〈중략〉

이제 빨리빨리의 문화에서 벗어나 '느림'의 삶을 누려 보자. 날마다면 더 좋겠지만, 그게 안 될 경우에는 일주일에 하루만이라도 걸어 보자. 걸으면서 옆 사람과 이야기도 나누고 주변도 관찰해 보자. 집에서 음식을 조리해 먹고, 먹을거리를 생산한 사람을 생각하고, 우리가 먹는 음식의 맛을 즐겨 보도록 하자. '느림'을 실천하면 보다 건강하고 여유로운 삶이 펼쳐진다.

빨리빨리의 문화와 경쟁에 젖어 있는 이들에게 시작이 쉽지는 않겠지만, 사람다운 삶을 원한다면 생활의 작은 부분에서부터 '느림'을 실천하고 체험해 보기를 권한다.

– 김종덕, 「느림의 가치를 재발견하자」

37 위와 같은 글을 읽는 방법으로 가장 적절한 것은?

① 상징적 의미를 파악하며 읽는다.
② 등장인물의 갈등을 파악하며 읽는다.
③ 정보를 파악하는 데 중점을 두며 읽는다.
④ 주장하는 내용이 합리적인지 파악하며 읽는다.

38 ㉠이 가져온 사회의 변화에 대한 글쓴이의 태도가 다른 것은?

① 사회의 고속 성장
② 높은 교통사고 사망률
③ 경쟁으로 인한 스트레스
④ 부실 공사로 인한 건축물 붕괴

3 문법

1 국어의 변화

● **해결 Point**

훈민정음에 대한 문제가 자주 출제된다. 따라서 한글 창제 원리에 대해 확실하게 알아 두는 것이 중요하다. 이와 더불어 언어의 본질과 방언에 대한 문제도 출제될 수 있으므로 다양한 예문을 통해 문맥을 파악하는 연습을 하는 것이 좋다.

● **대표 문제 유형**

❖ 다음 글에서 알 수 있는 훈민정음의 창제 정신으로 가장 적절한 것은?
❖ ㉠에 해당하는 언어의 특성으로 가장 적절한 것은?

(1) 언어의 이해

① 언어의 본질

  ㉠ 자의성: 언어의 의미와 기호 사이에는 필연적인 관계가 없다.
  ㉡ 사회성: 언어는 그 언어를 사용하는 사람들 사이의 약속이다.
  ㉢ 역사성: 언어는 시간의 흐름에 따라 끊임없이 변한다.
  • 생성: 새로운 말이 생기는 것
  • 변화: 의미 축소, 의미 확대, 의미 이동 등
  • 소멸: 사용하던 말이 사라지는 것
  ㉣ 창조성: 한정된 단어로써 상황에 따라 무한히 많은 새로운 문장을 만들 수 있다.
  ㉤ 규칙성: 언어마다 원활한 언어생활을 위해 정해 놓은 규칙이 있다.

② 언어의 기능

  ㉠ 표현적 기능: 화자가 어떤 문제에 대해 자신의 판단이나 감정을 언어로 표현하는 기능을 말한다.
  예 철수는 몸무게가 45kg입니다.
  ㉡ 표출적 기능: 화자가 의사소통을 전제로 하지 않고 거의 본능적으로 사용하는 기능을 말한다.
  예 으악! / 에구머니나! / 어이쿠!

  ㉢ 지령적 기능: 지령이란 윗사람이 아랫사람에게 무엇을 하게 하는 것이다. 명령적 기능이라고도 한다.
  ㉣ 친교적 기능: 화자가 청자와의 유대 관계를 확인하거나 친교를 돈독하게 하기 위한 목적으로 사용하는 언어 기능이다.
  예 (인사치레로) "식사 하셨어요?"

(2) 국어의 이해

① 국어의 개념

  ㉠ 국어란 국가를 배경으로 그 나라의 국민이 사용하는 개별적·구체적 언어이다.
  ㉡ 보통 한 나라 안에서는 하나의 국어가 사용되지만, 경우에 따라 둘 이상의 국어를 사용하는 나라도 있다.

② 어휘의 체계와 양상

  ㉠ 우리말 어휘의 체계
  • 고유어: 오래 전부터 사용하던 순우리말로서, 우리 민족 특유의 문화나 정서를 표현한다.
  • 한자어: 중국에서 유입된 한자로 된 단어이다.
  • 외래어: 외국으로부터 들여와 우리말처럼 쓰이는 단어를 말한다.
  ㉡ 우리말 어휘의 양상

	개념	지역에 따라 다르게 사용하는 말이다.
지역 방언	특징	• 방언은 우리말의 어휘를 더욱 풍부하게 만든다. • 그 지역의 고유한 정서와 문화를 느낄 수 있다. • 방언 속에는 옛말이 많이 남아 있어 국어 연구에 효율적이다. • 사용하는 사람끼리 친근함과 유대감을 느낄 수 있다.
사회 방언	개념	직업, 성별, 세대 등 사회적 요인에 따라 다르게 사용하는 말이다.
	특징	구성원끼리는 소속감과 유대감을 느끼게 하지만, 구성원이 아닌 사람에게는 소외감을 느끼게 한다.

종류	• 은어: 특정 집단의 사람들이 다른 사람은 알아듣지 못하도록 구성원들끼리만 빈번하게 사용하는 말로서, 다른 집단에 알려지면 은어로서의 기능을 상실한다. • 유행어: 비교적 짧은 시기에 걸쳐 여러 사람의 입에 오르내리는 단어나 구절로서, 시대상을 반영한다. • 전문어: 전문적인 개념을 명확하게 표현하기 위해 사용하는 어휘로서, 특수한 전문 분야에서 해당 분야의 작업을 능률적으로 하기 위해 사용한다.

(3) 한글의 창제 원리

① 한글 창제의 배경
  ㉠ 우리말을 표기할 우리 고유의 문자가 없어 한자를 사용하고 있다.
  ㉡ 한자를 배우기 어려워하는 백성들은 자신의 뜻을 표현하지 못하고 있다.
  ㉢ 한자로 우리말을 제대로 표현하기 어렵다.

② 한글의 창제 정신
  ㉠ 실용 정신: 누구나 쉽게 배우고 편하게 쓸 수 있는 글이 있어야 한다.
  ㉡ 자주 정신: 한자로 우리말을 제대로 표현하는 데 한계가 있어 우리의 독창적인 문자가 필요하다.
  ㉢ 애민 정신: 백성들이 글자를 몰라 억울한 일을 당하지 않도록 해야 한다.

③ 한글의 창제 원리
  ㉠ 자음자를 만드는 원리
    • 상형의 원리: 발음 기관의 모양을 본떠 기본자 'ㄱ, ㄴ, ㅁ, ㅅ, ㅇ'을 만들었다.
    • 가획의 원리: 기본자에 획을 하나씩 더해 새로운 글자를 만들었다.
    • 이체의 원리: 기본자와 모양을 달리하여 'ㆁ(옛이응), ㄹ, △(반치음)'을 만들었다.

구분	글자를 만드는 원리	기본자	가획자
아음 (어금닛소리)	혀뿌리가 목구멍을 막는 모양	ㄱ	ㅋ
설음 (혓소리)	혀가 윗잇몸에 닿는 모양	ㄴ	ㄷ, ㅌ
순음 (입술소리)	입의 모양	ㅁ	ㅂ, ㅍ
치음 (잇소리)	이의 모양	ㅅ	ㅈ, ㅊ
후음 (목구멍소리)	목구멍의 모양	ㅇ	ㆆ, ㅎ

  ㉡ 모음자를 만드는 원리
    • 상형의 원리: 하늘의 둥근 모양, 땅의 평평한 모양, 사람이 서 있는 모양 등 '천지인(天地人)'을 본떠 기본자 'ㆍ(하늘), ㅡ(땅), ㅣ(사람)'를 만들었다.
    • 합성의 원리: 기본자를 서로 합하여 다른 모음자를 만들었다. 초출자와 재출자가 있다.

구분	특징	모음 글자
기본자	상형의 원리로 만듦	ㆍ, ㅡ, ㅣ
초출자	'ㅡ'와 'ㅣ'에 'ㆍ'를 결합하여 만듦	ㅗ, ㅏ, ㅜ, ㅓ
재출자	초출자에 'ㆍ'를 결합하여 만듦	ㅛ, ㅑ, ㅠ, ㅕ

  ㉢ 한글 자음과 모음을 확장하여 만드는 방법
    • 연서: 자음 두 개를 위아래로 연이어 쓰는 방법
      예 ㅱ, ㅸ, ㅃ, ㆄ
    • 병서: 자음 둘 이상을 가로로 나란히 붙여 쓰는 방법
      − 각자병서: 같은 자음자를 나란히 쓰는 방법
        예 ㄲ, ㄸ, ㅃ, ㅆ, ㅉ
      − 합용병서: 다른 자음자를 나란히 쓰는 방법
        예 ㅺ, ㅳ, ㅄ
    • 합용: 모음을 여러 개 합하여 쓰는 방법
      예 ㅘ, ㅝ, ㅚ, ㅢ, ㅐ, ㅖ, ㅙ, ㅞ

④ 한글의 우수성
  ㉠ 글을 만드는 원리가 과학적이고 체계적이다.
  ㉡ 기본 자음자와 모음자만 익히면 다른 글자를 쉽게 익힐 수 있다.
  ㉢ 한글은 글자를 적을 때 모아쓰기를 한다.
    • 단어나 문장의 의미를 빠르게 이해할 수 있다.
    • 음절 단위로 의미를 정확하게 파악할 수 있다.
    • 적은 수의 자음자와 모음자로 많은 글자를 만들어낼 수 있다.
  ㉣ 휴대 전화, 컴퓨터를 이용하는 정보화 사회에서 유용하다.
    • 문자를 입력하는 속도가 빠르다.
    • 문자와 소리의 일치성이 뛰어나 음성 인식 컴퓨터에 유용하다.

(4) 통일 시대의 국어

① 남북한 언어의 동질성과 이질성
- ㉠ 동질성: 역사적 배경을 같이하는 한민족으로, 분단 이전부터 같은 말과 글을 사용했다.
- ㉡ 이질성: 분단 이후 교류가 없이 맞춤법이 남북한 따로 수정되었고, 서로 다른 이념과 제도가 언어에 영향을 미쳤다.

② 남북한 언어의 차이
- ㉠ 남한은 서울말을 표준어로, 북한은 평양말을 문화어로 사용한다.
- ㉡ 이념과 제도가 언어에 영향을 미쳐 서로 다른 의미로 사용하는 어휘가 있다.
  - 예 동무: 친하게 어울리는 사람(남한), 혁명대오에서 함께 싸우는 사람(북한)
- ㉢ 북한에서는 한자어, 외래어 등을 고유어로 바꾸어 사용한다.
  - 예 골키퍼(남한)–문지기(북한), 노크(남한)–손기척(북한)
- ㉣ 분단 이후 북한에 새로운 어휘가 만들어졌다.
  - 예 밥공장, 인민배우
- ㉤ 북한은 두음 법칙을 인정하지 않는다.
  - 예 양심(남한) / 량심(북한), 노동신문(남한) / 로동신문(북한)
- ㉥ 북한은 사이시옷을 쓰지 않는다.
  - 예 냇물(남한) / 내물(북한)
- ㉦ 북한은 의존명사를 붙여 쓴다.
  - 예 아는 것(남한) / 아는것(북한)
- ㉧ 남한의 어조는 부드럽게 흘러가는 느낌, 북한의 어조는 명확하고 또박또박하면서 강하고 거센 느낌이 있다.

③ 남북한 언어의 이질성 극복
- ㉠ 문화적 교류를 활발하게 하여 언어 차이를 극복해 나간다.
- ㉡ 학술 교류를 통해 어휘, 맞춤법 등 언어 차이를 줄여 나간다.
- ㉢ 남북한 말을 정리하여 사전을 편찬한다.
- ㉣ 통일을 대비하여 남북한 언어의 이질성을 극복하기 위해 노력한다.

2 음운과 단어

● **해결 Point**

국어의 음운 체계와 형태소, 단어, 음운의 변동, 품사 등 영역 전반에 걸쳐서 문제가 출제된다. 따라서 대표적인 예를 통해 각 개념과 종류를 명확히 알아 두는 것이 중요하다. 암기할 양이 많으므로 꾸준한 학습이 필요하다.

● **대표 문제 유형**

❖ 다음에서 설명하는 음운 변동이 일어나는 예로 적절한 것은?
❖ 다음 단어들의 공통점으로 적절한 것은?

(1) 음운과 음절

① 음운
- ㉠ 음운의 개념: 말의 뜻을 구별해 주는 소리의 가장 작은 단위를 말한다.
- ㉡ 음운의 종류
  - 분절 음운: 마디를 뚜렷하게 나눌 수 있는 음운으로, 국어에는 '자음'과 '모음'이 있다.
  - 비분절 음운: 마디를 뚜렷하게 나눌 수 없는 음운으로, 소리의 길이(음장), 소리의 높낮이(억양), 소리의 세기 등이 있다.

② 음절
- ㉠ 음절의 개념: 발음을 할 때 한 번에 소리 낼 수 있는 발음의 최소 단위이다.
- ㉡ 음절의 구조: 음절의 기본 구조는 '(자음) + 모음 + (자음)'이다.
  - 모음 하나로 된 음절 예 이
  - '모음 + 자음'으로 된 음절 예 양
  - '자음 + 모음'으로 된 음절 예 파
  - '자음 + 모음 + 자음'으로 된 음절 예 달

(2) 국어의 음운 체계

① 자음
- ㉠ 개념: 발음할 때 허파에서 나온 공기의 흐름이 목, 입, 혀 따위의 발음 기관에 의해 장애를 받아 나는 소리이다.
- ㉡ 자음의 분류
  - 소리의 세기에 따른 구분
    - 평음(예사소리): 발음 기관에 힘이 조금 들어가서 약하게 터져 나오는 소리

- 경음(된소리): 숨이 적게 터져 나오는 소리
- 격음(거센소리): 숨이 거세게 터져 나오는 소리
• 목청의 떨림 여부에 따른 구분
  - 울림소리: 발음할 때 목청이 떨려 울리는 소리
  - 안울림소리: 성대를 진동시키지 않고 내는 소리
• 조음 방법에 따른 구분
  - 파열음: 공기를 막았다가 터뜨리는 소리
  - 파찰음: 공기를 막았다가 마찰하여 내는 소리
  - 마찰음: 좁은 틈으로 공기를 마찰하여 내는 소리
  - 비음(콧소리): 코로 공기를 보내어 내는 소리
  - 유음(흐름소리): 공기의 흐름을 거의 방해하지 않
    으며 내는 소리
• 조음 위치에 따른 구분
  - 양순음(입술소리): 두 입술에서 내는 소리
  - 치조음(잇몸소리): 혀끝을 치조 부위에 대거나 접
    근하여 내는 소리
  - 경구개음(센입천장소리): 혀의 앞부분을 경구개
    부위에 대어 내는 소리
  - 연구개음(여린입천장소리): 혀의 뒷부분을 연구
    개 부위에 대어 내는 소리
  - 후음(목청소리): 목청에서 내는 소리

구분			입술 소리	잇몸 소리	센 입천장 소리	여린 입천장 소리	목청 소리
안울림소리	파열음	예사 소리	ㅂ	ㄷ		ㄱ	
		된소리	ㅃ	ㄸ		ㄲ	
		거센 소리	ㅍ	ㅌ		ㅋ	
	파찰음	예사 소리			ㅈ		
		된소리			ㅉ		
		거센 소리			ㅊ		
	마찰음	예사 소리		ㅅ			
		된소리		ㅆ			ㅎ
		거센 소리					
울림소리	콧소리		ㅁ	ㄴ		ㅇ	
	흐름 소리			ㄹ			

② 모음
  ㉠ 모음의 개념: 성대의 진동을 받은 소리가 목, 입, 코를
    거쳐 나오면서 그 통로가 좁아지거나 완전히 막히거나
    하는 따위의 장애를 받지 않고 나는 소리이다.
  ㉡ 모음의 종류
    • 단모음(10개): 발음할 때 입술이나 혀가 고정되어 움
      직이지 않는 모음

혀의 위치에 따른 구분	전설 모음	혀의 최고점이 입 안의 앞쪽에 위치하여 발음
	후설 모음	혀의 최고점이 입 안의 뒤쪽에 위치하여 발음
혀의 높이에 따른 구분	고모음	입을 조금 열고, 혀의 위치를 높여서 발음하는 모음
	중모음	입을 보통으로 열고 혀의 높이를 중간으로 하여 발음하는 모음
	저모음	입을 크게 벌리고 혀의 위치를 가장 낮추어서 발음하는 모음
입술 모양에 따른 구분	평순 모음	입술을 둥글게 오므리지 않고 발음하는 모음
	원순 모음	입술을 둥글게 오므려 발음하는 모음

구분	전설 모음		후설 모음	
	평순 모음	원순 모음	평순 모음	원순 모음
고모음	ㅣ	ㅟ	ㅡ	ㅜ
중모음	ㅔ	ㅚ	ㅓ	ㅗ
저모음	ㅐ		ㅏ	

    • 이중 모음(11개): 발음할 때 입술이나 혀가 움직이는
      모음
      - 반모음 'ㅣ'로 시작하는 것: 'ㅑ, ㅒ, ㅕ, ㅖ, ㅛ,
        ㅠ'
      - 반모음 'ㅗ/ㅜ'로 시작하는 것: 'ㅘ, ㅙ, ㅝ, ㅞ'
      - 반모음 'ㅣ'로 끝나는 것: 'ㅢ'

③ 소리의 길이
  ㉠ 국어에서는 같은 모음이라도 소리의 길이에 따라 단어
    의 뜻이 구별되는 경우가 있다.
  ㉡ 소리의 길이가 단어의 뜻을 구별해주기 때문에 '음운'
    의 역할을 한다고 볼 수 있다.

말	[말]	말과의 포유류 예 말을 몰다.
	[말ː]	사람이 사용하는 음성 기호 예 말을 가르치다.

눈	[눈]	물체를 볼 수 있는 감각 기관 예 눈이 초롱초롱하다.
	[눈ː]	얼음의 결정체 예 눈이 쌓이다.
밤	[밤]	해가 져서 어두워진 때 예 칠흑같이 캄캄한 밤
	[밤ː]	밤나무의 열매 예 밤 한 톨
병	[병]	목과 아가리가 좁은 그릇 예 보리차를 병에 부어 냉장고에 넣었다.
	[병ː]	몸에 이상이 생겨 괴로움을 느끼는 현상 예 병이 중하다.

(3) 형태소와 단어

① 형태소: 뜻을 가지고 있는 가장 작은 말의 단위로, 더 이상 분석하게 되면 그 뜻을 잃어버리게 된다.
　㉠ 자립성 유무에 따라
　　• 자립 형태소: 혼자 자립해서 쓰일 수 있는 형태소
　　　예 명사, 대명사, 수사, 관형사, 부사, 감탄사
　　• 의존 형태소: 혼자 쓰일 수 없고 다른 말에 기대어 쓰이는 형태소
　　　예 조사, 접사, 용언의 어간·어미
　㉡ 실질적 의미의 유무에 따라
　　• 실질 형태소: 실질적 의미를 갖고 구체적인 대상이나 상태·동작 등을 표시하는 형태소
　　　예 자립 형태소, 용언의 어간
　　• 형식 형태소: 실질 형태소에 붙어 문법적 관계나 형식적 의미를 더해주는 형태소
　　　예 조사, 접사, 용언의 어미

② 단어: 자립할 수 있는 최소 단위로, 뜻을 지니고 홀로 쓰일 수 있는 말의 단위이다. 예외적으로 조사는 홀로 쓰일 수 없지만 단어로 인정한다.
　㉠ 단일어: 하나의 어근만으로 된 말
　　예 풀, 나무, 배, 사과
　㉡ 복합어: 여러 개의 형태소가 결합된 말
　　• 합성어: 두 개 이상의 어근이 결합된 말
　　　예 사과+즙, 밤+나무
　　• 파생어: 어근과 접사(접두사, 접미사)가 결합된 말
　　　예 풋+사과, 가위+질

③ 어근과 접사
　㉠ 어근: 단어의 실질적 의미를 나타내는 부분
　　예 '덮개'의 '덮-'
　㉡ 접사: 어근의 앞 또는 뒤에 붙어 의미를 만들어 내는 것을 도와주는 부분
　　• 접두사: 어근 앞에 붙어서 의미 첨가
　　　예 풋-, 애-, 개-, 돌-, 날-, 맨-
　　• 접미사: 어근 뒤에 붙어서 의미 첨가 또는 문법적 기능
　　　예 -둥이, -이, -개

(4) 단어의 올바른 발음

① 표준 발음법 총칙
　표준 발음법은 표준어의 실제 발음을 따르되, 국어의 전통성과 합리성을 고려하여 정함을 원칙으로 한다.

② 받침의 발음
　㉠ 받침소리로는 'ㄱ, ㄴ, ㄷ, ㄹ, ㅁ, ㅂ, ㅇ'의 7개 자음만 발음한다.
　㉡ 받침 'ㄲ, ㅋ', 'ㅅ, ㅆ, ㅈ, ㅊ, ㅌ', 'ㅍ'은 어말 또는 자음 앞에서 각각 대표음 [ㄱ, ㄷ, ㅂ]으로 발음한다.
　　• 'ㄲ, ㅋ' → [ㄱ]: 닭다[닥따], 키읔[키윽]
　　• 'ㅅ, ㅆ, ㅈ, ㅊ, ㅌ' → [ㄷ]: 옷[옫], 있다[읻따], 빗다[빋따], 꽃[꼳], 솥[솓]
　　• 'ㅍ' → [ㅂ]: 앞[압]
　㉢ 겹받침 'ㄳ', 'ㄵ', 'ㄼ, ㄽ, ㄾ', 'ㅄ'은 어말 또는 자음 앞에서 각각 [ㄱ, ㄴ, ㄹ, ㅂ]으로 발음한다.
　　• 'ㄳ' → [ㄱ]: 넋[넉]
　　• 'ㄵ' → [ㄴ]: 앉다[안따]
　　• 'ㄼ, ㄽ, ㄾ' → [ㄹ]: 여덟[여덜], 외곬[외골], 핥다[할따]
　　• 'ㅄ' → [ㅂ]: 값[갑]
　㉣ 겹받침 'ㄺ, ㄻ, ㄿ'은 어말 또는 자음 앞에서 각각 [ㄱ, ㅁ, ㅂ]으로 발음한다.
　　• 'ㄺ' → [ㄱ]: 닭[닥]
　　• 'ㄻ' → [ㅁ]: 삶[삼]
　　• 'ㄿ' → [ㅂ]: 읊다[읍따]
　㉤ 받침 'ㅎ'의 발음
　　• 'ㅎ(ㄶ, ㅀ)' 뒤에 'ㄱ, ㄷ, ㅈ'이 결합되는 경우에는, 뒤 음절 첫소리와 합쳐서 [ㅋ, ㅌ, ㅊ]으로 발음한다.
　　　예 놓고[노코], 쌓지[싸치], 많고[만코], 않던[안턴], 닳지[달치]

[붙임 1] 받침 'ㄱ(ㄺ), ㄷ, ㅂ(ㄼ), ㅈ(ㄵ)'이 뒤 음절 첫소리 'ㅎ'과 결합되는 경우에도, 역시 두 음을 합쳐서 [ㅋ, ㅌ, ㅍ, ㅊ]으로 발음한다.

예 각해[가카], 밝히다[발키다], 맏형[마텽], 좁히다[조피다], 넓히다[널피다], 꽂히다[꼬치다], 앉히다[안치다]

[붙임 2] 규정에 따라 'ㄷ'으로 발음되는 'ㅅ, ㅈ, ㅊ, ㅌ'의 경우에도 이에 준한다.

예 옷 한 벌[오탄벌], 낮 한때[나탄때], 꽃 한 송이[꼬탄송이], 숱하다[수타다]

• 'ㅎ(ㄶ, ㅀ)' 뒤에 'ㅅ'이 결합되는 경우에는, 'ㅅ'을 [ㅆ]으로 발음한다.

예 닿소[다쏘], 많소[만쏘], 싫소[실쏘]

• 'ㅎ' 뒤에 'ㄴ'이 결합되는 경우에는, [ㄴ]으로 발음한다.

예 놓는[논는], 쌓네[싼네]

[붙임] 'ㄶ, ㅀ' 뒤에 'ㄴ'이 결합되는 경우에는, 'ㅎ'을 발음하지 않는다.

예 않네[안네], 않는[안는], 뚫네[뚤네 → 뚤레], 뚫는[뚤는 → 뚤른]

• 'ㅎ(ㄶ, ㅀ)' 뒤에 모음으로 시작된 어미나 접미사가 결합되는 경우에는, 'ㅎ'을 발음하지 않는다.

예 낳은[나은], 쌓이다[싸이다], 많아[마나], 않은[아는], 닳아[다라], 싫어도[시러도]

ⓑ 홑받침이나 쌍받침이 모음으로 시작된 조사나 어미, 접미사와 결합되는 경우에는, 제 음가대로 뒤 음절 첫소리로 옮겨 발음한다.

예 깎아[까까], 옷이[오시], 꽃을[꼬츨], 쫓아[쪼차], 밭에[바테], 앞으로[아프로], 덮이다[더피다]

ⓒ 겹받침이 모음으로 시작된 조사나 어미, 접미사와 결합되는 경우에는, 뒤엣것만을 뒤 음절 첫소리로 옮겨 발음한다. 이 경우, 'ㅅ'은 된소리로 발음한다.

예 넋이[넉씨], 앉아[안자], 닭을[달글], 곬이[골씨], 핥아[할타], 읊어[을퍼], 값을[갑쓸], 없어[업써]

ⓞ 받침 뒤에 모음 'ㅏ, ㅓ, ㅗ, ㅜ, ㅟ' 들로 시작되는 실질 형태소가 연결되는 경우에는, 대표음으로 바꾸어서 뒤 음절 첫소리로 옮겨 발음한다.

예 밭 아래[바다래], 늪 앞[느밥], 젖어미[저더미], 맛없다[마덥따], 겉옷[거돋], 헛웃음[허두슴], 꽃 위[꼬뒤]

다만, '맛있다, 멋있다'는 [마싣따], [머싣따]로도 발음할 수 있다.

[붙임] 겹받침의 경우에는, 그중 하나만을 옮겨 발음한다.

예 넋 없다[너겁따], 닭 앞에[다가페], 값어치[가버치], 값있는[가빈는]

③ **모음의 발음**

㉠ 'ㅏ ㅐ ㅓ ㅔ ㅗ ㅚ ㅜ ㅟ ㅡ ㅣ'는 단모음으로 발음한다.

[붙임] 'ㅚ, ㅟ'는 이중 모음으로 발음할 수 있다. 'ㅟ'와 'ㅚ'는 단모음 대신 이중 모음으로 발음하는 경우도 적지 않다. 이러한 발음 현실을 감안하여 'ㅟ'와 'ㅚ'의 경우 단모음 대신 이중 모음으로 발음하는 것도 허용하고 있다.

㉡ 'ㅑ ㅒ ㅕ ㅖ ㅘ ㅙ ㅛ ㅝ ㅞ ㅠ ㅢ'는 이중 모음으로 발음한다.

다만 1. 용언의 활용형에 나타나는 '져, 쪄, 쳐'는 [저, 쩌, 처]로 발음한다.

예 가지어 → 가져[가저], 찌어 → 쪄[쩌], 다치어 → 다쳐[다처]

다만 2. '예, 례' 이외의 'ㅖ'는 [ㅔ]로도 발음한다.

예 계집[계집/게집], 시계[시계/시게](時計), 혜택[혜택/헤택](惠澤), 지혜[지혜/지헤](智慧)

다만 3. 자음을 첫소리로 가지고 있는 음절의 'ㅢ'는 [ㅣ]로 발음한다.

예 무늬[무니], 띄어쓰기[띠어쓰기], 희망[히망], 유희[유히]

다만 4. 단어의 첫음절 이외의 '의'는 [ㅣ]로, 조사 '의'는 [ㅔ]로 발음함도 허용한다.

예 주의[주의/주이], 협의[혀븨/혀비], 우리의[우리의/우리에]

(5) 단어의 올바른 표기

① **한글 맞춤법 총칙**

㉠ 한글 맞춤법은 표준어를 소리대로 적되, 어법에 맞도록 함을 원칙으로 한다.

• 소리대로 적는다.

예 나무[나무], 가위[가위], 달리다[달리다]

• 단어의 의미를 쉽게 파악하기 위해 원래의 형태를 밝혀 적는다.

예 꽃이[꼬치], 꽃나무[꼰나무], 꽃다발[꼳따발]

㉡ 문장의 각 단어는 띄어 씀을 원칙으로 한다.

㉢ 외래어는 '외래어 표기법'에 따라 적는다.

② '안'과 '않'

  ㉠ '안': '아니'를 줄여서 쓴 말로, 부사(수식언)이다.

    예 밥을 안 먹는다.

  ㉡ '않': '아니하-'를 줄여서 쓴 말로, 용언의 어간이다.

    예 밥을 먹지 않는다.

③ 어간 모음 'ㅚ' 뒤에 '-어'가 결합하여 'ㅙ'로 줄어드는 경우, 'ㅙ'로 적는다.

  ㉠ 되어 → 돼

    예 모든 게 생각대로 돼(← 되어) 간다.

      이렇게 만나게 돼서(← 되어서) 반갑다.

      어느덧 가을이 됐다(← 되었다).

  ㉡ 뵈어 → 봬

    예 오랜만에 선생님을 봬서(←뵈어서) 기뻤다.

      그럼 내일 함께 선생님을 봬요(←뵈어요).

      어제 부모님을 뵀다(←뵈었다).

④ 구별하여 적어야 하는 단어

다치다	신체에 상처가 생기다. 예 부주의로 손을 다쳤다.
닫히다	'닫다'의 피동사. 예 문이 저절로 닫혔다.
마치다	일, 과정, 절차가 끝나다. 예 벌써 일을 마쳤다.
맞히다	맞는 답을 내놓다. 예 문제의 정답을 맞혔다.
반드시	틀림없이, 꼭. 예 약속은 반드시 지켜라.
반듯이	비뚤어지지 않고 바르게. 예 고개를 반듯이 들어라.
부치다	편지나 물건을 상대에게 보내다. 예 편지를 부친다.
붙이다	맞닿아 떨어지지 아니하게 하다. 예 우표를 붙인다.
시키다	어떤 일이나 행동을 하게 하다. 예 일을 시킨다.
식히다	'식다'의 사동사. 예 끓인 물을 식힌다.
(으)로서	지위나 신분, 자격을 나타내는 격조사. 예 사람으로서 그럴 수는 없다.
(으)로써	재료, 수단, 도구를 나타내는 격조사. 예 닭으로써 꿩을 대신했다.

(6) 음운의 변동

① 개념: 음운의 변동이란 한 음운이 일정한 환경에서 변하는 현상으로, 발음을 좀 더 쉽고 간편하게 하거나 표현의 강화 효과를 위해 일어난다.

② 종류

  ㉠ 음절 끝소리 규칙: 음절의 끝소리에 대표음(ㄱ, ㄴ, ㄷ, ㄹ, ㅁ, ㅂ, ㅇ)만 올 수 있으며, 이것들 외의 자음이 끝에 오면 이것들 가운데 하나로 변한다.

  ㉡ 비음화: 받침 'ㄱ(ㄲ, ㅋ, ㄳ, ㄺ), ㄷ(ㅅ, ㅆ, ㅈ, ㅊ, ㅌ, ㅎ), ㅂ(ㅍ, ㄼ, ㄿ, ㅄ)'은 비음 'ㄴ, ㅁ' 앞에서 비음 [ㅇ, ㄴ, ㅁ]으로 발음한다.

    예 국물[궁물], 쫓는[쫀는], 앞마당[암마당]

  ㉢ 유음화: 'ㄴ'과 'ㄹ'이 만나면 'ㄴ'을 [ㄹ]로 발음한다.

    예 난로[날로], 천리[철리], 대관령[대괄령], 칼날[칼랄], 물난리[물랄리], 줄넘기[줄럼끼]

  ㉣ 구개음화: 끝소리 'ㄷ, ㅌ'이 모음 'ㅣ'와 만나 구개음인 [ㅈ, ㅊ]으로 바뀌는 현상이다.

    예 굳이[구지], 밭이[바치], 벼훑이[벼훌치]

  ㉤ 음운의 축약: 두 개의 자음이나 모음이 이어질 때 새로운 한 개의 음운으로 변한다.

자음 축약	먹히다[머키다](ㄱ+ㅎ=ㅋ), 잡히다[자피다](ㅂ+ㅎ=ㅍ)
모음 축약	보이다 → 뵈다(ㅗ+ㅣ=ㅚ), 가리+어 → 가려(ㅣ+ㅓ=ㅕ)

  ㉥ 음운의 탈락: 두 개의 자음이나 모음이 이어질 때 한 음운이 완전히 탈락한다.

자음 탈락	• 'ㄹ' 탈락: 다달이(달+달-이), 따님(딸+님), 마소(말+소), 바느질(바늘+질), 부삽(불+삽), 싸전(쌀+전), 여닫이(열+닫이), 우짖다(울+짖다), 화살(활+살), 무논(물+논), 차돌(찰+돌) • 'ㅎ' 탈락: 낳은[나은], 놓아[노아], 쌓이다[싸이다], 싫어도[시러도]
모음 탈락	'ㅡ' 탈락(쓰+어 → 써), 'ㅜ' 탈락(푸+어 → 퍼), 동음 탈락(가+아서 → 가서)

  ㉦ 음운의 첨가: 두 개의 형태소 또는 단어가 결합하여 합성어가 될 때 그 사이에 원래 없던 말소리가 생긴다.

    예 홑이불[혼니불], 색연필[생년필]

(7) 품사

① 품사의 개념: 단어를 형태, 기능, 의미에 따라 나눈 갈래이다.

② 품사의 종류

　㉠ 형태를 기준으로 한 품사의 종류

불변어	형태가 변하지 않는 낱말로, 명사, 대명사, 수사, 관형사, 부사, 조사(서술격 조사 '이다' 제외), 감탄사가 이에 속한다.
가변어	형태가 변하는 낱말로, 동사, 형용사, 서술격 조사 '이다'가 이에 속한다.

　㉡ 기능을 기준으로 한 품사의 종류

체언	문장의 주체적인 성분을 이루며, 문장에서 주로 조사와 결합하여 주어·목적어·보어 등으로 쓰인다. 명사, 대명사, 수사가 이에 속한다.
용언	문장에서 주체(주어)를 서술하는 낱말로서, 주로 서술어로 쓰이며, 쓰임에 따라 형태가 변한다. 동사, 형용사가 이에 속한다.
수식언	문장에서 다른 낱말을 꾸미거나 의미를 한정하는 낱말이다. 관형사, 부사가 이에 속한다.
관계언	체언 뒤에 붙어서 체언과 다른 말과의 문법적 관계를 나타내는 낱말이다. 조사가 이에 속한다.
독립언	문장에서 독립적으로 쓰이는 낱말이다. 감탄사가 이에 속한다.

　㉢ 의미를 기준으로 한 품사의 종류

명사	사물의 이름을 나타내는 말이다.
대명사	사물이나 사람, 장소 대신 쓰이는 말이다.
수사	앞에 나온 명사의 수효나 순서를 가리키는 말이다.
동사	주체가 되는 말의 움직임을 나타내는 말로서, 어미가 변화하여 다양하게 쓰인다.
형용사	주체가 되는 말의 모양·성질·상태 등을 나타내는 말로서, 어미가 변화하여 다양하게 쓰인다.
부사	문장에서 용언이나 다른 부사, 또는 문장 전체를 꾸며주는 말이다.
관형사	체언 앞에 놓여서 그 말을 꾸며 주는 말이다.
조사	주로 체언 뒤에 붙어서 그 말과 다른 말의 문법적 관계를 나타내거나(격조사), 특별한 뜻을 더한다(보조사).
감탄사	화자의 부름·느낌·놀람·대답을 나타내는 말로서, 문장에서 조사와 결합하지 않고 독립적으로 쓰인다.

3 문장의 짜임과 양상

● 해결 Point

문장 성분과 문장의 짜임에 대한 문제가 주로 출제된다. 문장 안에서 주성분과 부속성분을 구분하고, 나아가 각 절이 문장 안에서 어떤 역할을 하는지 파악할 수 있어야 한다. 따라서 기본적인 문장 성분의 개념을 완벽하게 이해해야 전체 구성의 단계적 학습이 가능하다.

● 대표 문제 유형

❖ 다음 설명을 참고할 때, 밑줄 친 부분 중 주성분이 <u>아닌</u> 것은?
❖ 주어와 서술어의 관계가 한 번만 나타나는 문장은?

(1) 문장

① 문장의 개념

　㉠ 우리의 생각이나 감정을 완결된 내용으로 표현하는 언어의 최소 형식이다.
　㉡ 최소한 하나의 주어와 하나의 서술어를 갖추고 있어야 한다.
　㉢ 내용상으로는 의미가 완결되어야 하고, 형식상으로는 문장이 끝났음을 알리는 표지가 있어야 한다.

② 문장의 기본 구조

누가/무엇이 <u>어찌하다</u>(동사)
누가/무엇이 <u>어떠하다</u>(형용사)
누가/무엇이 <u>무엇이다</u>(체언 + 서술격 조사 '이다')

③ 문장 성분

　㉠ 개념: 문장 안에서 문법적인 기능을 하는 각각의 부분을 문장 성분이라고 한다.
　㉡ 종류
　　• 주성분: 문장의 골격을 이룬다.

주어	동작이나 작용, 상태나 성질 등의 주체이다.
서술어	동작이나 작용, 상태나 성질 등을 풀이하는 기능을 한다.
목적어	행위나 동작의 대상을 나타내는 문장 성분이다.
보어	서술어를 보충하는 문장 성분으로, 서술어 '되다, 아니다'와 사용되는 '무엇이', '누가'에 해당하는 부분이다.

　　• 부속 성분: 문장 안에서 주성분을 수식하는 역할을 한다.

관형어	주로 체언을 꾸며 주는 역할을 한다.
부사어	주로 용언을 꾸며 주는 역할을 하고, 다른 부사어, 관형어, 문장 전체 등을 꾸며 주기도 한다.

- 독립 성분: 문장의 다른 성분과 직접적인 관련을 맺지 않고, 독립적으로 쓰이는 성분이다.

독립어	감탄, 부름, 응답 등을 나타내는 말이다.

(2) 문장의 짜임

① 문장의 종류

㉠ 홑문장: 한 문장 안에서 주어와 서술어의 관계가 한 번씩만 이루어진 문장이다.

㉡ 겹문장: 한 문장에서 서술어가 둘 이상 나타나서 주어와 서술어의 관계가 두 번 이상 맺어지는 문장이다.

- 안긴문장: 다른 문장 속에 들어가 하나의 문장 성분처럼 쓰이는 문장이다.

명사절	문장 내에서 주어나 목적어 등의 역할을 한다.
관형절	문장 내에서 체언을 꾸며주는 역할을 한다.
부사절	문장 내에서 서술어를 꾸며주는 역할을 한다.
서술절	문장 내에서 서술어의 역할을 한다.
인용절	직접·간접적으로 인용하는 말이다.

- 이어진문장: 둘 이상의 문장들이 나란히 이어져서 더 큰 문장을 이루는 문장이다.

대등적으로 이어진문장	나열, 대조 등의 관계로 이어진다.
종속적으로 이어진문장	이유나 원인, 조건과 가정 등의 관계로 이어진다.

② 문장의 종결

㉠ 문장의 종결 표현의 기능

- 동일한 종결 어미라 하더라도 말하는 이의 의도에 따라 다른 문장 유형으로 쓰인다.

> 예 공부해.(평서문) / 공부해?(의문문) / 공부해!(명령문)

- 문장의 유형이 같다고 하더라도 상황에 따라 다양한 의도를 나타낼 수 있다.

> 예 물을 다 마셨니?: '응' 또는 '아니'로만 단순하게 대답한다. 지금 어디까지 왔니?: '어디'에 대한 구체적인 설명이 대답으로 나와야 한다.

㉡ 종결 표현에 따른 문장의 유형

평서문	말한 내용에 대해 아무런 요구도 하지 않고 평범하게 말하는 종결 방식이다.
명령문	말하는 이가 말을 듣는 상대에게 시키거나 요구하는 문장 종결 방식이다.
의문문	말하는 이가 말을 듣는 상대에게 질문을 하여 그 해답을 요구하는 문장 종결 방식이다.
감탄문	말하는 사람이 자신의 느낌이나 놀람을 나타내는 문장 종결 방식이다.
청유문	말하는 이가 말을 듣는 상대에게 어떤 일을 함께 하기를 요청하는 문장 종결 방식이다.

4 문법 표현

● 해결 Point

다양한 예시를 통해 시제 표현, 높임 표현, 피동·사동 표현 등이 바르게 쓰였는지 묻는 문제가 자주 출제되므로 각 문법 표현에 쓰이는 어미, 접사, 조사를 알아 두어야 한다. 또한, 관용 표현도 출제 가능성이 높으므로 관용적 의미를 정확히 숙지하는 것이 중요하다.

● 대표 문제 유형

❖ 밑줄 친 부분의 시제가 <u>다른</u> 것은?
❖ 높임 표현이 적절하지 <u>않은</u> 것은?

(1) 시간 표현

① 과거 시제: 사건시(동작이나 상태가 일어나는 시점)가 발화시(말을 하는 시점)보다 앞서는 시점이다.

㉠ 과거 시제 선어말 어미 '-았-/-었-'

㉡ 회상 선어말 어미 '-더-'

㉢ 동사 어간 + 관형사형 어미 '-(으)ㄴ'

㉣ 형용사 어간, 서술격 조사 + 회상 선어말 어미 '-더-' + 관형사형 어미 '-ㄴ-'

㉤ 시간 부사어: 어제, 그제 등

② 현재 시제: 사건시와 발화시가 같은 시점이다.

㉠ 동사: 현재 시제 선어말 어미 '-는-/-ㄴ-', 관형사형 어미 '-는'

㉡ 형용사, 서술격 조사: 기본형, 관형사형 어미 '-(으)ㄴ'

㉢ 시간 부사어: 지금, 현재 등

③ 미래 시제: 사건시가 발화시보다 뒤인 시점이다.

㉠ 선어말 어미 '-겠-', '-(으)리-'

㉡ 관형사형 어미 '-(으)ㄹ', 관형사형 어미와 의존명사의 결합형 '-(으)ㄹ 것'

㉢ 시간 부사어: 내일, 모레 등

(2) 높임 표현

① **높임 표현의 뜻**: 우리말에서는 말하는 이와 듣는 이의 연령, 지위, 서로가 맺고 있는 관계에 따라 말하는 방법이 달라 언어적으로 구별하여 표현한다. 높임의 대상에 따라 주체 높임, 객체 높임, 상대 높임으로 나뉜다.

② **높임 표현의 종류**

  ㉠ 주체 높임법: 문장의 주어, 곧 서술의 주체를 높이는 표현이다.
- 선어말 어미 '-(으)시-'
- 주격 조사 '께서'

  ㉡ 객체 높임법: 문장의 목적어나 부사어, 곧 서술의 대상을 높이는 표현이다.
- 특수한 동사 뵈다/뵙다, 드리다, 모시다, 여쭈다/여쭙다 등
- 부사격 조사 '에게/한테' 대신 '께' 사용

  ㉢ 상대 높임법: 말을 듣는 이, 곧 상대를 높이는 표현으로 일정한 종결 어미의 사용에 의해서 실현된다.

(3) 피동 표현과 사동 표현

① **능동 표현과 피동 표현**

  ㉠ 능동 표현: 주체가 자신의 의지에 따라 스스로 서술어로 나타난 행위를 하는 표현이다.

  ㉡ 피동 표현: 주체가 다른 사람이나 사물의 힘에 의해 행위를 하는 표현이다.
- 피동 접미사 '-이-, -히-, -리-, -기-'
- 보조 용언 '-어지다'

② **주동 표현과 사동 표현**

  ㉠ 주동 표현: 주체가 스스로 행동하는 표현이다.

  ㉡ 사동 표현: 주체가 직접 행동하지 않고 다른 대상에게 행동하도록 시키는 표현이다.
- 사동 접미사 '-이-, -히-, -리-, -기-, -우-, -구-, -추-'
- 보조 용언 '-게 하다'

(4) 관용 표현

① **특징**

  ㉠ 둘 이상의 단어가 결합하여 원래 뜻과 다르게 굳어진 표현이다.

  ㉡ 상황을 비유적으로 표현하고, 내용을 강조하기도 한다.

② **종류**

  ㉠ 관용어
- 둘 이상의 단어가 결합하여 특별한 의미로 사용되는 말이다.
- 관용어에 사용되는 단어들은 지시적인 의미로 쓰이지 않기 때문에 단어의 의미만으로 전체의 의미를 파악하기 어렵다.
- 표현의 의미를 정확하게 알고 있어야 상황에 맞는 표현을 할 수 있다.

  ㉡ 속담
- 예로부터 민간에 전하여 오는 말로 선조들의 삶의 지혜가 담겨 있는 표현이다.
- 보통 문장의 형태를 지니고 있으며 교훈적인 내용을 담고 있다.

출제 예상 문제

01 다음 설명에 해당하는 언어의 특성으로 가장 적절한 것은?

> 언어는 대상을 가리키는 말소리와 대상 사이에 직접적인 연관이 없다. '하늘'이라는 대상을 우리말에서는 '하늘[하늘]'로, 영어에서는 'sky[스카이]'로 표현하는 것처럼 각기 다른 말소리로 표현하는 것이 그 예이다.

① 규칙성   ② 자의성
③ 정확성   ④ 중의성

02 다음에 공통으로 나타나는 언어의 특성으로 가장 적절한 것은?

> ○ "누가 개를 개라고 했느냐고? 네가 그런 거야, 니콜라스. 너와 나와 이 반에 있는 아이들과 이 학교와 이 마을과 이 주와 이 나라의 모든 사람이 우리 모두 그렇게 하자고 약속한 거야."
>   – 앤드루 클레먼츠, 「프린들 주세요」
> ○ 언어는 그 언어를 사용하는 사람들 사이의 약속이므로 개인이 마음대로 바꾸어 사용할 수 없다.

① 언어의 예술성   ② 언어의 역사성
③ 언어의 경제성   ④ 언어의 사회성

03 국어의 분류상 다음에서 설명하는 것은?

> 특정 집단에서 다른 사람들이 알아듣지 못하도록 자기네 구성원들끼리만 특별하게 사용하는 말이다. 사용할 경우 집단에 대한 소속감이나 구성원간의 친밀감을 형성할 수 있으나 다른 구성원들에게는 소외감을 주고 그들과의 의사소통에 장애를 초래할 수 있다.

① 속어   ② 은어
③ 고유어   ④ 표준어

04 〈보기〉의 단어 중, 고유어끼리 묶어 놓은 것은?

> ── 〈보기〉 ──
> 학교, 교실, 피아노, 무지개, 버스, 하늘, 책상, 마음, 케이크

① 교실, 버스, 하늘
② 학교, 교실, 마음
③ 학교, 버스, 피아노
④ 무지개, 하늘, 마음

05 다음 글을 바탕으로 한글 자음의 제자 원리를 정리할 때, 내용이 적절한 것은?

> 한글 자음의 기본 글자는 'ㄱ, ㄴ, ㅁ, ㅅ, ㅇ'의 다섯 글자이다. 아음(牙音, 어금닛소리) 'ㄱ'은 혀뿌리가 목구멍을 닫는 모양을 본뜨고, 설음(舌音, 혓소리) 'ㄴ'은 혀가 윗잇몸에 붙는 모양을 본뜨고, 순음(脣音, 입술소리) 'ㅁ'은 입의 모양을 본뜨고, 치음(齒音, 잇소리) 'ㅅ'은 이의 모양을 본뜨고, 후음(喉音, 목구멍소리) 'ㅇ'은 목구멍의 모양을 본뜬 것이다. 이렇듯 한글 자음자는 발음 기관을 상형하여 만든 세계 유일의 소리글자이다.

① 'ㅅ': 이의 모양(치음, 잇소리)
② 'ㅇ': 입의 모양(순음, 입술소리)
③ 'ㅁ': 혀가 윗잇몸에 붙는 모양(설음, 혓소리)
④ 'ㄴ': 혀뿌리가 목구멍을 닫는 모양(아음, 어금닛소리)

※ 다음 글을 읽고 물음에 답하시오(06~07).

> 다음 두 문장을 비교해 보세요.
>
> > 남한: 나룻배를 이용하여 강을 건널 것이다.
> > 북한: 나루배를 리용하여 강을 건널것이다.
>
> 어떤 점에서 다른지 살펴볼까요? 남한에서는 사이시옷을 써서 '나룻배'로 표기하는데, 북한에서는 사이시옷을 쓰지 않고 '나루배'로 써요. 또 남한에서는 두음 법칙을 인정해 '이용'이라고 쓰지만, 북한에서는 두음 법칙을 인정하지 않기 때문에 '리용'이라고 표기해요. 마지막으로 띄어쓰기가 달라요. 남북한 모두 '단어 단위'로 띄어 쓰는 것을 원칙으로 하고 있지만, 북한은 붙여 쓰는 경우를 남한보다 넓게 잡아 규정하고 있어요. 그래서 위의 '건널 것이다.'처럼 의존명사를 붙여 써요.

06 윗글을 통해 알 수 있는 남북한의 언어에 대해 **잘못** 설명한 것은?

① 북한은 사이시옷을 사용한다.
② 남한은 두음 법칙을 인정한다.
③ 북한은 의존명사를 붙여 쓴다.
④ 남북한 모두 단어 단위로 띄어 쓰는 것을 원칙으로 한다.

07 윗글을 참고할 때, 다음 문장을 북한 맞춤법에 맞게 표기한 것은?

> 양심에 따라 행동할 것이다.

① 양심에 따라 행동할 것이다.
② 양심에 따라 행동할것이다.
③ 량심에 따라 행동할 것이다.
④ 량심에 따라 행동할것이다.

08 소리 나는 위치에 따른 자음의 분류가 **잘못된** 것은?

① 목청소리: ㅎ
② 잇몸소리: ㅈ, ㅉ, ㅊ
③ 입술소리: ㅁ, ㅂ, ㅃ, ㅍ
④ 여린입천장소리: ㄱ, ㄲ, ㅋ, ㅇ

09 밑줄 친 부분 중, 거센소리가 쓰인 것은?

① 나는 바닥을 솔로 빡빡 문질렀다.
② 깜깜한 밤하늘에 무수한 별들이 반짝였다.
③ 탄탄하지 못한 출입문이 삐걱대며 흔들렸다.
④ 그는 비탈길을 종종걸음으로 내려가고 있었다.

10 밑줄 친 단어 중, 이중 모음이 쓰인 것은?

① 어미 소가 새끼에게 젖을 먹인다.
② 소풍 간다고 과자를 가방 가득 채웠다.
③ 냉장고에서 참외를 꺼내 껍질을 깎는다.
④ 주위의 시선을 의식하지 않는 사람이다

11 문장의 문맥을 고려할 때, 밑줄 친 단어의 소리 길이를 **잘못** 표시한 것은?

① 소심한 것이 바로 너의 병[병:]이다.
② 내 사전에 불가능이란 말[말:]은 없다.
③ 그날은 칠흑같이 캄캄한 밤[밤:]이었다.
④ 창밖을 바라보니 눈[눈:]이 내리고 있다.

12 다음 설명에 해당하는 단어는?

> '밤'이나 '나무'와 같이 하나의 어근으로 이루어진 단어를 '단일어'라고 한다.

① 맨발   ② 바다
③ 물병   ④ 알밤

13 다음 설명에 해당하는 단어는?

> '밤나무'는 '밤+나무', '밤송이'는 '밤+송이'로 구성되었다. 이처럼 '어근+어근'으로 구성된 단어를 '합성어'라고 한다.

① 개살구
② 봄바람
③ 풋사랑
④ 헛소문

14 다음 설명을 참고할 때 음절의 끝소리가 <u>다른</u> 단어는?

> 우리말에서는 'ㄱ, ㄴ, ㄷ, ㄹ, ㅁ, ㅂ, ㅇ'의 7개 자음만 음절의 끝소리로 발음된다. 그 이외의 받침은 7개의 자음 중 하나로 바뀌어 발음되는데, 이를 '음절의 끝소리 규칙'이라고 한다.

① 꽃
② 빛
③ 앞
④ 솥

15 다음 설명을 참고할 때 'ㅎ'의 발음이 <u>잘못된</u> 것은?

> 'ㅎ(ㄶ, ㅀ)' 뒤에 'ㄱ, ㄷ, ㅈ'이 결합되는 경우에는, 뒤 음절 첫소리와 합쳐서 [ㅋ, ㅌ, ㅊ]으로 발음한다.

① 놓고[노코]
② 밝히다[발키다]
③ 꽂히다[꼬티다]
④ 숱하다[수타다]

16 다음 설명을 참고할 때 'ㅢ'의 발음이 <u>잘못된</u> 것은?

> 자음을 첫소리로 가지고 있는 음절의 'ㅢ'는 [ㅣ]로 발음한다. 단어의 첫음절 이외의 '의'는 [ㅣ]로, 조사 '의'는 [ㅔ]로 발음함도 허용한다.

① 무늬[무늬]
② 주의[주이]
③ 희망[히망]
④ 우리의[우리에]

17 다음 설명을 참고할 때 이중 모음의 발음이 <u>잘못된</u> 것은?

> 'ㅑ ㅒ ㅕ ㅖ ㅘ ㅙ ㅛ ㅝ ㅞ ㅠ ㅢ'는 이중 모음으로 발음한다.
> 다만 1. 용언의 활용형에 나타나는 '져, 쪄, 쳐'는 [저, 쩌, 처]로 발음한다.
> 다만 2. '예, 례' 이외의 'ㅖ'는 [ㅔ]로도 발음한다.

① 다쳐[다처]
② 시계[시게]
③ 지혜[지혜]
④ 가져[가져]

18 다음 설명을 참고할 때 '되'와 '돼'의 표기가 <u>잘못된</u> 것은?

> 어간 모음 'ㅚ' 뒤에 '-어'가 결합하여 'ㅙ'로 줄어드는 경우, 'ㅙ'로 적는다.

① 가수가 되고 싶다.
② 생각대로 돼 간다.
③ 만나게 되서 기쁘다.
④ 어느덧 가을이 됐다.

19 한글 맞춤법의 규정에 <u>어긋나는</u> 문장은?

① 편지를 부친다.
② 논밭을 부친다.
③ 책상을 벽에 부친다.
④ 힘이 부치는 일이다.

20 다음과 같은 현상이 일어나는 단어가 <u>아닌</u> 것은?

> 받침 'ㄷ, ㅌ(ㄾ)'이 조사나 접미사의 모음 'ㅣ'와 결합되는 경우에는, [ㅈ, ㅊ]으로 바꾸어서 뒤 음절 첫소리로 옮겨 발음한다.

① 굳이[구지]
② 밭이[바치]
③ 미닫이[미다지]
④ 달맞이[달마지]

21 다음과 같은 현상이 일어나는 단어는?

> 두 음운이 합쳐져서 하나의 음운으로 줄어 소리 나는 현상을 '음운의 축약'이라고 한다.

① 굳이   ② 국화
③ 따님   ④ 밥물

22 다음 단어들의 공통점으로 적절한 것은?

> 우리, 여기, 그것

① 대상의 성질이나 상태를 나타낸다.
② 사람이나 사물의 이름을 나타낸다.
③ 다른 말과의 문법적인 관계를 나타낸다.
④ 사람, 장소, 사물의 이름을 대신하여 나타낸다.

23 〈보기〉에서 밑줄 친 단어들의 공통된 특징으로 적절한 것은?

> ● 〈보기〉 ●
>
> ○ 친구야, 점심은 맛있게 <u>먹었니</u>?
> ○ 2시에 공원에서 <u>만나자</u>.

① 이름을 나타내는 말
② 움직임을 나타내는 말
③ 상태나 성질을 나타내는 말
④ 수량이나 순서를 나타내는 말

24 밑줄 친 단어 중 ㉠에 들어갈 수 있는 것은?

> 〈어떤 대상을 꾸며 주는 단어〉
> ○ 체언을 꾸며 주는 단어
> ○ 용언을 꾸며 주는 단어 …… ㉠

① 공원에 장미꽃이 <u>활짝</u> 피었다.
② 그는 <u>헌</u> 운동화를 깨끗이 빨았다.
③ 운동을 하니 <u>온갖</u> 걱정이 사라졌다.
④ 옛날 <u>어떤</u> 마을에 효자가 살고 있었다.

25 〈보기〉의 밑줄 친 부분과 문장 성분이 같은 것은?

> ● 〈보기〉 ●
>
> 언니가 <u>꽃다발을</u> 샀다.

① 동생이 <u>식혜를</u> 마신다.
② 소년은 <u>어른이</u> 되었다.
③ 우리는 <u>식당으로</u> 갔다.
④ 천둥 치는 <u>소리가</u> 들린다.

26 밑줄 친 부분과 문장 성분이 같은 것은?

> 누나가 노래를 부른다.

① 영희의 눈이 정말 예쁘다.
② 나는 친구에게 꽃을 보냈다.
③ 거북이는 토끼보다 훨씬 느리다.
④ 철수가 드디어 고등학생이 되었다.

27 다음의 설명에 해당하는 문장은?

> 주어와 서술어의 관계가 한 번만 나타나는 문장

① 새해가 되니 마음이 새롭다.
② 나는 들길을 천천히 걷는다.
③ 하늘은 파랗고 햇볕은 따사롭다.
④ 바람이 불어서 꽃잎이 흩날린다.

28 주어와 서술어의 관계가 두 번 이상 나타난 것은?

① 꽃이 매우 예쁘다.
② 나는 중학생이 되었다.
③ 여름은 덥고 겨울은 춥다.
④ 학생들은 선생님을 좋아한다.

29 밑줄 친 부분이 명사절로 안긴문장은?

① 벌써 그가 도착했음을 알았다.
② 뒤에서 소리도 없이 다가왔다.
③ 장훈이는 어려서부터 목이 길었다.
④ 영희가 그림이 많은 책을 선물했다.

※ 다음 글을 읽고 물음에 답하시오(30~31).

> 하루 종일 놀다가 밤늦게 허겁지겁 숙제를 하려는데 ㉠"게으른 놈 짐 많이 진다더니, 쯧쯧……." 하는 핀잔을 들어본 적 있는가? 또 방학이 거의 다 끝나가도록 방학 숙제에 손도 안 대서 걱정하고 있는데, 할머니가 등을 툭툭 두드리며 이렇게 말씀하시기도 한다. "인석아, 만 리 길도 한 걸음으로 시작된다고 했으니 지금부터 부지런히 하면 돼. 시작이 반이라고 하지 않더냐?"
> 이렇게 ㉡속담은 우리 생활에 널리 쓰인다.

30 ㉠의 의미를 바르게 설명한 것은?

① 일을 하기에 시간이 부족해 다 포기하는 것
② 일하기 싫어 한 번에 많이 해치우려고 하는 것
③ 일은 안 하고 그 일에서 빨리 벗어나고만 싶어 하는 것
④ 일이 너무 많아 무엇부터 시작해야 할지 몰라 고민하는 것

31 ㉡에 대해 잘못 설명한 것은?

① 선조들의 삶의 지혜가 담겨 있다.
② 내용을 인상적으로 표현할 수 있다.
③ 의미 전달이 직설적으로 이루어진다.
④ 읽는 사람의 흥미를 유발할 수 있다.

※ 다음 글을 읽고 물음에 답하시오(32~33).

> 우린 ㉠배꼽을 쥐었다. 무엇인가를 너무 아끼거나, 남과 나누기를 싫어하고 혼자 욕심껏 ㉡그러잡거나, 쓰기를 미룬 나머지 쓸모가 없어지는 경우에 해당하는 속담일 텐데, 그러고 보니 옛날이야기 속에는 자반을 걸어 두고 냄새만으로 찬을 삼는 ㉢자린고비도 있고, 된장독에 앉았다 날아간 파리를 잡아 쪽쪽 빨아먹는 구두쇠 이야기도 있었다.
> 그날 우리 식구들은 자기가 알고 있는 '아끼다 똥 된 이야기'를 하나씩 하느라고 ㉣시간 가는 줄 몰랐다.

32 ㉠과 ㉣은 '관용구'이다. '관용구'에 대해 잘못 설명한 것은?

① 단어가 결합하여 특별한 의미로 사용된다.
② 사용되는 단어들은 지시적인 의미로 쓰인다.
③ 속담에 비해서 교훈적·풍자적 의미는 약하다.
④ 관용구를 사용하려면 표현의 의미를 정확히 알고 있어야 한다.

33 ㉠~㉣의 의미를 잘못 설명한 것은?

① ㉠: 웃음을 참지 못하여 배를 움켜잡고 크게 웃었다.
② ㉡: 자신이 있는 쪽으로 당겨 붙잡거나
③ ㉢: 백성의 재물을 탐내어 빼앗는, 행실이 깨끗하지 못한 관리
④ ㉣: 바삐 진행되거나 어떤 일에 몰두하여 시간이 어떻게 지났는지 알지 못했다.

34 밑줄 친 표현 중 쓰임이 가장 어색한 것은?

① 나쁜 친구들과 손을 끊어라.
② 버스 안은 발 디딜 틈이 없었다.
③ 손이 작아서 일을 정확하게 처리할 수 있다.
④ 일이 해결되었으니 이젠 발을 뻗고 잘 수 있겠다.

35 밑줄 친 부분이 관용어로 쓰이지 않은 것은?

① 그는 작년부터 오락실에 발을 끊었다.
② 동생은 운동을 하다가 허리를 다쳤다.
③ 할아버지의 글 읽는 모습이 눈에 밟혔다.
④ 그녀는 네가 오기를 목이 빠지게 기다렸다.

4 문학

1 서정

● **해결 Point**

주로 하나의 작품이 주어지고, 그 작품을 종합적으로 분석하는 문제가 출제된다. 문항 속에서 어조나 심상 등과 같은 표현상의 특징, 시어나 구절의 함축적 의미, 화자의 태도 등 다양한 개념을 묻기 때문에 여러 측면에서 작품을 분석하는 능력이 요구된다.

● **대표 문제 유형**

❖ ㉠의 함축적 의미를 설명한 것으로 가장 적절한 것은?
❖ ㉠~㉢ 중, 시적 화자가 지향하는 대상으로 가장 적절한 것은?

(1) 문학

① **문학의 개념**: 문학이란 작가의 가치 있는 체험이나 생각, 사상 등을 언어로 형상화한 예술이다.

② **문학 작품을 해석하는 다양한 방법**

내재적 관점	**절대론**	• 문학 작품 자체만을 중시하는 관점이다. • 작품을 이해하는 데 필요한 자료는 오직 작품 밖에 없기 때문에 작품을 감상할 때도 작품만을 이용하여 감상한다. • 작품 속에 있는 화자, 서술자, 시어, 문체, 구성, 표현 기법 등이 중시된다.
외재적 관점	**반영론**	• 현실 세계와 작품의 대응 관계를 중시한다. • 문학 작품은 작품의 대상이 되는 실제 현실을 그대로 반영했다고 본다.
	표현론	• 작가와 작품의 관계를 중시하는 관점이다. • 작가의 체험, 사상, 감정 등이 문학 작품 속에 표현된 것으로 본다. • 작품 속에 나타난 작가의 의도, 정서 파악이 중시된다.
	효용론	• 작품이 독자에게 미치는 영향을 중시한다. • 작품은 독자에게 미적 쾌감, 교훈, 감동 등과 같은 효과를 주기 위해 만들어진 것이다.

③ **문학과 심미적 체험**

㉠ 문학을 통한 심미적 체험: 작가는 자신이 경험한 삶의 아름다움을 문학적으로 표현하고, 독자는 작품을 통해 작가의 심미적 인식을 이해한다.

㉡ 문학의 미적 가치

• 형식적인 면: 비유와 상징, 수사법, 운율, 문학적 언어 등
• 내용적인 면: 대상의 내적·외적 아름다움, 대상에 대한 정서·깨달음 등

④ **문학 작품과 사회·문화·역사적 상황의 관계**

㉠ 작가는 사회·문화·역사적 상황을 바탕으로 문학 작품을 창작하기 때문에 이러한 상황은 작가의 창작 동기와 의도에 큰 영향을 미친다.

㉡ 사회·문화·역사적 상황이란 문학 작품의 배경이 되는 시대의 사회적 현실, 문화적 특성, 역사적 사건 등을 말한다.

(2) 시

① **시의 의미**: 마음속에 떠오르는 생각이나 느낌을 운율이 있는 말로 압축해서 표현한 글이다.

② **시의 요소**

㉠ 운율: 시에서 느껴지는 말의 가락이다.
㉡ 심상: 시를 읽을 때 읽는 이의 마음속에 떠오르는 감각적인 느낌이나 모습을 말한다.
㉢ 주제: 시를 통해 드러내고자 하는 중심 생각이다.

③ **시의 분류**

형식상 분류	**정형시**	일정한 운율에 맞추어 쓰는 시
	자유시	형식에 구애됨이 없이 자유롭게 쓴 시
	산문시	형태는 산문이지만, 시적인 함축성과 내면적 운율이 있는 시
내용상 분류	**서정시**	개인의 주관적 감정이나 정서를 다룬 시
	서사시	역사적 사실이나 위대한 인물의 이야기를 다룬 시
	극시	연극적인 내용을 표현한 시

④ **시의 운율**

㉠ 내재율: 외형상의 규칙성은 없지만 작품의 내면에 흐르는 개성적 운율로, 흔히 자유시에서 볼 수 있다.
㉡ 외형률: 시의 외형상 분명히 드러나 있는 운율로, 흔히 정형시에서 볼 수 있다.

- 음위율: 일정한 음이 일정한 위치에 반복되는 운율
- 음수율: 일정한 수의 음절이 규칙적으로 반복되는 운율
- 음보율: 일정한 음보가 규칙적으로 반복되는 운율로서, 우리 시에서 가장 두드러진 운율

⑤ 시의 심상

  ㉠ 시각적 심상: 눈을 통해 빛깔, 모양, 움직임 등을 보는 듯한 느낌

  ㉡ 청각적 심상: 귀를 통해 소리를 듣는 듯한 느낌

  ㉢ 후각적 심상: 코를 통해 냄새를 맡는 듯한 느낌

  ㉣ 미각적 심상: 혀를 통해 맛을 보는 듯한 느낌

  ㉤ 촉각적 심상: 피부에 닿는 듯한 느낌

  ㉥ 공감각적 심상: 한 심상이 다른 심상으로 전이된 심상

⑥ 시의 표현 방법

  ㉠ 비유하기

직유법	원관념과 보조 관념을 '–같이', '–처럼', '–양', '–듯이' 등의 연결어를 사용하여 연결하는 방법
은유법	원관념과 보조 관념을 'A는 B이다'의 형식으로 연결하는 방법
의인법	사람이 아닌 사물에 사람과 같은 성질을 부여하는 방법
의성법	사람이나 사물의 소리를 그대로 묘사하여 그 소리나 상태를 실제와 같이 표현하는 방법
의태법	사물의 모양이나 태도를 그대로 모방하여 표현하는 방법

  ㉡ 강조하기

과장법	사물의 규모나 정도를 보다 확대하거나 축소하여 강조하는 방법
반복법	동일한 단어나 구절을 반복하여 뜻을 두드러지게 하는 방법
영탄법	감탄하는 말로써 놀라움, 슬픔, 기쁨 등의 감정을 강하게 나타내는 방법
열거법	내용적으로 연결되거나 비슷한 단어나 어구를 나열하여 내용을 강조하는 방법
연쇄법	앞 구절의 끝 어구를 다음 구절의 앞 구절에 이어받아 이미지나 심상을 강조하는 방법

  ㉢ 변화주기

대구법	문장의 구조를 같거나 비슷하게 짝을 지어 나란하게 배열하는 방법
설의법	쉽게 판단할 수 있는 사실을 의문의 형식을 사용하여 표현하는 방법
도치법	정상적인 문장 성분의 순서나 문단에서의 문장 순서를 의도적으로 바꾸어 변화를 주는 방법

⑦ 시의 언어(시어)와 시적 허용

  ㉠ 시어와 일상어의 차이점

구분	시어	일상어
목적	정서 표현이 목적	사실 전달이 목적
의미	함축적 의미를 담고 있는 경우가 많다.	사전적 의미를 지닌다.
운율	운율을 느낄 수 있다.	운율이 느껴지지 않는다.

  ㉡ 시적 허용: 시적 효과를 위해 언어 규범에 어긋나는 표현을 사용하기도 한다.

⑧ 시적 정서와 시적 화자

  ㉠ 시적 정서: 화자가 시적 대상이나 시적 상황에서 느끼는 다양한 감정으로, 시적 정서에 따라 시의 분위기가 형성된다.

  ㉡ 시적 화자: 시 속에서 말하는 사람

- 시적 화자의 태도

예찬적	사람이나 대상이 가진 좋은 점을 찾아서 그것을 칭찬하고 세워주는 태도
비판적	사회나 대상의 잘못된 점을 따지는 태도
구도적	진리나 궁극적인 깨달음의 경지를 구하는 태도
달관적	세상의 근심 걱정, 사소한 사물이나 일 등에 얽매이지 않고 세속에서 벗어나 초월한 자세를 보이는 태도
의지적	절망적이거나 어려운 상황을 이겨내려는 굳센 마음을 먹는 태도
수용적	어떤 상황을 자신의 운명으로 생각하고 받아들이는 태도
관조적	조금 떨어진 위치에서 거리를 두고 대상을 바라보면서 차분한 마음으로 그 의미나 본질을 추구하고 자신에게 비추어 보는 태도
회의적	믿고 따르려는 태도가 아니라 의심하면서 믿지 않는 태도
도피적	어려운 상황이나 문제를 해결하는 대신에 피하고 도망가려는 태도
자연 친화적	자연 속의 삶을 지향하고 만족감을 드러내고 그것을 즐기는 태도

- 시적 화자의 정서
  - 밝음과 긍정의 정서: 희망, 환희, 소망, 그리움, 동경, 여유, 풍류, 달관(초탈) 등
  - 어둠과 부정의 정서: 고통, 죽음, 절망, 한(恨), 애상, 허무, 고독(외로움), 방황, 체념, 분노 등

⑨ 비유와 상징

　㉠ 비유

　　• 표현하고자 하는 대상(원관념)을 그와 비슷한 다른
　　　대상(보조 관념)에 빗대어 표현하는 방법이다.

　　• 은유법, 직유법, 의인법, 활유법 등이 있다.

　㉡ 상징

　　• 표현하고자 하는 대상을 구체적인 다른 사물로 대신
　　　하여 표현하는 방법으로, 추상적인 생각이나 대상을
　　　구체적인 사물로 표현하며, 비유에서 원관념을 떼어
　　　버리고 보조 관념만 남긴 형태이다.

　　• 상징의 종류

　　　– 관습적 상징: 오랜 세월 동안 사용되면서 그 의미
　　　　가 관습적으로 굳어진 상징이다.

　　　　예 소나무 → 절개, 비둘기 → 평화

　　　– 개인적 상징: 한 개인이 창조적인 상상력을 통해
　　　　만들어 낸 상징이다.

⑩ 개성적인 발상과 표현

　㉠ 역설

　　• 겉으로 보기엔 서로 이치에 어긋나거나 모순되는 것
　　　같지만 속에는 어떤 진실을 담고 있는 표현 방법이다.

　　　예 찬란한 슬픔의 봄을

　　• 효과

　　　– 모순되는 이미지를 제시하여 강한 인상을 준다.

　　　– 낯선 표현을 통해 참신한 인상, 신선한 충격을 준다.

　㉡ 반어

　　• 겉으로 드러난 표현과 속에 숨겨져 있는 내용이 서로
　　　반대가 되게 하는 표현 방법이다.

　　　예 죽어도 아니 눈물 흘리우리다

　　• 효과

　　　– 우회적인 표현을 통해 강한 인상을 주고, 의미를
　　　　생생하게 전달할 수 있다.

　　　– 사용하는 맥락에 따라 비판과 풍자의 의미를 담을
　　　　수도 있다.

　㉢ 풍자

　　• 현실의 부정적 현상이나 모순 따위를 빗대어 비웃으
　　　면서 폭로하는 표현 방법이다.

　　• 효과

　　　– 웃음을 유발하고, 독자의 공감을 얻을 수 있다.

　　　– 직접적인 비판이 어려운 상황에서 간접적으로 비
　　　　판할 수 있다.

(3) 시조

① **시조의 개념**: 고려 중기에 발생하여, 조선 시대에 집중적
　으로 창작하고 향유한, 우리 민족이 만든 독특한 형식의
　정형시로서 현대까지 이어지고 있다.

② **시조의 형식**

　㉠ 일반적으로 3장(초장, 중장, 종장) 6구로 이루어진다.

　㉡ 각 장은 4음보의 율격을 지닌다.

　㉢ 대체로 3·4조, 4·4조의 음수율을 지닌다.

　㉣ 종장의 첫 음보는 반드시 3음절이어야 한다.

③ **시조의 내용**

　㉠ 초기: 주로 유교적 이념이나 자연에서의 삶을 노래했다.

　㉡ 조선 후기: 작가층의 확대로 다양한 삶의 모습이 나타
　　난다.

④ **시조의 종류**

　㉠ 시대에 따른 종류

　　• 고시조: 시조가 발생한 때로부터 개화기 이전까지
　　　창작된 시조

　　• 현대 시조: 개화기 이후부터 현대까지 창작되는 시조

　㉡ 길이에 따른 종류

　　• 단시조: 한 수로만 이루어진 시조

　　• 연시조: 2수 이상이 모여 한 작품을 이루는 시조

　㉢ 형식에 따른 종류

　　• 평시조: 기본 형식의 단형 시조(3장 6구)

　　• 엇시조: 평시조보다 어느 한 장이 길어진 시조

　　• 사설시조: 종장의 첫 음보를 제외하고 길이가 제한
　　　없이 길어진 시조

구분	평시조	사설시조
작자층	사대부, 양반	평민, 여성
내용	유교적 이념, 자연 친화적 삶	삶의 애환, 지배 계층에 대한 풍자
융성기	고려 말~조선 전기	조선 후기

출제 예상 문제

※ 다음 글을 읽고 물음에 답하시오(01~03).

> 내 ㉠벗이 몇이나 하니 수석과 송죽이라.
> 동산에 달 오르니 그 더욱 반갑구나.
> 두어라, 이 다섯밖에 또 더하여 무엇하리.
>
> 구름 빛이 좋다 하나 검기를 자주 한다.
> 바람 소리 맑다 하나 그칠 때가 많구나.
> 좋고도 그칠 적 없기는 물뿐인가 하노라.
>
> 꽃은 무슨 일로 피면서 쉬이 지고
> 풀은 어찌하여 푸르는 듯 누르느냐.
> 아마도 변치 않는 것은 ㉡바위뿐인가 하노라.
>
> 더우면 꽃 피고 추우면 잎 지거늘
> ㉢솔아 너는 어찌 눈서리를 모르느냐.
> 땅 깊이 뿌리 곧은 줄을 그로 하여 아노라.
>
> 나무도 아닌 것이 풀도 아닌 것이
> 곧기는 누가 시켰으며 속은 어찌 비었는고.
> 저렇게 사철에 푸르니 ㉣그를 좋아하노라.
>
> 작은 것이 높이 떠서 만물을 다 비추니
> 밤중에 밝은 빛이 ㉤너만 한 게 또 있느냐.
> 보고도 말 아니하니 내 벗인가 하노라.
>
> — 윤선도, 「오우가」

01 윗글에서 운율을 형성하는 방법은?

① 한 행을 4음보로 구성한다.
② 후렴구를 각 연에 배치한다.
③ 의성어를 반복적으로 사용한다.
④ 각 연의 처음과 끝에 같은 구절을 배치한다.

02 ㉠에 해당하지 않는 것은?

① 물 　　　　　② 바위
③ 국화 　　　　④ 소나무

03 윗글에 드러난 ㉡~㉤의 성격으로 적절하지 않은 것은?

① ㉡: 변하지 않는다
② ㉢: 쉽게 시든다.
③ ㉣: 사계절 내내 푸르다.
④ ㉤: 만물을 다 비춘다.

※ 다음 글을 읽고 물음에 답하시오(04~06).

> (가)
> 두꺼비 파리를 물고 두엄 위에 치달아 앉자
> 건넛산 바라보니 백송골이 떠 있거늘 가슴이 섬뜩하여 풀떡 뛰어 내닫다가 두엄 아래 자빠지거고
> 모쳐라 날랜 나일망정 어혈 질 뻔하여라.
> 　　　　　　　　　— 작자 미상, 「두꺼비 피리를 물고~」
>
> (나)
> 묏버들 가려 꺾어 보내노라 임의 손에
> 자시는 창밖에 심어 두고 보소서
> 밤비에 새잎 나거든 나인가도 여기소서
> 　　　　　　　　　— 홍랑, 「묏버들 가려 꺾어~」

04 윗글에 공통으로 나타나는 특징을 바르게 설명한 것은?

① 후렴구를 사용하여 흥을 돋우었다.
② 유교적이고 철학적인 내용이 많다.
③ 종장의 첫 음보는 3음절로 고정되어 있다.
④ 동물을 소재로 하여 우회적으로 표현하고 있다.

05 (가)의 성격으로 가장 옳은 것은?

① 풍자적, 해학적
② 반어적, 역설적
③ 유교적, 철학적
④ 교훈적, 애상적

06 (나)에 대해 <u>잘못</u> 설명한 것은?

① 애절한 분위기가 드러난다.

② 여성적인 어조를 사용하고 있다.

③ 임에 대한 사랑과 그리움을 노래하고 있다.

④ '밤비'는 화자의 마음을 대신 전달하는 매개체이다.

※ 다음 글을 읽고 물음에 답하시오(07~09).

> 먼 훗날 당신이 찾으시면
> ㉠그때에 내 말이 '잊었노라'
>
> 당신이 속으로 나무라면
> '무척 그리다가 잊었노라'
>
> 그래도 당신이 나무라면
> '믿기지 않아서 잊었노라'
>
> 오늘도 어제도 아니 잊고
> 먼 훗날 그때에 '잊었노라'
>
> — 김소월, 「먼 후일」

07 윗글에 대해 <u>잘못</u> 설명한 것은?

① 미각적 심상이 사용되고 있다.

② 민요적, 애상적인 성격을 지닌다.

③ 떠난 임에 대한 그리움이 드러난다.

④ 미래의 상황을 가정하는 표현을 사용했다.

08 윗글의 운율에 대해 <u>잘못</u> 설명한 것은?

① 3음보의 율격을 지닌다.

② 같은 시어를 반복하고 있다.

③ 의성어·의태어를 사용하고 있다.

④ 동일한 문장 구조를 반복하고 있다.

09 ㉠에 나타난 표현 방법이 사용된 예로 가장 적절한 것은?

① 사랑하던 그 사람이여!

② 죽어도 아니 눈물 흘리오리다

③ 구름에 달 가듯이 가는 나그네

④ 가난하다고 해서 사랑을 모르겠는가

※ 다음 글을 읽고 물음에 답하시오(10~12).

> ㉠아씨처럼 나린다
> 보슬보슬 햇비
> 맞아 주자 다 같이
> ㉡옥수숫대처럼 크게
> 닷 자 엿 자 자라게
> 해님이 웃는다
> 나 보고 웃는다.
>
> ㉢하늘 다리 놓였다
> 알롱알롱 무지개
> 노래하자 즐겁게
> 동무들아 이리 오나
> 다 같이 춤을 추자
> ㉣해님이 웃는다
> 즐거워 웃는다.
>
> — 윤동주, 「햇비」

10 윗글에 대해 <u>잘못</u> 설명한 것은?

① 시적 화자는 어린아이이다.

② 한자말을 많이 사용하고 있다.

③ 다양한 비유 방법이 사용되었다.

④ 밝고 산뜻한 분위기가 나타난다.

11 윗글의 운율을 형성하는 요소로 적절하지 <u>않은</u> 것은?

① 3음보의 율격

② 청유형 어미의 반복

③ 동일한 단어의 반복

④ 비슷한 문장 구조의 반복

12 ㉠~㉣에 사용된 표현 방법을 <u>잘못</u> 연결한 것은?

① ㉠: 직유법　　② ㉡: 설의법

③ ㉢: 은유법　　④ ㉣: 의인법

※ 다음 글을 읽고 물음에 답하시오(13~15).

> 내 고장 칠월은
> 청포도가 익어 가는 시절
>
> 이 마을 전설이 주저리주저리 열리고
> 먼 데 하늘이 꿈꾸며 알알이 들어와 박혀
>
> 하늘 밑 푸른 바다가 가슴을 열고
> ㉠흰 돛단배가 곱게 밀려서 오면
>
> 내가 바라는 손님은 고달픈 몸으로
> 청포를 입고 찾아온다고 했으니,
>
> 내 그를 맞아 이 포도를 따 먹으면
> 두 손은 함뿍 적셔도 좋으련
>
> 아이야 우리 식탁엔 은쟁반에
> 하이얀 모시 수건을 마련해 두렴
>
> – 이육사, 「청포도」

13 윗글에 대한 설명으로 적절하지 <u>않은</u> 것은?

① 1연에는 계절적 배경이 드러난다.
② 2연에는 모양을 흉내 내는 말이 있다.
③ 4연에는 동일한 시어 반복이 나타난다.
④ 5연에는 일어나지 않은 일을 가정하고 있다.

14 윗글에 나오는 시어 중 화자가 기다리는 대상은?

① 고장
② 손님
③ 아이
④ 식탁

15 ㉠에 쓰인 감각적 심상이 나타나지 <u>않는</u> 것은?

① 사랑하던 그 사람이여
② 박꽃이 하얗게 필 동안
③ 붉은 파밭의 푸른 새싹
④ 입술이 꺼멓게 숯을 바르고

※ 다음 글을 읽고 물음에 답하시오(16~18).

> ㉠<u>길이 끝나는 곳에서도</u>
> <u>길이 있다.</u>
> 길이 끝나는 곳에서도
> 길이 되는 사람이 있다.
> 스스로 봄 길이 되어
> 끝없이 걸어가는 사람이 있다.
> ㉡<u>강물은 흐르다가 멈추고</u>
> ㉢<u>새들은 날아가 돌아오지 않고</u>
> ㉣<u>하늘과 땅 사이의 모든 꽃잎은 흩어져도</u>
> 보라.
> 사랑이 끝난 곳에서도
> ㉤<u>사랑으로 남아있는 사람이 있다.</u>
> 스스로 사랑이 되어
> 한없이 봄 길을 걸어가는 사람이 있다.
>
> – 정호승, 「봄 길」

16 윗글에 대한 설명으로 적절하지 <u>않은</u> 것은?

① 한자어의 사용이 두드러진다.
② 동일한 언어 표현을 반복했다.
③ 단정적인 어조를 사용하고 있다.
④ 대조적인 상황을 제시하고 있다.

17 ㉠에 나타난 표현 방법이 사용된 예로 가장 적절한 것은?

① 내 마음은 호수요. 그대 노 저어오오.
② 널따란 바다처럼 너그러워질 수는 없을까.
③ 사랑하던 사람이여! 사랑하던 그 사람이여!
④ 모두 똑같이 못나서 실은 아무도 못나지 않았다.

18 ㉡~㉤ 중 의미가 다르게 사용된 것은?

① ㉡
② ㉢
③ ㉣
④ ㉤

※ 다음 글을 읽고 물음에 답하시오(19~21).

> 어린 매화나무는 꽃 피느라 한창이고
> 사백년 고목은 꽃 지느라 한창인데
> 구경꾼들 고목에 더 몰려섰다
> ㉠둥치도 가지도 꺾이고 구부러지고 휘어졌다
> 갈라지고 뒤틀리고 터지고 또 튀어나왔다
> 진물은 얼마나 오래 고여 흐르다가 말라붙었는지
> 주먹만큼 굵다란 혹이며 패인 구멍들이 험상궂다
> 거무죽죽한 혹도 구멍도 모양 굵기 깊이 ㉡빛깔이 다 다르다
> 새 진물이 번지는지 개미들 바삐 오르내려도
> 의연하고 의젓하다
> ㉢사군자 중 으뜸답다
> 꽃구경이 아니라 상처 구경이다
> 상처 깊은 이들에게는 ㉣훈장으로 보이는가
> 상처 도지는 이들에게는 부적으로 보이는가
> 백년 못 된 사람들이 매화 사백년의 상처를 헤아리랴마는
> 감탄하고 쓸어보고 어루만지기도 한다
> 만졌던 손에서 향기까지도 맡아 본다
> 진동하겠지 상처의 향기
> ㉤상처야말로 더 꽃인 것을
>
>   – 유안진, 「상처가 더 꽃이다」

19 윗글에 대한 설명으로 적절하지 <u>않은</u> 것은?

① 3음보의 율격을 지닌다.
② 도치법을 활용하고 있다.
③ 후각적 심상이 사용되었다.
④ 대조적인 표현이 사용되었다.

20 ㉠~㉣ 중 〈보기〉에서 설명하는 시어는?

> ───────◆〈보기〉◆───────
>
>   고통을 이겨 낸 고목의 상처가 지니는 의미를 비유적으로 표현하고 있다.

① ㉠   ② ㉡
③ ㉢   ④ ㉣

21 ㉤에 사용된 표현 방법은?

① 직유법   ② 은유법
③ 역설법   ④ 설의법

※ 다음 글을 읽고 물음에 답하시오(22~24).

> 우리가 눈발이라면
> 허공에서 쭈뼛쭈뼛 흩날리는
> ㉠진눈깨비는 되지 말자
> 세상이 바람 불고 춥고 어둡다 해도
> 사람이 사는 마을
> 가장 낮은 곳으로
> 따뜻한 ㉡함박눈이 되어 내리자
> 우리가 눈발이라면
> 잠 못 든 이의 창문가에서는
> ㉢편지가 되고
> 그이의 깊고 붉은 ㉣상처 위에 돋는
> ㉤새살이 되자
>
>   – 안도현, 「우리가 눈발이라면」

22 윗글에 대한 설명으로 적절하지 <u>않은</u> 것은?

① 의태법을 활용하고 있다.
② 명령형 문장을 사용하고 있다.
③ 동일한 시행을 반복하고 있다.
④ 시각적 심상을 사용하고 있다.

23 윗글의 화자가 강조하는 삶의 태도로 가장 적절한 것은?

① 자연과 공존하는 삶을 살자.
② 주어진 것에 만족하는 삶을 살자.
③ 건전한 사회를 위해 질서를 지키자.
④ 힘든 일을 겪는 사람들을 외면하지 말자.

24 ㉠~㉤ 중 함축적인 의미가 같은 것끼리 묶인 것은?

① ㉠, ㉡, ㉢
② ㉠, ㉢, ㉤
③ ㉠, ㉣, ㉤
④ ㉡, ㉢, ㉤

※ 다음 글을 읽고 물음에 답하시오(25~27).

> ㉠봄은
> 남해에서도 ㉡북녘에서도
> 오지 않는다.
>
> 너그럽고
> 빛나는
> 봄의 그 눈짓은,
> 제주에서 두만까지
> 우리가 디딘
> ㉢아름다운 논밭에서 움튼다.
>
> 겨울은,
> 바다와 대륙 밖에서
> 그 ㉣매운 눈보라 몰고 왔지만
> 이제 올
> 너그러운 봄은, 삼천리 마을마다
> 우리들 가슴속에서
> 움트리라.
>
> 움터서,
> 강산을 덮은 그 ㉤미움의 쇠붙이들
> 눈 녹이듯 흐물흐물
> 녹여 버리겠지.
>
> — 신동엽, 「봄은」

25 윗글에 대해 <u>잘못</u> 설명한 것은?

① 설의적 표현을 사용하고 있다.
② 단정적인 어조를 사용하고 있다.
③ 대립적인 시어를 사용하고 있다.
④ 시적 화자의 의지와 소망이 드러난다.

26 윗글에서 ㉠의 특성을 <u>잘못</u> 설명한 것은?

① 너그럽고 빛난다.
② 우리들 가슴속에서 움튼다.
③ 미움의 쇠붙이들로 강산을 덮는다.
④ 우리가 디딘 아름다운 논밭에서 움튼다.

27 ㉡~㉤의 의미를 바르게 설명한 것은?

① ㉡: 조국 ② ㉢: 자연 현상
③ ㉣: 인내와 희망 ④ ㉤: 긴장 상태

※ 다음 글을 읽고 물음에 답하시오(28~29).

> 성북동 산에 번지가 새로 생기면서
> 본래 살던 성북동 비둘기만이 번지가 없어졌다
> 새벽부터 돌 깨는 산울림에 떨다가
> 가슴에 금이 갔다
> 그래도 성북동 비둘기는
> ㉠하느님의 광장 같은 새파란 아침 하늘에
> 성북동 주민에게 축복의 메시지나 전하듯
> 성북동 하늘을 한 바퀴 휘 돈다
>
> 성북동 메마른 골짜기에는
> 조용히 앉아 콩알 하나 찍어 먹을
> 널찍한 마당은커녕 가는 데마다
> 채석장 포성이 메아리쳐서
> 피난하듯 지붕에 올라앉아
> 아침 구공탄 굴뚝 연기에서 향수를 느끼다가
> 산 1번지 채석장에 도루 가서
> 금방 따낸 돌 온기(溫氣)에 입을 닦는다
>
> 예전에는 사람을 성자(聖者)처럼 보고
> 사람 가까이
> 사람과 같이 사랑하고
> 사람과 같이 평화를 즐기던
> 사랑과 평화의 새 비둘기는
> 이제 산도 잃고 사람도 잃고
> 사랑과 평화의 사상까지
> 낳지 못하는 쫓기는 새가 되었다
>
> — 김광섭, 「성북동 비둘기」

28 윗글에 대한 설명으로 적절하지 <u>않은</u> 것은?

① 현대 문명에 대한 비판 의식이 드러난다.
② 대상을 의인화하는 표현을 사용하고 있다.
③ 상징적인 의미를 지닌 시어를 사용하고 있다.
④ 현실을 개혁하고자 하는 의지가 강하게 드러난다.

29 ㉠과 같은 심상이 사용된 것은?

① 발소리 타박타박 안 들리네.
② 내 몸에 닿는 아버지의 서늘한 옷자락
③ 저 멀리서 들려오는 기계 굴러가는 소리
④ 배추 풀물이 사람 소매에도 들었나 보다.

2 서사

● 해결 Point

서사 갈래에서는 제시된 부분의 서술상의 특징과 인물의 특징을 묻는 문제가 자주 출제되며, 소설 속 소재와 배경의 역할을 묻는 문제도 출제 빈도가 높으므로 전체 줄거리의 흐름과 구조를 잘 파악할 수 있어야 한다. 또한, 고전 소설이 출제되는 경우를 대비해 고전 작품의 일반적인 특징을 알아 두는 것이 좋다.

● 대표 문제 유형

❖ 윗글에 대한 설명으로 가장 적절한 것은?
❖ [A]에서 알 수 있는 '점순'의 마음으로 적절하지 <u>않은</u> 것은?

(1) 소설

① 소설의 의미: 현실 세계에 있음직한 사실을 작가가 그의 상상을 통해 표현하는 산문 문학의 대표적 양식이다.

② 소설의 특징

허구성	작가의 상상에 의해 꾸며진 이야기이다.
진실성	삶의 진실을 탐구하는 문학이다.
모방성	현실의 세계를 모방한다.
서사성	일정한 흐름에 따라 이야기가 전개된다.

③ 소설의 3요소

주제	작가가 나타내고자 하는 중심 사상이다.
구성	이야기의 전개나 사건의 필연성 등을 유기적으로 결합하여 주제를 표현한다.
문체	작가의 개성적 특성을 나타내는 독특한 문장의 체제이다.

④ 소설 구성의 3요소

인물	작가의 상상력에 의해 창조된 사건의 행위자이며, 이야기의 주체이다.
사건	인물의 성격 사이에서 빚어지는 갈등에 의해 구체화되는 이야기의 줄거리이다.
배경	작중 인물이 처해 있는 시대적·사회적·장소적 환경이나 분위기를 말한다.

⑤ 소설의 인물

㉠ 역할에 따른 구분

주동 인물	중심 역할을 하는 긍정적 인물
반동 인물	주동 인물과 대립하고 갈등을 일으키는 부정적 인물

㉡ 특성에 따른 구분

전형적 인물	어떤 세대나 계층, 직업을 대표하는 인물
개성적 인물	특정 계층의 일반적인 특성과 다르게 개성이 있는 인물

㉢ 성격 변화에 따른 구분

평면적 인물	작품의 처음부터 끝까지 자신의 고유한 성격을 유지하는 인물
입체적 인물	작품이 전개되면서 성격, 행동 방식에서 변화를 보이는 인물

⑥ 소설의 시점

㉠ 서술자가 작품 안에 있는 경우(1인칭)

1인칭 주인공 시점	• 주인공인 '나'가 자신의 이야기를 하는 방식이다. • 주인공의 내면세계를 그리는 데 효과적이며 독자에게 친근감·신뢰감을 준다. • 객관성을 유지하기가 어려우며 주인공 이외의 인물을 서술할 때 제약이 따른다.
1인칭 관찰자 시점	• 작품 속에 등장하는 '나'가 주인공에 대해 이야기하는 서술 방식이다. • 주인공의 내면을 숨김으로써 긴장과 경이로움을 자아낸다. • '나'의 눈에 비친 외부 세계만을 서술하므로 주인공과 세계를 깊이 있게 이해하기 어렵다.

㉡ 서술자가 작품 밖에 있는 경우(3인칭)

3인칭 관찰자 시점	• 서술자가 외부 관찰자의 위치에서 이야기를 서술하는 방식이다. • 서술자는 주관을 배제한 채 객관적인 태도로 대상을 관찰하고 묘사한다. • 서술자가 해설이나 평가를 내리지 않기 때문에 독자의 상상력이 개입되는 경우가 많다.
전지적 작가 시점	• 서술자가 전지전능한 위치에서 인물이나 사건을 서술하는 방식이다. • 서술자가 작품 속에 직접 개입하여 사건을 진행시키고 인물을 논평한다. • 독자의 상상적 참여가 제한될 우려가 있다.

⑦ 소설의 갈등

　㉠ 역할

　　• 사건을 전개시키고 사건 전개에 필연성을 부여한다.

　　• 사건에 극적 긴장감을 부여하여 흥미를 고조시킨다.

　　• 갈등을 통해 인물의 성격이 드러나며, 갈등의 해결 과정을 통해 주제가 제시된다.

　㉡ 종류

　　• 내적 갈등: 인물 내면에서 일어나는 갈등

　　• 외적 갈등

인물 ↔ 인물	인물과 인물 사이의 갈등
인물 ↔ 사회	개인과 개인이 속한 사회와의 갈등
인물 ↔ 운명	인물의 숙명적 운명으로 인한 대립과 갈등
계층 ↔ 계층	착취하는 계층과 착취를 당하는 계층 사이의 갈등

⑧ 소설의 구성 단계

　㉠ 발단: 등장인물이 소개되고 배경이 제시되며 사건의 실마리가 나타난다.

　㉡ 전개: 사건이 복잡하게 얽히고 갈등이 겉으로 드러난다.

　㉢ 위기: 갈등이 고조되는 부분으로 사건의 극적 반전이 나타나며 새로운 사건이 발생한다.

　㉣ 절정: 갈등이 최고조에 이르는 부분으로 사건 해결의 분기점이 된다.

　㉤ 결말: 사건이 마무리되고 갈등이 해소되며 인물의 운명이 분명해진다.

⑨ 소설의 배경

　㉠ 개념

　　• 작품 속에서 인물들이 활동하고 사건이 벌어지는 구체적인 시간과 공간을 말한다.

　　• 배경은 작가의 의도적인 선택에 의해 나타나게 된다.

　㉡ 배경의 기능

　　• 작품의 전반적인 분위기를 만들어 낸다.

　　• 인물의 심리나 사건의 전개를 암시한다.

　　• 사건에 사실성을 부여하고 현장감을 준다.

⑩ 소설의 표현 요소

묘사	사물의 모습이나 상황을 눈에 보이듯이 그려내는 진술 방식
서사	시간의 흐름에 따라 사건의 상황이나 경과를 서술하는 방식
대화	등장인물끼리 서로 주고받는 말에 의한 표현
설명	작가가 사물이나 사건을 쉽게 풀이하여 알려주는 표현

복선	어떤 사건이 우발적이 아님을 보여 주기 위해 미리 그 사건의 가능성을 암시하는 의도적 장치
풍자	• 대상의 부정적인 측면을 다른 것에 빗대어 비웃으면서 폭로하고 공격하는 것이다. • 문학 작품에서는 현실의 부정적 현상이나 모순 등을 빗대어 비웃는다. • 비판성, 웃음 유발, 대상의 희화화 등의 성격을 지닌다. • 부정적인 문제가 되는 대상을 날카롭게 꼬집어 고치거나 개선하는 데 기여한다.

(2) 고전 소설

① 고전 소설의 개념: 일반적으로 개화기 이전, 신소설 등장 이전에 창작된 소설을 말한다.

② 고전 소설의 종류

　㉠ 판소리계 소설

　　• 판소리 사설이 문자로 기록되면서 정착된 소설이다.

　　• '근원 설화 → 판소리 사설 → 판소리계 소설 → 신소설'의 변화 과정을 거친다.

　　• 「춘향전」, 「심청전」, 「흥부전」, 「별주부전」 등이 있다.

　㉡ 군담 소설

　　• 주인공의 군사적 활약상을 주요 내용으로 하는 소설로, 역사적 사실과 허구가 뒤섞여 있다.

　　• 실재했던 전쟁을 소재로 한 역사 군담 소설과 허구적 전쟁을 소재로 한 창작 군담 소설이 있다.

　　• 「임진록」, 「유충렬전」, 「조웅전」, 「박씨전」, 「임경업전」 등이 있다.

③ 고전 소설과 현대 소설의 비교

구분	고전 소설	현대 소설
주제	권선징악, 교훈적 내용	인간 생활의 다양한 모습
구성	인물의 일생을 시간 순서대로 구성	다양한 구성
문체	문어체, 운문체	산문체, 구어체
인물	평면적 · 전형적 인물	입체적 · 개성적 인물
사건	비현실적 · 우연적 사건	현실적 · 필연적 사건
배경	비현실적이고 막연한 배경	현실적이고 구체적인 배경
시점	전지적 작가 시점	다양한 시점
결말	대부분 행복한 결말	다양한 결말
작가	대부분 작자 미상	작가가 명확

출제 예상 문제

※ 다음 글을 읽고 물음에 답하시오(01~03).

> 뱃사람들이 이 말을 듣고 눈물을 머금으며 탄식하였다.
> "효성이 참으로 갸륵하구나. 불쌍한지고!"
> 그리고 즉시 ㉠쌀 삼백 석을 몽운사로 날라다 주겠다고 하였다.
> "그러면 화주승께 표를 받아 저에게 갖다 주십시오."
> "그것은 염려 말고, 오는 ㉡보름날이 배 떠나는 날이니 차질 없도록 하오."
> "큰 값을 받고 팔린 몸이 어찌 약속을 어기오리까. 그 또한 염려하지 마소서."
> 심청은 집으로 돌아와서 아버지에게 공양미 삼백 석을 몽운사로 보낼 것이니 걱정하지 말라고 여쭈었다.
> 심 봉사가 깜짝 놀라서 물러나 앉으며 물었다.
> "너, 그 말이 웬 말이냐?"
> 심청은 어쩔 수 없이 아버지에게 거짓말을 하였다.
> "건넛마을 장 ㉢정승 댁 부인께서 지난달에 저를 수양딸로 삼으려 하셨는데, 그때 분명히 대답을 못했습니다. 지금 우리 형편으로는 공양미를 마련할 길이 없어, 노부인께 말씀드려 쌀 삼백 석에 수양딸로 가기로 하였습니다."
> 심 봉사는 아무것도 모르고 그 말만 반겨듣고 좋아하였다.
> "이렇게 고마울 데가 있느냐. 한 나라 재상을 지낸 분의 부인이라 역시 다르구나. 복을 참 많이 받으시겠구나. 그러면 언제 그 ㉣댁으로 가느냐?"
> "오는 보름날 데려간다 합니다."
> "어허, 거 참 날도 잘 잡았구나. 여봐라, 청아! 그러면 나는 어떤다고 하더냐?"
> "아버지도 함께 모셔간다 합니다."
> "그럼 그렇지. 그런 분이 눈먼 나를 혼자 남겨 두겠느냐? 참으로 잘 되었다. 가만있자, 너는 가마를 태워 데려갈 것이다마는, 나는 무얼 타고 갈까? 김 생원 댁 암소나 얻어 타고 갈까?"
> 그날부터 심청은 눈 어두운 아버지를 영 이별할 일과 사람으로 세상에 나서 열다섯 살에 죽을 일에 정신이 아득하였다.
> — 작자 미상, 「심청전」

01 위와 같은 글에 대한 설명으로 가장 적절하지 <u>않은</u> 것은?

① 1인칭 주인공 시점을 사용한다.
② 대부분 행복한 결말로 끝이 난다.
③ 비현실적·우연적인 사건이 전개된다.
④ 판소리로 가창되다 소설로 정착되었다.

02 윗글에 대한 다음의 감상을 가장 적절하게 설명한 것은?

> 나는 눈을 뜨게 해준다는 말에 부처님께 공양미 삼백 석을 바치겠다고 약속한 심 봉사의 심정이 이해돼. 왜냐하면 나도 작년에 눈을 다쳐 잠깐 앞을 못 본 적이 있었거든. 짧은 시간이었지만 너무 불편했어.

① 작품에 드러난 갈등 구도를 파악했다.
② 작품 속 사회의 문제점을 찾아 비판했다.
③ 작가의 생애를 고려하여 작품을 이해했다.
④ 자신의 경험을 바탕으로 인물을 이해했다.

03 ㉠~㉣ 중 당시의 시대적 배경이 가장 잘 드러나는 것은?

① ㉠
② ㉡
③ ㉢
④ ㉣

※ 다음 글을 읽고 물음에 답하시오(04~06).

> 용골대가 모든 장졸을 뒤로 물린 후, 왕비와 세자, 대군을 모시고 장안의 재물과 미녀를 거두어 돌아갈 채비를 꾸렸다. 오랑캐에게 잡혀가는 사람들의 슬픈 울음소리가 장안을 진동했다.
> 박씨가 계화를 시켜 용골대에게 소리쳤다.
> "무지한 오랑캐 놈들아! 내 말을 들어라. 조선의 운수가 사나워 은혜도 모르는 너희에게 패배를 당했지만, 왕비는 데려가지 못할 것이다. 만일 그런 뜻을 둔다면 내 너희를 몰살할 것이니 당장 왕비를 모셔 오너라."
> 하지만 용골대는 오히려 코웃음을 날렸다.
> "참으로 가소롭구나. 우리는 이미 조선 왕의 항서를 받았다. 데려가고 안 데려가고는 우리 뜻에 달린 일이니, 그런 말은 입 밖에 내지도 마라."
> 오히려 욕설만 무수히 퍼붓고 듣지 않자 계화가 다시 소리쳤다.
> "너희의 뜻이 진실로 그러하다면 이제 ㉠내 재주를 한 번 더 보여 주겠다."

계화가 주문을 외자 문득 공중에서 두 줄기 무지개가 일어나며 모진 비가 천지를 뒤덮을 듯 쏟아졌다. 뒤이어 얼음이 얼고 그 위로는 흰 눈이 날리니, 오랑캐 군사들의 말발굽이 땅에 붙어 한 걸음도 옮기지 못하게 되었다. 그제야 용골대는 사태가 예사롭지 않음을 깨달았다.

"당초 우리 왕비께서 분부하시기를 장안에 ⓒ신인(神人)이 있을 것이니 이시백의 후원을 범치 말라 하셨는데, 과연 그것이 틀린 말이 아니었구나. 지금이라도 부인에게 빌어 무사히 돌아가는 편이 낫겠다."

용골대가 갑옷을 벗고 창칼을 버린 뒤 무릎을 꿇고 애걸하였다.

"소장이 천하를 두루 다니다 조선까지 나왔지만, 지금까지 무릎을 꿇은 적은 한 번도 없었습니다. 이제 ⓒ부인 앞에 무릎을 꿇어 비나이다. 부인의 명대로 왕비는 모셔 가지 않을 것이니, 부디 길을 열어 무사히 돌아가게 해 주십시오."

무수히 애원하자 그제야 ⓔ박씨가 발을 걷고 나왔다.

– 작자 미상, 「박씨전」

---

04 윗글에 대한 설명으로 적절하지 <u>않은</u> 것은?

① 전지적 작가 시점으로 서술되고 있다.

② 주인공의 영웅적 활약상이 드러나 있다.

③ 배경 묘사 중심으로 이야기가 전개된다.

④ 비현실적 요소를 가미하여 꾸며 쓴 글이다.

05 윗글의 내용으로 적절하지 <u>않은</u> 것은?

① '박씨'는 '계화'를 시켜 자신의 뜻을 전했다.

② '용골대'는 '박씨'에게 무릎을 꿇고 애걸했다.

③ '계화'는 도술을 부려 오랑캐 군사를 제압했다.

④ '용골대'는 조선의 왕비를 모셔 갈 수 있게 되었다.

06 ⊙~ⓔ 중 지시하는 대상이 <u>다른</u> 것은?

① ⊙ ② ⓒ

③ ⓒ ④ ⓔ

※ 다음 글을 읽고 물음에 답하시오(07~09).

정선군에 한 양반이 살았다. 이 양반은 어질고 글 읽기를 좋아하여 고을에 군수가 새로 부임할 때마다 반드시 그 집을 찾아와서 인사를 차렸다. 그런데 이 양반은 집이 가난하여 해마다 고을의 환자를 빌려다가 먹었는데, 몇 해가 지나고 보니 빌린 곡식이 일천 석에 이르렀다.

관찰사가 각 고을을 ⊙순시하다가 환자 ⓒ장부를 살펴보고는 몹시 노하여 말했다.

"어떤 놈의 양반이 관아 곡식을 이처럼 축냈단 말이냐?"

관찰사는 양반을 옥에 가두도록 했다. 군수는 그 양반이 가난해서 빌린 곡식을 갚을 힘이 없는 것을 딱하게 여기고 차마 가두지 못했지만, 그렇다고 해서 달리 뾰족한 방법을 찾을 수도 없다. 양반은 밤낮으로 울기만 할 뿐 아무런 대책이 없었다. 그러자 양반의 아내가 나무랐다.

"당신은 평생 글 읽기만 좋아하더니 환자 갚는 데는 아무 소용이 없구려. 쯧쯧, 양반! 양반은 한 푼어치도 안 되는구려!"

그 마을에 사는 한 부자가 가족들과 상의하여 이렇게 말했다.

"양반은 아무리 가난해도 늘 존귀하게 대접받고 나는 아무리 부자라도 항상 ⓒ비천하지 않느냐. 말도 못하고, 양반만 보면 굽신굽신 두려워해야 하고, 엉금엉금 가서 정하배를 하는데, 코를 땅에 대고 무릎으로 기는 등 우리는 ⓔ노상 이런 수모를 받는단 말이다. 이제 동네 양반이 가난해서 타먹은 환자를 갚지 못하고 아주 난처한 판이니, 필시 양반 신분을 지키지 못할 것이다. 내가 장차 그의 양반 신분을 사서 가져보겠다."

부자는 곧 양반을 찾아가 보고 자기가 대신 환자를 갚아 주겠다고 청했다. 양반은 크게 기뻐하며 승낙했다. 그러자 부자는 그 자리에서 관아로 환자를 보냈다.

– 박지원, 「양반전」

---

07 윗글의 사회·문화적 배경으로 적절하지 <u>않은</u> 것은?

① 경제적으로 몰락한 양반이 나타났다.

② 경제적으로 부를 축적한 평민이 나타났다.

③ 평민이라는 이유로 양반에게 수모를 당했다.

④ 신분 질서가 엄격하여 계층 간 이동이 불가능했다.

08 윗글의 등장인물에 대한 설명으로 적절하지 <u>않은</u> 것은?

① '양반'은 현실 문제를 해결할 능력이 없다.

② '부자'는 돈을 이용하여 신분상승하고자 한다.

③ '양반의 아내'는 '양반'의 무능력함을 비판한다.

④ 등장인물 중 작가의 의식을 대변하는 인물은 '부자'이다.

09 ⊙~ⓔ의 사전적 의미로 적절하지 <u>않은</u> 것은?

① ⊙: 돌아다니며 사정을 보살핌.

② ⓒ: 물건의 출납이나 돈의 수지 계산을 적어 두는 책.

③ ⓒ: 신분이나 지위가 높음.

④ ⓔ: 언제나 변함없이 한 모양으로 줄곧.

※ 다음 글을 읽고 물음에 답하시오(10~13).

> 인형은 길을 재촉하여 열흘 만에 경상 감영에 부임하였다. 고을마다 방을 붙이고 인형은 오직 길동이 나타나기만을 기다렸다. 며칠 후 한 소년이 감영 앞까지 나귀를 타고 와 감사 뵙기를 청한다고 하였다. 인형이 이상히 여겨 들여보내라 하니, 소년이 마루에 올라 인사를 올렸다.
>
> "제가 여기 온 것도 아버님과 형님을 위태로운 지경에서 구하고자 함입니다. 하오나 당초에 아버지를 아버지라 하고 형을 형이라 부를 수 있었던들 어찌 이 지경에 이르렀겠습니까? 이제 와서 지난 일을 말해 무엇하오리까? 이제 저를 묶어 한양으로 보내소서."
>
> 그런 다음 입을 꾹 다물더니 묻는 말에 더 이상 대답하지 않았다.
>
> 경상 감사 인형은 이윽고 제 아우 길동의 목에 칼을 씌우고 발에 차꼬를 채웠다. 그리고 길동을 잡았다는 장계를 적어 서둘러 한양으로 보냈다.
>
> <중략>
>
> "내가 여기까지 순순히 잡혀 오고 전하께서도 내가 끌려오는 것을 이미 알고 계시므로 너희가 큰 벌을 받지는 않으리라."
>
> 그런 다음 길동이 몸을 흔드니 쇠사슬이 썩은 동아줄처럼 툭툭 끊어지고 함거가 우지끈 부서졌다. ㉠그리고 순식간에 공중으로 훌쩍 몸을 솟구쳐서 궁수들이 미처 손을 쓸 틈이 없었다. 궁수들은 그저 길동이 공중에서 까마득하게 멀어질 때까지 하늘만 멍하니 바라볼 뿐이었다.
>
> – 허균, 「홍길동전」

10 위와 같은 글에 대한 설명으로 가장 적절하지 <u>않은</u> 것은?

① 권선징악의 주제
② 대체로 행복한 결말
③ 입체적·개성적 인물
④ 우연적·비현실적 사건

11 윗글에 대한 설명으로 적절하지 <u>않은</u> 것은?

① 과거 시제로 서술되고 있다.
② 당대 사회의 모습을 반영하고 있다.
③ 역사적 사실을 객관적으로 전달하고 있다.
④ 시간의 흐름에 따라 사건이 전개되고 있다.

12 윗글의 내용과 <u>다른</u> 것은?

① '인형'은 경상 감영에 부임했다.
② '길동'은 관직을 얻은 형을 축하했다.
③ '길동'은 아버지를 아버지라 부르지 못했다.
④ '인형'은 '길동'을 잡았다는 소식을 한양으로 보냈다.

13 ㉠에서 길동이 위기를 극복하는 수단으로 활용한 것은?

① 부유한 재산
② 비범한 능력
③ 타고난 외모
④ 조력자의 도움

※ 다음 글을 읽고 물음에 답하시오(14~16).

> 우리 박 선생님은 참 이상한 선생님이었다.
>
> 박 선생님은 생긴 것부터가 무척 이상하게 생긴 선생님이었다. 키가 한 뼘밖에 안 되는 박 선생님이라서, 뼘생 또는 뼘박이라는 별명이 있는 것처럼, 박 선생님의 키는, 키 작은 사람 가운데서도 유난히 작은 키였다. 일본 정치 때, ㉠혈서로 지원병을 지원했다 체격 검사에 키가 제 ㉡척수에 차지 못해 ㉢낙방이 되었다면, 그래서 땅을 치고 울었다면, 얼마나 작은 키인지 알 일이다.
>
> 그런 작은 키에, 몸집은 그저 한 줌만 하고. 이 한 줌만 한 몸집, 한 뼘만 한 키 위에 깜짝 놀랄 만큼 큰 머리통이 위태위태하게 올라앉아 있다. 그래서 박 선생님 또 하나의 별명은 대갈장군이라고도 하였다.
>
> 머리통이 그렇게 큰 박 선생님의 얼굴은 어떻게 생겼느냐 하면, 또한 여느 사람과는 많이 달랐다. 뒤통수와 앞이마가 툭 내솟고, 내솟은 좁은 이마 밑으로 눈썹이 시꺼멓고, 왕방울 같은 두 눈은, 부리부리하니 정기가 있고도 사납고, 코는 매부리코요, 입은 메기입으로 귀밑까지 넓죽 째지고, 목소리는 쇠꼬챙이로 찌르는 것처럼 쨍쨍하고.
>
> 이런 대갈장군인 뼘생 박 선생님과 아주 정반대로 생긴 이가 강 선생님이었다.
>
> 강 선생님은 키가 크고, 몸집도 크고, 얼굴이 ㉣너부릇하고, 얼굴이 검기는 하여도 순하지 사나움이 든 데가 없고, 눈은 더 순하고, 허허 웃기를 잘하고, 별로 성을 내는 일이 없고, 아무하고나 장난을 잘 하고…… 강 선생님은 이런 선생님이었다.
>
> 뼘박 박 선생님과 강 선생님은 만나면 싸움이었다.
>
> – 채만식, 「이상한 선생님」

14 윗글에 대한 설명으로 적절하지 <u>않은</u> 것은?

① 서로 대조적인 인물이 등장한다.
② 시대적 배경은 해방 전후 혼란한 시기이다.
③ 서술자인 '나'가 자신의 이야기를 서술한다.
④ 인물의 외모와 행동을 과장하여 희화화한다.

15 윗글의 인물에 대해 바르게 설명한 것은?

① '강 선생님'은 순하고 쾌활한 사람이다.
② '강 선생님'과 '박 선생님'은 사이가 좋다.
③ '강 선생님'은 일본을 추종하고 따르는 인물이다.
④ '박 선생님'은 키가 크고, '강 선생님'은 키가 작다.

16 ㉠~㉢의 사전적 의미로 적절하지 <u>않은</u> 것은?

① ㉠: 제 몸의 피를 내어 자기의 결심, 청원, 맹세 따위를 글로 씀.
② ㉡: 길이에 대한 몇 자 몇 치의 셈, 치수.
③ ㉢: 시험, 모집, 선거 따위에 합격함.
④ ㉣: 너부죽하고의 방언, 조금 넓고 평평한 듯하다.

※ 다음 글을 읽고 물음에 답하시오(17~19).

새침하게 흐린 품이 ㉠<u>눈</u>이 올 듯하더니, 눈은 아니 오고 얼다가 만 비가 추적추적 내리는 날이었다.

이날이야말로 동소문 안에서 ㉡<u>인력거꾼</u> 노릇을 하는 김 첨지에게는 오래간만에도 닥친 운수 좋은 날이었다. 문안에(거기도 문밖은 아니지만) 들어간답시는 앞집 마마님을 전찻길까지 모셔다 드린 것을 비롯으로 행여나 손님이 있을까하고 ㉢<u>정류장</u>에서 어정어정하며, 내리는 사람 하나하나에게 거의 비는 듯한 눈결을 보내고 있다가, 마침내 교원인 듯한 양복쟁이를 동광 학교까지 태워다 주기로 되었다.

첫 번에 삼십 전, 둘째 번에 오십 전 ― 아침 댓바람에 그리 흉치 않은 일이었다. 그야말로 재수가 옴 붙어서 근 열흘 동안 돈 구경도 못한 김 첨지는 십 전짜리 백통화 서 푼, 또는 다섯 푼이 찰깍하고 손바닥에 떨어질 제 거의 눈물을 흘릴 만큼 기뻤었다. 더구나 이날 이때에 이 팔십 전이라는 돈이 그에게 얼마나 유용한지 몰랐다. 컬컬한 목에 모주 한 잔도 적실 수 있거니와, 그보다도 앓는 아내에게 ㉣<u>설렁탕</u> 한 그릇도 사다 줄 수 있음이다.

〈중략〉

"이년아, 죽었단 말이냐, 왜 말이 없어?"

"……"

"으응, 또 대답이 없네. 정말 죽었나 보이."

이러다가 누운 이의 흰 창을 덮은 위로 치뜬 눈을 알아보자마자, "이 눈깔! 이 눈깔! 왜 나를 바라보지 못하고 천장만 보느냐, 응." 하는 말끝엔 목이 메었다. 그러자 산 사람의 눈에서 떨어진 닭의 똥 같은 눈물이 죽은 이의 뻣뻣한 얼굴을 어룽어룽 적신다. 문득 김 첨지는 미친 듯이 제 얼굴을 죽은 이의 얼굴에 한데 비비대며 중얼거렸다.

"설렁탕을 사다 놓았는데 왜 먹지를 못하니, 왜 먹지를 못하니? 괴상하게도 오늘은! 운수가, 좋더니만……."

― 현진건, 「운수 좋은 날」

17 윗글에 대한 설명으로 가장 적절하지 <u>않은</u> 것은?

① 비속어를 사용하여 생생하게 표현한다.
② 인물의 행동과 대화를 통해 이야기가 전개된다.
③ 배경이 되는 날씨가 우울한 분위기를 조성한다.
④ 도시 하층민의 비참한 삶을 사실적으로 표현한다.

18 윗글의 결말에 대해 가장 바르게 설명한 것은?

① 인물의 행동을 통해 권선징악의 교훈을 준다.
② 배경 묘사를 통해 환상적 분위기를 조성한다.
③ 역설적 표현을 통해 행복한 결말을 암시한다.
④ 상황적 반어를 통해 비극적 상황을 강조한다.

19 ㉠~㉣ 중 당시의 시대적 배경이 드러나는 것은?

① ㉠   ② ㉡
③ ㉢   ④ ㉣

※ 다음 글을 읽고 물음에 답하시오(20~22).

잔소리를 두루 늘어놓다가 남이 들을까 봐 손으로 입을 틀어막고는 그 속에서 깔깔대인다. 별로 우스울 것도 없는데, 날씨가 풀리더니 이놈의 계집애가 미쳤나 하고 의심하였다. 게다가 조금 뒤에는 제집께를 할끔할끔 돌아보더니 행주치마의 속으로 꼈던 바른손을 뽑아서 나의 턱 밑으로 불쑥 내미는 것이다. 언제 구웠는지 아직도 더운 김이 홱 끼치는 ㉠<u>굵은 감자 세 개</u>가 손에 뿌듯이 쥐였다.

"느 집엔 이거 없지?"

하고 생색 있는 큰소리를 하고는, 제가 준 것을 남이 알면 큰일 날 테니 여기서 얼른 먹어 버리란다. 그리고 또 하는 소리가, "너, 봄 감자가 맛있단다."

"난 감자 안 먹는다. 니나 먹어라."

나는 고개도 돌리지 않고 일하던 손으로 그 감자를 도로 어깨 너머로 쑥 밀어 버렸다.

㉡<u>그랬더니 그래도 가는 기색이 없고, 그뿐만 아니라 쌔근쌔근하고 심상치 않게 숨소리가 점점 거칠어진다. 이건 또 뭐야 싶어서 그때서야 비로소 돌아다보니 나는 참으로 놀랐다. 우리가 이 동리에 들어온 것은 근 삼 년째 되어 오지만, 여태껏 가무잡잡한 점순이의 얼굴이 이렇게까지 홍당무처럼 새빨개진 법이 없었다. 게다가 눈에 독을 올리고 한참 나를 요렇게 쏘아보더니 나중에는 눈물까지 어리는 것이 아니냐.</u> 그리고 바구니를 다시 집어 들더니 이를 꼭 악물고는 엎어질 듯 자빠질 듯 논둑으로 힝하게 달아나는 것이다.

어쩌다 동리 어른이
"너, 얼른 시집을 가야지?"
하고 웃으면,
"염려 마세유. 갈 때 되면 어련히 갈라구……."
이렇게 천연덕스레 받는 점순이었다. 본시 부끄러움을 타는 계
집애도 아니거니와 또한 분하다고 눈에 눈물을 보일 얼병이도 아
니다. 분하면 차라리 나의 등어리를 바구니로 한번 모질게 후려
때리고 달아날지언정.

— 김유정, 「동백꽃」

20　윗글에 대한 설명으로 적절하지 <u>않은</u> 것은?

① 사투리를 사용하여 현장감을 높인다.
② 순박하고 어리숙한 '나'를 서술자로 설정했다.
③ 농촌 마을 배경으로 하여 향토적 분위기를 조성
　 한다.
④ 일제에 착취당하는 농촌 마을의 실상을 구체적으
　 로 표현했다.

21　㉠에 대한 설명으로 가장 적절하지 <u>않은</u> 것은?

① '나'를 향한 '점순'의 호의
② '나'에 대한 '점순'의 관심
③ '나'와 '점순'의 갈등의 매개체
④ '점순'이가 지닌 경제적 우월감

22　㉡에서 알 수 있는 '점순'의 마음으로 적절하지 <u>않은</u>
　 것은?

① 속상하다　　　　　② 무안하다
③ 홀가분하다　　　　④ 수치스럽다

※ 다음 글을 읽고 물음에 답하시오(23~25).

　정거장 대합실에 와서 이렇게 도사리고 앉아 있노라면, 만도는
곧잘 생각나는 일이 한 가지 있었다. 그 일이 머리에 떠오르면
등골을 찬 기운이 좍 스쳐 내려가는 것이었다. 손가락이 시퍼렇
게 굳어져서 이끼 낀 나무토막 같은 팔뚝이 지금도 저만큼 눈앞
에 보이는 듯했다.
　바로 이 정거장 마당에 백 명 남짓한 사람들이 모여 웅성거리
고 있었다. 그중에는 만도도 섞여 있었다. ㉠기차를 기다리고

있는 것이었으나 그들은 모두 자기네들이 어디로 가는 것인지 알
지를 못했다. 그저 차를 타라면 탈 사람들이었다. ㉡징용에 끌려
나가는 사람들이었다. 그러니까, 지금으로부터 십이삼 년 옛날의
이야기인 것이다. 북해도 ㉢탄광으로 갈 것이라는 사람도 있었
고 틀림없이 남양 군도로 간다는 사람도 있었다. 더러는 만주로
가면 좋겠다고 하기도 했다.

〈중략〉

"진수야, 그만두고 자아, 업자."
하는 것이었다.
"업고 건느면 일이 다 되는 거 아니가. 자아, 이거 받아라."
　고등어 묶음을 진수 앞으로 민다.
"……."
　진수는 퍽 난처해하면서 못 이기는 듯이 그것을 받아 들었다.
만도는 등어리를 아들 앞에 갖다 대고 하나밖에 없는 팔을 뒤로
버쩍 내밀며
"자아, 어서!"
　진수는 ㉣지팡이와 고등어를 각각 한 손에 쥐고, 아버지의 등
어리로 가서 슬그머니 업혔다. 만도는 팔뚝을 뒤로 돌려서 아들
의 하나뿐인 다리를 꼭 안았다. 그리고
"팔로 내 목을 감아야 될 끼다."
했다. 진수는 무척 황송한 듯 한쪽 눈을 찍 감으면서 고등어와
지팡이를 든 두 팔로 아버지의 굵은 목덜미를 부둥켜안았다. 만
도는 아랫배에 힘을 주며 '끙!'하고 일어났다. 아랫도리가 약간
후들거렸으나 걸어갈 만은 했다. ㉤외나무다리 위로 조심조심
발을 내디디며 만도는 속으로, 이제 새파랗게 젊은 놈이 벌써 이
게 무슨 꼴이고. 세상을 잘못 만나서 진수 니 신세도 참 똥이다,
똥. 이런 소리를 주워섬겼고 아버지의 등에 업힌 진수는 곧장 미
안스러운 얼굴을 하며, '나꺼정 이렇게 되다니, 아부지도 참 복도
더럽게 없지. 차라리 내가 죽어 버렸다면 나았을 낀데…….' 하고
중얼거렸다.
　만도는 아직 술기가 약간 있었으나 용케 몸을 가누며 아들을
업고 외나무다리를 조심조심 건너가는 것이었다.

— 하근찬, 「수난이대」

23　윗글에 대한 설명으로 적절하지 <u>않은</u> 것은?

① 과거를 회상하는 장면이 나타난다.
② 1인칭 서술자가 이야기를 이끌어가고 있다.
③ 사투리를 사용하여 현장감을 느낄 수 있다.
④ 인물들은 시대적 상황으로 인해 수난을 겪는다.

24　㉠~㉣ 중 윗글의 사회·문화적 배경을 짐작할 수 있
　 는 소재는?

① ㉠　　　　　　　　② ㉡
③ ㉢　　　　　　　　④ ㉣

25 ㉤의 의미를 잘못 설명한 것은?

① '만도'와 '진수'에게 놓인 장애물
② '만도'와 '진수'가 극복해야 할 시련
③ '만도'와 '진수'의 화합을 이루는 매개체
④ '만도'와 '진수'의 새로운 갈등 시작을 암시

26 윗글에 대한 설명으로 적절하지 <u>않은</u> 것은?

① 시점이 바뀌는 부분이 있다.
② 갈등을 해소한 주인공의 모습이 나타난다.
③ 인물 간의 대화를 중심으로 이야기가 전개된다.
④ 돈을 벌기 위해 시골에서 도시로 온 소년의 이야기다.

※ 다음 글을 읽고 물음에 답하시오(26~29).

㉠낮에 내가 한 짓은 옳은 짓이었을까? 옳을 것도 없지만 나쁠 것은 또 뭔가. 자가용까지 있는 주제에 나 같은 아이에게 오천 원을 우려내려고 그렇게 간악하게 굴던 신사를 그 정도 골려 준 것이 뭐가 나쁜가? 그런데도 왜 무섭고 떨렸던가. 그때의 내 꼴이 어땠으면, 주인 영감님까지 "네놈 꼴이 꼭 도둑놈 꼴이다."라고 하였을까. 그럼 내가 한 짓은 도둑질이었단 말인가. 그럼 나는 도둑질을 하면서 그렇게 기쁨을 느꼈더란 말인가.

수남이는 몸을 부르르 떨면서 낮에 자전거를 갖고 달리면서 맛본 공포와 함께 그 까닭 모를 쾌감을 회상한다. 마치 참았던 오줌을 내깔길 때처럼 무거운 억압이 갑자기 풀리면서 전신이 날아갈 듯이 가벼워지는 그 상쾌한 해방감 – 한 번 맛보면 도저히 잊힐 것 같지 않은 그 짙은 쾌감, 아아 도둑질하면서도 나는 죄책감보다는 쾌감을 더 짙게 느꼈던 것이다.

혹시 내 핏속에 도둑놈의 피가 흐르고 있기 때문이 아닐까. 순간 수남이는 방바닥에서 송곳이라도 치솟은 듯이 후닥닥 일어서서 안절부절못하고 좁은 방 안을 헤맸다.

수남이의 눈앞에는 수갑을 차고, 순경들에게 끌려와 도둑질 흉내를 그대로 내 보이던 형의 얼굴이 환히 떠오른다. 그리고 서울 가서 무슨 짓을 하든지 도둑질만은 하지 말라고 신신당부하던 아버지의 얼굴도 떠오른다.

〈중략〉

"무슨 짓을 하든지 그저 도둑질은 하지 마라, 알았쟈."

그런데 도둑질을 하고 만 것이다. 하지만 수남이는 스스로 그것은 결코 도둑질이 아니었다고 변명을 한다.

그런데 왜 그때, 그렇게 떨리고 무서우면서도 짜릿하니 기분이 좋았던 것인가? 문제는 그때의 그 쾌감이었다. 자기 내부에 도사린 부도덕성이었다. 오늘 한 짓이 도둑질이 아닐지 모르지만 앞으로 도둑질을 할지도 모르겠다는 생각이 들었다. 형의 일이 자기와 정녕 무관한 일이 아니란 생각이 들었다.

소년은 아버지가 그리웠다. 도덕적으로 자기를 견제해 줄 어른이 그리웠다. 주인 영감님은 자기가 한 짓을 나무라기는커녕 손해 안 난 것만 좋아서 "오늘 운 텄다."라고 좋아하지 않았던가. 수남이는 짐을 꾸렸다. 아아, 내일도 바람이 불었으면. 바람이 물결 치는 보리밭을 보았으면.

마침내 결심을 굳힌 수남이의 얼굴은 ㉡누런 똥빛이 말끔히 가시고, ㉢소년다운 청순함으로 빛났다.

– 박완서, 「자전거 도둑」

27 윗글의 '수남'에 대한 이해로 적절하지 <u>않은</u> 것은?

① 자신이 부도덕해질까 봐 걱정하고 있다.
② 물질적 이익만을 추구하는 주인 영감에게 실망했다.
③ 자신은 도둑질한 형과 전혀 관련성이 없다고 생각한다.
④ 도덕적으로 자신을 견제해 줄 어른이 필요하다고 생각한다.

28 ㉠에 드러난 주된 갈등은?

① '신사'의 내적 갈등
② '수남'의 내적 갈등
③ '신사'와 '주인 영감'의 외적 갈등
④ '수남'과 '주인 영감'의 외적 갈등

29 ㉡과 ㉢의 의미로 가장 적절한 것은?

	㉡	㉢
①	비양심적인 모습	양심적인 모습
②	순수한 원래 모습	세속에 물든 모습
③	건강이 악화된 모습	건강을 되찾은 모습
④	도덕적인 모습	비도덕적인 모습

※ 다음 글을 읽고 물음에 답하시오(30~32).

"이제부터 내가 노새다. 이제부터 내가 노새가 되어야지 별 수 있니? 그놈이 도망쳤으니까 이제 내가 노새가 되는 거지."

기분 좋게 취한 듯한 아버지는 놀라는 나를 보고 히힝 한번 웃었다. 나는 어쩐지 그런 아버지가 무섭지만은 않았다. 그러면 형들이나 나는 노새 새끼고, 어머니는 암노새고, 할머니는 어미 노새가 되는 것일까? 나도 아버지를 따라 히히힝 웃었다. 어른들은 이래서 술집에 오는 모양이었다. 나는 안주만 집어 먹었는데도 술 취한 사람마냥 턱없이 즐거웠다. 노새 가족……. 노새 가족은 우리 말고는 이 세상에 또 없을 것이다.

그러나 이러한 생각은 아버지와 내가 집에 당도했을 때 무참히 깨어지고 말았다. 우리를 본 어머니가 허둥지둥 달려 나와 매달렸다.

"이걸 어쩌우. 글쎄 경찰서에서 당신을 오래요. 그놈의 노새가 사람을 다치고 가게 물건들을 박살을 냈대요. 이걸 어쩌지."

"노새를 찾았대?"

"찾고나 그러면 괜찮게요? 노새는 간데온데없고 사람들만 다치고 하니까, 누구네 노새가 그랬는지 수소문 끝에 우리 집으로 순경이 찾아왔지 뭐요."

오늘 낮에 지서에서 나온 사람이 우리 노새가 튀는 바람에 여기저기서 많은 피해를 입었으니 도로 무슨 법이라나 하는 법으로 아버지를 잡아넣어야겠다고 이르고 갔다는 것이었다. 아버지는 술이 확 깨는 듯 그 자리에 선 채 한동안 눈만 뒤룩뒤룩 굴리고 서 있더니 힝 하고 코를 풀었다. 그리고는 아무 말 없이 스적스적 문밖으로 걸어 나갔다. 나는 '아버지.'하고 뒤를 따랐으나 아버지는 돌아보지도 않고 어두운 골목길을 나가고 있었다. 나는 그 순간 또 한 마리의 노새가 집을 나가는 것 같은 착각을 일으켰다. 그리고는 무엇인가가 뒤통수를 때리는 것을 느꼈다. 아, 우리 같은 노새는 어차피 이렇게 비행기가 붕붕거리고, 헬리콥터가 앵앵거리고, 자동차가 빵빵거리고, 자전거가 쌩쌩거리는 대처에서는 발붙이기 어려운 것인가 하는 생각이 들었다. 언젠가 남편이 택시 운전사인 칠수 어머니가 하던 말, '최소한도 자동차는 굴려야지 지금이 어느 땐데 노새를 부려.' 했다는 말이 생각났다. 그러나 그것은 잠깐 동안이고 나는 금방 아버지를 쫓았다. 또 한 마리의 노새를 찾아 캄캄한 골목길을 마구 뛰었다.

– 최일남, 「노새 두 마리」

30 위와 같은 글에 대한 설명으로 옳은 것은?

① 같은 말을 반복하여 운율을 형성한다.

② 직접 경험한 일을 사실적으로 서술한다.

③ 인물의 행동과 대사로 사건을 전개한다.

④ 작가의 상상에 의해 꾸며 쓴 이야기이다.

31 윗글의 시점을 바르게 설명한 것은?

① 주인공인 '나'가 자기 자신의 이야기를 한다.

② 서술자가 외부 관찰자의 위치에서 이야기를 서술한다.

③ 작품 속에 등장하는 '나'가 주인공에 대해 이야기한다.

④ 서술자가 전지전능한 위치에서 인물이나 사건을 서술한다.

32 윗글에서 '노새'와 '아버지'의 공통점을 잘못 설명한 것은?

① 시대의 변화에 뒤떨어진다.

② 힘들고 고단한 삶을 살아간다.

③ 도시 생활에 적응하지 못한다.

④ 현실을 바꾸고자 하는 의지가 있다.

3 극·수필

● **해결 Point**

극·수필 갈래에서는 갈래에 대한 기본 개념이나 요소를 묻거나 작품에 대한 종합적인 설명, 감상 방법을 묻는 문제가 출제된다. 따라서 극·수필 갈래에 대한 기본적인 이해가 필요하다.

● **대표 문제 유형**

❖ 윗글에 대한 설명으로 적절하지 <u>않은</u> 것은?
❖ '아빠'가 ㉠과 같이 말한 이유로 가장 적절한 것은?

(1) 희곡

① **희곡의 개념**: 공연을 목적으로 하는 연극의 대본으로, 소설과 달리 서술자가 없이 등장인물들의 대화나 행동으로 이야기를 이끌어가는 예술 작품이다.

② **희곡의 특성**

㉠ 무대 상연을 전제로 한 문학: 희곡은 연극의 대본으로, 많은 제약이 따른다.

㉡ 행동의 문학: 희곡은 무대에서 상연되는 문학이기 때문에 인간의 행동을 보여 주게 된다.

㉢ 대사의 문학: 희곡은 대사를 통해 인물의 성격이 드러나고 사건이 진행되며 주제가 형상화된다. 따라서 소설처럼 서술자의 묘사나 해설이 개입될 수 없다.

㉣ 갈등의 문학: 희곡은 대립과 갈등을 주된 내용으로 한다.

㉤ 현재 진행형의 문학: 관객의 눈앞에서 배우들의 행동을 통해 보여주는 사건이므로, 현재화하여 표현한다.

③ **희곡의 구성 요소**

㉠ 내용 요소

- 인물: 작품 안에서 어떤 행위나 사건을 수행하는 주체자
- 사건: 작품 속에서 발생하고 벌어지는 일
- 배경: 사건이 일어나는 구체적인 시간과 장소

㉡ 형식 요소

- 대사: 등장인물이 하는 말
  - 대화: 등장인물들 사이에 주고받는 말
  - 독백: 등장인물이 혼자 하는 말
  - 방백: 관객에게는 들리지만 다른 배우에게는 들리지 않는 것으로 약속하고 하는 말

- 지시문: 등장인물의 동작, 표정, 심리 등을 설명하거나 배경, 분위기, 효과 등을 지시하는 글
- 해설: 무대, 등장인물, 시간, 장소 등을 설명하는 글

㉢ 희곡의 구성 단위

- 막: 이전의 이야기가 마무리되고 무대가 완전히 바뀌는 것을 알리는 단위로서, 몇 개의 장으로 이루어진다. 무대의 막이 올라가고 내리는 사이의 단위이다.
- 장: 막의 하위 단위로, 무대의 장면이 변하지 않고 이루어지는 사건의 한 부분이다. 배경이 바뀐다거나, 인물의 등장과 퇴장 등으로 구분한다.

④ **희곡의 구성 단계**

㉠ 발단: 시간적·공간적 배경과 인물이 나타나고 이야기의 실마리가 드러난다.

㉡ 전개: 주동 인물과 반동 인물 사이의 갈등과 대결이 점차 노골화되고 격렬해지는 단계이다.

㉢ 절정: 갈등이 최고조에 이르러, 극적 장면이 나타나는 부분으로 주제가 드러난다.

㉣ 하강: 서로 대결하던 두 세력 중 뜻하지 않은 쪽으로 대세가 기울어지는 단계로 결말을 향하여 급속히 치닫는 부분이다.

㉤ 대단원: 갈등이 해소되고 모든 사건이 종결에 이르는 부분으로 긴장과 흥분이 해결된다.

(2) 시나리오

① **시나리오의 개념**: 영화를 만들기 위해 쓴 각본이다. 촬영을 전제로 쓴 작품이기 때문에 장면이나 그 순서, 배우의 행동이나 대사 따위를 상세하게 표현한다.

② **시나리오의 특성**

㉠ 화면에 의해 표현되므로 촬영을 고려해야 하고, 특수한 시나리오 용어가 사용된다.

㉡ 주로 대사와 행동으로 표현된다.

㉢ 시간과 공간의 이동이 자유롭다.

㉣ 등장인물의 수에 제한을 받지 않으며 인물이 없이 배경만의 장면도 가능하다.

㉤ 직접적인 심리 묘사가 불가능하고, 장면과 대상에 의해 간접적으로 묘사된다.

㉥ 영화 촬영을 전제로 하기 때문에 예정된 시간에 상영될 수 있도록 내용이 구성된다.

③ 시나리오의 구성 요소

해설	주로 배경이나 등장인물을 소개하며 인물의 심리를 직접 소개하기도 한다.
대사	등장인물들이 주고받는 말. 인물의 성격을 형상화한다거나 사건을 진행시키며 갈등 관계를 나타내고 주제를 구현하는 역할 등을 담당한다.
지시문	연기나 촬영에 대해 지시하는 글이다. 인물의 표정이나 동작, 무대 장치, 카메라 위치, 필름 편집 기술 등을 지시한다.
장면	사건의 배경이 되는 장면들을 찍은 단위로, 장면 번호(Scene Number)로 나타낸다.

④ 시나리오 용어

㉠ S#(Scene Number): 장면 번호

㉡ O.L.(Over Lap): 한 화면이 없어지기 전에 다음 화면이 천천히 나타나 겹쳐 보여 주는 것

㉢ C.U.(Close Up): 어떤 대상이나 인물을 크게 확대해서 찍는 것

㉣ F.I.(Fade In): 화면이 점차 밝아지는 것

㉤ F.O.(Fade Out): 화면이 점차 어두워지는 것

㉥ Insert: 인서트, 화면과 화면 사이에 다른 화면을 삽입하는 것

㉦ E.(Effect): 효과음

㉧ NAR.(Narration): 내레이션, 해설

⑤ 희곡과 시나리오의 비교

구분		희곡	시나리오
	목적	무대 상연	영화나 드라마 상영
	구성 단위	막과 장	장면
차이점	제약	• 시간과 공간의 제약이 많음. • 등장인물의 수에 제약이 많음.	• 시간과 공간의 제약이 적음. • 등장인물의 수에 제약이 적음.
공통점		• 갈등을 중심으로 한 사건 전개 • 현재 시제의 표현 • 구성: 해설, 대사, 지시문	

(3) 수필

① 수필의 개념: 일정한 형식을 따르지 않고 인생이나 자연 또는 일상생활에서의 느낌이나 체험을 생각나는 대로 쓴 산문 형식의 글이다.

② 수필의 특징

㉠ 1인칭의 문학: 작가가 자신의 경험이나 생각을 쓴 글이기 때문에 1인칭의 문학이다.

㉡ 개성의 문학: 글쓴이의 체험과 사상을 표현한 주관적인 문학이다. 따라서 수필에는 글쓴이의 개성이 강하게 드러난다.

㉢ 자유로운 형식: 수필은 무형식의 문학이라고도 하는데, 이는 정해진 틀 없이 자유롭게 쓰는 것을 의미한다.

㉣ 제재의 다양성: 생활 속의 모든 것이 수필의 소재가 될 수 있다.

㉤ 비전문적인 문학: 글을 쓰는 데 특별한 재능이나 조건이 요구되지 않으므로 누구나 쓸 수 있는 대중적인 문학 갈래이다.

③ 수필의 요소

주제	작가가 작품을 통해서 나타내려는 핵심적인 사상이나 중심적 의미이다.
제재	주제를 나타내기 위해 선택한 소재이다. 수필의 제재는 신변잡기에서 사회적·역사적 사실 및 자연 현상에 이르기까지, 작가가 체험하고 사고할 수 있는 모든 것이 대상이 될 수 있다.
구성	주제를 나타내기에 알맞게 제재를 배열하는 기법이다. 수필은 정해진 형식은 없지만, 각각의 작품 내에서는 주제를 구현하기 위해 각 요소들이 긴밀하게 구성되어야 한다.
문체	글에 나타나는 작가의 개성적인 특징이다. 작가마다 개성이나 느낌이 다르기 때문에 같은 대상을 묘사·서술하더라도 작가에 따라 그 느낌이 달라진다.

④ 중수필과 경수필

㉠ 중수필

• 무거운 내용을 담고 있는 수필로, 사회적·학문적·철학적 문제 등을 논리적으로 접근한다.

• 보편적인 논리와 이성에 바탕을 두고 서술하기 때문에 객관적, 비평적 성격을 지닌다.

㉡ 경수필

• 일정한 격식 없이 개인의 취향, 체험, 느낌 등을 자유롭게 표현한 수필을 말한다.

• 개인의 감정이나 태도를 자유롭게 표현하기 때문에 대체로 자기 고백적, 신변잡기적 성격을 지닌다.

⑤ 수필을 감상하는 방법

㉠ 글쓴이가 처한 상황, 사건의 전개 과정과 글쓴이의 성격과 심리·가치관·세계관, 문체나 표현상 특징 등을 파악하며 읽는다.

㉡ 글쓴이의 생각이나 가치관을 자신의 생각이나 가치관과 비교하며 읽는다.

출제 예상 문제

※ 다음 글을 읽고 물음에 답하시오(01~03).

> ㉠등장인물: 토끼, 자라, 용왕, 문어, 뱀장어, 전기뱀장어, 고등
> 　　　　　 어, 꼴뚜기, 도루묵
> 장소: 바닷속 궁궐(용궁), 산속
>
> 　㉡용왕이 있는 용궁이 무대이다. 용궁은 온갖 해초들이 넘실
> 대는 화려한 궁전이다. 가운데 용왕의 의자가 놓여 있다. 막이
> 오르면 시름시름 앓고 있는 용왕이 의자에 앉아 있다. 양옆으로
> 신하들이 늘어서 있다. 신하들은 용왕의 부름을 받고 분부를 기
> 다리는 중이다.
> 용왕: ㉢(야단치며) 내가 물속에 사는 온갖 약초를 다 먹어 보았
> 　　　지만, 아직도 아프질 않느냐!
> 고등어: ㉣황공하오이다, 마마.
> 용왕: 그놈의 황공 소리도 듣기 싫다.
> 문어: (머리를 조아리며) 황공무지로소이다, 마마.
> 용왕: 듣기 싫어! 황공이고 무지고 그런 소리 말고 내 병이 깔끔
> 　　　히 나을 묘수를 말하란 말이다.
> 꼴뚜기: 폐하! 약초보다는 어패류가 나은 줄 아뢰오.
> 용왕: 어패류가 무엇을 말하는고? 신약이 나왔단 말이냐?
> 문어: 어패류란 물고기나 조개 종류를 말하는 것인 줄 아뢰오.
> 용왕: 물고기…… 너희를 먹으라고?
> 　용왕 놀란다. 용왕 구역질을 한다. 신하들은 깜짝 놀라 꼴뚜기
> 를 두드려 팬다.
>
> 　　　　　　　　　　　　　　　　　 – 엄인희, 「토끼와 자라」

01 윗글에 대한 설명으로 적절하지 <u>않은</u> 것은?

① 사건을 현재화하여 표현한다.
② 시간과 공간의 제약을 받는다.
③ 촬영을 고려한 특수한 용어가 사용된다.
④ 동물을 의인화하여 인간 사회를 풍자하고 있다.

02 윗글에 등장하는 용왕에 대한 설명으로 가장 적절하지 <u>않은</u> 것은?

① 이기적이다.
② 긍정적이다.
③ 자기중심적이다.
④ 권위를 내세운다.

03 ㉠~㉣에 대한 설명으로 적절하지 <u>않은</u> 것은?

① ㉠: 해설
② ㉡: 시간적 배경
③ ㉢: 지시문
④ ㉣: 대사

※ 다음 글을 읽고 물음에 답하시오(04~06).

> 　형과 아우, 그들 사이를 가로막은 ㉠벽을 안타까운 (후회) 표
> 정으로 바라본다. 비가 그치면서 구름 사이로 한 줄기 햇빛이
> 비친다.
> 형: 하지만, 내 마음을 어떻게 저 벽 너머로 전하지?
> 아우: ㉡비가 그치고 산들바람이 부는군.
> 형: 저 벽을 자유롭게 넘어갈 수만 있다면……. 가만있어 봐. 민
> 　　들레꽃은 씨를 맺으면 어떻게 되지? ㉢바람을 타고 멀리멀
> 　　리 날아가잖아?
> 아우: 햇빛이 비치니까 샛노란 ㉣민들레꽃이 더 예쁘게 보여.
> 형: 이 꽃을 꺾어서 벽 너머로 던져 주어야지. 동생이 이 민들레꽃
> 　　을 보면, 진짜 내 마음을 알아줄 거야.
> 아우: 형님에게 이 꽃을 드리겠어. 벽 너머의 형님이 이 꽃을 받으
> 　　　면 동생인 나를 생각하겠지.
> 　형과 아우, 민들레꽃을 여러 송이 꺾는다. 그리고 벽으로 다가
> 가서 민들레꽃을 벽 너머로 서로 던져 준다. 형은 아우가 던져
> 준 꽃들을 주워들고 반색하고, 아우는 형이 던진 꽃들을 주워들
> 고 기뻐한다. 서로 벽을 두드리며 외친다.
> 아우: 형님, 내 말 들려요?
> 형: 들린다, 들려! 너도 내 말 들리냐?
> 아우: 들려요!
> 형: 우리, 벽을 허물기로 하자!
> 아우: 네, 그래요. 우리 함께 빨리 허물어요!
> 　무대 조명, 서서히 꺼진다. 다만, 무대 뒤쪽의 들판 풍경을 그
> 린 걸개그림만이 환하게 밝다. 막이 내린다.
>
> 　　　　　　　　　　　　　　　　　 – 이강백, 「들판에서」

04 윗글에 대한 설명으로 적절하지 <u>않은</u> 것은?

① 날씨를 통해 분위기를 조성한다.
② 서술자에 의해 이야기가 전개된다.
③ 대립과 갈등을 주된 내용으로 한다.
④ 시간적·공간적 배경에 제약이 있다.

05 윗글의 구성 단계에 대해 바르게 설명한 것은?

① 갈등이 해소된다.
② 갈등이 최고조에 이른다.
③ 갈등과 대결이 격렬해진다.
④ 이야기의 실마리가 드러난다.

06 ㉠~㉣ 중 '형'과 '아우'의 화해를 의미하는 소재는?

① ㉠　　　　　　② ㉡
③ ㉢　　　　　　④ ㉣

※ 다음 글을 읽고 물음에 답하시오(07~09).

아빠: 여보, 다녀왔어요.
엄마: 다녀오셨어요?
아빠: 애들은 다 어디에 갔어요?
엄마: 수진이는 방에 있고, 수일이는 학원에 갔어요.
아빠: 학원……. (놀란 표정으로) 여보, 오늘이 무슨 요일이지
　　　요?
엄마: 수요일이에요.
아빠: 수요일? 오늘 학원 쉰다고 하지 않았나요? 학원 선생님이
　　　일이 있다고, 내가 며칠 전에 당신한테 이야기한 것 같은
　　　데…….
엄마: 당신이 언제 얘기했다고 그래요! 수일이 들어오면 난리칠
　　　텐데 어떡해요.
수일, 쿵쾅거리며 무대 위로 등장한다.
수일: (화가 난 얼굴로) 이게 뭐예요! 저만 바보 됐잖아요.
아빠: (수일이 어깨를 다독이며) 수일아, 아빠가 깜빡한 거야. 미
　　　안해.
수일: (엄마를 보며) 제가 엄마 때문에 못살아요!
엄마: 그게 왜 엄마 때문이야. 그러게 평소에 네가 학원 잘 갔
　　　으면 이런 일이 왜 생겨?
수일: 해도 해도 너무해요. 학원가라! 공부해라! 그리고 제가 컴
　　　퓨터를 하면 얼마나 한다고 컴퓨터 선은 뽑고 그래요?
엄마: (말을 얼버무리며) 그, 그건. (다시 목소리를 높인다.) 하라
　　　는 공부는 안 하고 허구한 날 컴퓨터 게임이지. 넌 도대체
　　　잘하는 게 뭐니?
아빠: (엄마를 다독이며) 여보! 그만 좀 해요. 그러다가 몸 상하
　　　겠어요. 그리고 수일이 너무 나무라지 맙시다. (수일이를
　　　다독이며) 수일아, 엄마가 너 잘되라고 그러는 거야. 엄마
　　　마음도 좀 헤아려 주렴.
　　　　　　　－ 김우경 원작, 광대 각색, 「수일이와 수일이」

07 윗글에 대한 설명으로 적절하지 <u>않은</u> 것은?

① 직접적인 심리 묘사가 불가능하다.
② 대립과 갈등을 주된 내용으로 한다.
③ 형식에 제약 없이 자유롭게 쓴 글이다.
④ 대사와 지시문을 통해 인물의 성격을 드러낸다.

08 윗글에 나타나는 주된 갈등 양상은?

① 인물의 내적 갈등
② 인물과 인물의 외적 갈등
③ 인물과 사회의 외적 갈등
④ 계층과 계층의 외적 갈등

09 윗글에 등장하는 '아빠'에 대한 설명으로 가장 적절하
지 <u>않은</u> 것은?

① '수일'에게 '엄마'를 이해하라고 말한다.
② '엄마'에게 '수일'을 다그치지 말라고 한다.
③ '엄마'와 '수일' 사이를 중재하려고 노력한다.
④ '엄마'와 '수일'의 대립을 해결하고 화해를 이끈다.

※ 다음 글을 읽고 물음에 답하시오(10~12).

S#90. 산마루
소년: 이거야?
봉순: ……응, 저…… 정말 많지!
소년: 이건 도라지잖아.
봉순: 어…… 그…… 그래, 이상하다. 산삼 아니야?
소년: (　㉠　) 나도 아는 도라지를 니가 몰랐을 리 없잖아.
봉순: (말을 바꾸며) 어제까진 분명 산삼이었는데. 아, 맞다. 맞
　　　다. 산삼은 영물이라서 주인 아니면 도라지로 변한다더니,
　　　정말 변했나 부다.
소년: (버럭 화를 내며) 너 그걸 지금 말이라고 하는 거야?
봉순: (겁에 질린 표정으로) 왜…… 그래?
소년: 왜 자꾸 거짓말하냐구, 왜?
봉순: 그래, 거짓말이야. 거짓말이면? 이게 니 거야? 니 거냐구?
　　　산삼이든 도라지든 니 거 아닌데 왜 화내구 그래. 무섭게.
소년: …….
봉순: (울음을 터트리며 내려간다.)
　봉순이가 가고 허탈해서 주저앉는 소년, 근처에 있는 도라지를
본다.
　㉡인서트. 꽃묶음을 들고 좋아하던 소녀.

소녀: 도라지꽃이 이렇게 예쁜 줄은 몰랐네. 난 보랏빛이 좋거든!

이미 져 버린 도라지꽃을 보자 불길한 생각이 드는 소년.

– 황순원 원작, 염일호 각본, 「소나기」

10 윗글에 대한 설명으로 적절하지 <u>않은</u> 것은?

① 소설을 각색한 드라마 대본이다.
② 원작에 없는 인물과 사건이 추가된다.
③ 장면 번호 뒤에 시간적 배경을 제시한다.
④ 소녀에게 닥칠 불행을 암시하는 표현이 있다.

11 ㉠에 들어갈 지시문으로 가장 적절한 것은?

① 조심스럽게
② 답답하다는 듯
③ 환하게 웃으며
④ 슬픈 목소리로

12 ㉡에 사용된 기법을 바르게 설명한 것은?

① 화면이 점차 어두워지는 것
② 대상을 크게 확대해서 찍는 것
③ 화면 사이에 다른 화면을 삽입하는 것
④ 한 화면에 다른 화면을 겹쳐 보여 주는 것

※ 다음 글을 읽고 물음에 답하시오(13~15).

㉠S#22 ㉡5학년 1반 교실 (아침)
순철: (부동자세로 서서) 차렷! 경례!
일동: (고개 숙여 합창하며) 안녕하세요!

감회 어린 표정으로 교탁 앞에 선 수하, 교단 아래를 천천히 살펴보면, 올망졸망한 남녀 아이들이 잔뜩 호기심 어린 눈망울로 그를 주시하고 있었다. 들쭉날쭉한 나이만큼이나 발육 상태나 체구가 크게 차이가 나는 아이들로 진풍경인 교실. 목발을 책상 옆으로 누인 소아마이 아동도 몇몇 눈에 들어온다.

수하: (서당 훈장처럼 애써 위엄이 담긴 음성으로) 에…….

그때 앞문이 열리며 유해리 선생이 헤 웃고 선 난희를 교실 안으로 들이민다.

유해리: 글쎄 얘가 우리 반에 와 앉았지 뭐예요. 내가 아직도 지 담임인 줄 아나 봐요.

와, 하고 웃음을 터뜨리는 아이들.

히죽 웃고 선 난희를 들이밀고 문 닫고 사라지는 유 선생.

수하: (빈 자리를 가리키며) 우선 저기에 앉도록.

히죽, 웃고 빈자리에 가 앉는 난희. 수하, 가볍게 한숨을 쉬고.

수하: 에, 수업에 들어가기 앞서…….

이번에는 뒷문이 드르륵 열리며 홍구를 등에 업은 홍연이 고개를 푹 수그린 채 얼른 인사하고 숨듯이 자기 자리로 가 앉는다. 왁자하게 웃어대는 아이들에.

수하: ㉢(이맛살을 찌푸린 채) 조용, 조용! (수그러드는 아이들의 웃음소리.) (홍연에게) 그 애기는 뭐냐?

낯을 붉힌 채 고개를 쳐든 홍연, 수하의 얼굴을 알아보고 눈이 똥그래져 말문을 못 연다.

하지만 수하는 홍연을 몰라보는 듯.

수하: ㉣어허! 거기, 선생님 얘기 안 들리느냐?

짝 강주, 홍연의 옆구리를 푹 찌르자,

홍연: (기어드는 소리로) 지 동생인데요……. 집에 봐줄 사람이 없어서…….

수하, 하는 수 없다는 듯 한숨을 내쉰다.

– 이영재, 「내 마음의 풍금」

13 위와 같은 글에 대한 설명으로 적절하지 <u>않은</u> 것은?

① 영화나 드라마의 대본이다.
② 막과 장으로 구성된 글이다.
③ 주로 대사와 행동으로 표현된다.
④ 시간과 공간의 이동이 자유롭다.

14 윗글의 창작 당시 사회 · 문화적 특징이 가장 잘 드러나는 것은?

① 학교에 지각하는 학생들이 있다.
② 선생님 말씀을 듣지 않고 떠드는 학생이 있다.
③ 다양한 연령대의 아이들이 한 교실에서 수업을 듣는다.
④ 선생님의 질문에 기어들어가는 목소리로 대답하는 학생이 있다.

15 ㉠~㉣에 대한 설명으로 적절하지 <u>않은</u> 것은?

① ㉠: 장면 번호
② ㉡: 공간적 배경
③ ㉢: 해설
④ ㉣: 대사

※ 다음 글을 읽고 물음에 답하시오(16~18).

> 일가족이 태자리를 뒤로 하고 고향을 떠날 때 나는 초등학교 5학년이었다. 있어도 그만 없어도 그만인, ㉠자질구레한 ㉡세간을 실은 손바닥만 한 트럭에 어머니가 타고 먼저 떠난 뒤 할머니와 나, 동생은 새로운 삶의 터전을 찾아 길을 걷기 시작했다. 철없는 어린 동생도 그날은 아무 말 없이 먼지가 풀풀 나는 ㉢신작로를 내처 걷기만 했다. 우리 가족을 그냥 떠나보내기 아쉬웠던 명원네 대모가 항아리를 하나 머리에 이고 뒤를 따랐다. 트럭 위에도 대모의 머리에도 선택받지 못한 독과 항아리들은 사람이 더 이상 살지 않는 집에 남았다. 대모가 머리에 인 항아리는 할머니, 어머니가 가장 아끼던 것들 중 하나였다. 쏟아진 햇살은 항아리 위에서 연신 ㉣자반뒤집기를 했다. 나는 자꾸만 눈을 깜박거렸다.
>
> — 이호준, 「장독대, 끝내 지켜 내던 가문의 상징」

16 윗글을 쓴 의도로 가장 적절한 것은?

① 경험을 통해 깨달은 것을 표현하기 위해

② 자신의 의견을 논리적으로 주장하기 위해

③ 사실적 정보를 객관적으로 알려 주기 위해

④ 인물의 일생을 기록하여 교훈을 주기 위해

17 윗글의 내용을 잘못 이해한 것은?

① 초등학교 5학년 때 고향을 떠났다.

② 어머니는 트럭을 타고 먼저 가셨다.

③ 동생은 걸어가기 힘들다고 투정을 부렸다.

④ 대모는 할머니가 아끼는 항아리를 이고 따라 왔다.

18 ㉠~㉣의 사전적 의미로 적절하지 않은 것은?

① ㉠: 모두에게 귀중하고 요긴한 것.

② ㉡: 집안 살림에 쓰는 온갖 물건.

③ ㉢: 넓게 새로 낸 길.

④ ㉣: 몹시 아플 때에 몸을 엎치락뒤치락하는 짓.

※ 다음 글을 읽고 물음에 답하시오(19~21).

> 신기한 놀이시설도, 특별한 장난감도 없었지만 나는 할머니와 지내는 게 신이 났다. 촉촉한 흙냄새가 나는 마당에 앉아 손으로 흙을 주물며 놀아도 야단치는 일이 없었기 때문이다. 그래서 흙이 질펀한 마당은 언제나 내 놀이터였다. 길에서 민들레를 뽑아
>
> 다 흙을 ㉠일구어 심기도 하고, 신발에 흙을 담아 할머니 채마밭 고랑에 뿌리기도 하였다. 주위가 어둑해질 때까지 흙장난에 지칠 줄 모르는 나를 보고도 증조할머니는 웬일인지 화를 내지 않으셨다. 흙강아지가 되도록 실컷 놀라고 하실 뿐이었다.
>
> 생명을 키워내는 흙의 신비로움과 풍요를 온몸으로 느끼게 해 주고 싶어서일까. 흙을 만지다 나뭇가지에 찔려 피가 흘러도 할머니는 그다지 놀라지 않으셨다. 할머니 손은 약손이라며 흙 한 줌 손으로 집어 상처 난 부위에 훌훌 뿌리는 것으로 치료를 대신하곤 했다. 사람은 흙으로 빚어졌으니 상처도 흙을 바르면 낫는다는 것이었다.
>
> 할머니의 흙 치료가 비위생적으로 보여 ㉡앙탈을 부리곤 했지만 할머니의 행동이 흙의 ㉢영험을 확신하고 계시는 것 같아 거부할 수도 없었다. 집안에 평안을 기원하는 제의 일종인 토신제를 지낼 때도 할머니는 흙 한 줌을 그릇에 담아 뒤뜰에 뿌리곤 했었다.
>
> 아무런 조건도 없이 오랜 세월을 베풀어 주기만 한 땅, 조상이 물려준 토지에 집을 짓고 편안히 사는 게 모두 땅의 은덕이라 생각하신 듯싶었다. 발을 딛고 다니는 땅이야말로 살 속에 깃든 영혼이고 모든 생명의 고향이라 생각한 것이다. 하지만 요즈음 땅을 밟고 산다는 게 하나의 ㉣사치처럼 되어가는 느낌이다.
>
> — 문정희, 「흙을 밟고 싶다」

19 윗글에 대한 설명으로 가장 적절하지 않은 것은?

① '흙'에 대한 글쓴이의 관점이 잘 드러난다.

② 근거를 들어 주장을 펼치는 것이 목적이다.

③ 자연을 가까이 하는 삶을 중요하게 여긴다.

④ 글쓴이의 실제 경험이 구체적으로 드러난다.

20 윗글에서 흙에 대한 '증조할머니'의 태도와 거리가 먼 것은?

① 흙은 비위생적이다.

② 흙은 영험함을 지녔다.

③ 흙은 사람을 이롭게 한다.

④ 흙에는 사람을 치료하는 기운이 있다.

21 ㉠~㉣의 사전적 의미로 적절하지 않은 것은?

① ㉠: 논밭을 만들기 위해 땅을 파서 일으킴.

② ㉡: 남에게 귀엽게 보이려고 노력하는 태도.

③ ㉢: 사람의 기원대로 되는 신기한 징조를 경험하는 것.

④ ㉣: 필요 이상의 돈을 쓰거나 분수에 지나친 생활을 함.

※ 다음 글을 읽고 물음에 답하시오(22~24).

이처럼 악의가 섞이지 않은 실수는 봐줄 만한 구석이 있다. 그래서인지 ㉠내가 번번이 저지르는 실수는 나를 곤경에 빠뜨리거나 어떤 관계를 불화로 이끌기보다는 의외의 수확이나 즐거움을 가져다줄 때가 많았다. 겉으로는 비교적 차분하고 꼼꼼해 보이는 인상이어서 나에게 긴장을 하던 상대방도 이내 나의 모자란 구석을 발견하고는 긴장을 푸는 때가 많았다. 또 실수로 인해 웃음을 터뜨리다 보면 어색한 분위기가 가시고 초면에 쉽게 마음을 트게 되기도 했다. 그렇다고 이런 효과 때문에 상습적으로 실수를 반복하는 것은 아니지만, 한번 어디에 정신을 집중하면 나머지 일에 대해서 거의 백지상태가 되는 버릇은 쉽사리 고쳐지지 않는다. 특히 풀리지 않는 글을 붙잡고 있거나 어떤 생각거리에 매달려 있는 동안 내가 생활에서 저지르는 사소한 실수들은 내 스스로도 어처구니가 없을 지경이다.

그러면 실수의 '어처구니없음'은 어디서 오는 것일까. 원래 어처구니란 엄청나게 큰 사람이나 큰 물건을 가리키는 뜻에서 비롯되었는데, 그것이 부정어와 함께 굳어지면서 어이없다는 뜻으로 쓰이게 되었다. 크다는 뜻 자체는 약화되고 그것이 크든 작든 우리가 가지고 있는 상상이나 상식을 벗어난 경우를 지칭하게 된 것이다. 그러니 상상에 빠지기 좋아하고 상식으로부터 자유로워지려는 사람에게 어처구니없는 실수가 그림자처럼 따라다니는 것은 아주 자연스러운 일이다.

– 나희덕, 「실수」

22 윗글의 특징으로 가장 적절한 것은?

① 체험을 통해 얻은 감동을 전달한다.
② 여행 중 보고 들은 내용을 전달한다.
③ 작가의 상상에 의해 꾸며 쓴 이야기이다.
④ 인물의 대사와 행동으로 사건을 전개한다.

23 윗글에 나타난 글쓴이의 성격을 가장 바르게 설명한 것은?

① 침착하지 않고 덜렁거린다.
② 비교적 차분하고 꼼꼼하다.
③ 상대방의 말에 쉽게 상처를 받는다.
④ 한꺼번에 여러 가지 일을 처리한다.

24 ㉠의 결과를 잘못 설명한 것은?

① 어색한 분위기를 없앤다.
② 상대방에게 믿음을 준다.
③ 상대방의 긴장을 풀게 한다.
④ 초면에 쉽게 마음을 트게 된다.

※ 다음 글을 읽고 물음에 답하시오(25~27).

그의 어머니는 그렇게 팔남매를 낳았다. 집은 ㉠토담집이었다. 그의 아버지와 어머니가 신접살림을 나면서 손수 지은 집이었다. 판판한 주춧돌 위에 튼튼한 소나무 기둥을 세우고 지붕을 만들었다. ㉡마을에서는 그렇게 새집 짓는 일을 '성주 모신다'고 했다. 마을 남정네들은 집 짓는 일을 돕고 아낙들은 음식을 만들었다. 황토에 논흙을 섞고 짚을 썰어 지붕 흙을 만들고 몇 사람들은 ㉢지붕 위로 올라가고 몇 사람은 마당에 길게 서서 다 이겨진 ㉣흙을 지붕 위로 올렸다. 대나무나 뽕나무로 미리 살을 만들어 놓은 위에 차진 흙이 발라졌다. 흙이 마르면 노란 짚을 엮어 지붕을 이었다. 이제 그 지붕은 아무리 비가 많이 와도 아무리 거센 바람이 불어도 끄떡없을 것이었다. 지붕이 다 만들어지자 벽을 만들었다. 지붕에서처럼 대나무로 살을 만들고 흙을 바르고 그리고 구들장을 놓았다. 노란 송판을 반들반들하게 켜서 마루도 만들었다. 그와 그의 형제들은 바로 그 집에서 나고 그 집에서 컸다.

– 공선옥, 「그 시절 우리들의 집」

25 위와 같은 글의 특징을 잘못 설명한 것은?

① 개성의 문학
② 1인칭의 문학
③ 제재의 다양성
④ 전문적인 문학

26 윗글에서 토담집을 손수 짓는 과정을 제시한 이유로 가장 적절한 것은?

① 토담집을 짓는 과정을 알려주기 위해
② 집에 담긴 소중한 의미를 이야기하기 위해
③ 부모님의 은혜에 감사하는 마음을 가지게 하기 위해
④ 자기만의 집을 갖는 것에 대한 가치를 깨닫게 하기 위해

27 ㉠~㉣ 중 다음 설명에 해당하는 소재는?

○ 글쓴이가 태어난 곳
○ 가족들의 안식처
○ 가족들을 지키는 수호자

① ㉠ ② ㉡
③ ㉢ ④ ㉣

※ 다음 글을 읽고 물음에 답하시오(28~30).

> 어머니는 내가 집에서 책만 읽는 것을 싫어하셨다. 그래서 방과 후 골목길에 아이들이 모일 때쯤이면 어머니는 대문 앞 계단에 작은 방석을 깔고 나를 거기에 앉히셨다. 아이들이 노는 것을 구경이라도 하라는 뜻이었다.
>
> 딱히 놀이 기구가 없던 그때 친구들은 대부분 술래잡기, 사방치기, 공기놀이, 고무줄놀이 등을 하고 놀았지만 나는 공기놀이 외에는 어떤 놀이에도 참여할 수 없었다. 하지만 골목 안 친구들은 나를 위해 꼭 무언가 역할을 만들어 주었다. 고무줄놀이나 달리기를 하면 내게 심판을 시키거나 신발주머니와 책가방을 맡겼다. 그뿐인가. 술래잡기를 할 때는 한곳에 앉아 있는 내가 답답할까봐, 미리 내게 어디에 숨을지를 말해 주고 숨는 친구도 있었다.
>
> 우리 집은 골목 안에서 중앙이 아니라 구석 쪽이었지만 내가 앉아 있는 계단 앞이 친구들의 놀이 무대였다. 놀이에 참여하지 못해도 나는 전혀 소외감이나 박탈감을 느끼지 않았다. 아니, 지금 생각하면 내가 소외감을 느낄까 봐 친구들이 배려를 해 준 것이었다.
>
> 그 골목길에서의 일이다. 초등학교 1학년 때였던 것 같다. 하루는 우리 반이 좀 일찍 끝나서 나는 혼자 집 앞에 앉아 있었다. 그런데 그때 마침 깨엿 장수가 골목길을 지나고 있었다. 그 아저씨는 가위만 쩔렁이며 내 앞을 지나더니 다시 돌아와 내게 깨엿 두 개를 내밀었다. 순간 그 아저씨와 내 눈이 마주쳤다. 아저씨는 아무 말도 하지 않고 아주 잠깐 미소를 지어 보이며 말했다.
>
> "괜찮아."
>
> 무엇이 괜찮다는 것인지는 몰랐다. 돈 없이 깨엿을 공짜로 받아도 괜찮다는 것인지, 아니면 목발을 짚고 살아도 괜찮다는 것인지……. 하지만 그건 중요하지 않다. 중요한 건 내가 그날 마음을 정했다는 것이다. ㉠이 세상은 그런대로 살 만한 곳이라고. 좋은 사람들이 있고, 착한 마음과 사랑이 있고, '괜찮아'라는 말처럼 용서와 너그러움이 있는 곳이라고 믿기 시작했다는 것이다.
>
> — 장영희, 「괜찮아」

28 윗글의 특징으로 가장 적절한 것은?

① 문학 작품에 대한 감상과 비평을 서술하고 있다.
② 체험을 통해 얻은 감동을 자유롭게 표현하고 있다.
③ 상대방의 안부를 묻고 자신의 용건을 전달하고 있다.
④ 사실을 바탕으로 상상한 내용을 덧붙여 표현하고 있다.

29 윗글의 내용과 일치하는 것은?

① '나'의 집은 골목 안에서 중심이 되는 곳에 있었다.
② 친구들은 놀 때마다 '나'를 끼워 주는 것을 귀찮아했다.
③ 집에서 책만 읽는 '나'의 모습을 어머니는 좋아하셨다.
④ '깨엿 장수'의 말은 '나'에게 세상에 대한 믿음을 주었다.

30 ㉠처럼 느낄 수 있는 이유로 가장 적절한 것은?

① 경제적 지원을 받았기 때문에
② 구체적인 직업이 생겼기 때문에
③ 상대로부터 배려를 받았기 때문에
④ 모든 것을 내 마음대로 할 수 있었기 때문에

국어 실전 문제 

01 토론에서 '사회자'의 역할로 적절하지 <u>않은</u> 것은?

① 토론을 공정하고 원만하게 진행한다.
② 상대방의 주장을 논리적으로 반박한다.
③ 토론의 논제를 제시하고 토론 순서를 안내한다.
④ 논제의 초점이 흐려지면 논점을 다시 정리하여 알려준다.

02 다음은 글을 쓰기 위해 작성한 개요표이다. ㉠~㉢ 중에서 적절하지 <u>않은</u> 것은?

> 제목: 대중문화를 이끌 팬클럽 문화
> 처음: 팬클럽 문화의 정의
> 중간
> • 팬클럽 문화의 긍정적인 모습
>   – 세대 차이를 느끼게 함 ·············· ㉠
>   – 연예인과 함께 봉사 활동을 함 ·········· ㉡
>   – 기부 문화를 확산시킴
> • 팬클럽 문화의 부정적인 모습
>   – 기획사들이 팬클럽을 상업적으로 이용함
>   – 건전한 비판을 거부함 ················ ㉢
>   – 경쟁 연예인에게 악성 댓글로 피해를 줌 ········ ㉣
> 끝: 팬클럽 문화의 역할과 나아갈 길

① ㉠   ② ㉡
③ ㉢   ④ ㉣

03 ㉠~㉣ 중 통일성을 깨뜨리는 문장은?

> 칭찬 댓글 달기 캠페인을 제안합니다.
> 요즘 인터넷에서는 상대방을 비난하거나 비하하는 악성 댓글이 문제가 되고 있습니다. 그래서 ㉠우리 모임에서는 악성 댓글을 줄이기 위해 칭찬 댓글을 작성하는 캠페인을 진행하려고 합니다. ㉡서로의 좋은 점을 찾아주는 칭찬이 많아지면 악성 댓글도 사라지지 않을까요? ㉢그렇지만 너무 많은 칭찬은 자제해야 합니다.
> ㉣우리 모임의 게시판에 서로를 칭찬하는 댓글을 남겨 주세요.

① ㉠   ② ㉡
③ ㉢   ④ ㉣

04 〈조건〉을 모두 고려하여 만든 광고 문구로 가장 적절한 것은?

> ─── • 〈조건〉 • ───
> ○ '에너지를 아껴 쓰자.'라는 주제를 드러낼 것
> ○ 단어를 반복하고 명령형으로 표현할 것

① 예절을 지키고, 양심도 지켜라.
② 출입문을 닫으면, 지갑도 닫힙니다.
③ 걷는 당신, 건강도 지키고 지구도 살립니다.
④ 실내 온도를 올리지 말고, 옷 지퍼를 올리세요.

05 ㉠에서 알 수 있는 훈민정음의 창제 정신으로 가장 적절한 것은?

> 우리나라 말이 중국과 달라 한자와는 서로 통하지 아니한다. 이런 까닭으로 글을 모르는 백성이 말하고자 하는 바가 있어도 마침내 제 뜻을 펴지 못하는 사람이 많다. ㉠내가 이것을 가엾게 생각하여 새로 스물여덟 글자를 만드니, 모든 사람이 쉽게 익혀서 날마다 쓰는 데 편하게 하고자 할 따름이다.
> — 「훈민정음(訓民正音) 언해본」

① 자주 정신
② 애민 정신
③ 실용 정신
④ 창조 정신

06 다음 설명을 참고할 때 받침의 발음이 잘못된 것은?

> 겹받침 'ㄳ', 'ㄵ', 'ㄼ, ㄽ, ㄾ', 'ㅄ'은 어말 또는 자음 앞에서 각각 [ㄱ, ㄴ, ㄹ, ㅂ]으로 발음한다. 다만, '밟–'은 자음 앞에서 [밥]으로 발음한다.

① 밟다[발따]
② 앉다[안따]
③ 없다[업따]
④ 핥다[할따]

07 〈보기〉에서 밑줄 친 단어와 품사가 같은 것은?

> ● 〈보기〉 ●
> 벚꽃이 매우 예쁘다.

① 산에는 봄나물이 많다.
② 나는 시장에서 봄나물을 산다.
③ 사람들은 산에서 봄나물을 캔다.
④ 동생은 봄나물을 맛있게 먹는다.

※ 다음 글을 읽고 물음에 답하시오(08~10).

> (가)
> 중남미에서 유럽으로 건너온 고추는 포르투갈 무역선에 실려 1540년대 마카오와 중국 무역항에 도착합니다. 그리고 1543년 포르투갈 상인이 일본 규슈까지 전하게 됩니다. 그렇게 고추는 일본을 거쳐 지금의 부산인 동래 왜관을 통해 들어와 본격적으로 재배되기 시작했습니다. 임진왜란 즈음에 이미 고추 재배가 경상도 일대로 퍼져 나간 것입니다. 재배가 어렵지 않은 덕분에 그 뒤 고추는 남에서 북으로 점차 확산되었습니다.
>
> (나)
> 우리에게 너무나도 친숙한 고추는 많은 매력을 지닌 채소로, 우리 민족과는 떼려야 뗄 수 없는 찰떡궁합인 향신료입니다. 보건 복지부의 조사(2005년)에 따르면 우리나라는 1인당 하루 고추 소비량이 7.2그램으로, 세계 최고 수준이라고 합니다. 심지어 매운 고추를 고추장에 찍어 먹는 유일한 나라입니다. 명실상부한 매운맛 대국입니다. 이제 고추의 알싸한 매운맛은 세계인들이 자꾸 찾는 맛이 되어 가고 있습니다.
> — 홍익희, 「신대륙의 숨은 보물, 고추 이야기」

08 윗글의 내용을 잘못 이해한 것은?

① 고추는 1540년대 마카오와 중국에 전해졌다.
② 고추는 우리 민족과 매우 친숙한 향신료이다.
③ 우리나라는 북에서 남쪽 방향으로 고추가 전파되었다.
④ 2005년 우리나라 1인당 하루 고추 소비량은 세계 최고였다.

09 (가)를 참고할 때, 고추의 전파 과정을 바르게 나열한 것은?

① 중남미 → 포르투갈 → 일본 → 부산 → 경상도
② 중남미 → 일본 → 포르투갈 → 경상도 → 부산
③ 중남미 → 포르투갈 → 일본 → 경상도 → 부산
④ 중남미 → 일본 → 포르투갈 → 부산 → 경상도

10 (나)에 사용된 설명 방법은?

① 비교　　　② 대조
③ 인용　　　④ 분석

※ 다음 글을 읽고 물음에 답하시오(11~13).

> 우리나라는 '배달 공화국'이라고 해도 지나치지 않을 만큼 배달 산업이 발달했다. 음식은 물론이고 꽃, 서류, 쌀 등 ⓐ별의별 것을 다 배달한다. 사정이 이렇다 보니 아예 배달만 전문적으로 하는 ⓑ대행업체도 생겨났다. 배달 산업이 커지면서 속도는 경쟁력이 되었다. 전국 어디서나 며칠 이내에 물건을 받을 수 있다. 심지어 오전에 주문하면 오후에 받는 당일 배달도 가능하다. 그래서인지 ㉠우리는 배달은 무조건 빠른 것이 당연하다고 생각한다. 그러나 이러한 생각이 과연 옳은 것일까?
>
> 소비자로서는 세상이 편해졌다고 좋아할 수도 있겠지만 그 ⓒ이면에는 그림자가 있다. 일부 택배 기사들은 빨리 배달하려고 ⓓ과속을 하거나 신호를 어겨 교통사고를 내기도 한다. 2012년 안전보건공단의 조사에 따르면 택배 업종에서 발생한 산업재해 가운데 도로 교통사고가 절반 이상을 차지했다. 이런 교통사고의 가장 큰 원인은 빠른 속도를 강요하는 배달 구조이다.
>
> — 김용섭, 「왜 속도를 고민해야 하는가?」

11 위와 같은 글을 읽는 방법으로 가장 적절한 것은?

① 등장인물의 심리 변화를 파악한다.
② 글쓴이의 의견을 비판 없이 수용한다.
③ 주장에 대한 근거가 타당한지 파악한다.
④ 일어난 사건 중심으로 줄거리를 요약한다.

12 ㉠에 대한 글쓴이의 태도로 가장 적절한 것은?

① 긍정적
② 비판적
③ 예찬적
④ 달관적

13 ⓐ~ⓓ의 사전적 의미로 적절하지 <u>않은</u> 것은?

① ⓐ: 보통과 다른 갖가지의.
② ⓑ: 어떤 일을 대신 하는 업체.
③ ⓒ: 겉으로 드러나 눈에 보이는 부분.
④ ⓓ: 주행 속도를 너무 빠르게 하는 것.

※ 다음 글을 읽고 물음에 답하시오(14~16).

> ㉠가난하다고 해서 외로움을 모르겠는가
> 너와 헤어져 돌아오는
> ㉡눈 쌓인 골목길에 새파랗게 달빛이 쏟아지는데.
> 가난하다고 해서 두려움이 없겠는가
> 두 점을 치는 소리
> ㉢방범대원의 호각소리 메밀묵 사려 소리에
> 눈을 뜨면 멀리 육중한 기계 굴러가는 소리.
> 가난하다고 해서 그리움을 버렸겠는가
> 어머님 보고 싶소 수없이 뇌어보지만
> 집 뒤 감나무에 까치밥으로 하나 남았을
> 새빨간 감 바람 소리도 그려보지만.
> 가난하다고 해서 사랑을 모르겠는가
> 내 볼에 와 닿던 네 입술의 뜨거움
> ㉣사랑한다고 사랑한다고 속삭이던 네 숨결
> 돌아서는 내 등 뒤에 터지던 네 울음.
> 가난하다고 해서 왜 모르겠는가
> 가난하기 때문에 이것들을
> 이 모든 것들을 버려야 한다는 것을.
>
> — 신경림, 「가난한 사랑 노래」

14 윗글에 대한 설명으로 가장 적절하지 <u>않은</u> 것은?

① 의문문 형식의 문장을 사용하고 있다.
② 비슷한 형식의 문장을 반복하고 있다.
③ 시적 화자의 감정이 진솔하게 드러난다.
④ 현실을 개혁하고자 하는 의지가 드러난다.

15 윗글에 나타난 다음 표현 중, 창작 당시의 사회·문화적 배경이 드러나는 것으로 보기 <u>어려운</u> 것은?

① 메밀묵 사려 소리
② 두 점을 치는 소리
③ 방범대원의 호각소리
④ 새빨간 감 바람 소리

16 ㉠~㉣에 대한 설명으로 적절하지 <u>않은</u> 것은?

① ㉠: 설의적 표현이 사용되었다.
② ㉡: 시각적 심상이 사용되었다.
③ ㉢: 청각적 심상이 사용되었다.
④ ㉣: 반어적 표현이 사용되었다.

※ 다음 글을 읽고 물음에 답하시오(17~19).

허생은 묵적골에 살았다. 남산 밑 골짜기로 곧장 가면 우물이 있고, 그 위로 해묵은 은행나무가 하늘을 가리고 있다. 허생의 집 사립문은 은행나무를 향해 있고 언제나 열려 있었다. 집이라야 두어 칸 되는 초가집으로 비바람에 거의 다 쓰러져가는 오막살이었다. 허생은 집에 비바람이 새는 것은 아랑곳하지 않고 언제나 글읽기만을 좋아했으므로 가난하기 짝이 없었다. ㉠그 아내가 삯바느질을 해서 겨우 입에 풀칠을 했다.

어느 날, 허생의 아내는 배고픈 것을 참다못해 눈물을 흘리며 푸념을 늘어놓았다.

"당신은 한평생 과거도 보러 가지 않으면서 어쩌자고 글만 읽는단 말입니까?"

그러나 허생은 아무렇지도 않게 껄껄 웃었다.

"내 아직 글이 서툴러서 그렇다네."

"그럼 공장일도 못 한단 말입니까?"

"공장일을 평소에 배우지 못했으니 어쩌오?"

"그럼 장사치 노릇이라도 하시지요."

"장사를 하려 해도 밑천이 없으니 어쩌오?"

아내는 드디어 역정을 냈다.

"당신은 밤낮없이 글을 읽더니, 그래 '어쩌오' 하는 것만 배웠소? 공장일도 못 한다, 장사도 못한다, 그럼 도둑질이라도 해야 하는 것 아니오?"

허생은 이 말에 책장을 덮고는 벌떡 일어섰다.

"애석한 일이로다. 내 10년을 작정하고 독서를 하려 했더니 이제 겨우 7년이로구나."

그 길로 허생은 문밖으로 나섰다.

– 박지원, 「허생전」

17 윗글에 대한 설명으로 적절하지 <u>않은</u> 것은?

① 공간적 배경은 우리나라이다.
② 인물의 외적 갈등이 나타난다.
③ 1인칭 '나'를 서술자로 설정했다.
④ 사대부 계층의 무능함을 비판하고 있다.

18 윗글의 '허생'에 대해 <u>잘못</u> 설명한 것은?

① 글 읽기를 좋아한다.
② 생계에 관심이 없다.
③ 경제적으로 무능하다.
④ 실리적인 성격을 지닌다.

19 ㉠과 의미가 어울리는 한자 성어는?

① 동고동락(同苦同樂)
② 지피지기(知彼知己)
③ 허장성세(虛張聲勢)
④ 호구지책(糊口之策)

※ 다음 글을 읽고 물음에 답하시오(20~22).

포성과 포성의 사이사이를 뚫고 ㉠피란민의 행렬이 줄지어 밀어닥쳤고, 마을에서 잠시 머물며 먼 길에 지치고 시달려서 생긴 피로를 푸는 동안에 그들은 옷가지나 금붙이 따위의 물건을 ㉡식량하고 바꾸었다. 바꿀 만한 물건이 없는 사람들은 동냥을 하거나 훔치기도 했다. 그러다가 전보다 더 많은 피란민들이 밀어닥치면, 먼저 왔던 사람들은 들어올 당시와 마찬가지로 몇 가지 살림살이를 이고 지고 다시 홀연히 길을 떠났다.

어느 마을이나 다 사정이 비슷했지만, 특히 우리 마을로 유난히 피란민들이 많이 몰리는 것은 만경강 다리 때문이었다.

어른들은 피란민을 별로 달가워하지 않았다. 난생 처음 들어보는 별의별 이상한 ㉢사투리를 쓰는 그들이 사랑방이나 헛간이나 혹은 마을 정자에서 묵다 떠나고 나면, 집안에서 없어지는 물건이 생긴다는 것이었다. 굶주린 어린애를 앞세워 식량을 애원하는 그들 때문에 어른들은 골머리를 앓곤 했다. 언제 끝날지 모르는 전쟁 때문에, 어머니의 ㉣인심도 날로 얄팍해져 갔다.

〈중략〉

"아침상 버얼써 다 치웠다. 따른 집에나 가 봐."

어머니는 얼음처럼 차갑게 말했다.

"사내새끼가 똑 지집맹키로 야들야들허게 생긴 것이 영락없는 물빤드기고만……."

혼자말을 궁시렁거리며 어머니는 부엌으로 들어가려 했다.

"아줌마!"

이때 녀석이 또 예의 그 계집애처럼 간드러진 소리로 어머니를 불러 세웠다.

"따른 집에나 가 보라닝께!"

"아줌마한테 ⓐ요걸 보여주려구요."

녀석은 엄지와 인지를 붙여 ⓑ동그라미를 만들어 보였다. 그 동그라미 위에 다른 또 하나의 작은 동그라미가 노란 빛깔을 띠면서 날름 올라앉아있었다. 뒷마당 그늘 속에서도 ⓒ그것은 충분히 반짝이고 있었다. ⓓ그걸 보더니 어머니의 눈에 환하게 불이 켜졌다.

"아아니, 너, 고거 금가락지 아니냐!"

말이 채 끝나기도 전에 금반지는 어느 새 어머니의 손에 건너가 있었다. 어머니는 한참을 칩떠보고 내립떠 보는가 하면, 혓바닥으로 침을 묻혀 무명 저고리 앞섶에 싹싹 문질러보다가, 이빨로 깨물어 보기까지 했다. 마침내 어머니의 얼굴에 만족스런 미소가 떠올랐다.

"아가, 너 요런 것 어디서 났냐?"

옷고름의 실밥을 뜯어 그 속에 얼른 금반지를 넣고 웅숭깊은 저 밑바닥까지 확실히 닿도록 두어 번 흔들고 나서 어머니는 서울 아이한테 물었다. 놀랍게도 어머니의 목소리는 서울 아이의 목소리보다 훨씬 더 간드러지게 들렸다.

– 윤흥길, 「기억 속의 들꽃」

20 윗글에 대한 설명으로 적절하지 <u>않은</u> 것은?

① 작가 관찰자 시점으로 서술하고 있다.
② 사투리를 사용하여 사실성을 높이고 있다.
③ '녀석'을 대하는 '어머니'의 태도가 변한다.
④ 만경강 다리 근처의 마을을 배경으로 한다.

21 ㉠~㉣ 중 윗글의 사회·문화적 배경을 가장 잘 드러내는 소재는?

① ㉠ 　　　　② ㉡
③ ㉢ 　　　　④ ㉣

22 ⓐ~ⓓ 중 가리키는 대상이 <u>다른</u> 것은?

① ⓐ 　　　　② ⓑ
③ ⓒ 　　　　④ ⓓ

※ 다음 글을 읽고 물음에 답하시오(23~25).

그러면 아홉은 ㉠정녕 열보다 적거나 작은 수일까요? 그렇지 않습니다. 예를 들어 보겠습니다.

끝없이 높고 너른 하늘을 십만 리 ㉡장천이라고 하지 않고 구만리장천이라고 합니다. 젊은이더러 앞길이 구만 리 같은 사람이라고 하는 말과 같은 뜻이지요. 통과해야 할 문이 몇이나 되는지 모르는 왕실을 구중궁궐이라고 하고, 죽을 ㉢고비를 수도 없이 넘기고 살아난 것을 구사일생이라고 표현하고 있습니다. 또 있습니다. 끝 간 데가 어디인지 모르는 땅속이나 저승을 구천이라고 하고, 임금보다 한 계급 모자라는 대신인 삼공육경을 구경이라고 합니다. 문화재로 남아 있는 탑들을 보면, 구 층 탑은 ㉣부지기수로 많아도, 십 층 탑은 아직 보지 못하였습니다.

동양에서는, 그 중에서도 특히 우리나라에서는, 오랜 옛날부터 열보다 아홉을 더 사랑했습니다. 얼마나 사랑했으면 아홉 구 자가 두 번 든 음력 구월 구일을 중양절이니, 중굿날이니 하는 이름으로 부르면서, 천 년이 넘도록 큰 명절로 정하고 쇠어 왔겠습니까.

우리 조상들이 열보다 아홉을 더 사랑한 것은 무슨 까닭이었을까요? 간단히 말해서 모든 일에 완벽함을 기대하지 않았다는 뜻이 아니었을까요?

– 이문구, 「열보다 큰 아홉」

23 윗글에 대한 설명으로 적절하지 <u>않은</u> 것은?

① 숫자 아홉에 담긴 의미를 말하고 있다.
② 전문가가 정해진 형식에 따라 쓴 글이다.
③ 다양한 예를 들어 자세하게 설명하고 있다.
④ 스스로 묻고 답하는 문답법을 사용하고 있다.

24 윗글의 제목인 '열보다 큰 아홉'에 사용된 표현 방법은?

① 반복적 표현 　　　② 반어적 표현
③ 해학적 표현 　　　④ 역설적 표현

25 ㉠~㉣의 사전적 의미로 적절하지 <u>않은</u> 것은?

① ㉠: 조금도 틀림없이 꼭.
② ㉡: 끝없이 잇닿아 멀고도 넓은 하늘.
③ ㉢: 가장 중요한 단계나 대목.
④ ㉣: 아주 적은 수효.

국어 실전 문제 2회

01 다음 설명에 해당하는 언어의 특성으로 가장 적절한 것은?

> 과거에 '즈믄'이라는 말은 '천(千)'을 뜻하는 고유어였다. 그러나 '천(千)'이라는 한자어가 들어오면서 점차 덜 쓰이게 되고, 현재에는 거의 쓰이지 않는 말이 되었다. 이와 같이 언어도 시간의 흐름에 따라 변화를 겪게 된다.

① 언어의 규칙성 ② 언어의 불변성
③ 언어의 역사성 ④ 언어의 창조성

02 밑줄 친 부분 중, 된소리가 쓰인 것은?

① 앞일을 생각하니 <u>캄캄하다</u>.
② 그는 <u>융통성</u>이라고는 전혀 없다.
③ 굵은 빗방울이 <u>떨어지기</u> 시작했다.
④ 소식을 몰라 <u>답답하던</u> 차에 전화가 왔다.

03 다음 설명을 참고할 때, 밑줄 친 부분이 주성분이 <u>아닌</u> 것은?

> 문장을 이루는 데 꼭 필요한 주어, 서술어, 목적어, 보어를 주성분이라고 한다.

① 강아지는 집에서 <u>논다</u>.
② 우리는 <u>점심을</u> 먹는다.
③ 친구가 <u>소방관이</u> 되었다.
④ <u>착한</u> 사람이 복을 받는다.

04 ㉠에 들어갈 '공감하며 말하기'로 가장 적절한 것은?

> 영철: 어떡해, 지갑을 잃어버렸어.
> 화영: (　　　㉠　　　)

① 벌써 몇 번째니? 정신 좀 차려라.
② 그래서 어쩌라고. 돈 빌려 달라고?
③ 속상하겠다. 어디서 잃어버린 것 같니?
④ 정말 한심하다. 왜 이렇게 덜렁거리니?

05 제주도를 소재로 글을 쓰기 위해 작성한 메모이다. 조사 내용을 찾기 위한 자료로 적절하지 <u>않은</u> 것은?

> ○ 주제: 제주도를 바르게 알자
> ○ 조사 내용 ┌ – 제주도의 위치와 역사
> 　　　　　　└ – 제주도의 생물과 자원

① 제주도의 지리와 관련된 서적
② 제주도에서 관찰된 동식물 사진
③ 제주도에 방문한 관광객 수 월별 그래프
④ 제주도의 토양 자원과 관련된 조사 보고서

06 다음에 해당하는 말하기의 유형은?

> 이것이 우리의 희망입니다. 저는 이러한 믿음을 안고 남부로 돌아갈 것입니다. 이러한 믿음이 있으면 우리는 절망이라는 산을 깎아 희망이라는 돌을 만들 수 있을 것입니다. 이러한 믿음이 있으면 우리는 이 시끄러운 불협화음을 형제애라는 아름다운 교향곡으로 바꿀 수 있을 것입니다. 이러한 믿음이 있으면 우리는 언젠가 자유로워지리라는 사실을 알면서 함께 일하고 함께 투쟁하며 함께 감옥에 갈 것이요, 함께 자유를 옹호할 것입니다.
> 　　　　　　– 마틴 루서 킹, 「나에게는 꿈이 있습니다」

① 소개하기 ② 연설하기
③ 토론하기 ④ 보고하기

07 보고서를 작성할 때 지켜야 할 쓰기 윤리로 적절하지 <u>않은</u> 것은?

① 인용한 자료는 반드시 출처를 밝힌다.
② 다른 사람의 자료를 표절하지 않는다.
③ 조사 결과의 자료를 축소·왜곡하지 않는다.
④ 확인되지 않는 사실은 주관적으로 평가한다.

※ 다음 글을 읽고 물음에 답하시오(08~10).

> ㉠'모두를 위한 디자인'은 노인이나 장애를 가진 사람도 사용하는데 불편하지 않은 디자인을 말한다. 이 디자인은 처음에 장애인과 노약자 같은 사회적 약자를 위한 복지 차원에서 시작되었다. (㉡) 지금은 좀 더 보편적인 의미인 '모든 사람을 위한 디자인'이라는 의미로 통용되고 있으며, 개인이 사용하는 도구나 물건은 물론 공공시설 같은 환경으로까지 확대되고 있다.
> – 김신, 「모두를 위한 디자인」

08 위와 같은 글을 읽는 방법으로 적절하지 <u>않은</u> 것은?

① 모르는 단어가 나오면 사전을 찾아본다.
② 주장과 근거가 무엇인지 파악하며 읽는다.
③ 앞뒤 문맥을 고려하여 문장의 의미를 파악한다.
④ 참고 자료를 찾아 관련 분야에 대한 이해를 넓힌다.

09 ㉠에 대해 <u>잘못</u> 설명한 것은?

① 사회적 약자를 위한 복지 차원에서 시작되었다.
② 지금은 좀 더 보편적인 의미로 통용되고 있다.
③ 개인이 사용하는 도구나 물건에 한정된 개념이다.
④ 노인이 사용하는데 불편하지 않은 디자인을 말한다.

10 ㉡에 들어갈 가장 알맞은 접속어는?

① 그리고
② 그러나
③ 그래서
④ 왜냐하면

※ 다음 글을 읽고 물음에 답하시오(11~13).

> 국제 표준화기구(ISO)에도 등록되지 않은 젓가락 사용법을 가지고 '누가 젓가락질을 잘하네, 못하네.' 따지는 도도한 움직임이 언제 비롯되었는지는 따져 볼 만합니다. 한국인의 젓가락·숟가락 문화를 20년 가까이 연구한 주영하 한국학중앙연구원 민속학 교수는 "얼마나 젓가락질을 잘하는지 따지는 것은 일본에서 들어온 풍속"이라고 설명합니다.
> 원래 한국 문화에서는 숟가락이 더 중요했다는 것입니다. 밥과 국만으로 연명한 조선 민중에게 젓가락은 호사스러운 물건이었습니다. 잘게 썬 밑반찬을 푸짐하게 차려 먹던 양반님네나 소장하는 희귀품이었던 것이지요. 실제 옛 풍속화를 보면 민초들이 숟가락만 들고 밥 먹는 풍경을 볼 수 있습니다. 젓가락은 양반가의 남자가 아니면 가진 경우가 드물었고 양반 여성들도 숟가락으로만 밥을 먹었습니다.
> 반면 숟가락을 쓰지 않는 일본에서는 젓가락 사용법이 정교하게 발달했습니다. 근대화 이후 어린이들을 대상으로 한 젓가락질 교육 프로그램을 만든 것도 일본이고, 최근 젊은 엄마들 사이에 유행하는 젓가락 교정기를 발명한 것도 일본이거든요. 일제 강점기 이후 조선에서도 외식업과 근대적 위생관이 발달하면서 젓가락이 주목받게 되었다는 것이 주영하 교수의 추정입니다.
> – 엄지원, 「젓가락질 잘해야만 밥 잘 먹나요」

11 위와 같은 글의 목적을 바르게 설명한 것은?

① 다른 사람을 설득하는 글
② 새로운 정보를 전달하는 글
③ 음악성과 함축성을 느끼는 글
④ 대사와 행동으로 이야기를 전달하는 글

12 윗글의 특징을 바르게 설명한 것은?

① 전문가의 의견을 제시하고 있다.
② 통계 자료를 제시하여 설명한다.
③ 질문하고 대답하는 형식을 사용하고 있다.
④ 실험 결과를 분석하여 효과를 입증하고 있다.

13 윗글에 사용된 내용 전개 방법이 <u>아닌</u> 것은?

① 분류　　　　　　② 인용
③ 예시　　　　　　④ 대조

※ 다음 글을 읽고 물음에 답하시오(14~16).

(가)

내 마음 베어 내어 저 ㉠달을 만들고자
구만 리 먼 하늘에 번듯이 걸려 있어
고운 임 계신 곳에 가 비추어나 보리라.

– 정철, 「내 마음 베어 내어~」

(나)

개를 여남은이나 기르되 요 개같이 얄미우랴
미운 임 오면은 꼬리를 홰홰 치며 치뛰락 내리뛰락 반겨서 내
닫고 고운 임 오면은 뒷발을 버둥버둥 무르락 나락 캉캉 짖어서
도로 가게 하느냐.
쉰밥이 그릇그릇 난들 너 먹일 줄이 있으랴.

– 작자 미상, 「개를 여남은이나 기르되~」

14 윗글에 공통으로 나타나는 특징을 바르게 설명한 것은?

① 유교적인 신념을 노래한다.
② 대체로 3음보의 율격을 지닌다.
③ 의성어와 의태어를 많이 사용한다.
④ 초장, 중장, 종장으로 이루어져 있다.

15 (나)에 대해 <u>잘못</u> 설명한 것은?

① 설의적인 표현을 사용하고 있다.
② 역설적인 표현을 사용하고 있다.
③ 해학적으로 묘사하는 부분이 있다.
④ 동물을 소재로 우회적으로 표현하고 있다.

16 ㉠의 의미를 가장 바르게 설명한 것은?

① 시련과 고통
② 원망의 대상
③ 임에 대한 그리움
④ 미래에 대한 걱정

※ 다음 글을 읽고 물음에 답하시오(17~19).

열무 삼십 단을 이고
㉠시장에 간 우리 엄마
안 오시네, 해는 시든 지 오래
나는 ㉡찬밥처럼 방에 담겨
아무리 천천히 ㉢숙제를 해도
엄마 안 오시네, 배춧잎 같은 ㉣발소리 타박타박
안 들리네, 어둡고 무서워
금간 창 틈으로 고요히 빗소리
빈 방에 혼자 엎드려 훌쩍거리던

아주 먼 옛날
지금도 ㉤내 눈시울을 뜨겁게 하는
그 시절, 내 유년의 윗목

– 기형도, 「엄마 걱정」

17 윗글에 대한 설명으로 적절하지 <u>않은</u> 것은?

① 혼자 말하는 듯한 어조를 사용하고 있다.
② 시적 화자가 어린 시절을 회상하고 있다.
③ 수미상관의 기법으로 운율을 형성하고 있다.
④ 비슷한 구절의 반복으로 의미를 강조하고 있다.

18 ㉠~㉣ 중 엄마를 기다리는 시적 화자를 비유적으로 표현한 말은?

① ㉠　　　　② ㉡
③ ㉢　　　　④ ㉣

19 ㉤에 드러나는 심상이 쓰인 예로 가장 적절한 것은?

① 향긋한 봄나물
② 새파란 쪽빛 하늘
③ 뻐꾹뻐꾹 우는 울음
④ 아버지의 서늘한 옷자락

※ 다음 글을 읽고 물음에 답하시오(20~22).

어느 날은 점심을 먹고 이내 살그머니 사랑에 나가 보니까, 아저씨는 그 때에야 점심을 잡수셔요. 그래 가만 앉아서 점심 잡숫는 걸 구경하고 있노라니까, 아저씨가

"옥희는 어떤 반찬을 제일 좋아하노?"

하고 묻겠지요. 그래 ㉠삶은 달걀을 좋아한다고 했더니, 마침 상에 놓인 삶은 달걀을 한 알 집어 주면서 나더러 먹으라고 합니다. 나는 그 달걀을 벗겨 먹으면서,

"아저씨는 무슨 반찬이 제일 맛나요?"

하고 물으니까, 아저씨는 한참이나 빙그레 웃고 있더니,

"나도 삶은 달걀."

하겠지요. 나는 좋아서 손뼉을 짤깍짤깍 치고,

"아, 나와 같네. 그럼 가서 어머니한테 알려야지."

하면서 일어서니까, 아저씨가 꼭 붙들면서,

"그러지 마라."

그러시겠지요. 그래도 나는 한번 맘을 먹은 다음엔 꼭 그대로 하고야 마는 성미지요. 그래 안마당으로 뛰어 들어가면서,

"엄마, 엄마, 사랑 아저씨도 나처럼 삶은 달걀을 제일 좋아한대."

하고 소리를 질렀지요.

"떠들지 마라."

하고 어머니는 눈을 흘기십니다. 그러나 사랑 아저씨가 달걀을 좋아하는 것이 내게는 썩 좋게 되었어요. 그 다음부터는 어머니가 달걀을 많이씩 사게 되었으니까요. 달걀 장수 노파가 오면 한꺼번에 열 알도 사고 스무 알도 사고, 그래선 두고두고 삶아서 아저씨 상에도 놓고, 또 으레 나도 한 알씩 주고 그래요. 그뿐만 아니라, 아저씨한테 놀러 나가면 가끔 아저씨가 책상 서랍 속에서 달걀을 한두 알 꺼내서 먹으라고 주지요. 그래 그 담부터는 나는 아주 실컷 달걀을 많이 먹었어요.

나는 아저씨가 매우 좋았어요. 그렇지만 외삼촌은 가끔 툴툴하는 때가 있었어요. 아마 아저씨가 마음에 안 드나 봐요. 아니, 그것보다도 아저씨 잔심부름을 꼭 외삼촌이 하게 되니까, 그것이 싫어서 그러나 봐요. 한번은 어머니와 외삼촌이 말다툼하는 것까지 내가 들었어요. 어머니가

"야, 또 어디 나가지 말고 사랑에 있다가, 선생님 들어오시거든 상 내가야지."

하고 말씀하시니까, 외삼촌은 얼굴을 찡그리면서,

"제길, 남 어디 좀 볼일이 있는 날은 으레 끼니때에 안 들어오고 늦어지니……."

하고 툴툴하겠지요, 그러니까 어머니는

㉡"그러니 어쩌겠니? 너밖에 사랑 출입할 사람이 어디 있니?"

"누님이 좀 들고 나가구려. 요새 세상에 내외합니까?"

어머니는 갑자기 얼굴이 발개지시고, 아무 대답도 없이 그냥 외삼촌을 향하여 눈을 흘기셨습니다. 그러니까 외삼촌은 흥흥 웃으면서 사랑으로 나갔지요.

― 주요섭, 「사랑손님과 어머니」

20 윗글의 서술자에 대한 설명으로 적절하지 <u>않은</u> 것은?

① 어린아이이다.
② 주인공 '나'이다.
③ 관찰자의 입장이다.
④ 순수하고 천진난만하다.

21 ㉠의 상징적 의미를 가장 적절하게 설명한 것은?

① '어머니'와 '나'의 생계 수단
② '어머니'와 '외삼촌'의 갈등 원인
③ '어머니'에 대한 '아저씨'의 관심
④ '나'와 '아저씨'가 친해지는 계기

22 ㉡에서 알 수 있는 '어머니'와 '외삼촌'의 가치관으로 적절한 것은?

	어머니	외삼촌
①	전통적	개방적
②	봉건적	전통적
③	진보적	봉건적
④	개방적	진보적

※ 다음 글을 읽고 물음에 답하시오(23~25).

> 강태국: 뭐여? 왜 이래? 누구 있어?
> 염소팔: 야옹.
> 강태국: 가라, 가. (솔로 옷을 턴다.) 우리 마누라 알뜰해서 너 먹을 거 없다. (고개를 갸웃거리며 입에 대고 맛을 본다.) 어디 보자. 이게 뭐냐? 떫은맛이 나는 것도 같고, 어디 보자. (상자 속에서 옛날 아버지 ㉠잡기장을 꺼내 읽어 본다.) 이 법은 옷에 묻은 물의 맛에 따라 그와 반대되는 맛 가진 물건으로 빼는 것이니……. (아버지 생각에 어깨를 들썩이며 운다.) 아버지, 미안해요. (다시 상자를 뒤지며 세탁대 밑에서 소주병을 꺼내며 먼지를 닦아 한 모금 마신다.) 세상이 어떤 세상인데 세탁소를 하나? (또 한 모금 마신다.) 인간 강태국이가 세탁소 좀 하면서 살겠다는데 그게 그렇게도 이 세상에 맞지 않는 짓인가? 이 때 많은 세상 한 귀퉁이 때 좀 빼면서, 그거 하나 지키면서 보람 있게 살아 보겠다는데 왜 흔들어? 돈이 뭐야? 돈이 세상의 전부야? (술 한 모금 마시고) 느이놈들이 다 몰라 줘도 나 세탁소 한다. 그게 내 일이거든…….
>
> 사람들 자기 자리에 숨어서 강태국을 보며 제각기 분통을 터뜨린다.
> 강대영: (㉡방백) 진짜 짜증 나, 아버지 왜 저러지?
> 허영분: (방백) 미쳤어!
> 염소팔: (방백) 돌아 버리겠네.
> 안경우: (방백) 확 죽여 버릴까…….
> 장민숙: (비명 지른다.) 악!
> 강태국: (놀라) 거 누구요?
> 사람들: (그들도 놀라 다급하게 저마다 동물 소리를 낸다.) 야야옹, 찍, 찍.
> 강태국: 세탁소가 갑자기 동물의 왕국이 됐나?
>
> 강태국, 고개를 갸웃거리며 옷들 사이를 이리저리 살펴본다. 다시 흥얼거리며 옷을 정리하는 강태국. 잠깐 놀란 듯이 멈추며 옷을 들고 서 있다가 세탁대로 와서 아버지의 잡기장을 뒤진다.
> 강태국: 그렇지, 할머니가 처음 세탁물을 맡겼을 때가 아버지가 살아 계셨을 때니까. (세탁대에 앉아 잡기장을 읽으며 고개를 끄덕인다.) 아버지! 그래, 여기 있네, 있어.
> 사람들 더욱 조급해진 마음에 제각기 구시렁댄다.
> — 김정숙, 「오아시스 세탁소 습격 사건」

23 위와 같은 글에 대한 설명으로 적절하지 <u>않은</u> 것은?

① 막과 장으로 구성된다.
② 무대 상연을 목적으로 한다.
③ 대사나 지시문으로 표현한다.
④ 직접적인 심리 묘사가 가능하다.

24 ㉠에 대해 잘못 설명한 것은?

① 아버지의 세탁 비법이 담겨 있다.
② 이기적인 사람들의 마음을 상징한다.
③ 아버지에 대한 그리움을 느끼게 한다.
④ 할머니의 옷을 찾게 되는 계기가 된다.

25 ㉡에 대해 바르게 설명한 것은?

① 등장인물이 혼자 하는 말
② 등장인물들 사이에 주고받는 말
③ 무대, 등장인물, 시간, 장소 등을 설명하는 글
④ 상대 배우에게는 들리지 않는 것으로 약속한 말

수학

합격의 공식 시대에듀 www.sdedu.co.kr

수와 연산

1 소인수분해

● **해결 Point**

어떤 자연수를 소인수분해하는 과정이나 결과를 묻는 문제는 반드시 출제되는 유형이다. 소인수분해의 개념을 이해하고, 두 자리 자연수 또는 세 자리 자연수의 소인수분해를 할 수 있도록 충분히 연습해 둔다.

● **대표 문제 유형**

❖ 12를 소인수분해하면 $2^2 \times a$이다. a의 값은?
❖ 140을 소인수분해한 결과로 옳은 것은?

(1) 약수와 배수

$a = b \times q$에서 b, q는 a의 약수, a는 b, q의 배수이다.

> ■ **여러 가지 수의 배수**
> • 2(5)의 배수: 일의 자리의 수가 0이거나 2(5)의 배수로 되어 있는 수
> • 4의 배수: 끝의 두 자리의 수가 00이거나 4의 배수로 되어 있는 수
> • 3(9)의 배수: 각 자리의 숫자의 합이 3(9)의 배수로 되어 있는 수

(2) 소인수분해

① **소수:** 1보다 큰 자연수 중에서 약수가 1과 자기 자신뿐인 수

② **합성수:** 1보다 큰 자연수 중에서 소수가 아닌 수

※ 모든 소수의 약수는 2개, 합성수의 약수는 3개 이상이다.

③ **거듭제곱:** 같은 수나 문자를 여러 번 곱한 것을 간단히 나타낸 것

㉠ 2^2, 2^3, 2^4, … 을 통틀어 2의 거듭제곱이라고 한다.
㉡ 2^2, 2^3, 2^4, … 에서 곱하는 수 2를 거듭제곱의 밑이라 하고, 곱한 횟수 2, 3, 4, … 를 지수라 한다.

④ **인수와 소인수**

㉠ 자연수 a, b, c에 대하여 $a = b \times c$ 일 때, a의 약수 b, c를 a의 인수라고 한다.
㉡ 소인수: 인수 중에서 소수인 인수

⑤ **소인수분해:** 1보다 큰 자연수를 소인수만의 곱으로 나타내는 것

⑥ **소인수분해 방법:** 몫이 소수가 될 때까지 계속 나누어 소수들만의 곱으로 나타낸다. 같은 소수가 한 번 이상 곱해지면 거듭제곱으로 나타낸다.

예
```
2 ) 90
3 ) 45
3 ) 15
    5
```
$\therefore 90 = 2 \times 3^2 \times 5$

⑦ $a^p \times b^q$의 약수의 개수(a, b는 서로 다른 소수, p, q는 자연수): $\{(p+1)(q+1)\}$개

(3) 공약수와 최대공약수

① **공약수:** 2개 이상의 자연수의 공통인 약수

② **최대공약수:** 공약수 중에서 가장 큰 수

③ **최대공약수의 성질:** 두 개 이상의 자연수의 공약수는 그 수들의 최대공약수의 약수이다.

④ **서로소:** 최대공약수가 1인 두 자연수

⑤ **최대공약수를 구하는 방법:** 소인수분해를 이용하거나 몫의 공약수가 1이 될 때까지 1이 아닌 공약수로 각 수를 나누어 나눈 공약수를 곱한다.

예
```
2 ) 24  36  84
6 ) 12  18  42
     2   3   7
```
(최대공약수) $= 2 \times 6 = 12$

(4) 공배수와 최소공배수

① **공배수:** 2개 이상의 자연수의 공통인 배수

② **최소공배수:** 공배수 중에서 가장 작은 수

③ 최소공배수의 성질

    ㉠ 2개 이상의 자연수의 공배수는 그 수들의 최소공배수의 배수이다.

    ㉡ 서로소인 두 자연수의 최소공배수는 두 수의 곱과 같다.

④ 최소공배수를 구하는 방법: 소인수분해를 이용하거나 공약수로 각 수를 나누어 어느 두 수에서도 공약수가 없게 한 다음, 나눈 공약수와 마지막 몫을 모두 곱한다.

예
$$\begin{array}{r} 3\,)\ \underline{18\ \ 24\ \ 45} \\ 3\,)\ \underline{\ 6\ \ \ 8\ \ 15} \\ 2\,)\ \underline{\ 2\ \ \ 8\ \ \ 5} \\ 1\ \ \ 4\ \ \ 5 \end{array}$$

(최소공배수) $= 3 \times 3 \times 2 \times 1 \times 4 \times 5 = 360$

2 정수와 유리수

● 해결 Point

정수와 유리수 단원에서는 다양한 문제 유형으로 출제된다. 정수와 유리수의 개념을 정확하게 이해하고, 이들 사이의 대소 관계를 비교할 수 있어야 한다. 또한, 간단한 유리수의 계산 문제도 자주 출제되므로 실수하지 않도록 주의해야 한다.

● 대표 문제 유형

❖ 다음 수를 작은 수부터 순서대로 나열할 때, 세 번째 수는?

❖ 다음 중 정수가 <u>아닌</u> 유리수는?

❖ $(-7)-(-2)$ 를 계산하면?

(1) 정수와 유리수

① 양수: 0보다 큰 수로 양의 부호 $+$ 가 붙은 수

② 음수: 0보다 작은 수로 음의 부호 $-$ 가 붙은 수

③ 정수: 음의 정수, 0, 양의 정수를 통틀어 정수라고 한다.

    ※ 자연수에 양의 부호 $+$ 가 붙은 수는 양의 정수, 음의 부호 $-$ 가 붙은 수는 음의 정수라고 한다.

④ 유리수: 분자, 분모(단, 분모는 0이 아님)가 정수인 분수로 나타낼 수 있는 수를 통틀어 유리수라고 한다.

■ 수의 체계

$$
\text{유리수}
\begin{cases}
\text{정수}
\begin{cases}
\text{양의 정수(자연수): } +1,\ +2,\ \cdots \\
0 \\
\text{음의 정수: } -1,\ -2,\ \cdots
\end{cases} \\
\text{정수가 아닌 유리수: } -\dfrac{2}{3},\ 0.72,\ \dfrac{3}{4},\ \cdots
\end{cases}
$$

(2) 대소 관계

① 절댓값: 수직선 위에서 원점과 어떤 수 a 를 나타내는 점 사이의 거리를 a 의 절댓값이라 하고, 기호로 $|a|$ 로 나타낸다.

② 수의 대소 관계: 수직선 위에서 수는 오른쪽으로 갈수록 커지고, 왼쪽으로 갈수록 작아진다.

    ㉠ 양수는 0보다 크고, 음수는 0보다 작다.

    ㉡ 양수끼리는 절댓값이 큰 수가 크다.

    ㉢ 음수끼리는 절댓값이 큰 수가 작다.

(3) 유리수의 사칙계산

① 수의 덧셈

    ㉠ 같은 부호일 때: 절댓값의 합에 공통인 부호를 붙인다.

    ㉡ 서로 다른 부호일 때: 절댓값의 차에 절댓값이 큰 수의 부호를 붙인다.

② 수의 뺄셈: 빼는 수의 부호를 바꾸어서 덧셈으로 고쳐서 계산한다.

③ 수의 곱셈

    ㉠ 같은 부호일 때: 절댓값의 곱에 양의 부호를 붙인다.

    ㉡ 서로 다른 부호일 때: 절댓값의 곱에 음의 부호를 붙인다.

④ 나눗셈

    ㉠ 같은 부호일 때: 절댓값의 나눗셈의 몫에 양의 부호를 붙인다.

    ㉡ 서로 다른 부호일 때: 절댓값의 나눗셈의 몫에 음의 부호를 붙인다.

■ 덧셈, 뺄셈, 곱셈, 나눗셈의 혼합 계산

거듭제곱
↓
괄호
↓
곱셈과 나눗셈
↓
덧셈과 뺄셈

⑤ 계산법칙

    ㉠ 교환법칙: $a+b=b+a$, $a \times b=b \times a$

    ㉡ 결합법칙: $(a+b)+c=a+(b+c)$, $\ (a \times b) \times c=a \times (b \times c)$

    ㉢ 분배법칙: $a \times (b+c)=a \times b+a \times c$, $\ (a+b) \times c=a \times c+b \times c$

(4) 유리수와 순환소수

① 유한소수와 무한소수

    ㉠ 유한소수: 소수점 아래의 0이 아닌 숫자가 유한 번 나타나는 소수 예 0.5, 1.67

    ㉡ 무한소수: 소수점 아래에 0이 아닌 숫자가 무한 번 나타나는 소수 예 0.543…, 1.666…

    ㉢ 분수를 기약분수로 나타내었을 때, 분모의 소인수가 2나 5뿐이면 그 분수는 유한소수로 나타낼 수 있고, 분모의 소인수가 2나 5 이외의 수가 있으면 그 분수는 무한소수이다.

> **■ 유리수의 소수 표현**
>
> $$\frac{33}{60} = \frac{11}{20} = \frac{11}{2^2 \times 5} : \text{유한소수}$$
>
> $$\frac{5}{28} = \frac{5}{2^2 \times 7} : \text{무한소수}$$

② 순환소수의 뜻

    ㉠ 순환소수: 소수점 아래의 어떤 자리에서부터 일정한 숫자의 배열이 한없이 되풀이되는 무한소수

    예 0.333…, 1.525252…

    ㉡ 순환마디: 순환소수의 소수점 아래에서 숫자의 배열이 되풀이되는 가장 짧은 한 부분

    예 0.333…의 순환마디는 3, 1.525252…의 순환마디는 52

    ㉢ 순환소수의 표현: 순환마디의 양끝의 숫자 위에 점을 찍어 나타낸다.

    예 $0.333\cdots = 0.\dot{3}$, $1.525252\cdots = 1.\dot{5}\dot{2}$

③ 순환소수의 분수 표현

순환소수를 x로 놓고 등식의 양변에 10의 거듭제곱을 곱한 후 두 식을 변끼리 빼서 x의 값을 구한다.

예 $0.\dot{5}$를 x라 하면 $x = 0.555\cdots$ …… ㉠

    ㉠의 양변에 10을 곱하면 $10x = 5.555\cdots$ …… ㉡

    ㉡에서 ㉠을 빼면 $9x = 5$

    따라서 $0.\dot{5} = \dfrac{5}{9}$임을 알 수 있다.

> **■ 순환소수의 분수 표현**
> ㉠ 분모: 순환마디의 숫자의 개수만큼 9를 쓰고, 그 뒤에 소수점 아래의 순환마디에 포함되지 않는 숫자의 개수만큼 0을 쓴다.
> ㉡ 분자: (전체의 수) − (순환하지 않는 수)
> 예 $0.\dot{2}\dot{3} = \dfrac{23}{99}$, $0.1\dot{4} = \dfrac{14-1}{90} = \dfrac{13}{90}$

---

3 제곱근과 실수

> **● 해결 Point ●**
>
> 제곱근과 실수의 개념을 직접적으로 이용하여 해결하는 문제는 최근 몇 년 동안 출제되지 않았지만, 제곱근은 도형, 이차방정식에서, 수직선은 부등식 단원에서 배우게 될 개념에 기초가 되므로 반드시 알아두어야 한다.

> **● 대표 문제 유형 ●**
>
> ❖ 근호를 사용하지 않고 나타낼 수 있는 수는?
> ❖ 다음 실수 중에서 무리수를 모두 찾으면?

(1) 제곱근의 성질

① 제곱근: 음이 아닌 수 a에 대하여 제곱하여 a가 되는 수를 a의 제곱근이라고 한다.

    ㉠ $a > 0$일 때

$$x^2 = a \implies \begin{cases} x = \sqrt{a} \ (a\text{의 양의 제곱근}) \\ x = -\sqrt{a} \ (a\text{의 음의 제곱근}) \end{cases}$$

$$\implies x = \pm\sqrt{a}$$

    ∴ $\sqrt{}$를 근호라 한다.

    ㉡ 0의 제곱근은 0이다.

> **■ 제곱 · 제곱근의 관계**
>
> | 구분 | a의 제곱근 | 제곱근 a |
> |---|---|---|
> | 의미 | 제곱하여 a가 되는 수 | a의 제곱근 중 양의 제곱근 |
> | 표현 | $\sqrt{a}$, $-\sqrt{a}$ | $\sqrt{a}$ |
> | 개수 | 2개 | 1개 |
> | 예 | 5의 제곱근: $\pm\sqrt{5}$ | 제곱근 5: $\sqrt{5}$ |

② 제곱근의 성질

    ㉠ $a > 0$일 때

      • $(\sqrt{a})^2 = a$, $(-\sqrt{a})^2 = a$

      • $\sqrt{a^2} = a$, $\sqrt{(-a)^2} = a$

    ㉡ 임의의 수 a에 대하여 $\sqrt{a^2} = |a|$

(2) 무리수

① 무리수: 순환하지 않는 무한소수(유리수가 아닌 수)

    예 $\sqrt{2} = 1.414213\cdots$, $\sqrt{3} = 1.73205\cdots$, $\pi = 3.1415926\cdots$

② 무리수의 대소 관계

$$0 < a < b \rightarrow \sqrt{a} < \sqrt{b}, \quad \sqrt{a} < \sqrt{b} \rightarrow a < b$$

(3) 실수

① 실수: 유리수와 무리수를 통틀어 실수라 한다.

② 실수의 분류

$$\text{실수} \begin{cases} \text{유리수} \begin{cases} \text{정수(자연수, 0, 음의 정수)} \\ \text{정수가 아닌 유리수} \begin{cases} \text{유한소수} \\ \text{순환소수} \end{cases} \end{cases} \\ \text{무리수: 순환하지 않는 무한소수} \end{cases}$$

③ 실수의 대소 관계: 두 실수 a, b에 대하여

　㉠ $a - b > 0 \Rightarrow a > b$

　㉡ $a - b = 0 \Rightarrow a = b$

　㉢ $a - b < 0 \Rightarrow a < b$

　예 $\sqrt{8}$ 과 3의 대소 관계

　　$\sqrt{8}$ 과 3을 제곱하여 비교하면 $8 < 9$이므로 $\sqrt{8} < 3$

④ 실수와 수직선

　㉠ 서로 다른 두 실수 사이에는 무수히 많은 실수가 있다.

　㉡ 한 실수는 수직선 위의 한 점에 대응하고, 역으로 수직선 위의 한 점에는 한 실수가 반드시 대응한다.

(4) 제곱근의 사칙계산

① 제곱근의 곱셈과 나눗셈: $a > 0$, $b > 0$일 때

　㉠ $\sqrt{a}\,\sqrt{b} = \sqrt{ab}$

　㉡ $\sqrt{a^2 b} = a\sqrt{b}$

　㉢ $\dfrac{\sqrt{a}}{\sqrt{b}} = \sqrt{\dfrac{a}{b}}$

② 분모의 유리화: 분수의 분모가 근호를 포함하는 무리수일 때, 분모, 분자에 0이 아닌 같은 수를 곱하여 분모를 유리수로 고치는 것

$$a > 0, b > 0 \text{일 때}, \quad \frac{\sqrt{a}}{\sqrt{b}} = \frac{\sqrt{a} \times \sqrt{b}}{\sqrt{b} \times \sqrt{b}} = \frac{\sqrt{ab}}{b}$$

③ 제곱근의 덧셈과 뺄셈: 근호 안의 수가 같은 것을 다항식의 동류항과 같이 생각하고 계산한다(단, $a > 0$, $b > 0$, $c > 0$).

　㉠ $m\sqrt{a} + n\sqrt{a} = (m+n)\sqrt{a}$

　㉡ $m\sqrt{a} - n\sqrt{a} = (m-n)\sqrt{a}$

　㉢ $\sqrt{a}(\sqrt{b} + \sqrt{c}) = \sqrt{ab} + \sqrt{ac}$

　㉣ $(\sqrt{a} + \sqrt{b})\sqrt{c} = \sqrt{ac} + \sqrt{bc}$

④ 근호를 포함한 식의 계산 순서

　❶ 괄호를 푼다.

　❷ 근호 안에 제곱인 수가 있으면 밖으로 꺼낸다.

　❸ 분모에 무리수가 있으면 분모를 유리화한다.

　❹ 근호 안의 수가 같은 항끼리 모아서 간단히 한다.

(5) 제곱근의 근삿값 구하기

① 제곱근표를 이용하기

　㉠ 제곱근표에는 1.00에서 99.9까지의 수에 대한 양의 제곱근으로 소수 넷째 자리에서 반올림한 근삿값이 기록되어 있다.

수	0	1	2	3	4	5	6	7	8	9
1.0	1.000	1.005	1.010	1.015	1.020	1.025	1.030	1.034	1.039	1.044
1.1	1.049	1.054	1.058	1.063	1.068	1.072	1.077	1.082	1.086	1.091
1.2	1.095	1.100	1.105	1.109	1.114	1.118	1.122	1.127	1.131	1.136
1.3	1.140	1.145	1.149	1.153	1.158	1.162	1.166	1.170	1.175	1.179
1.4	1.183	1.187	1.192	1.196	1.200	1.204	1.208	1.212	1.217	1.221
1.5	1.225	1.229	1.233	1.237	1.241	1.245	1.249	1.253	1.257	1.261
1.6	1.265	1.269	1.273	1.277	1.281	1.285	1.288	1.292	1.296	1.300
1.7	1.304	1.308	1.311	1.315	1.319	1.323	1.327	1.330	1.334	1.338
1.8	1.342	1.345	1.349	1.353	1.356	1.360	1.364	1.367	1.371	1.375
1.9	1.378	1.382	1.386	1.389	1.393	1.396	1.400	1.404	1.407	1.411
⋮	⋮	⋮	⋮	⋮	⋮	⋮	⋮	⋮	⋮	⋮

　㉡ $\sqrt{2.45}$ 의 근삿값: 제곱근표에서 2.4의 가로줄과 5의 세로줄이 만난 곳에 있는 수이다.

$$\sqrt{2.45} = 1.565$$

수	0	1	2	3	4	5	6	7	8	9
2.0	1.414	1.418	1.421	1.425	1.428	1.432	1.435	1.439	1.442	1.446
2.1	1.449	1.453	1.456	1.459	1.463	1.466	1.470	1.473	1.476	1.480
2.2	1.483	1.487	1.490	1.493	1.497	1.500	1.503	1.507	1.510	1.513
2.3	1.517	1.520	1.523	1.526	1.530	1.533	1.536	1.539	1.543	1.546
2.4	1.549	1.552	1.556	1.559	1.562	1.565	1.568	1.572	1.575	1.578

② 제곱근표에 없는 수의 근삿값: $\sqrt{100a} = 10\sqrt{a}$, $\sqrt{\dfrac{a}{100}} = \dfrac{\sqrt{a}}{10}$ 등을 이용하여 구한다.

　예 $\sqrt{5.62} = 2.371$일 때, $\sqrt{562}$ 의 근삿값은

$$\sqrt{562} = \sqrt{100 \times 5.62}$$
$$= 10\sqrt{5.62} = 10 \times 2.371$$
$$= 23.71$$

출제 예상 문제

01 세 자연수 50, 100, 125의 최대공약수는?

① 15
② 20
③ 25
④ 40

02 다음은 60을 소인수분해하는 과정을 나타낸 것이다. 소인수분해한 결과로 옳은 것은?

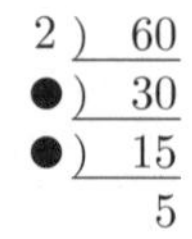

$$\begin{array}{r} 2\ )\ \underline{60} \\ \bullet\ )\ \underline{30} \\ \bullet\ )\ \underline{15} \\ 5 \end{array}$$

① 2×3^2
② $2^2 \times 3^2$
③ $2 \times 3 \times 7$
④ $2^2 \times 3 \times 5$

03 24를 소인수분해하면 $2^3 \times a$이다. a의 값은?

① 1
② 2
③ 3
④ 4

04 $(-8)-(-3)$을 계산하면?

① -11
② -5
③ 5
④ 11

05 다음을 계산한 값은?

$$(-4)-(-7)+2$$

① -9
② 5
③ 9
④ 13

06 다음 중 절댓값이 가장 작은 수는?

① -7
② -3
③ 1
④ 5

07 다음 수를 작은 수부터 차례로 나열할 때, 두 번째 수는?

$$12,\ -8,\ -5,\ 2,\ 0$$

① -5
② 0
③ 2
④ 12

08 〈보기〉에서 가장 작은 수와 가장 큰 수의 합은?

> ● 〈보기〉 ●
> $-7,\ 6,\ -2,\ 0,\ 10$

① -1 ② 3
③ 7 ④ 11

09 수의 대소 관계가 옳은 것은?

① $-1 < -5$
② $\dfrac{1}{2} > 4$
③ $0 > 7$
④ $-\dfrac{8}{3} < -2$

10 다음 중 정수가 아닌 유리수는?

① -3 ② 0
③ $\dfrac{4}{5}$ ④ $+2$

11 다음 분수 중 유한소수로 나타낼 수 있는 것은?

① $\dfrac{1}{3}$ ② $\dfrac{1}{7}$
③ $\dfrac{1}{9}$ ④ $\dfrac{1}{10}$

12 유한소수로 나타낼 수 <u>없는</u> 것은?

① $\dfrac{3^2}{2^3 \times 5}$ ② $\dfrac{2 \times 3}{2^2 \times 5}$
③ $\dfrac{3 \times 7}{2^2 \times 3 \times 5}$ ④ $\dfrac{5^2}{2^2 \times 3 \times 5}$

13 순환소수 $0.26851851851\cdots$의 순환마디는?

① 185 ② 268
③ 685 ④ 851

14 분수 $\dfrac{52}{99}$를 순환소수로 나타내면 다음과 같다. 이 순환소수의 순환마디는?

> $$\dfrac{52}{99} = 0.525252\cdots$$

① 2 ② 25
③ 52 ④ 525

15 $3\sqrt{7}+5\sqrt{7}$ 을 간단히 한 것은?

① $3\sqrt{7}$ ② $5\sqrt{7}$

③ $8\sqrt{7}$ ④ $15\sqrt{7}$

16 $\sqrt{50}=a\sqrt{2}$ 일 때, a의 값은?

① 2 ② 3

③ 4 ④ 5

17 $\sqrt{(-3)^2}\times(2\sqrt{3})^2$ 을 계산하면?

① -36 ② -18

③ 18 ④ 36

18 $\sqrt{48}-\sqrt{12}+\sqrt{3}$ 을 계산하면?

① $\sqrt{3}$ ② $2\sqrt{3}$

③ $3\sqrt{3}$ ④ $4\sqrt{3}$

19 $x=\dfrac{1}{\sqrt{2}-1}$ 일 때, $x-\sqrt{2}$ 의 값은?

① $\sqrt{2}-1$ ② 1

③ 2 ④ $\sqrt{2}+1$

20 $\sqrt{32}-2\sqrt{18}+3\sqrt{8}$ 을 간단히 하면?

① $\sqrt{2}$ ② $2\sqrt{2}$

③ $3\sqrt{2}$ ④ $4\sqrt{2}$

21 $\sqrt{8}-(-\sqrt{2})^2-\dfrac{4}{\sqrt{2}}+\sqrt{(-2)^2}$ 을 간단히 하면?

① 0 ② $\sqrt{2}$

③ 4 ④ $4\sqrt{2}$

22 $\sqrt{(-2)^2}+\sqrt{4}$ 의 값은?

① 2 ② 4

③ 6 ④ 8

23 $\dfrac{2}{\sqrt{7}}$ 의 분모를 유리화하면 $\dfrac{2}{\sqrt{7}}=\dfrac{2\sqrt{7}}{\square}$ 이다.

□ 안에 알맞은 수는?

① -7 ② $-\sqrt{7}$

③ $\sqrt{7}$ ④ 7

24 $\dfrac{\sqrt{6}-\sqrt{3}}{\sqrt{3}}$ 의 분모를 유리화하면?

① $\sqrt{6}$ ② $\sqrt{6}-1$

③ $3(\sqrt{2}-1)$ ④ $\sqrt{2}-1$

25 $\dfrac{6}{\sqrt{3}}-\sqrt{18}$ 을 간단히 하면?

① $-\sqrt{13}$ ② $2\sqrt{3}-3\sqrt{2}$

③ 0 ④ $3\sqrt{2}$

26 다음 중 $\sqrt{(-7)^2}\times\sqrt{(-5)^2}$ 을 계산한 것은?

① -35 ② -24

③ 24 ④ 35

27 다음 중 제곱근이 틀린 것은?

① $1 \Rightarrow \pm 1$ ② $2 \Rightarrow \pm\sqrt{2}$

③ $5 \Rightarrow \pm\sqrt{5}$ ④ $9 \Rightarrow \sqrt{(\pm 9)^2}$

28 $\sqrt{32}-3\sqrt{2}$ 를 간단히 한 값은?

① $-2\sqrt{2}$ ② $-\sqrt{2}$

③ 0 ④ $\sqrt{2}$

29 다음 중에서 옳은 것은?

① $\sqrt{3} \times \sqrt{2} = \sqrt{6}$

② $\sqrt{6} - \sqrt{3} = \sqrt{3}$

③ $\sqrt{3} + \sqrt{2} = \sqrt{5}$

④ $\sqrt{(-3)^2} = -3$

30 다음 중 대소의 관계를 바르게 나타낸 것은?

① $\sqrt{2} < 1.4$

② $\dfrac{8}{5} > \sqrt{3}$

③ $6 < \sqrt{40}$

④ $\sqrt{15} > 4$

31 그림과 같이 가로의 길이가 4, 세로의 길이가 2인 직사각형이 있다. 이 직사각형과 넓이가 같은 정사각형의 한 변의 길이는?

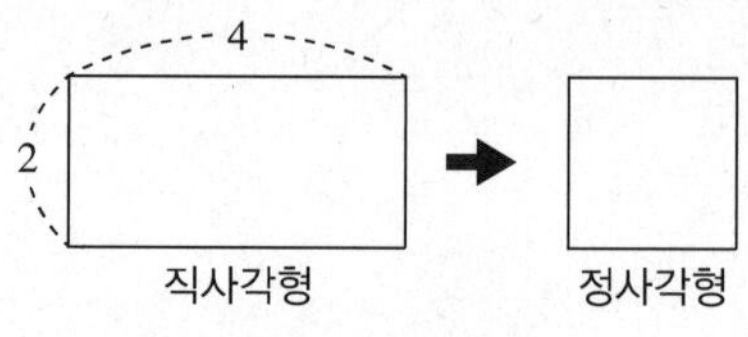

① 2

② $2\sqrt{2}$

③ 4

④ $2\sqrt{3}$

32 그림과 같이 $\overline{AD} // \overline{BC}$인 사다리꼴 ABCD에서 $\overline{AD} = (\sqrt{2} - 1)\ \mathrm{cm}$, $\overline{BC} = (\sqrt{2} + 1)\ \mathrm{cm}$, $\overline{AB} = \sqrt{3}\ \mathrm{cm}$, $\angle B = 90°$일 때, 사다리꼴 ABCD의 넓이는?

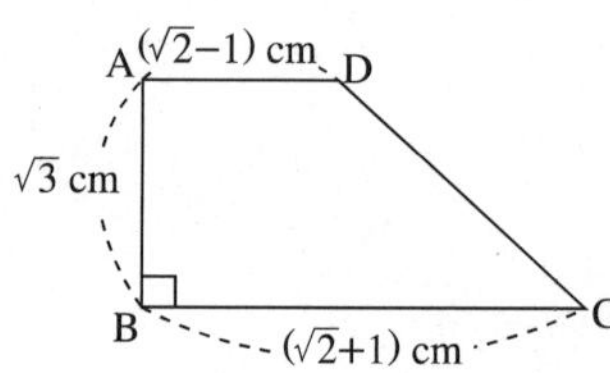

① $\sqrt{2}\ \mathrm{cm}^2$

② $\sqrt{3}\ \mathrm{cm}^2$

③ $\sqrt{5}\ \mathrm{cm}^2$

④ $\sqrt{6}\ \mathrm{cm}^2$

2 문자와 식

핵심 키워드　문자를 사용한 식, 대입, 항등식, 다항식, 차수, 일차식, 일차방정식, 해, 지수법칙, 일차부등식, 연립일차방정식, 다항식의 곱셈, 전개, 인수분해, 이차방정식, 완전제곱식, 근의 공식

1 문자의 사용과 식의 계산

● 해결 Point

문자를 사용한 식으로 나타내거나 미지수의 값이 주어졌을 때 식의 값을 구하는 유형의 문제가 주로 출제된다. 다양한 상황을 문자를 사용한 식으로 나타낼 수 있어야 하며, 대입의 뜻을 알고 식의 값을 구할 수 있도록 해야 한다.

● 대표 문제 유형

❖ 다음을 문자를 사용한 식으로 바르게 나타낸 것은?
❖ $x=3$일 때, $4x-5$의 값은?

(1) 문자의 사용

문자를 사용하면 수량이나 수량 사이의 관계를 간단한 식으로 나타낼 수 있다.

(2) 곱셈 기호와 나눗셈 기호의 생략

① 문자와 수의 곱에서는 곱셈 기호 ×를 생략하고, 수를 문자 앞에 쓴다.

예 $x \times 4 = 4x$

② 문자와 문자의 곱에서는 곱셈 기호 ×를 생략하고, 보통 알파벳 순으로 쓴다.

예 $b \times (-3) \times a = -3ab$

③ 같은 문자의 곱은 거듭제곱의 꼴로 나타낸다.

예 $x \times x \times x = x^3$

④ 문자가 섞여 있는 나눗셈에서는 나눗셈 기호 ÷는 쓰지 않고 분수의 모양으로 나타낸다.

예 $a \div 2 = \dfrac{a}{2}$, $a \times b \div c = \dfrac{ab}{c}$ $(c \neq 0)$

(3) 대입과 식의 값

① **대입**: 문자를 사용한 식에서 문자에 어떤 수를 바꾸어 넣는 것

② **식의 값**: 문자를 사용한 식에서 문자에 어떤 수를 대입하여 계산한 값

③ **식의 값 구하기**: 생략된 곱셈기호가 있는 식의 경우 곱셈기호를 다시 쓴 후, 문자에 주어진 수를 대입하여 계산한다.

(4) 일차식

① **항**: 수 또는 수와 문자의 곱으로 이루어진 식

② **상수항**: 문자 없이 수만으로 이루어진 항

③ **계수**: 문자를 포함한 항에서 문자 앞에 곱해진 수

④ **단항식**: 한 개 또는 두 개 이상의 항의 합으로 이루어진 식

⑤ **차수**: 항에서 문자가 곱해진 개수

⑥ **다항식의 차수**: 다항식에서 차수가 가장 큰 항의 차수

⑦ **동류항**: 문자가 같고, 차수도 같은 항

⑧ **일차식**: 차수가 1인 다항식

예 $3x+2$, $5y$

(5) 일차식의 계산

① **일차식의 덧셈과 뺄셈**: 괄호가 있으면 분배법칙을 이용하여 괄호를 푼 후, 동류항끼리 모아서 더한다.

> 괄호 앞에
> ＋가 있으면 괄호 안의 부호는 그대로
> －가 있으면 괄호 안의 부호를 반대로

예
$$(3x+4)-(5x-2) = 3x+4-5x+2$$
$$= 3x-5x+4+2$$
$$= (3-5)x+(4+2)$$
$$= -2x+6$$

② **(수)×(일차식)**: 분배법칙을 이용하여 일차식의 각 항에 수를 곱한다.

③ **(일차식)÷(수)**: 분배법칙을 이용하여 나누는 수의 역수를 이차식의 각 항에 곱한다.

예 $(8x+4) \div \dfrac{4}{3} = 8x \times \dfrac{3}{4} + 4 \times \dfrac{3}{4} = 6x+3$

2 일차방정식

● 해결 Point

일차방정식의 해를 구하는 문제가 반드시 출제된다. 일차방정식의 뜻을 알고, 다양한 형태의 일차방정식의 해를 구하는 연습을 충분히 해 두어야 한다.

● 대표 문제 유형

❖ 일차방정식 $3x - 2 = 2x + 3$의 해는?

(1) 등식과 방정식

① **등식**: 등호($=$)를 사용하여 수량 사이의 관계를 나타낸 식
   ※ 등호의 왼쪽 부분을 좌변, 등호의 오른쪽 부분을 우변, 좌변과 우변을 합하여 양변이라고 한다.

② **방정식**: x의 값에 따라 참이 되기도 하고, 거짓이 되기도 하는 등식을 x에 관한 방정식이라고 한다.
   ㉠ 방정식을 참이 되게 하는 미지수 x의 값을 그 방정식의 '해' 또는 '근'이라고 한다.
   ㉡ 방정식의 해(근)를 구하는 것을 '방정식을 푼다.'라고 한다.

③ **항등식**: 미지수에 어떤 값을 대입해도 항상 참이 되는 등식

④ **등식의 성질**
   ㉠ 양변에 같은 수를 더해도 등식은 성립한다.
   ㉡ 양변에서 같은 수를 빼어도 등식은 성립한다.
   ㉢ 양변에 같은 수를 곱해도 등식은 성립한다.
   ㉣ 양변을 0이 아닌 같은 수로 나누어도 등식은 성립한다.

(2) 일차방정식의 풀이

① **일차방정식**: 등식의 모든 항을 좌변으로 이항하여 정리한 식이 (일차식)$= 0$의 꼴로 나타나는 방정식

> **■ 이항**
> 등식의 성질을 이용하여 등식의 한 변에 있는 항을 그 항의 부호를 바꾸어 다른 변으로 옮기는 것
> [항의 부호]
> $+ \triangle$를 이항 $\rightarrow - \triangle$, $- \triangle$를 이항 $\rightarrow + \triangle$
> 예 $x - 1 = 5 \qquad x = 5 + 1$

② **일차방정식의 풀이 순서**
   ❶ 계수가 분수나 소수이면 정수로 고친다.
      • 소수이면 10, 100, …을 곱한다.
      • 분수이면 분모의 최소공배수를 곱한다.
   ❷ 괄호가 있으면 분배법칙을 이용하여 괄호를 풀고 정리한다.
   ❸ x를 포함한 항은 좌변으로, 상수항은 우변으로 각각 이항한다.
   ❹ 양변을 x의 계수로 나누어 $x = (수)$의 꼴로 나타낸다.
   ❺ 구한 해가 일차방정식을 참이 되게 하는지 확인한다.

   예 $\dfrac{x}{4} - \dfrac{x-5}{2} = 3$

   양변에 분모의 최소공배수 4를 곱하면
   $x - 2(x - 5) = 12$, $x - 2x + 10 = 12$
   $-x = 2$ ∴ $x = -2$

(3) 일차방정식의 활용 순서

❶ 문제의 뜻을 파악한 다음 구하고자 하는 값을 x라 놓는다.
❷ 문제의 뜻에 맞게 방정식을 세운다.
❸ 일차방정식을 푼다.
❹ 구한 해가 문제의 뜻에 맞는지 확인한다.

3 식의 계산과 다항식의 곱셈

● 해결 Point

지수법칙을 이용하여 주어진 식을 간단히 나타내는 문제의 유형이 주로 출제되었다. 문제로 출제되지 않았지만 단항식과 다항식의 개념을 이해하고 이를 계산할 수 있어야 전개, 인수분해, 이차방정식의 해 구하기 등을 할 수 있으므로 반드시 알고 있어야 한다. 또한, 지수법칙은 자주 출제되므로 꼭 외워두도록 한다.

● 대표 문제 유형

❖ $-2x^3 \times 3^5$을 간단히 하면?

(1) 지수법칙

$a \neq 0$이고 m, n이 자연수일 때

① $a^m \times a^n = a^{m+n}$

② $(a^m)^n = a^{m \times n}$

③ $a^m \div a^n = \begin{cases} a^{m-n} & (m > n\,\text{일 때}) \\ 1 & (m = n\,\text{일 때}) \\ \dfrac{1}{a^{n-m}} & (m < n\,\text{일 때}) \end{cases}$

④ $(ab)^n = a^n b^n$, $\left(\dfrac{a}{b}\right)^n = \dfrac{a^n}{b^n}$ $(b \neq 0)$

(2) 단항식의 계산

① 단항식의 곱셈

　㉠ 계수는 계수끼리, 문자는 문자끼리 곱한다.

　㉡ 같은 문자끼리의 곱은 지수법칙을 이용하여 간단히 한다.

② 단항식의 나눗셈: 주어진 식을 분수의 꼴로 바꾸어 계산하거나 역수를 이용하여 나눗셈을 곱셈으로 바꾸어 계산한다.

③ 단항식의 덧셈과 뺄셈: 분배법칙을 이용하여 괄호를 풀고 동류항끼리 모아서 덧셈과 뺄셈을 한다. 이때 뺄셈에서는 빼는 식의 모든 항의 부호를 바꾸어준다.

(3) 다항식의 곱셈

① 전개: 단항식과 다항식 또는 다항식끼리의 곱셈을 분배법칙을 이용하여 하나의 다항식으로 나타내는 것

② (단항식)×(다항식): 분배법칙을 이용한다.

③ (다항식)×(다항식): 한쪽의 다항식의 각 항에서부터 다른 쪽 다항식의 각 항을 각각 곱하여 더하고, 동류항이 있으면 모아서 간단히 한다.

④ (다항식)÷(단항식): 나눗셈을 분수 꼴로 고치거나 나누는 식을 역수를 이용하여 나눗셈을 곱셈으로 바꾸어 계산한다.

⑤ 사칙연산이 혼합된 식의 계산

　㉠ 지수법칙을 이용하여 거듭제곱을 먼저 정리한다.

　㉡ 여러 가지 괄호가 있는 다항식은

　　( ) → { } → [ ]의 순서로 괄호를 풀어 계산한다.

　㉢ 곱셈, 나눗셈을 계산한다.

　㉣ 동류항끼리 더하거나 뺀다.

4 일차부등식과 연립일차방정식

● **해결 Point**

부등식의 성질을 이용하여 일차부등식의 해의 범위를 수직선 위에 나타내거나 수직선 위에 나타낸 x의 값의 범위 또는 문장을 부등식으로 표현할 수 있어야 한다. 또한, 연립일차방정식의 해를 구하는 계산 문제가 출제되기도 하므로 가감법과 대입법을 이용하여 연립방정식을 푸는 연습을 충분히 한다.

● **대표 문제 유형**

❖ 일차부등식 $2x > 6$의 해를 수직선 위에 나타내면?

❖ 연립방정식 $\begin{cases} 2x + 3y = 7 \\ -2x + y = 13 \end{cases}$ 을 풀면?

(1) 부등식과 그 해

① 부등식: 부등호 $<$, $>$, $\leq$, $\geq$를 사용하여 수 또는 식의 대소 관계를 나타낸 식

$$\underbrace{\underbrace{x+3}_{\text{좌변}} > \underbrace{7}_{\text{우변}}}_{\text{양변}}$$

② 부등식의 해: 미지수를 포함한 부등식이 참이 되게 하는 미지수의 값

③ 부등식을 푼다: 부등식의 해를 모두 구하는 것

(2) 부등식의 성질

① 부등식의 양변에 같은 수를 더하거나 양변에서 같은 수를 빼어도 부등호의 방향은 변하지 않는다.

② 부등식의 양변에 같은 양수를 곱하거나 양변을 같은 양수로 나누어도 부등호의 방향은 변하지 않는다.

③ 부등식의 양변에 같은 음수를 곱하거나 양변을 같은 음수로 나누면 부등호의 방향이 반대가 된다.

■ **부등식의 성질**

　$a < b$일 때

　① $a+c < b+c$, $a-c < b-c$

　② $c > 0$이면 $ac < bc$, $\dfrac{a}{c} < \dfrac{b}{c}$

　③ $c < 0$이면 $ac > bc$, $\dfrac{a}{c} > \dfrac{b}{c}$

　이때 부등호 "$<$"를 "$\leq$"로 바꾸어도 위의 성질이 성립한다.

---

(3) 일차부등식과 풀이

① 일차부등식: 부등식의 모든 항을 좌변으로 이항하여 정리한 식이 (일차식)< 0, (일차식)> 0, (일차식)≤ 0, (일차식)≥ 0 중 어느 하나의 꼴로 나타나는 부등식

② 일차부등식의 풀이 순서
 ❶ 계수가 소수나 분수이면 계수를 정수로 고친다.
 ❷ 괄호가 있으면 괄호를 푼다.
 ❸ x의 항은 좌변, 상수항은 우변으로 이항한다.
 ❹ $ax > b$, $ax \geq b$, $ax < b$, $ax \leq b$ $(a \neq 0)$의 꼴로 만든다.
 ❺ 양변을 x의 계수 a로 나눈다. 이때, a가 음수이면 부등호의 방향은 바뀐다.

(4) 연립일차방정식

① 미지수가 2개인 일차방정식: 미지수가 2개이고, 그 차수가 모두 1인 방정식

② 미지수가 2개인 일차방정식의 해: 미지수가 x, y인 일차방정식을 참이 되게 하는 x, y의 값 또는 그 순서쌍 (x, y)

(5) 연립방정식의 풀이

① 가감법 또는 대입법을 이용하여 푼다.
 ㉠ 가감법: 두 방정식을 변끼리 더하거나 빼어서 연립방정식을 푸는 방법
 ㉡ 대입법: 한 방정식을 하나의 미지수에 대한 식으로 나타낸 다음 다른 방정식에 대입하여 푸는 방법

 예 $\begin{cases} 3x - y = -4 & \cdots\cdots ㉠ \\ x + 2y = 1 & \cdots\cdots ㉡ \end{cases}$

 〈가감법〉
 ㉠×2를 하면 $6x - 2y = -8$ $\cdots\cdots$ ㉢
 ㉡+㉢을 하면 $7x = -7$
 $\therefore x = -1$
 이 값을 ㉠의 식이나 ㉡의 식에 대입하여 풀면 $y = 1$이다.
 〈대입법〉
 ㉠의 식을 $y = 3x + 4$로 바꾼 후
 ㉡의 식에 대입하여 풀면
 $x + 2(3x + 4) = 1$, $7x = -7$
 $\therefore x = -1$, $y = 1$

② 괄호가 있는 경우 괄호를 풀고 동류항을 정리하여 푼다.

③ 계수가 소수나 분수인 경우 계수를 정수로 고쳐서 푼다.

④ $A = B = C$의 꼴인 방정식의 풀이

$$\begin{cases} A = B \\ A = C \end{cases} \quad \begin{cases} A = B \\ B = C \end{cases} \quad \begin{cases} A = C \\ B = C \end{cases}$$

중 어느 것을 택하여 풀어도 그 해는 같으므로 가장 간단한 것을 선택하여 푼다.

(6) 해가 특수한 연립방정식의 풀이

x, y에 관한 연립방정식 $\begin{cases} ax + by + c = 0 \\ a'x + b'y + c' = 0 \end{cases}$ 에서

① $a = a'$, $b = b'$, $c = c'$ $\left(\dfrac{a}{a'} = \dfrac{b}{b'} = \dfrac{c}{c'} \right)$ 일 때 해가 무수히 많다.

② $a = a'$, $b = b'$, $c \neq c'$ $\left(\dfrac{a}{a'} = \dfrac{b}{b'} \neq \dfrac{c}{c'} \right)$ 일 때 해가 없다.

5 곱셈 공식과 인수분해

● **해결 Point**

곱셈 공식이나 인수분해 공식을 이용하여 식을 전개하거나 주어진 식을 인수분해 하는 유형이 주로 출제되므로 반드시 공식을 암기해 두어야 한다.

● **대표 문제 유형**

 ❖ $x^2 - 1$을 인수분해하면?
 ❖ 다음 식을 전개한 것은?

(1) 곱셈 공식

① $(a + b)^2 = a^2 + 2ab + b^2$
  $(a - b)^2 = a^2 - 2ab + b^2$

② $(a + b)(a - b) = a^2 - b^2$

③ $(x + a)(x + b) = x^2 + (a + b)x + ab$

④ $(ax + b)(cx + d) = acx^2 + (ad + bc)x + bd$

(2) 곱셈 공식의 활용

① 항이 세 개인 다항식의 제곱
 예 $(a + b + c)^2 = \{(a + b) + c\}^2 = (a + b)^2 + 2(a + b)c + c^2$
  $= a^2 + b^2 + c^2 + 2ab + 2bc + 2ca$

② 분모의 유리화: 분수의 분모에서 근호를 없애고 유리수로 고치는 것

예 $\dfrac{1}{\sqrt{a}+\sqrt{b}} = \dfrac{\sqrt{a}-\sqrt{b}}{(\sqrt{a}+\sqrt{b})(\sqrt{a}-\sqrt{b})}$

$\qquad\qquad\quad = \dfrac{\sqrt{a}-\sqrt{b}}{a-b}$

③ 곱셈 공식의 변형

㉠ $a^2+b^2 = (a+b)^2-2ab = (a-b)^2+2ab$

㉡ $(a+b)^2 = (a-b)^2+4ab$

$\quad (a-b)^2 = (a+b)^2-4ab$

㉢ $a^2+\dfrac{1}{a^2} = \left(a+\dfrac{1}{a}\right)^2-2 = \left(a-\dfrac{1}{a}\right)^2+2$

㉣ $\left(a+\dfrac{1}{a}\right)^2 = \left(a-\dfrac{1}{a}\right)^2+4,$

$\quad \left(a-\dfrac{1}{a}\right)^2 = \left(a+\dfrac{1}{a}\right)^2-4$

④ 곱셈 공식을 이용한 수의 계산: $(a+b)(a-b)=a^2-b^2$ 을 이용한다.

예 $52\times48 = (50+2)(50-2) = 50^2-2^2 = 2496$

(3) 인수분해

① 인수: 하나의 다항식을 두 개 이상의 다항식의 곱으로 나타낼 때, 각각의 식을 처음 식의 인수라 한다.

② 인수분해: 하나의 다항식을 두 개 이상의 인수의 곱으로 나타내는 것

> ■ 전개와 인수분해의 관계
>
> $$x^2-5x+6 \;\Longleftrightarrow\; (x-2)(x-3)$$
>
> $\qquad\quad\uparrow \qquad\qquad\qquad\qquad\uparrow$
>
> $\quad$ (합의 모양) $\qquad\qquad$ (곱의 모양)

③ 공통인수: 다항식의 각 항에 공통으로 들어 있는 인수

$$ma+mb = \underline{m}(a+b)$$
$$\qquad\qquad\quad \text{공통인수}$$

(4) 인수분해 공식

① $a^2+2ab+b^2 = (a+b)^2$

$\quad a^2-2ab+b^2 = (a-b)^2$

> ■ 완전제곱식
>
> (1) 완전제곱식: 다항식의 제곱으로 된 식 또는 그 식에 상수를 곱한 식 예 $(x-y)^2$, $3(a+2b)^2$

> (2) $x^2+ax+b\,(b>0)$ 이 완전제곱식이 될 조건
>
> ① $b=\left(\dfrac{a}{2}\right)^2$ $\qquad\qquad$ ② $a=\pm2\sqrt{b}$

② $a^2-b^2 = (a+b)(a-b)$

③ $x^2+(a+b)x+ab = (x+a)(x+b)$

④ $acx^2+(ad+bc)x+bd = (ax+b)(cx+d)$

(5) 인수분해의 활용

① 복잡한 식의 인수분해

㉠ 공통인 인수가 있으면 공통인 인수로 묶어 낸다.

㉡ 공통부분이 있으면 공통부분을 한 문자로 치환한다.

㉢ 항이 여러 개 있으면 적당한 항끼리 묶는다.

㉣ 항이 5개 이상이고, 문자가 2개 이상 있으면 차수가 낮은 한 문자에 대하여 내림차순으로 정리한다.

② 인수분해를 이용한 수의 계산

예 $55^2-45^2 = (55+45)(55-45) = 100\times10 = 1000$

③ 인수분해를 이용한 식의 값의 계산: 주어진 식을 인수분해한 후 문자에 주어진 값을 대입하여 식의 값을 구할 수 있다.

6 이차방정식

> ● 해결 Point
>
> 이차방정식의 해를 구하는 문제가 주로 출제된다. 이차방정식과 그 해의 의미를 이해하고, 인수분해, 근의 공식, 완전제곱식을 이용하여 이차방정식의 해를 구할 수 있어야 한다.

> ● 대표 문제 유형
>
> ❖ 이차방정식 $(x-2)(x+1)=0$의 두 근의 곱은?
>
> ❖ 이차방정식 $(x-1)(x+2)=0$의 한 근이 -2일 때, 다른 한 근은?

(1) 이차방정식

방정식의 모든 항을 좌변으로 이항하여 정리한 식이 (x에 대한 이차식)$=0$의 꼴로 나타낼 수 있는 방정식을 x에 대한 이차방정식이라 한다.

① 일반형: $ax^2+bx+c=0$ (단, a, b, c는 상수, $a\neq0$)

② 이차방정식의 해(근): 이차방정식 $ax^2 + bx + c = 0$이 참이 되게 하는 미지수 x의 값을 그 이차방정식의 해 또는 근이라 한다.

③ 이차방정식을 푼다: 이차방정식의 해를 모두 구하는 것

(2) 이차방정식의 풀이

① 인수분해를 이용한 이차방정식의 풀이

  ㉠ $AB = 0$의 성질: 두 수 또는 두 식 A, B에 대하여 $AB = 0$이면 $A = 0$ 또는 $B = 0$이다.

  ㉡ 인수분해를 이용한 이차방정식의 풀이 순서

  ❶ 주어진 이차방정식을 (x에 대한 이차방정식) $= 0$의 꼴로 정리한다.

  ❷ 좌변을 $(ax - b)(cx - d) = 0$의 꼴로 인수분해한다.

  ❸ $AB = 0$의 성질을 이용하여 해를 구하면 이차방정식의 해는 $x = \dfrac{b}{a}$ 또는 $x = \dfrac{d}{c}$이다.

② 중근을 갖는 이차방정식의 풀이

  ㉠ 중근: 이차방정식의 두 해가 중복될 때, 이 해를 중근이라 한다.

  ㉡ 중근을 갖는 이차방정식: 이차방정식의 좌변을 인수분해했을 때, (완전제곱식) $= 0$의 꼴로 나타내어지면 이 이차방정식은 중근을 갖는다.

③ 제곱근을 이용한 이차방정식의 풀이

  ㉠ 이차방정식 $ax^2 = b$ $(a \neq 0,\ ab \geq 0)$의 해는 $x = \pm \sqrt{\dfrac{b}{a}}$ 이다.

  ㉡ 이차방정식 $(x - a)^2 = b$ $(b \geq 0)$의 해는 $x = a + \sqrt{b}$ 또는 $x = a - \sqrt{b}$ 이다.

④ 완전제곱식을 이용한 이차방정식의 풀이 순서

  이차방정식 $ax^2 + bx + c = 0$에서

  ❶ x^2의 계수로 양변을 나누어 x^2의 계수를 1로 만든다.

  ❷ 상수항을 이항한다.

  ❸ 양변에 $\left(\dfrac{x의\ 계수}{2}\right)^2$ 을 더한다.

  ❹ $(x - p)^2 = q$의 꼴로 고친다.

  ❺ 제곱근을 이용하여 해를 구한다.

  예 $ax^2 + bx + c = 0$에서

  ❶ $x^2 + \dfrac{b}{a}x + \dfrac{c}{a} = 0$

  ❷ $x^2 + \dfrac{b}{a}x = -\dfrac{c}{a}$

  ❸ $x^2 + \dfrac{b}{a}x + \left(\dfrac{b}{2a}\right)^2 = -\dfrac{c}{a} + \left(\dfrac{b}{2a}\right)^2$

  ❹ $\left(x + \dfrac{b}{2a}\right)^2 = \dfrac{b^2 - 4ac}{4a^2}$

  ❺ $x = \dfrac{-b \pm \sqrt{b^2 - 4ac}}{2a}$

■ **이차방정식의 예**

- 등식 $(x - 2)(y + 3) = 0$을 만족시키는 x, y의 값은 $x = 2$ 또는 $y = -3$이다.
- 이차방정식 $x^2 - 2x - 3 = 0$을 인수분해하면 $(x - 3)(x + 1) = 0$에서 $x - 3 = 0$ 또는 $x + 1 = 0$
  ∴ $x = 3$ 또는 $x = -1$
- 이차방정식 $x^2 + 6x + 9 = 0$의 좌변을 인수분해하면 $(x + 3)^2 = 0$에서 $x + 3 = 0$
  ∴ $x = -3$ (중근)
- $(x - 2)^2 = 5$ 의 해는 $x = 2 + \sqrt{5}$ 또는 $x = 2 - \sqrt{5}$
- $x^2 + 2x - 5 = 0$의 근을 완전제곱식을 이용하여 구하면 $x^2 + 2x = 5$에서 $x^2 + 2x + 1^2 = 5 + 1^2$
  $(x + 1)^2 = 6,\ x + 1 = \pm \sqrt{6}$
  ∴ $x = -1 \pm \sqrt{6}$

---

(3) 이차방정식의 근의 공식

① 이차방정식 $ax^2 + bx + c = 0$ $(a \neq 0)$의 근은

$$x = \dfrac{-b \pm \sqrt{b^2 - 4ac}}{2a} \quad (단,\ b^2 - 4ac \geq 0)$$

② 일차항 x의 계수가 짝수인 이차방정식 $ax^2 + 2b'x + c = 0$ $(a \neq 0)$의 근은

$$x = \dfrac{-b' \pm \sqrt{(b')^2 - ac}}{a} \quad (단,\ (b')^2 - ac \geq 0)$$

※ 이차방정식 $ax^2 + bx + c = 0$ $(a \neq 0)$에서 인수분해 공식을 이용할 수 없는 경우 근의 공식을 이용하여 근을 구한다.

(4) 이차방정식의 근의 개수

이차방정식 $ax^2 + bx + c = 0$ $(a \neq 0)$의 근의 개수는 근의 공식 $x = \dfrac{-b \pm \sqrt{b^2 - 4ac}}{2a}$ 에서 $b^2 - 4ac$의 부호에 따라 알 수 있다.

① $b^2 - 4ac > 0$이면 서로 다른 두 근을 갖는다.

② $b^2 - 4ac = 0$이면 한 개의 중근을 갖는다.

③ $b^2 - 4ac < 0$이면 해가 없다.

(5) 이차방정식 구하기

① 두 근이 α, β이고 x^2의 계수가 a인 이차방정식은
$$a(x-\alpha)(x-\beta)=0$$

② 중근이 α이고 x^2의 계수가 a인 이차방정식은
$$a(x-\alpha)^2=0$$

(6) 이차방정식을 이용한 활용 문제 풀이 순서

❶ 문제 분석: 문제의 뜻에 알맞은 수량 관계를 파악한다.

❷ 방정식 세우기: 구하려는 것을 미지수로 놓고 이차방정식을 세운다.

❸ 방정식의 풀이: 이차방정식을 풀어 해를 구한다.

❹ 문제의 답: 구한 근 중에서 문제의 뜻에 맞는 것만을 답으로 택한다.

출제 예상 문제

01 다음을 문자를 사용한 식으로 바르게 나타낸 것은?

> 한 팩에 $a\,\mathrm{mL}$인 우유 3팩의 양

① $(2\times a)\,\mathrm{mL}$ ② $(3\times a)\,\mathrm{mL}$
③ $(4\times a)\,\mathrm{mL}$ ④ $(5\times a)\,\mathrm{mL}$

02 $x=-3$일 때, $2x+7$의 값은?

① 1 ② 2
③ 3 ④ 4

03 $a=-2$, $b=-1$일 때, ab의 값은?

① -2 ② -1
③ 1 ④ 2

04 $x=-4$, $y=3$일 때, $-\dfrac{2x^2y}{x+y}$의 값은?

① 72 ② 84
③ 96 ④ 108

05 $-3(2a+3b)-2(a-5b)$를 간단히 하면?

① $-8a-b$ ② $-8a+b$
③ $8a-b$ ④ $8a+b$

06 다음 등식 중 항등식인 것은?

① $2x=x-1$
② $2(x-3)=-6+2x$
③ $x-1=4x+3$
④ $3x-1=4x+5$

07 일차방정식 $5x+10=3x$의 해는?

① -5 ② -3
③ -1 ④ 1

08 일차방정식 $2\{5x-(1-x)\}+x+4=15$를 만족시키는 x의 값은?

① -2 ② -1
③ 0 ④ 1

09 $3^2 \times 3^8 \div 3^5$을 간단히 한 것은?

① 3^3 ② 3^5

③ 3^7 ④ 3^9

10 $a^8 \div a^4$을 간단히 한 것은?

① a^2 ② a^3

③ a^4 ④ a^6

11 다음 중 계산이 옳은 것은?

① $x^2 + x^3 = x^5$

② $x^3 - x^2 = x$

③ $x^3 \times x^4 = x^{12}$

④ $x^5 \div x^3 = x^2$

12 $(a^2b^3)^4 \div (a^4b^2)^3$을 간단히 하면?

① $\dfrac{b^4}{a^6}$ ② $\dfrac{b^6}{a^4}$

③ $\dfrac{a^4}{b^6}$ ④ $\dfrac{a^6}{b^4}$

13 $(12x^2y + 8xy^2) \div 4xy$를 간단히 나타낸 것은?

① $3x + 2$ ② $2y + 3$

③ $2x + 3y$ ④ $3x + 2y$

14 일차부등식 $2(x-1) > x+2$를 풀면?

① $x > -2$ ② $x > 0$

③ $x > 2$ ④ $x > 4$

15 $a < b$일 때, 다음 중 옳은 것은?

① $a + 4 > b + 4$

② $a - 5 > b - 5$

③ $\dfrac{a}{3} > \dfrac{b}{3}$

④ $-4a > -4b$

16 일차부등식 $2x + 3 > 4x + 5$를 풀면?

① $x > -1$ ② $x < -1$

③ $x > 1$ ④ $x < 1$

17 일차부등식 $3(x-1) < 9$를 만족하는 자연수 x의 개수는?

① 1　　　　　② 2

③ 3　　　　　④ 4

18 일차부등식 $2x - 5 > 1$의 해를 수직선 위에 나타내면?

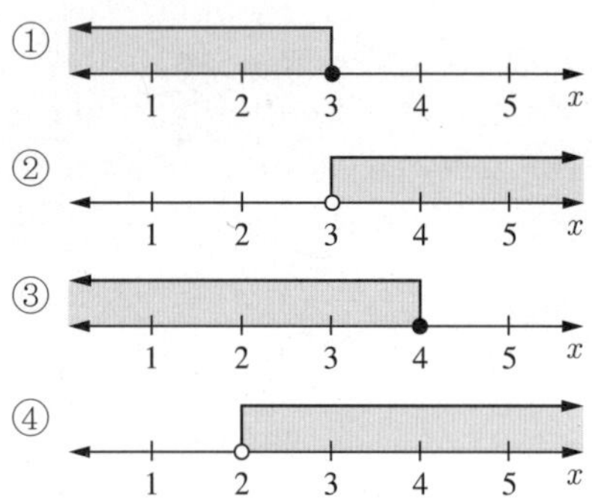

19 연립방정식 $x + y = 8$, $x - y = 2$의 해는?

① $x = 4$, $y = 4$　　　② $x = 5$, $y = 3$

③ $x = 6$, $y = 2$　　　④ $x = 7$, $y = 1$

20 연립방정식 $x + 2y = 10$, $2x - y = 5$를 풀면?

① $x = -4$, $y = -3$　　② $x = -4$, $y = 3$

③ $x = 4$, $y = -3$　　　④ $x = 4$, $y = 3$

21 연립방정식 $4x + 5y = 3$, $x + y = a$를 풀면 x의 값은 2이다. 이때, 상수 a의 값은?

① -3　　　　② -1

③ 1　　　　　④ 3

22 연립방정식 $\begin{cases} 0.3x + 0.5y = 1.5 \\ \dfrac{1}{4}x - \dfrac{2}{3}y = -2 \end{cases}$ 를 풀면?

① $x = -2$, $y = 0$

② $x = -1$, $y = 2$

③ $x = 0$, $y = 3$

④ $x = 1$, $y = 5$

23 음료 1잔의 가격이 아이스크림 1개 가격의 2배인 가게가 있다. 아이스크림 3개와 음료 5잔의 가격의 합이 26,000원일 때, 아이스크림 1개의 가격은?

① 1,000 원　　　② 2,000 원

③ 3,000 원　　　④ 4,000 원

24 $(3x-2)^2$을 전개한 것은?

① $9x^2+4$ 　　　　② $9x^2-4$

③ $9x^2-12x+4$ 　④ $9x^2-12x-4$

25 $(x+2)(x-3)$을 전개한 식은?

① x^2+x+6 　　　② x^2-x-6

③ x^2-x+6 　　　④ x^2+x-6

26 $(3a+2b)(3a-2b)$를 전개하면?

① $9a^2-4b^2$ 　　　② $9a-4b$

③ $9a+b$ 　　　　　④ $9a^2+b^2$

27 $(3x-5)(x+4)-2(x-1)(x+5)$를 간단히 하였을 때, x에 대한 일차항의 계수는?

① -2 　　　　　　② -1

③ 1 　　　　　　　④ 2

28 다음 중 x^2-6x+8의 인수는?

① $x-2$ 　　　　　② $x-3$

③ $x+4$ 　　　　　④ $x+6$

29 $a=1.2$, $b=0.6$일 때, $a^2-ab-2b^2$의 값은?

① -1 　　　　　　② 0

③ 1 　　　　　　　④ 2

30 $x-y=-2\sqrt{2}$, $xy=4$일 때, $x^2-5xy+y^2$의 값은?

① -4 　　　　　　② -3

③ -2 　　　　　　④ -1

31 다음 중 x^3+2x^2-x-2의 인수가 <u>아닌</u> 것은?

① $x+1$ 　　　　　② $x-1$

③ $x+2$ 　　　　　④ $x-2$

32 $x^2 + ax + b$를 인수분해하였더니 $(x-2)(x-6)$이 되었다. 이때 $a-b$의 값은?(단, a, b는 상수이다)

① -20
② -8
③ 4
④ 12

33 $(18 \times 25) - (18 \times 23)$을 인수분해 공식을 이용하여 계산하면?

① 18
② 24
③ 30
④ 36

34 다음 □ 안에 들어갈 알맞은 것을 차례로 나열하면?

$$x^2 + \frac{7}{5}x + \square = (x + \square)^2$$

① $\left(\dfrac{7}{5}\right)^2 ,\ \dfrac{7}{5}$
② $\left(\dfrac{7}{10}\right)^2 ,\ \dfrac{7}{10}$
③ $\left(\dfrac{7}{5}\right),\ \dfrac{7}{5}$
④ $\dfrac{7}{10} ,\ \left(\dfrac{7}{10}\right)^2$

35 $4x^2 + axy + 9y^2$이 완전제곱식이 되도록 하는 상수 a의 값이 될 수 있는 것은?

① -2
② -3
③ -6
④ -12

36 x에 대한 이차방정식 $(x-1)^2 = 5$를 풀면?

① $x = 6$ 또는 $x = -4$
② $x = 6$ 또는 $x = 4$
③ $x = -1 \pm \sqrt{5}$
④ $x = 1 \pm \sqrt{5}$

37 이차방정식 $x^2 - 2x - 15 = 0$의 해를 구하면?

① $x = -5$ 또는 $x = -3$
② $x = -5$ 또는 $x = 3$
③ $x = -3$ 또는 $x = 5$
④ $x = 3$ 또는 $x = 5$

38 이차방정식 $x^2 + ax + b = 0$의 해가 2, 3이라 할 때, 상수 a, b에 대하여 $a + b$의 값은?

① 1
② 3
③ 5
④ 7

39 이차방정식 $x^2 + 3x + 1 = 0$의 근은?

① $x = \dfrac{-3 \pm \sqrt{13}}{2}$
② $x = \dfrac{-3 \pm \sqrt{5}}{2}$
③ $x = \dfrac{3 \pm \sqrt{5}}{2}$
④ $x = \dfrac{3 \pm \sqrt{13}}{2}$

40 이차방정식 $2x^2 - 4x + 1 = 0$의 근을 근의 공식을 이용하여 구하면?

① $x = -\sqrt{2}$ ② $x = \sqrt{2}$

③ $x = \dfrac{2 \pm \sqrt{5}}{3}$ ④ $x = \dfrac{2 \pm \sqrt{2}}{2}$

41 x에 대한 이차방정식 중에서 중근을 갖는 것은?

① $x^2 - 1 = 0$

② $x^2 + 6x + 9 = 0$

③ $x^2 - 4x - 5 = 0$

④ $(x+1)(x-1) = 2x - 1$

42 x에 대한 이차방정식 $x^2 - 6x + k = 0$이 중근을 갖도록 하는 상수 k의 값은?

① -36 ② -9

③ 9 ④ 36

43 이차방정식 $x^2 - 3x + a = 0$의 한 근이 $x = 1$일 때, 상수 a의 값은?

① -4 ② -2

③ 2 ④ 4

44 x에 대한 이차방정식 $2x^2 - ax + 16 = 0$의 한 근이 2일 때, <u>다른</u> 한 근은?(단, a는 상수이다)

① 3 ② 4

③ 5 ④ 6

45 이차방정식 $2x^2 - 8x + 7 = 0$의 근을 α, β라 할 때, $\alpha^2 + \beta^2$의 값은?

① 3 ② 5

③ 7 ④ 9

46 넓이가 $2\,\mathrm{cm}^2$인 정사각형의 한 변의 길이를 $x\,\mathrm{cm}$라 할 때, x의 값은?

① 1 ② $\sqrt{2}$

③ 1.5 ④ $\sqrt{3}$

47 어떤 수와 그 수의 제곱의 합이 42일 때, 다음 중 어떤 수가 될 수 있는 것은?

① $-7,\ -6$ ② $-7,\ 6$

③ $7,\ -6$ ④ $7,\ 6$

3 함수

1 좌표평면과 그래프

● 해결 Point

좌표평면 위의 점의 좌표를 구하는 유형 또는 x와 y 사이의 관계식을 구하는 유형이 반드시 출제된다. x와 y 사이의 관계가 정비례 관계인지, 반비례 관계인지를 이해해야 식으로 나타낼 수 있다. 또한, 좌표평면 위의 점의 좌표를 순서쌍으로 나타내거나 순서쌍을 좌표평면 위에 나타낼 수 있어야 한다.

● 대표 문제 유형

❖ 좌표평면 위에 있는 점 P의 좌표는?
❖ x초 동안 인쇄된 종이의 총 수를 y장이라고 할 때, x와 y 사이의 관계식은?

(1) 순서쌍과 좌표

① **좌표**: 수직선 위의 한 점에 대응하는 수

② **순서쌍**: 순서를 생각하여 두 수를 짝 지어 나타낸 것

③ **좌표평면 위의 점의 좌표**: 좌표평면 위의 점 P에서 x축, y축에 각각 수선을 긋고 이 수선과 x축, y축이 만나는 점에 대응하는 수가 각각 a, b일 때, 순서쌍 (a, b)를 점 P의 좌표라 한다. 이때 점 P는 기호 P(a, b)로 나타내고 a를 점 P의 x좌표, b를 점 P의 y좌표라 한다.

　㉠ 가로의 수직선을 x축, 세로의 수직선을 y축이라 하고 x축과 y축을 통틀어 좌표축이라고 한다.

　㉡ 좌표축이 그려진 평면을 좌표평면이라 하고 두 좌표축이 만나는 점 O를 원점이라고 한다.

④ **사분면**: 좌표평면은 좌표축에 의하여 네 부분으로 나누어지는데, 그 각각을 제1 사분면, 제2사분면, 제3사분면, 제4사분면이라 한다.

⑤ **사분면 위의 점의 부호**
　• 제1사분면 → $(+, +)$
　• 제2사분면 → $(-, +)$
　• 제3사분면 → $(-, -)$
　• 제4사분면 → $(+, -)$

※ 원점과 좌표축은 어느 사분면에도 포함되지 않는다.

(2) 그래프

① **변수**: x, y와 같이 여러 가지로 변하는 값을 나타내는 문자

② **그래프**: 서로 함께 변하는 두 변수 x, y의 순서쌍 (x, y)를 좌표로 하는 점 전체를 좌표평면 위에 나타낸 것

③ **그래프의 해석**
　• 두 변수 사이의 증가와 감소, 주기적 변화 등을 알 수 있다.
　• 두 변수 사이의 변화의 빠르기를 알 수 있다.

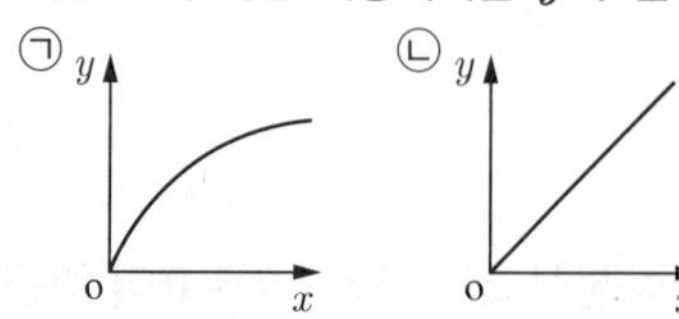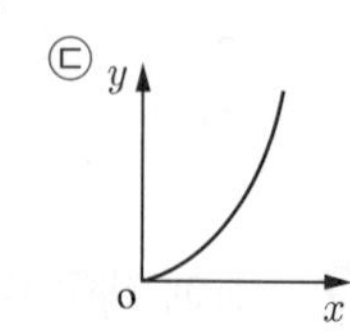

　㉠ 시간에 따라 이동 거리가 점점 느리게 증가한다.
　㉡ 시간에 따라 이동 거리가 일정하게 증가한다.
　㉢ 시간에 따라 이동 거리가 점점 빠르게 증가한다.

(3) 정비례와 반비례

① **정비례 관계**
　㉠ 정비례: 두 변수 x, y에 대하여 x의 값이 2배, 3배, 4배, …로 변함에 따라 y의 값도 2배, 3배, 4배, …로 변할 때, y는 x에 정비례한다고 한다.
　㉡ 일반적으로 y가 x에 정비례하면 $y = ax$ $(a \neq 0)$가 성립한다. 또, x와 y 사이에 $y = ax$ $(a \neq 0)$가 성립하면 y는 x에 정비례한다.

ⓒ 정비례 관계 $y = ax \ (a \neq 0)$의 그래프

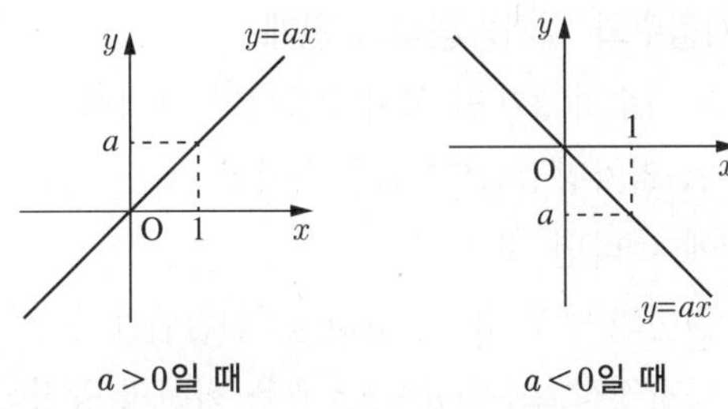

$a > 0$일 때 $a < 0$일 때

- 원점을 지나는 직선이다.
- $a > 0$일 때, x의 값이 증가하면 y의 값도 증가한다.
- $a < 0$일 때, x의 값이 증가하면 y의 값은 감소한다.

② 반비례 관계

ⓐ 반비례: 두 변수 x, y에 대하여 x의 값이 2배, 3배, 4배, …로 변함에 따라 y의 값은 $\dfrac{1}{2}$배, $\dfrac{1}{3}$배, $\dfrac{1}{4}$배, …로 변할 때, y는 x에 반비례한다고 한다.

ⓑ 일반적으로 y가 x에 반비례하면 $y = \dfrac{a}{x} \ (a \neq 0)$가 성립한다. 또, x와 y 사이에 $y = \dfrac{a}{x} \ (a \neq 0)$가 성립하면 y는 x에 반비례한다.

ⓒ 반비례 관계 $y = \dfrac{a}{x} \ (a \neq 0)$의 그래프

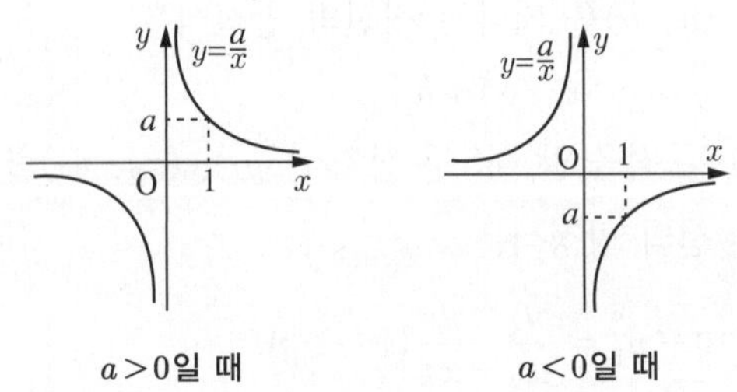

$a > 0$일 때 $a < 0$일 때

- 원점에 대하여 대칭이고 좌표축에 가까워지면서 한없이 뻗어 나가는 한 쌍의 매끄러운 곡선
- $a > 0$일 때, 제1사분면과 제3사분면에 있으며 x의 값이 증가하면 y의 값은 감소한다.
- $a < 0$일 때, 제2사분면과 제4사분면에 있으며 x의 값이 증가하면 y의 값도 증가한다.

2 일차함수와 그래프

● 해결 Point

일차함수의 그래프가 주어지고 상수의 값을 구하는 문제가 거의 매년 출제되었다. 여러 가지 조건이 주어졌을 때 일차함수의 식을 구할 수 있어야 한다. 또한, 함숫값을 구하거나 연립방정식과 일차함수의 관계를 이용하는 문제 등 다양한 형태로 출제되므로 개념을 반드시 이해하고 있어야 한다.

● 대표 문제 유형

❖ 그림은 일차함수 $y = -x + a$의 그래프이다. 상수 a의 값은?

❖ 그래프의 기울기가 $\dfrac{1}{2}$이고, y절편이 -3인 일차함수의 식은?

(1) 일차함수

① 함수와 함숫값

ⓐ 함수: 두 변수 x, y에 대하여 x의 값이 변함에 따라 y의 값이 오직 하나씩 정해지는 대응 관계가 있을 때, y를 x의 함수라 한다. y가 x의 함수일 때 기호로 $y = f(x)$ 또는 $f(x)$로 나타낸다.

ⓑ 함숫값: 함수 $f(x)$가 주어졌을 때, x의 값에 따라 하나씩 정해지는 y의 값, 즉 $f(x)$를 x에 대한 함숫값이라 한다.

예 함수 $f(x) = 2x + 1$에서
$x = 1$에 대한 함숫값은 $f(1) = 2(1) + 1 = 3$,
$x = 2$에 대한 함숫값은 $f(2) = 2(2) + 1 = 5$

② 일차함수: 함수 $y = f(x)$에서 y가 x에 관한 일차식 $y = ax + b \ (a, \ b$는 상수, $a \neq 0)$로 나타날 때, 이 함수 f를 x에 대한 일차함수라고 한다.

③ 일차함수 $y = ax + b \ (a \neq 0)$의 그래프

ⓐ 일차함수 $y = ax$의 그래프를 y축의 방향으로 b만큼 평행이동한 직선이다.

- 함수의 그래프: 함수 $y = f(x)$에서 x의 값과 그 값에 따라 정해지는 y의 값의 순서쌍 $(x, \ y)$를 좌표로 하는 점 전체를 좌표평면 위에 나타낸 것
- 평행이동: 한 도형을 일정한 방향으로 일정한 거리만큼 이동하는 것

ⓑ 일차함수의 그래프의 x절편과 y의 절편
- x절편: 함수의 그래프가 x축과 만나는 점의 x좌표로, $y = 0$일 때 x의 값

- y절편: 함수의 그래프가 y축과 만나는 점의 y좌표로, $x = 0$일 때 y의 값

  ※ 일차함수 $y = ax + b$의 그래프에서

  → x절편: $-\dfrac{b}{a}$, y절편: b

ⓒ 일차함수의 그래프의 기울기: 일차함수 $y = ax + b$에서 x의 값의 증가량에 대한 y의 값의 증가량의 비율은 항상 일정하며, 그 값은 x의 계수 a와 같다. 이 증가량의 비율 a를 일차함수 $y = ax + b$의 그래프의 기울기라 한다.

$$(\text{기울기}) = \frac{(y \text{값의 증가량})}{(x \text{값의 증가량})} = a$$

④ **일차함수 $y = ax + b$의 그래프의 성질**

ⓐ a의 부호: 그래프의 모양 결정

- $a > 0$일 때, x의 값이 증가하면 y의 값도 증가한다.
  → 오른쪽 위로 향하는 직선
- $a < 0$일 때, x의 값이 증가하면 y의 값은 감소한다.
  → 오른쪽 아래로 향하는 직선

ⓑ b의 부호: 그래프가 y축과 만나는 점의 위치 결정

- $b > 0$일 때, y축과 양의 부분에서 만난다.
  → y절편이 양수이다.
- $b < 0$일 때, y축과 음의 부분에서 만난다.
  → y절편이 음수이다.

⑤ **일차함수의 그래프의 평행, 일치**: 기울기가 같은 두 일차함수의 그래프는 서로 평행하거나 일치한다.
즉, 두 일차함수 $y = ax + b$, $y = cx + d$의 그래프에 대하여

- $a = c$, $b \neq d$ → 평행 (기울기가 같고, y절편이 다르다.)
- $a = c$, $b = d$ → 일치 (기울기와 y절편이 각각 같다.)

⑥ **일차함수의 그래프 그리기**

ⓐ 기울기와 y절편을 알면 그릴 수 있다.
ⓑ x절편과 y절편을 구하여 두 점을 이어서 그릴 수 있다.
ⓒ 함수의 식을 만족하는 적당한 두 점을 이어서 그릴 수 있다.

⑦ **함수의 활용 순서**

❶ 변하는 두 양 x, y 정하기
❷ x와 y 사이의 관계식 세우기
❸ 관계식에 주어진 조건을 대입하여 필요한 함숫값 구하기
❹ 구한 값이 문제의 뜻에 맞는지 확인하기

(2) 일차함수와 일차방정식

① **일차함수와 일차방정식의 관계**

ⓐ 미지수가 2개인 일차방정식의 그래프: 미지수가 2개인 일차방정식의 해의 순서쌍 (x, y)를 좌표평면 위에 나타낸 것
ⓑ 직선의 방정식: x, y의 값의 범위가 수 전체일 때, 일차방정식 $ax + by + c = 0$을 직선의 방정식이라 한다.
ⓒ 일차방정식의 그래프와 일차함수의 그래프: 일차방정식 $ax + by + c = 0$ (a, b, c는 상수, $a \neq 0$ 또는 $b \neq 0$)의 그래프는 일차함수 $y = -\dfrac{a}{b}x - \dfrac{c}{b}$의 그래프와 같다.

② **일차방정식 $x = p$, $y = q$의 그래프**

ⓐ 일차방정식 $x = p$ $(p \neq 0)$의 그래프: 점 $(p, 0)$을 지나고 y축에 평행한(x축에 수직인) 직선이다.
ⓑ 일차방정식 $y = q$ $(q \neq 0)$의 그래프: 점 $(0, q)$를 지나고 x축에 평행한(y축에 수직인) 직선이다.

③ **직선의 방정식 구하기**

ⓐ 기울기와 y절편을 알 때: 기울기가 m이고, y절편이 n인 직선의 방정식은 $y = mx + n$
ⓑ 기울기와 한 점을 알 때: 기울기가 m이고 한 점 (a, b)를 지나는 직선의 방정식은
$$y = m(x - a) + b$$
ⓒ 두 점을 알 때: 두 점 (x_1, y_1), (x_2, y_2)를 지나는 직선의 방정식은
$$y - y_1 = \frac{y_2 - y_1}{x_2 - x_1}(x - x_1)$$
ⓓ x절편과 y절편을 알 때: x절편이 m, y절편이 n인 직선의 방정식은 $\dfrac{x}{m} + \dfrac{y}{n} = 1$

④ **연립일차방정식의 해와 그래프**

ⓐ 연립방정식 $\begin{cases} ax + by + c = 0 \\ a'x + b'y + c' = 0 \end{cases}$ 의 해는 두 일차방정식의 그래프, 즉 두 일차함수의 그래프의 교점의 좌표와 같다.
ⓑ 연립방정식 $\begin{cases} ax + by + c = 0 \\ a'x + b'y + c' = 0 \end{cases}$ 의 해의 개수는 두 일차방정식의 그래프의 교점의 개수와 같다. 두 일차방정식의 그래프가 평행하면 해가 없고, 일치하면 해가 무수히 많다.

연립방정식 $\begin{cases} ax+by+c=0 \\ a'x+b'y+c'=0 \end{cases}$ 의 해의 개수는 다음과 같이
두 일차방정식의 계수의 비를 이용하여 구할 수도 있다.

① $\dfrac{a}{a'} \neq \dfrac{b}{b'}$ → 한 쌍의 해를 갖는다.

② $\dfrac{a}{a'} = \dfrac{b}{b'} \neq \dfrac{c}{c'}$ → 해가 없다.

③ $\dfrac{a}{a'} = \dfrac{b}{b'} = \dfrac{c}{c'}$ → 해가 무수히 많다.

3 이차함수와 그래프

● **해결 Point**

이차함수의 그래프를 보고 그 성질을 이해하고 있는지를 묻는 문제가 항상 출제되었다. 이차함수의 개념을 이해하고 그 그래프에 대한 설명의 옳고 그름을 판단할 수 있어야 한다.

● **대표 문제 유형**

❖ 이차함수 $y=-\dfrac{1}{2}x^2$의 그래프에 대한 설명으로 옳은 것은?

(1) 이차함수

함수 $y=f(x)$에서 y가 x에 대한 이차식

$y=ax^2+bx+c$ (a, b, c는 상수, $a \neq 0$)로 나타내어질 때,
이 함수 f를 x에 대한 이차함수라 한다.

(2) 이차함수의 그래프

① $y=ax^2$ $(a \neq 0)$의 그래프

  ㉠ 원점 $(0, 0)$을 꼭짓점으로, y축 $(x=0)$을 축으로 하는 포물선이다.

  ㉡ $a>0$일 때는 아래로 볼록하고, $a<0$일 때에는 위로 볼록하다.

  ㉢ a의 절댓값이 클수록 그래프의 폭은 좁아진다.

  ㉣ 이차함수 $y=-ax^2$의 그래프와 x축에 대하여 서로 대칭이다.

■ **이차함수 $y=x^2$의 그래프**
- 원점을 지나고, 아래로 볼록한 곡선이다.
- y축에 대하여 대칭이다.

- $x<0$일 때, x의 값이 증가하면 y의 값은 감소한다.
  $x>0$일 때, x의 값이 증가하면 y의 값도 증가한다.
- 원점을 제외한 부분은 모두 x축보다 위쪽에 있다.
- 이차함수 $y=-x^2$의 그래프와 x축에 대하여 서로 대칭이다.

② 이차함수 $y=ax^2+q$ $(a \neq 0)$의 그래프

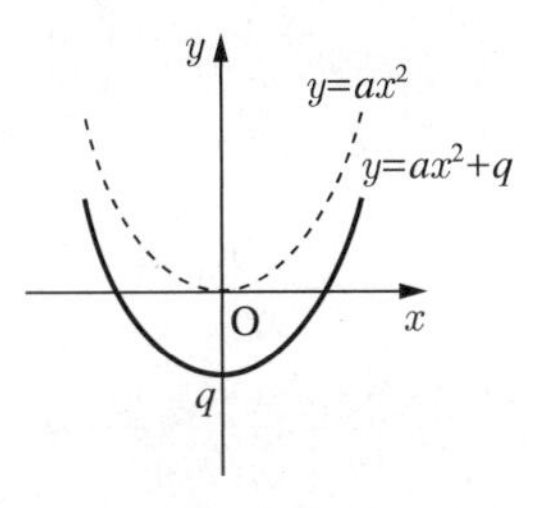

  ㉠ 이차함수 $y=ax^2$의 그래프를 y축의 방향으로 q만큼 평행이동한 것과 같다.

  ㉡ 꼭짓점의 좌표: $(0, q)$

  ㉢ 축의 방정식: $x=0$ (y축)

③ 이차함수 $y=a(x-p)^2$ $(a \neq 0)$의 그래프

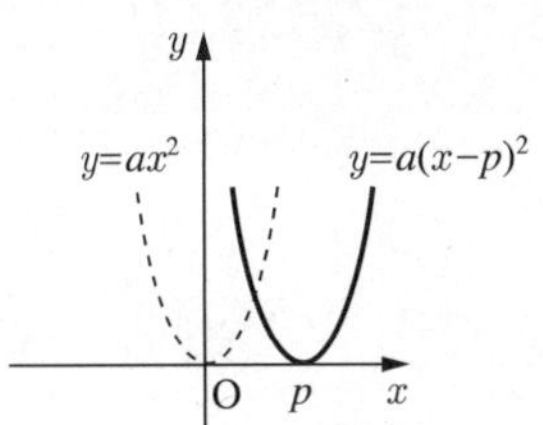

  ㉠ 이차함수 $y=ax^2$의 그래프를 x축의 방향으로 p만큼 평행이동한 것과 같다.

  ㉡ 꼭짓점의 좌표: $(p, 0)$

  ㉢ 축의 방정식: $x=p$

④ 이차함수 $y=a(x-p)^2+q$ $(a \neq 0)$의 그래프

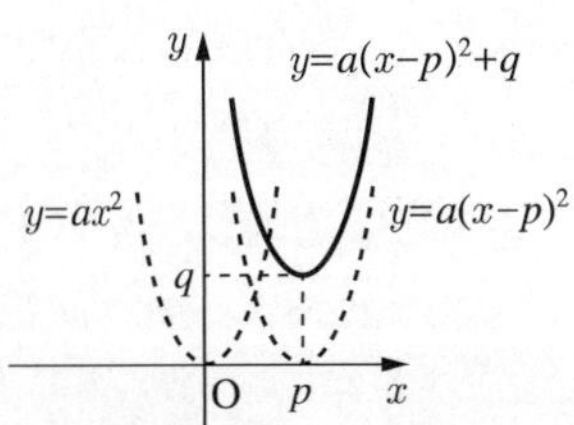

  ㉠ 이차함수 $y=ax^2$의 그래프를 x축의 방향으로 p만큼, y축의 방향으로 q만큼 평행이동한 것과 같다.

  ㉡ 꼭짓점의 좌표: (p, q)

  ㉢ 축의 방정식: $x=p$

⑤ 이차함수 $y = ax^2 + bx + c \ (a \neq 0)$의 그래프

  ⑦ 이차함수 $y = ax^2 + bx + c$의 그래프는

    $y = a(x - p)^2 + q$의 꼴로 고친후, a의 부호, 꼭짓점의 좌표, 축의 방정식, y축과의 교점의 좌표를 이용하여 그린다.

$$y = ax^2 + bx + c = a\left(x + \frac{b}{2a}\right)^2 - \frac{b^2 - 4ac}{4a}$$

  ⓛ 꼭짓점의 좌표: $\left(-\dfrac{b}{2a}, \ -\dfrac{b^2 - 4ac}{4a}\right)$

  ⓒ 축의 방정식: $x = -\dfrac{b}{2a}$

  ⓔ $a > 0$일 때 아래로 볼록하고, $a < 0$일 때 위로 볼록하다.

  ⓜ y축과 점 $(0, \ c)$에서 만난다.

[3] 이차함수의 식 구하기

① 꼭짓점의 좌표가 $(p, \ q)$일 때, 이차함수의 식은 $y = a(x - p)^2 + q$임을 이용하여 구한다.

② x축과의 교점이 $(m, \ 0)$, $(n, \ 0)$일 때, 이차함수의 식은 $y = a(x - m)(x - n)$임을 이용하여 구한다.

③ 그래프 위의 서로 다른 세 점의 좌표가 주어질 때, 이차함수의 식 $y = ax^2 + bx + c$에 세 점을 각각 대입하여 구한다.

출제 예상 문제

01 다음 좌표평면 위에 있는 점 P 의 좌표는?

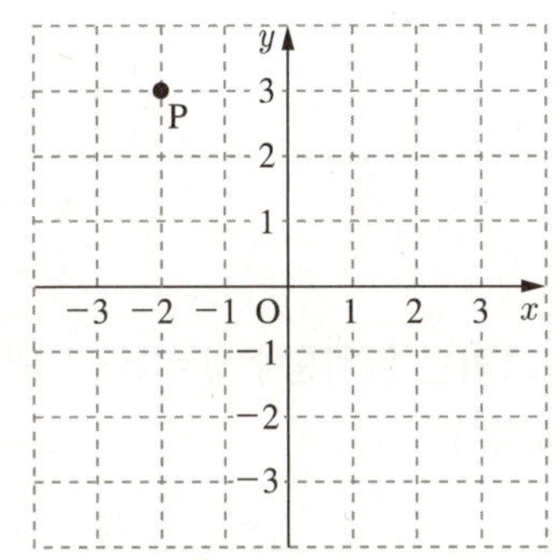

① $P(-3, -2)$ ② $P(-2, 3)$
③ $P(3, -2)$ ④ $P(2, 3)$

02 순서쌍 $(4, 2)$를 좌표평면 위에 나타낸 점은?

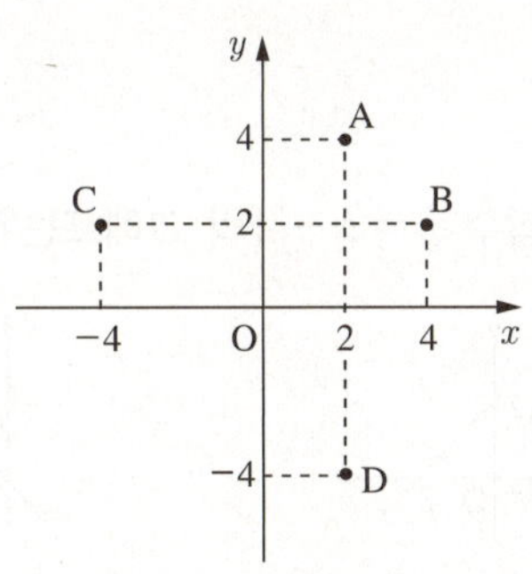

① A ② B
③ C ④ D

03 좌표평면에서 제2사분면 위에 있는 점의 좌표는?

① $(-5, -2)$ ② $(-3, 7)$
③ $(2, -4)$ ④ $(1, 5)$

04 점 A$(3, a)$는 제4사분면 위의 점이고 점 B$(b, 1)$은 제2사분면 위의 점일 때, 다음 중 옳은 것은?

① $a+b < 0$ ② $a-b < 0$
③ $ab < 0$ ④ $b-a < 0$

05 한 변의 길이가 x cm 인 정사각형의 둘레의 길이를 y cm 라고 할 때, x와 y 사이의 관계식은?

x (cm)	1	2	3	4	⋯
y (cm)	4	8	12	16	⋯

① $y = x$
② $y = 2x$
③ $y = 3x$
④ $y = 4x$

06 다음 상황을 가장 잘 나타내는 그래프는?

> 일정한 속력으로 달리다가 잠시 쉬었다가 출발하여 다시 일정한 속력으로 달렸다.

① 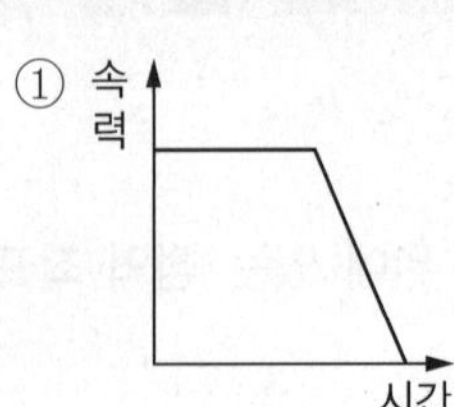

② 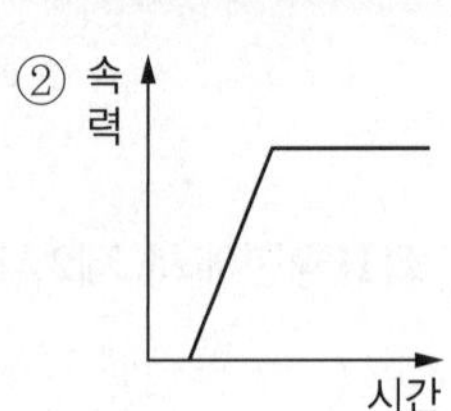

③ 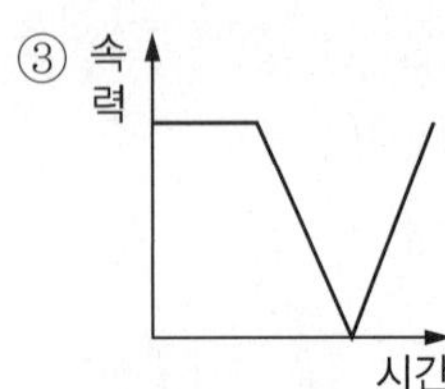

④ 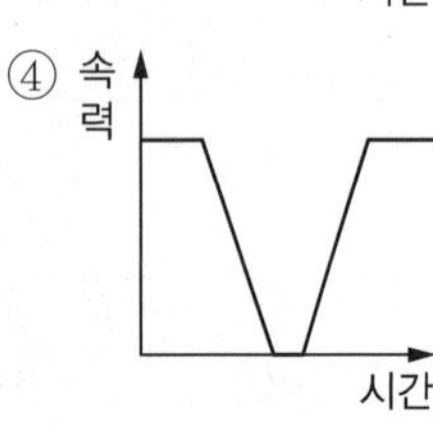

07 함수 $f(x) = 2x + 1$에 대하여 $f(2)$의 값은?

① 4
② 5
③ 6
④ 7

08 다음 중 일차함수인 것은?

① $x - 4 = 0$
② $x + y - 3$
③ $y = 2y + 1$
④ $y = 2x + 3$

09 일차함수 $y = -2x - 1$의 그래프를 좌표평면에 나타 낼 때, 지나지 <u>않는</u> 사분면은?

① 제1사분면
② 제2사분면
③ 제3사분면
④ 제4사분면

10 다음 그림은 일차함수 $y = x + a$의 그래프이다. 상수 a의 값은?

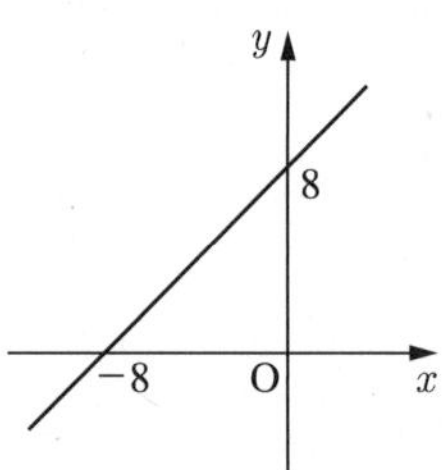

① -8
② 0
③ 8
④ 16

11 일차함수 $y = x - 2$의 그래프는?

① 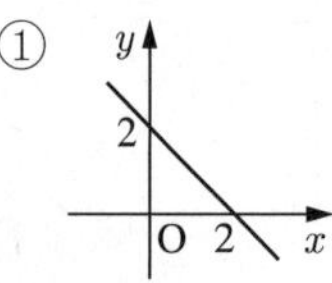

② 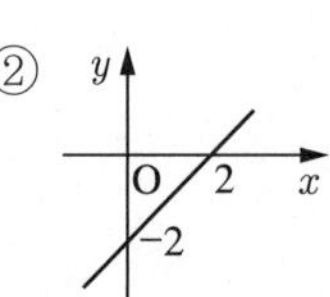

③ 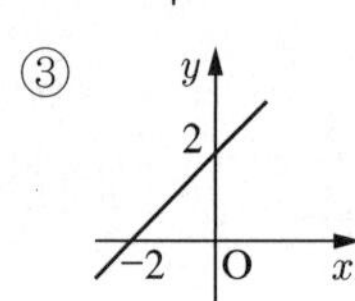

④ 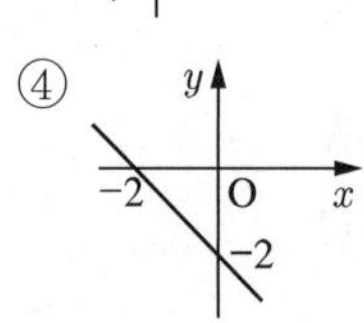

12 다음 그림은 일차함수 $y = ax + b$의 그래프이다. a, b의 부호를 각각 바르게 나타낸 것은?(단, a, b는 상수이다)

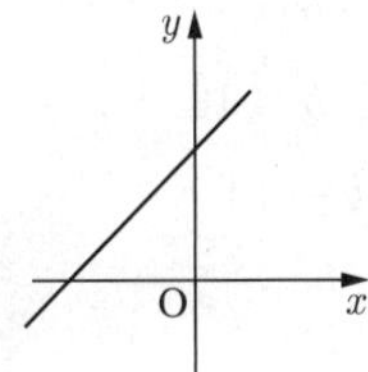

① $a > 0$, $b > 0$
② $a > 0$, $b < 0$
③ $a < 0$, $b > 0$
④ $a < 0$, $b < 0$

13 다음 중 일차함수 $y = 2x + 1$의 그래프와 평행한 것은?

① $y = -2x + 1$
② $y = \dfrac{1}{2}x - 3$
③ $y = 2x - 1$
④ $y = 4x + 1$

14 다음 그림에서 직선의 기울기는?

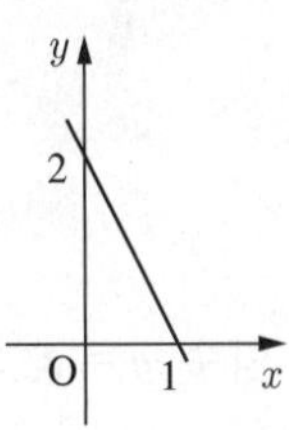

① -2
② $-\dfrac{1}{2}$
③ $\dfrac{1}{2}$
④ 2

15 기울기가 3이고, y절편이 2인 일차함수의 식은?

① $y = -3x - 2$
② $y = -3x + 2$
③ $y = 3x - 2$
④ $y = 3x + 2$

16 점 $(3, 2)$를 지나고 일차함수 $y = 2x + 5$의 그래프에 평행한 일차함수의 식은?

① $y = 2x - 4$
② $y = 2x + 4$
③ $y = 3x - 6$
④ $y = 3x + 6$

17 두 점 $(1, 2)$, $(3, 3)$을 지나는 일차함수의 식은?

① $y = -\dfrac{1}{2}x - \dfrac{3}{2}$
② $y = -\dfrac{1}{2}x + \dfrac{3}{2}$
③ $y = \dfrac{1}{2}x - \dfrac{3}{2}$
④ $y = \dfrac{1}{2}x + \dfrac{3}{2}$

18 두 점 $(2, -1)$, $(6, 2)$를 지나는 일차함수의 그래프의 x절편은?

① $\dfrac{8}{3}$
② $\dfrac{10}{3}$
③ $\dfrac{7}{2}$
④ $\dfrac{9}{2}$

19 일차함수 $y = ax + b$와 $y = cx + d$의 그래프가 다음과 같이 점 $A(p, q)$에서 만난다. 이때 연립방정식 $\begin{cases} ax - y + b = 0 \\ cx - y + d = 0 \end{cases}$의 해는?

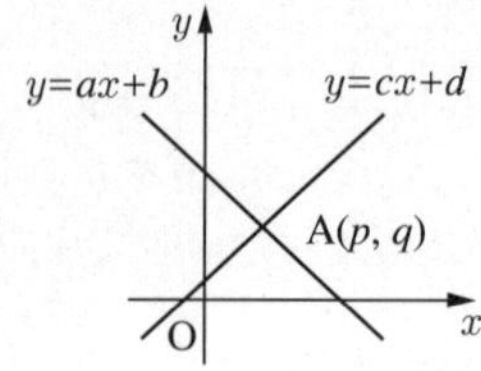

① $x = p,\ y = q$

② $x = q,\ y = p$

③ $x = -p,\ y = -q$

④ $x = -q,\ y = -p$

20 일차방정식 $3x - 4y + 12 = 0$의 그래프에 대한 설명으로 옳지 <u>않은</u> 것은?

① x절편은 3이다.

② 기울기는 $\dfrac{3}{4}$이다.

③ 제4사분면을 지나지 않는다.

④ y축과 만나는 점의 좌표는 $(0,\ 3)$이다.

21 두 직선의 방정식 $x = 2$, $y = 5$의 그래프와 x축, y축으로 둘러싸인 직사각형의 넓이는?

① 2　　　　② 5

③ 10　　　④ 20

22 연립방정식 $\begin{cases} 3x + 7y = -4 \\ ax - by = 8 \end{cases}$의 해가 무수히 많을 때, a, b의 값을 각각 구하면?(단, a, b는 상수이다)

① $a = -7,\ b = -6$

② $a = -6,\ b = 14$

③ $a = 7,\ b = 14$

④ $a = 14,\ b = -7$

23 연립방정식 $\begin{cases} x + y = -7 \\ x - y = -1 \end{cases}$의 각 일차방정식의 그래프가 다음 그림과 같을 때, 이 연립방정식의 해는?

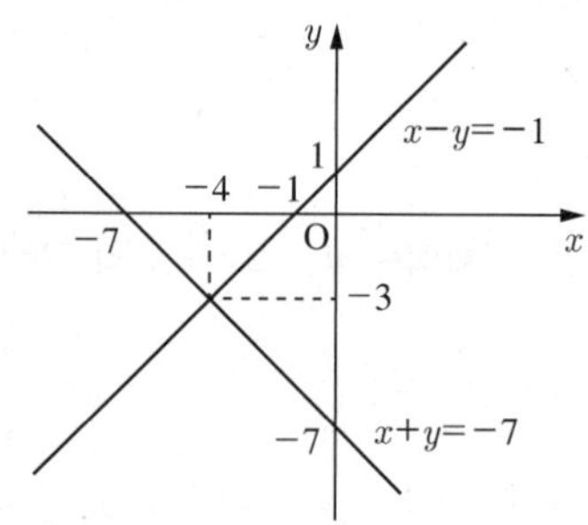

① $x = -7,\ y = -7$

② $x = -4,\ y = -3$

③ $x = -1,\ y = -7$

④ $x = -1,\ y = 1$

24 다음 중에서 함수 $y = x^2$의 그래프는?

① 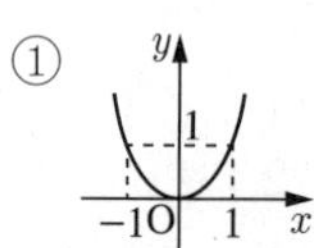

② 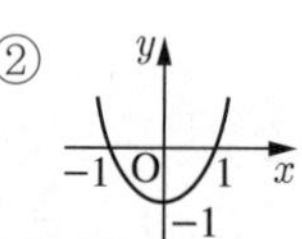

③ 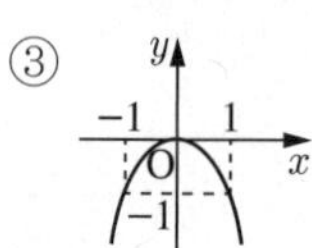

④ 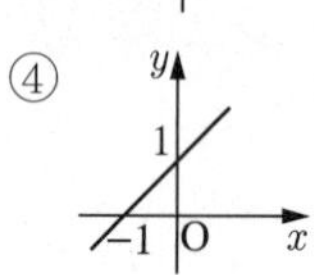

25 다음 그림은 이차함수 $y = x^2 - 4x + k$의 그래프이다. 상수 k의 값은?

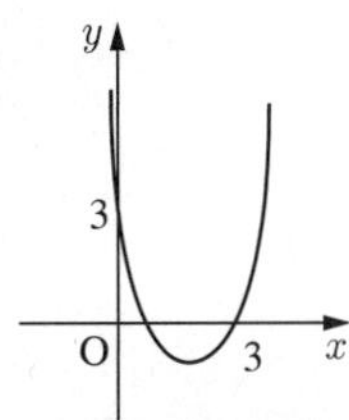

① 1　　　　　　② 3
③ 5　　　　　　④ 7

26 다음 이차함수의 그래프 중 위로 볼록한 것은?

① $y = -3x^2$
② $y = 0.5x^2$
③ $y = x^2$
④ $y = 2x^2$

27 그림은 이차함수 $y = ax^2 + bx + c$의 그래프이다. 세 실수 a, b, c에 대하여 $a + b + c$의 값은?

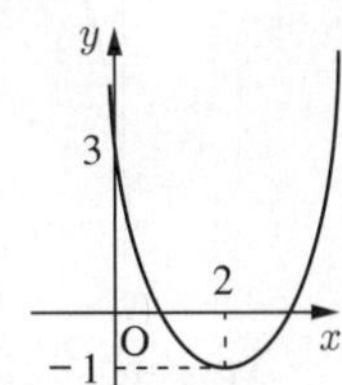

① -4　　　　　② -2
③ 0　　　　　　④ 2

28 다음 함수 중 그래프의 폭이 가장 넓은 것은?

① $y = -3x^2$　　　② $y = -\dfrac{1}{3}x^2$
③ $y = \dfrac{1}{2}x^2$　　　④ $y = 2x^2$

29 이차함수 $y = 2x^2$의 그래프를 x축의 양의 방향으로 3만큼, y축의 양의 방향으로 5만큼 평행이동한 그래프를 나타내는 이차함수의 식은?

① $y = 2(x+3)^2 - 5$
② $y = 2(x+3)^2 + 5$
③ $y = 2(x-3)^2 - 5$
④ $y = 2(x-3)^2 + 5$

30 이차함수 $y = (x+1)^2 + 2$의 그래프에서 꼭짓점의 좌표는?

① $(-2,\ 1)$　　　② $(-1,\ 2)$
③ $(1,\ 2)$　　　　④ $(2,\ 1)$

31 이차함수 $y = x^2 - 4x$ 의 그래프에 대한 설명 중 옳은 것은?

① 원점을 지난다.
② 위로 볼록한 포물선이다.
③ 축의 방정식은 $x = -2$ 이다.
④ 꼭짓점의 좌표는 $(2, 4)$ 이다.

32 다음 〈보기〉 중 이차함수 $y = (x - 2)^2 + 1$ 의 그래프에 대한 설명으로 옳은 것을 모두 고른 것은?

〈보기〉
ㄱ. 꼭짓점의 좌표는 $(2, 1)$ 이다.
ㄴ. 아래로 볼록한 포물선이다.
ㄷ. 직선 $y = -2$ 를 축으로 한다.
ㄹ. $y = x^2$ 의 그래프를 x 축의 방향으로 2만큼, y 축의 방향으로 1만큼 평행이동시킨 것이다.

---

① ㄱ, ㄷ
② ㄴ, ㄹ
③ ㄱ, ㄴ, ㄷ
④ ㄱ, ㄴ, ㄹ

33 이차함수 $y = 2x^2 + 4x + 1$ 의 그래프의 꼭짓점의 좌표는?

① $(-1, -1)$
② $(-1, 1)$
③ $(1, -1)$
④ $(1, 1)$

34 이차함수 $y = ax^2$ 의 그래프가 점 $(-2, 2)$ 를 지날 때, 상수 a 의 값은?

① $-\dfrac{1}{2}$
② $-\dfrac{1}{4}$
③ $\dfrac{1}{4}$
④ $\dfrac{1}{2}$

35 이차함수 $y = x^2 - 2x$ 의 그래프와 x 축과의 교점 A 의 좌표는?

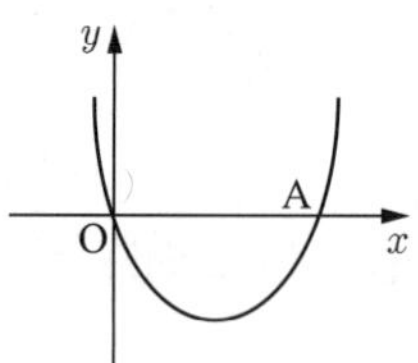

① $(0, 1)$
② $(0, 2)$
③ $(1, 0)$
④ $(2, 0)$

36 다음 그림과 같은 포물선을 그래프로 하는 이차함수의 식을 $y = ax^2 + bx + c$ 의 꼴로 나타내면?

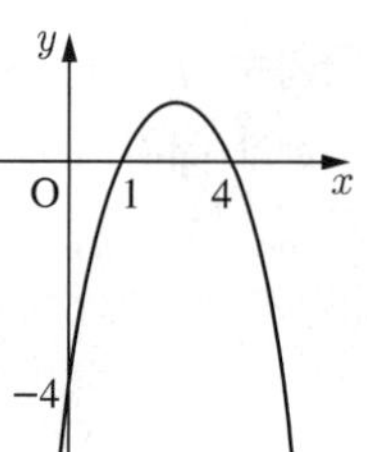

① $y = -x^2 - 5x - 4$
② $y = -x^2 + 5x - 4$
③ $y = x^2 - 5x - 4$
④ $y = x^2 + 5x - 4$

37 이차함수 $y = ax^2 + bx + c$의 그래프의 꼭짓점의 좌표가 $(-1,\ 3)$이고 점 $(0,\ 6)$을 지날 때, 상수 a, b, c에 대하여 $a+b+c$의 값은?

① 9 　　　　　② 11
③ 13 　　　　　④ 15

38 다음 그림은 이차함수 $y = ax^2 + bx + c$의 그래프이다. $a-b-c$의 값은?(단, a, b, c는 상수이다)

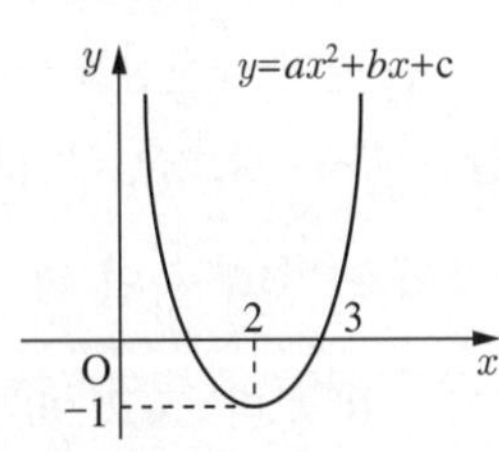

① 1 　　　　　② 2
③ 3 　　　　　④ 4

39 이차함수 $y = -2x^2 + 8x - 5$의 그래프에 대한 설명으로 옳지 <u>않은</u> 것은?

① 모든 사분면을 지난다.
② x축과 두 점에서 만난다.
③ 꼭짓점의 좌표는 $(2,\ 3)$이다.
④ $x > 2$일 때, x가 증가하면 y는 감소한다.

40 이차함수 $y = 2x^2 + 8x + 9$의 그래프는 이차함수 $y = 2x^2$의 그래프를 x축의 방향으로 a만큼, y축의 방향으로 b만큼 평행이동한 것이다. 상수 a, b에 대하여 $a+b$의 값은?

① -1 　　　　② 0
③ 1 　　　　　④ 2

4 도형

1 기본도형, 작도와 합동

● 해결 Point ●

단원의 모든 내용에서 골고루 출제되고 있다. 평행선의 성질을 이용하는 문제가 자주 출제되지만 도형의 위치 관계 및 삼각형의 합동 조건을 이용하는 문제도 출제되기도 하므로 기본도형의 개념을 반드시 이해하고 있어야 한다.

● 대표 문제 유형 ●

❖ 그림과 같이 두 직선 l과 m이 한 직선 n과 만날 때, $\angle x$의 크기는?

❖ 다음 삼각형과 합동인 삼각형은?

(1) 점, 선, 면

① 모든 평면도형과 입체도형은 점, 선, 면으로 이루어져 있다.

② 점, 선, 면은 도형의 기본 요소이다.

  ㉠ 교점: 선과 선 또는 선과 면이 만나서 생기는 점

  ㉡ 교선: 면과 면이 만나서 생기는 선으로, 직선과 곡선이 있다.

③ 직선, 반직선, 선분

  ㉠ 직선 $AB(\overleftrightarrow{AB})$: 서로 다른 두 점 A, B를 지나는 직선

  ㉡ 반직선 $AB(\overrightarrow{AB})$: 직선 AB 위의 한 점 A에서 시작하여 점 B의 방향으로 한없이 뻗어 나가는 직선 AB의 부분

  ㉢ 선분 $AB(\overline{AB})$: 직선 AB에서 점 A에서 점 B까지의 부분

  ㉣ $\overleftrightarrow{AB}=\overleftrightarrow{BA}$, $\overrightarrow{AB}\neq\overrightarrow{BA}$, $\overline{AB}=\overline{BA}$

④ 두 점 A, B 사이의 거리: 서로 다른 두 점 A, B를 잇는 선은 무수히 많지만 그 중에서 길이가 가장 짧은 것은 선분 AB이고, 이 선분 AB의 길이를 두 점 A, B 사이의 거리라고 한다.

⑤ 선분 AB의 중점: 선분 AB 위의 한 점 M에 대하여 $\overline{AM}=\overline{MB}$일 때, 점 M을 선분 AB의 중점이라고 한다. 이때, 점 M은 선분 AB를 이등분한다.

  ➡ $\overline{AM}=\overline{MB}=\dfrac{1}{2}\overline{AB}$

(2) 각

① 각 AOB: 한 점 O에서 시작하는 두 반직선 OA와 OB로 이루어진 도형으로, 이것을 기호로 $\angle AOB$, $\angle BOA$, $\angle O$, $\angle a$와 같이 나타낸다.

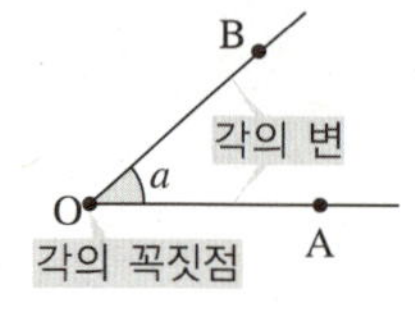

② $\angle AOB$의 크기: 꼭짓점 O를 중심으로 $\overrightarrow{OA}$가 $\overrightarrow{OB}$까지 회전한 양

③ 각의 분류

  ㉠ 평각: 각의 두 변이 꼭짓점을 중심으로 반대쪽에 있고, 한 직선을 이루는 각, 즉 크기가 $180°$인 각

  ㉡ 직각: 평각의 크기의 $\dfrac{1}{2}$인 각, 즉 크기가 $90°$인 각

  ㉢ 예각: 크기가 $0°$보다 크고 $90°$보다 작은 각

  ㉣ 둔각: 크기가 $90°$보다 크고 $180°$보다 작은 각

④ 맞꼭지각: 서로 다른 두 직선이 한 점에서 만날 때 교각이 생기는데 이 중에서 서로 마주보는 각으로, 맞꼭지각의 크기는 서로 같다.

⑤ 직교: 두 직선 AB와 CD의 교각이 직각일 때, 이 두 직선은 직교한다고 하고, 이것을 기호로 $\overleftrightarrow{AB}\perp\overleftrightarrow{CD}$와 같이 나타낸다.

⑥ 수직이등분선: 선분 AB의 중점 M을 지나고 선분 AB에 수직인 직선 l을 선분 AB의 수직이등분선이라고 한다.

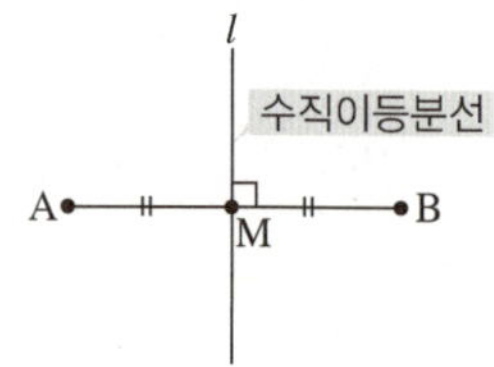

⑦ **점과 직선 사이의 거리**

    ㉠ 수선의 발: 직선 l 위에 있지 않은 점 P 에서 직선 l 에 수선을 그었을 때, 그 교점 H 를 점 P 에서 직선 l 에 내린 수선의 발이라 한다.

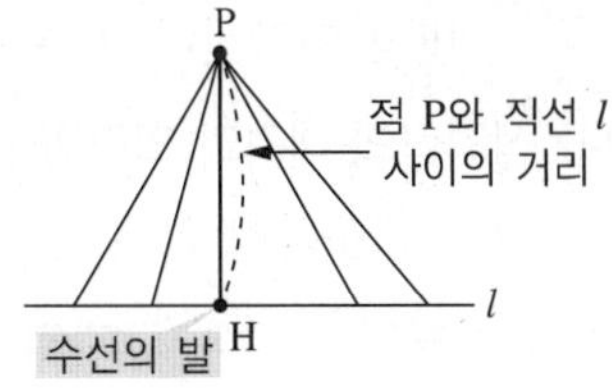

    ㉡ 점과 직선 사이의 거리: 직선 l 위에 있지 않은 점 P 에서 직선 l 에 내린 수선의 발 H 에 대하여 선분 PH 의 길이를 점 P 와 직선 l 사이의 거리라 한다.

(3) 위치 관계

① **점과 직선의 위치 관계**: 점이 직선 위에 있거나 직선 밖에 있다(직선 위에 있지 않다).

② **점과 평면의 위치 관계**: 점이 평면 위에 있거나 평면 밖에 있다(평면 위에 있지 않다).

③ **평면에서 두 직선의 위치 관계**: 한 평면 위에 있는 두 직선은 한 점에서 만나거나 일치하거나 평행하다.

④ **공간에서 두 직선의 위치 관계**: 공간에서 두 직선은 한 점에서 만나거나 평행하거나 일치하거나 꼬인 위치에 있다. 꼬인 위치에 있는 두 직선은 한 평면 위에 있지 않다.

> ■ **꼬인 위치**
> 공간에서 두 직선이 만나지도 않고 평행하지도 않을 때, 두 직선은 꼬인 위치에 있다고 한다.
> 입체도형에서 꼬인 위치에 있는 모서리를 찾을 때는 한 점에서 만나는 모서리, 평행한 모서리를 제외한다.
> 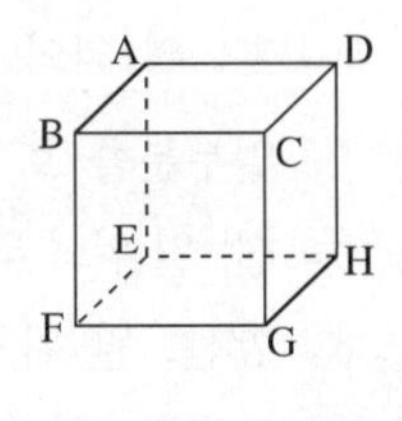
> 예 선분 AB 와 선분 CG 는 꼬인 위치에 있다.

⑤ **공간에서 직선과 평면의 위치 관계**: 공간에서 직선과 평면은 직선이 평면에 포함되거나 한 점에서 만나거나 평행하다.

⑥ **공간에서 두 평면의 위치 관계**: 공간에서 두 평면은 한 직선에서 만나거나 일치하거나 평행하다.

(4) 평행선의 성질

① **동위각**: 서로 다른 두 직선이 한 직선과 만날 때, 같은 위치에 있는 각

    ㉠ 두 직선이 평행하면 동위각의 크기는 서로 같다.

    ㉡ 동위각의 크기가 서로 같으면 두 직선은 평행하다.

② **엇각**: 서로 다른 두 직선이 한 직선과 만날 때, 엇갈린 위치에 있는 각

    ㉠ 두 직선이 평행하면 엇각의 크기는 서로 같다.

    ㉡ 엇각의 크기가 서로 같으면 두 직선은 평행하다.

> ■ **동위각과 엇각**
> • 동위각
> $\angle a = \angle e$, $\angle b = \angle f$,
> $\angle c = \angle g$, $\angle d = \angle h$
> • 엇각
> $\angle b = \angle h$, $\angle c = \angle e$
> 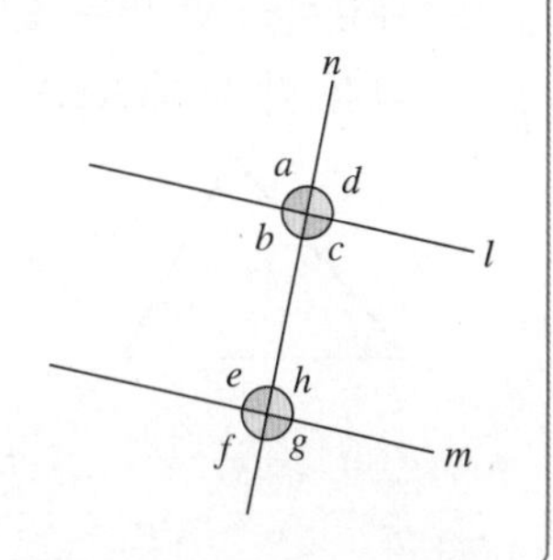

(5) 삼각형의 작도

① **작도**: 눈금이 없는 자와 컴퍼스만을 사용하여 도형을 그리는 것

② **삼각형**

    ㉠ 삼각형 ABC를 기호로 △ABC와 같이 나타낸다.

    ㉡ 한 각과 마주 보는 변을 대변, 한 변과 마주 보는 각을 대각이라고 한다.

③ **삼각형이 하나로 정해질 조건**

    ㉠ 세 변의 길이가 주어질 때

    ㉡ 두 변의 길이와 그 끼인각의 크기가 주어질 때

    ㉢ 한 변의 길이와 그 양 끝 각의 크기가 주어질 때

(6) 삼각형의 합동 조건

① **합동**: 한 도형을 모양과 크기를 바꾸지 않고 다른 도형에 완전히 포갤 수 있을 때, 이 두 도형을 서로 합동이라고 한다. 기호로 △ABC≡△DEF와 같이 나타낸다.

② **합동인 도형의 성질**: 두 도형이 서로 합동이면 대응변의 길이와 대응각의 크기가 각각 같다.

③ 삼각형의 합동 조건

　㉠ 대응하는 세 변의 길이가 각각 같을 때(SSS 합동)

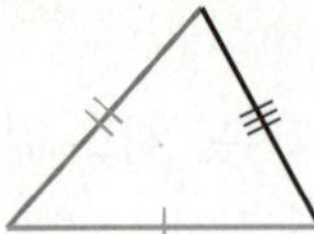 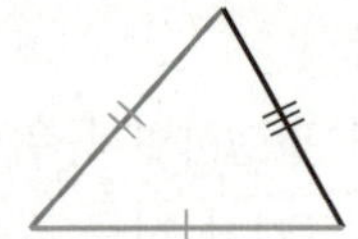

　㉡ 대응하는 두 변의 길이가 각각 같고, 그 끼인각의 크기가 같을 때(SAS 합동)

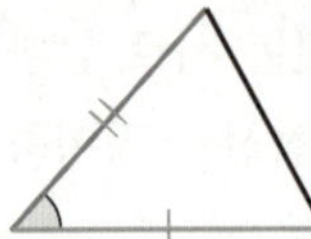 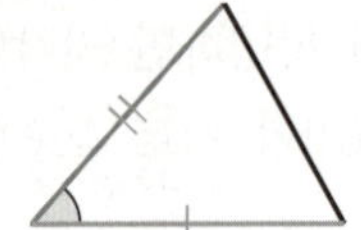

　㉢ 대응하는 한 변의 길이가 같고, 그 양 끝 각의 크기가 각각 같을 때(ASA 합동)

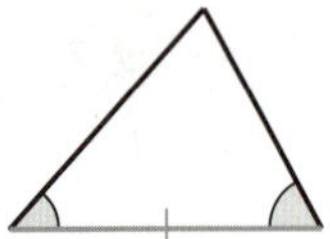 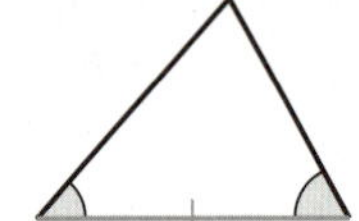

2 평면도형과 입체도형의 성질

● 해결 Point

다각형의 내각의 합을 이용하여 각의 크기를 구하는 문제나 중심각의 크기와 성질에 관한 문제가 주로 출제된다. 다각형의 대각선의 개수를 구하는 문제 또는 입체도형의 겉넓이와 부피를 구하는 문제가 출제되기도 하므로 기본적인 공식은 암기해 두어야 한다.

● 대표 문제 유형

❖ 원 O에서 $\angle \mathrm{AOB} = 30°$, $\overparen{\mathrm{AB}} = 6\,\mathrm{cm}$, $\overparen{\mathrm{CD}} = 24\,\mathrm{cm}$ 일 때, $\angle x$의 크기는?

❖ 그림의 삼각형 ABC에서 $\angle \mathrm{A} = 80°$, $\angle \mathrm{B} = 40°$일 때, $\angle x$의 크기는?

(1) 다각형

① **다각형**: 여러 개의 선분으로 둘러싸인 평면도형을 다각형이라고 하고, 선분의 개수가 n인 다각형을 n각형이라고 한다.

② **정다각형**: 모든 변의 길이가 같고 모든 내각의 크기가 같은 다각형

③ **내각과 외각**

　㉠ 내각: 다각형에서 이웃한 두 변이 이루는 각 중에서 안쪽에 있는 각

　㉡ 외각: 다각형의 이웃하는 두 변에서 한 변과 다른 한 변의 연장선이 이루는 각

④ **삼각형의 내각과 외각의 관계**: 삼각형의 한 외각의 크기는 그와 이웃하지 않은 두 내각의 크기의 합과 같다.

⑤ n각형의 내각의 크기의 합은 $180° \times (n-2)$이다.

⑥ n각형의 외각의 크기의 합은 $360°$이다.

■ **정 n각형의 경우**
* 한 내각의 크기: $\dfrac{180° \times (n-2)}{n}$
* 한 외각의 크기: $\dfrac{360°}{n}$

(2) 다각형의 대각선

① **대각선**: 다각형에서 이웃하지 않는 두 꼭짓점을 이은 선분

② 한 꼭짓점에서 그을 수 있는 대각선의 개수는 $(n-3)$이다.

③ n각형의 대각선의 개수는 $\dfrac{n(n-3)}{2}$이다.

(3) 원과 부채꼴

① **원과 부채꼴**

　㉠ 원: 평면 위의 한 점 O로부터 일정한 거리에 있는 모든 점으로 이루어진 도형

　㉡ 호: 원 위의 두 점 A, B를 양 끝 점으로 하는 원의 일부분을 호 AB라 하고, 기호로 $\overparen{\mathrm{AB}}$로 나타낸다.

　㉢ 현: 원 위의 두 점 C, D를 이은 선분을 현 CD라 한다.

　㉣ 할선: 원 위의 두 점을 지나는 직선

　㉤ 부채꼴: 원 O에서 두 반지름 OA, OB와 호 AB로 이루어진 도형

　㉥ 중심각: 두 반지름 OA, OB가 이루는 각 $\angle \mathrm{AOB}$를 호 AB에 대한 중심각 또는 부채꼴 AOB의 중심각이라 한다.

　㉦ 활꼴: 현 CD와 호 CD로 이루어진 도형

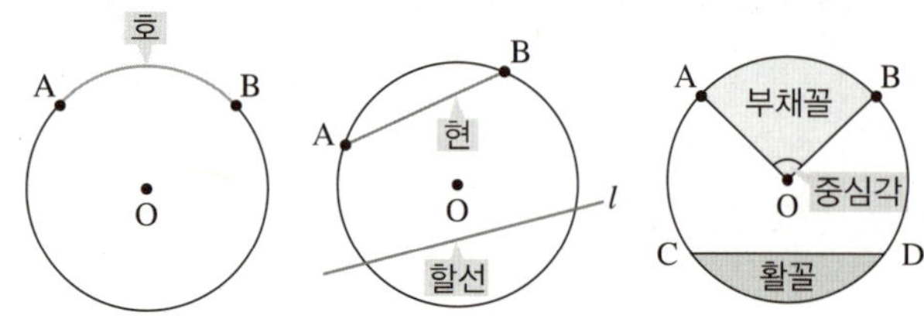

② 중심각의 크기와 부채꼴의 관계

한 원 또는 합동인 두 원에서

㉠ 중심각의 크기가 같은 두 부채꼴의 호
  의 길이와 넓이는 각각 같다.

㉡ 부채꼴의 호의 길이와 넓이는 각각
  중심각의 크기에 정비례한다.

> ■ **중심각과 현**
>   현의 길이는 중심각의 크기와 비례하지 않는다.

③ 부채꼴의 호의 길이와 넓이: 반지름의 길이가 r, 중심각의
  크기가 $x°$인 부채꼴에서

  ㉠ 부채꼴의 호의 길이:

  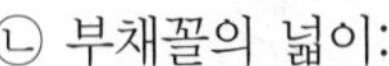

  $$l = 2\pi r \times \frac{x}{360}$$

  ㉡ 부채꼴의 넓이:

  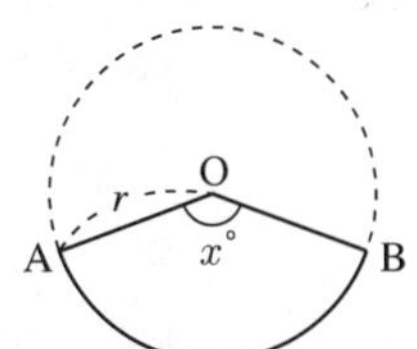

  $$S = \pi r^2 \times \frac{x}{360} = \frac{1}{2}rl$$

(4) 다면체

다각형인 면으로만 둘러싸인 입체도형

예 직육면체, 삼각기둥, …

① 각뿔, 각뿔대: 밑면이 다각형이고, 옆면이 모두 삼각형인
  다면체를 각뿔이라 하고, 각뿔을 밑면에 평행한 평면으로
  잘랐을 때 각뿔이 아닌 쪽의 다면체를 각뿔대라 한다.

② 정다면체: 모든 면이 합동인 정다각형이고, 각 꼭짓점에
  모인 면의 개수가 같은 다면체

  ㉠ 면이 정삼각형으로 된 정다면체: 정사면체, 정팔면체,
    정이십면체

  ㉡ 면이 정사각형으로 된 정다면체: 정육면체

  ㉢ 면이 정오각형으로 된 정다면체: 정십이면체

> ■ **평면**
>   직선이 한 직선을 따라 평행으로 움직여 생긴 면
>
> ■ **다면체**
>   다면체를 둘러싼 면의 개수에 따라서 사면체, 오면체, 육면
>   체, …라고 한다.
>
> ■ **각기둥**
>   두 밑면이 서로 평행하고 합동인 다각형이며 옆면은 모두 직
>   사각형인 다면체

(5) 회전체

평면도형의 한 직선을 축으로 하여 1회전할 때 만들어지는
입체도형

① 회전체의 종류

  ㉠ 반원을 지름을 축으로 1회전 → 구

  ㉡ 직각삼각형을 빗변이 아닌 한 변을 축으로 1회전 →
    원뿔

  ㉢ 직사각형의 한 변을 회전축으로 하여 1회전 → 원기둥

  ㉣ 사다리꼴을 빗변이 아닌 한 변으로 축으로 1회전 →
    원뿔대

> ■ **원뿔대**
>   각뿔대와 마찬가지로 원뿔을 밑면에 평행한 평면으로 잘라
>   서 생기는 입체도형 중에서 원뿔이 아닌 쪽

② 회전체의 성질

  ㉠ 회전축에 수직인 평면으로 자르면 그 단면은 항상 원
    이다.

  ㉡ 회전축을 포함하는 평면으로 자르면 그 단면은 모두
    합동이고, 회전축에 관하여 선대칭도형이다.

(6) 입체도형의 겉넓이(S)와 부피(V)

① 기둥의 겉넓이와 부피

  ㉠ 각기둥

    • $S = $ (옆넓이) $+$ (밑넓이) $\times 2$

    • $V = $ (밑넓이) $\times$ (높이) $= Ah$ (A: 밑넓이, h: 높이)

  ㉡ 원기둥

    • $S = 2\pi rh + 2\pi r^2 = 2\pi r(r+h)$

    • $V = \pi r^2 h$ (r: 밑면의 반지름, h: 높이)

② 뿔의 겉넓이와 부피

  ㉠ 각뿔

    • $S = $ (밑넓이) $+$ (옆넓이)

    • $V = \frac{1}{3} \times$ (밑넓이) $\times$ (높이) $= \frac{1}{3}Ah$

  ㉡ 원뿔

    • $S = \pi r^2 + \pi rl = \pi r(r+l)$ (l: 모선의 길이)

    • $V = \frac{1}{3}\pi r^2 h$

③ 구의 겉넓이와 부피: $S = 4\pi r^2$, $V = \frac{4}{3}\pi r^3$

3 삼각형과 사각형의 성질

(1) 이등변삼각형

① 정의: 두 변의 길이가 서로 같은 삼각형. 길이가 같은 두 변에 끼인각이 꼭지각, 꼭지각의 대변이 밑변, 밑변의 양 끝 각이 밑각이다.

② 이등변삼각형의 성질

㉠ 이등변삼각형의 두 밑각의 크기는 서로 같다.

㉡ 이등변삼각형의 꼭지각의 이등분선은 밑변을 수직이등분한다.

③ 두 내각의 크기가 서로 같은 삼각형은 이등변삼각형이다.

(2) 직각삼각형

① 직각삼각형의 성질

㉠ 두 예각의 크기의 합은 $90°$이다.

㉡ 빗변의 중점에서 세 꼭짓점에 이르는 거리가 같다(외심).

② 직각삼각형의 합동 조건

㉠ 빗변의 길이와 다른 한 변의 길이가 각각 같은 두 직각삼각형은 서로 합동이다(RHS 합동).

㉡ 빗변의 길이와 한 예각의 크기가 각각 같은 두 직각삼각형은 서로 합동이다(RHA 합동).

• RHS 합동

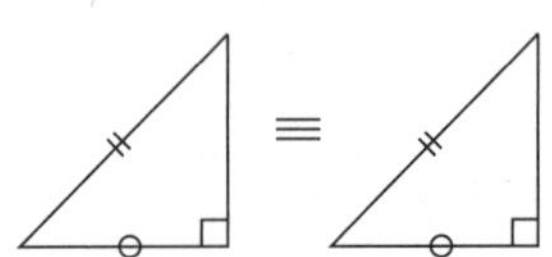

• RHA 합동

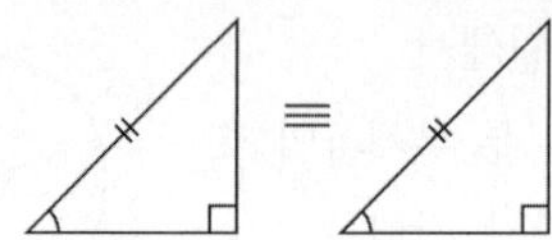

③ 각의 이등분선의 성질

㉠ 각의 이등분선 위의 임의의 점에서 그 각을 이루는 두 변까지의 거리는 같다.

㉡ 각의 두 변에서 같은 거리에 있는 점은 그 각의 이등분선 위에 있다.

(3) 삼각형의 외심과 내심

① 삼각형의 외심

㉠ 삼각형의 외접원: 삼각형의 세 꼭짓점을 지나는 원

㉡ 삼각형의 외심: 외접원의 중심

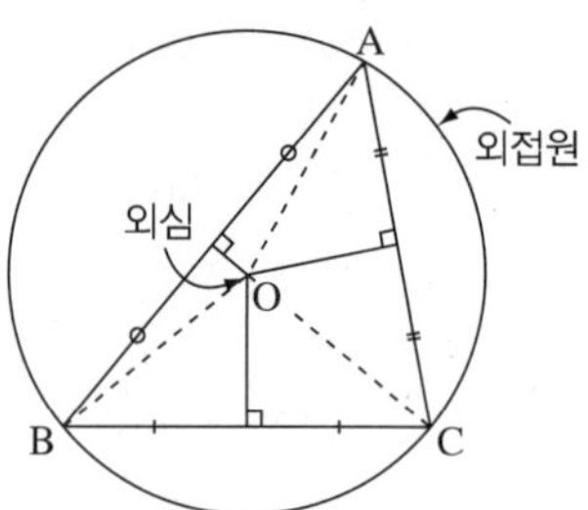

㉢ 삼각형의 외심의 성질

• 삼각형의 세 변의 수직이등분선은 한 점(외심)에서 만난다.

• 삼각형의 외심에서 세 꼭짓점에 이르는 거리는 모두 같다($\overline{OA} = \overline{OB} = \overline{OC}$).

② 삼각형의 내심

㉠ 삼각형의 내접원: 삼각형의 세 변에 접하는 원

㉡ 삼각형의 내심: 내접원의 중심

㉢ 삼각형의 내심의 성질

• 삼각형의 세 내각의 이등분선은 한 점(내심)에서 만난다.

• 삼각형의 내심에서 삼각형의 세 변에 이르는 거리는 같다($\overline{ID} = \overline{IE} = \overline{IF}$).

(4) 평행사변형

① 정의: 두 쌍의 대변이 각각 평행한 사각형

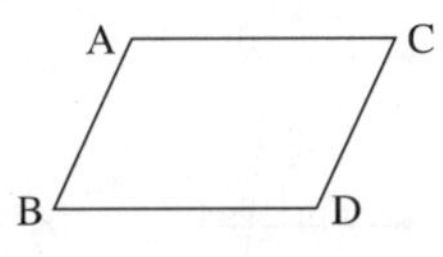

> ■ 사각형 ABCD를 기호로 □ABCD와 같이 나타낸다.

② 성질

  ㉠ 두 쌍의 대변의 길이는 각각 같다.

  ㉡ 두 쌍의 대각의 크기는 각각 같다.

  ㉢ 두 대각선은 서로 다른 것을 이등분한다.

③ 평행사변형이 되는 조건

  ㉠ 두 쌍의 대변이 각각 평행할 때

  ㉡ 두 쌍의 대변의 길이가 각각 같을 때

  ㉢ 두 쌍의 대각의 크기가 각각 같을 때

  ㉣ 두 대각선이 서로 다른 것을 이등분할 때

  ㉤ 한 쌍의 대변이 평행하고 그 길이가 같을 때

(5) 여러 가지 사각형

① 정의

  ㉠ 사다리꼴: 한 쌍의 대변이 평행한 사각형

  ㉡ 등변사다리꼴: 아랫변의 양 끝각의 크기가 같은 사다리꼴

  ㉢ 직사각형: 네 각의 크기가 모두 같은 사각형

  ㉣ 마름모: 네 변의 길이가 모두 같은 사각형

  ㉤ 정사각형: 네 변의 길이가 모두 같고, 네 각의 크기가 모두 같은 사각형

② 여러 가지 사각형의 성질

  ㉠ 직사각형, 마름모, 정사각형은 평행사변형이다.

  ㉡ 직사각형의 성질: 두 대각선의 길이는 서로 같고, 서로 다른 것을 이등분한다.

  ㉢ 마름모의 성질: 두 대각선은 서로 다른 것을 수직이등분한다.

  ㉣ 정사각형의 성질: 두 대각선의 길이가 같고, 서로 다른 것을 수직이등분한다.

  ㉤ 등변사다리꼴의 성질

   • 두 대각선의 길이는 서로 같다.

   • 평행하지 않은 한 쌍의 대변의 길이가 같다.

③ 여러 가지 사각형 사이의 관계

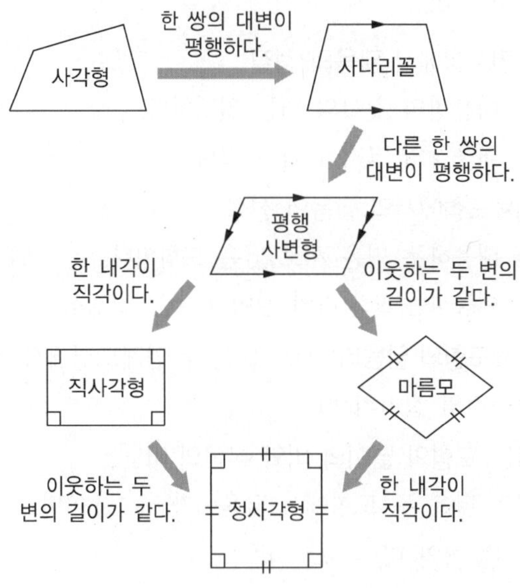

4 도형의 닮음

● 해결 Point

서로 닮음인 두 도형의 닮음비가 주어졌을 때, 길이, 넓이, 부피를 구하는 문제가 출제된다. 주로 간단한 계산 문제가 출제되므로 계산에서 실수하지 않도록 주의하면 쉽게 해결할 수 있다.

● 대표 문제 유형

❖ 그림에서 $\triangle ABC \backsim \triangle DEF$ 이고 닮음비가 $1:2$이다. $\overline{BC}=3\,\mathrm{cm}$ 일 때, $\overline{EF}$ 의 길이는?

(1) 닮은 도형

① 닮은 도형: 한 도형을 일정한 비율로 확대 또는 축소하여 만든 도형이 다른 한 도형과 합동일 때, 이 두 도형은 닮음인 관계가 있다고 한다. 닮음인 관계에 있는 두 도형을 닮은 도형이라 한다.

> ■ 닮음의 기호(∽)
> □ABCD∽□EFGH
> 대응하는 꼭짓점의 차례를 맞추어 써야 한다.

② 평면도형의 닮음비: 서로 닮은 두 평면도형에서 대응변의 길이의 비

③ 평면도형에서 닮음의 성질
  ㉠ 대응변의 길이의 비는 일정하다.
  ㉡ 대응각의 크기가 각각 같다.

④ 입체도형에서의 닮음의 성질
  ㉠ 대응하는 면은 서로 닮은 도형이다.
  ㉡ 대응하는 모서리의 길이의 비는 일정하다.

⑤ 입체도형의 닮음비: 서로 닮은 두 입체도형에서 대응하는 모서리의 길이의 비

⑥ 닮은 도형의 넓이의 비와 부피의 비
  서로 닮은 두 도형에서 닮음비가 $m : n$이면
  ㉠ (넓이의 비) $= m^2 : n^2$
  ㉡ (부피의 비) $= m^3 : n^3$

[2] 삼각형의 닮음 조건

① 세 쌍의 대응변의 길이의 비가 같을 때(SSS 닮음)

② 두 쌍의 대변의 길이의 비가 같고, 그 끼인각의 크기가 같을 때(SAS 닮음)

③ 두 쌍의 대응각의 크기가 각각 같을 때(AA 닮음)

[3] 평행선과 선분의 길이의 비

① 삼각형에서 평행선과 선분의 길이의 비
  △ABC에서 변 AB, AC 또는 그 연장선 위의 점을 각각 D, E라 할 때

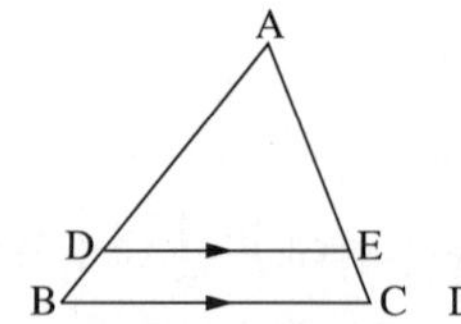 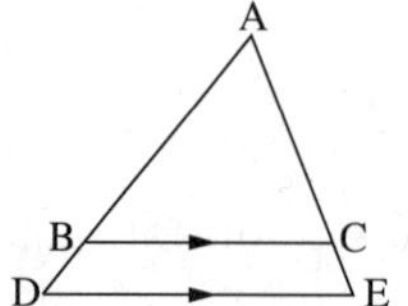 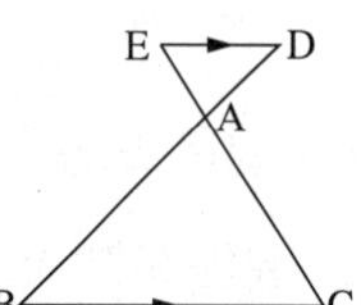

  ㉠ $\overline{BC} \, /\!/ \, \overline{DE}$이면
  $$\overline{AB} : \overline{AD} = \overline{AC} : \overline{AE} = \overline{BC} : \overline{DE},$$
  $$\overline{AD} : \overline{DB} = \overline{AE} : \overline{EC}$$
  ㉡ $\overline{AB} : \overline{AD} = \overline{AC} : \overline{AE} = \overline{BC} : \overline{DE}$이면
  $$\overline{BC} \, /\!/ \, \overline{DE}$$

② 평행선 사이에 있는 선분의 길이의 비: 세 개의 평행선이 다른 두 직선과 만날 때 생기는 선분의 길이의 비는 같다. 즉, $l \, /\!/ \, m \, /\!/ \, n$이면 $a : b = c : d$이다.

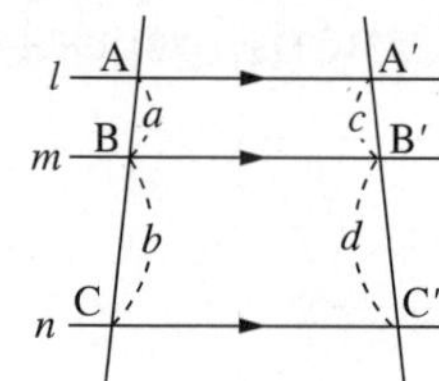 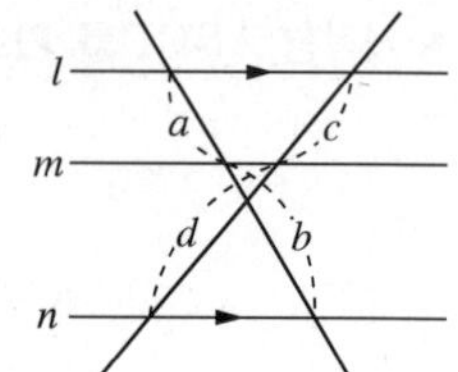

③ 삼각형의 두 변의 중점을 연결한 선분의 성질
  △ABC에서 점 M, N이 각각 $\overline{AB}$, $\overline{AC}$의 중점이면
  $$\overline{MN} \, /\!/ \, \overline{BC}, \quad \overline{MN} = \frac{1}{2}\overline{BC}$$

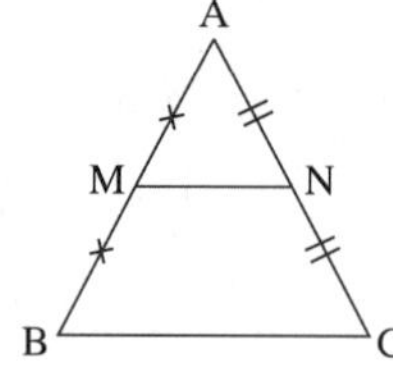

[4] 삼각형의 무게중심

① 삼각형의 중선: 삼각형에서 한 꼭짓점과 그 대변의 중점을 이은 선분

② 삼각형의 무게중심: 삼각형의 세 중선의 교점

③ 삼각형의 무게중심의 성질
  ㉠ 삼각형의 세 중선은 한 점(무게중심)에서 만난다.
  ㉡ 삼각형의 무게중심은 세 중선의 길이를 각 꼭짓점으로부터 각각 2 : 1로 나눈다.

■ 삼각형 ABC의 무게중심
점 G는 삼각형 ABC의 무게중심이다.

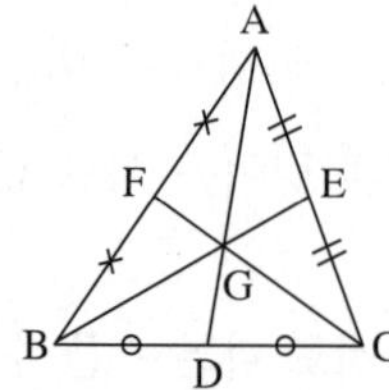

$$\overline{AG} : \overline{GD} = \overline{BG} : \overline{GE}$$
$$= \overline{CG} : \overline{GF}$$
$$= 2 : 1$$

④ 삼각형의 무게중심과 넓이
  ㉠ 세 중선에 의하여 삼각형의 넓이는 6등분된다.
  ㉡ 무게중심과 세 꼭짓점을 이으면 삼각형의 넓이는 3등분된다.

5 피타고라스 정리

● **해결 Point**

피타고라스를 이용하여 삼각형의 변의 길이를 구하는 문제는 거의 매회 시험에서 출제되었다. 피타고라스 정리를 이해하고 문제에 적용할 수 있어야 한다.

● **대표 문제 유형**

❖ 삼각형 ABC에서 $\overline{BC}=3$, $\overline{AC}=4$, $\angle C=90°$일 때, $\overline{AB}$의 길이는?

(1) 피타고라스 정리

① 피타고라스 정리: 직각삼각형 ABC 에서 직각을 끼고 있는 두 변의 길이를 각각 a, b라 하고, 빗변의 길이를 c라 하면 $a^2+b^2=c^2$이 성립한다.

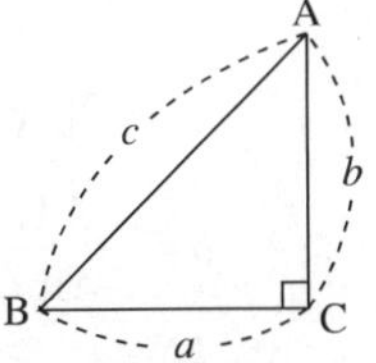

② 직각삼각형이 되기 위한 조건: 세 변의 길이가 각각 a, b, c인 $\triangle ABC$에서 $a^2+b^2=c^2$이면 $\triangle ABC$는 빗변의 길이가 c인 직각삼각형이다.

(2) 삼각형의 변의 길이와 각의 크기 사이의 관계

삼각형 ABC에서 $\overline{AB}=c$, $\overline{BC}=a$, $\overline{CA}=b$이고 c가 가장 긴 변일 때,

① $c^2 < a^2+b^2$이면 $\angle C < 90°$
　　→ 삼각형 ABC는 예각삼각형
② $c^2 = a^2+b^2$이면 $\angle C = 90°$
　　→ 삼각형 ABC는 직각삼각형
③ $c^2 > a^2+b^2$이면 $\angle C > 90°$
　　→ 삼각형 ABC는 둔각삼각형

6 삼각비

● **해결 Point**

삼각함수의 정의를 이해하고 $\sin A$, $\cos A$, $\tan A$의 값을 구하는 문제가 주로 출제된다. 피타고라스 정리를 이용하여 빗변의 길이를 구하여 해결하는 문제로 출제되기도 하므로 피타고라스 정리를 알고 있어야 한다. 또한, 특수한 삼각비의 값을 외우고 있으면 문제를 해결하는 시간을 절약할 수 있으므로 반드시 외워두도록 한다.

● **대표 문제 유형**

❖ 그림과 같이 $\angle C=90°$인 직각삼각형 ABC에서 $\sin B$의 값은?

(1) 삼각비

① 삼각비: 직각삼각형에서 두 변의 길이의 비
② $\angle C = 90°$인 직각삼각형 ABC에서 다음의 $\sin A$, $\cos A$, $\tan A$를 $\angle A$의 삼각비라고 한다.

　㉠ $\sin A = \dfrac{(높이)}{(빗변의\ 길이)}$

　　　$= \dfrac{\overline{BC}}{\overline{AB}}$　($\angle A$의 사인)

　㉡ $\cos A = \dfrac{(밑변)}{(빗변의\ 길이)}$

　　　$= \dfrac{\overline{AC}}{\overline{AB}}$　($\angle A$의 코사인)

　㉢ $\tan A = \dfrac{(높이)}{(밑변의\ 길이)}$

　　　$= \dfrac{\overline{BC}}{\overline{AC}}$　($\angle A$의 탄젠트)

(2) 삼각비의 값

① 특수각의 삼각비의 값

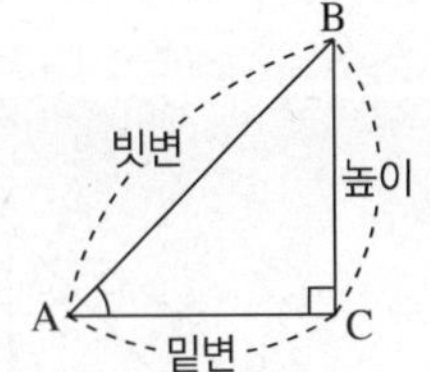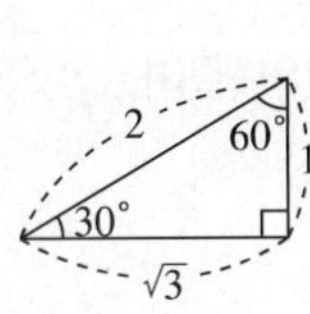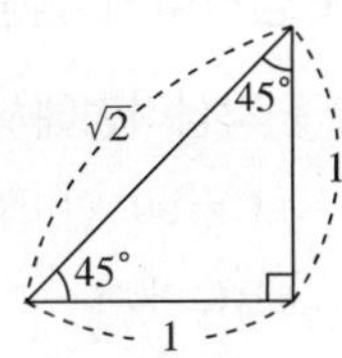

삼각비 $\diagdown$ A	0°	30°	45°	60°	90°
$\sin A$	0	$\dfrac{1}{2}$	$\dfrac{\sqrt{2}}{2}$	$\dfrac{\sqrt{3}}{2}$	1
$\cos A$	1	$\dfrac{\sqrt{3}}{2}$	$\dfrac{\sqrt{2}}{2}$	$\dfrac{1}{2}$	0
$\tan A$	0	$\dfrac{\sqrt{3}}{3}$	1	$\sqrt{3}$	∞

② 예각에 대한 삼각비의 값: 다음 그림과 같이 반지름의 길이가 1인 사분원에서

㉠ $\sin x = \dfrac{\overline{AB}}{\overline{OA}} = \overline{AB}$

㉡ $\cos x = \dfrac{\overline{OB}}{\overline{OA}} = \overline{OB}$

㉢ $\tan x = \dfrac{\overline{AB}}{\overline{OB}} = \dfrac{\overline{CD}}{\overline{OC}} = \overline{CD}$

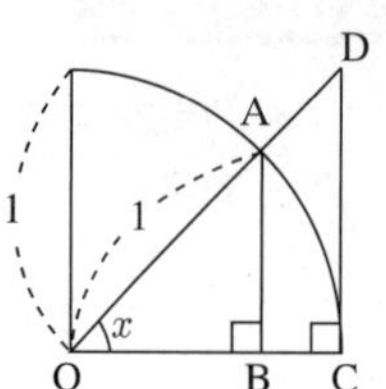

(3) 삼각비의 표

① 삼각비의 표: 0°에서 90°까지 1° 단위로 삼각비의 값을 반올림하여 소수점 아래 넷째 자리까지 나타낸 표

② 삼각비의 표를 보는 방법: 삼각비의 표에서 가로줄과 세로줄이 만나는 곳의 수가 삼각비의 값이다.

> 예 다음과 같은 삼각비의 표에서 $\sin 12°$의 값을 구하려면 12°의 가로줄과 사인($\sin$)의 세로줄이 만나는 곳에 있는 수를 읽으면 된다. 즉, $\sin 12° = 0.2079$이다. 같은 방법으로 $\cos 12° = 0.9781$, $\tan 12° = 0.2126$이다.

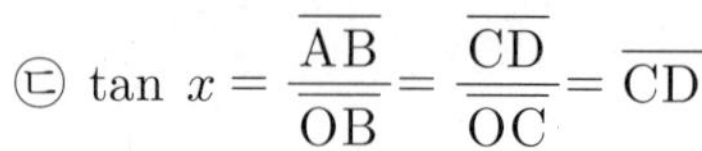

각도	사인($\sin$)	코사인($\cos$)	탄젠트($\tan$)
⋮	⋮	⋮	⋮
11°	0.1908	0.9816	0.1944
12°	0.2079	0.9781	0.2126
13°	0.2250	0.9744	0.2309
⋮	⋮	⋮	⋮

(4) 삼각비의 활용

① 직각삼각형에서 변의 길이

$\angle C = 90°$인 직각삼각형 ABC에서

㉠ $\angle A$와 c를 알 때
$a = c \sin A$, $b = c \cos A$

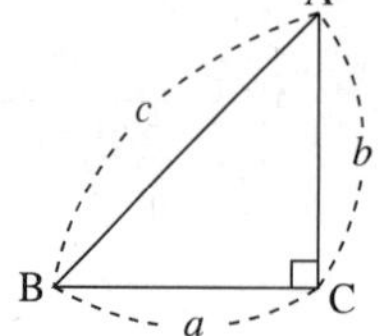

㉡ $\angle A$와 b를 알 때
$a = b \tan A$, $c = \dfrac{b}{\cos A}$

㉢ $\angle A$와 a를 알 때
$b = \dfrac{a}{\tan A}$, $c = \dfrac{a}{\sin A}$

② 일반삼각형에서 변의 길이

㉠ 두 변의 길이와 b, c와 그 끼인각 $\angle A$의 크기를 알 때
$h = b \sin A$, $\overline{AH} = b \cos A$
를 이용하여 $\overline{BH}$를 구한 다음 피타고라스 정리를 이용하여 a를 구한다.

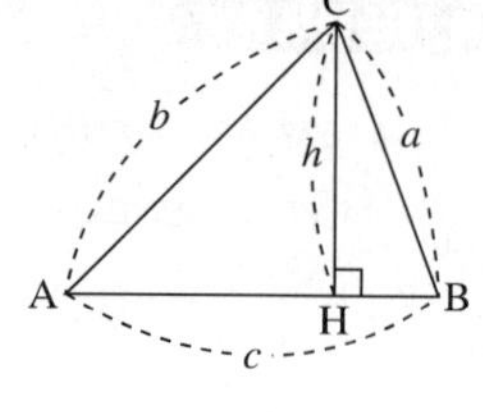

㉡ 한 변의 길이 c와 그 양 끝 각 $\angle A$와 $\angle B$의 크기를 알 때
$b = \dfrac{\overline{AH}}{\sin C}$, $a = \dfrac{\overline{BG}}{\sin C}$

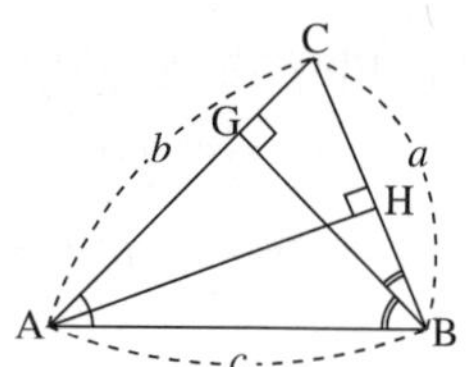

③ 삼각형의 넓이: 삼각형 ABC에서 두 변의 길이가 a, c와 그 끼인각 $\angle B$의 크기를 알 때

㉠ $\angle B$가 예각이면
$S = \dfrac{1}{2} ac \sin B$

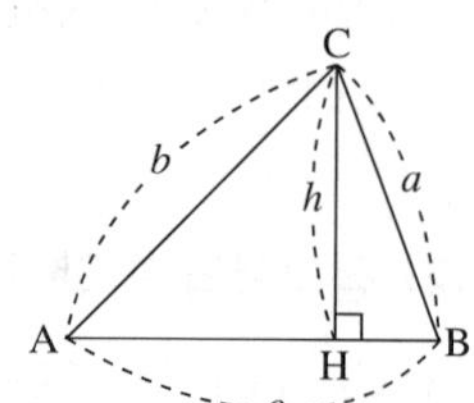

㉡ $\angle B$가 둔각이면
$S = \dfrac{1}{2} ac \sin(180° - B)$

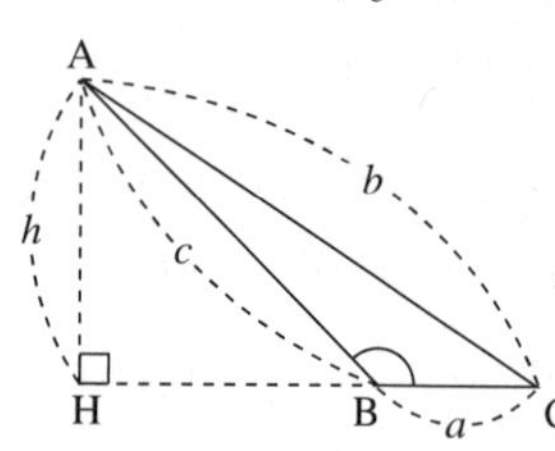

④ 사각형의 넓이

㉠ 평행사변형의 넓이: 평행사변형 ABCD에서 두 변의 길이가 a, b이고 그 끼인각 x가 예각일 때
$S = ab \sin x$

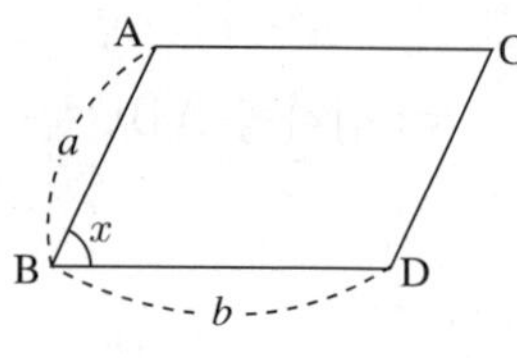

㉡ 일반 사각형의 넓이: 사각형 ABCD에서 두 대각선의 길이가 a, b와 두 대각선이 이루는 각 x가 예각일 때
$S = \dfrac{1}{2} ab \sin x$

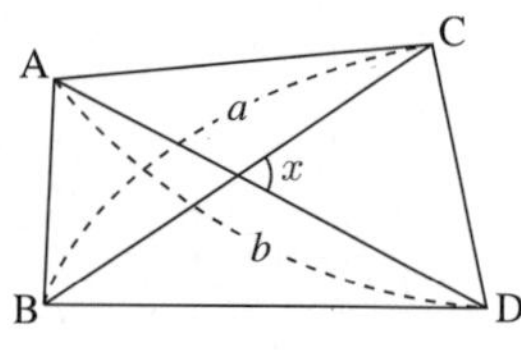

7 원의 성질

● **해결 Point**

한 호에 대한 원주각의 크기는 중심각의 크기의 $\frac{1}{2}$ 임을 이용하여 해결하는 문제가 거의 매회 출제되었으므로 이 성질은 반드시 이해하고 다양한 문제에서 적용하여 해결할 수 있어야 한다. 또한, 접선의 개념과 성질에 관한 문제가 출제되기도 한다.

● **대표 문제 유형**

❖ 그림과 같이 원 O에서 호 AB에 대한 중심각 ∠AOB의 크기가 100°일 때 원주각 ∠APB의 크기는?

❖ 그림에서 두 점 A, B는 점 P에서 원 O에 그은 두 접선의 접점이다. $\overline{PA} = 8\,\mathrm{cm}$ 일 때, $\overline{PB}$ 의 길이는?

(1) 원과 직선

① 원의 중심과 현의 수직이등분선

　㉠ 원의 중심에서 현에 내린 수선은 그 현을 이등분한다.

　㉡ 현의 수직이등분선은 그 원의 중심을 지난다.

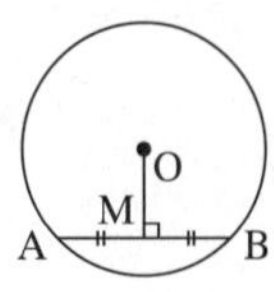

② 원의 중심과 현의 길이

　㉠ 한 원에서 중심으로부터 같은 거리에 있는 두 현의 길이는 서로 같다.

　㉡ 한 원에서 길이가 같은 두 현은 원의 중심으로부터 같은 거리에 있다.

　　즉, $\overline{AB} = \overline{CD}$ 이면 $\overline{OE} = \overline{OF}$ 이다.

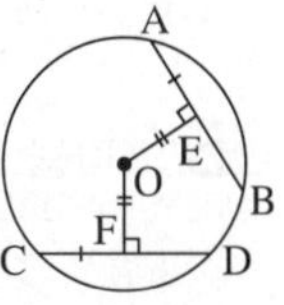

③ 원의 접선

　㉠ 원의 접선의 길이: 점 P에서 원 O에 그은 두 접선의 접점을 각각 A, B라 할 때, $\overline{PA}$, $\overline{PB}$ 의 길이를 각각 점 P에서 원 O에 그은 접선의 길이라 한다.

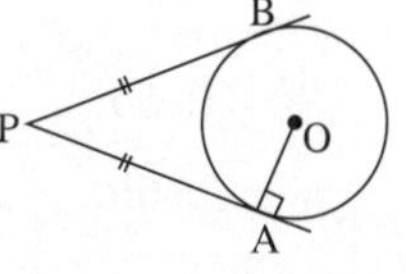

　㉡ 원의 접선의 성질

　• 원의 접선은 그 접점을 지나는 반지름에 수직이다.

　　$\overline{PA} \perp \overline{OA}$

　• 원의 외부에 있는 한 점에서 그 원에 그은 접선의 길이는 같다.

　　$\overline{PA} = \overline{PB}$

㉢ 원에 외접하는 사각형의 성질: 사각형 ABCD가 원 O에 외접하면

$$\overline{AB} + \overline{CD} = \overline{BC} + \overline{DA}$$

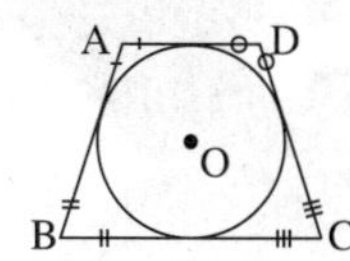

(2) 원주각의 성질

① 원주각과 중심각의 크기

　㉠ 원주각: 원 O에 대한 $\overset{\frown}{AB}$ 위에 있지 않은 점을 P라 할 때, ∠APB를 $\overset{\frown}{AB}$ 에 대한 원주각이라 하고, $\overset{\frown}{AB}$ 를 ∠APB에 대한 호라 한다.

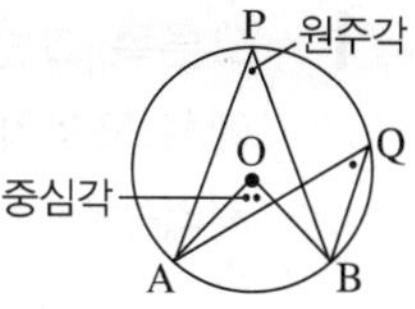

　㉡ 한 호에 대한 원주각의 크기는 그 호에 대한 중심각의 크기의 $\frac{1}{2}$ 이다.

$$\angle APB = \angle AQB = \frac{1}{2}\angle AOB$$

② 원주각의 성질

　㉠ 한 원에서 한 호에 대한 원주각의 크기는 일정하다.

　㉡ 반원에 대한 원주각의 크기는 90°이다.

③ 원주각의 크기와 호의 길이

　한 원 또는 합동인 두 원에서

　㉠ 길이가 같은 호에 대한 원주각의 크기는 같다.

　㉡ 크기가 같은 원주각에 대한 호의 길이는 같다.

　㉢ 호의 길이는 그 호에 대한 원주각의 크기에 정비례한다.

④ 네 점이 한 원 위에 있을 조건

　두 점 C, D가 직선 AB에 대하여 같은 쪽에 있고 ∠ACB = ∠ADB이면 네 점 A, B, C, D는 한 원 위에 있다.

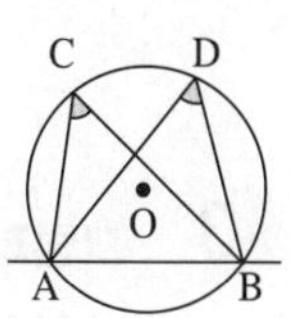

⑤ 원주각의 활용

　㉠ 원에 내접하는 사각형에서 한 쌍의 대각의 크기의 합은 180°이다.

　　$\angle A + \angle C = \angle B + \angle D$
　　$\qquad\qquad = 180°$

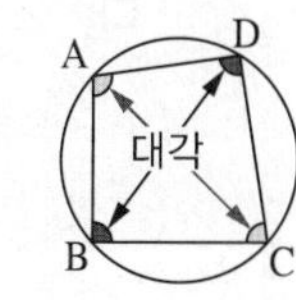

　㉡ 한쌍의 대각의 크기의 합이 180°인 사각형은 원에 내접한다.

　㉢ 원의 접선과 그 접점을 지나는 현이 이루는 각의 크기는 그 각의 내부에 있는 호에 대한 원주각의 크기와 같다.

　　$\angle BAT = \angle ACB$

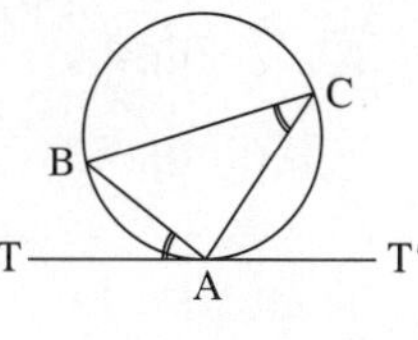

출제 예상 문제

01 오른쪽 그림과 같은 삼각기둥에서 모서리 AD와 평행한 모서리는?

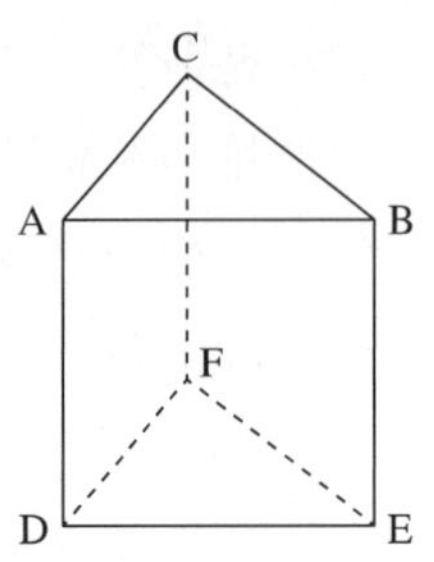

① 모서리 AB
② 모서리 BC
③ 모서리 BE
④ 모서리 DE

02 오른쪽 그림과 같은 정팔면체에서 모서리 CD와 꼬인 위치에 있는 모서리의 개수는?

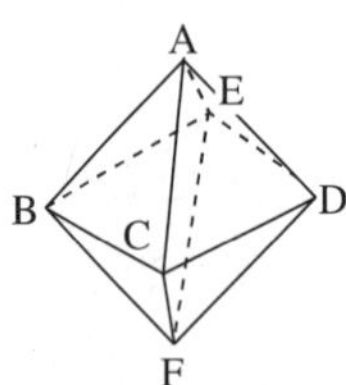

① 3
② 4
③ 5
④ 6

03 그림과 같이 $\overline{AB}$와 $\overline{CD}$의 교점은 O이고 $\angle OAD = 30°$, $\angle ADO = 70°$, $\angle OCB = 60°$이다. $\angle x$의 크기는?

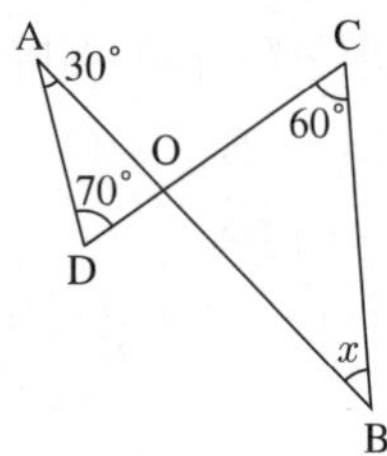

① 35°
② 40°
③ 45°
④ 50°

04 다음 그림에서 $l /\!/ m$일 때, $\angle x$의 크기는?

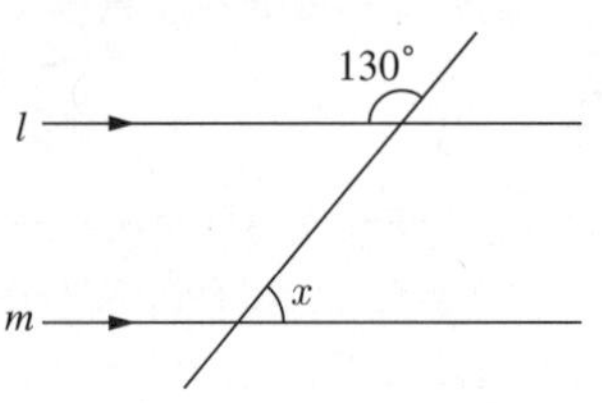

① 30°
② 40°
③ 50°
④ 60°

05 다음 그림에서 $l /\!/ m$이고 $p /\!/ q$일 때, $\angle x$의 크기는?

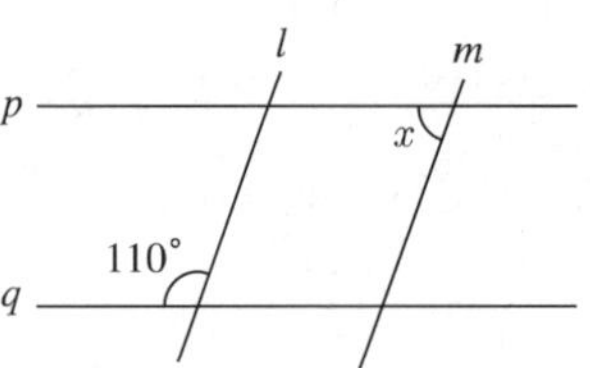

① 55°
② 60°
③ 65°
④ 70°

06 다음 삼각형과 합동인 삼각형은?

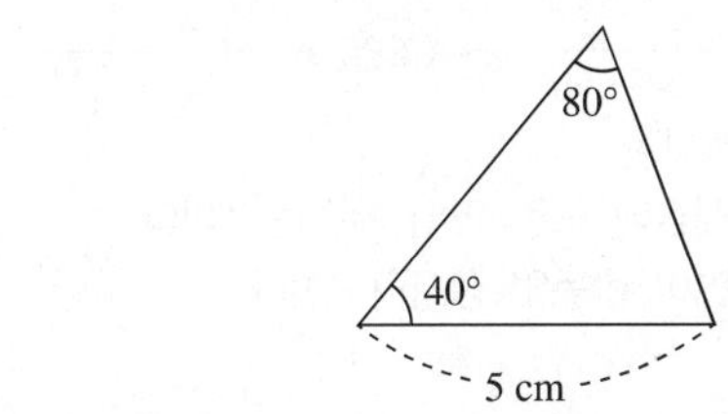

① 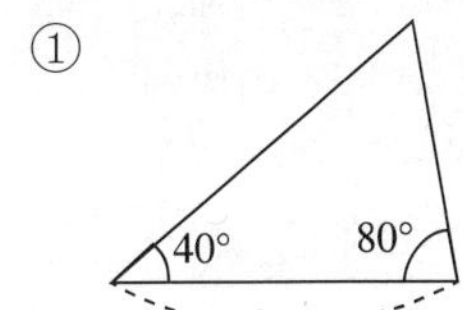 ② 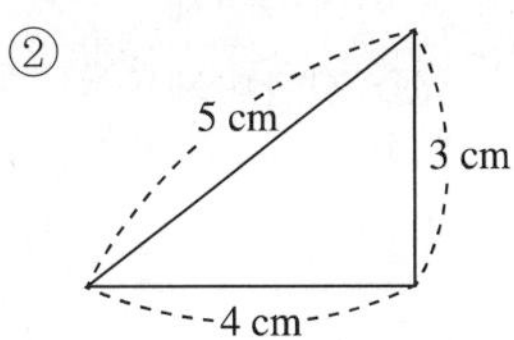

③ 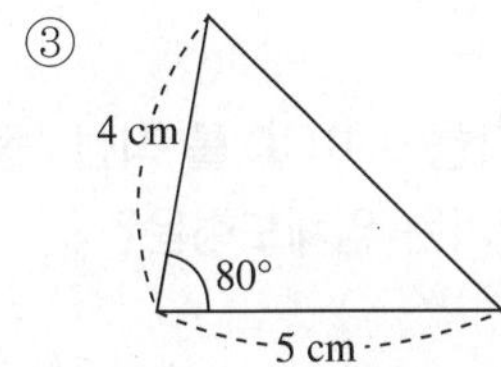 ④ 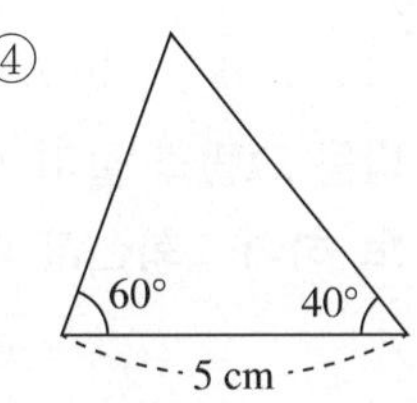

07 다음 그림에서 △ABC는 정삼각형이고,
$\overline{AD}=\overline{BE}=\overline{CF}$ 이다. △DEF는 어떤 삼각형인가?

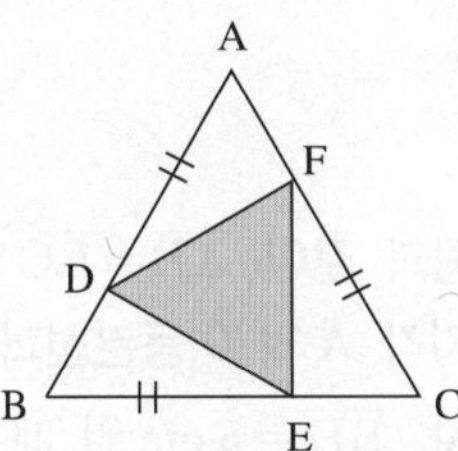

① 정삼각형
② 직삼각형
③ 둔각삼각형
④ 세 변의 길이가 서로 다른 삼각형

08 다음 그림에서 ∠x의 크기를 구하면?

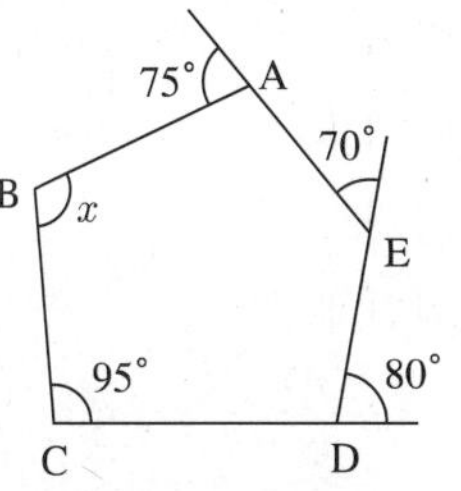

① 110° ② 120°
③ 130° ④ 140°

09 다음 그림에서 사각형 ABCD는 직사각형이고, 사각형 PQRS는 정사각형이다. ∠BRQ = 20°일 때, ∠PDS의 크기는?

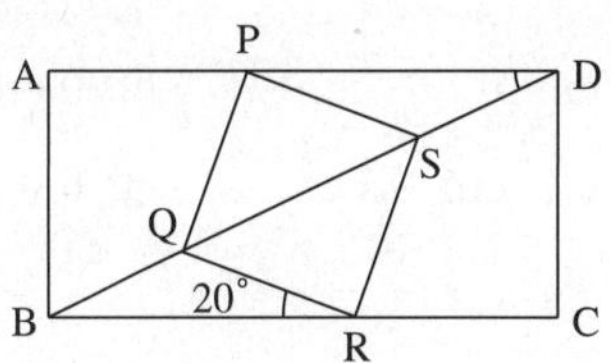

① 18° ② 20°
③ 22° ④ 25°

10 정십각형의 한 내각의 크기는?

① 108° ② 120°
③ 144° ④ 160°

11 정다면체의 각 면이 정오각형으로 되어 있는 것은?

① 정사면체

② 정육면체

③ 정팔면체

④ 정십이면체

12 다음 그림과 같이 반지름의 길이가 12 cm인 원에서 중심각의 크기가 90°인 부채꼴 OPQ를 오려내고, 빗금 친 부분으로 원뿔을 만들었다. 원뿔 밑면의 반지름의 길이는?

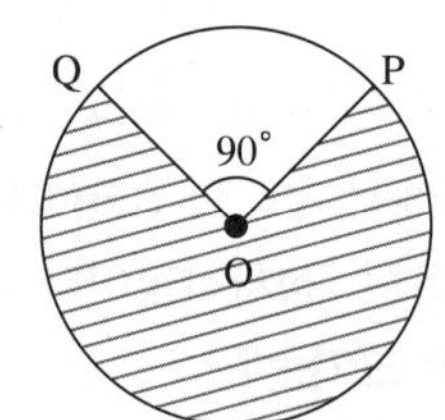

① 6 cm

② 9 cm

③ $7\sqrt{2}$ cm

④ $6\sqrt{3}$ cm

13 원 O에서 $\angle AOB = 20°$, $\angle COD = 140°$이고, 색칠한 부채꼴 AOB의 넓이가 8 cm^{2}일 때, 색칠한 부채꼴 COD의 넓이는?

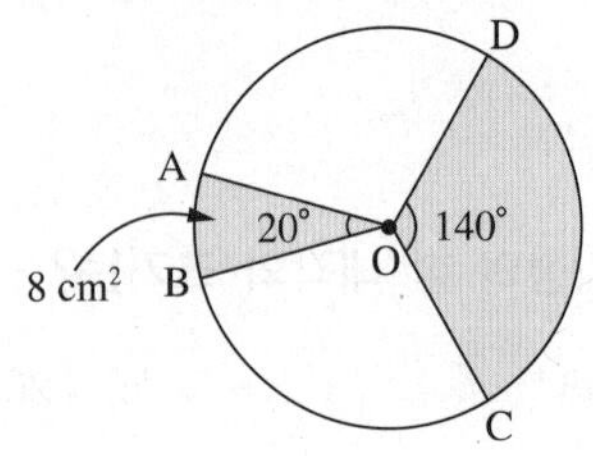

① 32 cm^2

② 40 cm^2

③ 48 cm^2

④ 56 cm^2

14 다음 〈조건〉을 모두 만족하는 입체도형은?

〈조건〉

○ 다면체이다.

○ 각 꼭짓점에 모인 면의 개수는 3이다.

○ 모든 면이 합동인 정사각형이다.

① 정사면체

② 정육면체

③ 정팔면체

④ 정십이면체

15 다음 그림과 같이 직사각형 ABCD를 직선 l을 축으로 하여 1회전할 때 생기는 입체도형은?

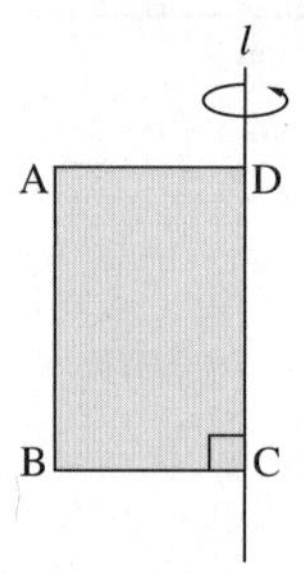

① 원뿔

② 원기둥

③ 삼각뿔

④ 사각기둥

16 다음 그림과 같이 $\overline{AB}=\overline{AC}$인 이등변삼각형 ABC에서 꼭지각 A의 이등분선과 밑변 BC와의 교점을 D라 하자. $\overline{BD}=5$ cm일 때, $\overline{BC}$의 길이는?

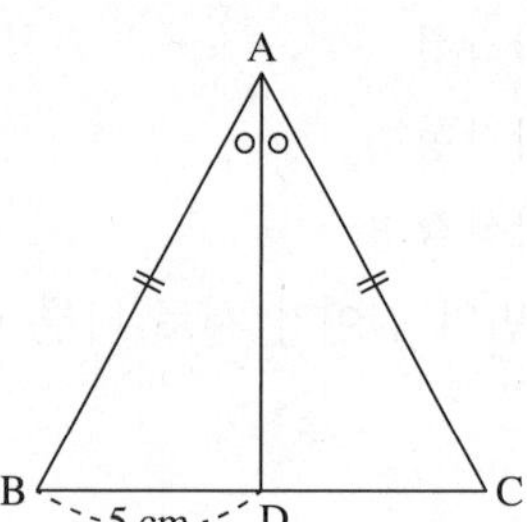

① 8 cm

② 9 cm

③ 10 cm

④ 11 cm

17 다음 그림에서 $\overline{AB}=\overline{AC}$ 이고 $\angle B=50°$일 때, $\angle x$의 크기는?

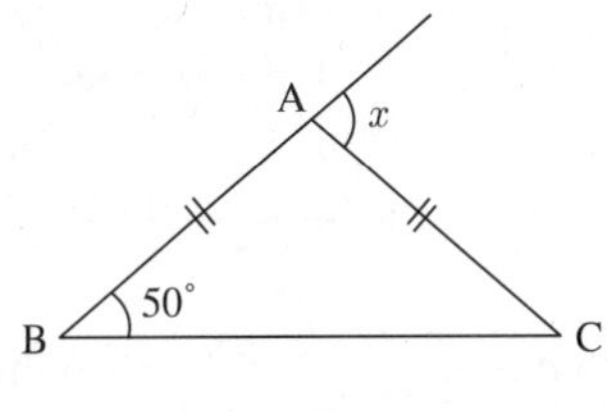

① 60° ② 80°

③ 100° ④ 120°

18 다음 그림에서 점 I는 △ABC의 내심이고, 내접원의 반지름은 4 cm 이다. △ABC의 넓이가 24 cm²일 때, △ABC의 세 변의 길이의 합은?

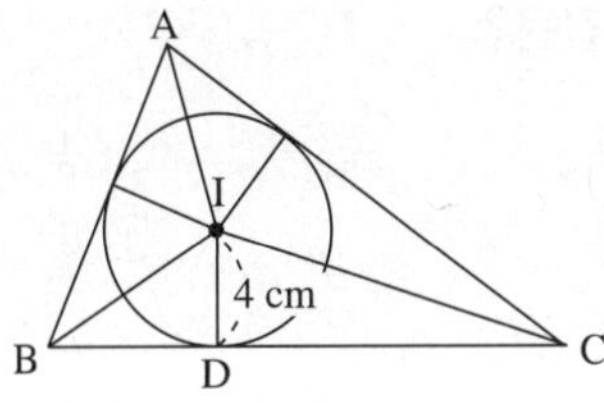

① 12 cm ② 14 cm

③ 16 cm ④ 18 cm

19 오른쪽 그림과 같이 $\angle B=90°$인 직각삼각형 ABC에서 $\overline{AB}=8$, $\overline{BC}=6$, $\overline{CA}=10$일 때, △ABC의 외접원의 둘레의 길이는?

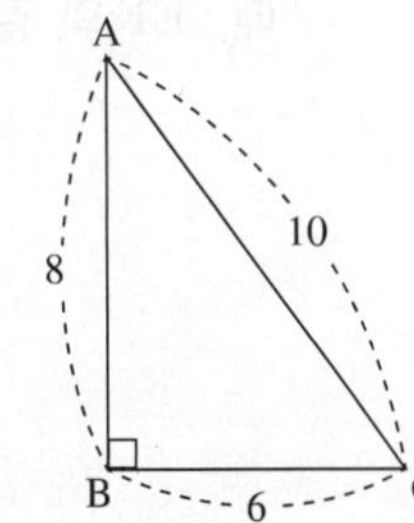

① 7π

② 8π

③ 9π

④ 10π

20 다음에서 옳지 <u>않은</u> 것은?

① 한 쌍의 대변이 평행하고 그 길이가 같은 사각형은 평행사변형이다.

② 직사각형의 두 대각선은 길이가 같고 서로 다른 것을 이등분한다.

③ 삼각형의 내심에서 각 꼭짓점에 이르는 거리는 모두 같다.

④ 정사각형의 두 대각선은 길이가 같고 서로 다른 것을 수직이등분한다.

21 다음 그림은 $\angle A=120°$, $\overline{AD}=6$ cm인 평행사변형 ABCD이다. x와 y의 값을 순서대로 나열한 것은?

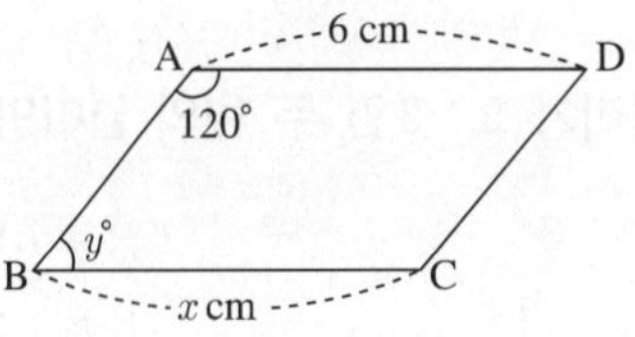

① 6, 60 ② 6, 80

③ 8, 80 ④ 8, 120

22 다음 삼각형 ABC와 DEF는 닮음비가 1 : 2 인 닮음 도형이다. x의 값은?

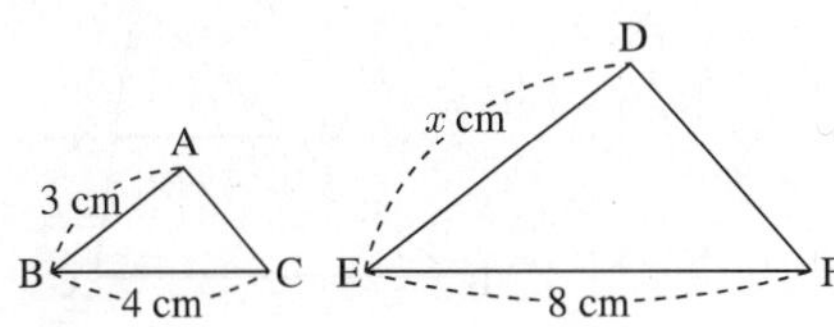

① 4 ② 5

③ 6 ④ 7

23 다음 그림에서 두 직육면체 A, B는 서로 닮은 도형이다. 두 도형의 닮음비가 1 : 2일 때, x의 값은?

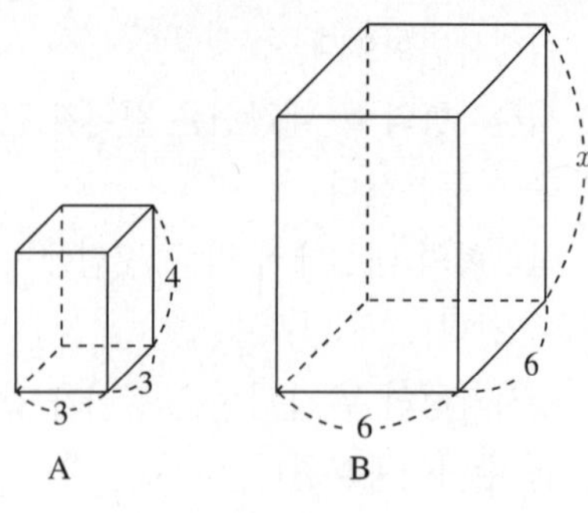

① 6
② 7
③ 8
④ 9

24 닮음비가 2 : 3인 두 원의 넓이의 비는?

① 2 : 3
② 4 : 9
③ 6 : 11
④ 8 : 27

25 다음 그림에서 점 M, N은 각각 △ABC의 변 $\overline{AB}$, $\overline{AC}$의 중점이다. $\overline{MN}=3$ cm 일 때, $\overline{BC}$의 길이는?

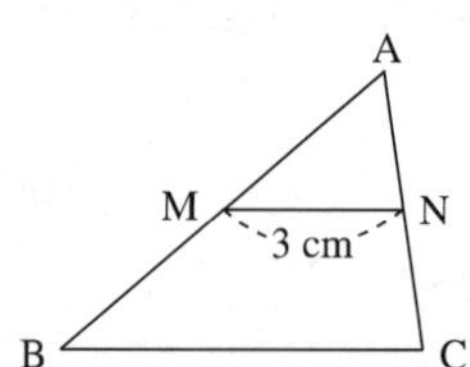

① 5 cm
② 6 cm
③ 7 cm
④ 8 cm

26 다음 그림에서 $\overline{BC}$ ∥ $\overline{DE}$일 때, $\overline{BC}$의 길이는?

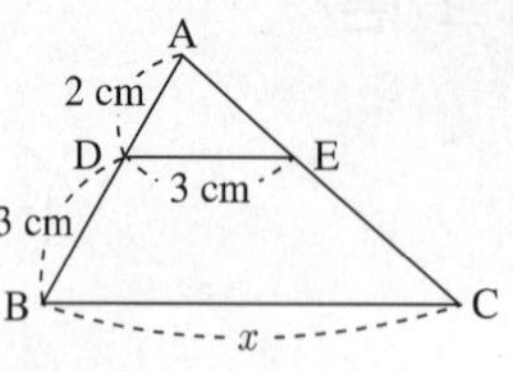

① 4.5 cm
② 6 cm
③ 7.5 cm
④ 9 cm

27 오른쪽 그림의 △ABC에서 $\overline{PQ}$ ∥ $\overline{BC}$, $\overline{AP}=5$ cm, $\overline{PB}=10$ cm, $\overline{BC}=9$ cm 일 때, x의 값은?

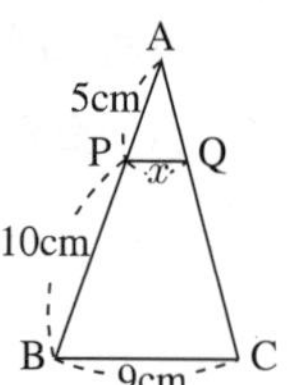

① 3
② 4
③ 5
④ 6

28 다음 그림과 같이 $\overline{AD}$ ∥ $\overline{BC}$인 사다리꼴 ABCD에서 $\overline{AE}=\overline{BE}$, $\overline{EF}$ ∥ $\overline{BC}$, $\overline{AD}=3$ cm, $\overline{BC}=7$ cm 일 때, $\overline{EF}$의 길이는?

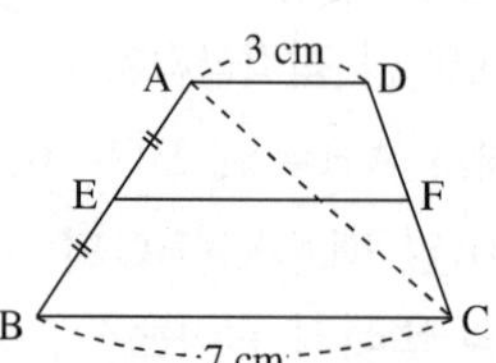

① 3.5 cm
② 4 cm
③ 4.5 cm
④ 5 cm

29 다음 그림에서 $l /\!/ m /\!/ n$일 때, x의 값은?

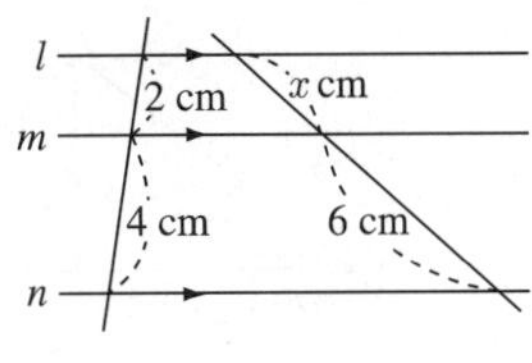

① 2 ② 3
③ 4 ④ 5

30 삼각형 ABC의 무게중심이 G이고, 삼각형 ABG의 넓이가 6 cm^2일 때, 삼각형 AMC의 넓이는?

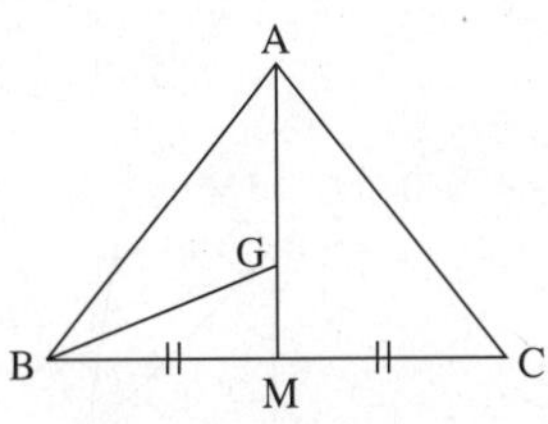

① 3 cm^2 ② 6 cm^2
③ 9 cm^2 ④ 12 cm^2

31 다음 그림에서 $\overline{AD}$는 $\triangle ABC$의 한 중선이고, 점 G와 G′는 각각 $\triangle ABC$, $\triangle GBC$의 무게중심이다. $\overline{AD} = 18 \text{ cm}$일 때, $\overline{GG'}$의 길이를 구하면?

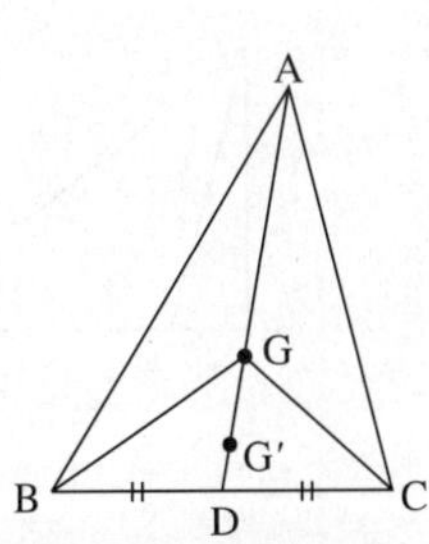

① 3 cm ② 4 cm
③ 5 cm ④ 6 cm

32 다음 그림과 같은 직각삼각형에서 세 변 a, b, c 사이에 항상 성립하는 관계식은?

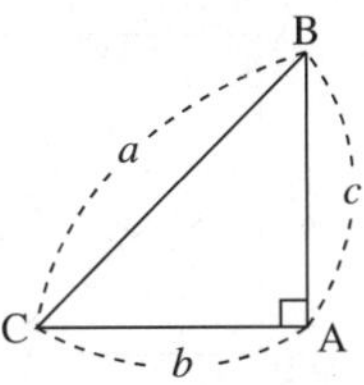

① $a > b+c$ ② $a = b+c$
③ $a < b-c$ ④ $a^2 = b^2 + c^2$

33 다음 그림과 같이 $\angle C = 90°$인 직각삼각형 ABC에서 $\overline{AB} = 5 \text{ cm}$, $\overline{BC} = 2 \text{ cm}$일 때, x의 값은?

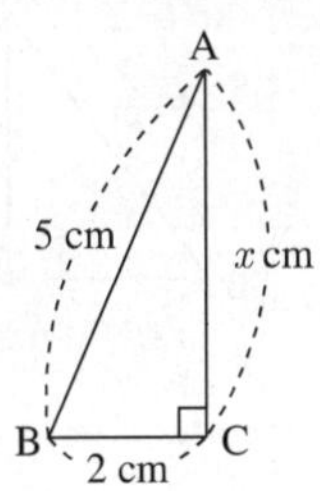

① 3 ② $2\sqrt{3}$
③ $\sqrt{17}$ ④ $\sqrt{21}$

34 다음 직각삼각형 ABC에서 $\overline{AB}$의 길이는?

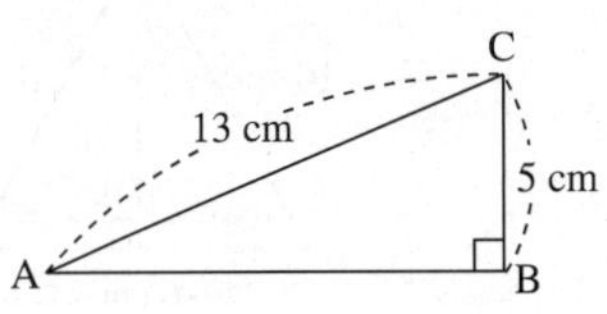

① 9 cm ② 10 cm
③ 11 cm ④ 12 cm

35 다음 그림과 같은 직사각형 ABCD에서 $\overline{BD}$의 길이는?

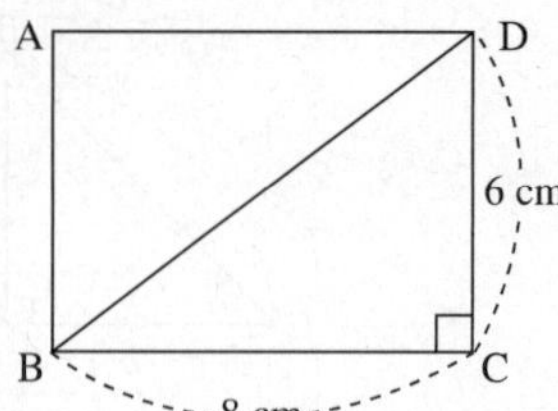

① $6\sqrt{2}$ cm   ② 10 cm

③ $6\sqrt{3}$ cm   ④ 12 cm

36 다음 그림과 같은 이등변삼각형에서 $\overline{AH}$의 길이는?

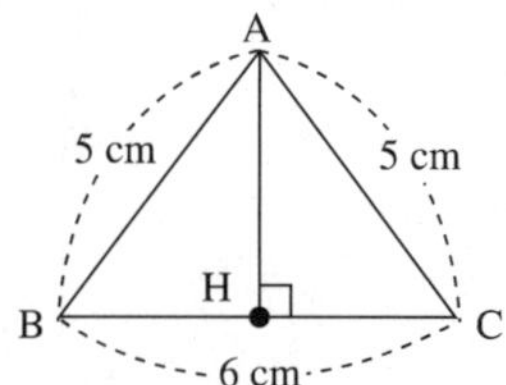

① 3 cm   ② 4 cm

③ 5 cm   ④ 6 cm

37 세 변의 길이가 10 cm, 10 cm, 6 cm인 이등변삼각형의 넓이를 구하면?

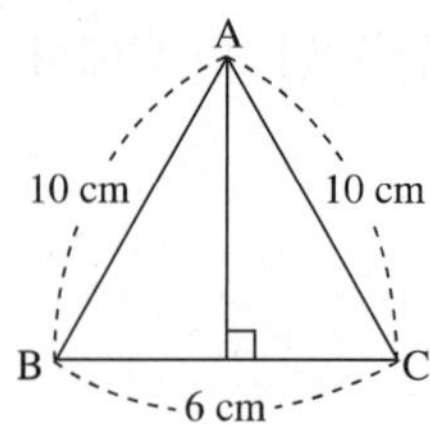

① $2\sqrt{91}$ cm^2 ② $3\sqrt{91}$ cm^2

③ $6\sqrt{13}$ cm^2 ④ $7\sqrt{13}$ cm^2

38 다음 그림에서 x, y의 값을 각각 구하면?

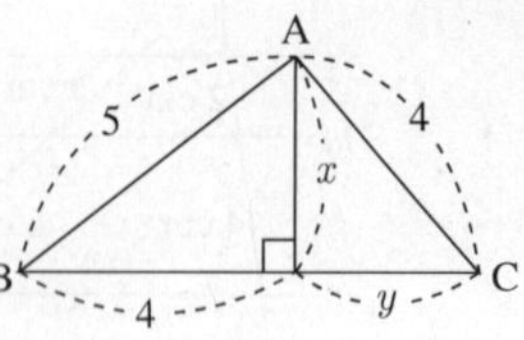

① 3, $\sqrt{7}$ ② 4, $\sqrt{8}$

③ $\sqrt{7}$, 3   ④ $\sqrt{8}$, 4

39 다음 그림에서 $\overline{OA}=\overline{AB}=\overline{BC}=\overline{CD}=4$일 때, $\overline{OD}$의 길이는?

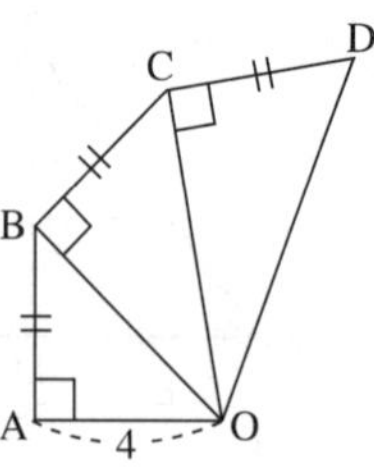

① 4   ② 6

③ 8   ④ 10

40 다음 그림과 같이 $\angle B = 90°$인 $\triangle ABC$에서 $\overline{AD}=\overline{CD}$, $\overline{AC}=10$, $\overline{BC}=8$일 때, x의 값은?

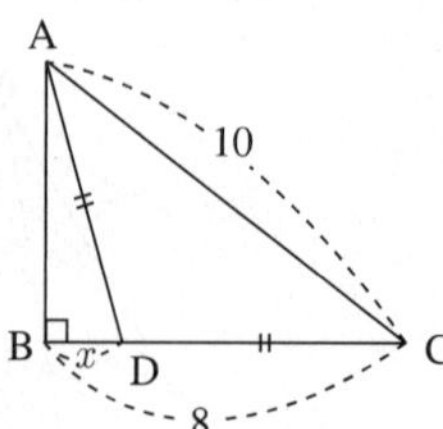

① $\dfrac{2}{3}$ ② $\dfrac{7}{4}$

③ 2   ④ $\dfrac{9}{4}$

41 다음 표는 $30°$, $45°$, $60°$의 삼각비의 값이다. ㉠, ㉡, ㉢에 들어갈 알맞은 수는?

삼각비 　　A	$30°$	$45°$	$60°$
$\sin A$	$\dfrac{1}{2}$	$\dfrac{1}{\sqrt{2}}$	㉠
$\cos A$	㉡	$\dfrac{1}{\sqrt{2}}$	$\dfrac{1}{2}$
$\tan A$	$\dfrac{1}{\sqrt{3}}$	㉢	$\sqrt{3}$

	㉠	㉡	㉢
①	$\dfrac{1}{\sqrt{4}}$	1	$\dfrac{1}{\sqrt{2}}$
②	$\dfrac{1}{\sqrt{2}}$	$\dfrac{\sqrt{3}}{2}$	1
③	$\dfrac{\sqrt{3}}{2}$	$\dfrac{\sqrt{3}}{2}$	1
④	1	$\dfrac{1}{2}$	$\dfrac{1}{\sqrt{3}}$

42 $\sin 30° + \cos 60° + \tan 45°$의 값은?

① $\dfrac{-1+\sqrt{3}}{2}$ 　　② $\dfrac{1+\sqrt{3}}{2}$

③ 1 　　④ 2

43 $\sin 30° \times \tan 45°$의 값을 구하면?

① $\dfrac{1}{4}$ 　　② $\dfrac{\sqrt{3}}{4}$

③ $\dfrac{1}{2}$ 　　④ $\dfrac{\sqrt{2}}{2}$

44 다음 직각삼각형 ABC에서 $\sin A + \cos A$의 값은?

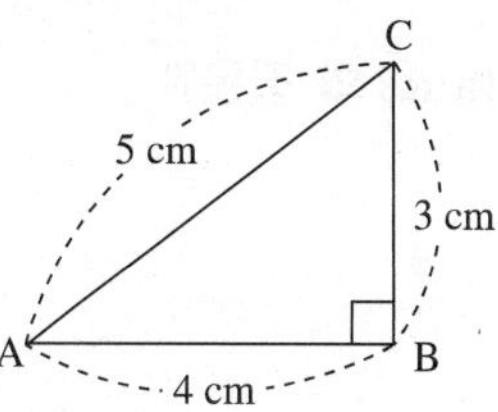

① $\dfrac{7}{10}$ 　　② 1

③ $\dfrac{7}{5}$ 　　④ 2

45 다음 그림과 같이 $\angle C = 90°$인 직각삼각형 ABC에서 $\overline{AB} = 13\ \text{cm}$, $\overline{BC} = 12\ \text{cm}$일 때, $\tan B$의 값은?

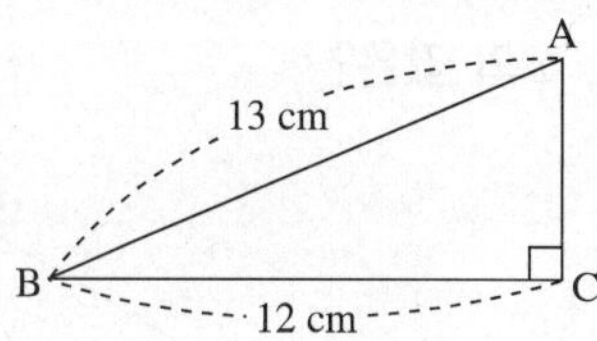

① $\dfrac{5}{12}$ 　　② $\dfrac{13}{12}$

③ $\dfrac{12}{5}$ 　　④ $\dfrac{13}{5}$

46 오른쪽 그림과 같은 직각삼각형에서 $\sin B$의 값은?

① $\dfrac{5}{12}$

② $\dfrac{12}{13}$

③ $\dfrac{12}{5}$

④ $\dfrac{13}{5}$

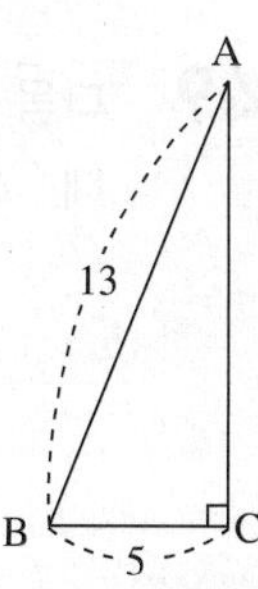

47 오른쪽 그림에서 $\sin A = \dfrac{2}{3}$

일 때, $\tan A$의 값은?

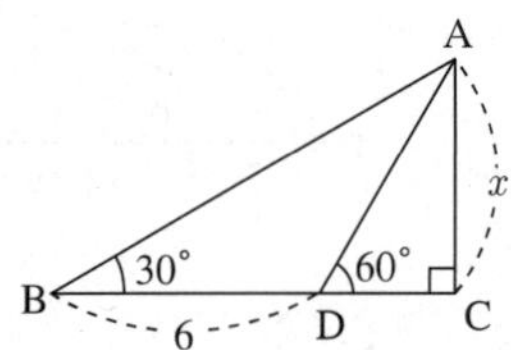

① $\dfrac{1}{3}$

② $\dfrac{1}{2}$

③ $\dfrac{\sqrt{5}}{5}$

④ $\dfrac{2\sqrt{5}}{5}$

48 다음 그림과 같이 △ABC에서
$\angle B = 30°$, $\angle ADC = 60°$, $\angle C = 90°$, $\overline{BD} = 6$
일 때, x의 값은?

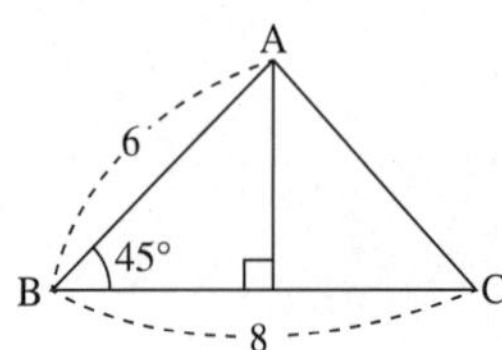

① $3\sqrt{3}$ ② 6

③ $6\sqrt{2}$ ④ $6\sqrt{3}$

49 다음 그림에서 $\overline{AB} = 6$, $\overline{BC} = 8$이고 $\angle B = 45°$일
때, △ABC의 넓이는?

① $12\sqrt{2}$ ② $12\sqrt{3}$

③ $24\sqrt{2}$ ④ $24\sqrt{3}$

50 다음 그림과 같이 △ABC의 꼭짓점 A에서 변
BC에 내린 수선의 발을 H라 하고, $\overline{AB} = 2\,\mathrm{cm}$,
$\overline{HC} = 2\,\mathrm{cm}$, $\angle B = 60°$일 때, △ABC의 넓이는?

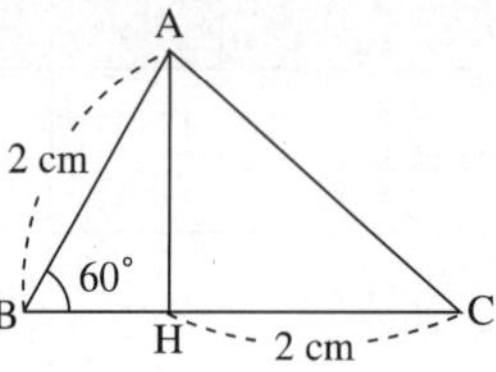

① $\dfrac{\sqrt{3}}{3}\,\mathrm{cm}^2$ ② $\dfrac{\sqrt{3}}{2}\,\mathrm{cm}^2$

③ $\dfrac{2\sqrt{3}}{3}\,\mathrm{cm}^2$ ④ $\dfrac{3\sqrt{3}}{2}\,\mathrm{cm}^2$

51 다음 그림과 같이 원 O의 지름 AB를 한 변으로 하고
원에 내접하는 △ABC에서 $\angle C$의 크기는?

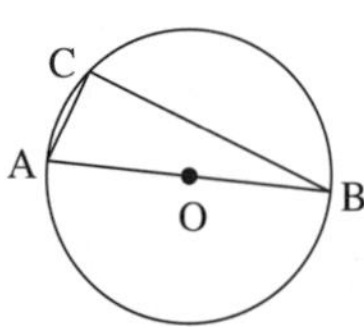

① $60°$ ② $75°$

③ $90°$ ④ $105°$

52 다음 그림에서 $\overline{AO} = 6\,\mathrm{cm}$, $\overline{OH} = 3\,\mathrm{cm}$, $\overline{AB} \perp \overline{OH}$
일 때, $\overline{AB}$의 길이는?(단, 점 O는 원의 중심이다)

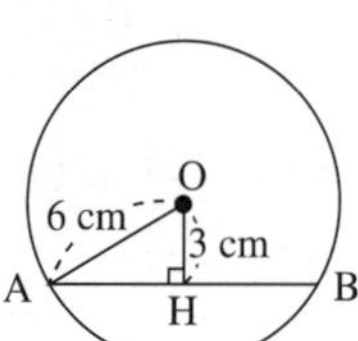

① $3\sqrt{2}\,\mathrm{cm}$ ② $3\sqrt{3}\,\mathrm{cm}$

③ $6\sqrt{2}\,\mathrm{cm}$ ④ $6\sqrt{3}\,\mathrm{cm}$

53 다음 그림에서 점 O는 원의 중심이다. $\angle \text{AOB} = 70°$일 때, $\angle x$의 크기는?

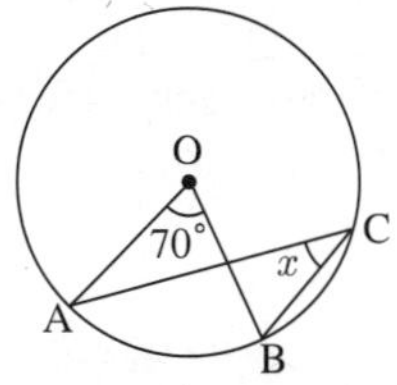

① 30° ② 35°

③ 40° ④ 45°

54 그림과 같이 $\angle \text{APB} = 80°$이고 이 원의 중심을 O라 할 때, $\angle x$의 크기는?(단, 점 A, P, B는 원주 위의 점)

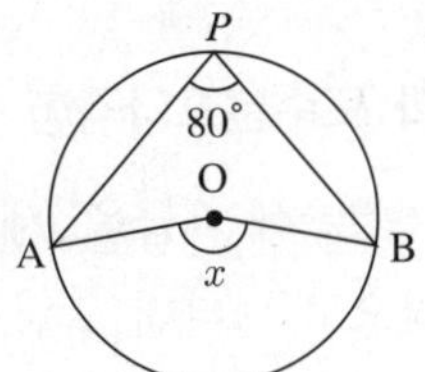

① 130° ② 140°

③ 150° ④ 160°

55 다음 그림과 같이 반지름의 길이가 5 cm인 원 밖의 점 P에서 중심 O에 이르는 거리가 13 cm일 때, 점 P에서 원에 그은 접선의 길이는?

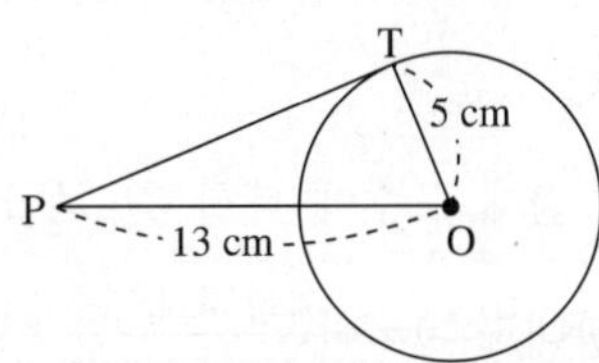

① 10 cm ② 11 cm

③ 12 cm ④ 13 cm

56 다음 그림과 같이 원 O 위에 점 A를 지나는 접선을 $\overline{\text{TT}'}$라 할 때, $\angle x$의 크기는?

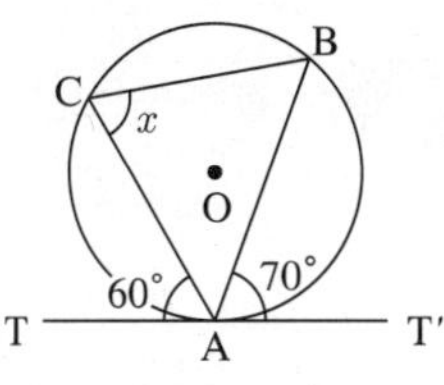

① 55° ② 60°

③ 70° ④ 80°

57 다음 그림에서 $\overarc{\text{AB}} = 4\pi$ cm일 때, 원 O의 반지름의 길이는?

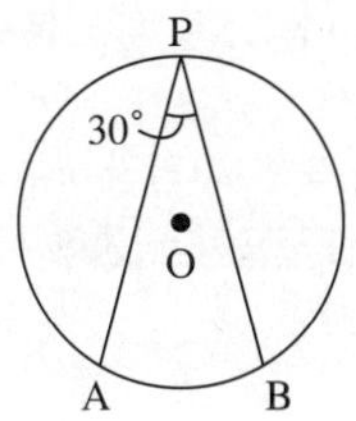

① 9 cm ② 12 cm

③ 15 cm ④ 20 cm

58 다음 그림과 같이 반지름의 길이가 6인 원 O에서 $\angle \text{P} = 60°$일 때, 빗금 친 부채꼴 OAB의 넓이는?

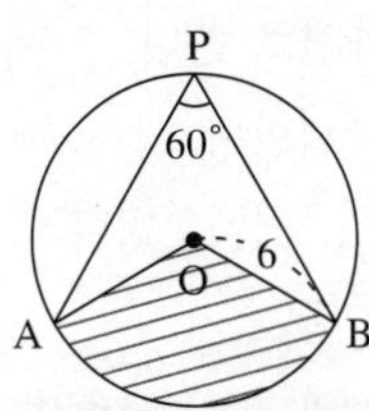

① 4π ② 6π

③ 10π ④ 12π

5 확률과 통계

핵심 키워드　줄기와 잎 그림, 도수분포표, 히스토그램, 도수분포다각형, 상대도수, 경우의 수, 확률, 평균, 최빈값, 중앙값, 산포도, 양의 상관관계, 음의 상관관계

1 자료의 정리와 해석

● **해결 Point**

줄기와 잎 그림, 도수분포표에서 도수를 구하는 문제로 출제된다. 줄기와 잎 그림, 도수분포표뿐 아니라 히스토그램, 상대도수분포표에서도 도수를 구하는 문제가 출제될 수 있으니 각 그림을 바르게 해석할 수 있도록 한다.

● **대표 문제 유형**

❖ 다음은 어느 반 학생 13명의 봉사 활동 시간을 조사하여 줄기와 잎 그림으로 나타낸 것이다. 봉사 활동 시간이 25시간 이상인 학생의 수는?

❖ 표는 어느 학습 학생 20명의 하루 휴대전화 통화 시간을 조사하여 만든 도수분포표이다. 통화 시간이 30분 이상 90분 미만인 학생의 수는?

(1) 줄기와 잎 그림

① **변량**: 점수, 키 등의 자료를 수량으로 나타낸 것

② **줄기와 잎 그림**: 줄기와 잎을 이용하여 자료를 나타낸 그림

③ **줄기와 잎 그림 그리는 방법**

❶ 변량을 줄기와 잎으로 정한다.

❷ 세로선을 긋고, 세로선의 왼쪽에 줄기를 작은 값에서부터 차례로 세로로 쓴다.

❸ 세로선의 오른쪽에 각 줄기에 해당하는 잎을 작은 값에서부터 차례로 쓴다. 이때 중복되는 변량은 중복된 횟수만큼 나열한다.

❹ (줄기 | 잎)의 뜻을 설명하고, 줄기와 잎 그림에 알맞은 제목을 붙인다.

예 한 반 학생의 키를 조사하여 나타낸 줄기와 잎 그림

(14 | 3은 143 cm)

줄기	잎						
14	3	5	6	8	9	7	9
15	0	1	4	5	7		
16	0	2	2	7			
17	1	2	5				

(2) 도수분포표

① **계급**: 변량을 일정한 간격으로 나눈 구간

② **계급의 크기**: 변량을 나눈 구간의 너비

③ **도수**: 각 계급에 속하는 자료의 개수

④ **도수분포표**: 전체의 자료를 몇 개의 계급으로 나누고, 각 계급의 도수를 조사하여 만든 표

⑤ **계급값**: 도수분포표에서 각 계급을 대표하는 값으로서 그 계급의 가운데 값, 즉 계급의 양 끝 값의 합의 $\dfrac{1}{2}$인 값

(3) 히스토그램과 도수분포다각형

① **히스토그램**: 가로축에 계급을, 세로축에 도수를 표시하여 직사각형 모양으로 나타낸 그림

② **도수분포다각형**: 히스토그램의 각 직사각형의 윗변의 중앙의 점을 차례로 선분으로 연결하고, 양 끝에 도수가 0인 계급이 하나씩 더 있는 것으로 생각하여 그 중앙의 점을 연결하여 그린 그래프

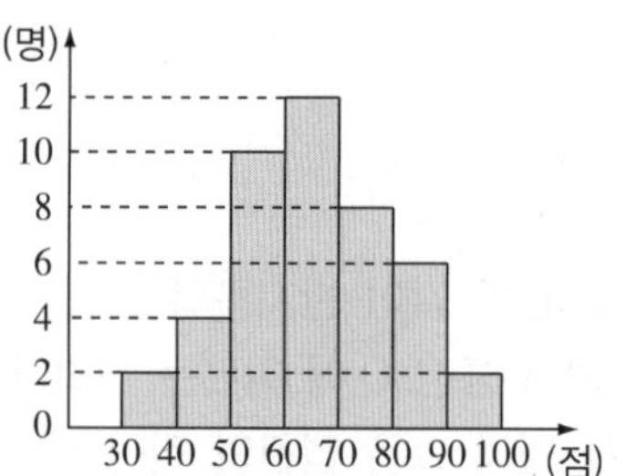

(4) 상대도수

① **상대도수**: 전체 도수에 대한 각 계급의 도수의 비율

$$(\text{계급의 상대도수}) = \frac{(\text{계급의 도수})}{(\text{도수의 총합})}$$

② 상대도수의 총합은 1이다.

③ 각 계급의 상대도수는 그 계급의 도수에 정비례한다.

④ **상대도수의 분포표**: 각 계급의 상대도수를 나타낸 표

⑤ **상대도수의 분포를 나타낸 그래프**: 상대도수의 분포표를 히스토그램이나 도수분포다각형과 같은 모양으로 나타낸 그림

예 P중학교 1학년 1반 학생의 수학 성적에 대한 도수분포표, 상대도수분포표는 다음과 같다.

점수	도수	상대도수
$40^{이상}$ ~ $50^{미만}$	14	0.23
50 ~ 60	8	0.13
60 ~ 70	9	0.15
70 ~ 80	6	0.10
80 ~ 90	10	0.17
90 ~ 100	13	0.22
합계	60	1.00

위의 상대도수의 분포를 그래프로 나타내면 다음과 같다.

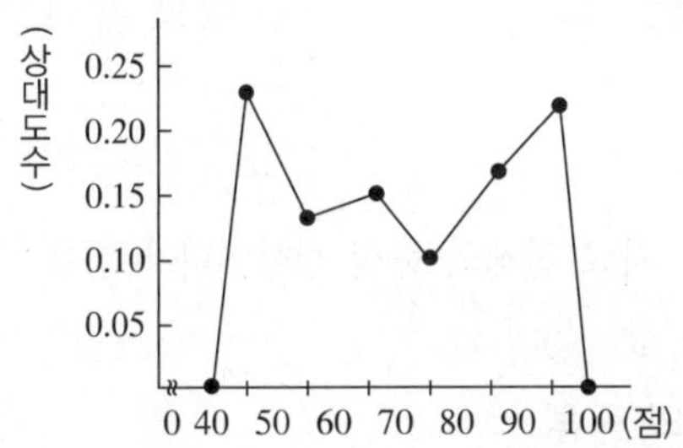

- **줄기와 잎 그림의 특징**
  ① 잎의 길이를 통해 자료의 분포를 쉽게 알아볼 수 있다.
  ② 각 자료의 정보를 보여준다.
  ③ 자료의 개수가 많을 때에는 일일이 나열하기 힘들다.

- **도수분포표의 특징**
  ① 자료의 분포 상태를 쉽게 알 수 있다.
  ② 각 계급에 속하는 자료의 정확한 값을 알 수 없다.

- **히스토그램의 특징**: 자료의 분포 상태를 쉽게 알 수 있다.

- **도수분포다각형의 특징**
  ① 자료의 분포 상태를 쉽게 알 수 있다.
  ② 두 개 이상의 자료의 분포 상태를 동시에 나타내어 비교하는 데 편리하다.

- **상대도수의 분포를 나타낸 그래프의 특징**
  ① 자료의 분포 상태를 쉽게 알 수 있다.
  ② 도수의 총합이 다른 두 집단의 분포상태를 비교할 때 편리하다.

2 확률

● **해결 Point**

경우의 수나 확률을 구하는 문제가 번갈아 가면서 한 번씩 출제된다. 다양한 실생활 상황에서 경우의 수나 확률을 구하는 문제가 출제되어 생소하게 느껴질 수 있지만 간단한 문제로 출제되니 당황하지 않고 풀 수 있도록 한다.

● **대표 문제 유형**

❖ 1부터 10까지의 숫자가 각각 적힌 10장의 카드가 있다. 이 중에서 한 장의 카드를 뽑을 때, 짝수가 적힌 카드가 나오는 경우의 수는?
❖ 주머니 속에 검은 공 5개, 흰 공 2개가 들어 있다. 이 주머니에서 임의로 한 개의 공을 꺼낼 때, 검은 공이 나올 확률은?

(1) 경우의 수

① 사건: 같은 조건에서 반복할 수 있는 실험이나 관찰에 의하여 나타나는 결과

② 경우의 수: 어떤 사건이 일어나는 가짓수

③ 사건 A 또는 사건 B가 일어나는 경우의 수: 두 사건 A, B가 동시에 일어나지 않을 때, 사건 A가 일어나는 경우의 수가 m, 사건 B가 일어나는 경우의 수가 n이면
(사건 A 또는 사건 B가 일어날 경우의 수)$=m+n$

④ 사건 A와 사건 B가 동시에 일어나는 경우의 수: 사건 A가 일어나는 경우의 수가 m이고, 그 각각에 대하여 사건 B가 일어나는 경우의 수가 n이면
(사건 A, B가 동시에 일어날 경우의 수)$=m\times n$

⑤ 한 줄로 세우는 경우의 수
  ㉠ n명 중에서 2명을 뽑아 한 줄로 세우는 경우의 수는
  $n\times(n-1)$
  ㉡ n명 중에서 3명을 뽑아 한 줄로 세우는 경우의 수는
  $n\times(n-1)\times(n-2)$
  ㉢ n명을 한줄로 세우는 경우의 수는
  $n\times(n-1)\times(n-2)\times\cdots\times2\times1$

⑥ 대표를 뽑는 경우의 수
  ㉠ n명 중에서 자격이 다른 대표 2명을 뽑는 경우의 수는
  $n\times(n-1)$
  ㉡ n명 중에서 자격이 같은 대표 2명을 뽑는 경우의 수는
  $$\frac{n\times(n-1)}{2}$$

(2) 확률의 뜻과 성질

① **확률**: 같은 조건에서 실험이나 관찰을 여러 번 반복할 때, 어떤 사건이 일어나는 상대도수가 일정한 값에 가까워지면 이 일정한 값을 그 사건이 일어날 확률이라 한다.

② **사건 A가 일어날 확률**: 어떤 실험이나 관찰에서 각 경우가 일어날 가능성이 같을 때, 일어날 수 있는 모든 경우의 수를 n, 사건 A가 일어날 경우의 수를 a라 하면 사건 A가 일어날 확률 p는

$$p = \frac{(\text{사건 } A\text{가 일어나는 경우의 수})}{(\text{일어날 수 있는 모든 경우의 수})} = \frac{a}{n}$$

③ **확률의 성질**

㉠ 어떤 사건이 일어날 확률을 p라 하면 $0 \le p \le 1$이다.

㉡ 반드시 일어나는 사건의 확률은 1이다.

㉢ 절대로 일어날 수 없는 사건의 확률은 0이다.

④ **어떤 사건이 일어나지 않을 확률**: 사건 A가 일어날 확률이 p일 때, 사건 A가 일어나지 않을 확률은 $1 - p$이다.

> ■ '적어도 ~일 확률'은 어떤 사건이 일어나지 않을 확률을 이용하여 구한다.
> (적어도 하나는 A일 확률)$= 1 - ($모두 A가 아닐 확률$)$

(3) 확률의 계산

① **사건 A 또는 사건 B가 일어날 확률**: 두 사건 A, B가 동시에 일어나지 않을 때, 사건 A가 일어날 확률을 p, 사건 B가 일어날 확률을 q라 하면

(사건 A 또는 사건 B가 일어날 확률)$= p + q$

② **사건 A와 사건 B가 동시에 일어날 확률**: 두 사건 A, B가 서로 영향을 주지 않을 때, 사건 A가 일어날 확률을 p, 사건 B가 일어날 확률을 q라 하면

(사건 A와 사건 B가 동시에 일어날 확률)$= p \times q$

예 주사위 한 개를 던져서 두 번 모두 5 이상의 눈이 나올 확률을 구하면, 한 번 던져서 5 이상의 눈이 나오는 경우는 5, 6이므로 그 확률은 $\dfrac{2}{6} = \dfrac{1}{3}$

두 번 모두 5 이상의 눈이 나오는 것은 서로 영향을 주지 않으므로 $\dfrac{1}{3} \times \dfrac{1}{3} = \dfrac{1}{9}$

3 통계

● **해결 Point**

자료의 중앙값과 최빈값을 구하는 문제로 출제된다. 대푯값 중 가장 대표적인 것은 평균이므로 평균을 구하는 방법도 알고 있어야 한다. 그리고 산점도와 상관관계는 새롭게 교육과정에 추가된 부분이어서 출제되지 않은 것이므로 그 개념을 반드시 구분하여 알아 두어야 한다.

● **대표 문제 유형**

❖ 다음 자료의 최빈값은?
❖ 다음 자료의 중앙값과 최빈값의 합은?

(1) 대푯값

① **대푯값**: 자료 전체의 중심 경향이나 특징을 대표적으로 나타내는 값

② **대푯값의 종류**

㉠ 평균: 전체 변량의 총합을 변량의 개수로 나눈 값

$$(\text{평균}) = \frac{(\text{자료의 값의 총합})}{(\text{자료의 총 개수})}$$

㉡ 중앙값: 자료의 변량을 작은 값부터 크기순으로 나열할 때, 한가운데 있는 값
   • 변량의 개수가 홀수이면 한가운데 있는 값이 중앙값이다.
   • 변량의 개수가 짝수이면 한가운데 있는 두 값의 평균이 중앙값이다.

㉢ 최빈값: 자료의 변량 중에서 가장 많이 나타난 값
   • 변량의 도수가 모두 같을 때, 최빈값은 없다.
   • 변량의 도수가 모두 같지 않을 때, 도수가 가장 큰 값이 한 개 이상 있으면 그 값이 모두 최빈값이다.

> ■ **대푯값의 특징**
> 일반적으로 대푯값으로 가장 많이 사용되는 것은 평균이지만 자료의 극단적인 값이 있는 경우에는 중앙값이 자료의 중심 경향을 더 잘 나타낸다. 한편, 변량의 개수가 많고 자료에 변량이 중복되어 나타나는 경우에는 최빈값이 자료의 중심 경향을 더 잘 나타낸다.

(2) 산포도

① 산포도: 변량들이 흩어져 있는 정도를 하나의 수로 나타낸 값으로, 변량들이 대푯값을 중심으로
　ㄱ 모여 있을수록 산포도는 작아진다.
　ㄴ 멀리 흩어져 있을수록 산포도는 커진다.

② 편차: 각 변량에서 평균을 뺀 값
　ㄱ (편차)＝(변량)−(평균)
　ㄴ 편차의 합은 항상 0이다.
　ㄷ 편차의 절댓값이 클수록 그 변량은 평균에서 멀리 떨어져 있고, 편차의 절댓값이 작을수록 그 변량은 평균에 가까이 있다.

③ 분산: 편차의 제곱의 총합을 변량의 개수로 나눈 값, 즉 어떤 자료의 편차의 제곱의 평균

$$(분산)=\frac{\{(편차)^2의\ 총합\}}{(변량의\ 개수)}$$

④ 표준편차: 분산의 음이 아닌 제곱근

$$(표준편차)=\sqrt{(분산)}$$

⑤ 분산과 표준편차가 작을수록 변량들이 평균에 가까이 모여 있으므로 자료의 분포 상태를 고르다고 할 수 있다.

(3) 산점도와 상관관계

① 산점도: 두 변량 x, y의 순서쌍 $(x,\ y)$를 좌표평면 위의 점으로 나타낸 그림을 산점도라 한다.

② 상관관계: 두 변량 x, y에 대하여 상관관계의 종류는 다음과 같다.
　ㄱ 양의 상관관계: x의 값이 증가함에 따라 y의 값도 대체로 증가하는 경향이 있는 관계
　　예 키와 몸무게, 여름철 기온과 아이스크림 판매량
　ㄴ 음의 상관관계: x의 값이 증가함에 따라 y의 값이 대체로 감소하는 경향이 있는 관계
　　예 산의 높이와 기온, 겨울철 기온과 난방비
　ㄷ 상관관계가 없다: x의 값이 증가함에 따라 y의 값이 증가하는지 감소하는지 분명하지 않은 경우 x, y 사이에는 상관관계가 없다고 한다.

③ 산점도와 상관관계: 산점도에서 점들이 아래 그림처럼 비교적 직선에 가깝게 모여 있을수록 강한 상관관계이고, 한 직선에서 멀리 흩어져 있을수록 약한 상관관계이다.
- ㉠은 ㉡보다 강한 양의 상관관계를 나타낸다.
- ㉢은 ㉣보다 강한 음의 상관관계를 나타낸다.

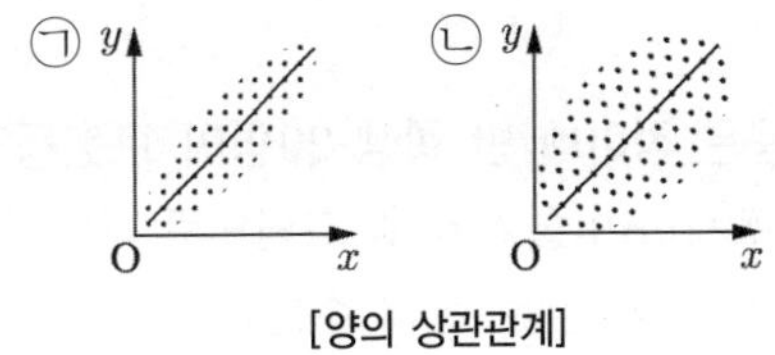

[양의 상관관계]

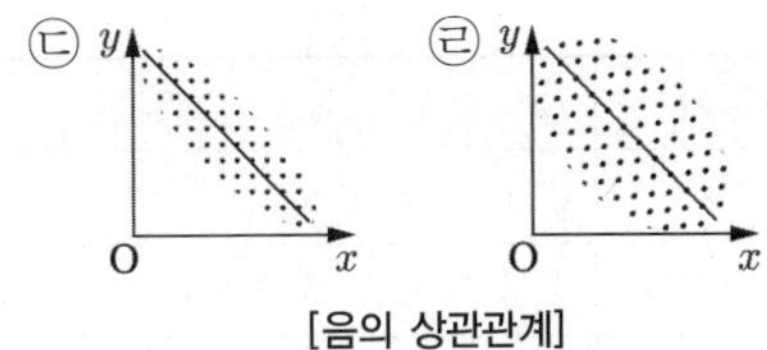

[음의 상관관계]

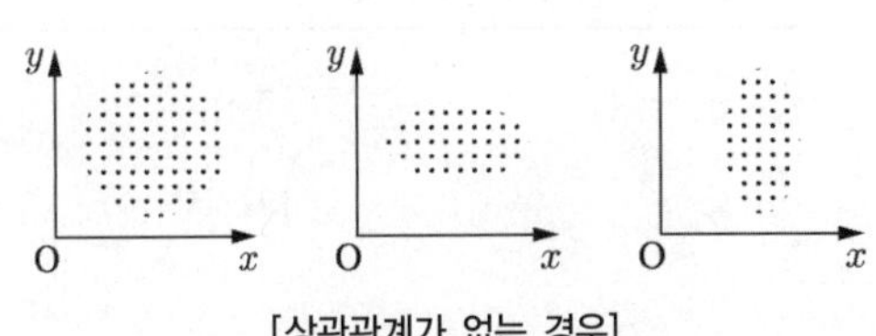

[상관관계가 없는 경우]

출제 예상 문제

01 다음은 정아네 반 학생 20명이 1년 동안 읽은 책 수를 조사하여 줄기와 잎 그림으로 나타낸 것이다. 책을 30권 이상 읽은 학생 수는?

(1|0는 10권)

줄기	잎
1	0 1 2 5 5 8
2	1 3 5 6 7 7 7 8 8 9
3	0 2 3 5

① 4 ② 6
③ 8 ④ 10

02 다음 표는 종혜네 반 학생들의 키를 조사하여 나타낸 도수분포표이다. 옳지 <u>않은</u> 것은?

키(cm)	학생 수(명)
$145^{이상} \sim 150^{미만}$	4
150 ～ 155	11
155 ～ 160	17
160 ～ 165	13
165 ～ 170	5
합계	50

① 계급의 크기는 5 cm 이다.
② 160 cm 미만인 학생은 18명이다.
③ 도수가 11명인 계급의 계급값은 152.5 cm 이다.
④ 도수가 가장 큰 계급은 155 cm 이상 160 cm 미만이다.

03 다음 그래프는 경훈이네 반 학생들의 수학 성적을 조사하여 나타낸 히스토그램이다. 수학 성적이 높은 쪽에서부터 10번째인 학생이 속하는 계급의 계급값은?

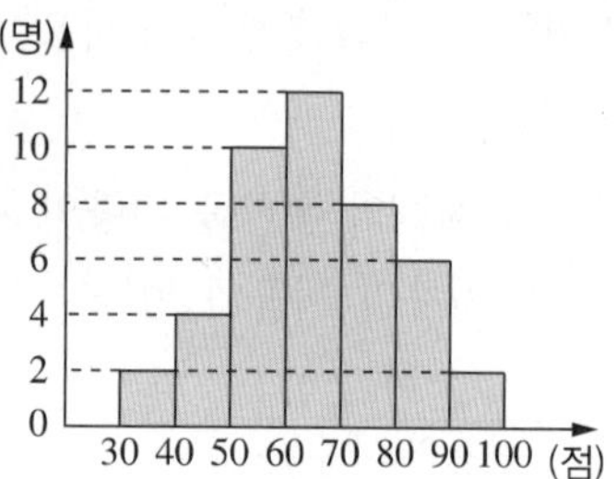

① 60점 ② 65점
③ 70점 ④ 75점

04 다음은 정국이네 반 학생 30명의 1분 동안 윗몸일으키기 횟수를 조사하여 나타낸 도수분포표이다. 윗몸일으키기 횟수가 20회 이상 30회 미만인 계급의 상대도수는?

윗몸일으키기 횟수(회)	학생 수(명)
$0^{이상} \sim 10^{미만}$	2
10 ～ 20	10
20 ～ 30	15
30 ～ 40	3
합계	30

① 0.3 ② 0.4
③ 0.5 ④ 0.6

05 서로 다른 팀과 한 번씩 경기를 한다고 할 때, 4팀이 치르는 경기의 총 횟수는?

① 3 ② 4
③ 5 ④ 6

06 어느 지역 지방 선거의 시장 후보가 2명, 시의원 후보가 4명이다. 이 중 시장 1명, 시의원 1명을 뽑는 경우의 수는?

① 6 ② 8
③ 10 ④ 12

07 두 개의 주사위를 동시에 던질 때 나온 눈의 합이 5가 될 확률은?

① $\dfrac{1}{12}$ ② $\dfrac{1}{9}$
③ $\dfrac{1}{7}$ ④ $\dfrac{1}{4}$

08 갑, 을 두 사람이 가위바위보를 한 번 할 때, 갑이 이길 확률은?

① $\dfrac{1}{2}$ ② $\dfrac{1}{3}$
③ $\dfrac{1}{4}$ ④ $\dfrac{1}{5}$

09 1에서 20까지의 숫자가 적힌 20장의 카드가 있다. 이 중 임의로 한 장의 카드를 뽑을 때, 뽑힌 카드의 숫자가 4의 배수일 확률은?

① $\dfrac{1}{2}$ ② $\dfrac{1}{3}$
③ $\dfrac{1}{4}$ ④ $\dfrac{1}{5}$

10 빨간 구슬 3개와 파란 구슬 4개가 들어 있는 주머니가 있다. 이 주머니에서 임의로 한 개를 꺼낼 때, 파란 구슬이 나올 확률은?

① 0 ② $\dfrac{3}{7}$
③ $\dfrac{4}{7}$ ④ 1

11 다음 자료는 순돌이네 반 학생 15명의 수학 점수를 조사하여 나타낸 자료이다. 수학 점수의 최빈값은?

(단위: 점)

68	88	92	78	98
62	88	75	78	88
50	65	88	100	75

① 50점 ② 65점
③ 75점 ④ 88점

12 다음 자료는 순영이의 7번의 100 m 달리기 기록을 조사하여 나타낸 것이다. 이 자료의 중앙값은?

(단위: 초)

21	19	20	18	20	17	16

① 18초 ② 19초
③ 20초 ④ 21초

13 다음 표는 20명 학생의 수학 점수를 나타낸 것이다. 이때, 수학 점수의 평균은?

점수(점)	40	50	60	70	80	계
학생 수(명)	1	3	10	5	1	20

① 60점 ② 61점
③ 62점 ④ 63점

14 다음 표는 윤기네 반 학생 15명의 영어 듣기 평가 점수를 조사하여 나타낸 것이다. 영어 듣기 평가 점수의 평균은?(단, 소수점 첫째 자리에서 반올림하여 구한다)

점수(점)	50	60	65	80	85	계
학생 수(명)	2	4	6	1	2	15

① 58점 ② 60점
③ 63점 ④ 65점

15 다음은 종운이의 5회에 걸친 수학 쪽지 시험 점수를 조사하여 나타낸 것이다. 평균이 7점일 때, x의 값은?

회	1회	2회	3회	4회	5회
점수(점)	7	x	8	9	5

① 4 ② 5
③ 6 ④ 7

16 영수의 수학 성적의 평균은 3회까지 79점이었다. 그 후 한번 시험을 더 본 결과 평균이 1점 올랐다. 마지막 시험에서 영수의 수학 성적은?

① 80점 ② 81점
③ 82점 ④ 83점

17 다음은 학생 10명의 수학 점수를 조사하여 나타낸 표이다. 그런데 잉크가 번져 일부가 보이지 않게 되었다. 평균이 52점이라고 할 때, 50점을 받은 학생 수는?

점수(점)	30	40	50	60	70	계
학생 수(명)	1	1			1	10

① 1 ② 2
③ 3 ④ 4

18 다음 자료의 평균을 a, 분산을 b라 할 때, $a+b$의 값은?

1, 2, 3, 4, 5

① $\sqrt{2}$ ② $\sqrt{3}$
③ 3 ④ 5

19 다음은 남학생 5명의 턱걸이 횟수를 조사하여 나타낸 표이다. 이때, 표준편차는?

학생	A	B	C	D	E
횟수(회)	8	7	6	9	10

① $\sqrt{2}$ 회 ② 2회
③ 4회 ④ 8회

20 다음 중 두 변량 사이에 음의 상관관계가 있다고 할 수 있는 것은?

① 운동량과 비만도
② 인구수와 학교 수
③ 폐수의 양과 환경 오염도
④ 휴대폰 사용 시간과 사용 요금

21 다음 중 양의 상관관계를 나타내는 것은?

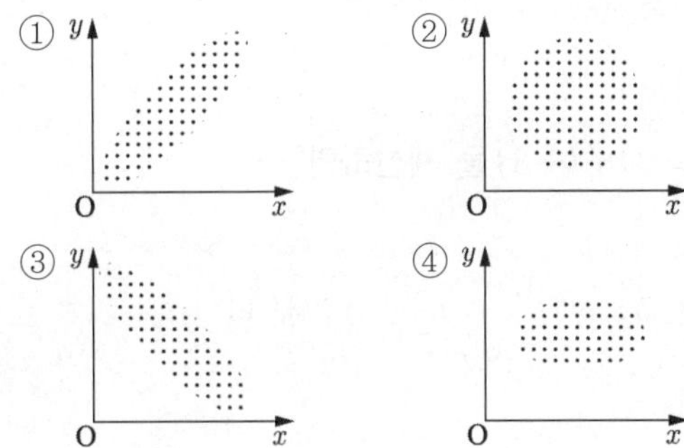

수학 실전 문제 ①회

01 다음은 180을 소인수분해하는 과정을 나타낸 것이다. 180을 소인수분해한 결과로 옳은 것은?

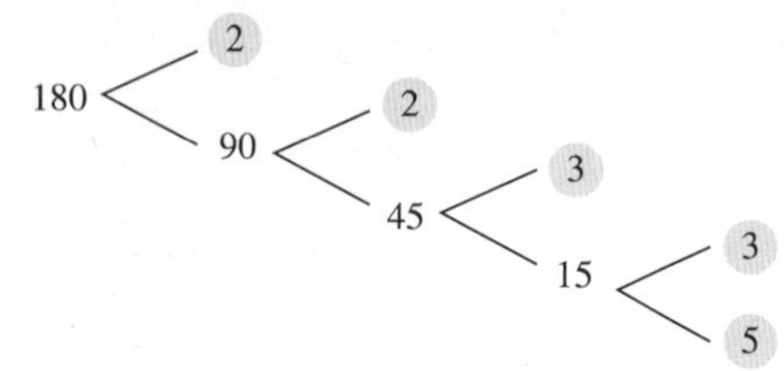

① $2^2 \times 5$ ② $2 \times 3 \times 5$
③ $2^2 \times 3^2$ ④ $2^2 \times 3^2 \times 5$

02 $(-8)+(+3)$을 계산하면?

① -11 ② -5
③ 5 ④ 11

03 일차방정식 $2x-3=7x+12$의 해는?

① $x=-8$ ② $x=-5$
③ $x=-3$ ④ $x=0$

04 $x=-5$일 때, $3x-4$의 값은?

① -19 ② -9
③ 1 ④ 11

05 다항식 x^2-25를 인수분해하면?

① $(x-5)^2$ ② $(x+5)^2$
③ $(x-1)(x+5)$ ④ $(x+5)(x-5)$

06 일차부등식 $8x > 48$의 해를 수직선 위에 나타낸 것은?

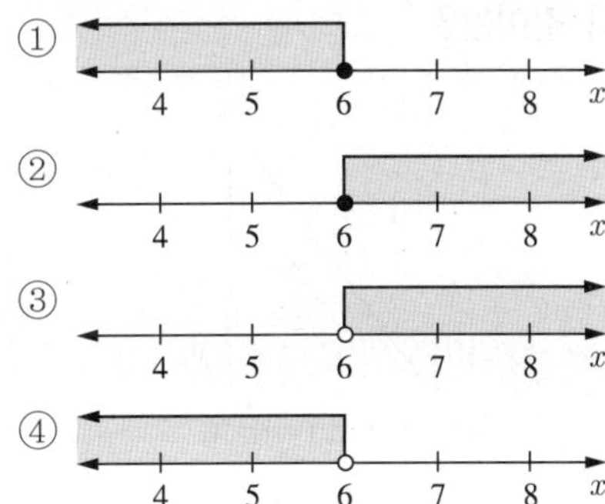

07 그래프의 기울기가 $-\dfrac{2}{3}$이고, y절편이 5인 일차함수의 식은?

① $y = -5x + \dfrac{2}{3}$ ② $y = -2x + 15$

③ $y = -\dfrac{2}{3}x + 5$ ④ $y = \dfrac{2}{3}x - 5$

08 연립방정식 $\begin{cases} x + 2y = 8 \\ -2x + ay = 5 \end{cases}$ 의 해가 없을 때, 상수 a의 값은?

① -4 ② -2

③ 0 ④ 2

09 이차함수 $y = -(x+2)^2 + 5$의 그래프에 대한 설명으로 옳지 <u>않은</u> 것은?

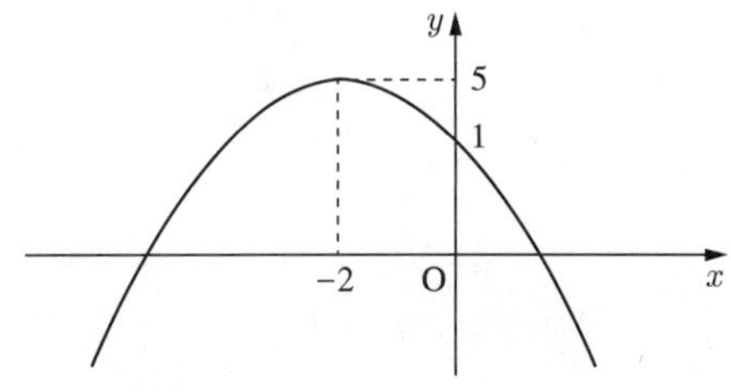

① 위로 볼록하다.
② 점 $(0,\ 1)$을 지난다.
③ 직선 $y = 5$를 축으로 한다.
④ 꼭짓점의 좌표는 $(-2,\ 5)$이다.

10 다음 그림의 원 O에서 $\angle \mathrm{AOB} = 25°$, $\angle \mathrm{COD} = 150°$, $\overset{\frown}{\mathrm{AB}} = 3\ \mathrm{cm}$ 이다. x의 값은?

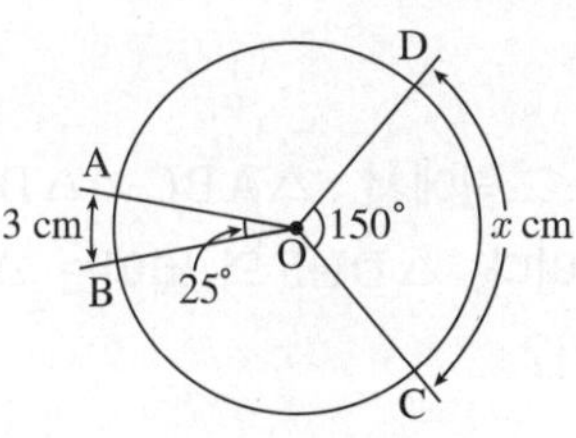

① 18 ② 21
③ 24 ④ 27

11 다음 그림의 삼각형 ABC에서 $\angle A = 60°$, $\angle B = 55°$이다. $\angle x$의 크기는?

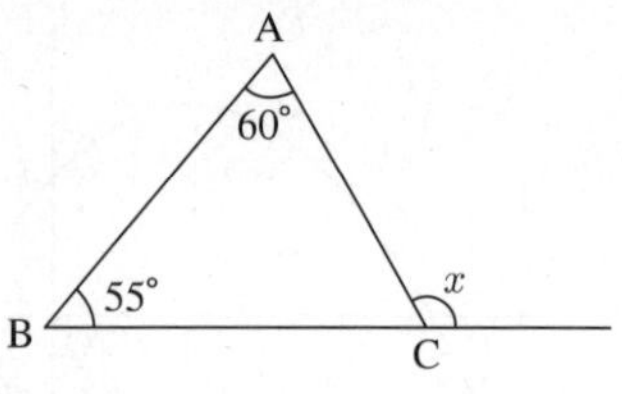

① 105° ② 110°

③ 115° ④ 120°

12 다음 그림에서 평행사변형이 <u>아닌</u> 것은?

① 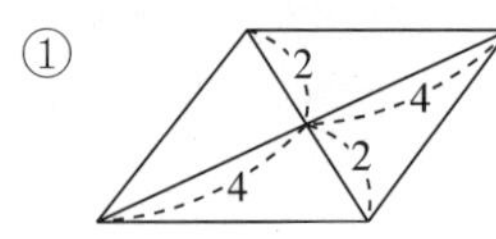 ② 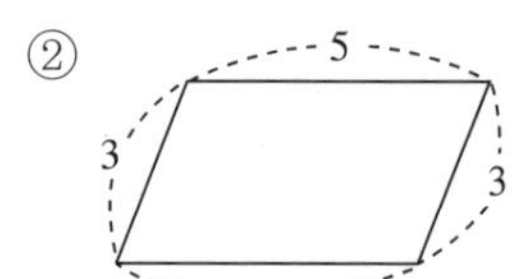

③ 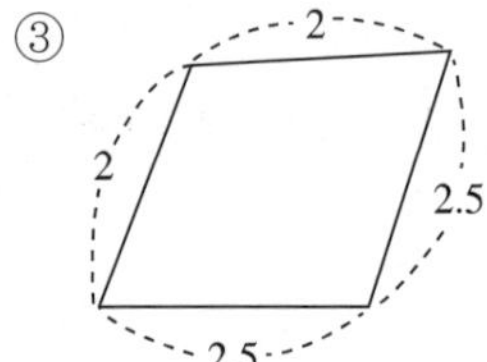 ④ 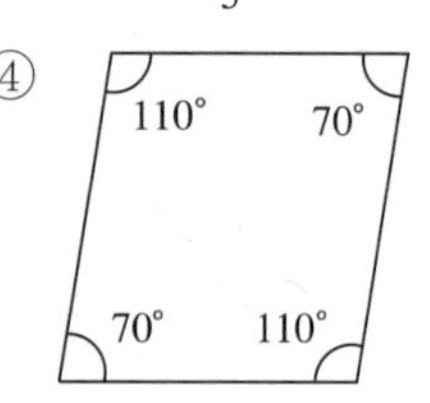

13 다음 그림에서 $\triangle ABC \backsim \triangle DEF$이고, 닮음비가 $1 : 3$이다. $\triangle DEF$의 넓이는 $\triangle ABC$의 넓이의 몇 배인가?

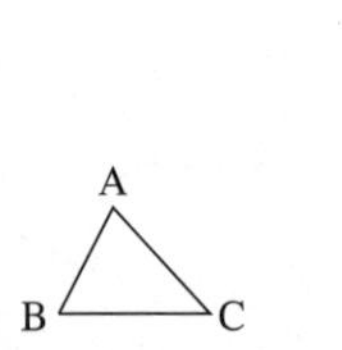
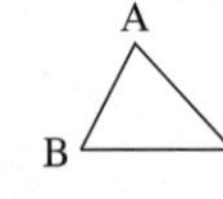

① 3배 ② 6배

③ 9배 ④ 12배

14 삼각형 ABC에서 $\overline{BC}=6$, $\overline{AC}=8$, $\angle C = 90°$일 때, $\overline{AB}$의 길이는?

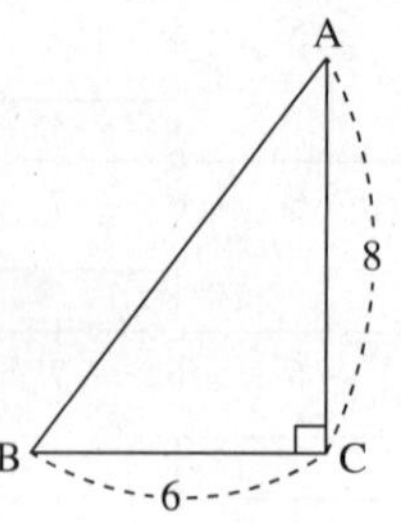

① 9 ② 10

③ 11 ④ 12

15 다음 그림과 같이 $\angle C = 90°$인 직각삼각형 ABC에서 $\overline{AB}= 6$, $\overline{AC}=\overline{BC}=3\sqrt{2}$일 때, $\cos B$의 값은?

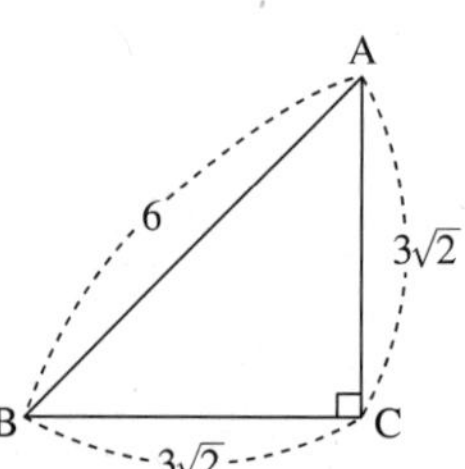

① $\dfrac{1}{2}$ ② $\dfrac{\sqrt{2}}{2}$

③ $\sqrt{2}$ ④ $2\sqrt{2}$

16 다음 그림의 원 O에서 $\angle APB$와 $\angle AQB$는 호 AB에 대한 원주각이다. $\angle APB = 40°$일 때, $\angle x$ 의 크기는?

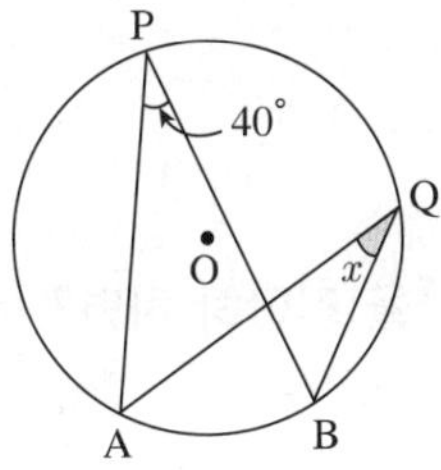

① 20°　　　　② 30°

③ 40°　　　　④ 50°

17 다음 그림과 같이 원 O에서 호 AB에 대한 중심각 $\angle AOB$의 크기가 130°일 때, 원주각 $\angle APB$의 크 기는?

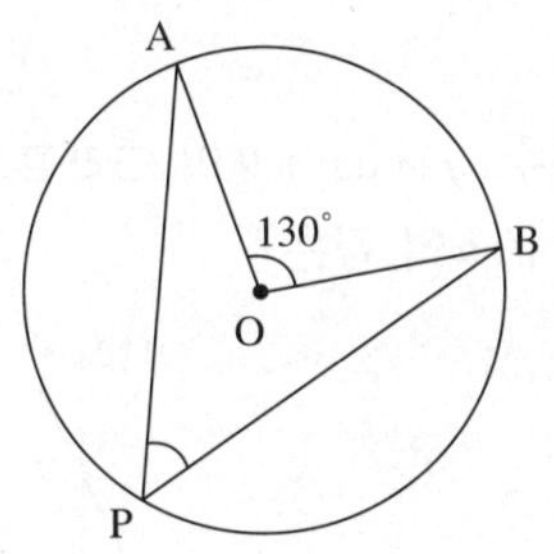

① 60°　　　　② 65°

③ 70°　　　　④ 75°

18 다음은 규현이네 반 학생 25명이 1분 동안 한 줄넘기 횟수를 조사하여 나타낸 줄기와 잎 그림이다. 줄넘기 횟수의 최빈값은?

(1|0는 10회)

줄기	잎
1	0 1 1 2 5 5 8
2	1 3 5 6 7 7 7 8 8 9
3	0 2 3 3 5 6 8

① 10회　　　　② 27회

③ 33회　　　　④ 38회

19 서로 다른 동화책 4권과 소설책 7권이 있다. 이 중 한 권의 책을 선택할 경우의 수는?

① 4　　　　② 7

③ 11　　　　④ 28

20 다음 자료는 어느 양궁 선수가 화살을 5회 쏜 점수를 나타낸 것이다. 이 자료의 평균을 a점, 분산을 b라 할 때, ab의 값은?

(단위: 점)

8	9	10	10	8

① 0.56　　　　② 0.64

③ 0.72　　　　④ 0.8

수학 실전 문제 ②회

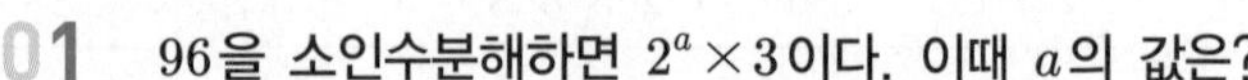

01 96을 소인수분해하면 $2^a \times 3$이다. 이때 a의 값은?

① 3　　　　　② 4

③ 5　　　　　④ 6

02 $5\sqrt{2}$ 를 $\sqrt{a}$ 의 꼴로 나타내면?

① $\sqrt{10}$　　　　　② $\sqrt{20}$

③ $\sqrt{40}$　　　　　④ $\sqrt{50}$

03 해가 $x = -1$인 일차방정식은?

① $x + 2 = 3$

② $x - 2 = -3$

③ $2x - 1 = 0$

④ $2x + 1 = 1$

04 $5x^3 \times 7x^5$을 간단히 하면?

① $12x^8$　　　　　② $12x^{15}$

③ $35x^8$　　　　　④ $35x^{15}$

05 이차방정식 $(x-5)(x+3) = 0$의 한 근이 5일 때, 다른 한 근은?

① -3　　　　　② -2

③ -1　　　　　④ 0

06 일차함수 $y = ax + 9$의 그래프가 다음 그림과 같을 때, 상수 a의 값은?

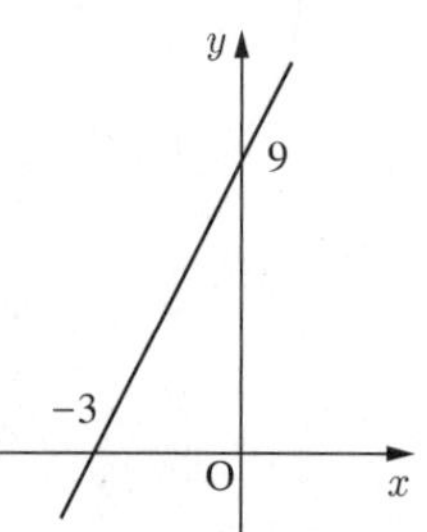

① -3　　　　　② -1

③ 1　　　　　④ 3

07 시속 20 km의 속력으로 x시간 동안 달린 거리를 y km라고 할 때, x와 y 사이의 관계식은?

x (h)	1	2	3	4	…
y (km)	20	40	60	80	…

① $y = 10x$　　　② $y = 20x$

③ $y = 30x$　　　④ $y = 40x$

08 다음 그림과 같이 두 직선 l과 m이 한 직선 n과 만날 때, $\angle x$의 엇각은?

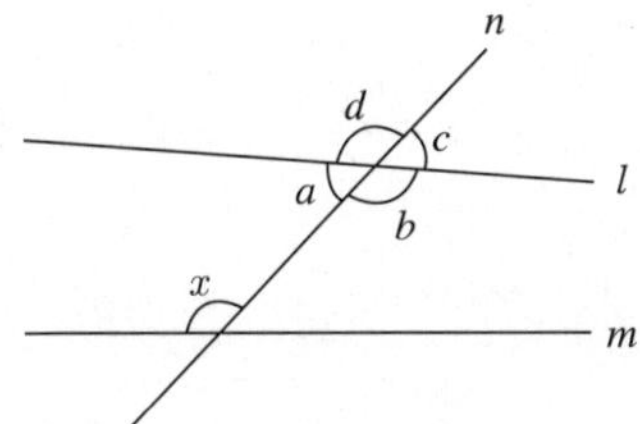

① $\angle a$　　　② $\angle b$

③ $\angle c$　　　④ $\angle d$

09 다음 그림의 사각형 ABCD에서 $\angle A = 120°$, $\angle C = 80°$, $\angle D = 90°$일 때, $\angle x$의 크기는?

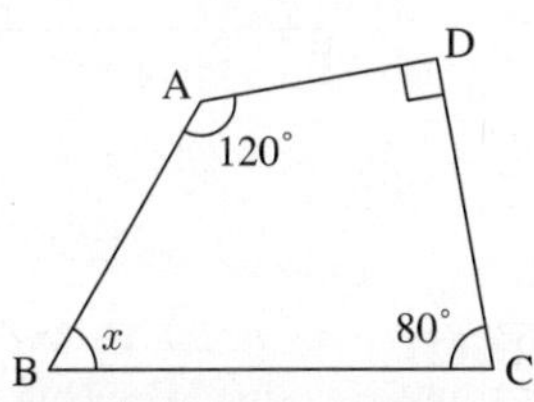

① $60°$　　　② $70°$

③ $80°$　　　④ $90°$

10 다음 그림에서 점 O는 △ABC의 외심이다. $\overline{OB} = 3$일 때, $\overline{OA}$의 길이는?

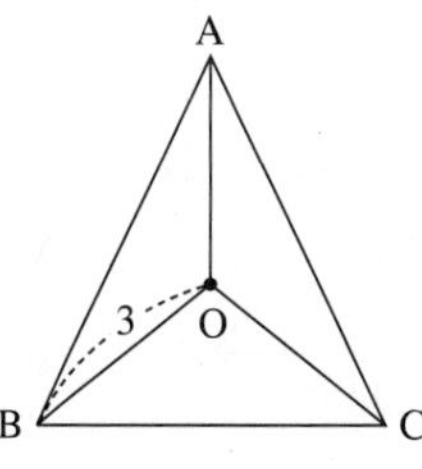

① 3　　　② 4

③ 5　　　④ 6

11 다음 그림과 같이 평행사변형 ABCD에서 $\angle A = 100°$, $\overline{AD} = 8$이다. 이때 x의 값과 $\angle y$의 크기를 차례로 나열한 것은?

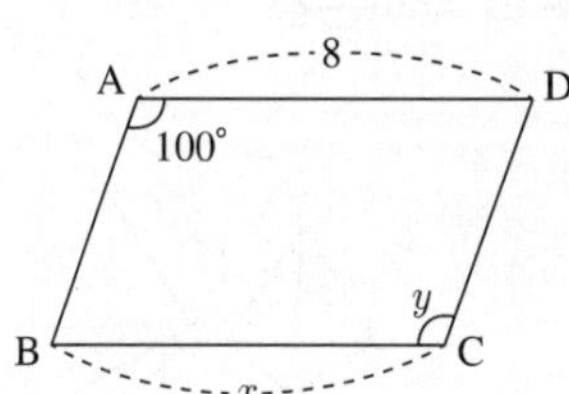

① $x = 6$, $\angle y = 80°$

② $x = 6$, $\angle y = 100°$

③ $x = 8$, $\angle y = 80°$

④ $x = 8$, $\angle y = 100°$

12 다음 그림에서 △ABC∽△DEF이고, $\overline{BC}=3\,cm$, $\overline{EF}=5\,cm$일 때, △ABC와 △DEF의 닮음비는?

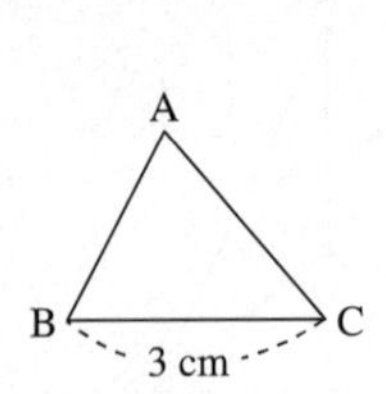

① 1 : 3
② 3 : 5
③ 8 : 15
④ 9 : 25

13 다음 그림에서 서로 닮음인 두 삼각뿔 A, B의 닮음비가 1 : 2이다. 삼각뿔 A의 부피가 $5\,cm^3$일 때, 삼각뿔 B의 부피는?

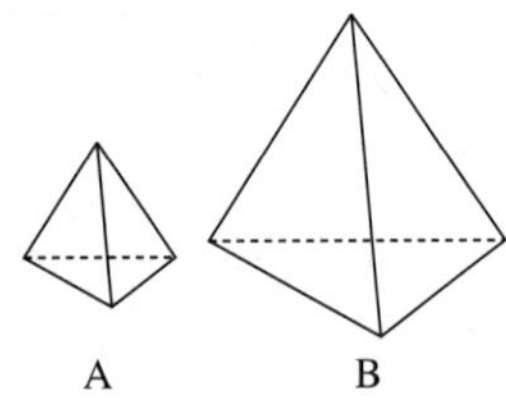

① $10\,cm^3$
② $20\,cm^3$
③ $30\,cm^3$
④ $40\,cm^3$

14 다음 그림은 ∠B = 90°인 직각삼각형 ABC의 세 변을 각각 한 변으로 하는 세 개의 정사각형을 그린 것이다. □ADEB의 넓이는 $64\,cm^2$이고 □BFGC의 넓이가 $36\,cm^2$일 때, □ACHI의 넓이는?

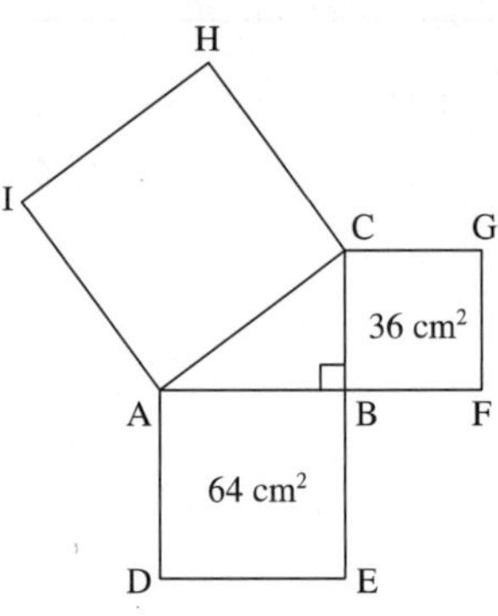

① $40\,cm^2$
② $60\,cm^2$
③ $80\,cm^2$
④ $100\,cm^2$

15 다음 그림과 같이 ∠C = 90°인 직각삼각형 ABC에서 $\overline{AB}=8$, $\overline{AC}=4\sqrt{3}$, $\overline{BC}=4$일 때, $\sin B$의 값은?

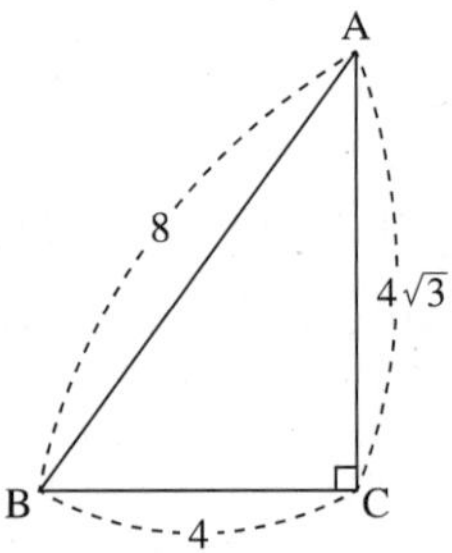

① $\dfrac{1}{2}$
② $\dfrac{\sqrt{2}}{2}$
③ $\dfrac{\sqrt{3}}{2}$
④ 2

16 다음 그림의 원 O에서 ∠APB는 호 AB에 대한 원주각이고, ∠CQD는 호 CD에 대한 원주각이다. $\overset{\frown}{AB}=\overset{\frown}{CD}=4\,cm$ 이고 ∠APB=30°일 때, ∠CQD의 크기는?

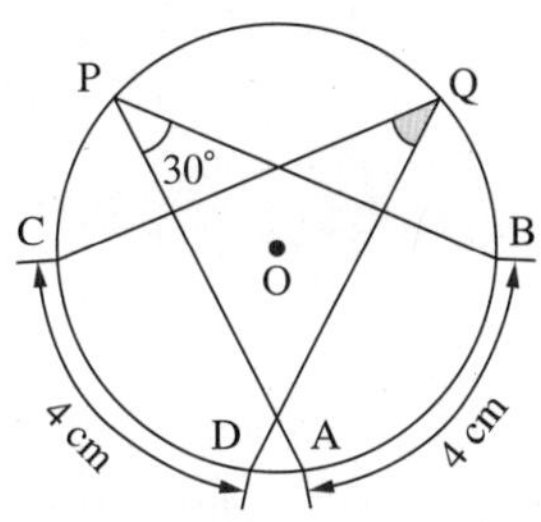

① 20°
② 25°
③ 30°
④ 35°

17 다음 그림에서 두 점 A, B는 점 P에서 원 O에 그은 두 접선의 접점이다. $\overline{PA}=7\,cm$일 때, $\overline{PB}$의 길이는?

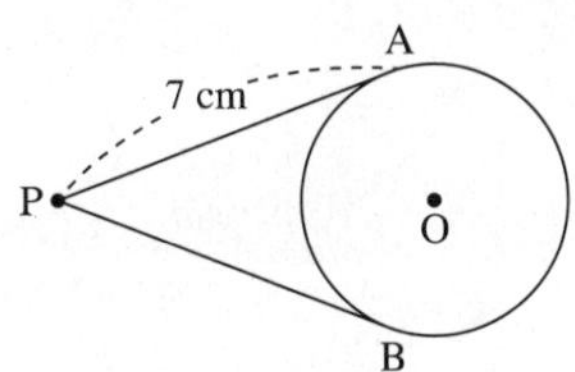

① 7 cm
② 8 cm
③ 9 cm
④ 10 cm

18 다음은 승호네 반 학생 20명의 수학 점수를 조사하여 나타낸 도수분포표이다. A의 값은?

수학 점수(점)	학생 수(명)
50^{이상} ~ 60^{미만}	2
60 ~ 70	5
70 ~ 80	4
80 ~ 90	A
90 ~ 100	2
합계	20

① 5
② 6
③ 7
④ 8

19 상자 안에 1부터 9까지의 자연수가 각각 하나씩 적힌 아홉 개의 크기가 같은 구슬이 들어 있다. 이 중에서 임의로 한 개의 구슬을 꺼낼 때, 3의 배수가 아닌 수가 나올 확률은?

① $\dfrac{1}{4}$
② $\dfrac{1}{3}$
③ $\dfrac{1}{2}$
④ $\dfrac{2}{3}$

20 다음 자료의 중앙값과 최빈값의 합은?

7	2	12	5	5	8	8	5

① 10
② 11
③ 12
④ 13

아이들이 답이 있는 질문을 하기 시작하면 그들이 성장하고 있음을 알 수 있다.

- 존 J. 플롬프 -

영어

합격의 공식 시대에듀 www.sdedu.co.kr

1	문법
2	어휘
3	생활 영어
4	독해

1

문법

● 해결 Point

주절과 종속절의 시제를 일치시키는 문제가 자주 나오므로 현재, 과거, 미래, 진행, 완료를 만드는 방법을 알아 두도록 한다. 형용사와 부사의 쓰임, to부정사, 동명사 등에 따라 의미와 기능이 달라지는 문제도 자주 출제된다.

● 대표 문제 유형

❖ 빈칸에 들어갈 말로 가장 적절한 것은?
❖ 밑줄 친 부분이 어법상 적절하지 <u>않은</u> 것은?

1 문장의 형식

(1) 8품사

명사	사람, 사물, 동물 등의 이름이나 지명 등을 칭하는 단어로, 셀 수 없는 명사와 셀 수 있는 명사가 있다. 예 Amy, bird, computer, Korea 등
대명사	명사를 대신해서 쓰는 단어 예 I, this, you 등
동사	사람이나 사물의 움직임이나 상태를 나타내며, '–다'로 끝나는 단어 예 am, can, have, run 등
형용사	사람이나 사물의 성질·수량을 나타내며, 명사·대명사를 수식하는 단어 예 cool, interesting, worried 등
부사	동사, 형용사, 다른 부사 또는 문장 전체를 수식하는 단어 예 really, very, entirely 등
전치사	명사나 대명사 앞에서 다른 명사나 대명사와의 관계를 나타내는 단어 예 on, in, from 등
접속사	단어와 단어, 구와 구, 문장과 문장을 연결하는 단어 예 although, because, so 등
감탄사	기쁨, 슬픔, 놀람 등의 여러 가지 감정을 나타내는 단어 예 oh, wow, oops 등

■ 셀 수 있는 명사의 복수형
- 대부분의 명사 뒤에 –s를 붙인다.
  예 boys, eggs, desks 등
- –ch, –sh, –s, –x, –o로 끝나는 명사 뒤에 –es를 붙인다.
  예 matches, dishes, buses, boxes, tomatoes 등
- '자음＋y'로 끝나는 명사일 때 –y를 –i로 바꾸고 –es를 붙인다.
  예 cities, babies 등
- –f/–fe로 끝나는 명사일 때 –f/–fe를 –ves로 바꾼다.
  예 wolves, knives 등
- 불규칙 변화
  예 child → children, man → men, foot → feet 등

■ 동사의 종류
- be동사: am, are, is 등
- 일반동사: 행위·동작이나 상태를 나타내는 말
- 조동사: do, can, must 등으로 일반동사와 함께 쓰여 보조적 기능을 하는 말
  예 She likes dogs. → <u>Does</u> she *like* dogs?
  (그녀는 개를 좋아해. → 그녀는 개를 좋아해?)

(2) 문장의 요소와 형식

① 문장의 4요소

주어	문장의 주체(–은/–는/–이/–가)로, 명사, 대명사, 명사 상당어구가 위치한다. 예 <u>Jane</u> seems surprised. (제인은 놀란 것 같다.)
동사 (술어)	주어의 행위·동작(–하다)이나 상태(–이다/–있다)를 나타내며, 동사 또는 동사구가 위치한다. 보어가 필요한지 아닌지에 따라 완전/불완전 동사, 목적어가 필요한지 아닌지에 따라 타동사/자동사로 구분한다. 예 I <u>play</u> the guitar. (나는 기타를 연주한다.)
목적어	주어의 행위나 동작(동사)을 받는 대상으로, 직접목적어(–을/–를)와 간접목적어(–에게)가 있다. 명사, 대명사, 명사 상당어구가 위치한다. 예 The boy writes <u>a letter</u>. (그 소년이 편지를 쓴다.) He gave <u>me</u> <u>a book</u>. (그가 나에게 책을 한 권 주었다.) – me는 간접목적어, a book은 직접목적어

<table>
<tr><td rowspan="2">보어</td><td colspan="2">주어나 목적어의 상태(동사)를 보충 설명하는 수식어
(-이-/-하-)이며, 주격보어/목적격보어가 있다. 명사,
대명사, 명사(상당어구), 형용사(상당어구) 등이 위치한다.</td></tr>
<tr><td colspan="2">예 This milk is <u>fresh</u>. (이 우유는 신선하다.)
The news made me <u>happy</u>.
(그 소식은 나를 기쁘게 만들었다.)
– fresh는 주격보어, happy는 목적격보어</td></tr>
</table>

② 문장의 5형식

㉠ 1형식: 주어(S) + 동사(V)

목적어나 보어 없이 동사(<u>완전자동사</u>)만으로 주어의 상태나 동작을 설명할 수 있는 문형이다.

예 Birds <u>fly</u> in the sky. (새들이 하늘에서 난다.)

There <u>is</u> a bench under the tree.

(나무 아래에는 의자가 있다.)

Many years ago a large fox <u>lived</u> in the woods.

(수년 전에 커다란 여우 한 마리가 숲속에 살았다.)

㉡ 2형식: 주어(S) + 동사(V) + 주격보어(S·C)

주어의 상태(동사)를 보충 설명해 주어야 의미가 통하는 자동사(<u>불완전자동사</u>) 문형이다.

예 He <u>is</u> a musician. (그는 음악가이다.)

The students <u>kept</u> quiet. (그 학생들은 조용히 있었다.)

She <u>became</u> a good nurse. (그녀는 훌륭한 간호사가 되었다.)

She <u>looks</u> happy. (그녀는 행복해 보인다.)

■ 타동사로 착각하기 쉬운 자동사

account for	설명하다, 처리하다
agree to	–에 대해 합의하다
arrive at	–에 도착하다
complain about	–에 대해 불평하다
graduate from	–을/–를 졸업하다
go into	–에 들어가다(= enter)
listen to	귀를 기울이다
look for	찾다, 구하다, 기대하다
object to	–에 반대하다
reply to	–에 답하다
start from	–에서 출발하다
wait for	–을/–를 기다리다

㉢ 3형식: 주어(S) + 동사(V) + 목적어(O)

주어의 행위나 동작(동사)에 영향을 받는 대상이 있어야 의미가 통하는 <u>완전타동사</u> 문형이다.

예 He <u>made</u> a box. (그는 상자를 만들었다.)

I <u>like</u> swimming in the pool.

(나는 수영장에서 수영하기를 좋아한다.)

I don't <u>know</u> what to say.

(나는 무슨 말을 해야 할지 모르겠다.)

■ 자동사와 타동사의 의미가 다른 경우

동사	자동사	타동사
become	He <u>becomes</u> a teacher. (되다)	Her new dress <u>becomes</u> her well. (어울리다)
grow	He <u>grew</u> old. (되다)	He <u>is growing</u> a beard. (기르다)
run	He <u>ran</u> in the rain. (달리다)	He <u>runs</u> a small shop. (경영하다)
stand	There <u>stands</u> a tall tree. (서 있다)	He couldn't <u>stand</u> such manners. (참다)
turn	He <u>turned</u> pale. (되다)	He <u>turned</u> his back. (돌리다)

㉣ 4형식: 주어(S) + 동사(V) + 간접목적어(I·O) + 직접목적어(D·O)

4형식 동사는 목적어를 두 개 취하는 <u>수여동사</u>이다. 이 경우 '–을/를'의 의미를 가진 목적어를 직접목적어라고 하고, '–에게'의 뜻인 목적어를 간접목적어라고 한다.

'전치사 + 간접목적어'로 4형식 문장을 3형식 문장으로 전환할 때 '전치사 + 간접목적어'로 나타낼 수 있다. 이때 동사에 따라 전치사를 크게 3개로 구분하여 사용한다.

전치사	수여동사	예시
to	give, send, teach, tell, show	She <u>told</u> *me* an interesting story. (4형식) → She <u>told</u> an interesting story *to me*. (3형식) (그녀는 나에게 흥미로운 이야기를 말해 주었다.)
for	buy, make, get	My brother will <u>buy</u> *me* a toy. (4형식) → My brother will <u>buy</u> a toy *for me*. (3형식) (오빠가 내게 장난감을 사 줄 것이다.)

of	ask	I <u>asked</u> *him* a question. (4형식) → I <u>asked</u> a question *of him*. (3형식) (나는 그에게 질문을 했다.)

> **■ 수여동사로 착각하기 쉬운 완전타동사**
>
> | announce | 발표하다, 알리다 |
> |---|---|
> | confess | 자백하다 |
> | deprive | (물건을) 빼앗다 |
> | describe | 묘사하다, 서술하다 |
> | explain | 설명하다 |
> | furnish | 제공[공급]하다 |
> | introduce | 소개하다 |
> | mention | 말하다, 언급하다 |
> | present | 증정하다, 바치다, 주다 |
> | propose | 제안[제의]하다 |
> | prove | 입증[증명]하다 |
> | provide | 제공[공급]하다, 주다 |
> | rob | 털다[도둑질하다] |
> | suggest | 제안하다, 추천하다, 시사하다 |
> | supply | 공급[제공]하다 |

㉺ 5형식: S + V + O + O·C(목적격보어)

주어의 행위·동작(동사)에 영향을 받는 목적어와 목적어의 상태(동사)를 보충 설명해 주는 목적격보어가 모두 필요한 <u>불완전타동사</u> 문형이다.

例 He <u>made</u> his son a soldier.

(그는 아들을 군인으로 만들었다.)

We <u>elected</u> him chairman.

(우리는 그를 의장으로 선출했다.)

I <u>thought</u> her a beggar. (나는 그녀를 거지로 생각했다.)

We <u>called</u> him a fool. (우리는 그를 바보라고 불렀다.)

(3) 문장의 종류

① **평서문**: '주어 + 동사 (+ …).'의 어순으로 '–다.'로 끝나는 문장

例 I <u>am</u> a middle school student. (나는 중학생이다.)

I always walk to school. (나는 항상 학교에 걸어간다.)

② **부정문**: 'not(~ 아니다[않다])'을 더해 '주어 + be동사 + not (+ …).' 또는 '주어 + 조동사 + not + 일반동사 원형 (+ …).'의 어순으로 부정의 의미를 나타내는 문장

例 I <u>am not</u> a middle school student. (나는 중학생이 아니다.)

I don't always walk to school.

(나는 항상 학교에 걸어가는 것은 아니다.)

③ **의문문**: 'be동사 + 주어 (+ …)?' 또는 '조동사 + 주어 + 일반동사 원형 (+ …)?'의 어순으로 물음표로 끝나는 묻는 문장

例 <u>Are you</u> a middle school student? (너는 중학생이니?)

Do you always walk to school?

(너는 항상 걸어서 학교에 가니?)

④ **감탄문**: 'What a + 형용사 + 명사 (+ 주어 + 동사)!' 또는 'How + 형용사 (+ 주어 + 동사)!'의 어순으로 느낌표로 끝나는 감탄하는 문장

例 What a nice house (it is)! (굉장히 멋진 집이구나!)

How kind (you are)! (너 정말 착하구나!)

⑤ **명령문**: 주어를 생략하고 '동사원형 (+ …).'의 어순으로 '–해/–해라.'라고 무엇을 시키거나 요구하는 문장

例 <u>Close</u> the door. (문 닫아라.)

⑥ **청유문**: 권유문, 부탁문이라고도 하며, 무언가를 요청하는 문장

例 <u>Let's</u> go to the museum. (박물관 가자.)

<u>Do you mind</u> closing the door for me?

(문 좀 닫아 줄래?)

> **■ 주절과 종속절**
> • 주절: '주어 + 동사 (+ …)'의 구조를 갖춘 완전한 문장으로 독립적으로 사용할 수 있다.
> 例 I will go home. (나는 집에 갈 것이다.)
> • 종속절: 문장 안에서 주절을 보충하며 명사, 형용사, 부사처럼 하나의 품사 역할을 한다. '주절' 또는 '주절 + 종속절'은 문장이 성립하지만, '종속절'은 단독으로는 문장이 성립되지 않는다.
> 例 I will go home <u>when she arrives</u>.
> (나는 그녀가 도착할 때 집에 갈 것이다.)

2 시제 · 조동사

(1) 시제

말하려는 사건의 시점과 상태가 중요	말하려는 사건의 순서와 상태가 중요		
기본시제	진행시제 (기본 + 진행)	완료시제 (기본 + 완료)	완료진행시제 (기본 + 완료 + 진행)
현재	현재진행	현재완료	현재완료진행
과거	과거진행	과거완료	과거완료진행
미래	미래진행	미래완료	미래완료진행

① 기본시제

현재시제

am[are/is] 또는 일반동사의 현재형: '-이[있/하]다'
- 현재 사실, 동작, 상태
  - 예 I <u>am</u> happy now. (나는 지금 행복하다.)
- 현재의 습관 · 반복적 동작
  - 예 I <u>brush</u> my teeth before I go to bed.
    (나는 자기 전에 이를 닦는다.)
- 객관적인 진리, 사실, 격언, 사회적인 통념
  - 예 The sea <u>covers</u> two thirds of the earth.
    (바다는 지구의 3분의 2를 차지한다.)
- 왕래발착(go, come, arrive, leave, begin, start 등) 동사는 미래를 나타내는 부사구와 함께 쓰여 현재형이 미래를 의미한다.
  - 예 The train <u>arrives</u> at 7:30 this evening.
    (기차는 오늘 저녁 7시 30분에 도착한다.)
- 시간 · 조건을 나타내는 부사절에서 현재형이 미래를 대신한다.
  - 예 Let's go to meet him <u>before it rains</u>.
    (비가 오기 전에 그를 만나러 가자.)

과거시제

was[were] 또는 일반동사의 과거형: '-있었[했]다'
- 과거의 동작 · 상태
  - 예 Walking along the street, I <u>met</u> a friend.
    (거리를 걸어가다가 친구를 한 명 만났다.)
- 과거의 습관적 동작 · 반복
  - 예 Dad often <u>told</u> us ghost stories on summer evenings.
    (아빠는 종종 여름 저녁에 우리에게 유령 이야기를 들려주셨다.)
- 과거의 경험
  - 예 <u>Did</u> you ever make a cake?
    (케이크를 만들어 본 적이 있나요?)
- 어떤 일의 지속 기간을 나타내는 표현: 'is ~ since …', 'How long is it since ~'의 since절에는 과거시제만 사용한다.
  - 예 It <u>is</u> two years <u>since</u> they <u>got</u> married.
    (그들이 결혼한 지 2년이 된다.)

미래시제

'will[shall] + 동사원형' 또는 'be going to + 동사원형': '-일[할] 것이다'
- 미래에 예상되는 일
  - 예 James <u>will be</u> 16 years old next year.
    (제임스는 내년에 16살이 될 것이다.)
- 순간적인 결정 사항이나 약속
  - 예 I'll <u>give</u> it to you tomorrow.
    (내일 당신에게 그것을 드리겠습니다.)
- 'shall I[we] ~?'로 의사를 물을 때
  - 예 <u>Shall I</u> make coffee for you? (커피를 드릴까요?)
- be going to: 현재 진행되고 있는 일의 결과나, 이미 계획된 일의 결과로 나타날 미래의 일을 이야기할 때
  - 예 I'm <u>going to</u> take the train leaving[that will leave] at eleven.
    (나는 11시발[11시에 떠나는] 열차를 탈 예정이다.)

- **주어가 3인칭 단수인 일반동사의 현재형**
  - 대부분의 동사 뒤에 -s를 붙인다.
    - 예 runs, hates, wants 등
  - -ch, -sh, -s, -x, -o로 끝나는 동사 뒤에 -es를 붙인다.
    - 예 catches, brushes, guesses, fixes, goes 등
  - '자음 + y'로 끝나는 동사일 때 -y를 -i로 바꾸고 -es를 붙인다.
    - 예 studies, tries, cries 등
  - '모음 + y'로 끝나는 동사일 때는 뒤에 -s만 붙인다.
    - 예 enjoys, employs, plays 등
  - 불규칙 변화
    - 예 have → has 등

- **일반동사의 과거형**
  - 대부분의 동사 뒤에 -ed를 붙인다.
    - 예 laughed, washed, wanted 등
  - -e로 끝나는 동사는 뒤에 -d만 붙인다.
    - 예 moved, liked 등
  - '자음 + y'로 끝나는 동사일 때 -y를 -i로 바꾸고 -ed를 붙인다.
    - 예 studied, cried, hurried 등
  - '단모음 + 단자음'으로 끝나는 동사일 때 뒤에 끝 자음을 한 번 더 쓰고 -ed를 붙인다.
    - 예 stopped, planned, chatted 등
  - 불규칙 변화
    - 예 have → had, do → did, go → went 등

■ **주요 동사의 불규칙 3단 변화(기본형-과거형-과거분사형)**

be[am/are/is] – was[were] – been	–이다[있다]
begin – began – begun	시작하다
buy – bought – bought	사다
catch – caught – caught	잡다
choose – chose – chosen	고르다
come – came – come	오다
do – did – done	하다
drive – drove – driven	운전하다
eat – ate – eaten	먹다
find – found – found	찾다
forget – forgot – forgotten	잊다
get – got – got[gotten]	얻다
give – gave – given	주다
go – went – gone	가다
grow – grew – grown	자라다
have – had – had	가지다
keep – kept – kept	유지하다
know – knew – known	알다
leave – left – left	떠나다
lose – lost – lost	잃다
make – made – made	만들다
put – put – put	놓다
read – read – read	읽다
run – ran – run	달리다
say – said – said	말하다
see – saw – seen	보다
take – took – taken	가져가다
think – thought – thought	생각하다
write – wrote – written	쓰다

② 진행시제

현재 진행	am[are/is] + 현재분사(–ing): '–(하)는 중이다' • 현재 동작의 진행 　예 They <u>are</u> <u>repairing</u> the bridge. 　　(그들은 그 다리를 수리 중이다.) • 미래를 나타내는 부사구와 함께 쓰여 현재진행형이 가까운 미래를 의미하기도 한다. 　예 We <u>are</u> <u>leaving</u> for Seoul tonight. 　　= We <u>will</u> <u>leave</u> for Seoul tonight. 　　(우리는 오늘 밤 서울로 떠날 예정이다.)

과거 진행	was[were] + 현재분사(–ing): '–(하)고 있었다' 　예 He <u>was</u> <u>reading</u> a novel when I entered the room. 　　(내가 그 방에 들어갔을 때 그는 소설을 읽고 있었다.) 　　We <u>were</u> <u>cleaning</u> the house when mom went to the grocery store. 　　(우리는 엄마가 슈퍼마켓에 가셨을 때 집을 청소하고 있었다.)
미래 진행	will[shall] be + 현재분사(–ing): '–(하)고 있을 것이다' 　예 He <u>will</u> <u>be</u> <u>waiting</u> for you at five this afternoon. 　　(그는 오늘 오후 5시에 너를 기다리고 있을 거야.)

■ **진행형(be동사 + –ing)을 쓰지 않는 동사**
- 지속적인 상황이나 상태를 나타내는 동사: be(이다), seem(~인 것처럼 보이다), look(~인 것처럼 보이다) 등
- 지각을 나타내는 동사: feel(느끼다), see(보다), smell(냄새를 맡다) 등
- 감정이나 인지를 나타내는 동사: prefer(선호하다), love(사랑하다), hate(미워하다) 등
- 소유를 나타내는 동사: have(가지다), belong(소유하다), possess(소유하다) 등

③ 완료시제

현재 완료	have[has] + 과거분사(p.p) 과거에 일어난 동작이나 상태를 현재와 관련지어 표현한다. • 완료: '막 –하다'란 뜻으로 동작의 마침을 말한다. just(막), already(이미), yet(아직), now(지금) 등과 같이 쓰인다. 　예 I <u>have</u> just <u>finished</u> reading today's evening paper. (나는 오늘 석간신문을 방금 다 봤다.) • 경험: '–한 적이 있다'란 뜻으로 지금까지의 경험을 말한다. ever(어느 때고), never(결코 ~ 아닌), before(~ 전에), once(한 번), many times(여러 번) 등과 같이 쓰인다. 　예 I <u>have</u> <u>read</u> *War and Peace* before. 　　(나는 전에 『전쟁과 평화』를 읽은 적이 있다.) • 계속: '–해 오고 있다'란 뜻으로 과거의 어떤 상태가 지금까지 지속됨을 의미한다. 　예 She <u>has</u> <u>wanted</u> to visit Paris for a long time. 　　(그녀는 오랫동안 파리를 방문하기를 원하고 있다.) • 결과: '–해 버렸다'란 뜻으로 어떤 일의 결과가 현재의 상태와 관련이 있음을 드러낸다. 　예 He <u>has</u> <u>gone</u> to Europe. 　　(그는 유럽에 가 버렸다[가 있다].)

과거 완료	**had + 과거분사(p.p)** 과거의 어느 때를 기준으로 하여, 더 앞선 과거로부터 그 때까지의 행위, 동작, 상태 등의 완료, 경험, 결과, 계속을 나타낸다. [예] The thief <u>had</u> already <u>run</u> away when the police came. (경찰이 왔을 때는 이미 도둑이 도망쳐 버렸다.) – 완료 I <u>had visited</u> London before then. (나는 그 이전에 런던을 방문한 적이 있었다.) – 경험 Spring <u>had come</u> by the time she was well again. (그녀가 완쾌되었을 때는 봄이 왔다.) – 결과 He <u>had been</u> ill in bed for a week when I came back. (내가 돌아왔을 때 그는 일주일 내내 아파서 누워 있었다.) – 계속
미래 완료	**will[shall] + have + 과거분사(p.p): '–(하)게 될 것이다'** [예] They <u>will have arrived</u> in France by this time tomorrow. (그들은 내일 이 시간까지 프랑스에 도착하게 될 것이다.) • when, while, until, if, unless 등으로 시작되는 시간 · 조건을 나타내는 부사절에서는 미래(완료)시제 대신 현재(완료)시제로 말한다. [예] Your father <u>will have sold</u> this house <u>when you come</u> back. (네가 돌아올 때에는 너의 아버지가 이 집을 팔아 버렸을 것이다.) <u>If she goes</u> to France again, she <u>will have been</u> there three times. (만약 그녀가 또다시 프랑스에 간다면, 세 번째 그곳에 가는 셈이 된다.)

④ 완료진행시제

현재 완료 진행	**have[has] been + 현재분사(–ing)** 어떤 동작이 과거에서 현재까지 계속될 때 [예] He <u>has been reading</u> the book for two hours. (그는 두 시간째 책을 읽고 있다.)
과거 완료 진행	**had been + 현재분사(–ing)** 과거 어떤 시기 전에 시작된 동작이나 상태가 그 과거 때까지 계속 진행 중임을 나타낸다. [예] I <u>had been waiting</u> about an hour when he came. (나는 그가 올 때까지 1시간이나 기다렸다.)
미래 완료 진행	**will[shall] have been + 현재분사(–ing)** 미래의 어느 때까지 동작이나 상태가 계속 진행 중임을 나타낸다. [예] It <u>will have been raining</u> for three days on end if it does not stop tomorrow. (만일 내일 비가 그치지 않는다면 사흘간이나 계속 비가 오는 셈이다.)

⑤ 시제의 일치

㉠ 시제일치의 원칙

- 주절이 현재, 현재완료, 미래인 경우: 종속절의 시제는 12가지 시제 모두 가능하다.
- 주절이 과거, 과거진행, 과거완료진행인 경우: 종속절의 시제는 과거와 과거완료 시제만 가능하다.
- 조동사(would, should, might, could, must)가 기본형으로 쓰이는 경우나 ought to, used to, had better 등은 과거형이 없으므로 주절이 과거형으로 바뀌어도 모양이 변하지 않는다.

  [예] He *told* me that I <u>should go</u> to bed.

  (그는 내게 자러 가야 한다고 말했다.)

㉡ 시제일치의 예외

- 자연적 현상이나 불변의 진리인 경우 항상 현재시제를 사용한다.

  [예] The teacher *told* me that the earth <u>moves</u> round the sun.

  (선생님은 지구가 태양의 둘레를 돈다고 나에게 말했다.)

- 사회적 통념이나 관습, 지속적인 사실인 경우 현재시제를 사용한다.

  [예] Mr. Smith *said* that the older one <u>becomes</u> the faster time <u>flies</u>.

  (스미스 씨는 나이가 들수록 시간이 더 빨리 간다고 말했다.)

- 역사적 사실은 과거시제만 쓴다.

  [예] He *said* that Columbus <u>discovered</u> America in 1492.
  (그는 콜럼버스가 1492년에 아메리카를 발견했다고 말했다.) (O)

  He *said* that Columbus <u>had discovered</u> America in 1492. (×)

- 시간 · 조건을 나타내는 부사절에서는 미래시제 대신 현재시제를 쓴다.

  [예] If it <u>is</u> fine tomorrow, we *will go* on a picnic. (O)
  (내일 날씨가 좋으면 우리는 피크닉을 갈 것이다.)

  If it <u>will be</u> fine tomorrow, we *will go* on a picnic. (×)

(2) 조동사

① do[does/did]: 조동사·일반동사로 모두 쓸 수 있다. 조동사는 일반동사의 앞에 위치하여 뜻이나 기능을 보조해 준다.

　㉠ 의문문과 부정문에 쓰인다.

　　예 <u>Do</u> you hear me? (내 말이 들립니까?)

　　　– Do는 조동사, hear는 일반동사

　　　I <u>do not</u> like milk. (나는 우유를 좋아하지 않는다.)

　　　– do는 조동사, like는 일반동사

　㉡ 일반동사를 대신하는 경우

　　예 He runs much faster than she <u>does</u>(= runs).

　　　(그는 그녀보다 훨씬 빨리 달린다.)

② can[could]

　㉠ 능력·가능: '–할 수 있다'

　　예 He <u>can</u> speak English well.

　　　(그는 영어를 매우 잘 말할 수 있다.)

　㉡ 부정적 추측: '–일 리 없다'

　　예 It <u>cannot</u> be true. (그것은 사실일 리 없다.)

　㉢ 강한 의심: '과연 –할 수 있을까?'

　　예 <u>Can</u> I be back in time for the meeting?

　　　(과연 회의 시간에 맞춰 돌아올 수 있을까?)

　㉣ can = be able to + 동사원형: '–할 수 있다'

　　예 He <u>could not</u> answer the question.

　　　(그는 그 질문에 답할 수 없었다.)

　　　= He <u>was not able to answer</u> the question.

　　　You <u>will be able to start</u> tomorrow. (O)

　　　(너는 내일 출발할 수 있을 거야.)

　　　You <u>will can start</u> tomorrow. (×)

③ may[might]

　㉠ 허가: '–해도 좋다'

　　예 <u>May</u> I go home? (집에 가도 될까요?)

　㉡ 추측·불확실: '–일지도 모른다'

　　예 This book <u>may</u> be very interesting for you.

　　　(이 책은 네게 매우 흥미로울지도 모른다.)

　　　He <u>may</u> not come back.

　　　(그는 돌아오지 않을지도 모른다.)

　㉢ 기원·축원: '–하소서'

　　예 <u>May</u> you live long! (만수무강하소서!)

　㉣ 목적: '–하기 위해'

　　　(= so that … may = in order to + 동사원형)

　　예 He studied hard <u>so that he might pass</u> the exam.

　　　= He studied hard <u>in order to pass</u> the exam.

　　　(그는 시험에 합격하기 위해 열심히 공부했다.)

④ must[had to]

　㉠ 필요·의무: '–해야 한다'

　　예 You <u>must</u> do the work at once.

　　　(너는 그 일을 즉시 해야 한다.)

　㉡ 강한 추측: '–임에 틀림없다'

　　예 He <u>must</u> be an American.

　　　(그는 미국인임에 틀림없다.)

　㉢ must not: '–해서는 안 된다'

　　예 You <u>must not</u> go there.

　　　(너는 거기에 가면 안 된다.)

　㉣ must = have to + 동사원형: '–해야 한다'

　　예 I <u>have to</u> write a letter to him.

　　　= I <u>must</u> write a letter to him.

　　　(나는 그에게 편지를 써야 한다.)

　　　He <u>has to</u> go there. = He <u>must</u> go there.

　　　(그는 그곳에 가야 한다.)

　※ must가 '–임에 틀림없다'의 뜻일 때는 have to로 바꿔 쓰지 못한다.

　　예 They <u>must</u> be all Englishmen. (O)

　　　(그들은 모두 영국인임에 틀림없다.)

　　　They <u>have to be</u> all Englishmen. (×)

　※ have to의 부정 don't have to[need not]는 '–할 필요가 없다'라는 의미이다.

　　예 No, you <u>don't have to</u> read this book.

　　　= No, you <u>need not</u> read this book.

　　　(아니, 너는 이 책을 읽을 필요가 없어.)

⑤ will, shall

　㉠ 단순미래: '시간이 지나면 자연히 –될 것이다'란 뜻으로, 단순히 미래의 동작이나 상태 및 예정을 나타낸다.

　　예 I <u>will</u> be sixteen years old next month.

　　　(나는 다음 달에 열여섯 살이 될 것이다.)

　　　<u>Will</u> you be able to come here tomorrow?

　　　(내일 여기에 올 수 있겠니?)

　㉡ 의지미래: 말하는 사람의 결심과 의지를 표현하거나 상대방의 의지를 물을 때 쓴다.

　　예 We <u>will</u> do our best.

　　　(우리는 최선을 다할 것이다.)

　　　I <u>won't</u> tell anybody.

　　　(나는 아무에게도 이야기하지 않겠다.)

　　　When <u>shall</u> we meet again?

　　　(우리 언제 다시 만날까요?)

　　　You <u>shall</u> have this watch. = I <u>will</u> give you this watch.

　　　(나는 네게 이 시계를 줄 거야.)

　　　You <u>shall</u> go there. = I <u>will</u> let you go there.

　　　(네가 거기에 가도록 하겠다.)

⑥ should

　㉠ 당연·의무: '-해야 한다'
　　예 Parents <u>should</u> listen to their children.
　　　(부모들은 아이들에게 귀 기울여야 한다.)
　㉡ 간절한 희망(겸손한 표현): '-하고 싶다'
　　예 I <u>should</u> like to see the movie. (나는 그 영화가 보고 싶다.)
　　　= I would like to see the movie.
　㉢ that절에 쓰인 should + 동사원형: 필요, 당연, 명령, 주장, 권고, 요구, 유감 등을 나타내는 주절에 이어지는 that절에는 'should + 동사원형'이 쓰인다. 이때 should는 생략할 수 있다.
　　예 I *suggested that* a doctor <u>(should) be</u> sent for.
　　　(나는 의사를 보내야 한다고 주장했다.)

⑦ would

　㉠ 과거의 불규칙적인 습관: (불규칙적으로) '-하곤 했다'
　　예 He <u>would</u> often get up late in the morning.
　　　(그는 자주 아침에 늦게 일어나곤 했다.)
　㉡ 정중한 부탁: '-해 주시겠습니까?'
　　예 <u>Would</u> you open the door?
　　　(문을 열어 주시겠습니까?)
　㉢ 간절한 희망: '-하고 싶다'
　　예 I <u>would</u> like to go to Busan. = I want to go to Busan.
　　　(나는 부산에 가고 싶다.)
　㉣ 강한 거절: '-하려고 하지 않았다'
　　예 He <u>would</u> not go there instead of me.
　　　(그는 나 대신에 그곳에 가려고 하지 않았다.)

⑧ need, dare: 의문문과 부정문에서 조동사로 쓸 수 있다.

　예 How <u>dare</u> you talk to me like that? – 의문문 조동사
　　(네가 어떻게 감히 나한테 그런 말을 해?)
　　<u>Do</u> I <u>need</u> a mask? – 의문문 일반동사
　　(마스크가 필요해요?)
　　He <u>needn't</u> finish the work today. – 부정문 조동사
　　(그가 그 일을 오늘 끝낼 필요는 없다.)
　　You <u>don't need</u> to go home yet. – 부정문 일반동사
　　(넌 아직 집에 가지 않아도 돼.)

⑨ used to

　㉠ 과거의 규칙적인 습관: '-하곤 했다'
　　예 He <u>used to</u> take a walk every morning.
　　　(그는 매일 아침 산책을 하곤 했다.)
　㉡ 과거의 계속적 상태: '한때 -했(었)다'
　　예 He <u>used to</u> live in Seoul. = Once he lived in Seoul, but he doesn't live in Seoul now. (그는 한때 서울에 살았었다.)

■ 조동사 + have p.p
일반적으로 특별한 의미의 과거시제를 표현하거나, 조동사가 과거형일 때 가정의 개념을 표현하는 경우가 많다.
* would have p.p: -했을 것이다
* may[might] have p.p: -했을지도 모른다
* should have p.p: -했어야만 했는데(과거에 대한 후회)
* could have p.p: -했을 수도 있었다
* must have p.p: -했었음이 틀림없다
* can't have p.p: -했을 리가 없다

3 명사·대명사

(1) 명사

① 명사의 종류

셀 수 있는 명사 (단·복수형 가능)	보통 명사	같은 종류의 모든 사물에 두루 쓰이는 명사이며 단·복수형으로 나타낼 수 있다. 예 boy(s), pencil(s), table(s), flower(s) 등
	집합 명사	사람 또는 사물의 집합체를 나타내는 명사이며 단·복수형으로 나타낼 수 있다. 예 class(es), family[families], people(s) 등
셀 수 없는 명사	고유 명사	• 인명·지명이나 특정 사물의 이름으로 쓰이는 명사이다. • 대문자로 시작하며, 원칙적으로 복수형으로 쓸 수 없고, 관사(a[an], the 등)를 붙이지 않는다. 다만, 건물, 하천, 산맥, 반도, 신문, 잡지, 배, 나라 이름 따위에는 the를 붙인다. 예 Mt. Everest, the Digest, the Thames, the Malay Peninsular 등
	물질 명사	나누어 셀 수 없는 물질의 이름을 나타내는 명사로 단위를 이용해 수량을 나타낼 수 있다. 예 paper → a piece of paper sugar → a table spoon of sugar coffee → a cup of coffee 등
	추상 명사	사람이나 사물의 성질·동작·상태 등의 추상적인 개념을 나타내는 명사이며 원칙적으로 복수형으로 쓸 수 없다. 대부분 동사나 형용사에서 만들어진 것이 많다. 예 hope, life, kindness, beauty 등

② 명사의 다양한 활용

　㉠ the + 단수 보통명사 = 추상명사: 본래 보통명사가 지닌 의미의 추상적인 관념을 나타내는 경우
　　예 <u>The pen</u> is mightier than <u>the sword</u>.
　　　(펜은 칼보다 강하다.) – '펜'은 '글', '칼'은 '무력'을 의미

ㄴ 단·복수형태가 수량의 의미가 아닌 어떤 종족의 전체를 의미하는 경우

> 예 <u>A dog</u>[The dog] is a useful animal.
> <u>Dogs</u> are useful animals.
> (개는 유용한 동물이다.) – 포괄적인 '개'를 의미

ㄷ '관사 + 고유명사', '고유명사 + –s(es)': 셀 수 없는 고유명사를 단·복수형으로 나타내 보통명사로 쓰는 경우

> 예 <u>The Bakers</u> loved to entertain others.
> (베이커 씨 부부는 다른 사람들을 즐겁게 하는 것을 좋아한다.)
> – 고유명사(Baker)에 정관사(the)가 붙어서 '베이커 씨 부부'를 나타냄
> <u>A Newton</u> cannot become <u>a Shakespeare</u>.
> (뉴턴 같은 과학자가 셰익스피어 같은 문학가가 될 수는 없다.)
> – 고유명사(Newton)에 부정관사(a)가 붙어서 '뉴턴 같은 과학자'를, 고유명사(Shakespeare)에 부정관사(a)가 붙어서 '셰익스피어 같은 문학가'를 나타냄

ㄹ '관사 + 추상명사', '추상명사 + –s(es)': 셀 수 없는 추상명사를 단·복수형으로 나타내 보통명사로 사용하는 경우

> 예 He is <u>an ambitious youth</u>. (그는 야심 있는 젊은이이다.)
> She once was <u>a beauty</u>. (그녀는 한때 미인이었다.)
> – '젊음(youth)'을 '젊은이'로, '아름다움(beauty)'을 '미인'으로 나타냄

ㅁ 추상명사를 형용사 또는 부사 역할로 사용하는 경우

- of + 추상명사 = 형용사

  > 예 a man of ability = an able man

- with[without/by/to/in] + 추상명사 = 부사

  > 예 with kindness = kindly

- all + 추상명사[추상명사 + itself] = very + 형용사

  > 예 He is <u>all kindness</u>[kindness itself]. = very kind
  > (그는 매우 친절하다.)

ㅂ '명사 + 명사' 합성어는 소유격으로 표현하지 않는다.

> 예 the <u>book store</u> (○) / the <u>book's store</u> (×)

ㅅ '수사 + 명사'가 형용사 역할로 쓰일 때는 단수 형태이다.

> 예 a <u>ten–dollar</u> bill (○) / a <u>ten–dollars</u> bill (×)

(2) 대명사

① 대명사의 종류

인칭 대명사	사람 또는 사물의 1인칭, 2인칭, 3인칭을 나타내는 대명사 예 I, you, she, we, they 등
지시 대명사	사람이나 사물을 가리키는 대명사 예 this, that 등
의문 대명사	'누가', '무엇을' 등 의문을 나타내는 대명사 예 who, what, which, where, why, how 등
부정 대명사	사람이나 사물을 막연히 가리키는 대명사 예 one, none, any, some, each, every, other, others, another 등
관계 대명사	대명사와 접속사의 역할을 동시에 하는 대명사 예 who, which, that, what 등

② 인칭대명사의 격변화

인칭	수	주격 (–은/–는/ –이/–가)	소유격 (–의)	목적격 (–을/–를)	소유 대명사 (–의 것)	재귀대명사 (스스로, 자신이, 직접)
1 인칭	단수	I	my	me	mine	myself
	복수	we	our	us	ours	ourselves
2 인칭	단수	you	your	you	yours	yourself
	복수	you	your	you	yours	yourselves
3 인칭	단수	he	his	him	his	himself
		she	her	her	hers	herself
		it	its	it	its	itself
	복수	they	their	them	theirs	themselves

③ it의 활용

비인칭 it	시간, 거리, 가격, 중량, 날짜, 요일, 연도, 계절, 날씨 등을 나타내며 해석하지 않는다. 예 It rains today. (오늘 비가 온다.) – 날씨 How far is <u>it</u> from here to the station? – 거리 (여기서 역까지 얼마나 멀어요?) It is ten o'clock. (10시입니다.) – 시간
가주어 it 가목적어 it	명사구나 명사절을 대신하여 형식상의 주어나 형식상의 목적어로 쓰이며 해석하지 않는다. 예 <u>It</u> is true that he is diligent. (그가 근면한 것은 사실이다.) – it은 that he is diligent를 의미함 I make <u>it</u> a rule to go fishing every Sunday. (나는 매주 일요일에 낚시 가는 것을 규칙으로 하고 있어.) – it은 to go fishing을 의미함
It is ~ that 강조 구문	예 He saw a tiger at the zoo yesterday. (그는 어제 동물원에서 호랑이를 봤다.) → <u>It was</u> *he* <u>that</u> saw a tiger at the zoo yesterday. – 주어 he를 강조 (어제 동물원에서 호랑이를 본 것은 바로 그였다.) → <u>It was</u> *a tiger* <u>that</u> he saw at the zoo yesterday. – 목적어 a tiger를 강조

(그가 어제 동물원에서 본 것은 바로 호랑이였다.)

→ It was *at the zoo* <u>that</u> he saw a tiger yesterday. – 부사구 at the zoo를 강조

(그가 어제 호랑이를 본 곳은 바로 동물원이었다.)

→ It was *yesterday* <u>that</u> he saw a tiger at the zoo. – 부사구 yesterday를 강조

(그가 동물원에서 호랑이를 본 것은 바로 어제였다.)

④ 지시대명사

　㉠ this[these]는 가까운 것, that[those]는 먼 것을 가리킬 때 쓰인다.

　　예 <u>This</u> is my pen, and <u>that</u> is your cap.

　　　(이것은 내 펜이고, 저것은 네 모자야.)

　㉡ 명사의 반복을 피하기 위해 that[those]이 쓰인다.

　　예 The winter of this year is colder than <u>that</u> of last year.

　　　(올겨울은 지난해 겨울보다 더 춥다.)

　㉢ 소개하려는 사람을 가리킬 때 또는 전화로 누구인지를 묻고 답할 때에도 지시대명사를 사용한다.

　　예 Mr. Smith, <u>this</u> is Mr. Johnson.

　　　(스미스 씨, 이 분이 존슨 씨입니다.)

　㉣ 앞서 언급된 사항이나 앞으로 언급하려는 사항을 가리킬 때 사용한다.

　　예 <u>This</u> is why he went to Washington.

　　　(이것이 그가 워싱턴에 간 이유이다.)

　㉤ those who = '-하는 사람들'(those = people)

　　예 Heaven helps <u>those who</u> help themselves.

　　　(하늘은 스스로 돕는 자를 돕는다.)

⑤ 부정대명사

one	• 일반 사람을 나타내는 경우 　예 One should obey one's parents. 　　(사람은 자기 부모님께 순종해야 한다.) • 종류는 같으나 다른 물건일 때 one이, 같은 물건일 때는 it이라고 한다. 　예 I have lost a pen; I must buy <u>one</u>. 　　(펜을 잃어버렸다. 나는 펜을 하나 사야 한다.) 　　– a pen과 one은 같은 펜이지만 다른 물건 　　I bought the pen, and have lost <u>it</u>. 　　(나는 펜을 샀는데, 그것을 잃어버렸다.) 　　– the pen과 it은 하나의 같은 펜 • no one은 단수로 취급한다. 　예 <u>No one</u> is more beautiful than she. 　　(그녀만한 미인은 없다.)
some, any	• some은 긍정문에, any는 의문문/부정문/조건문 (if절)에 쓰는 것이 원칙이다. 　예 Do you have <u>any</u> pencil? 　　(연필 가지고 있니?) 　　Yes, I have <u>some</u>. (응, 좀 있어.) 　　No, I don't have <u>any</u>. (아니, 아무것도 없어.) 　　If you have <u>any</u> money, lend me <u>some</u>. 　　(돈 좀 있으면 나 좀 빌려줘.) • some 다음에 단수명사가 오면 '어떤'의 뜻이 된다. 　예 <u>Some</u> girl came to see you. 　　(어떤 소녀가 당신을 만나러 왔습니다.) • 권유하거나 긍정의 대답을 예상할 때에는 의문문에 some을 쓸 수 있다. 　예 Won't you have <u>some</u> tea? 　　(차 좀 드시겠습니까?) – 권유 • any가 긍정문에 사용되면 '무엇이든지, 누구든지, 어떤 –라도'라는 뜻이다. 　예 <u>Any</u> help is better than no help. 　　(어떤 도움이라도 없는 것보다 낫다.) • any는 부정문에서 주어로 쓸 수 없다. any가 not과 함께 쓰일 경우, any는 반드시 not 다음에 와야 한다. 　예 <u>Any</u> of them can not do it. (×) 　　<u>None</u> of them can do it. (○) 　　(아무도 그것을 할 수 없다.)
each, every	• 단수 취급한다. 　예 <u>Each</u> of them *has* his own book. 　　(그들은 각각 자신만의 책을 가지고 있다.) 　　<u>Every</u> member *was* present at the meeting. 　　(회의에 모든 회원이 참석했다.) • each other(둘이서 서로), one another(셋 이상 서로)는 엄격히 구별되지 않고 혼용된다.
other, others, another	• 여럿 중 하나는 one이고, one 다음에 또 다른 하나를 말할 때에는 another를 쓴다. 마지막 남은 하나는 the other이다. 　예 I have two cats; <u>one</u> is black and <u>the other</u> is white. 　　(나는 두 마리의 고양이가 있다. 하나는 검은색이고 다른 하나는 흰색이다.) 　　I don't like this <u>one</u>. Show me <u>another</u>. 　　(이것은 마음에 안 드니, 다른 것을 보여 주세요.) • 여럿 중 둘 이상은 some, 막연한 나머지는 others, 지정된 나머지 모두는 the others로 나타낸다. 　예 <u>Some</u> boys like baseball, and <u>others</u> do not like it. 　　(몇몇 소년들은 야구를 좋아하고, 몇몇은 그렇지 않다.) 　　Four of them liked the idea; <u>the others</u> did not. 　　(그들 중 넷은 그 아이디어를 좋아하지만, 나머지는 (모두) 싫어한다.)

	• 단독으로 쓰인 others는 other people(타인, 남)이라는 뜻이다. 예 He likes to work for <u>others</u>. (그는 남을 위해 일하는 것을 좋아한다.)
all, both	all은 셋 이상, both는 둘인 경우에 쓰며, 둘 다 복수 취급한다. 단, all은 단수 취급할 때도 있다. 예 <u>All</u> of them *are* middle school students. (그들은 모두 중학생이다.) <u>All</u> *is* silent. (만물이 고요하다.) <u>Both</u> (of) the sisters *are* very pretty. (그 자매는 둘 다 예쁘다.)
부분부정 / 전체부정	• 부정 표현: every, all, both + not 예 They <u>don't</u> know <u>everything</u>. (그들이 전부를 아는 것은 아니다.) – 부분부정 They <u>don't</u> know <u>anything</u>. (그들은 아무것도 모른다.) – 전체부정 • both(둘 다 긍정), either(양자택일), neither(둘 다 부정): either와 neither 뒤에는 단수형 동사를 쓴다. 예 I like <u>both</u> of the books. (나는 그 책들을 둘 다 좋아한다.) Do you know <u>either</u> of them? (너는 그들 중 한 명을 아니?) I have read <u>neither</u> book. (나는 어느 책도 읽지 않았다.)

> ■ **항상 단수형 동사와 짝이 되는 수량 표현**
> • one, each, either, neither + of the 복수명사 + 단수동사
> • the number of + 복수명사 + 단수동사
> • a single, every, another, each + 단수명사 + 단수동사
> • something, anyone, nobody, everything 등 부정대명사 + 단수동사
> ※ 'one, a single, each, every, another, either, neither + 단수명사 + 단수동사'로 쓰인 경우 one, a single, each, every, another, either, neither는 형용사이다.

⑥ 의문대명사

　㉠ 의문대명사의 격

용도	주격	소유격	목적격
사람	who	whose	whom
사물·동물	which	×	which
사람·사물·동물	what	×	what

　㉡ 의문대명사의 활용

who	사람이나 사람과의 관계를 물어볼 때 쓴다. 예 <u>Who</u> is *the gentleman*? (저 신사 분은 누구시니?) He is my uncle. (그 분은 내 삼촌이야.) ※ 명사 바로 앞에서 수식하는 형태의 의문형용사로 쓸 수 있다. 예 <u>Whose</u> book is this? (이거 누구 책입니까?) = Whose is this book?
which	동물이나 사물을 물어볼 때 쓴다. 예 <u>Which</u> is faster, *a bus* or *a train*? (버스와 기차 중 어느 쪽이 빠른가?) ※ 명사 바로 앞에서 수식하는 형태의 의문형용사로 쓸 수 있다. 예 <u>Which</u> book is mine? (어느 책이 내 것이지?) = Which is mine?
what	사람일 경우 직업이나 신분을 물을 때 쓴다. 예 <u>What</u> is she? = What does she do? (그녀의 직업은 무엇인가?) ※ 명사 바로 앞에서 수식하는 형태의 의문형용사로 쓸 수 있다. 예 <u>What</u> color do you like? (무슨 색 좋아해?)
의문 대명사와 조동사	의문대명사가 주어이면 그 앞에 조동사를 쓰지 않는다. 예 <u>Who</u> can solve this problem? (○) Can who solve this problem? (×) (누가 이 문제를 풀 수 있는가?)

4 형용사 · 부사 · 전치사

(1) 형용사

① 형용사의 용법

한정적 용법	• 형용사가 명사[대명사]의 앞 또는 뒤에서 그 명사를 직접적으로 수식하는 경우 예 This is a <u>fancy</u> *house*. (이것은 화려한 집이다.) She wants *something* <u>special</u>. (그녀는 특별한 무언가를 원해.) • 한정적 용법에만 쓰이는 형용사: drunken, elder, former, latter, only, inner, outer, mere, sheer, utmost, very, wooden, sole, this, that 등

<table>
<tr><td rowspan="2">서술적
용법</td><td>• 형용사가 보어로 쓰여 명사[대명사]를 간접적으로 수
식하는 경우
예 She felt <u>embarrassed</u>. – 주격보어
   (그녀는 당혹스러웠다.)
   They made my room <u>messy</u>. – 목적격보어
   (그들은 내 방을 엉망으로 만들었다.)</td></tr>
<tr><td>• 서술적 용법에만 쓰이는 형용사: a–로 시작되는 형용
사(afraid, awake, alone, asleep, ashamed, aware
등)와 glad, content, unable, worth 등</td></tr>
</table>

② 형용사의 어순

㉠ 문장에서 형용사의 어순은 일반적으로 '관사 + 부사 +
형용사 + 명사'이지만, 두 개 이상의 형용사가 올 경우
'관사[지시형용사] + 수량형용사 + 성상형용사 + 명사'
가 된다.

예 This is <u>an interesting book</u>. (이것은 재미있는 책이다.)

   – 관사 + 형용사 + 명사

   This is <u>a very interesting book</u>.

   (이것은 대단히 재미있는 책이다.)

   – 관사 + 부사 + 형용사 + 명사

   <u>Those two tall boys</u> are her sons.

   (저 키 큰 두 소년들은 그녀의 아들들이다.)

   – 지시형용사 + 수량형용사 + 성상형용사 + 명사

■ **형용사의 종류**
• 지시형용사: 사물의 성질, 시간, 수량 따위가 어떠하다는
  것을 형식적으로 나타내는 형용사
• 수량형용사: 사물의 수량이 어떠함을 나타내는 형용사
• 성상형용사: 사물의 성질이나 상태를 나타내는 형용사

㉡ 성상형용사가 여러 개인 경우 일반적으로 다음과 같은
어순을 취한다.

**관사 → 서수 → 기수 → 성질 → 크기 → 형태 → 색상
→ 신/구 → 재료 → 출신**

예 I saw her in <u>an old French</u> film.

   (나는 그녀를 오래된 한 프랑스 영화에서 보았다.)

㉢ 일반적으로 –thing, –body, –one으로 끝나는 복합부
정대명사를 수식할 때 형용사는 대명사 뒤에 위치한다.

예 I want to drink *something* <u>hot</u>.

   (나는 뜨거운 것을 마시고 싶다.)

   Do you have *anything* <u>cold</u> to drink?

   (시원한 마실 것이 있나요?)

③ 형용사의 비교 변화

형용사의 비교 변화는 '원급(–한), 비교급(더 –한), 최상
급(가장 –한)' 3가지로 규칙변화와 불규칙변화가 있다.

원급은 형용사원형이고, 비교급과 최상급은 원급을 변화
시켜 의미를 구별한다.

<table>
<tr><td rowspan="5">규칙
변화</td><td>• 원급에 –(e)r, –(e)st를 붙인다.
예 old – older – oldest 등</td></tr>
<tr><td>• '단모음 + 단자음'으로 끝나는 말은 끝 자음을 한 번 더
쓰고 –er, –est를 붙인다.
예 hot – hotter – hottest 등</td></tr>
<tr><td>• '자음 + y'로 끝나는 말은 –y를 –i로 고쳐 –er, –est를
붙인다.
예 pretty – prettier – prettiest 등</td></tr>
<tr><td>• '모음 + y'인 경우는 –er, –est를 그대로 붙인다.
예 gay – gayer – gayest 등</td></tr>
<tr><td>• 대다수의 2음절 형용사와 3음절 이상의 긴 형용사는
앞에 more, most를 붙인다.
예 useful – more useful – most useful 등</td></tr>
<tr><td rowspan="4">불규칙
변화</td><td>• good[well] – better – best (좋은, 잘하는)</td></tr>
<tr><td>• bad[ill] – worse – worst (나쁜, 아픈)</td></tr>
<tr><td>• many[much] – more – most (많은)</td></tr>
<tr><td>• little – less – least (작은, 적은)</td></tr>
<tr><td rowspan="6">의미에
따라
달라지는
경우</td><td>• old – older – oldest (나이 먹은, 늙은)</td></tr>
<tr><td>• old – elder – eldest (연상의) – 장유의 순서</td></tr>
<tr><td>• late – later – latest (늦은, 나중의) – 시간의 개념</td></tr>
<tr><td>• late – latter – last (마지막의) – 순서의 개념</td></tr>
<tr><td>• far – farther – farthest (먼) – 거리의 개념</td></tr>
<tr><td>• far – further – furthest (먼) – 정도의 개념 등</td></tr>
</table>

④ 형용사의 비교

<table>
<tr><td rowspan="5">원급
용법</td><td>• as 원급 as: '…만큼 ~하다'
예 Sports are <u>as</u> *important* <u>as</u> studies.
   (스포츠는 공부와 마찬가지로 중요하다.)</td></tr>
<tr><td>• the same … as (or that) ~: '~와 같은 …'
예 This is <u>the same</u> *camera* <u>as</u> I have.
   (이것은 내가 가지고 있는 것과 똑같은 카메라이다.)</td></tr>
<tr><td>• not so[as] … as ~: '~만큼 (그렇게) …하지 않다'
예 He is <u>not so</u> *young* <u>as</u> he looks.
   (그는 보이는 것처럼 그렇게 어리지는 않다.)</td></tr>
<tr><td>• ~ times as … as: '~배만큼 …하다'
예 The country is *two* <u>times(twice)</u> as *large* <u>as</u>
   England. (그 나라는 영국의 2배만큼 크다.)</td></tr>
<tr><td rowspan="2">비교급
용법</td></tr>
</table>

• 비교급 다음에는 접속사 than을 쓰며, than 뒤에는 문
  맥상 알 수 있는 중복 요소를 생략할 수 있다.

예 He is <u>stronger than</u> I (am).

   = I am <u>less strong than</u> he (is).

   = I am <u>not as strong as</u> he (is).

   (그는 나보다 힘이 세다.)

• the + 비교급 ~, the + 비교급 …: '~하면 할수록
  더욱 더 …하는'

예 <u>The more</u> you learn, <u>the wiser</u> you become.

   (많이 배우면 배울수록 더 현명해진다.)

- A is no more B than C is D.
  = A is not B any more than C is D.
  = A is not B just as C is not D.
  (A가 B가 아닌 것은 C가 D가 아닌 것과 같다.)
  예 Whale is no more a fish than a horse is.
    = A whale is not a fish any more than a horse
      is (a fish).
    (고래가 물고기가 아닌 것은 말이 물고기가 아닌
    것과 같다.)
- A is no less B than C is D.
  (C가 D인 것과 마찬가지로 A가 B이다.)
  예 Jane is no less pretty than her sister is
    (pretty).
    (제인은 그녀의 여동생이 예쁜 것 못지않게 예쁘
    다.)
- no more than = only: '겨우, 단지'
  예 He has no more than 200 dollars. = He has
    only 200 dollars.
    (그는 가진 돈이 200달러뿐이다.)
- no less than … = as many as = as much as:
  '…만큼이나'
- not more than = at most: '기껏해야'
- not less than = at least: '적어도'

최상급 용법

- 최상급의 형용사 앞에는 the를 붙인다. 최상급 다음에
  는 of나 in이 오는 경우가 많은데, '(중)에서'란 뜻이다.
  지역이나 단체에는 in을 쓰고, 같은 종류의 비교는 of
  를 쓴다.
  예 She is the youngest girl in the class.
    (그녀는 이 반에서 가장 어린 소녀다.)
    She is the youngest girl of them.
    (그녀는 그들 중 가장 어린 소녀다.)
- 원급과 비교급으로 최상급의 뜻을 나타내는 경우
  예 She is the prettiest girl in the class.
    = No other girl in the class is as pretty as she.
    = No other girl in the class is prettier than she.
    = She is prettier than any other girl in the
      class.
    = She is the prettiest of all girls in the class.
    (그녀는 자기 반에서 가장 예쁘다.)

(2) 부사

① 부사의 역할

㉠ 동사를 수식한다.
  예 He *reads* books rapidly. (그는 책을 빨리 읽는다.)
㉡ 형용사를 수식한다.
  예 He has a very *expensive* hair band.
    (그는 매우 비싼 헤어밴드를 가지고 있다.)

㉢ 다른 부사를 수식한다.
  예 She swims very *well*. (그녀는 매우 헤엄을 잘 친다.)
㉣ 명사[대명사]를 수식한다.
  예 Even *a child* can do it. (어린아이라 해도 그것을 할 수 있다.)
㉤ 문장 전체를 수식한다.
  예 Surprisingly *she was calm*. (놀랍게도 그녀는 침착했다.)

② 부사의 위치

㉠ 형용사와 부사의 경우 바로 앞에 수식한다.
  예 The lady is very *beautiful*. (이 숙녀는 정말 아름답다.)
    He can swim very *fast*. (그는 매우 빨리 수영할 수 있다.)
㉡ 빈도 · 정도부사(usually, sometimes, always, often
  등)는 be동사[조동사] 뒤, 일반동사 앞에 위치한다.
  예 I often *go* to movies. (나는 종종 영화 보러 간다.)
    He always *comes* in time. (그는 항상 제 시간에 온다.)
    She *is* sometimes mean. (그녀는 가끔 심술궂다.)
㉢ hardly, scarcely, rarely, seldom, little 등 부정적
  의미의 부사도 원칙적으로 be동사[조동사] 뒤, 일반동
  사 앞에 위치한다.
  - hardly/scarcely: '거의 ~ 않다'란 뜻으로, hardly
    는 주로 can, any, ever, at all 등과 잘 어울린다.
    예 My mother *can* hardly *drive* a car.
      (어머니는 자동차를 거의 운전하지 못한다.)
  - seldom/rarely: '좀처럼 ~ 않다, 드물게 –하다'
    예 They seldom *go* to movies.
      (그들은 영화를 보러 가는 경우가 극히 드물다.)
      He rarely *watches* TV.
      (그는 좀처럼 텔레비전을 보지 않는다.)
㉣ 일정한 시간을 나타내는 부사는 문장의 맨 앞이나 맨
  뒤에 위치한다.
  예 Yesterday he came to help me.
    = He came to help me yesterday.
㉤ 부사어구의 어순: 장소 부사어구 + 방법[목적] 부사어
  구 + 시간 부사어구
  - 시간 부사어구: 작은 단위 + 큰 단위
  - 장소 부사어구: 좁은 장소 + 넓은 장소
    예 They arrived here safely last night.
      (그들은 어젯밤 이곳에 무사히 도착했다.)
      We will leave Seoul at twelve this Sunday.
      (우리는 이번 주 일요일 12시에 서울을 떠날 것이다.)

ⓗ 문장 전체를 꾸미는 부사는 문장의 맨 앞이나, 동사 앞
에 놓일 수 있다.

　예 <u>Fortunately</u> he did not die. (다행히 그는 죽지 않았다.)

ⓘ else는 수식하는 말 뒤에 위치한다.

　예 What <u>else</u> did you do? (다른 건 뭐 했어요?)

　　Do you want to buy anything <u>else</u>?

　　(다른 것을 사기 원하나요?)

■ 혼동하기 쉬운 형용사와 부사

형용사 → 부사

- hard (어려운, 부지런한) → hardly (거의 ～않는)

　예 This chapter is very <u>hard</u>. (이 챕터는 대단히 어렵다.)

　　→ I can <u>hardly</u> understand it.

　　　(나는 그것을 거의 이해하지 못했다.)

- high (높은) → highly (높이, 대단히)

　예 He has a <u>high</u> temperature. (그는 체온이 높다.)

　　→ The company has a <u>highly</u> trained workforce.

　　　(그 회사는 대단히 숙련된 인력을 가지고 있다.)

- late (늦은) → lately (최근에)

　예 He was <u>late</u> for school. (그는 학교에 늦었다.)

　　→ She has been very busy <u>lately</u>.

　　　(그녀는 최근 굉장히 바쁘다.)

---

③ 부사의 비교 변화

- early – earlier – earliest
- quickly – more quickly – most quickly

예 This morning I got up <u>earlier</u> than yesterday.

　(오늘 아침 나는 어제보다 일찍 일어났다.)

④ 주의할 부사의 활용

very, much	very는 형용사와 부사의 원급을 수식, much는 비교급을 수식한다. 예 This is a <u>very</u> *easy* book. 　(이것은 매우 쉬운 책이다.) 　The bus runs <u>very</u> *fast*. 　(그 버스는 매우 빠르게 달린다.) 　The plane is <u>much</u> *faster* than the train. 　(그 비행기는 기차보다 훨씬 더 빠르다.)
too, either	too는 긍정문, either는 부정문에 쓴다. 예 He is an engineer, <u>too</u>. (그도 역시 엔지니어다.) 　He is *not* an engineer, <u>either</u>. 　(그 역시 엔지니어가 아니다.)

enough	부사로 쓸 경우 수식하는 말의 뒤에 온다. 예 He is *rich* <u>enough</u> to buy a car. 　(그는 차를 살 만큼 충분한 돈이 있다.)
already, yet	• already는 긍정문, yet은 부정문이나 의문문에 쓴다. • already를 의문문에 쓰면 놀람의 뜻이 된다. 예 He has finished his homework <u>already</u>. 　(그는 벌써 숙제를 끝냈다.) 　→ Have you finished the homework <u>already</u>? 　　(벌써 숙제 다 했니?) • yet은 긍정문에서는 '아직'의 뜻, 의문문에서는 '이미, 벌써'의 뜻이다. 예 I have not read this book <u>yet</u>. 　(나는 아직 이 책을 읽지 않았다.) 　→ Have you read this book <u>yet</u>? 　　(너는 이 책을 벌써 읽었니?)
ago, before	• ago는 명백한 과거를 나타내는 표현으로 과거시제만 사용할 수 있고, 현재완료시제에는 사용할 수 없다. 예 He died five years <u>ago</u>. (그는 5년 전에 죽었다.) • before는 과거의 어느 시점부터 '그 전'이란 뜻으로, 과거완료시제에 쓴다. before는 단독으로 쓰면 막연히 '～ 전에'란 뜻이다. 예 He said that he had seen a tiger <u>before</u>. 　(그는 전에 호랑이를 본 적이 있다고 말했다.)
only	원칙적으로 수식하는 말 앞에 온다. 예 He is <u>only</u> *a child*. – 부사 　(그는 단지 아이에 지나지 않는다.) 　He is an <u>only</u> *child*. – 형용사 　(그는 외아들이다.)
so, neither	'역시 –하다'란 뜻으로 so는 긍정문, neither는 부정문에 쓴다. 예 Mary gets up early in the morning. <u>So</u> does Jane. 　(메리는 아침에 일찍 일어난다. 제인도 그렇다.) 　She doesn't like coffee. <u>Neither</u> do I. 　(그녀는 커피를 좋아하지 않는다. 나도 그렇다.)
there, here	• There is[are] ～: '–이 있다'란 뜻으로 there는 '거기에'라고 해석하지 않는다. 예 <u>There</u> are a few boys under the tree. 　(나무 아래 몇 명의 소년들이 있다.) • Here is[are] ～: '여기에 –이 있다'란 뜻으로 here는 장소를 나타낸다. 예 <u>Here</u> is a pencil. (여기 연필이 한 자루 있다.) 　<u>Here</u> are two pencils. 　(여기 연필이 두 자루 있다.)

⑤ 의문부사, 관계부사

　㉠ 의문부사는 부사의 역할을 하는 의문사로 직접의문문
　　(주절)과 간접의문문(종속절)을 만들 수 있다.

• 직접의문문과 간접의문문

직접의문	의문부사 + 동사+주어? 예 Where does he live? (그는 어디에 사니?)
간접의문문	의문부사+주어+동사? 예 I don't know + When should I do it? (나는 모른다. + 언제 그것을 해야 해?) → I don't know when I should do it. (나는 그것을 언제 해야 하는지 모른다.) – 간접의문문이 know의 목적어이며 '의문사 + to부정사'로 쓸 수 있다. = I don't know when to do it.

• think, believe, imagine, suppose 등의 동사의 목적어로 의문문이 오는 경우 간접의문문의 의문부사는 문장의 맨 앞에 온다.

> 예 Do you think + Where does he lives?
> (그가 어디에 산다고 생각하니?)
> → Where do you think he lives? (O)
> → Do you think where he lives? (×)

ⓛ 관계부사는 의미상 관계가 있는 두 문장을 하나의 문장으로 만들 때 관계부사(where, when, how, why)는 '부사 + 접속사'의 역할을 하며, 두 문장을 연관 짓는 주절의 단어(선행사)를 수식한다. '부사 + 접속사'는 '전치사 + which'로 바꿀 수 있다.

선행사	관계부사	전치사 + which
시간(the time)	when	at which, on which, in which
장소(the place)	where	at which, on which, in which, to which
방법(the way)	how	in which
이유(the reason)	why	for which

> 예 This is the house + I was born there.
> (여기가 그 집이다. + 나는 거기서 태어났다.)
> – the house와 there가 같은 대상으로 the house가 선행사가 된다.
> → This is the house where I was born.
> (여기가 내가 태어난 그 집이다.)
> This is the house + I was born in it.
> → This is the house where I was born.
> = This is the house which I was born in.
> = This is the house in which I was born.
> ※ the way와 how의 경우 둘을 나란히 쓰지 못하므로, 둘 중 하나는 반드시 생략한다.

• 관계부사의 계속적 용법: '–인/–한' 등 직접적으로 꾸미는 말로 해석하지 않고, 순서대로 한 절씩 해석한다. 계속적 용법은 when, where만 쓸 수 있으며 '콤마(,) + when[where]'의 형태로 나타낸다.

> 예 We went to Rome, where we stayed for a week.
> (우리는 로마로 가서 거기에서 일주일 동안 머물렀다.)
> Wait till seven, when he will be back.
> (7시까지 기다려라, 그러면 그가 돌아올 것이다.)

(3) 전치사

① 전치사의 역할

ⓐ 형용사구나 부사구를 만든다.

> 예 Yesterday I received a letter *in French*. – 형용사구
> (어제 나는 프랑스어로 된 편지를 받았다.)
> He studied music in France *for two years*. – 부사구
> (그는 2년간 프랑스에서 음악을 공부했다.)

ⓑ 전치사의 목적어는 목적격이어야 한다.

> 예 Look at him. (O)
> Look at he. (×)

ⓒ 동사가 전치사의 목적어가 될 경우 동명사(동사 + –ing)이어야 한다.

> 예 Thank you very much *for inviting* me.
> (저를 초대해 주셔서 감사합니다.)
> *Before going* to bed, you must brush your teeth.
> (자기 전에 너는 반드시 양치질을 해야 한다.)

ⓓ 전치사가 부사 또는 접속사의 구실을 할 때도 있다.

> 예 She didn't want to hear the story again. She had heard it all *before*. – 부사
> (그녀는 전에 그 이야기를 전부 들었기 때문에 다시 듣고 싶지 않았다.)
> We played tennis *after* school was over. – 접속사
> (우리는 방과 후에 테니스를 쳤다.)

② 전치사의 위치

ⓐ 전치사는 원칙적으로 목적어 앞에 온다. 전치사구는 '전치사 + 명사(전치사의 목적어)'로 이루어진다.

> 예 He talks *about soccer*. (그는 축구에 대해 말한다.)

ⓑ 전치사가 목적어 뒤에 오는 경우

• 전치사의 목적어가 의문사인 경우

> 예 I don't know *what* she is talking *about*.
> (그녀가 무슨 말을 하는지 나는 모르겠다.)

• 전치사의 목적어가 which와 같은 관계대명사인 경우

> 예 That is the house (*which*) they live *in*.
> (저 집이 그들이 살고 있는 집이다.)

- to부정사(to + 동사원형)가 형용사구를 이루어 앞의 명사를 수식하는 경우

  예 He has no friend *to play* with.

  (그는 같이 놀 친구가 없다.)

- 전치사를 포함한 동사구가 수동형이 되는 경우

  예 *A dog* was run over by the bus.

  (개 한 마리가 버스에 치였다.)

  － The bus ran over a dog.가 능동형 문장이며, 전치사 over의 목적어가 a dog이다.

③ 전치사의 품사 전환

  ㉠ 전치사 → 부사: 목적어가 없는 전치사는 부사로 취급한다.

  예 He is in the room. (그는 방에 있다.) － 전치사

  Please come in. (들어오세요.) － 부사

  Let's go along the street. (함께 길을 따라 가자.) － 전치사

  Let's go along. (함께 따라 가자.) － 부사

  ㉡ 2어 동사(자동사 + 전치사): 목적어가 전치사의 목적어가 되므로 무조건 전치사 뒤에 위치해야 한다.

  예 Look at *the boy*. (소년을 봐.) (○)

  Look *the boy* at. (×)

  Look at it. (그걸 봐.) (○)

  Look it at. (×)

  ㉢ 2어 동사(타동사 + 부사): 타동사의 목적어가 명사일 경우 부사는 타동사의 뒤 또는 '타동사 + 목적어'의 뒤에 모두 올 수 있지만, 타동사의 목적어가 대명사일 경우에는 '타동사 + 목적어(대명사)' 사이에 올 수 없다.

  예 Please *turn on the radio*. (라디오를 켜 주세요.) (○)

  Please *turn the radio on*. (○)

  Please *turn it on*. (○)

  Please *turn on it*. (×)

④ 전치사의 용법

  ㉠ 시간 전치사

at, on, in	• at: －에(시각, 휴일) • on: －에(날짜, 요일) • in: －에(비교적 긴 시간) 예 at 10:30, on Monday, 　in May, in spring, in 2020
for, during	• for: －동안(구체적인 시간) • during: －동안(기간) 예 for a day, during the class
until, by	• until: －까지(계속) • by: －까지(완료) 예 until 2:00, by tomorrow

from, since	• from: －부터(시작 시점만) • since: －부터(시작 시점부터 현재까지) 예 from July, 　since July(from July to now)
in, within	• in: －후에 • within: －이내에 예 in a few days, 　within 7 days
over, through	• over: －에 걸쳐 • through: －내내 예 over the past two years, 　through the weekend

  ㉡ 장소 전치사

at, on, in	• at: －에서(특정 지점) • on: －에서(표면) • in: －에서(비교적 넓은 장소) 예 at the door, on the floor, 　in Korea, in the sea
between, among	• between: －사이에(둘) • among: －사이에(셋) 예 between you and me, 　among those people
to, toward	• to: －을/－를 향해(목적지) • toward: －을/－를 향해(방향) 예 to work, toward the east
in front of, behind	• in front of: －앞에 • behind: －뒤에 예 in front of the computer, 　behind the station
along, around	• along: －을/－를 따라 • around: －주위에 예 along the road, 　around the corner

  ㉢ 기타 중요 전치사

수단, 방법, 행위자	by: －에 의해 예 by car, by pressing this button
도구, 사람	• with: －와/－과 함께 • without: －없이 예 with a pen, without him
주제, 분야	about, on: －에 관해 예 about Jeff, on global economy
자격, 이유	• as: －(으)로서 • for: －때문에 예 as a doctor, for the reason

■ 둘 이상의 단어로 이루어진 전치사
- because of, due to: –때문에
- thanks to: –덕분에
- according to: –에 따르면
- regardless of: –에 상관없이
- by way of: –을/–를 경유하여
- in spite of: –에도 불구하고
- except for, apart from: –을/–를 제외하고
- in case of: –의 경우에
- on behalf of: –을/–를 대신하여
- by means of: –을/–를 수단으로

5 부정사

(1) 부정사의 용법

① **명사적 용법**: to부정사(to + 동사원형)가 명사처럼 주어, 목적어, 보어로 쓰일 때

　㉠ 주어로 쓰이는 경우

　　[예] To tell a lie is wrong. (거짓말 하는 것은 나쁘다.)

　　　= It is wrong to tell a lie. – 가주어 it/to부정사 진주어

　㉡ 보어로 쓰이는 경우

　　[예] My hobby is to collect old coins. – 주격보어

　　　(내 취미는 옛날 동전을 수집하는 것이다.)

　　　We consider him to be honest. – 목적격보어

　　　(우리는 그가 정직하다고 생각한다.)

　㉢ 목적어로 쓰이는 경우

　　[예] She wanted to enter the college.

　　　(그녀는 그 대학에 들어가기를 원했다.)

② **형용사적 용법**: to부정사가 명사 뒤에서 그 명사를 수식하는 경우

　[예] They have *a few things* to do.

　　(그들은 해야 할 몇 가지 일이 있다.)

③ **부사적 용법**: to부정사가 부사와 같은 구실을 하는 경우

　㉠ 목적: '–하기 위해, –하러'

　　[예] He went to see his friend. (그는 친구를 만나러 갔다.)

　㉡ 원인: '–하니, –하고서(감정의 원인)'

　　[예] I am very glad to hear that. (그것을 들으니 매우 기쁩니다.)

　㉢ 이유·판단의 근거: '–을/–를 보니, –하다니'

　　[예] He must be a fool to believe such a thing.

　　　(그러한 것을 믿다니 그는 바보임에 틀림없다.)

㉣ 결과: '–해서 (그 결과) –하다'

　[예] He grew up to be a famous scholar.

　　(그는 성장하여 유명한 학자가 되었다.)

■ 'be + to부정사'의 용법
- 예정: '–할 예정이다'
　[예] They are to meet at six.
　　(그들은 6시에 만날 예정이다.)
- 의무: '–해야 한다'
　[예] You are not to smoke in the office.
　　(너는 사무실 안에서 흡연해서는 안 된다.)
- 가능: '–할 수 있다'
　[예] The loss of health is not to be compensated for success. (건강을 잃는 것은 성공으로 보상받을 수 없다.)
- 운명: '–할 운명이다'
　[예] She was to come back home in 10 years.
　　(그녀는 10년 후에나 집에 돌아올 운명이었다.)
- 의도: '–할 작정이다'
　[예] If you are to get pearls, you must dive deep in the sea. (진주를 얻고자 한다면, 바다 깊이 잠수해야 한다.)

(2) 부정사의 의미상의 주어

① 의미상의 주어를 표시하지 않는 경우

　㉠ 문장의 주어와 일치할 때

　　[예] She expects to *join* the photo club.

　　　(그녀는 사진 동아리에 가입하기를 기대한다.)

　　　– 동아리에 가입하는 사람도 she로 일치

　㉡ 문장의 목적어와 일치할 때

　　[예] I told him *to close* the window.

　　　(나는 그에게 창문을 닫으라고 말했다.)

　　　– 창문을 닫는 사람도 him으로 일치

　㉢ 막연한 일반인일 때

　　[예] It's hard (for us) *to work out* every day.

　　　(매일 운동하는 것은 힘들다.)

　　　– 운동하는 사람을 특정하지 않음

② 의미상 주어를 표시하는 경우: 'for + 목적격', 'of + 목적격'으로 나타내며 '–은/–는/–이/–가'로 해석한다.

　㉠ 문장의 주어나 목적어와 일치하지 않을 때: 목적격을 to부정사 앞에 쓴다.

　　[예] I expect him *to come* at once.

　　　= I expect that he will come at once.

　　　(나는 그가 곧 올 것이라고 생각한다.)

　㉡ 일반적인 문장: 대부분 'for + 목적격'을 쓴다.

　　[예] There is a book for you *to read*. (네가 읽을 책이 있다.)

　　　– for you가 to read의 의미상 주어

ⓒ It is + 형용사 + for + 목적격 + to부정사

예 It is natural <u>for him</u> *to pass* the exam.

(그가 시험에 통과하는 것은 당연한 일이다.)

– for him이 to pass의 의미상 주어

It is dangerous <u>for her</u> *to go* there.

(그녀가 거기에 가는 것은 위험하다.)

– for her가 to go의 의미상 주어

ⓔ It is + 형용사 + of + 목적격 + to부정사

예 It is kind <u>of you</u> *to show* me the way to the station.

(역에 가는 길을 가르쳐 주시다니 친절하시군요.)

– of you가 to show의 의미상 주어

- **'for + 목적격'과 'of + 목적격'**
  - 'for + 목적격': 주로 이성적 판단을 의미하는 형용사인 경우
    예 necessary, important, easy, dangerous, difficult 등
  - 'of + 목적격': 주로 사람의 성질을 나타내는 형용사인 경우
    예 kind, nice, careless, foolish, careful, good 등

- **사람을 주어로 할 수 없는 형용사**
  convenient, necessary, difficult, important, impossible, possible, pleasant, easy, dangerous 등의 형용사와 a pity와 같은 명사는 원칙적으로 사람을 주어로 할 수 없다. 그러나 사람 주어가 부정사의 타동사나 전치사의 목적어에서 온 경우엔 가능하다.

---

(3) 원형부정사의 용법

① 지각동사의 목적보어: 원형부정사(to를 뺀 동사원형)는 지각동사(see/hear/watch/feel 등) 뒤에서 목적보어로 쓴다.

예 I *saw* a dog <u>run</u>. (나는 개가 달려가는 것을 보았다.)

Did you *hear* him <u>sing</u> a song? (그가 노래 부르는 것을 들었나요?)

You must *watch* the sheep <u>sleep</u> and <u>eat</u>.

(양들이 자고 먹는 것을 지켜봐야 한다.)

I *felt* my house <u>shake</u> for a second last night.

(나는 어젯밤 우리 집이 잠깐 흔들리는 것을 느꼈다.)

② 사역동사의 목적보어: 사역동사(let/have/make/help 등) 뒤에서 목적보어로 쓴다.

예 She *made* me <u>laugh</u>. (그녀는 나를 웃게 했다.)

He *made* me <u>clean</u> the room.

(그는 나에게 방을 청소하라고 시켰다.)

③ 원형부정사를 쓰는 관용 구문

㉠ had better + 원형부정사: '–하는 것이 좋다'

예 You *had better* <u>stay</u> here. (너는 여기 있는 게 좋겠다.)

ⓛ cannot but + 원형부정사: '–하지 않을 수 없다'

예 I *cannot but* <u>respect</u> him. (나는 그를 존경하지 않을 수 없다.)

= I cannot help respecting him.

(4) 부정사의 관용적 용법

① 의문사 + to부정사: 미래를 나타내며 what to do, which to choose, when to begin, where to go 등으로 쓸 수 있다.

예 Do you know <u>how to drive</u> a car?

(너는 차를 운전할 줄 아니?)

Decide <u>which school to go</u> to. (어떤 학교에 갈지 결정해라.)

② too ~ to: '너무 –해서 …할 수 없다'(= so ~ that … cannot)

예 That book was <u>too</u> difficult for me <u>to read</u>.

= That book was <u>so</u> difficult <u>that</u> I <u>couldn't</u> read it.

= That was <u>such a</u> difficult <u>book</u> <u>that</u> I <u>couldn't</u> read it.

(그 책은 내가 읽기에는 너무 어려웠다.)

③ enough to: '–할 정도로 충분히 …하다'

(= so ~ that … can ~)

예 He is healthy <u>enough to run</u> a marathon.

= He is <u>so</u> healthy <u>that</u> he <u>can</u> run a marathon.

(그는 마라톤을 뛸 만큼 건강하다.)

6 동명사

(1) 동명사의 용법

동명사: '동사 + –ing'의 형태로 명사의 역할을 하는 것	
주어로 쓰일 경우	예 <u>Traveling</u> broadens the mind. (여행을 하면 마음[견문]이 넓어진다.)
동사의 목적어로 쓰일 경우	예 I love <u>watching</u> TV. (나는 TV 보는 것을 좋아한다.)
보어로 쓰일 경우	예 My hobby is <u>playing the piano</u>. (내 취미는 피아노를 치는 것이다.)
전치사의 목적어로 쓰일 경우	예 He is thinking *of* <u>buying a new bicycle</u>. (그는 새 자전거를 살 생각이다.)

- **동명사와 현재분사의 구별**

명사(동명사) + 명사	a <u>smoking</u> room (흡연실) = a room for smoking
형용사(현재분사) + 명사	a <u>smoking</u> dish (따끈따끈한 요리) = a dish that is smoking

(2) 동명사의 의미상의 주어

① 소유격으로 나타내는 것이 원칙이지만, 명사일 경우에는 목적격을 쓸 수 있다.

> 예 I'm sure _her_ succeeding in life. – 소유격
> (나는 그녀가 인생에서 성공했다고 확신한다.)
> She is proud of _her mother('s)_ having been educated in England. (그녀는 어머니가 영국에서 교육받았다는 것을 자랑스러워한다.) – 목적격(소유격)

② 동명사의 의미상의 주어가 생략되는 경우

㉠ 의미상의 주어가 문장의 주어와 같은 경우

> 예 _He_ is proud of being a scholar.
> = _He_ is proud that _he_ is a scholar.
> (그는 학자가 된 것이 자랑스러웠다.)

㉡ 의미상의 주어가 문장의 목적어와 같은 경우

> 예 He punished _me_ for breaking the window.
> = He punished _me_ because _I_ broke the window.
> (내가 창문을 깨뜨렸기 때문에 나는 그를 벌주었다.)

㉢ 동명사의 의미상의 주어가 일반인을 가리킬 경우

> 예 Speaking English well is very difficult.
> (영어를 유창하게 말하는 것은 매우 어렵다.)

(3) 동명사와 부정사의 비교

동명사만을 목적어로 취하는 동사	enjoy(즐기다), finish(끝내다), mind(꺼리다), give up (포기하다), admit(인정하다), consider(고려하다), stop (그치다), practice(연습하다), avoid(피하다), put off (연기하다) 등 예 Have you _finished_ cleaning your room? (방 청소는 다 끝냈니?)
부정사만을 목적어로 취하는 동사	want(원하다), hope(희망하다), decide(결정하다), plan (계획하다), promise(약속하다), choose(선택하다), wish (원하다), desire(바라다), learn(배우다), refuse(거절하다), manage(그럭저럭 해내다) 등 예 I have _decided_ to carry out my plan. (나는 내 계획을 실행하기로 결정했다.)
부정사와 동명사 둘 다 목적어로 취할 수 있는 동사	begin(시작하다), continue(계속하다), fear(두려워하다), hate(미워하다), like(좋아하다), omit(빠뜨리다), prefer(선호하다), start(시작하다) 예 I _began_ to study[studying] English. (나는 영어를 공부하기 시작했다.)

동명사와 부정사가 목적어일 때 의미가 다른 경우	• forget + 동명사: –한 것을 잊어버리다 forget + to부정사: –할 것을 잊어버리다 • remember + 동명사: –한 것을 기억하다 remember + to부정사: –할 것을 기억하다 • stop + 동명사: –하는 것을 그만두다 stop + to부정사: –하기 위해 멈추다 • try + 동명사: 시험 삼아 –하다 try + to부정사: –하려고 노력하다 예 I _remember_ seeing her before. – 과거의 일 (나는 그녀를 전에 만났던 것을 기억한다.) I _remember_ to see him tomorrow. – 미래의 일 (나는 내일 그와 만날 것을 기억한다.) They _stopped_ fighting. (그들은 싸움을 중지했다.) They _stopped_ to fight. (그들은 싸우기 위해 멈추었다.) He _tried_ doing it. (그는 시험 삼아 그것을 해 보았다.) He _tried_ to do it. (그는 그것을 해 보려고 노력했다.)

(4) 동명사의 관용적 표현

① spend + 시간 + –ing: '–하는 데 (시간을) 소비하다'

> 예 He spent three hours cleaning his house.
> (그는 자기 집을 청소하는 데 3시간을 썼다.)

② go + –ing: '–하러 가다'

> 예 I will go swimming this afternoon.
> (나는 오늘 오후에 수영하러 갈 예정이다.)

③ have difficulty + –ing: '–하는 데 어려움이 있다'

> 예 My grandma has difficulty using her smartphone.
> (우리 할머니는 스마트폰을 사용하는 데 어려움을 겪으신다.)

④ cannot help + –ing: '–하지 않을 수 없다'

(= cannot but 동사원형)

> 예 I cannot help thinking him foolish.
> = I cannot but think him foolish.
> (나는 그가 바보라고 생각하지 않을 수 없다.)

⑤ feel like + –ing: '–하고 싶은 심정이다'

> 예 I don't feel like having dinner now.
> (나는 지금 저녁을 먹고 싶지 않다.)

⑥ On + –ing: '–하자마자'(= As soon as = When)

> 예 On hearing the news, she started for home.
> = As soon as she heard the news, she started for home.
> (그 소식을 듣자마자 그녀는 고향으로 떠났다.)

⑦ It goes without saying (that) ~ : '–은 말할 것도 없다'

> 예 It goes without saying that health is more precious than wealth. (건강이 재산보다 귀중하다는 것은 말할 것도 없다.)

⑧ of one's own+-ing: '-가 직접 …한'(= -ed by oneself)

> 예 These are trees of our own planting.
> = These are trees planted by ourselves.
> (이 나무들은 우리가 직접 심은 것들이다.)

⑨ How[What] about+-ing?: '-하는 것이 어떨까?'

(= Shall we go ~?)

> 예 How about going out for a walk?
> (산책하러 나가는 게 어때요?)

⑩ be on the point of+-ing: '막 -하려고 하다'

(= be on the verge[brink/edge] of)

> 예 They are on the point of leaving for New York.
> (그들은 뉴욕으로 떠나려는 참이다.)

7 분사

(1) 분사의 종류

현재분사	• '동사+-ing'로, 능동형이나 동작이 계속 진행 중인 경우, 막 시작되는 경우에 쓰인다. 예 I kept standing all the way. (나는 내내 서 있었다.) • be동사와 결합하여 진행형을 만든다. 예 She *is* coming here. – 현재진행형 (그녀는 여기로 오고 있다.) I *was* cooking in the kitchen then. – 과거진행형 (나는 그때 부엌에서 요리하고 있었다.)
과거분사	• '동사+-ed'로 동작이 완료된 경우, 막 시작된 것일 경우, 혹은 수동일 때 쓰인다. 예 You had better leave it unsaid. (너는 그것을 말하지 않은 채로 두는 편이 낫다.) He cannot get obeyed. (그를 복종시킬 수는 없다.) • be동사와 결합하여 수동태를 만들고, have와 결합하여 완료형을 만든다. 예 This book *was* written in English. – 수동태 (이 책은 영어로 쓰여졌다.) He *has* just arrived. – 완료형 (그는 방금 막 도착했다.)

(2) 분사의 용법

① 한정적 용법: 명사의 앞뒤에서 그 명사를 수식한다.

　㉠ 현재분사: '-하고 있는' – 능동·진행

> 예 The girl playing the piano is Jane.
> = The girl who is playing the piano is Jane.
> (피아노를 치고 있는 소녀는 제인이다.)

I saw him getting off the bus.
= When I saw him, he was getting off the bus.
(나는 그가 버스에서 내리는 것을 보았다.)

　㉡ 과거분사: '-하게 된' – 수동·완료

> 예 The street was covered with fallen leaves. – 완료
> = The street was covered with leaves which had fallen.
> (거리는 낙엽들로 가득했다.)
> I had my car washed. – 수동
> = I had someone wash my car. (나는 내 차를 세차시켰다.)

② 서술적 용법: 분사는 주격보어와 목적격보어로 쓰인다.

> 예 He sat reading the newspaper. – 주격보어
> (그는 앉아서 신문을 읽고 있었다.)
> I saw him running. – 목적격보어
> (나는 그가 뛰어가는 것을 보았다.)

(3) 분사구문

① 분사구문 만드는 법

　㉠ 분사를 이용하여 부사절을 부사구로 만든 것을 분사구문이라고 한다.

　㉡ 분사구문의 의미상의 주어가 주절의 주어와 같을 때 주어는 주절에만 붙인다.

> 예 As she was very sick, she went to see a doctor.
> → Being very sick, she went to see a doctor.
> (그녀는 매우 아프기 때문에 의사를 만나러 갔다.)

　㉢ 독립분사구문: 분사 구문의 주어와 주절의 주어가 다를 때는 의미상의 주어를 분사 앞에 놓는다.

> 예 He was absent, so I took his place.
> → His being absent, I took his place.
> (그가 결근했으므로, 내가 그를 대신했다.)

② 분사구문의 용법: 시간·조건·이유·양보·계속·동시동작

　㉠ 시간 분사구문: while, when, after, as

> 예 Seeing me, he ran away.
> = When he saw me, he ran away.
> (나를 보았을 때, 그는 도망갔다.)

　㉡ 원인·이유 분사구문: because, as

> 예 Having no car, she stayed at home.
> = As she had no car, she stayed at home.
> (차가 없어서 그녀는 집에 머물렀다.)

　㉢ 조건 분사구문: if

> 예 Turning to the left, you will find the building.
> = If you turn to the left, you will find the building.
> (왼쪽으로 돌면 그 건물이 나올 겁니다.)

ⓔ 양보 분사구문: though, although

> 예 <u>Admitting he is right</u>, I cannot forgive him.
>
> = <u>Though I admit he is right</u>, I cannot forgive him.
>
> (그가 옳다는 것을 인정한다 할지라도 나는 그를 용서할 수 없다.)

ⓜ 계속(~ and)

> 예 The train starts at 10 a.m., <u>arriving at 2 p.m.</u>
>
> = The train starts at 10 a.m., <u>and it arrives at 2 p.m.</u>
>
> (기차는 오전 10시에 출발하여 오후 2시에 도착할 것이다.)

ⓗ 동시동작 분사구문: as(-하면서)

> 예 <u>Saying "good-bye"</u>, he went out of the house.
>
> = He went out of the house <u>as he said "good-bye."</u>
>
> ("안녕"이라고 말하면서, 그는 집 밖으로 나갔다.)

■ **비인칭 독립분사구문**

분사구문의 의미상의 주어가 일반인을 나타낼 때는 주절의 주어와 다를지라도 생략할 수 있다. 주로 의견을 말할 때 쓴다.

- generally speaking: 일반적으로 말하면
- considering: -을/-를 고려하면
- seeing that: -때문에
- frankly speaking: 솔직히 말하면
- compared with: -(으)로 비교해 보면
- judging from: -로 판단해 보면

---

8 수동태

(1) 수동태의 형식

① 능동태 vs. 수동태(하다 vs. 당하다)

능동태	주어(A) + 서술어(타동사) + 목적어(B) → A가 B를 -하다
수동태	주어(B) + be + 과거분사(p.p.) + by A → B가 A에 의해 p.p. 되다

② 수동태 만드는 법: be + 과거분사(p.p.) + by

ⓐ 능동태의 목적어를 주격으로 바꾸어 수동태의 주어로 한다.

> 예 She made <u>the chair</u>. → <u>The chair</u> was made by her.
>
> (그녀가 의자를 만들었다. → 그 의자는 그녀에 의해 만들어졌다.)

ⓑ 능동태의 동사를 'be + 과거분사' 형태로 바꾼다. be동사는 수동태의 주어의 인칭 및 수에 따라서 바뀌고, 시제는 능동태의 시제와 일치시킨다.

> 예 He <u>cleans</u> his room. → His room <u>is cleaned</u> by him.
>
> (그는 그의 방을 청소한다. → 그의 방은 그에 의해 청소된다.)

ⓒ 능동태의 주어를 'by + 목적격'으로 쓴다.

> 예 <u>His parents</u> love him. → He is loved <u>by his parents</u>.
>
> (그의 부모님은 그를 사랑한다. → 그는 그의 부모님에 의해 사랑받는다.)

ⓓ 3형식 문장이 수동태가 되면 1형식 문장이 된다.

> 예 The police arrested the person for murder. - 3형식
>
> (경찰은 그 사람을 살인죄로 체포했다.)
>
> → The person was arrested for murder by the police.
>
> (그 사람은 경찰에 의해 살인죄로 체포되었다.) - 1형식

③ 'by + 목적격'을 생략하는 경우

ⓐ 능동태의 주어가 일반인을 나타내는 we, you, they, one, people일 때, by us[you/them/one/people]를 생략한다.

> 예 They speak French in France.
>
> (그들은 프랑스에서 프랑스어를 한다.)
>
> → French is spoken in France (by them).
>
> We see stars at night. (우리는 밤에 별을 본다.)
>
> → Stars are seen (by us) at night.
>
> One should keep one's word. (사람은 말을 지켜야 한다.)
>
> → One's word should be kept (by one).

ⓑ 능동태의 주어가 불분명하거나, 행위자를 나타낼 필요가 없는 경우 'by + 목적격'을 생략한다.

> 예 They were killed in the war in 1950.
>
> (그들은 1950년 전쟁에서 죽었다.)
>
> That house was built twenty years ago.
>
> (저 집은 20년 전에 지어졌다.)

(2) 수동태의 시제

현재	**능동태**	He <u>writes</u> a letter.
	수동태	A letter <u>is written</u> by him.
과거	**능동태**	He <u>wrote</u> a letter.
	수동태	A letter <u>was written</u> by him.
미래	**능동태**	He <u>will write</u> a letter.
	수동태	A letter <u>will be written</u> by him.
현재완료	**능동태**	He <u>has written</u> a letter.
	수동태	A letter <u>has been written</u> by him.
과거완료	**능동태**	He <u>had written</u> a letter.
	수동태	A letter <u>had been written</u> by him.

미래완료	능동태	He will have written a letter.
	수동태	A letter will have been written by him.
현재진행	능동태	He is writing a letter.
	수동태	A letter is being written by him.
과거진행	능동태	He was writing a letter.
	수동태	A letter was being written by him.

(3) 주의해야 할 수동태

① 4형식 문장의 수동태

㉠ 간접목적어와 직접목적어를 각각 주어로 하는 두 개의 수동태(3형식 문장)가 가능하다.

예 He gave me a watch. (그는 나에게 시계를 주었다.)
→ A watch was given (to) me by him.
→ I was given a watch by him.

㉡ 수여동사 중에서 buy, make, write, send, pass 등은 수동태가 하나이다.

예 I wrote him a letter. (나는 그에게 편지를 썼다.)
→ A letter was written (to) him by me.
My father bought me a camera.
(아버지는 내게 카메라를 주셨다.)
→ A camera was bought (for) me by my father.

㉢ 직접목적어(사물)가 주어가 되는 수동태에서 간접목적어(사람) 앞에 쓰이는 전치사는 다음과 같다.

• to: give, send, bring 등 대부분의 수여동사
• for: buy, make, find, choose, build
• of: ask, inquire

예 I wrote you the letter. (나는 너에게 편지를 썼다.)
→ The letter was written to you by me.

② 5형식 문장의 수동태

㉠ 5형식 수동태 문장에서 목적격보어는 서술어 뒤에 그대로 남겨 두므로, 2형식 문장이 된다.

예 We call him John. (우리는 그를 존이라고 부른다.) – 5형식
→ He is called John (by us). – 2형식
(그는 존이라고 불린다.)
They elected him chairman. – 5형식
(그들은 그를 의장으로 선출했다.)
→ He was elected chairman (by them). – 2형식
(그는 의장으로 선출되었다.)

㉡ 지각동사와 사역동사의 수동태: 원형부정사(목적격보어)가 수동태에서는 to부정사로 된다.

예 We saw him break the window.
(우리는 그가 창문을 깨뜨리는 것을 보았다.)

→ He was seen to break the window by us.
Mom made me clean the room.
(엄마는 내게 방을 청소하라고 시켰다.)
→ I was made to clean the room by Mom.

㉢ 자주 쓰이는 5형식 수동태 숙어

능동태	수동태
call + A + B (A를 B라고 부르다)	A + be called + B
ask + A + to + 동사원형 (A에게 –할 것을 요청하다)	A + be asked to + 동사원형
expect + A + to + 동사원형 (A에게 –할 것을 기대하다)	A + be expected to + 동사원형
encourage + A + to + 동사원형 (A에게 –할 것을 격려하다)	A + be encouraged to + 동사원형
tell + A + to + 동사원형 (A에게 –할 것을 명령하다)	A + be told to + 동사원형
force + A + to + 동사원형 (A에게 –할 것을 강요하다)	A + be forced to + 동사원형

③ 조동사가 있는 수동태: 조동사 + be + 과거분사

예 He can solve the problem. (그는 그 문제를 해결할 수 있다.)
→ The problem can be solved by him.

④ '자동사 + 전치사'(숙어)의 수동태: 한 단어처럼 취급한다.

예 The car ran over a boy. (그 차가 한 소년을 치었다.)
→ A boy was run over by the car.

(4) 의문문과 명령문의 수동태

① 의문문 수동태

㉠ 의문사가 없는 의문문 수동태로 바꾸기

의문사가 없는 경우	Did you help Mary?
의문문을 평서문으로 전환	You helped Mary.
평서문을 수동태로 전환	Mary was helped by you.
의문문으로 전환	Was Mary helped by you?

㉡ 의문사가 있는 의문문 수동태로 바꾸기

의문사가 있는 경우	What did he write on the ground?
의문사를 넣고 평서문으로 전환	He wrote what on the ground.
평서문을 수동태로 전환	What was written on the ground by him.
의문사 문두에 위치	What was written on the ground by him?

② 명령문 수동태

명령문	Don't forget the lesson.
수동태 전환	The lessen is forgotten.
긍정문(Let ~.)	Let the lessen be forgotten.
부정문(Don't let ~. / Let ~ not ~.)	• Don't let the lessen be forgotten. • Let the lessen not be forgotten.

(5) 수동태의 관용적 표현

예 I <u>was surprised at</u> the news. (난 그 소식을 듣고 깜짝 놀랐다.)

I <u>was pleased with</u> the gift. (나는 그 선물에 만족했다.)

She <u>is</u> much <u>interested in</u> music. (그녀는 음악에 관심이 많다.)

He <u>is satisfied with</u> the result. (그는 결과에 만족한다.)

The mountain <u>is covered with</u> snow. (산은 눈으로 덮여 있다.)

The room <u>is filled with</u> many students.

(그 방은 많은 학생들로 가득 차 있다.)

■ **수동태로 전환되지 않는 동사**

• 자동사는 목적어가 없으므로 수동태로 전환되지 않는다.

happen, seem, prove, remain, result, look(보이다) arise, appear 등

예 She <u>looks</u> pretty. (그녀는 예뻐 보인다.) – 2형식

• 상태동사는 통상적으로 수동태로 전환되지 않는다.

have(–을/–를 가지다), fit, lack, resemble, suit, possess(–을/ –를 소유하다) 등

---

9 관계대명사

(1) 관계대명사의 종류

종류	선행사	주격	소유격	목적격
who	사람	who	whose	whom
which	사람, 사물	which	whose, of which	which
that	사람, 동물, 사물	that	×	that
what	사물(선행사 포함)	what	×	what

① who, whose, whom의 용법: 선행사가 사람일 경우, that 으로 바꿔 쓸 수 있다.

예 That is the boy <u>who[that]</u> likes to play tennis. – 주격

(저 소년은 테니스를 좋아하는 소년이다.)

This is the boy <u>whom</u> I met in the park yesterday. – 목적격

(이 소년은 내가 어제 공원에서 만났던 소년이다.)

I know a girl <u>whose</u> name is Judy. – 소유격

(나는 이름이 주디라는 소녀를 알고 있다.)

② which(that), whose(of which), which의 용법: 선행사가 동물·사물일 경우, 주격·목적격은 that으로 바꿔 쓸 수 있다.

예 The books <u>which[that]</u> are on the desk are his.

(책상 위에 있는 그 책들은 그의 것이다.)

Look at the book <u>whose</u> cover is red.

(빨간 표지의 그 책을 보아라.)

This is the book <u>which</u> she gave (to) me yesterday.

(이 책은 그녀가 어제 나에게 주었던 책이다.)

③ 관계대명사 that만 쓰는 경우

㉠ 선행사가 '사람 + 동물', '사람 + 사물'일 경우

㉡ 선행사 앞에 형용사의 최상급, 서수, the only, the very, the same, the last, all, every, any, no, 의문 대명사 등이 오는 경우

㉢ 관계대명사 that은 소유격이 없으며, 전치사를 그 앞에 쓸 수 없다.

예 She is <u>the prettiest</u> lady <u>that</u> I have ever seen.

(그녀는 내가 여태껏 본 가장 아름다운 여인이다.)

This is <u>all</u> the money <u>that</u> he has.

(이것이 그가 가지고 있는 돈의 전부이다.)

There is <u>no</u> man <u>that</u> doesn't love his own country.

(자신의 조국을 사랑하지 않는 사람은 없다.)

<u>Who</u> is the gentleman <u>that</u> is standing over there?

(저기 서 있는 신사는 누구니?)

④ what의 용법

㉠ 관계대명사 what은 선행사를 포함하고 있으며, '–하 는 것'으로 해석한다.

㉡ what에는 소유격이 없다.

예 Could you tell me <u>what</u> this means?

(이것이 의미하는 것을 말해 주실 수 있겠습니까?)

We love <u>what</u> is true. (우리는 진실된 것을 사랑한다.)

(2) 관계대명사의 용법

① 한정적 용법

㉠ 관계대명사 앞에 comma(,)가 없는 경우

㉡ 뒤에서부터 해석하는 것이 자연스럽다.

예 He had two sons <u>who</u> became officers.

(그는 공무원이 된 아들이 둘 있다.)

We must pay attention to the fact <u>that</u> fire burns.

(불은 탄다는 사실에 우리는 유의해야 한다.)

② 계속적 용법

- ㉠ 관계대명사 앞에 comma(,)가 있는 경우
- ㉡ 앞에서부터 차례대로 해석하는 것이 자연스럽다.
- ㉢ 관계대명사 what과 that에는 계속적 용법이 없다.

  예 He had two sons, <u>who</u> became officers.
  (그는 아들이 둘 있는데, 둘 다 공무원이 되었다.)
  I will lend you this novel, <u>which[for it]</u> is very exciting.
  (이 소설책을 너에게 빌려주겠다. 아주 재미있으니까.)
  I cannot understand, <u>what</u> he says. (×)
  He has a horse, <u>that</u> runs very fast. (×)

(3) 관계대명사의 주의할 용법

① 관계대명사의 생략

- ㉠ 제한적 용법에서 관계대명사의 목적격은 생략할 수 있다.

  예 This is the farmer (whom/that) I met in the field.
  (이 사람은 내가 들판에서 만난 농부이다.)

- ㉡ '주격관계대명사 + be동사'는 동시에 생략된다.

  예 The watch (which is) on the table is hers.
  (탁자 위에 있는 시계는 그녀의 것이다.)

② 관계대명사와 전치사: 관계대명사가 전치사의 목적어일 때, 전치사를 관계대명사 앞에 두어도 좋고, 전치사를 문장의 맨 뒤에 두어도 좋다.

  예 That is the village (which) he lives <u>in</u>. – 관계대명사 생략 가능
  = That is the village <u>in which</u> he lives. – 관계대명사 생략 불가능
  (저곳이 그가 살고 있는 마을이다.)

③ 복합관계대명사

whoever	• anyone who: 누구나 • no matter who: 누가 –하더라도
whomever	• anyone whom: 누구나 • no matter whom: 누구를 –하더라도
whichever	• anything which: 어느 것이나 • no matter which: 어느 것이 –하더라도
whatever	• anything that: 무엇이나 • no matter what: 무엇이 –하더라도

- ㉠ '관계대명사 + ever'이며, 선행사를 포함하고 있다.
- ㉡ 명사절과 부사절을 유도한다.

  예 I will give you <u>whatever</u> book you want to read.
  = I will give you <u>any book that</u> you want to read.
  (네가 원하는 책은 무엇이든 주겠다.)
  <u>Whoever</u> may object, I will do what I think is right.
  (누가 반대하든 나는 내가 옳다고 생각하는 것을 하겠다.)

④ 유사관계대명사: 관계대명사는 아니면서 문장 속에서 관계대명사와 유사한 역할을 하며, as·but·than이 있다.

선행사	유사관계대명사
부정어구(no/few/little/not a/never)＋명사	but
특정어구(as/the same/such/so)＋명사	as
강조부사 기능＋비교급＋명사	than

접속사 as는 선행사 앞에 such, the same이 있을 때 관계대명사와 같은 역할을 한다.

  예 This is <u>the same</u> watch <u>as</u> I lost. – 같은 종류
  (이것은 내가 잃어버린 것과 같은 시계이다.)
  cf This is <u>the same</u> watch <u>that</u> I lost. – 동일 물건
  (이것은 내가 잃어버린 시계이다.)

10 일치와 화법

(1) 주어와 동사의 일치

① A and B: 원칙적으로 복수 취급하지만, 예외가 있다.

  예 A black and white dog *was* running there. – 한 마리
  (검고 흰 개 한 마리가 그곳으로 달려가고 있었다.)
  <u>A black and a white dog</u> *were* running there. – 두 마리
  (검은 개 한 마리와 흰 개 한 마리가 그곳으로 달려가고 있었다.)
  <u>Romeo and Juliet</u> *was* written by Shakespeare. – 작품
  (로미오와 줄리엣은 셰익스피어에 의해 써졌다.)

② A or B, either A or B, neither A nor B, not only A but also B: B(후자)에 일치시킨다.

  예 <u>Either</u> you <u>or</u> he has to stay at home.
  (너나 그 둘 중 한 사람은 집에 있어야 한다.)
  <u>Neither</u> you <u>nor</u> I am rich. (너나 나나 모두 부자가 아니다.)

③ A as well as B: A(전자)에 일치시킨다.

  예 <u>Not only</u> you <u>but also</u> he is right.
  = He <u>as well as</u> you is right. (너뿐만 아니라 그도 옳다.)

④ Every A and (every) B: 단수로 취급한다.

  예 <u>Every boy and girl</u> was invited to the meeting.
  (모든 소년 소녀들이 그 모임에 초대되었다.)

⑤ 형식은 복수이지만 내용상 단수로 취급하는 경우

  예 Twenty years is a long time. (20년은 긴 시간이다.)

(2) 시제의 일치

주절과 종속절이 있는 문장에서 주절의 동사와 종속절의 동사는 그 시제가 맞아야 하는데, 이것을 시제의 일치라고 한다.

① 주절의 동사가 현재·미래·현재완료이면, 종속절의 시제에는 제한이 없다.

<pre>
He says   ┐   ┌ he can drive a car.
He will say ┼── that ──┼ he could drive a car.
He has said ┘   └ he will be able to driver a car.
</pre>

② 주절의 동사가 과거이면, 종속절은 과거(미래)나 과거완료가 된다.

> 예 I think that he *is* honest. (나는 그가 정직하다고 생각한다.)
> → I thought that he *was* honest.
> (나는 그가 정직하다고 생각했다.)
> He says that he *has read* the book.
> (그는 그 책을 읽었다고 말한다.)
> → He said that he *had read* the book.
> (그는 그 책을 읽었다고 말했다.)
> I think that he *will come* here.
> (나는 그가 여기 올 것이라 생각한다.)
> → I thought that he *would come* here.
> (나는 그가 여기 올 것이라 생각했다.)
> I know that he *was* sick. (나는 그가 아팠다는 걸 안다.)
> → I knew that he *had been* sick.
> (나는 그가 아팠다는 걸 알았다.)

③ 시제의 일치에 대한 예외: 주절의 시제가 변해도 종속절의 시제가 변하지 않는 경우

ㄱ 일반적 진리: 현재시제

> 예 We learned, "The earth moves round the sun."
> → We learned that the earth moves round the sun.
> (우리는 "지구가 태양 주위를 돈다."라고 배웠다.)

ㄴ 현재의 습관: 현재시제

> 예 He says that he goes to church every Sunday.
> (그는 일요일마다 교회에 간다고 말한다.)
> → He said that he goes to church every Sunday.
> (그는 일요일마다 교회에 간다고 말했다.)

ㄷ 역사적 사실: 과거시제

> 예 Our teacher says, "World War Ⅱ broke out in 1939."
> (우리 선생님은 말씀하신다. "1939년에 제2차 세계대전이 발발했다.")
> → Our teacher said, "World War Ⅱ broke out in 1939."
> (우리 선생님은 말씀하셨다. "1939년에 제2차 세계대전이 발발했다.")

ㄹ 가정법: 그대로의 시제

> 예 She said, "If I were rich, I would buy it."
> → She said that if she were rich she would buy it.
> (그녀는 "내가 부자라면 그것을 살 텐데."라고 말했다.)

ㅁ must는 그대로 쓰거나 had to를 쓴다.

> 예 He said, "I must start at once."
> (그는 "나는 당장 출발해야 해."라고 말했다.)
> He said that he must[had to] start at once.
> (그는 즉시 출발해야 한다고 말했다.)

(3) 화법의 전환

① 평서문

직접화법	간접화법
He said, "This boy is very honest."	He said (that) that boy was very honest.
She said to him, "I met your father."	She told him (that) she had met his father.
He promised, "I will leave here."	He promised that he would leave there.

❶ 전달문의 주어는 동일하게 한다.

❷ 전달동사 say는 say로, say to는 tell로 바꾸고, 그 외의 동사는 그대로 쓴다.

❸ 전달문과 피전달문을 연결하는 that을 쓴다.

❹ 피전달문의 인칭대명사를 화자의 입장으로 바꾼다.

❺ 전달문의 동사와 피전달문의 시제를 일치시킨다.

❻ 때, 장소 등을 나타내는 어구는 다음과 같이 바꾼다.

직접화법	→	간접화법
here	→	there
come	→	go
these	→	those
now	→	then
this	→	that
tomorrow	→	the next day the following day
yesterday	→	the previous day the day before
today	→	that day
tonight	→	that night
last night	→	the night before
next week	→	the following week
ago	→	before

② 의문문

㉠ 의문사가 있는 의문문

직접화법	간접화법
I said to the boy, "How old are you?"	I asked the boy how old he was.
He said to her, "Where do you live?"	He asked her where she lived.
I said to him, "Who wrote the letter?"	I asked him who had written the letter.

❶ 전달문의 주어는 동일하게 한다.

❷ 전달동사 say는 ask로 바꾼다.

❸ 피전달문을 '의문사 + 주어 + 동사'의 순서로 바꾼다.

❹ 피전달문의 인칭대명사를 화자의 입장으로 바꾼다.

❺ 전달문과 피전달문의 시제를 일치시키고 의문부호를 마침표로 바꾼다.

㉡ 의문사가 없는 의문문

직접화법	간접화법
He said to me, "Is this your book?"	He asked me if that was my book.
I said to her, "Have you ever seen a lion?"	I asked her if she had ever seen a lion.
She said to him, "May I use your telephone?"	She asked him if she might use his telephone.

❶ 전달문의 주어는 동일하게 한다.

❷ 전달동사 say는 ask로 바꾼다.

❸ 피전달문을 'if[whether] + 주어 + 동사'의 순서로 배열한다.

❹ 피전달문의 인칭대명사를 화자의 입장으로 바꾼다.

❺ 전달문과 피전달문의 시제를 일치시키고 의문부호를 마침표로 바꾼다.

③ 명령문

직접화법	간접화법
The teacher said to us, "Be quiet in the classroom."	The teacher told us to be quiet in the classroom.
The officer said to them, "Don't go out."	The officer ordered them not to go out.
John said to us, "Let's go to the movies after school."	John suggested that we should go to the movies after school.

전달동사를 tell, ask, order, advise, beg 등으로 바꾸고, 목적어 뒤에 to부정사를 쓴다.

④ 감탄문

직접화법	He said, "What a pretty girl she is!"
간접화법	He cried out[said] what a pretty girl she was. He cried out that she was a very pretty girl.

전달동사를 cry, shout 등으로 바꾸고 종속절의 시제를 주절의 시제와 일치시킨다. 감탄문 어순을 그대로 쓰거나 very를 보충하여 평서문으로 변경한다.

11 접속사

(1) 등위접속사와 상관접속사의 쓰임

① 등위접속사

㉠ and: '-와/-과, 그리고, 그러면'

예 Tom and John are good friends. – 단어와 단어
(톰과 존은 좋은 친구다.)
I pulled off my sweater and placed it on the table.
(나는 스웨터를 벗어서 테이블 위에 놓았다.) – 절과 절

㉡ but: '그러나'의 뜻으로 앞뒤의 내용이 서로 반대되는 경우에 쓴다.

예 He praised my cooking, but I knew that he was pulling my leg. (그는 나의 요리솜씨를 칭찬했지만, 나는 그가 나를 놀리고 있다는 것을 알았다.)

㉢ or: A or B(A 또는 B)

예 I don't know where to go or what to do.
(나는 어디로 갈지, 무엇을 해야 할지 모르겠다.)

■ 명령문 + and[or]

명령문 + and (-해라, 그러면)	Work hard, and you'll succeed. = If you work hard, you will succeed. (열심히 일해라. 그러면 너는 성공할 것이다.)
명령문 + or (-해라, 그렇지 않으면)	Come at once, or it will be too late. (지금 바로 오지 않으면 너무 늦을 것이다.)

㉣ so: '그래서'의 뜻으로 원인과 결과의 관계 문장을 연결한다.

예 I have no money, so I can't buy the book.
(나는 돈이 없어서 그 책을 살 수 없다.)

② 상관접속사

　㉠ both A and B: 'A도 B도 둘 다'

　　예 Both you and he are wrong. (너도 그도 둘 다 틀렸다.)

　㉡ not only A but also B: 'A뿐만 아니라 B도 역시'

　　－ B에 동사를 일치

　　예 She is not only kind but (also) honest.

　　　= She is honest as well as kind.

　　　(그녀는 친절할 뿐만 아니라 정직하기도 하다.)

　㉢ either A or B: 'A나 B에서 하나' － B에 동사를 일치

　　예 Either I or he has to go there.

　　　(나나 그 둘 중에 한 사람은 그곳에 가야 한다.)

　㉣ neither A nor B: 'A도 B도 아니다' － B에 동사를 일치

　　예 Neither we nor he wants to do the dishes.

　　　= Either we or he doesn't want to do the dishes.

　　　(우리도 그도 설거지하기를 원하지 않는다.)

(2) 종속접속사

① 명사절을 이끄는 종속접속사: that, if, whether

that	• '−하는 것'의 뜻으로 문장의 주어·목적어·보어·동격이 되는 명사절을 이끈다. 　예 That he has no appetite at all is true. － 주어 　(그가 식욕이 전혀 없다는 것은 사실이다.) 　The fact is that I know nothing about it. － 보어 　(사실은 나는 그것에 대해 아무 것도 모른다는 것이다.) • say, believe, think, know 등의 목적어일 때는 that이 종종 생략된다. 　예 I know (that) he is honest. 　　(나는 그가 정직하다는 것을 알고 있다.)
if, whether	• '−인지 어떤지'의 뜻으로 명사절을 이끈다. • 주어 자리에는 if를 쓰지 않는다. • whether는 양보 부사절로도 사용된다. 　예 Whether she likes me or not doesn't matter to me. － 주어 　(그녀가 나를 좋아하는지 아닌지는 중요하지 않다.) 　The question is whether he will come or not. 　(문제는 그가 오느냐 안 오느냐이다.) － 보어 　I wonder if[whether] the weather will be fine tomorrow. － 목적어 　(나는 내일 날씨가 궁금하다.)

② 부사절을 연결시키는 종속접속사: when, as, while, until, though, if 등

　㉠ 시간을 나타내는 종속접속사

　　• when: −할 때

　　• while: −하는 동안에

　　• after: −한 후에

　　• since: −한 후 내내

　　• as long as: −하는 동안, −하는 한

　　• as: −할 때에, −하면서, −함에 따라서

　　• before: −하기 전에

　　• till, until: −할 때까지

　　• as soon as: −하자마자

　　예 The thief had already run away when the police came.

　　　(경찰이 왔을 때 도둑은 이미 도망쳐 버렸다.)

　　　He went out as I entered the room.

　　　(내가 그 방에 들어갔을 때, 그는 나갔다.)

　　　While there is life, there is hope.

　　　(생명이 있는 동안, 희망이 있다).

　　　After I walked a few minutes, I came to the park.

　　　(2, 3분쯤 걸어서 나는 공원에 왔다.)

　　　He has been unhappy since he left home.

　　　(그는 집을 떠난 이래로 불행했다.)

　　　As soon as she arrived, she fell sick.

　　　(그녀는 도착하자마자 병으로 쓰러졌다.)

　　　I shall never forget you as long as I live.

　　　(내가 살아 있는 동안은 너를 결코 잊지 않을 것이다.)

　㉡ 장소를 나타내는 종속접속사

　　• where: ～ 곳에

　　• wherever: −하는 곳은 어디든지

　　예 Where there is a will, there is a way.

　　　(뜻이 있는 곳에 길이 있다.)

　　　Sit wherever you like. (네가 좋아하는 곳에 어디든지 앉아라.)

　㉢ 원인·이유를 나타내는 종속접속사

　　• because, since, as: −하기 때문에

　　예 She will be absent, because she has a bad cold.

　　　(그녀는 독감이 들어서 결석할 것이다.)

　　　Since I am poor in health, I cannot travel abroad.

　　　(나는 건강이 나쁘기 때문에 외국여행을 할 수가 없다.)

　㉣ 조건·양보를 나타내는 종속접속사

조건	• if: 만일 −한다면 • unless[if + not]: 만일 −하지 않는다면
양보	• though[although/even if]: 비록 −할지라도 • whether ～ or: −이든 아니든

　예 If you have any questions, ask me.

　　(만일 질문이 있다면, 나에게 물어라.)

　　Unless you get up early, you will miss the train.

　　(만일 일찍 일어나지 않는다면, 너는 기차를 놓칠 것이다.)

<u>Though</u> he is big, he is a coward.

(그는 (덩치는) 크지만 겁쟁이다.)

<u>Even if</u>[Even though] you don't like it, you must finish it.

(비록 네가 그것을 좋아하지 않을지라도, 너는 그것을 마쳐야 한다.)

I will employ him, <u>whether</u> he is honest <u>or not</u>.

(그가 정직하든 안 하든 나는 그를 고용하겠다.)

㉤ 목적, 결과를 나타내는 종속접속사

목적	• that + may[can] ~ • so that + may[can] ~ • in order that + may[can] ~	-하기 위해
	• so that + may not ~ • lest + should ~	-하지 않기 위해
결과	• so + 형용사[부사] + that … • such + 명사 + that …	매우 -해서 …하다
	…, so that ~	그래서 -하다

예 Please speak a little louder <u>so that we can</u> hear you.

(우리가 들을 수 있도록 좀 큰 소리로 말해 주세요.)

I worked hard <u>so that</u> I <u>might</u> not fail.

(나는 실패하지 않도록 열심히 공부했다.)

He is <u>so</u> kind <u>that</u> everybody likes him.

= He is <u>such</u> a kind man <u>that</u> everybody likes him.

(그는 너무 친절하여 모든 사람이 그를 좋아한다.)

He spoke clearly, <u>so that</u> everyone could understand him.

(그는 명확하게 말했다. 그래서 모든 사람들이 그의 말을 이해할 수 있었다.)

■ **종속접속사와 의문사로 쓰이는 when, where**

종속 접속사 when, where	'-할 때' '-한 곳에'의 뜻으로 각각 시간·장소 부사절을 이끈다. 예 How should I react <u>when</u> I get treated unfairly at work? (회사에서 부당한 대우를 받을 때 어떻게 대응해야 할까?)
의문사 when, where	'언제', '어디서'의 뜻으로, 직접의문문에 쓰이거나, 간접의문문으로 명사절을 이끈다. 예 Now listen to a conversation. <u>When</u> is this conversation taking place? (이제 대화를 들어보십시오. 이 대화는 언제 하는 겁니까?) Do you know <u>where</u> the mind resides? Is the mind located in the brain? (마음이 어디에 있는지 아십니까? 마음은 뇌에 위치해 있나요?)

12 가정법

(1) 가정법의 종류

① 가정법 현재

　㉠ 현재 또는 미래에 대한 단순한 가정이나 불확실한 상상을 나타낸다.

　㉡ 종속절의 동사는 원형을 쓰는 것이 원칙이지만 현대 영어에서는 직설법을 쓰는 것이 정상이다.

종속절(조건절) '만일 -한다면'	주절(귀결절) '-할 것이다'
If + 주어 + 동사원형(혹은 현재형)	주어 + shall[will] + 동사원형

예 If I know the answer, I will tell you.

(내가 그 정답을 안다면, 나는 너에게 말을 할 것이다.)

If the rumor be[is] true, we will be glad.

(그 소문이 진짜라면, 우리는 기쁘겠는데.)

② 가정법 미래: 현재나 미래에 대한 강한 의심이나 있을 수 없는 일에 대한 가정을 나타낸다.

　㉠ 종속절에 should를 쓰는 경우: 미래에 대한 강한 의심을 나타낸다.

　㉡ were to를 쓰는 경우: 미래에 실현이 불가능한 일을 상상할 때

종속절(조건절) '만일 -한다면'	주절(귀결절) '-할 것이다'
• If + 주어 + should + 동사원형 • If + 주어 + were to	• 주어 + would[will] + 동사원형 • 주어 + should[shall]

③ 가정법 과거: 현재의 사실에 반대되는 일에 대한 가정을 나타낸다.

종속절(조건절) '만일 -한다면'	주절(귀결절) '-할 텐데'
If + 주어 + were 또는 과거형	주어 + would[should, could, might] + 동사원형

예 If I knew her address, I could write to her.

= As I don't know her address, I cannot write to her.

(내가 그녀의 주소를 알고 있다면, 편지를 쓰겠는데(몰라서 못 쓴다).)

④ 가정법 과거완료: 과거의 사실에 반대되는 일에 대한 가정을 나타낸다.

종속절(조건절) '만일 -했다면'	주절(귀결절) '-했을 텐데'
If + 주어 + had + p.p.(과거분사)	주어 + would[should, could, might] + have + p.p.(과거분사)

예 If I had had much money, I would have bought the house.
= I didn't have much money, so I couldn't buy the house.
(만약 내가 돈을 많이 가지고 있었더라면, 그 집을 샀을 텐데(없어서 못 샀다).)

(2) 특별한 형식의 가정법

① I wish + 가정법: 실현할 수 없는 소원
　㉠ I wish + 가정법 과거: '-하면 좋을 텐데'(현재에는 이룰 수 없는 소원)
　　예 I wish it *were* true. = I am sorry it is not true.
　　　(그게 사실이면 좋을 텐데.)
　㉡ I wish + 가정법 과거완료: '-했더라면 좋았을 텐데'(과거에 이루지 못한 소원)
　　예 I wish I *had bought* the book. (그 책을 샀더라면 좋았을 텐데.)
　　　= I am sorry I did not buy the book.

② as if[though] + 가정법: 현재나 과거의 사실에 반대되는 일을 가정한다.
　㉠ as if + 가정법 과거: '마치 ~ 처럼'
　　예 He speaks <u>as if</u> he *knew* everything.
　　　(그는 마치 모든 것을 다 알고 있는 것처럼 말한다.)
　㉡ as if + 가정법 과거완료: '마치 -했던 것처럼'
　　예 He looked <u>as if</u> he *had known* nothing.
　　　(그는 마치 아무 것도 몰랐던 것처럼 보였다.)

③ If it were not for 가정법
　㉠ If it were not for: '-이 없다면'(가정법 과거)
　　→ But for[Without]를 쓸 수 있다.
　　예 <u>If it were not for</u> the light and heat of the sun, no living thing could exist. = <u>But for[Without]</u> the light and heat of the sun, no living thing could exist.
　　　(만약 태양 빛과 열이 없다면, 어떠한 생물도 존재할 수 없을 것이다.)
　㉡ If it had not been for: '마치 -이 없었다면'(가정법 과거완료)
　　예 <u>If it had not been for</u> your advice, I would have failed.
　　　= <u>But for[Without]</u> your advice, I would have failed.
　　　(만약 너의 충고가 없었더라면, 나는 실패하고 말았을 것이다.)

(3) 가정법 도치와 생략

① 조건절과 주절의 생략
　㉠ 조건절 없어도 추측할 수 있는 경우, 조건절을 생략할 수 있다.
　　예 I could have attended the party (if I had wanted to attend the party). (파티에 (나가려면) 나갈 수도 있었는데.)
　㉡ 주절이 없어도 추측할 수 있는 경우, 주절을 생략할 수 있다.
　　예 If only you would work harder! (How glad I should be!)
　　　(네가 좀 더 열심히 공부만 한다면야! (내가 얼마나 기쁠까))
② 접속사 If의 생략: if를 생략하면 if절의 주어와 동사의 순서가 바뀐다.
　　예 <u>Should you find him</u>, bring him back to me.
　　　= If you should find him, bring him back to me.
　　　(그를 찾으면 나에게 데려오너라.)

(4) 기타 조건문

① Unless: '-하지 않는다면'(= if ~ not)
　　예 <u>Unless</u> you work hard, you'll fail.
　　　(열심히 공부하지 않으면 너는 실패할 것이다.)
② provided[providing/so long as/if only]: '만일 -이라고 한다면'
　　예 You may go now, <u>so long as</u> you are innocent.
　　　= You may go now, <u>if only</u> you are innocent.
　　　(당신이 결백하기만 한다면 지금 가도 좋다.)
③ In case (that): '만일의 경우에 대비해서'
　　예 <u>In case</u> I forget, remind me of it.
　　　= If I forget, remind me of it.
　　　(혹시 내가 잊으면 나에게 그것을 상기시켜다오.)

출제 예상 문제

01 문장의 형식

01 빈칸에 들어갈 말로 알맞지 <u>않은</u> 것은?

> My family went camping __________.

① tomorrow
② yesterday
③ last Saturday
④ three days ago

02 대화의 빈칸에 들어갈 말로 알맞은 것은?

> A: Is this your mother's bag?
> B: Yes, it __________.

① am
② is
③ are
④ do

※ 빈칸에 들어갈 말로 알맞은 것을 고르시오(03~05).

03

> She __________ back on the sofa and tried to relax.

① lies
② laid
③ lied
④ lay

04

> Julia __________ a French man 3 years ago and now they have a daughter.

① marries
② was married with
③ married with
④ married

05

> They __________ fishing yesterday.

① go
② went
③ will go
④ are going

06 다음 중 밑줄 친 부분이 어법상 적절하지 <u>않은</u> 것은?

① You smell <u>sweet</u>. What perfume are you wearing today?
② Could you <u>discuss</u> about the upcoming meeting this afternoon?
③ I happened to see him <u>cross</u> the road.
④ <u>Raise</u> your hand if you have a question.

02 시제 · 조동사

※ 다음 빈칸에 공통으로 알맞은 것을 고르시오(07~08).

07

> ○ I __________ two brothers and sister.
> ○ I __________ been to America before.

① am
② was
③ have
④ would

08

> ○ I like to __________ pictures.
> ○ You have to __________ care of the baby.

① take
② make
③ keep
④ play

09 두 문장을 한 문장으로 연결할 때, 다음 빈칸에 알맞은 것은?

> ○ I moved here 3 years ago.
> ○ I still live here.
> → I __________ here for 3 years.

① lived ② will live
③ have lived ④ had lived

※ 다음 빈칸에 들어갈 말로 가장 알맞은 것을 고르시오 (10~15).

10

> I __________ to Los Angeles last winter.

① will go
② go
③ went
④ have gone

11

> The road was very muddy because it __________ all night.

① has been raining
② had rained
③ rains
④ rained

12

> I'm sure he is a teacher.
> → He __________ be a teacher.

① can ② will
③ may ④ must

13

> A: I was sitting behind John, so Carol __________ me.
> B: But she did.

① can't have seen
② can't see
③ must have seen
④ should not have seen

14

> I __________ play baseball at school.

① am used to ② get used to
③ use to ④ used to

15

> A: Are you going to visit your grandparents?
> B: Yes, I __________ them next month.

① visits ② visited
③ visiting ④ will visit

※ 다음 중 밑줄 친 부분과 바꾸어 쓸 수 있는 것을 고르시오 (16~17).

16

> She is going to help her mother.

① can ② may
③ will ④ must

17

> I have to do my homework.

① must ② may
③ can ④ will

03 명사 · 대명사

※ 다음 빈칸에 들어갈 가장 알맞은 말을 고르시오(18~27).

18

> A: Where are you going?
> B: I am going to the __________.

① book's store
② book stores
③ books store
④ book store

19

> When a man is reduced to poverty, ________ beggar will come out.

① many
② a few
③ the
④ same

20

> She is all attention.
> = She is __________.

① much attentive
② very attentive
③ attentive itself
④ very attentively

21

> He bought it for her at the watchmaker's _______.

① shop
② house
③ office
④ hospital

22

> A: How much money do you have?
> B: I have a __________ bill.

① ten dollars
② ten-dollars
③ tens-dollars
④ ten-dollar

23

> A: Do you have a TV set?
> B: Yes, __________.

① I have it
② I have one
③ I have
④ I certain have

24

> A: Will you have __________ more?
> B: Thank you, I will.

① any
② other
③ some
④ either

25

> I have four brothers; one is in Busan, but ______ are in Seoul.

① another
② other
③ the other
④ the others

26

> Work and play are necessary to health: _______ gives us rest, and _______ gives us energy.

① this – that　　② that – this
③ any – some　　④ some – any

27

> It is important not so much to give a man bread, as to put him in the way of earning it for ______.

① yourself　　② you
③ himself　　④ the bread

28 다음 중 it의 쓰임이 나머지와 <u>다른</u> 것은?

① <u>It</u> is fine today.
② <u>It</u> is 3 o'clock.
③ <u>It</u> is a very nice bag.
④ <u>It</u> is a long way from Seoul to Busan.

04 형용사 · 부사 · 전치사

※ 빈칸에 들어갈 말로 가장 알맞은 것을 고르시오(29~32).

29

> A: I want to buy some oranges.
> B: How _______ do you want?
> A: Four, please.

① far　　② tall
③ many　　④ long

30

> He is taller than any other boy in his class.
> = He is the _______ boy in his class.

① tall　　② taller
③ tallest　　④ shortest

31

> I found six mistakes in _______ lines.

① as much　　② as many
③ as many as　　④ each

32

> The price of the book was _______.

① high　　② dear
③ expensive　　④ cheap

33 Mina와 Jim의 대화로 보아 빈칸에 들어갈 말로 알맞은 것은?

> Mina: I come to school at 8 a.m.
> Jim: Really? I come to school at 8:30 a.m.
> → Mina comes to school __________ than Jim.

① older ② higher
③ bigger ④ earlier

34 표의 내용으로 보아 빈칸에 들어갈 말로 알맞은 것은?

Fruit	Price(each)
Peach	500 won
Apple	1,000 won

→ A peach is __________ than an apple.

① cheap ② cheaper
③ expensive ④ more expensive

※ 다음 빈칸에 들어갈 가장 알맞은 말을 고르시오(35~37).

35

> A: Have you ever been to the Metropolitan Museum of Art?
> B: Yes, I was taken __________________.

① there when a child regularly

② as a child regularly there

③ when a child regularly there

④ there regularly as a child

36

> A: I'm afraid the radio is too loud.
> B: I'm sorry. Shall I turn __________?

① it on ② off it
③ it out ④ it down

37

> I arrived here a week __________ and have been here __________.

① before, ago ② ago, before
③ before, since ④ ago, since

※ 빈칸에 공통으로 들어갈 말로 가장 알맞은 것을 고르시오 (38~42).

38

> ○ She was here a minute ______.
> ○ It was so long ______ that I couldn't remember what I heard.

① ago ② little
③ once ④ since

39

> ○ I am interested ______ math.
> ○ There is a computer ______ my room.

① in ② of
③ to ④ with

40

○ I'm so proud ______ my father.
○ The room is full ______ people.

① of
② in
③ at
④ under

41

○ I go to school ______ bus.
○ I will finish my report ______ 7 o'clock.

① of
② by
③ out
④ from

42

○ I am good ______ cooking.
○ I go to bed ______ 10 o'clock.

① of
② up
③ at
④ to

43 다음 중 B의 응답으로 알맞은 것은?

A: How do you go to school?
B: __________.

① By bus
② At seven
③ In Seoul
④ Ten minutes

44 그림으로 보아 빈칸에 들어갈 말로 알맞은 것은?

There are three books ______ the table.

① on
② to
③ under
④ behind

05 부정사

※ 다음 빈칸에 들어갈 가장 알맞은 말을 고르시오(45~47).

45

The doctor ______ me to stay in bed.

① made
② advised
③ spoke
④ said

46

I want something __________.

① play with to
② to buy it
③ to sit on
④ to drink cold

47

I wanted to discuss the matter with my uncle, but he was not an easy man __________.

① to be talked to
② for talking
③ to talk
④ to talk to

48 다음 주어진 문장과 뜻이 같은 것은?

> It seemed that she was sick.

① She seemed to be sick.
② She seemed to have been sick.
③ She seems to be sick.
④ She seems to have been sick.

49 두 문장의 뜻이 같도록 바꿔 쓸 때 빈칸에 알맞은 것은?

> I don't know what to do.
> = I don't know what __________.

① I did
② should I do
③ I am doing
④ I should do

※ 빈칸에 공통으로 들어갈 말로 가장 알맞은 것을 고르시오 (50~51).

50

> ○ That boy is ______ young to see that movie.
> ○ This coffee is ______ hot to drink.

① too
② to
③ for
④ so

51

> ○ It is kind ______ you to say so.
> ○ It is very nice ______ you to come and help me.

① of
② in
③ for
④ at

※ 다음 빈칸에 들어갈 가장 알맞은 말을 고르시오(52~55).

52

> We are looking forward __________ you.

① of seeing
② to see
③ to seeing
④ to expect

53

> He was busy ______ my homework.

① doing
② did
③ done
④ do

54

> I remember __________ the temple when young.

① visit
② to have
③ to visit
④ visiting

55

> Would you mind __________ me your pencil?

① lend
② lending
③ lent
④ to lend

※ 빈칸에 공통으로 들어갈 말로 가장 알맞은 것을 고르시오
(56~57).

56

> ○ Are you interested in __________ in the pool?
> ○ She likes __________ a letter.

① swimming — write
② swimming — writing
③ to swim — to writing
④ to swim — writing

07 분사

57

> ○ He kept me __________ so long.
> ○ I saw the girl __________ for the bus.

① waits　　② to wait
③ waiting　　④ waited

※ 다음 빈칸에 들어갈 가장 알맞은 말을 고르시오(58~60).

58

> Can you make yourself __________ in English?

① understand　　② understood
③ understanding　　④ to understand

59

> A: What should I do?
> B: You ought to have your coat __________.

① clean and press
② cleaned and pressed
③ cleaning and pressing
④ cleaning and pressed

60

> Gazells are __________ animals.

① eating plants
② to eat plants
③ plants they eat
④ plant-eating

61 다음 밑줄 친 부분의 용법이 나머지 셋과 <u>다른</u> 것은?

① He is <u>running</u> very fast.
② My hobby is <u>collecting</u> stamps.
③ Tom stopped <u>playing</u> baseball.
④ <u>Riding</u> a bike is good for your health.

62 다음 밑줄 친 부분의 쓰임이 올바른 것은?

① Yesterday I received a letter <u>writing</u> in English.
② Have you ever heard this music <u>playing</u>?
③ My friend told me that he had bought a <u>using</u> car.
④ This is the letter <u>telling</u> the truth.

08 수동태

※ 다음 빈칸에 들어갈 가장 알맞은 말을 고르시오(63~66).

63

> A: Wait a minute! I forgot to turn off the gas.
> B: Don't worry. It __________ off.

① is turning
② already turns
③ already turned
④ was already turned

64

> He could not help __________ his lot.

① satisfying with
② satisfy at
③ being satisfied with
④ being satisfied at

65

> The boy used to be late for the class. He was late yesterday __________.

① unlikely   ② as usual
③ likewise   ④ as wanted

66

> A man __________ the company he keeps.

① is known to
② is known with
③ is known as
④ is known by

67 밑줄 친 부분 중 어법상 <u>틀린</u> 것은?

① The Eiffel Tower <u>is made of</u> iron.
② He <u>is resembled</u> his mother more than his father.
③ Treat others the way you want <u>to be treated</u>.
④ How many plays <u>were written</u> by Shakespeare?

※ 빈칸에 공통으로 들어갈 말로 가장 알맞은 것을 고르시오 (68~69).

68

> He plays tennis very well.
> = He is a __________ tennis player.
> = He is __________ at playing tennis.

① well   ② good
③ poor   ④ weak

69

> ○ A museum devoted to Hangeul, or Korean alphabet, will _____ built in Seoul.
> ○ Personally, I'd _____ opposed to the new rule.

① is   ② be
③ being   ④ was

09 관계대명사

※ 다음 빈칸에 들어갈 가장 알맞은 말을 고르시오(70~73).

70

This book is instructive, and _________ is better, interesting.

① that　　　　② who
③ which　　　④ what

71

Look at the mountain _________ is covered with snow.

① the top whose
② whose the top
③ of which top
④ of which the top

72

There are few children _________ like watching TV.

① who　　　　② but
③ and　　　　④ what

73

He must be a foreigner, _________ is evident from his appearance.

① who　　　　② but
③ which　　　④ what

※ 다음 빈칸에 공통으로 들어갈 단어를 고르시오(74~75).

74

○ By the way, _________ are you going to meet?
○ People _________ eat apples will be healthy.

① who　　　　② which
③ where　　　④ when

75

○ _________ do you want to buy?
○ That was _________ I wanted to say.

① who　　　　② which
③ where　　　④ what

76 밑줄 친 부분 중 어법상 틀린 것은?

① The books <u>which</u> are on the desk are his.
② This is the book <u>which</u> she gave (to) me yesterday.
③ This is all the money <u>that</u> he has.
④ He was the first man <u>who</u> came to the party.

10 일치와 화법

※ 다음 빈칸에 들어갈 가장 알맞은 말을 고르시오(77~79).

77

> The law of the country requires that no man ___ _______ to death without a trial.

① be putting　　② be put

③ should put　　④ is to put

78

> She said to me, "You look pale, Are you ill?"
> = She told me that I looked pale _________ I was ill.

① and asked that

② and she told

③ but asked whether

④ and asked if

79

> He knew that he ________ not have time to finish the report by tomorrow.

① may　　② can

③ could　　④ shall

80 주어진 직접 화법 문장을 간접 화법으로 바꿀 때 빈칸에 알맞은 것은?

> He said to me, "I am happy."
> → He told me that _________ happy.

① I am　　② I was

③ he is　　④ he was

11 접속사

※ 다음 빈칸에 들어갈 알맞은 것을 고르시오(81~83).

81

> _________ she will come back or not doesn't matter.

① If　　　　② Since

③ Whether　　④ Unless

82

> _________ it was dark, we were able to find the way to the village.

① So　　　　② As

③ Though　　④ Whether

83

> I can't go to the movies with you ________ I am tired.

① so　　　② or

③ but　　④ because

※ 밑줄 친 부분 중 어법상 틀린 것을 고르시오(84~85).

84
① The last bus has gone. <u>Therefore</u>, we're going to have to walk.
② You'll need to focus on the goal; <u>otherwise</u>, it's easy to get distracted.
③ I washed the dishes. They, however, <u>still</u> looked very dirty.
④ The plane fare was too much; <u>furthermore</u>, I decided not to go.

85
① Neither his father nor his mother <u>is</u> at home.
② Either his father or his mother <u>is</u> not at home.
③ Both Bill and Tom <u>likes</u> tennis.
④ Not only he but also I <u>want</u> you to wash before bed.

12 가정법

※ 다음 빈칸에 들어갈 알맞은 것을 고르시오(86~90).

86

> A: Can you play the piano?
> B: No, I wish I __________.

① can
② could have
③ could
④ would

87

> Start right now, __________ you will be on time.

① and
② or
③ as
④ so

88

> If he had known how to type, he __________ the job.

① would not get
② would not have gotten
③ would have gotten
④ would have been gotten

89

> __________ she met the man before, she could have recognized him.

① Unless　　　② Had
③ If　　　④ Did

90

> I'd rather you __________ anything about it for the time being.

① do　　　② didn't do
③ don't　　　④ doesn't

※ 다음 우리말을 영어로 옮길 때 빈칸에 알맞은 것을 고르시오(91~92).

91

> 만약 내가 너라면 열심히 공부할 텐데.
> → If I __________ you, I would study hard.

① am　　　② was
③ were　　　④ be

92

> 만일 눈이 오면, 우리는 기차로 가겠다.
> → If __________, we'll go by train.

① it snows
② it will snow
③ it snowed
④ it were snowing

어휘

● **해결 Point**

밑줄 친 단어의 뜻을 묻거나 비슷한 의미 또는 정반대 뜻, 포함 관계의 단어를 고르는 문제는 매년 출제되므로 단어의 유의어, 반의어, 포함 관계를 함께 외울 수 있도록 한다. 또한, 두 문장에 공통으로 들어갈 말로 적절한 것을 묻는 문제도 자주 출제되는 유형이므로 동일한 단어가 들어간 관련 숙어를 숙지하도록 한다.

● **대표 문제 유형**

❖ 밑줄 친 부분과 뜻이 같은 어휘를 고르시오.
❖ 다음 빈칸에 공통으로 들어갈 말로 가장 적절한 것은?

1 필수 중요 어휘

A

- above all: 무엇보다도, 특히
- abstain from: ~을 삼가다
- according as + 절: ~에 따르면
  - **Cf** according to + 구: ~에 따르면
- account for: 설명하다(= explain)
- after all: 결국
- after school: 방과 후에
- again and again: 몇 번이고, 되풀이하여(= repeatedly)
- agree to + 사물: ~에 동의하다
  - **Cf** agree with + 사람: ~에 동의하다
- all around: 어느 모로 보나, 모두에게
- all the time: 항상, 내내(= always)
- all the way: 계속, 줄곧
- anything but: 결코 ~이 아닌(= never)
  - **Cf** nothing but: 단지, 다만(= only)
- arrive in[at]: ~에 도착하다(= reach, get to)
- as a matter of fact: 사실은(= in fact)
- as for: ~에 관해서, ~에 대해 말하자면

- as if: 마치 ~처럼(= as though)
- as soon as: ~하자마자(= on -ing)
- as well as: ~은 물론 …도, ~만큼 잘
  (= not only ~ but … also)
- ask after: 안부를 묻다
- ask for: 요구하다
- at first: 처음에는
- at last: 드디어, 결국
- at least: 적어도
- at once: 즉시, 동시에
- at present: 현재는
- at table: 식사 중인
- at the bottom of: ~의 바닥에
- at the same time: 동시에
- attend on: 간호하다, 신변을 돌보다

B

- be able to: ~할 수 있다(= can, be capable of -ing)
- be about to: 막 ~하려고 하다(= be on the point of)
- be absent from: 결석하다
- be afraid of + 명사: ~을 두려워하다
  - **Cf** be afraid to + 동사원형: ~을 두려워하다
- be angry at + 사물: ~에 화내다
  - **Cf** be angry with + 사람: ~에 화내다
- be anxious about: 걱정하다
- be anxious for: 갈망하다
- be born: 태어나다, 탄생하다
- be busy -ing: ~하느라고 바쁘다
- be careful of: ~을 조심하다
- be different from: ~와 다르다(= differ from)
- be familiar with: ~을 잘 알다

- be famous for: ~로 유명하다
- be fond of: ~을 좋아하다(= like)
- be full of: ~로 가득 차 있다(= be filled with)
- be good at: ~을 잘하다
  - Cf be poor at: ~을 잘 못하다
- be in danger: 위험한 처지에 놓여 있다
- be in trouble: 곤경에 빠져 있다
- be interested in: ~에 흥미가 있다
- be made from: ~로부터 만들어지다[화학적 변화]
- be made into: ~(물건)로 만들어지다
- be made of: ~로부터 만들어지다[물리적 변화]
- be pleased to + 동사원형: ~로 기쁘다
  - Cf be pleased with + 명사: ~로 기쁘다
- be proud of: ~을 자랑하다
  - (= take pride in, pride oneself on)
- be satisfied with: ~에 만족하다
- be supposed to: ~하기로 되어 있다
- be sure of: ~을 확신하다
- be used to −ing: ~에 익숙하다(= be accustomed to −ing)
  - Cf used to + 동사원형: (과거의 불규칙적인 습관) ~하곤
    했다(= would)
- be worth −ing: ~할 만한 가치가 있다
  - (= be worthwhile to + 동사원형, deserve to be + 과거분사)
- bear in mind: 명심하다(= remember, keep in mind)
  - Cf learn by heart: 암기하다(= memorize)
- because of: ~ 때문에(= on account of, owing to)
- before long: 곧
- believe in: 믿다
- belong to: ~에 속하다, ~의 것이다
- between A and B: A와 B 사이에
- break into: 침입하다(= invade)
- break one's word: 약속을 어기다
- break out: 발생하다(= happen)
- bring up: 기르다(= raise)
- by bus: 버스로
  - Cf by train: 기차로 / on foot: 도보로
- by chance: 우연히

- by oneself: 홀로(= alone)
  - Cf for oneself: 혼자 힘으로 / of oneself: 저절로

C

- call for: 요구하다(= demand)
- call off: 취소하다(= cancel)
- call up: 전화 걸다
  - Cf hang up: 전화 끊다
- cannot help −ing: ~할 수밖에 없다
  - (= cannot but + 동사원형, have no choice but to + 동사
    원형)
- carry out: 수행하다(= execute, accomplish)
- catch up with: 따라잡다(= overtake)
- catch(get, take) a cold: 감기에 걸리다
- cling to: ~에 달라붙다(= stick to)
- come across: 우연히 마주치다
  - (= encounter, meet by chance, happen to meet)
- come back: 돌아오다(= return)
- come by: 얻다(= obtain)
- come from: ~의 출신이다(= be from)
- come near −ing: 거의 ~할 뻔하다(= nearly escape −ing)
- come to + 동사원형: ~하게 되다
- come true: 실현되다(= be realized)
- compare A to B: A를 B에 비유하다
- compare A with B: A를 B와 비교하다
- congratulate 사람 on ~: ~을 축하하다
- consist in: ~에 놓여 있다
- consist of: ~로 구성되어 있다
- cut off: 잘라내다

D

- deal in: 매매하다, 거래하다
- deal with: 다루다(= treat)
- depend on: ~에 의지하다

(= be dependent on, count on, rely on, rest on, turn to) ↔ be independent of: 독립하다

- die of: ~ 때문에 죽다
- do A good: 이롭다(= do good to A)
- do A harm: 해를 끼치다(= do harm to A)
- do away with: ~을 없애다
  (= get rid of, abolish, eliminate, make away with)
- do one's best: 최선을 다하다(= make one's best)
- do without: ~없이 지내다(= dispense with)
- don't have to + 동사원형: ~할 필요가 없다(= need not)

E

- each other: (둘이) 서로
  Cf one another: (셋 이상이) 서로
- either A or B: A나 B 중 하나
- enjoy oneself: 즐기다, 재미있게 지내다
- except for: ~을 제외하고

F

- fall in love with: ~와 사랑에 빠지다
- fall off: (나무 등에서) 떨어지다
- fall on: 떨어지다, 쓰러지다, 닥쳐오다
- far from: 결코 ~이 아닌(= never)
- feel like -ing: ~하고 싶다(= feel inclined to + 동사원형)
- figure out: 계산하다, 생각하다
- find fault with: 흠잡다, 비판하다(= criticize)
- find out: 알아내다
- first of all: 무엇보다도 먼저
- for a long time: 오랫동안
- for a moment: 잠시 동안
- for example: 예를 들면(= for instance)
- for nothing: 공짜(= free)
- for the first time: 처음으로
- for the present: 당분간(= for the time being)

- from A to B: A에서 B까지

G

- get away from: ~에서 떠나다
- get dressed: 옷을 차려 입다
- get off: (차에서) 내리다
  Cf get on: (차에) 타다
- get out of: ~에서 나오다
- get over: 극복하다
- get rid of: ~을 없애다
- get the better of: ~을 이기다
- get through: 끝내다(= finish)
- get together: 함께 모이다
- get up: (잠자리에서) 일어나다
  Cf stand up: (앉았다가) 일어나다
- get used to -ing: ~에 익숙해지다
- give in: 항복하다
- give out: 분배하다(= distribute)
- give up: 포기하다(= abandon)
- go -ing: ~하러 가다
- go on a picnic: 소풍가다
- go on: 계속하다(= keep on -ing)
- go to bed: 잠자러 가다
- graduate from: 졸업하다
- grow up: 성장하다

H

- had better: ~하는 것이 더 좋다(= may as well)
- happen to: ~이 일어나다
- have a good ear: ~을 잘 이해하다
- have a good time: 좋은 시간을 갖다(= enjoy oneself)
- have an idea of: 알다(= know)
- have much to do with: ~와 관계가 많다
- have nothing to do with: ~와 관계가 없다

- have something to do with: ~와 관계가 있다
- have trouble in: ~에 문제가 있다
- hear from: ~로부터 소식을 받다
- hear of: ~에 대한 소문을 듣다
- help oneself to: 많이 드세요
- help + 사람 + 동사원형: ~의 일을 돕다
  (= help + 사람 + with −ing, help + 사람 + to + 동사원형)
  cf help + 사람 + −ing (×) 〈반드시 with와 함께 쓰임〉
- hit on: 우연히 (생각이) 떠오르다(= strike, occur to)
- hold good: 유효하다(= be available)
- how about −ing: ~하는 것이 어떻습니까?
  (= what about −ing, what do you say to −ing, let's ~)
- hurry up: 서두르다(= make haste)

I

- in a hurry: 서둘러
- in advance: 미리, 먼저(= to begin with)
- in fact: 사실은(= as a matter of fact)
- in front of: ~의 앞에(= before)
- in general: 일반적으로(= generally)
- in need: 곤경 속에 빠져
- in order to: ~하기 위해
- in person: 몸소, 직접
- in private: 사적으로
- in public: 공적으로
- in pursuit of: ~을 추구하여
- in regard to: ~에 관해(= in respect of)
- in search of: ~을 찾아서
- in short: 한마디로 해서, 요컨대
- in spite of: ~에도 불구하고
- in the middle of: ~의 한가운데에
- in these days: 요즘
- in time: 시간에 맞게, 조만간
- in turn: 교대로
- in vain: 헛되이(= only to fail)

- insist on: 주장하다
- instead of: ~ 대신에(= in one's place, in place of)
- it goes without saying: 두말할 필요도 없다
  (= it is needless to say)

K

- keep (on) −ing: 계속 ~하다
- keep a diary: 일기를 쓰다
- keep A from −ing: A가 ~을 못하게 하다
  (= prevent from, abstain from)
- keep company with: ~와 사귀다
- keep in mind: 명심하다
- keep one's temper: 화를 참다
  cf lose one's temper: 화를 내다
- keep one's word: 약속을 지키다
- keep up with: ~와 보조를 맞추다
  (= keep pace with, keep abreast of[with])
- know A from B: A와 B를 구별하다
  (= tell A from B, distinguish A from B)

L

- laugh at: ~을 보고 웃다(비웃다)
- learn by heart: 암기하다(= memorize)
- leave for: ~을 향하여 떠나다
- leave out: 생략하다, 빠뜨리다(= omit)
- let alone: ~은 말할 것도 없이
  (= to say nothing of, not to speak of, not to mention)
- lie in: ~에 놓여 있다(= consist in)
- line up: 한 줄로 서다, 정돈하다
- listen to: ~에 귀 기울이다
- live on: ~을 먹고 살다
- long for: 갈망하다
- look after: 돌보다(= take care of, care for)
- look at: ~을 쳐다보다

- look down on: ~을 경멸하다(= despise)
  - **cf** look up to: ~을 존경하다(= respect)
- look for: ~을 찾다(= search for)
- look forward to -ing: 고대하다(= anticipate)
- look into: 조사하다(= investigate)
- look like: ~처럼 보이다
  - **cf** look alike: 똑같이 보이다
- lots of: 많은(= many, much)

M

- make a fool of: 놀리다(= ridicule)
- make a fortune: 돈을 벌다(= make money, earn)
- make a mistake: 실수하다
- make A of B: B로 A를 만들다
- make believe: ~인 체하다(= pretend)
- make friends with: ~와 사귀다(= keep company with)
- make good: 성공하다(= succeed)
- make it a rule to: 규칙으로 삼다(= make a point of -ing)
- make one's word: 약속을 하다
- make out: 이해하다(= understand)
- make up for: 보충하다(= compensate for)
- make up one's mind: 결심하다(= decide, make a decision)
- make use of: 이용하다
  (= use, take advantage of, turn ~ to account)
- may as well: ~하는 것이 낫다(= had better)
- may well: ~하는 것도 당연하다
- mistake A for B: A를 B로 오해하다

N

- neither A nor B: A와 B 모두 아닌
- not A without -ing: A하면 반드시 ~한
- next to: ~의 옆에
- no longer: 이제 더 이상 ~ 아닌(= not any longer)
- no use -ing: ~해도 소용없는(= of no use to + 동사원형)

- not A but B: A가 아니라 B
- not always: 항상 ~한 것은 아닌
- not at all: 전혀 ~가 아닌
- not only A but also B: A뿐만 아니라 B도
  (= B as well as A)
- nothing but: 단지(= only)

O

- of course: 물론
- of late: 최근에
- of no use: 쓸모없는(= useless)
- of one's (own) -ing: ~가 직접 한(= 과거분사 by oneself)
- on behalf of: ~을 대표하여
  - **cf** in behalf of: ~을 위해
- on business: 사업상
- on foot: 걸어서
- on one's way to: ~로 가는 도중에
- on purpose: 고의로(= purposely)
- on time: 정각에
  - **cf** in time: 시간에 맞게, 조만간
- once more: 한 번 더(= once again)
- once upon a time: 옛날에
- one after another: 잇따라, 차례로
- one by one: 하나씩
- or so: 대략
- other than: ~을 제외하고(= except)
- out of order: 고장 난
- out of question: 문제없는
- out of the question: 불가능한
- over there: 저기에
- owe A to B: A는 B의 덕분이다, 빚지다

P

- pass through: 통과하다
- pay a visit to: 방문하다
- pay attention to: ~에 주의를 기울이다
- persist in: 고집하다
- pick up: 줍다, 차에 태우다
- prepare for: 준비하다
- prevent from: ~을 막다(= keep from, abstain from)
- pull out: (마개 따위를) 뽑다
- put off: 연기하다, 미루다(= postpone, delay)
- put on: 입다, 신다(= wear) ↔ take off: 벗다, 이륙하다
- put out: 불을 끄다(= extinguish)
- put up at: 숙박하다
- put up with: 참다(= endure, stand, bear)

Q

- quality: 질, 양질
- quit: 그만두다, 포기하다
- quite a few: 매우 많은
  - cf a few: 적은 (수) / a little: 적은 (양)

R

- remind A of B: A에게 B를 생각나게 하다
- result from: ~의 결과이다
- result in: ~로 끝나다
- right away: 즉시, 당장(= at once)
- rob A of B: A에게서 B를 빼앗다
- run away: 달아나다
- run out of: ~이 다 떨어지다, 다 써버리다
- run over: (차가) 치다

S

- search for: ~을 찾다
- see off: 배웅하다, 전송하다
- set out: (여행을) 시작하다, 출발하다
- shake hands with: ~와 악수하다
- show off: 과시하다
- show up: 나타나다
- side by side: 옆으로 나란히
- so far: 지금까지(= until now)
- someday: 언젠가
- speak well of: ~을 자랑하다
- stand for: 상징하다, 대표하다(= symbolize, represent)
- succeed in: ~에 성공하다
- succeed to: 계승하다
- such as: ~와 같은(= like)
- sympathize with: 동정하다

T

- take A for B: A를 B로 잘못 알다(= mistake A for B)
- take a picture of: ~의 사진을 찍다
- take a rest: 휴식을 취하다
- take a walk: 산보하다
- take account of: 고려하다
  (= consider, take ~ into account)
- take after: 닮다(= resemble)
- take by surprise: 습격하다
- take care of: ~을 돌보다
- take it easy: 천천히 하다
- take off: 벗다, 이륙하다 ↔ land: 착륙하다
- take out: 꺼내다
- take part in: 참가하다(= participate in)
- take place: 일어나다(= happen)
- take the place of: ~을 대신하다
- take turns: 교대하다

- tell on: 영향을 끼치다(= have influence on, affect)
- thank A for B: A에게 B에 대해 감사하다
- thanks to: ~의 덕분에
- the day after tomorrow: 모레
- there is no −ing: 아무도 할 수 없다
  (= it is impossible to + 동사원형, we can't + 동사원형)
- to begin with: 우선, 먼저(= in advance)
- to one's surprise: 놀랍게도
- too ~ to ~: 너무 ~해서 ~할 수 없다
- turn down: 볼륨을 낮추다, 거절하다(= reject)
  `cf` turn up: 볼륨을 높이다
- turn off: 끄다
  `cf` turn on: 켜다
- turn out: 판명되다(= prove)
- turn over: 뒤집다

(W)

- wait for: 기다리다(= await)
- wait on: ~을 섬기다(= attend on)
- wake up: 잠을 깨다
- what for ~?: 무엇 때문에, 왜(= why)
- what's wrong with ~?: ~이 문제인가?
- with a view to −ing: ~할 목적으로
  (= with the view of −ing)
- without fail: 틀림없이
- work out: (문제를) 풀다, 연구하다
- would like to: ~하고 싶다
- write to: ~에게 편지를 쓰다

2 단어의 의미 관계

〈유의 관계〉

- all(모든) = every(모든)
- answer(답하다) = reply(답하다)
- fast(빠른) = quick(빠른)
- glad(기쁜) = happy(행복한)
- interesting(재미있는) = funny(웃기는, 재미있는)
- listen(듣다, 귀 기울이다) = hear(듣다, 들리다)
- pain(아픔, 통증) = ache(아픔)
- quiet(조용한) = silent(조용한, 말수가 적은)
- same(같은) = equal(동일한)
- sick(아픈, 병든) = ill(아픈, 유해한)
- smart(똑똑한) = clever(영리한)
- speak(말하다) = talk(말하다)
- start(시작하다) = begin(시작하다)
- wise(현명한) = clever(영리한), smart(똑똑한)

〈반의 관계〉

- arrive(도착하다) ↔ leave(떠나다)
- ask(묻다) ↔ answer(대답하다)
- beautiful(아름다운) ↔ ugly(못생긴)
- begin(시작하다) ↔ finish(끝마치다)
- big(큰) ↔ small(작은)
- buy(사다, 구입하다) ↔ sell(팔다)
- cheap(싼) ↔ expensive(비싼)
- clean(깨끗한, 깔끔한) ↔ dirty(더러운, 지저분한)
- correct(맞는) ↔ wrong(잘못된)
- diligent(부지런한) ↔ lazy(게으른)
- easy(쉬운) ↔ difficult(어려운)
- enough(충분한) ↔ lack(부족한)
- far(멀리) ↔ near(가까운, 가까이)
- forget(잊다) ↔ remember(기억하다)
- front(앞면) ↔ back(뒷면)
- happy(행복한) ↔ unhappy(불행한)
- heavy(무거운) ↔ light(가벼운)
- hide(숨다) ↔ seek(찾다)

- high(높은) ↔ low(낮은, 아랫부분의)
- hot(더운, 뜨거운) ↔ cold(추운, 차가운)
- interesting(흥미로운) ↔ boring(지루한)
- joy(기쁨, 환희) ↔ sadness(슬픔, 슬픈 일)
- long(긴, 오랫동안) ↔ short(짧은)
- noisy(시끄러운) ↔ quiet(조용한)
- old(늙은) ↔ young(젊은)
- open(열다) ↔ close(닫다)
- push(밀다) ↔ pull(당기다)
- rich(부유한) ↔ poor(가난한)
- right(옳은) ↔ wrong(잘못된)
- safe(안전한) ↔ dangerous(위험한)
- same(같은, 동일한) ↔ different(다른)
- slow(느린, 느리게) ↔ fast(빠른, 빠르게)
- soft(부드러운, 연한) ↔ hard(단단한, 어려운)
- start, begin(시작하다) ↔ finish(끝나다, 끝내다)
- success(성공) ↔ failure(실패)
- tall(키가 큰) ↔ short(키가 작은)
- thin(얇은) ↔ thick(두꺼운)
- tight(단단한, 꽉) ↔ loose(헐거워진, 풀린)
- true(진실) ↔ false(거짓)
- weak(약한, 힘이 없는) ↔ strong(튼튼한, 강한)
- wet(젖은) ↔ dry(마른)
- wide(넓은) ↔ narrow(좁은)
- win(이기다) ↔ lose(지다)

〈포함 관계〉

- **body(신체):** arm(팔), head(머리), leg(다리), neck(목), waist(허리), back(등), finger(손가락), hand(손), foot(발), shoulder(어깨)
- **clothes(의복):** suit(정장), skirt(치마), pants(바지), jeans(청바지), jacket(재킷), blouse(블라우스), vest(조끼), overcoat(코트), sweater(스웨터), scarf(스카프), belt(벨트)
- **color(색):** red(빨간색), blue(파란색), yellow(노란색), green(녹색), brown(갈색), purple(보라색, 자주색), black(검은색), white(흰색)

- **domestic animals(가축):** dog(개), cat(고양이), rabbit(토끼), cow(소), pig(돼지), chicken(닭), hen(암탉), rooster(수탉), sheep(양), goat(염소)
- **family(가족):** father(아버지), mother(어머니), son(아들), daughter(딸), grandfather(할아버지), grandmother(할머니), uncle(삼촌), aunt(숙모), niece(여조카), nephew(남조카)
- **feeling(기분, 느낌):** angry(화난), sad(슬픈), excited(신나는), glad(기쁜), happy(행복한)
- **food(음식):** bread(빵), hamburger(햄버거), salad(샐러드), soup(수프)
- **furniture(가구):** bed(침대), clock(시계), cupboard(찬장), mirror(거울), sofa(소파), desk(책상), table(탁자), chair(의자)
- **house(집):** door(문), wall(벽), floor(마루), ceiling(천장), roof(지붕), garden(정원), garage(차고), stairs(계단), basement(지하실), attic(다락방), bedroom(침실), living room(거실), bathroom(욕실)
- **job(직업):** farmer(농부), teacher(교사), artist(예술가), doctor(의사), nurse(간호사), singer(가수), cook(요리사)
- **season(계절):** spring(봄), summer(여름), fall(가을), winter(겨울)
- **sports(스포츠):** soccer(축구), basketball(농구), baseball(야구), volleyball(배구), badminton(배드민턴), hockey(하키), handball(핸드볼)
- **subjects(과목):** math(수학), science(과학), art(미술), music(음악), ethics(도덕), history(역사)
- **wild animals(야생 동물):** chimpanzee(침팬지), lion(사자), tiger(호랑이), zebra(얼룩말), rabbit(토끼), elephant(코끼리), monkey(원숭이), giraffe(기린), fox(여우)

출제 예상 문제

※ 밑줄 친 부분과 뜻이 같은 어휘를 고르시오(01~17).

01

After the gang had successfully broken into the three banks, it was <u>a piece of cake</u> to break into a few private houses.

① easy
② illegal
③ bold
④ possible

02

<u>Up to the present time</u> we have enjoyed our trip very much.

① By the time
② So long as
③ Now and then
④ So far

03

<u>In fact</u>, he is a hard worker.

① Besides
② Actually
③ In common
④ For instance

04

<u>Now that</u> you are here, I can go shopping.

① Since
② When
③ Though
④ While

05

Airplanes flew above our village <u>now and then</u>.

① sometimes
② for a moment
③ lately
④ without end

06

There was <u>nothing but</u> a chair in the room.

① orderly
② only
③ wholly
④ mostly

07

When did the accident <u>take place</u>?

① settle
② explode
③ happen
④ solve

08

They always <u>look down on</u> us.

① despise
② astonish
③ respect
④ command

09

The plane took off <u>in spite of</u> the bad weather.

① despite ② because of

③ due to ④ by way of

10

<u>At last</u> we found out what had really happened.

① Only ② In time

③ Finally ④ At least

11

They have to <u>depend on</u> the river for their water.

① live on ② care for

③ rely on ④ look for

12

Jane <u>came up with</u> a new idea.

① overtake ② adapt

③ suggest ④ go over

13

He tried to join the army, but was <u>turned down</u>.

① employ ② reject

③ delay ④ participate in

14

The hikers were exhausted and <u>all but</u> frozen when they were found.

① suddenly ② greatly

③ almost ④ a little

15

He <u>made up his mind</u> to study harder.

① realize ② decide

③ print ④ invent

16

He succeeded <u>after all</u>.

① entirely ② gradually

③ finally ④ friendly

17

> She <u>called at</u> her teacher's house.

① receive ② found
③ mix ④ visit

※ 다음을 모두 포함할 수 있는 단어로 가장 적절한 것을 고르시오(18~25).

18

> father　mother　son　daughter

① hobby ② family
③ flower ④ season

19

> jeans　vest　belt　T-shirts

① sports ② family
③ clothes ④ countries

20

> tennis　soccer　baseball　basketball

① colors ② sports
③ shapes ④ flowers

21

> farmer　teacher　artist　doctor

① job ② food
③ color ④ month

22

> red　blue　black　yellow

① job ② color
③ sport ④ animal

23

> head　shoulder　foot　leg

① body ② food
③ flower ④ country

24

> cook　doctor　pilot　singer

① job ② food
③ place ④ country

25

> angry　excited　glad　happy　sad

① color ② hobby
③ animal ④ feeling

※ 두 단어의 의미 관계가 나머지 셋과 <u>다른</u> 것을 고르시오
(26~33).

26 ① fruit – apple
② color – red
③ animal – cat
④ mountain – sea

27 ① attic – door
② dog – animal
③ rose – flower
④ history – subject

28 ① buy – sell
② push – pull
③ start – begin
④ open – close

29 ① rich – poor
② long – short
③ big – large
④ old – young

30 ① clean – dirty
② old – young
③ tall – short
④ wise – smart

31 ① low – high
② big – large
③ slow – fast
④ easy – difficult

32 ① big – large
② high – low
③ old – young
④ strong – weak

33 ① buy – sell
② start – finish
③ speak – talk
④ ask – answer

3 생활 영어

● **해결 Point**

길 묻기, 음식 권하기, 장래희망 묻기, 약속 정하기 등 각 상황별 적절한 표현을 고르는 문제, 주어진 말 다음에 올바른 대화 순서를 배열하는 문제가 출제된다. 대화에 나타난 화자의 감정을 묻는 문제도 빈번하게 출제되므로 기쁨, 슬픔, 만족, 불만족 등 감정과 관련된 표현들을 익혀 두도록 한다.

● **대표 문제 유형**

❖ 다음 대화에서 밑줄 친 우리말에 해당되는 것을 고르시오.
❖ 주어진 말에 이어질 대화의 순서로 알맞은 것을 고르시오.

1 인사하기

(1) 만났을 때

> A: Hi, Jane.
> B: Hi, In-ho. How are you doing?
> A: Good, thank you. So nice to see you again.

해석
  A: 안녕, 제인.
  B: 안녕, 인호, 어떻게 지내니?
  A: 잘 지내, 고마워. 다시 만나게 되어 반갑다.

(2) 헤어질 때

> A: Good-bye, In-ho.
> B: Good-bye, Jane.

해석
  A: 잘 가, 인호.
  B: 잘 있어, 제인.

■ 인사 관련 표현
  • Good morning[afternoon/evening].
    (안녕하세요.) - 아침[점심/저녁] 인사
  • Good to see you again. (다시 만나서 반가워요.)
  • How are you doing? = How are you? (어떻게 지내니?)

2 소개하기

(1) 타인 소개

> A: Mr. Smith, this is my sister Su-mi. Su-mi, this is Mr. Smith.
> B: How do you do, Su-mi?
> C: How do you do, Mr. Smith? Glad to meet you.
> B: Glad to meet you, too.
> ※ 남을 소개할 때에는 아랫사람을 윗사람에게, 남성을 여성에게 먼저 소개한다.

해석
  A: 스미스 선생님, 얘가 제 누이동생 수미예요. 수미야, 이분이 스미스 선생님이셔.
  B: 안녕, 수미.
  C: 안녕하세요, 스미스 선생님. 만나 뵈어서 기쁩니다.
  B: 나도 만나서 기쁘구나.

(2) 자기소개

> A: Let me introduce myself to you. My name is In-ho.
> B: How do you do? My name is Jim. Glad to meet you.
> A: Glad to meet you, too.

해석
  A: 인사드리겠습니다. 제 이름은 인호입니다.
  B: 안녕하세요? 제 이름은 짐입니다. 만나서 기쁩니다.
  A: 나도 만나서 기쁩니다.

■ 소개 관련 표현
  • I'd like to introduce myself.
    = Let me introduce myself to you.
    (저를 소개하겠습니다.)
  • Nice[Glad/Pleased/Happy] to meet you.
    (당신을 만나서 반갑습니다.)

3 감사 · 사과

(1) 감사의 말과 그 응답

A: May I use your pen?
B: Yes, of course. Here it is.
A: Thank you very much.
B: You're welcome.

해석 A: 펜 좀 써도 되겠습니까?
B: 물론입니다. 여기 있습니다.
A: 고맙습니다.
B: 천만에요.

(2) 사과의 말과 그 응답

A: I'm sorry, I can't help you.
B: That's all right.

해석 A: 도와줄 수 없어 미안해.
B: 괜찮아.

- **감사의 말과 그 응답 관련 표현**
  - Thank you very much. = Thanks a lot. = Thank you. (감사합니다.)
  - Your're welcome. = Not at all. = Don't mention it. = It was nothing. = That's all right. (천만에요.)
  - My pleasure. (도와 드릴 수 있어서 저도 기뻐요.)
    - 고맙다는 말에 대한 정중한 인사

- **사과의 말과 그 응답 관련 표현**
  - I'm so[very] sorry. (정말 미안해요.)
  - That's all right. = Not at all. = Think nothing of it. (천만에요.)
  - That's OK. = It doesn't matter. = No problem. (괜찮아요.)

4 위로 · 칭찬

(1) 위로

A: How's your sister?
B: She has a bad cold.
A: That's too bad. Say hello to your sister.
B: I certainly will. Thank you.

해석 A: 여동생은 잘 지내니?
B: 독감에 걸렸어.
A: 그것 참 안됐구나, 네 여동생에게 안부 좀 전해줘.
B: 그럴게. 고마워.

A: I'm sad and unhappy because of the exam.
B: Cheer up.

해석 A: 나는 시험 때문에 슬프고 우울해.
B: 기운 내.

(2) 칭찬

A: You have a nice garden.
B: Thank you.
※ 칭찬의 말에는 반드시 'Thank you.'로 응답한다.

해석 A: 정원이 참 멋지다.
B: 고마워.

A: I got an A.
B: Good for you.

해석 A: A 학점을 받았어.
B: 잘했어.

- **위로하는 표현**
  - I know how it feels. (나 그 마음 알아.)
  - Sorry to hear that. (그 말을 듣게 되어 유감이야.)
  - Don't worry. (걱정하지 마.)
  - Cheer up! (기운 내.)
  - That's too bad. = I'm sorry to hear that ~. (그것 참 안됐다.[(그렇다니) 유감이다.])

- **칭찬하는 표현**
  - Good (for you)! (잘했어!)
  - (You did a) Good (work/job)! (잘했어!)

5 요청 · 권유 · 제안

(1) 요청과 그 응답

A: Can you help your mother? She's washing the dishes.
B: Yes, I can. I'm going to help her now.

해석 A: 어머니를 도와 드릴 수 있니? 설거지 하고 계셔.
B: 네, 할 수 있어요. 지금 도와 드리려고 해요.

A: Would you mind helping me?
B: No, not at all.

해석 A: 도와주시겠습니까?
B: 네, 도와 드리겠습니다.

(2) 권유와 그 응답

① 음식 권하기

A: Will you have some more bread?
B: No, thank you. I'm full.
A: Then, how about some cheese?
B: Okay.

해석 A: 빵 더 드실래요?
B: 아닙니다. 배가 부릅니다.
A: 그럼, 치즈는 어때요?
B: 좋아요.

② 권유하기

A: I don't know what to wear to school today.
B: Why don't you wear your jeans?
A: That's a good idea.

해석 A: 오늘 학교에 무엇을 입고 가야 할지 모르겠어.
B: 청바지를 입지 그래?
A: 그게 좋겠다.

(3) 약속 제안과 그 응답

A: Do you want to come along with us to the movies?
B: Sure, I'd like to.

해석 A: 우리하고 영화 보러 같이 가지 않겠니?
B: 좋아, 가고 싶어.

A: Let's go skating tomorrow.
B: I'm sorry, but I can't go.

해석 A: 내일 스케이트 타러 가자.
B: 미안하지만, 갈 수 없어.

- **요청하기 관련 표현**
  - Can you help ~? (~를 도와줄 수 있니?)
  - Yes, I can. = Of course. = All right. = I'd be glad to.
    (네, 할 수 있어요.[물론이지요.])
  - I'm sorry, but I can't. (미안해요, 어렵겠어요.)
  - "Would you mind ~?"라고 물으면, mind(꺼리다)를 동사로 썼기 때문에 긍정의 대답을 할 때 don't mind(꺼리지 않는다), 즉 not이 들어가도록 대답한다.
    예 A: Would you mind my opening the window?
    = Would you mind if I open the window?
    (제가 창문을 열어도 될까요?)
    B: Of course not. = Certainly not. = Not at all.
    (예, 그러세요.)

- **음식 권하기와 그 응답**
  - Will you have some more bread? (빵 더 드실래요?)
  - No, thank you. I'm full. (아닙니다. 배가 불러요.)
  - Would you like some cake? (케이크 좀 드시겠어요?)
  - No, thanks. I'm trying to lose weight.
    (아니오, 괜찮아요. 체중을 줄이려고 노력하는 중이에요.)
  - How about some ~? (~는 어때요?)
  - Okay. = Yes, please. (좋아요.[네, 주세요.])
  - Would you like something to drink?
    = Can I get you something to drink?
    (마실 것 좀 드릴까요?)

- **약속 제안하기 관련 표현**
  - Do you want to come along with us to the movies?
    (우리하고 영화 보러 가는 게 어때?)
  - Sure, I'd like to. = OK. That's nice. (물론, 가고 싶어.)
  - Let's go ~. (~하러 가자.)
  - I'm sorry, but I can't go. (미안하지만, 갈 수 없어.)

6 감정 표현하기

(1) 기쁨 표현하기

A: Did you find your phone?
B: Yes, Jane found it for me.
A: Glad to hear that.

해석 A: 전화기는 찾았니?
B: 응, 제인이 찾아줬어.
A: 잘 됐다.

(2) 선호 묻고 답하기

A: Which do you prefer, the mountains or the ocean?
B: I like the ocean better because I love swimming.

해석 A: 산과 바다 중 어느 것을 더 좋아하니?
B: 난 바다가 더 좋아. 왜냐하면 난 수영을 좋아하기 때문이야.

■ 기쁨·슬픔 나타내는 표현
- That's great! (정말 잘 됐네요!)
- I'm/I feel (very/so) sad/unhappy.
  (나는 슬퍼요/불행해요.)
- That makes me (really) sad. (그것 참 안 됐군요.)

■ 선호 관련 표현
- I prefer A to B. (나는 B보다 A를 선호해.)
- I think A is better than[preferable] to B.
  (나는 A가 B보다 낫다고 생각한다.)
- Which do you prefer? (어느 것이 좋습니까?)
- Do you prefer A to[or] B? (B보다 A가 더 좋아요?)
- Do you like A better[more] than B?
  (B보다 A가 더 좋아요?)
- What's your favorite ~? (가장 좋아하는 ~은 무엇이니?)
- I enjoy ~ (very much). (나는 ~을 (매우) 좋아해요.)
- I hate (to) ~ (나는 ~이 싫어요.)
- I'm interested in ~/~ interests me (a lot/greatly).
  (나는 ~에 관심이 있어./~이 대단히 흥미로워.)

7 물건 사기

(1) 치수 문의

A: Can I help you?
B: Yes, I need a blouse.
A: What size do you wear?
B: I don't know my size. Can I just try some on?
A: Oh, yes. Here you are.

해석 A: 도와 드릴까요?
B: 네, 블라우스가 필요한데요.
A: 어떤 치수를 입으세요?
B: 치수를 모르는데요. 좀 입어 봐도 될까요?
A: 아, 네. 여기 있습니다.

(2) 구경만 할 때

A: May I help you?
B: No, thank you. I'm just looking (around).

해석 A: 도와 드릴까요?
B: 아닙니다. 구경 좀 하려고 합니다.

(3) 가격 문의

A: I'm looking for a necktie.
B: How about this one?
A: I like it. How much is it?
B: It's twenty dollars.

해석 A: 저는 넥타이를 찾고 있어요.
B: 이것은 어떤가요?
A: 마음에 들어요. 얼마인가요?
B: 20달러입니다.

■ 물건 사기 관련 표현
- May I help you? (도와 드릴까요?)
- How much is it? (가격이 얼마예요?)
- Could you wrap it for me, please? (포장해 주시겠습니까?)
- Would you like to try it on? (한 번 입어 보시겠습니까?)
- What size do you wear? (사이즈가 어떻게 되나요?)
- Can I just try some on? (좀 입어 봐도 될까요?)
- I'm just looking (around). (그냥 둘러보는 거예요.)

8 음식 주문하기

(1) 매장 식사 여부

A: Are you ready to order?
B: Yes. Two hamburgers, please.
A: For here or to go?
B: To go.

해석 A: 주문하시겠어요?
B: 네, 햄버거 2개 주세요.
A: 여기서 드실 건가요, 아니면 가져가실 건가요?
B: 가져갈 겁니다.

(2) 음식 주문

A: Hi! May I take your order?
B: Yes, please. I'll have one egg sandwich and one orange juice.

해석 A: 안녕하세요! 주문하시겠어요?
B: 네, 달걀 샌드위치 하나랑 오렌지 주스 하나 주세요.

(3) 고기의 익힘 정도

A: What would you like to have?
B: Beef steak, please.
A: How would you like your steak?
B: Well-done, please.

해석 A: 무엇을 드시겠습니까?
B: 소고기 스테이크 주세요.
A: 스테이크를 어떻게 해 드릴까요?
B: 바싹 익혀 주세요.

■ 음식 주문하기 관련 표현
• Are you ready to order?
  = May I take your order?
  = Can I take your order?
  = What would you like to have?
  (주문하시겠어요?)
• Anything else?
  = Is there anything else?
  = Will that be all?
  (더 주문하실 것 있습니까?)

• Here or to go?
  (여기서 드실 겁니까? 가지고 가실 겁니까?)
• How would you like your steak?
  (스테이크를 어떻게 해 드릴까요?)

■ 고기 익힘 정도 표현
• rare: very red, cool center
• medium rare: warm, red center
• medium: pink center
• medium well-done: slightly pink center
• well-done: cooked throughout, no pink

9 길 묻고 안내하기

(1) 직접 데려다줄 때

A: How can I get to the bus stop?
B: Let me take you there.

해석 A: 버스 정류장까지 어떻게 가지요?
B: 제가 모셔다 드리죠.

(2) 방향 안내

A: Excuse me, but where is the post office?
B: Go straight ahead and then turn to the right.

해석 A: 실례지만 우체국이 어디에 있습니까?
B: 이 길을 똑바로 가다가 오른쪽으로 돌아가십시오.

■ 길 안내 관련 표현
• How can I get to ~? (~까지 어떻게 가지요?)
• Would you show me how to get there?
  (그곳으로 가는 방법을 알려 주시겠어요?)
• Excuse me, but where is ~?
  (실례합니다만, ~이 어디에 있습니까?)
• Go straight ahead and then turn to the right.
  (이 길을 똑바로 가다가 오른쪽으로 돌아가세요.)

10 병원에서

(1) 증상을 설명할 때

A: It's a really bad cough.
B: Does it hurt when you talk?
A: If I talk a lot, yes.
B: I see. Well I'll have a look at your chest. How long have you had it?
A: Oh, for about a month.

해석 A: 기침이 매우 심합니다.
B: 말할 때 아픕니까?
A: 많이 말하면 아픕니다.
B: 알겠습니다. 자, 가슴을 보겠습니다. 얼마 동안 (기침이) 지속된 건가요?
A: 아, 약 한 달 동안이요.

(2) 약의 복용

A: What's the problem?
B: My nose keeps running, and I have a fever.
A: How long have you been feeling like this?
B: Since yesterday.
A: I think you caught a cold. I'm going to give you this medicine. Take these tablets three times a day after meals.

해석 A: 어디가 안 좋으세요?
B: 콧물이 계속 나고, 열이 있어요.
A: 얼마나 오래 이런 상태였나요?
B: 어제부터요.
A: 감기에 걸린 것 같군요. 이 약을 드리겠습니다. 이 알약을 하루 세 번 식후에 복용하세요.

■ 아플 때 쓰는 표현
• I have a headache. (두통이 있어요.)
• I have a stomachache. (배가 아파요.)
• I have a sore throat. (인후염이 있어요.)
• I have a toothache. (치통이 있어요.)
• I have a fever. (열이 나요.)
• My nose keeps running. (콧물이 계속 나요.)
• I hope you'll get well soon. (빨리 나으시길 바랍니다.)
• Take these tablets three times a day after meals.
  (이 알약을 하루 세 번 식후에 복용하세요.)

11 은행에서

(1) 현금 교환

A: May I help you, Sir?
B: Yes, I'd like to cash this check.
A: Sure. Could I have your name?
B: It's John Paine.

해석 A: 무엇을 도와 드릴까요?
B: 예, 이 수표를 현금으로 바꾸고 싶습니다.
A: 알겠습니다. 성함을 말씀해 주시겠어요?
B: 존 페인입니다.

(2) 계좌 개설

A: May I help you?
B: I would like to open an account.
A: Yes. What kind of account?
B: I want to make a savings account.

해석 A: 무엇을 도와 드릴까요?
B: 계좌를 하나 만들고 싶은데요.
A: 네. 예금 종류는 무엇으로 하실 건가요?
B: 보통예금(저축예금)으로 하겠습니다.

(3) 환전

A: May I help you?
B: I would like to exchange Korean wons for US dollars.
A: How much do you want?
B: Thirty dollars.

해석 A: 무엇을 도와 드릴까요?
B: 원화를 달러로 환전하고 싶어요.
A: 얼마나 환전해 드릴까요?
B: 30달러요.

■ 은행에서 쓰는 표현
• I'd like to cash this check.
  (이 수표를 현금으로 바꾸고 싶어요.)

■ 어휘
• open an account: 계정을 만들다
• savings account: 보통예금
• exchange: 환전하다

12 우체국에서

(1) 편지를 부칠 때

A: How can I help you, sir?
B: I'd like to mail this letter and I need five stamps.
A: Okay. Here you are.

해석 A: 무엇을 도와 드릴까요, 손님?
　　　B: 이 편지를 부치고 싶어요. 그리고 우표 5장이 필요해요.
　　　A: 네. 여기 있습니다.

(2) 항공우편

A: May I help you, sir?
B: Well, I'd like to send this letter to China by airmail.
A: Let me see. It's two dollars.

해석 A: 무엇을 도와 드릴까요, 손님?
　　　B: 저, 이 편지를 중국에 항공우편으로 부치고 싶어요.
　　　A: 어디 보자. 2달러입니다.

(3) 엽서 구매

A: How can I help you?
B: Could I have five 40-cent stamps, please?
A: Of course. Anything else?
B: Yes. How much is a postcard to Germany?
A: Fifty cents.

해석 A: 무엇을 도와 드릴까요?
　　　B: 40센트짜리 우표 5장 주세요.
　　　A: 물론이지요. 또 필요한 건 없으세요?
　　　B: 네. 독일로 가는 엽서는 얼마입니까?
　　　A: 50센트입니다.

■ 우체국에서 쓰는 표현
　• I'd like to mail[send] ~. (~을 부치고 싶어요.)

■ 어휘
　• send: (특히 우편 · 이메일 · 무선 등으로) 보내다, 발송하다
　• by airmail: 항공우편으로
　• stamp: 우표
　• postcard: 엽서

13 조언하기

(1) 상태 묻기

A: Hi, Susan. What's wrong?
B: I think I have a bad cold.
A: Oh, then you should see a doctor right away.
B: Okay, that's a good idea. Thanks.

해석 A: 안녕, 수잔. 무슨 일 있니?
　　　B: 나 감기에 걸린 것 같아.
　　　A: 오, 그러면 당장 의사를 보러 가야지.
　　　B: 알겠어. 좋은 생각이다. 고마워.

(2) 조언 표현

A: I have a terrible headache.
B: I think you should see a doctor.

해석 A: 나는 두통이 심해.
　　　B: 내 생각에 너는 의사를 만나야 할 것 같아[병원에 가 봐야 할
　　　　 것 같아].

(3) 조언에 대한 감사 표현

A: Let's play outside.
B: Sorry, I can't. I have a cold.
A: That's too bad. Why don't you see a doctor?
B: OK, I will. Thanks.

해석 A: 밖에 나가서 놀자.
　　　B: 미안하지만, 난 안 돼. 감기에 걸렸어.
　　　A: 그것 참 안 됐구나. 병원에 가 보는 게 어때?
　　　B: 알았어, 그렇게 할게. 고마워.

■ 조언하는 표현
　• You should see a doctor right away. (당장 병원에 가야지.)
　• Why don't you see a doctor? (병원에 가는 게 어때?)
　• You'd better ~. (~하는 게 낫겠어.)
　• If I were you, I'd ~. (내가 너라면 ~할 거야.)

14 시간 · 요일 · 날짜 묻기

(1) 시간 묻고 답하기

A: What time is it now?
B: It's ten thirty.

해석 A: 지금 몇 시입니까?
B: 10시 30분입니다.

(2) 요일 묻고 답하기

A: What day is it today?
B: It's Monday.

해석 A: 오늘 무슨 요일입니까?
B: 월요일입니다.

(3) 날짜 묻고 답하기

A: What's the date today?
B: It's May 15.

해석 A: 오늘 며칠입니까?
B: 5월 15일입니다.

> ■ 시간 · 요일 · 날짜 묻는 표현
> • What time is it now? (지금 몇 시예요?)
> • What day is it today? (오늘 무슨 요일입니까?)
> • What's the date today? (오늘 며칠입니까?)
> ※ 시간 · 요일 · 날짜는 'It's 시간[요일/날짜].'로 말한다.

15 만족 · 불만족 묻기

(1) 만족할 때

A: How was the concert last night?
B: It was excellent.

해석 A: 어젯밤 콘서트 어땠어?
B: 훌륭했어.

(2) 불만족할 때

A: What did you buy yesterday?
B: I bought a new computer.
A: Are you happy with it?
B: No, I am not. It's slow.

해석 A: 어제 무얼 샀니?
B: 새 컴퓨터를 샀어.
A: 만족하니?
B: 아니. 속도가 느려.

> ■ 만족 · 불만족 관련 표현
> • Good[Fine/Excellent]! (좋아!)
> • I'm satisfied. (만족스러워.)
> • That'll do. (이 정도면 됐어.)
> • I'm not satisfied[happy] with ~. (난 ~에 만족하지 않아.)
> • That won't do. (곤란한데요.)
> • That won't work. (그건 안 될 거야.)

16 경험 말하기

(1) 경험 묻기

A: Have you ever tried Korean food?
B: Yes, I have. I love Kimchi.

> **해석** A: 한국 음식을 먹어 본 적 있니?
> B: 응, 난 김치를 좋아해.

(2) 희망사항 얘기하기

A: Have you ever been to Paris?
B: No, I haven't. I'd like to go there someday.

> **해석** A: 파리에 가 본 적이 있니?
> B: 아니. 언젠가 거기에 가고 싶어.

(3) 동행 제안하기

A: Have you ever been to Itaewon?
B: No, I haven't, but I've heard it's good for shopping.
A: Would you like to go with me? I'll show you my favorite places.
B: That sounds great. Thank you so much for your help.

> **해석** A: 이태원에 가 본 적 있니?
> B: 아니, 가 본 적 없어. 하지만 그곳이 쇼핑으로 유명하다고 들었어.
> A: 같이 갈래? 내가 좋아하는 곳을 보여 줄게.
> B: 그거 참 좋겠다. 도와줘서 정말 고마워.

■ 경험 묻고 말하기 관련 표현
- Have you ever tried Korean food?
  (한국 음식을 먹어 본 적 있니?)
- Have you ever been to ~? (~에 가 본 적이 있니?)
- Yes, I have. (응, 가 본 적 있어.)
- No, I haven't. (아니, 가 본 적 없어.)
- That sounds great. (그거 참 좋겠다.)

17 의도 표현하기

(1) 영화를 보러갈 때

A: What are you going to do this weekend?
B: I think I have to help my mother. How about you?
A: I'm thinking of going to see a movie.
B: That sounds good!

> **해석** A: 이번 주말에 뭐 할 거니?
> B: 어머니를 도와 드리려고 생각해. 넌 어때?
> A: 난 영화 보러 갈 생각이야.
> B: 좋은 생각이야!

(2) 선물을 사러갈 때

A: Can you come with me to buy a birthday present for my teacher?
B: Sure. When are you going?
A: I'm thinking of buying it next Saturday afternoon.
B: Good. I'm free next Saturday.

> **해석** A: 선생님 생신 선물 사러 같이 갈 수 있니?
> B: 물론이지. 언제 갈 건데?
> A: 난 다음 토요일 오후에 가려고 하는데.
> B: 좋아. 다음 토요일 괜찮아.

■ 의도 관련 표현
- I'm thinking of ~. (~ 할 생각이야.)
- I'm planning to ~. (~할 계획이야.)

18 동의 여부 묻기

(1) 동의할 때

A: What do you think about girls wearing pants uniforms?
B: I think it's a good idea because it's easy to move and warm in winter.
A: I agree with you.

해석 A: 여학생들이 바지 교복을 입는 것에 대해 어떻게 생각하니?
B: 나는 좋은 생각이라고 생각해. 왜냐하면 활동하기 편하고 겨울에 따뜻하기 때문이야.
A: 나도 네 말에 동의해.

(2) 동의하지 않을 때

A: I think science is an interesting subject. Don't you think so?
B: Oh, I can see why you would think that, but it's too difficult for me.
A: Why don't you read science comic books?
B: That's a good idea.

해석 A: 과학은 흥미로운 과목이라고 생각해. 그렇게 생각하지 않니?
B: 오, 네가 왜 그렇게 생각하는지는 알겠지만, 그건 내겐 너무 어려워.
A: 과학 만화책을 읽어 보는 게 어때?
B: 좋은 생각이야.

■ 동의 여부 묻기 관련 표현
• What do you think? (어떻게 생각해?)
• Don't you think so? (그렇게 생각하지 않니?)
• Do you agree with me? (내 말에 동의하니?)
• I don't think so. (그렇게 생각하지 않아.)
• I don't agree with you. (동의하지 않아요.) - 강한 부정
• I agree. (동의해요.)
• That's a good idea. (좋은 생각이에요.)

19 바람·소원·욕망 표현하기

(1) 여행을 가고 싶을 때

A: Where do you want to travel in the future?
B: I want to travel to Europe. How about you?
A: I'm interested in going to Brazil.

해석 A: 나중에 어디로 여행 가고 싶니?
B: 나는 유럽으로 여행 가고 싶어. 너는?
A: 나는 브라질로 가는 것에 관심이 있어.

(2) 회복을 기원할 때

A: How do you feel? Can I give you a hand, Susan?
B: Yes. Can you please get me some medicine?
A: Sure. I'll also get you some water to have with it.
B: Thank you. I wish I could get better faster.
A: I hope you can, too.

해석 A: 몸은 좀 어떠니? 내가 도와줄까, 수잔?
B: 응. 약 좀 갖다 줄 수 있니?
A: 물론이지. 약과 함께 마실 물도 갖다 줄게.
B: 고마워. 빨리 나았으면 좋겠다.
A: 나도 네가 그러길 바라.

■ 바람·소원·욕망 관련 표현
• I want (to) ~[I'd like (to)]. (~하고 싶다.)
• I'm looking forward to ~. (~하기를 고대한다.)
• I wish I could ~. (~할 수 있으면 좋을 텐데.)

20 장래 희망 · 날씨 · 취미 묻기

(1) 장래 희망 묻고 답하기

A: What do you want to be in the future?
B: I want to be a doctor. How about you?
A: I want to be a movie star.

해석 A: 너는 장래 희망이 뭐니?
B: 나는 의사가 되고 싶어. 너는?
A: 나는 영화배우가 되고 싶어.

(2) 날씨 묻고 답하기

A: How's the weather today?
B: It is foggy.

해석 A: 오늘 날씨 어때?
B: 안개가 끼었어.

A: It's too hot. I can't study anymore.
B: Let's take a ten-minute break.

해석 A: 정말 덥다. 난 더 이상 공부할 수 없어.
B: 10분간 쉬자.

(3) 취미 묻고 답하기

A: What do you like to do in your free time?
B: I like to cook with my mom.

해석 A: 여가 시간에 무얼 하길 좋아하니?
B: 나는 엄마와 함께 요리하는 것을 좋아해.

A: How do you spend your free time?
B: I usually take pictures. How about you?
A: I play the drums.

해석 A: 여가 시간을 어떻게 보내?
B: 나는 주로 사진을 찍어. 너는?
A: 나는 드럼을 연주해.

■ 장래 희망 · 날씨 · 취미 묻는 표현
• What do you want to be in the future? (장래 희망이 뭐니?)
• I want to be a ~. (나는 ~가 되고 싶어.)
• How's the weather today? (오늘 날씨 어때?)
• It's sunny[foggy/cloudy].
  (화창해[안개가 꼈어/구름이 꼈어].)
• What do you like to do in your free time?
  = How do you spend your free time?
  (여가 시간에 무얼 하길 좋아해?)
• What is your hobby? (너의 취미는 뭐야?)
• My hobby is ~. (나의 취미는 ~이야.)
• ~ is my hobby. (~이 내 취미야.)
• I like ~. (나는 ~을 좋아해.)
• I usually go fishing. (나는 주로 낚시를 가.)
• I always go to the museum in my free time because I like history.
  (나는 역사를 좋아하기 때문에 항상 여가 시간에 박물관엘 가.)

출제 예상 문제

※ 다음 대화에서 빈칸에 가장 알맞은 것을 고르시오(01~05).

01

A: What can I do for you?
B: I want some apples. __________ is an apple?
A: It's five hundred won.

① How
② How big
③ How many
④ How much

02

A: Shall we play soccer this afternoon?
B: __________, but I can't. I have to help my mother.

① All right
② I'm sorry
③ You're welcome
④ That's too bad

03

(On the phone)
A: Hello.
B: Can I speak to Tom?
A: __________.

① I am Tom
② This is he
③ He is Tom
④ She is Tom

04

A: Do you have a pen pal?
B: Yes, I have one. She lives in New York.
A: __________ do you write her?
B: Once or twice a month.

① How far
② How long
③ How often
④ How much

05

(At the store)
A: May I help you?
B: __________. I'm just looking.

① Yes, you may
② Thanks a lot
③ No, thank you
④ I think so

※ 다음 대화에서 밑줄 친 우리말에 해당되는 것을 고르시오
(06~07).

06

A: What kinds of Korean songs do you like?
B: I like 'Arirang.'
A: <u>저도 그래요.</u>

① So am I.
② So do I.
③ Neither am I.
④ Neither do I.

07

A: Would you like something cold to drink?
B: <u>예, 부탁합니다.</u>

① Why?
② Yes, I am.
③ Yes, please.
④ Help yourself.

※ 다음 대화가 일어나고 있는 장소를 고르시오(08~09).

08

A: Excuse me. Can I help you?
B: Oh, yes. Where is Seoul Station?
A: It's down this street. But it's too far to walk.
B: Where can we get the bus?
A: This is the place at which the number 16 bus stops.

① 기차 안
② 버스 정류장
③ 버스 안
④ 기차역 매표소

09

A: May I take your order, Sir?
B: Yes, please. We'd like to have three steaks.
A: How would you like them?
B: One medium and two well-done, please.
A: Would you like something to drink?
B: Water will be fine.

① park
② airport
③ hospital
④ restaurant

※ 대화의 빈칸에 가장 자연스러운 것을 고르시오(10~12).

10

A: Hello.
B: Hello. This is Bob. May I speak to Alex, please?
A: I'm sorry, but he is not here right now.
____
B: Could you tell him Bob called, please?
A: All right.
B: Thank you.

① He's on the phone.
② I'll call him back later.
③ Can I take a message?
④ You've dialed the wrong number.

11

A: Excuse me. Which bus goes to Suwon?
B: The Number 20 bus.
A: Thank you very much.
B: __________.

① I'm sorry
② That's right
③ I'm afraid not
④ You're welcome

12

A: How long have you been in Seoul?
B: __________.

① For two months
② In October
③ On Sunday
④ On December 10

13 다음 중 작별할 때 쓰이는 표현은?

① I think so.
② That's too bad.
③ No problem.
④ I'll miss you.

※ 대화의 빈칸에 들어갈 가장 자연스러운 것을 고르시오
(14~31).

14

A: Let's go swimming. What do you say?
B: __________.

① I'm glad you like it
② That sounds good
③ That's too bad
④ I don't mean it

15

A: Let me ask you a question.
B: Sure, __________.

① take care ② go ahead
③ forget it ④ so long

16

A: Good morning, Sir. __________?
B: Yes, I'm looking for a small telescope for my son.
A: Here's one you'll like. It's of fine quality.
B: It looks okay. What's the price?
A: It's on sale for 20 dollars.
B: That sounds fair.

① What can I do for you
② May I take your order
③ May I try it on
④ Will you do me a favor

17

A: Do you think you can live without machines?
B: No, I don't think so. Machines are an important part of our modern life.
A: __________. Our lives are tied to machines.

① I agree with you
② I agree to you
③ That's too bad
④ I have an idea

18

A: How much is this CD?
B: $10.
A: OK, I'll take it. Please, wrap it.
B: __________.

① Here I am ② Here we are
③ Here you are ④ Here they are

19

A: Would you mind my opening the window?
B: __________.

① It's a shame. ② Of course not
③ You are welcome ④ Yes, go ahead

20

A: I'm very sorry to be late for school today.
B: __________. But you're not late very often. I imagine you've got a good reason.
A: I missed my train and had to wait twenty minutes for the next one.

① That makes sense
② You're kidding
③ That's all right
④ That sounds good

21

A: How are you these days?
B: I'm good. __________
A: Pretty good, thanks. I've been thinking about my future.
B: You mean next year?
A: No, I mean about my life's work.

① How about you? ② Where are you?
③ What is it? ④ Never mind.

22

A: __________? You don't look well.
B: I have a bad cold.

① Is there anything good
② What's wrong
③ Can you see it
④ What does it look like

23

A: Would you like to go to the movies with me?
B: _________ What time shall we meet?
A: At two thirty this afternoon.

① Why not?
② That's right.
③ Who knows?
④ That's all right.

24

A: Hello, this is Mr. Kim speaking. May I speak to Miss. Lee?
B: _________. I'll see if she's in.

① Hold on, please
② The line is busy
③ Hang up, please
④ You're wanted on the phone

25

A: Good evening. Can I help you?
B: Yes, _________ My name is John Smith. I have a reservation for three nights.

① How much is the charge?
② I'd like to check in, please.
③ I'd like to check out, please.
④ Can I deposit valuables here?

26

A: How do you like your steak?
B: _________.

① Well-done, please
② Sunny side up, please
③ It sounds good
④ I'd like to eat steak

27

A: How's your mother?
B: She's fine, thanks.
A: _________ me to her.

① Remind
② Introduce
③ Take
④ Remember

28

A: Excuse me, but can you tell me if this bus goes to Seoul Station?
B: _________ I'm quite a stranger here myself.

① Why not?
② Sure I will.
③ I'm afraid I can't.
④ Of course I can't.

29

A: _________ at Kimpo Airport.
B: Thank you very much. What's the fare?
A: Three thousand won.

① Have arrived
② Here you are
③ We came at last
④ Here we are

30

A: Oh, excuse me, Sir. I didn't mean to push you.
B: _________.

① You're welcome
② Not at all
③ That's all right
④ Certainly not

31

A: I am getting anxious about the exam.
B: __________.

① Let's call it a day
② Take it easy
③ I am broke, too
④ I am all thumbs

32 다음은 전화 대화 내용이다. 빈칸에 적당하지 <u>않은</u> 것은?

A: Hello, May I speak to Mary, please?
B: __________.

① I'm sorry she's not in
② Yes, this is she speaking
③ Yes, but the line is busy
④ You have the wrong number

33 다음 일기 예보에서 언급된 내일의 날씨는?

It was sunny today. But there will be lots of rain tomorrow. So, take your umbrella with you.

① 
② 
③ 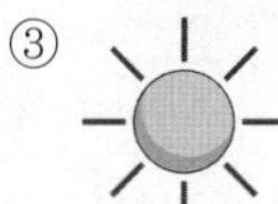
④ 

※ 대화의 주제로 알맞은 것을 고르시오(34~36).

34

A: What kind of club do you want to join?
B: I want to join the tennis club. How about you?
A: I will join the science club.

① 시험 준비　　　② 생일 파티
③ 가족 소개　　　④ 동아리 가입

35

A: What is your goal for this year?
B: I will get up early every morning. How about you?
A: I want to learn how to swim.

① 가족 소개　　　② 교우 관계
③ 올해 목표　　　④ 여행 계획

36

A: What's your favorite subject?
B: My favorite subject is music. What about you?
A: I like history best.

① 재미있는 영화
② 성적 올리는 방법
③ 가장 좋아하는 과목
④ 수학이 어려운 이유

37 대화에서 묘사하고 있는 인물로 알맞은 것은?

A: What does he look like?
B: He has short and curly hair.

① 
② 
③ 
④ 

38 대화에서 A가 가려고 하는 장소로 알맞은 것은?

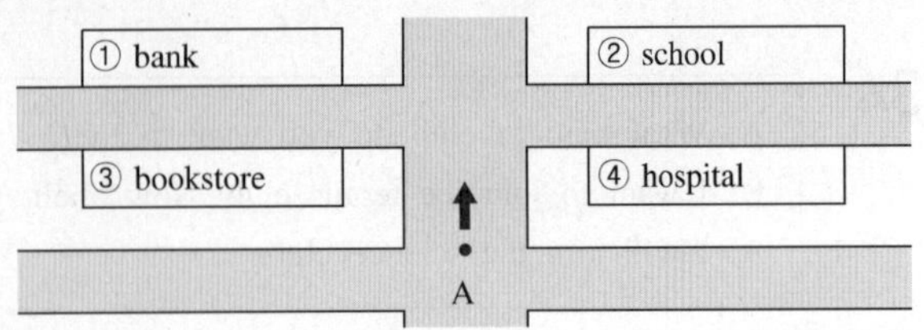

A: Excuse me, but I'm looking for a __________.
B: Go straight one block and turn left. It's on your right.

39 대화의 빈칸에 공통으로 들어갈 말로 알맞은 것은?

A: __________ often do you go to the hospital?
B: Once a month.
A: __________ do you usually go there?
B: By taxi.

① How
② What
③ When
④ Which

※ 주어진 말에 이어질 대화의 순서로 알맞은 것을 고르시오 (40~41).

40

Are you ready to order?

(A) To go.
(B) Yes. Two hamburgers, please.
(C) For here or to go?

① (A) − (B) − (C)
② (B) − (C) − (A)
③ (C) − (B) − (A)
④ (C) − (A) − (B)

41

Jenny, what's the matter?

(A) My mom is sick.
(B) Thanks. I hope so, too.
(C) That's too bad. I hope she gets well soon.

① (A) − (C) − (B)
② (B) − (A) − (C)
③ (B) − (C) − (A)
④ (C) − (B) − (A)

※ 대화에서 밑줄 친 말의 의도로 알맞은 것을 고르시오 (42~43).

42

A: May I use your pencil?
B: Sure. Go ahead.

① 거절하기
② 축하하기
③ 승낙하기
④ 칭찬하기

43

A: Did you hear the news? Jiho won the singing contest.
B: That's great!
A: Why don't we have a party for him?
B: That's a good idea.

① 제안하기
② 거절하기
③ 위로하기
④ 사과하기

44 다음 대화 직후 A가 할 일로 가장 알맞은 것은?

> A: You look busy. May I help you?
> B: Yes, please. Can you carry these boxes for me?
> A: Sure! No problem.

① 방 청소하기
② 책 빌려주기
③ 상자 운반하기
④ 영화 보러가기

45 대화에 나타난 B의 심정으로 가장 알맞은 것은?

> A: What's wrong? You look upset.
> B: My brother broke my new camera, but he didn't say, "I'm sorry." I can't stand it.

① angry　　　　② happy
③ scared　　　　④ hopeful

46 대화의 마지막 응답으로 알맞은 것은?

> Nina: What do you do in your free time, Jack?
> Jack: I cook.
> Nina: How often do you cook?
> Jack: __________.

① Pizza
② At home
③ With my mom
④ Twice a week

● 해결 Point

글의 주제 묻기, 내용과 일치하는 것 또는 일치하지 않는 것 고르기, 글을 쓴 목적을 묻는 문제가 출제된다. 또한 글의 다음에 이어질 내용을 고르기, 글의 흐름에 적절하지 않은 문장 고르기, 밑줄 친 단어가 가리키는 것을 묻는 문제도 자주 출제되므로 글의 핵심 문장과 내용의 흐름을 따라 글의 전후 관계를 파악하는 연습을 한다.

● 대표 문제 유형

❖ 다음 글의 주제로 알맞은 것을 고르시오.
❖ 다음 글의 내용과 일치하는[일치하지 않는] 것은?
❖ 다음 글의 흐름으로 보아 어울리지 <u>않는</u> 문장은?

1 밑줄 친 부분의 의미 추론

(1) 유형 분석

단락 전체의 내용을 종합하여 밑줄 친 문장에 함축되어 있는 내용을 추론하는 문제 유형이다.

① 문단에서 한 단어나 어구, 혹은 문장이 비유나, 암시, 은유나 풍자 등을 나타내어 의미를 증폭시키는 경우가 있다.

② 밑줄 친 부분의 의미를 모르더라도 전체 내용 흐름을 파악하여 유추한다.

③ 비유적·간접적 표현의 구체적인 의미를 묻는 문제는 전체의 흐름이나 요지를 파악한다.

(2) 예제

밑줄 친 부분이 의미하는 것은?

Mr. Lee started as a salesman in a computer store. Now he is the manager of the store. He is friendly and well-qualified. He has a master's degree in engineering. He wants to have his own business some day. He works ten hours a day, six days a week. If he goes on like this, he'll <u>get where he wants to be</u> soon enough.

① study computer science
② obtain his degree
③ buy a new computer
④ run his own store

풀이 | 마지막 문장이 주제문으로, '그가 계속 이렇게 하면(= 열심히 일하면) 그는 곧 원하는 곳에 도착할 것이다'와 다섯 번째 문장 '그는 언젠가 자기 자신의 사업을 하고 싶어 한다'의 정보를 종합해 보면 답을 쉽게 찾을 수 있다.
• manager: 경영자, 지배인
• qualified: 자질[능력] 있는
• master's degree: 석사 학위
• engineering: 공학

해석 | 이 씨는 컴퓨터 상점의 판매 사원으로 시작했다. 이제 그는 그 상점의 지배인이다. 그는 다정하고 매우 유능하다. 그는 공학 분야에 석사 학위를 가지고 있다. 그는 언젠가 자신만의 사업체를 가지길 원한다. 그는 하루에 10시간씩, 주 6일을 일한다. 만약 그가 이와 같이 계속한다면, 그는 충분히 곧 <u>원하는 지점에 도달할</u> 것이다.

정답 ④

2 빈칸 완성하기

(1) 유형 분석

단락 속에 주어진 정보를 최대한 이용하여 빈칸에 알맞은 내용을 추론하는 문제이다.

① 단락의 논리적 전개를 파악하여, 각 문장 다음에 어떤 내용이 올 것인지를 미리 예측하면서 글을 읽어 나간다.

② 빈칸 전·후에 언급된 내용이 서로 대조적인지, 아니면 부연 설명인지를 파악한다.

③ 빈칸에 들어갈 내용이 포함되어 있는 문장이 대부분 단락 전체의 결론에 해당되는 경우가 많으므로, 단락 전체의 주제나 요지가 무엇인지 파악하며 읽어 나가는 것이 좋다.

(2) 예제

> **다음 글의 빈칸에 들어갈 가장 알맞은 말은?**
>
> Water is getting dirtier. Dirty water makes animals and plants sick. So let's keep water ____________.
>
> ① heavy ② weak
> ③ thick ④ clean

풀이 첫 문장에서 'Water is getting dirtier.'라고 하고 더러운 물은 동식물을 병들게 한다고 했으므로, 빈칸에는 '물을 깨끗하게 유지하자'는 내용이 와야 한다.

해석 물이 더러워지고 있다. 더러운 물은 동식물을 병들게 한다. 그러니 물을 깨끗하게 유지하자.

정답 ④

3 문단의 전후 관계

(1) 유형 분석

주어진 단락을 읽고 그 단락의 앞이나 뒤에 올 내용을 논리적 사고를 통해 추론해 내는 문제 유형이다.

① 문단 속에서 필자가 전반적으로 전개하고 있거나 전개하려는 논지가 무엇인지 파악한다.

② 각 문단의 앞, 뒤 부분에서 도입이나 연결을 나타내는 어구를 찾아본다.

③ 바로 앞 단락에 올 내용의 추론은 주어진 단락의 첫 문장에서, 바로 뒤 단락에 올 내용의 추론은 마지막 문장에서 힌트를 찾는다.

(2) 예제

> **다음 글 바로 앞 문단의 내용으로 가장 자연스러운 것은?**
>
> But there is some hope for change. It may be possible to slow down population growth. It happened in China, for example. In 1974, China's population was growing very fast. Then the people learned how to have smaller families. By 1984, the population was not growing fast anymore. This is an important change.
>
> ① 가족 제도의 변화
> ② 인종 간의 갈등 문제
> ③ 인구 증가로 인한 문제점
> ④ 인구의 도시 집중 현상

풀이 이 글은 인구 증가를 억제한 중국의 예를 들면서 인구 증가 억제가 중요하다고 말하고 있으며, But으로 시작하는 것으로 보아 이와 반대되는 내용이 앞에 올 것이라고 추론할 수 있다.

해석 그러나 변화의 희망도 조금 있다. 인구 증가를 감소시키는 일이 가능할지도 모른다. 예를 들어 중국에서 그런 일이 있었다. 1974년에 중국의 인구는 매우 빨리 증가하고 있었다. 그때 국민들은 가족 수를 줄이는 법을 알게 되었다. 1984년까지 인구가 더 이상 빨리 증가하지 않았다. 이것은 중요한 변화이다.

정답 ③

4 요지 찾기

(1) 유형 분석

요지란 선택된 주제에 대한 필자의 생각이나 견해이다.

① 주제는 대개 몇 개의 단어나 구로 응축되어 나타나지만, 요지는 필자의 주장이 들어 있는 문장으로 나타난다.

② 요지는 주제와 마찬가지로 주제문에 나타나는 것이 일반적이기 때문에 먼저 주제문을 찾아야 한다.

③ 주제문은 다음과 같은 어구를 포함하는 경우가 많다.
  ㉠ I believe[think/suggest] ~
  ㉡ We[You] should[must/need] ~
  ㉢ In my opinion ~

④ 영문에서는 주제문이 글의 첫머리에 있는 두괄식 형태가 대부분이지만, 주제문이 끝부분에 있는 미괄식 형태와 양괄식 형태에도 유의해야 한다. 주제문이 명확하게 드러나 있지 않을 때는 논리적인 추론을 통해 요지를 파악해야 한다.

⑤ 요지는 반드시 하나의 문장으로 표시해야 한다는 것에 유의한다.

(2) 예제

다음 글의 요지를 가장 잘 나타낸 것을 고르시오.

When they had almost reached the stadium, one began to pull ahead of the other. That runner was Hwang Yong-jo. Waving both hands to the crowd, he ran into the stadium. He had beaten the Japanese runner and won the gold medal. The people stood up shouting and clapping for the winner.

① 황영조가 마라톤에서 우승했다.
② 관중들이 일어서서 환호했다.
③ 두 주자가 치열한 경쟁을 벌였다.
④ 태극기가 주 경기장에 게양되었다.

풀이 황영조 선수가 우승하는 당시의 상황을 묘사한 글이다.
  • reach: 도착하다
  • stadium: 경기장
  • crowd: 군중
  • shout: 외치다, 큰 소리를 내다
  • clap: 손뼉 치다

해석 그들이 거의 경기장에 도착했을 때, 한 사람이 다른 사람을 앞지르기 시작했다. 그 주자는 황영조였다. 양쪽 손을 관중들에게 흔들면서 그는 경기장 안으로 달렸다. 그는 일본 주자를 이기고 금메달을 땄다. 사람들은 서서 승자를 위해 소리지르고 박수를 쳤다.

정답 ①

5 주제 찾기

(1) 유형 분석

단락의 주제는 전체가 무엇에 관한 내용인가를 몇 개의 단어나 구로 응축시켜 나타낸 것이다.

① 대부분의 지문들은 단락의 주제를 포함하고 있는 주제문과 그 주제문을 설명해 주는 보충 문장들로 이루어진다.

② 주제문의 핵심어가 반영된 어구를 찾는다.

③ 주제문은 처음(두괄식)에 오는 경우가 대부분이고 글의 끝에 오는 경우(미괄식) 또는 중간에 나오는 경우도 있다.

④ 전체에 걸쳐 반복되는 어구를 찾고, 주어진 단락의 내용보다 범위가 넓거나 좁은 것은 주제가 아니다.

(2) 예제

다음 글의 주제로 가장 적절한 것은?

Mr. Lopez wanted to have a birthday party for his daughter, Rosa. He wanted a party that would be different from most birthday parties. Rosa loves to roller-skate, so Mr. Lopez gave Rosa a roller-skating party. When the children came to Rosa's house for the party, Mr. Lopez put them into a bus. Then they rode to a building where people roller-skate. Many children had never roller-skated before, so they fell down a lot. But everyone had a good time. Rosa said, "This is the best party I've ever had!"

① Father's hope
② Funny games
③ Best roller-skater
④ Wonderful birthday party

풀이 즐거운 생일 파티에 관한 내용이다.
- have(= give) a party: 파티를 열다
- a lot: 많이
- be different from: ～와는 다르다
- fall down: 넘어지다

해석 로페즈 씨는 그의 딸 로사를 위해 생일 파티를 열고 싶었다. 그는 대부분의 생일 파티와는 다른 파티를 원했다. 로사는 롤러스케이트 타는 걸 좋아하는데, 그래서 로페즈 씨는 로사에게 롤러스케이트 파티를 열어 주었다. 아이들이 파티를 위해 로사의 집에 왔을 때, 로페즈 씨는 그들을 버스에 태웠다. 그러고 나서 그들은 사람들이 롤러스케이트를 타는 건물로 갔다. 많은 아이들이 이전에는 한 번도 롤러스케이트를 타 본 적이 없어서, 그들은 많이 넘어졌다. 그러나 모두가 즐거운 시간을 보냈다. 로사는 "이번이 이제까지 중에 최고의 파티야!"라고 말했다.

정답 ④

6 문장의 순서 정하기

(1) 유형 분석

글 전체의 큰 흐름을 논리적인 전후 관계와 시간적인 전후 관계에 따라 파악한 후, 자연스럽고 통일성 있게 문단을 완성해 나가는 문제 유형이다.

① 글을 읽으면서 내용의 흐름이 끊기는 곳, 즉 내용이 갑자기 바뀌는 곳을 찾거나, 지시어와 연결어 등을 이용하여 찾는다.

② 이때 시간적인 순서를 나타내는 단어(first, second, third, …, last)와 연결사(for example, therefore, on the other hand ~), 지시어 등에 유의하면 문제를 해결하는 데 도움이 된다.

③ 지시대명사, 접속어 등에 유의하면서 문맥에 맞게 논리적으로 연결시킨다.

(2) 예제

주어진 문장에 이어질 글의 순서가 가장 적합한 것은?

If you are learning to fix an automobile engine, both knowledge and practice are important.

(A) However, reading is not enough to make you a good mechanic.
(B) You might first want to read something about how the engine operates.
(C) You need to practice fixing the engine as well.

① (A) – (B) – (C)
② (B) – (C) – (A)
③ (C) – (B) – (A)
④ (B) – (A) – (C)

풀이 ❶ 첫 문장이 주제문임을 확인하고 주어진 세 문장의 논리적 순서를 생각해 본다.
(A) 지식만으로는 부족, (B) 지식의 필요성, (C) 연습의 필요성
❷ (A)의 연결사 However를 활용한다.
• fix: (물건을) 수리하다
• automobile: 자동차
• knowledge: 지식, 학식
• practice: 연습(하다)
• mechanic: 기계공, 수리공
• operate: (기계 등이) 작동하다
• as well: 또한, 게다가

해석 만약 당신이 자동차 엔진을 고치는 것을 배우려 한다면 지식과 실습 둘 다 중요하다. (B) 당신은 우선 엔진이 어떻게 작동하는지에 대한 것을 읽고 싶어 할지도 모른다. (A) 그러나, 당신이 훌륭한 수리공이 되려면 읽는 것만 가지고는 충분치가 않다. (C) 당신은 엔진 고치는 것을 실습하는 것도 또한 필요하다.

 **정답** ④

7 글의 종류와 목적 찾기

(1) 유형 분석

필자가 글을 쓴 의도나 목적이 무엇인지 알아보는 유형으로 주어진 글이 어떤 종류의 글인지(연설문, 기행문, 보고문 등), 어떤 목적으로 쓴 글인지(초대, 감사, 사과, 광고)를 물어보는 문제이다.

① 본문에 나오는 의례적으로 쓰인 표현이나 반복되는 말 또는 구체적인 정보를 종합하여 필자가 글을 쓴 궁극적인 목적이 무엇인지 파악한다.

② 지엽적인 부분에 현혹되지 말고 전체의 내용이나 가장 중심이 되는 내용을 파악하여 큰 줄기를 찾는 것이 중요하다.

③ 실용문에는 흔히 생략과 축약이 이루어지며, 문형을 무시한 정보 중심의 단어로 구성된다.

④ 행사, 광고, 안내, 시설물 이용 등 여러 가지 실용문 중에서 구체적으로 무엇을 위한 지문인지 파악한다. 대체로 비유적이거나 우회적인 표현은 나오지 않는다.

(2) 예제

다음은 어떤 종류의 글인가?

> Do you know your wife? Does she know you love her? Here's a chance to show how much you care for her and thank her. Take your wife on that tour she's always talking about! OK TOUR will take you and your wife to the resorts. She'll thank you forever. Let us help you. Call for more information now. Isn't it time for you to show her that she's special?

① 일기   ② 전기
③ 광고문   ④ 서간문

풀이 take your wife on that tour가 핵심이 된다. 결국 OK 투어를 이용하라는 요지를 이야기하고 있는 것이다.
- chance: 기회, 계기
- care for: 좋아하다
- resort: 휴양지
- forever: 영원히
- information: 통지, 정보
- special: 특별한

해석 당신은 당신의 아내를 아시나요? 그녀는 당신이 그녀를 사랑한다는 것을 아시나요? 여기 당신이 그녀를 얼마나 좋아하고 얼마나 감사하는지를 보여 줄 기회가 있습니다. 당신의 아내가 늘 말해 왔던 여행에 그녀를 데려가세요! OK 투어는 당신과 당신 아내를 휴양지로 데려갈 겁니다. 그녀는 영원히 당신에게 감사할 것입니다. 저희가 돕겠습니다. 좀 더 많은 정보를 얻으려면 지금 전화하세요. 지금이 아내에게 그녀가 특별하다는 것을 보여 줄 때가 아닌가요?

정답 ③

8 지시어구 추론

(1) 유형 분석

지시대명사, 소유대명사, (the) 명사 등의 형태로 나타나는 지시어(구)의 구체적 대상이나 내용을 추론해 내는 문제 유형이다.

① 지시어가 단락 내에서 가리키는 내용을 묻는 형태
- ㉠ 지시어가 가리키는 내용은 그 지시어와 가까운 곳에서부터 찾는다.
- ㉡ 답을 고른 후에 반드시 그 자리에 실제의 대상어를 넣어 보고 확인한다.

② 종합적으로 어떤 사물이나 개념을 설명한 다음 그것이 가리키는 바를 묻는 형태
- ㉠ 주어진 설명이 선택지의 어떤 사물이나 개념과 관련이 있는지 생각해 본다.
- ㉡ 설명의 일부 내용만을 포함하는 선택지에 속지 말아야 한다.

(2) 예제

밑줄 친 'It(it)'이 가리키는 것으로 적절한 것은?

> It can live with people. It has four legs and a tail. Many people have it as a pet. When it is young, it is called a puppy.

① dog ② lion
③ bird ④ snake

풀이 4개의 다리와 꼬리를 가졌으며 어릴 때 '강아지'라고 불리는 반려동물은 개다.
- live with ~: ~와 살다

해석 그것은 사람들과 살 수 있다. 그것은 4개의 다리를 가졌으며 꼬리가 있다. 많은 사람들이 그것을 반려동물로 데리고 있다. 그것이 어릴 때에는, '강아지'라고 불린다.

정답 ①

9 내용 일치

(1) 유형 분석

주어진 단락의 내용과 답지에 주어진 내용이 구체적으로 일치하는지 또는 일치하지 않는지 판단하는 문제 유형이다.

① 문제의 보기를 먼저 읽어 본다.

② 본문을 읽어 가면서 보기와 비교하여 정답과 관련 없는 것은 제외한다.

③ 보기에서 주어진 내용들은 반드시 본문에 있는 사실적 내용을 근거로 판단해야 한다.

④ 본문의 어구를 그대로 사용하여 만든 오답에 속지 않도록 한다.

(2) 예제

다음 글의 내용과 일치하는 것은?

Mr. Walker had one son. His name was Harry, and he was twelve years old. He wanted a bicycle very much. "A lot of my friends ride to school on their bicycles," he said to his father. A few days ago, Mr. Walker stopped his car at a red light, and then he said to Harry, "I am going to give you a bicycle next month. But first I'm going to ask you a question. Now, do you know the meaning of these traffic lights?" "Yes, I do," Harry answered quickly. "Green is Go, red is Go FASTER, and yellow is BE CAREFUL!"

① Mr. Walker bought Harry a bicycle.

② Harry rode to school on his bicycle.

③ Harry's friends didn't have their bicycles.

④ Harry didn't know the meaning of the traffic lights well.

풀이 해리는 신호등의 의미를 제대로 모르고 있다.
- traffic lights: 신호등
- quickly: 재빨리

해석 워커 씨에게는 아들이 하나 있었다. 그의 이름은 해리였는데, 12살이었다. 해리는 자전거를 몹시 가지고 싶어 했다. "많은 친구들이 자기 자전거로 학교에 온단 말이에요." 해리가 아버지에게 말했다. 며칠 전에 워커 씨는 빨간 신호등 앞에서 차를 멈추고는 해리에게 말했다. "내가 다음 달에 너에게 자전거를 사주려고 한단다. 하지만 우선 너에게 질문을 할 거야. 너는 저 신호등의 뜻을 알고 있니?" "네, 알아요." Harry가 재빨리 대답했다. "초록불은 가라는 뜻이고, 빨간불은 더 빨리 가라는 거고, 노란불은 조심하라는 거예요!"

정답 ④

10 필자의 심경, 글의 분위기

(1) 유형 분석

글 전체의 내용을 종합적으로 이해, 감상하며 글의 분위기, 필자의 어조, 태도 등을 판단하는 문제 유형이다.

① 지문의 대부분은 1인칭 고백체의 문장으로, 어떤 사건에 대한 필자의 기분을 나타내는 감정표시 형용사, 부사 등 필자의 심경이나 감정 유추에 단서가 되는 말을 찾아본다.

② 필자의 어조와 심경, 글의 분위기를 나타내는 주요 단어

　㉠ 긍정적: positive(긍정적인), cheerful(기운을 북돋우는), sympathetic(공감하는), moving(감동적인), optimistic (낙관적인), lively(활기찬), pleased(기쁜, 만족한), amused (기쁜), excited(흥분한), interested(흥미로운), satisfied (만족스러운), encouraged(용기 있는)

　㉡ 부정적: negative(부정적인), disappointed(실망한), pessimistic(비관적인), nervous(불안한, 걱정하는), urgent(급박한), gloomy(침울한, 우울한), confused(혼란스러운), embarrassed(어색한, 당황스러운), angered (화난), offended(분노한), discouraged(낙심한), bored (싫증난), disgusted(혐오스러운), frustrated(좌절한), upset(당황한), surprised(놀라운), astonished(놀라운), shocked(놀라운), horrified(겁에 질린), terrified(공포에 떠는), frightened(겁먹은)

　㉢ 비판적: critical(비판적인), cynical(냉소적인), sarcastic (빈정대는)

　㉣ 기타: objective(객관적인), indifferent(무관심한), descriptive(묘사적인), persuasive(설득력 있는), informative(정보를 제공하는), instructive(교훈적인)

(2) 예제

다음 글에서 필자의 어머니가 주장하는 바는?

> After our guests had gone, I asked my mother, "Why did you say that the vase was worthless? You know that it was very valuable." "What else could I say?" my mother replied. "Could I say that the boy had broken our family's most valuable treasure? Could I say that?" "Well," I said, "it's the truth. We should always tell the truth." "Not always," explained my mother carefully. "Sometimes we should not tell the truth."

① We should help each other.
② We should always tell the truth.
③ It is difficult to make true friends.
④ Sometimes it's necessary to hide our feelings.

풀이 여기서 어머니 말씀의 요지는 남을 배려하려는 마음으로, 거짓말을 함으로써 다른 여러 가지를 원만히 할 수 있을 때에는 때로 솔직한 감정을 숨길 필요가 있다는 것이다.
- guest: 손님
- vase: 꽃병
- worthless: 가치 없는, 보잘 것 없는
- reply: 대답하다

해석 우리의 손님이 간 후에, 나는 어머니께 여쭤 보았다. "왜 저 꽃병이 별것 아니라고 말하셨어요? 어머니도 그게 아주 귀중하다는 걸 아시잖아요." "달리 내가 무슨 말을 할 수 있었겠니?" 어머니는 답하셨다. "내가 그 소년이 우리 가족의 가장 귀중한 보물을 깨뜨렸다고 얘기할 수 있었을까? 그렇게 말할 수 있었을까?" "글쎄요." 나는 말했다. "그게 사실이잖아요. 우리는 항상 사실을 말해야 해요." "항상은 아니야." 어머니는 조심스럽게 설명하셨다. "때때로 우리는 진실을 말하면 안 된단다."

정답 ④

11 연결사 넣기

(1) 유형 분석

연결사란 단어와 단어, 구와 구, 절과 절, 단락과 단락 등 서로 관련 있는 것끼리 연결시켜 주는 기능을 하는 것이다.

① 문단 전체의 내용을 파악한다.

② 연결어구가 들어갈 문장의 전후 관계를 파악한다.

　㉠ 바로 앞 문장의 예에 해당되지 않는가?

　㉡ 바로 앞 문장과 대조적 내용이 아닌가?

③ 선택한 연결어구를 직접 넣어 보고 전체 흐름이 논리적으로 적절한지 확인해 본다.

〈단락의 전개 방식에 따른 대표적인 연결사〉

- 열거: first, secondly, lastly ; for one thing, for another
- 첨가: besides, in addition, furthermore, moreover
- 순서: first … then … finally, at the same time
- 인과: thus, therefore, consequently, hence
- 대조 · 역접: on the other hand, in contrast, however, nevertheless

(2) 예제

다음 빈칸 (A), (B)에 들어갈 말이 차례대로 된 것을 고르시오.

> Most Americans think of cats as pets. But not all cats are pets. Some cats help people and others are a problem. (A) ______, on farms and in old houses, cats can help. They kill small animals such as rats or mice. (B) __________ sometimes, people do not want cats around. Some people like to watch birds in their yards. Cats may kill the birds or scare them away. They also make a lot of noise.

① Above all, So

② By the way, So

③ For example, But

④ At first, At last

풀이 첫 번째 빈칸 뒤에는 도움이 되는 고양이들에 대해 예를 들고, 두 번째 빈칸 뒤에는 그와 대조되는 고양이들에 대한 이야기를 하고 있다. 따라서 첫 번째에는 'For example', 두 번째에는 'But'이 와야 한다.

- pet: 반려동물
- for example: 예를 들어
- farm: 목장, 농장
- rat: 쥐
- mice: mouse(생쥐)의 복수
- but: 그러나, 하지만
- scare away: 겁을 주어 쫓아버리다
- noise: 소음

해석 대부분의 미국인들은 고양이를 반려동물로 생각한다. 하지만 모든 고양이가 반려동물은 아니다. 어떤 고양이들은 사람들을 돕고 또 어떤 고양이들은 문젯거리가 된다. (A) 예를 들면, 목장이나 오래된 집에서 고양이는 도움이 될 수 있다. 그들은 집쥐나 들쥐 같은 작은 동물을 죽인다. (B) 하지만 때때로, 사람들은 고양이가 주위에 있는 것을 원치 않는다. 어떤 사람들은 정원에서 새를 보는 것을 좋아한다. 고양이는 새를 죽이거나 놀라게 해서 달아나게 할 수 있다. 그들은 또한 아주 시끄럽게 군다.

정답 ③

12 제목 찾기

(1) 유형 분석

① 제목은 글의 내용과 성격을 효율적으로 나타내는 것으로, 주제와 밀접하게 연관되어 있다.

② 제목은 주제와 요지를 동시에 표현하는 것으로 주제나 요지보다는 포괄적이면서도 간결하게 나타내야 한다.

③ 하나의 단락으로 되어 있을 때는 주제문을 찾아 제목을 정하면 되지만, 두 개 이상의 단락으로 구성된 글에서는 그 모든 단락들의 주제와 요지를 종합할 수 있는 포괄적인 것으로 정해야 한다.

(2) 예제

다음 글의 제목으로 가장 적절한 것은?

I can barely remember life without television. I have spent 20,000 hours of my life in front of television. Not all my contemporaries watched so much, but many did and what's more, we watched the same programs and heard the same commercials. So our generation has a tremendous amount of experience in common. The TV programs have not affected all of us in an identical way. If a sociologist, however, would list some of the most important influences on our generation, television would top the list.

① Importance of TV Ads

② TV Programs and Ads

③ Our Generation and TV

④ TV and Social Problems

풀이 이 글의 주제문은 마지막 문장이다. 주제문의 핵심어 (generation, TV)를 포함하는 선택지를 고른다.

해석 나는 텔레비전이 없던 생활을 좀처럼 기억할 수가 없다. 나는 텔레비전 앞에서 내 인생의 20,000시간을 보냈다. 나의 모든 동시대인들이 그렇게 많이 텔레비전을 보지는 않았겠지만, 많은 사람들이 그러했고, 더욱이 우리는 똑같은 프로그램을 보고 똑같은 광고 방송들을 들었다. 그러므로 우리 세대는 막대한 양의 경험을 공통으로 가지고 있는 셈이다. 텔레비전 프로그램들은 우리 모두에게 동일한 방법으로 영향을 미치지는 않았다. 그러나 만약 어떤 사회학자가 우리 세대에 가장 중요한 영향을 미친 몇 가지의 목록을 적고자 한다면, 텔레비전이 그 목록의 최상위를 차지하게 될 것이다.

정답 ③

출제 예상 문제

01 다음 글에서 밑줄 친 것처럼 Steve가 말한 이유는?

> Steve woke up at eight in the morning. He put on his clothes. He ran to the bus stop. He shouted, "Oh, no!" because he left his bag at home.

① 그릇을 깨서
② 동생과 싸워서
③ 시험 성적이 나빠서
④ 가방을 집에 두고 와서

※ 다음 빈칸에 들어갈 말로 가장 적절한 것을 고르시오 (02~03).

02

> In our ________ club, we play the piano, the guitar, and the drums. We also sing songs. Sometimes, we give a concert at the park.

① sports   ② cooking
③ music   ④ science

03

> In Korea we have four ________. Spring begins in March. It is warm. In summer it is hot. It is cool in fall. In winter it is cold and snowy.

① cities   ② houses
③ seasons   ④ holidays

※ 다음 글 바로 뒤에 이어질 내용으로 가장 알맞은 것을 고르시오(04~05).

04

> Many people like climbing mountains these days. But sometimes climbing can be dangerous. Here are some tips for a safe climbing.

① 산과 바다의 차이점
② 다양한 스포츠 활동
③ 취미 활동의 필요성
④ 안전한 등산을 위한 조언

05

> Hello, everyone! We finally got a new computer room. You can use the new computers at any time during school hours. Please keep the following rules when you use this room.

① 음악실 안내
② 컴퓨터 대회 홍보
③ 컴퓨터실 사용 규칙
④ 운동장 개방 시간 안내

06 글의 흐름으로 보아 주어진 문장이 들어가기에 가장 알맞은 곳은?

> It is delicious.

> I am happy at school. (①) First, I like our school food. (②) Second, my homeroom teacher, Mr. Kim, is very kind. (③) He also makes us laugh a lot. (④) Last, I like playing soccer on the playground.

07 글쓴이가 주장하는 내용으로 가장 알맞은 것은?

> Here are some easy ways to save energy. Turn off the lights you're not using. Turn off the water while brushing your teeth. Walk short distances instead of driving your car.

① 양치질을 자주 하자.
② 에너지를 절약하자.
③ 교통법규를 지키자.
④ 자원봉사에 참여하자.

※ 다음 글의 주제로 알맞은 것을 고르시오(08~10).

08

> I have two things to do this Saturday. In the morning, I'm going to meet my friends to finish our science project. In the evening, I'm going to watch a movie with my family.

① 이번 토요일에 할 일
② 스포츠와 건강
③ 가고 싶은 여행지
④ 유적지 탐방 계획

09

> We should exercise regularly and get enough sleep for our health. We should also wash our hands often.

① 친구의 중요성
② 올바른 전화 예절
③ 에너지를 아끼는 방법
④ 건강을 위한 생활 습관

10

> There are various types of table manners around the world. Here are two examples. One is that, in China, some people leave some food on the plates to be polite. The other is that, in India, most people eat food using their right hand.

① 인도 영화 산업의 발전
② 한국 음식의 조리 방법
③ 교통 법규 지키기의 중요성
④ 세계 여러 나라의 다양한 식사 예절

11 주어진 말에 이어질 대화의 순서로 알맞은 것은?

> What did you do yesterday?

> (A) Yes, I did. It was great.
> (B) I went to see a movie.
> (C) Did you enjoy it?

① (A) – (C) – (B)
② (B) – (A) – (C)
③ (B) – (C) – (A)
④ (C) – (B) – (A)

※ 다음 글을 쓴 목적으로 알맞은 것을 고르시오(12~14).

12

Dear Dad,
Thank you for the guitar you gave me on my birthday.
I will play it for you someday. Thank you.

① 감사 ② 초대
③ 조언 ④ 권유

13

I'm looking for my dog. It is two years old. It is small and brown. It has big ears and short legs. If you see a dog like this, please call 1234-5678.

① 동물 병원 홍보
② 애견 용품 광고
③ 동물 사료 광고
④ 잃어버린 개 찾기

14

Dear Ann,
I have difficulty speaking in front of people. Whenever I speak in public, I forget everything I want to say. What should I do? I need your advice.

Jack

① 규칙을 안내하기 위해
② 대회를 홍보하기 위해
③ 친구를 소개하기 위해
④ 조언을 요청하기 위해

15 밑줄 친 'this'가 공통으로 가리키는 것은?

- We can't live without this.
- We drink this every day.
- We take a shower with this.

① fire ② money
③ water ④ shampoo

16 밑줄 친 'It'이 공통으로 가리키는 것은?

It is the Korean alphabet. It was made by King Sejong. It has 24 letters. It is known as a scientific and beautiful writing system.

① 한글 ② 한복
③ 판소리 ④ 태권도

17 Jack에 관한 내용으로 일치하지 <u>않는</u> 것은?

Jack was very interested in computers. He started making computer programs at the age of thirteen. He spent a lot of time making computer programs. Finally, he built a successful computer company.

① 컴퓨터에 관심이 많았다.
② 13세에 컴퓨터 프로그램을 만들기 시작했다.
③ 컴퓨터 프로그램을 만드는 데 많은 시간을 썼다.
④ 컴퓨터 회사를 만드는 데 실패했다.

18 다음 글에서 'I'가 방과 후에 한 일이 <u>아닌</u> 것은?

> I went to the library after school. I read books and did my homework there.

① 책 읽기
② 숙제 하기
③ 영화 보기
④ 도서관 가기

19 다음 상황에서 David에게 할 수 있는 말로 알맞은 것은?

> Your friend, David, asks you to help him. But you can't help him because you are very busy now. What would you say to him?

① I think so.
② I'm sorry, but I can't.
③ You're right.
④ Thank you very much.

20 글쓴이의 심경으로 가장 알맞은 것은?

> My family went camping. We sang songs together and saw many stars in the sky. It was a wonderful night. I was very happy.

① 슬픔
② 외로움
③ 당황함
④ 행복함

21 다음 글에 나타난 'I'의 심경으로 가장 알맞은 것은?

> I'm from America. I'm not good at Korean, so I can't understand it well. It makes me feel terrible.

① 답답함
② 당당함
③ 만족함
④ 신기함

※ 글의 흐름으로 보아 빈칸에 들어갈 말로 알맞은 것을 고르시오(22~23).

22

> We can do many useful things with cell phones, like making phone calls or listening to music. ________, if we are not careful when using cell phones in public places, they can cause problems.

① However
② At first
③ In short
④ For example

23

> There are various festivals in the world. ________, there is a mud festival in Korea. At this festival, you can have fun playing in the mud. In Japan, there is a snow festival. You can take pictures of the beautiful art pieces made of snow.

① For example
② However
③ Unfortunately
④ On the other hand

※ 글의 제목으로 가장 알맞은 것을 고르시오(24~26).

24

> My family and I went to Jeju-do last summer. We stayed there for five days. We hiked to the top of Mt. Halla and enjoyed its natural beauty. We had a great time! I want to go there again someday.

① My Family Members
② Tips for Making Plans
③ The Importance of Friends
④ My Family's Summer Trip

25

> I have a cute dog. Her name is Pipi. She is two years old. She has big eyes and long ears. She looks like a rabbit.

① My Dad
② My Pet
③ My Dream
④ My School

26

> Yesterday was my sister's wedding day. My sister was wearing a white dress. She looked shy but happy. I thought she was beautiful.

① My Job
② My Hobby
③ My Sister's Wedding
④ My Grandfather's Birthday

영어 실전 문제 1회

01 다음을 모두 포함할 수 있는 단어로 가장 적절한 것은?

> bread   hamburger   salad   soup

① food
② flower
③ season
④ country

02 두 단어의 관계가 나머지 셋과 <u>다른</u> 것은?

① body – hand
② color – blue
③ animal – pig
④ winter – summer

※ 대화의 빈칸에 들어갈 말로 알맞은 것을 고르시오(03~04).

03

> A: Is this your bag?
> B: Yes, it ______.

① am
② is
③ are
④ do

04

> A: Do you have a brother?
> B: Yes, I do.
> A: What's __________ favorite subject?
> B: He likes math.

① her
② our
③ his
④ your

05 B의 응답으로 알맞은 것은?

> A: Hello. May I speak to Jane?
> B: Sorry, __________.

① this is you
② she's not in
③ they're mine
④ that sounds good

06 그림 속 Tom의 행동을 표현한 것으로 알맞은 것은?

① Tom is watching TV.
② Tom is washing a car.
③ Tom is playing baseball.
④ Tom is listening to music.

※ 빈칸에 공통으로 들어갈 알맞은 말을 고르시오(07~09).

07

> ○ Don't be afraid ______ the dog.
> ○ The sky is full ______ stars.

① at
② of
③ in
④ by

08

> ○ I was born ______ 1998.
> ○ I am interested ______ animals.

① by   ② in
③ on   ④ to

09

> ○ What are you looking ______?
> ○ Korea is famous ______ taekwondo.

① at   ② to
③ for   ④ from

10 다음 대화의 내용과 관련 있는 표지판은?

> A: Excuse me, sir. You shouldn't ride a bike here.
> B: I'm sorry. I didn't know that.

①    ② 

③    ④ 

11 밑줄 친 말의 의도로 알맞은 것은?

> A: Do you want some more cake?
> B: No, thank you. I'm full.

① 거절하기   ② 비난하기
③ 설득하기   ④ 칭찬하기

12 대화에서 A가 찾고 있는 곳은?

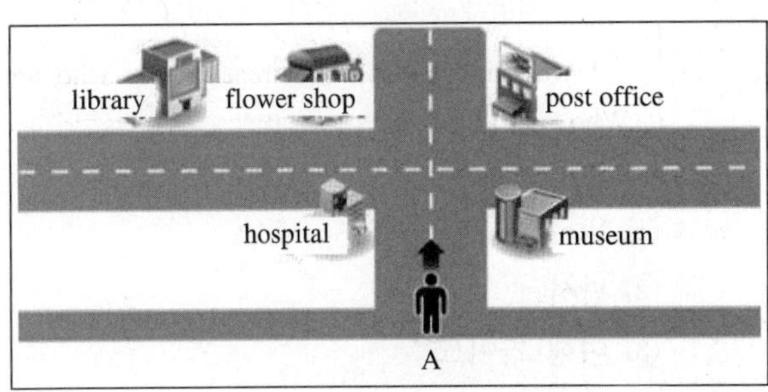

> A: Excuse me. Where is the __________?
> B: Go straight one block. And turn left. It's next to the flower shop.

① hospital   ② library
③ museum   ④ post office

13 다음 대화에서 B에 대한 A의 질문으로 가장 적절한 것은?

> A: ____________________?
> B: I'm feeling good because the weather is so nice today.

① How's your father
② How are you feeling
③ Where is your brother
④ What's your favorite movie

14 대화의 주제로 알맞은 것은?

> A: What's your favorite subject?
> B: My favorite subject is math. What about you?
> A: I like English best.

① 재미있는 영화
② 성적 올리는 방법
③ 가장 좋아하는 과목
④ 수학이 어려운 이유

15 밑줄 친 질문에 대한 답으로 가장 알맞은 것은?

> I work in a hospital. I treat people who are sick.
> <u>Who am I?</u>

① 의사
② 판사
③ 여행 가이드
④ 비행기 조종사

16 다음 대화에서 B가 영화를 보지 <u>못한</u> 이유는?

> A: How was the movie last night?
> B: I couldn't see the movie. I lost my movie ticket
>   on the subway.

① 병원에 가야 해서
② 숙제를 해야 해서
③ 동생을 돌보아야 해서
④ 영화표를 잃어버려서

17 표의 내용과 일치하는 것은?

Name	Age
Meg	16
John	15
Beth	13
Amy	10

① Meg is the youngest of all.
② John is older than Meg.
③ Beth is younger than John.
④ Amy is the oldest of all.

18 두 문장을 한 문장으로 연결할 때 빈칸에 알맞은 것은?

> ○ There is a dog.
> ○ The dog is drinking water.
> → There is a dog __________ is drinking water.

① how
② when
③ what
④ which

19 다음 글을 쓴 목적으로 가장 적절한 것은?

> Why don't you join Fun-Fun English study group?
> Every Thursday, we meet to study English together.
> To improve your English, you should call us at
> 123-9999.

① 과학 실험 동아리 가입 권유
② 방과 후 체육 프로그램 광고
③ 영어 학습 동아리 가입 권유
④ 수학 학습 동아리 가입 광고

20 다음 글 바로 뒤에 이어질 내용으로 가장 적절한 것은?

> Do you have difficulty in making new friends?
> Read the following useful tips on how to make new
> friends.

① 생활 속 안전 수칙
② 효율적인 공부 방법
③ 환경 보호를 위한 유용한 방법
④ 새로운 친구를 사귀는 유용한 방법

21 다음 글에서 Mary에 대한 설명으로 언급되지 <u>않은</u> 것은?

> Hi! My name is Mary. I live in Sydney. I live with my dad, my mom, and my brother. My hobby is playing baseball. I play baseball with my friends after school.

① 사는 곳
② 가족
③ 취미
④ 장래 희망

22 다음에서 설명하는 'This bird'의 내용과 일치하지 <u>않는</u> 것은?

> This bird is about 140cm tall. It lives in warm areas. Its mouth looks like a big shoe. It eats fish.

① 키가 약 140cm이다.
② 따뜻한 지역에 산다.
③ 입이 큰 신발처럼 생겼다.
④ 작은 열매를 먹는다.

23 다음 글의 주장으로 가장 알맞은 것은?

> Forests are very important to us. They give us fresh air. We can take a deep breath of fresh air in the forests. So, we should take care of them.

① 숲을 보호하자.
② 물을 아껴 쓰자.
③ 환기를 자주 시키자.
④ 교통을 이용하자.

24 다음 초대장에 언급되지 <u>않은</u> 것은?

> Invitation
>
> To Minho,
> Can you come to my birthday party?
> * Where: My house
> * When: August 6th, 5 p.m.
>
> From Yumi

① 파티 목적
② 파티 장소
③ 참석 인원
④ 초대한 사람

25 다음 글의 주제로 가장 알맞은 것은?

> What habits are good for our health? We should exercise regularly and get enough sleep. We should also wash our hands often.

① 친구의 중요성
② 올바른 전화 예절
③ 에너지를 아끼는 방법
④ 건강을 위한 생활 습관

영어 실전 문제  2회

01 다음 단어들을 모두 포괄할 수 있는 것은?

> pants   skirts   blouses   T-shirts

① sports
② family
③ clothes
④ countries

02 두 단어의 관계가 나머지 셋과 <u>다른</u> 것은?

① hand – foot
② dog – animal
③ rose – flower
④ summer – season

03 대화의 빈칸에 들어갈 말로 알맞은 것은?

> Minho: Hi, Yuna. This is my friend, Sally.
> Yuna: __________.
> Sally: Nice to meet you, too.

① I'm Minho
② Nice to meet you
③ Fine, thanks
④ Sorry to hear that

04 대화가 자연스럽지 <u>않은</u> 것은?

① A: Can you swim?
   B: Yes, I can.
② A: Let's play soccer.
   B: That's a good idea.
③ A: Thank you very much.
   B: My pleasure.
④ A: What is your favorite animal?
   B: Yes, I like it.

05 다음에서 언급된 오늘 밤의 날씨는?

> Hello. This is the weather report for today. It will be cloudy this afternoon, and it will rain tonight.

① 
② 
③ 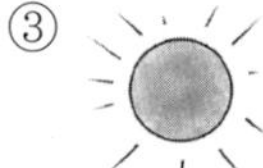
④ 

※ 대화의 빈칸에 들어갈 말로 알맞은 것을 고르시오(06~07).

06

> A: ______ you interested in Korean culture?
> B: Yes, I am.

① Am
② Do
③ Is
④ Are

07

> A: __________ did you stay at the hotel?
> B: For two weeks.

① How far
② How long
③ How much
④ How often

08 대화에서 묘사하고 있는 인물로 알맞은 것은?

> A: What does she look like?
> B: She has long and curly hair. She's wearing glasses.

①  ②

③ ④ 

※ 빈칸에 공통으로 들어갈 말로 알맞은 것을 고르시오
(09~10).

09

> A: __________ often do you go to the movies?
> B: Once a month.
> A: __________ do you usually go there?
> B: By bus.

① How ② What
③ When ④ Which

10

> ○ Please turn __________ the radio.
> ○ You'd better put __________ your coat. It's cold
>   outside.

① by ② on
③ from ④ with

11 다음 대화에서 밑줄 친 말의 의도로 알맞은 것은?

> A: Can you help me with my homework?
> B: No problem. What is it?

① 거절 ② 승낙
③ 조언 ④ 비난

12 대화가 일어나는 장소로 알맞은 것은?

> A: Can you show me your ticket, please?
> B: Here it is. Can I take pictures in this art museum?
> A: No, you can't. It hurts the paintings.

① 세탁소 ② 문구점
③ 경찰서 ④ 미술관

13 대화의 주제로 가장 알맞은 것은?

> A: What are you planning to do this weekend?
> B: I'm going to go fishing. How about you?
> A: I'm going to play basketball with my friends.

① 주말 계획 ② 장래 희망
③ 오늘의 날씨 ④ 좋아하는 음식

14 글쓴이의 직업으로 가장 알맞은 것은?

> I work for a restaurant. I'm good at Italian food.
> I feel very happy when people like my food.

① 경찰관 ② 상담원
③ 요리사 ④ 음악가

15 A와 B의 관계로 알맞은 것은?

> A: Are you ready to order?
> B: Yes. Two hamburgers, please.
> A: For here or to go?
> B: To go.

① 의사 – 환자
② 변호사 – 의뢰인
③ 식당 점원 – 고객
④ 버스 기사 – 승객

16 대화로 보아 A가 B를 위해 할 일로 가장 알맞은 것은?

> A: Mom, is there anything I can help you with?
> B: Can you wash the dishes?
> A: Sure. I'll wash the dishes now.

① 꽃 물주기
② 사진 찍기
③ 설거지하기
④ 음식 주문하기

17 대화에 나타난 B의 기분으로 가장 알맞은 것은?

> A: The movie is starting. Let's go inside.
> B: Wait! I can't find my ticket. It was in my pocket.
> A: You're joking!
> B: No, I'm not. I can't find it.

① 기쁘다
② 외롭다
③ 당황스럽다
④ 자랑스럽다

18 대화의 내용을 순서에 맞게 배열한 것은?

> (A) Did you watch the baseball game yesterday?
> (B) Our Korean team did.
> (C) No, I didn't. Which team won the game?

① (A) – (B) – (C)
② (A) – (C) – (B)
③ (B) – (A) – (C)
④ (B) – (C) – (A)

※ 빈칸에 가장 알맞은 것을 고르시오(19~20).

19

> Tourism brings money into a country. And it provides jobs for many people. _________, tourism isn't always good. It can damage natural areas and local cultures.

① Therefore
② In short
③ For example
④ However

20

> I'll tell you the ________ for this place. First, you must clean your room. Second, you must not eat food in the room. Are there any questions?

① rules
② trees
③ games
④ reasons

21 다음 글의 제목으로 가장 알맞은 것은?

> Soccer is my favorite sport. It is fun and exciting. I like running and kicking. I play on the Dragon team. I practice every Tuesday and Saturday.

① My Favorite Sport
② My Best Friend
③ Unhappy Weekends
④ World-famous Players

22 다음 글의 주제로 가장 적절한 것은?

> Water is very important. But people waste it. Here are some tips to save water. Turn off the water when you brush your teeth. Also, take a quick shower.

① 분리수거하는 방법
② 잡초 제거하는 방법
③ 물을 절약하는 방법
④ 모기 퇴치하는 방법

23 광고에서 알 수 <u>없는</u> 것은?

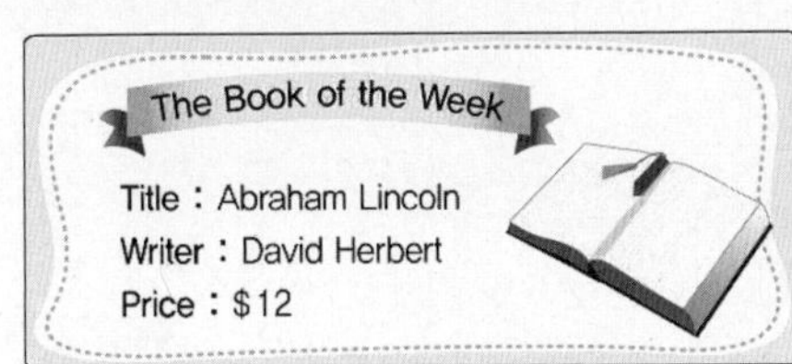

① 제목　　　　② 저자
③ 가격　　　　④ 출판사

24 다음 글 바로 뒤에 이어질 내용으로 알맞은 것은?

> What is your dream job? There are many interesting jobs in the world. I'll tell you about some of them.

① 적성 검사의 중요성
② 흥미로운 직업의 예
③ 컴퓨터실 사용 방법
④ 매력적인 여행지 소개

25 다음 글을 쓴 목적으로 가장 알맞은 것은?

> Dear Mr. Park,
> Hello. I'm a middle school student. I love cooking. I want to be a cook, but my parents want me to be a scientist. What should I do? I need your advice.

① 축제 홍보
② 학교 소개
③ 조언 요청
④ 요리법 묻기

많이 보고 많이 겪고 많이 공부하는 것은 배움의 세 기둥이다.

− 벤자민 디즈라엘리 −

실력 UP! 시키고 빠르게 합격하자!

초 · 중 · 고졸 검정고시 **기출문제 풀이**로 **합격**하는 **최단기 커리큘럼**

기출이 답이다
초졸 검정고시 5년간 기출문제

기출이 답이다
중졸 검정고시 5년간 기출문제

기출이 답이다
고졸 검정고시 3년간 / 5년간 기출문제

1 기출문제 출제 범위 미반영 문항 표기

2 모의고사 출제 범위 반영 문항 구성

3 기출문제 풀이 무료 동영상 강의 제공
※ 중졸 · 고졸 검정고시에만 해당

4 OMR 모의 답안지 수록

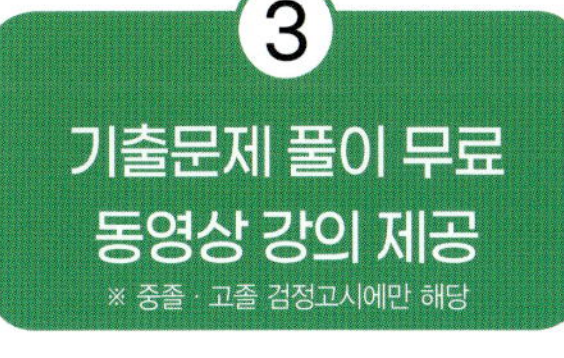

※ 도서의 구성과 이미지는 변경될 수 있습니다.

편집기획실 편저

2025
중졸 검정고시
한 권 합격

제2권 사회 | 과학 | 도덕

시대에듀

이 책의 차례

사회

합격의 공식 시대에듀 www.sdedu.co.kr

1	지리
2	사회
3	한국사

지리

위도, 경도, 날짜 변경선, 기온, 강수량, 지형, 산지, 해안, 문화, 자연재해, 에너지 자원, 식량 자원, 신에너지, 재생 에너지, 저탄소 녹색성장 정책, 인구 분포, 도시화, 지구 온난화, 비정부 기구, 독도, 지역화 전략, 영토 분쟁, 지역 간 불평등, 국제기구

1 내가 사는 세계

● 해결 Point ● ● ● ● ● ●

지도의 방위·기호·축척 등을 이용한 지도를 읽는 방법, 위도·경도 등의 위치 표현 방법, 위도에 따른 기후나 계절 변화, 경도와 날짜 변경선의 계산하는 방법에 대해 알아 둔다. 또한, 지리 정보의 수집방법, 지리정보시스템(GIS), 랜드마크, 지리정보를 이용한 공공서비스 등에 관한 문제가 출제 될 수 있으므로 학습해 둔다.

● 대표 문제 유형 ● ● ● ● ● ●

❖ 위도의 영향으로 볼 수 **없는** 것은?
❖ 지도에 대한 해석으로 옳은 것은?

(1) 지도 읽기

① 우리 세계의 모습

대륙	육지	지구 표면의 약 30 %
	6대륙	아시아, 유럽, 아프리카, 오세아니아, 북아메리카, 남아메리카
해양	바다	지구 표면의 약 70 %
	5대양	태평양, 대서양, 인도양, 북극해, 남극해

② 지도의 다양한 정보 표현

　㉠ 지도: 지표면의 모습을 기호·문자 등을 이용하여 일정한 비율로 줄여서 나타낸 약속된 그림

　㉡ 지도의 읽기

구분	내용
방위	지도의 방향을 나타낸 것(별도 표기가 없으면 지도 위쪽이 북쪽) 예
기호	지도에 표시될 대상을 약속으로 나타낸 것 예 · ▮: 초·중·고교 · ⊥: 논 · ▬: 도로 · ┼─口─: 철도

축척	실제 거리를 지도에 줄여서 나타낸 비율
	예 1:50,000, 0 ━━━ 5 km
	(지도상의 1 cm는 실제 50,000 cm, 0.5 km)

③ 생활 속 다양한 매체와 지도: 책, 신문, 잡지, 텔레비전, 인터넷, 휴대폰, 누리소통망(SNS), 네비게이션 등의 매체를 이용하여 지도를 볼 수 있다.

④ 지도의 분류

　㉠ 일반도: 다양한 목적을 위해 지표면의 일반적인 사항을 표현한 지도 예 지형도, 세계전도

　㉡ 주제도: 특정 목적을 위해 필요한 지표 현상만을 선택하여 표현한 지도 예 기상도, 산업도, 지질도

　㉢ 대축척지도: 좁은 지역을 자세히 표현한 지도
　　예 관광안내도, 지하철 주변 안내도

　㉣ 소축척지도: 넓은 지역을 간단하게 표현한 지도
　　예 우리나라 전도, 세계지도

(2) 위치 표현

① 위치의 표현

　㉠ 큰 위치 표현

구분	의미	표시방법
위도	적도를 중심으로 지역의 위치가 남북으로 떨어진 정도를 나타낸 선	북쪽은 북위(N), 남쪽은 남위(S) 표기
경도	본초 자오선을 중심으로 동서로 떨어진 정도를 나타낸 선	동쪽은 동경(E), 서쪽은 서경(W)으로 표기

　㉡ 작은 위치 표현

랜드마크	주변 경관 중 가장 눈에 잘 띄는 것이 위치를 파악하는 데 도움을 주는 사물 예 파리의 에펠탑
행정구역	도로명 주소체계를 이용하여 정확한 위치를 표현

② 위도와 생활

　㉠ 기온

적도 (저위도)	단위면적 당 태양에너지의 양이 많아 연중 기온이 높다. → 열대기후, 시원한 옷과 가옥

극지방 (고위도)	단위면적 당 태양에너지의 양이 적어 연중 기온이 낮다. → 냉·한대기후, 난방시설, 따뜻한 옷, 백야현상

> ■ **단위면적**
> 어떤 단위계에 있어서 넓이를 1이라고 정한 면적

ⓒ 계절: 남반구와 북반구는 계절이 정반대로 나타난다.

원인	지구의 자전축(23.5°)이 기운채로 공전하기 때문이다.
영향	농작물을 수확하는 시기가 다르며, 계절 차이를 이용한 관광산업과 농산물 무역이 나타난다.

③ 경도와 생활
- ㉠ 시차: 지구는 24시간 360° 자전을 하므로 시차가 발생한다.
- ㉡ 시차 계산: 본초 자오선(경도 0°)을 기준으로 동쪽으로 15°씩 갈수록 1시간 빨라지고, 서쪽으로는 1시간씩 늦어진다.
- ㉢ 날짜 변경선: 경도 180°선을 기준으로 각 나라의 영토를 고려하여 태평양에 그어진 선이다. 예 '동 → 서'로 넘어가면 하루를 더한다, '서 → 동'으로 넘어가면 하루를 뺀다.

(3) 지리정보의 이용

① 지리정보
- ㉠ 지리정보의 의미: 지리현상과 연관된 지식 혹은 정보로서 공간적인 의사결정에 영향을 준다.
- ㉡ 지리정보의 종류

공간 정보	어떤 지역의 위치와 형태에 관한 자료 예 서울시청은 종로에 위치한다.
속성 정보	어떤 지역의 특징에 관한 자료 예 부산시의 인구는 약 340만 명이다.
관계 정보	어떤 지역이나 현상의 관계를 나타낸 자료 예 중랑구는 강북에 위치한다.

- ㉢ 지리정보의 수집

간접조사	인터넷, 지도, 책 등을 통해 자료를 수집하는 방법
직접조사	직접 지역에 가서 관찰, 측정, 면담, 설문 등을 활용하는 방법
원격탐사	먼 거리에 위치한 정보를 수집하기 위해 인공위성이나 항공기 등의 전자기파로 정보를 수집하는 방법

② 지리정보시스템(GIS)
- ㉠ 지리정보시스템은 다양한 지리정보를 컴퓨터에 저장하고 사용자의 용도에 맞게 분석·종합하여 제공하는 정보처리시스템이다.
- ㉡ 지리정보를 쉽게 찾을 수 있고, 사용자에 맞게 효과적으로 표현한다.
- ㉢ 시설물, 개인적 입지 선정 등의 공간적인 의사결정이 필요한 분야에 다양하게 쓰인다.

③ 생활과 지리정보
- ㉠ 위성위치확인시스템(GPS): 인공위성이 보내는 신호를 통해 세계 어느 곳에서든지 위치를 파악할 수 있는 시스템이다.
  예 네비게이션, 인터넷 지도, 스마트폰 지도, 증강현실 등
- ㉡ 지리정보를 이용한 공공서비스

지능형 교통시스템	대중버스 전광판 → 버스 노선별 도착 시각 스마트폰 앱 → 도로 상황
일기예보	기상정보를 실시간으로 스마트폰 앱으로 확인
공공지도	교통, 재해, 관광 등의 주제별 지도를 인터넷 혹은 스마트폰으로 제공

2 우리와 다른 기후, 다른 생활

● **해결 Point**

이 단원에서는 기후 요소와 요인에는 어떤 것들이 있는지 정확하게 구분해서 숙지해야 하며, 기온과 강수량은 각 나라의 도시 이름과 기온·강수량 표를 통해 출제되므로 반드시 알아두어야 한다. 세계의 기후 지역에서는 열대 기후, 온대 기후, 건조 기후, 냉대 기후, 한대 기후 등을 기온, 자연환경, 주민의 생활양식, 식생 등을 자세히 파악하고 세계지도에서 각 기후대가 위치하는 곳을 확인해 둔다.

● **대표 문제 유형**

❖ 다음에 해당하는 지역의 기후는?
❖ 편지를 쓴 사람이 여행하고 있는 지역의 기후는?

(1) 세계 기후 지역

① 기후: 일정한 지역에서 매년 비슷한 시기에 나타나는 평균적이고 종합적인 대기의 상태

㉠ 기후 요소: 기후를 구성하는 요소

예 기온, 강수량, 바람 및 습도, 일사량, 증발량 등

㉡ 기후 요인: 기후 요소의 지역적 차이를 변하게 하는 요인

예 위도, 지형, 해류, 격해도, 수륙 분포, 해발 고도, 식생의 피복 상태 등

② 기온과 강수량

㉠ 기온

위도	저위도 지역에서 고위도 지역으로 갈수록 기온이 낮아진다.
수륙 분포	내륙 지역이 해안 지역에 비해 기온의 변화가 심하다.
해발 고도	해발 고도가 높아질수록 기온이 낮아진다.
해류	난류 연안은 주변 지역보다 기온이 높고, 한류 연안은 기온이 낮다.

㉡ 강수량

다우지	적도 지역, 중위도 지역, 해안지역, 난류가 흐르는 지역이다.
소우지	내륙 지역, 한류가 흐르는 지역, 남회귀선·북회귀선 부근 지역이다.

③ 세계의 기후지역

㉠ 기후의 구분: 기온과 강수량의 특성에 따라 다양하게 나눈다.

㉡ 기후의 특징

열대 기후	1년 내내 기온이 높고 강수량이 많으며 열대림이 분포한다.
온대 기후	중위도 지방, 계절의 변화가 뚜렷하고 강수량이 적당하며 온대림이 분포한다.
건조 기후	강수량이 매우 적어 물(연강수량 500 mm 미만)이 부족하고, 초원이나 사막이 분포한다.
냉대 기후	겨울은 매우 길고 추우며 여름은 짧다. 대규모 침엽수림(타이가)이 분포한다.
한대 기후	극지방과 가까워 1년 내내 기온이 낮고 눈과 얼음으로 덮여 있고, 이끼와 풀(툰드라) 등이 분포한다.

④ 기온과 주민생활

㉠ 거주가 유리한 지역

온대 기후	4계절이 뚜렷하고, 따뜻한 기온과 적당한 강수로 농업과 상공업이 발달 예 동북아시아, 서부 유럽
열대 계절풍 기후	벼농사 이모작이 가능한 식생조건으로 많은 인구 분포 예 동남아시아
열대 고산 기후	해발고도가 높으나 연중 온화한 날씨로 생활에 유리, 고산도시 발달 예 남아메리카 안데스 산지

㉡ 거주가 불리한 지역

열대 우림 기후	연중 무덥고 습하며 열대 우림이 분포하여 거주 환경이 불리 예 아마존 강 유역
건조 기후	연중 강수량이 작아 물 부족으로 식생이 좋지 않은 환경 예 서남아시아 사막 분포
한대 기후	겨울이 너무 춥고 여름이 짧아 농업이 불가능 예 남극, 북극, 시베리아 북부

(2) 열대 우림 기후 지역의 생활

① 열대 우림 기후 지역의 자연환경

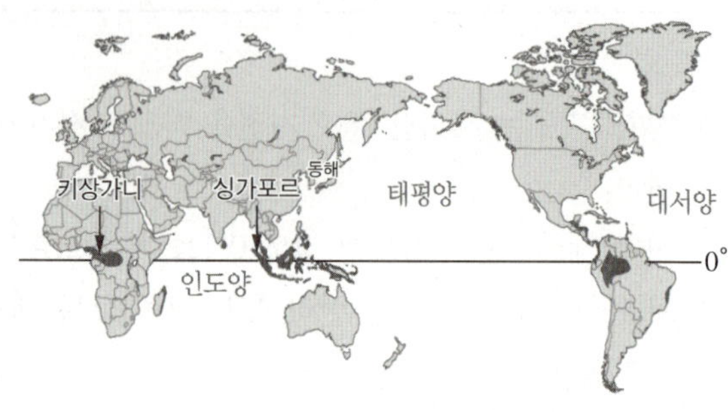

● 열대 우림 기후
(디르케 세계지도, 2015)

[열대 우림 기후 지역의 분포]

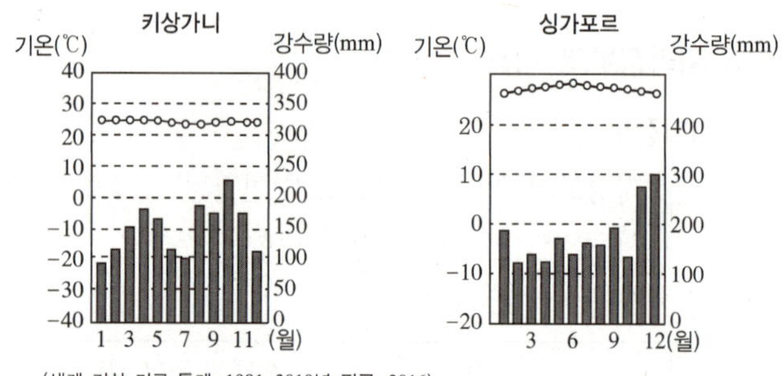

(세계 기상 기구 통계, 1981~2010년 평균, 2016)

㉠ 특징: 1년 내내 기온이 높고 비가 많이 내리는 기후 지역이다.

기온	4계절 내내 더운 날씨가 지속되고 연교차보다 일교차가 더 크다.
강수량	연중 강수량이 많아서 매우 습하고, 열대성 소나기인 스콜이 거의 매일 내린다.

㉡ 분포: 적도를 중심으로 분포한다.

예 아프리카 콩고 분지, 남아메리카 아마존 유역, 동남아시아의 인도네시아 주변 등

㉢ 식생: 다양한 높이의 나무들이 빽빽하게 들어선 열대 우림을 형성한다.

② 열대 우림 기후 지역의 생활환경

㉠ 생활양식

의(衣)	통풍이 잘되는 시원하고 얇은 옷
식(食)	열대 농작물, 곡류·채소 중심의 먹거리
주(住)	개방적이고 시원한 구조, 주변에서 구하기 쉬운 나무나 풀 등을 사용, 경사진 지붕으로 폭우를 대비하고, 지면의 열기와 습기·해충 등을 피하기 위한 고상가옥 발달

㉡ 농업의 특징

벼농사	동남아시아 지역의 하천 유역(이모작) → 쌀 중심의 식생활
이동식 화전농업	열대우림에 불을 질러 작물을 재배하다가 생산력이 떨어지면 이동하는 경작 생활 예 카사바, 얌, 옥수수 등
플랜테이션	선진국의 자본과 개발도상국의 노동력을 결합하여 대규모 상품작물을 생산 예 카카오, 천연고무, 바나나, 야자나무 등

③ 열대 우림 기후 지역의 변화

㉠ 열대 우림 지역의 감소

원인	도시 건설 및 도로 확장, 농경지 개간, 자원의 개발
문제점	• 동식물의 서식지 파괴로 생물 종의 감소 • 원주민의 생활 터전의 파괴 → 전통 문화의 소실, 도시 노농자로 전락하여 빈민 발생 • 밀림의 파괴로 지구 온난화 가속, 이상기후의 증가

㉡ 현대적 거주 공간의 확대

도시 발달	교통이 편리한 해안, 하천 유역에 도시가 발달 예 휴양도시, 중계무역도시, 금융산업이 발달한 도시
관광산업 발달	자연환경을 다양하게 상품화한 생태관광의 발달

(3) 온대 기후 지역의 생활

① 온대 기후 지역의 자연환경

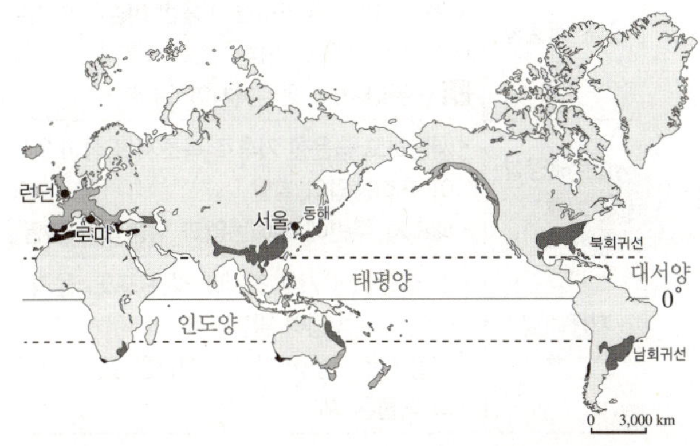

[온대 기후 지역의 분포]

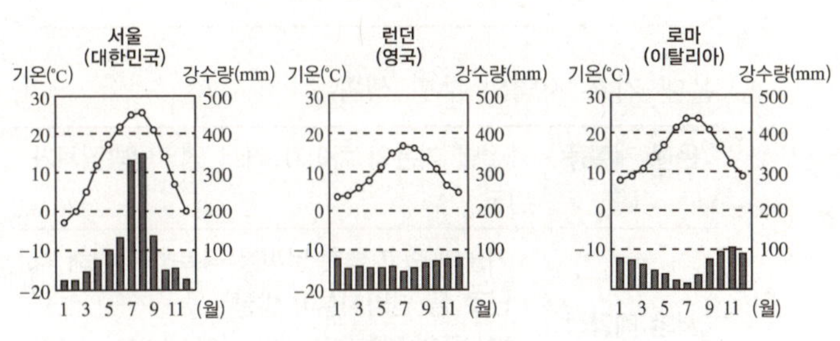

[온대 기후 그래프]

㉠ 특징: 4계절의 변화가 뚜렷하고 기온이 온화하며 강수량이 적당하여 인간이 생활하기 유리한 지역 예 다양한 농업의 발달, 상공업과 도시의 발달

㉡ 분포: 중위도 지역을 중심으로 분포

㉢ 온대 기후 지역의 구분

구분	분포	특징
온대 계절풍 기후	유럽 동안, 동부 아시아, 북아메리카 동안	• 여름은 기온이 높고 강수량이 집중되며, 겨울은 춥고 건조하다. 예 우리나라 서울 • 기온의 연교차와 강수량의 계절차가 크다.
서안 해양성 기후	북서 유럽, 북아메리카 북서 해안지역, 뉴질랜드	• 강수량이 연중 고르고 연교차가 적다. 예 영국 런던 • 편서풍의 영향으로 비가 잦고 일조량이 부족하다.
지중해성 기후	지중해 연안, 캘리포니아, 오스트레일리아 남서부, 남아메리카 칠레	여름은 덥고 건조하지만 겨울은 따뜻하고 다습하다. 예 이탈리아 로마

② 온대 기후 지역의 생활환경

㉠ 온대 기후 지역별 농업

온대 계절풍 기후	고온다습한 기후 조건을 이용한 벼농사가 이루어지며 이모작도 가능 예 동부아시아, 동남아시아 일부
서안 해양성 기후	• 서늘하고 습윤한 기후로 목초지 조성이 알맞아 혼합농업이 발달 • 대도시 주변에 원예농업과 낙농업이 발달
지중해성 기후	• 고온 건조한 기후 조건에 맞는 포도, 올리브 등의 수목농업이 발달 • 겨울에는 서늘한 기후에 적합한 밀, 보리 등의 곡물을 재배

■ **혼합농업**
밀, 보리 등의 농작물을 재배하면서 소, 돼지 등의 가축을 함께 기르는 농업 경영 방식

㉡ 온대 기후 지역의 주민 생활

온대 계절풍 기후	계절별 기온의 차이가 커서 냉·난방장치가 발달
서안 해양성 기후	• 겨울의 춥고 습한 날씨를 극복하기 위해 벽난로 등 난방시설이 발달 • 편서풍의 영향으로 비가 많이 내리고 일조량이 많지 않아 맑은 날씨에는 일광욕 문화가 발달
지중해성 기후	강한 햇볕과 열을 막기 위해 지중해 연안 가옥들은 외벽을 두껍고 하얀색으로 도색하며, 작은 창문이 발달

(4) 건조 기후 지역의 생활

① 건조 기후 지역의 자연환경

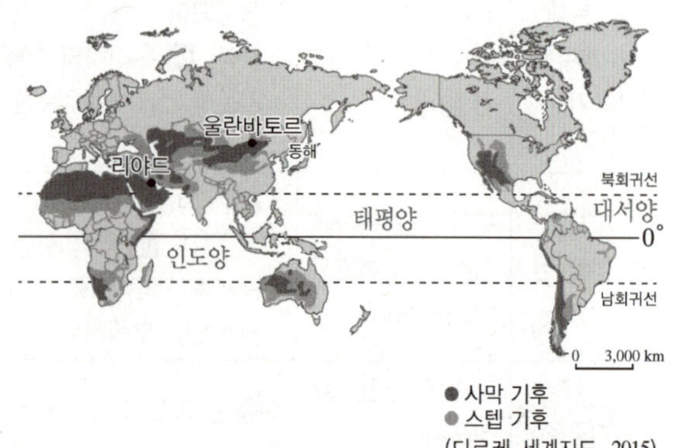

[건조 기후 지역의 분포]

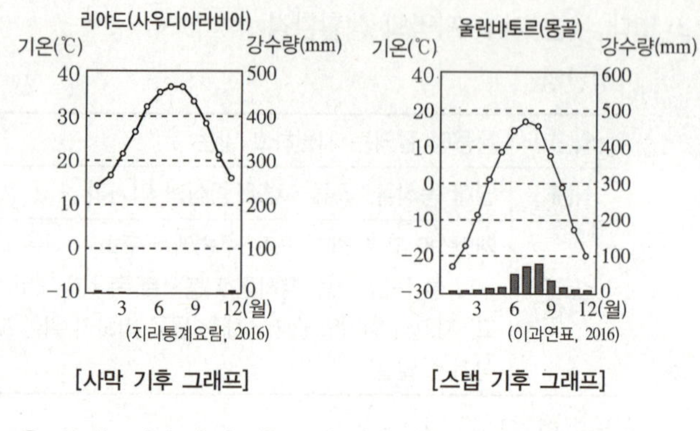

㉠ 특징: 강수량이 작고(연 강수량 500 mm 미만) 증발량은 많으며, 일교차가 매우 큼

㉡ 건조 기후 지역의 분포와 구분

구분	분포	구분
사막 기후 지역	남·북회귀선 근처, 한류가 흐르는 해안지역, 대륙의 내부	연강수량 250 mm 미만으로 식생의 생존 불가, 모래·암석 사막이 넓게 분포
스텝 기후 지역	사막을 둘러싼 지역	긴 건기와 짧은 우기, 연강수량 250~500 mm 미만, 짧은 풀의 초원지대가 분포

② 건조 기후 지역의 주민 생활

구분	사막 기후 지역	스텝 기후 지역
의(衣)	모래 바람과 강렬한 햇빛으로부터 피부를 보호할 수 있는 헐렁하고 온몸을 감싸는 긴 옷	가축의 털이나 가죽을 이용한 옷
식(食)	• 오아시스농업 예 밀, 보리, 대추야자 • 지하 수로를 이용한 관개농업	• 이동식 유목농업 • 관개 시설 확충으로 기업적 농목업으로 변화 예 유제품, 가축의 고기
주(住)	• 진흙집, 흙벽돌집으로 평평한 지붕 • 큰 일교차와 바람을 막기 위해 벽이 두껍고 창문이 작으며, 건물 사이의 간격이 좁은 주택	이동식 천막 예 몽골의 게르

③ 건조 기후 지역의 변화

㉠ 석유 자원의 개발: 자원 개발을 통한 소득의 증대와 산업화로 불리한 자연조건을 극복

㉡ 정착 유목민의 증가: 관개 농업의 확대, 국경선 설정에 의한 이동식 목축업의 제약

㉢ 태양광 발전: 사막의 풍부한 일사량을 이용

㉣ 사막화 현상: 북부 아프리카의 사헬지대

(5) 한대 기후(툰드라) 지역의 생활

① 한대 기후 지역의 자연환경

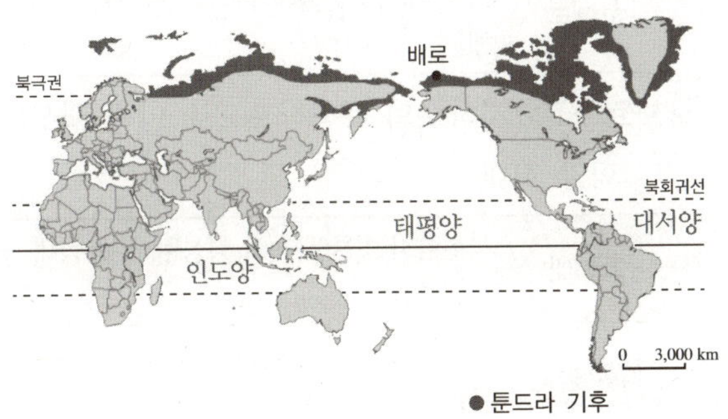

●툰드라 기후
(디르케 세계지도, 2015)

[툰드라 기후 지역의 분포]

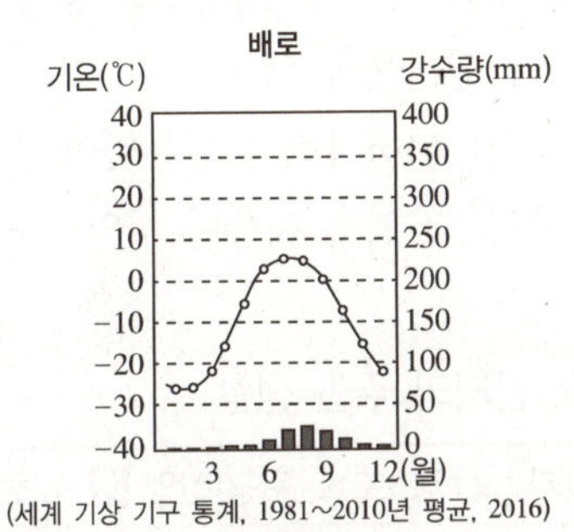

(세계 기상 기구 통계, 1981~2010년 평균, 2016)

[툰드라 기후 그래프]

ⓐ 특징: 강수량은 적은 편이나 기온이 낮아 지표면의 습도가 높음, 여름의 평균 기온이 10 ℃ 미만 지역

ⓑ 분포: 고위도 지역(북극해 중심) → 유럽·아시아·북아메리카 북부, 그린란드 해안 지역

ⓒ 생태

여름	지표면이 녹으면서 식생으로는 짧은 풀과 이끼류 등(표토층), 백야현상(여름), 극야현상(겨울)
겨울	땅이 눈과 얼음으로 뒤덮임(동토층), 극야 현상

② 한대 기후 지역의 주민 생활

의(衣)	동물의 털과 가죽옷, 두꺼운 신발
식(食)	• 순록 유목(네네츠족), 사냥, 어업, 채집 등 • 비타민, 무기질 등을 보충하기 위해 동물과 생선을 생식 • 식량 저장법: 냉동, 훈제, 염장, 건조 등
주(住)	• 이동식 가옥(춤), 고상 가옥, 폐쇄적 가옥(이글루)

③ 한대 기후 지역의 변화

ⓐ 항공 및 해상교통의 요충지

ⓑ 관광산업의 발달: 백야, 빙하, 오로라 등을 체험하려는 관광객을 위한 산업

ⓒ 지하자원의 개발: 석유, 천연가스 등을 수송하기 위한 철도, 파이프라인의 건설

ⓓ 환경 문제: 지하자원 개발 과정에서 환경오염

ⓔ 문명 보급의 변화
- 이동식 가옥 → 현대의 도시 주택 거주
- 카약·썰매 → 모터보트, 스노모빌 사용
- 생식 → 가공된 음식, 조리된 음식

> ■ **백야현상**: 고위도 지방에 하지를 전후로 해가 지지 않는 현상으로 이 때문에 여름철 일조시간이 길어져 이끼나 풀 등의 식물이 생장
>
> ■ **극야현상**: 고위도 지방에서 겨울에 동지 전후로 하루 종일 해가 뜨지 않는 현상
>
> ■ **오로라**: 태양의 방출된 전기 입자가 지구의 공기와 반응하여 빛을 내는 현상

3 자연으로 떠나는 여행

● **해결 Point**

이 단원은 전 지구의 지형이 형성된 내적·외적 작용, 세계의 산지·산맥과 습곡 산지, 고원, 화산, 빙하, 석회암 등의 세부 지형, 암석·모래 해안, 갯벌, 피오르, 해안 지형 등의 종류별 특징과 주민 생활 및 산업, 환경보존 등의 관계 등을 정확히 이해하고 사진, 그림 등으로 지형의 형태를 확인해 두어야 한다. 특히, 우리나라 자연경관이 속하는 지형별 특징, 위치, 관광산업과의 연계성 등을 세계 지형과 함께 묶어서 정리하는 것이 이해도를 높일 수 있는 방법이다.

● **대표 문제 유형**

❖ 다음 지형 형성에 가장 크게 영향을 준 요인은?
❖ 다음 내용에 해당하는 섬은?

(1) 산지지형으로 떠나는 여행

① 지형의 형성

내적 작용	• 지구 내부에서 발생한 대규모의 열에너지가 평평한 지표에 기복을 만드는 작용 → 대규모 지형 형성(습곡·단층의 조산 운동, 융기·침강의 조륙 운동, 화산 활동) • 지역의 높낮이를 커지게 하여 큰 규모의 지형을 형성 예 대륙, 산맥, 고원 등
외적 작용	• 지구 외부의 태양 에너지와 중력에 의해 지형을 변화시키는 작용 → 소규모 지형 형성(침식, 운반, 풍화, 퇴적 작용) • 지역의 높낮이를 작아지게 하며 완만하고 규모가 작은 지형을 형성 예 침식분지, 선상지, 범람원, 삼각주, 갯벌 등

■ **조산 운동과 조륙 운동**
- 조산 운동: 짧은 시간에 격렬한 운동으로 산지를 형성하는 지각 운동 예 습곡, 단층 등
- 조륙 운동: 넓은 지역에 장시간에 걸쳐 일어나는 완만한 지각 운동 예 융기, 침강 등

② 세계의 산맥과 산지

㉠ 습곡 산지

구분	신기 습곡 산지	고기 습곡 산지
주요 산맥	알프스 산맥, 히말라야 산맥, 로키 산맥, 안데스 산맥 등	애팔래치아 산맥, 우랄 산맥, 스칸디나비아 산맥, 그레이트디바이딩 산맥 등
지각 특징	해발고도가 높고 험준하며 조산 운동이 활발한 지역 → 판과 판의 경계	오랜 침식으로 고도가 낮고 완만하며, 지각이 안정
주요 자원	천연 가스, 구리, 석유 등	철광석, 석탄 등

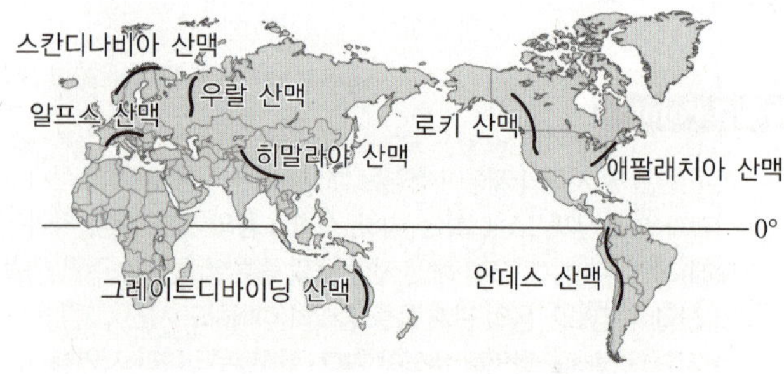

[세계 주요 산맥의 분포]

㉡ 고원: 해발 고도가 높지만 비교적 평탄한 지형

용암 대지	화산 활동에 의한 현무암의 분출로 형성된 평탄한 지형 예 데칸 고원, 우리나라의 개마고원 등
융기 고원	평탄했던 지형이 융기하면서 형성 예 티베트고원, 우리나라의 대관령 일대 등

㉢ 화산: 마그마 등의 물질이 지표면을 뚫고 나와 분출하여 형성된 지형 → 지구 내부의 힘에 의해 형성

칼데라	화산 폭발 후 화산의 정상부가 무너지며 형성된 지형 → 고인 물 예 칼데라 호
용암 동굴	용암이 흘러 굳으면서 형성된 동굴
주상 절리	용암이 식으면서 만들어 놓은 육각기둥 모양의 지형

㉣ 빙하: 빙하의 침식·운반·퇴적으로 형성된 지형

호른	빙하의 침식으로 약한 부분은 모두 깎이고 단단한 부분만 뿔처럼 뾰족하게 남은 봉우리 예 마티호른

빙식곡	빙하가 흐르면서 침식되어서 만들어진 U자형 골짜기
피오르	빙식곡에 바닷물이 들어와 형성된 좁고 복잡한 해안

㉤ 카르스트: 지하수의 용식작용으로 인해 생성된 지형 (석회암 지대)

돌리네	석회암이 빗물에 녹아 형성된 연못 형태 → 밭농사에 이용
석회 동굴	지하에 있는 석회암층이 지하수에 녹아 형성된 동굴

③ 산지 지역의 주민 생활

㉠ 개간과 채취: 경작지 개간으로 농경지나 목초지로 사용하거나 임산물을 채취

㉡ 광업 도시: 지하자원이 풍부하여 광업 도시가 발달

㉢ 관광 산업: 자연을 이용한 산악스포츠 및 관광 산업이 발달

④ 세계 주요 산지의 주민 생활

알프스 산지	산악스포츠, 관광 산업 예 소몰이 축제, 치즈 축제
히말라야 산지	• 등반 목적의 관광 산업 발달, 목축업 발달 예 양·야크 등 • 서늘한 기후: 사과, 살구, 밀, 보리 등의 재배
안데스 산지	연중 따뜻한 기후, 고대문명의 발달(예 마추픽추), 고산도시(예 보고타, 키토 등)

(2) 해안 지형으로 떠나는 여행

① 여러 가지 해안 지형

㉠ 암석 해안: 파도와 바람에 의한 침식 작용으로 만들어진 해안 지형

해식애	암석이 깎여 형성된 절벽(해안 절벽), 관광지로 이용
해식 동굴	해안 절벽의 약한 부분에 발달, 파도의 침식 작용으로 형성된 동굴
파식대	파도의 침식 작용으로 형성된 해식애 아래의 평평한 침식면
시 아치, 시 스택	파도의 침식 작용으로 형성된 기암괴석 등

■ **시 아치**: 파랑의 침식 작용으로 형성된 아치 형태의 지형

■ **시 스택**: 단단한 암석으로 파랑에 의해 침식되지 않고 남아 있는 외딴 바위

■ **파랑**: 바닷물이 바람에 의해서 출렁거리는 물결

ⓛ 모래 해안: 파도의 퇴적 작용으로 형성된 해안 지형

사빈(모래사장)	해안에 모래가 쌓여 형성된 퇴적 지형
석호	모래가 쌓이면서 바다의 일부가 막혀서 형성된 호수
해안 사구	사빈의 모래가 바람에 의해 퇴적되어 형성된 모래언덕

ⓒ 갯벌: 밀물 때는 잠기고 썰물 때는 드러나는 평탄한 퇴적 지형으로 미세한 흙 등이 퇴적되어 형성

ⓔ 산호초 해안: 해일 등으로부터 해안을 보호하며 다양한 바다 생물종에게 서식처를 제공

ⓜ 세계적인 해안 지형

그레이트 배리어 리프 (오스트레일리아)	세계 최대 규모의 산호초 지대(대보초)
송네 피오르 (노르웨이)	빙하의 침식으로 만들어진 골짜기로 바닷물이 들어와 형성된 만
12사도 바위 (오스트레일리아)	석회암의 절벽이 파랑의 침식으로 인해 해안 절벽과 돌기둥을 형성
코파카바나 해변 (브라질)	파랑의 퇴적 작용으로 형성된 긴 해수욕장

② 해안 지역의 주민 생활

ⓐ 해안 지역의 이용
- 어업과 양식업 등에 종사
- 해상교통의 발달로 대규모 무역항이나 공업 도시로 성장
- 자연경관을 이용한 휴양·체험의 관광지

ⓑ 관광 산업의 영향

장점	주민의 일자리 창출과 수익 증대로 경제적인 삶의 질 향상
단점	• 자연경관 훼손: 방파제, 등대 등 콘크리트 구조물 • 해안 생태계 파괴: 해안 사구의 파괴, 도로와 건축물 건설 • 문화적·환경적 문제 발생: 관광객과 주민 간의 문화적 갈등, 쓰레기 배출로 환경 훼손

ⓒ 해안 지역의 보존 방법
- 해안 환경을 보전하여 미래 세대에 물려주려는 노력
- 해안의 침식 방지를 위한 인공 구조물 설치
  예 그로인, 모래포집기
- 갯벌의 보존 노력: 람사르 협약
- 관광 형태의 변화: 체험·생태관광

> ■ 그로인
> 모래해안의 침식을 막기 위해 수직으로 설치한 콘크리트 등의 인공 구조물

> ■ 모래포집기
> 사구의 모래 침식을 막고 사구에 모래가 잘 쌓이도록 설치하는 구조물
>
> ■ 람사르 협약
> 습지 자원의 보전과 현명한 이용을 위해 체결한 국제 환경 협약

(3) 우리나라의 자연 경관

① 산지 지형

ⓐ 우리나라의 산지
- 국토 면적의 약 70 %가 산지임
- 대부분 오랫동안 침식을 받아 고도가 비교적 낮고 경사가 완만함
- 동쪽은 경사가 급하고 서쪽은 완만함(동고서저 지형)

ⓑ 우리나라의 하천
- 세계 대하천에 비해 길이가 짧고 유역 면적이 좁음
- 대부분의 큰 하천은 황해안과 남해안으로 흐름 → 동고서저 지형 영향을 받음

② 해안 지형

구분	서·남해안	동해안
해안선	만의 발달로 복잡함 (리아스식 해안)	단조로움
수심	얕음	깊음
조석간만의 차	조차가 큼	작음
지형	반도, 만, 갯벌, 섬	사빈, 암석 해안, 해식애, 석호, 시 스택
이용방법	양식업, 간척사업, 염전	관광지(해수욕장)

③ 카르스트 지형

ⓐ 형성

지하수의 용식 작용으로 생성된 지형 → 석회암 지대

ⓑ 주요 지형

석회동굴	• 지하에 있는 석회암층이 지하수에 녹아 형성된 동굴 예 단양 고수동굴, 삼척 환선굴, 울진 성류굴 • 동굴 내부의 종류석, 석주, 석순 등이 발달하여 관광자원으로 이용
돌리네	석회암이 빗물에 녹아 형성된 연못 형태의 지형 → 농경지(밭농사) 이용

> **■ 용식 작용**
> 물이 암석을 화학적으로 녹여서 침식하는 작용
>
> **■ 석회암**
> 탄산칼슘을 주성분으로 하는 암석으로 시멘트의 원료로 이용되며 물에 잘 녹음

④ 화산에 의한 지형
  ㉠ 의미: 화산 활동으로 형성된 지형 → 지구 내부의 힘에 의해 형성
  ㉡ 주요 지형

칼데라	화산 폭발 후 화산의 정상부가 무너지며 형성된 지형 → 물이 고여 칼데라 호 형성 예 백두산 천지
용암 동굴	용암이 흘러 굳으면서 형성된 굴 예 만장굴, 협재굴, 김녕굴
주상 절리	용암이 식으면서 만들어 놓은 육각기둥 모양의 지형으로 절벽을 형성
오름	한라산 주변에 약 360개 분포하는 소규모 화산

4 다양한 세계, 다양한 문화

● **해결 Point**

지리에서의 문화는 지역별로 다른 문화적 차이를 형성하게 된 요인과 세계의 지역별, 자연·인문 환경별에 따른 다양한 문화권의 형성, 문화가 변용된 요인을 꼼꼼히 살펴보아야 한다. 또한, 세계화의 추세에 따라 문화의 변용 현상과 그 영향, 문화의 공존과 갈등, 문화를 이해하려는 태도 등에 대해 구분하여 이해하고 학습해야 한다.

● **대표 문제 유형**

❖ 다음 내용과 관련이 있는 문화권은?
❖ 다음 국가에서 일어나는 문화 갈등의 공통적인 원인은?

(1) 다양한 문화 지역

① 지역별로 다른 문화
  ㉠ 문화와 문화 경관

문화	인간이 자연환경에 적응하면서 만들어 낸 사고방식이나 생활양식
문화 경관	특정한 문화를 가진 사람들이 한 장소에 거주하면서 만들어 놓은 인위적인 경관 예 종교, 건축, 축제

㉡ 문화 지역

의미	같은 문화적 요소를 공유하거나 비슷한 문화 경관이 나타나는 지역
특징	• 문화 지역은 구분하는 기준에 따라 달라질 수 있음 예 민족, 종교, 언어 • 문화 요소에 따라 동일 지역에 서로 다른 문화권이 공존(예 미국: 다인종의 다양한 문화)하기도 하고 멀리 떨어진 지역에서 동일 문화(예 차이나타운)가 나타나기도 함

㉢ 문화 지역의 구분
  • 다양한 언어: 언어는 생각이나 느낌을 전달하므로 한 민족을 구분하는 기준은 동일한 언어체계를 갖는 것이 일반적임
  • 다양한 종교: 종교는 의식주뿐 아니라 생활양식에도 많은 영향을 미침

크리스트교 문화권	첨탑, 십자가를 세운 성당, 교회
불교 문화권	사찰, 불상, 탑
이슬람교 문화권	둥근 지붕과 뾰족한 탑의 모스크, 돼지고기 금기
힌두교 문화권	다양한 신과 사원, 소의 신성시

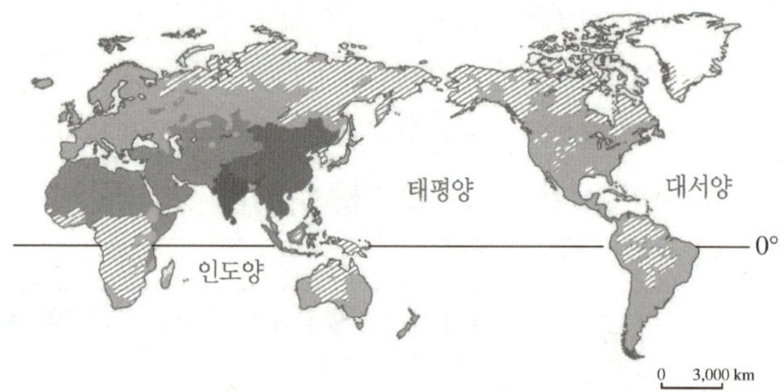

(디르케 세계지도, 2014)

[종교를 기준으로 한 문화 지역]

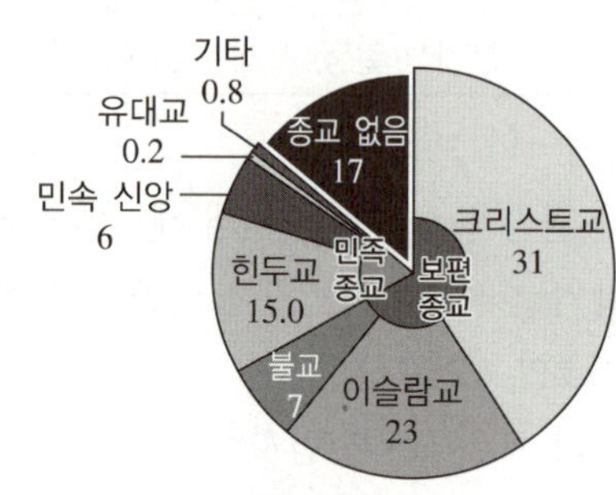

[세계의 종교 인구 표]

② 지역별 문화적 차이

　㉠ 자연환경의 영향: 지형, 기후, 식생, 토양 등의 지역 차이

의식주	의복	• 열대 기후 지역: 통풍이 잘 되는 옷(고온 다습) • 건조 기후 지역: 온몸을 감싸는 옷(햇볕, 모래바람) • 한대 기후 지역: 두꺼운 옷, 짐승의 털 또는 가죽(추운 기후)
	음식	아시아(쌀), 유럽·미국(밀), 라틴아메리카(감자, 옥수수)
	주거	• 열대 기후 지역: 고상가옥(뜨거운 열기와 습기 차단) • 건조 기후 지역: 벽을 두껍게 하고 창문은 작게 한 흙집(강한 햇볕 차단) • 한대 기후 지역: 고상가옥(바닥에서 올라 오는 냉기 차단)
농업		• 동남아시아: 벼농사(강수량이 풍부) • 서남아시아: 유목(강수량 부족)

　㉡ 인문환경의 영향

　　• 문화는 경제 활동의 방식과 경제 체제, 역사적 배경, 산업 수준 등에 따라서 다르게 나타난다.

　　• 사회·문화적 환경의 차이 때문에도 문화의 지역차가 발생 예 종교, 언어, 관습

　　• 문화는 상호 교류하거나 융합되어 다양한 형태로 나타나기도 하지만 소멸되기도 한다.

　㉢ 세계의 다양한 문화 지역

문화권	특징
북극 문화권	한대기후 지역, 순록 유목 및 사냥, 이누이트족, 이글루
유럽 문화권	크리스트교, 역사적 동질성, EU, 산업 혁명, 백인 문화권
건조 문화권	이슬람교, 아랍어, 석유 사업, 유목 생활, 돼지고기 금기
아프리카 문화권	흑인, 식민지 지배, 부족 중심의 사회, 원시종교
인도 문화권	힌두교·불교의 발상지, 다양한 종교와 언어, 소를 신성시
동아시아 문화권	한자, 불교와 유교, 벼농사, 젓가락 문화
동남아시아 문화권	고상 가옥, 수상 가옥, 해상 교통, 벼농사, 인도와 중국의 영향
앵글로아메리카 문화권	크리스트교, 자본주의, 다양한 인종
라틴아메리카 문화권	가톨릭교, 식민지배, 혼혈인, 고대 문명, 에스파냐어, 인디오
오세아니아 문화권	북서유럽 문화 이식, 원주민 문화

(2) 세계화와 문화 변용

① 문화의 변용

　㉠ 문화 접촉과 전파

문화 접촉	서로 다른 문화권에 있는 사람들이 문화적인 면에서 지속적으로 접촉하는 현상
문화 전파	잦은 문화 접촉과 교류로 인해 어떤 문화적 요소가 다른 사회로 옮겨가서 정착되는 현상
문화 변용	다른 문화를 가진 사회가 문화 접촉과 문화 전파를 통해 고유의 문화에 변화를 일으키는 현상

　㉡ 문화의 변용 현상

문화 공존	서로 다른 문화가 같이 공존하는 것
문화 동화	한 문화가 다른 문화에 흡수되어 정체성이 없어지는 현상
문화 융합	서로 다른 문화가 결합하여 새로운 문화가 만들어지는 현상

　㉢ 문화 변용과 지역의 변화

　　• 문화는 각 지역마다 다양한 형태로 나타난다.

　　• 고유한 문화적 특성을 유지하면서 다른 문화를 받아들여 새로운 문화를 만들기도 한다.

　　• 다른 문화로부터 전파된 문화를 취합·선택하여 다른 형태로 변화시키기도 한다.

　　• 문화적 접촉이나 전파로 인해 그 지역 특유의 고유문화적 특성이 사라지기도 한다.

② 세계화와 문화

　㉠ 세계화와 문화 변용

문화의 세계화	• 교통과 통신 발달로 지역 간 교류, 인터넷이나 SNS 매체를 통한 외부와의 접촉이 활발 • 획일화 경향 속에서 문화의 통합과 차이를 강조함 예 다양한 패스트푸드점의 공존, K-POP의 발전, 제3세계 영화에 대한 관심 등
다양한 문화	• 문화 접촉이 활발해지면서 지역에 따라 문화의 획일화와 융합, 문화적 갈등과 창조 등이 다양하게 나타남 • 세계화로 인해 문화의 획일화 현상 확대와 동시에 문화의 융합으로 다양한 문화가 함께 나타나기도 함
획일화	강력한 외래문화가 유입되면서 고유문화가 서서히 사라져가는 현상이 나타남

ⓛ 문화의 세계화가 지역사회에 미친 영향

문화적 갈등	문화 간의 상호 교류와 접촉으로 생기는 문화 사이의 충돌이 발생함 **예** 세대 간 문화 격차
서구 문화로의 획일화	전통문화의 소멸 및 문화적 다양성과 정체성 훼손이 발생함
지역 문화 발전을 위한 노력	• 전통문화와 외래문화의 융합으로 창의적인 지역 문화 발전을 시도함 • 고유문화를 보존하고 발전하기 위한 노력함

(3) 문화의 공존과 갈등

① 서로 다른 문화의 공존과 갈등

ㄱ 문화의 공존: 다양한 종교, 언어, 민족 → 다양한 문화 지역이 공존

우리나라	외국과의 교류 증가로 인해 다양한 외국인 마을이 형성 → 차이나타운(중국계), 무슬림 마을(이태원), 서래 마을(프랑스계) 등
미국	다인종·다민족 국가로 다양한 문화 공존 → 유럽계 백인, 원주민인 인디언, 아시아 및 라틴계 주민 등
스위스	독일계·이탈리아계·프랑스계 → 민족과 언어 공존
싱가포르	말레이 족(이슬람교), 아랍인(이슬람교), 인도인(힌두교), 화교(불교·도교) 공존
브라질	아메리카 원주민, 유럽계 백인, 흑인과 혼혈인의 공존

ㄴ 문화의 갈등: 언어와 종교가 달라 갈등의 원인이 발생

언어적 갈등	• 캐나다 퀘백주(프랑스어)와 캐나다 본토(영어)와의 갈등 • 벨기에의 북부 지역(네델란드어)과 남부 지역(프랑스어) 간의 갈등
종교적 갈등	• 팔레스타인-이스라엘 분쟁: 팔레스타인(이슬람교) ↔ 이스라엘(유대교) • 카슈미르 지역 분쟁: 인도(힌두교) ↔ 파키스탄(이슬람교) • 북아일랜드 분쟁: 영국(개신교) ↔ 아일랜드(가톨릭교) • 스리랑카 분쟁: 싱할라족(불교) ↔ 타밀족(이슬람교)

② 다양한 문화의 공존

ㄱ 문화의 다양성을 인정: 각 사회의 문화가 시대와 지역에 따라 다양한 모습으로 나타나는 문화적 차이를 인정하고 이를 통한 사회적 융합과 평화가 사회 발전의 토대를 마련함

ⓛ 국가적 차원의 노력: 다민족 국가는 여러 개의 언어를 공용어로 지정하고, 종교적인 자유를 법으로 보장함

ㄷ 개인적 차원의 노력

문화 상대주의	문화를 이해할 때 그 사회의 특수성과 역사성을 고려하여 이해하고 존중하는 태도
다문화주의	다양한 문화 요소를 편견 없이 인정하고 상호 공존을 위해 노력하는 태도

5 지구 곳곳에서 일어나는 자연재해

● **해결 Point**

매년 2문제 이상이 출제될 정도로 출제 빈도가 높은 단원이다. 이 단원에서는 자연재해의 의미, 화산·지진·지진 해일 등의 지형적 요인, 홍수, 가뭄, 열대성 저기압 등의 기후적 요인의 자연재해와 발생 지역, 피해 정도를 반드시 학습해 두어야 한다. 또한, 자연재해가 주는 긍정적 영향과 부정적 영향, 피해를 최소화하기 위한 인간의 대응 방안 등을 정리해서 알아 둔다.

● **대표 문제 유형**

❖ 다음 내용에 해당하는 자연재해는?
❖ ㉠에 들어갈 자연재해로 알맞은 것은?

(1) 자연재해 발생 지역

① 자연재해

ㄱ 자연재해의 의미와 종류

	의미	인간의 생활에 피해를 입히는 자연 현상
종류	지각 변동 재해	화산, 지진, 지진 해일(쓰나미) 등
	기후 재해	홍수, 가뭄, 열대성 저기압(태풍), 폭염, 폭설, 한파, 토네이도 등

ㄴ 자연재해의 특징

• 특정한 지역에서 반복적으로 발생한다.
• 재해의 종류 및 강도에 따라 피해 규모가 다르다.
• 세계적인 기상 이변으로 대규모의 자연재해가 수시로 발생한다.

② 지형적 요인에 의한 재해

　㉠ 화산 활동과 지진

의미	화산 활동	마그마가 지각의 약한 틈새를 통해 지표면으로 분출되는 현상
	지진	지구 내부의 힘이 지표면에 전달되면서 땅이 흔들리거나 갈라지는 현상
발생 지역	환태평양 조산대	태평양판과 주변 판과의 경계면
	알프스·히말라야 조산대	알프스 산맥과 히말라야 산맥을 잇는 지역

　㉡ 지진 해일(쓰나미)

의미	해저에서 일어나는 지진이나 화산 폭발로 인해 거대한 파도가 육지로 넘쳐 피해를 입히는 현상
발생 지역	화산 활동과 지진이 잦은 인도양 및 태평양 일대

③ 기후적 요인에 의한 재해

구분	원인	발생 지역
홍수	짧은 시간에 많은 강수량이 집중되어(하천 범람), 빗물이 토양에 흡수되지 못하고 넘칠 때(도로 건설) 발생	• 아시아 지역(짧은 시간에 강수가 집중) • 알프스·히말라야 산지 일대(봄철에 눈 녹은 물이 하천으로 유입)
가뭄	강수량이 갑자기 적어질 때, 삼림의 개발로 식생 파괴, 물의 사용량 과다	사막 주변의 건조 기후 지역에서 발생 예 사헬 지대 중국 내륙, 북아메리카 중서부
열대성 저기압 (태풍)	바닷물의 온도가 높을 때 주로 발생	• 태풍: 필리핀 부근 → 동부 아시아 • 사이클론: 인도양 → 남부 아시아 • 허리케인: 멕시코 만 → 북아메리카

(2) 자연재해와 주민생활

① 지형적 요인에 의한 재해 영향

　㉠ 화산·지진의 피해

화산	• 화산 분출물로 인한 각종 시설물과 농경지·삼림 등 파괴 • 화산재가 태양빛을 차단하여 폭우·기온 하강 등 기상 이변 발생 → 일사량 감소
지진	• 각종 시설물이 붕괴되면서 많은 인명과 재산 피해 발생 • 산사태와 지진 해일이 발생하여 피해 규모가 더욱 증가

　㉡ 화산의 긍정적 영향

농업 생산	화산재가 토양(화산회토)을 기름지게 함 → 벼농사, 커피, 포도, 바나나 등 재배
관광 산업	온천·화산 지형 경관을 이용
전력 생산	지열 발전을 이용
광업 발달	유황, 구리 등의 광물 자원을 채굴

② 기후적 요인에 의한 재해 영향

　㉠ 홍수

피해	농경지·가옥·도로의 침수로 인한 재산·인명 피해, 산사태, 생태계 파괴
영향	• 하천 범람으로 토양이 비옥 • 많은 물의 공급으로 가뭄 해소

　㉡ 가뭄: 하천과 지하수 고갈, 농업생산력 저하, 식수·산업용수 부족, 산불 발생 위험 증가

　㉢ 열대성 저기압(태풍)

피해	해일로 저지대 침수, 강풍으로 인한 차량·가옥 등 파괴, 집중 호우로 인한 홍수와 산사태, 해안가 파괴로 재산·인명 피해
영향	• 많은 비바람으로 무더위를 식히고, 가뭄을 해소 • 바닷물의 순환으로 적조 현상 완화

　㉣ 폭설

피해	가옥·하우스 등 건축물 붕괴로 재산·인명 피해, 교통 대란
영향	눈을 이용한 관광 사업, 동계 스포츠의 활성화

　㉤ 우박: 여름철 농작물과 시설 피해, 온실의 유리나 비닐 하우스의 파괴

　㉥ 지구온난화: 해수면 상승에 따른 경지 면적의 감소와 주거지 상실, 기상 이변, 생태계 파괴 등

(3) 자연재해 대응 방안

① 인간 활동과 홍수

　㉠ 원인

　　• 산업화로 인한 무분별한 산지 및 도시 개발
　　• 하천변에 도로 포장 증가로 토양의 빗물 흡수 능력 저하
　　• 곡류 하천의 인위적 지형(직선화) 변경
　　• 산업화·도시화로 인한 온실가스 증가로 지구 온난화 심화

　㉡ 결과: 인간의 활동으로 홍수의 발생 횟수와 피해 규모가 증가

② 사막화의 증대
  ㉠ 발생 지역: 아프리카 사헬지대, 중국 고비사막, 북아
    메리카 대륙 서부지역
  ㉡ 원인: 과도한 농경지 개발, 가축의 방목, 무분별한 삼
    림 벌채, 지나친 지하수 개발과 관개 농업의 증가
  ㉢ 결과: 인간의 활동으로 피해 범위의 확대
  ㉣ 대책
    • 사막화 지역 내 난민 구호 활동, 사막화 방지 협약
      체결과 준수
    • 삼림녹화사업을 통한 녹지 면적의 확대와 벌채 금지

③ 자연재해의 대응 방안
  ㉠ 지형적 요인의 자연재해 대응방법

화산	• 지속적으로 화산 활동을 관측 • 용암을 대비한 인공 벽이나 인공 하천의 건설
지진	• 건축 시 내진 설계의 의무화 • 주기적 대피 훈련과 복구 체제의 마련 • 지진 해일 관측과 경보 체계의 구축

  ㉡ 기후적 요인의 자연재해 대응 방법

홍수	다목적 댐이나 재방 건설, 삼림 조성, 습지 보전, 배수 시설·저류 시설 정비
가뭄	다목적 댐 건설, 지하수 개발, 빗물 재활용 시설, 물 절약, 삼림의 조성
열대저기압 (태풍)	배수 시설의 정비, 정확한 기상 정보 체계 마련, 주민 대피 체계 마련

  ㉢ 생활수준별 자연재해 대응 방법

생활수준이 높은 지역	• 재해 피해를 줄이기 위한 철저한 대비 훈련과 피해 방지 대책 마련 • 각종 대비 시설 및 의료시설의 구축 노력
생활수준이 낮은 지역	경제적 어려움으로 인해 미흡한 대비 체계

6 자원을 둘러싼 경쟁과 갈등

● 해결 Point

이 단원은 석유 등의 에너지 자원·식량 자원의 분포와 이동 경로, 물 자원 부족 지역 등을 지도를 통해 확인해 둔다. 또한, 각 자원을 둘러싼 갈등과 자원이 주민 생활에 미치는 긍정적·부정적 영향, 바람직한 자원 이용 방안, 신에너지·재생 에너지에 대한 종류와 장·단점의 구분, 지속 가능한 폐자원, 환경 친화적 자원, 저탄소 녹색성장 정책 등에 대해 꼼꼼하게 정리해서 학습한다.

● 대표 문제 유형

❖ 에너지 자원 중 석탄에 대한 설명으로 옳은 것은?
❖ 다음에서 설명하는 식량 자원은?

(1) 자원 특성 및 자원 갈등

① 자원의 의미와 특성
  ㉠ 자원의 의미: 자연 물질 가운데 인간 생활에 유용하고
    생산성을 높여주는 모든 것
  ㉡ 자원의 특징

유한성	대부분의 자원은 매장량이 한정되어 있어 자원을 사용하면 고갈되는 성질임
편재성	자원이 고르게 분포하는 것이 아니라 일부 지역에 편재되어 분포함
가변성	시대, 장소, 사회·문화적 배경에 따라 자원의 가치가 달라짐

■ **협의의 자원**: 석유·석탄 등 천연 자원에서 산출된 자원

■ **광의의 자원**: 좁은 의미의 자원 + 문화적 자원(종교·학문·예술 등) + 인적 자원(기술·창의성·노동력 등)까지 의미

② 에너지 자원의 분포와 이동

구분	특징	분포와 이동
석유	현대 산업의 가장 중요한 에너지 자원 및 화학 공업의 원료	• 국제 이동량이 많고 주로 서남아시아에 집중적으로 분포 • 국제 분쟁 발생의 원인
천연 가스	대기 오염 물질의 배출이 적은 청정에너지(연소 시 공해 적음)	저장·수송 기술의 발달로 국제적 이동 및 소비 급증
석탄	• 제철 및 화학 공업의 원료 • 화력 발전에 주로 이용	국제 이동량 적음 → 석유에 비해 고르게 분포

③ 식량 자원의 분포와 이동

구분	쌀	밀
재배 조건	높은 기온, 풍부한 강수량	서늘하고 건조한 기후
생산지	아시아 계절풍 지역 → 타이, 베트남, 미국 등	냉·온대 기후 지역, 전 세계적 분포 → 미국, 아르헨티나, 오스트레일리아, 우크라이나, 중국 등
이동	생산지와 소비지 일치 → 국제적 이동량 적음	• 생산지와 소비지의 불일치 • 국제적 이동량 많음(남반구 → 북반구, 신대륙 → 구대륙)

④ 물 자원의 분포: 건조지역의 물 자원 부족 → 지하수 개발, 해수 담수화 등

⑤ 석유 자원 갈등

자원 민족주의	석유를 국유화하거나 수출을 제한하는 등 민족과 국가의 이익을 위해 자국이 가진 자원을 무기화하려는 태도(가격 상승 유도)
석유 수출국 기구(OPEC) 결성	석유 생산량과 가격 조절로 국제적 영향을 행사 → 원유 가격 인상으로 석유 파동
분쟁 발생 지역	기니 만 연안, 카스피 해 주변, 페르시아 만 연안 등

⑥ 물 자원 갈등

㉠ 여러 나라가 하천을 공동으로 소유하게 되는 국제 하천에서 주로 발생 예 유프라테스강, 메콩강, 나일강 등

㉡ 300여 개가 넘는 국제 하천 → 인구 증가와 산업 발전 등을 위해 물 수요가 증가 → 하천 및 지하수 오염, 사막화 등이 물 분쟁의 원인

⑦ 식량 자원 갈등

㉠ 원인: 인구의 증가와 식량을 생산하는 농업 환경의 변화

㉡ 국제곡물기업의 이윤 추구: 곡물을 수입하는 국가들의 식량 부족 문제를 더욱 가속화

㉢ 애그플레이션 발생: 농산물 가격이 급등하여 물가 상승이 발생

(2) 자원과 주민 생활

① 자원에 따른 주민 생활

㉠ 자원이 주민 생활에 미치는 영향

긍정적 영향	국가의 경제 성장, 기반 시설 확대, 일자리 창출, 소득 및 생활수준 향상 등 예 캐나다, 노르웨이, 오스트레일리아
부정적 영향	끊임없는 내전 및 지역갈등의 원인, 외국 자본 도입으로 해외 의존도 심화, 빠른 도시화로 빈부 격차 심화, 주민 생활 터전 파괴, 환경오염 예 나이지리아, 콩고 민주 공화국

㉡ 자원과 주민 생활

자원이 풍부한 국가	풍부한 자원은 경제 발전의 기반 및 성장 잠재력 예 사우디아라비아, 아랍 에미리트, 오스트레일리아, 노르웨이
자원이 부족한 국가	자원 확보에 어려움을 겪거나 분쟁 발생 → 인적·문화적 자원 활용하여 국가 경쟁력 확보 예 우리나라, 일본, 서부 유럽

② 풍부한 자원으로 인해 어려움을 겪는 지역

㉠ 자원 개발의 부정적 영향

환경오염	무분별한 자원 개발로 대기, 수질, 토양 등 환경 문제 발생
자원 소유권 분쟁	자원의 소유권과 개발을 둘러싼 주변국과의 갈등
산업의 불균형	특정한 자원과 관련된 산업만의 발전으로 산업의 불균형화
자원 고갈	자원 수출에 주력하여 고갈된 자원으로 인한 주민 생활의 어려움 초래
빈부 격차	자원을 통한 이득을 특정 계층만이 독점하여 빈부 격차의 심화

㉡ 자원 개발 과정에서 어려움을 겪는 국가

콩고 민주 공화국	휴대폰 제작에 필요한 콜탄 광산을 두고 심각한 내전이 발생
나이지리아	석유 채굴로 인한 환경오염 발생
네덜란드	북해 천연가스 개발 이후 다른 산업의 경쟁력 약화와 물가 상승으로 경제적 위기를 초래

㉢ 자원의 개발과 우리의 자세: 다른 지역의 자원 문제와 우리 생활이 밀접한 관계가 있으므로, 여러가지 자원의 원산지와 이동 과정에 관심 필요

(3) 바람직한 자원 이용 방안

① 자원의 효율적 이용

　㉠ 개인 및 기업: 자원 절약, 대중교통 이용하기, 일회용품 사용 줄이기, 분류 배출의 일상화로 자원 재활용, 에너지 효율이 높고 자원 절약적인 제품의 생산 및 사용

　㉡ 정부: 에너지 효율 높이는 기술 개발에 투자, 자원 절약형 산업 육성, 자원 순환형 경제 사회 조성(재활용 산업 지원, 분류 배출 홍보 등), 에너지 소비 효율 등급 표시제, 탄소성적 표지제 등을 실천

② 신·재생 에너지의 개발

　㉠ 의의: 기존의 화석연료를 변화시켜 이용하거나, 햇빛·물·지열·강수·생물 유기체 등을 포함하는 재생 가능한 에너지를 변환시켜 이용하는 에너지로 지속적인 공급이 가능한 미래의 에너지원

　㉡ 특징

　　• 온실가스 배출로 인한 기후변화나 핵폐기물 같은 환경문제가 거의 없다.

　　• 자원 고갈의 염려가 없고 무한 재생이 가능하다.

　　• 초기에 투자비가 많이 투입된다.

　㉢ 종류

구분	신에너지	재생 에너지
종류	연료전지, 석탄액화·가스화, 수소 에너지	태양열, 태양광 발전, 바이오매스, 풍력, 지열, 해양 에너지, 폐기물 에너지
장점	이산화 탄소 배출을 줄이는 효과가 있음	자연계에 존재하는 에너지로서, 무한 공급되며 깨끗하고 영구적임
단점	생산 비용이 높음	에너지 효용이 떨어져 실용성이 적음

　㉣ 신·재생 에너지 활용 시의 주의사항

　　• 자연과 인간에 미치는 영향을 세심하게 연구하고 검토한다.

　　• 신·재생 에너지의 부작용

풍력	소음, 에너지 생산효율의 문제가 발생함
조력	갯벌의 소실, 해양 생태계의 위험을 초래함
수력	수몰지구 발생, 하천 생태계 변화함
바이오	식량 생산을 위한 농경지 축소로 곡물 가격의 상승 위험을 초래함

③ 지속 가능한 자원 이용

　㉠ 폐자원의 재활용

　㉡ 환경 친화적 제품의 생산과 소비

　㉢ 저탄소 녹색성장 정책 추진

---

7 인구 변화와 인구 문제

● 해결 Point

이 단원은 세계 인구의 분포에 영향을 주는 요인, 인구 밀집 지역과 희박 지역, 산업화 이전과 이후의 우리나라 인구 분포, 인구 이동의 요인과 유형, 세계 인구 이동, 우리나라의 시기별 인구 이동 등이 지도, 도표 혹은 대화체 형식을 통해 유추하는 문제로 출제될 가능성이 높다. 또한, 세계의 인구 문제와 우리나라 인구 문제를 결합한 형식으로 이해력과 사고력을 요하는 통합형 문제로 출제될 수 있으므로 반드시 이해해야 한다.

● 대표 문제 유형

❖ (가) 지역의 인구 밀도가 낮은 원인은?

❖ 다음 내용과 가장 관련 있는 사회 문제는?

(1) 인구 분포

① 세계 인구의 분포

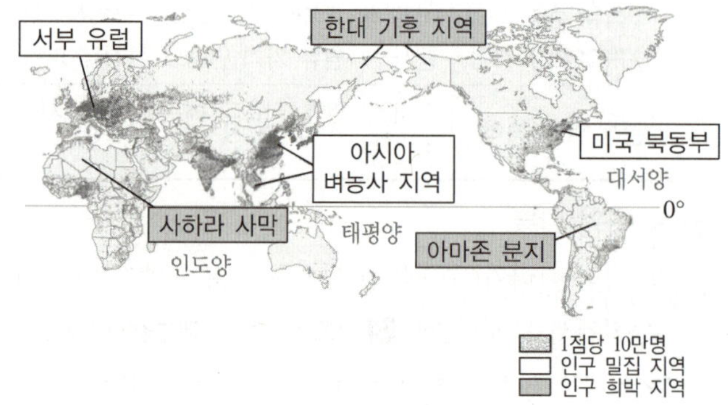

　㉠ 인구 분포에 영향을 주는 요인

자연적 요인	기후, 지형, 해발 고도, 위도 식생 등
인문·사회적 요인	문화적 배경, 역사, 국가 정책, 산업, 경제 상황, 교통 등
거주 지역의 확대	산업화 이후에는 자연적 요인보다는 인문·사회적 요인의 영향을 더 크게 받음

　㉡ 인구 밀집 지역과 희박 지역

인구 밀집 지역	• 온대 기후, 열대 고산 지역, 평야나 해안 지역, 북반구 → 인도, 중국, 일본, 우리나라 등 • 경제가 발달한 지역, 일자리가 풍부한 곳, 교통이 편리한 곳 → 미국 북동부 지역, 서부 유럽 등
인구 희박 지역	• 험준한 고산 지역, 매우 춥거나 건조한 지역 → 건조 기후 지역(오스트레일리아·몽골), 알프스 산맥·히말라야 산맥, 한대 기후 지역(양극 지방) • 교통이 불편한 지역, 전쟁이나 분쟁 지역 등

ⓒ 인구 밀도: 한 지역에 얼마나 많은 사람들이 모여 사는
지를 알아보는 척도 → $1\,km^2$의 면적에 분포하는 인구

$$\left(\text{인구 밀도} = \frac{\text{총 인구}}{\text{총 면적}}\right)$$

② 우리나라의 인구 분포

구분	인구 밀집	인구 희박
산업화 이전	• 벼농사에 유리한 지역 • 남서부 지역 • 기후가 온화하고 평야가 발달한 자연적 요인의 영향이 큼	• 산지 지역 • 북부 지역, 동부 지역 예 소백산맥, 태백산맥
산업화 이후	• 수도권, 남동 해안 지역 • 대도시와 공업 지역 • 일자리가 풍부한 지역 • 인문 · 사회적 요인의 영향을 크게 받음	• 산지 지역 • 농 · 어촌 지역 → 인구 감소, 노동력 부족 현상

(2) 인구 이동

① 인구 이동의 요인과 유형

ⓐ 인구 이동: 사람들이 좀 더 살기 좋은 지역을 찾아 다른 새로운 장소로 움직이는 것

ⓑ 인구 이동의 요인

흡인 요인	높은 임금, 풍부한 일자리, 좋은 주거 환경, 풍부한 교육 · 문화 의료시설, 쾌적한 생활 등 → 인구를 끌어 들이는 긍정적 요인
배출 요인	빈곤, 낮은 임금, 교육 · 문화 · 의료시설 부족, 실업, 환경오염 등 → 인구를 밀어내는 부정적 요인

ⓒ 인구 이동의 유형

이동 지역	국내 이동	자신이 살고 있는 지역 내의 이동
	국제 이동	자신이 살고 있는 나라에서 다른 나라로 이동
이동 동기	자발적 이동	이주자가 스스로 다른 지역으로 이동
	강제적 이동	이주자가 강제로 다른 지역으로 이동
이동 기간	일시적 이동	짧은 기간 동안 이루어지는 이동 예 출퇴근, 여행 등
	영구적 이동	정착을 목적으로 이루어지는 이동 예 해외 이민 등
이동 원인	정치적 이동	전쟁이나 분쟁으로 인한 대규모 난민의 이동
	경제적 이동	취업 등 경제 활동을 위한 이동
	종교적 이동	종교 박해를 피하거나 선교의 목적으로 이동

② 세계의 인구 이동

ⓐ 국제 이동

신항로 개척 이후	종교적 이동	영국 청교도들의 종교의 자유를 찾아 앵글로아메리카로 이주
	경제적 이동	신항로 개척 이후 구대륙에서 신대륙으로 유럽인의 이동
	강제적 이동	노예무역으로 아프리카 흑인들이 아메리카 대륙으로 강제 이동
오늘날	경제적 이동	외국으로의 취업과 이민 이동(개발도상국 → 선진국)
	정치적 이동	분쟁과 전쟁을 피해 주변국으로 이동(난민 발생)

ⓑ 국내 이동

개발 도상국	일자리를 찾아 농어촌에서 도시로 이동 → 이촌향도 현상
선진국	쾌적한 환경을 찾아 도시 주변이나 농촌으로 이동 → 역도시화 현상(유턴현상)

③ 우리나라의 인구 이동

ⓐ 시기별 인구 이동

시기	형태
일제 강점기	• 일제의 탄압을 피해 간도나 만주로 이주 • 광공업이 발달한 함경도로 이주
광복 직후	해외 동포들의 귀국으로 대규모 인구 이동
6 · 25 전쟁 당시	북한 동포들의 남하(정치적 이동)
1960년대 산업화	농촌 인구가 산업화 · 도시화와 함께 서울과 수도권에 인구 밀집
1990년 이후	대도시 인구 밀집, 집값 상승, 교통 체증으로 대도시 주변에 신도시 건설(교외화 현상)
최근	우리나라로 유입되는 외국인 증가

ⓑ 우리나라의 국제 이동

해외로의 이동	과거 이민 중심이었지만, 최근에는 여행이나 유학 등의 이동이 증가
국내로의 이동	주로 중국이나 동남아시아 지역에서 국제결혼이나 취업 등으로 이동 → 다문화 가정 증가

(3) 인구 문제

① 세계의 인구 문제

㉠ 주요 인구 문제

인구 수	인구 급증 현상	경제 발전 속도가 인구 증가 속도에 못 미치는 문제
	과잉 인구	부양할 수 있는 능력에 비해 과도하게 많은 인구
지역 간 불균형		도시 인구 과밀과 농촌의 인구 과소 현상
인구 구조 불균형		인구 정체 또는 감소 현상, 노동력 부족 현상, 사회 보장 비용의 증가

㉡ 지역별 인구 문제

구분	선진국	개발도상국
원인	저출산과 고령화 문제	높은 출생률, 낮은 사망률로 인한 인구 급증
문제	노동력의 부족, 인구 감소 및 정체, 각종 노인 문제 발생	피부양층의 증가로 인한 식량 부족, 대도시 인구 집중, 환경오염
대책	출산 장려 정책, 노인 복지 시설, 사회 보장 제도, 노인 인구의 경제 활동 참여 유도 등	출산 억제 정책, 도시 인구 유입 억제 정책, 산업화 정책 등

㉢ 성비 불균형 문제

원인	남아 선호 사상, 여성의 낮은 지위 → 중국, 인도 등 아시아 국가에서 주로 발생
문제	노동력 부족, 결혼 상대 찾기 어려움, 여성에 대한 차별 발생
대책	여성 지위 향상(교육 수준 향상), 남아 선호 사상 타파, 양성평등 문화 정착

> ■ 성비
> 남자와 여자의 인구 비율로, 여자 100명당 남자의 수

② 우리나라의 인구 문제와 대책

㉠ 출산률의 변화

1960년대	인구 급증(출산율 높음) → 1970년대 이후 인구 억제 정책으로 출산율 감소
1990년대 이후	출산율 더욱 감소(여성의 사회 진출) → 결혼이 늦어지고 양육 부담으로 출산 기피 → 출산 장려 정책 실시

㉡ 고령화의 진행

원인	의학 발달 → 사망률 감소, 평균 수명 연장으로 노년 인구 비율 증가

추세	2018년에 고령 사회 진입, 2020년대 총인구 감소 전망

㉢ 저출산 · 고령화의 문제와 대책

저출산 · 고령화의 문제점	대책방안
• 경제 활동 가능 인구의 감소로 국가 경쟁력 약화 • 노인을 부양하는 청장년층의 부담 증가 • 경제 활동 가능 인구가 줄어 노동력 부족 • 노인 질병 · 빈곤 · 소외나 세대 간 갈등 등 사회 문제 발생	• 출산 장려 정책: 출산 및 육아 비용 지원, 보육 시설 확대 및 지원 → 양육 부담 감소 • 노동력 보충: 외국인 근로자 고용 • 노인을 위한 복지 정책: 노인 연금 제도, 복지 시설 지원, 노인 일자리 개발, 실버 산업의 확대

8 사람이 만든 삶터, 도시

● 해결 Point

이 단원은 세계의 도시에 대한 내용으로 경제 도시, 생태 도시, 관광 도시를 구분하여 알아야 하며, 도시 내부의 구조와 지역 문화를 구분하여 특징별로 확인해야 한다. 특히, 선진국과 개발도상국의 도시화 과정과 단계 · 특징을 그래프와 함께 공부해야 한다. 또한, 도시 문제의 발생 원인과 해결 방안, 세계적으로 살기 좋은 도시와 우리나라에서 삶의 질이 높은 도시는 그 지명과 위치, 특징 등을 지도를 통해 반드시 숙지해 두는 것이 좋다.

● 대표 문제 유형

❖ 다음과 같은 도시 문제가 나타나는 근본적인 원인은?
❖ 부도심에 대한 적절한 설명을 〈보기〉에서 고른 것은?

(1) 도시의 형성과 내부 구조

① 도시의 형성

㉠ 도시: 비교적 좁은 장소에 일정 규모 이상의 많은 사람들이 모여 사는 곳

㉡ 도시의 특징

• 촌락에 비해 훨씬 다양한 형태의 생산 · 소비 · 여가가 발생
• 대부분 2 · 3차 산업 및 첨단산업에 종사
• 교통과 통신의 발달로 도시적 생활양식이 촌락으로 빠르게 전파

ⓒ 도시의 발달 과정

구분	입지 조건	발달 산업
고대 도시	대부분 큰 강 유역의 평야 지대에서 발생 예 티크리스 강, 유프라테스 강	농업
중세 도시	시장을 중심으로 교통의 요지에 발전 → 시장 중심 상업 도시	상업
근대 도시	공업 도시 성장(산업화 초기 → 원료산지, 산업화 진행 → 해안 지역에 발달)	공업
현대 도시	정보 통신 및 교통이 우수한 지역, 교육·문화·서비스 등 다기능을 수행하는 곳에 발달	서비스업, 첨단산업

ⓔ 세계적인 도시

경제 도시	다국적 기업의 본사, 자본과 정보가 집중된 경제 도시 예 뉴욕, 런던, 도쿄
생태 도시	아름다운 자연 환경, 편리한 시설, 전통 문화가 조화된 도시 조성 예 독일 프라이부르크, 브라질 쿠리치바
관광 도시	역사 유적 도시(예 로마, 아테네, 이스탄불), 미항을 가진 도시(예 이탈리아의 나폴리)

② 도시 내부의 다양한 경관

㉠ 도시 내부의 지역 분화

분화 원인		땅값, 임대료, 지역 개발 정책, 접근성 등
분화 과정	집심 현상	중심 업무 기능이나 상업 기능이 도심에 집중되는 현상
	이심 현상	도시 성장에 따라 주택, 학교, 공장 등이 외곽으로 빠져나가는 현상

㉡ 도시 내부 구조

지역	특징
도심	도시 중심업무지구(CDB), 교통 요충지, 중심 업무·관리·상업 기능, 주간 유동 인구가 많음, 인구 공동화 현상
부도심	대로를 따라 높은 고층 건물 밀집, 도심 기능 일부 분담(상업·서비스 기능), 대로 뒤편으로 상업 지역과 주거 지역 혼재, 교통이 편리한 지역
중간 지역	수도권 외곽에 오래된 주택·상가·공장의 혼재 구역, 주거 환경이 쾌적하며 교육·문화 시설 등이 잘 갖춰진 지역, 도시 미관을 위한 재개발 지역
주변 신도시	대규모 주거 단지·고층 아파트 집적, 서울의 인구 분산을 목적으로 조성, 아파트 단지 사이에 녹지 공간, 개발 제한 구역, 도시와 농촌의 혼재 지역

■ 인구 공동화 현상
도심의 주거 기능 약화로 낮과 밤의 인구 밀도 차이가 큰 현상

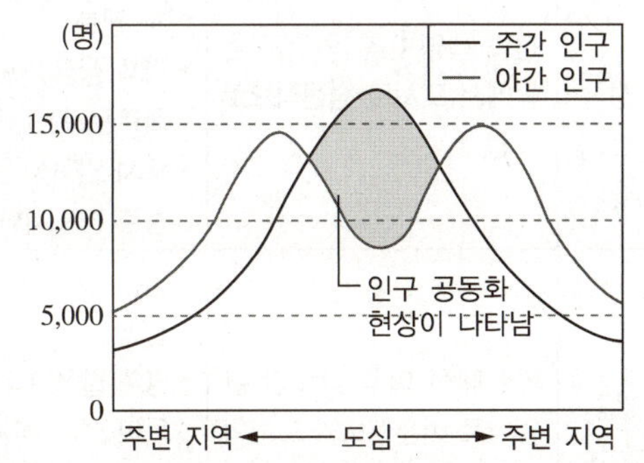

■ 개발 제한 구역
도시의 지나친 확대를 막고 녹지 공간을 확보하기 위해 대도시 주변에 설정한 구역

(2) 선진국과 개발도상국의 도시화

① 도시화

㉠ 의미: 어느 지역에서 도시의 특성이 뚜렷해지는 것으로, 도시적 생활양식이 확대되고 도시의 수가 증가하며 인구 규모가 커지는 현상 → 2·3차 산업 비중 증가

㉡ 도시화율: 전 인구에 대한 도시 인구의 비율로서, 도시화의 지표로 사용 $\left(\dfrac{\text{도시 인구}}{\text{총 인구}} \times 100\right)$

㉢ 도시화 단계

초기 단계	1차 산업에 종사하는 단계 → 매우 낮은 인구 비율
가속화 단계	도시인구가 급증하는 단계 → 이촌향도 현상
종착 단계	도시인구가 80 %를 넘어서면서 도시인구 증가가 둔화되는 단계 → 역도시화

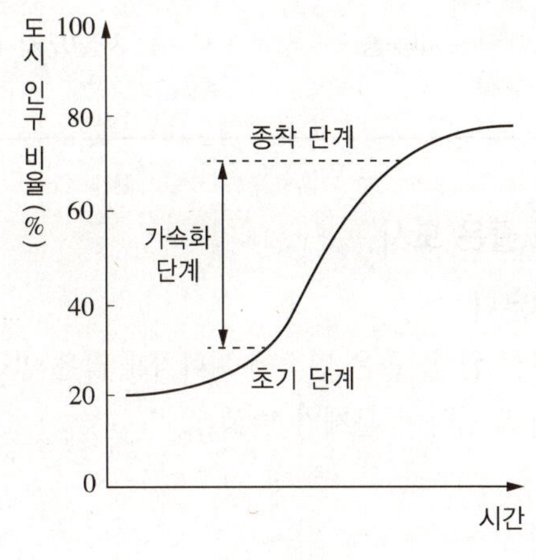

[도시화 곡선]

② 선진국과 개발도상국의 도시화

구분	과정	특징
선진국	산업 혁명 이후 인구가 촌락에서 도시로 점진적으로 유입	• 도시화의 속도가 완만하게 진행 • 경제 성장과 도시화의 조화로운 관계 유지 • 도시 인구 이동: 도시 → 농촌(역도시화 현상)
개발도상국	2차 대전 이후 급속한 산업화로 이촌향도와 도시의 자연적인 인구 증가	• 짧은 시간에 급격하게 진행 • 경제 발전이나 기술 혁신 등이 성숙하지 않은 상태에서의 도시화 • 과도시화, 종주 도시화 현상이 발생

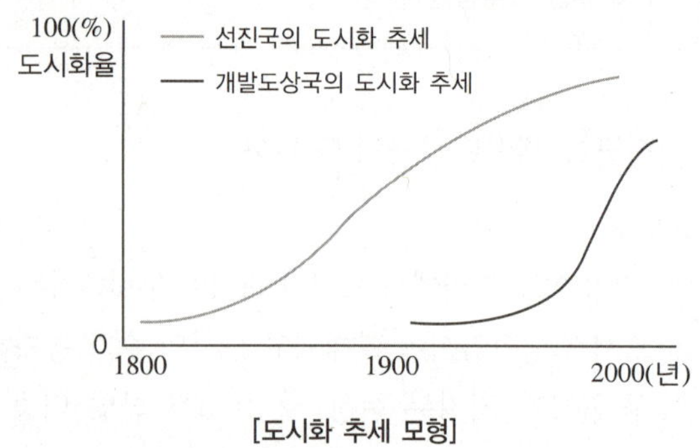

[도시화 추세 모형]

- **이촌향도**
  산업화 · 도시화에 따라 촌락 지역에 살던 사람들이 도시로 이주하는 현상

- **역도시화**
  도시 인구가 지나치게 많아지면 도시에서 교외 지역이나 농촌으로 인구 이동하는 현상, 유턴(U–turn)현상

- **과도시화**
  도시의 부양 능력 이상으로 지나치게 많은 인구가 몰리는 현상

- **종주 도시화**
  특정 대형 도시나 중요 도시에 도시 기반 시설이 지나치게 집중되는 현상

(3) 살기 좋은 도시

① 도시 문제

　㉠ 발생 원인: 좁은 면적에 지나치게 많은 인구와 시설들이 밀집하여 문제가 발생

㉡ 도시 문제의 발생 양상

선진국	장기간에 걸친 도시화 진행 → 도심지의 슬럼화, 범죄 문제, 교통 혼잡 문제, 빈부 격차, 마약 등
개발도상국	단시간의 급격한 도시화 진행 → 주택 부족, 교통 체증, 일자리 부족, 범죄 문제, 빈부 격차, 환경 문제 등

㉢ 도시 문제의 해결

구분	종류	대책
교통문제	교통 혼잡, 교통사고 발생, 대중교통시설 부족, 주차 공간 부족 등	대중교통 수단 확충, 도로 건설, 교통 정보 체계 구축, 자전거 이용 확대, 주거지의 주차 공간 확보 등
주택문제	주택 부족, 불량 주택 증가	불량 주거 지역의 도시 재개발 사업, 신도시 건설 등 주거환경 개선
환경문제	대기 · 수질 · 토양오염, 스모그, 산성비 피해	청정에너지 보급, 쓰레기 줄이기, 하수 정화 시설 설치
기타문제	실업자 증가, 범죄 발생 증가	첨단산업 · 관광산업 등의 일자리 창출

② 살기 좋은 도시

　㉠ 삶의 질: 개인이 생활하면서 느끼는 주관적인 만족감 또는 행복감

　㉡ 삶의 질 결정 요인: 보건 및 위생 서비스, 학교 및 교육 서비스, 쾌적한 환경, 주거, 안전, 공공 서비스 등

　㉢ 세계적으로 삶의 질이 높은 도시

오스트리아 빈	공원과 녹지 공간, 경제 중심지, 문화와 예술의 도시
캐나다 밴쿠버	교통의 중심지, 환경 우선 정책, 다양한 사회 보장 제도 실시
기타	독일(프랑크푸르트, 뮌헨), 스위스(제네바, 취리히, 베른), 오스트레일리아(시드니) 등

　㉣ 우리나라에서 삶의 질이 높은 도시

과천	복지 · 교육 · 문화, 시민들의 사회 · 정치 참여 활발, 공원이 많고 교통이 편리하고 좋은 주거 환경
기타	• 많은 도시와 지역들이 삶의 질을 높이기 위해 노력 • 제주, 울산, 천안 등이 삶의 질을 높이기 위해 노력하는 지역

9 글로벌 경제 활동과 지역 변화

(1) 농업의 기업화와 세계화

① 농업 생산의 세계화와 기업화

㉠ 농업 생산의 세계화

의미	농축산물의 생산과 소비가 전 세계를 대상으로 이루어지는 현상
배경	• 교통·통신의 발달로 국가 간 교류의 증가 • 세계무역기구(WTO) 체제의 출범과 자유무역의 확대 • 다국적 농업 기업의 출현 • 다양한 농축산물의 수요 증가
특징	농축산물의 유통 범위와 국제 간 이동 증가, 소비자의 먹거리 원산지의 다양화

㉡ 농업 생산의 기업화

의미	많은 기술과 자본을 투자하여 작물을 재배하는 농업 형태 → 세계화로 농업의 기업화와 대규모 기업농이 출현
배경	경제 활동의 세계화, 상업적 농업의 발달
특징	• 농업의 기계화, 화학 비료와 농약의 사용 증가, 다수확 품종 개발로 가격 경쟁력 확보 • 농산물의 체계적 관리로 가격·생산구조·토지 이용·소비 특성에 영향

㉢ 농업 방식

- 기업적 곡물 농업과 목축: 미국, 캐나다, 오스트레일리아 등
- 플랜테이션 농장: 아프리카, 아시아의 개발도상국 예 바나나, 코코아, 커피

② 농업 생산의 기업화가 가져온 지역 변화

㉠ 농업 생산 구조의 변화

- 가족 노동력 중심의 자급자족 형태 → 임금 노동자를 이용한 상업적 생산 방식으로 변화 예 플랜테이션
- 대형 농업 기업의 농작물은 가격 경쟁력이 높아 싼 가격에 농산물을 수입하는 지역에서는 곡물 생산량 하락

㉡ 토지 이용의 변화

- 소규모로 다양한 작물 재배 → 대규모로 1~2가지 작물 재배
- 기호 작물에 대한 수요 증가로 전통적인 식량 작물을 생산하는 대신 수출용 기호 작물을 재배

㉢ 농산물 소비 특성의 변화

- 식단의 서구화: 육류, 과일, 커피 등 소비량 증가 → 곡물 소비 감소
- 쌀 소비량 감소: 빵, 국수, 패스트푸드의 소비 증가

장점	소비자의 관점에서 다양한 농산물을 쉽게 구매하고 싸게 사 먹을 수 있음 → 먹거리 다양화
단점	• 수입 과정에서 부패하는 것을 막기 위해 화학 약품으로 처리하여 안전성의 문제 대두 • 수입의존도가 높아지면 국제가격급등(애그플레이션)으로 식량 부족의 문제 발생

■ **애그플레이션**

농업(Agriculture)과 인플레이션(Inflation)을 합친 신조어로서 농산물 가격 상승에 따른 물가 상승

(2) 다국적 기업과 경제 공간의 변화

① 다국적 기업의 성장

㉠ 다국적 기업의 의미와 특징

의미	생산비 절감·해외 시장의 확대·무역 규제 완화를 위해 다른 나라에 생산 공장을 설립하거나 지사를 설립·운영하는 기업 예 나이키, 소니, 아디다스, GM, 포드, 코카콜라, 펩시 등
특징	자본·의사 결정·통제 기능은 본사에서, 생산·서비스·판매는 해외의 공장으로 분산

ⓛ 다국적 기업의 성장 과정과 배경

성장 과정	단일 공장 기업 → 국내 공장 및 연구소 확대 → 해외 영업지점 및 대리점 설치 → 해외 생산 공장 및 연구소 설치
성장 배경	• 교통·통신의 발달 → 국가 간의 경제 활동 활성화 • 기업의 관리·경영 기능, 연구·개발 기능, 생산·판매 기능의 규모 확대 • 생산비 절감의 필요성 → 지가와 노동력이 저렴한 개발도상국으로 이전 • 무역 장벽 극복과 연구 개발의 중요성 → 판매 시장이 넓은 선진국으로 이전 • 세계무역기구(WTO)와 자유무역협정(FTA) 확대 • 생산공장에서 발생한 유해물질로 인한 환경오염

② 다국적 기업의 확대와 경제 공간의 변화

㉠ 공간적 분업 기능과 입지

구분	기능	입지
본사	의사결정기능, 업무관리기능	자본·우수 인력 확보가 쉬운 대도시·중심 도시에 입지
연구소	연구·개발 기능	우수한 연구 시설·관련 시설이 집중된 대학·대도시 인근 지역에 집중
생산 공장	생산 기능	• 저렴한 임금·토지 비용이 유리한 곳에 위치 • 무역 장벽·시장개척을 위해 선진국에 입지

㉡ 다국적 기업이 지역에 끼친 영향

긍정적 영향	• 생산 공장 지역: 일자리 창출, 자본 유입, 기술 파급 등으로 경제 활성화, 무역 수지 개선 등의 효과 • 본사 지역: 고급 인력과 금융 시설 등이 몰려 그 지역이 더욱 발전
부정적 영향	• 경쟁력을 갖추지 못한 소규모 국내 기업의 피해 • 수익의 대부분을 다국적 기업 본사로 갈 경우 투자 지역 경제의 저하 • 현지 생산 공장이 철수 시 대규모 실업과 경기 침체의 위기

(3) 서비스업의 세계화

① 서비스 산업의 의미와 특성

의미		인간이 필요한 재화를 운반하거나 생산과 소비에 필요한 용역을 제공하는 산업
유형	소비자 서비스업	소비자에게 제공하는 서비스 예 음식업, 숙박업, 소매업 등
	공급자 서비스업	기업 활동을 도와주는 서비스 예 금융, 광고, 시장 조사 등

특성	• 일자리를 만들어 내는 효과 • 서비스 형태의 표준화가 어려운 여건 • 소득 수준의 향상에 따른 다양한 서비스 형태의 수요 증가

② 서비스 산업의 성장과 세계화

㉠ 탈공업화 현상: 산업의 비중이 제조업(2차 산업)에서 서비스 산업(3차 산업)으로 옮겨지는 현상

㉡ 서비스 산업의 세계화

의미		교통·통신의 발달로 서비스업이 국격을 넘어 세계 각국으로 퍼져나가는 현상
입지	공간적 집중	전문화된 서비스업 예 금융, 광고, 의료 등
	공간적 분산	비용 절감과 업무 효율성을 위한 서비스업 예 콜센터, 온라인 예약 서비스

③ 서비스 산업과 지역 변화

㉠ 유통의 세계화

배경		교통·통신의 발달, 다국적 유통업체의 증가, 전자상거래의 활성화
영향	긍정적	• 상품 구매 시 시간적·공간적 제약을 극복 • 전자상거래로 유통단계의 축소 • 해외 직접 구매로 소비활동의 증가 • 유통산업의 성장, 택배·물류창고업 발달
	부정적	• 재래시장과 오프라인 상점의 쇠퇴 • 중소·영세업체의 피해 • 유통업체의 이전 시 지역 경제의 침체

㉡ 관광 산업의 세계화

배경		교통·통신의 발달, 손쉬운 관광 정보 입수, 소득 수준·여가 시간의 증가
영향	긍정적	• 일자리 창출과 관광지 주민 소득 증가 • 교통·숙박·통신 등의 관련 산업의 발달 • 도로·교통·통신 등 기반시설의 개선
	부정적	• 관광객 증가로 자연환경의 훼손 • 현지 관광국 보다 선진국 여행사의 소득 증가 • 지나친 상업화로 지역의 고유문화 쇠퇴, 인적 교류를 통한 질병 감염의 위험증가

10 환경 문제와 지속 가능한 환경

● **해결 Point**

이 단원은 기후 변화의 요인과 영향에 따른 지구 온난화, 기상 이변, 생태계의 변화를 숙지하고, 이 문제의 극복을 위한 국제적 차원의 노력과 비정부 기구(NGO), 개인적 노력 등을 알아 둔다. 또한, 환경 문제를 유발하는 산업의 특징과 이동에 따른 선진국과 개발도상국의 공간적 불평등 문제, 생활 속의 환경 이슈를 사례별로 정리하여 알아 둔다.

● **대표 문제 유형**

❖ ㉠에 들어갈 환경 문제로 가장 적절한 것은?
❖ 다음 현상의 주된 원인은?

(1) 기후 변화

① 기후 변화의 발생과 영향

㉠ 기후 변화: 일정한 지역에서 장기간에 걸쳐서 진행되고 있는 기후의 평균상태가 변화

㉡ 기후 변화의 요인

자연적 요인	대기·육지·해양 등의 상호 작용, 화산 활동·태양 활동의 변화, 지구 공전궤도의 변화
인위적 요인	삼림 개발 등의 숲환경 파괴, 화석 연료 사용의 증가

㉢ 지구 온난화

의미	대기 중에 배출되는 이산화 탄소·메탄 등의 온실가스 증가로 지구의 평균 기온이 상승하는 현상
원인	산업화·도시화로 인한 화석 연료의 사용 증가와 삼림 파괴로 온실가스 농도가 증가

㉣ 기후 변화의 영향

빙하 감소와 해수면 상승	빙하 감소	극지방과 고산지대의 빙하의 해빙현상 예 그린란드, 북극해
	해수면 상승	섬나라·해안 저지대의 침수 예 몰디브, 방글라데시, 투발루
기상 이변	자연재해 증가	태풍·폭설·홍수 등의 발생 빈도 및 피해 규모의 증가
	가뭄과 사막화	식수 부족 및 황사 현상, 가뭄 예 사하라 사막 이남 초원지대, 고비 사막
	이상고온현상	폭염·열대야 발생의 증가로 가축 및 인명 피해

생태계	해양 생태계 변화	수온 상승으로 물고기 폐사나 서식지의 변경, 산호초의 백화현상
	식생의 변화	고산식물 분포 범위의 축소, 수목 재배한계선 변경, 개화시기의 변화
	동물의 서식지 변화	동물 개체 수의 감소, 멸종 위기종의 증가
	질병 발생	미생물 증식으로 새로운 질병의 출현 가능성 상승

② 기후 변화의 해결 노력

㉠ 국제적 차원의 노력

기후변화협약 (1992)	온난화를 막기 위해 이산화 탄소 등 온실가스 발생을 억제하기 위한 최초의 국제 협약
교토의정서 (1997)	기후 변화 협약에 따른 온실가스 감축 목표에 관한 의정서
파리 협정 (2015)	교토의정서를 잇는 신기후 변화체제로 세계 각국은 온실가스 감축 목표 달성을 위해 '자발적 기여방안(INDC)' 제출

㉡ 국제적 협력의 한계

- 각 나라별로 이해관계, 산업 구조, 기술 수준 등이 서로 달라서 협의 도출이 어려움
- 온실 가스 감축 목표 이행을 하지 않아도 강제로 제재할 수단이 없음
- 각 나라별 노력

국가적 노력	화석 연료를 대체할 에너지 개발, 탄소성적표지제도, 녹색성장정책, 탄소배출권 거래제도
비정부기구 (NGO) 활동	환경의식 개선 노력, 정책 변화 노력
개인적 노력	에너지 절약, 자원 재활용, 친환경 제품 사용

(2) 환경 문제 유발 산업

① 환경 문제를 유발하는 산업의 이전

㉠ 환경 문제의 발생 원인: 산업 혁명 이후 산업화 및 도시화로 생태계 수용능력을 뛰어넘는 오염 발생 → 폐기물, 생활하수 등의 대량 배출

㉡ 환경 문제를 유발하는 산업의 이동

환경유발 산업	제품의 생산과정에서 대량의 환경오염 물질이나 폐기물을 발생시키는 산업 예 제철산업, 석유화학공업, 금속제련산업
환경유발 산업 이동의 특징	• 환경 규제가 엄격한 선진국에서 경제성장을 우선 시하는 개발도상국으로 이동 • 환경오염의 심각성을 인식하지 못하는 국가로 이동 • 생산 시설 및 환경 문제가 함께 이동

ⓒ 전자 쓰레기

전자 쓰레기 발생		재활용할 수 없는 전기·전자폐기물들이 매년 5000톤 이상 발생하고, 이것들이 선진국에서 개발도상국(예 중국, 인도)으로 수출
전자 쓰레기 이동	선진국	전자 쓰레기의 환경·경제적인 부담 때문에 개발도상국에 불법 수출
	개발 도상국	• 전자폐기물 속의 금속자원을 채취하려는 목적으로 수입 • 전자폐기물 속 유해물질의 배출로 지역 주민의 건강은 물론 환경오염과 생태계 파괴가 발생

② 환경 문제의 공간적 불평등

㉠ 환경 문제 유발 산업 이동에 따른 문제

선진국	청정하고 깨끗한 환경을 유지하면서 개발도상국에서 생산된 제품을 소비
개발도상국	• 환경 문제 유발 산업의 지역 유치로 일자리 창출, 지역 경제의 활성화 • 환경오염의 심화, 주민 건강 및 생활의 위협, 생태계 파괴

㉡ 환경 문제의 공간적 불평등 해결 방안

선진국의 기업	환경오염을 최소화하는 방안을 마련하여 안전한 생산환경을 조성
개발도상국	환경오염에 대한 규제와 감시체제의 강화
국제사회	유해폐기물 및 환경오염의 확산 방지를 위한 국제적 협약 체결

③ 농업의 이전과 지역 변화

㉠ 농업 이전의 원인: 저렴한 땅값, 값싸고 풍부한 노동력 확보, 탄소 배출 비용의 감소 등의 이유로 개발도상국으로 선진국의 기업적 농장이 이전

예 네덜란드 화훼농업의 케냐 이전

㉡ 농업 이전으로 인한 개발도상국의 변화

긍정적 변화	일자리 창출, 지역 경제의 활성화, 외화 수입의 증가
부정적 변화	화학비료와 농약 사용으로 토양과 식수의 오염, 관개 용수 사용으로 인한 물 부족 현상

(3) 생활 속의 환경 이슈

① 환경 이슈

㉠ 의미: 환경 문제를 분석하는 방법이나 집단의 이해관계에 따라 찬반의 주장이 다르게 나타나는 것

㉡ 환경 이슈의 사례

국제적 이슈	기상 이변, 생물다양성 손실, 자연재해, 아마존 열대림 개발, 미세 플라스틱의 피해
지역적 이슈	원자력 발전소 건설, 국립공원 케이블카 설치, 갯벌의 간척 문제

ⓒ 환경 이슈의 해결: 서로 다른 이해관계를 가진 집단 간에 의견을 교환하고 대안을 찾아가는 토의 과정을 통해 해결 방안 모색

② 일상생활 속의 환경 이슈

㉠ 유전자 재조합 식품(GMO)

의미		기존 생물체의 유용한 유전자를 다른 생물체의 유전자와 결합시켜 특정 목적에 맞게 일부를 변형시킨 식품 예 잡초에 강한 옥수수 등
입장 차이	긍정적 측면	• 생산성 향상에 의한 식량 부족 문제의 해결 • 제초제에 대한 강한 내성과 해충·질병에 대한 저항성 강화 필요 • 특정 영양소의 강화
	부정적 측면	• 인체에 유해 가능성 검증 문제 • 환경과 생물의 다양성을 위협 가능성 • 다국적 농업 기업에 많은 비용을 지불

㉡ 로컬푸드 운동

의의	지역에서 생산된 먹거리를 그 지역에서 소비하자는 운동
배경	수입 농산물은 먼 거리 이동 과정에서 많은 이산화탄소 배출(푸드 마일리지 증가), 식품에 화학 물질 사용 증가
장점	먹거리 안전성 확보, 환경적 부담 경감, 농민 소득 증가, 사회 공동체 형성
사례	농산물 직거래, 농민 장터, 생활 협동조합, 지역 급식 운동 등

ⓒ 미세 먼지

의의	우리 눈에 보이지 않을 정도로 입자가 아주 작은 먼지
원인	공장의 매연, 배기가스, 화력발전소에서 발생하는 먼지, 식물 꽃가루 등
영향	• 인간의 호흡기 질환, 심혈관 질환, 뇌질환 등을 유발 • 반도체 등 기기 불량의 원인 • 어려운 시야 확보 예 비행기, 여객선, 자동차 등

ㄹ 쓰레기 소각

원인	자원이 소비가 증가됨에 따라 생활쓰레기의 발생, 일회용품·포장재 사용 증가
내용	쓰레기 소각 방법에 대한 지역 간 갈등, 쓰레기 증가에 따른 환경오염의 발생
대책	자원의 재활용, 쓰레기 분리배출, 쓰레기 종량제

ㅁ 생활 소음

원인	도시화·공업화로 주거지, 공장 등에서 생기는 소음의 증가
내용	공동주택의 층간 소음, 자동차·항공기 소음 등
대책	주택 방음 시설 설치, 주민 지원 사업(손실 보상)

11 세계 속의 우리나라

● 해결 Point

우리나라 영역의 범위와 배타적 경제수역(EEZ), 독도의 지리적 중요성과 가치, 세계화 시대의 지역화 전략의 효과와 종류의 개념을 정확하게 정리해 둔다. 특히 지리적 표시제, 장소 마케팅, 지역 브랜드의 차이점과 사례 등을 구분하여 묻는 문제가 출제되므로 사진, 그림 등의 자료를 활용하여 이해하는 것이 좋다. 우리나라의 위치와 국토 통일의 중요성, 통일 후의 바람직한 모습과 통일 노력 등도 가볍게 이해하는 정도로 알아 둔다.

● 대표 문제 유형

❖ 다음 내용에 해당하는 곳은?
❖ 한반도 통일에 따라 예상되는 결과로 적절하지 않은 것은?

(1) 우리나라의 영역과 독도의 중요성

① 우리나라의 영역

ㄱ 영역의 의미

- 한 나라의 주권이 미치는 범위로 영토·영해·영공으로 구성
- 국가를 구성하는 기본 요소이며, 외부침입으로부터 국민을 보호해야 할 배타적인 공간

ㄴ 우리나라 영역의 범위

영토	• 한반도와 그 부속도서(북한도 포함) • 영해와 영공을 설정하는 기준
영해	• 영토와 인접한 바다로 통상 기선과 직선 기선을 기준으로 12해리까지의 수역 • 대한해협: 일본과의 거리가 가까워 직선 기선으로 3해리까지 설정

	• 동해안: 최저 조위선인 통상 기선을 적용 • 서·남해안: 가장 외곽에 있는 섬을 연결한 직선 기선을 적용
영공	영토와 영공의 상공으로 대기권까지 인정

ㄷ 배타적 경제수역(EEZ)

의미	연안국이 바다의 경제적 자원에 대해 배타적 권리를 행사할 수 있는 수역
범위	한 나라의 연안으로부터 200해리까지의 수역 중 영해를 제외한 수역
특징	수산물, 광물자원, 에너지 자원에 대한 활용과 시설물 설치의 권리

② 독도의 지리적 중요성

ㄱ 자연환경

위치	우리나라의 가장 동쪽 끝에 위치한 섬 → 서도와 동도 및 89개의 부속도서
지형	화산섬으로 제주도와 울릉도보다 빠른 형성 시기
기후	해양성 기후 → 눈이 많이 내리는 겨울철

ㄴ 독도의 가치

생태계의 보고	여러 종류의 동식물이 서식 → 천연보호 구역으로 지정
조경 수역의 형성	한류와 난류가 교차하는 지역(대화퇴어장과 가까움)
풍부한 자원 매장	해양 심층수 개발, 독도 부근 해저에 가스하이드레이트 발견 등
군사적 요충지	항공 및 방어 기지의 역할, 태평양을 향한 해상 전진 기지
상징적 장소	우리 국민들에게 국토애를 심어주는 장소

- **대화퇴어장**
  울릉도 인근 해역에 있는 어류 서식지로 영양염류와 수산자원이 풍부한 곳

- **하이드레이트**
  깊은 바다 밑에 매장된 결정 형태의 에너지원으로 압력이 높고 온도가 낮은 환경에서 천연가스 분자가 포획되어 만들어진 고체

- **해양 심층수**
  수심 200미터 아래의 깊은 바다에 있는 깨끗한 물로 식수, 식품, 의약품 개발에 활용

ㄷ 국토 수호를 위한 노력

- 일본의 독도 영유권 주장: 시마네현 고시, 시마네현 독도 조례 발표, 일본의 초등학교 교과서에 독도를 일본 영토로 표기 등

• 독도를 지키기 위한 노력

개인	• 독도에 대한 관심을 가지고, 독도를 바르게 알리기 위한 노력 • 독도경비대, 독도 문화 대축제
국가	독도에 관한 연구 지원 강화, 국제 사회에 독도 홍보, 역사적 왜곡 바로잡기 등

㉣ 고문헌 속의 독도

『세종실록 지리지』	"우산(독도)과 무릉(울릉도) 두 섬이 울진현의 정동쪽 바다에 있다."
신증동국여 지승람의 「팔도총도」	현존 인쇄본 지도 중 독도가 등장하는 최초의 지도 → 우산도(독도) 표기

(2) 세계화 시대의 지역화 전략

① 세계화 시대의 지역화

㉠ 지역성: 특정 지역의 자연환경 속에서 오랫동안 같이 거주해온 주민들이 상호 작용하면서 형성된 특성

㉡ 지역화

의미	다른 지역과 구별되는 지역성을 세계로 알리는 현상
특징	• 특정 지역만의 차별성을 발굴하여 지역적 가치를 높이려는 것 • 국가가 아니라 특정 지역이 세계화의 주체로 등장 • 보편적인 세계 문화와 조화를 이루면서 그 지역만의 고유한 특성이 경쟁력의 기반

② 지역화 전략

㉠ 의미: 경제·문화적 관점에서 해당 지역의 지역성을 상품화하고 홍보하는 전략임

㉡ 효과

지역 이미지 개선	지역의 이미지와 가치를 긍정적으로 전환하고 발전적으로 강화함
자긍심 고취	지역 주민들의 지역적 정체성을 형성하고 긍지를 키움
지역 경제 활성화	지역 관련 산업 유치로 일자리 창출, 관광 산업의 활성화, 지역 상품 및 서비스 판매량 증가

③ 지역화 전략의 종류

㉠ 지역 브랜드

개념	지역의 특성을 담고 있는 상품이나 서비스를 그 지역의 이미지와 결합하여 그 지역 자체를 브랜드처럼 만드는 전략
사례	미국 뉴욕의 'I♥NY', 독일 베를린의 'Be Berlin', 강원도 평창군의 'Happy 700 평창', 경북 영덕군의 '사랑海요 영덕' 등

효과	지역을 상품처럼 브랜드화하여 홍보하면 그 지역의 가치가 올라가고 상품과 서비스 판매량이 증가하여 지역 경제가 활성화

㉡ 장소 마케팅

개념	• 특정한 장소를 상품으로 인식하여 그 장소를 상품 가치로 개발하는 전략 • 특정 장소만이 가지고 있는 자산적 가치나 특성을 발굴하고 해당 지역의 이미지로 홍보하여 판매하는 전략 • 지역 축제나 건축물 등을 랜드마크하여 지역을 홍보하는 활동
사례	보령의 '머드 축제', 김제의 '지평선 축제', 프랑스 파리의 '에펠탑'

㉢ 지리적 표시제

개념	그 지역의 자연환경에서 생산·가공된 우수한 품질의 특산품을 국가가 그 지역명을 상표권으로 사용할 수 있게 인정하는 제도
사례	여주 쌀, 순창 고추장, 보성 녹차, 횡성 한우, 해남 고구마 등
효과	• 지역 특산품을 보호하고 부가가치를 향상하여 지역 경제 발전에 기여 • 판매자는 생산 품목의 전문화로 상품의 품질을 향상시키며, 소비자는 믿을 수 있는 상품 구입 가능

> ■ 랜드마크
> 도시나 거리의 이미지를 대표하는 특색 있는 시설이나 건축물

(3) 우리나라의 위치와 통일의 중요성

① 우리나라의 위치 특성

㉠ 위치: 동북아시아 중심지로 유라시아 대륙과 태평양을 연결하는 반도국

㉡ 위치에 따른 잠재력: 대륙 간의 교류 확대 및 물류비용 절감 → 아시안 하이웨이, 대륙 철도 노선 등 연결

② 국토 통일의 필요성

㉠ 통일의 필요성

국제적 지위 향상	남북의 인구 증가 및 경제 규모 확대로 국제적 위상이 향상
군사적 불안감 해결	동북아 긴장감 해소로 세계 평화에 이바지
민족 생활공간 회복	역사적 정체성 회복과 민족 공동체를 건설

인적 · 물적 자원 낭비 방지	남한의 기술과 자본, 북한의 천연 자원 과 노동력의 결합
국토 공간의 균형 회복	한반도의 지리적 잠재력 극대화
이산가족 상봉	실향민과 탈주민의 고통 치유

ⓛ 통일 후 바람직한 모습

국토 공간의 효율적 활용	종합적인 국토 공간 이용 계획 수립
국제적 지위 향상	동북아시아 지역의 무역과 물류의 중심 지, 지역 통합의 중심지로 발전
국제 경쟁력 강화	남북한의 자본과 기술, 북한의 노동력과 자원을 상호 보완적으로 이용
국토 공간의 불균형 성장 극복	남북한 간 격차를 줄이기 위한 철도, 항 만, 비행장 등 각종 사회 간접 시설 건설

ⓒ 통일을 위한 노력
- 교통로의 복원과 확충
- 상호 신뢰를 바탕으로 남북한 인적 · 물적 교류의 확대
- 주변국과의 협력 강화
- 경제적 격차와 문화적 이질감 극복 노력 등

12 더불어 사는 세계

(1) 지구상의 다양한 지리적 문제

① 지구상의 지리적 문제

ⓐ 지리적 문제의 의미와 원인

의미	지구에서 살아가는 사람들이 살면서 발생하는 지리 적인 문제 예 기아 문제, 생물 다양종의 감소
원인	지역들 사이의 경제적인 격차 심화, 다른 문화를 가 진 집단 간의 충돌, 자원을 둘러싼 이해관계, 환경오 염 물질의 이동 등

② 기아 문제와 생물 다양종의 감소

ⓐ 기아 문제

의미	지역 주민들이 식량의 부족으로 충분한 영양을 섭 취하지 못함
원인	• 잦은 지역 분쟁이나 자연재해로 인해 식량 생산의 　어려움 • 자연재해, 농작물 병충해 등으로 식량 생산량이 　감소함 • 급격한 인구 증가, 곡물 대기업의 유통량 조절로 　인한 식량 공급 및 분배의 문제가 발생함
발생 지역	아프리카, 남아메리카, 남부아시아 등
해결 노력	선진국들의 적극적인 식량 지원과 기아 문제의 근 본적인 원인을 함께 해결하고자 노력함

ⓛ 생물 다양종의 감소

의미	일부 생물종이 멸종하고 생태계의 다양성이 감소하 는 문제
원인	• 도시 개발과 농경지의 확대로 동식물 서식지 파괴 • 외래종의 번식으로 고유종의 개체 수 감소 • 상품 작물 · 에너지 연료 작물의 기업적 재배로 농 　작물의 다양성이 감소
발생 지역	남아메리카의 아마존강 · 아프리카 콩고강 유역, 인 도네시아 열대 우림 지역
피해	생물 자원의 수가 감소, 지구 생태계의 지속 가능성 감소

③ 영역을 둘러싼 갈등

ⓐ 영역 갈등의 의미: 영토, 영해, 영공에서의 주권 갈등
과 분쟁

ⓛ 영역 갈등의 원인: 역사적 배경, 자원 확보의 목적, 영
토에 따른 독점적 태도, 세계화로 인한 탈영토성의 확
대로 인한 분쟁 발생

ⓒ 영토 분쟁

지역	특징
쿠릴 열도 (북방 4도)	전략적 군사 요충지 및 자원 확보를 둘러싼 러 시아, 일본 간의 갈등 → 현재 러시아가 실효 지배 중
남중국해의 시사 군도 (파라셀 군도)	석유 및 천연가스 등의 자원 및 해상 교통로 확보를 둘러싼 중국, 베트남 간의 갈등 → 현 재 중국이 실효 지배 중
남중국해의 난사 군도 (스프래틀리 군도)	• 중국, 타이완, 베트남, 말레이시아, 브루나이, 　필리핀 등이 50개의 섬을 나누어 실효 지배 중 • 인도양과 태평양을 잇는 해상 교통 및 군사 　적 요충지로 식유, 천연가스, 수산 자원이 　풍부

센카쿠 열도 (댜오위다오)	중국, 타이완, 일본의 영토 분쟁 지역으로 일본이 실효 지배 중 → 석유와 천연가스가 매장된 사실이 알려지며 중국과 일본의 분쟁 심화
이라크- 쿠웨이트	국경 지역의 유전을 둘러싸고 쿠웨이트에 대한 이라크의 영유권 주장 → 이라크의 쿠웨이트 점령(1990년 걸프 전쟁 발발)
포클랜드 제도	1833년 영국이 해군기지 건설을 위해 아르헨티나 정착민을 추방하고 자국민을 이주시켜 자치령으로 선포 → 영국령 귀속 이후에도 아르헨티나가 영유권을 주장하며 계속된 영토 분쟁

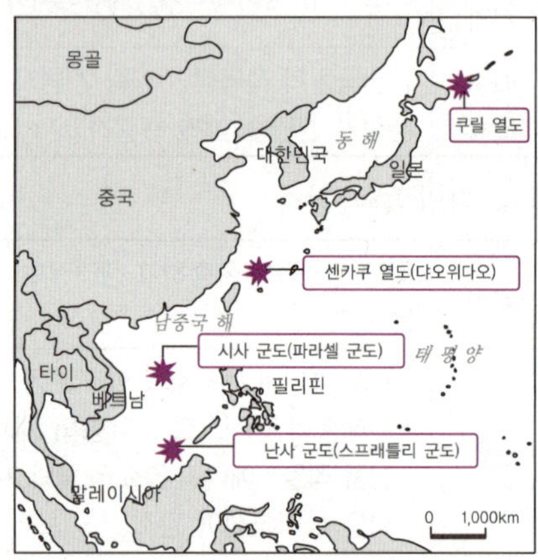

[동아시아의 해양 영토 분쟁 지역]

지역	특징
중국-인도	히말라야 일대의 국경선을 놓고 중국과 인도 충돌
서남아시아	세계대전의 전후 처리 과정에서 국경이 모호하게 설정되어 발생된 분쟁
아프리카	서구 열강이 민족의 경계와 관계없이 직선으로 국경선을 설정하여 발생된 분쟁

[세계의 영토·국경 분쟁 지역]

ㄹ 분쟁 해결
- 당사자국 간에 협상과 타협 또는 제3자의 조정에 의해 합의 도출
- 국제 사법 재판소, 국제 중재 재판소의 재판이나 국제 연합의 중재를 통해 해결

(2) 저개발 지역의 발전 노력

① 지역별 발전 수준의 차이

㉠ 발전 수준의 차이

선진국	일찍 산업화가 이루어져 소득 수준과 삶의 질이 높은 나라 예 북서부 유럽, 북아메리카 등
저개발국	산업화가 진행 중이며 소득 수준이 낮은 지역 예 동남아시아, 남아메리카, 아프리카 등

㉡ 발전의 지역차가 발생하는 원인
- 발전에 영향을 주는 요소들의 지역적 편재: 천연자원, 기술, 자본, 토지, 노동력 등
- 국가 간의 경제 협력의 부재, 불균등한 무역 구조
- 산업화의 시기: 선진국은 18세기 후반부터 산업화가 시작된 반면, 저개발국의 20세기 이후부터 산업화가 진행

㉢ 발전 수준을 보여주는 지표

선진국	1인당 국내 총생산, 인간 개발 지수, 기대 교육 연한, 평균 수명, 행복지수
저개발국	성 불평등 지수, 영아 사망률, 부패지수

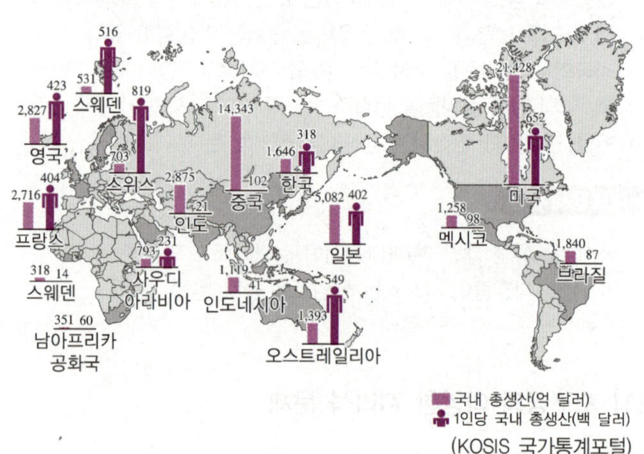

[국내 총생산 및 1인당 국내 총생산(2019년)]

(KOSIS 국가통계포털, 세계속의 한국)

[2018년 인간 개발 지수(순위)]

국가	순위
노르웨이	1
스위스	2
아일랜드	3
독일	4
아이슬란드	6
오스트레일리아	6
스웨덴	7
싱가포르	8
네덜란드	10
덴마크	11
캐나다	13
뉴질랜드	14
미국	15
일본	19
한국	22
이스라엘	22
칠레	42
러시아	49
중국	85
남아프리카공화국	113

■ **인간 개발 지수**
유엔 개발 계획(UNDP)에서 소득, 교육, 빈곤, 실업, 환경, 건강, 종교 등의 기본 요소로 한 나라의 인간 능력 개발의 정도를 계량하여 종합적으로 나타내는 지수

■ **성 불평등 지수**
유엔 개발 계획(UNDP)에서 각국의 성 불평등 정도를 측정하여 발표한 수치로서 생식 건강, 여성 권한, 노동참여 영역을 참조하여 여성의 수준과 격차를 고려한 지수

② 빈곤 극복을 위한 저개발국들의 노력

㉠ 저개발국의 노력

- 천연 자원의 개발 → 광물 자원(예 금, 은, 다이아몬드, 보크사이트)과 에너지 자원(예 석유, 천연가스)
- 자연환경과 노동력 활용으로 관광 산업의 육성
- 교육 기회의 확대와 교육 활동 투자로 적극적인 인재 육성
- 적극적인 외국 자본과 기술 유치로 경제 발전 도모
- 관개 시설의 확충과 다수확 품종의 개발로 식량 부족의 극복 노력
- 기반 시설의 확충으로 일자리 창출의 노력

㉡ 저개발국의 개발 사례

라오스	국가 성장 정책과 빈곤 퇴치 전략을 시행
케냐	그린벨트 운동을 진행하며 일자리 창출
르완다	종족 분쟁 극복을 위한 공동체 교육 강화, 종족 간 차별 금지 시행
볼리비아	천연 자원을 국유화하여 그 수익금을 저소득층의 사회복지정책에 사용
브라질의 쿠리치바	생활쓰레기와 생필품의 교환체계를 마련하여 지역 경제와 환경 문제 개선
쿠바의 아바나	도시의 버려진 공터 등을 이용한 유기농 농장 운영

㉢ 저개발국의 한계

- 경제 성장에 필요한 자본과 기술력의 부족
- 불평등한 경제 체계 속에서 선진국의 다국적 기업이 불공정한 영향력 행사
- 산업화의 급속한 진행에 따라 과거 선진국의 심각한 사회적·환경적 문제 답습
- 정치적 불안정으로 지속적인 정책 수행이 어렵고, 인구의 급증으로 인한 식량 부족 현상

(3) 지역 간의 불평등 완화 노력

① 국제기구의 노력

　㉠ 국제 연합(UN): 전 세계인의 삶의 질 개선, 새천년 개발 목표 설정(MDGs), 지속 가능 발전 목표(SDGs) 추진

(출처: PLAN INTERNATIONAL)

2000년 국제 연합 본부에서 새천년 정상회담에서 가입국의 합의로 채택된 세계적 운동으로 목표는 다음 8개의 분야로 구성되어 있다.

1. 극심한 빈곤과 기아 탈출, 2. 초등 교육 확대, 3. 성평등과 여성 권한 확대, 4. 아동 사망 감소, 5. 임신부의 건강 증진, 6. 에이즈, 말라리아와 기타 질병 퇴치, 7. 지속 가능한 환경 보장, 8. 개발을 위한 국제적 협력 관계 구축

　㉡ 국제 연합 산하기구

기구 명칭	주요 활동	관련문제
세계 보건기구(WHO)	인류 건강의 증진 및 보건·위생 분야의 국제 협력 도모	질병
유엔난민기구 (UNHCR)	분쟁·재해에 의한 난민의 보호·구제 활동	난민
유엔 환경 계획(UNEP)	환경 문제에 관한 국제 협력 도모 및 지구 환경 보호	환경오염
유엔 세계 식량 계획(WFP)	세계 각국의 식량 증산 및 농업 기술 개발 지원	기아
유엔 평화 유지군(PKF)	세계 평화와 안전 유지를 위해 편성한 국제 군대	전쟁
유엔 아동 기금(UNICEF)	전 세계 빈곤국 아동의 영양, 보건, 기초교육, 긴급 구호 사업	아동

　㉢ 공적 개발 원조(ODA)

의미	선진국 등이 저개발국의 경제 발전과 복지 증진을 위해 국제기구를 지원하는 제도
특징	• 저개발국에 대한 원조는 지속적으로 증가 • 식량·의료·물품 등의 단기적 지원에서 사회기반 시설의 구축, 기술·교육 등의 장기적 지원으로 변화
한계	• 저개발국의 선진국 의존 경향이 심화 • 정치적 부정부패와 불안정으로 저개발 국민에게 구호품이 미전달 • 경제적 이해관계·자연재해 등으로 지속적인 지원이 어려운 상황

　㉣ 한국 국제 협력단(KOICA): 우리나라의 대외 무역 원조 전담기관으로 저개발국과의 상호 협력과 교류, 경제·사회 발전 지원 노력을 통해 국제 협력을 증진하는 기관

② 시민 사회의 노력

　㉠ 국제 비정부 기구(NGO)

의의	세계 시민의 자발적 참여와 모금으로 구성된 비영리·비정부 조직	
특징	• 저개발국가의 실상을 선진국민들에 알리고 이 지역 주민들을 도우며 다양한 기회 제공 • 인도주의적 차원에서 자체활동 외의 국제기구를 보조	
활동	세계 빈부 격차 해소, 위생과 교육시설 보급, 인권·여성 지위의 향상, 환경보존, 생태적 지속 가능성 노력	
사례	국경없는 의사회	인도주의적 국제 민간 의료 단체로 인종·종교·성·정치적 성향과 관련 없이 의료 활동을 지원
	그린피스	지구 환경을 보존하고 평화를 증진하기 위해 기후변화 방지, 산림·해양 보호, 핵실험 금지, 유전자 조작 반대 등의 활동
	옥스팜	빈곤 해결책 제시, 자연재해와 분쟁 지역의 구호와 물적·인적 지원, 저개발국의 분쟁 조정 계획 수립, 공정 무역의 지원

　㉡ 공정 무역

의의	저개발 국가에서 경제 발전의 혜택으로부터 소외된 생산자와 노동자들에게 더 나은 거래 조건을 제공하고 그들의 권리를 보호함으로써 지속 가능한 발전에 기여
효과	생산자, 소비자는 물론 지구 환경에도 긍정적인 영향을 줄 것으로 기대

ⓒ 세계 시민의 자세
- 선진국들과 국제 연합 같은 국제기구의 중립적이며 지속적인 노력이 필요
- 지역 간의 불평등을 개선하고 빈곤·기아를 해결하기 위한 봉사와 기부
- 상호 이해를 바탕으로 상대방의 생존과 이익을 인정하는 선의의 국제 관계가 요구
- 지구적 차원의 환경오염에 대한 해결과 대책 마련
- 개방과 협력을 바탕으로 자국의 이익을 추구하는 국제 사회에 적극적 대처

출제 예상 문제

01 다음 우리나라가 속한 대륙을 바르게 나타낸 것은?

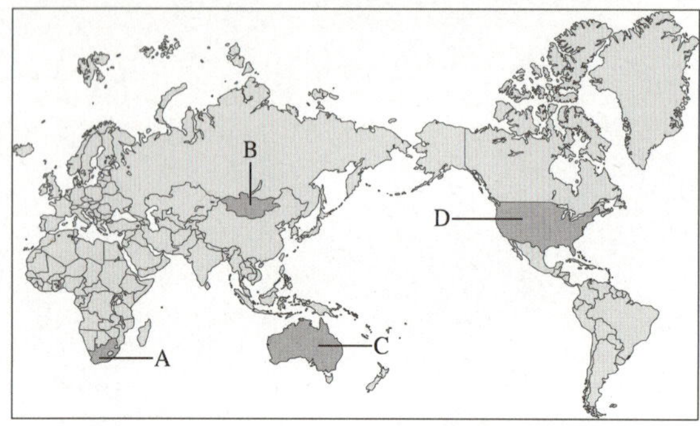

① A – 아프리카
② B – 아시아
③ C – 오세아니아
④ D – 북아메리카

02 다음에서 설명하는 지도의 분류는 무엇인가?

> 특정 목적을 위해 필요한 지표 현상만을 선택하여 표현한 지도

① 주제도
② 일반도
③ 대축척지도
④ 소축척지도

03 지도의 위치 표현에서 다음 내용이 의미하는 것은?

> - 본초 자오선을 중심으로 동서로 떨어진 정도를 나타낸 것
> - 주로 지구의 시간 차이를 계산할 때 이용
> - 동쪽은 동경(E), 서쪽은 서경(W)으로 표기

① 위도   ② 경도
③ 랜드마크   ④ 행정구역

04 다음 내용이 의미하는 지리정보의 종류는 무엇인가?

> - 어떤 지역의 위치와 형태에 관한 자료이다.
> - 울릉도는 우리나라의 동해 바다 한가운데 위치한 섬이다.

① 공간 정보
② 속성 정보
③ 관계 정보
④ 위치 정보

05 다음 ㉠에 들어갈 말로 알맞은 것은?

> (㉠)은 다양한 지리정보를 컴퓨터에 저장하고 사용자의 용도에 맞게 분석·종합하여 제공하는 정보처리 시스템이다.

① 증강현실(AR)
② 지리정보시스템(GIS)
③ 지능형 교통시스템(ITS)
④ 위성위치확인시스템(GPS)

06 다음 설명에 해당하는 농업 방식은?

> - 유럽인의 자본과 기술로 이루어진다.
> - 열대 기후에서 주로 이루어진다.
> - 열대 작물을 대량으로 재배한다.

① 수목농업
② 혼합농업
③ 플랜테이션
④ 이동식 화전 농업

07 다음의 기후 그래프에 대한 설명으로 옳은 것은?

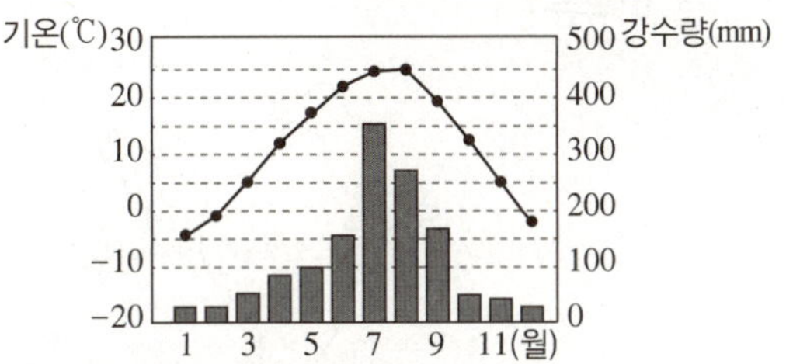

① 지중해성 기후이다.
② 여름에는 건조한 기후이다.
③ 겨울이 고온 다습한 기후이다.
④ 7월과 8월의 평균 강수량은 약 300 mm이다.

08 다음 중 강수량이 많은 지역의 주민 생활로 옳지 <u>않은</u> 것은?

① 지붕의 경사가 급하다.
② 두꺼운 벽과 창이 작다.
③ 이동식 화전 농업, 벼농사를 짓는다.
④ 가옥의 바닥을 지면에서 띄워 짓는다.

09 다음 중 기후를 구성하는 요소가 <u>아닌</u> 것은?

① 기온
② 지형
③ 증발량
④ 바람 및 습도

10 다음 내용의 현상이 나타나는 지역은?

> ○ 백야, 빙하, 오로라 등
> ○ 이동식 가옥, 카약, 썰매, 생식

① 열대 우림 지역
② 한대 기후 지역
③ 건조 기후 지역
④ 온대 기후 지역

11 내인적 지형 형성 작용을 〈보기〉에서 모두 고른 것은?

> ───── • 〈보기〉 • ─────
> ㄱ. 습곡   ㄴ. 풍화
> ㄷ. 침식   ㄹ. 단층

① ㄱ, ㄷ　　　　② ㄱ, ㄹ
③ ㄴ, ㄷ　　　　④ ㄷ, ㄹ

12 다음에서 설명하는 지형은?

> ○ 해발 고도가 높지만 비교적 평탄한 지형
> ○ 평탄했던 지형이 융기하면서 형성된 지형

① 고원
② 화산
③ 카르스트
④ 습곡 산지

13 다음 빈칸에 들어갈 말로 옳은 것은?

> 파도의 침식 작용으로 형성된 해식애 아래의 평평한 침식면을 (　　)라고 한다.

① 해식애　　　　② 파식대
③ 시 아치　　　　④ 시 스택

14 우리나라 산지에 대한 내용으로 옳지 <u>않은</u> 것은?

① 동고서저형의 지형이다.
② 국토 면적의 70 %를 차지한다.
③ 높은 산지는 대부분 북동부 지역에 분포한다.
④ 대부분 오랜 퇴적 작용으로 고도가 높고 경사가 가파르다.

15 다음 내용과 관련이 있는 문화 지역은?

> ○ 한자 ○ 불교와 유교
> ○ 벼농사 ○ 젓가락

① 인도 문화권
② 유럽 문화권
③ 동아시아 문화권
④ 아프리카 문화권

16 다음 지형의 형성이 나머지와 <u>다른</u> 하나는?

① 피오르 ② 칼데라
③ 파식대 ④ 시 스택

17 다음 설명에 해당하는 문화권은?

> 둥근 지붕과 뾰족한 탑의 모스크, 돼지고기 금기

① 불교 문화권
② 힌두교 문화권
③ 이슬람교 문화권
④ 크리스트교 문화권

18 다음에서 설명하고 있는 것은?

> 잦은 문화 접촉과 교류로 인해 어떤 문화적 요소가 다른 사회로 옮겨가서 정착되는 현상

① 문화 전파
② 문화 변용
③ 문화 접촉
④ 문화 융합

19 제2차 세계대전 후 인도가 지도와 같이 분리된 가장 큰 이유는?

① 종교적 갈등 ② 인종적 갈등
③ 정치적 갈등 ④ 민족적 갈등

20 다음 중 문화 융합의 사례로 옳지 <u>않은</u> 것은?

① 서양의 건축 양식에 한옥의 요소를 더했다.
② 우리나라의 전통 의복이 서양식 의복으로 일반화 되었다.
③ 외국인 거주자가 증가하면서 여러 도시에 다문화 거리가 형성되었다.
④ 김치만 전용으로 보관하는 김치냉장고라는 새로운 가전기기가 만들어졌다.

21 자연재해 중 기후 요인에 의한 것을 〈보기〉에서 모두 고른 것은?

> ───── 〈보기〉 ─────
> ㄱ. 화산 ㄴ. 지진
> ㄷ. 가뭄 ㄹ. 한파
> ㅁ. 지진 해일 ㅂ. 홍수

① ㄱ, ㄴ, ㄹ ② ㄴ, ㄷ, ㄹ
③ ㄴ, ㅁ, ㅂ ④ ㄷ, ㄹ, ㅂ

22 화산 지형의 긍정적 영향이 <u>아닌</u> 것은?

① 하천의 범람으로 토양이 비옥해진다.
② 온천 등을 이용한 관광 산업이 발달한다.
③ 벼농사나 과수원 등의 농업 생산이 발달한다.
④ 지열 발전을 이용하여 전력 생산을 할 수 있다.

23 다음 사막화의 발생 지역이 <u>아닌</u> 곳은?

① 중국 고비사막
② 방글라데시 뱅골만
③ 아프리카 사헬지대
④ 북아메리카 대륙 서부지역

24 지진 피해의 대응법으로 옳은 것은?

① 빗물 재활용 시설 마련
② 배수 시설과 저류 시설의 정비
③ 인공 벽이나 인공 하천 등을 건설
④ 주기적 대피 훈련과 복구 체제의 마련

25 다음 자원의 특징 중 어떤 성질에 대한 내용인가?

> ○ 과거에는 식량이나 사료로 주로 쓰이던 옥수수가 현재에는 기술의 개발로 에너지 자원으로도 인식되고 있다.
> ○ 이슬람교 지역과 힌두교 지역에서는 문화적인 차이 때문에 소고기와 돼지고기가 식량 자원으로 이용되는 가치가 달라지기도 한다.

① 유용성
② 편재성
③ 가변성
④ 유한성

26 다음 내용에 해당하는 자원은?

> ○ 노동력, 기술, 창의성, 노동의 의욕 등
> ○ 국민 개개인, 사회 및 국가의 발전에 필요함

① 인적 자원
② 물적 자원
③ 순환 자원
④ 문화적 자원

27 재생 에너지 자원에 속하지 <u>않는</u> 것은?

① 태양광
② 연료전지
③ 바이오매스
④ 폐기물 에너지

28 다음 내용이 설명하고 있는 곡물은 무엇인가?

> ○ 생산지와 소비지가 다르기 때문에 국제적 이동량이 많다.
> ○ 오스트레일리아, 중국 화북 지방, 미국의 대평원, 아르헨티나, 우크라이나 등에서 많이 생산된다.

① 쌀
② 콩
③ 밀
④ 옥수수

29 다음 설명에 해당하는 자원은?

> ○ 사우디아라비아, 이란, 쿠웨이트가 주요 생산국이다.
> ○ 페르시아 만 주변 지역에 집중적으로 매장되어 있다.

① 석탄
② 구리
③ 석유
④ 철광석

30 다음 중 인구 분포에 대한 설명으로 <u>잘못된</u> 것은?

① 산업 및 교통 발달 수준에도 영향을 받는다.
② 열대 기후 지역의 고산 지대는 인구가 밀집해 있다.
③ 산업화 이전에는 자연적 요소에 영향을 적게 받았다.
④ 과학 기술이 발달하면서 인간의 거주 지역이 확대되고 있다.

31 인구 이동의 배출 요인에 해당하는 것은?

① 낮은 임금
② 많은 편의시설
③ 좋은 주거 환경
④ 고용 기회의 증대

32 오늘날 우리나라가 안고 있는 인구 문제에 해당하는 것은?

① 농촌 인구 증가
② 평균 수명 감소
③ 저출산·고령화
④ 영아 사망률 증가

33 다음 중 인구가 희박한 지역에 해당하는 곳은?

① 북반구
② 아시아
③ 내륙 지방
④ 해안, 하천, 평야 지역

34 도시에 대한 설명으로 옳지 <u>않은</u> 것은?

① 인구 밀도가 낮다.
② 토지를 집약적으로 이용한다.
③ 2·3차 산업이 주로 발달했다.
④ 촌락에 비해 다양한 형태의 생산·소비·여가 활동이 이루어진다.

35 도시의 지나친 확대를 막고 녹지 공간을 확보하기 위해 대도시 주변에 설정한 구역은?

① 중간 지역
② 도심 지역
③ 부도심 지역
④ 개발 제한 구역

36 다음에서 설명하는 용어로 가장 적절한 것은?

> ○ 농촌 인구가 도시로 이주하여 도시 인구가 상대적으로 많아지는 현상
> ○ 산업 발달과 인구 증가에 따라 농촌 지역이 도시적으로 변화되어 가는 현상

① 세계화
② 정보화
③ 공업화
④ 도시화

37 다국적 기업에 대한 설명으로 옳지 <u>않은</u> 것은?

① 생산 기능의 규모가 크다.
② 전 세계의 다양한 생산 요소를 활용한다.
③ 주로 선진국에서 기업 활동이 이루어진다.
④ 기획, 연구, 생산 기능이 전 세계에 나뉘어져 있다.

38 다음 ㉠, ㉡에 들어갈 말로 알맞은 것은?

> (㉠)는 정치, 경제, 사회, 문화 등의 여러 분야에서 국경이라는 장벽이 없어지는 현상으로, 이는 세계 시장을 대상으로 농업 활동을 하는 농업의 (㉡)와 대규모 기업농의 출현에 영향을 미쳤다.

	㉠	㉡
①	기업화	세계화
②	세계화	다원화
③	세계화	기업화
④	다원화	기업화

39 다음은 우리나라 주요 곡물자급률의 변화를 나타낸 표이다. 이에 대한 설명으로 옳지 <u>않은</u> 것은?

〈곡물자급률〉

(단위: %)

년도	계	쌀	보리쌀	밀	옥수수	콩	서류	기타
2016	23.7	102.5	23.3	0.9	0.8	7.0	94.8	11.9
2017	23.4	94.5	24.9	0.9	0.8	5.4	95.2	9.3
2018	21.7	82.5	31.4	0.7	0.7	6.3	95.4	6.9

출처: 농림축산식품부 양곡자급률 현황(2020.1.)

① 쌀의 자급률은 점차 줄어들고 있다.
② 농산물 수입 개방의 영향을 받고 있다.
③ 전체 곡물자급률은 점차 높아지고 있다.
④ 밀과 옥수수는 수입에 의존하고 있을 것이다.

40 세계 경제의 불평등 문제를 해결하기 위한 국제 연합 산하기구를 〈보기〉에서 모두 고른 것은?

─── 〈보기〉 ───

ㄱ. 세계 보건 기구
ㄴ. 유엔 난민 기구
ㄷ. 세계 무역 기구
ㄹ. 유엔 평화 유지군

① ㄱ, ㄴ
② ㄴ, ㄷ
③ ㄴ, ㄷ, ㄹ
④ ㄱ, ㄴ, ㄹ

41 다음 밑줄 친 '이것'에 해당하는 용어는?

인간의 생활을 둘러싸고 있는 모든 것을 <u>이것</u>이라 한다. <u>이것</u> 속에서 인간은 생활에 필요한 모든 것을 얻어 사용하고 있으므로 <u>이것</u>을 보전하는 것은 우리 삶의 터전을 지키는 매우 중요한 숙제라 할 수 있다.

① 자연
② 자원
③ 환경
④ 에너지

42 물, 지하수 및 지하의 열 등의 온도차를 이용해 냉·난방에 활용하는 기술을 무엇이라고 하는가?

① 석탄 액화
② 해양 에너지
③ 지열 에너지
④ 수력 에너지

43 다음 내용과 관련이 있는 것은?

도시 인구가 지나치게 많아지면 도시에서 교외 지역이나 농촌으로 인구 이동하는 현상으로 유턴(U−turn)현상이라고도 한다.

① 과도시화
② 역도시화
③ 이촌향도
④ 종주 도시화

44 다음 내용과 관련이 있는 것은?

○ 특정한 장소를 상품으로 인식하여 그 장소를 상품가치로 개발하는 전략
○ 지역 축제나 건축물 등을 랜드마크 하여 지역을 홍보하는 활동

① 지역화
② 지역 브랜드
③ 장소 마케팅
④ 지리적 표시제

45 다음 내용과 관련이 있는 지역은?

> ○ 천연보호구역으로 지정
> ○ 서도와 동도 및 89개의 부속 도서로 이루어짐.
> ○ 우리 국민들에게 애국심과 국토애를 심어주는 장소
> ○ 해양 심층수 개발, 부근 해저에 가스하이드레이트 발견

① 독도　　　　　　② 홍도
③ 백령도　　　　　④ 거제도

46 다음에서 설명하는 것은?

> ○ 특산품의 품질의 우수성과 특성이 뛰어나고 그 지역의 자연환경에서 생산·가공된 것을 국가가 그 지역명으로 상표권으로 인정하는 제도
> ○ 여주 쌀, 순창 고추장, 보성 녹차, 횡성 한우, 해남 고구마

① 랜드 마크　　　　② 세계화
③ 장소 마케팅　　　④ 지리적 표시제

47 다음 유엔 개발 계획(UNDP)에서 나타내고 있는 것은?

> 소득, 교육, 빈곤, 실업, 환경, 건강, 종교 등의 기본 요소로 한 나라의 인간 능력 개발의 정도를 계량하여 종합적으로 나타내는 지수

① 옥스팜　　　　　② 인간 개발 지수
③ 성 불평등 지수　④ 새천년 개발 목표

48 다음 지역의 공통점으로 옳은 것은?

> ○ 페르시아 만
> ○ 카스피 해 유역
> ○ 동중국해 연안

① 수자원을 둘러싼 갈등
② 천연 바이오 연료의 생산 지역
③ 종교 분쟁으로 인한 난민 발생 지역
④ 에너지 자원을 둘러싼 영유권 분쟁 지역

49 생물 다양성이 감소하는 원인으로 옳지 <u>않은</u> 것은?

① 열대 우림의 파괴
② 외래종 유입의 감소
③ 도시 개발로 동식물 서식지 파괴
④ 연료용 작물의 기업적 재배 확대

50 저개발국의 빈곤 극복을 위한 노력으로 옳지 <u>않은</u> 것은?

① 외국 자본 유치로 경제 발전을 도모한다.
② 기반 시설을 확충하여 일자리를 창출한다.
③ 노동력 확보를 위한 출산 장려 정책을 시행한다.
④ 다수확 품종의 개발로 식량 부족 문제를 해결한다.

2 사회

1 개인과 사회생활

● 해결 Point

인간은 사회화를 통해 사회 구성원으로 성장하고 사회적 지위 및 역할을 획득한다는 것을 알아 두어야 한다. 청소년의 특징 및 자아정체성을 이해해야 하며 사회 집단 간 혹은 집단 내에서 발생하는 여러 가지 차별 및 갈등에 관한 문제를 해결할 수 있어야 한다.

● 대표 문제 유형

❖ 다음에 해당하는 개념은?
❖ 다음 내용에 해당하는 것은?

(1) 사회화와 청소년기

① 사회화의 의미과 기능
　㉠ 의미: 개인이 자기가 소속해 있는 사회 집단의 행동 양식과 규범, 가치 등 문화를 배우고 형성하는 과정
　㉡ 기능

개인적 차원	• 자기가 속해 있는 사회의 가치관, 규범, 행동 양식 등 사회생활에 필요한 것들을 학습 → 자신이 속한 사회에 잘 적응하여 정서적으로 안정됨 • 남들과 다른 자신만의 독특한 자아를 형성
사회적 차원	그 사회의 규범과 가치 등을 다음 세대에 전달하여 사회를 유지·발전시키는 기능

② 사회화 기관
　㉠ 의미: 사람들과의 다양한 상호 작용을 통해 사회화가 이루어지는 집단이나 조직 → 우리 주변에는 다양한 사회화 기관이 존재
　㉡ 사회화 기관의 분류

구분	1차적 사회화 기관	2차적 사회화 기관
형성	자연 발생적으로 형성, 대면 접촉	특정 목적으로 형성, 간접 접촉
특성	비형식적 인간관계	형식적·공식적 인간관계
영향	기본적인 행동 발달 과정	사회생활
종류	가정, 또래 집단	회사, 정당, 학교

　㉢ 사회화 기관의 종류

구분	기관	특징
1차적 사회화 기관	가정	가장 기초적이고 중요한 사회화 기관
	또래 집단	또래 집단 내 친구들과의 상호 작용을 통해 자아 정체성 형성
2차적 사회화 기관	학교	• 설립 목적 자체가 사회화인 공식적 사회화 기관 • 가정과 학교의 연계 교육이 중요
	대중 매체	급격하게 변화하는 사회의 흐름과 새로운 정보 제공

　㉣ 재사회화

의미	새로운 사회 변화에 적응하기 위해 새로운 기술과 지식을 학습하는 과정
등장 배경	빠르게 변화하는 사회로 인해 기존에 습득한 지식이나 생활양식으로는 사회에 적응하기 어려워졌기 때문에 발생
사례	장인들의 어학 학습, 교도소 재소자들의 사회 규범 학습, 군대에서의 신병 교육, 노인들의 컴퓨터 사용법 등 정보교육 학습, 교육원에서의 직업 교육 등

③ 청소년기와 자아 정체성의 형성
　㉠ 청소년기의 특징

신체적 변화	성인과 다름없는 신체적 성숙도, 성적인 특성이 뚜렷
심리적 변화	독립성·의존성 공존, 충동감, 저항감, 정서적 불안
인지적 변화	지적인 능력이 향상, 추상적·논리적 사고력의 발달
사회적 변화	부모로부터 벗어나 독립성을 보이며 친구들과의 강한 유대감 형성

　㉡ 자아 정체성

의미		한 개인이 자신의 모습에 대해 갖고 있는 생각
형성 과정	개인적·주체적 요인	'나는 누구인가'라는 질문을 던지고 이에 스스로 답을 찾아 가는 과정을 통해 형성
	외부적·환경적 요인	다른 사람과의 비교, 사회적 관계 속에서 자신의 위치와 역할 등을 통해 형성

기능		
	개인적 차원	자신에 대한 명확한 이해와 신념을 형성 → 자아실현에 도움 제공
	사회적 차원	바람직한 자아 정체성의 형성은 개인과 사회에 발생할 수 있는 다양한 문제를 예방

ⓒ 청소년기 특징의 표현

질풍노도의 시기	빠르게 부는 바람과 거센 물결 → 불확실한 미래에 대한 불안감을 가진 사춘기의 감정 상태를 비유한 말
과도기적 시기	유년기에서 성인기로 넘어가는 중간 단계
심리적 이유기	심리적으로는 부모에게서 독립하려 함 → 경제적·사회적으로 부모에게 의존할 수밖에 없는 시기
이유 없는 반항기	어른들의 권위에 반항하고 전통적 가치를 부정
주변인	어린이도 어른도 아닌 중간 단계로 자신의 역할이 불확실하여 혼란을 느끼며 주변부에 존재
자아 정체성 형성시기	타인과 다른 독특한 모습을 형성하기 위해 노력

(2) 사회적 지위와 역할

① 사회적 지위

ㄱ 의의: 한 개인이 사회 내에서 차지하고 있는 위치

ㄴ 유형

구분	귀속지위	성취지위
의의	개인의 의지나 노력과는 관계없이 출생 시부터 결정되는 지위	노력과 능력에 따라 후천적으로 결정되는 지위
종류	성별, 인종, 남자, 딸 등	학생, 회사원, 변호사, 교수 등

② 사회적 역할

ㄱ 의의: 사회적 지위에 따라서 기대되는 행동 방식으로 모든 지위에는 역할이 따르며 책임이 발생

ㄴ 역할 행동의 특징

긍정적 역할	칭찬과 보상 → 사회 유지와 안정에 기여
부정적 역할	사회적 비난과 처벌 → 사회 혼란 초래

③ 역할 갈등

의미	한 개인이 여러 가지 역할을 동시에 수행하는 과정에서 나타나는 긴장이나 갈등
원인	한 개인이 여러 개의 사회적 지위를 동시에 가짐으로써 발생

특징	현대 사회의 복잡성과 다양한 사회적 관계의 형성으로 역할 갈등이 더욱 증가	
해결 방안	개인적 차원	갈등 상황을 확인하여 중요도에 따라 하나의 역할을 선택하거나 우선순위를 정해서 수행
	사회적 차원	역할 갈등을 해결할 수 있는 법과 제도 정비
해결 과정	역할 갈등 상황 파악 → 역할의 중요성 분석 → 우선순위 정하기 → 선택한 역할 수행하기	

(3) 사회 집단과 차별

① 사회 집단

ㄱ 의의: 비슷한 관심과 목적을 가진 둘 이상의 구성원들이 소속감을 가지고 지속적으로 상호 작용하는 집합체

ㄴ 특징: 개인에게 지위와 역할을 부여하고, 개인과 사회를 연결하는 역할 수행

ⓒ 개인과 사회 집단의 관계

- 개인은 사회 집단의 구성원으로 다른 개인과 사회적 관계를 통해 역할을 수행하면서 사회적 존재로 성장함

- 개인의 역할 수행의 변화와 발전은 사회 집단을 변화시키기도 함

- 개인과 사회 집단은 상호 밀접한 관계를 형성하며 영향을 주고받음

② 사회 집단의 유형

결합 의지	공동 사회	자신의 의지와 관계없이 자연적으로 구성된 집단 예 가족, 민족, 촌락
	이익 사회	목적을 위해 자신의 의지에 따라 결합된 집단 예 회사, 정당
구성원 접촉 방식	1차 집단	성원들 사이의 친밀성, 정서적인 인간관계로 이루어진 집단 예 가족, 또래 집단
	2차 집단	목적의 달성을 위한 수단으로 결합된 집단 예 회사, 학교, 정당
소속감	내집단	자신이 소속된 집단으로 공동체 의식, 충성심 등이 강한 집단 예 우리 학교, 우리 팀
	외집단	자신이 소속되지 않은 집단으로 이질감과 적대의식의 대상 예 상대팀, 적국
행위 기준	소속 집단	자신이 소속되어 있는 집단

준거 집단	• 자신이 소속되지 않았지만 소속되기를 원하며, 행동의 기준으로 삼는 집단 • 청소년기에 준거 집단의 선택 여부가 개인의 행동과 가치관에 큰 영향 • 소속 집단＝준거 집단: 소속 집단에 대한 자부심·만족감 증대 • 소속 집단≠준거 집단: 소속 집단에 대한 불만과 갈등 심화

③ 사회 집단에서 나타나는 차별과 갈등

㉠ 차별과 차이

구분	차별	차이
의미	단순한 차이를 주관적으로 판단하여 합리적인 이유 없이 부당하게 대우하는 것으로 인간의 존엄성을 침해하는 행위	타고난 특성, 자라온 환경, 가치관 등이 객관적으로 서로 다른 것
원인	• 편견이나 고정 관념 • 사회 제도	• 선천적 특성 • 사회적 환경 차이 • 사회화의 차이
사례	성 차별, 학력 차별, 인종 차별, 장애인 차별, 지역 차별, 비정규직 차별	인종 차이, 문화 차이, 남녀 차이, 세대 차이

㉡ 차별의 문제점: 다른 사람의 권리 침해, 사회 구성원 간의 갈등과 대립, 사회 통합과 발전 저해

㉢ 차별과 갈등의 해결 방안

개인적 차원	• 부당한 차별을 거부하고 자신의 권리를 보호 • 고정관념과 편견을 버리고 관용과 평등 의식의 고취 • 서로의 차이를 인정하고 다양성을 존중하는 태도 • 다른 사람의 권리를 존중하고 배려하는 마음
사회적 차원	사회적 약자를 위한 법과 제도 정비 예 남녀 고용 평등법, 장애인 차별 금지법, 여성 고용 할당제 시행

㉣ 차별 해결을 위한 브레인스토밍

차별 해결을 위한 아이디어 제출 → 유사 해결 방안 분류 → 해결 방안의 순위 선정 → 실천 계획 세우기

2 문화의 이해

● **해결 Point**

인간은 환경에 적응하면서 문화를 생성·발전시켰다는 것을 이해해야 한다. 문화를 보는 여러 가지 관점 및 태도를 알아 두고 문화 상대주의의 태도를 기른다. 대중 매체와 대중문화의 특징을 이해하고 훌륭한 대중문화를 형성하려면 어떠한 태도를 취해야 하는지 알아보는 것이 좋다.

● **대표 문제 유형**

❖ 다음 내용에 해당하는 문화의 속성은?
❖ 다음에 나타난 매체의 특징으로 옳은 것은?

(1) 문화의 의미와 특징

① 문화의 의미

좁은 의미의 문화	교양, 예술 작품을 창작하고 감상하는 활동 예 전북문화회관, 문화 시민, 문화 상품권 등
넓은 의미의 문화	한 사회의 구성원이 공유하는 생활양식의 총체 예 한국 문화, 음식 문화, 전통 문화 등

㉠ 문화와 문화가 아닌 것

문화인 것	문화가 아닌 것
후천적으로 학습된 행동, 공통되고 반복적인 생활양식 예 언어 사용, 줄을 서서 지하철을 타는 것, 동네 어른에게 인사하는 것 등	타고난 유전적 체질이나 본능적 행동, 개인의 습관이나 버릇, 자연현상 예 배가 고파서 밥을 먹는 것, 몽고반점, 흑인과 백인의 피부색

㉡ 문화의 구성 요소

구분		의미	사례
물질 문화		인간이 만들고 사용하는 도구와 이러한 도구를 만드는 기술	도기, 옷, 방직기술, 컴퓨터, 음식, 집 등
비물질 문화	제도 문화 (규범 문화)	사회 구성원의 행위를 규제하거나 사회 질서를 유지하고 사회 운영을 가능하게 하는 제도	정치 제도, 가족 제도, 법, 예절 등
	관념 문화	인간의 삶을 풍요롭게 하고 삶에 의미를 부여하는 요소	사상, 가치, 신앙, 학문, 예술, 철학, 언어, 신화 등

② 문화의 특성

보편성	시대나 장소와 상관없이 어느 사회에나 공통적으로 나타나는 문화 현상임
특수성	• 서로 다른 문화들이 공존하는 특성 • 각 사회의 문화가 시대와 지역에 따라 여러 가지 모습으로 나타남
상대성	각 사회의 문화는 독특한 가치가 있으므로 우열을 가릴 수 없음

③ 문화의 속성

공유성	사회 구성원들에게 공통적으로 나타나는 행동 및 사고방식임
학습성	문화는 타고 나는 것이 아니라 후천적인 학습의 결과로 얻게 됨
축적성	한 세대에서 다음 세대로의 전승되고 축적된 생활양식으로 새로운 문화 창조의 원동력이 됨
전체성	문화의 각 영역은 다른 영역의 문화와 서로 밀접한 관련을 맺고 있음
변동성	문화는 고정불변이 아니라 시대에 따라 지속적으로 변해감

(2) 문화를 바라보는 태도

① 문화를 이해하는 태도

자문화 중심주의	• 자기 민족의 경험과 전통에 비추어 다른 사회의 문화는 수준이 낮거나 나쁜 것으로 생각하는 태도 예 중국 중화사상 • 자문화에 대한 자부심, 집단 결속을 강화 • 자문화의 우월성 고집 → 외래문화 거부 → 고립주의 → 문화 정체, 도태
문화 사대주의	• 자기 민족의 경험과 전통에 비추어 다른 사회의 문화는 수준이 낮거나 나쁜 것으로 생각하는 태도 예 천하도, 혼일강리역대국도지도 • 외래문화의 무분별한 수용은 자기 문화의 주체성·정체성 상실의 위기 초래 • 자문화에 대한 열등의식 → 정체성 훼손 → 문화 소멸 → 국가 소멸
문화 상대주의	• 문화를 그 사회의 특수한 환경과 역사적 상황을 고려하여 그 사회의 입장에서 이해하고 존중하는 태도 • 타 문화 존중으로 다양한 문화가 공존할 수 있고 자문화 창조 및 발전 가능성 • 극단적 문화 상대주의는 인류의 보편적 가치 침해 예 중국의 '전족', 이슬람의 '명예 살인'
문화 제국주의	특정한 국가나 집단의 문화가 경제력, 군사력 등을 토대로 다른 문화를 파괴하거나 지배하는 주의 예 이슬람 정권의 바미안 석불 파괴 등

> ■ 극단적 문화 상대주의
> 문화의 상대주의를 극단적으로 해석하여 모든 인간 행위의 문화를 옳다고 인식하는 태도

② 바람직한 문화 이해 태도

㉠ 다문화 시대: 다양한 문화를 가진 사람들이 어울려 사는 시대

㉡ 문화 이해 태도
- 각 사회의 문화를 편견 없이 상대방의 입장에서 이해하는 개방적 태도
- 문화의 상대성과 다양성을 인정하고 각 사회의 문화를 있는 그대로 존중하는 문화 상대주의적 태도
- 자신이 속한 사회의 실정과 상황에 맞게 외래문화를 선택적으로 받아들이려는 자세 요구
- 자유와 평등, 인간의 존엄성 등 인류의 보편적인 가치 존중

③ 문화를 바라보는 관점

상대론	• 상대방의 입장에서 문화를 이해하는 관점 • 문화는 그 사회가 환경의 적응 과정에서 축적된 결과이므로 상대방 입장을 고려하여 문화를 이해해야 함
비교론	• 다른 문화와의 비교를 통해 이해하는 관점 • 타 문화와 비교를 통해 객관적으로 자기 문화를 이해하고, 타 문화에 대한 올바른 안목을 생성함
총체론	• 전체적인 맥락에서 문화를 이해하는 관점 • 한 문화의 구성체는 여러 가지 유기적인 관계를 맺으면서 전체를 형성함

(3) 대중문화와 대중 매체

① 대중문화

㉠ 의미: 계층, 직위, 학업 등에 따라 구분되지 않는 대중들이 대중 매체(예 TV, 인터넷, 신문, 스마트폰 등)를 통해 함께 누리는 문화

㉡ 대중문화의 형성 요인

정치적 요인	민주 정치의 발전으로 보통 선거 실시 → 대중의 정치적 지위 향상
경제적 요인	산업 발달로 인해 물질적으로 풍요로워지면서 대량 생산과 대량 소비 → 대중의 생활수준도 향상
사회적 요인	의무 교육 확대로 대중의 기본적 교양 수준 향상 → 문화를 누리고자 하는 욕구 증가

ⓒ 대중문화의 영향

긍정적 영향	다양한 오락성, 정보 전달의 실용성, 문화의 민주화·대중화
부정적 영향	가치관과 사고방식의 획일성, 전통문화 파괴, 상업성 추구와 폭력적·선정적 문화 생산, 왜곡된 정보 전달, 정치적 무관심

② 대중매체

ㄱ) 의미: 다수에게 대량의 정보를 동시에 전달하는 수단

　예 책, 신문, 잡지, 라디오, 텔레비전, 인터넷, 이동 통신 등

ㄴ) 뉴미디어의 특징

- 시간적·공간적 제약을 받지 않고 쌍방향의 의사소통이 가능
- 새로운 매체를 통해 대중문화를 생산하고 전파

　예 개인 블로그, 누리 소통망, 1인 미디어

- 수동적 소비자 위치(과거) → 적극적 생산자 역할 수행(현재)
- 인터넷, 스마트폰 등의 매체를 활용하여 정보를 공유하고 소통

■ 누리 소통망(SNS)

온라인 상에서 불특정 다수와 관계를 맺고 상호 정보를 교환할 수 있는 새로운 대중 매체

■ 1인 미디어

개인이 스마트폰, 컴퓨터 등을 이용하여 프로그램의 기획부터 진행, 촬영, 편집 등을 맡아 콘텐츠를 만드는 것

ⓒ 대중매체의 올바른 수용

선택적 수용	대중문화의 역기능 방지를 위해 대중매체의 내용을 분석하여 선택적으로 수용하려는 자세가 필요함
능동적·주체적 참여	• 대중이 새로운 대중문화를 생산하는 능동적인 주체로 참여함 • 네티켓을 지키며, 자신의 개성을 잃지 않도록 함 • 필요한 정보를 주체적으로 수용하려는 적극적 태도가 중요함 • 대중매체의 정보를 건전하게 활용함 • 잘못된 정보에 대한 의견 제시 및 시정 요구가 필요함

---

3 정치 생활과 민주주의

● 해결 Point

정치의 다양한 기능 및 정치의 중요성을 알아 두고 민주 정치를 실현·발전시키기 위해 국가와 시민이 어떠한 노력을 해야 하는지 이해해야 한다. 민주주의의 이념 및 민주 정치의 기본적인 원리와 대통령제와 의원 내각제를 바탕으로 민주 정치의 원리가 현실에 어떻게 나타나고 있는지를 확인해 둔다.

● 대표 문제 유형

❖ 다음과 같은 특징이 나타나는 정부 형태는?
❖ 현행 우리나라 대통령에 대한 설명으로 옳지 <u>않은</u> 것은?

(1) 정치와 시민의 역할

① 정치의 의미와 기능

ㄱ) 정치의 의미

좁은 의미	국가 권력의 획득과 유지를 위해 행사하는 활동 예 국회의 법률제정, 정부의 정책 집행
넓은 의미	구성원들의 이해관계와 갈등을 조정하여 사회 문제를 해결함으로써 공동체의 목표를 달성하기 위한 활동 예 학급회의, 가족회의, 주민회의

ㄴ) 정치의 기능

- 사회 구성원의 다양한 요구를 정책에 반영 → 사회적 갈등 해결 및 개인과 집단 이익 실현
- 공동체 문제를 제기하고 해결함 → 사회 발전에 이바지
- 사회 구성원들의 대립 조정 → 사회 질서 유지 및 사회 통합에 기여

② 국가 및 시민의 정치 생활

ㄱ) 정치 생활의 의미: 집단 및 국가의 의사결정과 권력 행사에 개인이 참여할 수 있는 행위 예 보통선거, 압력단체

ㄴ) 국가 및 시민의 역할

국가의 역할	시민의 역할
• 법률 제정과 정책 집행으로 정치 활동 주도 • 시민들의 다양한 이해관계를 민주적으로 조정 • 정책의 결정·집행 과정에서 시민의 요구를 반영 • 시민의 지지와 동의하에 공권력을 행사 • 시민의 자유와 권리를 최대한 보장	• 국가의 정당한 권위를 존중하고 법을 준수 • 정치 권력의 남용 방지를 위한 감시와 견제 • 공동체의 이익과 조화를 이루면서 개인의 자유와 권리 추구 • 적극적으로 정치에 참여 예 선거 • 국민의 뜻에 어긋나는 정치 권력에 대한 저항권 행사

> **■ 저항권**
> 국민의 기본권을 침해하는 국가 권력의 불법적인 행사에 대해 복종을 거부하거나 실력 행사를 통해 저항할 수 있는 권리

③ 바람직한 정치 생활의 노력
- ㉠ 공청회: 중요한 정책사안 등에 관해 해당 분야의 학식과 경험이 풍부한 전문가나 이해 당사자 등의 의견을 듣기 위해 의회, 행정기관, 공공단체 등에서 개최하는 회의
- ㉡ 주민 참여 예산 제도: 지방자치단체의 예산 편성에 주민이 직접 참여하는 제도
- ㉢ 의정 감시단 활동: 시민이 정치에 적극 참여하여 의회의 국정 운영 상황을 감시하고 확인하는 활동

(2) 민주 정치의 발전 과정

① 고대 아테네 민주 정치
- ㉠ 직접 민주 정치: 시민들이 직접 공동체의 일을 결정하는 직접 민주 정치 실시
- ㉡ 제한된 민주 정치: 정치 참여의 시민을 성인 남자로 제한하고 여자, 외국인, 노인, 노예는 시민에서 제외

② 근대 민주 정치
- ㉠ 근대 민주 정치의 발생 배경: 근대 민주 정치는 시민 혁명을 통해 등장 → 시민이 왕권 제한 및 정치 참여 권리를 획득
- ㉡ 시민 혁명은 계몽사상, 사회 계약설, 천부 인권 사상 등이 바탕

> **■ 계몽사상**
> 인간 이성의 힘으로 무지, 불합리한 전통과 제도를 타파하여 인류 사회를 진보시킬 수 있다는 사상
>
> **■ 사회 계약설**
> 국가는 자유롭고 평등한 개개인의 계약에 의해 성립된다는 학설
>
> **■ 천부 인권 사상**
> 인간으로서 가지는 기본적인 권리는 하늘이 부여했다는 사상

㉢ 세계 3대 시민 혁명

구분	문서	의의
영국의 명예혁명 (1688)	권리 장전	의회가 국왕과의 투쟁에서 입헌주의 전통을 수립
미국의 독립혁명 (1776)	독립 선언문	최초의 민주 공화국 수립
프랑스혁명 (1789)	프랑스 인권 선언	자유와 평등, 국민 주권 원리 확립

㉣ 근대 민주 정치의 특징
- 간접 민주 정치: 대표자를 선출하여 의회를 구성하고, 의회에서 법을 제정하고 이에 따라 정치를 운영 → 대의 민주제
- 제한된 민주 정치: 여성, 노동자, 빈민, 농민 등은 정치에서 배제

③ 현대 민주 정치
- ㉠ 발달 배경: 노동자, 농민, 여성 등의 참정권 요구
- ㉡ 보통 선거 확립: 대부분의 국가에서 성별, 사회적 신분에 관계없이 일정한 연령 이상의 남녀에게 선거권 부여
- ㉢ 대의 민주주의(간접 민주 정치)
  - 시민의 대표에 의해 정치가 이루어짐에 따라 시민의 의사와 다르게 정치가 이루어질 가능성과 정치적 무관심이 증대
  - 많은 인구, 넓은 영토, 사회의 복잡화와 전문화로 직접 민주 정치 불가능
- ㉣ 발전 과제
  - 정치적 무관심 극복: 시민들이 주인의식을 가지고 정치에 적극 참여 필요
  - 사회 통합 이룩: 지역 이기주의, 집단 이기주의 등을 합리적으로 조정하여 사회 분열 방지
  - 사회적 약자의 인권 보장: 여성, 저소득층, 외국인 노동자, 장애인 등의 권리 향상을 위한 노력
- ㉤ 민주 정치의 특징
  - 국민을 나라의 주인으로서 존중하고 국민의 참여를 통해 정치가 이루어짐
  - 국민의 자유와 권리를 보장하기 위해 헌법이 마련되었고, 이에 따라 정치가 이루어짐
  - 자유와 평등을 보장하며 인간의 존엄성을 실현하기 위한 노력의 결과임
  - 법이나 제도뿐 아니라 일상생활에서도 민주 정치가 실현되고 있음

(3) 민주주의 이념과 현대 정치

① 민주주의의 의미

정치 형태로서의 민주주의	다수의 시민이 주권을 가지고 나라를 다스리는 정치 형태 예 고대 아테네의 직접 민주주의 등
생활양식 으로서의 민주주의	민주적인 삶의 원리를 생활의 모든 영역에서 실현하려는 것 예 대화, 타협, 토론, 양보, 다수결의 원리 등

② 민주주의의 이념

　㉠ 인간의 존엄성: 모든 사람은 신분, 성별, 연령, 종교, 국적 등을 초월하여 그 자체만으로 존중되어야 함

　㉡ 자유: 국가 권력이나 타인으로부터 부당하게 구속받지 않고 자신의 의지대로 행동함

소극적 자유	자연권 보장을 위해 국가권력으로부터 간섭을 받지 않는 상태를 말함 예 신체의 자유 등
적극적 자유	자유는 절대적 권리로서 어떠한 권력으로도 제한할 수 없고, 적극적으로 보장해야 할 가치를 지님 예 국가 정책에 참여할 자유

　㉢ 평등: 성별, 종교, 사회적 신분에 따라 차별하지 않고 모든 사람에게 균등하게 기회를 부여함

형식적 평등	선천적·후천적 속성의 차이를 고려하지 않고, 모든 사람을 동등하게 대우하는 절대적 평등 예 1인 1표의 평등 선거
실질적 평등	개인의 업적이나 능력에 따른 상대적·비례적 평등 예 누진세

③ 민주 정치의 기본 원리

　㉠ 국민 주권: 국가의 주권은 국민에게 있고, 모든 국가 권력의 성립과 행사는 국민의 동의를 바탕으로 해야 정당함

　　예 국민 소환, 선거권 행사 등

　㉡ 국민 자치: 국민이 직접 선거로 뽑은 대표가 국민의 의사를 대신하도록 하는 원리 → 간접 참여를 통한 주권 행사

　　예 국민 투표 제도, 주민 소환 제도, 지방 자치 제도 등

직접 민주주의	국민이 직접 국가의 중요한 정책을 결정하고 시행
간접 민주주의	국민이 선출한 대표를 통해 간접적으로 주권 행사

　㉢ 입헌주의: 헌법을 제정하고 헌법에 따라 통치가 이루어져야 함

　㉣ 권력 분립

　　• 국가 권력을 몇 개로 분리하여 서로 독립된 기관이 맡도록 함

　　• 삼권 분립: 입법권, 행정권, 사법권으로 분리하여 서로 견제와 균형이 이루어지도록 함

> ■ **주민 소환 제도**
> 지방 의회 의원이나 지방 자치 단체의 장을 임기 중이라도 주민 투표에 의해 해임시킬 수 있도록 하는 제도로, 정치권력을 직접 견제할 수 있는 강력한 제도
>
> ■ **삼권 분립**
> • 입법부(국회): 국민의 대표 기관으로서 법률을 제정
> • 행정부(정부): 제정된 법률을 집행하고, 정책을 마련하여 시행
> • 사법부(법원): 법을 해석·적용하여 법적 분쟁을 해결

④ 현대 사회와 정치

　㉠ 현대 정치 현상의 특징

　　• 다원화: 현대 사회에 다양한 개인과 집단이 등장하면서 정치 과정이 복잡·다양해지는 현상

　　• 정치 참여 확대: 국가 기관뿐 아니라 정당, 언론, 시민 단체, 국가 기관, 이익 집단 등으로 확대

　　• 전자 민주주의 등장: 정보 통신이 발달하면서 전자 민주주의가 등장

　㉡ 현대 정치의 과제

　　• 통합적·비판적 관점으로 정치적 문제를 분석 필요

　　• 민주적인 생활양식을 통해 의사 결정 필요

　　• 시민들이 적극적으로 정치에 참여 필요

> ■ **전자 민주주의**
> 인터넷 등을 통해 직접 정책 결정에 참여하는 것으로, 인터넷으로 투표를 하거나 의견을 제시하는 것

(4) 민주 정치와 정부 형태

① 의원 내각제

　㉠ 의미: 국민이 선거를 통해 의원을 선출하여 의회가 구성되고 의회가 내각을 구성하는 정부 형태(의회 다수당의 대표가 총리가 됨) → 행정부와 입법부가 매우 밀접한 관계

ㄴ 특징
- 의회 의원의 내각 각료(각부 장관) 겸직 가능함
- 의회는 내각의 불신임권을 통해 새로운 내각을 구성할 수 있음
- 수상은 의회 해산권을 통해서 의회를 견제 → 의회가 해산되면 총선거를 실시하여 새로운 의회 구성
- 총리와 내각은 의회에 법률안을 제출할 수 있음

ㄷ 장단점

장점	단점
• 국민의 정치적 요구에 민감하여 책임정치를 구현 • 의회와 내각이 협조를 통해 효율적으로 국정을 운영하고 정치적 대립을 신속하게 해결	• 하나의 정당이 의회와 내각을 장악할 겨우 다수당의 횡포 우려 • 군소 정당 난립 시 국정 운영의 혼란 초래

② 대통령제

ㄱ 의미: 국민이 선출한 대통령이 행정부를 구성하는 정부 형태 → 행정부와 입법부의 엄격한 분리

ㄴ 특징
- 의회 의원의 행정부 장관 겸직 불가
- 행정부는 의회에 법률안을 제출할 수 없음
- 행정부 수반인 대통령은 의회에서 의결한 법률안의 거부권을 행사할 수 있음
- 의회는 행정부를 불신임할 수 없고, 행정부도 의회를 해산할 수 없음
- 의회는 대통령의 권한 통제를 통해 행정부를 견제할 수 있음

  예 탄핵 소추권, 국정 감사권 등

ㄷ 장단점

장점	단점
• 대통령의 임기 중 행정부가 안정되어 정책의 지속적인 추진 가능함 • 대통령의 법률안 거부권을 통해 의회 다수파의 횡포 방지가 가능함	• 대통령에 권한이 집중되면 독재 우려가 있음 • 행정부와 의회의 대립 시 조정이 어려움

③ 우리나라의 정부 형태

ㄱ 우리나라 정부의 성격
- 대통령 단임제: 대통령의 임기는 5년이며 중임 불가
- 대통령제를 기본으로 하면서 의원 내각제 요소를 부분적으로 도입한 형태

ㄴ 내각제 요소: 국무총리제, 국회의원의 장관 겸직 가능, 국회의 국무 위원 해임 건의권, 행정부의 법률안 제출권, 장관들의 국회 출석 및 발언권

ㄷ 헌법에 나타난 우리나라 정부 형태
- 헌법 제66조 제4항, 제67조 제1항: 대통령제 채택
- 헌법 제52조, 제86조 제1항: 의원내각제 일부 도입

> ■ **대한민국 헌법**
> - 제52조: 국회의원과 정부는 법률안을 제출할 수 있다.
> - 제66조 제4항: 행정권은 대통령을 수반으로 하는 정부에 속한다.
> - 제67조 제1항: 대통령은 국민의 보통·평등·직접·비밀 선거에 의해 선출한다.
> - 제86조 제1항: 국무총리는 국회의 동의를 얻어 대통령이 임명한다.

4 정치 과정과 시민 참여

> **● 해결 Point**
>
> 현대의 다원화한 민주주의 사회에서 여러 가치 및 이익이 어떤 정치 과정을 통해 조절되며 조화를 이루는지 알아야 한다. 정치 주체의 역할 및 선거와 지방 자치 제도와 같은 대표적인 시민의 정치 참여 방식을 이해해야 한다.
>
> **● 대표 문제 유형**
>
> ❖ 다음에서 설명하는 제도는?
> ❖ 다음 내용과 관계 깊은 정치 참여 주체는?

(1) 민주 사회의 정치 과정

① 다원화된 현대 사회

ㄱ 다양한 의식의 표현
- 시민의 주권 의식과 민주주의의 성장에 따라 다양한 이익과 정치적 요구를 표현함
- 현대 사회가 복잡·다원화되면서 사람들이 추구하는 가치나 이익이 다양해짐

ㄴ 다양한 의견 수렴과 통합
- 사회 문제에 대한 다양한 입장이 정당, 이익 집단, 시민 단체 등을 통해 집약됨
- 자신의 이익 실현을 위해 정책 결정 과정에 영향력을 행사함

- 정부는 시민의 다양한 의견을 수렴하고 조절·합의·도출해 내는 것이 필요함

② 정치 과정의 의미와 단계 및 의의

　㉠ 의미: 사회의 다원적 이익들이 표출되고 집약되어 사회 통합에 이르는 과정

　㉡ 정치 과정의 단계

투입	이익 표출	개인의 다양한 요구가 드러남 → 사회적 갈등을 표출
산출	이익 집약	정당, 언론, 시민단체 등에 의해 다양한 이익이 집약됨
	정책 결정	여러 정책 안들을 검토하고 의견을 수렴한 후 정책을 결정함
	정책 집행	결정된 정책을 정부가 구체적으로 집행함
환류	정책 평가	집행된 결과에 대한 국민의 평가를 통해 문제점을 파악함
	피드백	국민의 평가를 반영한 정책 수정과 보완을 진행함

이익의 표출 개인, 이익 집단 → 여론으로 모아짐 언론, 정당, 선거 → 국가의 정책으로 결정됨 국회, 행정부

[정치 과정]

　㉢ 정치 과정의 의의

의견 수렴	사회 문제에 대한 다양한 입장이 정당, 이익 집단, 시민 단체 등을 통해 집약되어 합리적 방식으로 해결하는 데 기여함
정치화	자신의 이익 실현을 위해 정책 결정 과정에 영향력 행사 → 국가에 직접적인 압력 행사, 집회나 시위 등으로 여론을 형성함
사회 통합	정부는 여러 집단의 다양한 의견을 수렴하고 조절하여 합의를 도출함으로써 사회 통합과 발전을 이룰 수 있게 함

③ 정치 과정의 참여 주체

　㉠ 공식적 주체

정부 (행정부)	• 법률을 토대로 시민을 위한 다양한 정책을 수립하고 결정하는 역할을 담당함 • 정부는 정책 집행 과정을 통해 정책을 현실에 반영하고, 정책의 목표를 달성함
국회 (입법부)	• 법을 제정·개정·폐기하는 과정을 통해 정치 문제 해결 과정에 참여함 → 시민의 요구를 반영 • 국정 감사와 국정 조사·예산 심의와 의결 등 국가의 중요 정책·문제를 점검하고 대안을 수립함
법원 (사법부)	분쟁 시 재판을 통해 법률 또는 정책 관련 문제를 해결함

　㉡ 비공식적 주체

- 정당: 정치적 견해를 같이하는 사람들이 정권 획득을 목적으로 모인 단체

역할	국민이나 이익 집단에 의해 표출된 다양한 의견들을 조직하고 체계화하여 정부에 전달함
여당과 야당	여당은 정부를 구성하여 국민의 의사를 집약하고 정책을 결정하는 기능을 수행하며, 야당은 정부를 비판·감시·통제하는 기능을 수행함

- 이익 집단(압력 단체): 자신의 특수 이익을 실현하기 위해 정치적 영향력을 행사하고자 하는 단체

순기능	다양한 사람들의 이익 대변, 해당 분야의 전문성을 살려 정책 결정에 도움
역기능	이기적 행동으로 사회적 혼란 초래함

- 언론
  - 정책에 대한 정확한 정보 및 해설과 비판 제공 → 여론 형성 과정에서 가장 중요한 역할을 담당함
  - 올바른 여론의 형성을 위해 언론의 공정성·투명성 필요 → 언론에 의해 여론이 조작되면 국민의 뜻이 왜곡되어 정책에 제대로 반영될 수 없음
- 네티즌
  - 통신망을 뜻하는 '네트워크(Network)'와 시민을 뜻하는 '시티즌(Citizen)'의 합성어를 의미함
  - 인터넷을 이용하여 원하는 지식이나 정보를 획득하고 생산하며, 타인에게 전달할 수 있음
  - 무책임하게 왜곡된 정보가 확산되어 사회적으로 혼란을 가져오는 경우도 있음
- 시민 단체
  - 특정 집단의 이익을 추구하는 것이 아니라 공공의 이익을 추구하기 위해 시민들이 자발적으로 결성한 집단
  - 국가 권력에 대한 감시와 견제, 시민의 정치 참여 활성화 등을 수행함

■ 정당·이익 집단·시민 단체 비교

구분	정당	이익 집단	시민 단체
구성원	정치적 견해를 같이 하는 사람들의 모임	자신들의 특수 이익을 실현하기 위한 사람들의 모임	공공의 이익을 실현하기 위한 시민의 모임
목적	정권 획득	특수 이익 실현	공익 실현
정치적 책임	있음	없음	없음
상호 관련성	지지 기반 구축을 위해 이익 집단과 연계	이익 실현을 위해 정당 이용	공익 실현을 위해 정당 등 이용
공통점	정부에 압력 행사		

(2) 선거와 정치 참여

① 선거의 의미와 중요성
  ㉠ 의미: 국민을 대표해서 일할 나라의 대표자를 선출하는 과정
  ㉡ 중요성
    • 시민이 정치에 참여하는 가장 기본적이며 대표적인 방법
    • 대의 민주주의를 유지·발전시켜 민주 정치 실현의 토대 마련

② 선거의 기능
  ㉠ 대표자 선출: 시민들이 선거를 통해 자신의 대표를 선출하는 기능
  ㉡ 정치권력의 정당성 부여: 선출된 대표자에게는 합법적인 권위를 인정함으로써 정부 구성과 공권력 행사에 대해 정당성을 부여
  ㉢ 정치권력 통제: 잘못한 선출직 정치인이나 권력을 교체하고, 정부나 정당 등의 정치적 행위를 평가하는 수단
  ㉣ 정책 환류 및 평가: 공공정책을 만들거나 집행한 정치인의 정책에 대한 좋고 싫음의 의견을 표출
  ㉤ 주권 행사의 수단: 국정에 대한 대부분의 의사 결정권을 대표들에게 위탁하는 간접 민주주의에서 가장 대표적인 주권 행사 방법으로, 자신의 대표(정치적 대리인)를 직접 선택함으로써 주권자로서의 권리와 의무를 이행

③ 민주 선거의 기본 원칙
  ㉠ 보통선거: 일정한 나이가 되면 누구에게나 투표권이 주어지는 원칙
  ㉡ 평등선거: 모든 유권자가 동등한 가치를 지닌 투표권을 행사하는 원칙
  ㉢ 직접선거: 선거권자가 직접 투표소에서 대표자를 선출하는 원칙
  ㉣ 비밀선거: 유권자가 누구에게 투표했는지에 대해 비밀을 보장하는 원칙

④ 공정한 선거를 위한 기관과 제도
  ㉠ 선거 공영제: 국가가 선거를 관리하고, 선거에 필요한 비용 중 일부를 국가에서 지원 → 공정한 선거와 기회 균등 보장
  ㉡ 선거구 법정주의: 국민의 의사를 바르게 반영하고 선거구를 자주 변경하지 못하도록 선거구를 국회에서 법률로 정함 → 게리맨더링 방지
  ㉢ 선거 관리 위원회
    • 의미: 선거·투표의 공정한 관리, 정당 및 정치 자금 사무를 위한 독립된 기관
    • 선거 관리 위원회 위원: 헌법에 임기와 신분이 보장되며, 정치적 중립을 위해 특정 정당에 가입하거나 정치에 관여 불가
    • 주요 업무: 후보자 등록 및 선거 운동 관리, 투표·개표 과정 관리, 선거법 위반 행위 단속, 선거 정보 제공, 유권자 선거 참여를 위한 홍보, 정당과 정치 자금에 대한 사무 관리 등

(3) 지방 자치와 시민 참여

① 지방 자치 제도
  ㉠ 의미: 지역 주민이나 지역 단체가 스스로 자기 지역 내의 사무를 처리하게 하는 제도
  ㉡ 목적: 주민의 복지 증진
  ㉢ 기능: 주민주권 실현, 권력의 지방분권화
  ㉣ 의의
    • 민주주의 실천: 지역 주민 스스로 지역을 다스리므로 '풀뿌리 민주주의'라 함
    • 주민정치 참여: 주민이 정치에 참여할 수 있는 기회를 확대하고 지역의 주인임을 체험할 수 있기 때문에 '민주주의의 학교'라고 함

- 권력 분립: 지방 정부가 중앙 정부의 책임과 의무를 분담하여 중앙 정부의 권력 집중을 막음
  - 지역만의 정책: 주민 요구나 지역 실정에 맞는 정책의 결정과 실행을 할 수 있음
② 지방 자치 단체
  ㉠ 종류
  - 광역 자치 단체: 특별시, 광역시, 도, 특별자치도, 특별자치시
  - 기초 자치 단체: 시, 군, 구
  ㉡ 구성
  - 지방 의회(의결기관): 조례 제정, 예산 확정 및 결산 승인, 행정 사무 감사 및 조사(특별시장, 광역시장, 도지사, 시장)
  - 지방 자치 단체의 장(집행기관): 규칙 제정, 주민 복지 사무, 지방 자치 단체의 재산 관리(특별시의회, 광역시의회, 도의회, 시의회)
③ 주민의 정치 참여
  ㉠ 주민의 정치 참여의 필요성
  - 주민자치의 원리: 주민의 적극적인 참여로 정책 결정이 주민과 지역 발전을 위한 방향으로 이루어짐
  - 정치 참여와 민주 정치 발전: 주민들의 합리적인 사고와 판단에 기초한 적극적인 정치 참여를 통해 민주 정치가 발전함
  ㉡ 정치 참여의 효과
  - 지방 자치의 과정을 감시하여 책임 있는 행정을 기대함
  - 공직자들의 부정부패를 예방하는 효과가 있음
  ㉢ 주민의 지역 정책 참여 방법: 지방 선거, 주민 투표, 주민 소환, 주민 참여 예산제, 주민 청원, 공청회, 민원 제기, 서명 등

5 일상생활과 법

● 해결 Point

국가가 사회 질서를 지키고 정의를 세우기 위해 정하는 사회 규범이 법이라는 사실과 이러한 법은 일상생활과 아주 가깝게 연결되어 있음을 이해해야 한다. 법의 종류 및 재판에 대해 알아 두어 생활 속에서 발생하는 법적인 문제를 해결하는 능력을 기를 수 있도록 한다.

● 대표 문제 유형

❖ 제시된 법들의 공통적인 목적으로 가장 적절한 것은?
❖ 그림에 해당하는 재판의 종류는?

(1) 법의 의미와 목적

① 법의 의미와 특성
  ㉠ 사회 규범
  - 의미: 사회생활을 하는 데 있어서 사람들이 마땅히 지켜야 할 행동의 법칙
  - 종류

종교 규범	기독교의 십계명과 같이 종교 생활에서 지켜야 할 행위 원칙 예 널리 이웃을 사랑하라.
관습 규범	오랜 세월에 걸쳐 사람들이 지켜 온 규범 예 설날에 웃어른에게 세배를 하는 것
도덕 규범	개인의 양심적 판단에 맡기는 모든 인간의 삶의 규칙 예 부모에게 효도해야 하는 것
법 규범	국가 권력에 의해 제정되고, 강제적으로 집행되는 사회 규범 예 남을 폭행하거나 남의 신체를 해한 자를 징역이나 벌금에 처하는 것

  ㉡ 법과 도덕
  - 법과 도덕의 공통점: 인간 행동의 기준 제시
  - 법과 도덕의 비교

구분	법	도덕
목적	정의 실현	선(善)의 실현
규율 대상	행위의 결과 중시	양심이나 동기 중시
준수 근거	강제성	자율성
위반 시	국가에 의한 처벌	양심의 가책, 사회적 비난

ⓒ 일상생활 속의 법
- 유실물법: 길에서 돈이나 물건을 습득하면 신고해야 하는 것
- 저작권법: 음원 파일을 내려 받을 때 저작권료를 지불하는 것
- 주민등록법: 17세가 되면 주민등록증을 발급받는 것
- 도로교통법: 신호등을 보고 길을 건너는 것
- 초·중등 교육법: 취학 연령에 맞추어 학교에 입학하는 것

② 법의 목적과 기능

ⓐ 법의 목적
- 정의의 실현: 공동 생활을 하는 모든 사람에게 각자가 받아야 할 정당한 몫을 주는 것
- 공공복리의 증진: 다수의 이익과 행복

ⓑ 법의 이념과 기능
- 법의 이념

정의	인간의 존엄과 가치를 최대한 보장해야 함
합목적성	국가와 사회가 추구하는 이념이나 가치에 맞아야 함
법적 안정성	국민들이 안심하고 법에 따라 생활할 수 있어야 함

- 법의 기능: 분쟁 예방과 해결, 사회 질서 유지, 국민의 자유와 권리 보장, 국가의 통치 조직과 권한 규정

(2) 법의 유형과 특징

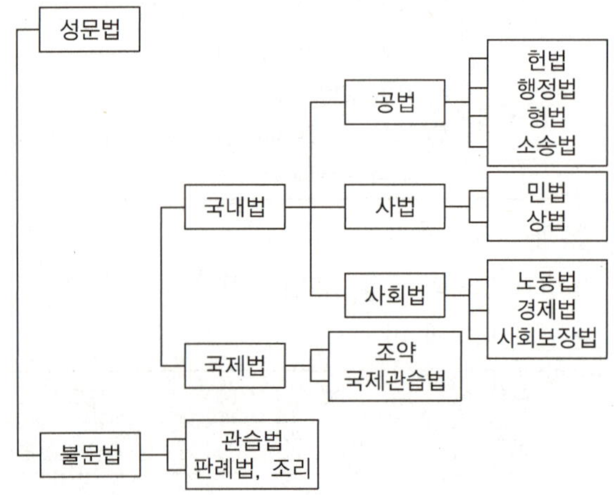

① 공법
ⓐ 의미: 개인과 국가 기관 또는 국가 기관 간의 관계인 공적 생활을 규율하는 법 → 국가가 직접 규율

ⓑ 종류

헌법	국가의 통치 조직과 통치 작용의 원리를 정하고, 국민의 기본권을 보장하는 최고법
행정법	행정권의 조직, 작용 및 행정구제에 관한 법
형법	범죄의 구성 요건과 형벌을 규정한 법
소송법	재판의 소송 절차를 규정해 놓은 절차법

② 사법(私法)
ⓐ 의미: 개인과 개인 간의 생활, 즉 사적인 생활 관계를 규율하는 법 → 국가는 법 규정에 어긋나는 경우에 한해 개입하여 분쟁 해결

ⓑ 종류

민법	개인의 재산 관리와 가족 관계에 관한 법
상법	개인들 간의 상거래에 관한 법

③ 사회법
ⓐ 의미: 사적인 생활에 공적인 제재 → 국가의 적극적 개입

ⓑ 종류

노동 관계법	근로자의 근로 조건과 노동 운동을 보장하는 법 → 근로기준법, 노동조합 및 노동관계조정법
경제법	국민 경제의 발전과 공정한 경쟁 보장을 내용으로 하는 법 → 소비자보호법, 독점규제 및 공정거래에 관한 법
사회 보장법	국민 모두에게 최소한의 인간다운 생활을 누릴 수 있도록 보장하는 법 → 국민연금법, 국민기초생활보장법 등

■ 근로기준법
단결권, 단체 교섭권, 단체 행동권(노동3권)의 보장

(3) 재판의 이해

① 재판의 의미와 기능 및 종류
ⓐ 재판의 의미: 다툼이 되고 있는 어떤 사건에 대해 법원이 해당하는 법을 밝혀 옳고 그름을 가려 선언하는 것
ⓑ 재판의 기능: 사회의 분쟁 해결, 개인의 권리 보호, 정의의 실현 등

ⓒ 재판의 종류

종류	내용	원고	피고	1심 법원
민사 재판	개인 사이의 다툼 해결	재판 청구자	재판 청구의 상대방	지방 법원
형사 재판	범죄의 유무와 형벌 결정	검사	피의자	지방 법원
행정 재판	행정 기관의 부당한 권리 침해	국민	행정 기관	고등 법원
선거 재판	선거 절차나 당선에 관한 다툼	입후보자, 유권자	선거관리 위원장, 당선인	대법원
헌법 재판	헌법 내용에 관한 다툼 해결	국민, 국가 기관	국가 기관	헌법 재판소

② 재판의 절차와 법원 구조

㉠ 재판 절차

민사 재판	원고의 소송 제기 → 당사자 호출 → 법정 변론 및 증거 조사 → 판결
형사 재판	수사 → 검사의 기소 → 공판 → 집행

㉡ 법원의 구조
- 대법원: 최고 법원, 서울에 위치
- 고등 법원: 일반적으로 2심 법원, 서울·대전·대구·부산·광주에 위치
- 지방 법원 및 지원: 보통 1심 법원, 전국에 소재
- 가정 법원: 가사 사건과 청소년 사건 담당

㉢ 대안적 분쟁 해결 방안: 재판의 한계 보완

종류	협상 (화해)	제3자의 개입 없이 분쟁 당사자들끼리 합의하여 문제 해결
	조정	제3자가 해결책을 가지고 분쟁 당사자 사이에 적극 개입하여 합의를 이끌어 내는 방법
	중재	분쟁 당사자의 합의에 따라 분쟁에 관한 판단을 법원이 아닌 제3자에게 맡겨 그 판단에 복종함으로써 분쟁을 해결하는 방법
	알선	제3자가 개입하여 당사자끼리 합의할 수 있도록 자리를 마련해 주는 방식
장점		비용이 적게 들며, 분쟁이 신속하게 해결되고 당사자 간에 이루어지는 해결책

③ 공정한 재판을 위한 제도
㉠ 사법권의 독립: 법관이 재판을 할 때 어떠한 외부의 간섭도 받지 않고 법률과 양심에 따라 판결하는 것 → 법관의 재판상 독립 보장
- 목적: 공정한 재판 → 국민의 권리 보호
- 내용: 재판의 독립, 법원의 독립, 법관의 독립

㉡ 심급 제도

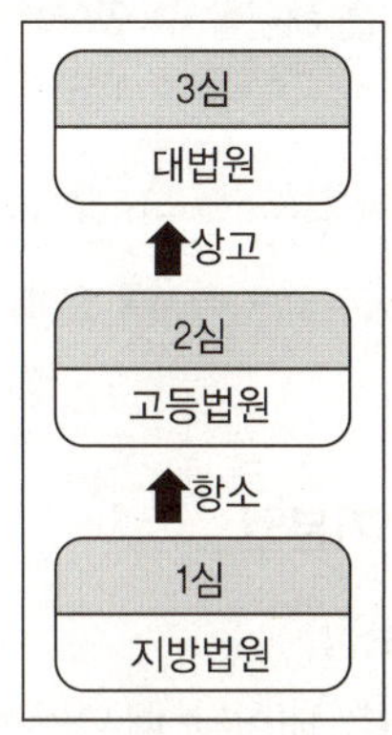

[심급 제도]

- 의미: 법관이 공개재판과 증거재판을 하더라도 오판할 수 있으므로 재판을 여러 번 받을 수 있도록 하는 제도 → 우리나라는 3심제 채택
- 상소: 하급 법원의 판결에 불복하고 상급 법원에 재판을 청구하는 것 → 항소, 상고, 항고

㉢ 공정한 재판을 위한 원칙

구분	의미	필요성
공개 재판주의	재판 과정과 결과를 공개하여 소송 당사자의 권리를 지켜주기 위한 것	소송 당사자의 인권 침해를 방지하고 불공정한 판결 방지
증거 재판주의	법관이 주관적으로 판단하는 것을 막기 위해 명확한 증거를 가지고 판결하도록 하는 것	법관의 주관적 판단에 의한 판결 방지

6 인권과 헌법

● 해결 Point

인권이란 인간은 누구나 누려야 할 기본 권리라는 사실을 알아 두며 인권과 헌법이 갖는 관계를 기반으로 우리나라 헌법에서 보장하는 기본권의 유형을 이해해야 한다. 노동권이 침해받는 현실의 사례 및 그 구제 방법이 무엇인지 탐구하여 생활 속에서 일어나는 인권과 노동권 침해 문제를 해결할 수 있어야 한다.

● 대표 문제 유형

❖ 다음에서 설명하고 있는 국민의 기본권은?
❖ 두 사람이 공통적으로 침해를 당했다고 주장하는 기본권은?

(1) 인권 보장과 기본권

① 인권과 인권 보장

ㄱ 인권의 의미: 태어날 때부터 하늘로부터 부여받은 권리 → 천부 인권

ㄴ 인권의 유형: 생명과 자유·안전을 보장받을 권리, 양심과 사상의 자유, 교육을 받을 권리, 깨끗한 환경에서 살 권리, 근로의 권리 등

ㄷ 인권의 특징: 기본적·필수적 권리, 보편적 권리, 자연적 권리, 불가침·불가양의 권리, 항구적 권리

> ■ 보편적 권리
> 성별이나 인종 등에 관계없이 인간이라면 누구나 갖는 권리
>
> ■ 항구적 권리
> 일정 기간에만 한정되는 것이 아니라 영구히 보장되는 권리

ㄹ 인권 보장의 중요성
• 인간의 존엄성을 실현하고 행복한 삶의 토대 형성
• 최소한의 인간다운 삶을 살 수 있는 기반

② 기본권

ㄱ 기본권의 의미: 헌법으로 보장된 기본적 인권 → 천부 인권 사상을 바탕으로 인간의 존엄성을 실현

> ■ 헌법 제10조
> • 모든 국민은 인간으로서의 존엄과 가치, 행복을 추구할 권리를 가짐
> • 국가는 개인이 가지는 불가침의 기본적인 인권을 확인하고 이를 보장할 의무가 있음

ㄴ 기본권 종류

구분	내용	종류
행복 추구권	인간의 존엄과 가치, 기본권 보장의 이념	–
평등권	법 앞의 평등, 동등한 기회 보장, 다른 기본권 보장의 전제 조건	성별, 종교, 직업 등에 의해 차별받지 않을 권리
자유권	• 국가권력의 간섭을 받지 않고 자신의 의사에 따라 행동할 수 있는 권리 • 가장 오래된 핵심적인 기본권, 소극적 권리	신체의 자유, 언론·출판·집회·결사의 자유 등
사회권	• 인간다운 생활을 위해 국가에 대해 요구할 수 있는 권리 • 적극적 권리, 복지 국가에서 중요시	교육권, 환경권, 근로의 권리 등
청구권	• 국가에 대해 일정한 청구를 할 수 있는 권리 • 다른 기본권을 보장하기 위한 권리	재판청구권, 손해배상청구권, 청원권, 형사보상청구권 등
참정권	정치에 능동적으로 참여할 수 있는 권리	공무원선거권, 공무담임권, 국민투표권 등

③ 기본권 침해와 구제

ㄱ 기본권의 침해: 국가나 개인이 어떤 사람의 기본권을 제대로 누리지 못하도록 기본권의 행사를 가로막거나 해를 입히는 것

ㄴ 기본권 침해 시 구제 방법

기본권을 침해한 대상		구제 방법
개인에 의한 침해		민사 소송, 형사 고소
국가 기관에 의한 침해	입법부	헌법 소원, 위헌 법률 심판 제청의 청구
	행정부	행정 심판 청구, 행정 재판 청구, 손해 배상 청구, 손실 보상 청구
	사법부	상소

④ 기본권 행사와 제한

ㄱ 기본권의 행사: 기본권의 내용을 이해하고 법에 정해진 절차에 따라 권리의 적극적 행사 필요

ㄴ 기본권 행사의 올바른 자세: 다른 사람의 기본권과 헌법 질서를 침해하지 않으면서 헌법에 보장된 기본권 행사

ⓒ 기본권의 제한

제한	국민의 기본권은 최대한 보호되어야 하지만 필요한 경우 기본권의 행사를 제한할 수 있음
제한 방법	국회에서 제정하는 법률에 따라 제한함
제한되는 경우	국가안전보장(군사 시설 보호 구역에 사진 촬영 금지), 질서유지(과속·음주 단속), 공공복리(개발 제한 구역 내 토지 이용 제한)
제한의 한계	자유와 권리의 본질적 내용은 침해할 수 없음

> ■ **기본권의 제한(헌법 제37조 제2항)**
> 국민의 모든 자유와 권리는 국가안전보장·질서유지 또는 공공복리를 위하여 필요한 경우에 한해 법률로써 제한할 수 있으며, 제한하는 경우에도 자유와 권리의 본질적인 내용을 침해할 수 없다.

(2) 인권 침해와 구제

① 인권 침해의 의미와 원인 및 유형

　ㄱ 의미: 개인이나 국가 기관이 다른 사람의 인권을 해치거나 방해하는 행위

　ㄴ 원인: 사회 구성원의 편견과 고정관념, 사회 집단의 잘못된 관습이나 관행, 국가의 불합리한 법률이나 제도 등

　ㄷ 유형

국가 기관의 침해	• 정당한 사유 없는 시민 감시 예 범죄 예방의 CCTV가 사생활 침해 • 공권력 행사에 따른 침해 예 언론·출판 검열은 표현의 자유 침해 • 공권력 불행사에 따른 침해 예 시골에 학교 미개설로 학생의 교육권 침해
개인의 침해	• 범죄 행위 예 음주운전에 따른 교통사고 상해 • 합리적인 이유 없이 불평등하게 대우하는 차별을 당한 경우 예 성별, 외모, 피부색, 나이, 국적 등

② 인권 침해 시 구제 방법

구분	의미	역할
법원	사법권 행사로 인권을 구제하는 국가 기관	• 국가 기관이나 개인에 의한 인권 침해를 재판을 통해 구제 • 타인의 권리 침해를 처벌하고 범죄를 예방
헌법 재판소	헌법 재판으로 인권을 보호하고 헌법 질서를 유지하는 국가 기관	• 헌법 소원 심판: 국가 권력에 의해 침해된 기본권을 구제하기 위해 심판 • 위헌 법률 심판: 법률이 헌법에 위배되는지 여부를 심판

③ 국가 인권 위원회

　ㄱ 의미: 인권의 전반적인 문제를 다루는 독립적인 국가 기관

　ㄴ 역할: 인권 침해 조사, 인권 침해 개선 권고

　ㄷ 한계: 법원처럼 강제력을 갖고 있지 않아서 인권 개선 기관에 권고를 해도 수용하지 않을 시에는 대처할 방법 없음

④ 국민 권익 위원회

　ㄱ 의미: 민원과 불합리한 행정 제도로 인한 침해 시 권리를 구제하는 기관

　ㄴ 역할

　　• 고충 민원의 처리를 위해 불합리한 행정 제도를 개선함

　　• 부패를 예방하고 규제하며, 부패 행위를 효율적으로 규제함

⑤ 다양한 인권 구제 기관

　ㄱ 언론 중재 위원회: 언론의 오보로 인한 명예훼손을 구제

　ㄴ 한국 소비자원: 소비자 피해에 대한 권리 침해를 구제

　ㄷ 대한 법률 구조 공단: 무료 법률 상담, 소송절차에 대한 구제

(3) 근로자의 권리와 보호

① 근로자

　ㄱ 의미: 기업가에게 근로를 제공하고 임금을 받는 사람

　ㄴ 근로 조건

　　• 근로자의 노동력 제공을 조건으로한 임금, 근로 시간, 휴식, 해고 조건 등

　　• 법률로서 근로 조건의 최저 기준을 제시

　　• 근로자와 사용자는 근로 계약을 작성하고 근로 조건을 명시

② 근로자의 권리

　ㄱ 의미: 근로 의사를 가진 사람이 국가에 근로 기회를 요구할 수 있는 권리

　ㄴ 유형: 최저 임금 보장, 근로자 권리, 근로 조건의 향상 등

ⓒ 노동 3권
- 단결권: 근로자가 기업가와 대등한 위치에서 근로 조건과 경제적 지위 향상을 도모하기 위해 단체를 결성할 수 있는 권리
- 단체 교섭권: 근로자의 단체인 노동조합이 기업가와 근로 조건에 대해 교섭하고 협약을 체결할 수 있는 권리
- 단체 행동권: 노동 쟁의가 발생한 경우 근로자가 기업가에게 대항하여 파업 등의 단체 행동을 할 수 있는 권리

> ■ 헌법 제32조
> ① 모든 국민은 근로의 권리를 가진다. 국가는 사회적·경제적 방법으로 근로자의 고용의 증진과 적정 임금의 보장에 노력하여야 하며, 법률이 정하는 바에 의하여 최저임금제를 시행하여야 한다.
> ③ 근로 조건의 기준은 인간의 존엄성을 보장하도록 법률로 정한다.

③ 노동권 침해 사례 및 구제 방법
- ㉠ 부당 해고: 결혼·출산을 이유로 퇴직 강요, 정당한 사유 없이 근로자를 해고하는 행위 → 구제 요청(노동 위원회), 소송 제기(법원)
- ㉡ 부당 노동 행위: 사용자가 노동 3권을 방해하는 행위 → 권리 구제 요청(노동 위원회, 법원)
- ㉢ 임금 체불 및 최저 임금액 미만의 지급 → 진정서 제출(고용 노동부), 민사소송 제기(법원)
- ㉣ 근로기준법에 위배되는 조건 강요

7 헌법과 국가 기관

● **해결 Point**

우리나라의 헌법이 규정한 국회, 대통령과 행정부, 법원과 헌법 재판소 등 국가 기관의 역할을 알아 두어야 한다. 또한, 권력 분립의 원리에 기반하여 각각의 국가 기관이 다른 국가 기관과 맺는 관계 속에서 행하는 주요한 기능을 이해해야 한다.

● **대표 문제 유형**

❖ 다음 내용에 해당하는 헌법 재판소의 권한은?
❖ 다음과 같은 권한을 행사하는 국가 기관은?

(1) 국회

① 국회의 의미와 위상
- ㉠ 국회의 의미
  - 선거를 통해 국민이 직접 선출한 의원들로 구성된 국민의 대표 기관
  - 국회는 입법 기능이 매우 중요하므로 '입법부'라고 함
  - 4년 마다 국회의원 선거를 실시하여 지역구 국회의원과 비례 대표 국회의원으로 구성함
- ㉡ 대의제: 국민이 직접 국정에 참여하지 않고, 대표를 선출하여 대표기관을 구성하는 제도
- ㉢ 국회의 위상
  - 국민이 투표를 통해 직접 선출한 국민의 대표
  - 민의를 반영한 법률 제정이나 개정을 진행
  - 행정부의 권력 행사를 감시·견제하여 권력 남용을 막고 국민의 기본권 보장 및 권리 증진

② 국회의 구성과 주요 기관
- ㉠ 국회의 구성
  - 지역구 국회의원: 각 지역구에서 가장 많은 득표를 얻은 1명을 국회의원으로 선출
  - 비례대표 국회의원: 각 정당의 전국 득표율에 비례하여 정당별로 의석수를 배분함
- ㉡ 국회의 주요 기관
  - 의장단: 국회의장(1명), 부의장(2명) 선출
  - 위원회: 상임 위원회, 특별 위원회
  - 교섭 단체: 국회 의사 진행에 필요한 중요 안건을 협의함
  - 본회의
    - 회의는 공개를 원칙으로 하고, 특별한 경우 비공개로 진행할 수 있음

– 각 상임 위원회에서 심사한 법률안, 예산안, 청원 등을 최종적으로 결정하는 회의
– 특별한 규정이 없는 한 재적의원 과반수 출석과 출석 의원 과반수 찬성으로 의결

③ 국회의 기능

입법 기능	법률의 개정과 수정, 헌법개정안의 제안과 의결, 조약체결에 대한 동의권
재정 기능	조세의 종목 및 세율 결정권, 예산안 심의 및 확정, 예산 집행의 결산 심사
국정 통제 및 감시·견제 기능	국정 감사, 국정 조사, 국무총리·감사원장·대법원장·헌법재판소장·대법관 임명 동의, 헌법재판소 재판관(3명)·중앙 선거 관리 위원(3명) 선출, 탄핵소추 요구 예 대통령, 국무총리, 국무위원 등을 감시·견제

(2) 행정부와 대통령

① 행정부

㉠ 행정부의 의미: 법률에 따라 정책을 만들고 집행하는 등, 국가의 활동을 집행하는 국가 기관

㉡ 행정부의 기능: 국회에서 제정한 법률을 집행하고 국가의 목적이나 공익을 적극 실현해 나가는 국가 작용

㉢ 행정부의 구성

대통령	행정부의 최고 책임자로 행정부의 일을 최종적으로 결정
국무총리	• 대통령을 보좌하며 행정 각부를 통할하여 관리·감독함(헌법 제86조). • 국회의 동의를 얻어 대통령이 임명
국무회의	• 주요 정책을 논의·결정하는 행정부의 최고 심의 기관 • 대통령, 국무총리, 국무위원으로 구성
행정 각부	• 실질적인 행정업무 처리 • 각부 장관은 국무위원 중에서 임명, 각부의 행정 사무를 지휘·감독 • 기획재정부, 교육부, 국방부, 보건복지부, 고용노동부, 외교부, 행정안전부 등
감사원	• 세입·세출 결산 검사, 행정기관의 사무와 공무원의 직무를 감찰 • 대통령 직속기관으로서 독립적인 헌법 기관

② 대통령

㉠ 대통령의 선출 및 임기

선출	민주적인 절차에 의해 국민이 직접 선출 (헌법 제67조 제1항)
임기	5년 단임제(중임 불가)

㉡ 대통령의 지위와 권한

국가 원수로서의 권한	국가를 대표	외국 정상회담 참여, 외교 사절 접견, 조약 체결 및 비준권, 선전 포고와 강화권 등
	헌법 기관 구성	대법원장, 헌법재판소장, 감사원장 등의 임명권
	국가와 헌법 수호	긴급명령권, 계엄선포권 등
	국정 조정	국회 임시회 소집 요구, 국민 투표 제안 등
행정부 수반으로의 권한	행정부 구성 및 지휘·감독권	
	국군 통수권	국군을 통솔하고 지휘
	공무원 임면권	고위 공무원의 임명과 해임
	대통령령 제정	법률 집행을 위해 필요한 사항에 대해 대통령령을 제정
	국무회의 의장	국무회의 주제, 국정을 최종 결정

㉢ 대통령 권한에 대한 통제: 입법부에 의한 통제, 사법부 및 헌법재판소에 의한 통제, 국민의 선거나 여론을 통한 통제 등

(3) 법원과 헌법 재판소

① 사법과 사법권

㉠ 사법과 법원의 기능

사법	법에 관한 다툼이 있을 때 법을 적용하고 판단하여 분쟁을 해결하는 국가 작용
법원의 기능	재판을 통해서 사법을 담당하는 국가 기관 → 사법부

㉡ 사법권의 독립: 법관이 다른 국가 기관이나 외부의 간섭을 받지 않고 절대적으로 독립하여 헌법과 법률, 양심에 따라 재판해야 한다는 원칙 → 공정한 재판을 통해 국민의 기본권 보장

② 법원 조직과 심급 제도

㉠ 법원의 조직

대법원		사법부의 최고법원, 최종심 담당, 대법원장과 대법관으로 구성
고등 법원		1심 판결의 항소심
지방 법원		1심 사건 관할, 지방 법원 단독 판사의 1심 판결의 항소심
기타	가정 법원	가사·소년 보호사건
	특허 법원	특허 관련 분쟁 해결
	행정 법원	행정작용에 관한 소송

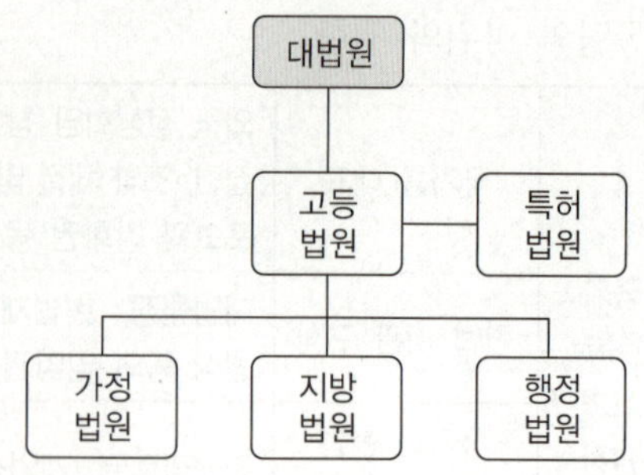

ⓛ 심급 제도

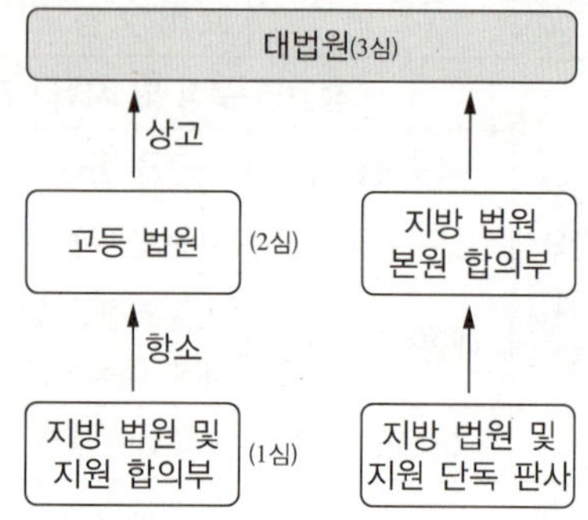

③ 헌법재판소

　㉠ 헌법재판소의 기능

헌법 수호	헌법 해설과 관련된 분쟁의 해결, 법률의 위헌 여부를 판단
기본권 보장	공권력 남용 혹은 불행사를 방지하여 기본권 침해 예방 및 구제

　㉡ 헌법재판소의 구성

　　• 헌법재판소장: 대통령이 국회의 동의를 얻어 헌법재판관 중 임명

　　• 헌법재판관: 법관의 자격을 가진 재판관 중 국회(3명)·대법원장(3명)·대통령(3명)이 총 9명 지명, 임기 6년, 연임 가능

　㉢ 헌법재판소의 권한: 위헌 법률 심판, 탄핵 심판, 정당 해산 심판, 권한 쟁의 심판, 헌법 소원 심판 등을 담당

8 경제 생활과 선택

● 해결 Point

인간이 하는 경제생활을 생산, 분배, 소비 중심으로 파악하고, 일어나는 경제 문제의 합리적인 해결 방안을 알아 두어야 한다. 또한, 경제 체제에 따라 경제 문제를 해결하는 방식이 다름을 이해하고 자유시장 경제의 두 축인 기업과 금융 활동에 대해 학습해 둔다.

● 대표 문제 유형

❖ 다음 내용에 해당하는 경제 활동의 주체는?
❖ 다음에서 설명하는 경제 활동의 예는?

(1) 경제 활동과 경제 체제

① 경제 활동

　㉠ 의미: 인간의 필요와 욕구를 충족시키기 위한 재화와 서비스의 생산·소비·분배와 관련된 활동

　㉡ 종류

생산	재화와 서비스를 만들거나 가치를 증가시키는 것 예 공장에서 물건을 만드는 일, 의사가 환자를 진료하는 일 등
소비	재화와 서비스를 사용하거나 소모하는 것 예 음악 감상, 영화 관람 등
분배	생산 활동에 대한 기여를 시장 가격으로 보상받는 것 예 직장에서 받는 월급 등

　㉢ 대상

　　• 재화: 인간의 욕구를 충족시켜 주는 눈에 보이는 물건

　　• 서비스: 인간의 욕구를 충족시켜 주는 인간의 활동
　　예 의사의 진료, 변호사의 변론, 음악가의 연주, 교사의 수업 등

　㉣ 경제 주체와 주요 활동

가계(소비 활동의 주체)	기업에 생산 요소를 제공 예 노동력, 토지, 자본
기업(생산 활동의 주체)	재화나 서비스를 만들어 시장에 공급
정부(소비·생 산 활동의 주체)	가계와 기업의 경제 활동 지원, 세금 징수, 경제 질서 유지

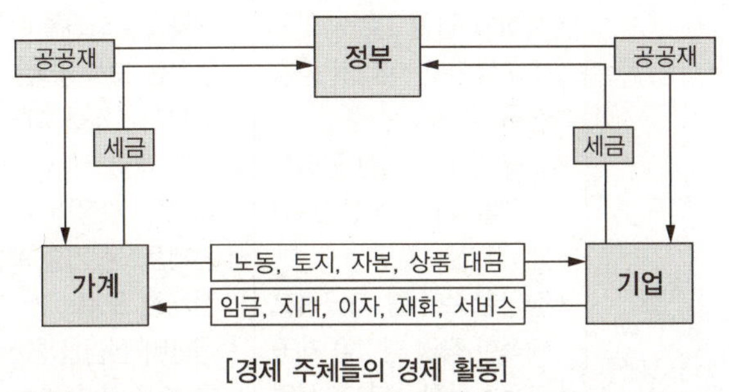

[경제 주체들의 경제 활동]

- ■ **공공재**
  여러 사람이 함께 사용하기 위해 생산된 재화와 서비스로 도로, 교육, 국방, 행정 등을 예로 들 수 있다. 생산 비용은 많이 들고 이윤은 없거나 적기 때문에 기업은 공급을 회피한다.

② 합리적인 선택

  ㉠ 자원의 희소성

    • 의미: 인간의 요구는 무한하나, 이를 충족시킬 수 있는 자원은 한정되어 있음 → 경제 문제 발생

    • 특징: 인간의 필요와 욕구에 따라 자원의 희소성 정도가 달라짐(상대성) → 난로는 북극 지방에는 많아도 희소성이 크며, 열대 지방에는 적어도 희소성이 작다.

  ㉡ 기회비용: 하나를 선택함으로써 포기해야만 하는 다른 것의 가치 중 최상의 가치

  ㉢ 합리적 선택: 경제 활동 시 최소의 비용을 들여 최대의 만족을 얻을 수 있는 것을 선택하는 것

  ㉣ 합리적 선택의 기준

비용	선택으로 지급하는 금전적 비용과 기회비용을 포함
편익	선택으로 얻어지는 경제적 이득이나 만족감
비용·편익 분석	선택으로 인한 비용과 편익을 따져 보는 것 • 동일한 비용일 때: 편익이 큰 것을 선택 • 동일한 편익일 때: 비용이 적은 것을 선택
경제 원칙 고려	경제 문제를 해결할 때 최소의 노력으로 최대의 효과를 얻으려는 원칙 → 최소 비용, 최대 만족의 원칙

  ㉤ 합리적 의사 결정 단계: 문제의 인식 → 자료 및 정보 수집 → 대안의 탐색 → 대안의 평가 → 대안의 선택 → 평가 및 보완

③ 경제 문제와 경제 체제

  ㉠ 기본적인 경제 문제

    • 의미: 자원의 희소성으로 인해 자원을 효율적으로 사용해야 하는 문제 발생

    • 종류

생산의 품목과 양	한정된 자원으로 무엇을 얼마나 생산할 것인가? → 효율성의 문제
생산 방법	한정된 자원을 어떤 방법으로 생산할 것인가? → 효율성의 문제
분배	한정된 생산물을 누구에게 분배할 것인가? → 형평성의 문제

  ㉡ 경제 체제: 기본적인 경제 문제를 해결하는 방식과 경제 양식의 전체적인 틀

    • 시장 경제 체제

의미	시장에서의 자유로운 거래를 통해 경제 문제가 자연스럽게 해결되는 경제 체제
등장 배경	시민 혁명 이후 절대왕정을 타도하고 개인주의, 합리주의, 자유주의가 확산되면서 자유로운 경제 활동이 보장되고, 산업 혁명 이후 대량 생산을 통해 물질적으로 풍요로워지면서 등장
특징	개인의 사유 재산 인정, 경제적 의사 결정에 개인의 자유 존중
장점	한정된 자원의 효율적 배분, 구성원의 창의력과 능력 발휘
단점	소득 격차 발생, 지나친 이윤 추구

    • 계획 경제 체제

의미	국가의 명령이나 계획에 따라 문제를 해결하는 경제 체제
등장 배경	시장 경제 체제에서 노동자와 자본가 간의 경제적 대립과 격차가 심해지는 문제를 해결하기 위해 등장
특징	국가 기관에 의해 모든 경제 활동이 통제되고, 사유재산 불인정, 생산 수단의 국유화
장점	경제 안정과 분배의 형평성 추구
단점	근로 의욕이 저하되고, 창의성 발휘가 어려움, 사회 전체의 생산성과 효율성이 하락

- ■ **경제 문제의 해결 주체에 따른 분류**
  - 계획 경제 체제: 국가가 계획을 세워 경제 문제를 해결
  - 시장 경제 체제: 경제 주체들이 시장을 통해 경제 문제 해결

- 혼합 경제 체제

의미	시장 경제 체제와 계획 경제 체제가 혼합된 경제 체제 – 오늘날 거의 대부분의 국가가 채택
등장 배경	경제 대공황 당시의 초기 시장 경제 체제에서는 경제 활동의 자유 최대한 보장 → 환경오염, 빈부 격차, 인플레이션 등의 문제 발생
특징	시장의 문제점을 해결하기 위한 정부의 개입
유형	시장 경제 체제가 기본인 형태에서는 복지 제도 마련 등을 위해 정부가 시장에 개입
	계획 경제 체제가 기본인 형태에서는 경제 성장을 위해 시장 경제 체제 요소를 도입

■ 대공황
1929년 미국의 주식 시장이 붕괴되면서 시작되어 1939년까지 세계적으로 지속된 경제 불황

■ 인플레이션
통화량의 증가로 화폐가치가 하락하고, 모든 상품의 물가가 전반적으로 꾸준히 오르는 경제 현상

(2) 기업의 역할과 사회적 책임

① 기업의 의미와 역할

  ㉠ 기업의 의미: 이윤을 얻기 위해 재화나 서비스를 생산하여 공급하는 생산 활동의 주체

  ㉡ 기업의 역할

- 상품 생산으로 소비자에게 필요한 상품을 공급
- 생산을 위해 노동자를 고용하여 일자리 제공
- 생산에 참여한 사람들에게 임금, 지대, 이자 등을 지급하여 가계 소득을 창출
- 세금을 납부하여 지역 경제 및 국가 경제에 기여
- 소비자가 원하는 재화와 서비스를 생산하여 소비자에게 만족감 제공
- 기술 혁신을 위한 연구 개발, 투자 등으로 경제성장을 촉진

② 기업의 사회적 책임과 기업가 정신

구분	기업의 사회적 책임	기업가 정신
의미	기업이 사회에 윤리적 · 법적 책임 의식을 가져야 한다는 것	혁신과 창의성을 바탕으로 한 생산 활동을 통해 기업을 성장시키려는 도전 정신
내용	• 안전하고 좋은 제품을 생산하여 소비자의 권익을 보호	• 시장의 변화에 능동적으로 대처하려는 새로운 경영 조직

• 사회의 일원으로 사익을 추구할 뿐만 아니라 공공성을 추구하는 것 • 법규 준수를 통한 공정한 경쟁을 하고, 투명한 기업 경영을 추구 • 정당한 보수를 지급하고 쾌적한 작업 환경을 제공 • 교육 · 문화 · 복지 사업에 적극적인 참여와 기여 • 생산과정에서 환경오염을 최소화하려는 노력	• 불확실한 미래를 예측하고 변화를 모색하려는 행동 • 고부가가치를 지닌 신제품의 개발 • 새로운 시장의 개척 • 신제품 · 신기술 개발, 품질개선 노력 • 생산비 절감을 통한 새로운 수익의 창출

■ 고부가가치
생산 과정에서 새롭게 보태어진 높은 가치를 말한다.

(3) 금융 생활의 중요성

① 생애 주기에 따른 경제 생활

  ㉠ 생애 주기: 시간의 흐름에 따라 개인의 삶이 전개되는 양상을 일정한 단계로 나눈 것

  ㉡ 생애 주기별 경제 생활

유소년기	부모의 경제에 의존하며 소비를 주로 하는 시기로, 경제적 자립도가 낮음
청년기	취업으로 소득이 발생하지만 소득과 소비가 적은 시기임
중 · 장년기	• 소득이 증가하나 자녀 교육, 주택 마련 등으로 소비도 증가하는 시기임 • 소비를 줄이고 저축을 해야 안정된 노후를 준비할 수 있음
노년기	은퇴 이후 소득이 줄어 노후 대비 자금이나 연금으로 생활함

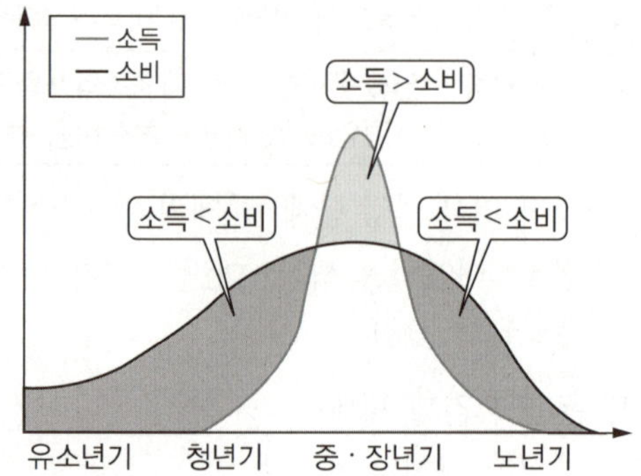

② 자산 관리의 의미와 필요성
  ㉠ 자산 관리: 저축한 자금을 얼마나, 어떠한 형태의 자산으로 투자할 것인지에 대해 계획하고 관리하는 것
  ㉡ 필요성: 미래가 불확실한 것을 대비하기 위해 자산 확보와 안정적인 경제생활을 영위하기 위해 필요
③ 합리적인 자산 관리
  ㉠ 자산의 유형
    • 금융 자산: 보험, 주식, 채권, 예금, 현금 등
    • 실물 자산: 토지·건물·집 등의 부동산, 자동차, 귀금속 등
  ㉡ 자산 관리: 자신의 소득이나 재산을 경제적 목표에 맞추어 적정한 수익을 낼 수 있도록 각종 자산에 투자하여 운용하는 것
  ㉢ 자산 관리 방법
    • 저축: 미래를 위해 현재의 소비를 억제하고 다양한 형태의 자산을 보유하는 것

종류	• 예금, 적금: 정해진 이자를 기대하고 금융 기관에 돈을 맡기는 것 • 보험, 연금: 보험 가입(위험 대비), 연금 가입(노후 준비)
특징	• 원금의 손실을 막을 수 있고 정해진 이자 수익을 얻을 수 있으므로 가장 안전적인 자산 관리 방법 • 수익성보다는 안전성을 우선시 함

> ■ **저축 상품의 종류**
> • 정기적금: 일정 기간 매월 설정된 금액을 은행에 차곡차곡 저축하고 만기 후에 돌려받는 금융 상품
> • 정기예금: 일정 기간을 정해 은행에 돈을 맡겨 놓고 만기일에 이자와 원금을 받는 금융 상품

    • 투자: 더 큰 이익을 얻기 위해 부동산, 채권, 주식 등을 구입하는 것

종류	• 부동산 투자: 부동산을 통해 임대 소득이나 자산 가치의 상승효과를 얻음 • 채권 투자: 할인된 가격으로 채권을 사서 만기 시 수익을 얻음 • 주식 투자: 증권 구입으로 배당금을 받거나 주식을 사고파는 과정에서 이익을 얻음
특징	• 저축에서 받을 수 있는 이자보다 더 큰 수익을 얻을 수 있지만 동시에 원금을 잃을 수 있는 위험도 함께 있음 • 안전성보다는 수익성이 목적임

㉣ 자산 관리를 위해 고려할 사항
  • 수익성: 투자를 통해 수익을 얻을 가능성 → 수익성이 높으면 안전성 낮음
  • 유동성: 필요할 때 현금으로 쉽게 바꿀 수 있는 가능성 → 부동산은 유동성이 낮음
  • 안전성: 투자한 원금과 이자가 보장되는 가능성 → 예금 > 채권 > 주식

> ■ **채권**
> 정부, 공공 기관, 금융 회사 등이 돈을 빌리면서 원금과 이자를 언제까지 갚을 것인지 표시하여 발행하는 증서
>
> ■ **주식**
> 주식 회사가 자본금을 마련하기 위해 투자자로부터 돈을 받고 회사 소유자라는 증표로 발행하는 증서

④ 신용 관리
  ㉠ 신용: 나중에 그 대가를 지불하기로 약속하고, 재화나 서비스를 제공받거나 돈을 빌릴 수 있는 능력을 의미함
  ㉡ 신용 거래의 유형

가계 대출	물건 구입, 서비스 이용, 주택 구입 등에 필요한 자금의 일부 또는 전부를 일정한 기간 빌리는 것
판매 신용	외상 거래, 카드 사용 등과 같이 일정한 횟수에 나누어 갚기로 하고 물건을 구입하는 것
서비스 신용	서비스를 미리 공급받아 사용한 다음 그 사용료를 지급하는 것으로, 전화·전기·상수도·도시가스뿐만 아니라 개인 휴대전화, 인터넷 요금 등이 포함

㉢ 신용 관리의 중요성
  • 신용 관리의 필요성: 신용사회에서 신용 관리를 잘못하면 정상적인 경제인으로서 살아갈 수 없고 채무 불이행자가 될 수 있으며, 사회적으로도 국가의 경제 성장에 장애 요인이 됨
  • 신용 관리의 방법: 소비를 할 때 소득을 초과하는 것을 자제하고, 상품 대금을 지불하거나 돈을 갚기로 한 약속을 반드시 지키도록 함

9 시장 경제와 가격

(1) 시장의 의미와 종류

① 시장의 의미와 발달
  ㉠ 시장: 상품을 사고자 하는 사람과 팔고자 하는 사람이 자발적으로 모여 거래가 이루어지는 곳으로 거래 비용을 절감시켜 주고 상품에 관한 정보를 쉽게 구할 수 있도록 도움 제공
  ㉡ 시장의 발달

원시 사회	스스로 만들어 쓰는 자급자족 생활
농경 사회	잉여 생산물을 다른 사람과 바꾸어 쓰는 물물교환 형태
분업 발생	각자 더 잘 만들 수 있는 품목을 나누어서 집중적으로 생산하는 분업이 발생
시장 형성	효율적 교환을 위해 일정한 장소와 시간을 정해 모이면서 시장이 형성
화폐 출현	화폐의 출현으로 교환이 좀 더 빈번해졌으며 시장 기능도 활성화

■ **화폐의 발달 과정**
물품 화폐 → 금속 화폐 → 지폐 → 신용 카드 → 전자 화폐

② 시장의 기능
  ㉠ 경제생활에 필요한 재화와 서비스의 수요와 공급을 연결
  ㉡ 상품의 거래 비용 절감 → 물건과 매매 상대를 찾는 시간, 노력 감소
  ㉢ 상품에 관한 다양한 정보 제공 → 상품의 종류, 가격, 품질, 수량 등

㉣ 경제 활성화 증대 → 상품 교환, 분업의 촉진 등으로 사회 전체의 생산성이 증대되어 경제가 활성화

③ 시장의 종류
  ㉠ 거래 형태에 의한 분류

보이는 시장	거래가 구체적으로 이루어지는 모습이 보이는 시장 예 수산 시장, 전통 시장, 남대문 시장, 대형 마트, 백화점 등
보이지 않는 시장	거래가 이루어지는 모습이 드러나지 않는 시장 예 증권 시장, 금융 시장, 외환 시장, 전자 상거래 등

  ㉡ 거래 상품의 종류에 의한 분류

생산물 시장	재화나 서비스가 거래되는 시장 예 농수산물 시장, 공연장, 병원 등
생산 요소 시장	생산 과정에 필요한 생산 요소가 거래되는 시장 예 부동산 시장, 노동시장 등

  ㉢ 기타

개설 주기	상설 시장	매일 열리는 시장 예 남대문 시장, 광장 시장 등
	정기 시장	특정 날짜에만 열리는 시장 예 3일장, 5일장 등
판매 대상	도매 시장	상인을 고객으로 하는 시장
	소매 시장	소비자가 고객인 시장

(2) 시장 가격의 결정

① 수요와 공급
  ㉠ 수요 법칙

수요	어떤 상품을 사고자 하는 의도 → 물건에 대한 필요와 욕구로 인해 발생
수요량	일정한 가격에서 사람들이 사고자 하는 수량
수요 법칙	상품의 가격이 오르면 수요량은 감소하고, 상품의 가격이 내리면 수요량은 증가
수요 곡선	가격과 수요량은 반비례 관례를 나타내는 그래프 → 우하향 곡선 형성

  ㉡ 공급 법칙

공급	일정한 가격으로 상품을 팔고자 하는 욕구 → 생산자들이 이윤을 얻고자 하기 때문에 공급이 발생
공급량	각 가격 수준에서 팔고자 하는 상품의 수량
공급 법칙	상품의 가격이 오르면 공급량은 증가하고, 상품의 가격이 내리면 공급량은 감소
공급 곡선	가격과 공급량은 비례 관계를 나타내는 그래프 → 우상향 곡선 형성

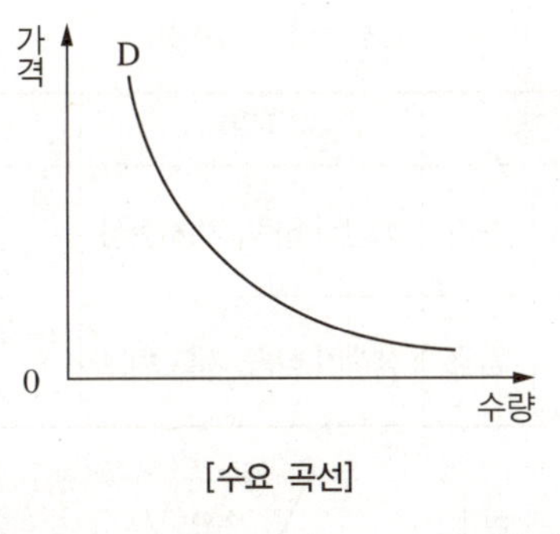

[수요 곡선]

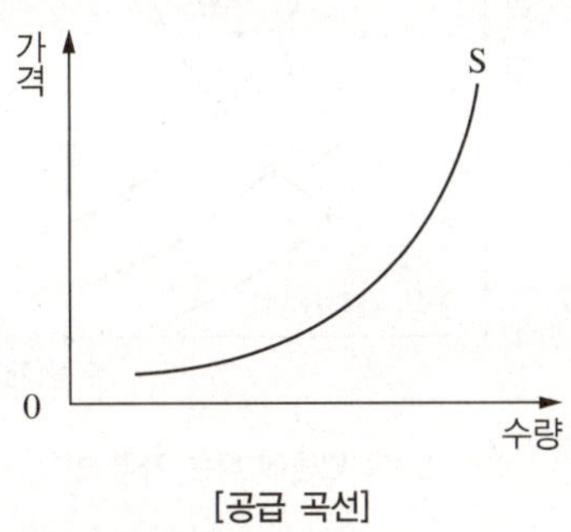

[공급 곡선]

② 시장 가격의 결정 원리

　㉠ 시장 가격(균형 가격)의 결정: 수요량과 공급량이 일치하는 점(수요량 = 공급량)에서 형성되며, 이때의 거래량을 균형 거래량이라고 함

　㉡ 시장 가격의 결정 과정

　　• 초과 공급(수요량 < 공급량): 공급자끼리의 경쟁 → 가격 하락

　　• 초과 수요(공급량 < 수요량): 수요자끼리의 경쟁 → 가격 상승

　　• 균형 상태(수요량 = 공급량): 판매 가격과 수량에 대해 수요자와 공급자가 합의 → 균형 가격(시장 가격) 결정

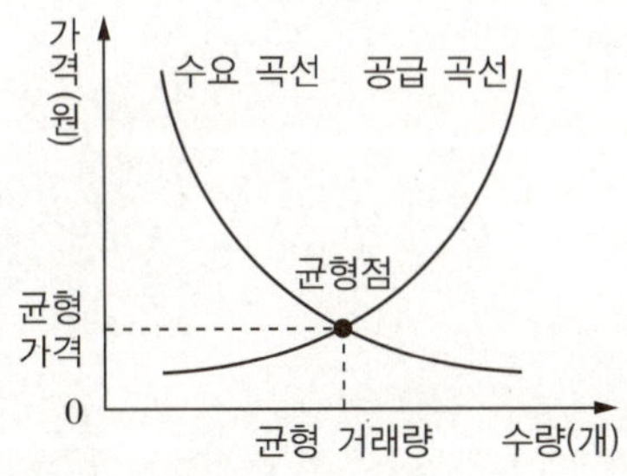

③ 시장 가격의 기능

　㉠ 경제 활동의 안내자(생산과 소비의 신호등)

　　• 의미: 상품에 대한 정보를 제공하여 생산자와 소비자 모두에게 무엇을 얼마만큼 생산 또는 소비할 것인가에 대해 신호를 보냄

• 가격 변화에 따른 생산자와 소비자의 반응

가격 상승	소비자는 소비량을 감소, 생산자는 생산량을 증가
가격 하락	소비자는 소비량을 증가, 생산자는 생산량을 감소

　㉡ 자원의 효율적 배분 기능

　　• 의미: 한정된 자원을 이용하여 어떤 상품을 얼마나 생산할 것인지 결정을 유도 → 한정된 자원이 꼭 필요로 하는 사람에게 충분히 배분되는 것

　　• 자원의 효율적 배분을 돕는 행동

생산자	가장 이윤이 많이 남는 생산량, 생산품, 생산 방법을 결정
소비자	비용을 고려했을 때 편익이 가장 큰 방향으로 소비

　㉢ 안정된 경제 질서 유지: 경제 주체들이 합리적인 경제 행위를 하도록 이끌어 안정된 시장경제 질서 유지

(3) 시장 가격의 변동

① 수요 변동과 공급 변동

　㉠ 수요 변동의 요인

의의	가격 이외의 요인이 변화하는 것에 의해 수요가 변동
특징	수요가 증가하면 수요 곡선은 오른쪽으로 이동하고, 수요가 감소하면 수요 곡선은 왼쪽으로 이동
요인	• 소비자 기호 변화 • 가계 소득 변화 • 연관 재화(대체재와 보완재)의 가격 변화 • 인구수의 변화 • 미래에 대한 예측 등

■ 대체재

　서로 다른 재화에서 같은 효용을 얻을 수 있는 재화

　예 쌀과 빵, 고기와 생선, 커피와 홍차, 버터와 마가린, 샤프펜슬과 연필 등

■ 보완재

　두 재화를 동시에 소비할 때 효용이 증가하는 재화

　예 자동차와 휘발유, 커피와 설탕, 펜과 잉크, 빵과 버터 등

ⓛ 공급 변동의 요인

의의	가격 이외의 요인이 변화하는 것에 의해 공급이 변동
특징	공급이 증가하면 공급 곡선은 오른쪽으로 이동하고, 공급이 감소하면 공급 곡선이 왼쪽으로 이동
요인	• 생산 요소의 가격 변화 • 정부의 정책(보조금 및 세금 감면) • 생산 설비의 변화 • 생산 기술의 발달 • 공급자 수의 변화 • 미래에 대한 예상

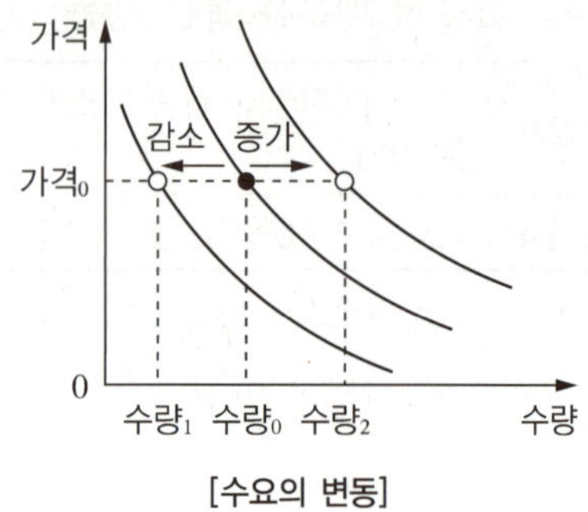

[수요의 변동]

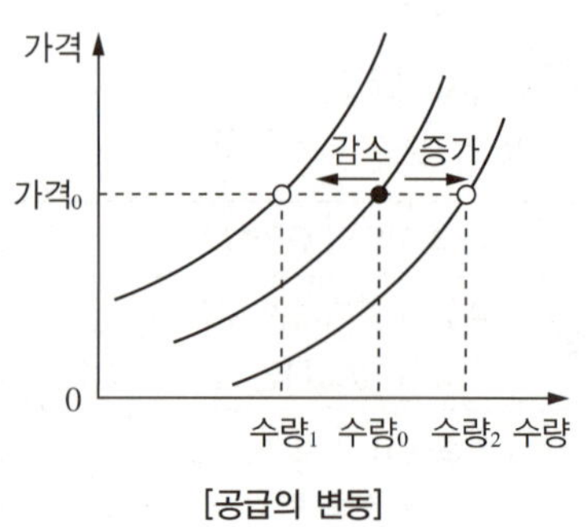

[공급의 변동]

② 시장 가격의 변동 과정

㉠ 수요 변동에 따른 가격 변화

구분		원인	결과
수요	증가	소득·기호의 증가, 대체재 가격의 인상, 보완재 가격 하락, 인구 증가, 상품 가격 상승 예상 등	수요 곡선 우측 이동 → 가격 상승
	감소	소득·기호의 감소, 대체재 가격의 하락, 보완재 가격 상승, 인구 감소, 상품 가격 하락 예상 등	수요 곡선 좌측 이동 → 가격 하락

ⓛ 공급 변동에 따른 가격 변화

구분		원인	결과
공급	증가	생산비 하락, 기술 향상	공급 곡선 우측 이동 → 가격 하락
	감소	생산비 상승, 기술 퇴보	공급 곡선 좌측 이동 → 가격 상승

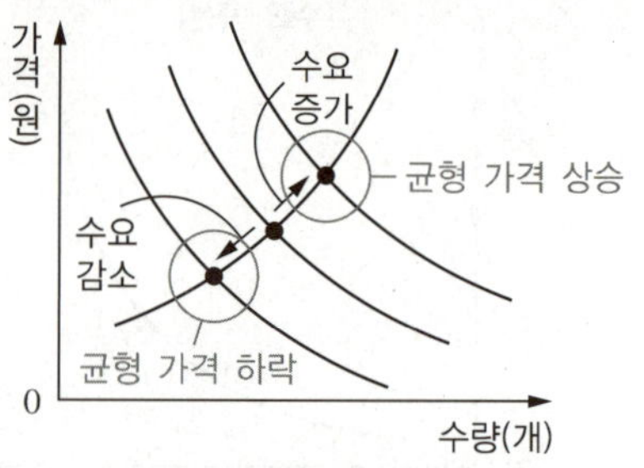

[수요 변동에 따른 가격 변화]

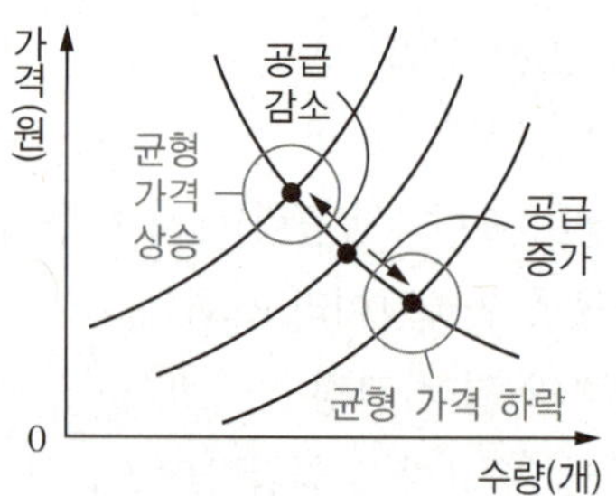

[공급 변동에 따른 가격 변화]

10 국민 경제와 국제 거래

(1) 국내 총생산과 경제 성장

① 국내 총생산

  ㉠ 국민 경제 지표

의미	• 국민 경제 활동(생산, 고용, 물가 수준)의 전체적인 수준을 총량화하여 나타내 주는 지표 • 한 나라의 경제 주체인 가계, 기업, 정부 등이 1년 동안 경제 활동을 한 결과를 보여 주는 국가의 종합적인 경제 성적표
종류	국내 총생산, 국민 총생산, 물가 상승률, 경제 성장률, 실업률 등

  ㉡ 국내 총생산(GDP)

  • 국민 소득 측정에 가장 일반적으로 이용되는 지표로 국민 경제의 생산 수준, 고용 수준 및 물가 수준을 재는 척도

  • 한 나라의 영토 안에서 일정 기간(1년) 새롭게 생산한 모든 최종 생산물의 재화와 서비스 가치를 합산한 것

  • 자국민의 국내 생산 + 외국인의 국내 생산

  • 한 국가의 생산 수준을 나타내는 중요한 지표이며, 국가 간 경제력과 산업 구조 및 생활 수준을 비교하기에 용이

  ■ 국민 소득
  • 유용성: 한 국가의 종합적인 경제 활동 수준과 국민의 생활 수준을 파악하기 위한 경제 지표
  • 국민 경제의 3측면: 생산, 분배, 지출
  • 국민 소득 3면 등가의 법칙: 생산 국민 소득 = 분배 국민 소득 = 지출 국민 소득

  ㉢ 1인당 국내 총생산(GDP)

  • 국내 총생산을 그 나라의 총 인구로 나누는 수치

$$1인당\ GDP = \frac{국내\ 총생산}{총\ 인구}$$

  • 국민들의 평균 소득을 파악할 수 있는 지표

  ㉣ 국내 총생산의 한계

  • 시장 가치만 반영되고 삶의 만족도를 높이는 봉사활동 등은 거래되지 않는 활동으로 포함되지 않음

  • 여가의 가치 누락 → 여가만큼 생산 활동이 줄며 총생산도 감소함

  • 범죄 행위, 공해, 교통사고 등 국민의 후생 복지를 떨어뜨리는 피해는 국내 총생산에 반영되지 않음

  • 소득 분배 상황을 간과함 → 한 나라의 소득 분배 상태나 빈부 격차의 정도를 알 수 없어 국민 개개인의 생활수준의 측정이 불가함

  • 가사 노동이나 지하 경제의 규모가 전혀 반영되지 않음

  • 해당 국가에서 화폐의 구매력을 간과함

② 경제 성장

  ㉠ 경제 성장: 한 나라의 경제 규모가 지속적으로 커지고 생산 능력이 확대되는 것으로 경제 성장률을 통해서 나타남

  ㉡ 경제 성장률: 한 나라의 경제 활동 수준의 변화를 보여주는 지표 → 국민 경제의 실질 성장 속도를 알 수 있음

$$경제\ 성장률 = \frac{금년도\ 실질\ GDP - 전년도\ 실질\ GDP}{전년도\ 실질\ GDP} \times 100$$

  ㉢ 경제 성장의 영향

긍정적인 면	평균 수명, 교육 수준 등이 높고 사회 통합을 위한 노력이 이루어지는 경향이 있어 삶의 질 향상을 돕기도 함
부정적인 면	경제 활동 시간의 증대로 인한 여가 감소와 환경오염의 증가에 따라 삶의 질 향상을 저해하기도 함

  ㉣ 경제 활동의 변동

  • 경기 변동: 한 국가의 경제 상황이 상승과 하강을 반복하는 현상을 의미함

• 국내 총생산의 증감

국내 총생산의 증가	국민 소득의 증가 → 소비·생산·투자 활동의 증가
국내 총생산의 감소	국민 소득의 감소 → 소비·생산·투자 활동의 위축

㉤ 경제 성장을 위한 노력: 가계의 합리적 소비와 저축, 근로자의 생산성 향상, 기업의 투자 및 연구 개발 노력

(2) 물가와 실업

① 물가 상승

㉠ 물가와 물가 지수

• 물가: 시장에서 거래되는 여러 상품의 가격을 종합하여 평균한 것

• 물가 지수: 기준시를 100으로 하여 비교시의 물가 변동 정도를 백분율로 표시한 것

소비자 물가 지수	가계의 소비 생활에서 직접적으로 소비되는 생활필수품을 대상으로 통계청이 작성하여 발표하는 물가 지수
생산자 물가 지수	생산자가 필요한 상품의 가격 변동을 위와 같은 방법으로 산정

㉡ 인플레이션

• 의미: 시장에서 물가가 일정 기간 지속적으로 오르는 현상

• 원인

초과 수요 인플레이션	통화량의 증가, 재정 지출 증가 등으로 인해 한 나라의 총수요가 총공급을 초과하여 발생한 인플레이션
비용 인상 인플레이션	임금, 지대, 수송비, 원자재 가격 등의 생산비 상승으로 인해 발생하는 인플레이션
관리 가격 인플레이션	독과점 기업들이 극대 이윤을 가져다주는 수준에서 가격을 결정함으로써 발생하는 인플레이션

㉢ 인플레이션의 영향

화폐가치의 하락		일정한 금액에 구입할 수 있는 재화의 양이 줄어들어 화폐의 구매력이 하락
부와 소득의 불공평한 재분배	유리한 자	실물 자산(부동산) 소유자, 채무자, 수입업자
	불리한 자	금융 자산(현금·저축예금) 소유자, 채권자, 수출업자, 봉급 생활자
불건전한 경제 활동		단기 수익을 노리는 투기 활동 성행, 저축 감소

경제 성장 저해		근로 의욕 상실, 기업 투자 활동 위축 → 경제 성장 저하
국제 수지 악화	유리한 자	수입업자 → 수입 증가
	불리한 자	수출업자 → 수출 감소

㉣ 인플레이션의 대책

• 정부의 긴축 재정, 세금 징수 확대, 생활필수품의 가격·공공요금 등의 인상을 억제

• 중앙은행의 이자율 인상으로 시중의 통화량을 축소하고, 소비와 투자를 억제

• 기업은 기술개발과 경영 혁신으로 생산성 향상

• 근로자의 생산성 향상 노력과 과도한 임금 인상 요구의 자제

• 가계는 과소비, 충동구매를 억제하고 건전하고 합리적인 소비 생활을 지향

② 실업

㉠ 실업과 실업률

• 실업: 일할 능력과 의사가 있음에도 불구하고 일자리가 없어 노동의 기회를 얻지 못하고 있는 상태

• 실업률: 한 나라의 경제 활동 인구 중에서 실업자가 차지하는 비율로 표현

$$실업률 = \frac{실업자\ 수}{경제\ 활동\ 인구} \times 100$$

■ **경제 활동 인구**
노동 가능 인구(15세 이상 인구) 중 비경제 활동 인구를 뺀 나머지(취업자 + 실업자로 표시)

■ **비경제 활동 인구**
주부, 학생, 노약자, 군인 등

㉡ 실업의 종류

자발적 실업	일할 의사는 있으나, 주어진 시장 임금으로는 일할 의사가 없기 때문에 실업으로 있는 상태
비자발적 실업	주어진 시장 임금으로 일할 의사가 있음에도 불구하고 유효 수요의 부족으로 실업인 상태
마찰적 실업	직장을 그만두고 새로운 일자리를 찾으면서 발생하는 실업
경기적 실업	경기 침체로 발생하는 실업
계절적 실업	특정 업종에서 계절적 변화에 따라 고용이 줄면서 나타나는 실업
구조적 실업	산업 구조의 변화나 기술 발달로 일자리가 없어지면서 발생하는 실업

ⓒ 실업의 영향과 대책
- 실업의 영향

개인적 차원	생계 유지 곤란, 소득과 자신감 상실, 자아 실현의 기회 상실
사회적 차원	유능한 인적 자원의 낭비, 사회·정치적 불안 요인 증가

- 실업 대책

적절한 인력 정책	인력 개발, 기술 교육, 재교육 실시로 사회 변화 적응, 새 기술 습득
농한기 대책과 같은 대체 고용 기회 확대	농촌 가내 공업 육성
경기 활성화 정책	세율 인하, 공공사업 시행(고용 기회 확대), 통화 공급을 이용하여 기업의 생산 활동 지원

(3) 국제 거래와 환율

① 국제 거래

㉠ 국제 거래의 의미와 대상

의미	국경을 초월하여 생산물 및 생산 요소의 모든 경제적 거래가 이루어지는 것
대상	생산 요소(자본, 노동 등), 생산물(재화와 서비스)

㉡ 국제 거래의 특징
- 생산 요소(인력, 자본, 기술)의 이동이 국내 거래만큼 자유롭지 못함
- 나라마다 화폐 제도와 단위가 다르기 때문에 국제통화를 매개로 거래가 이루어지는데, 국제통화를 사용하기 위해서는 자국의 화폐와 국제통화 간의 교환 비율인 환율을 결정해야 함
- 상품 생산비의 차이로 국가마다 상품 가격에 차이가 발생하는 것은 부존자원, 생산 기술의 차이 때문임

> ■ **국제통화**
> 금이나 달러 같이 국제적으로 통용되는 화폐
>
> ■ **부존자원**
> 한 나라가 가지고 있는 생산에 필요한 모든 요소를 말한다. 부존자원은 지하자원, 기후와 같은 천연 자원, 노동력을 제공하는 인적 자원, 지식, 사회 제도 등과 같은 사회·문화적 자원이 있다.

ⓒ 국제 거래의 필요성
- 생산비의 차이 극복: 각 나라마다 부존자원이 다르며, 기타 생산 요소의 질과 양에 차이가 발생함
- 경제적 이익 추구: 국제 거래를 통해 생산비가 싼 제품을 수입하고, 경쟁력을 갖추고 있는 제품을 수출하여 이익을 얻음
- 세계화의 가속화: 국제적으로 고립되지 않기 위해 세계 전체 또는 지역 단위의 경제 협력 기구에 가입할 필요성이 커짐

ⓒ 국제 거래의 양상
- 상품뿐 아니라 생산 요소와 서비스에 이르기까지 품목이 다양해지고, 규모도 지속적으로 증가하고 있음
- 세계 무역 기구(WTO)의 주도로 자유 무역이 확대되었으며, 각국끼리 경제 협력체를 구성하여 교역을 통한 실리를 추구하고 있음

ⓜ 국제 거래의 형태
- 국제 거래의 규모·대상의 확대: 국제 거래가 세계화·개방화됨에 따라 거래품목 및 거래량의 규모도 더욱 커지고 다양해지고 있음
- 국가 간의 경제 협력 강화: 경제적 이해관계를 같이하는 나라들이 서로 경제 협력체 혹은 자유무역협정을 체결하여 경제적 효율성 향상과 경쟁력을 강화하고 있음

② 환율

㉠ 환율과 기축 통화
- 환율: 외국 화폐 1단위로 교환되는 자국 화폐의 단위로 표시
- 기축 통화: 세계 외환 거래의 중심 화폐인 미국의 달러화

  > 예 미화 1달러가 우리나라 원화 1,000원과 교환 → 환율은 1,000원/달러

㉡ 환율의 결정: 외환 시장에서 외화에 대한 수요와 공급이 일치하는 수준에서 결정되며, 환율은 외화의 값으로 각국의 화폐가 가지는 구매력으로 결정

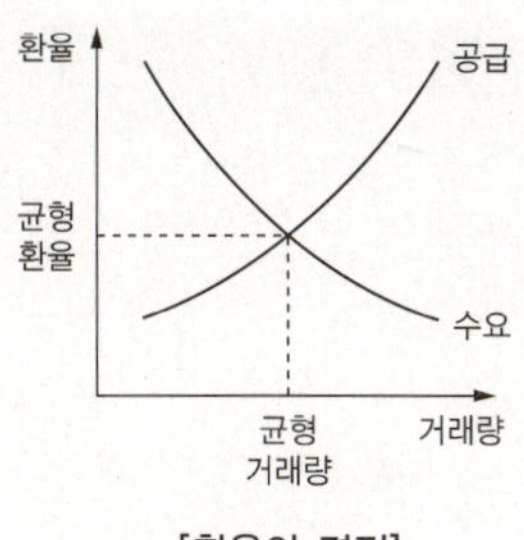

[환율의 결정]

ⓒ 환율의 변동: 외환의 수요 요인과 공급 요인이 변동하면 균형 환율이 변동

외화의 수요	물품의 수입, 해외여행, 외국으로의 차관 상환, 국내 소득 수준의 변화, 국내외 금리 차이, 해외 투자의 증감 등
외화의 공급	물품의 수출, 외국인 국내 여행, 국내외 금리 차이, 해외 소득의 변화 등

ⓡ 환율 변동의 요인

물가	물가가 오르면 수출 감소, 수입 증가, 환율 상승
통화량	통화량이 증가하면 돈의 가치가 하락하여 환율 상승, 그 반대는 환율 하락
경제 성장	경제 성장률이 높으면 우리나라에 투자할 외국인이 늘어나 오히려 환율 하락
금리	우리나라의 금리 수준이 외국보다 높으면 외국 투자자가 우리나라에 예금하여 돈의 공급이 늘어나서 환율 하락
정치·사회적 요인, 외환 투기	정치가 불안정한 나라의 돈은 가치가 하락

ⓜ 환율 변동의 영향

구분	국제 수지 (경상 수지)	경제 성장	물가	외채 상환 부담
원화 평가 절상 (환율 하락)	악화	하락	하락	감소
원화 평가 절하 (환율 상승)	개선	상승	상승	증가

■ 환율의 상승과 하락

환율 상승 시	환율 하락 시
• 원화 가치 하락	• 원화 가치 상승
• 수출 증가, 수입 감소	• 수입 증가, 수출 감소
• 경상 수지 개선	• 경상 수지 악화

11 국제 사회와 국제 정치

● 해결 Point

국제 사회는 주권 국가를 기본 단위로 이루어지며 각각의 주권 국가가 자국의 이익을 가장 중요하게 여기고 우선순위에 둠에 따라 갈등과 경쟁이 일어나지만, 또한 공존하기 위해 협력하고 있음을 알아 둔다. 우리나라와 관련한 국가 간 갈등 문제가 무엇인지 파악하고 이러한 갈등을 해결하고자 하는 능동적인 자세를 취해야 함을 이해해야 한다.

● 대표 문제 유형

❖ 다음에서 설명하는 환경 문제는?
❖ 다음 내용이 설명하는 국제기구는?

(1) 국제 사회의 이해

① 국제 사회의 특징
  ㉠ 국제 사회의 의미
    • 여러 나라들이 서로 밀접한 관계를 맺으면서 영향을 주고받는 사회
    • 주권을 가진 국가를 기본 구성 요소로 하여 상호 관계가 이루어지는 사회
  ㉡ 국제 사회의 특징
    • 힘의 논리 지배: 약소국보다 강대국이 더 큰 영향력을 행사함
    • 자국의 이익을 최우선으로 추구: 각국의 이해관계 충돌 시 분쟁 발생
    • 협력과 갈등이 공존하는 사회
    • 무정부 상태: 강제력을 지닌 중앙 정부가 존재하지 않음
    • 국가가 중심: 국제 사회의 기본 구성단위는 독립된 개별국의 모임

② 국제 사회의 행위 주체
  ㉠ 국가
    • 국제 사회를 구성하는 가장 기본적인 행위 주체
    • 일정한 영토, 국민, 주권을 갖고 독립적으로 행동
    • 국제 사회에서 법적 지위를 갖고 여러 가지 공식적인 활동을 하는 자격이 있음
  ㉡ 국제기구

정부 간 기구	각 나라의 정부를 회원국으로 함 예 세계 보건 기구(WHO), 국제 연합(UN), 동남아시아 국가연합(ASEAN) 등
국제 비정부 기구	시민 개개인, 민간단체를 회원으로 함 예 국경 없는 의사회, 그린피스, 국제 사면 위원회 등

ⓒ 다국적 기업: 세계 여러 나라에 계열 회사를 거느리고 국제적 규모로 상품을 생산·판매하면서 국가 간의 경계를 넘나들며 활동함

예 코카콜라, 맥도널드, IBM 등

ⓐ 기타: 국제적인 영향력을 행사하는 개인(강대국 국가 원수, 국제 연합 사무총장), 개별 국가 내의 지방 정부, 소수 민족 등

ⓑ 국제 사회의 행위 주체가 국제 관계에 미치는 영향

- 오늘날 국제 사회의 행위 주체들의 다양한 영향력 증대
- 국제기구: 국가 간 분쟁 조정, 국제 평화 달성 노력
- 다국적 기업: 세계 경제 문제와 관련하여 새로운 국제 질서를 형성

- **그린피스**
  환경보호와 평화의 증진을 목표로 비폭력 및 직접 행동 등으로 변화를 추구

- **국경 없는 의사회**
  정치·종교·인종·이념을 초월하여 도와주는 국제 민간의료 구호 단체

- **국제 사면 위원회**
  전 세계 인권 침해 사례를 찾아내서 국제 사회에 발표하며, 정치범의 석방과 구제를 위해 노력하는 국제기구

---

(2) 국제 사회의 모습과 공존 노력

① 국제 사회의 경쟁과 갈등

ⓐ 현대의 국제 사회

세계화의 확산	국가 간 활발한 교류로 국경의 의미가 약화되어 국가 간 접촉이 증대
경쟁과 갈등	• 인종과 민족으로 인한 분쟁, 종교의 차이로 인한 경쟁과 갈등 • 자원 확보를 둘러싼 경쟁과 갈등, 환경오염 문제로 인한 경쟁과 갈등 • 국가 간 접촉이 늘어나며 국제 사회에 경쟁과 갈등 증가

ⓑ 국제 사회의 경쟁과 갈등 원인

- 자국의 이익을 우선시하는 국제 사회의 특성 때문
- 국제 사회 행위 주체(예 국가, 국제기구, 다국적 기업)의 이해관계에 따라 경쟁 격화 → 갈등과 분쟁 증가

ⓒ 국제 사회 갈등의 원인과 사례

발생 원인	분쟁 사례
민족	이스라엘과 팔레스타인, 중국과 티벳, 쿠르드족 분쟁, 스리랑카 분쟁
종교	인도(힌두교)와 파키스탄(이슬람교), 아랍인(이슬람교)과 유대인(유대교)
자원 확보	남중국해 영유권 분쟁, 석유를 둘러싼 갈등, 나일강의 물 분쟁
환경 오염	국제 환경 단체와 개발 위주의 정책을 수행하는 개별 국가

② 국제 사회의 협력

ⓐ 외교를 통한 노력

- 협상과 설득 → 국가 간의 이해관계를 조정하고, 힘의 논리로 위협과 압력
- 국가의 대외적 위상과 이미지를 향상
- 대외적 갈등으로 인한 손해를 사전에 예방
- 지구촌의 공동문제를 해결

  예 환경오염, 지구온난화
- 해외 자원시장의 평화적인 시장 확보로 정치·경제적 이익을 획득

ⓑ 외교의 유형

공적 외교	공식적인 외교 사절 파견, 국가 간 정상회담
사적 외교	스포츠, 문화 등에서 다양한 교류 예 K-pop, 올림픽

ⓒ 국제 사회의 협력

- 인권 선언, 국제 환경 협약, 국제 안보 등의 다양한 국제 사회의 결의안 채택
- 지속 가능한 발전 목표(SDGs)로서 국제 연합이 지구의 환경 문제, 기아 문제, 양성평등 문제 등을 국제 사회의 최대 공동 목표로 채택
- 우리나라는 공적개발원조(ODA)를 통해 개발도상국에 자금 등을 지원하여 경제 성장에 기여

(3) 우리나라와 주변국의 갈등과 해결

① 우리나라가 직면한 국가 간 갈등

　㉠ 주변국과의 갈등

일본	중국
• 독도 영유권 문제: 일본은 일본해로, 우리는 동해로 표기할 것을 주장함 • 역사 교과서 왜곡 문제: 현재 왜곡된 역사가 담긴 교과서 발행함 • 일본군 위안부 문제: 일본은 일본군 위안부를 공식 인정하지 않음	• 동북공정을 통한 고구려 역사 왜곡 문제 • 미세먼지 등의 환경 문제 • 중국 어선의 배타적 경제 수역 침범과 불법 조업 문제

　㉡ 독도 영유권 갈등

우리나라	일본
독도 문제는 역사적 근거에 따라 판단해야 한다고 주장함	독도 영유권 문제 → 영토 분쟁으로 확대, 국제사법 재판소에서 해결하고자 함

> ■ 역사 속의 독도
> • 신라 지증왕 512년, 이사부는 우산국을 정벌, 신라의 한 지방으로 편입시켰다. 우산국의 세력권에 있던 독도도 신라의 영토가 되었고 신라에 이어 고려, 조선의 통치를 받았다.
> • 이 내용은 고려 때 김부식이 쓴 『삼국사기』 권4에 기록되어 있고, 이밖에 영토를 정의하고 해석한 『동국여지승람』, 『신증동국여지승람』에도 울릉도 우산도가 강원도 울진현에 소속된 섬이라고 기록되어 있다.
> • 고지도(팔도총도, 동국대전도, 조선전도)에도 울릉도와 독도가 뚜렷하게 그려져 있고, 외국 지도인 일본의 삼국접양지도, 대일본분견신도, 러시아의 조선동해안도도 대표적인 자료들이다.

　㉢ 중국의 동북공정 추진으로 인한 갈등

우리나라	중국
• 고대 유적과 유물에 대한 연구 및 보전을 해야 함 • 고조선사, 고구려사, 발해사 등에 대한 지속적 관심을 가져야 함 • 남북통일 후 동북 지역의 영토 분쟁에 대비해야 함	고구려와 발해의 역사를 중국 역사로 편입시키고자 함

② 국제적 갈등의 해결방안

　㉠ 사태를 논리적·합리적 자세로 진단하고 전략적 방안으로 대응함

　㉡ 정부 차원에서 역사적 근거자료의 수집과 분석, 외교적인 홍보 등을 실시하고, 국민과 학계, 시민 단체는 적극적인 참여와 실천의지를 가짐

　㉢ 우리 주장을 국제 사회에 알려 공감대 형성을 이끌기 위한 노력을 꾸준히 진행함

　㉣ 국제 사회에서 다양한 주체들과 상호 협력함

12 사회 변동과 사회 문제

● 해결 Point

현대 사회의 주요 변동 양상인 세계화와 산업화 및 정보화가 어떠한 형태로 나타나고 있는지 파악해야 하고, 이러한 변동 속에 발생하는 문제가 무엇인지 이해해야 한다. 고령화와 저출산, 다문화 사회로의 변화 등 현재 한국 사회가 어떻게 변화하고 있는지 그 경향을 이해하고 대응 방안을 생각해 보는 것이 문제 해결에 도움이 된다.

● 대표 문제 유형

❖ 다음을 통해 변화된 사회의 모습은?
❖ 최근 우리나라의 사회 변동 모습으로 옳지 <u>않은</u> 것은?

(1) 현대 사회의 변동과 특징

① 사회 변동의 이해

　㉠ 사회 변동: 사회의 질서나 제도, 정신적·물질적 문화, 가치관 등이 부분적이나 전체적으로 변화하는 것

　　• 도덕이나 법률, 사회 제도와 같은 사회 구조가 변함

　　• 인간의 습관이나 태도, 신앙, 환경에 대응하는 방식 등이 변함

　㉡ 현대 사회의 변동 특징

　　• 빠른 변화 속도: 현대 사회로 올수록 사회 변동의 속도가 빨라짐

　　• 광범위한 영역의 변화: 정치, 경제, 사회, 정치 전반에 걸쳐 변화함

　　• 새로운 변화의 등장: 사이버 공간 → 3차적 인간관계의 등장

② 현대 사회의 변동 요인

㉠ 과학 기술(정보 통신 기술)의 발달

농기구와 농업 기술 발달	수렵 사회 → 농업 사회
증기 기관과 제조업 기술 발달	농업 사회 → 산업 사회
컴퓨터와 정보 통신 기술의 발달	산업 사회 → 정보화 사회

㉡ 사회 구성원의 신념이나 가치관의 변화

과거	불평등한 삶을 운명으로 여김, 특정한 사고방식에 끌려 다니기도 함
오늘날	잘못된 사회 제도나 가치에 저항하고 보다 나은 사회 건설을 위해 노력함

㉢ 정부의 정책: 정부의 정책에 따라 그 사회의 모습이 달라짐

㉣ 기타: 기후, 자연환경, 인구의 변화 등

③ 산업화와 도시화

구분	산업화	도시화
의미	산업의 중심이 농업에서 제조업 위주의 사회로 변화하는 과정	도시의 확장으로 농촌 인구가 도시로 이동하며, 도시에 거주하는 인구의 비율이 증가하는 현상
특징	농업 인구 감소와 거대한 노동자 집단 형성, 대량 생산·대량 소비 가능, 물질적 풍요	• 교통·주택·범죄 문제 등의 발생 • 산업화의 진전과 함께 이촌향도 현상이 발생
우리나라의 산업화와 도시화	• 1960년대부터 정부 주도의 급속한 산업화와 함께 도시화 진행 • 생활수준과 삶의 질 향상 ↔ 환경 파괴, 상대적 빈곤감과 박탈감 형성, 범죄의 증가	

④ 세계화

㉠ 세계화의 의미: 교통·통신의 발달로 세계가 하나의 지구촌으로 통합되면서 거대한 공동체를 형성하여 긴밀하게 상호 의존하는 현상

㉡ 세계화의 배경: 국제적 분업과 생산 요소의 국제적 이동 증가, 정보 통신 분야의 혁명, 세계 경제 체제의 통합

㉢ 세계화의 영역

정치적인 면	어느 나라도 자기 내부의 일이 생겼을 때 외국의 입장을 고려하지 않고 마음대로 처리할 수 없음 → 국제기구와 비정부 기구의 역할 증대
경제적인 면	이익이 남는 곳을 찾아 자본, 기술, 정보가 국경을 넘어 이동 → 다국적 기업의 역할 증대
사회·문화 적인 면	정보·통신 기술의 발달로 모든 세계가 하나의 망(Network)으로 구축 → 의식주 생활양식, 사고방식 등이 세계적으로 보편화

㉣ 세계화의 영향: 세계 무역 기구(WTO), 유럽 연합(EU), 북미 자유 무역 협정(NAFTA), 아시아 태평양 경제 협력체(APEC) 등의 지역 협력체 형성과 국가 간 상호 의존도 심화

㉤ 문제점: 약소국의 문화적 정체성 상실 우려, 국가 간 빈부 격차 심화

■ 국제기구 협정
• 세계 무역 기구(WTO): 세계 무역 질서를 위해 국가 간 경제 분쟁을 조정하는 국제기구로, 세계화와 함께 무한 경쟁 시대로 돌입하는 새로운 환경을 조성한다.
• 유럽 연합(EU): 유럽의 27개 회원국으로 이루어진 연합으로, 유로라는 공통 화폐를 사용하고 있다.
• 북미 자유 무역 협정(NAFTA): 미국, 캐나다, 멕시코 등 북아메리카를 하나의 시장으로 묶는 무역 협정이다.

---

⑤ 정보화

㉠ 정보화

의미	정보 통신 산업을 주체로 다양한 정보가 생산·전달·소비되고 지식 위주의 3차 산업이 주도, 정보 유통량이 폭증하고 그 정보를 효율적으로 처리하고 전달하는 기술이 발달
배경	정보 통신 기술의 발달, 산업화와 도시화, 교통과 통신의 발달, 세계화 현상
정보화 사회의 특징	• 일상 생활면: 홈쇼핑, 홈뱅킹, 재택 학습 등 • 경제 생활면: 재택근무의 보편화로 도시 집중화 현상 완화 • 정치 생활면: 국민의 정치 참여 확대
문제점	정보 격차 → 빈부 격차 발생, 개인 정보의 유출 → 인권 침해

■ 정보 격차
새로운 정보 기술에 접할 수 있는 능력을 갖춘 사람과 그렇지 못한 사람 간의 경제적·사회적 격차로, 접할 수 있는 정보의 질적·양적 차이가 소득 격차를 심화시킨다.

ⓒ 정보 사회: 정보화로 인해 인간과 삶의 관계, 사회 구조 전반에 걸쳐 변화가 이루어진 사회

ⓒ 정보 사회의 특징
- 정보와 지식이 가장 중요한 자원이 되고, 이를 다루는 사람이 중심이 됨
- 정보 산업이 경제의 주축을 형성함

ⓔ 정보 사회의 순기능과 역기능

순기능	• 정보 기술과 정보 통신 기술이 발달함에 따라 교통, 교육, 의료 등 생활의 편리함 • 교통과 통신의 발달로 공간적 거리감이 줄어들어 대도시에 집중되어 있던 기업이 지방으로 분산되면서 나라 전체의 경제 발전에 기여함 • 정보 통신 기술의 발달로 인해 전 세계를 하나로 묶어 범세계적인 공동체 발전에 기여함 • 영화, 연극, 뮤지컬, 오페라 등의 예술 분야도 정보 기술을 이용해 감상할 수 있어 문화생활이 풍부해짐
역기능	• 정보 기기를 접하는 시간이 많아져 인터넷 중독, 게임 중독, 음란물 중독, 스마트폰 중독 등 정보 기기에 의존하는 상황이 많아짐 • 지나치게 정보 기기에 의존하는 상황은 인간관계 단절, 인간소외 현상, 정보의 빈부 격차 심화 등을 유발함 • 정보의 사회적 중요성이 증대되었기 때문에 개인 정보 침해, 저작권 침해, 해킹 및 크래킹 등과 같은 사이버 범죄가 증가함

(2) 한국 사회 변동의 최근 경향

① 한국 사회의 변동 과정

㉠ 급격한 사회 변동

농업 사회 (1960년대 이전)	전형적인 농업사회(인구의 대부분이 농업에 종사)
산업 사회 (1960년대 이후)	정부가 주도한 경제 개발로 산업화가 빠르게 진행
정보 사회 (1980년대 이후)	정보통신기술의 급속한 발전으로 정보 사회 진입

㉡ 한국 사회 변동의 특징
- 급격한 사회 변동: 짧은 기간에 산업화 · 정보화가 진행
- 정부 주도의 사회 변동: 1960년대 이후 경제개발계획을 통해 급속한 경제 발전 달성

㉢ 한국 사회 변동의 평가

긍정적 평가	부정적 평가
• 시민 중심의 민주주의 사회로 변화 • 생활환경의 개선과 삶의 질 향상 • 개인의 능력 및 창의력 중시 • 여성의 사회 진출 증가	• 경제적인 산업 구조의 불균형 • 빈부 격차 및 지역 간 불균형 심화 • 급격한 사회 변화로 인한 가치관의 혼란 • 환경오염 문제 발생

② 저출산 · 고령화 현상

㉠ 저출산
- 인구 문제의 변화

산업화 초기	높은 출산율로 인한 급속한 인구 증가가 사회 문제로 대두
현재	저출산으로 인한 인구 절벽이 심각한 사회 문제로 대두

- 저출산 현상의 배경

결혼관에 대한 인식 변화	여성의 경제 활동 활성화로 인한 사회 진출 증가로 결혼 적령기 미혼 남녀의 결혼과 출산이 늦어지고, 결혼을 원하지 않는 사람들이 증가
자녀관의 변화	노령 인구 증가와 자녀 필요성 등의 약화 등 가치관의 변화, 노동력 부족

㉡ 고령화
- 고령화 사회: 의료 기술의 발달로 평균 수명 연장 및 여성의 사회 진출 증가와 저출산으로 노인 인구 비중 증가
- 우리나라의 고령화 문제: 선진국에 비해 빠른 속도로 고령화 사회로 진입, 세계 최하의 출산율
- 문제점: 노동력 부족, 노인 부양 부담 증가, 경제 활동 인구 감소로 경제 성장 둔화 우려 등

㉢ 저출산 · 고령화 극복 방안
- 이민이나 이주 노동의 확대 노력으로 노동력 부족을 대비
- 평생 교육 및 재취업 기회 제공, 노인 장기 요양 보험 제도 마련, 연금 제도 개선 등의 노인 복지 정책 실현
- 출산 및 양육 보조금 지급, 육아 휴직 제도의 확대 등 출산 장려 정책 실현

> **■ 고령화 사회**
> 65세 이상 노인 인구가 전체 인구의 7 % 이상을 차지하는 사회
>
> **■ 고령 사회**
> 65세 이상 노인 인구가 전체 인구의 14~20 %를 차지하는 사회
>
> **■ 초고령 사회**
> 65세 이상 노인 인구가 전체 인구의 20 % 이상을 차지하는 사회

③ 다문화 사회

　㉠ 의미: 다양한 인종, 종교, 문화 등 서로 다른 문화 집단들이 함께 어우러져 공존하는 사회

　㉡ 특징

- 문화의 다양성을 존중하고 보호하는 태도
- 인종이나 국적에 따른 차별 없이 모든 사람이 평등한 기회를 가질 수 있도록 보장하는 정책을 실시하는 사회
- 다양한 문화의 접촉은 우리 삶을 더욱 풍성하게 하고 문화의 다양성을 높임
- 소수 문화에 대한 편견 등으로 갈등이 발생할 수 있음

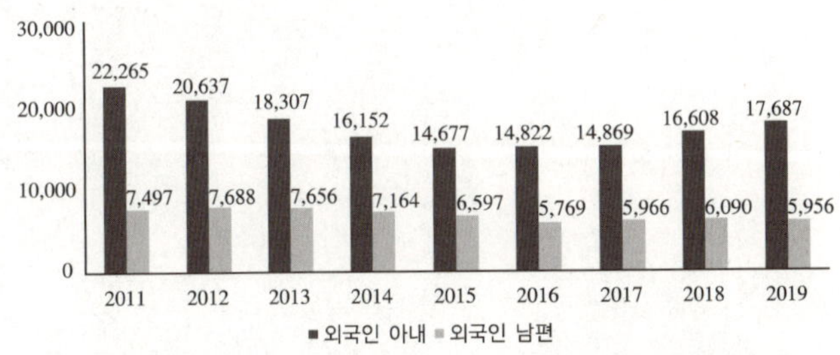

[국제결혼 현황]

　㉢ 다문화 사회의 갈등

문화적 갈등	• 이주자들과 함께 들어온 새로운 문화를 수용하거나 거부감을 가짐 • 이주자들과 원래 거주자들 사이에 갈등이 발생함 • 이주 노동자 및 국제결혼 이주 여성 등 이주자들의 문화를 편견 없이 수용하려는 자세가 필요함
사회·경제적 갈등	• 이주자들의 대다수가 사회·경제적으로 낮은 지위에 있어 직업을 구하거나 교육을 받는 과정에서 불리한 위치에 있음 • 이주자들의 적응을 돕는 사회·경제적인 정책이 필요함 • 이주자들이 새로운 사회에 대한 적응과 문화 정체성을 지키는 것의 조화를 이루기 위한 사회적 지원이 필요함

　㉣ 다문화 사회의 긍정적 측면

- 문화 발전에 기여: 문화가 공존함으로써 풍부한 문화 요소로 인한 문화 발전 → 사회 구성원들의 더 많은 선택 기회 증가
- 문화적 욕구 충족: 소득 증가로 발생한 다양한 문화적 욕구가 국내에서 충족 가능
- 사회 경쟁력 증대: 다양한 언어의 사용으로 언어적인 측면의 경쟁력 향상

(3) 현대 사회의 문제

① 사회 문제의 의미와 특징

　㉠ 사회 문제: 사회의 성원 대부분이 바람직하게 개선되어야 한다고 생각하는 사회 현상

　㉡ 발생 원인: 사회 변동, 가치관 변화, 사회 구조 및 제도의 결함

　㉢ 사회 문제의 특징

- 사회 내에 발생 원인이 있으므로 인간의 노력으로 해결이 가능함
- 사회 구성원의 인식 변화와 사회의 상황에 따라 달라질 수 있음
- 사회 문제를 잘 해결하면 사회가 더욱 발전하는 계기를 마련할 수 있음

② 현대 사회의 주요 문제와 해결

　㉠ 인구 문제

선진국	저출산·고령화 문제, 노동력 부족, 경제 성장의 둔화, 노인 부양 부담 문제
개발도상국	피부양 인구의 증가로 식량 부족, 기아, 빈곤, 일자리 부족, 주택 등 각종 시설의 부족 문제

　㉡ 노동 문제

실업 문제	노동 환경의 변화로 인한 실업률의 증가와 고용 감소
임금 문제	여성·외국인·비정규직 노동자에 대한 임금 차별
노사 문제	노동자와 사용자의 입장 차이로 인한 갈등
고용 문제	비정규직 노동자의 고용 불안정 증가

　㉢ 환경 문제

- 지구 온난화: 온실 가스의 증가로 지구가 더워지는 이상 기후 현상과 해수면 상승 현상
- 환경오염: 무분별한 자연의 개발로 대기·수질·토양의 심각한 오염 발생

- 오존층의 파괴: 자외선이 직접 지구에 도달하여 각종 피부암 등 유발
- 열대림 파괴와 사막화: 과도한 경제 개발과 농경지·목축지 등의 개발
- 자원의 고갈: 석유, 석탄 등의 화석 연료의 지나친 사용으로 자원 고갈
- 생물 다양성의 감소: 무분별한 벌목과 각종 화학 약품 사용으로 생태계 파괴

㉣ 기타
- 정보화 문제: 인터넷 중독, 사이버 범죄, 개인정보 유출, 정보 격차 등
- 사회 구조적 문제: 지역 간의 발전 여부에 따른 경제적 불평등과 계층 양극화
- 사회적 약자의 차별, 빈부 격차의 심화, 전쟁 및 테러 등

㉤ 현대 사회 문제의 해결 방안

제도적 측면	사회 정책이나 제도의 마련 예 육아휴직제도, 일자리 창출 정책
의식적 측면	공동체 의식 함양, 사회 문제 해결을 위한 적극적인 참여, 일상생활에서의 실천 노력과 시민운동 참여 예 공익 광고의 홍보
국제적 측면	환경 문제, 전쟁과 테러에 대한 국제적 협력의 필요성 증대 예 기후변화협약 – 파리 협정

㉥ 사회 문제의 합리적 해결 절차
사회 문제 파악 → 해결 방안 모색 → 해결 방안의 적용 결과 예측 → 해결 방안 선택 → 해결 방안 적용

출제 예상 문제

01 다음의 사례를 보고 알 수 있는 사회 개념으로 가장 적절한 것은?

> ○ 직장인들의 어학 학습
> ○ 교도소 재소자들의 사회 규범 학습
> ○ 노인들의 컴퓨터 사용법 등 정보교육 학습

① 다원화
② 정보화
③ 탈사회화
④ 재사회화

02 다음 내용이 설명하는 것은?

> 타고난 특성, 자라온 환경, 가치관 등이 객관적으로 서로 다른 것

① 차별
② 자아
③ 차이
④ 역할 갈등

03 다음 설명에 해당하는 사회적 용어는?

> 타인과 구별되는 자신만의 고유한 특성이나 모습 등을 명확히 이해한 상태

① 주변인
② 질풍노도
③ 재사회화
④ 자아 정체성

04 구성원의 접촉 방식에 의해 분류하는 사회 집단의 유형은?

① 내집단과 외집단
② 공동 사회와 이익 사회
③ 소속 집단과 준거 집단
④ 1차 집단과 2차 집단

05 다음 중 넓은 의미의 문화에 해당하지 <u>않는</u> 것은?

① 고급 문화
② 음식 문화
③ 서양 문화
④ 전통 문화

06 문화를 상대적 기준으로 판단한 것으로 옳은 것은?

① 문화 사대주의로 변질될 수 있다.
② 자문화 중심주의로 변질될 수 있다.
③ 문화를 있는 그대로 이해하고자 한다.
④ 우수한 문화와 열등한 문화로 구분할 수 있다.

07 다음 내용과 관련이 있는 것은?

> ○ 서구 문명에 대한 맹목적 추종
> ○ 조선 세종 때 한글을 창제하는 것에 반대

① 반달리즘
② 문화 사대주의
③ 문화 제국주의
④ 자문화 중심주의

08 다음 내용에 해당하는 용어는 무엇인가?

> ○ 문화 변동의 내부적 요인
> ○ 원래 있던 것을 뒤늦게 찾는 것

① 전파
② 발명
③ 발견
④ 속도

09 다음 내용에 해당하는 문화의 특성은?

> - 자연적 · 사회적 · 역사적 환경에 따라 서로 다른 모습을 나타내는 속성
> - 음식을 조리하는 방법, 먹는 방법, 먹는 재료 등

① 공유성 ② 특수성
③ 보편성 ④ 학습성

10 대중문화의 형성에 직접적인 영향을 끼친 것은?

① 문화의 이해
② 민주주의의 발달
③ 산업혁명의 시작
④ 대중 매체의 발달

11 다음 중 넓은 의미의 정치에 해당하는 것은?

① 국가와 관련된 일을 하는 사람들의 활동
② 소수의 정치인이나 공무원에 의해서 이루어지는 행위
③ 국가를 다스리기 위해 권력을 획득하고 그것을 유지하는 활동
④ 배분 문제를 둘러싼 개인이나 집단 간의 갈등을 타협을 통해 해결해 가는 과정

12 다음 내용에 해당하는 평등은?

> - 개인의 업적이나 능력에 따른 평등
> - 장애인고용촉진법, 누진세 제도, 남녀고용평등법 등으로 사회적 약자를 배려하는 평등

① 절대적 평등
② 명목적 평등
③ 형식적 평등
④ 실질적 평등

13 민주 정치의 기본 원리에 대한 설명으로 옳지 <u>않은</u> 것은?

① 국민 자치의 원리 – 보다 많은 사람들의 의견을 존중해야 한다.
② 입헌주의 – 헌법을 제정하고 헌법에 따라 통치가 이루어져야 한다.
③ 권력 분립의 원리 – 국가 권력을 분산하여 상호 견제 및 균형을 추구한다.
④ 국민 주권의 원리 – 국가의 의사를 최종적으로 결정할 수 있는 최고의 권력인 주권이 국민에게 있다.

14 현대 민주 정치의 특징으로 옳은 것을 〈보기〉에서 모두 고른 것은?

> ──── 〈보기〉 ────
> ㄱ. 제한된 민주 정치
> ㄴ. 보통 선거 제도 정착
> ㄷ. 대표자를 통한 대의 민주주의
> ㄹ. 성별에 따른 선거권 차등 부여

① ㄱ, ㄴ ② ㄱ, ㄷ
③ ㄱ, ㄹ ④ ㄴ, ㄷ

15 다음 중 정책에 대한 설명으로 옳지 <u>않은</u> 것은?

① 법과 제도로 나타난다.
② 정책 결정에 따라 삶이 바뀌지는 않는다.
③ 정책 결정의 주체는 정부나 지방 자치 단체이다.
④ 공공 목표의 달성 및 공공 문제의 해결을 위해 정치 과정을 거쳐 내려진 결정을 뜻한다.

16 다음 내용에 해당하는 민주 시민의 정치 참여 활동은?

> - '민주주의의 꽃'이라고도 한다.
> - 가장 기본적인 정치 참여 방법이다.
> - 보통, 평등, 직접, 비밀의 원칙을 적용한다.

① 선거 ② 여론 형성
③ 정당 활동 ④ 시민단체 활동

17 다음 중 정당과 이익 집단과의 관계가 <u>잘못</u> 연결된 것은?

번호	구분	정당	이익 집단
①	구성원	공공의 이익을 실현하기 위한 사람들의 모임	정치적 견해를 같이 하는 사람들의 모임
②	목적	정권 획득	특수 이익 실현
③	정치적 책임	있음	없음
④	상호 관련성	지지 기반 구축을 위해 이익 집단과 연계	이익 집단의 이익 실현을 위해 정당 이용

18 지방 자치 단체가 주민의 의견을 수렴하는 방법으로 적절하지 <u>않은</u> 것은?

① 주민 설명회를 개최한다.
② 민원 상담 센터를 운영한다.
③ 모든 정책을 주민 투표로 결정한다.
④ 지역 주민을 상대로 여론 조사를 실시한다.

19 사회 규범에 대한 내용으로 <u>잘못된</u> 것은?

① 종교 규범도 사회 규범에 속한다.
② 법은 국가에 의해 강제성을 지닌 규범이다.
③ 법은 도덕보다 광범위하고 포괄적인 규범이다.
④ 도덕은 인간으로서 마땅히 지켜야 하는 사회 규범이다.

20 한 국가의 최상위 법으로 국민의 기본권과 국가의 통치 조직을 규정한 법은?

① 형법　　　　② 민법
③ 헌법　　　　④ 소송법

21 지방법원의 1심 판결에 불복해 고등법원에 제소하는 제도는 무엇인가?

① 항고　　　　② 항소
③ 상고　　　　④ 선고

22 다음 사례에 적용되는 법을 올바르게 연결한 것은?

> ㉠ 이혼 시 자녀에 대한 친권과 양육권을 주장할 때
> ㉡ 다른 사람에게 상해를 입힌 자를 처벌하려고 할 때

	㉠	㉡
①	공법	사법
②	사법	공법
③	사법	사회법
④	사회법	관습법

23 다음 내용에 담겨 있는 사상은 무엇인가?

> 인간이 태어나면서부터 하늘이 부여해 준 권리로, 남이 빼앗을 수도 없고 남에게 양도할 수도 없다.

① 민권주의
② 입헌주의
③ 천부 인권
④ 권력 분립

24 다음 내용과 관련이 있는 기본권은?

> ○ 적극적 권리, 복지 국가에서 중요시
> ○ 인간다운 생활을 위해 국가에 대해 요구할 수 있는 권리

① 청구권
② 평등권
③ 사회권
④ 행복추구권

25 다음의 역할을 수행하는 기관은 무엇인가?

> ○ 고충 민원의 처리를 위해 불합리한 행정 제도를 개선함
> ○ 부패를 예방하고 규제하며, 부패 행위를 효율적으로 규제함

① 한국 소비자원
② 국가 인권 위원회
③ 국민 권익 위원회
④ 대한 법률 구조 공단

26 다음 헌법 조항에서 보장된 기본권 수호에 해당하지 <u>않는</u> 것은?

> **헌법 제32조**
> 제1항 모든 국민은 근로의 권리를 가진다. 국가는 사회적・경제적 방법으로 근로자의 고용의 증진과 적정 임금의 보장에 노력하여야 하며, 법률이 정하는 바에 의하여 최저 임금제를 시행하여야 한다.
> 제3항 근로 조건의 기준은 인간의 존엄성을 보장하도록 법률로 정한다.

① 단결권
② 국민투표권
③ 단체 행동권
④ 단체 교섭권

27 국가 기관에 의한 인권 침해 유형에 해당하지 <u>않는</u> 것은?

① 범죄 예방을 위한 CCTV가 사생활을 침해했다.
② 언론・출판의 검열이 표현의 자유를 침해했다.
③ 음주운전에 따른 교통사고로 인한 상해를 입었다.
④ 시골에 학교를 개설하지 않아 학생의 교육권이 침해를 입었다.

28 다음과 같은 위상을 가지는 국가 기관은?

> ○ 민의를 반영한 법률 제정이나 개정을 진행
> ○ 행정부를 감시・견제하여 권력 남용을 막고 국민의 기본권 보장과 권리를 증진

① 국회
② 법원
③ 정부
④ 헌법 재판소

29 행정부의 조직에 포함되지 <u>않는</u> 것은?

① 감사원
② 대통령
③ 국무회의
④ 행정 법원

30 다음 ㉠과 ㉡에 해당하는 조직을 바르게 연결한 것은?

> ㉠ 주요 정책을 논의・결정하는 행정부의 최고 심의 기관
> ㉡ 세입・세출 결산 검사, 행정기관의 사무와 공무원의 직무를 감찰

	㉠	㉡
①	감사원	국무총리
②	행정 각부	국무회의
③	국무총리	행정 각부
④	국무회의	감사원

31 국가 원수로서의 대통령 권한이 <u>아닌</u> 것은?

① 긴급명령권
② 조약 체결권
③ 국군 통수권
④ 대법원장 임명권

32 다음의 헌법 조항을 두는 이유로 가장 옳은 것은?

> 헌법 제102조 제3항 대법원과 각급 법원의 조직은 법률로 정한다.
> 헌법 제103조 법관은 헌법과 법률에 의하여 그 양심에 따라 독립하여 심판한다.

① 권력 분립의 실현
② 국민의 기본권 보장
③ 사법권의 독립과 공정한 재판
④ 심급 제도를 통한 신중한 판결

33 다음 내용과 관련이 있는 경제 용어는?

> ○ 갑(甲)은 좋아하는 가수의 공연에 가는 대신 검정고시에 대비하여 도서관에서 공부를 했다.
> ○ 인어공주는 사랑하는 왕자를 만나기 위해 마녀에게 목소리를 주고 인간의 다리를 얻었다.

① 재화
② 기회비용
③ 경제 문제
④ 자원의 희소성

34 다음 내용과 관련이 있는 경제 체제는?

> ○ 경제 대공황 발생 이후에 시장 경제 체제의 문제점을 해결하기 위해 등장했다.
> ○ 환경오염, 빈부 격차, 인플레이션 등, 시장에서 발생한 문제 해결을 위해 국가가 좀 더 적극적으로 경제 활동에 개입한 경제 체제이다.

① 사회주의 체제
② 시장 경제 체제
③ 계획 경제 체제
④ 혼합 경제 체제

35 다음 내용에 타나난 기업의 역할로 가장 적절한 것은?

> ○○전자는 매년 천문학적인 연구개발 투자비를 지출하고 있다.

① 상품의 생산 활동
② 고용으로 일자리 창출
③ 세금 납부로 국가 재정에 기여
④ 기술 혁신 등으로 경제 성장 촉진

36 다음 자산에 대한 설명이 바르게 연결되지 <u>않은</u> 것은?

① 주식 – 주식회사가 투자자로부터 돈을 받고 발행한 증서
② 부동산 – 토지나 건물 등과 같은 움직여 옮길 수 없는 재산
③ 보험 – 정해진 이자를 기대하고 금융 기관에 돈을 맡기는 것
④ 채권 – 정부에 돈을 빌리면서 원금과 이자를 언제까지 갚을 것인지 표시하여 발행하는 증서

37 다음 중 실물 자산에 해당하는 것은?

① 보험　　　　② 채권
③ 연금　　　　④ 골동품

38 수요 곡선에 대한 다음 설명 중 옳은 것은?

① 가격에 따른 수요량의 변화를 나타내며, 가격이 하락할수록 우하향 곡선이 만들어진다.
② 가격에 따른 수요량의 변화를 나타내며, 가격이 하락할수록 우상향 곡선이 만들어진다.
③ 수요량에 따른 가격의 변화를 나타내며, 가격이 하락할수록 우상향 곡선이 만들어진다.
④ 수요량에 따른 가격의 변화를 나타내며, 가격이 하락할수록 우하향 곡선이 만들어진다.

39 다음 빈칸에 들어가는 내용을 차례대로 바르게 연결한 것은?

> ○ 공급 법칙은 상품의 가격이 오르면 공급량은 (　　)하고, 상품의 가격이 내리면 공급량은 (　　)한다.
> ○ 수요 법칙은 상품의 가격이 오르면 수요량은 (　　)하고, 상품의 가격이 내리면 수요량은 (　　)한다.

① 증가 – 감소 – 감소 – 증가
② 증가 – 감소 – 증가 – 감소
③ 감소 – 감소 – 증가 – 증가
④ 감소 – 증가 – 감소 – 증가

40 다음 중 시장 가격의 변동에서 공급의 변화에 따른 변동에 관한 내용이 <u>아닌</u> 것은?

① 인구수의 변화
② 생산 기술의 변화
③ 조세와 정부보조금
④ 생산 요소의 가격 변화

41 다음 설명 중 옳지 <u>않은</u> 것은?

① 실업과 물가 불안은 동시에 해결하기 어렵다.
② 인플레이션은 봉급생활자와 은행 예금자에게는 불리하다.
③ 정부가 실업을 줄이려고 확장 정책을 펴면 물가가 상승한다.
④ 일할 능력과 의사가 있음에도 불구하고 일자리가 없어 쉬는 경우를 자발적 실업이라 한다.

42 국내 총생산(GDP)에 대한 설명으로 타당하지 <u>못한</u> 것은?

① 중간 생산물은 제외된다.
② 재화뿐만 아니라 용역도 포함된다.
③ 일정 기간에 생산한 것만 포함된다.
④ 한 나라의 국민이 생산한 것은 모두 포함된다.

43 다음 경제 성장률(%)을 구하는 식에 대한 설명으로 가장 옳은 것은?

$$경제\ 성장률 = \frac{금년도\ 실질\ GDP - 전년도\ 실질\ GDP}{전년도\ 실질\ GDP} \times 100(\%)$$

① 경제 성장률은 1년간 국민 총생산의 증가량이다.
② 경제 성장률은 국민이 1년간 생산한 최종 생산물의 합이다.
③ 경제 성장률은 1년간 국민이 창출한 부가 가치의 증가율이다.
④ 경제 성장률은 국민이 1년간 창출한 부가 가치의 증가 속도이다.

44 인플레이션 발생 시에 각 경제 주체가 취해야 할 바람직한 방법으로 적절한 것을 〈보기〉에서 모두 고른 것은?

> ── • 〈보기〉 • ──
> ㄱ. 소비를 억제하고 저축을 늘렸다.
> ㄴ. 시중 은행들은 대출 금리를 인하했다.
> ㄷ. 정부는 독과점 기업에 대한 규제를 완화했다.
> ㄹ. 기업의 신기술 개발을 통해 원가를 절감했다.

① ㄱ, ㄴ　　　　② ㄱ, ㄹ
③ ㄴ, ㄷ　　　　④ ㄴ, ㄹ

45 다음 중 국제 사회의 특성이 <u>아닌</u> 것은?

① 공권력을 가진 정부가 존재하지 않는다.
② 국제 사회에는 어느 정도 질서가 존재한다.
③ 실제로 국가들의 주권 행사 능력에는 차이가 없다.
④ 국제 사회의 국가들은 자국의 이익을 추구한다.

46 다음 내용에 알맞은 국제기구는 무엇인가?

> 질병, 기아, 전쟁, 자연재해 등으로 고통 받는 세계 각지의 주민들을 구호하기 위해 설립된 국제 민간 의료 구호 단체이다.

① 그린피스
② 유네스코
③ 국제 사면 위원회
④ 국경 없는 의사회

47 다음 중 동북공정과 관련된 내용으로 옳지 <u>않은</u> 것은?

① 우리나라는 국제 사법 재판소에 제소했다.
② 소수 민족의 역사를 부정하고 왜곡하고 있다.
③ 고조선, 고구려, 발해의 역사를 중국사로 편입했다.
④ 광개토 대왕릉비에 기록된 지역을 중국의 역사로 편입하려고 한다.

48 세계화를 더욱 가속시키는 요인으로 <u>잘못된</u> 것은?

① 다국적 기업의 성장
② 국제기구의 역할 증대
③ 보호 무역주의의 강화
④ 세계 무역 기구의 출범

49 다음에서 설명하는 국제기구는 무엇인가?

> ○ 우루과이 라운드의 타결에 의해 새로 발족되었다.
> ○ 회원국 간의 분쟁을 해결하기 위해 강제 집행도 가능하다.
> ○ 세계 경제의 지역주의와 보호 무역주의를 극복하고 세계 무역을 활성화하기 위해 출범되었다.

① IMF   ② WTO
③ WHO   ④ OECD

50 정보화 사회의 특징으로 틀린 것은?

① 개인의 창의성을 더욱 중시하게 될 것이다.
② 자본과 노동이 부가가치의 원천이 될 것이다.
③ 정보의 소유와 통제 간의 갈등이 심해질 것이다.
④ 생산의 자동화로 인해 여가 시간이 확대될 것이다.

한국사

핵심 키워드 비파형 동검, 단군왕검, 동예, 책화, 근초고왕, 법흥왕, 발해, 광종, 노비안검법, 팔만대장경, 정약용, 임진왜란,『조선왕조실록』, 훈민정음, 신미양요, 3·1 운동, 대한민국 임시 정부, 광주 학생 항일 운동, 6·25 전쟁, 4·19 혁명, 남북 정상 회담

1 선사 문화와 고대 국가의 형성

● 해결 Point

신석기·구석기·청동기·철기 시대의 시대별 유물과 생활 모습을 구분할 수 있어야 한다. 그리고 철기 문화를 바탕으로 성장한 여러 나라와 삼국 시대의 나라별 특징, 왕의 업적 등을 정리하여 이해하는 것이 효과적이다.

● 대표 문제 유형

❖ 다음 유물이 제작된 시기의 특징으로 옳은 것은?
❖ 다음 내용에 해당하는 왕은?

(1) 선사 문화와 고조선

① 구석기 문화

시기	약 70만 년 전
도구	뗀석기(주먹도끼, 찍개, 긁개, 슴베찌르개 등)
유적	평남 상원 검은모루 동굴, 경기 연천 전곡리, 충남 공주 석장리 등
경제	채집, 사냥, 물고기 잡이 → 이동 생활
주거	동굴이나 강가의 막집
신앙·예술	• 시체 매장 • 동굴 벽화(사냥의 성공과 풍요 기원)
사회	평등 사회, 무리 사회

[주먹도끼]　　　[슴베찌르개]

② 신석기 문화

시기	약 1만 년 전
도구	간석기(돌낫, 돌보습, 갈돌, 갈판 등), 토기(빗살무늬 토기, 이른 민무늬 토기, 덧무늬 토기 등), 가락바퀴·뼈바늘(옷이나 그물 제작)
유적	서울 암사동, 제주 한경 고산리, 강원 양양 오산리, 부산 동삼동 등
경제	농경과 목축 시작 → 정착 생활
주거	강가나 바닷가의 움집(반지하 형태)
신앙·예술	• 특정 동물을 숭배(토테미즘) • 자연물에 영혼이 있다고 믿음(애니미즘) • 얼굴 모양 조개껍데기 등 장신구 제작
사회	씨족 단위로 공동 작업, 평등 사회

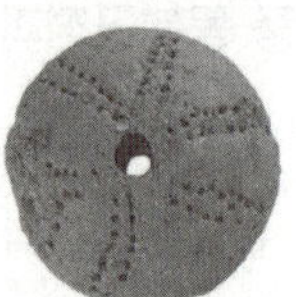

[갈돌과 갈판]　　　[가락바퀴]

③ 청동기 문화

시기	기원전 2,000~기원전 1,500년경
도구	비파형 동검, 반달 돌칼(농사에 사용), 토기(민무늬 토기, 미송리식 토기), 무덤(고인돌, 돌널무덤)
유적	경기 안양 관양동, 강원 강릉 유천동
경제	조·피·수수·콩·보리 등 재배, 벼농사 시작
주거	사각형 또는 원형의 움집(지상 가옥화)
신앙·예술	장신구·제사용 도구(거친무늬 거울, 청동 방울)
사회	빈부 격차와 계급 발생, 군장이 부족 통솔·제사 주관(제정일치 사회)

[반달 돌칼]　　　[비파형 동검]　　　[민무늬 토기]　　　[미송리식 토기]

④ 고조선

고조선의 건국(기원전 2333)	• 청동기 문화를 바탕으로 우리 역사상 최초의 국가 건국 • 영역: 만주와 한반도 북부 지역(비파형 동검과 탁자식 고인돌 출토 지역) • 홍익인간의 건국 이념, 단군왕검(단군은 제사장, 왕검은 정치적 우두머리 의미), 농경 문화
고조선의 성장과 멸망	• 고조선의 성장: 기원전 4세기경 '왕' 호칭 사용, 연과 대립 • 위만의 고조선: 준왕을 몰아내고 위만이 왕위 차지, 철기 문화 보급, 주변 세력 확장, 진국과 한 사이에서 중계 무역 • 고조선의 멸망(기원전 108): 고조선의 성장에 위협을 느낀 한 무제의 침략으로 멸망 → 한 군현 설치
고조선의 사회 모습	• 통치 조직의 확립: 왕 밑에는 상, 대부, 장군과 같은 여러 관직이 마련 • 법률 제정: 8조법 → 생명 중시, 사유 재산 인정, 화폐 사용, 농경 사회, 계급 사회

[고조선의 세력 범위]

(2) 철기의 보급과 여러 나라의 성장

① 철기의 보급
  ㉠ 시기: 기원전 5세기경에 중국으로부터 만주와 한반도에 전래, 기원전 1세기경에 널리 사용
  ㉡ 철기의 확산: 철의 매장량 풍부, 청동기의 이용 감소 → 생활 도구와 무기의 대부분을 철로 만들어 사용
  ㉢ 사회의 변화: 철제 농기구 사용, 전쟁 확대, 중국과 교류(명도전)

㉣ 새로운 국가의 출현: 만주와 한반도 지역
㉤ 유물·유적: 덧띠 토기, 검은 간 토기 등 사용, 널무덤·독무덤 제작

② 여러 나라의 성장

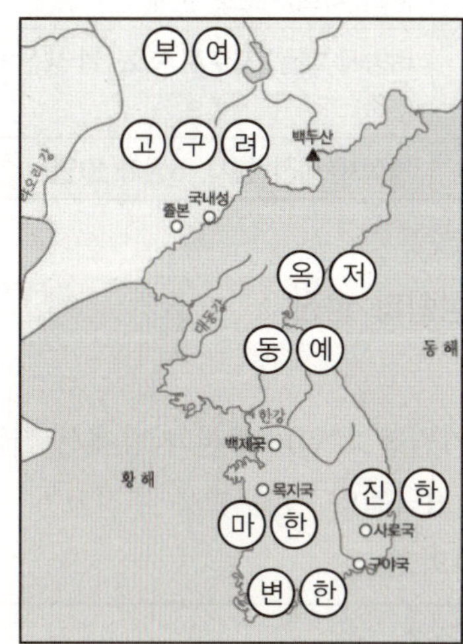

㉠ 부여

성립	만주 쑹화강 유역에서 여러 부족 연합
정치	연맹 왕국(왕권 미약), 왕 아래 마가·우가·저가·구가의 관리, 사출도 통치
경제	밭농사, 목축
사회	엄격한 법률(1책 12법), 형사취수제(혼인 풍습), 순장과 껴묻거리(장례 풍습), 영고(제천 행사, 12월)

㉡ 고구려

성립	부여에서 내려온 세력과 압록강 중류 토착민이 연합
정치	연맹 왕국(5부 연맹체), 왕 아래 대가·상가
경제	약탈 경제
사회	서옥제(혼인 풍습), 동맹(제천 행사, 10월)

㉢ 옥저와 동예

구분	옥저	동예
성립	한반도 동해안의 비옥한 지역에서 성립	
정치	군장(읍군, 삼로)이 각 지역 지배	
경제	해산물 풍부	단궁·과하마·반어피가 특산물로 유명
사회	민며느리제(혼인 풍습), 가족 공동 무덤(장례 풍습)	족외혼(혼인 풍습), 책화, 무천(제천 행사, 10월)

> ■ 책화
> 다른 부족의 영역을 침범하면 노비나 소, 말로 배상하는 것

㉣ 삼한

성립	고조선 유민이 한반도 남부에 철기 문화 전파 → 마한·진한·변한 연맹체 출현
정치	군장(신지, 읍차)이 다스림, 천군이 제사 주관(제정 분리 사회), 소도 존재
경제	벼농사 발달, 저수지 축조, 철 생산 풍부(낙랑과 왜에 수출)
사회	계절제(제천 행사, 5월과 10월)

(3) 삼국의 성립과 발전

① 고구려
- ㉠ 건국(기원전 37년): 졸본 지방에서 건국, 국내성으로 천도, 적극적인 정복 활동 추진
- ㉡ 고구려의 성장

태조왕 (1세기 후반)	옥저 정복, 요동 지방 진출
고국천왕 (2세기 후반)	왕위 부자 상속, 5부 개편, 을파소 건의로 진대법 시행
미천왕 (4세기 초)	낙랑군 점령, 대동강 이남 지역까지 영토 확장
소수림왕 (4세기 후반)	불교 수용, 태학 설립, 율령 반포, 중앙 집권 체제 강화
광개토 대왕 (4세기 말)	만주 지역 확보, 한강 유역 진출, 독자적 연호 '영락' 사용, 신라에 침입한 왜 격퇴, 금관가야 공격
장수왕 (5세기)	평양 천도(427), 남진 정책 추진 → 백제 수도 한성 함락, 한강 유역 차지, 충주 고구려비 건립

> ■ **충주 고구려비**
> 고구려 장수왕 때 남진 정책을 추진하여 한반도의 남한강 유역까지 진출했던 사실을 알려 주는 비석

- ㉢ 고구려의 정치 제도

중앙 정치	• 재상 대대로, 중앙 귀족 관등제 • 귀족 회의: 제가 회의
행정 구역	수도 5부, 지방 5부(욕살), 지방관 파견

② 백제
- ㉠ 건국: 온조(고구려 계통)에 의해 건국(기원전 18년), 고구려 계통의 유이민(건국설화)과 서울 석촌동의 돌무지무덤 → 고구려 무덤의 영향

㉡ 백제의 발전

고이왕 (3세기)	목지국 병합, 중부 지역 확보, 관제 마련과 복색 제정(중앙 집권 국가 확립)
근초고왕 (4세기 후반)	마한 정복, 요서·산둥·규슈 진출, 왕위 부자 상속, 고구려 평양성 공격(고국원왕 전사)
침류왕 (4세기 후반)	중국 동진에서 불교 수용
문주왕 (5세기)	고구려 장수왕의 공격으로 수도 한성 함락(개로왕 전사) → 웅진 천도
무령왕 (6세기 초)	22담로 설치, 중국 남조와 교류
성왕 (6세기)	사비 천도, 국호 '남부여'로 변경, 중앙에 22부 관청 설치, 신라 진흥왕과 연합하여 한강 유역 일시 회복, 관산성 전투에서 전사(나제 동맹 결렬)

㉢ 백제의 정치 체제

중앙 정치	상좌평(수상)을 비롯한 6좌평 등 16관등제
행정 구역	수도 5부, 지방 5방으로 나눔, 지방관 파견(행정과 군사 업무 담당)
귀족 중심의 정치	귀족들이 정사암에 모여서 재상 선출

③ 신라
- ㉠ 건국(기원전 57년): 사로국을 중심으로 건국, 박씨·석씨·김씨가 번갈아가며 '이사금' 차지, 삼국 중 가장 늦게 체제 성립
- ㉡ 신라의 성장

내물왕 (4세기)	김씨 왕위 세습, 왕호 '마립간'으로 변경, 광개토 대왕의 도움으로 왜군 격퇴
눌지왕 (5세기 전반)	나제 동맹 체결(백제 비유왕)
지증왕 (6세기 초)	국호 '신라'로 변경, 왕호 '왕'으로 변경, 지방 통치 조직 정비, 우산국 정복, 순장 금지, 우경 보급
법흥왕 (6세기 전반)	연호 '건원' 사용, 율령 반포, 17관등제, 골품제 정비, 불교 공인, 금관가야 정복, 병부 설치
진흥왕 (6세기)	화랑도 재편, 한강 유역 점령, 대가야 정복, 동해안을 따라 함경도까지 진출, 단양 신라 적성비, 순수비 건립

㉢ 신라의 정치 체제

중앙 정치	상대등 및 이하 17등급의 관리들이 담당, 화백 회의(만장일치제)
행정 구역	수도 6부, 지방 5주

신분 제도	골품제(신분을 성골과 진골로 나누는 제도로 왕위는 처음에 성골, 무열왕 때 진골이 차지)

> ■ 한강 유역 점령 순서
> 백제(4세기) → 고구려(5세기) → 신라(6세기)

④ 가야 연맹
  ㉠ 성립: 변한의 여러 소국이 가야 연맹 형성, 초기 금관가야 주도(풍부한 철 자원, 해상 교통)
  ㉡ 발전: 고구려의 침략으로 금관가야 세력 약화, 5세기 후반부터 고령의 대가야가 연맹 주도
  ㉢ 멸망: 금관가야 신라에 정복(법흥왕, 532), 대가야 신라에 멸망(진흥왕, 562)
  ㉣ 문화: 철제 무기, 갑옷, 토기 등 출토

(4) 삼국의 문화와 대외 교류

① 문화
  ㉠ 불교의 수용: 고구려(소수림왕), 백제(침류왕), 신라(법흥왕 때 공인)
  ㉡ 불교 예술의 발전

사찰	• 백제: 미륵사(무왕 때 건립) • 신라: 황룡사(진흥왕 때 건립)
탑	• 백제: 익산 미륵사지 석탑, 부여 정림사지 5층 석탑 • 신라: 황룡사 9층 목탑, 경주 분황사 모전 석탑(돌을 벽돌 모양으로 축조)
불상	• 고구려: 금동 연가 7년명 여래 입상 • 백제: 서산 용현리 마애 여래 삼존상 • 신라: 경주 배동 석조 여래 삼존입상

  ㉢ 유학의 발달과 역사서의 편찬

유학의 발달	• 고구려: 태학 설치(수도), 경당 설치(지방) • 백제: 오경박사(유학 교육) • 신라: 진흥왕 순수비, 임신서기석(유교 경전 공부 맹세)
역사서 편찬	• 고구려: 영양왕 때 『유기』 100권을 정리한 『신집』 5권 • 백제: 근초고왕 때 고흥의 『서기』 • 신라: 진흥왕 때 거칠부의 『국사』

  ㉣ 도교의 수용: 산천 숭배나 신선 사상과 결합(귀족 사회에 반영), 고구려 고분 벽화의 사신도, 백제 산수무늬 벽돌과 금동 대향로

㉺ 과학 기술의 발달

천문학	천체 현상이 왕의 권위와 연결된다고 여김, 농업을 위한 천체 관측 중시 → 천문도(고구려의 고분 벽화), 첨성대(신라의 천문 관측기구)
금속 공예 기술	백제의 칠지도와 금동 대향로, 신라의 금관 및 각종 장신구 등

㉻ 고분

고구려	돌무지무덤(초기) → 굴식 돌방무덤(4세기 이후, 벽화 그림)
백제	계단식 돌무지무덤(한성 시기) → 굴식 돌방무덤, 벽돌무덤(웅진 시기 이후)
신라	돌무지덧널무덤 → 굴식 돌방무덤(6세기 말 이후)

> ■ 고분 문화
> • 껴묻거리: 무덤 안에 같이 묻힌 금관, 장신구 등 → 백제의 무령왕릉, 신라의 돌무지덧널무덤 등에서 출토
> • 벽화: 굴식 돌방무덤의 돌방에서 발견, 인물·생활 풍속·도교의 사신 등을 그림

② 대외 교류
  ㉠ 고구려

중국	중국 남북조와 교류, 한자, 유학, 불교, 도교 등 수용(왕산악이 거문고 제작), 고구려의 음악·무용 전파
서역	고구려 고분 벽화에 서역 계통 인물 등장, 서역 궁전 벽화에 고구려 사신 추정 인물 존재
일본	담징(종이·먹의 제조 방법, 호류사의 벽화), 혜자(쇼토쿠 태자의 스승), 다카마쓰 고분 벽화가 고구려의 영향을 받음

  ㉡ 백제

중국	중국 남조와 활발한 교류, 토기와 고분 양식 수용
일본	아직기와 왕인(한문, 천자문, 『논어』 전파), 노리사치계(불경과 불상 전파)

  ㉢ 신라

중국	고구려와 백제를 통해 중국 문화 수용 → 한강 유역 점령 이후 중국과 직접 교류
서역	서역의 유리 제품과 보검이 경주 고분에서 출토
일본	배 만드는 기술(조선술), 제방 쌓는 기술(축제술) 전파

  ㉣ 가야

일본	철 수출, 토기 제작 기술 전파 → 스에키에 영향

2 남북국 시대의 전개

● 해결 Point

삼국 통일 과정과 통일 신라의 정치·경제·문화, 후삼국의 성립까지 전체적인 흐름을 이해하고 시대별 주요 사건에 대해 알아 두는 것이 중요하다. 더불어 발해에 대한 출제 빈도도 높으므로 건국 과정과 통치 제도·문화 등 중요한 특징은 정리해서 암기해 두는 것이 좋다.

● 대표 문제 유형

❖ 신문왕이 이러한 정책을 실시한 목적은?
❖ 다음 중 발해에 대한 설명으로 옳은 것은?

(1) 고구려의 대외 항쟁과 신라의 삼국 통일

① 수·당과의 전쟁
　㉠ 수와의 전쟁

수 문제의 침략	수 문제가 30만 대군 이끌고 고구려를 침략 → 고구려의 승리
수 양제의 침략	수 양제가 113만 대군을 이끌고 고구려의 요동성 공격 → 요동성 함락 실패, 30만의 별동대로 평양성 공격 → 살수대첩(612, 을지문덕이 승리)
결과	수는 무리한 고구려 원정으로 인한 국력 소모와 각 지역의 반란으로 인해 멸망(618)

　㉡ 당과의 전쟁

배경	당 태종이 고구려 압박 → 고구려는 천리장성 축조 및 연개소문의 대당 강경책 시행
당 태종의 침략	당 태종이 연개소문의 정변을 구실로 고구려 침입 → 요동 지역 및 안시성 공격 → 안시성 성주와 백성이 결사적으로 저항해 당군 격퇴(안시성 전투, 645)
결과	고구려가 독자적인 세력 유지, 오랜 전쟁으로 고구려의 국력 약화

② 신라의 삼국 통일
　㉠ 나당 동맹 체결

배경	백제 의자왕의 신라 공격 → 고구려와 왜의 신라 도움 요청 거절 → 당에 도움 요청
나당 동맹 결성	신라 김춘추가 당에 군사 동맹 제안 → 고구려 침략에 실패한 당이 제안 수용 → 대동강 이북의 땅은 당이, 대동강 이남의 땅은 신라가 갖기로 동맹 체결

　㉡ 백제와 고구려의 멸망

백제의 멸망	황산벌 전투에서 백제군의 계백 패배 → 나당 연합군의 사비성 함락(백제 멸망, 660)
고구려의 멸망	연개소문이 죽은 뒤 지배층의 권력 다툼으로 정치 혼란 → 나당 연합군의 평양성 함락(고구려 멸망, 668)

　㉢ 백제와 고구려의 부흥 운동

백제	복심·도침(주류성)과 흑치상지(임존성) 등이 백제 부흥 운동 전개 → 지도층의 분열, 백제를 도우러 온 왜군이 백강 전투에서 패배(663) → 많은 백제 유민들이 일본으로 망명
고구려	고연무(오골성)와 검모잠(한성) 등이 고구려 부흥 운동 전개 → 안승을 왕으로 추대 → 지도층의 분열로 실패 → 고구려 유민들이 발해로 통합되거나 신라에 포섭

　㉣ 나당 전쟁
　• 당의 한반도 지배 야욕: 웅진 도독부(백제) 설치, 안동 도호부(고구려) 설치, 계림 도독부(신라) 설치
　• 나당 전쟁: 신라, 고구려·백제 유민과 연합 → 매소성 전투(675)와 기벌포 전투(676)에서 당군 격퇴 → 삼국 통일(676)
　• 삼국 통일의 의의와 한계

의의	역사상 최초의 통일, 자주적인 힘으로 당을 몰아내고 민족 융합 계기 마련
한계	외세의 협조, 대동강 이남에 국한

(2) 남북국의 발전과 변화

① 통일 신라의 왕권 강화

무열왕	진골 최초의 왕 → 무열왕의 직계 자손의 왕위 계승(왕권 강화)
문무왕	삼국 통일 완성
신문왕	김흠돌의 난 진압(진골 귀족 숙청), 국학 설치, 관료전 지급 및 녹읍 폐지 → 왕권 강화

② 통일 신라의 통치 제도 정비

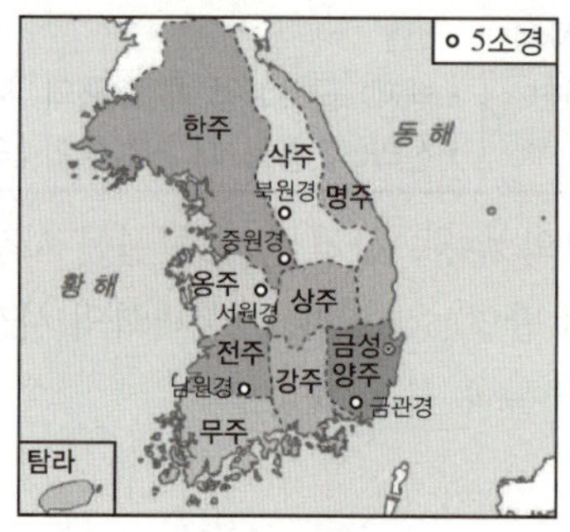

[9주 5소경]

중앙 정치 제도	집사부 중심, 시중 권한 강화, 화백 회의 기능 축소, 상대등 약화
지방 행정 제도	전국 9주 5소경, 상수리 제도(지방 세력 성장 억제)
군사 제도	9서당(중앙군), 10정(지방군)
토지 제도의 개편	관료전 지급 및 녹읍 폐지(신문왕) → 정전 지급(성 덕왕) → 녹읍 부활(경덕왕)

③ 발해의 건국

건국	고구려 장군 출신 대조영이 유민들을 이끌고 지린 성 동모산에서 건국(698) → 지배층(고구려인), 피 지배층(말갈인)
고구려 계승 의식	발해 왕이 일본에 보내는 국서에 고려(고구려) 국왕 이라고 표현
결과	통일 신라와 발해가 남북국의 형세 형성

④ 발해의 성장과 발전

무왕	독자적인 연호 '인안' 사용, 당의 산동 지방 선제 공 격(장문휴 파견)
문왕	상경 용천부 천도, 당의 문물과 제도 수용, 통치 체 제 정비, 신라와 교류
선왕	고구려의 영토 대부분 차지, 발해의 전성기, 주변 국 가들로부터 '해동성국'이라 불림

⑤ 발해의 통치 제도 정비

　㉠ 당의 3성 6부제 도입: 정당성을 중심으로 독자적 운영
　　→ 3성(정당성, 선조성, 중대성), 6부(충부, 인부, 의
　　부, 지부, 예부, 신부)

　㉡ 지방을 5경 15부 62주로 나누고 고구려계 지방관 파견

　㉢ 군사 제도는 중앙군(10위), 지방군(요충지에 별도 독
　　립 부대 배치)으로 구분

⑥ 신라 말의 동요와 후삼국의 성립

　㉠ 신라 말의 사회 변화

사회 혼란	소수 진골 귀족에게 권력 집중, 귀족의 농장 확대와 사병 양성 → 세력 강화
왕권의 약화	혜공왕 이후 150여 년 동안 20여 명의 왕이 교체, 진골 귀족 간의 왕위 다툼 → 골품제 동요, 사회 혼 란 초래
지방의 반란	김헌창의 난(822), 장보고의 왕위 쟁탈전 가담
농민 봉기	가혹한 조세 독촉과 수탈 심화 → 원종과 애노의 난 (889), 적고적의 난(896)

　㉡ 새로운 세력의 등장

등장 배경	왕위 쟁탈전, 농민 봉기로 중앙 정부의 통제력 약화

주요 세력	• 호족: 자신의 근거지에 성을 쌓고 스스로를 성주 또는 장군이라 부르며 지방의 군사와 행정을 장악 • 6두품: 당에 유학, 국내에서는 주로 학문과 종교 분야에 종사, 골품제 모순 비판, 새로운 사회 건설 추구(최치원의 시무 10여 조)

　㉢ 새로운 사상의 유행

선종의 발달	지방 호족 관심, 정신 수양의 해탈 → 호족의 후원으 로 지방에 선종 사찰 건립
풍수 지리설	도선의 보급, 산세나 지형이 인간에게 영향을 끼친 다는 사상 → 선종과 함께 호족의 사상적 기반

　㉣ 후삼국의 성립

　　• 후백제: 견훤이 완산주에서 건국(900), 전라도와 충
　　청도를 중심으로 세력 확대

　　• 후고구려: 궁예가 송악에서 건국(901), 국호를 마진
　　으로 바꿨다가 철원으로 천도 후 다시 태봉으로 고침

(3) 남북국의 문화와 대외 관계

① 통일 신라의 사상과 예술의 발달

　㉠ 유학의 발달

　　• 국학 설립: 신문왕 때 설립, 박사와 조교를 두어 유학
　　교육

　　• 독서삼품과: 원성왕 때 시행, 국학 학생의 유교 경전
　　이해 수준을 평가하여 관리로 등용

　　• 대표적 학자: 강수(외교 문서), 설총(이두 정리), 최
　　치원(빈공과 합격, 『계원필경』 저술), 김대문(『화랑
　　세기』 저술)

　㉡ 불교의 대중화

원효	일심 사상·화쟁 사상 주장, 불교의 대중화 기여
의상	당에서 화엄종의 교리 공부, 화엄 사상 주장, 화엄종 개창, 부석사 건립
혜초	인도와 중앙아시아를 순례하고 『왕오천축국전』 저술

　㉢ 불교 예술의 발달

사찰	불국사(건물과 탑을 균형 있게 배치하여 불교의 이 상 세계 표현)
탑	• 3층 석탑 유행(경주 감은사지 동서 3층 석탑, 경주 불국사 3층 석탑 등), 경주 불국사 다보탑 • 승탑과 승비: 승려의 사리나 유골을 안치 → 신라 말 선종의 유행과 더불어 발달
불상	석굴암 본존불(석굴암에 위치, 벽면에 새긴 보살 등 여러 조각과 조화를 이룸)

범종	상원사 동종, 성덕 대왕 신종
인쇄술	무구정광대다라니경(현존하는 세계에서 가장 오래된 목판 인쇄물, 경주 불국사 3층 석탑에서 발견)

② 발해의 문화

　㉠ 유학의 발달

　　• 주자감 설치: 유학 교육을 실시해 인재 양성

　　• 도당 유학생: 당의 빈공과 합격자 배출

　㉡ 불교 문화의 발달

　　• 지배층을 중심으로 유행, 문왕은 스스로를 불교적 성왕이라 칭하며 불교를 적극 후원

　　• 상경성과 중경성 일대의 절터 유적에서 불상(이불병좌상), 거대한 발해 석등 출토

　㉢ 융합적인 발해 문화

특징	고구려 문화 기반 + 당의 문화 수용 + 말갈의 토착 문화 흡수 → 독자적인 문화 형성
영향	• 수도 상경성: 당의 장안성과 비슷 • 온돌, 연꽃무늬 기와: 고구려 문화 영향 • 정혜 공주 무덤: 고구려 고분 양식을 계승한 굴식 돌방무덤과 모줄임천장 구조 • 정효 공주 무덤: 당의 영향을 받은 벽돌무덤, 천장은 고구려 양식 계승

③ 남북국의 대외 교류

　㉠ 통일 신라의 대외 교류

당과의 교류	• 유학생, 승려, 상인 등 왕래 • 신라방(집단거류지), 신라소(감독관청), 신라원(사찰), 신라관(숙소) 설치
일본과의 교류	당과 일본 사이에서 중계 무역으로 이득, 신라의 불교가 일본에 영향
국제 무역항	울산항, 당항성
장보고의 활동	• 청해진 설치(완도) • 해상 무역권 장악

　㉡ 발해의 대외 교류

당과의 교류	당의 선진 문물 수용, 산둥반도에 발해관 설치, 많은 사신과 유학생 파견
일본과의 교류	당과 신라 견제 목적
신라와의 교류	초기에는 대립 → 당과의 관계가 안정된 후 사신 교환 → 동경성에서 신라에 이르는 신라도를 설치하여 교역

3 고려의 성립과 변천

● 해결 Point

고려 역사 전반에 걸쳐 전체적인 흐름과 중요한 사건을 묻는 문제가 자주 출제된다. 따라서 고려 초기의 정책과 통치 제도부터 이자겸의 난, 묘청의 서경 천도 운동, 무신 정변 등의 주요 사건과 공민왕의 개혁 정치, 고려의 멸망 과정까지의 흐름을 잘 알아 두어야 한다. 거란, 여진, 몽골 등과의 대외 관계에 대한 문제도 꾸준히 출제되고 있으므로 사건과 대응을 중심으로 학습해야 한다.

● 대표 문제 유형

❖ 여진의 침입에 대한 극복 노력으로 옳은 것은?

❖ 다음 정책을 실시한 고려의 왕은?

(1) 고려의 건국과 정치 변화

① 고려의 건국과 후삼국 통일

　㉠ 고려의 건국(918): 왕건 → 국호를 고려, 연호는 천수, 철원에서 송악(개성)으로 천도

　㉡ 후삼국 통일: 공산 전투에서 후백제군에 패배 → 고창 전투에서 후백제군에 승리 → 후백제 견훤의 귀순 → 신라 경순왕의 투항 → 일리천 전투에서 후백제 격파 → 후삼국 통일(936)

② 고려 초기의 집권 체제 구축

태조 왕건	• 민생 안정 정책: 세금 감면, 빈민 구제 • 호족 통합·견제 정책: 혼인 정책, 왕씨 성 하사, 사심관 제도·기인 제도 실시 • 북진 정책: 고구려 계승 의식(서경 중시), 청천강에서 영흥만에 이르는 국경선 • 민족 융합 정책: 발해 유민 포용, 옛 고구려와 백제 세력을 지배 세력으로 수용 • 문화 정책: 불교 장려, 유교 인정
광종	노비안검법 실시, 과거 제도 실시, 공복 색깔 제정, 호족 세력 숙청, 황제 호칭과 연호(광덕, 준풍) 사용
성종	최승로의 시무 28조 수용(유교 정치 이념을 바탕으로 통치 체제 정비), 국자감 설치, 지방관 파견(12목 설치)

③ 통치 체제의 정비

　㉠ 중앙 정치 기구

2성 6부	중서문하성(국정 전반의 정책 심의·결정), 상서성(6부 통솔, 행정실무 담당)
중추원	왕명 전달·군사 기밀
어사대	관리 감찰·풍기 단속

삼사	화폐와 곡식의 출납, 회계 담당
도병마사와 식목도감	• 중서문하성과 중추원 고관들의 중요 정책 논의 기관 → 귀족 정치 • 도병마사: 국방과 군사 문제 논의 • 식목도감: 제도와 시행 규칙 제정

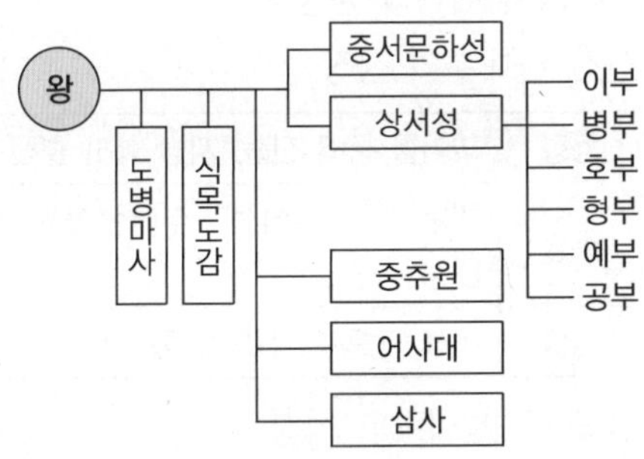

[고려의 중앙 정치 기구]

ⓛ 지방과 군사 조직

지방 행정 조직	• 성종 때 12목 설치(지방관 파견) → 이후 5도(안찰사 파견) 양계(병마사 파견) • 지방 행정 관리: 향리(지방 행정 실무 담당), 지방관이 파견된 주현과 파견되지 않은 속현으로 구분 • 특수 행정 구역: 향·부곡·소(군현의 주민에 비해 세금을 더 내고 차별 대우를 받음)
군사 조직	• 중앙: 2군(궁월 호위) 6위(개경과 국경방어) • 지방: 주현군(5도 주둔, 치안 업무), 주진군(양계, 국경 방어)

ⓒ 교육과 과거 제도

교육	• 국자감: 최고 교육 기관 • 향교: 지방 교육
관리 등용 제도	• 과거제: 광종 때 쌍기의 건의로 실시, 문과(제술과, 명경과), 잡과, 승과 • 음서 제도: 5품 이상 관료 자손 → 문벌 귀족 세력 강화

ⓓ 토지 제도

전시과	고려 시대 토지 제도의 기본 → 경종 때 처음 마련, 목종 때 개정, 문종 때 완성
공음전	5품 이상의 고위 관리들에게 나누어 준 토지 → 세습 가능, 귀족의 경제적 기반 마련

④ 정치 질서의 동요와 무신 정권의 수립

㉠ 이자겸의 난과 묘청의 서경 천도 운동

이자겸의 난(1126)	• 배경: 경원 이씨 가문의 권력 독점 • 전개: 이자겸 권력 장악 → 국왕과 대립 → 인종에 의해 이자겸 제거
묘청의 서경 천도 운동(1135)	• 배경: 이자겸의 난으로 혼란, 서경 천도 주장 • 전개: 서경 천도, 금 정벌, 칭제 건원 주장 → 김부식 등 개경 세력 반대 → 묘청 등 서경 세력 봉기 → 김부식의 관군에 진압

㉡ 무신 정변과 최씨 정권 성립

• 배경: 무신에 대한 차별 대우, 하층 군인들의 낮은 대우와 잡역에 불만
• 경과 및 결과: 정중부, 이의방 등이 정변을 일으켜 문신 제거, 의종 폐위 → 무신 정권 성립(1170)

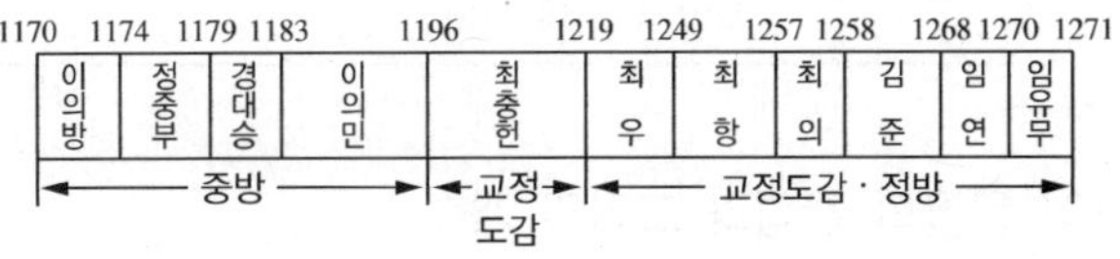

[무신 집권기의 지배 기구]

㉢ 최씨 정권의 성립

• 성립: 최충헌의 집권 이후 4대 60년간 독재 정치
• 최충헌 정권: 교정도감(최고 정치 기구) 설치, 도방 확대
• 최우 정권: 정방 설치(인사 행정 담당), 문인 등용, 삼별초(좌별초, 우별초, 신의군) 조직

㉣ 농민과 천민의 봉기

• 농민의 저항 운동: 망이·망소이의 봉기(공주 명학소), 김사미와 효심의 봉기(운문과 초전)
• 천민의 신분 해방 운동: 전주 관노의 난, 만적(최충헌의 노비)의 난

(2) 고려의 대외 관계

① 거란의 침입과 격퇴

㉠ 원인: 친송 외교 → 거란 배격 정책
㉡ 서희의 압록강 동쪽 강동 6주 회복(993, 1차 침입) → 양규의 격파(2차 침입) → 강감찬의 귀주대첩 승리(1019, 3차 침입) → 이후 국방 강화 노력(나성·천리장성 축조)

② 여진의 성장과 동북 9성의 설치

㉠ 여진과의 초기 관계: 여진족은 말과 화살 등을 바쳤으며, 고려는 식량과 농기구 등을 주며 회유
㉡ 여진족의 성장: 12세기 이후 성장하여 천리장성 부근까지 남하하여 고려와 충돌
㉢ 여진 정벌: 윤관, 별무반(신기군, 신보군, 항마군)을 이끌고 동북 9성 설치

③ 활발한 대외 교류

송	가장 활발히 교류, 경제적·문화적 실리 추구
거란·여진	수입품(말 등), 수출품(곡식, 농기구)
일본	수입품(수은, 황), 수출품(식량, 인삼, 서적)
아라비아	국제 무역항인 벽란도 번성, '코리아'라는 이름을 서방 세계에 전파

(3) 몽골의 간섭과 고려의 개혁

① 몽골 침략과 항쟁

㉠ 몽골과의 전쟁

배경	몽골의 무리한 공물 요구, 몽골 사신 저고여 피살
항쟁	처인성 전투(김윤후 부대의 승리), 충주성 전투, 팔만대장경 제작(민심을 모으고 부처의 힘을 빌리기 위한 목적)
피해	국토의 황폐화, 문화재 소실(경주 황룡사 9층 목탑과 대구 부인사에 보관된 초조대장경 판목)

㉡ 몽골과의 강화
- 최씨 정권의 몰락: 권력자 최의의 피살(사치 생활, 조세 수탈)
- 개경 환도: 임유무의 피살로 왕정이 회복되고 개경으로 환도

㉢ 삼별초의 항쟁
- 개경 환도 반대로 대몽 항쟁 지속
- 강화도 → 진도 → 제주도로 이동(여몽 연합군에게 진압)

② 원의 내정 간섭과 권문세족

㉠ 원의 내정 간섭: 정동행성 설치, 영토 지배(쌍성총관부, 동녕부, 탐라총관부), 고려의 왕실 호칭 및 관제 격하, 경제 수탈, 문물 교류

㉡ 권문세족의 성장: 원의 세력에 기대어 부와 권력 획득, 관직 독점, 음서로 권력 세습, 대농장 경영

③ 공민왕의 자주적 개혁 정치

㉠ 개혁 정치

| 반원 자주 정책 | 정동행성 폐지, 친원파 숙청, 쌍성총관부 탈환(철령 이북 회복), 몽골풍 금지 |
| 왕권 강화 정책 | 정방 폐지, 신돈의 등용(전민변정도감 설치), 양민으로서 억울하게 노비가 된 자 해방 |

㉡ 결과와 의의

| 결과 | 권문세족의 반발, 개혁 추진 세력 미약, 홍건적과 왜구의 침입으로 정세 불안 |
| 의의 | 신진 사대부의 등용, 자주성 회복 |

④ 새로운 정치 세력의 성장

㉠ 신진 사대부의 성장

등장	과거를 통해 진출, 지방 향리 출신, 성리학 공부
주장	권문세족의 불법성과 부패한 불교 비판, 농민 생활 안정 추구
인물	이색, 정몽주, 정도전 등

㉡ 신흥 무인 세력의 성장
- 홍건적과 왜구가 여러 차례 침략: 쓰시마 섬에 근거지를 둔 해적
- 최영, 이성계, 최무선(화포), 박위(쓰시마 섬 토벌) 등이 왜구 토벌
- 최영, 이성계 등 신흥 무인 세력은 왜구 침입 격퇴 과정에서 성장

⑤ 고려의 멸망

㉠ 위화도 회군(1388): 요동 공격을 반대하던 이성계는 출정 도중에 위화도에서 군사를 돌려 개경으로 돌아와 최영 등 반대파를 몰아내고 정치적 실권을 장악

㉡ 고려의 멸망과 조선 건국(1392): 권문세족의 몰락, 정몽주 제거, 이성계를 왕으로 추대

(4) 고려의 생활과 문화

① 고려 사람들의 생활

㉠ 고려 여성의 지위
- 부모의 재산을 물려받을 때 아들과 딸이 동등하게 분배
- 제사를 지낼 때 아들과 딸이 번갈아가며 지내고, 아들이 없으면 딸이 제사를 지냄
- 일부일처제가 일반적이며 이혼과 재혼이 가능
- 여성이 호주 가능, 호적에 태어난 순서대로 기재

② 학문과 종교의 발달

㉠ 유학의 발달

| 유교의 발전 | • 과거제 실시
• 개경에 국자감, 지방에 향교 설치 |
| 성리학 전래 | 신진 사대부들의 적극 수용 |

ⓛ 불교의 발달

불교 융성	연등회 행사 시행, 대장경 조판, 절·불상 건립
불교 개혁 운동	• 의천: 천태종 창시, 교종 중심으로 선종 통합 운동 전개, 교관겸수 주장 • 지눌: 불교의 세속화 비판, 정혜결사(수선사)를 중심으로 개혁 운동 전개, 정혜쌍수·돈오점수 주장

ⓒ 도교와 풍수지리설의 유행
- 도교: 불로장생과 현생 구복 추구
- 풍수지리설: 도참사상으로 발전, 묘청의 서경 천도 운동에 영향

③ 문화와 예술의 발달

불상	하남 하사창동 철조 석가여래 좌상(대형 철제 불상), 논산 관촉사 석조 미륵보살 입상(대규모 석조 불상), 영주 부석사 소조아미타여래 좌상(통일 신라 양식 계승)
석탑	평창 월정사 8각 9층 석탑(다각 다층 석탑), 개성 경천사지 10층 석탑(원의 영향), 여주 고달사지 승탑(승탑 발달)
건축	배흘림기둥과 주심포 양식: 안동 봉정사 극락전(현존 최고), 영주 부석사 무량수전, 예산 수덕사 대웅전
공예	• 순청자(11세기), 상감 청자(12세기) • 금속 공예와 나전 칠기 유행
서예	탄연의 글씨

④ 인쇄술의 발달과 역사서 편찬

ⓖ 인쇄술의 발달

목판 인쇄술	• 초조대장경(몽골 침입 때 소실) • 팔만대장경(합천 해인사 장경판전에 보관)
금속 활자	• 『상정고금예문』: 세계 최초의 금속 활자본, 1234년에 인쇄했다는 기록이 있으나 현재 전하지 않음 • 『직지심체요절』: 1377년 청주 흥덕사에서 간행, 현존하는 세계에서 가장 오래된 금속 활자 인쇄본

ⓒ 역사서 편찬

『삼국사기』	김부식 편찬, 현존하는 가장 오래된 역사서
『동명왕편』	이규보 편찬, 고구려 계승 의식 반영
『삼국유사』	일연 편찬, 최초로 단군 건국 이야기 수록
『제왕운기』	이승휴 편찬, 단군조선을 우리의 최초 국가로 기록

4 조선의 성립과 발전

● 해결 Point

조선 전기 주요 왕의 업적과 관련 사건에 대한 문제가 자주 출제된다. 사림의 성장과 사화, 붕당의 출현 과정에 대해서도 알아 두어야 한다. 또한, 임진왜란과 병자호란 등 조선의 대외 관계와 전쟁을 묻는 문제도 꾸준히 출제되므로 사건의 전개와 전말을 중심으로 학습해야 한다.

● 대표 문제 유형

❖ 사림과 관련하여 다음에서 설명하는 것은?
❖ 다음의 설명에 해당하는 조선의 왕은?

(1) 통치 체제의 정비와 대외 관계

① 조선의 건국과 국가 기틀의 확립
- ㉠ 건국 과정: 고려 말의 혼란 → 신진 사대부와 신흥 무인 세력의 결탁 → 위화도 회군 → 과전법 실시 → 조선 건국 → 한양 천도
- ㉡ 건국 의의: 양반 관료의 사회 형성과 성리학을 중시하여 유교적 이상 정치 실현

② 국가 기틀 마련
- ㉠ 태조: 한양 천도, 숭유 정책, 농본 정책
- ㉡ 태종: 호패법 실시, 사병 폐지
- ㉢ 세종: 집현전 설치, 훈민정음 창제, 영토 확장(압록강~두만강 → 4군 6진)
- ㉣ 세조: 직전법 실시, 경연 폐지
- ㉤ 성종: 문물 정비, 『경국대전』 완성 → 유교적 법치 국가로 발전

③ 통치 제도

중앙 정치 제도	• 의정부: 최고의 통치 기관(중요 정책 합의) • 6조: 행정 실무 담당 • 삼사: 사헌부(관리 감찰), 사간원(간쟁), 홍문관(왕 자문 기관) • 기타: 승정원(왕의 비서 기관), 의금부(왕 직속의 사법 기관), 춘추관(역사 기록), 성균관(유학 교육)
지방 행정 제도	• 행정 구역: 8도(관찰사 파견) 부·목·군·현 설치, 향·부곡·소를 일반 군·현으로 승격, 모든 군·현에 수령 파견 • 수령: 지방의 행정, 사법, 군사권 관할 • 향리: 수령의 실무 보좌, 지위 낮아짐 • 유향소(향청): 그 지역의 양반들을 중심으로 구성, 백성 교화, 수령에 대한 자문, 향리 감시

④ 교육과 과거 제도

교육 대상	법적으로는 양인 이상이면 누구나 받을 수 있었으나, 실제로는 양반의 자제 대상
교육 제도	서당(초등 교육 기관) → 향교와 4부 학당(중등 교육 기관) → 성균관(최고 교육 기관)
과거 제도	문과(양반), 무과(양반·향리·상민), 잡과(중인)

⑤ 병역 및 군사 제도

군사 조직	중앙(5위 → 궁궐 수비와 서울 방어 담당), 지방군(병마절도사, 수군절도사 파견), 잡색군(평상시는 생업 종사, 유사시에 병력으로 활용)
군역 의무	16~60세의 양인 남자

⑥ 사대교린의 외교
- ㉠ 명과의 관계(사대 외교): 건국 초기(정도전을 중심으로 요동 수복을 추진하여 명과 대립), 태종 이후(명과 친선 관계 유지하여 경제적·문화적 실리 추구)
- ㉡ 여진과의 관계(교린 외교): 평안도와 함경도에 주민 이주(두만강·압록강 개발), 4군 6진 설치(세종 때 → 북쪽의 국경선 확정, 회유책과 강경책 함께 추진)
- ㉢ 일본과의 관계(교린 외교): 쓰시마 섬 토벌(이종무), 3포(제포·염포·부산포) 개항

(2) 사림 세력과 정치 변화

① 사림 세력의 등장과 붕당의 출현
- ㉠ 사림의 성장: 성종이 훈구 견제를 위해 김종직 등 사림 등용, 주로 3사에 임명, 훈구의 부정과 권력 독점 비판
- ㉡ 훈구와 사림의 대립
  - 사화의 발생

무오사화	연산군 때 조의제문 문제로 발생
갑자사화	연산군 때 폐비 윤씨 사건으로 발생
기묘사화	중종 때 조광조의 개혁(현량과 실시, 왕도 정치 주장, 위훈 삭제 사건)에 대한 훈구의 반발
을사사화	명종 때 외척 간의 권력 다툼

  - 사림의 집권: 서원·향약을 기반으로 성장 → 선조 즉위 이후 다시 중앙 정계에 진출
- ㉢ 붕당의 출현
  - 붕당 정치의 시작: 이조 전랑의 임명 문제와 공론을 둘러싸고 사림 내부 분열 → 동인·서인 형성

- 정치적 기능: 상호 비판과 견제를 통한 합리적 정책 제시

② 성리학적 사회 질서의 강화
- ㉠ 서원의 설립: 사림의 세력 기반, 붕당의 토대, 학문과 교육의 발전에 기여, 선현의 제사, 학문 연구, 양반 자제 후진 양성, 최초의 서원(백운동 서원)
- ㉡ 향약의 보급: 향촌 자치 규약, 양반 중심의 신분 질서 확립, 사림 세력 기반 강화, 16세기 이후 전국적 보급(이황과 이이)

③ 성리학적 윤리 보급
- ㉠ 15세기: 『국조오례의』(나라와 왕실의 예법), 『주자가례』(양반 예법), 『삼강행실도』(성리학적 생활 규범) 편찬
- ㉡ 16세기: 성리학적 윤리의 확산, 소학과 향약 보급, 각종 윤리서 간행 및 보급, 가묘 설립, 족보 중시

(3) 문화의 발달과 사회 변화

① 훈민정음 창제와 반포
- ㉠ 훈민정음 창제(1443): 세종 때 집현전 학자의 도움으로 창제
- ㉡ 훈민정음 반포(1446): 세종 때 백성들의 문자 생활 가능, 백성 교화, 「용비어천가」와 「월인천강지곡」 편찬

② 학문과 과학 기술의 발달

역사서	『고려사』, 『고려사절요』, 『동국통감』, 『조선왕조실록』
지도	혼일강리역대국도지도(세계 지도)
지리서	『팔도지리지』, 『동국여지승람』
법전	『조선경국전』(정도전), 『경제육전』(조준), 『경국대전』(성종)
예절과 풍속	『국조오례의』, 『삼강행실도』 → 유교 질서 확립
과학 기술	혼천의(천문학), 계미자·갑인자(금속 활자), 측우기, 자격루, 앙부일구
농서	『농사직설』 → 우리나라 풍토와 실정에 알맞은 농사 기술의 개발과 보급
역법서	『칠정산』 → 중국과 아라비아의 역법을 참조하여 우리나라의 실정에 맞게 편찬
의학	『향약집성방』, 『의방유취』(의학 백과사전)
병서 및 무기	『병장도설』(군사훈련의 지침서), 신기전과 화차 개발

③ 예술의 발달

그림	독자적 화풍 개발(15세기) → 강희안의 「고사관수도」, 안견의 「몽유도원도」
공예	분청사기(15세기), 백자(16세기)
음악	종묘 제례악(세종), 『악학궤범』 편찬(성종)

(4) 왜란 · 호란의 발발과 영향

① 임진왜란

㉠ 왜군의 침입과 수군 · 의병의 활약

- 임진왜란 발발(1592): 도요토미 대륙 진출 야욕으로 침입, 충주 탄금대 전투 패배(신립), 선조의 의주 피난
- 수군의 활약: 이순신을 중심으로 서 · 남해안 일대 장악, 옥포 해전 · 한산도 대첩 승리 → 제해권 장악, 왜군의 보급로 차단, 전라도 곡창지대와 황해안 방어
- 의병의 활약: 유생(곽재우, 조헌, 고경명 등), 승려 중심(유정, 휴정 등)
- 명의 지원군 파견: 조선군과 연합하여 평양성 탈환
- 관군의 반격: 김시민(진주 대첩), 권율(행주 대첩)
- 정유재란(1597): 일본의 재침입, 노량 해전 승리(이순신 전사)

㉡ 왜란의 영향

- 조선: 국토의 황폐화(경작지 1/3로 감소), 인구 감소, 신분제 동요, 경복궁 · 불국사 · 사고(史庫) 등의 소실 및 문화재 약탈
- 일본: 정권 교체(에도 막부 수립), 조선으로부터 가져간 문화재 등으로 일본 문화 발전에 기여
- 중국: 명이 쇠퇴하고 만주의 여진족 성장(후금 건국)

㉢ 일본과의 관계 회복

- 국교의 재개: 일본의 국교 재개 요청 → 포로 송환, 국교 재개(1609)
- 왜관의 설치: 동래에 왜관 설치 → 일본인들이 쌀 · 무명 · 인삼 등을 수입
- 통신사 파견: 외교 · 문화 사절단 파견, 일본의 문화 발전에 기여

② 정묘호란과 병자호란

㉠ 광해군의 중립 외교

- 외교 정책: 광해군은 전후 복구 사업에 노력하는 동시에 명과 후금에 대한 중립 외교 정책을 전개
- 광해군의 폐위: 영창 대군 살해 및 인목 대비 유폐 → 인조반정(1623)으로 광해군이 폐위되고 인조가 왕으로 추대됨

㉡ 정묘호란(1627): 인조반정 이후 인조의 친명 배금 정책 추진과 이괄의 난으로 인한 사회 혼란 → 광해군을 위해 보복한다는 구실로 후금이 조선 침략 → 후금이 조선에 형제 관계 제의 → 조선이 수용하자 철수

㉢ 병자호란(1636): 청(후금이 국호를 바꿈)이 조선에 군신 관계를 요구했으나 조선의 거절로 침략 → 남한산성에서 항전, 척화와 주화 대립 → 청의 요구 수용(삼전도의 굴욕)

㉣ 호란의 영향

- 북벌 운동: 청에 당한 치욕을 씻자며 효종 때 추진 → 나선 정벌(청과 러시아 사이에 국경 분쟁이 발생하자 두 차례 조총 부대 파견) → 효종의 죽음으로 북벌 운동 중단
- 북학 운동: 청과의 교류 증가 → 청의 문물을 받아들여 부국강병을 이루자는 주장

5 조선 사회의 변동

● **해결 Point**

조선 후기 통치 기구의 개편, 붕당 정치와 영조 · 정조의 탕평 정치에 대한 문제가 자주 출제된다. 또한, 세도 정치와 삼정의 문란으로 인해 발생한 농민 봉기는 그 흐름이 중요하므로 반드시 정리해서 학습하는 것이 좋다. 조선 후기는 경제적 변화로 인한 신분제 동요와 상업과 실학의 발달, 문학과 예술의 새 경향 등 사회 · 문화적으로 변화되는 부분이 많으므로 이를 중심으로 학습해야 한다.

● **대표 문제 유형**

❖ 다음 대화의 내용에 해당하는 종교는?
❖ 조선 시대 정조가 시행한 정책으로 올바른 것은?

(1) 조선 후기의 정치 변동

① 통치 기구의 변화

㉠ 비변사의 기능 확대

- 비변사의 기능: 비상시 군사 행정을 담당한 임시 기구
- 임진왜란 계기로 기능 강화: 일반 행정까지 맡아보는 국가 최고의 통치 기관으로 발전
- 결과: 의정부의 기능 약화, 왕권의 약화, 6조의 기능 축소

ⓛ 군사 제도의 개편

중앙군	임진왜란 중 훈련도감 설치 → 이후 어영청, 총융청, 수어청, 금위영을 설치해 5군영 체제 구축
지방군	속오군 편성(양반부터 노비까지 모두 포함, 평상시에는 향촌을 지키다가 유사시에 전투에 동원)

ⓒ 조세 제도의 개편

전세	영정법(풍흉에 관계없이 1결당 쌀 4두로 납부)
공납	대동법(토지를 기준으로 쌀, 옷감, 돈으로 징수)
군역	균역법(군포를 2필에서 1필로 줄임), 결작·어장세·선박세·소금세, 선무군관포 등으로 부족한 재정 보충

② 붕당 정치의 전개와 변질

ⓐ 붕당 정치의 전개: 북인(임진왜란 직후) → 서인 주도 하의 남인 참여(인조반정 이후)

ⓑ 예송(현종): 상복을 입는 기간을 두고 대립(붕당 간 대립 격화), 1차 예송(서인 승리) → 2차 예송(남인 승리)

ⓒ 환국(숙종): 상대 당에 대한 보복과 탄압 → 서인 내 노론과 소론의 대립 심화, 일당 전제화(반대 당 숙청의 치열한 정쟁으로 변질되어 서인 정권의 전제화)

③ 영조와 정조의 탕평 정치

ⓐ 탕평책 실시: 영조와 정조 때 각 붕당을 골고루 등용하는 탕평책 실시로 왕권 강화 도모

ⓑ 영조와 정조의 탕평책과 개혁 정치

영조	• 탕평책: 서원 정리, 이조 전랑의 권한 약화, 탕평비 건립 • 개혁 정치: 균역법 시행, 신문고 제도 부활, 『속대전』·『동국문헌비고』 편찬
정조	• 탕평책: 노론과 서인뿐만 아니라 남인도 등용 • 개혁 정치: 규장각 설치, 장용영 설치, 수원 화성 축조, 초계문신제 실시, 서얼과 노비에 대한 차별 완화, 통공 정책(자유로운 상업 활동 허용 → 금난전권 폐지), 『대전통편』·『탁지지』 편찬

ⓒ 탕평 정치의 의의와 한계

의의	붕당의 대립 완화, 왕권 강화
한계	붕당의 폐단을 근본적으로 해결하지 못함 → 정조 사후 세도 정치 등장

④ 세도 정치의 등장

ⓐ 세도 정치의 전개

배경	탕평책의 한계, 정조 사후 어린 순조 즉위 → 소수의 외척 가문이 권력 독점
개념	왕실과 혼인 관계를 맺은 몇몇 가문이 권력을 독점하는 정치 형태

과정	안동 김씨(순조) → 풍양 조씨(헌종) → 안동 김씨(철종), 3대 60여 년간
결과	왕권 약화, 정치기강 문란(관직 매매 성행, 과거 제도 문란), 농촌 사회 불만 가중

ⓑ 삼정의 문란

전정	정해진 전세 이외 여러 부가세 징수
군정	죽은 자, 어린이, 친척, 이웃에 징세
환곡	관청 경비의 재원으로 세금화, 탐관오리들에 의해 고리대로 이용

(2) 사회 변화와 농민의 봉기

① 조선 후기 경제적 변화

ⓐ 농업의 발달

• 농업 기술의 발달: 모내기법 전국적 시행, 개간 사업, 수리 시설 복구, 농기구와 시비법 개량

• 농업 경영의 변화: 경작 규모 확대, 상품 작물 재배(인삼, 담배, 약재, 목화 등), 구황 작물 재배(감자, 고구마 등)

• 농민층의 분화: 일부 농민의 부농 성장, 대다수는 소작지를 얻지 못해 품팔이꾼 전락, 도시나 광산 등으로 이주

ⓑ 수공업과 광업 발달

• 관영 수공업 쇠퇴, 민영 수공업 발달

• 수공업의 발달로 광물 수요 증가 → 민간에 광산 채굴 허용

ⓒ 상업의 발달

• 배경: 농업 생산력 증대, 수공업 발달, 인구 증가, 도시의 성장, 대동법 실시로 공인 등장 → 상품 화폐 경제 발달

• 장시의 발달: 정기적으로 열리는 시장 형성, 보부상 활동

• 대외 무역의 발달: 청, 일본과의 공무역·사무역 발달

• 사상의 성장: 경강상인, 송상(개성), 만상(의주), 내상(동래)와 같은 대상인 출현

ⓓ 화폐 유통: 상평통보 발행 → 전국적 유통(숙종 이후)

② 조선 후기 신분제의 변동

ⓐ 신분제 동요: 정치·경제적 변화로 양반 중심 신분제 동요

ⓑ 양반층의 증가: 부를 축적한 농민 증가 → 부농층의 납속·공명첩, 족보 구입·위조를 통한 신분 상승

ⓒ 양반의 몰락(잔반): 소작농이나 임금 노동자로 전락
ⓔ 중인의 신분 상승 운동: 서얼의 관직 진출, 중인의 사회적 지위 향상
ⓜ 노비의 감소: 공노비 해방, 노비의 신분 상승, 도망 노비의 증가

③ 새로운 종교와 사상의 등장
  ㉠ 예언 사상의 유행
    • 도참 사상, 『정감록』(이씨 왕조가 망하고 정씨가 새 세상을 연다는 도참서)
    • 민간 신앙과 미륵 신앙 확산
  ㉡ 천주교의 전파
    • 전래: 17세기에 중국을 왕래하는 사신들에 의해 서학(학문)으로 소개
    • 신앙으로 발전: 18세기 남인 계열 → 중인·상민·부녀자 사이로 확산
    • 천주교 박해: 양반 중심의 신분 질서와 유교 중심의 제사 의식 부정으로 천주교 탄압 → 거듭된 탄압에도 평등과 내세 사상을 바탕으로 교세 확장
  ㉢ 동학의 창시와 확산
    • 창시: 몰락 양반 최제우가 서학(천주교)에 맞서 유교·불교·도교를 바탕으로 민간 신앙을 융합해 창시
    • 교리: 인내천(사람이 곧 하늘이다)을 중심으로 평등 사상 강조
    • 탄압: 백성을 현혹하고 신분 질서를 위협하여 금지, 교주 최제우 처형
    • 확산: 2대 교주 최시형이 『동경대전』·『용담유사』 편찬, 교단 정리 → 교세 확대

④ 농민 의식의 성장과 농민 봉기
  ㉠ 농민 의식의 성장
    • 사회 불안: 삼정의 문란과 탐관오리의 착취로 농민 생활 궁핍, 유랑 농민의 증가, 잇따른 자연재해, 이양선 출몰
    • 농민의 저항: 소청·벽서 운동, 관아 습격, 세금 납부 거부, 수령 모욕, 민란의 발생
  ㉡ 홍경래의 난(1811)
    • 배경: 세도 정권의 수탈과 서북 지방민(평안도)에 대한 차별 대우
    • 전개: 몰락 양반 홍경래 주도, 가난한 농민, 광부, 상공업자 참여해 봉기 → 청천강 이북 지역 장악 → 관군에 의해 정주성에서 진압
    • 영향: 농민 각성의 계기, 이후 농민 봉기에 영향

  ㉢ 임술 농민 봉기(1862)
    • 배경: 세도 정권의 수탈과 삼정의 문란
    • 전개: 경상 우병사 백낙신의 수탈 → 몰락 양반 유계춘을 중심으로 농민 봉기 → 전국적으로 확산
    • 정부의 대책: 삼정이정청 설치 → 큰 성과를 거두지 못함

(3) 학문과 예술의 새로운 경향

① 청과 일본과의 교류
  ㉠ 청에 연행사 파견
    • 청과 공식 외교 업무 수행을 위한 파견
    • 경제적 교류: 청에 조공품을 바치고 답례품을 받음 → 공무역과 사무역 활발
    • 문화적 교류: 청 관료·학자와 교류, 서양 선교사와 교류 → 청에 대한 인식 변화, 청의 선진 문물을 배우자는 주장(북학론) 제기
  ㉡ 일본에 통신사 파견
    • 국교 회복 이후 200여 년간 12회 파견
    • 경제적 교류: 인삼, 비단을 일본에 선물로 주고 은·무기를 답례품으로 받음
    • 문화적 교류: 통신사 일행에 포함된 학자, 의원, 화원, 악대 등이 성리학·의학·그림 등 조선의 선진 문물 전파

② 서학의 수용과 실학의 발달
  ㉠ 서학의 수용
    • 중국에 다녀온 사신들을 통해 천주교와 서양 문물 수용 → 조선의 과학 기술 발달, 중국 중심 세계관 탈피에 영향
    • 과학 기술의 발달

천문·역법	지전설 주장(홍대용, 김석문), 시헌력 도입(김육), 세계 지도(곤여만국전도)
의학	허준의 『동의보감』, 이제마의 『동의수세보원』(사상 의학)
농업	신속의 『농가집성』, 서유구의 『임원경제지』
건축	정약용의 거중기 제작 → 수원 화성 축조

  ㉡ 실학의 발달
    • 배경: 성리학 중심의 학문 활동에 대한 반성, 몰락 양반의 증가, 영세 상인의 몰락 등 사회적 모순 발생 → 현실 개혁적인 실학 대두

- 농업 중심의 개혁론

학자	저서	주장
유형원	『반계수록』	농민들에게 일정한 면적의 토지 분배 주장
이익	『성호사설』	최소한의 생계를 보장할 수 있는 면적의 토지는 매매를 금지할 것 주장
정약용	『목민심서』	토지의 공동 소유와 공동 경작과 생산물의 공동 분배 주장 → 실학 집대성

- 상공업 중심의 개혁론

학자	저서	주장
유수원	『우서』	중상학파의 선구자, 상공업 진흥을 통한 부국강병 주장
홍대용	『의산문답』	기술 혁신, 신분제 철폐, 성리학 폐단 극복
박지원	『열하일기』	청 문물 수용 및 소개, 수레와 선박 이용, 화폐 사용, 양반 사회 폐단 비판
박제가	『북학의』	청과의 교역 확대, 소비를 통한 생산 확대 주장

- 의의: 상공업 진흥책 강구, 후대의 학문 활동 · 개화 사상에 영향
ⓒ 국학의 발달
- 배경: 실학자들이 우리 전통과 현실에 관심을 가지고 역사 · 지리 · 언어 등 연구
- 내용

역사	안정복의 『동사강목』, 유득공의 『발해고』
지리	이중환의 『택리지』, 김정호의 대동여지도, 정상기의 동국지도
국어	신경준의 『훈민정음운해』, 유희의 『언문지』

(4) 생활과 문화의 새로운 양상

① 조선 후기의 생활
ⓐ 조선 여성의 지위
- 제사는 큰아들이 주관하고 재산 상속에서도 큰아들 우대
- 아들이 없는 경우 양자를 들임
- 호적을 부계 중심으로 기재
- 과부의 결혼 제한
ⓑ 향촌 사회의 변화
- 부농층이 성장하면서 기존 양반과 향촌의 지배권을 두고 다툼 → 신향과 구향의 대립
- 양반의 지위를 유지하기 위해 동족 마을 · 서원 등을 건립

- 모내기법이 확산하면서 두레 활성화
② 서민 문화의 발달과 예술의 새 경향
ⓐ 서민 문학의 발달
- 배경: 경제력 상승, 서당 보급 등으로 농민의 사회 의식 확대
- 특징: 자신의 감정을 그대로 드러내며, 사회의 부정 · 비리를 신랄하게 비판
- 한글 소설 · 판소리 · 민화 · 탈춤(양반 사회 풍자) 유행
ⓑ 예술의 새 경향

한문학	박지원의 한문 소설 → 양반사회의 위선 · 무능을 비판, 「양반전」 · 「허생전」 · 「호질」 등 · 중인들의 시사 조직
회화	진경산수화(정선의 「인왕제색도」, 「금강전도」), 풍속도(김홍도, 신윤복)
서예	추사체 창안(김정희)
공예	청화 백자 유행(간결, 소탈, 세련미)
건축	수원 화성, 불교 건축물(김제 금산사 미륵전, 구례 화엄사 각황전, 보은 법주사 팔상전)

6 근 · 현대 사회의 전개

해결 Point

흥선 대원군의 개혁 정책과 당시 서구 열강의 침입에 대한 문제가 자주 출제된다. 강화도 조약 이후 추진된 각종 개혁의 특징에 대해 구분하여 외우고 있어야 한다. 그리고 일제의 시대별 식민 지배 정책의 변화에 대해 이해하고, 시대별 특징에 대해 알아 두어야 한다. 더불어 국내 · 국외에서 다양하게 전개되는 독립운동의 진행 과정과 그 내용에 대해서도 함께 이해하고 있어야 한다. 광복 이후 대한민국 정부가 수립되기까지의 과정, 6 · 25 전쟁의 진행 과정, 이승만 정부부터 6월 민주 항쟁까지 민주주의의 발전 과정 등에서 일어난 주요 사건과 사건들의 진행 순서를 묻는 문제들이 자주 출제되므로 헷갈리지 않도록 잘 정리해 두어야 한다.

대표 문제 유형

❖ 다음에 해당하는 사건은?
❖ 다음 내용에 해당하는 민족 운동은?
❖ 4 · 19 혁명의 배경으로 옳은 것을 〈보기〉에서 고른 것은?

(1) 국민 국가의 수립

① 문호 개방과 개화 정책의 추진

　㉠ 흥선 대원군의 통치

　　• 집권: 고종이 어린 나이로 즉위하자 흥선 대원군이 실권 장악(1863)

　　• 대내 정책: 비변사 기능 축소, 경복궁 중건, 호포제 실시, 서원 정리, 사창제 실시, 『대전회통』 편찬

　　• 대외 정책(통상 수교 거부 정책): 병인박해(1866) → 제너럴 셔먼호 사건(1866) → 병인양요(1866) → 오페르트 도굴 사건(1868) → 신미양요(1871) → 척화비 건립(1871)

　㉡ 강화도 조약과 개화 정책의 추진

　　• 강화도 조약(1876)

배경	운요호 사건
내용	부산·원산·인천을 개항하고, 개항장에 일본인의 거주지를 허용, 해안 측량권 인정, 치외 법권 인정
성격	최초의 근대적 조약, 불평등 조약
결과	문호 개방 확대

　　• 개화 정책의 추진

정부의 개화 정책	통리기무아문(개화 정책 추진 기구) 설치, 별기군(신식 군대) 창설, 외국에 사절단 파견
개화파의 성장	김옥균, 박영효, 김홍집 등 → 정부 개화 정책 지지
개화 정책에 대한 반발	• 위정척사 운동: 유생들이 개항과 개화 반대 • 임오군란: 개화 정책 추진 과정에서 소외된 구식 군대가 반란(1882) → 청이 진압

② 갑신정변(1884)

　㉠ 배경: 청의 내정 간섭, 집권 민씨 세력의 소극적인 개화 정책 추진

　㉡ 중심인물: 김옥균, 박영효, 서광범, 홍영식 등 개화파 인사

　㉢ 전개: 급진 개화파 우정총국 개국 연회에서 권력 장악 → 14개조 개혁 정강 발표 → 청의 개입으로 3일 만에 실패

　㉣ 결과: 청의 내정 간섭 강화, 한성 조약(조·일), 톈진 조약(청·일) 체결

③ 동학 농민 운동(1894)

　㉠ 배경: 농민 세금 가중, 탐관오리 수탈, 외국 상인의 경제 침탈로 백성의 생활 곤란, 인간 평등과 외세 배척을 주장하는 동학의 확산

　㉡ 전개

고부 농민 봉기(1894)	전라도 고부 군수 조병갑의 비리와 부정 → 전봉준이 농민군을 이끌고 고부 관아 습격
1차 봉기	고부 농민 봉기를 수습하던 안핵사 이용태가 농민 탄압 → 백산 봉기 → 황토현·황룡촌 전투 승리 → 전주성 점령 → 전주 화약 체결 → 집강소 설치, 폐정 개혁안 실시
2차 봉기	일본이 경복궁 점령 → 남접과 북접이 연합하여 봉기 → 공주 우금치 전투 패배 → 전봉준 등 지도자 체포

　㉢ 성격: 반봉건 운동, 반외세 운동

　㉣ 의의: 개혁 요구가 갑오개혁에 반영, 항일 의병 운동에 영향

④ 갑오개혁과 을미개혁

제1차 갑오개혁 (1894.7.)	• 김홍집 내각 구성 • 내용: 교정청 폐지, 군국기무처 설치, 과거제 폐지, 재정 일원화, 은 본위제 채택, 조세 금납화, 도량형 통일, 신분제 폐지, 과부 재가 허용
제2차 갑오개혁 (1894.12.)	• 군국기무처 폐지, 박영효 개혁 추진 • 홍범 14조 반포
을미개혁 (1895)	• 배경: 조선 정부가 일본 세력을 막기 위해 러시아에 접근 → 일본이 조선 침입에 방해되는 명성 황후를 시해(을미사변) → 친일 내각 설립 • 내용: 태양력(양력) 사용, 단발령 시행 → 고종의 아관 파천으로 중단
의의와 한계	갑신정변·동학 농민 운동의 개혁 요구를 일부 반영한 근대적 개혁이었으나 일본의 내정 간섭 아래 추진되었다는 한계를 가짐

⑤ 국민 국가 수립 노력

　㉠ 독립 협회

　　• 설립(1896): 독립신문을 창간한 서재필이 개화파 지식인들과 조직

　　• 활동: 독립문 건립, 민중 계몽과 근대 의식 고취(토론회, 연설회 개최), 만민 공동회(자유 민권 운동 전개), 관민 공동회(헌의 6조 채택, 근대적 의회 설립 추진)

　　• 해산: 보수파 관료들이 독립 협회가 공화정을 추진한다는 거짓 소문을 퍼뜨려 강제로 해산

　㉡ 대한 제국

　　• 수립(1897): 고종이 환궁 후 황제 즉위, 대한 제국 선포, 연호 '광무' 사용

　　• 광무개혁: 구본신참, 복고적 성격의 점진적 개혁 → 대한국 국제 반포, 양전 사업 후 지계 발급, 각종 학교 설립, 상공업 진흥 등

⑥ 국권 수호를 위한 노력
  ㉠ 일제의 국권 침탈
    • 러일 전쟁(1904): 한반도를 둘러싼 러일의 경쟁 → 일본 승리
    • 을사늑약(1905): 일본이 대한 제국의 외교권 박탈, 통감부 설치
    • 고종 강제 퇴위(1907): 고종이 을사늑약의 부당성을 알리기 위해 헤이그 특사 파견 → 일본이 이를 구실로 고종 강제 퇴위
    • 한일 신협약(1907): 대한 제국 군대 해산
    • 한일 병합 조약(1910): 대한 제국 강제 병합
  ㉡ 국권 수호 운동의 전개
    • 항일 의병 운동

을미의병	• 을미사변과 단발령에 저항 • 유인석, 이소응 등 가담
을사의병	• 을사늑약 체결에 반발 • 최익현, 신돌석(평민 출신 의병장)
정미의병	• 해산된 군대가 13도 창의군 결성 → 서울 진공 작전 전개 • 이인영, 허위

    • 애국 계몽 운동

| 대한 자강회 | 고종 강제 퇴위 반대 운동 전개 |
| 신민회 | • 안창호, 양기탁 등이 비밀 결사 단체로 조직
• 대성 학교·오산 학교 설립, 자기 회사·태극 서관 운영, 만주 삼원보에 신흥 강습소 설립 |

⑦ 일제의 독도 불법 침탈과 간도 협약
  ㉠ 일제의 독도 강제 편입: 러일 전쟁 중 시네마현 고시 제40호를 통해 독도를 일본 영토로 강제 편입(1905)
  ㉡ 간도 협약: 일본은 철도 부설권 획득 조건으로 간도를 청에 이양

⑧ 3·1 운동
  ㉠ 배경: 1910년대 일제의 무단 통치(조선 총독부 설치, 헌병 경찰제, 한국인의 언론·출판·집회·결사의 자유 박탈), 윌슨의 민족 자결주의, 도쿄 유학생들의 2·8 독립 선언서
  ㉡ 전개: 민족 대표 33인의 독립 선언(1919), 전국 주요 도시에서 만세 시위 전개 → 국외까지 확대 → 일제가 폭력 진압(화성 제암리 사건, 유관순 순국 등)
  ㉢ 의의와 영향: 국내외 민족의 정체성 확인, 일제의 식민 통치 방식 변화(무단 통치 → 문화 통치), 대한민국 임시 정부 수립, 중국 5·4 운동 등에 영향

⑨ 대한민국 임시 정부의 수립과 활동
  ㉠ 배경: 3·1 운동을 계기로 체계적인 독립운동의 필요성 확인 → 국내외 임시 정부를 대한민국 임시 정부로 통합(1919)
  ㉡ 활동: 구미 위원회 설치(미국), 연통제·교통제 운영, 독립 공채 발행, 독립신문 간행, 『한일관계사료집』 발간

⑩ 국내 민족 운동의 전개
  ㉠ 실력 양성 운동

| 물산 장려 운동 | 평양에서 시작되어 전국적으로 확산, 국산품 애용, 일본 상품 배제 |
| 민립 대학 설립 운동 | 이상재 등이 중심이 되어 민립 대학 설립 기성회를 조직 |

  ㉡ 사회 운동

농민 운동	소작 쟁의(암태도 소작 쟁의)로 소작료 인하 요구
노동 운동	노동 환경 개선 요구 → 원산 총파업(1929)
소년 운동	방정환, 어린이날 제정
형평 운동	백정 평등 대우 요구

  ㉢ 6·10 만세 운동
    • 순종의 장례식을 계기로 시위 전개, 학생들의 항일 운동 참여, 민족주의 계열과 사회주의 계열이 함께 대규모 만세 시위 전개(1926)
    • 의의: 3·1 운동 이후 침체되었던 국내의 민족 운동에 영향
  ㉣ 광주 학생 항일 운동
    • 전남 광주에서 한일 학생 사이에 일어난 충돌이 계기, 민족 차별에 대한 분노와 쌓여 있던 반일 감정이 폭발하여 대규모의 반일 학생 시위로 전개(1929)
    • 의의: 3·1 운동 이후에 일어난 반일 학생 투쟁 가운데 가장 규모가 큰 민족 운동
  ㉤ 신간회의 활동
    • 민족주의 세력과 사회주의 계열의 세력 참여 → 최대 규모의 정치·사회단체
    • 광주 학생 항일 운동의 전국적 확대 지원 → 일제의 방해와 내부 분열로 해산(1931)

⑪ 국외 무장 독립 투쟁의 전개
  ㉠ 1920년대 만주의 무장 투쟁
    • 봉오동 전투(1920.6.): 홍범도의 대한 독립군 등 연합 부대가 봉오동에서 일본군 격파
    • 청산리 대첩(1920.10.): 김좌진의 북로 군정서군, 대한 독립군 등 연합 부대가 청산리에 일본군 격파

* 독립군의 시련과 통합: 간도 참변(일제의 간도 한인 학살) → 자유시 참변(러시아의 자유시로 이동한 독립군이 희생된 사건) → 3부 수립(만주로 돌아와 참의부, 정의부, 신민부 결성)
ⓛ 1930년대 만주의 한중 연합 작전
* 조선 혁명군: 양세봉, 영릉가 전투, 흥경성 전투
* 한국 독립군: 지청천, 북만주 지역에서 투쟁, 쌍성보 전투, 사도하자 전투 등
* 조선 의용대: 김원봉을 중심으로 조직(1938), 중국군과 연합해 항일 투쟁 전개
* 한국 광복군: 대한민국 임시 정부 충칭에서 창설(1940) → 태평양 전쟁이 발발하자 일본에 선전 포고 → 국내 진공 작전 계획
ⓒ 의열 투쟁
* 의열단: 김원봉이 조직, 일제 주요 기관 폭파, 친일파 처단
* 한인 애국단: 김구가 조직, 이봉창·윤봉길 의거
⑫ 대한민국 정부 수립
㉠ 광복과 분단
* 8·15 광복: 일본이 연합국에 항복(1945)
* 정부 수립 노력: 조선 건국 준비 위원회의 활동(여운형), 김구·이승만 등이 귀국·정치 활동 전개
* 분단: 미국과 소련이 북위 38도선을 경계로 분할, 군정 실시
㉡ 정부 수립을 둘러싼 갈등
* 모스크바 3국 외상 회의(1945.12.): 한반도에서 임시 민주 정부 수립, 미소 공동 위원회 설치, 최고 5년간 신탁 통치 결정 → 신탁 통치 결정에 대한 우익과 좌익의 대립 격화
* 미소 공동 위원회 결렬: 미국과 소련의 입장 차이
* 좌우 합작 운동: 여운형·김규식 등의 중도 세력이 통일 정부 수립 노력 전개 → 실패
* 국제 연합의 결정: 유엔의 한국 문제 결정(남북한의 총선거로 정부 수립하기로 결정) → 소련과 북한이 유엔 한국 임시 위원단 방북 거절로 유엔의 남한 단독 총선거 결정
* 남북 협상: 김구와 김규식이 북한의 김일성을 만나 협상 → 실패
㉢ 대한민국 정부의 수립
* 정부 수립 과정: 우리나라 역사상 최초 선거인 5·10 총선거 실시(1948.5.10.) → 제헌 국회 구성 → 국회

에서 국호 '대한민국' 결정, '제헌 헌법' 공포, 초대 대통령 이승만 선출
* 대한민국 정부 수립 선포(1948.8.15.) → 유엔 총회에서 한반도의 유일한 합법 정부로 승인

(2) 자본주의와 사회 변화

① 개항과 외세의 경제 침탈
㉠ 조일 수호 조규와 조청 상민 수륙 무역 장정 체결 이후 일본·청 상인이 조선 진출
㉡ 아관 파천 이후 열강들의 조선 이권 침탈 심화: 울릉도 삼림 채벌권, 당현·운산 금광 채굴권, 철도 부설권(경인선·경부선·경의선·경원선) 등
② 경제적 구국 운동
㉠ 일본으로 곡물 유출을 막기 위해 방곡령 선포
㉡ 독립 협회의 러시아 절영도 조차 요구 저지
㉢ 보안회의 일본 황무지 개간권 요구 저지
㉣ 국채 보상 운동: 대구에서 시작하여 국민들이 성금을 모아 나라의 빚(국채)을 갚으려 함
③ 일본의 경제 수탈
㉠ 1910년대 경제 수탈

토지 조사 사업	• 내용: 토지 소유자가 직접 신고한 토지만 소유지로 인정 • 결과: 총독부의 지세 수입 증가, 많은 농민들이 토지를 잃고 소작농으로 전락, 지주의 권한 강화, 일본인 대지주 증가

㉡ 1920년대 경제 수탈

산미 증식 계획	• 내용: 한국에서 쌀 생산량을 늘려 일본의 식량 부족 해결 • 결과: 늘어난 생산력보다 더 많은 양의 쌀이 일본으로 반출 → 한국의 식량 사정 악화, 농민의 경제 악화

㉢ 1930~1940년대 경제적·인적 수탈

경제적 수탈	• 병참 기지화 정책: 한국을 대륙 침략에 필요한 물자를 생산·보급하는 기지로 활용 • 공출제 시행: 군량미 마련을 위해 쌀 수탈·식량 배급제 실시, 무기 제조를 위해 농기구·쇠붙이 등 공출
인적 수탈	• 국가 총동원법 제정(1938): 중일 전쟁(1937) 발발 후 제정 • 지원병제, 징병제: 많은 한국 청년들을 전쟁터에 동원 • 국민 징용령: 탄광, 철도 공사, 군수 공장에 노동력 수탈 • 일본군 '위안부' 강제 동원: 한국 여성들 성적 착취

④ 광복 직후의 경제
  ㉠ 농지 개혁 실시: 자영농 증가, 지주제 소멸
  ㉡ 소비재 산업 발달: 산업 기반 취약, 6·25 전쟁으로 산업 시설 파괴 → 미국의 경제 원조에 의존, 삼백 산업 발달(밀, 설탕, 면화)

⑤ 경제 개발 계획
  ㉠ 1960년대 경제 개발

제1·2차 경제 개발 5개년 계획	• 경공업 육성: 풍부한 노동력을 바탕으로 의류·신발 산업 등 육성 • 수출 증대 노력: 수출 주도형 정책 추진 • 사회 간접 자본 확충: 경부 고속 도로 개통, 산업 단지 조성

  ㉡ 1970년대 경제 개발

제3·4차 경제 개발 5개년 계획	• 중화학 공업 집중 육성: 철강·화학·조선 공업 등 육성 • 수출 주도형 정책 지속: 수출액 100억 달러 돌파, 한강의 기적이라 불릴 만큼 경제 성장 • 경제 위기 발생: 1970년대 말 석유 파동으로 경제 위기

  ㉢ 1980년대 경제 개발

3저 호황	1980년대 중반 저유가·저금리·저달러 현상 출현 → 물가 안정, 수출 증가로 경제 발전
기술 집약 산업 발달	전자·자동차·반도체 산업 등 발달

⑥ 외환 위기의 극복과 한국 경제의 현재
  ㉠ 세계화와 신자유주의
    • 1990년대 시장 개방 압력 강화, 세계 무역 기구(WTO) 출범(1995)
    • 한국 정부의 대응: 경제 협력 개발 기구(OECD) 가입, 공기업 민영화 등 신자유주의 정책 추진
  ㉡ 외환 위기의 발생과 극복
    • 발생: 외국인 투자자의 자금 회수 → 외환 부족, 사업을 확대한 대기업 도산 → 국제 통화 기금(IMF)으로부터 구제 금융 지원(1997)
    • 극복: 정부의 기업·금융 기관 구조 조정, 민간의 금 모으기 운동 → 국제 통화 기금 지원금 조기 상환
  ㉢ 오늘날의 한국 경제
    • 자유 무역 협정(FTA) 체결: 칠레, 미국 등 여러 나라와 체결 → 무역 규모 1조 달러 돌파(2011) → 세계 10위권 무역 대국으로 성장
    • 첨단산업의 발달: 정보 기술·전자 산업 등 발달

⑦ 경제 성장이 가져온 사회 변화
  ㉠ 산업화와 도시화: 제조업·서비스업 비중 증가, 도시의 인구 증가
  ㉡ 사회 문제 대두: 농촌 낙후, 주택 부족, 환경오염, 노동자 근무 여건 열악(장시간 저임금 노동), 전태일 분신 사건 및 노동 운동 활성화

⑧ 대중문화의 발전
  ㉠ 1980년대 컬러 TV 보급으로 10대 청소년이 대중문화 주도
  ㉡ 2000년대 이후는 인터넷 매체를 통한 대중문화 발달
  ㉢ '한류' 열풍으로 전 세계에 한국의 대중문화가 소개
  ㉣ 1988년 서울 올림픽, 2002 한일 월드컵, 2018 평창 동계 올림픽 성공적 개최

(3) 민주주의의 발전

① 헌법의 제정
  ㉠ 대한민국 임시 정부의 헌법 제정
    • 대한민국 임시 헌장(1919.4.): 대한민국의 정치 체제가 민주 공화제임을 밝히고 국민의 자유와 평등, 국민의 권리를 선언
    • 대한민국 임시 헌법(1919.9.): 임시 헌장에서 선언된 민주 공화제의 이념을 더욱 구체화(주권 재민, 삼권 분립 포함)
  ㉡ 제헌 국회
    • 제헌 국회의 구성: 1948년 5·10 총선거를 통해 구성
    • 제헌 국회의 활동: 제헌 헌법 제정, 대통령 선출(초대 이승만), 반민족 행위 처벌법 제정, 농지 개혁법 제정

② 민주주의의 시련
  ㉠ 이승만 정부의 헌법 개정과 장기 집권
    • 발췌 개헌(1952): 경찰·군대를 동원하여 대통령 직선제로 개헌, 재집권 성공
    • 사사오입 개헌(1954): 초대 대통령에 한해 연임 제한을 철폐하는 개헌안 제출 → 사사오입의 논리로 통과
  ㉡ 4·19 혁명(1960)
    • 배경: 이승만 정부(자유당)의 장기 집권 및 3·15 부정 선거 자행
    • 전개: 자유당 정부의 부정 선거 규탄 → 정부의 계엄령 선포와 시위 진압 시도 → 학생·시민이 항쟁

* 결과: 이승만 대통령의 하야와 자유당 정권의 붕괴 → 장면 내각 정부 수립
* 의의: 독재 정권이 학생과 시민의 반발에 무너짐 → 대한민국 민주주의 발전의 토대가 됨

ⓒ 5 · 16 군사 정변과 박정희 정부의 수립
* 5 · 16 군사 정변(1961): 장면 내각의 무능과 사회 혼란을 구실로 박정희를 중심으로 한 군부가 정권 장악
* 대통령 중심제 개헌: 박정희 대통령 당선
* 박정희 정부의 수립: 경제 계발 5개년 계획 추진, 한 · 일 국교 정상화, 베트남 국군 파병
* 3선 개헌(1969): 대통령직을 3회까지 할 수 있도록 헌법 개정

ⓔ 유신 체제
* 유신 헌법 제정(1972): 임기 6년 대통령 간선제, 통일 주체 국민 회의에서 대통령 선출, 대통령에게 국회 해산권, 국회의원 1/3 임명권, 긴급 조치권 등 부여
* 유신 체제의 저항과 붕괴: 민주 헌정 회복과 개헌 요구, 3 · 1 민주 구국 선언 발표 → 부마 민주 항쟁(1979) → 10 · 26 사태 발생(박정희 대통령의 피살)

ⓜ 신군부의 등장과 5 · 18 민주화 운동
* 신군부의 등장: 전두환을 중심으로 한 신군부 세력이 군대를 동원하여 권력 장악(12 · 12 사태, 1979)
* 서울의 봄(1980.5.): 학생 · 시민들이 신군부 퇴진과 민주화 요구 → 신군부가 비상계엄 전국 확대
* 광주 민주화 운동(1980.5.): 광주에서 계엄 철회와 신군부 퇴진을 요구하는 시위 발생 → 신군부가 계엄군 투입, 무력 진압 → 시민들의 시민군 조직 → 계엄군이 시민군 진압

ⓗ 6월 민주 항쟁
* 전개: 박종철 고문치사 사건 → 진상 규명과 개헌 요구 시위 → 4 · 13 호헌 조치 → '호헌 철폐와 독재 타도'를 구호로 시위 전개
* 결과: 6 · 29 민주화 선언 발표 → 5년 단임의 대통령 직선제 개헌

ⓢ 직선제 개헌 이후의 정부

노태우 정부 (1988)	1988년 서울 올림픽 개최, 북방 외교
김영삼 정부 (1993)	민간 정부 수립, 역사 바로 세우기, 금융 실명제 실시, 지방 자치제 전국적 실시, 집권 말기 외환 위기 발생
김대중 정부 (1998)	최초의 여야 간의 평화적 정권 교체, 외환 위기 극복, 분단 이후 처음으로 남북 정상 회담 개최
노무현 정부 (2003)	참여 정부, 과거사 진상 규명 및 법 제정, 권위주의 청산, 제2차 남북 정상회담 개최
이명박 정부 (2008)	기업 활동 규제 완화와 감세 정책 추진, 4대강 정비 사업 추진, G20 정상 회의 개최
박근혜 정부 (2013)	최초의 여성 대통령, 비선 실세의 국정 농단 사태로 탄핵
문재인 정부 (2017)	2018 평창 동계 올림픽 개최, 판문점 선언

(4) 평화 통일을 위한 노력

① 남북의 분단과 6 · 25 전쟁

ⓐ 광복 후 통일 정부 수립 노력
* 좌우 합작 운동(1946~1947): 여운형 · 김규식 주도, 신탁 통치를 둘러싼 좌우 대립 속에서 통일 정부 수립 노력 → 실패
* 남북 협상(1948.4.): 유엔 소총회에서 남한만의 총선거 실시 확정 → 김구와 김규식이 분단을 막기 위해 북측 지도자인 김일성과 만남 → 실패
* 남한만의 총선거 반대 움직임: 제주 4 · 3 사건, 여수 · 순천 10 · 19 사건

ⓑ 6 · 25 전쟁
* 배경: 공산 정권의 수립(북조선 임시 인민 위원회 구성), 애치슨 선언 발표(미국의 태평양 방위선에서 한국 제외)
* 전개: 북한의 불법 남침(1950.6.25.) → 낙동강 유역까지 후퇴 → 유엔군 파견 → 인천 상륙 작전 → 서울 수복 → 압록강까지 진격 → 중국군 개입 → 흥남 철수 · 서울 함락(1 · 4 후퇴) → 휴전 협정(1953.7.27.)
* 결과: 동족상잔의 비극, 수많은 사람들의 생명과 재산 피해(전쟁고아 발생, 이산가족 발생), 국토의 황폐화와 경제 시설 파괴

② 통일을 위한 노력

ⓐ 남북 대화의 시작과 교류의 진전
* 7 · 4 남북 공동 성명(1972): 서울과 평양에서 자주 · 평화 · 민족 대단결의 통일 3대 원칙에 합의
* 1980년대: 이산가족 상봉과 예술 공연단 교환 방문(1985)
* 1990년대: 남북한 유엔 동시 가입, 남북 기본 합의서 채택, 한반도 비핵화 공동 선언 합의(1991)

ⓛ 통일을 위한 남북 정상 회담
- 6·15 남북 공동 선언 채택(2000): 김대중 정부의 햇볕 정책 추진 → 금강산 관광 시작 → 분단 이후 최초로 남북 정상회담 개최 → 남북 철도 연결, 이산가족 방문 재개 등 경제·사회·문화 전반에 걸쳐 교류 확대
- 10·4 남북 공동 선언(2007): 노무현 정부 평양에서 제2차 남북 정상회담 개최 → 남북 관계 발전과 평화 번영을 위한 선언 발표
- 판문점 선언(2018): 평창 동계 올림픽 남북한 공동 입장, 단일팀 구성 → 판문점에서 남북 정상회담 개최 → 남북한이 채택한 합의와 선언 이행, 한반도 평화 체제 구축을 위한 상호 협력, 남북 공동 연락 사무소 설치

출제 예상 문제

01 다음 중 구석기 시대에 사용된 유물은?

① 
주먹도끼

② 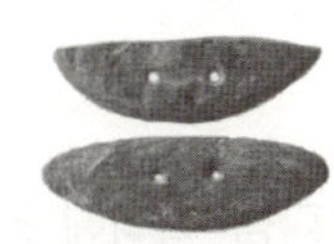
반달 돌칼

③ 
비파형 동검

④
빗살무늬 토기

02 다음 유물이 만들어진 시대의 특징은?

① 계급 발생
② 농경 시작
③ 불교 수용
④ 도자기 제작

03 (가)에 해당하는 나라는?

| (가)   에서는 백성들에게 금하는 법 8조가 있었다. 사람을 죽인 자는 즉시 죽이고, 남에게 상처를 입힌 자는 곡식으로 갚는다. 도둑질한 자는 그 집의 노비로 삼는다.

① 가야
② 동예
③ 옥저
④ 고조선

04 다음 설명에 해당하는 나라는?

① 동예
② 발해
③ 마한
④ 부여

05 다음 내용에 해당하는 왕은?

〈4세기 백제의 발전〉
- 마한 전 지역을 정복함
- 고구려를 공격하여 황해도 지역 일부를 차지함
- 중국의 요서 지방과 일본의 규슈 지방에 진출함

① 내물왕
② 법흥왕
③ 근초고왕
④ 소수림왕

06 삼국의 형세가 지도와 같았던 시기의 고구려 왕은?

① 고이왕
② 내물왕
③ 장수왕
④ 진흥왕

07 백제 성왕이 실시한 정책을 〈보기〉에서 모두 고른 것은?

─── 〈보기〉 ───

ㄱ. 사비 천도
ㄴ. 화랑도 개편
ㄷ. 청해진 설치
ㄹ. 국호를 '남부여'로 바꿈

① ㄱ, ㄴ
② ㄱ, ㄹ
③ ㄴ, ㄷ
④ ㄷ, ㄹ

08 다음 설명에 해당하는 문화재는?

> 고구려 장수왕 때 남진 정책을 추진하여 한반도의 남한 강 유역까지 진출했던 사실을 알려 주는 비석이다.

① 척화비
② 탕평비
③ 충주 고구려비
④ 백두산 정계비

09 다음 설명에 해당하는 고구려의 제도는?

> ○ 재상 을파소의 건의로 실시되었다.
> ○ 봄에 곡식을 빌려준 후 가을에 추수하여 갚게 한 제도 이다.

① 골품제
② 과거제
③ 영정법
④ 진대법

10 다음 회의에 공통적으로 참여한 계층은?

> ○ 고구려: 제가 회의
> ○ 백제: 정사암 회의
> ○ 신라: 화백 회의

① 승려
② 귀족
③ 평민
④ 천민

11 다음 내용에 해당하는 신라의 왕은?

> ○ 화랑도 개편: 국가의 기반을 확고히 함
> ○ 영토 확장: 한강 유역 점령, 대가야 정복, 순수비·단양 적성비 건립

① 내물왕
② 지증왕
③ 법흥왕
④ 진흥왕

12 다음 유물들이 만들어진 나라는?

불국사 다보탑

석굴암 본존 불상

성덕대왕 신종

① 발해
② 백제
③ 고구려
④ 통일 신라

13 다음 내용에 해당하는 인물은?

> ○ 삼국 통일 과정에서 중심적인 역할을 함
> ○ 진골 최초의 왕으로, 김유신의 도움으로 왕위에 오름

① 김대문　　　② 김춘추
③ 최치원　　　④ 김부식

14 다음 대화의 내용에 해당하는 책은?

① 동의보감
② 삼국사기
③ 조선왕조실록
④ 왕오천축국전

15 고려 태조 왕건의 정책으로 옳은 것은?

① 시무 28조 수용
② 노비안검법 실시
③ 사심관 제도 실시
④ 전민변정도감 설치

16 고려 광종이 실시한 정책으로 옳은 것은?

① 집현전 설치
② 과거제 시행
③ 후삼국 통일
④ 천리 장성 축조

17 다음 대화의 내용에서 ㉠에 들어갈 인물은?

① 쌍기　　　② 최승로
③ 최치원　　④ 최익현

18 다음 주장을 한 인물이 일으킨 사건은?

> ○ 금(金)나라를 정벌하자!
> ○ 고려를 황제국으로 칭하고, 서경으로 수도를 옮기자!

① 묘청의 난
② 만적의 난
③ 이자겸의 난
④ 홍경래의 난

19 다음의 사건이 일어난 순서대로 바르게 나열한 것은?

> ㉠ 이자겸의 난
> ㉡ 묘청의 서경 천도 운동
> ㉢ 무신 정변

① ㉠ - ㉡ - ㉢
② ㉠ - ㉢ - ㉡
③ ㉡ - ㉠ - ㉢
④ ㉡ - ㉢ - ㉠

20 교사의 질문에 대한 답으로 적절한 것은?

- 최충헌 때 설치된 무신 정권의 최고 권력 기구이다.
- 인재 천거, 조세 징수, 감찰, 재판 등의 국정 전반에 걸친 권한을 가졌다.

① 도방
② 정방
③ 중방
④ 교정도감

21 두 사람의 대화 내용에 해당하는 사건은?

① 만적의 난
② 김헌창의 난
③ 홍경래의 난
④ 망이·망소이의 난

22 수행 평가 주제에 대한 탐구 내용으로 옳지 <u>않은</u> 것은?

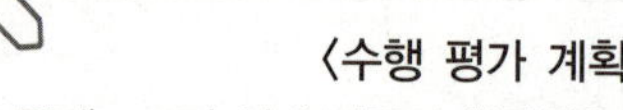

〈수행 평가 계획서〉
주제 : 고려 시대 거란이 침입했을 때 활약한 인물 조사하기

① 강동 6주를 회복한 서희
② 2차 침입 때 활약한 양규
③ 별무반을 이끌고 싸운 윤관
④ 귀주에서 병사를 지휘한 강감찬

23 다음 내용에 해당하는 세력은?

〈수행 평가 계획서〉
- 주제: 고려 후기 정치 세력
- 조사할 내용
  - 대표적 인물 정몽주, 정도전의 활약
  - 권문세족의 비리 비판과 사회 개혁을 위한 노력
  - 과거를 통해 중앙 관리로 진출

① 호족
② 진골
③ 문벌 귀족
④ 신진 사대부

24 조선 시대 각 왕의 업적을 바르게 설명한 것은?

① 태조 – 도읍을 한양으로 옮겼고, 불교를 정치 이념으로 삼았다.
② 태종 – 국토를 압록강, 두만강 유역까지 넓혀 놓았다.
③ 세종 – 문물을 정비하고 경국대전을 완성했다.
④ 세조 – 직전법을 실시하여 나라의 재정을 튼튼히 하려 했다.

25 조선 시대의 정치 기구와 그 역할이 바르게 연결된 것은?

① 춘추관 – 관리 감찰
② 승정원 – 역사서 편찬
③ 사헌부 – 범죄의 재판
④ 의정부 – 국가 주요 정책 합의

26 다음 설명과 관련이 깊은 역사적 사건은?

- 수군의 활약: 이순신의 옥포, 사천, 당포, 한산도 등지에서의 승리
- 의병의 활약: 유생, 농민, 승려들이 자발적으로 조직하여 활약

① 병자호란
② 임진왜란
③ 귀주 대첩
④ 살수 대첩

27 다음 설명에 해당하는 역사서는?

> 태조부터 철종까지 25대 472년 동안의 역사를 연월일 순서에 따라 기록한 책이다. 방대한 분량과 서술의 객관성을 인정받아 1997년 유네스코 기록 유산으로 지정되었다.

① 고려사
② 삼국사기
③ 삼국유사
④ 조선왕조실록

28 다음 자료에 해당하는 인물은?

> 〈조선 시대 왕의 정책〉
> ○ 명과 후금 사이에서 중립 외교를 추진했다.
> ○ 농민의 부담을 줄여주기 위해 대동법을 시행했다.

① 영조　　　　② 세종
③ 광해군　　　④ 연산군

29 (가)에 해당하는 것은?

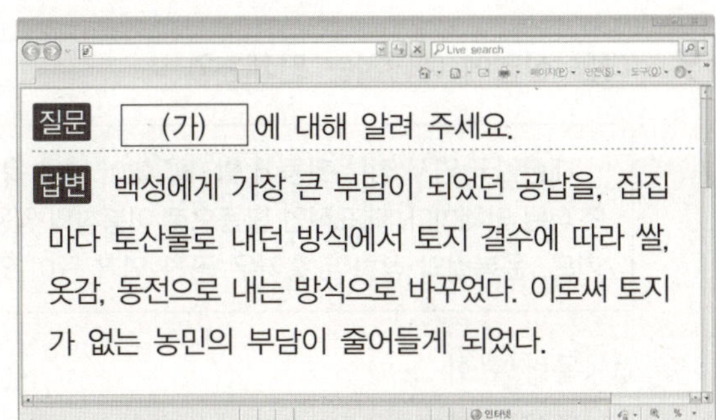

① 공음전　　　② 과전법
③ 관료전　　　④ 대동법

30 교사의 질문에 대한 학생의 답으로 가장 적절한 것은?

〈영조의 정책〉
○ 탕평책 실시
○ 탕평비 건립
○ 각 붕당 골고루 등용

① 불교를 발전시키고자 했어요.
② 오랑캐를 물리치려고 했어요.
③ 왕권 강화를 목적으로 했어요.
④ 신분 제도를 폐지하려고 했어요.

31 (가)에 해당하는 내용으로 가장 적절한 것은?

> 〈수행 평가 계획서〉
> 주제: 조선 정조의 업적 알아보기
> 1. 수원 화성 축소　2. 장용영 설치　3. (가)

① 당백전 발행
② 규장각 설치
③ 4군 6진 개척
④ 훈민정음 창제

32 (가)에 해당하는 것은?

① 농사직설　　　② 동의보감
③ 목민심서　　　④ 삼국사기

33 다음과 같은 정책을 실시한 인물은?

> ○ 서원 정리
> ○ 호포제 실시
> ○ 경복궁 중건을 위한 당백전 발행

① 김옥균
② 박영효
③ 정약용
④ 흥선 대원군

34 다음 비석을 세운 배경으로 적절하지 <u>않은</u> 것은?

> "서양 오랑캐가 침입하는데, 싸우지 않으면 화친하자는
> 것이고, 화친을 주장하는 것은 나라를 파는 것이다."
> – 척화비

① 정묘호란
② 병인양요
③ 신미양요
④ 오페르트 도굴 사건

35 (가)에 해당하는 내용으로 가장 적절한 것은?

> 〈강화도 조약 체결과 개항〉
> ○ 배경: 운요호 사건
> ○ 내용: 부산 외 2개 항구 개항, 치외 법권, 해안 측량권
> 허용
> ○ 성격: [(가)   ]

① 서양 세력과 처음으로 맺은 조약이다.
② 최초의 근대적 조약이자 불평등 조약이다.
③ 청 상인의 내륙 시장 진출을 허용한 조약이다.
④ 청·일 양국군의 동시 파병을 규정한 조약이다.

36 (가)에 해당하는 사건은?

> 주제: [(가)   ]
> ○ 원인: 고부 군수 조병갑의 비리와 학정
> ○ 전개 과정: 고부 봉기 → 전주성 점령 → 전주 화약
> → 집강소 설치 → 우금치 전투 → 전봉준 체포

① 병인양요
② 신미양요
③ 국채 보상 운동
④ 동학 농민 운동

37 다음 설명에 해당하는 단체는?

> 서재필을 비롯한 개혁 인사들이 조직했으며, 우리나라
> 최초의 근대적 민중 집회인 만민 공동회를 열었다.

① 신민회
② 의열단
③ 황국 협회
④ 독립 협회

38 일제가 무단 통치를 문화 통치로 바꾸게 된 계기는?

① 3·1 운동
② 광주 학생 운동
③ 6·10 만세 운동
④ 토지 조사 사업 실시

39 다음 설명에 해당하는 단체는?

> 대한민국 임시 정부 활동에 활기를 불어 넣을 목적으로
> 조직된 단체이다. 대표적인 활동으로 이봉창의 일왕 폭살
> 기도, 윤봉길의 상하이 훙커우 공원 의거 등이 있다.

① 독립 협회
② 조선어 학회
③ 한인 애국단
④ 조선 물산 장려회

40 다음의 활동을 한 인물은?

> ○ 대한민국 임시 정부의 대표적인 인물이었다.
> ○ 한인 애국단을 조직했다.
> ○ 1948년에 남한만의 단독 선거에 반대하여 남북 협상을 추진했다.

① 김구　　　　　② 윤봉길
③ 안중근　　　　④ 김규식

41 다음 설명에 해당하는 사건은?

> ○ 배경: 2·8 독립 선언, 민족 자결 주의
> ○ 주요 사건: 유관순의 순국, 화성 제암리 학살 등
> ○ 영향: 대한민국 임시 정부 수립, 중국의 5·4 운동 등

① 3·1 운동　　　　② 위정척사 운동
③ 동학 농민 운동　④ 항일 의병 운동

42 다음에서 설명하는 역사적 사건은?

> ○ 김좌진의 북로 군정서군과 여러 독립군의 활약
> ○ 일제강점기에 우리 민족이 독립 전쟁 과정에서 거둔 가장 큰 승리

① 살수 대첩　　　　② 귀주 대첩
③ 진주 대첩　　　　④ 청산리 대첩

43 다음에 해당하는 인물은?

> ◆ 이달의 역사 인물 ◆
> ○ 청의 간섭에서 벗어나 급진적 개혁을 추진하려 했다.
> ○ 우정총국 개국 축하연을 이용하여 정변을 일으켰다.

① 김홍집　　　　　② 김옥균
③ 박규수　　　　　④ 유홍기

44 다음 내용에 해당하는 시기에 시행된 일제 식민지 침탈 정책은?

> ○ 문화 통치로 전환
> ○ 보통 경찰의 수 증가

① 토지 조사 사업
② 산미 증식 계획
③ 병참 기지화 정책
④ 국가 총동원법 시행

45 밑줄 친 ㉠에 해당하는 사건은?

> 삼국 간섭으로 조선에서 일본 세력이 약화되고 러시아의 영향력이 커졌다. 그러자 일본은 약화된 영향력을 얻기 위해 ㉠ 명성 황후를 시해했다.

① 갑오개혁　　　　② 갑신정변
③ 을미사변　　　　④ 강화도 조약

46 다음 내용에 해당하는 사건은?

> ○ 신식 군대인 별기군과의 차별에 구식 군인들이 불만을 가졌다.
> ○ 구식 군인들이 일본 공사관을 습격했다.
> ○ 조선과 일본이 제물포 조약을 체결했다.

① 갑신정변　　　　② 을미사변
③ 병인양요　　　　④ 임오군란

47 다음 자료에 해당하는 사건은?

> 〈민족 운동의 전개〉
> ○ 한일 학생 충돌이 계기가 되어 일어났다.
> ○ 민족 차별 폐지 등을 요구하며 전국적으로 확산되었다.

① 국채 보상 운동　　② 물산 장려 운동
③ 5·18 민주화 운동　④ 광주 학생 항일 운동

48 다음 설명에 해당하는 사람은?

> 1909년 우리나라 침략에 앞장섰던 이토 히로부미를 하얼빈에서 처단하여 민족의 독립 의지를 보여주었다.

① 홍범도　　　　② 이완용
③ 김좌진　　　　④ 안중근

49 다음 (가)에 해당하는 운동은?

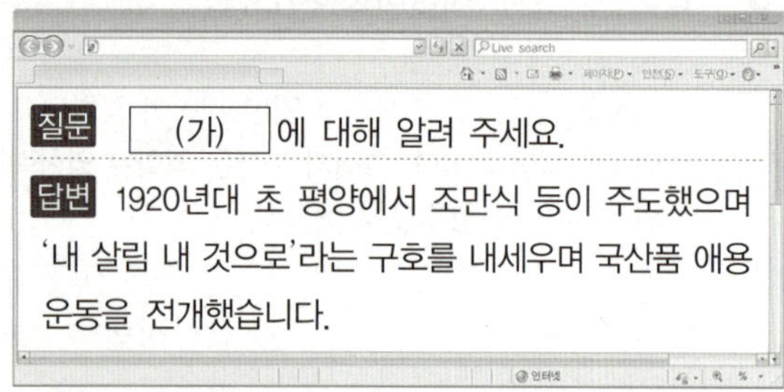

① 브나로드 운동
② 위정척사 운동
③ 동학 농민 운동
④ 물산 장려 운동

50 아나운서의 설명에 해당하는 운동은?

① 형평 운동
② 국채 보상 운동
③ 6 · 10 만세 운동
④ 광주 학생 항일 운동

51 (가)에 들어갈 내용으로 가장 적절한 것은?

> 〈수행 평가 보고서〉
> ○ 주제: (가)
> ○ 조사 내용
> － 내선일체와 일선동조론 주장
> － 우리말 사용 금지, 일본어 사용
> － 황국 신민 서사 암송

① 민족 말살 정책
② 민족 분열 통치
③ 국내 진공 작전
④ 국채 보상 운동

52 (가)에 들어갈 내용은?

> (가)　결정 사항
> 1. 한국에 임시 민주 정부 수립
> 2. 미 · 소 공동 위원회 설치
> 3. 미국 · 영국 · 소련 · 중국 4개국에 의한 최고 5년간의 신탁 통치 실시

① 카이로 회담
② 포츠담 회담
③ 7 · 4 남북 공동 성명
④ 모스크바 3국 외상 회의

53 다음 내용에 해당하는 사건은?

> 1960년 이승만 정부가 3 · 15 부정 선거를 저지르자 학생과 시민들이 이에 저항하여 대규모 시위를 일으켰고, 그 결과 이승만 정부가 붕괴되었다.

① 4 · 19 혁명
② 6 · 25 전쟁
③ 6월 민주 항쟁
④ 5 · 18 민주화 운동

54 다음에서 밑줄 친 사건의 원인으로 옳은 것은?

> 주제: <u>4 · 19 혁명</u>의 결과와 의의
> ○ 결과: 이승만 대통령의 하야와 자유당 정권의 붕괴
> ○ 의의: 국민의 자유 · 권리 수호 및 민주주의 이념 실현

① 한 · 일 협정
② 3 · 15 부정 선거
③ 6 · 10 만세 운동
④ 광주 학생 항일 운동

55 ㉠에 들어갈 대답으로 옳은 것은?

① 4 · 19 혁명
② 새마을 운동
③ 부 · 마 민주 항쟁
④ 5 · 18 민주화 운동

56 다음과 같은 배경을 가진 사건은?

> ○ 북한의 공산 정권 수립
> ○ 냉전 체제로 인한 남북한 긴장감 최고
> ○ 애치슨 선언 발표

① 6 · 25 전쟁
② 4 · 19 혁명
③ 청 · 일 전쟁
④ 청산리 대첩

57 다음 설명에 해당하는 정부는?

> ○ 베트남 파병
> ○ 경부 고속 국도 건설
> ○ 경제 개발 5개년 계획

① 이승만 정부
② 박정희 정부
③ 노태우 정부
④ 김영삼 정부

58 다음 내용에 해당하는 정부는?

> ○ 외환 위기 극복을 위한 노력
> ○ 노벨 평화상 수상
> ○ 남북 정상 회담 개최

① 노태우 정부
② 김영삼 정부
③ 김대중 정부
④ 노무현 정부

사회 실전 문제 1회

01 다음 내용이 설명하고 있는 것은?

- 경선의 기준(0°)이 되는 선
- 영국의 그리니치를 지나는 경선

① 적도
② 위선
③ 날짜변경선
④ 본초 자오선

02 다음 중 온대 기후에 해당하는 주민 생활로 옳은 것은?

① 동물의 털과 가죽으로 만든 옷을 입는다.
② 큰 창문과 벽난로 등의 시설이 함께 나타난다.
③ 농업에 불리하여 빵과 육류 섭취를 많이 한다.
④ 개방적 가옥 구조이며, 집의 바닥을 땅에서 약간 띄워서 짓는다.

03 화산 활동에 관한 다음 설명 중 옳지 <u>않은</u> 것은?

① 관광지로 개발되기도 한다.
② 화산재는 토양을 파괴시킨다.
③ 대부분 판과 판의 경계 부분에서 발생한다.
④ 마그마가 지각의 틈새를 통해 용암으로 흘러내리는 현상이다.

04 다음 내용이 설명하는 것은 무엇인가?

- 인간과 자연이 상호 작용을 하면서 생기는 언어, 종교, 의식주, 풍속 등의 생활양식
- 인간이 만든 삶의 모습으로 학습되고 축적되었다가 다음 세대에게 전달되는 생활양식

① 문화
② 역사
③ 문명
④ 전통

05 다음 정책들과 밀접한 관련이 있는 것은?

- 국민연금 제도
- 역모기지 제도
- 복지 시설 지원
- 실버 산업 확대

① 청년 실업 해소
② 출생률의 장려
③ 주택 가격 안정
④ 고령화 사회 대비

06 다음 설명에 해당하는 지역은?

- 교통이 편리하고 땅값이 비싸다.
- 주간에는 유동 인구가 많고, 야간에는 상주인구가 적다.
- 관청, 은행, 백화점, 회사의 사무실 등 고층 건물이 밀집되어 있다.

① 도심
② 부도심
③ 위성 도시
④ 개발 제한 구역

07 다국적 기업의 형성 과정을 순서대로 바르게 나열한 것은?

- ㉠ 해외에 영업 대리점과 지점을 설치한다.
- ㉡ 단일 공장이 입지한 지역과 밀접한 관계를 이루며 성장한다.
- ㉢ 지방에 분공장이나 영업 지점을 설치하여 네트워크로 연계한다.
- ㉣ 해외에 본사, 생산 공장, 영업 지점 등을 설립하여 통합된 기업 조직을 형성한다.

① ㉠ → ㉢ → ㉣ → ㉡
② ㉡ → ㉠ → ㉢ → ㉣
③ ㉡ → ㉢ → ㉠ → ㉣
④ ㉢ → ㉣ → ㉡ → ㉠

08 (가)에 들어갈 말로 옳은 것은?

① 세계화
② 역도시화
③ 이촌향도
④ 인구 공동화

09 다음에서 설명하는 사회 용어는 무엇인가?

> 한 개인이 동시에 여러 가지 역할을 수행하는 과정에서 발생하는 갈등 사태

① 역할 갈등
② 상호 갈등
③ 사회 집단
④ 사회적 갈등

10 다음의 내용이 설명하는 문화의 구성 요소는?

> ○ 사회 질서를 유지하는 기능을 담당하는 요소
> ○ 정치, 경제, 법 등

① 제도적 요소
② 물질적 요소
③ 개념적 요소
④ 관념적 요소

11 다음에서 설명하는 재판의 종류는?

> 절도나 폭행 등의 범죄 행위에 대해 죄의 유무와 형벌의 정도를 결정한다.

① 헌법 재판
② 행정 재판
③ 형사 재판
④ 민사 재판

12 다음 중 대통령제의 특징에 해당하는 것은?

① 의원만 직접선거
② 수상은 국회해산 가능
③ 의회 다수파의 횡포 방지
④ 의회는 수상이나 장관 불신임 가능

13 다음과 같은 사회 문제가 발생하는 사회의 특징은?

> ○ 집단 이기주의의 만연
> ○ 노사 간의 대립으로 소비자나 국가 모두 피해
> ○ 이익 집단의 갈등으로 국가 정책 결정 혼선

① 평등 사회
② 조직 사회
③ 다원화 사회
④ 전문화 사회

14 2018년도 B국의 1인당 국내 총생산은?

국가	인구	실질 국내 총생산 (2018년)	실질 국내 총생산 (2019년)
A국	500만 명	500억 달러	600억 달러
B국	2,000만 명	1,000억 달러	900억 달러

① 3,000달러
② 4,000달러
③ 5,000달러
④ 6,000달러

15 경기가 침체되어 실업이 증가할 때 정부가 취할 대책으로 옳지 <u>않은</u> 것은?

① 공공사업을 시행한다.
② 소비에 대한 세율을 낮춘다.
③ 통화 공급을 줄여서 물가를 잡는다.
④ 재교육을 할 수 있는 직업 훈련 과정을 강화한다.

16 세계화가 농업에 미친 영향으로 〈보기〉에서 옳은 것을 모두 고른 것은?

〈보기〉

ㄱ. 대규모 기업농이 출현했다.
ㄴ. 세계 시장을 대상으로 농업 활동을 하는 기업이 증가했다.
ㄷ. 많은 자본과 기술을 투입하여 자급자족하는 농업의 형태가 증가하고 있다.
ㄹ. 생산량을 조절하기 위해 사용하는 농약과 화학 비료의 사용량이 감소하고 있다.

① ㄱ, ㄴ
② ㄴ, ㄷ
③ ㄴ, ㄹ
④ ㄷ, ㄹ

17 다음 인물이 등장하는 건국 신화와 관련 있는 국가는?

○ 환웅: 환인의 아들로 인간 세상에 내려와 다스렸다.
○ 웅녀: 원래 곰이었으나 쑥과 마늘을 먹고 여인이 되었다.
○ 단군왕검: 환웅과 웅녀가 혼인하여 낳은 아들이다.

① 부여
② 옥저
③ 발해
④ 고조선

18 다음에서 설명하는 통일 신라의 왕은?

〈통일 신라왕의 정책〉
○ 녹읍 폐지
○ 국학 설립
○ 관료전 지급

① 법흥왕
② 문무왕
③ 신문왕
④ 무열왕

19 교사의 질문에 대한 답으로 적절한 것은?

〈우리나라 역사적 사건〉
○ 배경: 청의 군신 관계 요구를 조선이 거부
○ 전개 과정: 청나라 태종이 침략하여 조선은 남한산성에서 항전했으나 청의 요구를 수용(삼전도의 굴욕)

① 병자호란
② 신미양요
③ 임오군란
④ 임진왜란

20 다음과 같은 정책들을 실시한 조선의 왕은?

- 탕평책 실시
- 규장각 설치
- 장용영 설치
- 수원 화성 건설

① 광종   ② 정조
③ 인조   ④ 세종

21 (가)에 들어갈 인물로 옳은 것은?

① 홍대용   ② 정약용
③ 박지원   ④ 장보고

22 다음 사건들과 공통적으로 관련 있는 민족 운동은?

- 명성 황후 시해와 단발령
- 을사늑약 강제 체결
- 고종 퇴위와 군대 해산

① 애국 계몽 운동
② 항일 의병 운동
③ 경제적 민족 운동
④ 민족 문화 수호 운동

23 다음 자료에 해당하는 단체는?

〈우리나라의 역사 단체〉
- 1940년 대한민국 임시 정부가 창설한 부대
- 일제가 태평양 전쟁을 일으키자 연합군과 공동 작전 수행

① 신민회
② 신간회
③ 독립 협회
④ 한국 광복군

24 다음 내용에서 (가)에 들어갈 말은?

9세기 초, 장보고는 완도에 　(가)　 을/를 설치하여 해적을 물리치고, 해상 무역을 주도했다.

① 광성보
② 덕진진
③ 청해진
④ 초지진

25 6 · 25 전쟁의 발생 순서를 바르게 나열한 것은?

㉠ 유엔군의 참전
㉡ 북한군의 기습 남침
㉢ 인천 상륙 작전
㉣ 중국군의 개입

① ㉠ - ㉡ - ㉢ - ㉣
② ㉡ - ㉠ - ㉢ - ㉣
③ ㉡ - ㉢ - ㉣ - ㉠
④ ㉣ - ㉠ - ㉡ - ㉢

사회 실전 문제 2회

01 다음 중 재생 에너지에 해당하지 <u>않는</u> 것은?

① 수소 에너지
② 바이오매스
③ 태양광 발전
④ 해양 에너지

02 언어, 종교, 경제, 사회 조직, 주거 형태 등 같은 문화와 문화 경관이 나타나는 지리적 범위는 무엇인가?

① 문화 공존
② 문화 전파
③ 문화 변용
④ 문화 지역

03 다음 내용에 해당하는 지역을 지도에서 고르면?

- 사헬 지대라고 한다.
- 오랜 가뭄과 잘못된 토지 이용 때문에 최근 급속히 사막으로 변해 가고 있다.

① 가
② 나
③ 다
④ 라

04 모래 해안에서 볼 수 있는 지형을 〈보기〉에서 모두 고른 것은?

〈보기〉
ㄱ. 파식대
ㄴ. 사빈
ㄷ. 석호
ㄹ. 해안 사구
ㅁ. 해식애

① ㄱ, ㄴ, ㄷ
② ㄱ, ㄴ, ㅁ
③ ㄴ, ㄷ, ㄹ
④ ㄷ, ㄹ, ㅁ

05 다음 중 통일 후 바람직한 모습으로 옳지 <u>않은</u> 것은?

① 국제적 지위 향상
② 국토 공간의 효율적 활용
③ 국제 사회에서의 위상 약화
④ 국토 공간의 불균형 성장 극복

06 고기 습곡 산지에 관한 내용으로 옳은 것은?

① 대부분 신생대 이후 형성되었다.
② 오랜 침식 작용을 받은 산지이다.
③ 해발 고도가 높고 조산활동이 활발하다.
④ 알프스 산맥, 히말라야 산맥, 로키 산맥 등이 대표적이다.

07 농업 생산의 기업화로 나타난 현상이 <u>아닌</u> 것은?

① 농업의 기계화
② 시장 경제 축소
③ 다수확 품종 개발
④ 화학 비료와 농약 사용 증가

08 다음 설명과 관련된 사상은?

> 인간으로서 가지는 기본적인 권리는 하늘이 부여한다는 사상으로 누구에게나 양도하거나 빼앗길 수 없는 권리

① 계몽사상
② 사회계약설
③ 실정권 사상
④ 천부 인권 사상

09 다음과 같은 현상이 발생하는 공통된 원인으로 가장 적절한 것은?

> ○ 양심적 병역 거부 문제
> ○ 배아복제에 관한 논란
> ○ 낙태 문제의 찬반 의견을 둘러싼 대립

① 시민의 권리 의식 강화
② 사회 구성원의 가치관 차이
③ 사회 구성원 간 이해관계의 대립
④ 급속한 사회 변화로 발생하는 부적응 문제

10 다음 내용에 의할 경우 괄호 안에 들어갈 기회비용은?

> 일영이가 밭에 감자를 심으면 10가마니를 수확할 수 있고, 배추를 심으면 300포기를 수확할 수 있다고 가정할 때 감자 1가마니에 대한 기회비용은 (   )이다.

① 배추 30포기
② 배추 300포기
③ 감자 5가마니
④ 감자 10가마니

11 다음 내용에서 공통적으로 관련된 경제 개념은?

> ○ 쌀과 빵
> ○ 커피와 홍차
> ○ 버터와 마가린
> ○ 샤프펜슬과 연필 등

① 보완재
② 대체재
③ 생산재
④ 사치재

12 다음의 수요·공급 그래프에서의 균형 가격은?

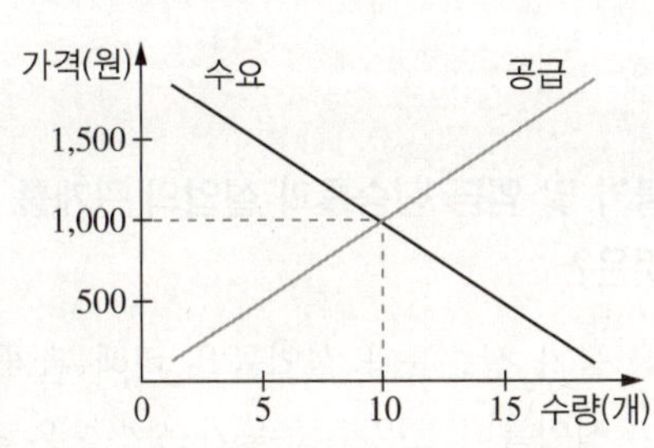

① 500원
② 1,000원
③ 1,500원
④ 3,000원

13 정보화 사회의 특징에 해당하지 <u>않는</u> 것은?

① 소비자가 생산에 개입하는 것은 불가능하다.
② 전 세계가 동시적으로 소통이 가능하게 되었다.
③ 정보와 지식이 중요한 자원의 하나로 부각되며, 핵
  심적인 산업으로 등장했다.
④ 공간을 뛰어넘어 재택근무, 홈쇼핑, 인터넷 뱅킹,
  디지털 대학 등이 일상화되었다.

14 다음에서 설명하고 있는 실업의 형태는?

> 나는 신문사를 다니는 활자 인쇄 기술자이다. 그런데 이
> 제는 대부분의 신문이 전자 통신 출판으로 만들어지기 때
> 문에 나의 활자 기술은 더 이상 쓸모가 없어졌다.

① 마찰적 실업　　　② 계절적 실업
③ 경기적 실업　　　④ 구조적 실업

15 물가 및 임금 상승률과 실업의 관계를 바르게 설명한
것은?

① 물가 상승률과 실업률은 비례 관계에 있다.
② 실업률이 높을수록 물가 상승률은 낮게 나타난다.
③ 물가 억제 정책은 고용 증대의 효과를 가져 온다.
④ 임금 상승률이 낮을수록 실업률이 낮게 나타난다.

16 다음 중 국제 평화를 이루기 위한 노력으로 잘못된
것은?

① 세계 각국의 빈곤이나 불평등을 타파한다.
② 국제기구의 분쟁 중재자 역할을 강화한다.
③ 분쟁 당사국들은 서로를 존중하고 양보한다.
④ 경제적 안정을 위해 자국의 이익을 먼저 추구한다.

17 여러 나라의 사회생활을 바르게 설명한 것은?

① 부여 – 영고 – 서옥제
② 고구려 – 무천 – 무예 숭상
③ 고조선 – 8조법 – 민며느리제
④ 삼한 – 제정 분리 – 벼농사 발달

18 다음 내용에 해당하는 신라의 왕은?

> ○ 한강 유역을 차지함
> ○ 화랑도를 국가적 조직으로 개편함
> ○ 단양 신라 적성비와 4개의 순수비를 건립함

① 지증왕　　　② 진흥왕
③ 장수왕　　　④ 법흥왕

19 조선 시대의 최고 교육 기관은?

① 경당　　　② 태학
③ 성균관　　　④ 주자감

20 아나운서의 설명에 해당하는 것은?

① 칠지도
② 비파형 동검
③ 호우명 그릇
④ 팔만대장경

21 고려 공민왕이 실시한 정책을 〈보기〉에서 모두 고른 것은?

◆〈보기〉◆
ㄱ. 경복궁 중건　　　ㄴ. 훈민정음 창제 ㄷ. 친원 세력 숙청　　ㄹ. 몽골 풍속 금지

① ㄱ, ㄴ
② ㄱ, ㄹ
③ ㄴ, ㄷ
④ ㄷ, ㄹ

22 조선 세종의 업적으로 옳은 것을 〈보기〉에서 고른 것은?

◆〈보기〉◆
ㄱ. 집현전 설치　　　ㄴ. 대동법 실시 ㄷ. 수원 화성 건설　ㄹ. 훈민정음 창제

① ㄱ, ㄴ
② ㄱ, ㄹ
③ ㄴ, ㄷ
④ ㄷ, ㄹ

23 다음 설명에 해당하는 조선 후기 정치 형태는?

○ 순조에서 철종에 이르는 시기에 나타남 ○ 안동 김씨, 풍양 조씨 등 외척 가문이 권력을 독점함

① 귀족 정치
② 정당 정치
③ 세도 정치
④ 탕평 정치

24 다음 내용에 해당하는 인물은?

○ 김구가 조직한 한인 애국단 소속 ○ 상하이 훙커우 공원에서 일본군에 폭탄 투척

① 김옥균
② 서재필
③ 윤봉길
④ 전명운

25 다음에서 설명하고 있는 역사적 사실은?

○ 3·15 부정 선거와 자유당 독재에 항거 ○ 이승만 대통령의 사퇴와 자유당 정권의 몰락 ○ 민주주의 이념 구현을 위한 학생과 시민들의 투쟁

① 4·19 혁명
② 10·26 사태
③ 5·16 군사 정변
④ 5·18 민주화 운동

배우기만 하고 생각하지 않으면 얻는 것이 없고, 생각만 하고 배우지 않으면 위태롭다.

- 공자 -

과학

1 과학 ①
2 과학 ②
3 과학 ③

과학 ①

핵심 키워드 지권, 힘, 생태계 평형, 생물의 5계, 기체의 압력과 부피 변화, 물질의 상태 변화, 빛, 파동

1 지권의 변화

● **해결 Point**

지권의 변화에서는 지권의 층상 구조(지각, 맨틀, 내핵, 외핵)의 각 특징 및 지권을 이루는 암석의 특징에 대해 알아 두어야 한다. 또한, 암석을 이루는 광물의 특성도 종종 출제되므로 꼼꼼히 정리해 두는 것이 좋다.

● **대표 문제 유형**

❖ 지권의 층상 구조의 두께를 옳게 비교한 것은?
❖ 퇴적암과 그 구성물질의 연결이 잘못된 것은?

(1) 지구계

① 지구계: 대기, 육지, 바다 및 다양한 종류의 생물이 각 영역을 이루며, 상호 작용하는 모임이다.

  ㉠ 지구계의 각 요소들은 지구 탄생 이후 끊임없이 상호 작용하고 있다.

  ㉡ 지구계의 변화는 짧은 시간 동안 일어나기도 하며(화산, 지진), 서서히 일어나기도 한다(풍화, 침식).

② 지구계의 구성 요소

기권	지구를 둘러싸고 있는 공기층
수권	빙하, 강물, 바닷물 등 지구상에서 물이 존재하는 영역 (수증기는 기권)
지권	암석과 흙으로 이루어진 지구의 표면과 내부
생물권	인간을 비롯한 생물이 살고 있는 영역
외권	지구의 기권 바깥에 있는 우주 환경

(2) 지권의 구조

① 지구 내부 조사 방법

직접법	• 시추법: 지구 내부로 직접 뚫고 들어가는 방법 • 화산 분출물 조사
간접법	• 지진파 분석: 지진의 파동을 이용해 조사하는 방법으로 가장 효과적인 방법 • 운석 연구: 지구 내부와 비슷한 운석을 연구하는 방법 • 광물 합성 실험: 지구 내부와 비슷한 환경에서 광물 합성을 통해 지구 내부 상태를 연구

② 지진파 분석

  ㉠ 지구 내부에서 지진이 발생하면 지진파는 모든 방향으로 전달되며, 물질에 따라 전달되는 빠르기가 다르다.

  ㉡ 지구 내부를 통과하여 지표에 도달하는 지진파를 연구하면 지구 내부의 구조를 알아낼 수 있다.

③ 지권의 층상 구조

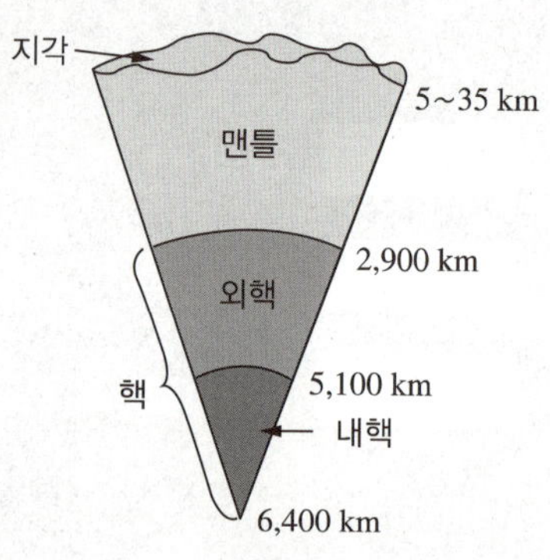

지각	지권의 가장 바깥쪽 층으로, 대륙 지각과 해양 지각으로 구분 • 대륙 지각: 두께가 약 35 km이며, 주로 화강암질 암석으로 구성 • 해양 지각: 두께가 약 5 km이며, 주로 현무암질 암석으로 구성
맨틀	지각 아래부터 약 2,900 km까지의 층 • 지구 전체 부피의 약 80 %를 차지함 • 지각보다 무거운 물질로 이루어짐

핵	외핵	맨틀 아래부터 약 5,100 km까지의 층 • 주로 철과 니켈로 이루어짐 • 액체 상태
	내핵	외핵 아래에서부터 지구 중심까지의 층 • 주로 철과 니켈로 이루어짐 • 고체 상태

(3) 지권을 이루는 암석

① 암석의 종류: 암석의 생성 과정에 따라 화성암, 퇴적암, 변성암으로 구분한다.

② 화성암: 마그마가 식으면서 만들어진 암석이다.

결정의 크기 / 색	어두운색	밝은색
화산암(지표 부근에서 빠르게 식음, 작은 결정)	현무암	유문암

심성암(지하 깊은 곳에서 천천히 식음, 큰 결정)	반려암	화강암

③ **퇴적암**: 자갈, 모래, 진흙 등의 퇴적물이 쌓여 만들어진 암석이다.

　㉠ 퇴적암의 생성 과정: 운반 작용 → 다지는 작용 → 교결 작용

　㉡ 퇴적암의 분류: 퇴적물의 종류에 따라 분류한다.

퇴적물	퇴적암
진흙	셰일(이암)
모래	사암
자갈	역암
석회질 물질	석회암
화산재	응회암
소금	암염

　㉢ 퇴적암의 특징: 층리와 화석이 나타난다.

층리	알갱이 크기나 색이 다른 퇴적물이 번갈아 쌓여 만들어진 줄무늬
화석	과거에 살았던 생물의 유해나 흔적

④ **변성암**: 암석이 높은 열과 압력에 의해 원래의 성질이 변한 암석이다.

변성 전 암석	변성암
화강암	편마암
셰일	편암, 편마암
사암	규암
석회암	대리암

　※ 특징: 엽리(압력 방향에 수직인 줄무늬)나 큰 결정이 나타난다.

⑤ **암석의 순환**: 암석은 주변 환경의 변화에 따라 오랜 시간에 걸쳐 끊임없이 다른 종류의 암석으로 변한다.

(4) 암석을 이루는 광물

① **광물**: 암석을 이루는 작은 알갱이이다.

② **조암 광물**: 암석을 이루는 주된 광물로, 장석, 석영, 휘석, 각섬석, 흑운모, 감람석이 있다.

밝은 색 조암 광물	• 석영, 장석 • 철이나 마그네슘을 포함하지 않아 밝다.
어두운 색 조암 광물	• 흑운모, 각섬석, 휘석, 감람석 • 철이나 마그네슘을 포함하여 어둡다.

③ **광물의 특성**

색	• 광물의 겉보기 색 • 석영(무색, 흰색), 방해석(무색, 흰색), 장석(흰색, 분홍색), 흑운모(검은색), 각섬석(녹갈색)

조흔색	광물을 조흔판에 긁었을 때 나타나는 광물 가루의 색

광물	금	황철석	황동석
색	노란색		
조흔색	노란색	검은색	녹흑색

광물	흑운모	적철석	자철석
색	검은색		
조흔색	흰색	붉은색	검은색

굳기	• 광물의 단단한 정도 • 굳기가 서로 다른 광물끼리 긁으면, 덜 단단한 광물에 흠집이 생김
자성	자석처럼 쇠붙이를 끌어당기는 성질 예 자철석
염산 반응	묽은 염산과 반응하여 기체가 발생하는 성질 예 방해석

(5) 암석의 풍화와 토양

① **풍화**: 암석이 오랜 시간에 걸쳐 잘게 부서지거나 분해되어 자갈이나 모래, 흙 등으로 변하는 현상이다.

② **여러 가지 풍화**

　㉠ 암석 틈 사이에 스며든 물이 얼었다 녹았다 하면서 암석이 부서진다.

　㉡ 식물 뿌리가 암석 틈에 자라 틈이 점점 벌어져 암석이 부서진다.

　㉢ 지하수가 암석을 녹여 석회 동굴 등의 지형을 만든다.

　㉣ 공기 중 산소에 의해 약화된 암석이 부서진다.

　㉤ 암석 표면의 이끼가 여러 성분을 배출하면서 암석을 녹인다.

③ **토양**: 암석의 오랜 시간 동안 풍화를 받아 잘게 부서져 생긴 흙이다. 나뭇잎이나 동식물이 썩어서 만들어진 물질을 포함하며, 식물이 자라는 데 중요한 역할을 한다.

(6) 지각 변동

① **대륙 이동설**: 과거에 하나로 모여 있던 거대한 대륙이 여러 대륙으로 갈라지고 이동하여 오늘과 같은 대륙 분포가 되었다는 학설이다.

　㉠ 대륙 이동의 원인: 맨틀의 대류에 의한 판의 이동

ⓛ 대륙 이동의 증거
- 해안선 모양의 일치: 남아메리카 대륙의 동해안과 아프리카 대륙 서해안의 해안선 모양이 거의 일치함
- 빙하의 흔적 일치: 여러 대륙에 남아 있는 빙하의 이동 흔적과 분포가 일치함
- 같은 종류의 고생물 화석 발견: 같은 종류의 고생물 화석이 현재 떨어져 있는 여러 대륙에서 발견됨
- 연속적인 지질 구조: 북아메리카와 유럽 산맥의 지질 구조가 서로 연결됨

② 지진 활동과 화산 활동
- ㉠ 지진대와 화산대: 지진대는 지진 활동이 많은 지역, 화산대는 화산 활동이 많은 지역이다.
- ㉡ 지진대와 화산대는 전 세계에 고르게 분포하지 않고, 특정한 지역에 띠 모양으로 분포한다.
- ㉢ 화산 활동의 피해: 화산재로 인한 지구의 온도 하락, 주변 지역의 화산재와 용암 피해, 화산재가 물과 만나 이류 발생
- ㉣ 화산 활동의 혜택: 기름진 땅 제공, 온천과 독특한 지형으로 인해 관광지로 개발, 지열 발전소
- ㉤ 지진 해일(쓰나미): 바다 밑에서 일어난 지진으로 인해 큰 파도가 일어나 바닷가를 덮치는 현상이다.

③ 판의 경계
- ㉠ 판: 지각과 맨틀의 윗부분을 포함한 단단한 암석층이다.
- ㉡ 판은 여러 개의 크고 작은 조각으로 나뉘어 있다.

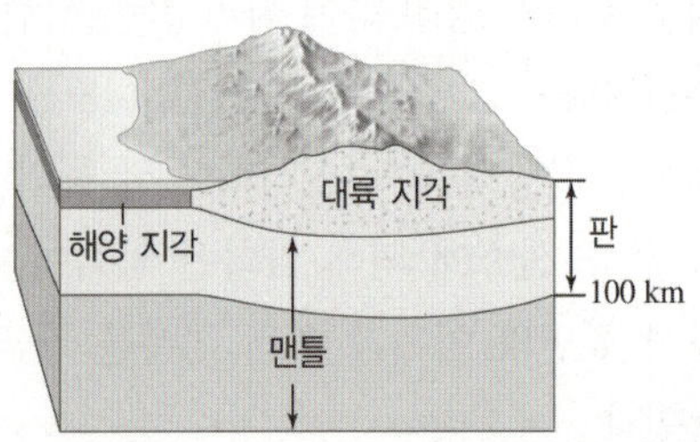

- ㉢ 지진이나 화산 활동과 같은 지각 변동은 주로 판의 경계 부근에서 일어난다.
- ㉣ 지진대와 화산대는 판의 경계와 거의 일치한다.

---

2 여러 가지 힘

여러 가지 힘에서는 각 힘의 개념을 정확히 구분하여 알아 두어야 한다. 또한, 중력에 따른 무게와 질량의 차이점을 잘 알아 두어야 하며, 마찰력의 크기에 영향을 미치는 요인을 묻는 문제가 출제될 수 있으므로 잘 이해해 두어야 한다.

● 대표 문제 유형

❖ 다음 중 중력의 예가 <u>아닌</u> 것은?
❖ 마찰력의 크기를 옳게 비교한 것은?

(1) 힘

① 힘: 물체의 모양이나 운동 상태를 변화시키는 원인이 되는 것
② 힘의 단위: 힘의 크기를 나타내는 단위로, N(뉴턴)을 사용한다.
③ 힘의 표현

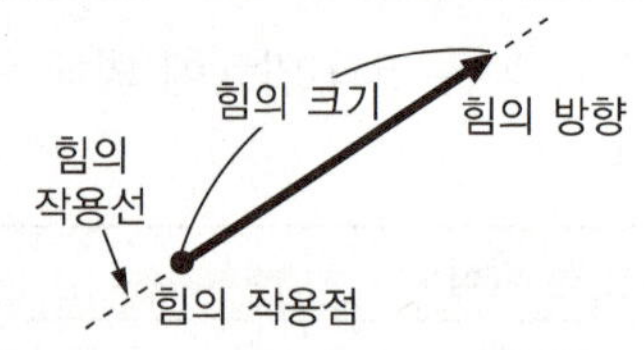

- ㉠ 힘의 3요소: 힘의 크기, 힘의 작용점, 힘의 방향
- ㉡ 힘의 크기: 화살표의 길이
- ㉢ 힘의 방향: 화살표의 방향
- ㉣ 힘의 작용점: 화살표 시작점

(2) 중력

① 중력: 지구와 지구상의 물체 사이에 작용하는 힘이다.

방향	지구 중심 방향
크기	• 같은 장소에서 중력의 크기는 물체의 질량에 비례한다. • 지구와 물체 사이의 거리가 멀어질수록 작아진다. • 지표면뿐만 아니라 공중에 떠 있는 물체에도 작용한다. • kgf(킬로그램 힘): 지구상에서 질량 1 kg의 물체에 작용하는 중력의 크기를 뜻하며 9.8 N과 같은 값이다. • 달에서의 중력: 지구에서 작용하는 중력의 약 6분의 1이다.
예	• 고드름이 아래로 자란다. • 사과가 아래로 떨어진다. • 폭포에서 물이 아래로 떨어진다.

② 무게와 질량

㉠ 무게: 물체에 작용하는 중력의 크기이다.

단위	힘의 단위와 같은 N(뉴턴)을 사용한다.
측정	• 측정 도구: 용수철 저울, 가정용 저울, 체중계 등 • 용수철에 매단 물체의 무게에 비례하여 용수철이 늘어나는 성질을 이용하여 무게를 측정

㉡ 질량: 물체의 고유한 양이며, 장소에 관계없이 일정하다.

단위	kg(킬로그램), g(그램)
측정	• 측정 도구: 윗접시 저울, 양팔 저울 등 • 질량은 물체의 고유한 양이므로 장소에 따라 변하지 않는다.

(3) 탄성력과 마찰력

① 탄성력: 탄성체가 변형되었을 때 원래의 상태로 되돌아가려는 힘이다.

탄성체	용수철, 고무줄, 강철판 등
방향	변형된 방향과 반대로 작용 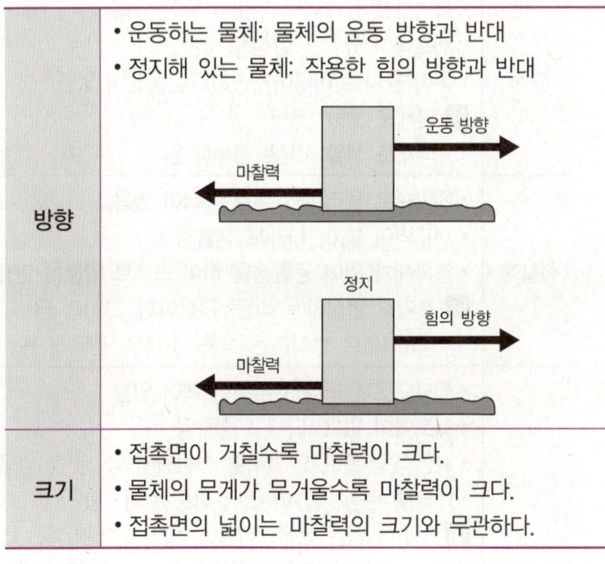
탄성력의 크기	탄성체에 작용한 힘의 크기와 같으며, 탄성체의 변형 정도가 클수록 크다.
예	트램펄린, 양궁, 구름판 등

② 마찰력: 두 물체의 접촉면 사이에서 물체의 운동을 방해하는 힘이다.

방향	• 운동하는 물체: 물체의 운동 방향과 반대 • 정지해 있는 물체: 작용한 힘의 방향과 반대
크기	• 접촉면이 거칠수록 마찰력이 크다. • 물체의 무게가 무거울수록 마찰력이 크다. • 접촉면의 넓이는 마찰력의 크기와 무관하다.

(4) 부력

① 부력: 물체가 액체나 기체 속에서 위쪽으로 받는 힘이다.

부력의 방향	중력과 반대 방향
부력의 이용	튜브, 화물선, 열기구 등

② 부력의 크기

㉠ 물에 잠긴 물체에 작용하는 부력의 크기

> 물체가 받는 부력의 크기
> =공기 중에서 측정한 물체의 무게
>   - 물속에서 측정한 물체의 무게

㉡ 물에 잠긴 물체의 부피와 부력의 크기
- 물체가 물에 절반 정도 잠겼을 때보다 완전히 잠겼을 때 부력이 더 크다.
- 물에 잠긴 물체의 부피가 클수록 부력이 더 크게 작용한다.

3 생물의 다양성

● 해결 Point

생물의 다양성에서는 생물 다양성이 낮은 생태계와 생물 다양성이 높은 생태계를 구분하여 각각의 특징을 알아 두는 것이 중요하다. 그리고 생물의 분류에서는 분류 단계와 5계로 분류했을 때 각 계에 해당하는 특징 및 생물의 예를 꼼꼼히 외워 두는 것이 문제를 푸는 데 도움이 된다.

● 대표 문제 유형

❖ 서로 다른 생태계 (가)와 (나)의 특징으로 옳은 것은?
❖ 생물을 5계로 분류했을 때 각 계에 속하는 생물을 옳게 짝지은 것은?

(1) 생물의 다양성

① 생물 다양성: 일정한 생태계에 얼마나 다양한 생물이 살고 있는지를 나타내는 것이다.

㉠ 지구에는 환경의 차이로 인해 갯벌, 습지, 삼림, 초원, 사막, 해양 등 다양한 생태계가 존재한다.

㉡ 생태계가 다양할수록 지구 전체의 생물 다양성은 높아진다.

㉢ 한 지역에 많은 생물종이 고르게 분포할수록 생물 다양성이 높다.

㉣ 같은 종류의 생물이라도 생김새 및 특성이 다양할수록 생물 다양성이 높다.

② **환경과 생물 다양성**: 변이와 환경에 적응하는 과정을 통해 생물 다양성이 높아진다.

변이	같은 종류의 생물들 사이에서 나타나는 생김새 및 특성의 차이
환경 적응	같은 종류의 생물들이 서로 다른 환경에 적응하는 과정에서 각 환경에 유리한 변이를 가진 생물만이 살아남아 그 특성을 자손에게 전달한다. 예 • 북극 여우는 몸의 말단 부위가 작고, 몸의 크기가 커 열 손실이 적다. • 사막 여우는 몸의 말단 부위가 크고, 몸의 크기가 작아 열 방출이 쉽다.

(2) 생태계 평형

① **생태계 평형**: 생태계를 구성하는 생물의 종류와 수 등이 안정된 상태를 유지하는 것이다.

생물 다양성이 낮은 생태계	뱀 → 개구리 → 메뚜기 → 풀 먹이 사슬이 단순하다. ⇨ 개구리가 멸종되면 뱀도 멸종되기 쉽다.
생물 다양성이 높은 생태계	나비, 거미, 꿩, 애벌레, 수리부엉이, 다람쥐, 쥐, 개구리, 뱀, 족제비 먹이 사슬이 복잡하다. ⇨ 뱀이 멸종되어도 족제비는 개구리, 쥐 같은 대체 먹이가 있으므로 멸종될 가능성이 낮다.

② 생물 다양성이 높은 생태계가 멸종 위험이 줄어들기 때문에 생태계 평형이 잘 유지된다.

(3) 생물 다양성의 위기

① **생물 다양성의 감소**: 현재 지구상의 생물 다양성은 다양한 원인으로 빠르게 감소하고 있으며, 많은 생물종이 멸종 위기에 처해 있다.

② 생물 다양성 감소의 원인
　　㉠ 서식지의 파괴
　　㉡ 야생 동식물 불법 포획 및 과도한 포획
　　㉢ 외래종 유입
　　㉣ 환경오염과 기후 변화

③ **생물 다양성 보전을 위한 노력**: 쓰레기 분리 배출, 자원 및 에너지 절약하기, 생태 통로 설치, 국립공원 지정, 멸종 생물종 복원 사업 및 종자 은행 설립 등

(4) 생물의 분류

① **생물의 분류**: 생물을 여러 특징을 기준으로 무리 지어 나누는 것이다.

분류 목적		생물 사이의 가깝고 먼 관계를 파악하고, 다양한 생물을 조사 및 연구하기 위해서
분류 방법	인위 분류	• 인간의 편의에 따라 생물을 분류하는 방법 • 생물의 쓰임새, 서식지, 식성 등
	자연 분류	• 생물 고유의 특징을 기준으로 분류하는 방법 • 생물의 생김새, 번식 방법, 호흡 방법 등

② **생물 분류 단계**: 생물을 가장 작은 단계인 종에서부터 점차 큰 단계로 분류하여 나타낸 것이다.

> 종 < 속 < 과 < 목 < 강 < 문 < 계

③ **생물의 5계 분류**: 생물을 원핵생물계. 원생생물계, 균계, 식물계, 동물계의 5계로 분류한다.

원핵 생물계	• 세포 안에 핵막이 없어 핵이 뚜렷이 구분되지 않음 • 대부분 단세포 생물이며, 세포벽이 있어 세포 내부를 보호 예 대장균, 헬리코박터 파일로리균, 폐렴균 등
원생 생물계	• 핵막으로 둘러싸인 뚜렷한 핵이 있음 • 균계, 식물계, 동물계 중 어디에도 속하지 않은 생물을 모아 놓음 예 단세포 생물: 짚신벌레, 아메바 등 　다세포 생물: 김, 미역, 다시마 등
균계	• 핵막으로 둘러싸인 뚜렷한 핵이 있음 • 세포벽이 있고 광합성을 못함 • 몸이 균사로 이루어져 있고, 운동성이 없음 예 단세포 생물: 효모 　다세포 생물: 버섯, 곰팡이 등
식물계	• 핵막으로 둘러싸인 뚜렷한 핵이 있음 • 세포벽이 있고, 다세포 생물임 • 엽록체가 있어 광합성을 하여 스스로 양분을 만듦 예 포자로 번식하는 식물: 우산이끼, 고사리 등 　종자(씨)로 번식하는 식물: 소나무, 진달래 등
동물계	• 핵막으로 둘러싸인 뚜렷한 핵이 있음 • 세포벽이 없고, 다세포 생물임 • 광합성을 못하고, 먹이를 섭취해서 영양분을 얻음 • 대부분 운동 기관이 있어 이동이 가능함 예 척추가 없는 동물: 지렁이, 달팽이, 나비 등 　척추가 있는 동물: 개구리, 오리, 사자 등

4 기체의 성질

기체의 운동 중 확산과 증발을 구분하여 잘 알아 둔다. 그리고 기체의 압력에 따른 부피 변화(보일 법칙)와 기체의 온도에 따른 부피 변화(샤를 법칙)는 자주 출제되는 부분이므로 개념을 꼼꼼히 정리해 두어야 한다. 또한, 이에 따른 생활 속 현상들을 잘 기억해 두어야 한다.

❖ 다음 중 확산 현상이 <u>아닌</u> 것은?
❖ 다음 중 샤를 법칙과 관련된 현상으로 옳지 <u>않은</u> 것은?

(1) 입자의 운동

① 확산: 입자들이 스스로 기체나 액체 속으로 퍼져 나가는 현상이다.

확산 속도	• 온도가 높을수록, 질량이 작을수록 빠르다. • 물질의 상태가 '고체 < 액체 < 기체'일수록 빠르다. • 물질이 퍼져나가는 공간이 '액체 속 < 기체 속 < 진공 속'일수록 빠르다.
확산의 예	• 물속으로 잉크가 퍼진다. • 꽃향기가 멀리까지 퍼져 나간다. • 냉면에 식초를 넣으면 냉면 전체에서 신맛이 난다.

② 증발: 액체의 표면에서 기체로 변하여 공기 중으로 퍼져 가는 현상이다.

증발이 잘 되는 조건	온도가 높을수록, 표면적이 넓을수록, 바람이 강할수록, 습도가 낮을수록 증발이 잘 된다.
증발의 예	• 젖은 빨래가 마른다. • 염전에서 물이 증발한다. • 컵에 담아 둔 물이 줄어든다.

(2) 기체의 압력과 온도에 따른 부피

① 압력: 단위 면적에 수직으로 작용하는 힘의 크기

$$압력 = \frac{수직으로\ 작용하는\ 힘}{힘을\ 받는\ 면의\ 넓이}$$

② 기체의 압력: 기체 입자가 운동하면서 주위에 충돌하여 가하는 힘이다.

기체 압력의 크기	단위 면적에 기체 입자가 충돌하는 횟수가 많을수록 크다.
기체 압력의 방향	기체 분자는 모든 방향으로 운동하므로 기체의 압력은 모든 방향에 같은 크기로 작용한다.

③ 기체의 압력에 따른 부피: 온도가 일정할 때 압력이 2배, 3배, 4배로 증가하면 부피는 $\frac{1}{2}$, $\frac{1}{3}$, $\frac{1}{4}$로 작아지고, 압력이 작아지면 부피는 커진다.

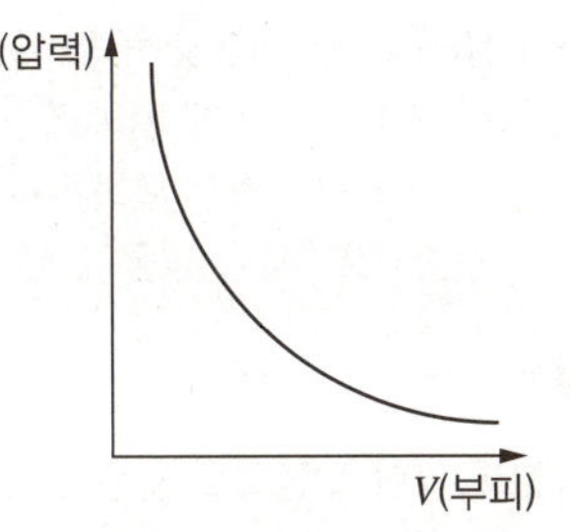

[기체의 압력과 부피의 관계]

보일 법칙	• 일정한 온도에서 기체의 부피는 압력에 반비례한다. • 일정한 온도에서 기체의 압력과 부피를 곱한 값은 일정하다. $P(압력) \times V(부피) = 일정$
생활 속 보일 법칙	• 헬륨 풍선이 하늘 높이 올라갈수록 크기가 점점 커진다. • 물속의 기포가 수면 위로 올라올수록 커진다. • 높은 산에 올라가면 과자 봉지가 부풀어 오른다.

④ 기체의 온도에 따른 부피: 온도가 높아지면 기체의 부피가 증가하고, 온도가 낮아지면 기체의 부피가 감소한다.

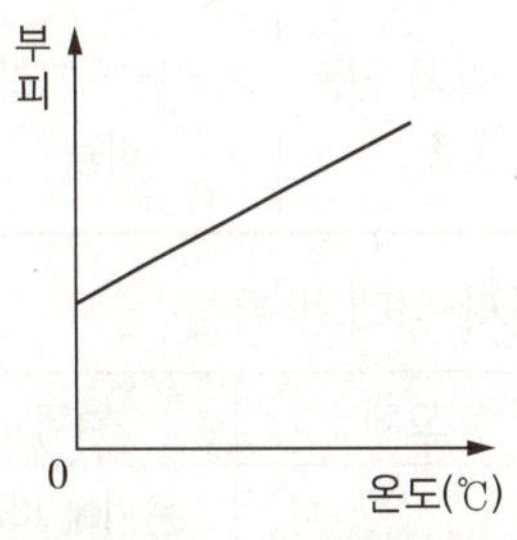

[기체의 온도와 부피의 관계]

샤를 법칙	압력이 일정할 때, 기체의 종류와 관계없이 기체의 부피는 온도에 비례한다.
생활 속 샤를 법칙	• 찌그러진 탁구공을 뜨거운 물에 담그면 펴진다. • 여름철에는 자동차 타이어 공기를 덜 채운다. • 고무풍선을 액체 질소에 담그면 작아진다.

5 물질의 상태 변화

● 해결 Point

물질의 세 가지 상태(고체, 액체, 기체)의 특징을 잘 알아 두어야 한다. 또한, 물질이 상태 변화할 때 열의 출입과 온도 변화에 대해 묻는 문제가 자주 출제되므로 상태 변화 각각의 이름과 상태 변화 시 열의 흡수와 방출 여부 등을 꼼꼼히 정리해 둔다.

● 대표 문제 유형

❖ 기체의 성질에 대한 설명으로 옳은 것은?
❖ 다음 상태 변화 중에서 열에너지를 방출하는 것은?

(1) 물질의 세 가지 상태

① 물질의 세 가지 상태: 고체, 액체, 기체로 구분한다.

② 물질의 세 가지 상태와 입자 배열

구분	고체	액체	기체
모형			
입자 배열	규칙적	불규칙적	매우 불규칙적
입자 운동 상태	제자리에서 진동 운동	자유롭게 자리를 이동	매우 활발하고 불규칙적인 운동

② 물질의 세 가지 상태의 특징

구분	고체	액체	기체
모양	일정함	용기에 따라 달라짐	용기에 따라 달라짐
부피	일정함	일정함	용기에 따라 달라짐
흐르는 성질	없음	있음	있음
압축되는 성질	쉽게 압축되지 않음	쉽게 압축되지 않음	쉽게 압축됨
예	얼음, 나무, 금, 철 등	물, 식용유, 알코올 등	수증기, 이산화 탄소, 공기 등

(2) 물질의 상태 변화

① 고체, 액체, 기체의 상태 변화

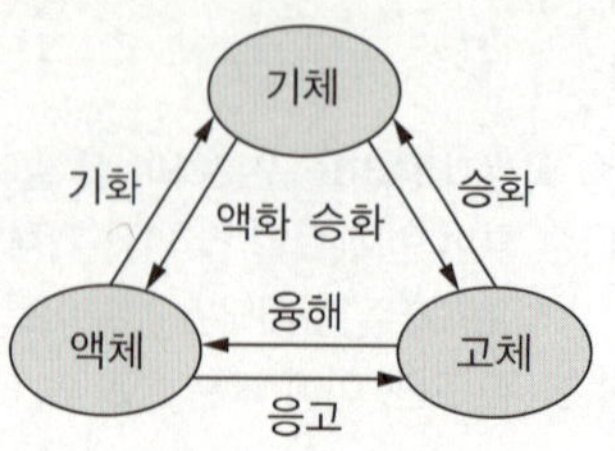

융해	고체가 액체로 변하는 현상 예 얼음이 녹아 물이 됨
응고	액체가 고체로 변하는 현상 예 물이 얼어 얼음이 됨
기화	액체가 기체로 변하는 현상 예 물이 증발하여 수증기가 됨
액화	기체가 액체로 변하는 현상 예 공기 중의 수증기가 이슬이 됨
승화	고체가 바로 기체로 변하거나 기체가 바로 고체로 변하는 현상 예 수증기가 얼어 성에가 생김, 드라이아이스가 작아짐

② 상태 변화와 부피

부피가 늘어나는 상태 변화	융해, 기화, 승화(고체 → 기체)
부피가 줄어드는 상태 변화	액화, 응고, 승화(기체 → 고체)

※ 물은 예외로 얼음이 되면 부피가 증가

③ 상태 변화 시 변하는 것과 변하지 않는 것

상태 변화 시 변하는 것	상태 변화 시 변하지 않는 것
• 입자 배열 • 입사 사이의 거리 • 물질의 부피 • 입자의 운동 속도	• 입자의 모양, 크기, 성질 • 입자의 수 • 물질의 성질 • 물질의 질량

(3) 상태 변화와 열에너지

① 열에너지: 물질의 온도를 변화시키는 에너지이다. 물질이 열에너지를 잃으면 온도가 내려가고, 열에너지를 얻으면 온도가 올라간다.

② 열에너지를 흡수하는 상태 변화

융해열 흡수 (고체 → 액체)	고체가 열에너지를 흡수하여 액체로 변함 예 얼음 조각상 근처는 시원하다. ➡ 얼음이 녹으면서 주변의 열에너지를 흡수하여 주위 온도를 낮게 만든다.

기화열 흡수 (액체 → 기체)	액체가 열에너지를 흡수하여 기체로 변함 예 더운 여름 아스팔트에 물을 뿌려 시원하게 만든다. ➡ 물이 기화하면서 주변의 열을 흡수하므로 주위 온도가 낮아진다.
승화열 흡수 (고체 → 기체)	고체 상태의 승화성 물질을 가열하면 열에너지를 흡수하여 기체 상태로 변함 예 아이스크림을 포장할 때 드라이아이스를 함께 넣으면 아이스크림이 녹지 않는다. ➡ 드라이아이스가 승화하면서 주변의 열을 흡수하므로 주위 온도를 낮게 만든다.

③ 열에너지를 방출하는 상태 변화

응고열 방출 (액체 → 고체)	액체가 열에너지를 방출하고 고체로 변함 예 이글루 안에 물을 뿌린다. ➡ 물이 얼면서 응고열을 방출하므로 주위가 따뜻해진다.
액화열 방출 (기체 → 액체)	기체가 열에너지를 방출하고 액체로 변함 예 스팀 난방을 한다. ➡ 수증기가 물로 액화하면서 액화열을 방출하므로 주위 온도가 따뜻해진다.
승화열 방출 (기체 → 고체)	기체 상태의 승화성 물질을 냉각시키면 고체로 변함 예 눈이 오는 날 날씨가 포근하다. ➡ 공기 중 수증기가 눈으로 승화하면서 승화열을 방출하므로 주위 온도가 올라간다.

(4) 상태 변화와 온도 변화

① 녹는점과 어는점

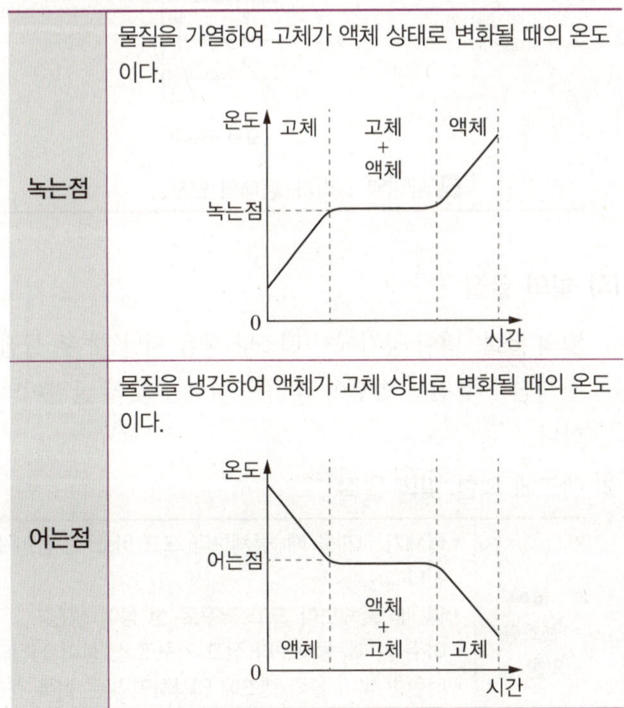

녹는점	물질을 가열하여 고체가 액체 상태로 변화될 때의 온도이다.
어는점	물질을 냉각하여 액체가 고체 상태로 변화될 때의 온도이다.

※ 상태가 변하는 동안에는 열에너지가 상태 변화에 이용되므로 온도의 변화가 없다.

② 끓는점: 물질을 가열하여 액체가 기체 상태로 변화될 때의 온도이다.

※ 상태가 변하는 동안에는 열에너지가 상태 변화에 이용되므로 온도의 변화가 없다.

6 빛과 파동

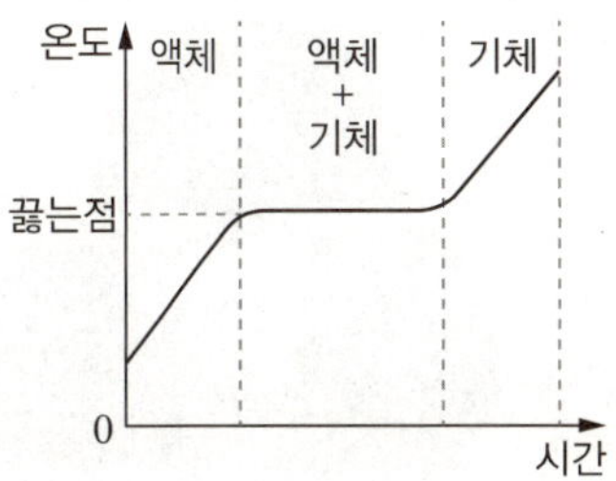

● 해결 Point

빛과 파동 부분은 난이도가 있는 편이며, 문제 출제도 많이 되는 부분이므로 개념을 정리해 두어야 한다. 특히 거울에 의한 빛의 반사와 렌즈에 의한 빛의 굴절 부분은 직접 빛의 이동 경로를 그려가며 이해하도록 하며, 파동의 표시 부분도 직접 파동의 각 부분을 그려가며 이해하는 것이 좋다.

● 대표 문제 유형

❖ 다음에서 설명하고 있는 거울의 종류는?
❖ 이 파동의 파장과 진폭의 길이를 옳게 나타낸 것은?

(1) 빛의 직진

① 빛의 직진: 빛의 진행 방향이 꺾이지 않고 곧게 나아가는 성질이다.

② 광원: 태양이나 전등같이 스스로 빛을 내는 물체로, 광원에서 나온 빛은 직진한다.

③ 물체를 보는 과정
  ㉠ 물체가 광원일 때: 물체에서 나온 빛이 우리 눈에 직접 들어오기 때문에 물체를 볼 수 있다.
  ㉡ 물체가 광원이 아닐 때: 광원에서 나온 빛이 물체에서 반사된 후 눈에 들어오면 물체를 볼 수 있다.

(2) 빛의 합성

① 빛의 합성: 두 가지 색 이상의 빛이 합쳐져서 또 다른 색의 빛으로 보이는 현상이다.

② 빛의 삼원색: 빨간색, 초록색, 파란색

③ **빛의 삼원색의 합성**: 빛의 삼원색을 다양한 밝기로 합성하면 대부분의 색을 만들 수 있다.

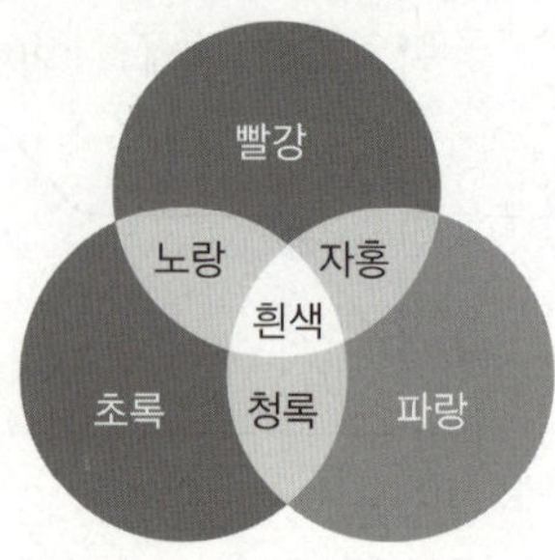

합성하는 색	보이는 색
빨간색 + 초록색	노란색
빨간색 + 파란색	자홍색
초록색 + 파란색	청록색
빨간색 + 초록색 + 파란색	흰색

④ **물체의 색**: 물체의 색은 물체에서 반사되어 나오는 빛의 색으로 보인다.

> **예** • 사과의 빨간색: 백색광 아래에서 빨간색 사과는 빨간색 빛만 반사하고 나머지 색의 빛은 흡수하므로 우리 눈에 빨간색으로 보인다.
> • 펭귄의 흰색과 검은색: 백색광 아래에서 펭귄의 흰색 부분은 모든 빛을 반사하므로 흰색으로 보이고, 검은색 부분은 모든 빛을 흡수하므로 검은색으로 보인다.

⑤ **조명에 따른 물체의 색**: 비추는 조명의 색에 따라 물체의 색이 다르게 보인다.

> **예** 빨간색 조명 아래에서 빨간색 사과는 빨간색 빛을 반사하므로 빨간색으로 보이고, 초록색 사과는 빨간색 빛을 흡수하므로 검은색으로 보인다.

(3) 빛의 반사

① **빛의 반사**: 직진하던 빛이 물체에 부딪혀 진행 방향을 바꾸어 되돌아 나오는 현상이다.

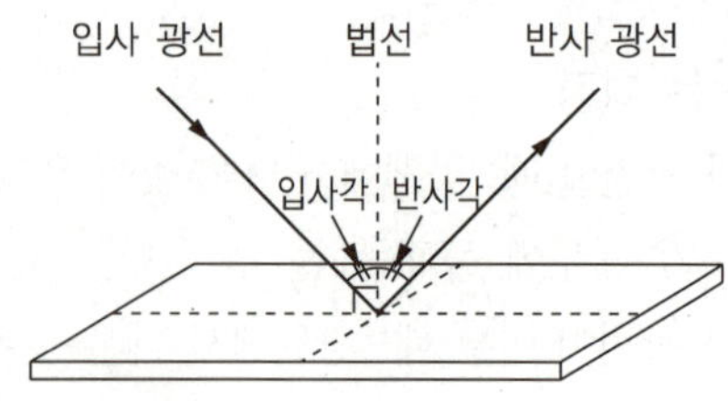

입사 광선	거울 면으로 들어가는 빛
반사 광선	거울 면에서 반사되어 나오는 빛
법선	거울 면에 수직으로 그은 선
입사각	입사 광선과 법선이 이루는 각
반사각	반사 광선과 법선이 이루는 각

② **반사의 법칙**: 빛이 반사할 때 입사각과 반사각의 크기는 항상 같다.

※ 입사각이 커지면 반사각도 커진다.

③ 거울에 의한 빛의 반사

평면 거울에 의한 상	• 물체와 같은 크기의 바로 선 상이 거울 뒤쪽에 생긴다. • 평면 거울에서 빛이 반사하여 돌아오기 때문에 거울 면을 기준으로 물체와 대칭인 모습의 상이 생긴다.
볼록 거울에 의한 상	• 물체와 볼록 거울 사이의 거리에 관계없이 항상 물체보다 작고 바로 선 상이 생긴다. • 볼록 거울은 반사된 빛을 퍼뜨려 넓은 지역의 모습이 상으로 생기므로, 넓은 시야가 필요한 곳에 사용한다. 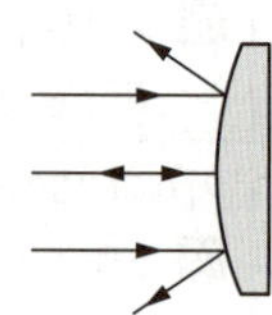 [볼록 거울] **예** 도로의 안전 거울, 자동차 오른쪽 측면 거울
오목 거울에 의한 상	• 물체가 가까울 때: 물체보다 크고 바로 선 상이 생긴다. • 멀 때: 물체보다 크고 거꾸로 선 상이 생긴다. • 아주 멀 때: 물체보다 작고 거꾸로 선 상이 생긴다. • 나란한 빛이 오목 거울에 입사하면 빛은 오목 거울에서 반사된 다음, 한 점에 모인다(반대로, 한 점에서 나온 빛이 오목 거울에 입사되면 반사된 빛이 한 방향으로 나란히 나아간다). 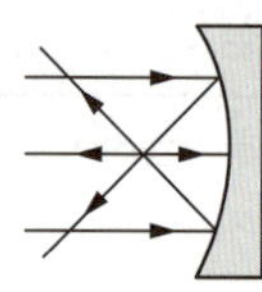 [오목 거울] **예** 태양열 조리기, 등대의 반사경

(4) 빛의 굴절

① **빛의 굴절**: 빛이 공기에서 렌즈나 물을 지날 때 두 물질의 경계면에서 진행 방향이 꺾이는 현상을 빛의 굴절이라고 한다.

② 렌즈에 의한 빛의 굴절

볼록 렌즈에 의한 상	• 물체가 가까울 때: 물체보다 크고 바로 선 상이 생긴다. • 멀 때: 물체보다 크고 거꾸로 선 상이 생긴다. • 아주 멀 때: 물체보다 작고 거꾸로 선 상이 생긴다. • 나란한 빛이 볼록 렌즈에 입사하면 빛은 볼록 렌즈에서 굴절된 다음 한 점에 모인다.

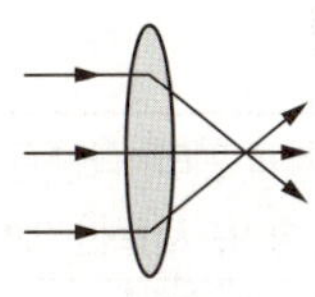

[볼록 렌즈]

- 볼록 렌즈의 이용: 현미경, 원시용 안경

오목 렌즈에 의한 상	• 항상 물체보다 작고 바로 선 상이 생기며, 물체가 렌즈에서 멀어질수록 상의 크기는 점점 작아진다. • 나란한 빛이 오목 렌즈에 입사하면 빛은 오목 렌즈 뒤의 한 점에서 나온 것처럼 굴절된다. 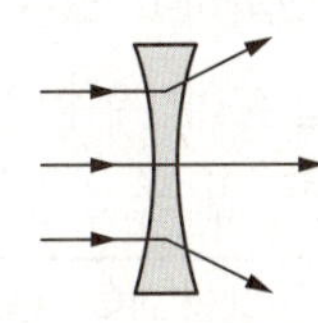 **[오목 렌즈]** • 오목 렌즈의 이용: 자동차 안개등, 근시용 안경

(5) 파동의 발생

① **파동**: 물질의 한 곳에서 만들어진 진동이 주위로 퍼져 나가는 현상이다.

　㉠ 파원: 파동이 시작되는 지점이다.

　㉡ 파동의 종류: 물결파, 음파(소리), 전파, 지진파, 빛 등

　㉢ 매질: 파동을 전달하는 물질

파동의 종류	매질
지진파	땅
물결파	물
소리	공기, 땅 등
빛	필요 없음

② **파동의 진행과 매질의 운동**: 파동이 진행될 때 매질은 제자리에서 진동만 할뿐, 파동을 따라 이동하지 않는다. 파동이 진행할 때 함께 이동하는 것은 파동이 지닌 에너지이다.

　예 • 파도의 에너지로 인해 해안가의 암석이 깎인다.

　　• 지진파의 에너지가 전달되어 건물이나 도로가 무너진다.

③ **파동의 종류**

횡파	• 파동의 진행 방향이 매질의 진동 방향과 직각인 파동 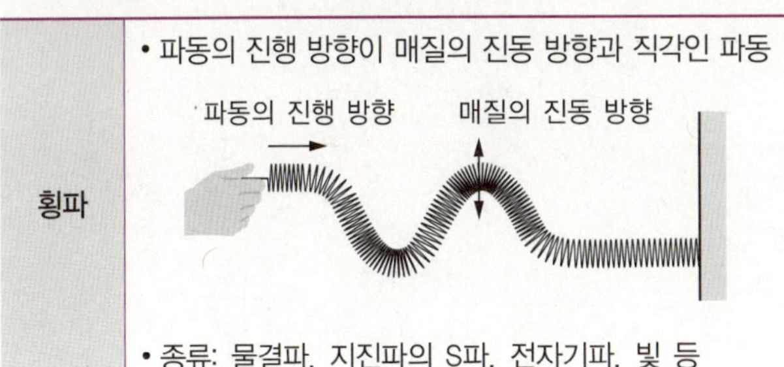 • 종류: 물결파, 지진파의 S파, 전자기파, 빛 등
종파	• 파동의 진행 방향이 매질의 진동 방향과 나란한 파동 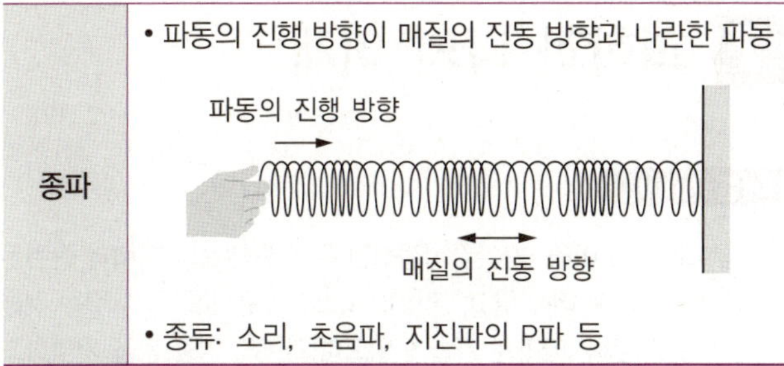 • 종류: 소리, 초음파, 지진파의 P파 등

④ **파동의 표시**

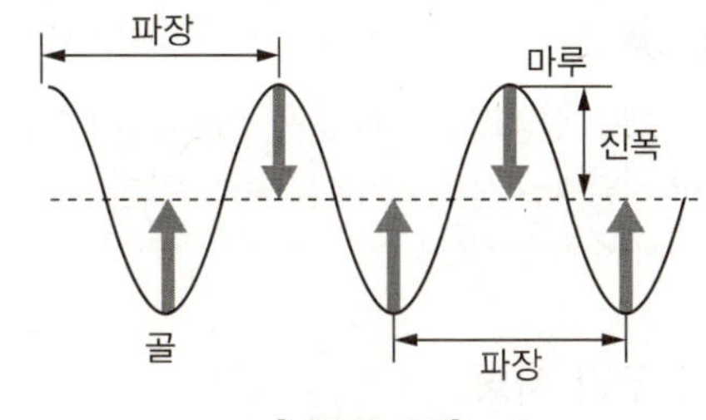

[파동의 표시]

진폭	파동의 진동 중심에서 마루 또는 골까지의 높이
파장	파동의 마루에서 다음 마루까지 또는 골에서 다음 골까지의 거리
진동수	파동이 1초 동안 진동하는 횟수(단위: Hz(헤르츠))

(6) 소리의 발생과 전달

① **소리**: 어떤 물체를 진동시킬 때, 주변의 공기가 진동하여 퍼져 나가는 현상이다.

② **소리의 전달**

　㉠ 소리는 매질을 통해서 전달된다(매질 없는 진공 상태에서는 전달되지 않음).

　㉡ 소리는 매질의 진동 방향과 파동의 진행 방향이 같은 종파이다.

　㉢ 소리는 기체 < 액체 < 고체 순으로 빠르게 전달된다.

③ **공기 중 소리의 전달 과정**

> 물체의 진동 → 공기의 진동 → 고막의 진동 → 소리 인식

④ **소리의 3요소**

소리의 크기	• 진폭이 클수록 소리의 세기도 크다. • 물체를 세게 치면 진폭이 커지므로 큰 소리가 나고, 약하게 치면 작은 소리가 난다.
소리의 높낮이	• 높은 소리는 진동수가 많고, 낮은 소리는 진동수가 적다. • 물체가 빠르게 진동하면 높은 소리가 나고, 느리게 진동하면 낮은 소리가 난다.
음색	음색은 파형에 따라 달라진다.

7 과학과 나의 미래

● **해결 Point**

과학과 나의 미래 부분은 직접적인 문제 출제보다 과학과 관련된 다양한 분야에 대해 알고, 과학과 사회와의 관계를 알아 두는 것을 목적으로 한다. 따라서 가볍게 읽으며 과학의 영향 등을 기억하고 넘어가도록 한다.

● **대표 문제 유형**

❖ 과학에 대한 설명으로 옳지 <u>않은</u> 것은?
❖ 과학이 사회에 미치는 영향으로 옳은 것은?

(1) 과학과 우리 사회

① **과학과 기술, 국가, 사회의 관계**: 과학과 기술은 나라의 살림살이와 국민의 생활을 풍요롭게 하고, 국가와 사회는 과학자에게 연구 과제를 제시하고 지원함으로써 과학 기술의 발달에 영향을 준다.

② **우리 생활과 과학**

㉠ 컴퓨터, 휴대 전화 등의 정보 통신 기술과 의약품, 품종 개량 등의 생명 공학 기술이 우리의 생활을 급격하게 바꾸어 놓고 있다.

㉡ 의학, 공학, 예술, 스포츠, 경제, 수학 등 다양한 분야도 과학과 밀접한 관련이 있다.

(2) 과학의 영향

긍정적인 영향	생활의 편리, 식량 문제 해결, 치료법의 개발을 통한 수명 증가, 새로운 에너지 개발
부정적인 영향	무분별한 개발로 인한 환경오염, 군사 무기 개발, 사생활 침해, 윤리 문제와의 충돌

(3) 과학과 관련된 직업

① **직업의 변화**: 과학과 기술의 발달로 과학과 관련된 직업이 매우 빠르게 변화하고 있다.

② **과학 관련 직업 분야**: 우주 항공, 생명 과학, 자연과학 관련 직업 및 연구원 등

생명 공학 분야	생명 과학 기술 공학자, 유전자 감식 연구원, 의약품 기술자 등
자연 과학 분야	물리학자, 기상 연구원, 천문 연구원 등
재료 소재 분야	금속공학자, 섬유공학자, 초전도체 연구원 등
화학 분야	석유화학공학 기술자, 의약품 화학 공학자 등

③ **과학 관련 직업에 필요한 역량**: 과학적 사고력, 과학적 탐구 능력, 과학적 문제 해결력, 과학적 의사소통 능력, 과학적 참여와 평생 학습 능력 등

④ **미래 사회의 직업**: 미래 사회의 변화를 고려한 진로 및 직업의 설계가 필요하다.

㉠ 정보 기술 사회: 정보 보안 전문가, 사물 인터넷 개발자 등

㉡ 스마트 디지털 기술 사회: 오감 인식 기술자, 데이터 소거원 등

출제 **예상** 문제

01 지구계에 관한 설명으로 옳은 것만을 〈보기〉에서 모두 고른 것은?

──────〈보기〉──────
ㄱ. 인간 활동도 지구에 영향을 미친다.
ㄴ. 지구계의 상호 작용은 각 권 내에서만 일어난다.
ㄷ. 외권은 인간을 비롯한 생물이 사는 영역을 말한다.
ㄹ. 지구를 둘러싸고 있는 우주 환경도 지구계에 속한다.

① ㄱ, ㄴ　　　　② ㄱ, ㄹ
③ ㄴ, ㄷ　　　　④ ㄷ, ㄹ

02 지구의 내부 구조에서 가장 많은 부피를 차지하는 부분은?

① 지각　　　　② 맨틀
③ 외핵　　　　④ 내핵

03 지권의 층상 구조의 두께를 옳게 비교한 것은?

① 지각 > 맨틀 > 외핵 > 내핵
② 지각 > 내핵 > 외핵 > 맨틀
③ 맨틀 > 지각 > 내핵 > 외핵
④ 맨틀 > 외핵 > 내핵 > 지각

04 다음 그림은 화성암을 알갱이의 크기와 어두운 색 광물의 부피비에 따라 분류한 것이다. A~D에 해당하는 암석의 이름을 옳게 짝지은 것은?

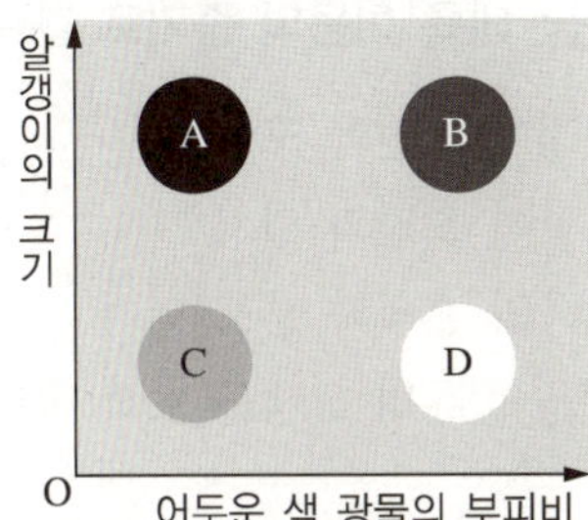

① A – 현무암　　　② B – 화강암
③ C – 유문암　　　④ D – 반려암

05 다음 중 퇴적암과 그 구성 물질의 연결이 <u>잘못된</u> 것은?

① 셰일 – 진흙　　　② 사암 – 모래
③ 응회암 – 소금　　④ 역암 – 자갈

06 석회암이 높은 온도와 압력을 받아 만들어진 변성암은?

① 대리암　　　　② 규암
③ 편마암　　　　④ 편암

07 다음 설명에 맞는 광물은 무엇인가?

──────────────────────
○ 색이 무색 투명하다.
○ 유리나 반도체를 만드는 데 이용된다.
──────────────────────

① 장석　　　　② 흑운모
③ 석영　　　　④ 각섬석

08 다음은 어떤 광물에 대한 설명인가?

> ○ 겉보기색은 검은색이고, 조흔색도 검은색이다.
> ○ 자석처럼 쇠붙이를 끌어당기는 성질이 있다.

① 석영 ② 자철석
③ 방해석 ④ 흑운모

09 다음 중 대륙 이동의 증거로 볼 수 <u>없는</u> 것은?

① 지진파의 전파 모양
② 해안선 모양의 일치
③ 빙하의 흔적과 분포 일치
④ 같은 종류의 고생물 화석 발견

10 다음 중 중력의 예가 <u>아닌</u> 것은?

① 사과가 나무에서 떨어진다.
② 돌부리에 발이 걸리면 넘어진다.
③ 물이 높은 곳에서 낮은 곳으로 흐른다.
④ 용수철에 추를 매달면 용수철이 늘어난다.

11 길이가 10 cm인 용수철에 무게가 3 N인 추를 매달았더니, 용수철이 1 cm 늘어났다. 이 용수철에 무게가 다른 추를 매달았더니 용수철이 3 cm 늘어났다면 추의 무게는 몇 N인가?

① 3 N ② 6 N
③ 9 N ④ 12 N

12 다음 설명에 해당하는 힘은?

> ○ 물체가 외부로부터 힘을 받아 모양이 변한 후, 원래의 상태로 되돌아가려는 힘이다.
> ○ 활이나 용수철 저울에 이용된다.

① 탄성력 ② 마찰력
③ 자기력 ④ 전기력

13 용수철이 늘어난 길이와 탄성력의 관계를 그래프로 바르게 나타낸 것은?

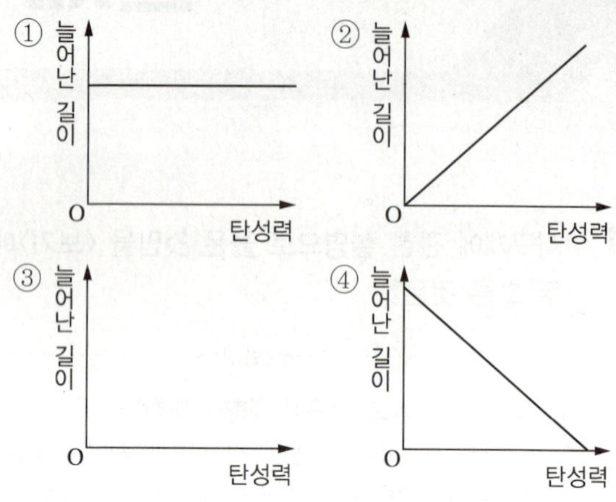

14 다음 그림과 같이 수평면 위에 무게가 5 N인 물체를 놓고, 4 N의 힘으로 오른쪽 방향으로 끌어당겼으나 움직이지 않았다. 이때 물체에 작용하는 마찰력의 크기와 방향을 바르게 짝지은 것은?

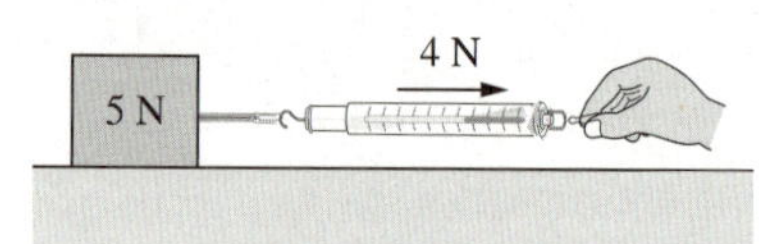

	크기	방향
①	0	왼쪽
②	4N	왼쪽
③	4N	오른쪽
④	5N	왼쪽

15 마찰력의 크기에 영향을 미치는 요소를 다음 〈보기〉에서 모두 고른 것은?

> ──── 〈보기〉 ────
> ㄱ. 접촉면의 넓이
> ㄴ. 접촉면의 거칠기
> ㄷ. 물체가 접촉면을 누르는 힘

① ㄱ, ㄴ ② ㄱ, ㄷ
③ ㄴ, ㄷ ④ ㄱ, ㄴ, ㄷ

16 다음 그림 (가)~(다)와 같이 동일한 나무토막으로 책상 면에 닿는 면을 다르게 하여 각각 밀었다. 마찰력의 크기를 옳게 비교한 것은?

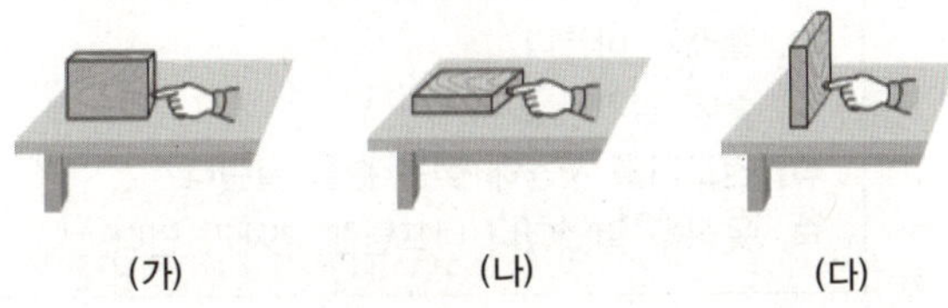

① (가) > (나) > (다)
② (가) < (나) < (다)
③ (가) = (나) > (다)
④ (가) = (나) = (다)

17 부력에 대한 설명으로 옳지 <u>않은</u> 것은?

① 물속에서 받는 힘이다.
② 기체 속에서도 작용한다.
③ 열기구, 튜브 등에 이용된다.
④ 중력과 같은 방향으로 작용한다.

18 다음 설명에 해당하는 생물의 분류 단위는?

> ○ 생물 분류의 가장 작은 단위이다.
> ○ 자연 상태에서 번식 능력이 있는 자손을 낳을 수 있는 생물 무리이다.

① 종
② 속
③ 과
④ 계

19 생물 분류 방법 중 생물이 가진 고유한 특징으로 분류하는 자연 분류 방법이 <u>아닌</u> 것은?

① 호흡 방법
② 번식 방법
③ 생물의 생김새
④ 생물의 쓰임새

20 핵막이 없어 세포 내 핵이 뚜렷하게 구분되지 않는 생물이 속하는 계는?

① 균계
② 식물계
③ 원생생물계
④ 원핵생물계

21 그림은 생물의 5계 분류 체계를 나타낸 것이다. A에 속하는 생물로 옳은 것은?

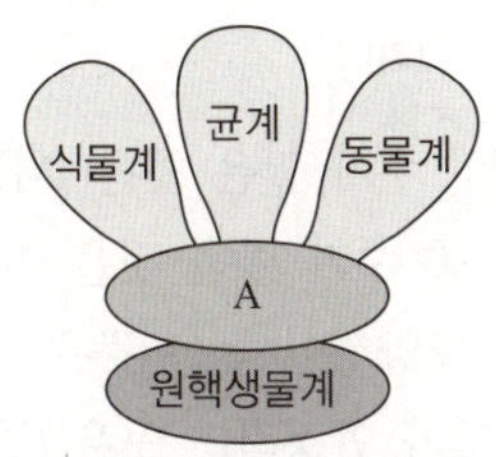

① 대장균
② 짚신벌레
③ 버섯
④ 고사리

22 생물을 5계로 분류했을 때 각 계에 속하는 생물을 옳게 짝지은 것은?

① 균계 – 효모
② 식물계 – 미역
③ 동물계 – 짚신벌레
④ 원핵생물계 – 우산이끼

23 그림은 서로 다른 생태계 (가)와 (나)의 먹이 사슬을 나타낸 것이다. 이에 대한 설명으로 옳지 <u>않은</u> 것은?

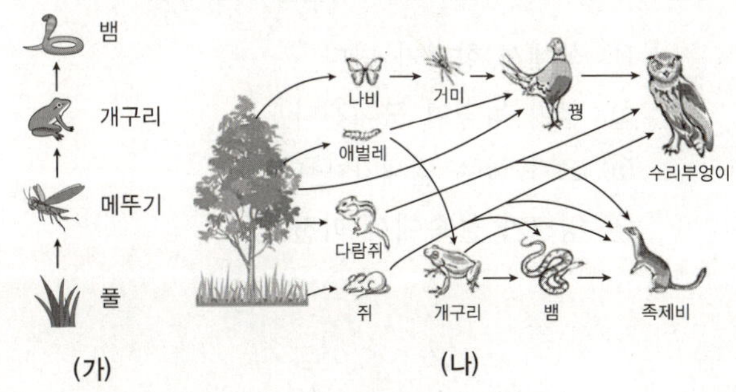

① (가)는 먹이 사슬이 단순하다.
② (가)는 (나)보다 생물 다양성이 높다.
③ (가)는 개구리가 멸종되면 뱀도 멸종되기 쉽다.
④ (나)는 (가)보다 생태계를 안정적으로 유지할 수 있다.

24 그림은 면적이 같은 서로 다른 지역 (가)와 (나)에 서식하는 생물의 종류와 수를 조사한 것이다. 이에 대한 설명으로 옳은 것은?

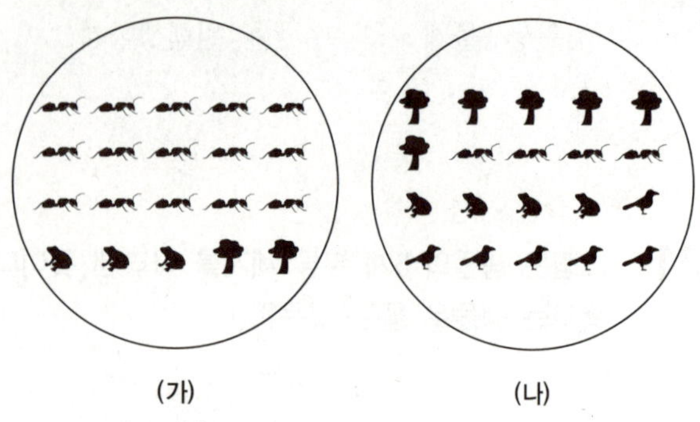

(가)   (나)

① 생물의 수가 많은 곳은 (나)이다.
② 생물 종 수가 많은 것은 (나)이다.
③ 생물 다양성이 높은 곳은 (가)이다.
④ 생태계가 안정적인 곳은 (가)이다.

25 생물 다양성을 보전하기 위한 방법으로 옳지 <u>않은</u> 것은?

① 생태 통로 설치
② 특정 동식물 채집
③ 멸종 위기 생물 지정
④ 쓰레기 배출량 줄이기

26 다음 중 확산 현상이 <u>아닌</u> 것은?

① 꽃에서 향기가 난다.
② 철이 녹슬어 붉어진다.
③ 고기 굽는 냄새가 난다.
④ 잉크가 물속에서 퍼진다.

27 액체 표면에 기화하는 현상을 무엇이라고 하는가?

① 끓음   ② 응고
③ 확산   ④ 증발

28 증발에 해당하는 것으로 적절한 것을 〈보기〉에서 모두 고른 것은?

〈보기〉
ㄱ. 빨래가 마른다.
ㄴ. 꽃에 향기가 난다.
ㄷ. 건조기를 사용해 젖은 손을 말린다.
ㄹ. 옷장을 열었더니 나프탈렌 냄새가 난다.

① ㄱ, ㄴ   ② ㄱ, ㄷ
③ ㄴ, ㄹ   ④ ㄷ, ㄹ

29 그림과 같이 공기가 든 용기의 끝을 고무마개로 막고 온도를 높여주었을 때 증가하는 것이 <u>아닌</u> 것은?

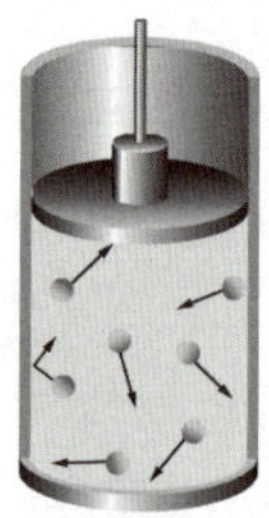

① 기체의 부피
② 기체 입자의 크기
③ 기체 입자의 운동 속도
④ 기체 입자 사이의 거리

30 보일 법칙과 샤를 법칙을 적용할 수 있는 것은?

① 얼음   ② 소금물
③ 식용유   ④ 산소 기체

31 표는 온도가 일정할 때 기체의 압력과 부피의 관계를 나타낸 것이다. (가)에 들어갈 기체의 압력은?

압력(기압)	4	(가)	12
부피(mL)	60	30	20

① 6   ② 8
③ 10   ④ 14

32 다음 중 샤를 법칙과 관련된 현상으로 옳지 <u>않은</u> 것은?

① 풍선이 하늘 높이 올라가면 터진다.
② 찌그러진 탁구공을 뜨거운 물에 넣으면 펴진다.
③ 팽창한 고무풍선을 냉장고에 넣어 두면 쭈글쭈글
   해진다.
④ 여름에는 자동차 바퀴의 바람을 겨울보다 조금 덜
   넣는다.

33 부피가 일정하지만, 담긴 용기에 따라 모양이 달라지
는 물질의 상태는?

① 기체　　　　　② 액체
③ 고체　　　　　④ 승화

34 다음 중 기체의 성질에 대한 설명으로 옳은 것은?

① 일정한 모양이 있다.
② 압력이 높아지면 부피는 증가한다.
③ 담는 그릇에 관계없이 부피가 일정하다.
④ 고체나 액체에 비해 구성 알갱이 사이의 거리가
   멀다.

35 다음에서 얼음이 녹는 현상에 해당하는 상태 변화는?

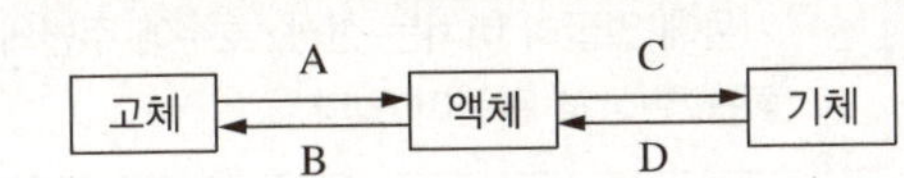

① A　　　　　② B
③ C　　　　　④ D

36 얼음물이 들어 있는 유리컵 바깥쪽에 작은 물방울이
생기는 상태 변화는?

① 액화　　　　　② 기화
③ 승화　　　　　④ 응고

37 물질의 상태 변화에 대한 설명으로 옳은 것은?

① 물이 얼면 예외적으로 부피가 늘어난다.
② 물질의 상태가 변할 때에는 열이 출입하지 않는다.
③ 고체나 액체의 부피는 압력의 영향을 많이 받는다.
④ 물질의 상태가 변할 때에는 부피와 질량이 모두 변
   한다.

38 액체에서 기체로 기화될 때 일정하게 유지되는 온도는?

① 녹는점　　　　　② 끓는점
③ 어는점　　　　　④ 액화점

39 다음 그래프는 어떤 고체의 가열 곡선이다. A-B 구간
에서 온도 변화가 없는 까닭은?

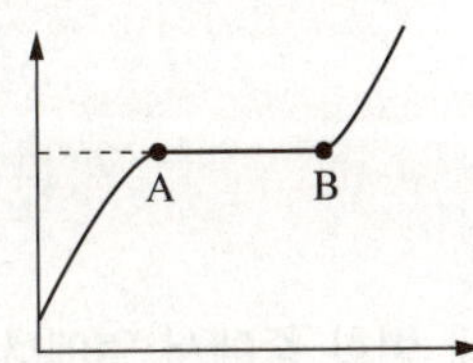

① 융해되면서 열을 흡수하기 때문에
② 기화되면서 열을 흡수하기 때문에
③ 융해되면서 열을 방출하기 때문에
④ 응고되면서 열을 흡수하기 때문에

40 다음 그림은 어떤 액체의 냉각 곡선이다. 이에 대한 설명 중 옳지 <u>않은</u> 것은?

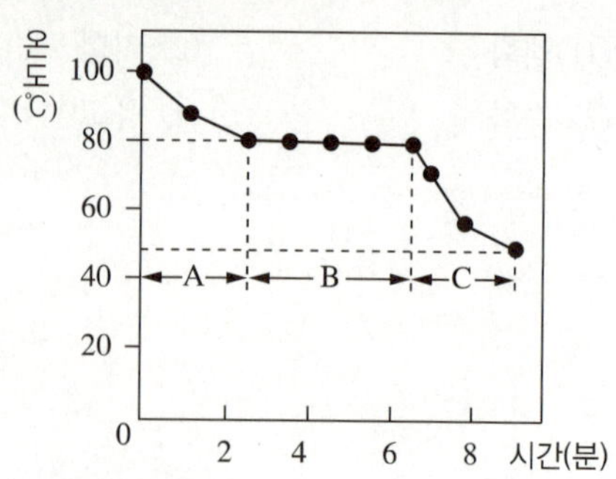

① B 구간에서는 열을 흡수한다.
② C 구간은 고체 상태만 존재한다.
③ 이 물질의 어는점은 약 80 ℃이다.
④ B 구간은 액체와 고체가 함께 존재한다.

41 상태 변화가 일어날 때 열을 흡수하는 현상은?

① 더운 여름날 마당에 물을 뿌린다.
② 겨울에 과일 보관소에 물을 떠놓는다.
③ 겨울철에 처마 끝에 고드름이 열렸다.
④ 새벽에는 보통 풀잎에 이슬이 맺힌다.

42 상태 변화가 일어날 때 분자 운동이 활발해지는 것은?

① 액화
② 응고
③ 융해
④ 승화(기체 → 고체)

43 다음 상태 변화 중에서 열에너지를 방출하는 것은?

① 아이스크림이 녹았다.
② 물이 수증기로 되었다.
③ 풀잎에 맺힌 이슬이 증발했다.
④ 목욕탕에서 안경에 김이 서렸다.

44 다음의 물의 상태 중 에너지를 가장 많이 가지고 있는 것은?(단, 질량은 모두 같다)

① 0 ℃인 물일 때
② 50 ℃인 물일 때
③ 100 ℃인 물일 때
④ 100 ℃인 수증기일 때

45 그림자가 생기는 것은 빛의 어떤 성질 때문인가?

① 빛의 직진　　② 빛의 반사
③ 빛의 굴절　　④ 빛의 합성

46 빛의 삼원색이 <u>아닌</u> 것은?

① 빨간색　　② 노란색
③ 초록색　　④ 파란색

47 다음에서 설명하는 빛의 성질은?

> ○ 빛이 장애물에 부딪혔을 때 되돌아오는 현상이다.
> ○ 거울에 얼굴이 비치는 현상, 호수에 주변의 경치가 비치는 현상과 관련이 있다.

① 빛의 반사　　② 빛의 직진
③ 빛의 굴절　　④ 빛의 합성

48 다음에서 설명하고 있는 거울의 종류는?

> ○ 반사된 빛이 한 곳으로 모인다.
> ○ 물체가 초점에 가까울수록 상의 크기가 커지고, 초점에서 멀어질수록 상의 크기는 작아진다.

① 평면 거울　　　　② 볼록 거울
③ 오목 거울　　　　④ 반사 거울

49 상이 망막 앞에 맺혀 멀리 있는 물체를 잘 보지 못하는 눈은 무슨 렌즈로 교정해야 하는가?

① 오목 렌즈　　　　② 볼록 렌즈
③ 평면 렌즈　　　　④ 복합 렌즈

50 파동과 관련된 용어에 대한 설명으로 옳지 <u>않은</u> 것은?

① 진폭: 골에서 마루까지의 높이
② 파장: 마루에서 다음 마루까지의 거리
③ 진동수: 파동이 1초 동안에 진동하는 횟수
④ 종파: 파동의 진행 방향과 매질의 진동 방향이 나란한 파동

※ 그림은 어떤 파동을 나타낸 것이다(51~52).

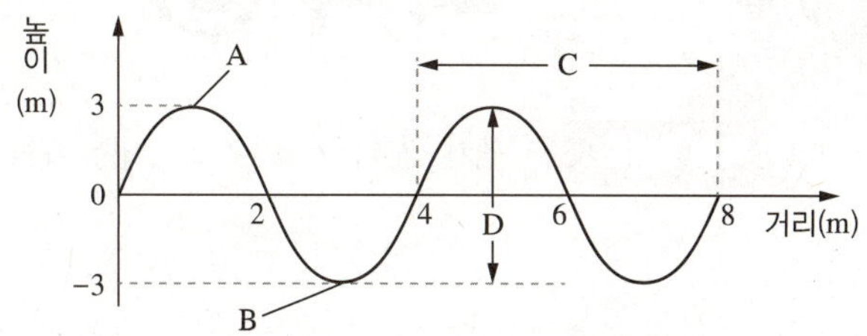

51 이 파동의 마루와 골을 바르게 나타낸 것은?

	마루	골
①	A	B
②	B	A
③	C	D
④	D	A

52 이 파동의 파장과 진폭의 길이를 옳게 나타낸 것은?

	파장	진폭
①	2 m	3 m
②	4 m	3 m
③	4 m	6 m
④	8 m	6 m

53 과학에 대한 설명으로 옳지 <u>않은</u> 것은?

① 과학과 사회는 서로 영향을 끼친다.
② 과학과 관련된 직업들이 빠르게 변화한다.
③ 과학은 우리 생활에 좋은 영향만을 미친다.
④ 예술, 스포츠는 과학과 밀접한 관련이 있다.

2 과학 ②

1 물질의 구성

● **해결 Point**

물질의 구성 단원에서는 원소와 원자, 분자의 개념을 각각 구분할 수 있어야 한다. 또한, 양이온과 음이온을 구별할 줄 알아야 하며, 각 원소들의 이온 형태와 앙금의 종류도 구분하여 알아 두는 것이 좋다.

● **대표 문제 유형**

❖ 원자에 대한 설명으로 옳지 <u>않은</u> 것은?
❖ 다음 그림과 같은 모형으로 설명할 수 있는 이온식은?

(1) 원소

① 원소: 더 이상 다른 물질로 분해되지 않는 물질을 이루는 기본 성분이다.

※ 현재까지의 원소는 약 110여 종으로 자연계에서 발견된 것이 90여 종이며, 나머지는 인공적으로 만들어진 것이다.

② 주요 원소 기호

원소	기호	원소	기호	원소	기호
수소	H	산소	O	구리	Cu
헬륨	He	플루오린	F	염소	Cl
리튬	Li	나트륨	Na	칼륨	K
탄소	C	마그네슘	Mg	칼슘	Ca
질소	N	알루미늄	Al	철	Fe
인	P	황	S	아연	Zn

(2) 원소의 구별

① 불꽃 반응: 어떤 물질을 불꽃 속에 넣었을 때, 독특한 불꽃 색을 나타내는 반응이다.

원소	불꽃색	원소	불꽃색
리튬	빨간색	구리	청록색
칼륨	보라색	칼슘	주황색
나트륨	노란색	바륨	황록색
스트론튬	빨간색	세슘	파란색

② 스펙트럼: 빛을 프리즘이나 분광기에 통과시킬 때 나타나는 여러 가지 색깔의 띠이다.

연속 스펙트럼	햇빛을 분광기로 관찰할 때 나타나는 연속적인 색깔의 띠
선 스펙트럼	원소의 불꽃을 분광기로 관찰할 때 나타나는 불연속적인 색깔의 띠(드문드문 밝은 선이 나타나는 스펙트럼) • 원소의 종류에 따라 선의 색, 위치, 개수, 굵기 등이 다르게 나타난다. • 불꽃 반응 색이 비슷한 원소도 쉽게 구별할 수 있다. 예 리튬과 스트론튬 • 여러 원소가 포함된 물질의 경우 각 원소의 선 스펙트럼이 모두 나타난다.

(3) 원자와 분자

① 원자: 물질을 구성하는 기본 입자이다.

원자의 구조	중심에 (+)전하를 띤 원자핵이 있으며, 그 주위를 (−)전하를 띤 전자가 돌고 있다.
원자의 특징	• 원자는 원자핵의 (+)전하량과 전자의 총 (−)전하량이 같아 전기적으로 중성이다. • 원자는 종류에 따라 원자핵의 (+)전하량이 다르며, 전자의 수도 다르다.

② 분자: 물질의 성질을 나타내는 가장 작은 입자로, 원자들이 결합하여 이루어진다.

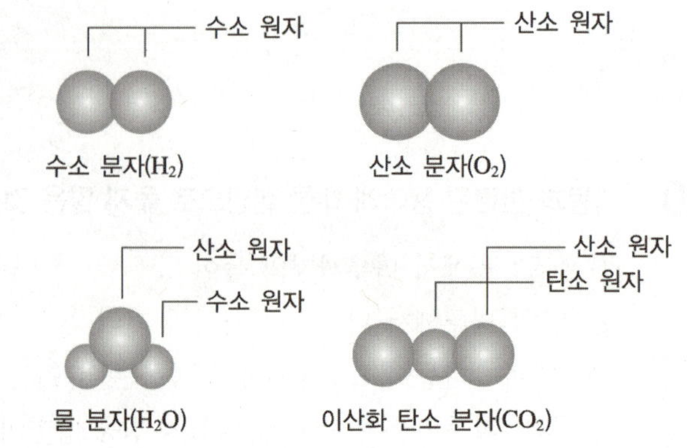

㉠ 분자식의 표현: 분자를 구성하는 원자의 종류를 원소 기호로 쓰고, 분자를 구성하는 원자의 개수를 원소 기호 오른쪽 아래에 작게 쓴다. 분자의 개수는 분자식 앞에 크게 쓴다.(단, 1은 생략)

㉡ 여러 가지 분자식

분자 이름	분자식	분자 이름	분자식
수소	H_2	이산화 탄소	CO_2
산소	O_2	암모니아	NH_3
과산화 수소	H_2O_2	메테인	CH_4
물	H_2O	에탄올	C_2H_5OH

(4) 전하를 띠는 입자

① 이온: 중성인 원자가 전자를 잃거나 얻어 전하를 띠게 된 입자이다.

② 이온의 형성

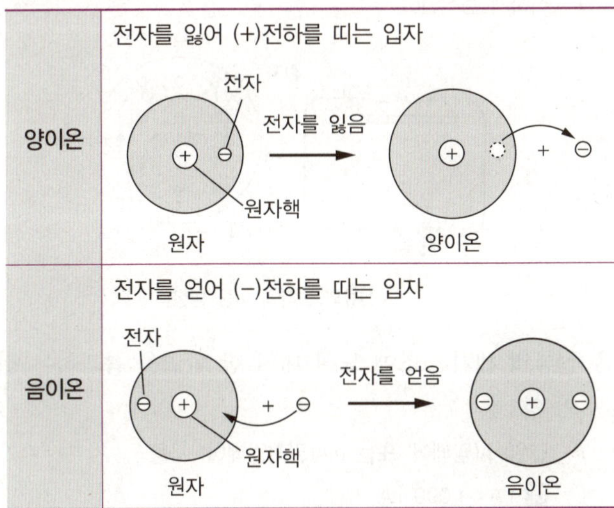

③ 이온의 표현: 원소 기호의 오른쪽 위에 전하의 종류와 양을 표시한다.

이온	이온식	이온	이온식
수소 이온	H^+	염화 이온	Cl^-
칼륨 이온	K^+	플루오린화 이온	F^-
나트륨 이온	Na^+	아이오딘화 이온	I^-
베릴륨 이온	Be^{2+}	브로민화 이온	Br^-
칼슘 이온	Ca^{2+}	산화 이온	O^{2-}
구리 이온	Cu^{2+}	황화 이온	S^{2-}
마그네슘 이온	Mg^{2+}	탄산 이온	CO_3^{2-}
알루미늄 이온	Al^{3+}	질산 이온	NO_3^-
암모늄 이온	NH_4^+	황산 이온	SO_4^{2-}

④ 앙금 생성 반응: 양이온과 음이온이 결합하여 물에 녹지 않는 앙금을 생성하는 반응이다.

앙금	색깔	앙금	색깔
Ag_2CO_3	흰색	$BaSO_4$	흰색
Ag_2SO_4	흰색	PbI_2	노란색
$CaCO_3$	흰색	CdS	노란색
$CaSO_4$	흰색	PbS	검은색
$BaCO_3$	흰색	CuS	검은색

예 질산 은 수용액과 염화 나트륨 수용액을 섞으면 은 이온(Ag^+)과 염화 이온(Cl^-)이 반응하여 흰색의 염화 은($AgCl$) 앙금을 생성한다.

2 전기와 자기

● 해결 Point

전기와 자기 부분은 난도 높은 내용이 많으며, 문제도 많이 출제된다. 따라서 내용을 꼼꼼하게 학습해야 한다. 특히, 전류, 전압, 저항 사이의 관계를 잘 이해해 두어야 하며, 자기장에서 도선이 받는 힘의 방향에 대해서도 반드시 이해하고 있어야 한다.

● 대표 문제 유형

❖ 두 물체 (가)와 (나)의 저항의 비는?
❖ R_1에 걸리는 전압 V_1과 R_2에 걸리는 전압 V_2의 비는?

(1) 마찰 전기

① 마찰 전기: 서로 다른 종류의 물체를 마찰시켰을 때 발생하는 전기이다.

➡ 발생 원인: 물체의 마찰로 인해 전자가 다른 물체로 이동하기 때문

② 대전과 대전체

대전	마찰에 의해 전기적 성질을 띠는 현상
대전체	전기를 띤 물체
대전열	마찰에 의해 물질의 종류에 따라 (+)전하, (−)전하로 대전되는 관계를 나타낸 순서 (+) 털가죽 → 유리 → 명주 → 솜 → 고무 → 셀룰로이드 → 에보나이트 (−)

(2) 전기력

① 전기력: 전기를 띤 물체 사이에 작용하는 힘이다.

② 전기력의 방향

인력	서로 다른 종류의 전하를 띤 물체가 끌어당기는 힘 $\oplus \to \leftarrow \ominus$
척력	서로 같은 종류의 전하를 띤 물체가 밀어내는 힘 $\leftarrow \oplus\oplus \to \quad \leftarrow \ominus\ominus \to$

③ 전기력의 세기: 두 대전체 사이의 거리가 가까울수록 세고, 대전체가 띠고 있는 전기의 양이 많을수록 세다.

(3) 정전기 유도

① 정전기 유도: 금속에 대전체를 가까이할 때, 대전체와 가까운 쪽은 다른 종류의 전하를, 먼 쪽은 같은 종류의 전하를 띠는 현상이다.

② 정전기 유도에 의한 대전

　㉠ 비커 위에 금속 막대를 놓고 (−)전하로 대전된 유리 막대를 가져가면 금속 막대는 대전체 쪽이 (+)전하, 반대쪽이 (−)전하로 대전된다.

　㉡ 이때 (−)전하 쪽에 손가락 끝을 접촉시키면 (−)전하가 금속 막대에서 손가락을 통해 이동한다.

　㉢ 유리 막대와 손을 동시에 떼면 금속 막대는 (+)전하로 대전된다.

③ 검전기의 원리

　㉠ 검전기: 정전기 유도 현상을 이용하여 물체의 대전 여부를 알아보는 장치이다.

　㉡ 원리: 검전기에 대전체를 가까이 대면 금속판은 대전체와 다른 전하를 띠고, 금속박은 같은 전하를 띠게 되어 금속박이 벌어진다.

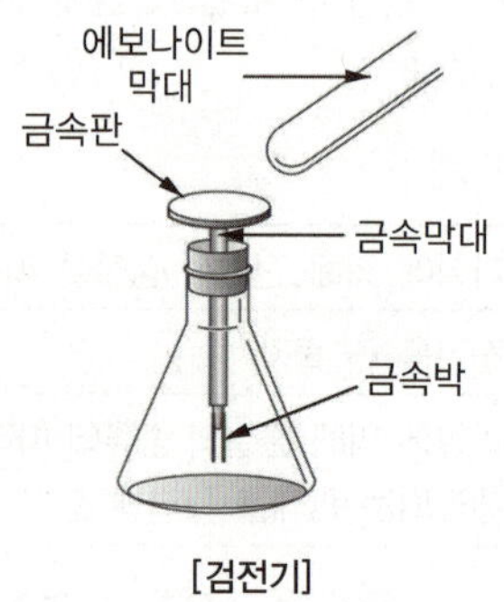

[검전기]

　㉢ 검전기의 용도

물체의 대전 유무 확인	검전기에 가까이했을 때 금속박이 벌어지면 이 물체는 전하를 띠고 있다.
전하량 확인	대전체의 전하량이 많으면 금속박이 많이 벌어진다.
전하의 종류 확인	검전기를 대전시킨 후 어떤 물체를 가까이 했을 때 금속박이 더 벌어지면 검전기의 전하와 같은 종류의 전하로 대전되어 있는 것이다.

(4) 전류

① 전류: 전하의 흐름

② 전류의 방향: 전지의 (+)극에서 (−)극으로 흐르며, 전자는 (−)극에서 (+)극으로 흐른다(전류의 방향은 전자의 이동 방향과 반대 방향이다).

※ 도선 내에 전류가 흐르지 않을 때는 전자들이 여러 방향으로 불규칙하게 움직인다.

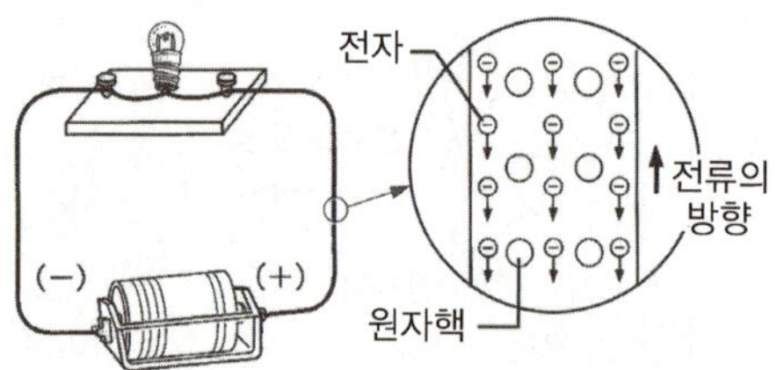

[전류와 전자의 이동 방향]

③ 전류의 세기: 1초에 도선 내의 한 단면을 통과하는 전자의 양

※ 단위: A(암페어) 또는 mA(밀리암페어) 사용

　예 1 A = 1,000 mA

(5) 전압

① 전압: 전류를 흐르게 하는 원인

② 전압의 예

　㉠ 전압에 의해 전류가 흐르는 것은 밸브를 열면 물의 높이 차에 의해 물이 흐르는 것으로 비유할 수 있다.

　㉡ 전지의 전압은 물의 높이 차와 같은 역할을 하여 전선 내의 전자를 계속 이동시켜 전류가 흐르게 한다.

[6] 전압, 전류, 저항 사이의 관계

① 저항: 전류가 흐르는 것을 방해하는 정도로, 단위는 Ω(옴)을 사용한다.

② 옴의 법칙

$$V = IR, \quad I = \frac{V}{R} \quad (I: \text{전류의 세기}, \ V: \text{전압}, \ R: \text{저항})$$

전류–전압 관계	전류–저항 관계
전류 / 저항 : 일정 / 전류 ∝ 전압 $(I \propto V)$ / 전압	전류 / 전압 : 일정 / 전류 ∝ $\frac{1}{\text{저항}}$ $(I \propto \frac{1}{R})$ / 저항
저항이 일정할 때 전류는 전압에 비례한다.	전압이 일정할 때 전류는 저항에 반비례한다.

[7] 저항의 연결

저항의 직렬 연결	저항의 병렬 연결
• 저항을 직렬 연결하면, 회로 전체 저항은 커지고, 회로에 흐르는 전류의 세기는 작아진다. • 여러 개의 전기 기구가 직렬 연결된 회로에서는 한 전기 기구만 고장 나도 회로 전체에 전류가 흐르지 않게 된다.	• 각 저항에 걸리는 전압은 같고, 회로 전체의 저항은 작아지므로 회로 전체에 흐르는 전류의 세기는 커진다. • 전기 기구를 병렬 연결하면 다른 전기 기구의 영향을 받지 않고 따로 사용할 수 있다.

[8] 전류 주위의 자기장

① 자기력과 자기장

자기력	자석과 자석 사이에 작용하는 힘
자기장	자기력이 작용하는 공간
자기력선	자기장을 선으로 나타낸 것으로, 자석의 N극에서 나와서 S극으로 들어가는 모양

② 직선 도선 주위의 자기장

자기장의 모양	도선을 중심으로 동심원 모양
자기장의 방향	• 오른손 엄지손가락을 전류의 방향과 일치시키고 네 손가락으로 도선을 감싸 쥘 때 네 손가락이 가리키는 방향 • 전류의 방향이 바뀌면 자기장의 방향도 반대가 된다.

③ 코일 주위의 자기장

코일 내부의 자기장	코일의 내부에는 축에 나란하고 세기가 균일한 자기장이 생긴다.
자기장의 방향	오른손의 네 손가락을 전류의 방향으로 감아쥘 때 엄지손가락이 가리키는 방향이다.

[9] 자기장에서 전류가 흐르는 도선이 받는 힘

① 자기장에서 도선이 받는 힘

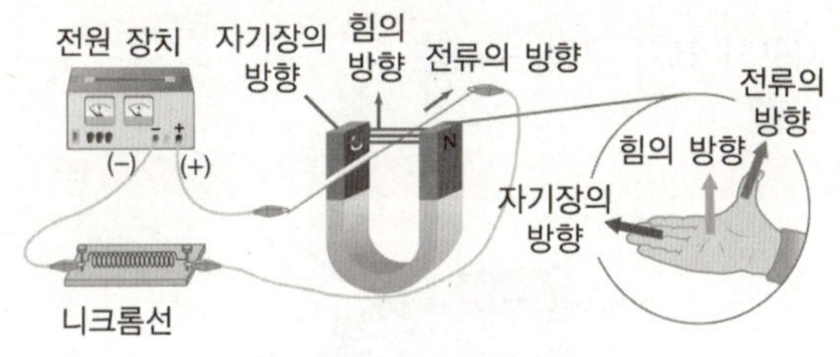

㉠ 원리: 자석 내의 전류가 흐르는 도선은 전류에 의한 자기장과 자석의 자기장이 상호 작용하여 서로 자기력이 작용하므로 힘을 받는다.

㉡ 도선이 받는 자기력의 방향: 오른손을 이용하여 힘의 방향을 알아볼 수 있다.

㉢ 전류의 방향이나 자기장의 방향이 바뀌면 도선이 받는 힘의 방향도 바뀐다.

② 전동기: 자기장 속에서 전류가 흐르는 코일이 받은 힘을 이용하여 코일을 회전시키는 장치이다.

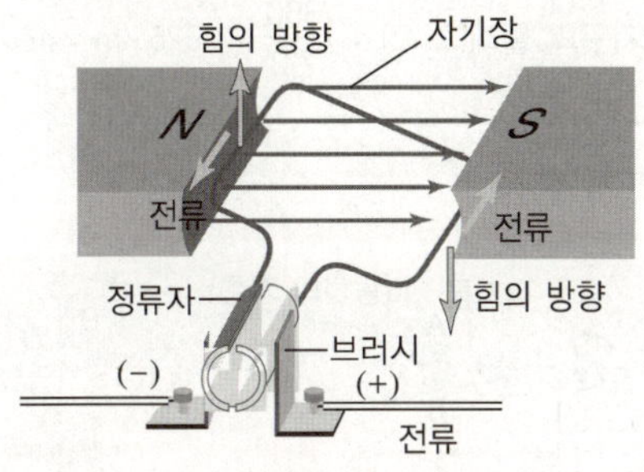

※ 전동기의 이용: 선풍기, 세탁기, 전기차 등

3 태양계

● **해결 Point**

태양계에서는 지구와 달의 운동에 대한 문제가 자주 출제되며, 태양계를 구성하는 행성들의 특징을 알아야 하는 문제도 종종 출제된다. 따라서 달의 위상 변화에 대한 그림을 잘 기억해 두어야 하며, 태양 및 각 행성의 특징도 자세히 학습해 두는 것이 좋다.

● **대표 문제 유형**

❖ 달이 보름달 모양으로 보이는 때를 가리키는 것은?
❖ 다음과 같은 특징을 가진 행성은?

(1) 지구와 달의 크기

① 지구의 크기 측정: 에라토스테네스가 최초로 측정했다.
→ 2가지 가정: 지구는 완전한 구형이다. 지구로 들어오는 햇빛은 평행하다.

② 지구의 크기 구하는 과정

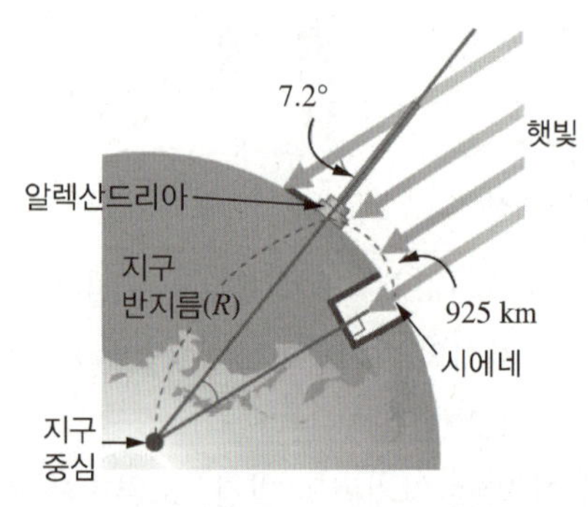

- 막대와 그림자의 끝이 이루는 각 = 두 지역 사이의 중심각
  = 7.2°
- 시에네와 알렉산드리아 사이의 거리 = 약 925 km
- (원의 중심각) : (원의 둘레) = (부채꼴의 중심각) : (호의 길이)
  이므로,
  360° : 지구의 둘레($2\pi R$) = 7.2° : 925 km
  ⇨ 지구의 둘레($2\pi R$) = $\dfrac{360°}{7.2°} \times 925\ km = 46{,}250\ km$

② 달의 크기 측정

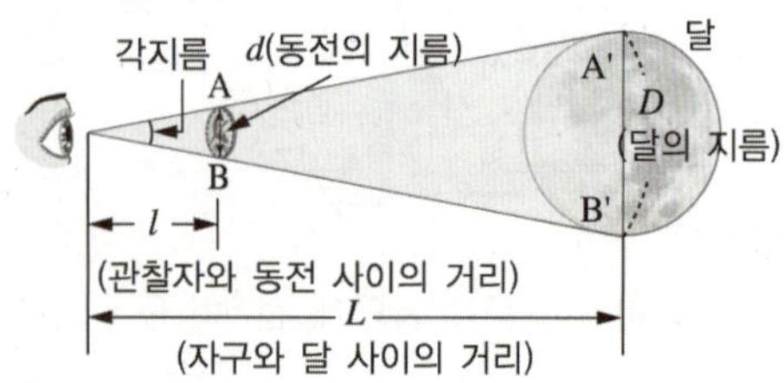

- 동전의 지름(d) : 달의 지름(D) = 동전까지의 거리(l) : 달까지의 거리(L)
- 달의 지름: 약 3,500 km로, 지구 지름(약 13,000 km)의 약 $\dfrac{1}{4}$ 배 정도이다.

(2) 지구와 달의 운동

① 지구의 자전

지구의 자전	지구가 자전축을 중심으로 하루에 한 바퀴씩 '서 → 동'으로 회전하는 운동이다.
지구의 자전으로 나타나는 현상	• 별의 일주 운동: 북극성을 중심으로 별들이 하루에 한 바퀴씩 회전하는 겉보기 운동이다. • 태양과 달의 일주 운동: 태양과 달이 하루 동안 동쪽에서 떠서 서쪽으로 진다. • 낮과 밤이 반복되고, 지역에 따라 일출 시각과 일몰 시각이 다르다.

② 지구의 공전

지구의 공전	지구가 태양을 중심으로 일 년에 한 바퀴씩 서쪽에서 동쪽으로 회전하는 운동이다.
지구의 공전으로 나타나는 현상	태양의 연주 운동, 계절별 별자리 변화

③ 달의 위상 변화
㉠ 달의 위상: 우리 눈에 보이는 달의 모양이다.
㉡ 달의 위상 변화: 약 한 달을 주기로 변한다.

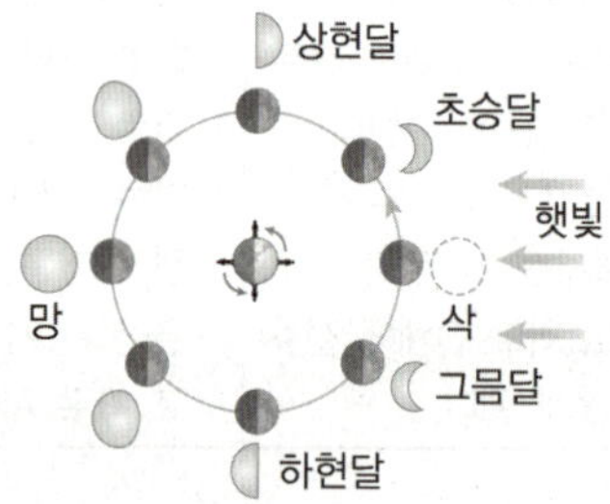

삭	달이 지구와 태양 사이에 있을 때 ➡ 달이 보이지 않는다.
망	달이 지구를 중심으로 태양 반대편에 있을 때 ➡ 보름달이 보인다.
상현	달이 지구, 태양과 직각을 이룰 때 ➡ 오른쪽 반달이 보인다.
하현	달이 지구, 태양과 직각을 이룰 때 ➡ 왼쪽 반달이 보인다.

㉢ 원인: 약 한 달을 주기로 달이 지구 주위를 서쪽에서 동쪽으로 공전하기 때문이다.

④ 일식과 월식

일식	달이 태양을 가려 지구에서 태양이 보이지 않는 현상 ➡ 태양–달–지구 순으로 일직선을 이룰 때 일어나며, 달이 삭의 위치일 때 일어난다. • 개기 일식: 달이 태양을 완전히 가리는 현상 • 부분 일식: 달이 태양의 일부를 가리는 현상
월식	달이 지구의 그림자 속으로 들어가 달이 보이지 않는 현상 ➡ 태양–지구–달 순으로 일직선을 이룰 때 일어나며, 달이 망의 위치일 때 일어난다. • 개기 월식: 지구의 그림자에 달 전체가 가려지는 현상 • 부분 월식: 지구의 그림자에 달 일부가 가려지는 현상

[3] 태양계를 구성하는 행성

① 행성: 태양 주위를 도는 8개의 천체

② 행성의 특징

수성	• 태양에서 가장 가까운 행성 • 태양계의 행성들 중 크기가 가장 작음 • 대기가 거의 없어 낮과 밤의 표면 온도 차가 매우 큼
금성	• 지구에서 가장 가깝고 밝은 행성 • 지구와 크기와 질량이 비슷, 표면 온도는 약 460 ℃
화성	• 지구와 환경이 가장 비슷한 행성 • 극지방에 흰색의 극관이 있고, 이산화 탄소의 대기층이 있음 • 표면이 붉은색을 띠며, 물이 흘렀던 흔적이 있음
목성	• 태양계에서 가장 큰 행성 • 수소, 헬륨 등의 기체로 되어 있으며, 가로줄 무늬와 붉은 점이 있음
토성	• 태양계에서 밀도가 가장 작은 행성 • 얼음과 먼지의 입자로 이루어진 고리가 있음
천왕성	• 주로 수소로 이루어져 있으며, 청록색으로 보임 • 자전축이 거의 누운 채로 자전
해왕성	• 태양계에서 가장 바깥쪽에 있는 행성 • 검은 점이 있는 푸른색 행성

[4] 행성의 구분

① 내행성과 외행성

내행성	• 지구의 공전 궤도보다 안쪽에서 공전하는 행성 예 수성, 금성 • 초저녁 서쪽 하늘, 새벽 동쪽 하늘에서 관측할 수 있다.
외행성	• 지구의 공전 궤도보다 바깥쪽에서 공전하는 행성 예 화성, 목성, 토성, 천왕성, 해왕성 • 초저녁, 새벽뿐만 아니라 한밤중에도 관측할 수 있다.

② 지구형 행성과 목성형 행성

구분	지구형 행성	목성형 행성
행성	수성, 금성, 지구, 화성	목성, 토성, 천왕성, 해왕성
반지름	작다	크다
질량	작다	크다
밀도	크다	작다
고리	없다	있다
위성수	없거나 적다	많다
구성 물질	철, 규소	수소, 헬륨
자전속도	느리다	빠르다

[5] 태양의 특징

① 태양: 태양계에서 스스로 빛을 내는 유일한 천체

  ㉠ 반지름: 지구의 약 109배

  ㉡ 질량: 지구의 약 33만 배

  ㉢ 온도: 표면은 약 6,000 ℃, 중심부는 약 1,500만 ℃

② 태양 표면의 특징

광구	눈에 보이는 태양의 둥근 표면
흑점	• 크기와 모양이 불규칙한 어두운 무늬 • 다른 부분보다 검게 보임(낮은 온도 때문) • 11년을 주기로 그 수가 적어졌다 많아지고 함 → 흑점의 수가 많아질 때 오로라 현상과 무선 통신 장애 현상(델린저 현상)이 나타남
쌀알무늬	광구에 쌀알 모양처럼 생긴 무늬로 대류 현상 때문에 나타남
채층	분홍색을 띤 얇은 대기층으로 광구 바깥쪽에 있음
홍염	태양의 가장자리에 보이는 불꽃 모양의 가스
코로나	채층 바깥쪽의 청백색의 희미한 가스층으로 개기 일식 때 관측이 가능함
플레어	흑점 부근에서 폭발이 일어나 순간 매우 밝아지는 현상

4 식물과 에너지

● **해결 Point**

식물과 에너지에서는 식물의 광합성과 호흡 작용의 차이점을 알아 두는 것이 중요하다. 또한, 광합성에 영향을 미치는 환경 조건이나 증산 작용이 잘 일어나는 조건 등을 반드시 기억해 두어야 한다.

● **대표 문제 유형**

❖ 식물의 호흡에 대한 설명으로 틀린 것은?
❖ 식물의 증산 작용이 잘 일어나는 조건은?

(1) 광합성

① 광합성: 녹색 식물이 빛에너지를 이용하여 스스로 양분을 만드는 과정이다.

$$물(H_2O) + 이산화\ 탄소(CO_2) \xrightarrow[엽록체]{빛에너지} 포도당 + 산소(O_2)$$

광합성에 필요한 물질	물, 이산화 탄소, 빛에너지
광합성으로 생기는 물질	포도당(대부분 녹말로 저장), 산소

② 광합성이 일어나는 장소
  ㉠ 엽록체: 식물 세포에 있는 녹색의 알갱이로, 광합성이 일어나는 장소이다.
  ㉡ 엽록소: 엽록체에 들어 있는 녹색의 색소로, 빛에너지를 받아들여 광합성에 필요한 에너지를 엽록체에 제공한다.

③ 광합성에 영향을 미치는 환경 조건: 빛의 세기, CO_2 농도, 온도

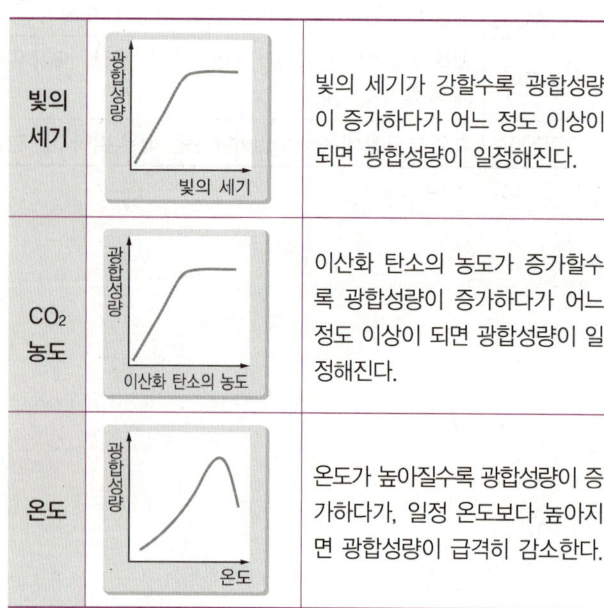

빛의 세기		빛의 세기가 강할수록 광합성량이 증가하다가 어느 정도 이상이 되면 광합성량이 일정해진다.
CO_2 농도		이산화 탄소의 농도가 증가할수록 광합성량이 증가하다가 어느 정도 이상이 되면 광합성량이 일정해진다.
온도		온도가 높아질수록 광합성량이 증가하다가, 일정 온도보다 높아지면 광합성량이 급격히 감소한다.

④ 광합성 산물의 이동과 저장: 잎에 저장되어 있던 녹말이 밤에 포도당으로 분해되고, 체관을 통해 이동하여 뿌리, 줄기, 열매 등에 저장된다.

(2) 증산 작용

① 증산 작용: 식물체 내의 물이 잎의 기공을 통해 증발되는 현상이다.

② 기공의 구조와 기능

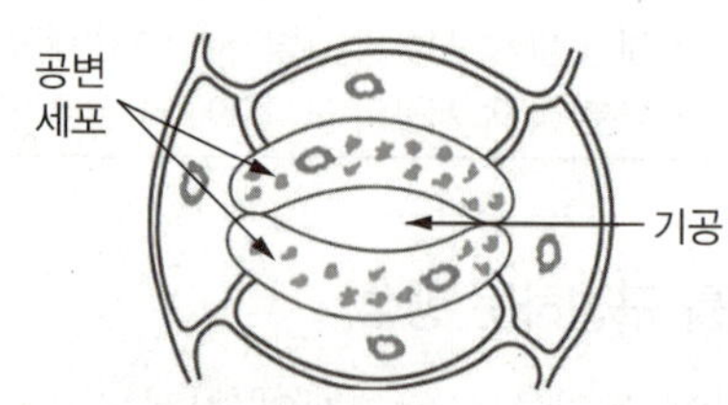

  ㉠ 잎의 뒷면에 많이 분포하며, 2개의 공변세포로 형성되어 있다.
  ㉡ 주로 낮에 열리고 밤에 닫히며, 산소와 이산화 탄소가 출입한다.
  ㉢ 공변세포: 반달 모양으로, 엽록체가 있어 광합성을 할 수 있으며, 기공을 열고 닫아 증산 작용을 조절한다.

③ 증산 작용이 잘 일어나는 조건: 빛이 강할 때, 온도가 높을 때, 습도가 낮을 때, 바람이 잘 불 때

④ 증산 작용의 의의: 물의 상승력을 제공하고, 수분량과 체온을 조절한다.

(3) 호흡

① 호흡: 식물 세포에서 산소를 이용해 포도당을 분해하여 생명 활동에 필요한 에너지를 얻는 작용이다.

$$포도당 + 산소(O_2) \rightarrow 물(H_2O) + 이산화\ 탄소(CO_2) + 에너지$$

② 광합성과 호흡의 비교

구분	광합성	호흡
장소	엽록체	모든 생물
시간	낮	낮과 밤(항상)
기체의 출입	CO_2 흡수, O_2 방출	CO_2 방출, O_2 흡수
물질 변화	무기물 → 유기물	유기물 → 무기물
에너지 출입	에너지 흡수	에너지 방출

※ 광합성은 햇빛이 비칠 때만 일어나지만, 호흡은 밤낮으로 일어난다.

③ 광합성량과 호흡량

  ㉠ 낮: 광합성량이 호흡량보다 많아서 이산화 탄소를 흡수하고 산소를 내보낸다.

  ㉡ 밤: 빛이 없어 호흡만이 일어나므로 이산화 탄소를 내보내고 산소를 흡수한다.

  ㉢ 전체적으로 광합성량이 호흡량보다 많으며, 이산화 탄소를 흡수하고 산소를 내보낸다.

④ 식물의 호흡이 왕성할 때: 꽃이 필 때, 씨가 발아할 때, 생장이 왕성할 때이다.

5 동물과 에너지

● 해결 Point

이 단원은 공부해야 할 내용이 많은 단원이다. 생물의 구성 단계, 영양소, 소화 과정, 심장의 구조, 혈액 순환 등을 꼼꼼히 학습해야 하며, 호흡 운동의 원리, 사람의 배설 기관 등도 잘 기억해 두어야 한다. 따라서 이 단원은 중요한 내용을 정리하면서 충분한 시간을 두고 학습해 나가는 것이 도움이 된다.

● 대표 문제 유형

❖ 다음 중 호흡계에 속하는 기관이 <u>아닌</u> 것은?
❖ 다음 설명에 해당하는 혈액 순환의 경로는?

(1) 생물의 구성

① 생물체의 구성 단계

  ㉠ 식물의 구성 단계: 세포 → 조직 → 조직계 → 기관 → 개체

  ㉡ 동물의 구성 단계: 세포 → 조직 → 기관 → 기관계 → 개체

세포	생물체를 구성하는 기본 단위
조직	모양과 기능이 비슷한 세포들의 모임
조직계	• 식물에만 존재하는 단계 • 비슷한 기능을 담당하는 몇몇 조직의 모임
기관	여러 종류의 조직이 모여서 기관을 이룸
기관계	• 동물에만 존재하는 단계 • 서로 관련성 있는 기능을 가진 기관들이 모여 기관계를 이룸
개체	하나의 독립된 생명체

② 사람의 기관계: 소화계, 순환계, 호흡계, 배설계 등이 있다.

소화계	위, 소장, 대장 등으로 구성
순환계	심장, 혈관, 혈액 등으로 구성
호흡계	코, 기관, 기관지, 폐 등으로 구성
배설계	콩팥, 오줌관, 방광 등으로 구성

(2) 영양소

① 주영양소(3대 영양소): 에너지원이며, 몸을 이루는 구성 성분이다.

탄수화물	• 대부분 에너지원으로 사용, 사용하고 남은 것은 지방으로 전환되어 몸에 저장된다. • 1g당 4kcal의 에너지를 낸다. 예 녹말, 설탕, 포도당 등
단백질	• 에너지원으로 사용, 근육 등 몸의 주된 구성 성분이다. • 1g당 4kcal의 에너지를 낸다.
지방	• 에너지원으로 사용, 몸의 구성 성분으로 피부 밑에 주로 저장된다. • 1g당 9kcal의 에너지를 낸다.

② 부영양소: 몸을 구성하는 성분이지만, 에너지원으로 쓰이지 않는다.

무기염류	몸의 구성 성분이며, 생리 기능을 조절한다. • Na, Cl: 삼투압 조절, 신경 흥분 전달에 관계 • P: 뼈와 이의 성분 • Ca: 뼈와 이의 성분. 혈액 응고, 근육 수축 등 • I: 갑상선 호르몬의 성분 • Fe: 헤모글로빈과 시토크롬의 성분
바이타민	• 아주 적은 양으로도 생리 기능을 조절하며 부족 시 결핍증이 발생한다. • 대부분 체내에서 합성할 수 없으므로 음식물을 통해 섭취한다.
물	몸의 60~70 %를 차지하며 체온 조절을 돕고, 영양소, 노폐물 등을 운반한다.

(3) 소화

① 소화: 소화관에서 흡수할 수 있도록 영양소를 작은 알갱이의 영양소로 분해하는 작용이다.

② 소화의 종류

화학적 소화	소화 효소의 도움으로 고분자 영양소가 저분자 영양소로 변화하는 것
기계적 소화	화학적 소화가 일어나기 쉽도록 잘게 부수거나 소화액과 혼합하는 일

③ 소화 효소: 생물체 내에서 화학 변화를 촉진하는 물질을 효소라 하고, 소화에 관계하는 효소를 소화 효소라고 한다.

④ 소화 과정

입에서의 소화	이에 의해 잘게 부서지며 침 속의 아밀레이스가 녹말을 엿당으로 분해
위에서의 소화	• 위의 운동(연동 운동)으로 음식물과 위액을 골고루 섞음 • 위샘에서 펩신(단백질을 펩톤으로 분해)과 염산(펩신의 활성화 작용 및 살균 작용)을 분비
소장에서의 소화	• 십이지장에서 쓸개즙, 이자액과 음식물이 섞임 • 쓸개즙: 간에서 생성, 쓸개에 저장되었다가 분비됨(소화 효소는 없지만 지방의 소화를 도움) • 이자액: 주영양소의 분해 효소를 모두 포함(아밀레이스, 트립신, 라이페이스)
대장의 작용	소화액의 분비가 없어 소화 작용은 없으며, 주로 수분을 흡수

⑤ 영양소의 흡수와 이동: 소장 벽의 융털에서 흡수

모세 혈관	포도당, 아미노산, 무기 염류, 수용성 비타민 흡수
암죽관	지방산, 글리세롤, 지용성 비타민 흡수

(4) 순환

① 혈액의 구성

  ㉠ 혈장: 액체 성분으로 영양분, 노폐물, 이산화 탄소를 운반한다.

  ㉡ 혈구: 세포 성분으로 적혈구, 백혈구, 혈소판으로 구성된다.

적혈구	원반 모양이며 헤모글로빈이 있어 산소를 운반
백혈구	핵이 있으며, 일정한 모양이 없고 식균 작용을 함
혈소판	파편 모양으로 핵이 없고, 혈액을 응고시킴

② 심장의 구조: 사람의 심장은 2심방 2심실이다.

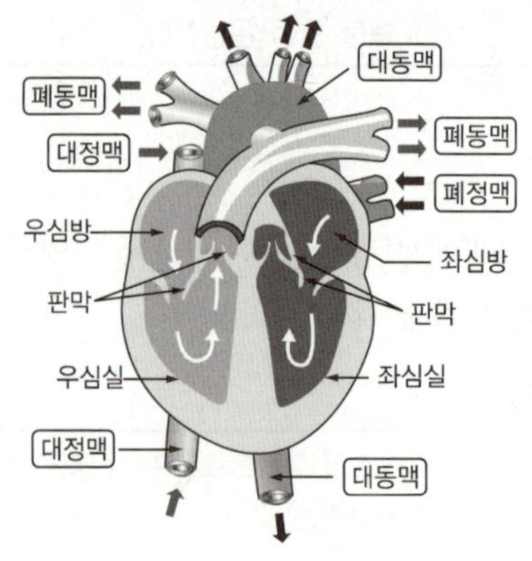

심방	심장으로 혈액이 들어오는 곳으로, 좌심방과 우심방이 있음
심실	심장에서 혈액을 내보내는 곳으로, 좌심실과 우심실이 있음
판막	심방과 심실, 심실과 동맥 사이에서 혈액이 거꾸로 흐르는 것을 막아 주는 것으로 삼첨판, 이첨판, 반월판으로 구성

③ 혈관

동맥	심장에서 나오는 혈액이 흐르는 혈관으로, 혈압이 높고 혈관벽이 두꺼우며 탄력성이 강함
정맥	심장으로 들어오는 혈액이 흐르는 혈관으로, 혈압이 낮고 혈관벽이 얇으며 판막이 있음
모세 혈관	동맥과 정맥을 연결하며, 조직 세포와 물질을 교환함

④ 혈액 순환

온몸 순환	좌심실 → 대동맥 → 온몸 → 대정맥 → 우심방 • 좌심실에서 나온 혈액이 온몸의 거쳐 다시 우심방으로 돌아오는 순환 • 온몸의 조직 세포에 산소와 영양소를 공급하고, 이산화 탄소와 노폐물을 받아 심장으로 돌아옴
폐순환	우심실 → 폐동맥 → 폐 → 폐정맥 → 좌심방 • 우심실에서 나온 혈액이 폐를 거쳐 다시 좌심방으로 돌아오는 순환 • 폐로 가서 이산화 탄소를 내보내고, 산소를 받아 심장으로 돌아옴

(5) 호흡

① 사람의 호흡 기관

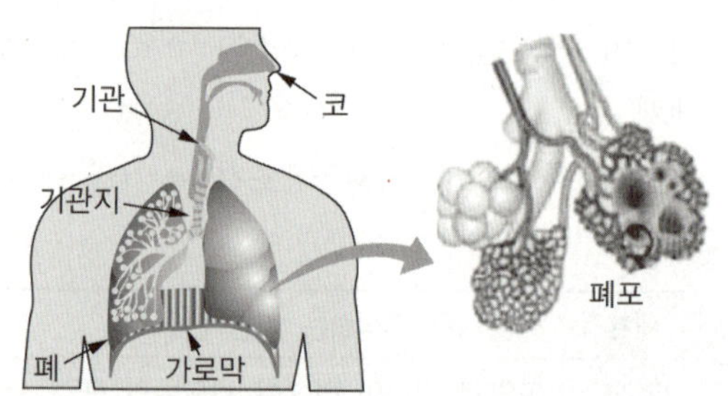

코	공기의 온도를 체온과 비슷하게 해 주고 공기 속의 먼지와 세균을 걸러 냄
기관	점액과 섬모를 통해 먼지와 세균을 다시 한 번 걸러 냄
기관지	기관이 두 개의 기관지로 갈라져 양쪽 폐와 연결 됨
폐	늑골과 횡격막으로 둘러싸여 있으며 수많은 폐포로 구성
폐포	폐를 이루고 있는 얇은 주머니

② 호흡 운동의 원리: 사람의 폐는 근육이 없어 스스로 운동하지 못하고, 횡격막과 늑골의 상하 운동에 의해 흉강과 폐의 부피와 압력이 변하여 공기가 드나든다.

구분	들숨	날숨
횡격막	내려감	올라감
갈비뼈(늑골)	올라감	내려감
흉강 부피	증가	감소
흉강 압력	감소	증가
공기의 이동 방향	밖 → 폐	폐 → 밖
폐의 부피	증가	감소

③ 호흡 운동 모형

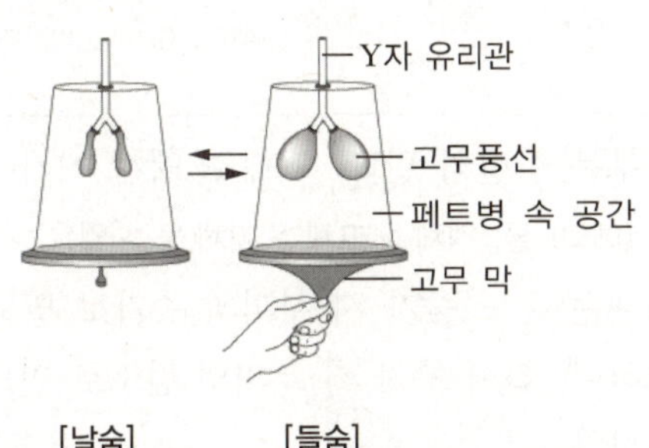

모형	Y자 유리관	고무풍선	고무 막	페트병 속의 공간
우리 몸	기관, 기관지	폐	횡격막	흉강

④ 기체의 교환

외호흡	• 폐포와 모세 혈관 사이의 기체 교환 • 폐로 들어온 산소는 폐포 주변의 모세 혈관으로 확산되어 들어가며, 이산화 탄소는 폐포 주변의 모세 혈관에서 폐포로 확산되어 나감
내호흡	• 모세 혈관과 조직 세포 사이의 기체 교환 • 혈액 속의 산소는 모세 혈관에서 조직 세포로 확산되어 들어가고, 이산화 탄소는 조직 세포에서 모세 혈관으로 확산되어 나감

(6) 배설

① 노폐물의 생성

㉠ 탄수화물, 지방 + 산소 → 이산화 탄소 + 물 + 에너지

㉡ 단백질 + 산소 → 이산화 탄소 + 물 + 암모니아 + 에너지

② 노폐물의 배출

이산화 탄소	호흡 운동을 통해 폐에서 배출
물	오줌과 땀으로 배출
암모니아	간에서 독성이 적은 요소로 합성되어 오줌과 땀으로 배출

③ 사람의 배설 기관

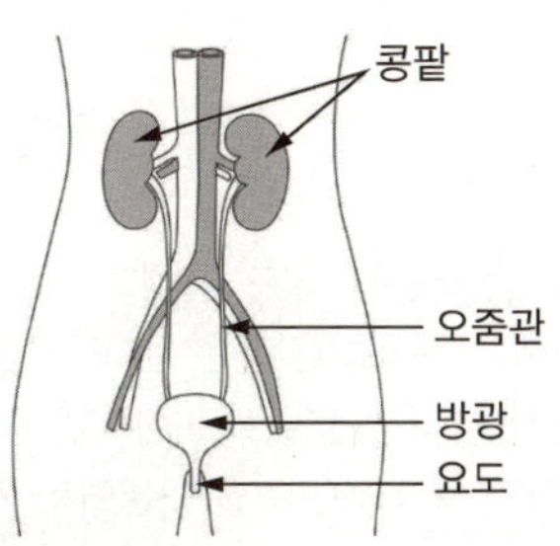

콩팥	혈액 속의 노폐물을 걸러 오줌을 만드는 기관으로, 겉질, 속질, 콩팥 깔때기로 구분
오줌관	콩팥에서 만들어진 오줌을 방광으로 보내는 기관
방광	오줌을 저장했다가 몸 밖으로 내보내는 기관
요도	오줌이 몸 밖으로 빠져나가는 통로

※ 네프론: 오줌을 생성하는 기본 단위로, 사구체, 보먼주머니, 세뇨관으로 이루어져 있다.

④ 오줌의 생성 과정

여과	• 노폐물을 포함한 혈액이 콩팥 동맥을 지나 사구체로 들어가면 혈압 차로 인해 크기가 작은 물질이 보먼주머니로 빠져나가게 되는 현상 • 물, 포도당, 아미노산, 무기염류, 요소 등은 여과, 혈구, 단백질, 지방 등은 여과되지 않음
재흡수	• 여과된 물질이 세뇨관을 따라 이동하다가 이 중 일부가 세뇨관을 둘러싼 모세 혈관으로 다시 흡수되는 현상 • 포도당, 아미노산은 모두 재흡수, 무기염류, 비타민 등은 필요에 따라 적당량 재흡수 됨
분비	사구체에서 여과되지 못하고 혈액 속에 남아 있는 노폐물의 일부가 모세 혈관에서 세뇨관으로 이동하는 과정

⑤ 오줌의 배설 경로

> 콩팥 동맥 → 사구체 → 보먼주머니 → 세뇨관 → 콩팥 깔때기 → 오줌관 → 방광 → 요도 → 몸 밖

(7) 소화, 순환, 호흡, 배설의 관계

① 세포 호흡: 세포에서 산소를 이용해 영양소를 분해하여 에너지를 얻는 과정이다.

> 영양소(포도당) + 산소 → 이산화 탄소 + 물 + 에너지

② 세포 호흡은 우리 몸의 각 기관계가 통합적으로 작동하기 때문에 가능하다.

③ 우리 몸에서 소화, 순환, 호흡, 배설은 각각 독립적으로 일어나는 것이 아니라 서로 밀접하게 연관되어 있다.

6 물질의 특성

● **해결 Point**

물질의 특성에서는 끓는점, 밀도, 용해도와 같은 물질의 특성에 따라 혼합물의 분리하는 방법을 묻는 문제가 종종 출제된다. 따라서 물질의 특성에 대한 각 개념을 잘 이해하고, 혼합물의 분리 방법에 대한 실험 그림과 해당되는 예를 구분해서 기억해 두어야 한다.

● **대표 문제 유형**

❖ 다음 중 순물질이 <u>아닌</u> 것은?
❖ 이러한 혼합물의 분리에 이용된 물질의 특성은?

(1) 순물질과 혼합물

① 순물질과 혼합물

순물질	한 종류의 물질만으로 이루어진 물질 **예** 물, 금, 소금, 구리 등
혼합물	두 종류 이상의 순물질이 원래의 성질을 잃지 않고 섞여 있는 물질 **예** 공기, 암석, 우유, 바닷물 등

② 순물질과 혼합물의 구별

㉠ 순물질(물)은 끓거나 어는 동안 온도가 일정하게 유지된다.

㉡ 혼합물(소금물)은 물보다 높은 온도에서 끓기 시작하여 끓는 동안에도 온도가 계속 높아지며, 얼 때도 물보다 낮은 온도에서 얼기 시작하여 어는 동안에도 온도가 계속 낮아진다.

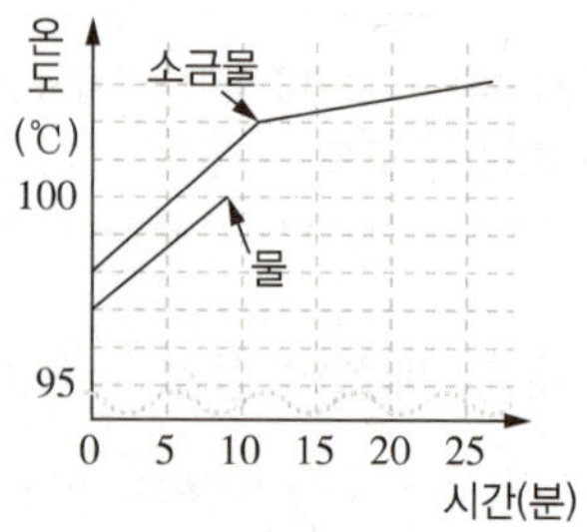

[소금물의 끓는점]

(2) 물질의 특성

① 물질의 특성: 어떤 물질이 다른 물질과 구별되는 고유한 성질

예 겉보기 성질, 끓는점, 녹는점(어는점), 밀도, 용해도 등

② 끓는점과 녹는점(어는점)

끓는점	• 액체가 끓어 기체가 되는 동안 일정하게 유지되는 온도 • 외부 압력이 높아지면 끓는점이 높아지고, 외부 압력이 낮아지면 끓는점이 낮아짐
녹는점	고체가 녹아 액체로 되는 동안 일정하게 유지되는 온도
어는점	• 액체가 얼어 고체로 되는 동안 일정하게 유지되는 온도 • 순수한 물질의 어는점과 녹는점은 같음

※ 끓는점, 녹는점, 어는점은 물질의 특성이므로 물질의 종류에 따라 다르며 물질의 양에 관계없이 일정하다.

③ 밀도: 단위 부피에 해당하는 물질의 질량

$$밀도 = \frac{질량}{부피} \ (단위: g/cm^3, \ g/mL, \ kg/m^3 \ 등)$$

㉠ 대부분 물질의 밀도: 고체 > 액체 > 기체

※ (예외) 물: 액체 > 고체 > 기체(물 > 얼음 > 수증기)

㉡ 기체는 온도 증가 시 부피의 증가로 밀도가 크게 감소하며, 압력 증가 시 부피의 감소로 밀도가 크게 증가한다.

㉢ 밀도가 큰 물질은 가라앉고, 밀도가 작은 물질은 뜬다.

④ 용해도: 일정한 온도에서 일정량의 용매에 녹을 수 있는 용질의 최대량으로, 보통 용매 100 g에 녹아 들어간 용질의 g수로 나타낸다.

㉠ 일정한 온도에서 같은 용매에 대한 용해도는 물질마다 고유한 값을 가지므로 물질의 특성이다.

㉡ 같은 물질이라도 용매의 종류와 온도에 따라 용해도가 달라진다.

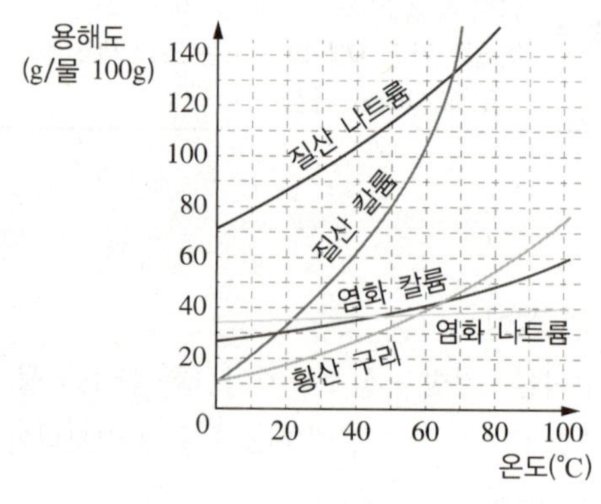

[용해도 곡선]

㉢ 대부분의 고체는 온도가 높을수록 용해도가 증가한다.

㉣ 기체의 용해도는 압력이 클수록, 온도가 낮을수록 크다.

(3) 혼합물의 분리

끓는점 차에 의한 분리	증류: 혼합물을 가열할 때 나오는 기체를 다시 냉각하여 순수한 액체를 얻는 방법 **예** 탁주로 청주 만들기, 물과 에탄올의 혼합물 증류, 원유의 증류
밀도 차에 의한 분리	• 고체 혼합물의 분리: 밀도가 다른 혼합물은 두 물질을 녹이지 않고 두 물질의 중간 정도의 밀도를 갖는 액체를 넣어서 분리한다. **예** 알찬 볍씨 고르기, 사금 채취 • 액체 혼합물의 분리: 섞이지 않는 두 액체는 밀도 차이에 의해 두 층으로 분리되므로 분별 깔때기나 스포이트를 이용한다.
용해도 차이를 이용한 분리	재결정: 불순물이 들어 있는 고체를 용매에 녹인 후, 다시 냉각시켜서 순수한 고체 결정을 얻는 방법 **예** 정제된 소금 얻기, 염화 나트륨과 붕산의 혼합물 분리
크로마토그래피에 의한 분리	• 크로마토그래피: 혼합물의 각 성분이 용매를 따라 이동하는 속도 차이를 이용하여 분리하는 방법이다. • 장점: 매우 적은 양의 혼합물도 분리할 수 있으며, 복잡한 혼합물도 한 번에 분리할 수 있다.

7 수권과 해수의 순환

● **해결 Point**

수권과 해수의 순환에서는 해수의 특성과 순환에 대한 부분의 중요도가 높다. 따라서 깊이에 따른 해수의 온도 변화 및 각 층의 이름, 염분의 개념, 우리나라 부근의 해류의 이름 및 방향 등을 정리해서 외워 두는 것이 좋다.

● **대표 문제 유형**

❖ A~D 중 바람에 의해 혼합되어 수온이 일정한 층은?
❖ 흐르는 방향이 나머지 셋과 다른 해류는?

(1) 수권

① 수권: 지구상에 분포하는 모든 물
② 수권의 분포: 해수(97.47 %, 가장 많은 양 차지) ≫ 빙하 > 지하수 > 하천수과 호수 등
③ 수권의 역할
　㉠ 기온 유지: 태양 에너지를 운반·저장한다.
　㉡ 생명 활동 유지: 생명체의 주요 성분이다.
　㉢ 지형 변화: 물이 순환하면서 지표를 변화시킨다.

㉣ 농작물 재배, 공업 제품 생산, 수송, 어업, 휴양 등에 이용된다.

(2) 자원으로서의 물

① 수자원: 다양한 분야에서 자원으로 이용할 수 있는 물
② 우리나라의 수자원의 특징
　㉠ 1인당 수자원량이 세계 평균보다 적어 물이 부족한 나라로 분류되어 있다.
　㉡ 농업용수로 가장 많이 이용하고 있으며, 유지용수(하천)와 생활용수로도 많이 사용한다.
③ 물 부족 문제 해결 방안: 물 절약, 지하수 개발, 해수 담수화 기술 개발 등

(3) 해수의 특성과 순환

① 해수의 온도
　㉠ 저위도(적도 지방): 태양 복사 에너지의 양이 많아 해수의 온도가 높다.
　㉡ 고위도: 태양 복사 에너지의 양이 적어 해수의 온도가 낮다.
② 깊이에 따른 해수의 온도: 깊이에 따른 수온 변화에 따라 세 개의 층으로 구분한다.

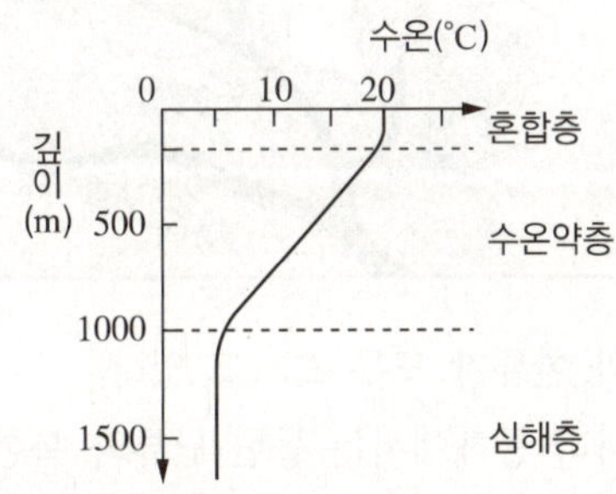

혼합층	해수 표면 부근의 수온 변화가 거의 없는 층
수온약층	수온이 급변하는 층으로, 하층부의 수온은 낮고 상층부의 수온은 높아 매우 안정하므로 혼합층과 심해층의 경계를 형성해 물질과 에너지 교환이 잘 이루어지지 않음
심해층	연중 수온이 4 ℃ 이하로 낮으며, 계절이나 위도에 영향을 받지 않는 층

③ 해수의 염분
　㉠ 염분: 바닷물 1 kg에 함유된 전체 염류의 양을 그램(g) 수로 나타낸다(단위: 퍼밀, ‰).
　㉡ 바닷물의 평균 염분은 35 ‰이며, 건조한 지방은 높고 강어귀나 강수량이 많은 지역은 낮다.

ⓒ 염류: 해수에 녹아 있는 여러 가지 물질(염화 나트륨 > 염화 마그네슘 > 황산 마그네슘 등)

ⓔ 염분비 일정 법칙: 바다의 염분은 지역에 따라 조금씩 다르지만, 녹아있는 염류 사이의 비율은 거의 일정하다.

(4) 해수의 운동

① **해류**: 일정한 방향으로 지속적으로 흐르는 해수의 흐름

난류	저위도에서 고위도로 흐르는 따뜻한 해류
한류	고위도에서 저위도로 흐르는 차가운 해류

② **해류의 발생 원인**: 표층 해류의 원인은 바람이며, 아래위 방향의 바닷물 이동은 염분과 수온의 변화에 의해 발생한다.

③ **해류의 영향**: 해류는 저위도 지방의 남는 에너지를 고위도 지방으로 이동해 주어 극지방과 적도 지방의 온도 차이를 줄여 주고, 난류가 흐르는 지역은 겨울철에도 다른 지역보다 따뜻하다.

④ **우리나라 부근의 해류**

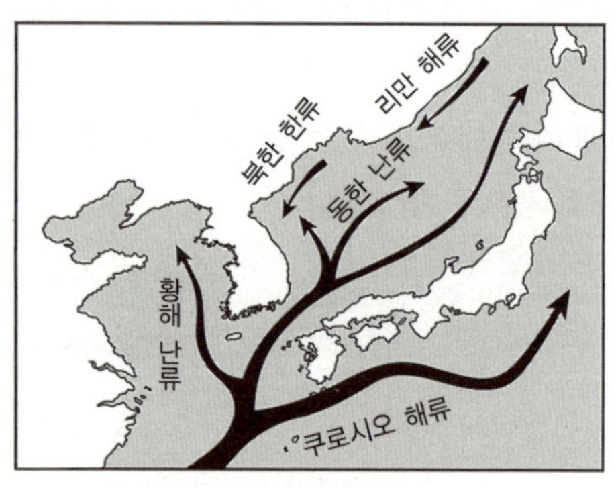

ⓐ 난류와 한류가 모두 흐르고 있다.

ⓑ 우리나라 동해에서는 동한 난류와 북한 한류가 만나 조경 수역(한류성 어종과 난류성 어종이 모인 좋은 어장)을 이룬다.

(5) 조석 현상

① **조석 현상**: 하루에 두 번씩 바닷물이 규칙적으로 밀려왔다(밀물) 밀려가는(썰물) 현상

ⓐ 만조(밀물): 바닷물이 해안으로 밀려 들어와서 해수면이 가장 높을 때

ⓑ 간조(썰물): 바닷물이 빠져나가 해수면이 가장 낮아졌을 때

ⓒ 조차: 만조와 간조 때 해수면의 높이 차이

② **조석의 이용**: 황해는 깊이가 얕아 밀물과 썰물에 의한 해수면의 높이 차가 매우 커 조력 발전에 유리하다.

8 열과 우리 생활

● **해결 Point**

열과 우리 생활에서는 전도, 대류, 복사와 같은 열의 이동 방법을 알아 두어야 하며, 열평형 및 열팽창에 대한 개념도 알아 두어야 한다. 그리고 비열을 계산하는 문제가 출제될 수 있으니 비열의 개념을 꼼꼼히 학습해 두어야 한다.

● **대표 문제 유형**

❖ 열의 전달 방식이 <u>아닌</u> 것은?
❖ 25 ℃의 물 1 kg에 열량 5 kcal를 가했을 때 물의 온도 변화량은?

(1) 온도와 열

① **온도**: 따뜻함과 차가움의 정도를 숫자로 나타낸 것
ⓐ 단위는 섭씨 온도(℃) 및 절대 온도(K) 사용
ⓑ 절대 온도(K) = 273 + 섭씨 온도(℃)

② **열**: 온도가 다른 두 물체의 접촉 시 온도가 높은 물체에서 낮은 물체로 이동하는 에너지

③ **열의 이동 방법**

전도	주로 고체에서 일어나며, 분자들의 충돌에 의해 열이 전달됨 예 차가운 겨울, 자전거의 금속 부분을 만지면 플라스틱 부분보다 더욱 차게 느껴진다.
대류	액체나 기체에서 분자들이 직접 순환하여 열을 전달 예 난로를 방 아래쪽에 두면 방 전체가 따뜻해진다.
복사	높은 온도의 물체에서 낮은 온도의 물체로 열이 빛의 형태로 이동 예 햇빛이 강할 때 양산을 쓰면 시원해진다.

(2) 열평형

① **물체의 접촉과 온도 변화**: 온도가 상이한 두 물체를 접촉시키면 온도가 높은 물체는 온도가 내려가고, 온도가 낮은 물체는 온도가 올라간다.

② **열의 이동**: 온도가 높은 물체에서 낮은 물체로 열이 이동한다.

③ **열평형**: 온도가 상이한 두 물체가 접촉하여 같은 온도가 된 이후 더 이상의 온도 변화가 없는 상태이다.

(3) 비열

① 비열: 단위 질량(1 kg)의 물질을 단위 온도(1 ℃)만큼 높이
는 데 필요한 열량

   ㉠ 비열의 단위: kcal/(kg · ℃)

   ㉡ 온도가 쉽게 변하지 않는 물질은 비열이 큰 물질, 온도
가 쉽게 변하는 물질은 비열이 작은 물질이다.

   ㉢ 물의 비열은 1 kcal/(kg · ℃)이다.

② 비열에 따른 온도 변화

   ㉠ 물은 식용유에 비해 비열이 커서 가열하기가 쉽지 않
고, 가열하면 잘 식지도 않는다.

   ㉡ 바닷물은 모래에 비해 비열이 커서 햇빛이 비쳐도 모
래에 비해 쉽게 온도가 올라가지 않는다.

(4) 열팽창

① 온도 상승과 열팽창: 물체의 온도가 높아지면 부피가 커지
게 되는데, 이를 열팽창이라고 한다.

② 일상생활에서의 열팽창

   ㉠ 찌그러진 탁구공을 뜨거운 물에 넣으면 일순간 펴지는
것처럼 물체에 열을 가하면 분자 또는 원자 운동이 활
발해져 팽창이 일어난다.

   ㉡ 뚜껑이 잘 열리지 않는 유리병을 뜨거운 물속에 넣었
다가 꺼내면 병뚜껑이 잘 열리는데 이것은 같은 고체
이지만 유리(병)와 금속(뚜껑)이 열팽창 정도가 다르
기 때문이다.

9 재해 · 재난과 안전

● **해결 Point**

재해 · 재난과 안전 단원은 문제 출제를 위한 단원이기보다 재해 ·
재난에 대해 다시 한 번 학습하고 대처 방안 등을 알리기 위한 단원
이므로 천천히 내용을 이해하고 숙지하도록 한다.

● **대표 문제 유형**

❖ 다음에서 설명하는 재해 · 재난으로 옳은 것은?

❖ 다음과 같은 재해 · 재난 발생 시 대처 방안으로 옳지 <u>않은</u> 것은?

(1) 재해 · 재난

① 자연 재해 · 재난: 자연적으로 발생하는 재해 · 재난

   예 태풍, 홍수, 강풍, 해일, 낙뢰, 지진, 화산 활동 등

② 인위 재해 · 재난: 인간의 부주의나 기술상의 문제 등으로
발생하는 재해 · 재난

   예 화재, 붕괴, 교통사고, 감염성 질병 확산 등

(2) 재해 · 재난 대처 방안

재해 · 재난	대처 방안
지진	건물을 지을 때 내진 설계를 하고, 지진 발생 시 건물 밖으로 나갈 때 계단을 이용한다. 건물 밖에서는 낙하물이 떨어질 수 있으므로 머리를 보호하고, 건물에서 멀리 떨어져 대피한다.
화산	외출을 자제하고 화산재에 노출되지 않도록 한다. 방진 마스크, 의약품 등을 미리 준비해 둔다.
감염병 질병 확산	예방을 위해 비누를 사용하여 흐르는 물에 손을 자주 씻고, 기침이나 재채기를 할 때는 휴지나 손수건 등으로 코와 입을 가리며, 마스크를 착용한다.

출제 예상 문제

01 다음 중 원소의 기호와 이름이 알맞게 연결되지 <u>않은</u> 것은?

① H – 수소   ② K – 염소
③ C – 탄소   ④ O – 산소

02 같은 불꽃색을 나타내는 물질로 짝지어진 것은?

① 염화 구리 – 염화 칼슘
② 질산 바륨 – 질산 칼륨
③ 질산 칼륨 – 염화 스트론튬
④ 염화 나트륨 – 질산 나트륨

03 원자에 대한 설명으로 옳지 <u>않은</u> 것은?

① 물질이 변해도 원자는 변하지 않는다.
② 더 이상 쪼개지지 않는 기본 입자이다.
③ 원자는 물질을 구성하는 단위 입자이다.
④ 원자는 원자핵과 분자로 이루어져 있다.

04 그림은 어떤 분자의 모형을 나타낸 것이다. 이 모형의 분자식으로 적당한 것은?

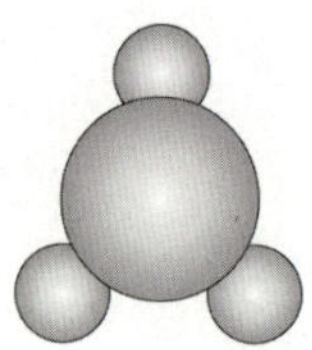

① H_2O ② CO_2
③ NH_3 ④ H_2SO_4

05 다음에 해당하는 분자식은?

- 분자 수: 3개
- 분자 구성 원소: 탄소, 산소
- 분자 하나를 구성하는 원자 수: 3개
- 탄소와 산소의 원자 수의 비율: 1 : 2

① CO ② CO_2
③ $2CO_2$ ④ $3CO_2$

06 다음 그림과 같은 모형으로 설명할 수 있는 이온식은?

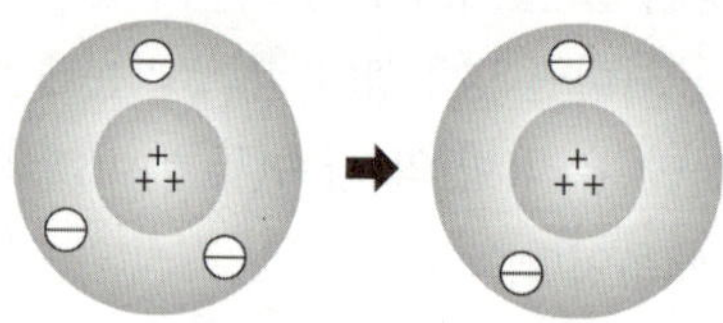

① $Cl + (-) \rightarrow Cl^-$
② $H^+ + (-) \rightarrow H$
③ $I \rightarrow I^- + (-)$
④ $Li \rightarrow Li^+ + (-)$

07 탄산 나트륨 수용액과 염화 칼슘 수용액을 섞을 때 생기는 앙금은 무엇인가?

① $AgCl$
② $CaSO_4$
③ $CaCO_3$
④ $BaSO_4$

08 앙금 생성 반응에 대한 설명 중 옳지 <u>않은</u> 것은?

① 앙금 생성 반응 후에는 질량이 증가한다.
② 물속에 녹아 있는 중금속을 검출할 때 사용할 수 있다.
③ 염화나트륨 수용액에 질산은을 넣으면 염화은이 생성된다.
④ 화학 반응의 결과로 용액에 녹지 않는 물질이 생겨난 것이다.

09 전류가 잘 흐르는 물질은?

① 구리   ② 고무
③ 나무   ④ 유리

10 다음 중 전기를 띤 물체 사이에 작용하는 힘은?

① 전기력
② 마찰력
③ 자기력
④ 탄성력

11 건조한 상태에서 플라스틱 빗으로 머리를 빗을 때, 머리카락이 빗에 달라붙는 원인이 되는 것은?

① 관성
② 부력
③ 풍력
④ 정전기

12 털가죽으로 문질러 (−)전기를 띤 에보나이트 막대를 검전기의 금속판에 가까이 가져갔을 때 나타나는 현상은?

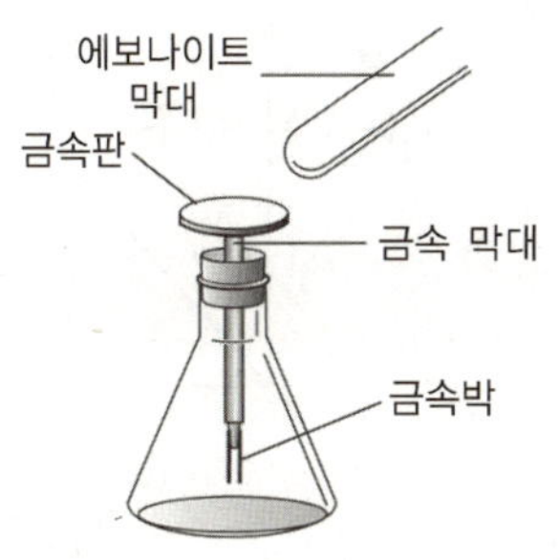

① 금속판이 밀린다.
② 금속박이 벌어진다.
③ 아무런 변화가 없다.
④ 금속박이 오므라든다.

13 다음 내용이 나타내는 것은?

> ○ 전하의 흐름을 뜻하며, 단위는 A(암페어)를 사용한다.
> ○ 전지의 (+)극에서 (−)극 쪽으로 흐른다.

① 전압   ② 전류
③ 전자   ④ 저항

14 전기 회로에 9 V의 전압을 걸었더니 0.9 A의 전류가 흘렀다. 이 니크롬선의 저항은?

① 4 Ω   ② 6 Ω
③ 8 Ω   ④ 10 Ω

15 그래프는 두 물체 (가)와 (나)에 흐르는 전류와 전압의 관계를 나타낸 것이다. 두 물체 (가)와 (나)의 저항의 비는?

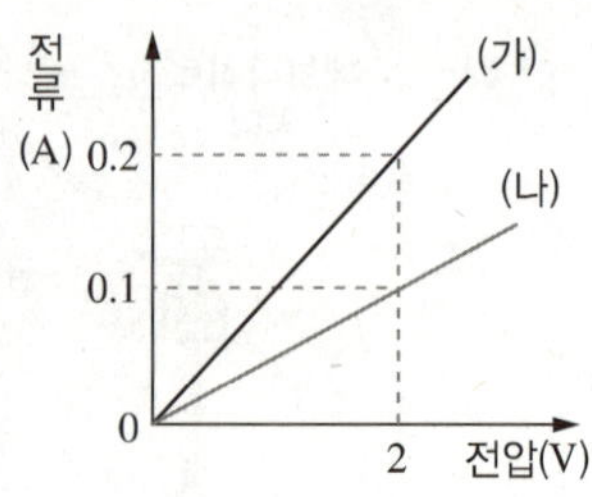

① 1 : 1
② 1 : 2
③ 2 : 1
④ 2 : 3

16 전동기가 사용되는 경우가 <u>아닌</u> 것은?

① 세탁기
② 냉장고
③ 진공 청소기
④ 전기 토스터

17 지구의 크기와 모양에 대한 설명으로 옳지 <u>않은</u> 것은?

① 반지름이 약 6,400 km이다.
② 적도반지름과 극반지름의 길이가 같다.
③ 우주 공간에서 찍은 지구의 사진을 보면 둥글다.
④ 에라토스테네스가 지구의 크기를 최초로 측정하였다.

18 태양계에 대한 설명으로 옳은 것은?

① 소행성도 태양계를 구성하는 천체이다.
② 금성은 수성보다 태양과 더 가까이에 있다.
③ 화성은 지구 안쪽에서 공전하는 내행성에 속한다.
④ 태양 둘레를 돌고 있는 천체들의 집단으로, 태양은 제외한다.

19 다음과 같은 특징을 가진 행성은?

> ○ 크기와 질량이 지구와 비슷하다.
> ○ 지구에서 새벽이나 초저녁에 잘 보인다.
> ○ 가장 밝게 보이는 내행성으로, 샛별이라고도 부른다.

① 수성
② 금성
③ 화성
④ 목성

20 지구보다 안쪽 궤도에서 돌고 있는 행성은?

① 수성
② 목성
③ 천왕성
④ 해왕성

21 지구형 행성이 목성형 행성보다 큰 값을 갖는 물리량은?

① 크기
② 질량
③ 위성 수
④ 평균 밀도

22 달이 보름달 모양으로 보이는 때를 가리키는 것은?

① 삭
② 망
③ 상현
④ 하현

23 달이 뜨는 시간이 매일 약 50분씩 늦어지는 이유는?

① 달이 자전하면서 공전하므로
② 지구가 자전하면서 공전하므로
③ 달이 공전하는 동안 지구도 태양 둘레를 공전하므로
④ 지구가 자전하는 동안 달도 같은 방향으로 공전하므로

24 태양의 특징 중 태양의 대기와 관련 있는 것만을 〈보기〉에서 모두 고른 것은?

> ───── 〈보기〉 ─────
> ㄱ. 쌀알무늬　　　　ㄴ. 채층
> ㄷ. 흑점　　　　　　ㄹ. 홍염

① ㄱ, ㄴ　　　　② ㄱ, ㄷ
③ ㄴ, ㄹ　　　　④ ㄷ, ㄹ

25 녹색식물이 빛을 이용하여 양분을 합성하는 과정은?

① 호흡　　　　　② 생식
③ 광합성　　　　④ 증산 작용

26 광합성에 영향을 주는 요인이 <u>아닌</u> 것은?

① 습도　　　　　　　② 빛의 세기
③ 온도　　　　　　　④ 이산화 탄소의 농도

27 그림은 녹색식물 잎 뒷면의 일부분이다. 기공에서 주로 일어나는 작용은?

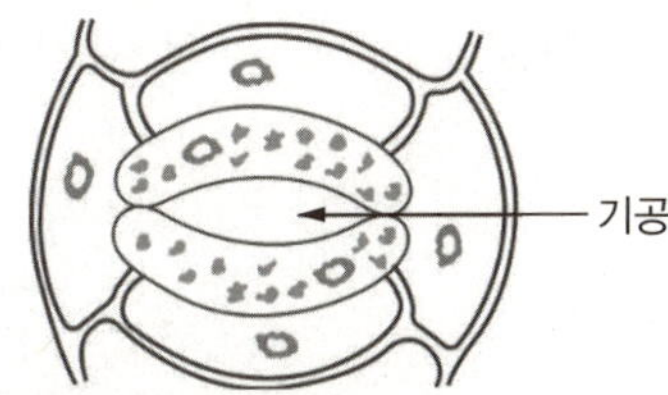

① 지지 작용　　　　② 증산 작용
③ 저장 작용　　　　④ 광합성 작용

28 호흡에 대한 설명으로 옳지 <u>않은</u> 것은?

① 이산화 탄소가 발생한다.
② 식물은 밤에만 호흡한다.
③ 동물과 식물 모두에서 일어난다.
④ 유기물을 분해하여 에너지를 만든다.

29 식물의 증산 작용이 잘 일어나는 조건은?

① 햇빛이 강할 때
② 온도가 낮을 때
③ 습도가 높을 때
④ 바람이 안 불 때

30 생물의 구성 단계 중 동물에만 해당하는 구성 단계는?

① 세포　　　　　② 개체
③ 기관계　　　　④ 조직계

31 에너지원으로 쓰이는 주된 영양소가 <u>아닌</u> 것은?

① 지방　　　　　② 단백질
③ 탄수화물　　　④ 무기염류

32 다음에서 설명하는 영양소는?

> ○ 아주 적은 양으로도 생리 기능을 조절한다.
> ○ 부족 시 결핍증이 발생한다.

① 탄수화물　　　② 단백질
③ 지방　　　　　④ 바이타민

33 다음 중 소화계에 속하는 기관이 <u>아닌</u> 것은?

① 입　　　　　　② 위
③ 폐　　　　　　④ 소장

34 다음의 설명에 해당되는 인체의 기관은?

> ○ 소화는 일어나지 않으며, 주로 물을 흡수한다.
> ○ 맹장, 결장, 직장의 3부분으로 구분된다.
> ○ 길이는 약 1.5 m이다.

① 위　　　　　　② 대장
③ 소장　　　　　④ 십이지장

35 탄수화물, 지방, 단백질의 소화가 일어나며, 대부분의 영양소가 흡수되는 곳은?

① 입　　　　　　② 위
③ 소장　　　　　④ 대장

36 그림에서 온몸의 조직 세포에 산소와 영양소를 공급하고, 이산화 탄소와 노폐물을 받아오기 위한 혈액 순환 경로는?

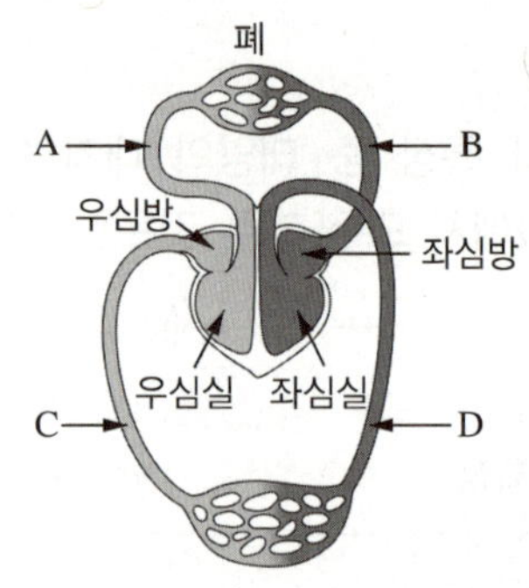

① 우심실 → A → 폐 → B → 좌심방
② 좌심방 → B → 폐 → A → 우심실
③ 우심방 → C → 온몸 → D → 좌심실
④ 좌심실 → D → 온몸 → C → 우심방

37 갈비뼈와 횡격막으로 둘러싸인 흉강 속에 들어 있으며, 수많은 폐포로 이루어진 호흡 기관은?

① 코　　　　　　② 폐
③ 기관　　　　　④ 기관지

38 호흡 운동에 대한 설명으로 옳은 것은?

① 날숨 때 갈비뼈와 횡격막은 모두 올라간다.
② 들숨 때 갈비뼈와 횡격막은 모두 내려간다.
③ 들숨 때 갈비뼈는 올라가고, 횡격막은 내려간다.
④ 날숨 때 갈비뼈는 내려가고, 횡격막은 움직이지 않는다.

39 세포가 영양소를 분해하는 과정에서 생성된 노폐물을 몸 밖으로 내보내는 작용은?

① 순환 ② 배설
③ 호흡 ④ 소화

40 노폐물의 배출에 대한 설명으로 옳지 <u>않은</u> 것은?

① 물은 오줌과 땀으로 배출된다.
② 요소는 오줌과 땀으로 배출된다.
③ 암모니아는 호흡 운동을 통해 폐에서 배출된다.
④ 이산화 탄소는 호흡 운동을 통해 폐에서 배출된다.

41 다음 중 순물질이 <u>아닌</u> 것은?

① 소금
② 우유
③ 다이아몬드
④ 이산화 탄소

42 혼합물에 대한 설명으로 잘못된 것은?

① 혼합물의 어는점은 순물질보다 낮다.
② 우유, 사이다, 소금물은 모두 혼합물이다.
③ 혼합물은 두 가지 이상의 물질이 섞여 있는 것이다.
④ 혼합물의 가열 곡선에서는 수평한 부분이 한 번 나타난다.

43 물질의 특성이 <u>아닌</u> 것은?

① 밀도 ② 크기
③ 끓는점 ④ 용해도

44 그림과 같은 장치를 이용하여 물과 식용유의 혼합물을 분리했다. 이러한 혼합물의 분리에 이용된 물질의 특성은?

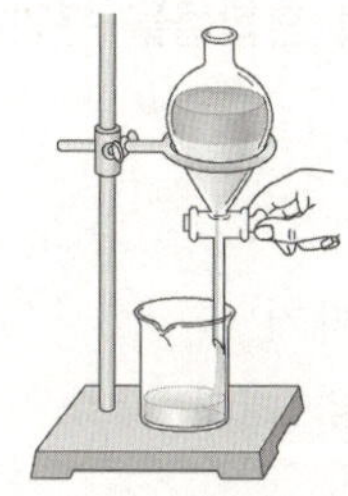

① 밀도 ② 끓는점
③ 용해도 ④ 녹는점

45 녹는점과 어는점에 대한 설명으로 옳지 <u>않은</u> 것은?

① 같은 물질의 녹는점과 어는점은 같다.
② 물질의 양에 관계없이 어는점은 일정하다.
③ 액체의 냉각 곡선에서 수평한 부분이 녹는점이다.
④ 녹는점에서는 융해, 어는점에서는 응고가 일어난다.

46 끓는점에 대한 설명으로 옳지 <u>않은</u> 것은?

① 물질의 특성이다.
② 물질의 종류에 따라 다르다.
③ 산 위로 올라갈수록 낮아진다.
④ 고체에서 액체 상태로 변화가 일어나는 온도이다.

47 정유 공장에서 원유를 분리할 때 이용되는 물질의 특성은?

① 밀도 ② 녹는점
③ 끓는점 ④ 용해도

48 혼합물의 각 성분이 용매에 따라 이동하는 속도 차이를 이용하여 혼합물을 분리하는 방법은?

① 증류
② 재결정
③ 분별 깔때기
④ 크로마토그래피

49 다음 혼합물들을 분리할 때 이용하는 물질의 특성이 <u>잘못</u> 짝지어진 것은?

① 사금과 모래 – 밀도
② 물과 에탄올 – 끓는점
③ 붕산과 염화 나트륨 – 녹는점
④ 사인펜 잉크의 색소 – 용매를 따라 이동하는 속도

50 수영장보다 바닷물에서 몸이 잘 뜨는 이유는?

① 바닷물은 수영장보다 사람의 수가 많기 때문에
② 바닷물의 질량이 수영장 물의 질량보다 작기 때문에
③ 바닷물의 부피가 수영장 물의 부피보다 크기 때문에
④ 바닷물의 밀도가 수영장 물의 밀도보다 크기 때문에

51 다음 중 수권에 해당하지 <u>않는</u> 것은?

① 빙하 ② 해수
③ 지하수 ④ 대기 중의 수증기

52 수권에서 물의 양이 많은 것 순으로 나열한 것은?

① 해수 > 빙하 > 지하수 > 하천수
② 해수 > 빙하 > 하천수 > 지하수
③ 하천수 > 빙하 > 지하수 > 해수
④ 하천수 > 빙하 > 해수 > 지하수

53 그림은 어느 바다의 깊이에 따른 수온 분포를 나타낸 것이다. A~D 중 설명에 해당하는 층은?

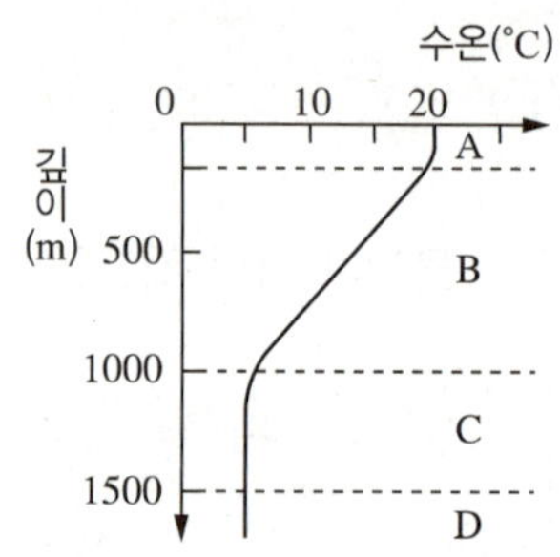

○ 혼합층이다.
○ 해수면이 바람에 의해 혼합되어 수온이 일정한 층이다.

① A ② B
③ C ④ D

54 어느 지역의 염전에서 바닷물 2 kg을 증발시켜 70 g의 염류를 얻었다고 할 때 염분은?

① 35 ‰ ② 36 ‰
③ 37 ‰ ④ 38 ‰

55 다음 중 염분이 가장 높은 지역은?

① 햇빛이 강하고 건조한 지역의 바다
② 비가 많이 내리는 적도 지방의 바다
③ 강수량이 증발량보다 많은 지역의 바다
④ 강물이 흘러 들어오는 육지와 가까운 바다

56 다음 중 흐르는 방향이 나머지 셋과 다른 해류는?

① 북한 한류
② 동한 난류
③ 황해 난류
④ 쿠로시오 해류

57 다음 중 동한 난류와 함께 조경 수역의 형성에 큰 영향을 주는 해류는?

① 리만 해류
② 북한 한류
③ 황해 난류
④ 쿠로시오 해류

58 다음 중 괄호 안에 들어갈 말로 알맞은 것은?

> 온도가 상이한 두 물체를 접촉시키면 온도가 높은 물체에서 온도가 낮은 물체로 열이 이동한다. 이후 어느 정도의 시간이 지나면 두 물체의 온도는 같아지는데, 이러한 상태를 (　　)(이)라고 한다.

① 열팽창
② 열 방출
③ 열에너지
④ 열평형

59 20 ℃인 물과 70 ℃의 물을 섞었을 때 열평형을 이룰 수 있는 온도가 아닌 것은?(단, 외부로의 열손실은 없다고 가정한다)

① 25 ℃
② 36 ℃
③ 58 ℃
④ 74 ℃

60 열의 전달 방식이 아닌 것은?

① 전도
② 전류
③ 복사
④ 대류

61 열의 전달 방식 중 복사에 대한 예로 적당한 것은?

① 컵에 뜨거운 물을 부었더니 컵이 뜨거워졌다.
② 방에 난로를 피우면 서서히 방 전체가 따뜻해진다.
③ 음지에 있는 눈은 날씨가 따뜻해져도 잘 녹지 않는다.
④ 뜨거운 찌개에 쇠숟가락을 담갔더니 숟가락이 뜨거워졌다.

62 다음 중 열팽창과 관련된 현상이 아닌 것은?

① 바이메탈은 온도가 높아지면 한쪽으로 휜다.
② 겨울철보다 여름철에 에펠탑의 높이가 더 높아진다.
③ 철로는 일정한 거리마다 이음새가 어느 정도 떨어져 있다.
④ 실내에서 난방 장치는 아래쪽에, 냉방 장치는 위쪽에 설치한다.

1 화학 반응의 규칙과 에너지 변화

● 해결 Point

이 단원에서는 화학 반응에서 나타나는 여러 법칙들을 잘 이해해 두어야 한다. 또한, 주요 화학 반응식에서의 질량비 및 부피비 등을 반드시 외워 두고 문제에 화학 반응식이 나왔을 때 바로 적용하여 빠르게 문제를 풀 수 있도록 한다.

● 대표 문제 유형

❖ 반응하는 수소 기체와 질소 기체의 부피비는?
❖ 다음 반응에서 생성된 산화 마그네슘의 질량은?

(1) 물질 변화

① 물리 변화와 화학 변화

물리 변화	모양이나 상태만이 변하는 현상 예 컵이 깨진다, 아이스크림이 녹는다 등
화학 변화	성질이 전혀 다른 새 물질로 변하는 현상 예 철이 녹슨다, 양초가 빛과 열을 내며 탄다 등

② 화학 반응과 화학 반응식

화학 반응	화학 변화가 일어나는 과정 예 물 생성 반응: 수소와 산소가 반응하면 새로운 물질인 물이 생성된다. 수소(반응물)　산소(반응물)　　물(생성물)
화학 반응식	화학식을 이용하여 화학 반응을 나타낸 식 예 $2H_2 + O_2 \rightarrow 2H_2O$ $CH_4 + 2O_2 \rightarrow CO_2 + 2H_2O$

(2) 질량 보존 법칙

① 질량 보존 법칙: 화학 반응이 일어날 때 반응물의 전체 질량은 생성물의 전체 질량과 같다.

② 질량 보존 법칙 성립 까닭: 화학 반응이 일어날 때 물질을 이루는 원자는 배열만 달라질 뿐 새롭게 생기거나 없어지지 않기 때문이다.

③ 질량 보존 법칙 적용: 물리 변화와 화학 변화에 모두 적용된다.

앙금 생성 반응에서의 질량 변화	예 염화 나트륨 수용액과 질산 은 수용액을 혼합하면 흰색 앙금인 염화 은이 생성된다. → 앙금이 생성되어도 반응 전후에 물질의 전체 질량은 같다.
기체 발생 반응에서의 질량 변화	예 탄산 칼슘과 묽은 염산이 반응하면 이산화 탄소 기체가 발생한다. → 반응 전 질량(탄산 칼슘＋묽은 염산)과 반응 후 질량(염화 칼슘＋물＋이산화 탄소)은 같다.
연소 반응에서의 질량 변화	예 강철 솜의 연소 반응 → 반응 전보다 질량이 증가한 것으로 측정되지만, 결합한 기체의 질량을 고려하면 반응 전후에 물질의 전체 질량은 같다.

(3) 일정 성분비 법칙

① 일정 성분비 법칙: 화합물을 구성하는 성분 원소 사이에는 일정한 질량비가 성립한다.

② 일정 성분비 법칙 성립 까닭: 물질을 구성하는 원자가 항상 일정한 개수비로 결합하여 화합물을 생성하기 때문이다.

③ 화합물을 이루는 성분 원소의 질량비

산화 구리(II) 생성 반응에서의 질량비
구리 ＋ 산소 → 산화 구리(II) 질량비 →　4　：　1　：　　5

산화 마그네슘 생성 반응에서의 질량비
마그네슘 ＋ 산소 → 산화 마그네슘 질량비 →　3　：　2　：　　5

물의 합성 반응에서의 질량비
수소 ＋ 산소 → 물 질량비 →　1　：　8　：　9

※ 물 합성 실험에서의 질량 관계: 수소와 산소는 항상 1：8의 질량비로 반응하여 물을 생성하므로 과량의 수소 또는 산소는 반응하지 않고 남는다.

(4) 기체 반응 법칙

① **기체 반응 법칙**: 두 종류 이상의 기체가 반응할 때 반응하는 기체와 생성되는 기체의 부피 사이에 간단한 정수비가 성립된다.

> 예 수소와 산소가 반응하여 수증기가 생성될 때 부피비는 '수소 : 산소 : 수증기 = 2 : 1 : 2'로 일정하다. → 기체 사이의 부피비는 화학 반응식에서 계수비와 같다.

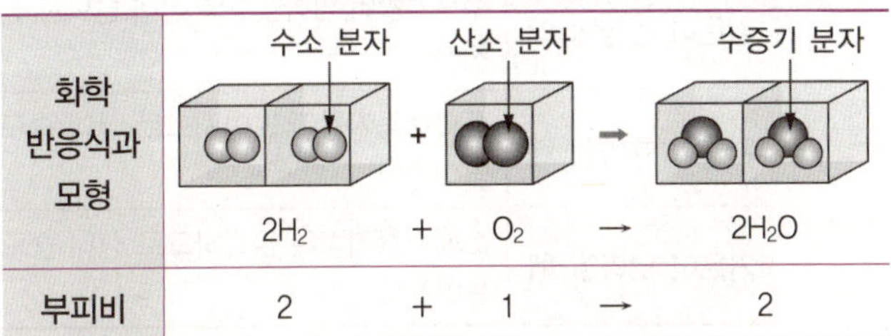

화학 반응식과 모형	수소 분자	산소 분자	수증기 분자
	$2H_2$ + O_2 → $2H_2O$		
부피비	2 + 1 → 2		

② **아보가드로 법칙**: 같은 온도와 압력에서, 모든 기체는 같은 부피 속에 같은 수의 분자가 들어 있다.

> ※ 기체는 분자 수에 비례하여 부피를 차지하므로, 기체의 부피와 그 부피 속에 포함된 기체 분자의 수는 비례한다.

(5) 화학 반응에서의 에너지 출입

① **화학 반응이 일어날 때 에너지 변화**: 에너지를 방출하거나 흡수한다.

② **발열 반응과 흡열 반응**

발열 반응	에너지를 방출하는 반응으로, 주변의 온도가 높아진다. 예 연소 반응, 산과 염기의 반응, 산화 칼슘과 물의 반응 등
흡열 반응	에너지를 흡수하는 반응으로, 주변의 온도가 낮아진다. 예 수산화 바륨과 염화 암모늄의 반응, 소금과 물의 반응, 광합성 등

2 기권과 날씨

● **해결 Point**

기권과 날씨에서는 그림이나 그래프 같은 관련 자료를 해석하는 문제가 자주 출제된다. 따라서 각 내용에서 나오는 그림 및 자료를 꼼꼼히 살펴보며 학습해 둘 필요가 있다.

● **대표 문제 유형**

❖ A~D에서 층운형 구름이 하늘을 덮고 있는 지역은?
❖ A~D 중 이슬점이 가장 낮은 지점은?

(1) 기권

① **기권**: 지표면을 둘러싸고 있는 공기의 층(지표로부터 약 1,000 km까지)

> ※ 기권의 성분: 질소・산소가 거의 대부분이고, 대기권은 높이 올라갈수록 지구의 중력이 약하므로 공기가 점차 희박해진다.

② **기권의 층상 구조**: 높이에 따른 온도 변화를 기준으로 구분

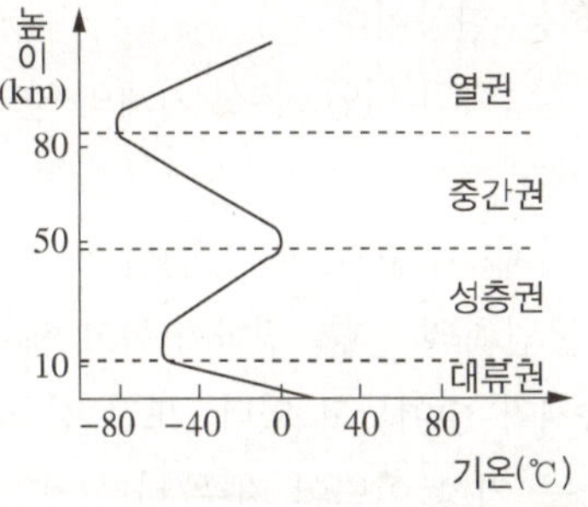

대류권 (지표면~ 약 10 km)	대기권에 분포하는 공기의 약 75 %가 존재하며, 높이 올라갈수록 지표에서 방출되는 지구 복사 에너지가 적어 기온이 내려가고, 대류 현상과 구름・비・눈 등의 기상 현상이 일어남
성층권 (약 10~50 km)	오존층(높이 20~30 km 부근)이 자외선을 흡수하므로 올라갈수록 기온이 높아지며, 찬 공기가 따뜻한 공기보다 아래에 있고 공기의 상하 이동이 어려워 대류 현상이 일어나지 않으므로 대기층이 안정적이라 비행기 항로로 이용
중간권 (약 50~80 km)	올라갈수록 성층권의 방출 에너지를 적게 받아 기온이 낮아지며, 중간권의 상부는 약 -90 ℃로 대기권 중에서 온도가 가장 낮음. 대류 현상이 일어나지만 수증기가 거의 없어 기상 현상은 안 일어남
열권 (약 80 km 이상)	태양 복사 에너지에 의해 올라갈수록 기온도 높아지며, 공기가 희박해 낮과 밤의 기온 차가 극심하고, 극지방에서는 오로라가 나타남

(2) 복사 에너지와 지구 온난화

① **복사 에너지**: 물체의 표면에서 복사에 의해 방출되는 열에너지

② **지구의 복사 평형**

  ㉠ 지구에 도달하는 태양 복사 에너지(100 %)의 30 %는 대기와 지표면에 의해 우주 공간으로 반사되고 70 %(대기 20 % + 지표면 50 %)는 흡수된다.

  ㉡ 지구는 태양 복사 에너지를 흡수한 양만큼 복사 에너지를 방출하며, 지구 전체로 보면 복사 평형을 이루어 지구의 온도가 일정하게 유지된다.

③ **온실 효과**

  ㉠ 지구에서 우주로 방출되는 복사 에너지의 일부가 대기 중의 이산화 탄소 등 온실 기체에 의해 흡수된 후 지표면으로 재방출되어 지구를 보온하는 현상이다.

  ㉡ 지구에 대기가 없다면 낮은 온도(약 −18 ℃)에서 복사 평형을 이룰 것이다(현재 약 15 ℃).

④ **지구 온난화**: 온실 효과의 증가로 지구의 평균 기온이 점차 상승하는 현상이다.

  ㉠ 지구 온난화의 원인: 온실 기체의 양이 점점 많아지기 때문이다.

  ㉡ 온실 기체: 수증기, 이산화 탄소, 메테인 등

  ㉢ 지구 온난화의 영향: 빙하가 녹고 해수면 상승으로 인해 육지가 줄어들고 있다. 또한 전 세계적으로 폭염, 홍수 등 기상 이변이 자주 나타난다.

(3) 대기 중의 수증기

① **포화 상태**: 어떤 공기가 수증기를 최대로 포함하고 있는 상태

② **포화 수증기량**: 포화 상태의 공기 1 kg에 함유된 수증기의 양을 g으로 나타낸 것

  ※ 포화 수증기량은 온도가 높을수록 증가하고 온도가 낮을수록 감소하며, 포화 상태에 이르면 증발이 더 이상 일어나지 않는다.

③ **이슬점과 응결량**

  ㉠ 이슬점: 수증기가 응결하기 시작할 때의 온도

  ㉡ 이슬점은 공기 중에 수증기량이 많을수록 높아진다.

  ㉢ 응결량: 현재 수증기량 − 냉각된 온도에서의 포화수증기량

④ **상대 습도**: 공기의 습한 정도를 백분율로 나타낸 것

$$상대\ 습도(\%) = \frac{현재\ 공기의\ 실제\ 수증기량(g/kg)}{현재\ 공기의\ 포화\ 수증기량(g/kg)} \times 100$$

⑤ **상대 습도의 변화**

  ㉠ 기온과 상대 습도

기온이 일정할 때	수증기량이 많아질수록 상대 습도는 높아진다.
기온이 높아질 때	포화수증기량이 많아지므로 상대 습도는 낮아진다.
기온이 낮아질 때	포화수증기량이 감소하므로 상대 습도는 높아진다.

  ㉡ 맑은날 기온, 습도, 이슬점 변화

낮	기온이 높고 습도가 낮다.
밤	기온이 낮고 습도가 높다.

  ※ 이슬점은 공기 중 수증기량이 거의 일정하기 때문에 크게 변하지 않는다.

(4) 구름과 강수

① **구름**: 물방울이나 얼음 알갱이가 하늘에 떠 있는 것

② **구름의 생성 과정**

공기의 상승 → 공기의 단열 팽창 → 기온 하강 → 이슬점 도달 → 수증기의 응결 → 구름 생성

  ㉠ 공기가 상승하는 경우: 저기압 중심으로 공기가 모여들 때, 공기가 산의 경사면을 타고 올라갈 때, 지표면이 서로 다르게 가열될 때, 따뜻한 공기와 찬 공기가 만날 때

  ㉡ 단열 팽창: 외부로부터의 열 출입 없이 공기 덩어리의 부피가 팽창하면서 내부의 기온이 낮아지는 것

③ **구름의 종류**: 높이에 따라 상층운·중층운·하층운으로, 모양에 따라 상승 운동이 강해 솟아오른 적운형과 상승 운동이 약해 옆으로 퍼진 층운형으로 분류한다.

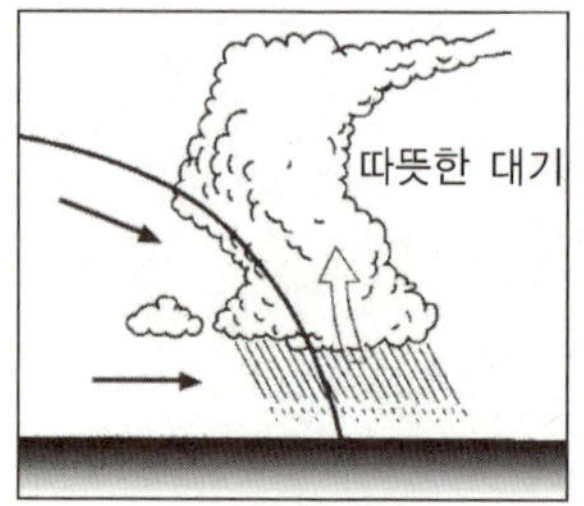

[적운형 구름]

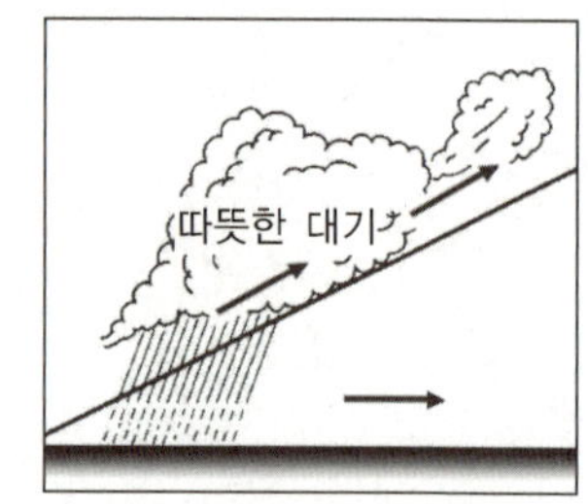

[층운형 구름]

④ 강수: 구름에서 비나 눈 등이 만들어져 지표로 떨어지는 현상

⑤ 강수이론

구분	병합설	빙정설
지역	열대 지방	중위도, 고위도 지방
구성	수증기, 물방울	수증기, 물방울, 얼음 알갱이
원리	작은 물방울들이 부딪치고 뭉쳐져서 커지면 빗방울이 되어 지표로 떨어진다.	물방울에서 증발한 수증기가 얼음 알갱이에 달라붙어 무거워지면 떨어져 눈이 되고, 떨어지면서 따뜻한 공기를 만나 녹으면 비가 된다.

(5) 기압과 바람

① 기압: 단위 면적을 수직으로 누르는 공기의 힘

② 기압의 측정: 이탈리아의 토리첼리가 수은을 이용해 최초로 측정함

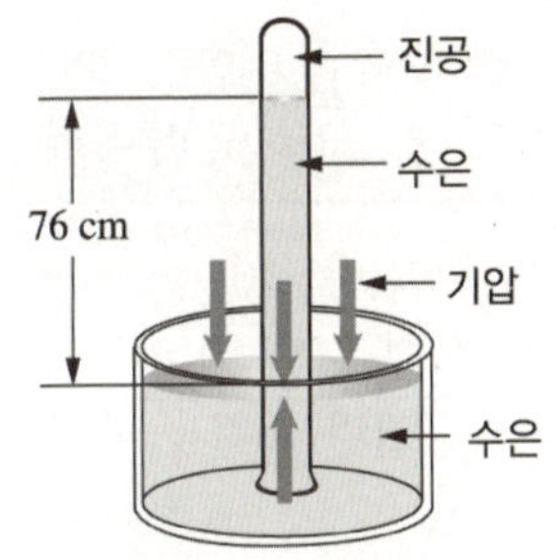

[토리첼리의 기압 측정]

ⓐ 76 cm 수은 기둥의 압력 = 수은 면에 작용하는 공기의 압력

ⓑ 1기압 = 76 cm 수은 기둥의 압력

= 1,013 hPa(헥토파스칼)

= 10.3 m 물기둥의 압력

= 평균 해수면에 작용하는 공기 기둥의 압력

ⓒ 기압의 변화: 기압은 측정 장소·시간·높이에 따라 달라진다.

③ 바람: 기압이 높은 곳에서 낮은 곳으로 공기가 이동하는 것

ⓐ 바람의 생성 원인: 두 지점 사이에서 생기는 기압 차이 때문이다.

ⓑ 지표면이 가열된 지역은 공기가 상승하면서 지표면의 기압이 낮아진다.

ⓒ 지표면이 냉각된 지역은 공기가 하강하면서 지표면의 기압이 높아진다.

④ 해륙풍과 계절풍

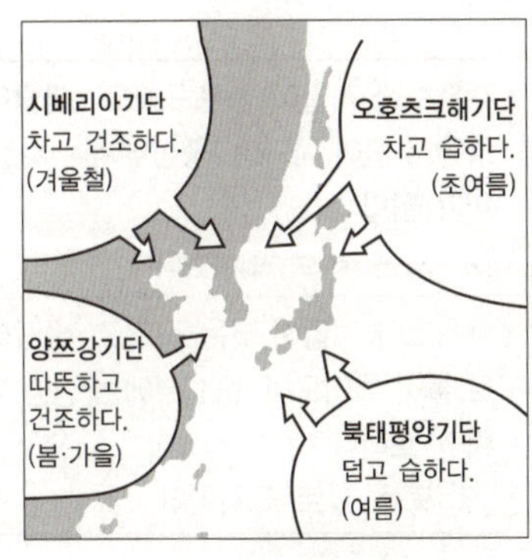

해륙풍	
해풍	육풍
낮에 육지가 빨리 가열되어 바다에서 육지로 부는 바람	밤에 육지가 빨리 냉각되어 육지에서 바다로 부는 바람
계절풍	
여름	겨울
대륙이 해양보다 더 뜨거워져 해양에서 대륙으로 남동 계절풍이 분다.	대륙 위에 찬 공기가 쌓여 대륙에서 해양으로 북서 계절풍이 분다.

(6) 기단과 전선

① 기단: 기온과 습도 등의 성질이 비슷한 커다란 공기 덩어리

② 우리나라 날씨에 영향을 주는 기단

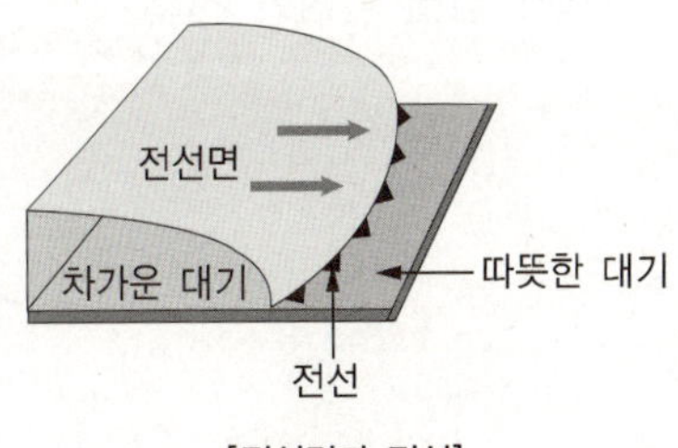

[우리나라 주변의 기단]

③ 전선

ⓐ 전선면: 성질이 다른 두 기단이 만나는 경계면

ⓑ 전선: 전선면과 지표가 만나는 경계선

[전선면과 전선]

ⓒ 전선의 종류

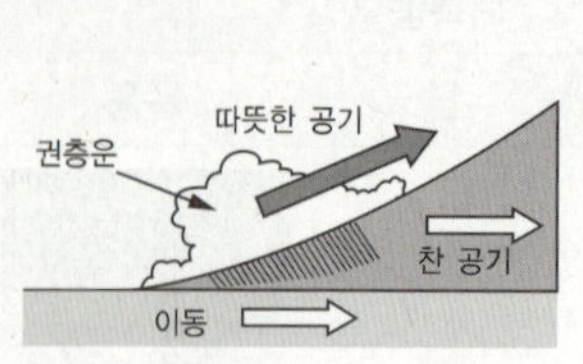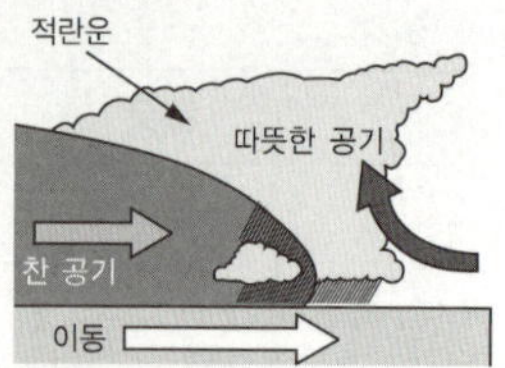

온난 전선	더운 공기가 찬 공기를 타고 올라가는 전선으로서, 전선면 기울기가 완만하며 층운형 구름이 생성된다. 넓은 지역에 지속적인 비를 내리게 하며 이동 속도가 느리다. 전선 통과 후에는 기온이 높아진다.
한랭 전선	찬 공기가 더운 공기 밑으로 파고들면서 더운 공기를 밀어 올리는 전선으로서 전선면 기울기가 급하며 적운형 구름이 생성된다. 좁은 지역에 소나기성 비가 내리며, 이동 속도가 빠르다. 전선 통과 후에는 기온이 낮아진다.
정체 전선	두 전선의 세력이 비슷해 움직이지 않는 전선(장마 전선)이다.
폐색 전선	한랭 전선과 온난 전선이 합쳐진 전선으로서, 대체로 오랫동안 비가 내리고, 기온이 하강한다.

(7) 기압과 날씨 변화

① 고기압과 저기압

고기압	• 주위보다 기압이 높은 곳으로, 바람이 시계 방향으로 돌면서 불어 나가며, 중심부에는 하강 기류가 있어 날씨가 맑다. • '고' 또는 'H'로 표시한다.
저기압	• 주위보다 기압이 낮은 곳으로, 바람이 반시계 방향으로 불어 들어오며, 중심부에는 상승 기류가 있어서 날씨가 흐리다. • '저' 또는 'L'로 표시한다.

② 온대 저기압: 중위도 지방에 자주 발생하는 저기압으로, 중심에서 남서쪽에는 한랭 전선, 남동쪽에는 온난 전선이 형성된다.

③ 일기도: 여러 지역의 동일 시각 대기 상태를 수집하여 한눈에 알아보기 쉽게 작성한 지도

3 운동과 에너지

● 해결 Point

운동과 에너지에서는 그래프를 분석하거나 공식을 적용하여 계산하는 문제가 자주 출제된다. 따라서 여러 운동에 따른 그래프의 형태를 잘 기억해 두어야 하며, 그래프가 의미하는 것이 무엇인지 잘 파악해 두어야 한다. 또한, 일의 양이나 위치 에너지 및 운동 에너지를 계산하는 문제를 많이 연습해 두고 계산에서 실수하지 않도록 한다.

● 대표 문제 유형

❖ 이 물체가 0~5초 동안 이동한 거리는?
❖ 이 사람이 물체에 한 일의 양은?

(1) 속력

① 속력: 단위 시간 동안 이동한 거리

$$\text{속력} = \frac{\text{이동 거리}}{\text{시간}}$$

㉠ 단위: m/s, km/h

㉡ $\text{평균속력} = \dfrac{\text{전체 이동 거리}}{\text{걸린 시간}}$

② 운동의 기록
㉠ 시간 기록계: 일정한 시간 간격으로 종이에 타점을 찍도록 만들어진 속력 측정 장치
㉡ 운동의 기록: 타점 간격이 점점 넓어지면 속력이 빨라지는 운동, 타점 간격이 점점 좁아지면 속력이 느려지는 운동, 타점 간격이 일정하면 속력이 일정한 운동이다.

(2) 등속 운동과 자유 낙하 운동

① 등속 운동: 운동하는 물체의 속력이 일정한 운동
※ 시간에 따라 이동 거리가 일정하게 증가한다.

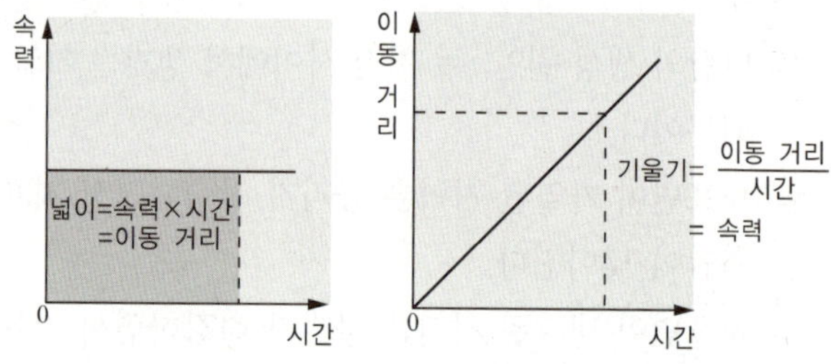

② 자유 낙하 운동: 정지해 있던 물체가 중력만을 받아 아래로 떨어지는 운동
  ⊙ 물체의 종류에 관계없이 속력이 매초 9.8 m/s씩 일정하게 증가한다.
  ⊙ 일정한 시간 동안 이동한 거리가 점점 늘어난다.

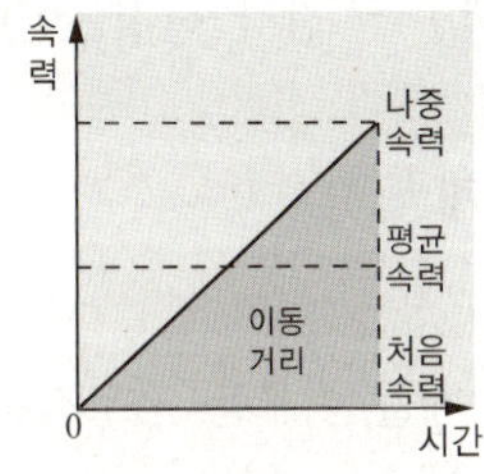

(3) 일과 에너지

① 과학에서의 일: 물체에 힘을 작용하여 물체가 힘의 방향으로 이동한 경우 물체에 일을 한 것이다.

② 일의 양

> 일(W) = 힘(F) × 힘의 방향으로 이동한 거리(s)

※ 일의 단위: J(줄)을 사용한다.

③ 에너지: 일을 할 수 있는 능력으로, 단위는 일의 단위와 같은 J(줄)을 쓴다.
  ※ 일과 에너지의 관계: 물체에 일을 해 주면 물체의 에너지는 증가하고, 에너지를 가진 물체가 일을 하면 물체의 에너지는 감소한다.

④ 위치 에너지와 운동 에너지

위치 에너지	• 중력이 있는 곳에서 기준면보다 높은 곳에 놓여 있는 물체가 가지는 에너지 • 위치 에너지는 물체의 질량, 높이에 각각 비례한다. 위치 에너지 = 9.8 × 질량 × 높이, $E_p = 9.8\,mh$ (J) • 같은 장소에 있는 물체라도 기준면에 따라 중력에 의한 위치 에너지의 크기가 달라진다. • 물체를 들어 올리는 일을 하면 이 일은 물체가 가지는 위치 에너지로 저장되며, 이 물체가 다시 낙하하면서 일을 할 수 있다.
운동 에너지	• 운동하는 물체가 지니는 에너지 • 운동 에너지는 물체의 질량과 속력의 제곱에 각각 비례한다. 운동 에너지 = $\frac{1}{2}$ × 질량 × (속력)^2, $E_k = \frac{1}{2}mv^2$ (J) • 물체가 자유 낙하 운동을 할 때 중력이 한 일의 양만큼 운동 에너지가 증가한다.

4 자극과 반응

● 해결 Point

자극과 반응에서는 감각 기관의 각 구조 및 기능을 묻는 문제가 자주 출제된다. 따라서 각 감각 기관의 그림과 부위별 이름 및 기능을 잘 익혀 두어야 한다. 또한, 뇌의 구조와 기능, 호르몬 분비샘의 이름 및 기능을 묻는 문제도 종종 출제되므로 그림과 함께 꼼꼼히 학습해 두는 것이 좋다.

● 대표 문제 유형

❖ 심장 박동과 호흡 운동을 조절하는 중추는?
❖ 인슐린을 분비하는 인체 기관은?

(1) 감각 기관

① 눈 – 시각
  ⊙ 눈의 구조와 기능

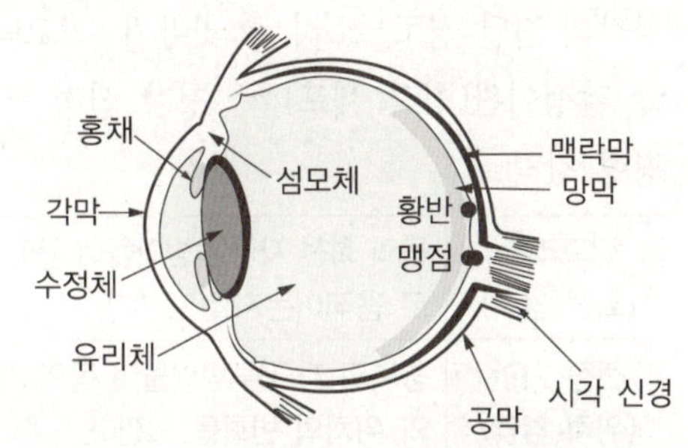

각막	눈의 가장 앞에 있는 투명한 막
홍채	눈으로 들어오는 빛의 양 조절
수정체	빛을 굴절시켜 상이 망막에 맺히도록 함
망막	시각 세포가 분포하여 상이 맺히는 부분
황반	망막 중 시각 세포가 특히 밀집되어 있는 부분
맹점	시각 신경이 지나가는 부위로, 시각 세포가 없는 부분
맥락막	멜라닌 색소를 함유한 검은 막
유리체	눈 속을 채우는 투명한 물질
시각 신경	시각 세포의 흥분을 대뇌로 전달

  ⊙ 시각의 전달 경로: 빛 → 각막 → 수정체 → 유리체 → 망막 → 시각 신경 → 대뇌
  ⊙ 눈의 조절 작용

밝기에 따른 눈의 변화(명암 조절)	• 밝을 때: 홍채 이완 → 동공 축소됨 • 어두울 때: 홍채 수축 → 동공 확대됨
거리에 따른 눈의 변화(원근 조절)	• 먼 곳 볼 때: 수정체가 얇아짐 • 가까운 곳 볼 때: 수정체가 두꺼워짐

② 귀 - 청각

　㉠ 귀의 구조와 기능

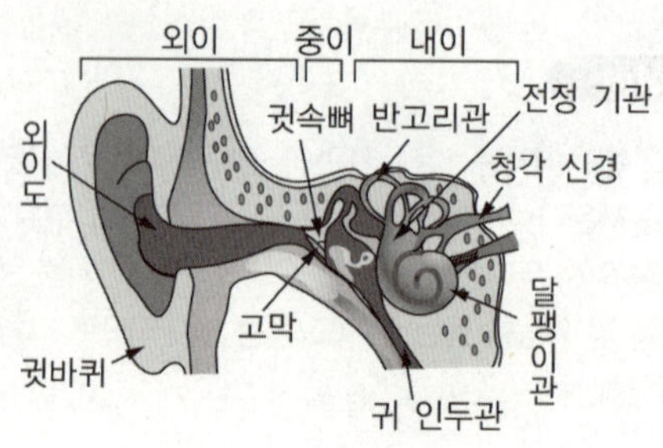

귓바퀴	소리를 모아 귀로 들어가게 함
고막	소리에 의해 진동되는 막
귓속뼈	고막의 진동을 증폭하여 달팽이관으로 전달
귀인두관	중이의 압력을 조절하여 고막을 보호
달팽이관	소리를 감지하고 청각 신경으로 전달
전정 기관	몸의 위치와 자세를 감지
반고리관	몸의 회전을 감지

　㉡ 청각의 전달 경로: 소리 → 귓바퀴 → 고막 → 귓속뼈 → 달팽이관(청각 세포) → 청각 신경 → 대뇌

　㉢ 평형 감각

반고리관 (회전 감각)	몸의 회전 자극을 받아들여 몸이 어느 방향으로 움직이는지를 느낀다.
전정 기관 (위치 감각)	중력의 자극을 받아들여 몸의 기울어진 정도와 위치의 변화를 느낀다.

③ 코 - 후각

　㉠ 후각: 기체 상태의 화학 물질이 자극이 되어 냄새를 느끼는 감각

　㉡ 후각 상피와 후각 세포: 콧속 천장의 후각 상피에 후각 세포가 분포한다.

　㉢ 후각의 전달 경로: 기체 상태의 화학 물질 → 후각 상피(후각 세포) → 후각 신경 → 대뇌

　㉣ 후각의 특징: 후각 세포는 쉽게 피로해지기 때문에 같은 냄새를 계속 맡으면 그 냄새를 잘 맡지 못한다.

④ 혀 - 미각

　㉠ 미각: 액체 상태의 화학 물질이 자극이 되어 맛을 느끼는 감각

　㉡ 맛세포: 혀의 표면의 작은 돌기(유두)의 옆 부분에 맛봉오리(유두 양쪽에 분포되어 있는 미각 수용기)가 존재하며, 맛봉오리 안에 맛세포(화학 물질에 대한 자극을 대뇌로 전달)가 존재한다.

　㉢ 미각의 전달 경로: 액체 상태의 화학 물질 → 유두 → 맛봉오리 → 맛세포 → 미각 신경 → 대뇌

　㉣ 기본 맛: 단맛, 짠맛, 쓴맛, 신맛, 감칠맛

⑤ 피부 - 피부 감각

　㉠ 피부 감각점의 종류: 통점(아픔), 촉점(접촉), 압점(압력), 온점(따뜻함), 냉점(차가움)

　㉡ 피부 감각의 전달 경로: 물리적 자극이나 온도 변화 → 피부(감각점) → 감각 신경 → 대뇌

(2) 뉴런과 신경계

① 뉴런

　㉠ 뉴런: 신경계를 이루는 구조적·기능적 기본 단위

　㉡ 뉴런의 종류

감각 뉴런	감각 신경을 이루는 뉴런으로, 감각 기관에서 받은 자극을 중추 신경으로 전달
연합 뉴런	뇌와 척수를 이루는 뉴런으로, 운동 뉴런에게 명령을 내림
운동 뉴런	운동 신경을 이루는 뉴런으로, 중추 신경의 명령을 반응 기관에 전달

② 자극의 전달 방향과 경로: 자극 → 감각기 → 감각 뉴런 → 연합 뉴런 → 운동 뉴런 → 반응기 → 반응

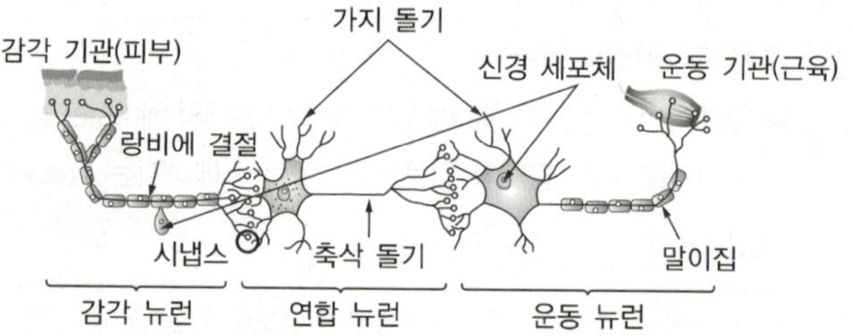

③ 중추 신경계

　㉠ 중추 신경계: 뇌와 척수로 구성, 감각기에서 받아들인 자극을 판단하고, 필요한 명령을 내린다.

　㉡ 중추 신경계의 구성

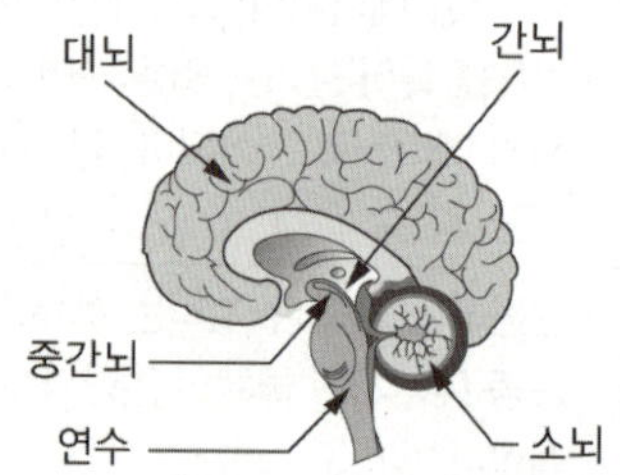

대뇌	자극을 통합·해석·판단 후 명령을 내림, 의식적인 반응의 중추
소뇌	대뇌와 함께 근육 운동 조절, 몸의 균형 유지
간뇌	혈당량, 체온 등 항상성 조절 중추
중간뇌	동공 반사, 안구 운동 조절

연수	호흡 운동, 심장 박동, 소화 운동, 무조건 반사(재채기, 침, 눈물 분비)의 중추
척수	척추 속에 들어 있으며, 뇌와 말초 신경 사이의 흥분 전달 통로, 무조건 반사(뜨거운 물체에 닿았을 때, 무릎 반사 등)의 중추

④ 말초 신경계

　㉠ 말초 신경계: 중추 신경계에서 뻗어 나와 온몸에 분포한 신경계

　㉡ 기능상 감각 신경과 운동 신경으로 구성되며, 구조상 12쌍의 뇌신경과 31쌍의 척수 신경으로 구성된다.

⑤ 자극에 대한 반응 경로

의식적인 반응	대뇌의 판단 과정을 거쳐 일어나는 반응
무의식적인 반응 (무조건 반사)	• 연수 반사: 침과 눈물의 분비, 재채기, 기침, 하품, 구토 • 중간뇌 반사: 동공의 크기 변화(동공 반사) • 척수 반사: 무릎 반사, 뜨거운 물체에 닿거나 날카로운 물체에 찔렸을 때 순간적으로 피하는 반응

(3) 호르몬과 항상성

① 호르몬: 내분비샘에서 분비되는 화학 물질로, 생리 작용을 조절한다.

② 호르몬의 특성

　㉠ 내분비샘에서 만들어진다.

　㉡ 혈액을 통해 온몸으로 전달된다.

　㉢ 표적 세포 및 기관에만 작용한다.

　㉣ 적은 양으로 생리 작용을 조절한다.

③ 호르몬 분비샘과 호르몬의 종류 및 기능

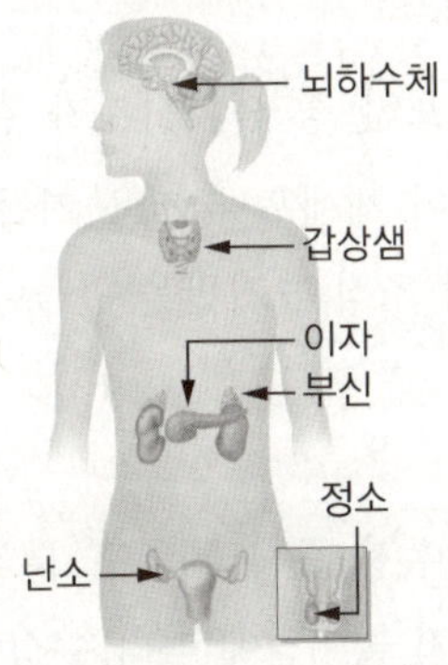

뇌하수체	• 생장 호르몬(성장 촉진) • 갑상샘 자극 호르몬(티록신 분비 촉진) • 항이뇨 호르몬(콩팥에서 물의 재흡수 촉진) 등
갑상샘	티록신(세포 호흡 촉진)
부신	아드레날린(혈당량 증가, 심장 박동 촉진)

이자	인슐린, 글루카곤(혈당량 조절)
정소(남성)	테스토스테론(남성의 2차 성징 발현)
난소(여성)	에스트로젠(여성의 2차 성징 발현)

④ 항상성: 외부 환경의 변화와 상관없이 몸의 내부를 일정한 상태로 유지하려는 성질

　※ 항상성은 호르몬과 신경에 의해 유지되며, 항상성 조절 중추는 간뇌이다.

⑤ 항상성 조절

혈당량 조절	이자에서 분비되는 인슐린과 글루카곤의 작용으로 혈액 중 포도당의 양을 일정한 수준으로 유지한다.
체온 조절	체온에 따라 호르몬과 신경계의 상호 작용을 통해 열 발생량을 증가시키거나 열 방출량을 감소시켜서 조절한다.
체내 수분량 조절	항이뇨 호르몬의 분비량 조절을 통해 콩팥에서 물의 재흡수 양을 조절함으로써 체내 수분량을 조절한다.

5 생식과 유전

● **해결 Point**

생식과 유전에서는 체세포 분열과 생식세포 분열을 차이점을 잘 알고 있어야 하며, 사람의 염색체의 특징도 잘 기억해 두어야 한다. 또한, 유전 관련 법칙도 표현형 및 유전자형을 분석해가며 자세히 알아 두어야 하며, ABO 혈액형 및 적록색맹 등도 출제 가능성이 높은 내용이므로 정리해서 외워 두는 것이 좋다.

● **대표 문제 유형**

❖ 생식세포 분열이 완료되었을 때 생성되는 딸세포의 개수는?

❖ 다음 중 색맹인 아들 (가)의 유전자형은?

(1) 세포 분열

① 세포 분열: 하나의 세포가 어느 정도 커진 다음, 2개의 세포로 나누어지는 것

② 세포 분열이 필요한 이유: 세포의 크기가 커지면 부피가 증가한 만큼 표면적이 증가하지 않아 세포의 물질 교환이 원활하지 못하게 된다.

　➡ 세포가 효율적인 물질 교환을 하기 위해 세포 분열을 한다.

(2) 체세포 분열

① 체세포 분열: 체세포 한 개가 두 개로 나누어지는 것

② 체세포 분열 과정: 핵분열 후 세포질 분열이 일어난다.

간기		세포 분열 준비기, DNA의 복제기, 핵막과 인이 뚜렷함
핵분열	전기	핵분열기 중 가장 긴 시기로 핵막과 인의 소실되며, 염색사가 염색체로 응축됨. 방추사 출현함
	중기	핵분열기 중 가장 짧은 시기로 염색체가 세포 가운데 배열되며, 염색체가 가장 선명하게 관찰됨. 방추사가 동원체에 붙음
	후기	염색체가 방추사에 의해 양극으로 끌려가는 시기로 세포질이 분리되기 시작함
	말기	• 염색체가 염색사로 풀어지고, 핵막과 인이 다시 나타남 • 세포질 분열이 일어남
세포질 분열		• 동물 세포: 세포막의 바깥쪽에서 안쪽으로 밀려 들어가면서 세포질이 나누어짐 • 식물 세포: 세포의 중심부로부터 세포판이 형성되고, 이것이 가장자리로 퍼져 나가 세포질이 나누어짐

(3) 생식세포 분열(감수 분열)

① 감수 분열: 생식세포를 형성할 때 일어나는 세포 분열이다.

② 감수 분열이 일어나는 시기: 동물의 난소·정소에서 난자·정자가 형성될 때, 식물은 꽃밥·씨방에서 화분·배낭이 형성될 때

③ 감수 분열 과정: 감수 1분열과 감수 2분열이 연속해서 일어난다.

감수 1분열	전기	상동 염색체가 접합하여 2가 염색체를 구성하며, 핵막과 인이 소실되고 방추사가 형성됨
	중기	2가 염색체가 중앙에 배열됨
	후기	상동 염색체가 분리되어 양극으로 이동함
	말기	두 개의 딸핵이 생성되고 세포질이 나누어짐 (염색체 수 절반으로 줄어듦)
감수 2분열	중기	DNA 복제 없이 2분열 시작, 염색체가 적도면에 배열됨
	후기	염색 분체가 갈라져 양극으로 이동함
	말기	4개의 딸핵이 생기고 세포질이 분열됨

④ 감수 분열 결과: 1개의 모세포로부터 절반의 염색체를 갖는 4개의 딸세포가 형성된다.

➡ 암수 생식 세포의 수정으로 태어난 자손의 염색체 수는 부모와 같다(세대를 거듭해도 일정한 염색체 수 유지).

(4) 염색체

① 염색체의 특징

  ㉠ 세포의 분열 과정 중 핵 속에 나타나며, 염색사가 응축되어 생성된다.

  ㉡ 유전 물질(DNA)과 단백질로 구성되어 있다.

  ㉢ 아세트산카민 용액으로 붉게 염색되며, 염색체 수와 모양은 생물의 종에 따라 일정하다.

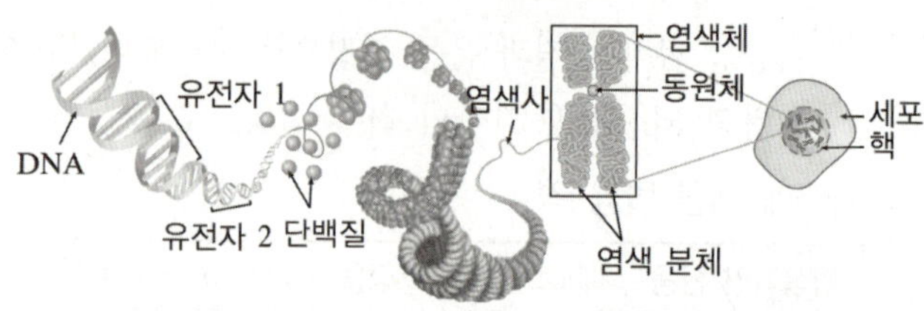

② 염색체의 종류

  ㉠ 상동 염색체: 체세포에 존재하는 서로 크기와 모양이 같은 한 쌍의 염색체로서, 상동 염색체 2개는 모계와 부계 쪽에서 1개씩 받는다.

  ㉡ 상염색체와 성염색체: 암·수에 차이가 없이 공통적으로 들어 있는 염색체를 상염색체라고 하며, 성 결정 유전자를 가진 염색체를 성염색체라고 한다.

③ 사람의 염색체

  ㉠ 남녀 모두 46개로 '2n = 46'으로 표시하며, '상염색체 44개 + 성염색체 2개'로 되어 있다.

  ㉡ 성염색체는 남자가 XY, 여자가 XX이다.

남성의 염색체	44 + XY
여성의 염색체	44 + XX

(5) 수정과 발생

① 수정: 생식세포인 정자와 난자가 결합하는 것이다.

② 발생: 수정란이 체세포 분열을 거듭하여 세포의 수를 늘리고, 몸의 각 조직과 기관을 만들어 새로운 개체로 되는 과정이다.

③ 발생 과정

  ㉠ 수정란은 수정 즉시 체세포 분열(난할)을 시작한다.

  ㉡ 세포의 수가 늘어남에 따라 수정란 → 2세포기 → 4세포기 → 8세포기 → … → 상실기 → 포배기 → 낭배기 → 배엽 형성 → 기관 형성 → 개체가 된다.

④ 난할의 특징

  ㉠ 난할: 수정란이 발생 초기에 빠르게 세포 분열을 하여 세포 수를 늘리는 과정이다.

ⓛ 난할을 거듭할수록 세포 수는 늘어나지만, 딸세포의 크기가 커지는 성장 시기 없이 분열만 계속하므로 발생 초기 세포 하나의 크기는 점점 작아진다.

(6) 사람의 임신과 출산

배란	난소에서 약 28일 주기로 성숙한 난자가 수란관으로 나오는 것
수정	수란관에서 정자와 난자가 결합하는 것(수정란 형성)
착상	수정란이 세포 분열을 하면서 자궁 쪽으로 이동해 자궁 내벽에 파묻히는 현상
임신	착상된 수정란이 자궁벽 속에 태반을 형성하며 자라는 것
출산	수정 후 9주부터 태아라 부르며, 약 266일간 자란 후 태어남

(7) 멘델의 유전 원리

① 유전의 기본 용어

유전	부모의 형질이 자손에게 전달되는 현상
형질	생물의 모양이나 특성
대립 형질	하나의 형질에 대해 뚜렷하게 대비되는 형질 예 완두 씨 색깔 – 노란색과 초록색, 완두 씨 모양 – 둥근 것과 주름진 것
표현형	겉으로 드러나는 형질로 대립 유전자에 의해 결정된 것 예 노란색, 초록색, 둥글다, 주름지다
유전자형	대립 유전자의 구성을 기호로 나타낸 것 예 RR, Rr, rr
순종	한 형질을 나타내는 대립 유전자의 구성이 같은 개체 예 RR, rr, RRYY
잡종	한 형질을 나타내는 대립 유전자의 구성이 다른 개체 예 Rr, RrYy

② 우열의 원리

　ⓛ 순종끼리 교배하면 자손(잡종 제1대)에서는 우성 형질만 나타난다.

　ⓛ 우성: 대립 형질을 가진 순종의 개체끼리 교배했을 때 잡종 1대에서 나타나는 형질

　ⓒ 열성: 대립 형질을 가진 순종의 개체끼리 교배했을 때 잡종 1대에서 나타나지 않는 형질

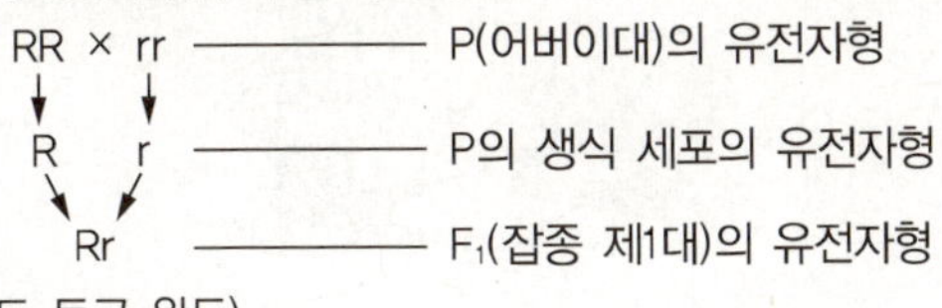

③ 분리의 법칙: 잡종 제1대를 자가 수분하면 잡종 제2대에서는 대립 형질이 일정한 비율로 분리되어 나온다.

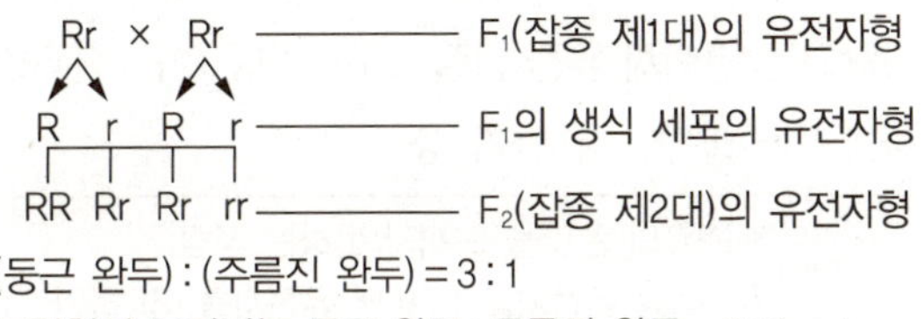

④ 독립의 법칙: 두 쌍 이상의 대립 형질이 동시에 유전되어도 각각의 대립 형질은 우열의 원리와 분리의 법칙대로 유전된다.

> 순종의 둥글고 황색인 완두(RRYY)와 주름지고 녹색인 완두(rryy)를 교배했다.
> → 잡종 제1대(F₁): 모두 둥글고 황색(RrYy)인 완두만 나타났다.
> → 잡종 제2대(F₂)에서 표현형의 분리비가 '둥글고 노란색 : 둥글고 초록색 : 주름지고 노란색 : 주름지고 초록색 = 9 : 3 : 3 : 1'로 나타났다.
> → 잡종 제2대(F₂)에서 모양의 분리비가 '둥근 완두 : 주름진 완두 = 3 : 1'이고, 색깔의 분리비가 '노란색 : 초록색 = 3 : 1'이므로 완두 씨의 모양과 색깔은 서로 영향을 주지 않고 독립적으로 유전된다.

(8) 사람의 유전

① 사람의 유전 연구 방법

　⊙ 가계도 조사: 특정 형질이 있는 집안의 가계도를 조사하여 그 우열을 알 수 있다.

　ⓛ 사회 통계 조사: 특정 형질의 사람들을 조사하여 유전 여부와 방식을 알아낸다.

　ⓒ 쌍생아 연구: 1란성 쌍둥이와 2란성 쌍둥이의 특정 형질을 비교 연구하여 유전과 환경의 영향을 연구한다.

　ⓔ 유전자 분석: 특정한 유전자를 분리하여 조직을 배양한 후 유전 형질을 알아낸다.

② 사람의 유전 연구가 어려운 점

　⊙ 자손의 수가 적고, 한 세대가 길다.

　ⓛ 형질이 복잡하고, 유전자 수가 많다.

　ⓒ 자유로운 교배 실험이 불가능하다.

　ⓔ 환경의 영향을 많이 받는다.

(9) 상염색체에 의한 유전

① 상염색체 유전의 특징: 형질을 결정하는 유전자가 상염색체에 있으며, 성별에 따라 형질이 나타나는 빈도에 차이가 없다.

② 사람의 상염색체 유전 형질: PTC 미맹, 이마선 모양, 눈꺼풀, 귓불 모양, 혀 말기 등

PTC 미맹	PTC의 쓴맛을 느끼지 못하는 사람 • 정상 유전자를 T, 미맹 유전자를 t라 하면 TT와 Tt는 정상이고, tt는 쓴맛을 느끼지 못한다. • 멘델의 법칙(우열의 원리, 분리의 법칙)에 따라 유전되며, 남녀의 구분이 없다.
혀말기	혀를 둥글게 말 수 있는 형질 • 정상 유전자를 R, 혀말기를 못하는 유전자를 r이라 하면 RR과 Rr은 정상이고, rr은 혀말기를 하지 못한다. • 멘델의 법칙에 따르며, 남녀의 구분이 없다.
ABO식 혈액형	사람의 혈액형을 A, B, AB, O형의 4가지로 구분하는 방식 • 대립유전자의 종류는 A, B, O 3가지이며, A와 B는 우열 관계가 없고, O에 대해서는 각각 우성이다(A = B > O). • 혈액형의 표현형과 유전자형

A형	AA, AO	B형	BB, BO
O형	OO	AB형	AB

(10) 성염색체에 의한 유전

① 사람의 성 결정 방식: 부모로부터 물려받은 성염색체의 조합으로 성별이 결정된다.

　㉠ 남자(44 + XY): 어머니로부터 X염색체를, 아버지로부터 Y염색체를 물려받는다.

　㉡ 여자(44 + XX): 어머니와 아버지로부터 X염색체를 1개씩 물려받는다.

② 성염색체에 의한 유전(반성 유전)

　㉠ 형질을 결정하는 유전자가 성염색체에 존재하며, 남녀에 따라 형질이 나타나는 빈도에 차이가 있다.

　㉡ 반성 유전의 예: 적록 색맹, 혈우병 등

적록 색맹	• 붉은색과 초록색을 잘 구별하지 못하는 유전 형질이다. • 색맹 유전자는 성염색체인 X염색체에 있다. • 정상 유전자를 X, 색맹 대립유전자를 X´라 하면 　– 남자: XY(정상), X´Y(색맹) 　– 여자: XX(정상), X´X(정상, 보인자), X´X´(색맹) ➡ 여자는 색맹 대립유전자(X´)가 2개 있어야 색맹이 되지만, 남자는 색맹 대립유전자(X´)가 1개만 있어도 색맹이 되므로 색맹은 여자보다 남자에게 더 많이 나타난다.

6 에너지의 전환과 보존

● **해결 Point**

에너지의 전환과 보존에서는 내용을 외우는 것보다 원리를 이해하는 데 초점을 두고 학습하는 것이 좋다. 역학적 에너지의 전환 원리와 전기 에너지의 발생 원리 및 전환을 이해하고 문제를 풀어가는 것이 도움이 된다.

● **대표 문제 유형**

❖ A~D 중 위치 에너지가 가장 큰 것은?
❖ 이러한 과정에서의 에너지의 전환으로 옳은 것은?

(1) 역학적 에너지 전환과 보존

① 역학적 에너지

$$역학적\ 에너지 = 위치\ 에너지 + 운동\ 에너지$$

② 역학적 에너지의 전환: 위치 에너지와 운동 에너지 중 어느 한쪽이 증가하면 다른 한쪽은 감소한다.

예 롤러코스터의 운동에서 역학적 에너지 전환

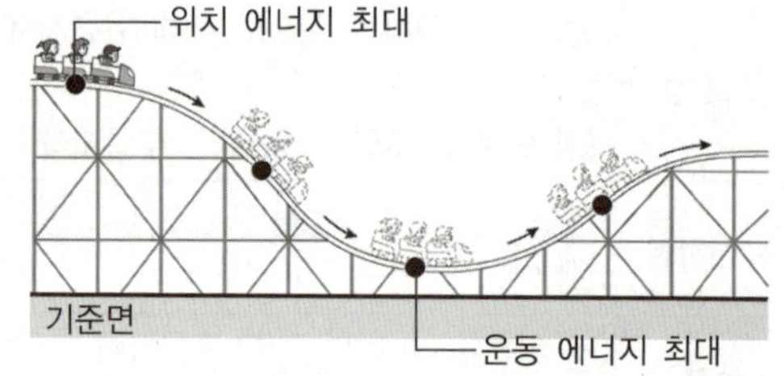

롤러코스터가 내려가는 구간	위치 에너지 → 운동 에너지
롤러코스터가 올라가는 구간	운동 에너지 → 위치 에너지

③ 역학적 에너지의 보존: 마찰력과 같은 힘이 작용하지 않으면 그 물체의 역학적 에너지는 항상 일정하게 보존된다.

(2) 전기 에너지의 발생과 전환

① 전류의 발생

　㉠ 원리: 코일에 자석을 가까이 하거나 멀리 하면 코일에 전류가 흐른다.

　㉡ 에너지 전환: 역학적 에너지 → 전기 에너지

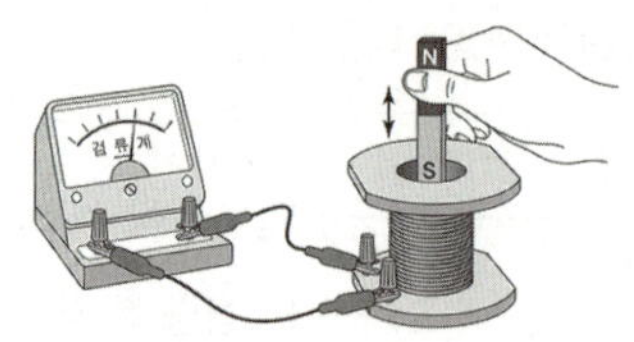

② 발전과 발전기
  ㉠ 발전: 역학적 에너지 등을 전기 에너지로 전환하는 것
  ㉡ 발전기: 역학적 에너지를 이용하여 전기를 만드는 장치

③ 전기 에너지의 전환

전기 에너지 → 열에너지	전기다리미, 전기밥솥 등
전기 에너지 → 빛 에너지	전구, 텔레비전, 모니터 등
전기 에너지 → 운동 에너지	선풍기, 세탁기 등
전기 에너지 → 화학 에너지	배터리 등

④ 에너지 보존 법칙: 에너지는 한 형태에서 다른 형태로 전환되지만 새로 생성되거나 소멸되지 않는다.

⑤ 전기 에너지의 양

| 소비 전력 | • 전기 기구가 1초 동안 소비하는 전기 에너지의 양

$$소비\ 전력(W) = \frac{전기\ 에너지(J)}{시간(s)}$$

• 단위: W(와트), kW(킬로와트) 등 |
| 전력량 | • 전기 기구가 어느 시간 동안 사용하는 전기 에너지의 양

$$전력량(Wh) = 소비\ 전력(W) \times 시간(h)$$

• 단위: Wh(와트시), kWh(킬로와트시) 등 |

7 별과 우주

● 해결 Point ·······················

이 단원은 전반적으로 다 출제 가능성이 높은 내용들로 이루어져 있다. 따라서 별의 밝기와 거리 관계, 별의 색깔과 온도 관계, 은하의 종류와 우리 은하의 특징, 성운과 성단의 종류 등을 모두 꼼꼼하게 정리해 두어야 한다.

● 대표 문제 유형 ·······················

❖ 이 별의 겉보기 밝기 등급은 얼마인가?
❖ 다음 중 표면온도가 가장 높은 별은?

(1) 연주 시차와 별의 거리

① 시차: 관측자가 다른 위치에서 한 물체를 보았을 때 방향의 차이에 따라 생기는 각

② 연주 시차: 지구와 별을 잇는 직선과 태양과 별을 잇는 직선이 이루는 각으로, 연주 시차는 별까지의 거리와 반비례한다.

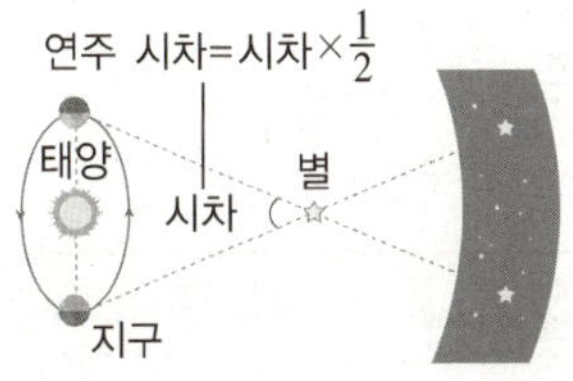

$$별의\ 거리(pc) = \frac{1}{연주시차}$$

※ 연주 시차가 1″인 별까지의 거리를 1 pc(파섹)이라고 한다.

(2) 별의 밝기

① 별의 밝기와 거리

$$별의\ 밝기 \propto \frac{1}{(별까지의\ 거리)^2}$$

별까지의 거리가 2배, 3배, …로 멀어지면 별의 밝기는 $\frac{1}{2^2}$ 배, $\frac{1}{3^2}$ 배로 어두워진다.

② 별의 밝기와 등급
  ㉠ 그리스의 히파르코스가 별들을 밝은 순서에 따라 6개의 등급으로 분류했다.
  ㉡ 등급이 낮을수록 밝으며, 등급 간 차이는 밝기 2.5배 차이이다.
  ㉢ 1등성은 6등성보다 100배($≒ 2.5^5$배) 밝다.

③ 겉보기 등급과 절대 등급

| 겉보기 등급 | • 우리 눈에 보이는 별의 밝기 등급
• 겉보기 등급이 작을수록 우리 눈에 밝게 보인다.
• 별까지의 거리는 고려하지 않았다. |
| 절대 등급 | • 모든 별을 10 pc(32.6광년)의 거리에 놓았다고 가정했을 때 별의 밝기 등급
• 별의 실제 밝기이다.
• 절대 등급이 작을수록 실제로 밝은 별이다. |

④ 별의 등급과 거리 관계

10 pc(32.6광년)보다 멀리 떨어진 별	겉보기 등급 > 절대 등급
10 pc(32.6광년) 떨어진 별	겉보기 등급 = 절대 등급
10 pc(32.6광년)보다 가까운 별	겉보기 등급 < 절대 등급

⑤ 별의 색깔과 온도: 별의 표면 온도가 높을수록 푸른색
(30,000 ℃)을 띠며, 낮을수록 붉은색(3,000 ℃)을 나타
낸다.

(3) 은하와 우주

① 은하: 별, 성운, 성단 및 성간 물질로 이루어진 거대한 천체

타원 은하		나선팔이 없으나 구형에 가깝거나 납작한 타원 모양으로 보임
나선 은하	정상 나선 은하	중심에서 나선팔이 휘어져 나온 모양
	막대 나선 은하	중심을 가로지르는 막대의 끝에서 나선팔이 휘어져 나온 모양 – 우리 은하가 해당됨
불규칙 은하		규칙적인 모양이 없음

② 우리 은하: 태양계가 속해 있는 은하

모양	옆에서 본 모양은 가운데가 볼록한 원반이며, 위에서 본 모양은 막대 나선 모양 10만 광년 태양계
크기	지름 약 10만 광년, 중심부의 두께 약 1.5만 광년
구성	약 2,000억 개 정도의 별
태양계의 위치	중심에서 약 3만 광년 떨어진 나선팔에 위치

③ 은하수: 밤하늘을 가로지르는 희미한 띠 모양의 별의 집
단(우리 은하의 일부)으로, 우리나라에서는 겨울철보다
여름철에 더 넓고 밝게 보인다.

④ 성운과 성단

㉠ 성운: 가스나 티끌 같은 성간 물질이 모여 구름 덩어리
와 같은 모양을 하고 있는 것

밝은 성운	발광 성운	주위에 있는 별로부터 빛을 흡수했다가 내보내며 주로 붉은색
	반사 성운	가스나 티끌이 빛을 반사하여 밝게 보이는 성운으로 주로 파란색
암흑 성운		뒤쪽에서 오는 가스나 티끌에 의해 별빛이 차단되어 검은 구름처럼 어둡게 보이는 성운

㉡ 성단: 나이나 구성 성분이 비슷한 수많은 별들이 무리
를 지어 있는 것

산개 성단	수백~수천 개의 별들이 엉성하게 흩어져 있는 성단으로, 푸른색 별이 많으며 젊은 별의 집단
구상 성단	수십만~수백만 개의 별들이 구형으로 빽빽하게 모여 있는 성단으로, 붉은색 별이 많으며 늙은 별의 집단

(4) 우주의 팽창

① 팽창하는 우주

㉠ 허블은 외부 은하가 멀어지고 있음을 발견했다.

㉡ 은하들은 우주가 팽창함에 따라 서로 멀어지고 있다.

㉢ 멀리 떨어져 있는 은하일수록 더 빨리 멀어지고 있다.

㉣ 팽창하는 우주에 특별한 중심은 없다.

㉤ 우주는 지금도 팽창하고 있다.

② 빅뱅(대폭발) 이론

㉠ 우주는 약 138억년 전에 모든 물질과 에너지가 모인
한 점에서 대폭발로 생겨났다.

㉡ 대폭발 이후 계속 팽창하여 현재의 우주가 만들어졌다.

8 과학 기술과 인류 문명

● **해결 Point**

이 단원은 문제 출제가 되는 단원이라기보다 우리 생활에 영향을
주는 과학 기술에 대해 정리해 놓은 단원이다. 한 번 내용을 정리
해 둔다면 과학에 대한 전반적인 지식을 넓혀나가는 데 도움이 될
것이다.

● **대표 문제 유형**

❖ 다음 내용과 가장 관련이 깊은 과학 기술로 알맞은 것은?
❖ 다음 환경 문제를 해결하기 위한 첨단 기술로 보기 <u>어려운</u> 것은?

(1) 우리 생활과 첨단 과학

① 첨단 물질

풀러렌	탄소 원자 60개가 축구공 모양으로 결합된 물질로 여기에 의약품을 넣어 몸속에서 운반하게 하는 기술을 개발 중이다.
탄소 나노튜브	탄소 원자가 육각형의 벌집 형태로 결합된 튜브 모양의 물질로 매우 가볍고 단단하며 탄성이 크다.
그래핀	탄소 원자가 육각형의 벌집 형태로 결합된 판 모양 물질로 매우 얇아서 손목에 감고 다니는 휴대 전화, 휘는 디스플레이 등으로 이용될 수 있다.

예 광센서, 압력센서, 파인 세라믹, 초전도체 등

② 미래 생활에 영향을 줄 과학 기술

DNA 재조합 기술	특정 생물의 DNA를 다른 생물의 DNA에 인위적으로 연결하는 기술로, 사람의 인슐린, 혈액 응고 방지 물질 등과 같이 유용한 물질을 대량 생산할 수 있다.
핵이식 기술	핵을 제거한 난자에 체세포의 핵을 이식하는 기술로, 이를 통해 교배를 거치지 않고 우수한 품종의 동물을 대량 생산할 수 있다.
의학 기술	줄기 세포, 인공 뼈, 인공 관절 등의 기술 개발·발전을 통해 인간 수명을 연장시킬 수 있다.

(2) 과학이 우리 생활에 미치는 영향

① 과학과 사회: 영농 기술, 의학 기술의 발달로 인류의 식량 문제와 난치병 및 각종 질병으로부터 벗어나 인간의 수명을 연장시킨다.

② 과학과 문화예술: 영화, 음악, 미술 등 다양한 문화예술 분야와 융합되면서 우리 생활을 변화시키고 있다.

③ 과학이 나아가야 할 방향: 과학은 지구 환경의 보존과 인류의 생존을 위한 중요한 영역이다.

출제 예상 문제

01 다음 중 화학 변화라고 볼 수 <u>없는</u> 것은?

① 설탕이 물에 녹았다.
② 강철솜을 토치 불꽃으로 가열했다.
③ 철가루와 황가루를 섞어 가열했다.
④ 못을 공기 중에 두었더니 녹이 슬었다.

02 철수는 볼트(B) 5개와 너트(N) 10개를 사용하여 같은 종류의 화합물 모형 5개를 만들었다. 철수가 만든 화합물 모형은?

① BN
② BN_2
③ B_2N
④ B_5N_{10}

03 마그네슘과 산소는 3 : 2의 질량비로 반응하여 산화 마그네슘을 생성한다. 다음 반응에서 생성된 산화 마그네슘의 질량 ㉠은?

2Mg	+	O_2	→	MgO
마그네슘		산소		산화 마그네슘
6 g		4 g		(㉠)g

① 4
② 5
③ 8
④ 10

04 다음에서 설명하는 법칙은?

> 화학 반응에서 반응 물질과 생성 물질 사이에는 질량의 변화가 일어나지 않는다.

① 기체 반응 법칙
② 질량 보존 법칙
③ 아보가드로 법칙
④ 일정 성분비 법칙

05 다음 그림은 볼트(B)와 너트(N)를 결합하여 만든 두 가지 화합물의 모형이다. 화합물 (가)를 BN으로 표시한다면 화합물 (나)는 어떻게 나타내야 하는가?

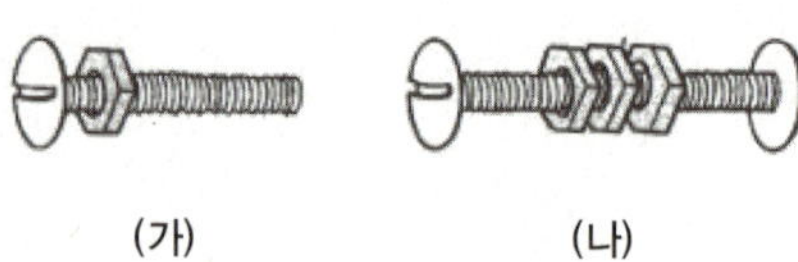

① BN_2
② BN_3
③ B_2N_2
④ B_2N_3

06 그림은 수소와 산소가 반응하여 수증기가 생성되는 반응을 모형으로 나타낸 것이다. 일정한 온도와 압력에서 수소 기체 50 mL와 산소 기체 30 mL가 반응할 때 생성되는 수증기의 부피는?

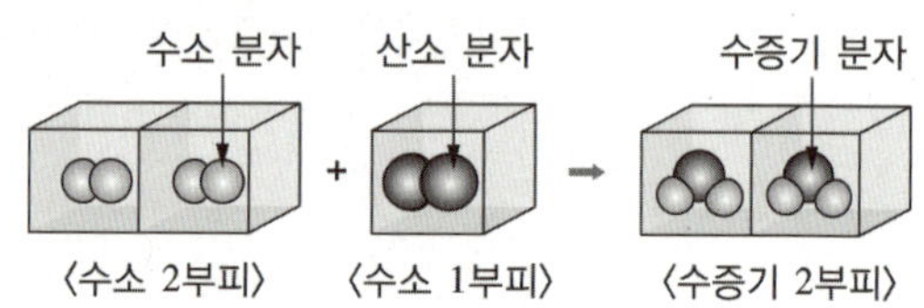

① 25 mL
② 30 mL
③ 50 mL
④ 80 mL

07 태양과 지구의 복사 에너지에 대한 설명으로 옳은 것은?

① 태양 복사 에너지는 적외선만을 방출한다.
② 지구에 도달하는 태양 복사 에너지는 모두 지구에 흡수된다.
③ 지구 복사 에너지는 자외선, 가시광선, 적외선 모두를 방출한다.
④ 지구는 태양 복사 에너지를 흡수한 양만큼 복사 에너지를 방출한다.

08 대기권의 구조 중 오존층이 있으며, 대기층이 안정적이라 비행기의 항로로 이용되는 곳은?

① 열권　　　　　② 성층권
③ 중간권　　　　④ 대류권

09 그림은 기온에 따른 포화 수증기량을 나타낸 것이다. A~D 중 이슬점이 가장 낮은 지점은?

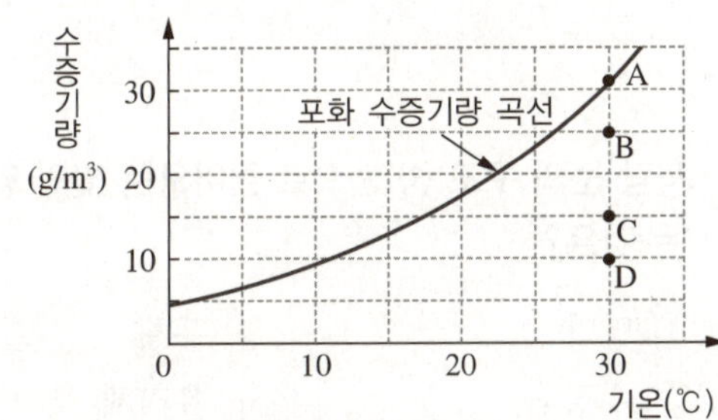

① A　　　　　　② B
③ C　　　　　　④ D

10 다음 중 공기가 상승할 때 일어나는 현상으로 옳지 않은 것은?

① 기압의 하강
② 공기의 냉각
③ 공기의 압축
④ 수증기의 응결

11 다음 설명에 해당하는 것은?

> ○ 따뜻한 공기가 찬 공기 쪽으로 이동하여 찬 공기 위로 올라갈 때 생기는 전선이다.
> ○ 전선면 기울기가 완만하며, 층운형 구름이 형성된다.

① 한랭 전선　　　② 온난 전선
③ 폐색 전선　　　④ 정체 전선

12 다음 중 구름의 생성 과정을 바르게 나타낸 것은?

① 공기 상승 → 기온 하강 → 응결 → 단열 팽창 → 구름
② 공기 상승 → 단열 팽창 → 기온 하강 → 응결 → 구름
③ 공기 상승 → 단열 팽창 → 응결 → 기온 하강 → 구름
④ 공기 상승 → 기온 하강 → 단열 팽창 → 응결 → 구름

13 우리나라 겨울철의 날씨와 관련된 것으로 옳지 않은 것은?

① 건조함
② 시베리아 기단
③ 기온이 낮음
④ 북태평양 기단

14 대륙과 해양 사이에서 1년을 주기로 풍향이 바뀌는 바람은?

① 해풍　　　　　② 육풍
③ 계절풍　　　　④ 산곡풍

15 그림은 어떤 물체가 운동한 것을 나타낸 시간-속력 그래프이다. 이 물체가 0~5초 동안 이동한 거리는?

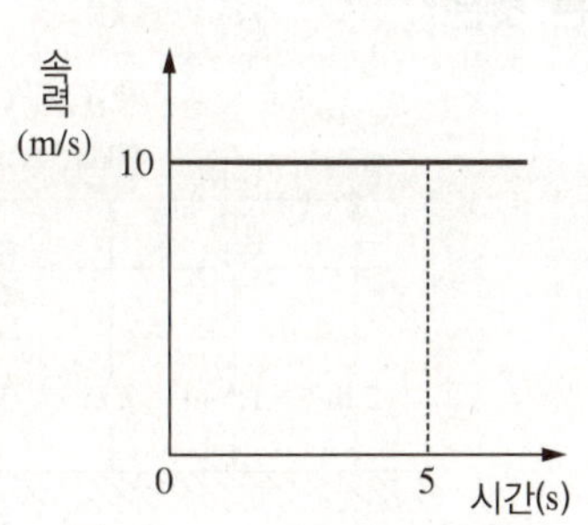

① 50 m　　　　　② 100 m
③ 250 m　　　　④ 500 m

16 36 km/h의 일정한 속력으로 달리는 자동차가 10초 동안 이동한 거리는?

① 10 m 　　　　② 36 m
③ 100 m 　　　　④ 360 m

17 과학에서 의미하는 '일'을 한 경우는?

① 무거운 물건을 든 채 버스를 10분 동안 기다렸다.
② 소파에서 가만히 앉은 채 30분 동안 TV를 보았다.
③ 수레에 힘을 가하여 힘의 방향으로 10 m 이동시켰다.
④ 주차장에 세워져 있는 자동차를 밀었으나 움직이지 않았다.

18 다음 그림과 같이 수평면 위에 놓여 있는 질량 4 kg의 물체를 10 N의 힘으로 40 m 이동했을 때, 이 힘이 한 일은 얼마인가?

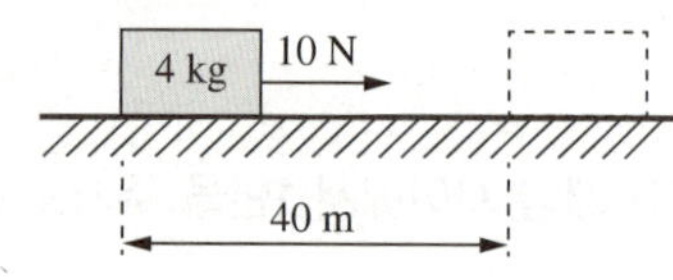

① 200 J 　　　　② 375 J
③ 315 J 　　　　④ 400 J

19 그림은 질량과 높이가 다른 물체의 모습을 나타낸 것이다. 지표면을 기준으로 했을 때, 위치 에너지가 가장 큰 것은?

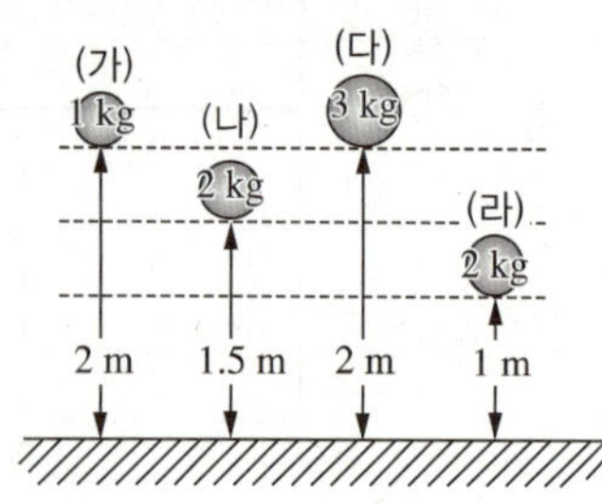

① (가) 　　　　② (나)
③ (다) 　　　　④ (라)

20 수평면에서 2 m/s의 속력으로 운동하던 질량이 1 kg인 수레가 정지해 있던 나무 도막을 10 cm 밀고 간 후 정지했다. 이때 수레가 나무 도막에 한 일은?(단, 수레와 바닥 사이에 마찰은 무시한다)

① 1 J 　　　　② 2 J
③ 4 J 　　　　④ 10J

21 사람 눈의 구조 중 눈으로 들어오는 빛의 양을 조절하는 것은?

① 망막 　　　　② 홍채
③ 수정체 　　　　④ 유리체

22 소리를 듣는 경로에서 ㉠에 들어갈 알맞은 것은?

소리 → 귓바퀴 → 고막 → (㉠) → 달팽이관 → 청신경 → 대뇌

① 귓속뼈
② 반고리관
③ 귀인두관
④ 전정 기관

23 사람의 감각 중 가장 예민하며 쉽게 피로해지는 기관은?

① 눈 　　　　② 코
③ 혀 　　　　④ 귀

24 뉴런에 대한 설명으로 옳지 <u>않은</u> 것은?

① 신경계를 이루는 구조적 · 기능적 기본 단위이다.
② 축삭 돌기는 다른 뉴런의 자극을 수용하는 곳이다.
③ 종류에는 감각 뉴런, 연합 뉴런, 운동 뉴런이 있다.
④ 두 뉴런이 연결되는 접합 부위를 시냅스라고 한다.

25 호흡 운동과 심장 박동을 조절하는 기능을 담당하는 중추 신경계는?

① 연수　　　　　② 소뇌
③ 대뇌　　　　　④ 척수

26 다음 설명에 해당하는 호르몬은?

○ 갑상샘에서 분비된다.
○ 세포 호흡을 촉진한다.

① 티록신
② 인슐린
③ 글루카곤
④ 에스트로젠

27 항상성 조절 과정에 대한 설명으로 옳지 <u>않은</u> 것은?

① 항상성 유지를 위한 조절 중추는 간뇌이다.
② 혈당량이 낮을 때에는 이자에서 인슐린이 분비된다.
③ 날씨가 추워지면 티록신을 분비하여 열 발생량을 증가시킨다.
④ 체액의 농도가 높을 때에는 항이뇨 호르몬의 분비를 촉진시켜 오줌량을 감소시킨다.

28 사람의 염색체에 대한 설명으로 옳은 것은?

① 남자의 성염색체는 XX이다.
② 남 · 여의 염색체 수는 다르다.
③ 부모로부터 각각 24개씩 물려받았다.
④ 유전 정보를 가지는 DNA를 포함한다.

29 다음 설명에 해당하는 것은?

○ 몸을 구성하는 하나의 세포가 둘로 나누어지는 현상이다.
○ 다세포 생물의 경우, 분열 결과로 상처가 아물거나 생장하게 된다.

① 핵분열
② 세포질 분열
③ 감수 분열
④ 체세포 분열

30 체세포 분열에 대한 설명으로 옳은 것은?

① 연속 2회 분열이 일어난다.
② 분열 결과 생식 세포가 형성된다.
③ 딸세포의 염색체 수는 모세포의 절반이다.
④ 1개의 모세포로부터 2개의 딸세포가 생성된다.

31 다음 그림은 체세포 분열 과정 중 어느 단계에 해당하는가?

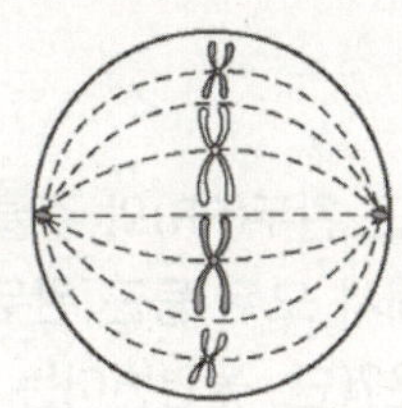

① 전기　　　　　② 중기
③ 후기　　　　　④ 말기

32 체세포의 염색체 수가 52개인 생물이 있다고 할 때, 이 생물 생식 세포의 염색체 수는?

① 13개 ② 26개
③ 52개 ④ 104개

33 감수 분열에서만 일어나는 현상은?

① 방추사가 나타난다.
② 세포질 분열이 일어난다.
③ 핵분열 시에 염색체가 나타난다.
④ 상동 염색체가 접합해 2가 염색체를 형성한다.

34 수정란이 발생 초기에 빠르게 세포 분열을 하여 세포 수를 늘리는 과정은?

① 난할 ② 착상
③ 배란 ④ 출산

35 순종의 둥근 완두(RR)와 주름진 완두(rr)를 교배하여 잡종 1대에서 모두 둥근 완두를 얻었다. 잡종 1대의 유전자형은?(단, 돌연변이는 고려하지 않는다)

① R ② r
③ Rr ④ rr

36 순종의 둥근 완두와 주름진 완두를 교배하여 잡종 1대를 얻은 후, 잡종 1대를 자가 수분하여 잡종 2대를 얻었다. 이때 잡종 2대의 둥근 완두와 주름진 완두의 비율은?

① 1 : 1 ② 1 : 3
③ 3 : 1 ④ 4 : 1

37 부모의 혈액형이 각각 B형과 O형일 때 자녀에게서 나타날 수 있는 혈액형을 보기에서 모두 고른 것은?

─〈보기〉─	
ㄱ. A형	ㄴ. B형
ㄷ. AB형	ㄹ. O형

① ㄱ, ㄴ ② ㄱ, ㄷ
③ ㄴ, ㄹ ④ ㄷ, ㄹ

38 다음 설명에 해당하는 것은?

- 형질을 결정하는 유전자가 X 염색체에 있다.
- 남녀에 따라 형질이 나타나는 빈도가 다르다.
- 적록 색맹, 혈우병이 대표적이다.

① 중간 유전 ② 반성 유전
③ 복대립 유전 ④ 상염색체 유전

※ 그림과 같이 지상 10 m 높이에서 2 kg의 공을 떨어뜨렸을 때, 다음 물음에 답하시오.(단, 공기의 저항은 무시한다)
(39~40)

39 이 공이 지상 4 m 지점을 지날 때 역학적 에너지의 양은?

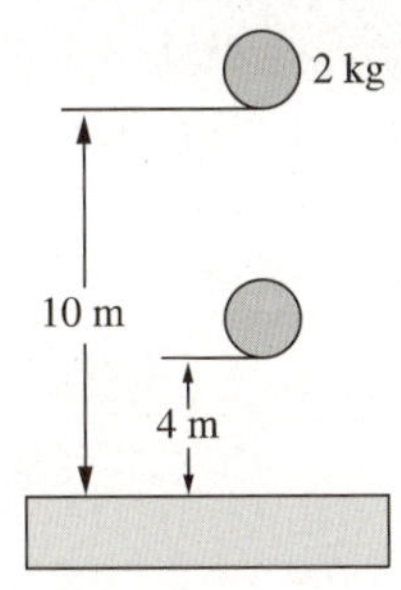

① 9.8 J
② 19.6 J
③ 98 J
④ 196 J

40 공이 지상 4 m 지점을 통과할 때의 위치 에너지와 운동 에너지의 비는?

① 1 : 3
② 2 : 3
③ 3 : 2
④ 5 : 2

41 선풍기를 사용할 때 일어나는 에너지의 전환 과정을 바르게 나타낸 것은?

① 전기 에너지 → 열에너지
② 화학 에너지 → 전기 에너지
③ 전기 에너지 → 운동 에너지
④ 전기 에너지 → 화학 에너지

42 코일에 자석을 가까이 하거나 코일에서 자석을 멀리 하면 코일에 전류가 흐른다. 이러한 과정에서의 에너지의 전환으로 옳은 것은?

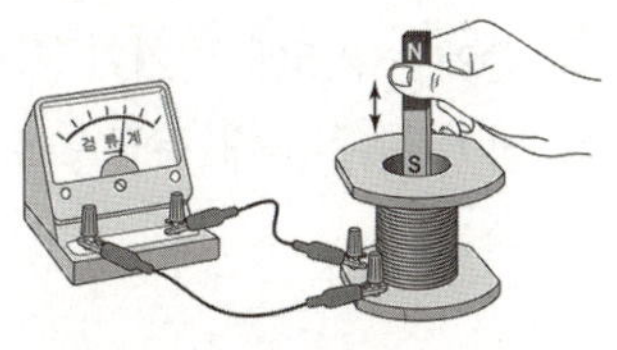

① 빛에너지 → 전기 에너지
② 화학 에너지 → 전기 에너지
③ 전기 에너지 → 역학적 에너지
④ 역학적 에너지 → 전기 에너지

43 220 V − 2 kW인 에어컨과 220 V − 50 W인 선풍기가 있을 때, 에어컨 한 대의 소비 전력은 선풍기 한 대의 소비 전력의 몇 배인가?

① 20배
② 30배
③ 40배
④ 50배

44 그림은 놀이동산에서 롤러코스터가 움직이는 모습을 나타낸 것이다. A~D 중 운동 에너지가 가장 큰 지점은?

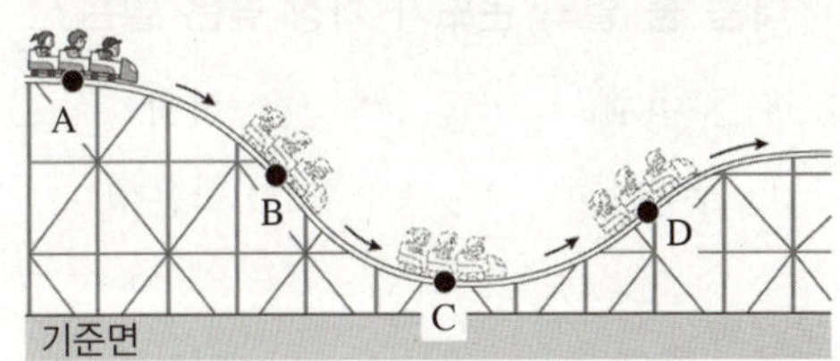

① A
② B
③ C
④ D

45 공을 위로 던져 올렸을 때, 공이 위로 올라가는 동안에 설명으로 옳은 것은?(단, 공기 저항은 무시한다)

① 운동 에너지가 증가한다.
② 위치 에너지가 증가한다.
③ 운동 에너지는 변하지 않는다.
④ 위치 에너지는 변하지 않는다.

46 별의 밝기와 등급에 대한 설명으로 옳지 <u>않은</u> 것은?

① 등급이 높을수록 별이 밝다.
② 1등성은 6등성보다 100배 밝다.
③ 등급 간에는 2.5배 밝기가 차이난다.
④ 별의 밝기는 총 6개 등급으로 구별한다.

47 겉보기 밝기가 1등급인 별의 거리가 10배 가까워진다면, 이 별의 겉보기 밝기 등급은 얼마인가?

① −5등급 ② −4등급
③ 0등급 ④ 5등급

48 다음 중 별의 온도가 가장 높은 별은?

① 노란색 ② 흰색
③ 푸른색 ④ 붉은색

49 다음에서 공간의 규모가 가장 큰 것은?

① 성운
② 태양계
③ 구상 성단
④ 우리 은하

50 은하의 중심을 가로지르는 막대의 끝에서 나선팔이 휘어져 나온 모양을 하고 있는 은하는?

① 타원 은하
② 전파 은하
③ 정상 나선 은하
④ 막대 나선 은하

51 다음에서 설명하고 있는 것은?

> ○ 수십~수만 개의 별들이 엉성하게 모여 있는 집단이다.
> ○ 푸른색 별이 많다.

① 반사 성운 ② 산개 성단
③ 암흑 성운 ④ 구상 성단

52 다음에서 설명하고 있는 것은?

> 성간 물질이 뒤쪽에서 오는 별빛을 차단하여 어둡게 보이는 천체

① 반사 성운 ② 산개 성단
③ 암흑 성운 ④ 구상 성단

과학 실전 문제  1회

01 퇴적암이 <u>아닌</u> 것은?

① 역암   ② 사암
③ 셰일   ④ 현무암

02 그림은 비스듬히 던진 물체의 운동을 나타낸 것이다. A, B, C에서 이 물체에 작용하는 힘의 방향을 옳게 짝지은 것은?

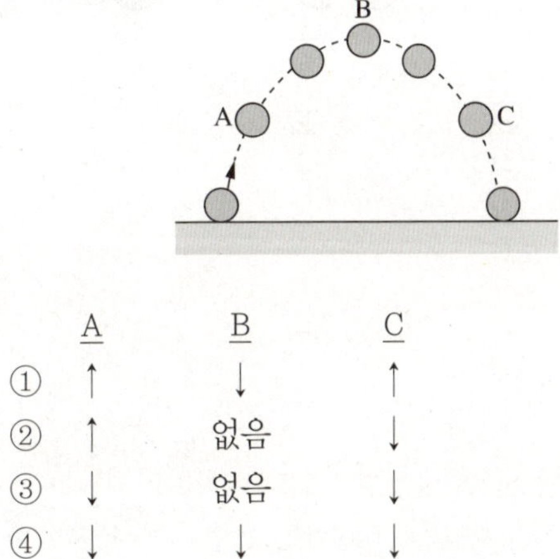

	A	B	C
①	↑	↓	↑
②	↑	없음	↓
③	↓	없음	↓
④	↓	↓	↓

03 생물 다양성의 감소 원인으로 옳지 <u>않은</u> 것은?

① 서식지 파괴
② 과도한 포획
③ 멸종 위기 생물 보호
④ 외래종의 무분별 유입

04 다음 괄호 안에 들어갈 알맞은 말을 순서대로 바르게 나열한 것은?

> 일정한 온도에서 일정량의 기체의 부피는 (　)에 반비례하는데, 이를 (　) 법칙이라고 한다.

① 부피, 샤를
② 확산, 보일
③ 증발, 샤를
④ 압력, 보일

05 다음에서 공통적으로 나타나는 상태 변화는 무엇인가?

> ○ 아이스크림이 녹는다.
> ○ 용광로에서 철을 녹인다.
> ○ 양초를 높은 온도에서 가열한다.

① 융해   ② 응고
③ 기화   ④ 액화

06 A와 B에 들어갈 알맞은 말을 바르게 짝지은 것은?

> 열에너지는 물질의 온도를 높이거나 상태 변화를 일으키는 에너지로, 이를 흡수하는 상태 변화가 일어나면 주위의 온도는 (A), 방출하는 상태 변화가 일어나면 주위의 온도는 (B).

	A	B
①	올라가고	올라간다
②	올라가고	내려간다
③	내려가고	올라간다
④	내려가고	내려간다

07 다음은 빛의 삼원색을 합성한 모습을 나타낸 것이다. A~D에 해당하는 색으로 옳지 <u>않은</u> 것은?

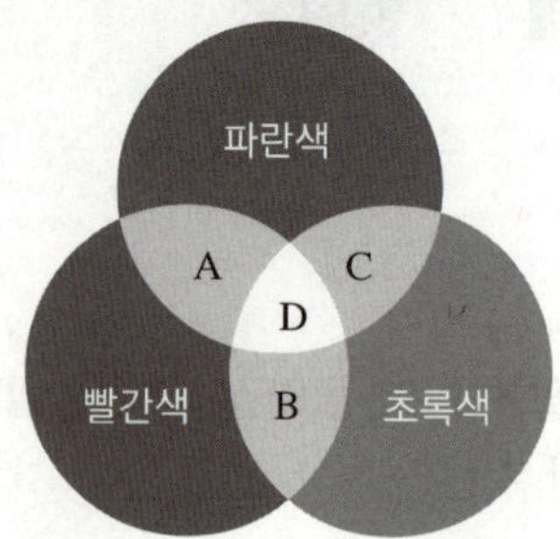

① A – 자홍색
② B – 노란색
③ C – 청록색
④ D – 검은색

08 파동의 종류 중 횡파에 해당하는 것을 〈보기〉에서 모두 고른 것은?

〈보기〉

ㄱ. 물결파　　　　ㄴ. 지진파의 S파
ㄷ. 지진파의 P파　　ㄹ. 소리(음파)

① ㄱ, ㄴ　　　　② ㄱ, ㄷ
③ ㄴ, ㄹ　　　　④ ㄷ, ㄹ

09 불꽃 반응에서 특정한 불꽃색을 내는 원소가 <u>아닌</u> 것은?

① 나트륨(Na)　　② 칼슘(Ca)
③ 염소(Cl)　　　④ 구리(Cu)

10 다음 중 원자가 전자 2개를 잃어 이루어진 이온은?

① Li^+　　　　② S^{2-}
③ Ca^{2+}　　　④ Al^{3+}

11 그림에서 ㉡이 (−)전하를 띨 때 ㉠과 ㉢이 띤 전하의 종류를 옳게 짝지은 것은?(단, ㉠, ㉡, ㉢은 같은 전하량으로 대전되어 있다)

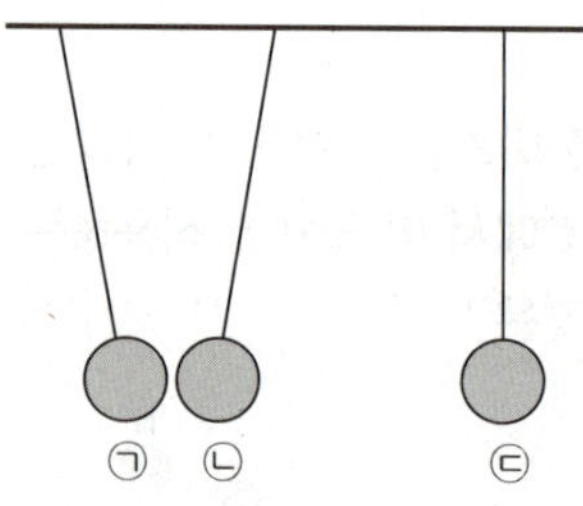

	㉠	㉢
①	−	+
②	−	−
③	+	+
④	+	−

12 다음과 같은 특징을 가진 행성은?

○ 표면은 붉은색을 띠고 있다.
○ 극지방에는 극관이 있다.
○ 물이 흘렀던 흔적이 있다.

① 수성　　　　② 금성
③ 화성　　　　④ 목성

13 다음은 엽록체에서 일어나는 광합성을 나타낸 것이다. (   ) 안에 들어갈 알맞은 물질은?

> 빛에너지
> 이산화 탄소 + 물 ――――→ 포도당 + (   )

① 수소　　　　② 산소
③ 질소　　　　④ 암모니아

14 사람의 배설 기관에 속하지 <u>않는</u> 것은?

① 콩팥　　　　② 심장
③ 방광　　　　④ 오줌관

15 다음 중 화합물이 <u>아닌</u> 것은?

① 구리
② 소금
③ 에탄올
④ 이산화 탄소

16 해수의 염류와 염분에 관한 설명으로 바르지 <u>않은</u> 것은?

① 염분의 단위로는 천분율인 퍼밀(‰)을 사용한다.
② 빙하가 어는 지역보다 녹는 지역의 해수가 염분이 높다.
③ 염류의 상대적인 비율은 세계 어느 바다에서나 모두 일정하다.
④ 바닷물에 가장 많이 들어 있는 염류는 염화 나트륨과 염화 마그네슘이다.

17 물 18 g을 전기 분해했더니 산소가 16 g이 생겼다. 이때 생성된 수소의 질량은?

① 2 g　　　　② 8 g
③ 16 g　　　　④ 18 g

18 그림은 대기권의 높이에 따른 기온 변화를 나타낸 것이다. 높이 올라갈수록 기온이 하강하고, 대류가 활발하며, 기상 현상이 나타나는 곳은?

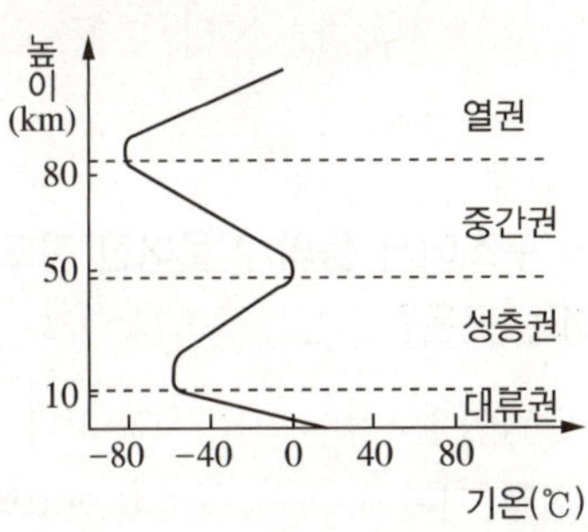

① 열권　　　　② 중간권
③ 성층권　　　　④ 대류권

19 200 m를 20초에 달린 학생의 속력은?

① 5 m/s　　　　② 10 m/s
③ 20 m/s　　　　④ 4,000 m/s

20 그림은 사람 눈의 구조를 나타낸 것이다. 눈으로 들어오는 빛을 굴절시키는 부분은?

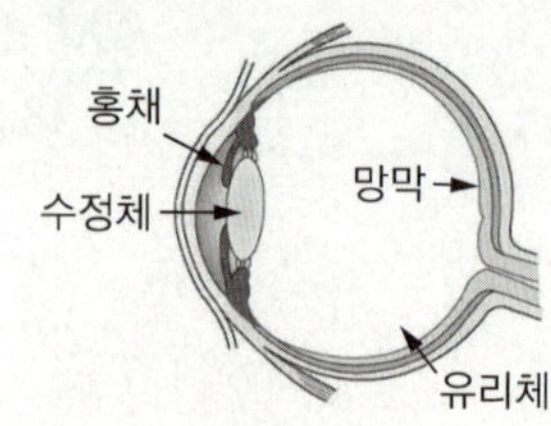

① 수정체　　　　② 홍채

③ 망막　　　　　④ 유리체

21 귀의 구조에서 몸의 기울어진 정도와 위치의 변화를 느끼는 곳은?

① 달팽이관　　　② 고막

③ 전정 기관　　　④ 반고리관

22 호르몬과 분비샘을 연결한 것으로 옳지 <u>않은</u> 것은?

① 인슐린 – 이자

② 티록신 – 갑상샘

③ 에스트로젠 – 정소

④ 생장 호르몬 – 뇌하수체

23 다음에 해당하는 체세포의 분열 시기는?

> 핵분열기 중 가장 긴 시기로서, 핵막과 인이 사라지며, 중심립에서 방추사를 형성한다.

① 전기　　　　　② 중기

③ 후기　　　　　④ 말기

24 핵발전의 에너지 전환 과정을 나타낸 것이다. 괄호 안에 들어갈 알맞은 말은?

> 핵에너지 → 열에너지 → (　　) → 전기 에너지

① 열에너지　　　② 위치 에너지

③ 화학 에너지　　④ 운동 에너지

25 우리 은하에 대한 설명으로 옳지 <u>않은</u> 것은?

① 불규칙 은하에 해당한다.

② 태양계가 속해 있는 은하이다.

③ 위에서 보면 막대 나선 모양이다.

④ 약 2,000억 개 정도의 별들이 있다.

과학 실전 문제  2회

01 다음에서 설명하는 암석은?

> ○ 마그마가 지표에서 굳어졌다.
> ○ 전체적으로 검고 구멍이 많다.
> ○ 제주도 지역에서 많이 발견된다.

① 역암
② 사암
③ 현무암
④ 대리암

02 중력에 대한 설명 중 옳지 <u>않은</u> 것은?

① 장소에 따라 크기가 달라진다.
② 지구가 물체를 끌어당기는 힘이다.
③ 인력과 척력을 모두 가지고 있다.
④ 항상 지구 중심 방향으로 작용한다.

03 다음 생물들이 속하는 계는?

> 벼, 고사리, 우산이끼, 버드나무

① 균계
② 식물계
③ 원핵생물계
④ 원생생물계

04 온도가 일정할 때 기체의 압력과 부피의 관계를 바르게 나타낸 그래프는?

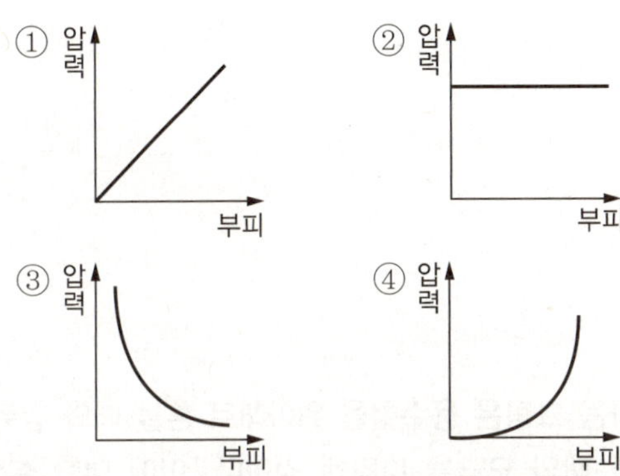

05 물질의 상태 변화 중 승화에 해당하는 것은?

① 안경에 김이 서린다.
② 처마 밑에 고드름이 언다.
③ 빨랫줄에 널어 둔 옷이 마른다.
④ 드라이아이스 덩어리가 점점 작아진다.

06 상태 변화와 열에너지에 대한 설명으로 옳은 것은?

① 물이 응고될 때 주위의 온도는 내려간다.
② 기화가 일어날 때 주위의 열을 방출한다.
③ 물질의 상태 중 열에너지를 가장 많이 가지고 있는 것은 액체이다.
④ 응고, 액화, 승화(기체 → 고체)가 일어날 때에는 주위에 열을 방출한다.

07 빛을 모으는 역할을 하는 기구끼리 옳게 짝지은 것은?

① 오목 거울, 볼록 렌즈

② 오목 거울, 오목 렌즈

③ 볼록 거울, 볼록 렌즈

④ 볼록 거울, 오목 렌즈

08 다음 그림은 용수철을 위아래로 흔들 때와 앞뒤로 흔들 때의 모습을 나타낸 것이다. 이에 대한 설명으로 옳지 <u>않은</u> 것은?

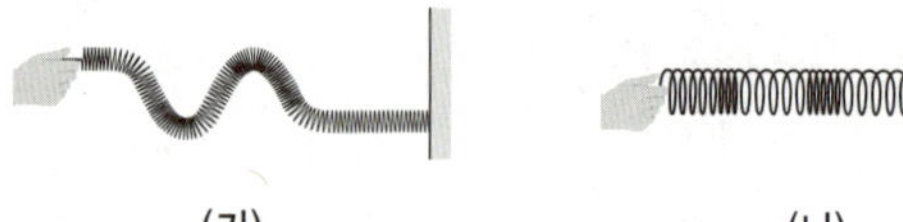

① (가)는 횡파이다.

② (나)는 종파이다.

③ (나)의 예에는 소리, 빛이 있다.

④ (가)의 예는 물결파, 지진파의 S파가 있다.

09 다음 중 분자 모형을 그림과 같이 나타낼 수 있는 것은?

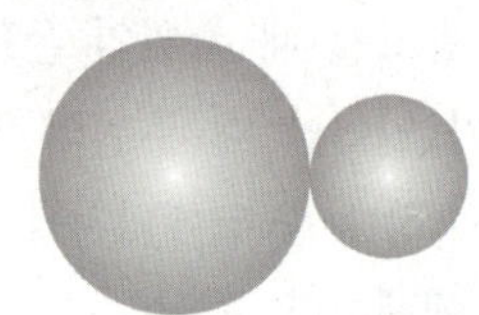

① 수소   ② 이산화 탄소

③ 과산화 수소   ④ 일산화 탄소

10 다음은 염화 나트륨을 물에 녹였을 때의 이온화 과정이다. ( ) 안에 들어갈 이온식으로 알맞은 것은?

$$NaCl \rightarrow (\quad) + Cl^-$$

① Na ② Na^-

③ Na^+ ④ Na^{2+}

11 다음 설명에 해당하는 것은?

○ 단위는 Ω(옴)을 사용한다.
○ 전류의 흐름을 방해하는 정도이다.

① 전력   ② 전자

③ 전압   ④ 저항

12 내행성이며, 태양에서 가장 가까운 행성은?

① 토성   ② 목성

③ 화성   ④ 수성

13 다음 중 광합성에 필요한 물질을 바르게 짝지은 것은?

① 산소, 물

② 포도당, 산소

③ 물, 이산화 탄소

④ 산소, 이산화 탄소

14 핵이 있으며, 일정한 모양이 없고 식균 작용을 하는 혈구는?

① 혈장　　　　　　② 백혈구

③ 혈소판　　　　　④ 적혈구

15 물질을 구별할 수 있는 특성이 <u>아닌</u> 것은?

① 밀도　　　　　　② 녹는점

③ 부피　　　　　　④ 끓는점

16 태평양에서 우리나라와 일본 쪽으로 흐르는 거대한 해류의 이름은 무엇인가?

① 북적도 해류

② 카나리아 해류

③ 쿠로시오 해류

④ 북태평양 해류

17 그림과 같은 뜨거운 금속 추를 찬물 속에 넣었을 때, 찬물이 얻은 열량이 150 kcal이었다. 이때 뜨거운 금속 추가 잃은 열량은?(단, 열의 외부 출입은 없다)

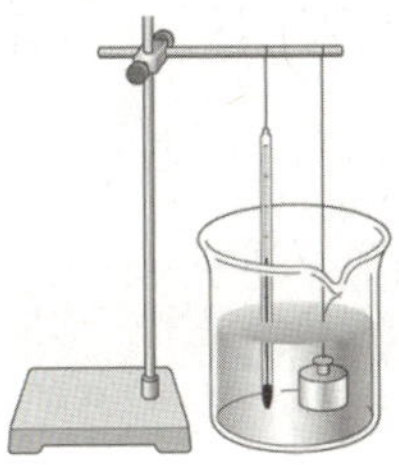

① 100 kcal　　　　② 150 kcal

③ 200 kcal　　　　④ 300 kcal

18 질량이 10 g인 볼트(B)와 2.5 g인 너트(N)로 화합물 BN_2 10개를 만들었다. 화합물 BN_2의 총질량은?

① 100 g　　　　　② 125 g

③ 150 g　　　　　④ 175 g

19 우리나라의 한여름 날씨에 영향을 주는 기단은?

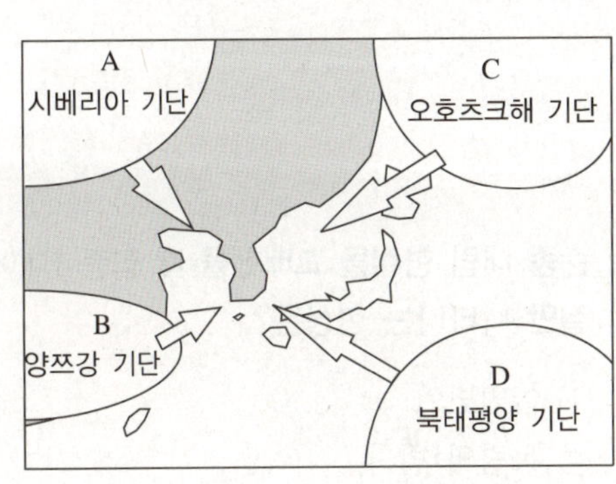

① A　　　　　　　② B

③ C　　　　　　　④ D

20 무게가 150 N인 물체를 3 m 들어 올렸을 때 한 일의 양은?

① 225 J ② 450 J

③ 675 J ④ 900 J

21 우리 눈에서 상이 맺히는 부분이며, 사진기의 필름과 같은 역할을 하는 곳은?

① 홍채 ② 망막

③ 수정체 ④ 눈꺼풀

22 밑줄 친 부분의 반응을 담당하는 중추는?

> 경희는 얼마 전 밥을 먹다가 뜨거운 주전자에 실수로 손을 데였다. 다행히 손끝이 닿는 순간 너무 뜨거워서 자신도 모르게 빨리 손을 떼었기 때문에 큰 사고를 막을 수 있었다.

① 연수 ② 대뇌

③ 소뇌 ④ 척수

23 순종 대립 형질을 교배했을 때 잡종 1대에서 우성 형질만 나타나는 현상은?

① 돌연변이

② 독립의 법칙

③ 분리의 법칙

④ 우열의 원리

24 다음 그림에서 역학적 에너지의 크기는?(단, 공기의 저항은 무시한다)

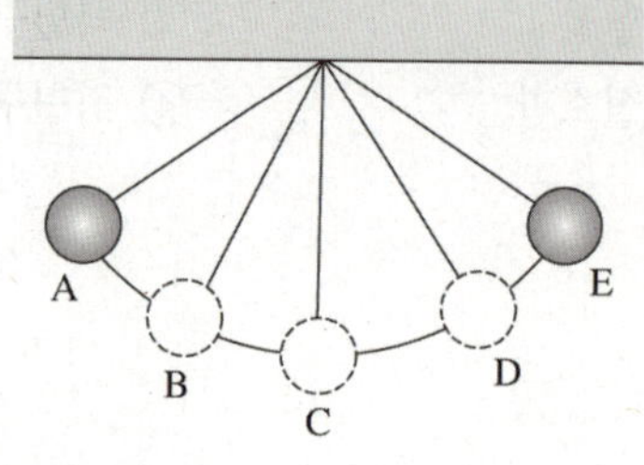

① A가 가장 크다.

② C가 가장 크다.

③ E가 가장 크다.

④ 크기가 모두 같다.

25 별의 등급에 대한 설명으로 옳지 <u>않은</u> 것은?

① 별의 실제 밝기는 절대 등급으로 비교한다.

② 절대 등급이 작을수록 실제로 밝은 별이다.

③ 겉보기 등급은 우리 눈에 보이는 별의 밝기 등급이다.

④ 절대 등급은 모든 별이 100 pc의 거리에 있다고 가정하는 것이다.

자신과의 관계

1 도덕적인 삶

● **해결 Point**

인간의 특성에 대한 문제가 자주 출제되므로 반드시 알아 두어야 한다. 당위나 도덕의 의미와 필요성을 이해하고 도덕에 대한 동서양의 개념에 대해 사상가와 함께 확실히 구별할 수 있어야 한다.

● **대표 문제 유형**

❖ 다음에서 설명하는 인간의 특성은?
❖ 다음에서 설명하는 인간의 특성으로 가장 적절한 것은?

(1) 사람다운 삶

① 사람답다는 것의 의미
  ㉠ 사람과 동물의 공통점: 욕구와 욕망을 추구한다.
    • 욕구: 인간이 생존하기 위해 필요한 것들을 얻으려고 하거나 하고 싶은 일을 하고자 바라는 것이다.
    • 욕망: 무언가에 부족을 느끼고 그것을 가지거나 누리고 싶은 마음을 말한다.
  ㉡ 사람과 동물의 차이점: 동물은 본능에 따르기 때문에 욕구를 절제할 수 없고, 사람은 당위를 지킬 줄 알기 때문에 욕구를 절제할 수 있다.
  ㉢ 당위의 필요성
    • 당위는 인간으로서 당연히 해야만 하는 것으로, 우리 사회는 더불어 살아가는 세상이므로 갈등 상황에서는 당위가 필요하다.
    • 갈등 상황에서 내가 하고 싶은 것과 해야만 하는 것이 일치하지 않는 경우가 더 많으므로 욕구와 당위 사이에 적합한 것을 선택하고 이를 행동으로 옮겨야 한다.

② 사람을 사람답게 만드는 것
  ㉠ 인간은 존엄한 존재로 '존엄성'을 가지고 있다.
  ㉡ 도덕의 요소

존중	인간을 존엄한 존재로 여겨 귀하게 대우하는 것
배려	타인의 처지에 공감하며, 타인을 도와주거나 보살펴주려는 마음
자율성	자신만의 기준을 세우고 이를 지키려는 마음

■ **인간의 특성**
  • 사회적 존재: 사회화 과정을 거쳐야 온전한 인간으로 성장하게 되는 존재
  • 이성적 존재: 이성적인 사고 능력을 가지고 있는 존재
  • 도구적 존재: 여러 가지 도구를 만들어 사용하는 존재
  • 유희적 존재: 생활상의 이해관계를 떠나 삶의 재미를 추구하는 존재
  • 문화적 존재: 상징체계를 바탕으로 문화를 계승·창조하는 존재
  • 정치적 존재: 국가를 이루며 정치 활동을 하는 존재
  • 윤리적 존재: 도덕적 주체로서 스스로 가치 있다고 생각하는 것을 행할 수 있는 존재

(2) 도덕의 의미와 필요성

① 도덕의 의미
  ㉠ 인간이 살아가는 동안 지켜야 할 도리 또는 바람직한 행동 기준이다.
  ㉡ 개인의 양심적 판단에 맡겨지는 삶의 규범적 양식이다.
  ㉢ 양심이란 도덕적으로 잘못된 어떤 행동을 하려고 생각하거나 그런 행동을 하고 있을 때, 우리에게 착한 행동을 하라고 끊임없이 명령하는 윤리 의식을 말한다.
  ㉣ 도덕적인 삶은 생활 속에서 규범을 실천하고 지키는 것으로부터 시작된다.

② 동양과 서양의 도덕에 대한 개념
  ㉠ 동양
    • 공통점: 인간의 마음에서 도덕의 기초를 찾았다.

• 차이점

유교	• 남을 불쌍히 여기고 배려하는 어진 마음을 말함
	• 유교에서의 인간의 본성에 관한 논의
	  – 성선설(性善說): 맹자의 윤리 사상으로, 인간은 본래부터 착한 본성을 가지고 태어난다고 했음
	  – 성악설(性惡說): 순자의 윤리 사상으로, 인간은 자신의 욕구 충족만을 추구하는 옳지 못한 성품을 가지고 태어나므로, 예법으로 인간의 본성을 변화시켜 선하게 만들려는 인위적인 노력을 해야 한다고 주장했음
	  – 성무선악설(性無善惡說): 고자가 주장한 윤리 사상으로, 인간의 본성에는 선도 악도 없으므로, 교육과 수양에 따라 그 어느 품성으로도 될 수 있다고 했음

불교	자비를 실천하는 마음
도가	자연의 순리에 따르는 소박한 마음

ⓛ 서양
  • 인간의 이성에서 도덕의 기초를 찾았다.
  • 인간은 이성적인 판단을 통해 도덕적 가치를 추구한다고 생각했다.

③ 도덕의 필요성

개인적 필요성	자신의 삶을 반성하게 하며, 이를 통해 훌륭한 인격을 갖추고 올바른 삶을 살게 도와줌
사회적 필요성	사회의 유지 및 발전에 공헌할 수 있게 함

[3] 도덕적이어야 하는 이유

인간다운 삶의 추구	• 인간은 존엄한 존재이므로 자신의 이익을 위해 타인을 도구화할 수 없음 • 이와 같은 도덕적 의지 자체가 우리를 사람답게 살 수 있게 해 줌
행복한 삶의 추구	• 행복한 삶을 위해서는 물질적 조건보다 정신적 조건이 더욱 중요함 • 인간은 도덕적 삶을 통해 마음속에서 보람을 얻으며, 이는 물질로 충족된 쾌락보다 더 큰 행복을 줌

2 도덕적 행동

● 해결 Point

도덕 판단에 관한 문제도 출제가 예상되니 도덕적 추론의 구성 요소인 도덕 원리와 사실 판단을 명확히 해 두어야 한다. 또한, 도덕 원리 검사의 종류에 대해 구별할 수 있도록 정리해 두고 공부한다.

● 대표 문제 유형

❖ 도덕적 상상력의 구성 요소가 <u>아닌</u> 것은?
❖ 다음에서 설명하는 도덕적 성찰 방법으로 가장 적절한 것은?

[1] 도덕적 사고와 행동의 불일치

개인의 이기심과 무관심	자신의 이익만을 생각하는 이기심으로 인해 도덕적인 행동을 실천하지 못하거나 도덕적으로 옳지 않다는 것을 알면서도 도덕적 문제 상황을 그냥 지나침
용기 부족	용기가 부족하면 도덕적 사고를 올바르게 하더라도 실천하지 못할 수 있음
공감 능력의 부족	다른 사람의 정서를 이해하고 함께 느끼는 공감 능력이 부족하여 도덕적 사고가 실천으로 이어지지 않음
진정한 앎의 부족	머리로만 얕게 알고 제대로 이해하지 못하면 도덕적인 행동을 실천하지 못할 수 있음
사회 구조의 문제	사회 구조나 관행이 잘못되어 비도덕적 행동을 용인함

[2] 도덕적 상상력과 민감성

① 의미
  ㉠ 도덕적 상상력: 상대방의 입장을 헤아려 그 사람에게 도움이 되는 행동들을 상상하고 결과를 예측하는 능력이다.
  ㉡ 도덕적 민감성: 도덕적인 문제에 처한 상황에서 무엇이 도덕적으로 문제가 되는지 느끼고 섬세하게 반응하는 것이다.

② 역할
  ㉠ 도덕적 상상력: 문제를 해결하는 것으로, 어떤 도덕적 문제에 부딪쳤을 때 어떤 일들이 벌어질 것인지 생각해 보고 해결책을 제시한다.
  ㉡ 도덕적 민감성: 도덕적 문제를 파악하는 것으로, 도덕적 문제 상황을 민감하게 알아차리고 도덕적 행동을 하게 하는 시작점이라 할 수 있다.

(3) 도덕적 추론

① **도덕적 추론의 의미**: 도덕적 판단을 내릴 때 그것을 지시하는 이유 또는 근거를 대면서 그 판단이 옳다고 주장하는 과정이다.

② **도덕적 추론의 과정**

　㉠ 형식: 도덕 원리 + 사실 판단 = 도덕 판단

　　• 도덕 원리: 원리의 근거로, 모든 사람이나 행위 전체에 대해 보편적으로 평가하는 도덕 판단이다.

　　　예 "법을 준수해야 한다."

　　• 사실 판단: 사실의 근거로, 참과 거짓을 객관적으로 확인하는 판단이다.

　　　예 "무단횡단은 법을 어기는 행동이다."

　　• 도덕 판단: 어떤 구체적인 도덕 문제에 대해 도덕 원리와 사실 판단을 통해 내리는 판단이다.

　　　예 "무단횡단을 해서는 안 된다."

　㉡ 과정: 도덕적 문제 발생 → 도덕 판단에 대한 근거(도덕 원리, 사실 판단) → 도덕 판단

③ **도덕 원리 검사의 종류**

　㉠ 보편화 검사 결과: 문제가 되는 도덕 원리를 모든 사람이 보편적으로 실천했을 때 나타날 수 있는 결과를 예상하여 도덕 원리의 적절성 여부를 검토하는 방법이다.

　㉡ 반증 사례 검사: 상대방이 전제하고 있는 도덕 원리에 반대되는 사례를 제시하여 상대방의 도덕 원리가 부적절함을 지적하는 방법이다.

　㉢ 역할 교환 검사: 상대방의 입장에서 생각해 보는 방법이다.

　㉣ 포섭 검사: 선택한 도덕 원리를 더 일반적이고 포괄적인 도덕 원리에 따라 판단해 보는 검사이다.

(4) 비판적 사고

① **비판적 사고의 의미**: 도덕적 추론 과정에서 제시된 근거가 신뢰할 만한지, 또는 문제점은 없는지 합리적으로 검토하는 과정이다.

② **비판적 사고의 과정**

　㉠ 사실 판단 검토

　　• 사실 판단의 근거가 되는 정보가 '얼마나 신뢰할 수 있는가'를 살펴보아야 한다.

　　• 공정하지 못하고 한쪽으로 치우친 비합리적인 편견인지 또는 논리에 맞지 않는 오류가 있는지를 검토한다.

　㉡ 도덕 원리 검토

　　• 입장을 바꾸어 생각하게 함으로써 도덕 원리의 타당성을 검토하는 방법이다.

　　• 도덕 원리를 모든 사람이 보편적으로 실천했을 때 나타날 수 있는 결과를 예상하여 도덕 원리의 적절성을 검토한다.

　㉢ 과정: 의견과 사실의 구분 → 건전한 의심과 논리 검토 → 합리적인 결과 도출 및 선택

(5) 도덕적 성찰

① **도덕적 성찰의 의미**: 자신을 반성해 보는 것뿐 아니라 자신의 삶을 객관적 입장에서 바라보며 바람직한 삶을 살기 위한 구체적인 방법을 찾는 것이다.

② **도덕적 성찰의 방법**

　㉠ 유교의 성찰 방법: 경(敬)

　　• 옳은 생각으로 가득 찬 마음의 상태를 말한다.

　　• 한순간도 방심하지 말고 바람직하지 못한 욕망이 침입하지 않도록 경계하는 생활 자세가 필요하다.

　　• 수양을 통해 인간의 착한 본성을 잘 가꾸고 악의 유혹으로부터 벗어날 수 있다고 했다.

　㉡ 불교의 성찰 방법: 참선

　　• 스스로를 성찰하여 깨달음을 구하는 방법이다.

　　• 인간의 참된 삶을 성찰하고, 헛된 욕심을 버리고 마음을 집중하라고 했다.

　　• 자신의 맑은 본성을 찾아 바르게 살아갈 수 있다고 주장했다.

　㉢ 소크라테스의 '대화법': "나는 누구인가?"라는 질문을 통해 대화를 나누며 진리를 추구했다.

3 자아 정체성

(1) 자아 정체성의 도덕적 의미

① 자아의 발견과 실현

　㉠ 자아의 의미: '나를 확인하고자 하는 자신의 모습'을
　　자아(自我)라 한다.

　㉡ 자아의 구성 요소

　　• 소망: 내가 하려고 하는 것이 무엇인지 막연하게 아
　　　는 것이 아니라 확실하게 아는 것이다.

　　• 능력: 내가 할 수 있는 것이 무엇인지 분별하여 최선
　　　을 다하는 것이다.

　　• 의무: 사회적 존재로 내가 할 일이 무엇이고 해서는
　　　안 되는 것이 무엇인지 아는 것이다.

　㉢ 자아 발견의 중요성: 자아의 발견을 통해 내가 가진 소
　　망이 무엇인지, 다른 사람과 구별된 나의 특징은 무엇
　　인지 알 수 있다.

② 자아 정체성의 형성과 탐구

　㉠ 자아 정체성의 형성

　　• 자아 정체성

　　　– '나는 누구인가?'의 질문에 대한 스스로의 답변
　　　　이다.

　　　– 자신의 목표·역할·가치관 등을 통합적으로 이
　　　　해하며 내가 누구인지 일관되게 인식하는 것이다.

　　• 청소년기와 자아 정체성: 청소년기는 자신의 정체성
　　　을 확립해 나가는 시기로, 자신이 누구인지, 타인에
　　　게 보이는 나의 모습, 나의 사회적인 역할이 무엇인
　　　지 등에 대해 알고 싶어 한다.

　㉡ 자아 정체성의 탐구

　　• 과거의 나와 현재의 나, 미래의 나를 비교하여 나에
　　　대해 알아보는 것이다.

　　• 내가 할 수 있는 일이 무엇인지, 할 일이 무엇인지 등
　　　자신이 맡을 역할을 통해 자신을 찾아보는 것이다.

　　• 자신이 보는 나와 타인이 보는 나를 비교하는 것이다.

　　• 자신과 타인을 비교하여 다른 사람과 구별된 나의 특
　　　징이 무엇인지 알아보는 것이다.

(2) 내가 본받고자 하는 도덕적 인물

① 도덕적 인물의 특징

　㉠ 누구나 수긍할 수 있는 보편적 가치를 추구하여 공동
　　체를 우선하는 가치관을 가진 인물이다.

　㉡ 자신의 삶을 이끄는 중요한 도덕적 가치를 신념으로
　　삼고 지킨다.

　㉢ 현 시대뿐 아니라 먼 미래까지 변치 않는 존경을 받는다.

　㉣ 다른 사람의 삶을 안내하고 이끌어주는 역할을 한다.

② 나의 도덕적 인물 탐색

역사적인 도덕적 인물 탐색	자신의 삶과 도덕적인 지향점을 분명하게 밝혀 자아 정체성 형성에 도움을 줌
우리 주변의 도덕적 인물	• 여러 사람의 도덕적 특성을 모아 내가 본받고 싶은 대상을 구체화할 수 있음 • 긍정적이지 못한 측면을 가진 사람을 통해, 그렇게 되지 말아야겠다는 교훈을 얻을 수 있음

(3) 신념에 따른 행동의 도덕적 의미

① 신념과 도덕적 신념의 의미

　㉠ 신념: 자신이 가진 견해, 사상에 대해 흔들림 없는 태
　　도를 취하여 변하지 않는 것을 의미한다.

　㉡ 도덕적 신념: 올바른 도덕적 가치를 지켜 올바르게 살
　　아가고자 하는 믿음을 말한다.

② 도덕적 신념의 역할

　㉠ 어려운 상황에서도 굴복하지 않고 도덕적 행동을 실천
　　하게 하는 버팀목이 된다.

　㉡ 독단적이고 잘못된 신념을 반성할 수 있도록 하는 역
　　할을 한다.

　㉢ 보다 가치 있는 삶의 방향을 제시하여 올바른 삶을 살
　　아갈 수 있게 한다.

　㉣ 악과 불의를 미워하며 선과 정의로운 삶을 추구하도록
　　만든다.

③ 도덕적 신념의 탐색

보편성	타인 및 공동체, 더 나아가 인류 전체의 관점에서도 인정받을 수 있어야 함
융통성	도덕적 신념이 현실과 지나치게 동떨어진다면 설득력을 잃게 됨

④ 도덕적 실천 동기
　㉠ 도덕적 행동을 일으키는 계기나 원인으로, 도덕적 행위를 이끄는 원동력이 된다.
　㉡ 도덕적 사고와 신념을 도덕적 행동으로 옮기기 위해서는 도덕적 실천 동기가 필요하다.
　㉢ 도덕적 실천 동기를 일으키는 것으로는 공감, 사랑, 선한 의지 등이 있다.

4 삶의 목적

● **해결 Point** ⋯⋯⋯⋯⋯⋯⋯⋯⋯⋯⋯⋯⋯

가치의 종류와 서열을 묻는 문제가 자주 출제되므로 가치의 종류와 가치의 서열이 바뀌었을 때의 현상을 반드시 외워 두어야 한다. 또한, 최고선의 다양한 의미에 대해 학자와 연계하여 공부해야 한다.

● **대표 문제 유형** ⋯⋯⋯⋯⋯⋯⋯⋯⋯⋯⋯⋯

❖ 다음 대화에 해당하는 도덕적 가치는?
❖ 다음에서 설명하는 가치는?

(1) 삶의 가치와 최고선

① 삶의 가치
　㉠ 가치의 의미
　　• 인간의 욕구나 인간에게 필요한 것을 만족시켜주는 것이다.
　　• 좋아하는 것과 싫어하는 것의 결정 기준으로, 소중하게 생각하는 것이자 얻기 위해 노력하는 대상이다.
　　• 인간의 사고와 행동에 영향을 주며, 문제 상황에서 결정을 내려야 할 때의 판단 척도이다.
　　• 뜻있고 보람찬 삶을 판단하는 기준이다.
　㉡ 가치의 종류

물질적 가치와 정신적 가치	• 물질적 가치: 물질을 통해 만족감을 얻을 수 있는 것으로, 즐거움을 주는 쾌락 가치와 생활에 필요한 것을 주는 유용 가치(돈, 집, 음식 등) • 정신적 가치: 물질과 상관없이 보람을 느끼는 가치로 지적·미적·도덕적·종교적 가치(사랑, 우정, 지혜, 행복, 믿음 등)
도구적 가치와 본래적 가치	• 도구적 가치: 목표를 이루기 위한 도구로써의 가치로 다른 목적의 수단이 되는 가치 • 본래적 가치: 사랑·배려·행복 등 그 자체가 귀중하고 목적으로 추구되는 가치

주관적 가치와 보편적 가치	• 주관적 가치: 다른 사람의 의견이나 관점과 상관없이 내가 느끼는 가치 • 보편적 가치: 전 인류에게 통용되는 가치

　㉢ 가치의 서열
　　• 도구적 가치보다는 본래적 가치가, 물질적 가치보다는 정신적 가치가 더 중요하다.
　　• 사람들이 추구하는 가치의 서열이 거꾸로 바뀌어 더 소중한 가치가 중요시되지 못하는 현상을 '가치 전도 현상'이라고 한다.

② 최고선
　㉠ 최고선의 의미
　　• 객관적 의미: 삶을 살면서 추구해야 하는 가장 높은 최고의 가치로 사람마다 최고선의 내용은 다르다.
　　• 최고선의 다양한 의미
　　　– 아리스토텔레스: 우리가 궁극적 목적으로 추구하는 것이 최고선이며 이것이 바로 '행복'이라고 규정했다.
　　　– 칸트: 최고선을 '도덕성'과 '행복'의 완전한 결합으로 규정했다.
　　　– 에피쿠로스: 아리스토텔레스와 같이 인생의 목표를 행복이라고 믿었지만, 쾌락을 통한 행복을 최고선으로 규정했다.
　㉡ 최고선과 도덕적 삶의 관계: 우리는 도덕적으로 올바른 삶을 살아가는 과정에서 최고선에 가까이 다가설 수 있게 된다. 그러므로 도덕적인 삶은 행복을 얻고 최고선을 완성하기 위해 필요한 과정이다.

(2) 삶의 목적과 가치

① 삶의 목적 설정의 중요성
　㉠ 삶의 목적에 대한 고민: 인간은 누구나 '무엇을 위해 살아야 하는가'에 대한 고민을 가지게 되며 이러한 삶의 목적에 대한 고민은 삶을 더욱 의미 있고 가치 있게 만들어 준다.
　㉡ 삶의 목적의 다양성: 사람들이 각자의 인생에서 어떤 부분에 가치를 두느냐에 따라 삶의 목적이 달라지고 살아가는 모습도 달라진다.

② 삶의 목표와 도덕적 가치
　㉠ 삶의 목표: 살면서 지향해야 할 궁극적인 대상인, 삶의 목적에 이르기 위한 구체적인 방법이다.
　㉡ 삶의 목표와 가치 추구
　　• 본질적·정신적 가치를 추구해야 한다.
　　• 특히 삶의 목적과 목표의 중심으로 '본래적 가치'를 우선시해야 한다.

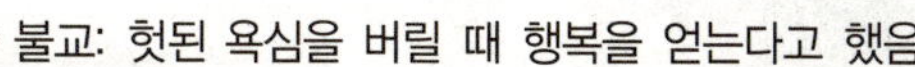

(3) 도덕 공부의 진정한 의미와 목적

① 공부의 의미

학습	국어, 과학, 수학을 비롯한 다양한 과목, 다양한 학문을 배우는 것
인생 공부	살면서 경험한 어려움을 통해 인격 수행을 하고, 어려움을 헤쳐 나가는 과정에서 삶의 방식을 배우는 것

② 도덕 공부의 의미

'도덕' 교과 학습	• '인간적으로 어떻게 살아야 하는지', '인생의 진리란 무엇인지'를 배움 • 어떤 가치를 추구해야 할지, 이를 어떻게 실천할 수 있을지를 배움
'도덕' 추구를 위한 인격 수양	• 도덕 교과의 방법을 기초로 도덕 공부를 하여 인격 수행을 해 나가야 함 • 올바른 가치 추구가 이루어지는지 성찰하여 삶의 방향을 제시해 줌

③ 도덕 공부의 목적
- ㉠ 올바른 인격을 형성하기 위해 공부한다.
- ㉡ 바람직한 삶의 목적을 설정하기 위해 공부한다.

5 행복한 삶

● **해결 Point**

동서양의 행복 추구 방법이 종종 출제되므로 아리스토텔레스가 말한 행복의 방법에 대해 알아 두도록 한다.

● **대표 문제 유형**

❖ 참된 행복을 추구하는 삶으로 가장 적절한 것은?
❖ 다음 중 행복한 삶을 위한 자세로 가장 적절한 것은?

(1) 행복의 개념과 추구 방법

① 행복의 개념
- ㉠ 삶의 궁극적인 목적(최상위 목적)이며 기쁨이나 만족감과 같은 감정의 개념이다.
- ㉡ 진정한 의미의 행복은 일시적 만족감에 의한 즐거움이 아니라 바람직한 가치의 추구를 통해 삶 전체에 걸쳐 느끼는 '지속적·정신적인 만족감'이다.

② 행복의 추구 방법

서양	아리스토텔레스: 도덕적 행복을 습관화할 때 행복이 이루어진다고 함
동양	• 유교: 인(仁)을 실천하면서 기쁨을 느끼고, 이를 통해 행복을 얻는다고 했음
	• 불교: 헛된 욕심을 버릴 때 행복을 얻는다고 했음 • 도가: 자연에 따르고 인위적인 것을 하지 않는 무위(無爲)의 상태일 때 행복을 얻는다고 했음

(2) 행복한 삶과 이를 위한 습관

① 행복한 삶과 삶의 목표
- ㉠ 행복한 삶은 자신이 원하는 목표를 위해 끊임없이 노력할 때 가능하다.
- ㉡ 행복은 삶의 목표를 추구하면서 자아실현 및 사회 이바지에 기여하는 과정을 통해 얻을 수 있다.

② 행복한 삶을 위한 습관의 필요성
- ㉠ 습관화: 올바른 습관을 습관화하는 것이 행복으로 가는 가장 확실한 방법이다.
- ㉡ 습관과 도덕적 품성
  - • 작은 도덕적 행동을 습관화하면 이것이 곧 도덕적 품성이 된다.
  - • 습관은 품성의 기초가 되며, 이것이 쌓여 이루어진 좋은 품성은 행복을 불러온다.

(3) 정서적 건강과 사회적 건강 가꾸기

① 정서적 건강 가꾸기
- ㉠ 정서적 건강

건강	정신적, 신체적으로 완전한 안녕(well-being)을 말함
회복 탄력성	어려움을 겪어도 이를 이겨 내고 건강한 상태로 돌아올 수 있는 마음의 힘을 말함

- ㉡ 정서적으로 건강한 사람의 특징
  - • 늘 자신을 존중하는 마음을 가지고 있다.
  - • 자신의 감정을 잘 통제하고, 타인의 정서도 잘 고려하여 현명하고 책임 있게 처신한다.
  - • 어려운 일이 있어도 상황에 맞게 자신의 정서를 잘 표현한다.

② 사회적 건강 가꾸기
- ㉠ 사회적 건강: 공동체 내에서 타인과 소통하며, 상대의 상황을 이해하여 원만한 관계를 지속하는 상태를 말한다.
- ㉡ 사회적으로 건강한 사람의 특징: 공동체 내에서 타인과 원활히 교류하고 상대와의 의견을 적절하게 조화시킬 줄 안다.

출제 예상 문제

01 다음 사례에서 밑줄 친 부분의 근거로 옳은 것은?

> 예담이는 땅에 떨어진 지갑을 주워 집으로 가져 왔다. 순간적인 욕심에 지갑을 가져왔지만 돌이켜보니 <u>자신이 부끄럽게 느껴져서</u> 경찰서에 가져다 주었다.

① 법
② 양심
③ 예절
④ 관습

02 다음 중 도덕 판단에 해당하는 것은?

① 너는 얼굴이 예쁘다.
② 사람은 정직해야 한다.
③ 봄이면 벚꽃이 흐드러지게 핀다.
④ 먹구름이 몰려오는 걸 보니 비가 올 것 같다.

03 B가 도덕적 행동을 하기 위해 필요한 요소가 <u>아닌</u> 것은?

> A: 수업 시간에 왜 자꾸 떠드니?
> B: 수업 시간에 떠들어도 선생님께 들키지만 않으면 되잖아.

① 도덕적 지식
② 도덕적 무관심
③ 도덕적 실천 동기
④ 도덕적 사고 능력

04 다음 ㉮~㉰의 도덕적 추론에 대한 설명으로 옳은 것은?

> ㉮: 법을 어기는 행동을 하는 것은 옳지 않다.
> ㉯: 어제 철수가 한 무임승차는 법을 어기는 행동이다.
> ㉰: 어제 철수가 한 무임승차는 옳지 않다.

① ㉮는 사실 판단이다.
② ㉯는 도덕 판단이다.
③ ㉰는 도덕 원리이다.
④ ㉮와 ㉯는 ㉰의 근거이다.

05 다음에서 설명하는 인간의 특성으로 가장 적절한 것은?

> 인간은 자연적으로 집단을 이루고 산다. 즉 인간은 원래 홀로 살지 못하고 사람들과 집단을 이루어 살도록 되어 있다. 이 집단이 궁극적으로 국가를 형성하게 된다.

① 이성적 존재
② 사회적 존재
③ 도구적 존재
④ 윤리적 존재

06 다음에서 설명하는 것은?

> 자신의 삶이나 행동을 반성하는 것과 더불어 자신과 자신의 주변 환경에 대해 깊이 생각하면서 살피는 것이다.

① 성찰
② 정의
③ 문화
④ 우정

07 다음에서 설명하는 인간의 특성은?

> 인간은 욕구와 충동을 조절하며 자신의 행동을 돌아보고 옳은 행동을 하고자 한다.

① 도구적 존재 ② 윤리적 존재
③ 유희적 존재 ④ 쾌락적 존재

08 밑줄 친 부분과 같은 행동을 하게 된 이유는?

> 윤희는 길에서 휴대전화기를 주웠다. 전화기를 주인에게 찾아주어야겠다고 생각한 윤희와는 달리 친구들은 전화기를 돌려주지 말자고 했다. 윤희는 친구들에게 미움을 살 것 같아 결국 휴대전화기를 돌려주지 못했다.

① 도덕적 지식이 풍부해서
② 도덕적 신념이 확고해서
③ 도덕적 판단 능력이 분명해서
④ 타인의 영향으로 도덕적 실천 의지가 약해져서

09 도덕 판단으로 알맞은 것은?

① 물은 0 °C에서 언다.
② 봄이 되면 꽃이 핀다.
③ 거짓말을 해서는 안 된다.
④ 대한민국은 삼면이 바다인 반도 국가이다.

10 도덕적 자율성을 갖춘 학생의 대답으로 ㉠에 들어갈 가장 적절한 것은?

> 선생님: 복도에서 뛰어다니면 안 되는 이유는 무엇일까요?
> 학생: ㉠

① 선생님이 걸어 다니라고 시켜서요.
② 뛰다 걸리면 벌점을 받을 수 있잖아요.
③ 걸어 다니면 선생님의 칭찬을 들을 수 있어요.
④ 다른 사람에게 피해를 주는 것은 옳지 않기 때문입니다.

11 다음 중 그 자체로서 목적이 되는 궁극적인 가치는?

① 본래적 가치
② 도구적 가치
③ 수단적 가치
④ 조건적 가치

12 도덕적 실천을 어렵게 하는 요인을 〈보기〉에서 모두 고른 것은?

> ━━━━ 〈보기〉 ━━━━
> ㄱ. 최고선   ㄴ. 도덕적 무지
> ㄷ. 도덕적 무관심   ㄹ. 도덕적 상상력

① ㄱ, ㄴ   ② ㄱ, ㄹ
③ ㄴ, ㄷ   ④ ㄷ, ㄹ

13 다음 (   )에 공통적으로 들어갈 개념은?

> ○ (   )은/는 최고의 가치를 지닌 것이다.
> ○ (   )은/는 인간이 추구하는 궁극적 목적과 이상이다.
> ○ 아리스토텔레스는 (   )을/를 '행복'이라고 말했다.

① 의지   ② 용기
③ 관용   ④ 최고선

14 다음 설명과 관련이 있는 것은?

> 도덕적 실천 의지를 불러일으켜 도덕적 행동을 실천하게 해주는 것으로 공감, 사랑, 선한 의지 등이 있다.

① 도덕적 문제
② 도덕적 토론
③ 도덕적 실천 동기
④ 도덕적 원리 검사

15 다음 격언이 강조하고 있는 의미는?

> 한 마리 제비가 왔다고 봄이 온 것은 아니며 한 번의
> 도덕적 행동으로 도덕적인 사람이 되는 것은 아니다.
> – 아리스토텔레스

① 도덕적 무관심이 필요하다.
② 도덕적 지식을 가져야 한다.
③ 도덕적 사고는 중요하지 않다.
④ 도덕적 행동을 습관화해야 한다.

16 밑줄 친 말에 대한 설명으로 적절하지 <u>않은</u> 것은?

> '나는 누구인가?'라는 질문을 하고 그 대답을 찾으려는
> 노력을 통해 <u>자아 정체성</u>을 형성할 수 있다.

① 자존감을 갖게 해 준다.
② 태어날 때부터 정해진다.
③ 삶의 방향을 결정짓는 바탕이 된다.
④ 삶을 반성하는 과정에서 형성되기도 한다.

17 다음 빈칸 ㉠에 들어갈 알맞은 말은?

> 인간의 본성에 관한 입장 중 [㉠]은 인간의 본성
> 에는 선도 악도 없으므로 교육과 수양에 따라 그 어느 품
> 성으로도 될 수 있다고 했다.

① 성선설(性善說)
② 성악설(性惡說)
③ 성선성악설(性善性惡說)
④ 성무선악설(性無善惡說)

18 도덕적 자아의 역할로 옳은 것은?

① 타인에 대한 의존성을 높인다.
② 자신의 본능과 욕망을 따르게 한다.
③ 자아를 상실하게 하는 기능을 한다.
④ 자신의 행동이 도덕적으로 올바른지 반성하게 한다.

19 다음 중 도덕적 추론의 구성 요소가 <u>아닌</u> 것은?

① 사실 판단
② 도덕 원리
③ 도덕 판단
④ 형식 원리

20 다음 내용에서 공통으로 설명하고 있는 개념은?

> ○ 인간으로서 당연히 해야만 하는 것이다.
> ○ '~해야 한다', '~해서는 안 된다' 등으로 표현한다.
> ○ 갈등 상황에서 필요하다.

① 당위   ② 욕구
③ 경쟁   ④ 자애

21 영규의 행위에 대한 평가로 가장 적절한 것은?

> 영규는 '커닝을 하는 것은 옳지 않다.'는 것을 알고 있었
> 지만, 문제를 아무리 봐도 이해가 안 되고 선생님도 다른
> 곳을 보고 있는 틈을 타 커닝을 했다.

① 도덕적 지식과 도덕적 행위가 일치했다.
② 도덕적 행위를 한 후 도덕적 사고를 했다.
③ 도덕적 지식은 없었지만 도덕적 행위를 했다.
④ 도덕적 지식은 있었지만 도덕적 행위는 하지 않았다.

22 다음의 내용이 설명하는 것은?

> ○ 착한 행동을 하라고 끊임없이 명령하는 윤리 의식이다.
> ○ 잘못을 저지른 경우 부끄러움을 느끼게 해주는 것이다.

① 이성   ② 수양
③ 자아   ④ 양심

23 도덕에 대한 설명으로 옳은 것을 〈보기〉에서 모두 고른 것은?

> ─── • 〈보기〉 • ───
> ㄱ. 인간이 살아가는 동안 지켜야 할 도리이다.
> ㄴ. 지키지 않을 경우 처벌을 받게 된다.
> ㄷ. 개인의 양심적 판단에 맡겨진다.

① ㄱ, ㄴ   ② ㄱ, ㄷ
③ ㄴ, ㄷ   ④ ㄱ, ㄴ, ㄷ

24 다음 상황에서 영철이가 도덕적 사고를 행동으로 옮기지 **못한** 까닭은?

> 영철이는 같은 반 친구인 재우가 뒷골목에서 불량 학생들에게 돈을 빼앗기고 있는 모습을 보았다. 영철이는 재우를 도와주고 싶었지만 불량 학생들에게 혹여 보복이라도 당할까 두려워 재우를 도와주지 못하고 그냥 지나치고 말았다.

① 영철이에게는 재우를 도와줄 시간이 부족했다.
② 영철이는 재우와 친하지 않았으므로 그냥 지나쳤다.
③ 용기 부족으로 재우를 도와야겠다는 실천 의지가 약해졌다.
④ 이 상황에서 재우를 도와주어야 한다는 사실을 알지 못했다.

25 다음 내용을 주장한 사상가는?

> 인간은 원래부터 불쌍한 사람을 안쓰럽게 여기고 도와주고자 하는 선한 본성을 가지고 태어난다. 따라서 이런 선한 본성을 잘 유지해야 한다.

① 고자   ② 맹자
③ 순자   ④ 한비자

26 다음이 설명하는 것은 무엇인가?

> 상대방의 입장을 헤아려 그 사람에게 도움이 되는 행동들을 상상하고 결과를 예측하는 능력이다.

① 도덕적 상상력
② 도덕적 민감성
③ 도덕적 무관심
④ 도덕적 예측력

27 도덕적 자아상을 형성하는 방법으로 올바른 것은?

① 물질적 가치를 중요시한다.
② 나의 과거 모습에 집착한다.
③ 주변의 충고보다는 나만의 기준을 찾는다.
④ 역사적인 인물 중 도덕적 인물을 탐색하여 본받는다.

28 다음 내용과 가장 관련 있는 것은?

> 인간은 쾌락이나 재물, 명예보다는 인간답게 살도록 만들어주는 '덕'을 실천해야 행복해질 수 있다.

① 도덕적 선택과 행위는 행복과 관련 없다.
② 도덕적인 삶을 추구하면 행복해지기 힘들다.
③ 인간이 인간답게 살려면 명예를 추구해야 한다.
④ 도덕적인 삶은 진정한 행복을 결정하는 중요한 요소이다.

29 다음에서 설명하는 가치는?

> 물질과 상관없이 보람을 느끼는 가치로 지적·미적·도덕적·종교적 가치 등이 있다.

① 물질적 가치   ② 정신적 가치
③ 도구적 가치   ④ 주관적 가치

30 다음 내용이 설명하는 단어는?

> 사람들이 추구하는 가치의 서열이 거꾸로 바뀌어 더 소중한 가치가 중요시되지 못하는 현상을 말한다.

① 최고선 　　　　② 삶의 가치
③ 도덕적 신념 　　④ 가치 전도 현상

31 다음에서 설명하는 인간의 특성은?

> 인간은 동물과 달리 삶의 재미를 추구하여 놀이와 여가를 즐긴다.

① 도구적 존재 　　② 정치적 존재
③ 유희적 존재 　　④ 윤리적 존재

32 다음 중 도덕적으로 자율적인 인간이 되기 위한 노력으로 적절하지 <u>않은</u> 것은?

① 주체적으로 의사를 결정하도록 노력한다.
② 자신이 선택한 행위에 대해 책임을 진다.
③ 감성적인 판단에 따라 무조건 자신의 욕구를 따른다.
④ 마땅히 해야 할 바를 실천할 수 있는 의지를 기른다.

33 (가)에 들어갈 말로 가장 적절한 것은?

> ○ 도덕 원리: 법을 어기는 행동을 해서는 안 된다.
> ○ ⎡(가)⎤: 무단횡단을 하는 것은 법을 어기는 행동이다.
> ○ 도덕 판단: 무단횡단을 해서는 안 된다.

① 사실 추론 　　② 도덕 원리
③ 도덕 선택 　　④ 사실 판단

34 밑줄 친 부분에서 사용한 도덕 원리 검사의 방법은?

> 갑: 새치기를 하면 어떻게 하니? 질서를 지켜야지!
> 을: 친구 사이인데 뭐 어때!
> 갑: <u>모든 학생이 새치기를 하면 우리 학교가 어떻게 되겠니?</u>

① 적성 검사
② 반증 사례 검사
③ 역할 교환 검사
④ 보편화 결과 검사

35 다음 중 도덕적 인물의 특성으로 옳지 <u>않은</u> 것은?

① 공동체를 위한 가치를 우선한다.
② 시대를 초월하여 변하지 않고 존경을 받는다.
③ 다른 사람을 이끌어주는 지향점 역할을 한다.
④ 도덕적 · 비도덕적 유무에 상관없이 자신의 신념을 관철한다.

타인과의 관계

핵심 키워드　가정 윤리, 효와 우애, 세대 간 소통, 우정, 성 윤리, 이성 교제, 이웃, 배려, 정보화, 갈등, 폭력

1 가정 윤리

● **해결 Point**

가정의 역할과 중요성 및 윤리인 자애와 효가 자주 출제되므로 의미를 명확히 이해하도록 한다. 또한, 노인 공경과 세대 간 소통의 필요성에 대해 알아 두어야 한다.

● **대표 문제 유형**

❖ 다음 중 ㉠, ㉡에 들어갈 가족 간의 도리를 알맞게 짝지은 것은?
❖ ㉠, ㉡에 들어갈 가족 구성원의 도리로 옳은 것은?

(1) 가정의 의미와 형태

① 가정의 의미

㉠ 결혼, 혈연, 입양 등으로 결합한 가족 구성원이 함께 살아가는 생활 공동체로, 가장 작은 단위의 사회이다.
㉡ 사회를 이루는 가장 기본적인 단위로, 사회생활의 출발점이다.
㉢ 자기 성장의 기반이다.

② 가정의 형태: 한 부모 가정, 무자녀 가정, 다문화 가정, 1인 가구 등 다양한 형태가 있다.

③ 가정의 기능

㉠ 도덕적 생활을 위한 출발점이 된다.
㉡ 사회의 구성원으로서 필요한 기초적인 지식과 태도를 배운다.
㉢ 가정을 통해 보호받고 사회 적응 능력을 갖추게 되며 정서적인 안정을 취한다.
㉣ 이웃과 함께 생활하고 성장하면서 건전한 가치관과 올바른 습관을 배우게 된다.
㉤ 타인과 협동, 봉사하는 정신을 배우고 훌륭한 사회인과 민주 시민이 되는 길을 알게 된다.

(2) 효와 우애의 의미와 실천

① 효의 의미와 실천 자세

㉠ 자애와 효의 의미

자애(慈愛)	• 의미: 자식에게 아무런 대가를 바라지 않는 부모님의 희생적이고 헌신적인 사랑 • 자애의 또 다른 모습: 자녀를 꾸짖기도 하는데 이는 자식을 사랑하기 때문임
효(孝)	• 의미: 부모의 자애에 대한 자녀의 도리로, 자녀가 부모를 받들어 섬기는 것임 • 부모님에게 자식이 해야 할 마땅한 도리

㉡ 자애와 효의 실천

• 부모는 열린 자세로 자녀를 대하고, 자녀는 부모에게 정신적인 공경의 마음이 있어야 한다.
• 부모와 자녀는 서로 이해하고 존중해야 한다.

② 우애(友愛)의 의미와 실천 자세

㉠ 우애의 의미: 형제자매 간에 가깝고 정답게 지내는 것으로, 형은 아우를 사랑하고 아우는 형을 따르는 것이다.
㉡ 우애의 실천

• 서로를 함부로 대하지 않고 예의를 지켜야 한다.
• 형은 언제나 사랑하는 마음으로 동생을 이끌어 주고, 동생은 형을 공손한 마음으로 대하며 각자의 도리를 지켜야 한다.

③ 가족 간 도리의 실천과 대화 방법

㉠ 가족 간 도리의 실천

• 가족 간에는 존중과 배려의 태도를 가져야 한다.
• 가족 각자의 역할과 책임을 다해야 한다.
• 가족 간에 충분한 의사소통을 하여 갈등을 방지해야 한다.

㉡ 가족 간의 대화 방법

• 대화할 때는 상대방을 존중하는 신중한 말을 사용해야 한다.
• 비교나 불평보다, 사랑과 감사와 같은 자신이 듣고 싶은 말을 하도록 노력한다.
• 자신이 하고 싶은 말을 명확히 전달하여 오해를 없애도록 해야 한다.

(3) 노인 공경

① 노인 문제의 발생 원인
  ㉠ 사회구조의 도시화·산업화와 핵가족화
  ㉡ 고령화에 따른 체력의 저하
  ㉢ 일거리의 감소로 인한 무료함과 소외감
  ㉣ 외롭고 불안한 노후

② 노인 공경의 근본 정신
  ㉠ 노인을 공경해야 하는 이유: 노인들은 오랫동안 육체적·정신적으로 사회 발전을 위해 수많은 노력을 기울여 왔으며 우리가 겪을 수 없는 값진 경험과 그로 인해 터득한 고귀한 지혜를 지녔다.
  ㉡ 노인 공경의 자세
    • 개인적인 노력: 부모님을 공경하는 마음과 같이 진심으로 공경해야 한다.
    • 사회 제도적 차원의 노력: 최소한의 생계 보장과 질병 치료를 위한 제도를 마련하고, 노인들을 위한 일자리와 복지 시설을 늘리는 노력을 기울여야 한다.

③ 노인 문제의 해결을 위한 올바른 자세
  ㉠ 노년기는 누구나 도달하게 되는 삶의 단계이므로, 누구나 겪어야 하는 것임을 인식한다.
  ㉡ 노인을 귀찮고 시대에 뒤떨어진 사람이 아닌 인생의 선배이며 동반자로 인식한다.
  ㉢ 노인들이 가지고 있는 풍부한 인생 경험과 지혜를 존중하는 태도를 가져야 한다.

(4) 세대 간 대화와 소통

① 세대 차이와 세대 갈등

세대 차이	세대 간의 삶의 방식과 경험 등의 차이로 인해 가치관과 사고방식의 차이가 발생함
세대 갈등	세대 간의 목표와 가치가 일치하지 못하여 충돌이 발생함

② 세대 간 소통의 필요성: 가정의 화합과 사회의 통합에 기여한다.

③ 세대 간 소통과 대화의 자세
  ㉠ 각 세대가 자존감을 가지고 지킬 수 있게 공감과 배려를 해 주어야 한다.
  ㉡ 특정 세대에 대한 오해와 편견을 극복할 수 있도록 세대 간에 관심과 이해를 가진다.
  ㉢ 다른 세대를 존중하며, 세대 간 협력을 할 수 있어야 한다.

2 우정

● **해결 Point**

친구 간의 갈등이 사회적 문제로 확대된 집단 따돌림 등과 해결 방법에 대해 출제되므로 갈등 원인과 해결 방안에 대한 기본적인 이해가 필요하다. 또한, 진정한 우정을 맺는 방법에 대해 생각해 본다.

● **대표 문제 유형**

❖ 집단 따돌림에 대한 설명으로 옳은 것만을 〈보기〉에서 모두 고른 것은?
❖ 진정한 우정을 쌓기 위한 태도로 적절하지 <u>않은</u> 것은?

(1) 우정의 의미와 중요성

① 우정의 의미
  ㉠ 친구 사이에서 주고받는 정신적인 유대감이나 정(情)을 의미한다.
  ㉡ 진정한 우정은 서로에게 진실한 것을 느끼도록 해주며, 올바른 길로 이끌어준다.
  ㉢ 우정의 확대
    • 친구끼리는 많은 영향을 주고받으므로 제2의 자신, 즉 확대된 자신이라고 볼 수 있다.
    • 아리스토텔레스가 우정이 확대되면 인류에 대한 사랑이 가능해지고, 공동체의 선에 기여할 수 있다고 주장한 것처럼 친구와의 우정은 전 인류에 대한 사랑으로 확대될 수 있다.

② 우정의 중요성

인격적 성장	좋은 친구는 인생의 보배로, 친구를 잘 사귀는 것은 인격을 수련하는 좋은 공부가 될 수 있음
정서적 안정과 행복감	친구와의 교제를 통해 정서적 유대감을 형성하여 안정과 행복감을 느낄 수 있음
우정의 사회적 확대	올바른 친구 관계를 통해 시민 사회와 소통하고 교류, 협력하여 따뜻한 공동체를 만들 수 있음

(2) 친구의 중요성과 올바른 친구 관계

① 청소년기 친구의 중요성
  ㉠ 청소년기는 또래들과의 관계가 중요한 시기이므로 친구의 영향력이 크다.
  ㉡ 청소년기에는 도덕적 신념과 가치관이 성숙된다.
  ㉢ 따라서 올바른 도덕적 관념을 가진 친구와 사귀고 이를 배우면서 자신을 성찰할 수 있다.

② 올바른 친구 관계

 ㉠ 서로에 대한 믿음과 존중이 바탕이 되어 형성된 관계는 바람직한 친구 관계이다.

 ㉡ 도움이 되는 비판과 충고를 아끼지 않고, 이러한 비판과 충고를 긍정적으로 받아들일 수 있어야 한다.

 ㉢ 선의의 경쟁을 통해 서로를 더욱 분발시키고 발전시키는 관계여야 한다.

 ㉣ 고민을 공유하고 이를 해결하기 위해 협력하는 관계이다.

(3) 친구 간의 갈등 해결과 진정한 우정을 맺는 방법

① 친구 간의 갈등과 해결

 ㉠ 학교 생활에서 발생하는 친구 간의 갈등

사소한 오해나 기본적인 예절을 지키지 않아 생기는 문제	갈등을 원만하게 해결하지 못하면 친구 사이가 어색해지거나 갈등이 심화되어 친구 관계가 틀어지게 되는 경우도 있음
교칙을 준수하려는 태도와 우정을 지키려는 태도 사이에서 발생하는 도덕적 문제	옳은 행동이 무엇인지를 알면서도 우정이 깨질까 염려하여 말을 하지 못해 발생하는 갈등
사회적인 문제로 확대된 도덕 문제	• 학교 폭력 • 집단 따돌림

 ㉡ 갈등을 해결하기 위한 자세

  • 친구를 선택하는 가치 기준 확립: 친구 관계는 존중하고 신뢰하는 관계, 서로의 입장과 처지를 이해하는 관계, 서로의 발전에 도움을 주고받는 관계라는 점을 명심한다.

  • 상대방의 입장을 충분히 듣고 갈등의 원인이 무엇인지 정확한 사실 관계에 따라 파악한다.

  • 자신의 감정과 생각을 제대로 전달하며, 역지사지의 관점에서 상대방의 입장에 대해서도 고민해 본다.

  • 상대와 자신의 성격 차이에 대해 인정하고, 이를 이해하고 배려해야 한다.

② 진정한 우정을 맺는 방법

존중의 자세	가까운 사이도 인격적으로 존중하며 함부로 대하지 않는다.
믿음의 말과 행동	• 친구 간에는 말과 행동에 믿음이 있어야 한다. • 붕우유신(朋友有信): 유학에서 지켜야 할 실천덕목인 오륜 중 하나로, 벗 사이에 지켜야 할 도리는 믿음에 있다는 것이다. • 교우이신(交友以信): 신라 화랑의 규율인 세속오계 중 하나로, 믿음으로써 벗을 사귄다는 뜻이다.

진실한 배려	상대의 입장에서 생각해본다는 역지사지(易地思之)의 마음으로, 친구의 어려움과 감정을 헤아려 보아야 한다.

3 성 윤리

● **해결 Point**

3가지로 분류된 성의 의미를 구분할 수 있어야 한다. 또한, 청소년기에 정립해야 할 성인식과 이성 교제에 관한 문제는 자주 출제되므로 바르게 이해하고 있어야 한다.

● **대표 문제 유형**

❖ 청소년이 이성 교제를 할 때 지녀야 할 바람직한 자세는?
❖ 바람직한 이성 교제의 자세로 적절하지 <u>않은</u> 것은?

(1) 성과 사랑의 의미

① 성의 의미와 가치

 ㉠ 성의 의미

생물학적 성(sex)	생식 작용을 중심으로 육체적인 특성에 따라 남자와 여자를 구분하는 것
사회 문화적 성(gender)	사회적·문화적으로 만들어지는 여성다움과 남성다움을 통칭하는 것
욕망으로서의 성(sexuality)	성적 관심, 성적 활동 등 성적 욕망과 관련되는 것

 ㉡ 성의 가치

생물학적 가치 (책임)	• 종족 보존의 가치를 가지며 새로운 생명을 탄생시키는 원천 • 자식을 낳는 것만을 의미하지 않고 부모가 되어 자식을 양육해야 하는 과정까지도 포함
쾌락적 가치 (절제)	• 감각적인 욕구를 충족시켜 주는 쾌락적 기능을 가짐 • 성적 활동의 목적에 쾌락만이 있다면 그 쾌락은 오래가지 못하고 오히려 허탈감만 가져오게 되므로 쾌락에는 절제가 필요함
인격적 가치 (배려와 존중)	• 동물의 성과 달리 상대방에 대한 배려나 예의, 존중을 바탕으로 함 • 성이 인격적 가치를 갖는다는 것은 존엄성을 바탕으로 한 인간다운 성을 말함 • 인격 존중은 사랑의 기본적인 조건이기 때문에 인격 존중이 없는 사랑은 참된 사랑이라고 할 수 없음

② 사랑의 의미
　㉠ 사랑과 성적 욕망의 차이점

성적 욕망	• 사랑하는 사람과 더 가까워지고 싶은 마음에서 자연스럽게 나오는 욕망 • 정해진 대상이 없는 상태에서 단순한 생리적 욕구에 따른 욕망으로 본능적이고 순간적인 충동
사랑	• 상대방에 대한 존중과 배려, 헌신의 마음 • 상대방이 원하는 것을 이루어 주고 싶은 마음 • 서로의 부족한 면을 채워주는 관계

　㉡ 사랑의 형태: 부모와 자식 간의 사랑, 스승과 제자 간의 사랑, 친구 간의 우정 등 다양한 형태의 사랑이 있다.
　㉢ 사랑의 종류 : 성적인 사랑을 뜻하는 에로스(eros), 친구나 동료와의 우정을 뜻하는 필리아(philia), 신이나 부모의 무조건적인 사랑을 말하는 아가페(agape)가 있다.

(2) 청소년기의 바람직한 성 윤리

① 청소년기와 성 문제

잘못된 인식	• 성을 감추고 피해야 하는 것이나 쾌락을 위한 수단으로 인식하는 것임 • 성에 대한 혼란과 성에 대한 혐오감을 가질 수 있음
중독과 범죄	대중 매체나 온라인상의 왜곡된 정보는 성 상품화, 성 중독과 성범죄를 조장할 수 있음

② 청소년기의 바람직한 성 윤리
　㉠ 성에 대해 책임감 있는 행동을 해야 한다.
　㉡ 성에 대한 올바른 인식을 가진다.
　㉢ 사회적 차원에서 올바른 성교육과 유해 환경 개선 등이 이루어져야 한다.

(3) 바람직한 이성 교제

① 청소년기와 이성 교제

도덕적 성찰의 기회	상대가 되는 남성이나 여성을 이해할 수 있는 통로가 되며, 이성을 인격체로 대우하는 경험을 할 수 있음
양성평등 의식 형성	이성에 대한 고정관념이나 편견으로부터 벗어나 올바른 남녀 관계인 양성평등을 이루는 기틀이 마련됨
자기 이해 능력 향상	이성과의 사귐을 통해 욕구를 통제하고, 자신의 성격과 행동을 파악하여 이를 반성하는 기회로 삼을 수 있음
신중함을 기르는 기회	청소년기에는 감정 변화의 폭이 커 다른 친구와의 관계가 멀어질 수 있으므로 이를 통해 신중함을 기를 수 있음

② 이성 간에 지켜야 할 예절
　㉠ 상대방을 있는 그대로 인정하고 존중해야 한다.

　㉡ 상대를 구속하거나 상대방에 순종하지 말고 자신의 의사를 분명히 밝혀야 한다.
　㉢ 상대방을 성적 호기심의 대상으로 보지 않고 상대방과 적정한 거리를 유지하여 불편하게 느끼지 않도록 한다.

4 이웃 생활

● **해결 Point** · · · · · · · · · · · · · · ·

이웃에 대한 배려와 봉사 및 서(恕)의 개념을 묻는 문제가 출제되므로 바르게 이해해 두도록 한다. 또한, 우리 조상들의 상부상조 전통의 종류가 꾸준히 출제되므로 명확히 구별하여 익히도록 한다.

● **대표 문제 유형** · · · · · · · · · · · · · ·

❖ 다음 설명에 해당하는 상부상조의 전통은?
❖ 다음과 관련이 깊은 우리 전통 사회의 정신으로 가장 적절한 것은?

(1) 이웃과 나의 관계

① 이웃의 의미와 범위
　㉠ 전통 생활에서의 이웃
　　• 지리적으로 가까이 살면서 서로 도움을 주고받던 사이이다.
　　• '이웃사촌'의 개념으로, 이웃이 어려운 일을 당했을 때 자신의 일처럼 나서서 도와주었다.
　㉡ 사회의 변화
　　• 교통과 정보, 기술의 발달로 세계화가 이루어지고 있다.
　　• 한곳에 오랫동안 머물며 사는 일이 적어지면서 전처럼 같은 마을의 사람들과 이웃 관계를 맺기 어려워지게 되었다.
　　• 공간의 제약을 뛰어넘어 다양한 방식으로 이웃 관계를 맺을 수 있게 되었다.
　㉢ 오늘날의 이웃
　　• 공간의 제약을 뛰어넘어 세계 시민, 다문화 이웃, 사이버 이웃 등 직간접적인 다양한 모습으로 관계를 맺고 더불어 살아가는 사람들을 말한다.
　　• 하루 중 대부분의 시간을 함께하는 직장 동료나 학교 친구들, 사이버 공간의 동호회 회원들, 국가 간의 교류 확대로 국적이 다른 사람이 만나서 이웃이 되는 경우 등 다양한 형태로 확대되고 있다.

② 이웃의 소중함
　㉠ 이웃 단절 현상
　　• 경쟁의 심화로 인해 타인과의 소통이 단절되고 있다.
　　• 개인 생활을 우선시하는 분위기로 이웃에 무관심해지고 있다.
　　• 공동 주택의 폐쇄적인 형태로 인해 이웃과의 소통 단절이 일어나고 있다.
　㉡ 이웃의 소중함
　　• 사람은 혼자서는 살아갈 수 없으며, 이웃과 더불어 살아가는 과정에서 인격이 성장할 수 있다.
　　• 이웃과 기쁨과 고통을 함께 나누며 협력과 나눔의 가치에 대해 깨달을 수 있다.
　　• 타인과의 소통과 함께하는 시간을 통해 행복과 사랑을 느끼고 삶의 의미를 깨달을 수 있다.
　㉢ 바람직한 이웃 관계
　　• 이웃사촌: 비록 남이라고 하더라도 이웃 간에 왕래하며 오순도순 정을 나누다 보면 가까운 친척 못지않은 사이가 된다는 의미이다.
　　• 가까이 있는 이웃에게 관심을 가지고 사생활에 지나치게 간섭하지 않으면서도 어려움을 당했을 때 도와줄 수 있는 마음가짐을 가져야 한다.

(2) 이웃 관계에서 필요한 도덕적 관계

① 이웃에 대한 배려와 봉사

배려	• 이웃을 공동체의 구성원으로 받아들이고 이해하려는 태도를 말함 • 상대방을 존중하고 차이와 다양성을 인정해야 함
봉사	• 이웃에 대한 배려를 적극적으로 표현하고 실천하는 자세를 말함 • 이웃에게 어려움이 있을 때 도움을 주고 고통을 함께 나눔 • 다른 사람을 존중하는 마음과 공동체 정신을 길러 사회를 건강하게 만들 수 있음
서(恕)의 자세	• 공자가 이야기한 것으로, 내가 원하지 않는 것을 남에게 하지 않는 것임 • 역지사지(易地思之)의 자세로, 나의 처지를 헤아려 남을 헤아리는 마음 • 배려의 기본으로, 인(仁)을 실천하는 최소한의 방법

② 배려와 봉사의 실천
　㉠ 배려와 봉사를 위한 바람직한 마음가짐
　　• 단순히 도와준다는 마음가짐이 아닌, 함께한다는 마음가짐으로 상대방에게 관심을 갖고 공감한다.

　　• 공동체의 규칙을 지키고 이웃을 돕기 위해 솔선수범하는 자세를 가진다.
　㉡ 봉사 활동이 이루어지는 절차
　　• 준비 단계: 어떤 봉사 활동을 하고 싶은지를 생각하여 결정하고 활동 계획을 세우는 단계
　　• 실행 단계: 준비 단계에서 세운 계획대로 봉사 활동을 실행하는 단계
　　• 평가 단계: 준비 단계에서 세웠던 계획과 목표대로 봉사 활동이 잘 마무리되었는지를 평가하는 단계

> **■ 우리 조상들의 상부상조 전통**
> • 향약: 유교의 가르침을 바탕으로 사회의 주민들이 지켜야 할 규범을 정해 놓은 것으로 좋은 행실은 권장하고, 어려운 일은 함께하며, 잘못된 일을 스스로 규제하기 위한 자치 규칙
> • 두레: 농촌에서 농번기나 노동이 필요할 때 주민들이 공동으로 작업하던 노동 조직
> • 품앗이: 바쁜 농사일을 돕기 위해 가까운 이웃끼리 함께 돌아가며 일을 하는 일대일 노동 교환 방식
> • 계: 전통 협동 조직으로, 특정 목표를 이루기 위한 모임

5 정보 · 통신 윤리

> ● **해결 Point**
>
> 사이버 공간의 특성 중 시대상을 반영하는 비대면성에 대한 문제가 출제될 가능성이 높으므로 개념을 명확히 익혀 두어야 한다. 또한, 정보화 시대의 도덕적 원칙 4가지를 학습해 두도록 한다.

> ● **대표 문제 유형**
>
> ❖ 다음 중 사이버 공간에서 지켜야 할 행위로 바람직한 것은?
> ❖ 사이버 공간에서 지켜야 할 덕목이 <u>아닌</u> 것은?

(1) 정보화 시대의 도덕 문제

① 우리 삶과 정보화 시대
　㉠ 정보화 시대의 특징
　　• 현대 사회는 정보가 중심이 되는 '정보화 시대'로 빠르게 변화하고 있다.
　　• 컴퓨터 · 다중매체, 통신 수단의 발달로 정보가 대량 생산되며, 정보의 유통과 소비가 빠른 속도로 이루어진다.

ⓛ 사이버 공간의 등장
- 인터넷의 발달과 보급으로 인터넷 상의 가상공간인 '사이버 공간'이 새롭게 출현했다.
- 거리에 구애받지 않고 자유로운 의사소통이 가능하고 온라인상에서 상품의 판매 및 구입이 가능하게 되는 등 인간관계와 삶의 방식이 다양하게 변화하고 있다.

② 정보화 시대의 도덕 문제
- ㉠ 사이버 폭력: 사이버 공간에서 상대방이 원하지 않는 언어, 이미지 등을 이용하여 정신적으로 피해를 줌으로써 인간 존엄성을 훼손한다.
- ㉡ 저작권 침해: 저작물 표절, 불법 다운로드 등 타인의 지식 재산권을 침해한다.
- ㉢ 정보·통신 기술의 불법적인 사용: 바이러스 유포나 해킹 등 불법적인 기술의 사용으로 타인에게 해를 끼친다.
- ㉣ 인터넷·스마트폰 중독: 스마트폰에 푹 빠져 외부 세계와 단절될 수 있다.

(2) 정보화 시대의 도덕적 책임

① 사이버 공간의 특성과 도덕적 책임의 필요성
- ㉠ 사이버 공간의 특성

익명성	내 정체를 드러내지 않고 활동할 수 있음
공유성	많은 사람들과 실시간 정보 공유를 할 수 있음
개방성	모든 사람들에게 개방되어 있어 자유롭게 의견을 개진할 수 있음
비대면성	상대방과 직접 만나지 않고도 자유롭게 의사소통을 할 수 있음

- ㉡ 도덕적 책임의 필요성
  - 익명성을 악용하여 무책임하게 행동할 수 있다.
  - 잘못된 정보를 공유하면서 피해가 발생한다.
  - 비대면성의 특성으로 얼굴을 맞대지 않고 의사소통하면서 함부로 행동할 수 있다.

② 정보화 시대에 가져야 하는 도덕적 원칙

존중의 원칙	사이버 공간에서도 현실 공간에서 사람들을 대하는 것과 동일하게 서로 존중하는 의무를 지녀야 함
책임의 원칙	정보 제공자 및 이용자는 자신의 행동이 가져올 결과를 신중히 생각하고 책임 있게 행동해야 함
정의의 원칙	정보의 진실성과 공정성, 완전성을 추구하며 다른 사람의 기본적 자유와 권리를 침해하지 않아야 함
해악 금지의 원칙	사이버상에서의 비도덕적 행동을 지양하고 타인에게 피해를 끼치지 않아야 함

(3) 정보·통신 매체의 올바른 사용 자세와 방법

① 정보·통신 매체의 올바른 사용 자세
- ㉠ 정보·통신 매체의 무분별한 사용 시 게임이나 인터넷 중독에 빠져 올바른 인간관계의 유지가 어렵다.
- ㉡ 따라서 사용 시 절제의 자세가 필요하며, 인터넷을 학습이나 자기계발, 여가 활동, 사회 참여 등 긍정적인 방향으로 활용해야 한다.

② 정보·통신 매체의 올바른 사용 방법
- ㉠ 절제하여 필요한 경우에만 사용한다.
- ㉡ 사용 시 타인에 대해 배려하며, 성찰의 자세를 지닌다.
- ㉢ 정보·통신 매체에 몰두하기보다는 주변 사람들과의 관계와 소통을 중요시해야 한다.

6 평화적 갈등 해결

● **해결 Point**

평화를 구분할 줄 알고 평화적인 문제 해결 방법의 차이를 이해해 두어야 한다. 또한, 평화적 갈등 해결을 위한 문제가 출제되니 그 단계에 대해 알아 두도록 한다.

● **대표 문제 유형**

❖ 다음 대화에서 알 수 있는 친구 간 갈등의 원인은?
❖ 평화적 갈등 해결의 자세로 적절하지 <u>않은</u> 것은?

(1) 갈등이 발생하는 원인

① 우리 삶과 갈등
- ㉠ 갈등의 의미: 다양한 관계를 맺을 때 말이나 행동을 주고받으면서 소통하게 되는데, 이 과정에서 서로의 생각이나 이해관계가 달라 충돌이 일어나게 되면 갈등을 겪게 된다.
- ㉡ 갈등의 종류

내적 갈등	개인 스스로가 가진 여러 가지 욕구나 목표를 선택하는 데 있어서의 어려움
외적 갈등	개인 간의 갈등, 집단 내부의 갈등, 집단 간의 갈등

ⓒ 갈등이 우리 삶에 미치는 영향

부정적 영향	개개인에게 불편함을 느끼게 하며, 사회에 혼란을 가져옴
긍정적 영향	문제를 새로운 관점에서 볼 수 있게 하여 사회 발전의 계기가 됨

② 갈등의 원인

  ㉠ 자원이나 기회가 제한되어 발생한다.

  ㉡ 개인이나 집단 간의 가치관과 관점의 차이로 인해 발생한다.

  ㉢ 소통이 원활하지 않으면 오해가 생기며, 이로 인해 갈등이 발생한다.

(2) 평화적인 갈등 해결의 이유

① 갈등을 해결하는 방식

  ㉠ 회피하는 유형: 갈등 상황에 직면했을 때 아무 문제가 없는 것처럼 무시하거나 상황을 외면해 버리는 경우로 근본적인 원인의 해결이 어렵다.

  ㉡ 공격적인 유형: 갈등이 생기면 상대방을 생각하지 않고 나의 입장대로만 이끌고 가려는 유형으로 합리적이고 공정한 갈등의 해결이 어렵다.

  ㉢ 협력하는 유형: 갈등을 해결하기 위해 상대방과 함께 고민하고 대화와 타협을 통해 적극적으로 문제를 해결하려는 유형으로, 갈등은 언제나 발생할 수 있고 이것이 자연스러운 것임을 인정하는 것은 더 나은 사회를 위한 출발점이 된다.

② 평화적인 갈등 해결

  ㉠ 힘이나 폭력으로 갈등을 억누른다면 오히려 더 심화될 수 있다.

  ㉡ 갈등은 소통과 배려를 통해 평화적인 해결이 가능하며, 이 과정에서 서로를 신뢰할 수 있는 토대를 만들어 민주적인 사회 발전에 이바지한다.

(3) 평화적으로 갈등을 해결하는 방법

① 합리적이고 평화적인 갈등 해결의 실현

  ㉠ 갈등에 대한 올바른 인식: 갈등을 무조건 부정적으로 받아들이고 회피하기보다는 변화와 도전의 기회로 인식한다.

  ㉡ 적극적인 평화를 추구: 물리적인 폭력이 없는 소극적인 평화보다는 적극적인 평화를 추구한다.

> ■ 평화의 구분
> - 소극적 평화
>   - 전쟁, 테러와 같이 사람의 목숨과 신체에 위협을 가하는 직접적 폭력이 없는 상태
>   - 전쟁과 평화는 상호 배타적이라는 견해에 기초한 평화
> - 적극적 평화
>   - 직접적 폭력뿐만 아니라 빈곤, 정치적 억압, 인종 차별과 같은 간접적 폭력까지 모두 없는 상태
>   - 전쟁이 없는 상태일지라도 빈곤, 억압 등 인간의 잠재적 능력이 억압되는 경우가 존재한다면 적극적 평화가 실현되었다고 볼 수 없음

  ㉢ 역지사지(易地思之)의 자세: 대화할 때 상대방의 입장에서 생각해 보는 자세를 가진다.

  ㉣ 평화적인 문제 해결의 방법

    • 협상: 갈등 당사자 간의 문제점을 확인하고 합의하는 방법

    • 조정: 제3자가 개입하여 당사자 간의 갈등을 도와주는 방법

    • 중재: 제3자를 통해 갈등에 대한 해결책을 결정하는 방법

    • 합의된 결과에 수용 대화와 타협을 통해 결과가 도출되면 자신과 의견이 다르더라도 수용한다.

② 평화적 갈등 해결을 위한 단계: 갈등 상황 바라보기(Keep) → 멈추고 성찰하기(Stop) → 갈등 해결하기(Begin)

  ㉠ 갈등 상황 바라보기: 갈등 상황을 객관적으로 바라보고, 다양한 관점에서 갈등 원인을 찾는다.

  ㉡ 멈추고 성찰하기: 갈등 상황에 있는 자신을 성찰하며 평화적으로 해결할 방법을 찾는다.

  ㉢ 갈등 해결하기: 평화적으로 갈등을 해결한다.

7 폭력의 문제

● 해결 Point

폭력의 의미와 유형을 구별할 줄 알아야 한다. 또한, 폭력에 대처하는 방법이 출제되므로 그 방법을 익히며 생각해 보도록 한다.

● 대표 문제 유형

❖ 폭력의 특성을 바르게 설명한 것은?
❖ 폭력에 대처하는 가장 바람직한 방법은?

(1) 폭력의 의미와 해악

① 폭력의 의미와 유형

의미	• 신체, 정신, 재산상의 피해를 가져오는 모든 행위를 말함 • 다른 사람에게 직·간접적으로 피해를 주는 모든 공격적인 행위를 말함
유형	• 물리적 폭력: 폭행, 구타 등 신체에 직접적인 힘을 가하는 폭력 • 구조적 폭력: 사회 제도나 관습, 법률 등 사회 구조로부터 비롯된 폭력 • 부작위(해야 할 일을 하지 않음)에 의한 폭력: 폭력 상황을 알고도 이를 외면하거나 방관하는 것

② 폭력의 해악과 비도덕성

폭력의 해악	• 피해자, 가해자, 목격자 모두가 고통받을 수 있음 • 폭력의 피해자가 가해자에게 보복을 하게 되는 경우가 발생하면, 결국 하나의 폭력이 다른 폭력으로 이어지는 악순환이 반복되어 사회적으로 갈등이 심화됨 • 개인뿐만 아니라 사회에도 큰 악영향을 끼침
폭력의 비도덕성	• 인간의 기본적인 권리를 침해하고 존엄성을 훼손시킴 • 개인이 평화롭게 살아갈 권리를 빼앗음 • 피해자의 희생을 강요함

(2) 일상에서의 폭력의 종류와 원인

① 일상에서의 폭력

㉠ 폭력의 3가지 차원

신체적 폭력	살인, 구타와 같이 신체적인 상해를 입히거나 위협을 주는 폭력 행위
언어적 폭력	인격을 모독하는 말로 상대방에게 정신적인 피해를 주는 행동
정서적 폭력	집단 따돌림과 같이 상대방을 소외시키고 수치심을 주는 폭력

㉡ 일상생활에서의 폭력의 종류: 금품 갈취, 강요, 따돌림, 성폭행, 사이버 폭력 등

② 폭력의 원인

㉠ 개인적 원인: 자기중심적 사고, 분노 조절 부족, 의사소통 부족, 충동 억제 능력의 부족, 결과 예측 능력의 부족 등

㉡ 가정 환경적 원인: 가정 폭력의 모방, 부모의 과잉보호로 책임감 부족

㉢ 사회적 원인: 유해 환경, 대중매체의 폭력 미화, 폭력에 대한 관대한 태도, 지나친 경쟁 위주의 사회 분위기 등

(3) 폭력에 대한 대처 방법과 노력

① 폭력에 대처하는 방법

㉠ 명확한 의사 표현: 폭력을 당하는 상황에서 자신의 의사를 명확히 표현해야 한다.

㉡ 도움 요청: 폭력은 시간이 지날수록 확대되어 피해자에게 치명적인 결과를 가져올 수 있으므로 주변 사람에게 도움을 요청해야 한다.

㉢ 법, 제도, 외부 기관 활용: 피해자를 보호하는 '학교 폭력 예방 및 대책에 관한 법률'을 활용하거나 다양한 외부 기관을 통해 폭력에 대해 효과적으로 대처할 수 있다.

㉣ 폭력에 대한 인식 변화: 폭력을 묵인하거나 방관하는 것도 폭력이라는 것을 인식하고, 폭력을 용납하지 않는 사회 분위기를 만들도록 노력한다.

② 폭력을 예방하기 위한 노력

개인적 차원의 노력	• 분노 조절: 화가 나더라도 분노를 적절하게 조절하여 상대방과 평화적인 방향으로 대화하려 노력해야 함 • 폭력 예방 프로그램에 참여: 폭력 예방 프로그램에 참여함으로써 폭력의 위험성과 심각을 깨닫고 자신의 감정을 조절하는 방법을 배움
가정의 노력	부모와 대화를 통해 문제를 해결하는 학습을 하도록 함
학교의 노력	학교 내에서 인성 교육을 실시하며, 다양한 폭력 예방 교육을 진행함
사회적 · 제도적 차원의 노력	• 폭력을 방지하기 위한 법과 제도적 장치 마련: 폭력을 행한 가해자에게는 이에 합당한 처벌을 받도록 하고, 피해자에게는 적절한 보상과 배려가 이루어질 수 있도록 하는 법과 제도가 존재해야 함 • 대화와 협상의 문화 조성: 법과 제도의 마련과 더불어 협상을 통해 갈등을 적극적으로 해결하려는 자세가 필요함

출제 예상 문제

01 청소년기에 정립해야 할 성(性)에 대한 인식으로 옳은 것은?

① 남녀 간에 상호 인격을 존중한다.
② 성 역할에 대해 고정관념을 가진다.
③ 남성과 여성은 서로 다름을 인정하지 않는다.
④ 성적인 행동에 따르는 책임을 지지 않아도 된다.

02 다음 중 가정의 역할과 중요성으로 볼 수 없는 것은?

① 학습과 성장
② 정서적 안정감
③ 도덕성의 함양
④ 직업적 자아실현

03 현대 사회에서 이웃 간 발생하는 문제점이 아닌 것은?

① 사생활 침해
② 배려와 소통
③ 이웃에 대한 무관심
④ 공동 시설의 무단 점유

04 다음 ㉠, ㉡에 들어갈 말로 적절한 것은?

> (㉠)는 물리적 폭력을 벗어나 전쟁이 없는 상태를 의미하고, (㉡)는 모든 사람이 참으로 인간다운 삶을 누리는 상태를 의미한다.

	㉠	㉡
①	소극적 평화	적극적 평화
②	적극적 평화	소극적 평화
③	적극적 평화	객관적 평화
④	소극적 평화	주관적 평화

05 바람직한 가정을 이루기 위한 노력이 아닌 것은?

① 가족 모두가 올바른 가치를 추구한다.
② 가족 간에 서로 이해하고 충분히 대화한다.
③ 가정에서의 역할은 성별에 따라 분담해야 한다.
④ 가족끼리 서로 사랑하고 배려하는 마음을 갖는다.

06 참된 봉사의 특성으로 가장 알맞은 것은?

① 일시적인 활동이다.
② 강제적으로 하는 활동이다.
③ 타인이나 사회를 위한 활동이다.
④ 대가를 받기 위해 하는 활동이다.

07 다른 사람과의 갈등을 해결하는 자세로 적절하지 않은 것은?

① 일방적으로 자기 주장을 관철한다.
② 역지사지(易地思之)의 자세를 가진다.
③ 다른 사람의 생각과 가치를 존중한다.
④ 대화와 타협을 통해 상호 이익을 추구한다.

08 집단 따돌림 문제에 대한 설명으로 옳은 것은?

① 학교 폭력에 해당되지 않는다.
② 가해 학생은 죄책감을 느낄 필요가 없다.
③ 피해 학생의 인간다운 삶을 살 권리를 침해한다.
④ 장난으로 한 행동이므로 전혀 문제가 되지 않는다.

09 '친구와 벗하기'를 내용으로 하는 한자어가 <u>아닌</u> 것은?

① 붕우유신(朋友有信)
② 자중지란(自中之亂)
③ 교우이신(交友以信)
④ 문경지교(刎頸之交)

10 ㉠과 ㉡에 들어갈 가족 구성원의 도리로 알맞은 것은?

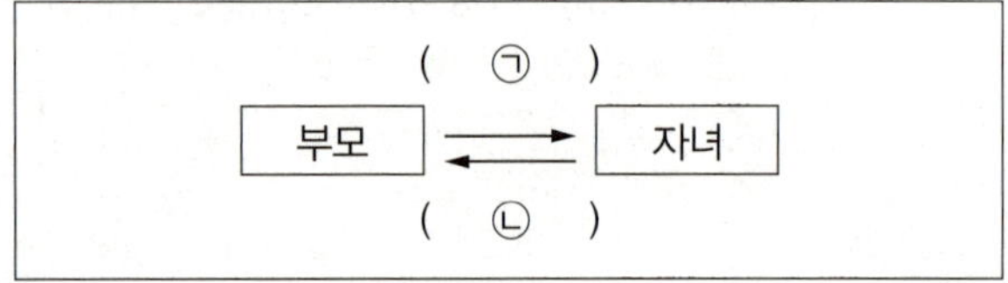

	㉠	㉡
①	자애	효도
②	우정	자애
③	경로	우애
④	효도	경로

11 청소년이 이성 교제를 할 때 지녀야 할 바람직한 자세는?

① 상대방의 인격을 존중한다.
② 성 역할에 대한 편견을 갖고 대한다.
③ 성적 호기심의 대상으로만 생각한다.
④ 학업을 소홀히 여기고 이성에 집착한다.

12 봉사 활동을 하는 바람직한 태도로 옳지 <u>않은</u> 것은?

① 함께한다는 마음가짐이 필요하다.
② 서로 존중하는 마음을 가져야 한다.
③ 대가를 바라고 봉사 활동을 해서는 안 된다.
④ 도움을 주려는 상대방이 싫어하더라도 무조건 도와주어야 한다.

13 사이버 공간에서 지켜야 할 예절로 옳은 것은?

① 악성 댓글을 쓴다.
② 허위 사실을 퍼뜨린다.
③ 불법 사이트를 운영한다.
④ 남의 아이디를 도용하지 않는다.

14 일기에서 알 수 있는 가정생활에서의 도덕 문제 원인은?

> 어머니와 아버지께서는 말다툼을 하셨다. 맞벌이로 바쁜 어머니께서는 아버지께서 집안일을 도와주기를 바라시지만 아버지께서는 집안일은 여자의 일이라고 생각하신다.

① 역할 갈등
② 세대 갈등
③ 출산율 감소
④ 경제적 어려움

15 이성 교제의 장점을 〈보기〉에서 모두 고른 것은?

> ─────── 〈보기〉 ───────
> ㄱ. 바람직한 성 역할을 이해할 수 있다.
> ㄴ. 자신이 해야 할 일을 소홀히 할 수 있다.
> ㄷ. 각자의 성이 갖는 특성과 차이를 이해할 수 있다.
> ㄹ. 성적 유혹에 빠져 그릇된 성적 행동을 할 우려가 있다.

① ㄱ, ㄴ
② ㄱ, ㄷ
③ ㄴ, ㄹ
④ ㄷ, ㄹ

16 평화적 갈등 해결의 자세로 적절하지 <u>않은</u> 것은?

① 대화와 소통 ② 양보와 타협
③ 공감과 경청 ④ 편견과 고정관념

17 진정한 우정을 쌓기 위한 태도로 적절하지 <u>않은</u> 것은?

① 비난 ② 믿음
③ 배려 ④ 협력

18 도현이네 가족이 노력해야 할 점으로 가장 적절한 것은?

> 도현이네 집은 식구들이 돌아오면 모두 자기 방으로 들어가 혼자 시간을 보낸다. 식사도 각기 다른 시간에 해서 얼굴을 맞댈 시간도 거의 없기 때문에 각자의 생각이나 고민을 알 수 있는 대화도 별로 없다. 또 개인에게 어떤 문제가 생겨도 서로 의논하지 않는다.

① 원활한 의사소통
② 타인에 대한 양보
③ 가족 간의 책임 이행
④ 가족 간의 자율성 존중

19 다음에서 설명하는 상부상조의 전통은?

> ○ 농촌에서 농번기나 노동이 필요할 때 주민들이 공동으로 작업하던 방식
> ○ 마을 단위로 조직된 공동 노동 조직

① 계 ② 두레
③ 향약 ④ 품앗이

20 다음 중 폭력의 특성으로 <u>잘못된</u> 것은?

① 폭력은 평화로운 삶을 위협한다.
② 말로 하는 언어적 학대도 폭력이다.
③ 폭력은 갈등 해결의 바람직한 방법이다.
④ 상대방을 소외시키고 수치심을 주는 것은 정서적 폭력이다.

21 바람직한 가정을 이루기 위한 가족 구성원의 노력으로 적절한 것은?

① 평소 대화를 자주 한다.
② 힘든 일이 있으면 각자 해결한다.
③ 서로 도와주지 않고 자신의 일에만 집중한다.
④ 개인의 자율성을 중시하여 다른 가족과 교류하지 않는다.

22 다음 대화에서 나타나는 친구 간 갈등의 원인은?

> 은주: 선생님께서 과제 걷어오라고 하셨는데 안 냈지? 과제 안 내고 뭐 했니? 한참 찾았잖아.
> 영호: 과제하기 싫어서 게임하느라 안 가져왔어.
> 은주: 게임하기 전에 네가 해야 할 일은 먼저 해야 하지 않을까?

① 책임 의식의 부족
② 과제 방법의 차이
③ 가정 환경의 차이
④ 게임에 대한 호불호

23 다음에서 설명하는 사이버 공간의 특성은?

> 상대방과 직접 만나지 않고도 자유롭게 의사소통을 할 수 있다.

① 익명성 ② 공유성
③ 개방성 ④ 비대면성

24 ( )에 공통으로 들어갈 단어는?

> ○ ( )은/는 이웃에 대한 배려를 적극적으로 표현하고 실천하는 자세를 말한다.
> ○ ( )은/는 이웃에게 어려움이 있을 때 도움을 주고 고통을 함께 나누는 것이다.
> ○ ( )은/는 다른 사람을 존중하는 마음과 공동체 정신을 길러 사회를 건강하게 만든다.

① 차별 ② 봉사
③ 다양성 ④ 역지사지

25 다음 내용이 가리키는 정보화 시대의 도덕적 원칙은?

> 정보의 진실성과 공정성, 완전성을 추구하며 다른 사람의 기본적 자유와 권리를 해치지 않아야 한다.

① 존중의 원칙 ② 책임의 원칙
③ 정의의 원칙 ④ 해악 금지의 원칙

26 폭력을 예방하기 위한 노력으로 가장 적절하지 <u>않은</u> 것은?

① 대화와 협상의 문화를 조성한다.
② 마음 속 분노를 참지 말고 표출해야 한다.
③ 사회적 차원에서 폭력을 방지하기 위한 법과 제도적 장치를 마련한다.
④ 폭력을 행한 가해자에게는 이에 합당한 처벌을 받도록 하고, 피해자에게는 적절한 보상과 배려가 이루어질 수 있도록 한다.

27 봉사활동에 참여하는 자세로 옳지 <u>않은</u> 것은?

① 웃고 밝은 모습으로 봉사한다.
② 이웃을 도울 때는 대가를 바라지 않는다.
③ 봉사를 받는 사람의 자존심이 상하지 않도록 조심한다.
④ 다른 사람들의 눈에 띄어 칭찬받는 활동만을 골라 한다.

28 바람직한 이성 교제의 자세로 적절한 것은?

① 상대방을 인격적으로 대우한다.
② 이성에게 과도한 집착을 보인다.
③ 상대와 의논할 때 나의 판단을 우선시한다.
④ 이성은 친밀한 사이이므로 예의를 지킬 필요는 없다.

29 사이버 공간이 좋은 방향으로 나아가기 위해 가장 필요한 것은?

① 정보 통신 기술의 발달
② 사이버 범죄 수사의 강화
③ 강력한 처벌을 위한 법규 마련
④ 사이버 공간에서의 도덕적 실천

30 다음의 내용이 가리키는 성의 의미는?

> 생식 작용을 중심으로 육체적인 특성에 따라 남자와 여자를 구분하는 것이다.

① 생물학적 성
② 사회 문화적 성
③ 욕망으로서의 성
④ 인격적 가치로서의 성

31 다음 내용과 관련하여 사이버 공간에서 지켜야 할 자세로 가장 적절한 것은?

> ○ 타인의 개인 정보를 무단으로 퍼트려 피해를 입혔다.
> ○ 인터넷에 뜬 기사에 특정인을 모욕하는 악성 댓글을 달았다.

① 상부상조　　　　② 책임 회피
③ 자기 결정　　　　④ 해악 금지

32 다음 중 학교 폭력에 대처하는 방법으로 적절하지 <u>않</u>은 것은?

① 주변 사람에게 도움을 요청한다.
② 피해를 당해도 내 잘못이라고 여긴다.
③ 상담센터, 법률기관 등을 적극적으로 활용한다.
④ 폭력을 당하는 상황에서 자신의 의사를 명확히 표현한다.

33 바람직한 친구 관계에 대한 설명으로 <u>잘못된</u> 것은?

① 도움이 되는 비판과 충고를 한다.
② 선의의 경쟁을 통해 서로를 발전시킨다.
③ 고민을 공유하고 문제 해결을 위해 협력한다.
④ 가까운 사이이므로 예의를 지킬 필요는 없다.

34 다음에서 설명하는 것으로 올바른 것은?

> 나이 많은 어르신을 공손히 모시는 것으로, '경로사상'과 관련 있다.

① 자애(慈愛)　　　　② 타인 존중
③ 노인 공경　　　　④ 세대 갈등

35 다음 내용이 설명하는 사이버 공간의 특성은?

> (가) "사이버 공간에서는 내가 누구인지 아무도 모르니 내 마음대로 표현해도 되겠지?"
> (나) "자신의 신분을 숨길 수 있다고 해서 무책임하게 잘못된 행동을 해선 안 돼."

① 익명성　　　　② 공유성
③ 개방성　　　　④ 획일성

36 다음 중 가족 간에 지켜야 할 도리로 옳지 <u>않은</u> 것은?

① 효(孝)　　　　② 자애(慈愛)
③ 공익(公益)　　　　④ 우애(友愛)

37 다음 글이 설명하는 가정의 기능은?

> 학교생활에서 발생하는 친구 간의 사소한 오해나 갈등으로 마음이 상했을 때 가정은 우리를 위로해 주며, 가정에서 충분한 사랑을 받고 자란 아이는 다른 사람에게 사랑을 베풀 수 있게 된다.

① 경제적 안정
② 사회성 습득
③ 정서적 안정감
④ 도덕성의 함양

3 사회·공동체와의 관계

1 인간 존중

● **해결 Point**

인간의 존엄성과 인권의 의미를 묻는 문제가 자주 출제되므로 바르게 알고 있도록 한다. 또한, 양성평등에 관한 문제는 출제될 경향이 높으므로 그 의미와 노력에 대해 확실히 알아야 한다.

● **대표 문제 유형**

❖ 다음 내용으로 알 수 있는 인권의 특징이 <u>아닌</u> 것은?

❖ 그림에서 양성평등을 실현하기 위한 주장으로 바람직하지 <u>않은</u> 것은?

(1) 인간의 존엄성과 인권의 의미와 보장

① 인간의 존엄성과 인권

인간 존중 정신	• 인간은 인간이기 때문에 가장 소중한 존재이며 존엄하게 대우받아야 함 • 인간은 성별, 종교 등의 조건과 관계없이 평등하게 존엄성을 유지하며 살아야 함
인간의 존엄성	• 단 한 사람의 생명이라도 소중하게 여기는 가치를 인간의 존엄성이라고 함 • 인간의 존엄성은 인간이 가지는 천부적 인권이자 기본적인 인권임
인권	• 인간이라면 누구나 가지는 기본적 권리로 인간답게 살기 위해 꼭 필요한 권리이자 반드시 보장받아야 할 권리 • 인간의 존엄성이라는 보편적인 가치를 개인이 누려야 할 권리로 구체화한 것

② 인간의 존엄성 실현과 인권 보장

인간의 존엄성 실현 조건	• 자신의 존엄성을 존중받기 위해서는 다른 사람의 존엄성 또한 존중하며 배려해야 함 • 우리가 현재 누리고 있는 인권은 이전 세대의 노력과 희생에 의해 이루어졌다는 것을 알아야 함 • 인권 감수성을 길러야 함
인권 감수성	• 인권에 대해 민감해진다는 것으로, 이는 인권 침해 상황에 대해 민감하게 반응하고 인권을 제대로 누리지 못하는 사회적 약자들에게 공감할 수 있는 능력을 말함 • 일상생활에서 인권과 관련된 요소를 찾고 인권에 대해 고려할 때 기를 수 있음

(2) 사회적 약자에 대한 배려

① 사회적 약자와 인간의 존엄성

㉠ 사회적 약자: 사회적으로 불리한 조건에 처해 있어 인간다운 삶을 살아가는 데 어려움을 겪는 사람들을 일컫는 말로 장애인, 이주 노동자, 결혼 이주 여성, 독거노인, 결식아동 등이 있다.

㉡ 사회적 약자의 인간의 존엄성: 사회적 약자들은 우리 사회에서 인간의 존엄성을 존중받지 못하는 경우가 많지만, 인간의 존엄성은 사회적 지위나 신체적 또는 정신적 조건과 상관없는 가치이므로 이들 역시 존중받아야 할 권리가 있다.

② 사회적 약자를 배려하기 위한 노력

㉠ 공감과 배려: 사회적 약자가 겪고 있는 어려움에 공감하고 배려해야 한다.

㉡ 사회적 풍토 조성: 사회적 약자에 대한 차별 금지에 대한 법률을 제정하고, 최저 생계비 및 기본적인 의료비·교육비 지원 등 대책을 마련하도록 한다.

㉢ 인권 감수성 키우기: 사회적 약자에 대한 차별이나 편견에 대해 인권 문제로 민감하게 인식해야 한다.

(3) 양성평등의 실현

① 양성평등과 인권

㉠ 양성평등: 남자와 여자 양쪽을 성별에 따른 차별 없이 동등하게 대우하는 것을 의미한다.

㉡ 양성평등과 인권

• 기본적인 인간의 존엄성을 실현하기 위해 인권적인 차원에서 논의되어야 한다.

• 남녀 간 대립이 없어지고 화합된 사회를 만들 수 있도록 남녀 간을 상호 보완적인 관계로 보고 동반자로 인식해야 한다.

② 양성평등을 실현하기 위한 노력

㉠ 개인적 노력: 조선시대부터 내려온 가부장적 사회에서 비롯된 남녀 차별 의식이 개선되어야 하며, 남성에게 '남성다움'과 여성에게 '여성다움'을 강조하는 사회적 의식과 편견이 변화되어야 한다.

ⓛ 제도적 노력: 사회 각 분야에서 동등한 기회와 결과의 실질적인 평등이 이루어질 수 있도록 사회 구조를 개선하고 법률적·제도적 장치를 마련해야 한다.

ⓒ 사회·문화적 개선: TV 속 광고나 드라마와 같은 대중 매체는 직접적으로 문화적 편견을 야기할 수 있기 때문에 대중매체를 통한 성차별적 내용이 개선될 수 있도록 노력해야 한다.

2 문화 다양성

● **해결 Point** ···

문화의 다양성과 상대주의 개념이 종종 출제 되므로 그 차이점을 반드시 이해해야 한다. 또한, 우리 사회의 화두가 되기도 하는 다문화 사회의 도덕적 문제와 문화 간 갈등에 필요한 도덕적 태도에 대해 알아 두도록 한다.

● **대표 문제 유형** ···

❖ 다음 중 다문화 사회에서 필요한 덕목으로 알맞지 <u>않은</u> 것은?
❖ 문화를 바라보는 학생의 태도로 가장 적절한 것은?

(1) 다문화 사회의 모습과 다문화 사회의 도덕적 문제

① 다문화 사회의 의미와 모습

ⓐ 의미: 사회 안에 다른 민족, 다른 인종 등 여러 집단이 지닌 문화가 함께 존재하는 사회를 말한다.

ⓑ 다문화 사회 확산의 원인
  • 교통과 통신의 발달로 국가 간 장벽이 약화되고 국제 교류가 증가하고 있다.
  • 경제적 성장과 새로운 문화 요소의 도입으로 문화 선택과 발전 기회가 늘어나고 있다.
  • 국제결혼과 이주 노동자가 증가하고 있다.

ⓒ 다문화 사회의 문화: 다양한 문화로 인해 언어와 종교, 가치관, 생활 방식 등의 차이가 존재하므로 문화의 다양성을 인정하고 조화를 이루도록 노력해야 한다.

② 다문화 사회의 도덕적 문제

ⓐ 문화적 차이로 인해 상대 문화에 대한 편견을 가질 수 있으며, 다르다는 이유로 상대방에 대해 증오심을 갖고 차별하여 폭력, 배제 등의 행동을 할 수 있다.

ⓑ 문화적 차이로 인해 타문화에 대해 오해를 가질 수 있으며, 이는 의사소통을 어렵게 하여 원활한 사회생활을 하는 데 걸림돌이 될 수 있다.

ⓒ 서로 다른 가치관이나 정서의 차이로 인해 충돌이 일어날 수 있다.

(2) 문화의 다양성과 문화 상대주의

① 문화 상대주의

ⓐ 의미: 인류의 보편적 가치를 바탕으로 문화의 다양성을 인정하고 각 문화를 그 사회의 독특한 환경과 역사적·사회적 상황에 비추어 이해하는 태도를 말한다.

ⓑ 필요성
  • 각 문화는 환경과 상황에 맞춰진 결과물로 나름대로의 고유한 가치를 가지고 있다.
  • 문화의 우열성 판단은 불가능하다.
  • 문화 상대주의를 통해 다른 문화를 이해하게 되면 자신의 문화에 대해서도 더 깊이 이해하는 것이 가능해진다.
  • 다른 문화를 이해하고 교류하는 것이 가능해진다.

ⓒ 인간의 존엄성과 문화 상대주의
  • 문화 상대주의의 인정 범위: 보편적으로 인정되는 도덕적 가치 안에서 문화 상대주의 태도를 가져야 한다. 즉, 비도덕적이고 인권을 침해하는 문화에 대해서는 비판이 필요하다.
  • 문화 상대주의가 적용되기 어려운 문화
    – 자유와 평등, 행복, 인간의 생명과 같은 기본적인 기본권을 침해하는 문화
    – 비도덕적·비인간적인 행위 문화

② 자문화 중심주의와 문화 사대주의

ⓐ 자문화 중심주의: 자기 문화의 우월성에 빠져서 자기 집단의 문화만을 우월하다고 여기고 다른 문화는 부정적으로 열등하게 평가하는 태도를 말한다.

ⓑ 문화 사대주의: 자국 문화를 비하하고 다른 사회의 문화를 맹목적으로 추종하는 태도를 말한다.

ⓒ 문화를 독단적으로 이해하는 것이 아니라 사회적 환경과 배경 속에서 이해해야 한다.

ⓓ 타 문화의 장점은 받아들이고 자신의 문화는 바르게 성찰하여 개선해 나가야 한다.

(3) 다문화 사회의 갈등

① 다문화 사회의 갈등 해결을 위한 조건

　㉠ 인종과 국가가 다양한 만큼 풍습 역시 다양할 수 있다는 열린 마음을 갖고 차별하지 않는다.

　㉡ 문화적 배경에 따른 풍습의 다양성을 그 문화의 관점에서 이해하며 차이를 존중한다.

　㉢ 외국인과 다문화 가정이 지금까지 살아왔던 문화가 우리랑 다르다는 사실을 이해해야 한다.

② 문화 간 갈등에 필요한 도덕적 태도

관용	• 받아들일 수 없는 상대의 주장이나 가치관을 이해하려고 노력하는 것 • 나와 다른 것이 틀린 것이 아니라는 것을 받아들여야 함
역지사지의 자세	자신의 문화적 배경을 기초로 다른 나라의 풍습을 바라보는 것이 아니라 다른 나라를 기준으로 하여 역지사지의 자세로 타문화를 바라보는 자세가 필요함
배려	• 상대방에 대해 공감하고 이해함 • 상대의 경제나 문화 수준을 기준으로 차별하지 않음

3 세계 시민 윤리

● **해결 Point** ●

세계 시민의 의미와 자세에 대해 익히도록 한다. 세계 시민으로서 지구 공동체 당면 과제에 관심을 가지고 문제 해결과 시민의 참여에 대해 알아 본다.

● **대표 문제 유형** ●

❖ 세계화 시대의 바람직한 시민의 자세로 적절한 것은?

❖ 세계 시민으로서 가져야 할 올바른 애국심으로 옳지 <u>않은</u> 것은?

(1) 세계 시민의 필요성과 도덕적 자세

① 세계 시민의 의미와 필요성

의미	국가나 민족 같은 특정 지역 공동체를 넘어서 전 세계적인 관점을 가지고 지구 공동체의 구성원으로 사는 것을 말함
필요성	보편적 가치를 소중히 여기고 각자의 삶과 역할에 충실한 삶이 세계 시민의 출발점임

② 세계 시민으로서의 도덕적 자세

세계 시민 의식	전 지구적 차원에서 지구 전체와 미래 세대까지 고려하는 모습을 보임
적극적인 자세	봉사 활동, 후원 등 직접 참여할 수 있는 활동을 통해 문제를 해결
보편적인 예절	친절, 관용, 존중, 배려 등의 보편적인 지구촌 예절을 지킴
개방적인 자세	다른 나라의 문화 가치를 인정하고 존중하여 전통 문화와 다른 문화를 함께 계승할 수 있는 태도를 가짐

(2) 세계 시민이 직면한 도덕적 문제

① 세계 시민이 겪는 도덕적 문제

지구 환경 문제	지구 온난화로 인한 생태계의 파괴, 원전과 폐기물 등으로 인한 환경 오염 문제 등
사회 정의 문제	국가 간의 빈부 격차, 식량과 자원의 불균형한 분배, 기아와 빈곤 등 분배와 관련한 사회 정의 문제
국제 평화 문제	각종 분쟁과 전쟁, 테러로 인한 국제 평화 문제
세계화와 다문화 문제	세계화가 이루어지며 문화적 다양성과 문화 간 이해 부재로 나타나는 각종 갈등과 문화적 충돌 문제

② 국가 공동체와 세계 공동체의 갈등

　㉠ 국가적 시민과 세계 시민 간의 갈등: 한 국가에 속한 국민으로 자국의 문제 해결이 우선일 수 있으나, 세계 시민으로서 지구 공동체의 문제점을 외면할 수는 없다.

　㉡ 국가 시민성과 세계 시민성

　　• 국가 시민성은 타국에 배타적이고 맹목적인 애국심이 아니며, 세계 시민으로 산다고 한국인의 정체성을 상실하는 것은 아니다.

　　• 국가 시민성과 세계 시민성은 조화와 균형을 이루어야 한다.

(3) 세계 문제의 해결과 세계 시민의 자세

① 전 세계적 문제 해결을 위한 세계 시민의 자세

환경 문제 해결	자연을 정복의 대상이 아니라 공존하고 조화해야 하는 대상으로 인식
공적 원조	국가 간 격차와 기아와 빈곤의 해결을 위해 식량이나 자원을 지원하는 등 공적 원조하기
세계 평화	세계 평화를 실현하기 위해 분쟁과 전쟁의 저지와 예방을 위해 노력함

문화적 다양성 이해	문화적 다양성을 인정하고 문화적 차이를 이해하고 존중함
실천적 활동	봉사나 후원 등 실천적인 활동에 적극적으로 참여함

② 세계 시민의 참여

세계 문제의 해결	• 국가적 차원뿐만 아니라 개개인의 작은 실천 또한 중요함 • 광범위하고 추상적인 인식만이 아니라, 실질적이고 직접적인 활동이 필요함
세계 시민으로서의 역할	• 나와 내 주변에 대해 관심을 가지고 노력함 • 세계 상황에 관심을 가지고 지구 공동체의 아픔에 공감하는 태도를 가짐 • 작은 실천적 행동부터 시작함

4 도덕적 시민

● 해결 Point ···

국가의 구성 요소는 종종 출제되므로 객관적 요소와 주관적 요소로 나누어서 살펴보아야 한다. 또한, 국가의 역할은 출제가 예상되므로 철저히 익히고 준법과 시민 불복종의 정당화 조건에 대해서도 공부하도록 한다.

● 대표 문제 유형 ···

❖ 바람직한 국가의 역할을 〈보기〉에서 고른 것은?
❖ 시민불복종의 정당화 조건으로 가장 적절한 것은?

(1) 정의로운 국가의 모습

① 국가의 의미와 역할
  ㉠ 국가의 의미: 우리 모두를 하나로 묶어주는 것으로 물질적으로나 정신적으로 안정된 삶을 살 수 있게 한다.
  ㉡ 국가의 구성요소
    • 객관적 요소: 국민, 영토, 주권
    • 주관적 요소: 국민의 자부심, 소속감 · 공동체 의식 등의 연대 의식

> ■ 연대 의식
> 사회 구성원 상호 간 또는 구성원과 사회 간 상호 의존을 통해 국가의 구성원들이 하나로 묶이는 정신적인 요소를 말한다.

  ㉢ 국가의 역할과 기능
    • 외적이나 자연재해로부터 국민의 생명과 재산을 보호한다.
    • 국제 사회에서 국민들이 정당한 대우를 받을 수 있도록 해 준다.
    • 국민들에게 소속감 같은 정신적 안정감을 줌으로써 더 행복하게 살 수 있게 해 준다.
    • 법을 제정하고 집행하면서 사회 질서를 확립한다.
  ㉣ 바람직한 국가의 모습
    • 인간의 존엄성을 보장한다.
    • 최소한의 경제적 기반을 형성할 수 있도록 해 준다.
    • 사회적 합의에 따라 공정한 사회 제도를 확립한다.

② 국가가 추구하는 가치
  ㉠ 기본적으로 인간의 존엄성을 존중한다.
  ㉡ 보편적인 가치를 추구한다.
    • 자유: 자유에는 그에 합당한 책임이 뒤따르므로 다른 사람의 자유를 함부로 침해해서는 안 된다.
    • 평등: 권리, 의무, 자격 등이 모든 사람에게 고르게 적용되는 것이다.
    • 민주: 국민이 국가의 주인이라는 의미로 주권이 국민으로부터 나온다는 말과 동일하다.
    • 인권: 사람으로서 당연히 누려야 할 인간답게 살 권리로, 단순히 생명을 유지하는 것에서 더 나아가 인간의 존엄성을 누리는 삶을 말한다.
    • 정의와 공정: 사회를 유지하고 구성하는 데 있어서 옳고 그름을 중립적인 입장에서 객관적으로 평가하는 공정함을 말한다.
    • 평화: 국민 개개인이나 집단 사이에서 갈등이나 대립이 일어나지 않는 상태를 말한다.
    • 복지: 삶의 질을 높이고, 국민 전체가 행복하게 살아갈 수 있도록 하는 정책적인 노력이다.

(2) 시민이 갖추어야 할 자질

① 시민으로서의 책임과 의무
  ㉠ 올바른 시민의 요건
    • 국가라는 공동체 안에서 공동체 의식과 주인 의식을 가지고 자신이 누리는 자유와 권리를 올바르게 행사하며, 이에 대한 책임과 의무 또한 다해야 한다.
    • 국가가 정한 공중도덕과 법을 준수해야 한다.
    • 국가가 바람직하지 못한 방향으로 나아갈 때 이를 바로잡고 개선하려고 노력해야 한다.

ⓛ 시민의 의무

국방의 의무	외부의 공격에 대해 국가를 방어할 의무를 지는 것
납세의 의무	국가의 유지에 필요한 경비를 부담해야 하는 것은 국민의 기본적인 의무
교육의 의무	국민 개개인이 보호하는 자녀에게 초등 교육과 법률이 정하는 교육을 받게 할 의무
근로의 의무	개인의 기본적인 생활을 유지하며 행복을 누리고 국가 경쟁력을 향상시키기 위해 근로를 해야 하는 의무

② 애국심과 시민의식

㉠ 애국심의 의미와 실천 방법

의미	자신이 속해 있는 국가를 사랑하고 국가에 헌신하려는 마음
실천 방법	국토 보존에 힘쓰고 시민의 역할을 다함

㉡ 맹목적·배타적 애국심의 문제점: 애국심이 지나치면 자신의 국가만을 최고로 생각하고 다른 나라와 민족은 배려하지 않는 자민족 중심주의와 국수주의에 빠질 수 있으므로 주의해야 한다.

㉢ 바람직한 애국심

- 자유, 평화, 평등, 인권, 박애 등 인류 보편적 가치를 바탕으로 옳고 그름을 가려서 분별력 있게 나라를 사랑하는 마음을 의미한다.
- 맹목적 애국심으로 자민족 중심주의와 국수주의에 빠지지 않도록, 자국을 사랑하는 마음을 바탕으로 다른 나라 사람들도 배려하고 존중할 줄 아는 마음을 가져야 한다.

(3) 준법과 공익

① 준법의 근거와 필요성

㉠ 준법의 의미: 인간의 공동생활에서 필요한 최소한의 행동 규칙으로 국가에 의해 강제되는 사회 규범을 말한다.

㉡ 준법의 필요성

- 타인과 국가 권력으로부터 개인의 자유와 권리를 지킬 수 있다.
- 법을 지킬 때 구성원 간의 충돌을 막아 사회 질서가 유지된다.
- 차별 없이 누구나 공정하게 대우받는 정의로운 사회가 형성된다.

② 시민 불복종

㉠ 의미: 국가의 정의롭지 못한 법이나 정책을 변화시키기 위해 해당 법을 위반하는 행위를 말한다.

㉡ 시민 불복종의 정당화 조건

목적의 정당성	법에 저항하는 목적이 개인의 이익이 아닌 사회 전체의 이익을 지향해야 함
비폭력성	폭력은 문제 해결의 근본적인 수단이 될 수 없고 서로에게 분노와 증오를 남길 우려가 있음
처벌 감수	위법 행위에 대한 처벌을 받아들이며 법을 존중하면서 정당한 법체계를 세워야 함
최후의 수단	바람직하지 못한 법을 개선하려는 노력을 하되, 최후의 수단으로 시민 불복종을 해야 함

③ 준법과 공익의 증진

㉠ 시민에게는 준법의 의무가 있고, 국가는 정의를 바탕으로 한 법으로 나라를 다스려야 한다.

㉡ 모든 시민이 법을 준수할 때 공익이 증진되며, 지키지 않으면 타인에게 피해를 준다.

5 사회 정의

● 해결 Point

사회 정의의 의미와 실현되기 위한 조건에 대해 공부하며 사회적 약자에 대해서도 생각해 보도록 한다. 또한, 부패에 대해서도 출제가 예상되므로 그 예방법 및 반대 개념인 청렴에 대해서도 알아 두도록 한다.

● 대표 문제 유형

❖ 공정한 사회 제도의 필요성을 〈보기〉에서 모두 고른 것은?
❖ 부패의 윤리적 문제점으로 옳은 것만을 〈보기〉에서 모두 고른 것은?

(1) 정의로운 사회의 추구

① 현대 사회와 사회 정의

㉠ 사회 정의의 의미와 중요성

의미	공정한 사회 규칙이나 제도를 통해 사회 구성원을 공평하고 차별 없이 대하는 것 • 개인 윤리 차원: 개인적인 차원에서 정의로운 사람이 되기 위한 노력을 말함 • 사회 윤리 차원: 사회 제도나 규칙을 개선하려는 구성원 전체의 노력을 말함

중요성	• 모든 구성원의 인간다운 삶 보장: 정의로운 사회에서는 모든 구성원들이 기본적인 권리를 동등하게 보장받기 때문에 차별받지 않으며 자유롭고 행복하게 살아갈 수 있음 • 상호 협력을 통한 사회 발전: 구성원이 서로 협력하여 사회가 조화롭게 발전하기 위해서는 사회 정의가 실현되어야 함

ⓒ 현대 사회의 정의
- '각자에게 정당한 몫'을 주는 '분배 정의'의 측면이 강하다.
- 불공정한 사회 규칙과 제도를 개선하여 공정한 분배를 이루고 사회 구성원 전체가 도덕적인 삶을 실현할 수 있도록 한다.
- 기본적 권리를 동등하게 보장하여 사회 구성원을 공평하고 차별 없이 대하도록 한다.

② 사회 정의를 추구해야 하는 이유
ⓖ 자본주의와 사회 정의: 자본주의는 과거 신분 사회보다 정의롭지만, 완벽하게 공정한 분배 정의를 실현하지는 못하고 있다.
ⓒ 사회 정의를 위한 노력: 사회 구성원이 사회 제도 개선을 위한 노력에 적극적으로 참여해야 한다.

(2) 공정한 경쟁의 필요성과 조건

① 공정한 경쟁의 필요성
ⓖ 경쟁의 이유: 목표 달성을 이루기 위해 필요한 자원이 한정되어 있기 때문이다.
ⓒ 경쟁의 장점과 단점

장점	• 경쟁을 통해 개인은 자신의 가치를 높이고 경쟁력을 키움 • 기업은 경쟁이 있기 때문에 더 좋은 물건을 싸게 만들어 이윤을 창출함
단점	• 부정행위가 발생할 수 있음 • 경쟁이 지나칠 경우 사회 구성원 사이에 신뢰와 협력이 깨짐 • 사회 전체적으로 갈등과 혼란을 가져올 수 있음

ⓒ 경쟁은 스포츠에서부터 경제 활동까지 우리 삶 전반에 걸쳐 있으므로, 공정한 경쟁을 통해 개인과 공동체의 발전을 이끌어야 한다.

② 공정한 경쟁의 조건

경쟁 과정의 공정성	• 공정한 경쟁 규칙을 만들고, 모든 사람이 차별받지 않고 경쟁에 참여할 수 있도록 동등한 기회를 제공함 • 경쟁에 참여하는 사람들의 차이를 인정하고 조정함
경쟁 결과의 정당성	• 부정 행위를 하면 보상에서 제외함 • 경쟁에 뒤처진 사람들에게 최소한의 인간다운 삶을 보장하고 경쟁 과정에 또 다시 참여할 수 있는 기회를 마련해 줌

(3) 부패 행위의 문제점과 해결책

① 부패의 의미와 문제점

의미	공정하지 못한 방법을 통해 자신의 이익을 챙기는 행위 예 탈세 행위, 뇌물 수수, 권력 남용 등
원인	• 개인의 지나친 이기심 • 사회적인 구조가 부패를 조장 • 비합리적인 관행
문제점	• 타인의 권리와 이익 침해: 공정하지 못한 방법을 통해 자격이 없는 사람이 기회를 얻게 되면, 능력 있는 사람은 그만큼의 기회를 빼앗기게 됨 • 구성원의 불신 조장: 사회 구성원 사이에 불신이 형성되어 사회 통합을 저해함 • 국가 발전 저해: 국제 사회에서 부패 국가로 인식되면 해외 자본 유치와 해외 진출이 곤란해짐

② 부패 행위의 예방

개인 윤리 차원	• 청렴 의식: 사소한 부패 행위라도 용납하지 않으려는 청렴 의식이 필요함 • 견리사의(見利思義): 이익을 보면 의로움을 먼저 생각하라는 말로, 부패나 부정으로 얻는 이익보다 올바른 길을 따르는 것이 중요함 • 선공후사(先公後私): 공적인 일을 우선시하고 사적인 것은 나중으로 미루는 자세를 말함
사회 윤리 차원	• 부패 행위 감시 활동: 공정하지 못한 방법으로 이익을 얻으려는 행위는 없는지 사회 구성원들이 적극적으로 감시하고 문제를 제기하는 것이 필요함 • 부패 방지를 위한 제도적 노력: 부패 방지법·공익 신고자 보호 제도 등 사회 정책이나 제도를 통해 부정과 비리를 근절하려는 노력이 필요함

6 북한 이해

● 해결 Point

북한 주민 생활의 특징에 관한 문제가 출제되므로 이에 대해 알아보고 북한 이탈 주민의 정착에 따른 어려움을 통해 통일의 과제를 생각해 보도록 한다.

● 대표 문제 유형

❖ 다음에서 알 수 있는 북한 사회의 특징은?
❖ 다음에서 설명하는 북한 사회의 특징은?

(1) 북한에 대한 이해

① 북한에 대한 올바른 이해

　㉠ 이해 방법: 북한에 대한 객관적인 사실과 보편적인 가치에 기초하여 이해해야 한다.

　㉡ 북한의 이중적 성격

　　• 국가 안보상 경계의 대상이자 통일하여 하나가 될 같은 민족이다.

　　• 북한에 대한 두 가지 성격을 명확하게 인식하고 균형적인 시각을 가져야 한다.

② 민족 공동체 형성과 국가 안보의 균형적 접근

　㉠ 국가 안보를 튼튼히 하여 평화 통일로 나아가기 위한 바탕을 마련해야 한다.

　㉡ 북한과 공존하며 협력하는 동반자 관계를 만들어 나가야 한다.

(2) 북한 주민의 생활

① 북한 주민의 정치·경제생활

정치	• 유일 당인 조선노동당의 1당 독재 체제 + 수령 지배 체제로 조선노동당에서 모든 국가 정책을 통제하므로, 체제 비판이 불가능함 • 언론·출판·집회·결사·종교의 자유가 없음
경제	• 국가 계획에 따른 경제 활동을 하며 빈부의 차이가 없는 경제적 평등 추구 • 대부분의 생산 수단은 국가 소유이며, 직업 선택 또한 당의 인력 수급 계획에 따라 이루어짐 • 계급에 따른 차별적 분배로, 만성적인 식량난을 겪고 있음

② 북한 주민의 사회·문화·교육 생활

사회	• 공산주의적 인간을 양성하기 위해 모든 생활 영역을 사회주의 생활양식으로 조직하며, 의무적으로 조직 생활을 해야 함 • 출신 성분과 계급에 따른 차별이 존재함
문화	• 사회주의를 계승하고 발전시키기 위한 사상 통제의 주요 수단(당 정책 홍보용) • 자유로운 창작 활동을 불가함
교육	집단주의 원칙에 복종하고 지도자에게 충성하는 인간으로 양성하고자 함

③ 북한 주민에 대한 관점

　㉠ 북한 주민은 집단적·전체주의적인 가치관에 익숙하다.

　㉡ 경제적인 어려움과 식량난이 심해지면서 시장 경제적·개인주의적인 사고방식이 퍼지고 있다.

　㉢ 훗날 통일이 된다면 북한 주민들도 우리와 함께 살아갈 사람들이다.

(3) 북한 이탈 주민의 정착에 따른 윤리적 문제

① 북한 이탈 주민이 겪는 어려움

경제적 어려움	• 북한에서 취득한 학력이나 자격은 남한에서 인정받기 힘듦 • 자신이 원하는 안정된 직장을 구하기 힘들며, 비정규직으로 채용될 가능성이 높음 • 자본주의 경쟁 체제에 적응하는 데 어려움
심리적 어려움	• 북한에 남은 가족에 대한 그리움과 죄책감 • 새로운 생활에 대한 불안감 • 남한 사람들의 편견과 무시
문화적 어려움	• 언어가 다름 • 남한의 개인주의적 가치관에 대한 부적응

② 북한 이탈 주민들이 겪는 어려움을 통해 본 통일의 과제

사회·국가적 차원	• '북한 이탈 주민의 보호 및 정착 지원에 관한 법률' 등에 따른 정착금 지원 • 주거, 취업 알선 등 자립과 자활 지원
개인적 차원	• 북한 주민에 대한 인식 개선이 필요하며, 편견을 갖거나 차별하지 않아야 함 • 북한 이탈 주민은 사회적 약자이므로 그들의 인격과 개성을 존중하고 배려하는 자세 필요 • 필요한 도움을 주기 위해 노력해야 함

7 통일 윤리 의식

● **해결 Point**

통일의 정당성에 대해 자주 출제되므로 꼭 염두에 두도록 한다.
또한, 통일 한국의 미래상에 대한 문제도 종종 출제되니 그 모습을
알아보고 통일과 세계 평화를 위해 필요한 자세를 생각해 본다.

● **대표 문제 유형**

❖ 다음과 같은 남북한 간의 교류 · 협력이 필요한 이유는?
❖ 남북한 평화 교류의 목적을 〈보기〉에서 고른 것은?

(1) 통일이 필요한 이유

① 인간답게 사는 보편적 가치 추구를 위한 통일

자유의 신장	분단은 우리가 만날 수 있는 사람과 할 수 있는 일을 제한함
인권의 보장	통일을 통해 북한 주민들의 인권을 보장할 수 있음
평화의 보장	분단 상황으로 인해 전쟁의 가능성이 높아지고 인간다운 삶이 위협당함

② 생존과 번영을 위한 통일

인도주의적 관점	• 이산가족과 실향민의 고통을 해소함 • 북한 주민의 인간다운 삶을 보장하기 위해 필요함
새로운 민족 공동체 건설	• 분단의 장기화로 남북한 간의 언어, 문화, 생활 차이가 심화됨 • 통일을 통해 민족의 정통성을 계승하고 동질성을 회복할 수 있음
평화 체제 정착	전쟁의 공포에서 벗어나 남북한 주민 모두 평화를 누릴 수 있도록 해야 함
경제 발전과 번영	• 남북한의 각종 인적 · 물적 자원을 효율적으로 활용하면 경제적 발전을 이룰 수 있음 • 국가 경쟁력을 제고할 수 있음 • 소모적인 국방비를 복지 사회 건설을 위해 사용해야 함

(2) 통일 한국의 모습

정치와 경제	• 자주 민족 국가: 정치 · 군사적 측면과 경제 · 문화적 측면에서의 자주성의 위협이 없는 자주적 민족 국가 • 자유 민주 국가: 국민이 나라의 주인이며 국민을 위한 정치가 이루어지는 국가로 국민 모두에게 자유와 복지, 인간의 존엄성을 보장하는 선진 민주 국가 • 정의 복지 국가: 시장 경제를 바탕으로 구성원의 삶의 질을 인간답고 풍요롭게 만드는 선진 복지 국가

사회와 문화, 평화 지향	• 민족 공동체: 민족 동질성을 회복하고 진정한 사회 통합을 이룬 민족 공동체 • 문화 국가: 문화 자원을 발굴하고 육성하는 세계적인 문화 선진국 • 평화 공동체: 한반도의 평화 정착을 통해 동북아의 평화 공동체 건설에 기여하는 평화 지향 국가

(3) 통일을 위한 노력

① 남북한의 교류와 협력

　㉠ 통일을 위해 남북한의 교류와 협력의 과정은 반드시 필요하다.

　㉡ 점진적 · 평화적 · 단계적 교류를 통해 상호 신뢰 관계를 쌓아 나간다.

　㉢ 상대를 인정하고 군사적인 위협 및 적대적 행위를 중지한다.

　㉣ 한쪽의 다른 쪽에 대한 일방적 지원이 아니라 상호 이익에 따른 공동 번영을 추구한다.

② 남북 통일과 세계 평화를 위해 필요한 자세

더불어 사는 삶을 위한 노력	남북한의 적대와 불신의 관계를 청산하고 관용, 공존, 편견 해소, 상호 존중의 가치를 내면화함
냉철하고 균형 잡힌 태도	• 한반도 통일은 민족 내의 문제일 뿐만 아니라, 국제적 문제라는 것을 염두에 둠 • 균형 잡힌 관점으로 갈등을 조정하고 내외적으로 통일에 유리한 환경을 조성해 나감
세계 평화를 위한 역량 발휘	통일을 통해 얻은 우리의 경험을 세계 평화 증진을 위해 제공하고, 세계 평화에 기여함

■ **분단 및 통일과 관련된 비용**

• 분단 비용: 분단, 즉 남북한 사이의 대결과 갈등으로 인해 발생하고 있는 유무형의 지출성 비용으로 군사비, 안보비, 전쟁 위험으로 인한 투자 감소, 국제적 위상 하락 등 통일을 하지 않는다면 영구적으로 발생하는 비용이다.

• 통일 비용: 통일 과정에서 한시적으로 발생하게 되는 투자 비용으로 통일 이후 남북한 격차를 해소하고 이질적 요소를 통합하는 데 소요되는 비용이다. 북한 경제 재건 비용, 통일 후 위기관리 유지 비용 등이 있다.

• 통일 편익: 통일을 통해 얻을 수 있는 편리함과 이익으로, 통일 이후 지속적으로 발생될 경제적 · 비경제적 보상과 혜택을 말한다. 군사비 등 분단 비용의 제거, 북한 자원 개발을 통한 이익, 이산가족 문제 해결, 통일 한국의 위상을 국제적으로 제고하는 것 등을 포함한다.

출제 예상 문제

01 다음 설명에 해당하는 개념은?

> 각 민족이나 나라의 문화를 독특한 환경과 사회적 상황에서 이해해야 한다는 관점이다.

① 문화 보편주의 ② 문화 절대주의
③ 문화 상대주의 ④ 문화 사대주의

02 인간 존엄성에 대한 설명으로 적절하지 <u>않은</u> 것은?

① 전쟁 포로는 적용 대상이 아니다.
② 모든 인간은 누구나 소중한 존재이다.
③ 인간은 누구나 자유롭게 살아갈 권리가 있다.
④ 누구도 다른 사람을 함부로 괴롭힐 권리가 없다.

03 양성평등에 대한 관점으로 옳은 것은?

① 아픈 가족은 딸이나 며느리가 간병해야 한다.
② 설거지를 하거나 식사 준비를 하는 남자는 한심하다.
③ 성(性)에 근거하여 법률적 · 사회적 차별을 받지 않는다.
④ 남성과 여성이 직업 선택에 있어서는 동등할 수 없다.

04 다음 설명에 해당하는 것은?

> 결속력이 강한 국가로 성장하기 위한 정신적 요소로 같은 나라 사람이라는 공동체 정신이다.

① 국민 ② 영토
③ 주권 ④ 연대 의식

05 다음에서 설명하는 것은?

> ○ 인간의 본질로 여겨지는 인격을 존중한다는 뜻임
> ○ 인간은 성별, 종교, 피부색, 재산 등과 관계없이 누구나 소중한 존재로 대우받아야 한다는 것임

① 이기주의 ② 배타주의
③ 인간 존엄성 ④ 자연에 대한 탐구

06 통일의 당위성 관점에서 다음 중 학생을 설득하기 위한 근거로 적절하지 <u>않은</u> 것은?

① 통일 비용이 전혀 들지 않는다.
② 민족의 동질성을 회복할 수 있다.
③ 한반도에 평화를 정착시킬 수 있다.
④ 이산가족의 고통을 해소할 수 있다.

07 우리나라가 지향하는 민주주의의 모습으로 적절하지 <u>않은</u> 것은?

① 법과 원칙이 잘 지켜진다.
② 재산을 똑같이 나누어 갖는다.
③ 부정부패와 부당한 차별이 없다.
④ 소외된 사람들을 충분히 배려한다.

08 문화 교류의 자세로 옳은 것을 〈보기〉에서 모두 고른 것은?

> ── 〈보기〉 ──
> ㄱ. 다른 문화에 대한 폐쇄적 자세
> ㄴ. 다른 문화의 특성을 인정하는 태도
> ㄷ. 다른 문화의 장점을 비하하는 태도
> ㄹ. 다른 문화를 주체적으로 수용하는 자세

① ㄱ, ㄴ ② ㄱ, ㄷ
③ ㄴ, ㄹ ④ ㄷ, ㄹ

09 다음 중 양성평등의 실천에 대한 설명으로 옳은 것은?

① 성별에 대한 고정 관념이 필요하다.
② 성차별 문화는 계속 유지해야 한다.
③ 성별에 따라 할 일이 명확히 나뉘어야 한다.
④ 차별이 아닌 차이를 인정하고 존중해야 한다.

10 북한 이탈 주민을 돕기 위한 노력으로 적절하지 <u>않은</u> 것은?

① 사회적 편견과 차별을 바로잡는다.
② 주거 안정을 위한 정착 지원금을 제공한다.
③ 교육과 직업 훈련 등의 제도적 지원을 한다.
④ 사회에 적응시키기보다는 먼저 취업을 시킨다.

11 다음과 같은 원인으로 나타나는 문화의 특성은?

> ○ 각 사회의 자연 환경과 인문 환경이 다르다.
> ○ 각 사회의 구성원들이 추구하는 가치관이 다르다.

① 문화의 보편성
② 문화의 다양성
③ 문화의 동질성
④ 문화의 획일성

12 다음 내용이 공통적으로 강조하는 것은?

> ○ 사람이 곧 하늘이다.
> ○ 널리 인간을 이롭게 한다.
> ○ 다른 사람을 대할 때 내 몸같이 소중히 여겨라.

① 장인 정신
② 인간 존중
③ 경로 효친
④ 풍류 사상

13 북한 주민의 생활에 대한 설명으로 알맞은 것은?

① 집단주의적 생활 방식을 기반으로 하고 있다.
② 언론과 출판의 자유가 실제로 보장되고 있다.
③ 컴퓨터와 외국어 교육을 전혀 받지 못하고 있다.
④ 자본주의의 전면적인 도입으로 생활수준이 향상되고 있다.

14 다음과 같은 변화에 대한 설명으로 옳지 <u>못한</u> 것은?

> 과거에는 남녀의 역할이 엄격하게 구분되어 있었지만, 오늘날에는 남녀의 구분보다는 자신의 능력과 적성에 맞는 일을 하는 것이 바람직하다는 생각이 점점 늘고 있다.

① 남녀의 성 역할은 타고 나는 것이다.
② 남녀의 성 역할 구분이 사라지고 있다.
③ 집안일을 전적으로 여성만 할 필요는 없다.
④ 남녀 성 역할에 대한 고정관념이 약화되고 있다.

15 다음 내용과 가장 관계 깊은 국가의 역할은?

> 직장을 잃은 사람에게 실업 급여를 지급하고, 동시에 새 직업을 구할 수 있도록 상담과 교육을 실시한다.

① 적극적인 복지 정책 시행
② 안전한 삶을 위한 치안 유지
③ 홍수와 같은 자연재해의 예방
④ 외부의 침입으로부터 국민 보호

16 세계 평화를 위협하는 원인으로 적절하지 <u>않은</u> 것은?

① 환경 파괴
② 전쟁과 테러
③ 기아와 빈곤
④ 반전 · 반핵 운동

17 다음에서 설명하는 문화에 대한 관점은?

> 다른 사회의 문화가 자신이 속한 문화보다 우월하다고 믿고, 자신의 문화에 대해서는 낮게 평가하는 태도

① 문화 국수주의
② 문화 사대주의
③ 문화 배타주의
④ 문화 상대주의

18 다음에서 강조하는 생활 태도는?

> - 횡단보도에서 무단횡단을 하지 않는다.
> - 저작권이 있는 자료는 저작자의 허락 없이 사용하지 않는다.

① 친절
② 준법
③ 양보
④ 봉사

19 타인 존중을 실천하기 위해 ㉠에 들어갈 가장 적절한 답변은?

> 영수: 우리 모임에서 보고서를 만들 때 나는 무엇을 할까?
> 진희: ______㉠______

① 넌 제발 좀 가만히 있어.
② 너는 아무런 도움도 안 되잖아.
③ 참, 답답하다. 네가 알아서 해야지!
④ 너는 인터넷에서 자료를 조사해 주면 좋겠어.

20 통일 한국의 미래상으로 바람직하지 <u>않은</u> 것은?

① 자유로운 민주 국가
② 평화로운 복지 국가
③ 폐쇄적인 민족 국가
④ 수준 높은 문화 국가

21 다음 대화에서 강조하는 덕목은?

> 갑: 공직자가 가져야 할 덕목은 무엇일까?
> 을: 공직자는 무엇보다도 자신의 탐욕을 절제하여 부당한 이득을 멀리해야 한다고 생각해.

① 타협
② 경쟁
③ 협상
④ 청렴

22 다음에서 설명하는 국가의 구성 요소는?

> - 나라를 다스리는 최고 권력과 권위
> - 다른 나라에 대해 하나의 독립된 나라임을 나타냄

① 주권
② 국민
③ 영토
④ 정당

23 양성평등 실현을 위한 노력으로 적절하지 <u>않은</u> 것은?

① 잘못된 성차별 문화를 개선한다.
② 성 역할이 고정되어 있다는 의식을 버린다.
③ 성차별을 극복하기 위해 법과 제도를 마련한다.
④ 남성과 여성의 역할을 성에 따라 엄격히 구분한다.

24 공정한 사회 제도의 필요성을 〈보기〉에서 모두 고른 것은?

> ── 〈보기〉 ──
> ㄱ. 사회 정의 실현
> ㄴ. 인간다운 삶 보장
> ㄷ. 국민 기본권 축소
> ㄹ. 물질만능주의 사회 조성

① ㄱ, ㄴ
② ㄱ, ㄷ
③ ㄴ, ㄹ
④ ㄷ, ㄹ

25 다음에서 알 수 있는 북한 사회의 특징은?

> 북한 주민은 나이와 직업에 따라 의무적으로 조직에 가입하여 활동해야 한다. 이와 같은 조직 생활을 통해 당의 지시를 받거나 정치 교육을 받는다.

① 자유주의　　　　② 집단주의
③ 자본주의　　　　④ 민주주의

26 한반도에서 평화를 정착시키기 위한 올바른 자세가 <u>아닌</u> 것은?

① 우리 사회 내부의 안정과 발전을 이루어야 한다.
② 외부의 침략을 막을 수 있는 안보 능력을 갖추어야 한다.
③ 화해와 협력으로 북한을 개혁과 개방으로 유도해야 한다.
④ 주변 국가들의 관심을 철저히 배제한 남북한 주도의 평화가 되어야 한다.

27 세계화 시대의 바람직한 시민의 자세로 적절한 것은?

① 국민의 역할과 의무를 소홀히 한다.
② 지구가 처한 어려움에 대해서는 외면한다.
③ 다른 나라 사람들을 괴롭히고 힘들게 한다.
④ 나라의 발전과 인류의 평화를 위해 노력한다.

28 다음과 같은 남북한 간의 교류·협력이 필요한 이유는?

> ○ 남북한 가수의 합동 콘서트
> ○ 남북한 역사학자 협의회의 공동 실태 조사

① 불신을 조장하기 위해서
② 친밀감을 줄이기 위해서
③ 동질성을 회복하기 위해서
④ 서로 간의 오해를 키우기 위해서

29 다음 제도들이 공통적으로 추구하는 목표로 가장 적절한 것은?

> ○ 육아 휴직제
> ○ 성차별 금지제
> ○ 호주제의 폐지

① 양성 평등의 실현
② 고용 조건의 개선
③ 국민의 정치 참여
④ 국민의 교육 기회 축소

30 다음 중 법을 지켜야 하는 이유로 적절하지 <u>않은</u> 것은?

① 사회 질서의 유지
② 정의로운 사회 형성
③ 국가의 강제력 향상
④ 공동체 구성원의 의무

31 남북 분단의 결과에 대한 설명으로 옳지 <u>않은</u> 것은?

① 이념적 갈등을 해소했다.
② 전쟁의 위협이 공존하고 있다.
③ 민족 이질성이 심해지고 있다.
④ 이산가족에게 고통을 주고 있다.

32 바람직한 국가의 역할을 다음 〈보기〉에서 모두 고른 것은?

> ───────── • 〈보기〉 • ─────────
> ㄱ. 국민의 생명과 재산을 보호한다.
> ㄴ. 국민들에게 소속감을 준다.
> ㄷ. 사회적 불평등을 심화시킨다.
> ㄹ. 법을 통해 사회 질서를 확립한다.

① ㄱ, ㄴ   ② ㄱ, ㄴ, ㄷ
③ ㄱ, ㄴ, ㄹ   ④ ㄱ, ㄴ, ㄷ, ㄹ

33 다음과 같은 문화를 존중할 수 없는 도덕적인 이유는?

> 명예 살인, 식인 풍습, 노예 제도

① 관습이나 전통이기 때문이다.
② 타 문화에 대한 정보가 부족하기 때문이다.
③ 인간의 존엄성을 해치는 문화이기 때문이다.
④ 타 문화보다 우리 문화가 더 우수하기 때문이다.

34 부패 행위의 문제점으로 잘못된 것은?

① 국가의 발전을 저해한다.
② 구성원의 불신을 조장한다.
③ 사회의 투명성을 향상시킨다.
④ 타인의 권리와 이익을 침해한다.

35 사회적 약자를 배려하는 자세로 올바르지 <u>않은</u> 것은?

① 은혜를 베푼다는 생각으로 도와준다.
② 사회적 약자의 어려움에 공감하고 배려한다.
③ 사회적 약자를 도울 수 있는 사회적 풍토를 마련한다.
④ 사회적 약자에 대한 차별·편견 등을 인권 문제로 인식할 수 있어야 한다.

36 다음 중 통일을 해야 하는 이유로 올바르지 <u>않은</u> 것은?

① 전쟁에 필요한 국방비를 늘리기 위해
② 이산가족과 실향민의 고통을 해소하기 위해
③ 민족의 정통성을 계승하고 동질성을 회복하기 위해
④ 전쟁의 가능성을 없애고 인간다운 삶을 위협받지 않기 위해

37 문화적 차이로 인한 차별을 극복하기 위한 자세로 올바르지 <u>않은</u> 것은?

① 경제적 수준으로 문화를 평가한다.
② 서로의 다름을 인정하고 존중한다.
③ 타 문화에 대해 존중하는 마음을 갖는다.
④ 모든 문화는 나름대로 고유의 가치를 가지고 있다고 생각한다.

38 다음 중 시민의 의무가 <u>아닌</u> 것은?

① 근로의 의무
② 교육의 의무
③ 투표의 의무
④ 국방의 의무

39 다음 내용이 추구하는 통일 한국의 미래상은?

> 통일 한국은 국민이 나라의 주인이며 국민을 위한 정치가 이루어지는 국가로, 국민 모두에게 인간의 존엄성을 보장하는 선진 민주 국가로 나아가야 한다.

① 자주 민족 국가
② 자유 민주 국가
③ 정의 복지 국가
④ 남북 평화 공동체

40 다음의 내용이 설명하는 용어로 알맞은 것은?

> 공정한 사회 규칙이나 제도를 통해 사회 구성원을 공평하고 차별 없이 대하는 것을 말한다.

① 청렴
② 애국심
③ 사회 정의
④ 연대 의식

41 시민 불복종의 정당화 조건으로 잘못된 것은?

① 폭력적인 방법을 사용해야 한다.
② 최후의 수단으로 이루어져야 한다.
③ 개인이 아닌 사회 전체의 이익이어야 한다.
④ 위법 행위에 대한 처벌을 받아들이고 법을 존중한다.

42 다음의 내용이 설명하는 용어는?

> ○ 인간답게 살기 위해 꼭 필요한 권리이자 반드시 보장받아야 할 권리이다.
> ○ 인간의 존엄성이라는 보편적 가치를 개인이 누려야 할 권리로 구체화한 것이다.

① 평화　　　　② 평등
③ 정의　　　　④ 인권

43 다음 글에서 알 수 있는 국가 발전의 필요 요소는?

> 과거에 번영을 누렸던 로마 제국도 말기에는 뇌물이 오가는 등 부정부패가 널리 퍼져서 사회가 불안해졌다. 결국 로마 제국은 멸망하고 말았다.

① 경제적 풍요
② 도덕적 성숙
③ 정치적 성숙
④ 사회 · 문화적 발전

44 다음은 대한민국 헌법 조항들이다. 이 중 국가의 구성 요소가 나타나 있지 않은 것은?

① 대한민국의 국민이 되는 요건은 법률로 정한다.
② 대한민국의 영토는 한반도와 그 부속 도서로 한다.
③ 대한민국의 주권은 국민에게 있고, 모든 권력은 국민으로부터 나온다.
④ 공무원의 신분과 정치적 중립성은 법률이 정하는 바에 의하여 보장된다.

45 양성평등이 중요한 이유가 아닌 것은?

① 양성의 상호보완이 가능해진다.
② 남녀 모두 똑같은 기회를 부여받을 수 있다.
③ 남녀 모두 실질적인 결과의 평등이 보장된다.
④ 남녀의 대립이 완화되고 화합된 사회가 된다.

4 자연·초월과의 관계

1 자연관

● **해결 Point**

자연을 바라보는 관점과 지속 가능한 발전의 의미가 지속적으로 출제되므로 분류해서 알아 두어야 한다. 또한, 환경 친화적 소비생활에 대한 문제가 출제될 가능성이 높으므로 그 실천 방안에 대해 확실히 공부해 두어야 한다.

● **대표 문제 유형**

❖ 환경 친화적인 실천 자세로 옳은 것을 〈보기〉에서 고른 것은?
❖ 환경 친화적 삶을 실천하는 올바른 자세는?

(1) 자연과 인간의 조화

① 인간과 자연의 관계

자연의 가치	인간의 삶에 다양한 혜택을 제공하며, 그 자체로도 소중한 가치를 가지고 있음
인간과 자연의 관계	• 상호 의존적 관계: 환경을 지배하는 존재로 생각하기보다는 서로 의존하여 영향을 주고받는 상호 의존적인 관계로 인식하고 조화롭게 살아가야 함 • 도덕적 책임의 대상: 인간은 내재적 가치를 지니고 있는 모든 대상에 대해 도덕적 책임을 지녀야 함, 자연 또한 내재적 가치를 지니고 있기 때문에 도덕적 책임의 대상으로 인식하여 소중히 여겨야 함

② 환경의 의미와 환경 문제

　㉠ 환경의 의미: 우리들 주변을 둘러싸고 우리들에게 직접적 또는 간접적으로 영향을 주는 자연적 조건이나 사회적 상황을 의미한다.

　㉡ 환경 문제의 영향: 기상 이변을 일으키고 생물의 종(種)이 감소되는 등 지구의 생태계를 위협하며, 인간 생명을 위협하는 질병을 유발한다.

　㉢ 환경 문제의 원인: 과학 기술의 발달과 환경을 이용하는 인간의 이기심으로 인해 자연의 자정 능력을 넘어선 자연 훼손과 변형이 일어나면서 발생하고 있다.

　㉣ 해결의 어려움: 환경오염이 끼치는 영향의 범위가 넓고, 오랫동안 꾸준하게 지속되기 때문에 장기간에 걸친 노력과 큰 비용이 필요하다.

③ 인간과 자연의 조화로운 삶

인간 중심적 가치관에 대한 반성	인간 중심적 가치관이란 자연을 인간만을 위한 도구로 보는 것으로, 이를 반성하고 도덕적 고려의 범위를 동식물과 자연의 무생물로까지 확장해야 함
친환경적인 자연관을 추구	• 친환경적인 시각으로 자연 환경 파괴를 최소화함 • 미래 세대를 위해 생태계의 지속 가능성을 고려함

(2) 환경에 대한 가치관과 바람직한 소비 생활

① 자연을 바라보는 관점

인간 중심주의	• 인간은 자연보다 우월한 존재이기 때문에 자연을 지배하여 인간의 풍요로운 삶을 위한 도구로 이용해야 한다는 관점 • 자연은 인간을 위한 수단임
생명 중심주의	• 동물, 식물 등 생명을 가진 모든 가치를 존중하는 관점 • 인간과 다른 생명체를 동등한 관계로 인식
생태 중심주의	• 생명체뿐만 아니라 흙, 바위 등 자연에 속한 모든 환경을 존중하는 관점으로 자연의 본래적 가치를 중시함 • 자연 속 모든 존재를 동등한 관계로 인식하며, 인간도 자연의 일부로 여김 • 인간과 자연을 서로 도우면서 함께 사는 공생적 관계로 보는 관점

② 환경친화적 소비 생활

　㉠ 소비의 종류

합리적 소비	• 자신의 경제력 안에서 최소한의 비용으로 최대의 만족을 추구하는 소비 • 합리성과 효율성이 상품 선택의 기준이 됨
윤리적 소비	• 상품이나 서비스를 만들고 유통하는 전체 과정을 윤리적인 가치 판단에 따라 구매하여 사용하는 것 • 인간, 동물, 환경에 해를 끼치지 않고 어린이 및 노약자의 노동을 착취하지 않는 등 인권을 생각하며 정상적이고 윤리적으로 생산한 제품을 소비 • 공정 무역, 슬로푸드 운동, 로컬푸드 운동 등이 있음
녹색 소비	환경을 고려한 제품을 구매하는 것으로, 불필요한 소비를 줄이고 꼭 필요한 물건만을 구입하는 소비 행동

ⓒ 환경친화적인 소비
- 소비하는 제품에 대해 생산, 유통, 소비, 폐기, 재생의 전 과정을 고려한다.
- 미래 세대를 고려한 환경 보전의 가치를 생각하여 자연과의 조화를 이루는 지속 가능한 소비 생활을 추구한다.

ⓓ 환경적으로 건전하고 지속 가능한 발전

지속 가능한 발전의 의미	인구 증가와 경제 성장으로 파생되는 전 지구적 문제를 해결하기 위해 자연과 공존하면서 풍요로운 삶을 누리고자 하는 의지에서 비롯된 개념
지속 가능한 발전의 도덕적 의미	• 환경에 대한 올바른 이해와 도덕적 책임을 바탕으로 자연과 조화를 이루면서 살아가려는 자세가 필요함 • 국가 간의 공정한 발전을 도모하고, 특정 국가만이 아니라 전 세계 모든 국가가 함께 환경을 지키기 위해 노력해야 함 • 자신의 이익만을 추구하는 자세에서 벗어나 미래의 후손들도 깨끗한 환경에서 자신들의 삶을 누릴 수 있도록 배려해야 함

(3) 환경친화적 삶의 실천

① 환경친화적 습관의 실천 방법
- ㉠ 환경친화적 제품을 사용하여 에너지를 절약하고 자원 낭비를 줄일 수 있다.
- ㉡ 쓰레기 줄이기, 재활용, 대중교통 이용 등 일상생활 속에서 환경친화적인 삶을 실천한다.

② 환경친화적 삶을 위한 사회적 실천 방안

사회적 실천	환경친화적 삶과 경제 발전의 조화는 개인 노력만으로는 힘들며 사회 전체의 노력이 필요함
우리나라의 환경친화적 제도	• 환경 영향 평가 제도: 대규모 개발 사업이 자연환경에 어떠한 영향을 미치는가에 대해 사전 조사하고 평가하여 환경 영향을 최소화하고 환경 파괴 방지책을 마련하고자 하는 제도 • 환경 개선 부담금: 오염 물질을 배출하는 자가 그에 상응하는 오염 물질 처리 비용을 부담하도록 하여 오염 저감을 유도하고 하수 처리 시설 건설 등을 위한 환경 투자 재원을 확충하는 데 목적이 있는 제도 • 환경 마크 제도: 무공해 또는 저공해 상품에 대하여 공인 기관에서 인정한 환경 마크를 부착하게 함으로써 기업의 청정 기술 개발을 촉진하게 하는 제도 • 탄소 포인트 제도: 전기, 상수도, 도시가스 절약 실적에 따라 포인트를 주고, 이를 바탕으로 인센티브를 제공하는 제도

| 국제적 차원의 협력 | • 환경 문제는 한 국가만의 노력으로는 해결될 수 없는 문제이므로 모든 나라들이 지구 생태계를 보전하기 위해 적극적으로 협력하는 자세가 필요함 (그린피스, 국제 환경 단체 등 국제기구의 활용)
• 환경적으로 건전하고 지속 가능한 발전 추구 |

2 과학과 윤리

● 해결 Point

과학 기술의 발달을 통한 삶의 긍정적 변화와 그 부작용은 출제 확률이 높으므로 확실히 학습해 두도록 한다. 또한, 과학 기술의 한계와 위험성을 알아두며 균형 잡힌 시각을 갖도록 한다.

● 대표 문제 유형

❖ 바람직한 과학 기술의 활용 방향을 〈보기〉에서 고른 것은?
❖ 생명 과학 기술을 바람직한 방향으로 발전시키기 위한 노력으로 적절한 것은?

(1) 과학 기술과 삶의 변화

① 과학 기술의 의미와 목적

의미	과학 지식을 현실에 적용하여 인간의 생활을 유용하게 하는 수단임
목적	• 수단적 목적: 인간의 삶에 필요한 다양한 수단을 제공함 • 궁극적 목적: 인간의 생활수준 향상을 통해 인간의 존엄성을 구현함

② 과학 기술의 발달을 통한 삶의 긍정적 변화

물질적 풍요와 안락한 삶	• 의식주 관련 재화가 대량 생산되면서 물질적으로 풍요로운 삶을 누리게 되었음 • 자동화의 진행으로 노동 조건이 개선되면서 편리하고 안락한 삶을 누리게 됨
시·공간 제약 극복	교통과 정보 통신 기술의 발달로 시공간을 초월한 다양한 교류가 가능해지며 인간관계가 확장됨
건강 증진과 위험 예방	• 생명 과학과 의료기술의 발달로 각종 질병을 극복하고 생명을 연장할 수 있게 됨 • 과학 기술의 발달로 각종 재해 예측이 가능해짐
지식과 문화의 확산	• 정보 통신 기술의 발달로 각종 지식과 문화가 확산됨 • 다양한 문화 예술 활동의 기회를 제공함

(2) 과학 기술의 부작용과 한계

① 과학 기술 발달에 따른 부작용

과학 기술에 대한 지나친 의존	인간이 오히려 과학 기술에 종속되어 인간의 주체성 상실과 비인간화 현상이 발생함
생명 과학 기술의 발달	생명을 도구나 수단으로 여기는 생명 윤리 문제가 발생하는 등 생명의 존엄성을 훼손함
대량 살상 무기 발명	원자력, 핵무기와 같은 무기들이 잠재적으로 인류의 평화를 위협함
정보·통신 기술의 발달	개인 정보 유출, 사이버 폭력, 위치 추적 시스템 등의 감시·통제 등으로 인권과 사생활 침해가 일어남
환경오염	무분별한 자연 훼손으로 환경오염과 생태계 파괴가 일어남

② 과학 기술의 한계와 그 위험성

　㉠ 과학 기술의 한계

　　• 과학 기술은 인간의 생활수준을 향상시키는 긍정적 측면을 가지고 있지만 환경 파괴, 자원 고갈 등 다양한 부정적 측면 또한 존재한다.

　　• 과학 기술이 모든 문제점을 예측할 수도 없고, 모든 문제를 해결할 수도 없다.

　㉡ 과학 기술의 위험성 인식: 과학 기술의 위험성에 대해 인지하고 과학 기술로 인해 발생할 수 있는 모든 도덕적 문제에 대해 끊임없는 관심을 가지고 점검해야 한다.

(3) 과학 기술에 대한 책임

① 과학 기술 개발과 도덕적 책임

　㉠ 과학 기술 개발의 도덕적 전제: 인간의 삶과 인간의 존 엄성에 대해 도덕적으로 고려해야 한다.

　㉡ 과학 기술의 도덕적 책임: 과학 기술은 도덕적 고려의 대상으로, 그 연구 및 개발과 활용에 도덕적인 책임감을 가져야 한다.

② 과학 기술에 대한 도덕적 고려

　㉠ 과학 기술이 비도덕적 요구나 상업적 이익, 특정 집단의 이익을 추구하는 등 부정적인 방향으로 사용되는 것을 최소화해야 한다.

　㉡ 과학 기술을 바람직하고 지혜롭게 사용하도록 노력해야 한다.

③ 과학 기술에 대한 도덕적 책임

　㉠ 과학 기술 연구자의 도덕적 책임감: 과학자는 자신이 수행하는 연구에 대해 도덕적 책임 의식을 가지고

있어야 하며, 전문 능력을 바탕으로 올바른 가치 판단을 내려야 한다.

　㉡ 사회적 합의와 제도적인 장치 마련: 특정 과학 기술자에게만 책임을 묻는 것은 어려우며, 과학 기술 자체가 사회 전체에 영향을 주므로 다양한 입장에서 과학 기술의 사회적 책임 실현을 위한 제도적 장치를 마련해야 한다.

④ 과학 기술의 바람직한 활용 방향

　㉠ 미래 세대에 미칠 영향을 고려해야 한다.

　㉡ 인간 존중을 실천하는 방향으로 개발해야 한다.

　㉢ 환경 오염과 생태계 파괴를 방지하기 위해 노력해야 한다.

3 삶의 소중함

● 해결 Point

삶의 유한성에 관한 문제가 출제되므로 죽음의 의미를 통해 삶에 대해 이해하도록 한다. 또한, 의미 있는 삶에 대한 문제도 출제될 수 있으므로 그 자세에 대해 생각해 보고 그에 대한 노력을 알아 두어야 한다.

● 대표 문제 유형

❖ 삶의 유한성에 대처하는 자세로 가장 적절한 것은?

❖ 의미 있는 삶을 살아가기 위한 자세를 〈보기〉에서 고른 것은?

(1) 생명 존중

① 삶이 소중한 이유

　㉠ 생명은 세상의 그 어느 것과도 바꿀 수 없는 가장 소중한 것으로 두 번 주어지지 않는다.

　㉡ 삶은 인생의 모든 가능성을 실현하기 위한 조건이다.

② 생명 존중의 중요성과 생명 존중을 위한 노력

중요성	• 나의 삶을 소중히 하려면 모든 사람을 존중하고, 서로를 귀한 존재로 생각해야 함 • 자신이나 타인의 생명을 중시하지 않는 것은 인간의 존엄성을 부정하는 것임
노력	• 인간의 삶은 어떤 일이 있어도 포기해선 안 됨 • 나의 생명만큼 타인의 생명도 소중하므로, 다른 사람의 생명을 위협하거나 해치면 안 됨 • 생명의 가치를 지키며, 생명 존중을 위해 노력해야 함

(2) 죽음에 대한 이해

① 죽음의 의미

모든 존재에게 발생	죽음이란 생명이 있는 모든 존재가 맞이하는 사건임
모든 가능성과의 단절	삶에서 가능했던 모든 가능성과 단절·결별하는 것임
인생의 가치를 깨달음	죽음을 생각해 보며 진정으로 원하는 삶의 모습을 성찰하는 과정을 통해 지금껏 잊고 있었던 인생의 가치를 깨닫는 계기가 됨

② 죽음을 대하는 태도

자연스러운 과정으로 이해	죽음을 누구도 피할 수 없는 자연스러운 과정으로 이해함
사고 예방을 위해 노력	재해나 전쟁, 사고 등에 의한 죽음을 예방하기 위해 노력함
생명을 지키기 위해 노력	자살이나 타살 등 인위적인 죽음을 막고 생명을 지키기 위해 노력함

③ 인간의 삶에 대해 이해: 죽음에 대해 성찰하고 삶을 적극적이고 능동적으로 살아가게 한다.

(3) 의미 있는 삶과 의미 있는 삶을 위한 노력

① 의미 있는 삶

자신에게 당당한 삶	자신의 한계를 극복하고 자신에게 주어진 가능성을 발휘할 때 실현 가능함
타인에게 모범이 되는 삶	삶에 대해 도덕적인 태도를 갖추었을 때 실현 가능함
도덕적 이상을 추구하는 삶	• 바람직한 가치를 깨닫고 올바른 삶의 목표와 방향을 설정하여 실천해야 함 • 도덕적 이상을 추구하여 양심 있는 삶을 살 때 후회없이 좋은 삶을 살 수 있음

② 의미 있는 삶을 위한 노력

ⓐ 현재의 삶에 충실하며, 현재에 최선을 다한다.

ⓑ 시련과 고난이 와도 좌절하지 않고 이를 극복하는 과정에서 행복과 기쁨을 느낀다.

ⓒ 내 삶에 관하여 내가 좋아하는 것과 원치 않는 것을 파악하고 주체적인 삶을 영위한다.

ⓓ 소질을 개발하고 재능을 발휘하여 자아실현을 하며, 이를 통해 인류에 봉사하는 등 보람된 삶을 추구한다.

ⓔ 삶에 대해 명확한 목표를 설정한다.

4 마음의 평화

● 해결 Point

고통의 역할과 마음의 평화를 얻기 위한 동서양의 실천 방법 등이 빈번하게 출제되므로 용어 정리를 해 두어야 한다. 동서양의 이상적 인간상과 이상사회의 다양한 모습은 출제가 예상되니 철저하게 공부하여 혼동하지 않도록 한다.

● 대표 문제 유형

❖ 다음 중 마음의 평화를 이루기 위한 노력으로 적절하지 <u>않은</u> 것은?

❖ 다음의 설명에 해당하는 이상적 인간상으로 적절한 것은?

(1) 인간의 고통 이해하기

① 고통의 의미와 원인

ⓐ 고통의 의미와 종류

의미	• 몸이나 마음의 괴로움과 아픔(육체적 괴로움 + 정신적 괴로움) • 슬픔, 욕구불만, 갈등 등의 상태로 표현됨
종류	• 몸으로 느끼는 신체적 고통 • 부정적인 감정으로 인해 정신이 괴로운 정신적 고통

ⓑ 고통의 원인: 인간은 스스로의 선택, 욕심과 집착, 한계 상황 등으로 인해 고통을 겪게 되지만 이와 무관하게 발생하기도 한다.

② 고통의 역할

신체적 고통	• 건강에 대한 경고 • 자신을 보호해야 한다는 신호
정신적 고통	• 소중한 사람을 잃는 경험을 통해 삶이 유한하며, 함께하는 사람이 소중하다는 것을 깨달음 • 타인과 많은 갈등을 겪고 이를 해결하는 과정에서 타인에 대한 이해 범위가 넓어지고 대하는 태도 또한 성숙해짐 • 성취하지 못한 것에 대해 만족하지 못하는 경험을 통해 욕심과 집착에 대해 반성하고 새로운 도전을 할 수 있게 함

③ 마음의 평화를 얻기 위한 방법

ⓐ 고통 극복을 위한 방법

고통을 주는 상황에 대한 인정	고통을 제공하는 상황에 대해 인정하고, 현실을 받아들이는 태도가 필요
고통을 극복하기 위한 희망	현실이 절망적이라 하더라도 고통이 지나고 난 후에 더 밝은 미래가 기다리고 있을 것이라는 희망을 잃어서는 안 됨

굳은 의지와 적극적 태도	나약해지지 말고 굳은 의지를 가지고 적극적으로 해결 방안을 찾아보아야 함
용기와 인내	고통이 다가와도 바로 좌절하지 않고 견뎌 낼 수 있는 용기를 지녀야 하며, 쉽게 해결되지 않더라도 참고 인내하며 기다릴 수 있어야 함

ⓛ 용서의 의미와 중요성
- 용서의 의미: 잘못을 저지른 사람에 대한 분노, 원한, 증오와 같은 부정적인 감정을 버리고 상대방을 긍정적으로 대하는 것이다.
- 용서의 중요성
  - 마음의 평화 제공: 용서는 나에게 상처를 준 사람에 대한 분노나 원한 등에서 벗어나 마음의 평화를 얻게 해 준다.
  - 사랑의 실천: 예수는 "네 원수를 사랑하라."라는 말로 용서를 통한 사랑의 실천을 강조했다.
  - 인간관계 개선 및 사회 화합의 계기: 용서는 다른 사람에 대한 부정적인 감정을 제거하여 원만한 인간관계를 형성하는 데 도움을 줄 뿐만 아니라 분쟁을 해결하고 서로 화합하는 데 도움이 된다.
- 용서의 태도
  - 잘못한 사람도 하나의 인격체로서 존중: 잘못한 사람도 인간으로서의 존엄성을 가진 존재임을 인식하고 대우해야 한다.
  - 진심으로 용서하는 태도: 상대방이 잘못을 뉘우치고 용서를 구한다면 마음을 열고 진심으로 사과를 받아들일 수 있어야 한다.

ⓒ 마음의 평화를 얻기 위한 동서양의 실천 방법

불교	• 교리 공부, 참선 등을 통해 깨달음을 추구함 • 헛된 욕심과 이기적 집착을 버리고 남에게 베풀고 봉사하는 삶을 살 것을 강조
유교	• 신독(愼獨): 혼자 있어도 도리에 어긋나는 행동을 하지 않는 것 • 경(經): 유교의 수양 방법으로, 한 가지 일에 정신을 집중하는 것 • 일상생활에서 자기 수양을 통해 사사로운 욕심을 제거함으로써 마음의 평화를 얻을 수 있다고 보았음
장자	심재(心齋: 마음을 비워 깨끗이 함)를 통한 마음의 비움으로 편견을 제거할 것을 강조
그리스도교	예배, 성경 읽기, 기도 등을 통해 마음의 평안을 추구

에피쿠로스 학파	'마음에 불안이 없는 고요하고 평온한 상태'를 유지하기 위해서는 정신적·지속적 쾌락을 추구할 것을 강조
스토아 학파	감정이나 욕망을 절제하고 철저하게 이성에 따라야 한다고 주장

ⓔ 마음의 평화를 얻기 위한 개인의 실천 방법
- 평정심을 갖기
- 마음 속 욕심과 집착을 버리기
- 다른 사람과 좋은 관계를 맺기
- 자신을 긍정적으로 바라보기

(2) 삶의 유한성

① 인간의 유한성
  ⓛ 유한한 존재로서의 인간: 인간은 육체적 한계, 정신적 한계, 수명의 한계 등 다양한 한계를 지닌 존재이며 이러한 한계들은 인간의 능력으로는 극복할 수 없는 것이다. 따라서 인간은 자연의 법칙에 따라 살아가는 유한한 존재이다.
  ⓒ 인간의 유한성을 깨닫게 되는 경우: 인간은 자연재해를 대비할 수는 있지만 인간의 능력으로 막을 수는 없다. 또한, 나이가 들어서 맞이하게 되는 죽음과 육체적인 체력의 저하 역시 피해갈 수 없는 것이다.

② 삶의 유한성에 대한 자세

적극적인 자세	정해진 한계에 순응하여 수동적으로 삶을 사는 것이 아니라 좌절하거나 절망하지 않고 적극적인 자세로 살아야 함
자기반성과 내면 성찰	자신의 삶에 대한 반성과 내면의 성찰을 통해 삶의 진정한 의미를 찾을 수 있음
현재의 삶에 충실	지금 이 순간은 다시 돌아올 수 없는 소중한 시간이므로 지금 해야 할 일에 최선을 다하는 삶을 살아야 함
도덕적 이상의 추구	훌륭한 인격을 갖춘 사람이 되고자 노력하며 자랑스럽고 떳떳한 삶을 살아갈 수 있도록 해야 함

(3) 삶의 희망과 마음의 평화

① 희망의 의미와 필요성

의미	앞으로 다가올 인생에서 바라는 일이 잘 될 것이라고 긍정적으로 생각하는 것
필요성	• 어려운 일을 극복할 용기를 얻고 목표에 집중, 문제를 해결할 수 있음 • 스스로를 신뢰하여 더 큰 어려움에 도전할 수 있게 용기를 줌

② 마음의 평화를 얻고 도덕적인 희망을 가지는 방법
  ㉠ 스스로 감정과 욕구를 잘 다스려 다른 사람에게 상처를 주지 않도록 한다.
  ㉡ 타인을 이해하고 용서하고자 노력한다.
  ㉢ 내 상황과 내게 주어진 조건을 이해하고 이를 긍정적으로 생각하여 평정심을 유지한다.
  ㉣ 도덕적 이상을 추구하며, 그 속에서 삶에서 필요한 것을 희망한다.

(4) 이상적인 인간상과 이상 사회

① 동서양의 이상적 인간상
  ㉠ 동양의 이상적 인간상

구분	이상적 인간상
유교	유교의 이상적 인간상: 군자(君子) • 군자는 인의예지(仁義禮智) 정신을 잘 실현하는 사람 • 군자는 옳고 그름을 판별하여 어떠한 상황에서도 도덕적 의무를 따르고 실천함
불교	불교의 이상적 인간상: 보살(菩薩) • 보살은 위로는 깨달음을 추구하고, 아래로는 다른 사람에게 자비를 베푸는 사람 • 보살은 자신이 깨달은 지혜를 통해 현실에서 고통받는 사람들에게 조건 없이 사랑을 베푸는 사람
도가	도가의 이상적 인간상: 지인(至人), 신인(神人) 또는 천인(天人) • 도가에서는 자연스러운 삶을 통해 인간다움을 찾아야 한다고 보았음 • 도가의 이상적 인간상은 세속적인 생활을 초월하여 자연과 하나가 되어 자연의 흐름에 따라 살아가는 사람

  ㉡ 서양의 이상적 인간상

구분	이상적 인간
이성적 능력 발휘	• 고대 그리스 철학의 이상적 인간: 자신의 이성적 능력을 최대한 발휘하여 살아가는 인간 • 플라톤: 인간의 영혼이 이성, 기개, 욕망으로 구성되어 있다고 보고, 이성을 통해 기개와 욕망을 지배하고 조절해야 한다고 주장
사랑의 실천	• 그리스도교의 이상적 인간: 사랑을 실천하는 인간 • 자신을 희생하더라도 타인에게 무조건적으로 베푸는 사랑을 강조했고, 이러한 사랑을 실천하는 사람을 이상적 인간으로 봄

  ㉢ 이상적 인간상을 실현하기 위한 노력
    • 이상적 인간상을 정하여 그것을 기준으로 자신의 삶을 반성하고 성찰해야 한다.
    • 성실한 자세를 지니며 몸가짐과 마음가짐을 바르게 해야 한다.
    • 자기 수양뿐만 아니라 가까운 이웃, 공동체의 행복을 위해 사랑과 나눔을 실천해야 한다.

② 이상 사회의 모습과 이를 위한 노력
  ㉠ 이상 사회의 다양한 모습

구분	이상 사회	특징
공자	대동(大同) 사회	• 재화가 공평하게 분배되기 때문에 사람들이 빈곤을 걱정할 필요가 없고 남녀노소 모두가 서로 신뢰하며 화목하게 지내는 사회 • 모든 사람이 더불어 잘 살 수 있는 조화로운 사회
노자	소국과민(小國寡民) 사회	• 나라의 규모가 작고 백성의 수가 적은 사회로, 무위와 무욕이 실현된 사회 • 사회 제도나 질서에 얽매이지 않고 꾸밈없이 자연스럽게 살아가는 사회
플라톤	철인 국가	• 이성과 지혜를 갖춘 철학자가 통치하는 국가 • 이상 국가는 통치자, 군인, 생산자의 세 계급으로 나뉘어져 있고, 각 계급은 자기 계급에 맞는 덕목을 갖추고 있음
토머스 모어	유토피아	• 빈부 격차 없이 모든 인간이 경제적으로 풍족하며 소유와 생산에 있어서 평등한 사회 • 노동 시간에 제한을 두어 구성원들이 노동 이외의 시간에 여가 활동을 충분히 누릴 수 있는 사회

  ㉡ 이상 사회의 실현을 위한 노력
    • 인간의 기본적 권리와 자유를 최대한 보장하고, 모든 사람이 차별 대우를 받지 않는 환경을 조성해야 한다.
    • 모든 사람이 인간다운 삶을 살 수 있도록 기본적인 물질적 수준을 보장해야 한다.
    • 사회의 각 구성원이 관용, 화합, 배려 등과 같은 도덕적 가치를 실천할 때 조화로운 사회를 형성할 수 있다.

출제 예상 문제

01 다음 ㉠에 들어갈 말로 가장 적절한 것은?

> (㉠)은/는 미래 세대에게 필요한 환경을 훼손하지 않는 범위 내에서 현재 세대의 욕구를 충족하는 수준의 개발을 의미한다.

① 대량 소비
② 사막화 현상
③ 지속 가능한 발전
④ 지구 온난화 현상

02 다음을 통해 알 수 있는 고통의 의의로 적절한 것은?

> ○ 고통은 잠시요, 즐거움은 영원하다.
>   – 실러(Schiller, J.)
> ○ 아, 이런 세상에서 두려워 말라, 그러면 곧 알게 되리라. 고통을 겪은 다음 강해지는 것이 얼마나 장엄한가를.
>   – 롱펠로(Longfellow, H.)

① 누구나 고통을 피하고 싶어 한다.
② 고통은 인간에게 불필요한 것이다.
③ 육체적 고통이 정신적 고통보다 힘들다.
④ 고통 극복 과정을 통해 인격이 성숙해질 수 있다.

03 바람직한 소비 생활의 자세로 적절하지 <u>않은</u> 것은?

① 충동구매를 하지 않는다.
② 계획을 세워 소비하고 지출한다.
③ 자신의 경제 수준을 고려하여 지출한다.
④ 자기 과시를 위해 불필요한 물건을 구입한다.

04 과학 기술의 발달에 대한 설명으로 가장 적절한 것은?

① 교통수단의 발달로 교류가 축소되고 있다.
② 의학 기술의 발달로 인류의 수명이 연장되고 있다.
③ 정보 통신의 발달로 사생활이 철저히 보장되고 있다.
④ 유전공학의 발달로 인류의 식량 문제가 완전히 해결되었다.

05 다음과 관계 깊은 동양의 사상은?

> ○ 대표적인 사상가: 공자
> ○ 이상적인 사회: 대동 사회
> ○ 이상적인 인간상: 군자(君子)

① 유교
② 도교
③ 불교
④ 동학

06 다음에서 설명하는 자연관은?

> ○ 자연이 인간에게 도움과 혜택을 줄 때만 가치 있다고 본다.
> ○ 자연은 인간을 위해 존재하고 인간은 자연을 정복의 대상으로 본다.

① 공생주의
② 인간 중심주의
③ 생태 중심주의
④ 환경 친화주의

07 다음에서 예상되는 현대 사회의 윤리적 문제는?

> 최근 생명 과학 기술이 발달함에 따라 동물 복제가 가능해지면서 가까운 미래에는 장기 복제, 더 나아가 인간 복제도 가능해질 것이라고 예상되고 있다.

① 저작권 침해 　　② 문화의 이질화
③ 세대 간의 갈등 　　④ 인간 존엄성 훼손

08 의미 있는 삶을 살아가기 위한 자세를 〈보기〉에서 모두 고른 것은?

> ────── 〈보기〉 ──────
> ㄱ. 정신적 가치와 이상을 추구한다.
> ㄴ. 나에게 주어진 삶의 과제를 등한시한다.
> ㄷ. 도덕적인 행동을 통해 다른 사람에게 감동을 준다.
> ㄹ. 순간적인 쾌락과 향락에만 관심을 갖고 살아간다.

① ㄱ, ㄴ 　　② ㄱ, ㄷ
③ ㄴ, ㄹ 　　④ ㄷ, ㄹ

09 생명 과학 기술을 바람직한 방향으로 발전시키기 위한 노력으로 가장 적절한 것은?

① 다른 생명체 및 생태계를 존중한다.
② 생화학 무기를 생산하는 데 활용한다.
③ 동물에게 고통을 주는 연구를 확대한다.
④ 상품화를 목적으로 유전자 연구 결과를 악용한다.

10 ㉠에 들어갈 말로 가장 적절한 것은?

> 플라톤은 이상적 인간을 (　㉠　)에 따라 합리적으로 사고하고 행동하여 정의를 추구하는 사람이라고 보았다.

① 욕망 　　② 감정
③ 이성 　　④ 관습

11 동·서양의 사상과 이상적 인간상을 바르게 연결한 것은?

① 도교 － 군자(君子)
② 유교 － 철인(哲人)
③ 불교 － 보살(菩薩)
④ 기독교 － 지인(至人)

12 환경에 대한 설명으로 올바른 것은?

① 환경에 무조건적으로 순응해야 한다.
② 인간은 환경을 개발의 대상으로 인식해야 한다.
③ 환경 보호와 개발이 균형을 이루도록 노력해야 한다.
④ 환경을 보전하기 위해 과학 기술이 발달하기 전으로 되돌아가야 한다.

13 자연환경이 인간에게 주는 혜택 중 다음 글의 내용과 가장 관련 깊은 것은?

> 우리들 주변을 둘러싸고 있는 자연은 우리에게 많은 것을 제공해 준다. 바쁜 일상생활로부터 벗어나 산과 숲에서 맑은 공기를 마시며 삼림욕을 즐길 수 있고, 바다에서는 해수욕을 즐기며 무더위를 피할 수 있다.

① 인간의 생활에 필요한 자원과 원료를 제공해 준다.
② 편안한 쉼터를 제공하여 삶의 활력을 되찾아 준다.
③ 인간의 기본적인 생활을 유지하는 삶의 터전이다.
④ 모든 생명체가 서로 영향을 주고받으며 살아갈 수 있도록 만들어 준다.

14 자연을 보는 관점이 다른 하나는?

① 인간 역시 자연의 일부이다.
② 인간과 자연은 서로 돕는 관계이다.
③ 자연은 인간의 삶을 위한 도구이다.
④ 인간은 자연의 존재 가치를 소중히 여겨야 한다.

15 다음에서 설명하는 환경 파괴의 원인은?

> 인간은 자연보다 우월한 존재이며 만물을 지배하는 지배자이므로 자연 역시 지배할 수 있다. 자연은 인간의 풍요를 위한 수단에 불과하다.

① 인간의 무지　　② 인간의 무관심
③ 인간의 이기심　　④ 과학 기술의 발달

16 인간이 지속 가능한 발전을 추구해야 하는 이유가 <u>아닌</u> 것은?

① 환경의 지속적 이용
② 자연과 공존하는 삶
③ 환경에 대한 도덕적 책임
④ 미래의 후손들이 살아갈 깨끗한 환경

17 지구 생태계의 특징이 <u>아닌</u> 것은?

① 자원 고갈 문제가 심각해지고 있다.
② 생태계는 생물이 살아가는 세계이다.
③ 지구 생태계 안에서 생물들은 서로 영향을 주고받는다.
④ 생태계는 자정 능력을 가지고 있으며 그 회복 능력에는 한계가 없다.

18 일상생활 속에서 환경 보호를 실천하는 방법으로 옳지 <u>않은</u> 것은?

① 이면지 사용하기
② 1회용 제품과 이중 포장 거부하기
③ 비닐이나 쇼핑백 사용을 자제하고 장바구니 활용하기
④ 빨래는 생길 때마다 바로바로 세탁기를 사용하여 세탁하기

19 지속 가능한 발전에 대한 다음 설명 중 옳지 <u>않은</u> 것은?

① 환경에 대한 이해와 도덕적 책임이 바탕이 되어야 한다.
② 미래 세대보다는 현세대가 쾌적한 환경을 누리고자 하는 것이다.
③ 환경이 주는 혜택을 누리면서도 환경을 보호하고자 하는 발전을 추구한다.
④ 자연과 공존하면서 풍요로운 삶을 살고자 하는 의지에서 비롯된 개념이다.

20 지구 생태계에 대한 설명으로 옳지 <u>않은</u> 것은?

① 모든 생물이 조화를 이루며 함께 살아가고 있는 곳이다.
② 자정 작용을 하면서 어느 정도의 회복 능력을 가지고 있다.
③ 구성 요소 중 한 부분이 심각하게 파괴되어도 균형이 깨지지 않는다.
④ 생물들은 생태계 안에서 서로 영향을 주고받으며 살아갈 뿐 아니라 주위 환경과도 영향을 주고받으며 살아간다.

21 과학 기술이 나아가야 할 올바른 방향이 <u>아닌</u> 것은?

① 과학 기술의 혜택을 일부 사람들만 누릴 수 있어서는 안 된다.
② 자연과 생태계를 보존하면서 지속 가능한 개발이 되어야 한다.
③ 과학 기술 발전과 함께 부정적 효과에 대한 도덕적 반성이 있어야 한다.
④ 과학자는 책임감을 가지고 기술을 발전시켜야 하지만 과학 기술을 사용하는 개인에게까지 책임감이 요구되는 것은 아니다.

22 다음 중 과학 기술의 긍정적인 측면에 대한 내용으로 <u>잘못된</u> 것은?

① 물질적 풍요와 편리하고 안락한 삶을 누리게 해 주었다.
② 각종 재해 예측이 가능해지며 위험을 예방할 수 있게 되었다.
③ 생명 과학 기술의 발달로 인간 실험과 인간 복제가 가능해졌다.
④ 시공간을 초월한 다양한 교류가 가능해지며 인간관계가 확장되었다.

23 고통에 대한 설명으로 적절하지 <u>않은</u> 것은?

① 몸과 마음이 아프고 괴로운 상태이다.
② 인간은 누구나 살아가면서 고통을 경험한다.
③ 육체적 괴로움과 정신적 괴로움은 동반되어 나타나지 않는다.
④ 대부분의 상황에서 인간은 고통의 원인에 수동적으로 노출된다.

24 다음 속담과 가장 관계 깊은 고통 극복의 자세는?

> 하늘은 스스로 돕는 자를 돕는다.

① 무조건 종교에 의지한다.
② 고통을 운명으로 받아들인다.
③ 자신의 고통을 대신해 줄 사람을 찾는다.
④ 스스로 극복하려는 굳은 의지를 가지고 적극적으로 해결 방안을 모색한다.

25 다음 내용과 가장 관계 깊은 고통의 역할은?

> 철수는 자전거를 타다 넘어지는 바람에 무릎에 상처를 입어 고통을 느끼게 되었다. 이후 다시 이러한 고통을 겪지 않기 위해 철수는 자전거를 탈 때뿐만 아니라 다칠 위험이 있는 상황에서는 항상 주의를 기울였다.

① 인격을 성숙시킨다.
② 더 큰 위험을 예방해 준다.
③ 도덕적 실천 능력을 향상시켜 준다.
④ 새로운 문화를 창조하는 밑바탕이 된다.

26 삶의 유한성에 대처하는 올바른 자세는?

① 정해진 한계에 순응한다.
② 자신의 삶에 대해 반성하고 절망한다.
③ 과거를 되돌아보고 현재의 순간을 소중히 여긴다.
④ 인간의 한계에 대해 올바로 인식한 후 수동적인 삶을 산다.

27 이상적인 삶을 위한 바람직한 자세가 <u>아닌</u> 것은?

① 늘 탐구하는 자세를 지닌다.
② 자아실현을 위해 노력해야 한다.
③ 돈과 명예만을 얻기 위해 노력한다.
④ 종교적 신앙을 통해 삶의 의미를 찾는다.

28 다음의 내용과 가장 관계 깊은 것은?

> 사사로운 욕심을 없애기 위해 도리에 어긋나지 않도록 항상 몸가짐과 언행을 강조했다. 이와 같은 자기 수양을 통해 자신의 마음을 돌아보고 사사로운 욕심을 제거함으로써 마음의 평화를 얻을 수 있다고 보았다.

① 불교
② 유교
③ 스토아학파
④ 에피쿠로스학파

29 도가(道家)에서 말하는 이상적 인간으로 옳은 것은?

① 사랑을 실천하는 사람이다.
② 고통 받는 사람들에게 자비를 베푸는 사람이다.
③ 인의예지(仁義禮智) 정신을 잘 실현하는 사람이다.
④ 자연과 하나가 되어 자연의 흐름에 따라 살아가는 사람이다.

30 다음에서 설명하는 이상 사회는?

> ○ 빈부 격차 없이 모든 인간이 경제적으로 풍족하며 소유와 생산에 있어서 평등한 사회
> ○ 노동 시간에 제한을 두어 구성원들이 노동 이외의 시간에 여가 활동을 충분히 누릴 수 있는 사회

① 유토피아
② 대동사회
③ 철인국가
④ 소국과민

도덕 실전 문제 

01 자아 정체성을 형성한다는 말의 의미가 <u>아닌</u> 것은?

① 자신의 사회적 책임을 파악한다.
② 타인과 구별해서 자신을 이해한다.
③ 주변 환경에 따라 나의 모습을 다르게 파악한다.
④ 개인이 속한 사회, 국가의 구성원으로 자신을 파악한다.

02 다음 중 가장 주체적인 삶을 살고 있는 사람은?

① 지혜 – 나와 다른 타인의 의견은 무시한다.
② 미진 – 다른 사람과 나를 지속적으로 비교한다.
③ 지수 – 내가 잘할 수 있는 일을 정확히 파악한다.
④ 은경 – 타인이 나에게 하는 말에 민감하게 반응한다.

03 자아 존중감이 높은 사람의 특징을 〈보기〉에서 모두 고른 것은?

─────── 〈보기〉 ───────
ㄱ. 스스로를 가치 있는 사람으로 생각한다.
ㄴ. 자신의 단점을 부끄럽게 생각하지 않는다.
ㄷ. 자신의 몸과 마음을 소중히 생각하지 않는다.
ㄹ. 자신이 중요하기 때문에 다른 사람을 존중하지 않는다.

① ㄱ, ㄴ　　　　　② ㄱ, ㄹ
③ ㄴ, ㄹ　　　　　④ ㄷ, ㄹ

04 다음 내용이 설명하는 것은?

> ○ 우리가 궁극적인 목적으로 추구하는 최고의 가치이다.
> ○ '도덕성'과 '행복'의 완전한 결합이다.
> ○ 도덕적인 삶은 행복을 얻고 이것을 완성하기 위해 필요한 과정이다.

① 양심　　　　　② 신념
③ 자아　　　　　④ 최고선

05 성무선악설(性無善惡說)에 대한 설명으로 옳지 <u>않은</u> 것은?

① 본성에는 선한 것도 선하지 않은 것도 없다.
② 식욕과 성욕이 인간이 가진 본성의 전부이다.
③ 선악은 자신의 선택과 환경에 의해 결정된다.
④ 인간은 그대로 내버려 두면 악한 행동을 하게 된다.

06 다음 (　) 안에 공통적으로 들어갈 알맞은 말은?

> ○ 아리스토텔레스: 도덕적 (　)을 습관화할 때 (　)이 이루어진다고 했다.
> ○ 불교: 헛된 욕심을 버릴 때 (　)을 얻는다고 했다.

① 기쁨　　　　　② 행복
③ 자율　　　　　④ 성신

07 다음 내용이 추구하는 정신은?

> 향약, 두레, 계, 품앗이

① 양성평등 ② 민본주의
③ 상부상조 ④ 대동사회

08 다음 상황에서 가족 구성원들이 바람직한 가정을 만들기 위해 노력할 점으로 가장 적절한 것은?

> ○ 아들: 부모님은 잘 알지도 못하면서 간섭만 하시고 말이 안 통해요. 같이 노는 친구들도 싫어하시고 어딜 좀 나가도 뭐라 하시고 …… 뭘 하든 다 혼내시기만 해요.
> ○ 아버지: 아들이라고 하나 있는데 속을 도통 모르겠네요. 친구라고 잔뜩 몰려다니며 뭘 하는지. 그래서 한마디 했더니 또 간섭이라고 발끈하고 ……

① 바람직한 소비생활
② 가족 이기주의 추구
③ 가족 간의 자율성 추구
④ 가족 간의 의사소통 필요

09 '을'의 행동을 통해 알 수 있는 이웃 간의 바람직한 자세는?

> 갑: 당신은 앞을 보지도 못하면서 밤중에 등불은 왜 들고 다닙니까?
> 을: 당신이 나와 부딪히지 않게 하려고요. 이 등불은 나를 위한 것이 아니라 당신을 위한 것입니다.

① 관심과 간섭
② 편견과 동정
③ 이해와 배려
④ 비난과 조언

10 봉사 활동의 필요성으로 옳지 <u>않은</u> 것은?

① 봉사 활동을 통해 사회성을 기를 수 있다.
② 봉사 활동을 통해 자신을 성장시킬 수 있다.
③ 봉사 활동을 통해 사회적 평판을 좋게 할 수 있다.
④ 봉사 활동을 통해 자신의 진로 및 적성을 파악할 수 있다.

11 우리 사회에 노인 문제가 생기는 이유로 옳지 <u>않은</u> 것은?

① 개인주의로 인한 공경 의식 약화
② 핵가족화로 인한 효와 공경 의식 약화
③ 평균 수명 연장으로 인한 노인 인구 증가
④ 의학 기술 부족으로 인한 노인 건강 악화

12 다음 글에서 말하고자 하는 내용으로 적절하지 <u>않은</u> 것은?

> 착한 사람과 함께 있으면 마치 지란(芝蘭)*이 있는 방에 있는 것과 같아 오래 있으면 비록 그 향기를 맡지 못하지만 자연스럽게 그와 같이 된다. 그러나 착하지 않은 사람과 함께 있으면 마치 생선 가게에 들어간 것과 같아 오래 있으면 그 악취를 맡지 못하지만 자연스럽게 그와 같이 된다.
>
> – 명심보감, 교우편
>
> *지란(芝蘭): 향기 그윽한 난초

① 어떤 친구를 사귀느냐에 따라 나의 모습이 달라진다.
② 어려울 때 함께 했던 친구가 진정한 친구라는 내용이다.
③ "친구를 보면 그 사람을 알 수 있다."는 속담과 관련된다.
④ 친구에 의해 좋은 사람이 될 수도 있고, 나쁜 사람이 될 수도 있다.

13 가족 간의 갈등을 해결하는 자세로 바람직하지 <u>않은</u> 것은?

① 먼저 상대방을 존중하는 자세를 가진다.
② 상대방의 입장에서 생각하는 습관을 들인다.
③ 가족 간 세대 차이나 가치관의 차이를 인정한다.
④ 부모와 허물없이 지내기 위해 반말을 즐겨 사용한다.

14 다음이 설명하는 것은 무엇인가?

> ○ 공정하지 못한 방법을 통해 자신의 이익을 챙기는 행위
> ○ 뇌물이나 친분, 권력 등을 이용하여 유리한 기회나 이익을 얻는 행위

① 갈등 ② 경쟁
③ 불법 ④ 부패

15 세계 시민으로서 가져야 할 애국심으로 적절하지 <u>않</u>은 것은?

① 다른 국가와 민족의 문화도 소중하게 여기는 마음을 가져야 한다.
② 자민족 중심주의의 문화관을 가지고 외국 문화를 배척해야 한다.
③ 지구상의 모든 국가가 더불어 행복하기를 바라는 마음을 가져야 한다.
④ 내 조국과 마찬가지로 다른 나라를 배려하고 존중하는 마음을 가져야 한다.

16 통일을 해야 하는 이유로 옳지 <u>않은</u> 것은?

① 남북 분단 이전의 상태로 돌아가야 한다.
② 한반도의 평화 유지를 위해 통일을 해야 한다.
③ 분단이라는 암울하고 잘못된 역사를 바로잡아야 한다.
④ 민족의 활동 무대를 확대하기 위해서는 통일이 필요하다.

17 다음 ( ) 안에 들어갈 말로 알맞은 것은?

> 〈국가의 구성 요소〉
> ○ 객관적 요소: 국민, 영토, 주권
> ○ 주관적 요소: 소속감, ( )

① 성취감
② 자신감
③ 경쟁 의식
④ 공동체 의식

18 북한 이탈 주민을 대하는 자세로 바람직한 것은?

① 북한 이탈 주민을 직접 관리하고 감시한다.
② 북한 이탈 주민들만 모여 살 수 있게 한다.
③ 북한 이탈 주민을 우리 민족이면서 국민으로 여긴다.
④ 북한 이탈 주민을 우리와 가치관이 다른 사람으로 생각한다.

19 성 역할에 대한 설명으로 올바른 것은?

① 성 역할은 고정된 것이다.
② 남녀의 성 역할은 바뀔 수 없다.
③ 성 역할은 어느 사회나 뚜렷하다.
④ 성 역할은 사회 내에서 만들어지는 것이다.

20 인간 존중을 실천하기 위한 자세가 <u>아닌</u> 것은?

① 모든 개인을 인격적으로 대우한다.
② 사람을 수단이 아닌 목적으로 대한다.
③ 타인의 생활에 대해 관심을 기울인다.
④ 비도덕적 행동을 한 사람은 존중 받을 자격이 없다.

21 다음 내용이 강조하는 삶의 태도로 올바른 것은?

> ○ 음식물을 남기지 않도록 노력한다.
> ○ 재활용품의 분리 배출을 철저히 한다.
> ○ 일회용품의 사용을 자제하고 재활용 가능한 제품을 이용한다.

① 충동구매
② 환경 보호
③ 합리적 소비
④ 과학 기술 숭배

22 마음을 평화를 얻기 위한 방법으로 옳지 <u>않은</u> 것은?

① 비관적인 태도를 가져야 한다.
② 타인을 이해하고 용서하고자 노력한다.
③ 다른 사람에게 상처를 주지 않도록 한다.
④ 삶을 긍정적으로 생각하여 평정심을 가진다.

23 환경친화적인 삶을 실천하는 방법으로 옳지 <u>않은</u> 것은?

① 수도와 전기는 아껴 쓴다.
② 되도록 대중교통을 이용하여 이동한다.
③ 음식물을 비롯한 각종 쓰레기를 줄인다.
④ 물건은 깔끔하게 한 번 사용하고 버린다.

24 다음에서 설명하는 이상적인 인간상은?

> 불교에서 말하는 이상적 인간상으로 위로는 깨달음을 추구하고 아래로는 다른 사람에게 자비를 베푸는 사람이다.

① 군자(君子)
② 보살(菩薩)
③ 지인(至人)
④ 철인(哲人)

25 다음의 제도를 통해 추구하고자 하는 삶의 모습은?

> ○ 환경 개선 부담금
> ○ 환경 마크 제도
> ○ 탄소 포인트 제도
> ○ 환경 영향 평가 제도

① 소비지향적인 삶
② 환경친화적인 삶
③ 개발지향적인 삶
④ 물질만능주의 추구

도덕 실전 문제  2회

01 다음 글에서 혜민이가 도덕적인 사람이 되기 위해 우선적으로 필요한 것은?

> 혜민이는 오늘이 어머니 생신이라 일찍 집에 가서 어머니를 도와 드려야겠다고 생각했다. 그런데 친구 은영이가 학교 끝나고 아이돌 콘서트에 가자고 졸랐다. 혜민이는 어쩔 수 없이 은영이를 따라 콘서트에 갔다.

① 도덕적 상상력
② 도덕적 판단 능력
③ 도덕적 실천 의지
④ 도덕적 실천 동기

02 다음 내용이 공통적으로 설명하는 개념은?

> ○ 내 마음의 재판관
> ○ 바른 삶으로 인도해 주는 나침반
> ○ 도덕적인 행동을 하도록 하는 마음의 명령

① 법
② 예절
③ 관습
④ 양심

03 다음에서 설명하고 있는 것은?

> ○ 인간의 공동생활을 위해 마땅히 해야 하는 것
> ○ 쓰레기는 쓰레기통에 버려야 한다.
> ○ 남의 물건을 훔쳐서는 안 된다.

① 법
② 명령
③ 당위
④ 욕구

04 다음 도덕적 추론 과정에서 괄호 안의 사실 판단의 내용으로 알맞은 것은?

> ○ 도덕 원리: 청소년으로서 외모에만 지나치게 신경 쓰는 것은 좋지 않다.
> ○ 사실 판단: (   )
> ○ 도덕 판단: 청소년으로서 다이어트를 하는 것은 좋지 않다.

① 청소년으로서 다이어트는 건강에 좋다.
② 청소년으로서 다이어트는 건강에 좋지 않다.
③ 청소년은 외모보다는 내면에 신경 써야 한다.
④ 청소년으로서 다이어트는 외모에만 지나치게 신경 쓰는 것이다.

05 도덕적으로 성찰하는 삶을 살아야 하는 이유로 옳지 **않은** 것은?

① 올바른 가치관을 정립할 수 있기 때문이다.
② 인간의 불완전성을 극복할 수 있기 때문이다.
③ 훌륭한 인격을 형성해 나갈 수 있기 때문이다.
④ 현대 사회의 치열한 경쟁을 극복할 수 있기 때문이다.

06 다음 내용이 설명하는 것은?

> ○ 유교의 성찰 방법이다.
> ○ 옳은 생각으로 가득 찬 마음의 상태를 말한다.
> ○ 한 순간도 방심하지 말고 바람직하지 못한 욕망이 침입하지 않도록 경계하는 생활 자세이다.

① 경(敬)
② 참선
③ 신독(愼獨)
④ 대화법

07 청소년들이 이성 교제를 할 때 바람직하지 <u>못한</u> 자세는?

① 자아 발전의 계기로 삼는다.
② 반말과 경박한 행동을 삼간다.
③ 부모나 친구들이 모르게 한다.
④ 상대방의 인격이나 특성을 존중한다.

08 다음은 성의 어떤 가치에 대한 설명인가?

> ○ 인간의 성은 동물의 성과는 구별되는 존엄성을 바탕으로 한다.
> ○ 인간의 성은 인간을 인간답게 만들어 주는 역할을 한다.

① 사회적 가치
② 쾌락적 가치
③ 인격적 가치
④ 생물학적 가치

09 폭력으로 인해 발생하는 문제점이 <u>아닌</u> 것은?

① 인간의 존엄성을 훼손시킨다.
② 사회적으로 갈등이 심화된다.
③ 폭력이 반복되는 악순환이 발생한다.
④ 가해자는 고통을 느끼지 않지만 피해자는 심리적 고통을 겪게 된다.

10 다음 글이 설명하고 있는 폭력의 종류는?

> ○ 피해자의 자아와 인격을 크게 훼손시키는 폭력
> ○ 집단 따돌림과 같이 상대방을 소외시키고 수치심을 주는 폭력

① 언어적 폭력
② 신체적 폭력
③ 정서적 폭력
④ 사회적 폭력

11 다음 내용과 관련이 깊은 인간관계로 알맞은 것은?

> ○ 붕우유신(朋友有信)
> ○ 교우이신(交友以信)

① 친구지간
② 부모와 자식
③ 형제와 자매
④ 윗사람과 아랫사람

12 다음에서 설명하고 있는 개념은?

> 정보 통신망을 통해 대량의 정보가 교환·공유되는 가상의 공간으로 자율성, 익명성, 다양성 등의 특성이 있다.

① 현실 공간
② 지역 사회
③ 사이버 공간
④ 녹색 안전지대

13 사회적 약자에 대한 설명으로 옳지 <u>않은</u> 것은?

① 장애인, 이주민, 농업인 등이 있다.
② 사회적 약자는 사회적 영향력이 없다.
③ 사회적으로 불리한 조건에 처해 있는 사람이다.
④ 사회적 약자는 존엄성을 존중받지 못하는 경우가 많다.

14 다음이 설명하고 있는 것과 관련된 것은?

> "다른 사람을 대할 때 그 사람의 몸도 내 몸같이 소중히 여겨라. 내 몸만 귀한 것이 아니다. 남의 몸도 소중하다는 것을 잊지 마라."

① 이상
② 이성
③ 평화
④ 인간의 존엄성

15 사회 정의가 실현되기 위한 조건으로 옳지 <u>않은</u> 것은?

① 사회 구성원이 합의한 절차를 잘 지켜야 한다.
② 사회 구성원에게 기본적인 권리를 동등하게 보장한다.
③ 능력과 노력에 따라 공정한 분배가 이루어지도록 한다.
④ 국적, 인종, 성별, 나이 등의 제한으로 사회 정의가 실현된다.

16 다음 상황에서 요구되는 국가의 역할로 올바른 것은?

> ○ 화재 발생 상황
> ○ 타 국가로부터의 침공
> ○ 폭우로 인한 침수 상황

① 사회 질서의 확립
② 소속감과 정체성 부여
③ 경제적인 불평등 해소
④ 국민의 생명과 재산 보호

17 다음에서 알 수 있는 문화의 특성은?

> 식사할 때 숟가락이나 젓가락을 사용하는 나라가 있고, 포크와 나이프를 사용하는 나라가 있는가 하면 아무런 도구 없이 손을 사용하는 나라도 있다.

① 다양성　　　　② 보편성
③ 객관성　　　　④ 절대성

18 양성평등 실현을 위한 노력으로 적절하지 <u>않은</u> 것은?

① 잘못된 성차별 문화를 개선한다.
② 성 역할이 고정되어 있다는 의식을 버린다.
③ 성차별을 극복하기 위해 법과 제도를 마련한다.
④ 남성과 여성의 역할을 성에 따라 엄격히 구분한다.

19 다음 내용과 관련된 남북 교류의 형태는?

> ○ '겨레말 큰사전' 남북 공동 편찬 사업
> ○ 남북 합동으로 '윤이상 음악회'를 금강산에서 개최

① 정치적 교류　　　　② 경제적 교류
③ 문화적 교류　　　　④ 군사적 교류

20 다음 글을 읽은 뒤의 반응으로 올바른 것은?

> 명예 살인이란 집안의 명예를 더럽혔다는 이유로 가족 구성원을 죽이는 관습이다. 이러한 명예 살인은 아직도 세계 일부 지역에서 발생하고 있다.

① 문화 상대주의 관점으로 이해한다.
② 문화가 가진 특수성은 다르므로 존중한다.
③ 문화 상대주의에도 한계가 있음을 알아야 한다.
④ 각 문화가 생겨난 사회적·문화적 상황을 토대로 이해한다.

21 의미 있는 삶을 위해 노력하는 자세로 바르지 <u>않은</u> 것은?

① 주체적인 삶을 영위한다.
② 현재의 삶을 중요하게 여기지 않는다.
③ 시련과 고난을 극복하는 과정에서 기쁨을 느낀다.
④ 재능을 발휘하여 자아실현을 하며, 이를 통해 인류에 봉사한다.

22 마음의 평화를 얻기 위한 실천 방법으로 다음의 내용과 관계가 깊은 것은?

> ○ 혼자 있어도 도리에 어긋나는 행동을 하지 않는다는 신독(愼獨)을 실천해야 한다고 했다.
> ○ 일상생활에서 자기 수양을 통해 사사로운 욕심을 제거함으로써 마음의 평화를 얻을 수 있다고 보았다.

① 불교   ② 유교
③ 도가   ④ 스토아학파

23 용서에 대한 설명으로 옳은 것을 〈보기〉에서 모두 고른 것은?

> ─── 〈보기〉 ───
> ㄱ. 용서는 마음의 평화를 제공한다.
> ㄴ. 용서는 잘못을 저지른 사람에 대한 사랑을 실천하는 것이다.
> ㄷ. 용서는 잘못을 저지른 사람에 대한 분노를 내비치는 것이다.
> ㄹ. 용서는 분쟁을 해결하고 사회 화합에 기여할 수 있다.

① ㄱ, ㄹ   ② ㄱ, ㄴ, ㄷ
③ ㄱ, ㄴ, ㄹ   ④ ㄱ, ㄴ, ㄷ, ㄹ

24 과학 기술 발달에 따른 부작용을 〈보기〉에서 모두 고른 것은?

> ─── 〈보기〉 ───
> ㄱ. 건강 증진과 위험 예방
> ㄴ. 과학 기술에 대한 지나친 의존
> ㄷ. 대량 살상 무기의 발명
> ㄹ. 시·공간의 제약 극복

① ㄱ, ㄴ   ② ㄱ, ㄹ
③ ㄴ, ㄷ   ④ ㄷ, ㄹ

25 다음에서 설명하는 이상 사회는?

> ○ 나라의 규모가 작고 백성의 수가 적은 사회로, 무위와 무욕이 실현된 사회이다.
> ○ 사회 제도나 질서에 얽매이지 않고 꾸밈없이 자연스럽게 살아가는 사회이다.

① 공자의 대동사회
② 플라톤의 철인국가
③ 노자의 소국과민 사회
④ 토머스 모어의 유토피아

핵심 이론 + 예상 문제 + 실전 문제
새 교육과정 완벽 반영

편집기획실 편저

합격에듀
시대에듀

2025
중졸 검정고시
한 권 합격

제3권 정답 및 해설

시대에듀

정답 및 해설

중·졸·검·정·고·시

정답 및 해설

합격의 공식 시대에듀 www.sdedu.co.kr

국어

1 듣기·말하기 / 쓰기

01 ①	02 ④	03 ②	04 ④	05 ③
06 ①	07 ④	08 ②	09 ③	10 ③
11 ③	12 ④	13 ①	14 ①	15 ①
16 ④	17 ③	18 ③	19 ④	20 ③
21 ④	22 ③	23 ②	24 ③	25 ②
26 ③	27 ④	28 ④	29 ①	30 ④
31 ③	32 ①	33 ②	34 ④	35 ②
36 ①	37 ②	38 ①	39 ③	40 ④
41 ③	42 ③	43 ①	44 ②	45 ④

01 제시된 글은 자기 자신을 소개하는 말하기이다.

02 '공감하며 대화하기'는 상대의 문제점을 분석하고 고쳐주는 것이 아니라, 상대의 관점에서 문제를 바라보고 이해하는 것이 목적이다.

03 병문안을 가서 친구를 위로하는 상황에서는 따뜻한 말이나 행동으로 괴로움을 덜어 주거나 슬픔을 달래주는 말하기가 필요하다. 친구의 아픈 몸과 힘든 심정에 공감하고, 덧붙여서 친구의 빠른 쾌유를 빌어주는 자세도 필요하다.

04 '황희 정승'은 상대의 처지와 심정을 헤아려 들었기 때문에 '갑'과 '을' 두 사람에게 다른 대답을 한 것이다.

05 언어폭력은 습관적으로 이루어지는 경우가 많고, 일상생활뿐만 아니라 인터넷 매체 등에서 많은 사회적 문제를 일으키고 있다.

06 '대화'는 형식에 얽매이지 않고 자연스럽게 진행되는 '자율성'을 지닌다. 따라서 사회자의 안내에 따라 규칙을 지켜야 한다는 설명은 옳지 않다.

07 '옥림'과 '세리'는 상대방을 배려하지 않고, 상대방을 비꼬는 표현을 사용하고 있다. 이러한 대화의 태도는 인간관계에 부정적인 영향을 끼친다.

08 제시된 글은 '교실에서의 에어컨 사용을 자율화해야 한다.'라는 논제로 찬성 측과 반대 측이 각자 자신의 주장을 펼치는 말하기이다. 찬성과 반대의 입장으로 나뉘는 주제에 대해 각각 서로의 입장을 관철시키기 위해 근거를 들어 자기의 주장을 논리적으로 펼치는 말하기를 '토론'이라고 한다.

09 '현중'은 에어컨 사용을 자율화하면 안 된다고 주장하고 있다.

10 토론에서 사회자는 토론이 열리게 된 배경과 토론의 논제를 소개하고, 토론자에게 토론 규칙을 알려주어, 규칙을 지키면서 토론을 할 수 있도록 유도해야 한다. 그리고 토론자들의 발언을 요약하거나 보충 질문을 하는 역할을 한다. 토론에 참여하여 자신의 주장을 내세우는 것은 '토론자'의 역할이다.

11 찬성과 반대의 입장으로 나누어지는 것은 '토론'이다. '토의'는 어떤 공통된 문제에 대한 최선의 해결안을 얻기 위해 여러 사람이 모여서 의논하는 말하기이다. 토의 참가자들은 집단 사고 과정을 통해 공동의 이익과 발전에 기여하려는 태도를 지녀야 한다.

12 토의에서 사회자는 토의 논제와 토의자를 소개한다. 객관적으로 발언 시간과 기회를 조절하며 토의를 진행하는 것이 사회자의 역할이다. 사회자는 중립적인 위치에 있어야 하며, 자신의 의견을 반영하지 않아야 한다.

13 제시된 글은 자신의 주장이나 의견을 여러 사람 앞에서 전달하는 '연설하기'이다. 연설을 할 때에는 연설 상황, 청중의 수준 등을 고려해야 한다.

14 제시된 글은 대학교 졸업생을 대상으로 하는 말하기이다.

15 제시된 글은 '강연'이다. ②는 '연설', ③은 '협상', ④는 '토론'에 대한 설명이다.

16 제시된 글에서 사용한 매체 자료는 그래프와 도표가 아니라 포스터이다.

17 '강연하기'는 일정한 주제에 대해 청중을 이해시키는 말하기 방식으로, 강의 형식으로 이루어진다.

18 제시된 글은 힘을 빼는 태도가 필요함을 이야기한 것으로, 사투리를 사용하여 청자에게 즐거움을 주고 있다. 하지만 유명인의 말을 인용하는 부분은 찾을 수 없다.

19 제시된 글은 '면담하기'이다. 면담하기를 할 때에는 상대방에게 예의를 지켜야 한다. 상대방의 말을 경청하고, 적절하게 반응을 하는 것이 필요하다. 면담 질문은 구체적이면서도 간결해야 하고, 면담 상황에 맞게 질문을 추가하거나 생략할 수도 있다. 녹음이나 촬영을 할 경우 미리 상대의 허락을 받아야 한다.

20 제시된 글은 인사말과 함께 면담을 온 목적을 설명하고, 준비한 질문을 던지는 부분이다. 면담에 대한 소감을 말하고 감사의 인사를 전하는 것은 면담의 마무리 부분에 해야 하는 것으로, 제시된 글에는 나와 있지 않다.

21 '발표하기'를 할 때에는 주제를 효과적으로 전달하기 위해서 준언어적 표현과 비언어적 표현을 적절하게 활용하는 것이 좋다. 준언어적 표현에는 억양, 어조, 말의 속도, 말의 높낮이, 목소리의 크기 등이 있고, 비언어적 표현에는 몸짓, 표정, 손짓, 시선 등이 있다.

22 '발표하기'는 도입, 전개, 정리의 단계로 구성된다. 도입의 단계는 발표의 주제, 발표 목적, 발표 순서 등을 소개한다. 전개의 단계는 발표 내용을 짜임새 있게 분석하여 발표한다. 마지막 정리의 단계는 발표 내용을 요약·정리하고 당부의 말을 덧붙인다. 제시된 글은 도입 단계이다.

23 제시된 글은 '방송 보도'이다. 방송 보도는 텔레비전, 라디오, 인터넷 등의 매체를 통해 정보나 사건을 전달하는 것이다. 방송 보도는 시간이 한정되어 있으므로 간략하게 전달해야 한다.

24 '거북목 증후군'은 고개를 숙이고 스마트폰을 오래 사용하는 사람에게 많이 발생하는데, 이를 방치하면 목 디스크와 척추 변형 등 관련 질환이 생길 수 있다. 따라서 방치해도 된다는 설명은 잘못된 것이다.

25 신속하고 생생하게 전달하는 것은 '방송 보도'의 특징이다. '협상'은 사람과 사람 사이의 갈등을 합리적으로 조정하는 과정으로, 사람 사이의 조화로운 관계 유지를 도와준다.

26 인터넷 매체는 정보의 수용자와 생산자의 역할 구분이 모호하고, 누구나 수용자와 생산자가 되어 정보를 자유롭게 주고받을 수 있다.

27 인터넷 매체를 사용할 때 준말, 신조어 등을 사용하는 것은 빠르고 재미있게 표현하는 데 효과적이다. 하지만 지나치게 사용하면 의사전달에 어려움을 겪기도 하고, 우리말을 훼손할 수도 있으므로 상황에 맞게 사용해야 한다.

28 글의 목적은 독도를 알리기 위한 것으로, '정우'는 정보 전달을 목적으로 하는 설명하는 글을 쓰고자 한다.

29 글쓰기는 계획하기, 내용 생성하기, 내용 조직하기, 표현하기, 고쳐 쓰기의 과정을 거친다. 글의 목적 정하기, 예상 독자 고려하기, 글의 주제 정하기, 맥락 파악하기, 전달 매체 정하기 등은 '계획하기'와 관계가 깊다.

30 글쓰기 단계 중 '고쳐 쓰기'에서 잘못 쓴 문장을 바로잡고, 중심 내용이 잘 드러나도록 수정하며, 무분별하게 사용한 한자어와 외국어를 고치게 된다.

31 제시된 글에서 글쓴이가 전달하고자 하는 바가 무엇인지 파악하기 어렵다. 글을 쓸 때에는 중심 내용이 분명하게 드러나 독자가 글 내용을 정확하게 파악할 수 있도록 통일성 있게 써야 한다.

32 '기온'은 유형 문화재에 속하지 않는다.

33 제시된 글은 텔레비전의 긍정적인 기능에 대한 글이다. 그러나 ⓛ은 텔레비전의 부정적인 기능에 대한 내용이므로 통일성 있는 글을 쓰기 위해 생략하는 것이 좋다.

34 문맥을 고려할 때 ⓔ에는 '반대'가 들어가는 것이 적절하다.

35 병아리가 매력적이었기 때문에 한참을 바라본 것이다. 따라서 ⓐ에는 '그래서'가 들어가는 것이 적절하다.

36 제시된 글의 두 번째 문장에 조사 목적이, 세 번째 문장에 조사 기간이, 네 번째 문장(자료 조사)과 다섯 번째 문장(현장 조사)에 조사 방법이 드러난다.

37 보고하는 글을 쓸 때 보조 자료(그림, 사진, 표 등)를 효과적으로 활용하는 것이 좋지만, 반드시 활용해야 하는 것은 아니다.

38 '대한민국 청소년 누구나'는 응모 자격에 대한 내용이다.

39 건의하는 글을 쓸 때에는 거짓이나 과장된 표현을 사용하지 않는 것이 좋다.

40 제시된 글은 중학생이 구청장님께 학교 앞 안전한 통행을 위해 안전봉과 과속 방지턱을 설치해 줄 것을 건의한 것이다.

41 제목은 글 전체의 내용을 반영하고 대표하는 것이어야 한다. 주어진 글은 장기 자랑 시간에 일어났던 일을 쓴 것이므로, 전체를 담을 수 있는 '장기 자랑의 추억'으로 제목을 써야 한다.

42 ⓒ는 '좋았다'로 고쳐 써야 한다. 인터넷 등의 정보통신 매체를 이용할 때에도 맞춤법에 맞게 쓰는 것이 좋다.

43 '자서전'은 자신이 실제 살아온 삶을 되짚어보며 기록하는 글이다. 자신의 과거 경험 중 의미 있는 경험을 중심으로 쓰는 동시에 반성적으로 성찰하여 올바른 자아를 형성할 수 있도록 하는 글이 '자서전'이다.

44 '로서'는 지위나 신분·자격을, '로써'는 수단·도구·재료를 나타내는 조사이다. 문맥상 '배우로서'가 옳다.

45 연극에 초대하는 의도를 드러낼 것과 의문문이라는 〈조건〉을 모두 갖춘 내용은 ④이다.

01 ④	02 ①	03 ①	04 ②	05 ④
06 ①	07 ④	08 ④	09 ①	10 ①
11 ①	12 ④	13 ②	14 ③	15 ①
16 ③	17 ①	18 ①	19 ③	20 ④
21 ②	22 ①	23 ③	24 ①	25 ①
26 ①	27 ③	28 ③	29 ①	30 ①
31 ②	32 ②	33 ③	34 ①	35 ④
36 ②	37 ④	38 ①		

01 설명하는 글은 정보 전달을 목적으로 한다. 따라서 설명하는 글은 사용한 자료가 믿을 만한지 파악하며 읽어야 한다.

02 주장하는 글은 타당한 근거를 들어 다른 사람을 설득하는 글이다. 따라서 주장과 근거를 파악하며 글을 요약해야 한다.

03 제시된 글에는 전체를 부분으로 쪼개어 설명하는 '분석'의 방법이 사용되었다. 복잡한 현상이나 대상 또는 개념을 성분 또는 기능 등에 따라 하위 구성 요소로 나누어 밝히는 방법이다. 복잡한 내용을 쉽게 설명하고, 하위 구성 요소를 자세하게 설명할 수 있다.

04 '표준어'의 뜻을 밝혀 설명하고 있으므로, '정의'의 설명 방식에 해당한다.
① 유사성에 기초하여 다른 사물을 미루어 추측하는 것
③ 둘 이상의 대상에서 공통점을 찾아 설명하는 것
④ 둘 이상의 대상에서 차이점을 찾아 설명하는 것

05 제시된 글은 '벼락치기'에 대한 정보를 전달하는 글로, 글의 종류는 설명문이다. 설명문을 읽는 이유는 모르는 사실에 대한 정보를 얻기 위해서이다.

06 기억은 정보가 들어오면 우선 입력하고, 자체적으로 판단해 저장하고 출력하는 세 가지 과정으로 이루어진다.

07 벼락치기는 집중하기에 아주 좋기 때문에 벼락치기를 하면 정보를 많이 입력할 수 있다. 하지만 정보가 장기 기억으로 저장되지 않는다.

08 제시된 글은 정보 전달을 목적으로 하는 '설명문'이다. 설명문은 정보를 파악하는 데 중점을 두고 읽어야 한다.

09 제시된 글은 직접세의 장점·단점과 간접세의 장점·단점을 대조하여 설명하고 있다. 대조는 둘 이상의 대상의 차이점을 중심으로 설명하는 방법이다.

10 모두 새어 없어지는 것은 '누진(漏盡)'의 의미이다. '누진적(累進的)'은 가격, 수량 따위가 더하여 감에 따라 상대적으로 그에 대한 비율이 점점 높아지는 것을 의미한다.

11 제시된 글은 정보 전달을 목적으로 하는 설명문이다. 설명문은 새로운 정보를 파악하며 읽어야 한다.

12 • 정의: 발효란 곰팡이와~과정을 말한다.
• 비교: 미생물이 유기물에~부패와 비슷하다.
• 대조: 하지만 발효는~먹을 수 없다.

13 둘 이상의 것을 합쳐서 하나를 이루는 것은 '합성'이다. '분해'는 여러 부분이 결합되어 이루어진 것을 그 낱낱으로 나누는 것, 한 종류의 화합물이 두 가지 이상의 간단한 화합물로 변화하는 것을 의미한다.

14 제시된 글은 설명문으로, 정보 전달을 목적으로 하는 글이다. 설명문은 객관적이고 체계적인 성격의 글이다.

15 제시된 글은 간지럼을 통해 '예측 불가능성'에 대처하는 법을 배울 수 있고, 인공 지능에도 활용할 수 있다고 한다. 따라서 중심 내용으로 가장 적절한 것은 ①이다.

16 ㉠의 앞 문장은 '결과', 뒤 문장은 '원인'을 나타낸다. 따라서 사용된 내용 전개 방법은 '인과'이다.

작품 해설 이준기, 「디지털 치매, 걱정할 일 아니다」　　[17~19]
- 갈래: 논설문
- 주제: 인간 진화의 자연스러운 양상으로 받아들여야 할 디지털 치매
- 특징
  - 구체적 사례를 제시하여 설명함.
  - 귀납법을 사용하여 주장을 전개함.

---

17 제시된 글은 논설문으로, 주장하는 내용이 확실하고 뚜렷해야 한다.

18 (가)에는 설명하고자 하는 대상의 의미를 밝히는 '정의'의 방법과, 구체적이고 친근한 예를 제시하는 '예시'의 방법이 사용되었다.

19 디지털 기술 의존 현상은 인간의 진화와 문명의 진전 과정에서 늘 존재해 왔던 기존의 기술 의존 현상과 다를 바 없다.

작품 해설 윤상원, 「젓가락으로 시작하는 밥상머리 교육」
　　[20~22]
- 갈래: 논설문(칼럼)
- 주제: 올바른 젓가락질 교육의 필요성
- 특징: 다양한 사례를 제시하여 올바른 젓가락질 교육의 필요성을 강조함.

---

20 제시된 글은 주장하는 글이다. 주장하는 글을 읽을 때에는 주장에 대한 근거가 타당한지 파악해야 한다.

21 제시된 글에서 글쓴이는 기능성 젓가락을 편리함만 추구하고, 젓가락의 숨겨진 힘은 깨닫지 못한 장난처럼 보인다고 평가하고 있다. 따라서 글쓴이의 비판적인 태도가 드러난다고 볼 수 있다.

22 ⓐ에 들어갈 알맞은 접속어는 '그러나'이다.

23 제시된 글은 논설문으로, 글쓴이가 자신의 의견을 논리적으로 주장하는 글이다. 제시된 부분은 논설문의 '서론' 부분으로, 글의 목적과 글을 쓴 동기를 제시하고, 앞으로 다룰 문제를 제기하는 부분이다. ③은 '결론' 부분에 대한 설명이다.

24 제시된 글의 중심 내용은 청소년들에게 휴식과 놀이가 필요하지만, 이를 위한 공간이 부족하다는 것이다. 따라서 윗글의 중심 내용으로 가장 적절한 것은 ①이다.

25 ㉠에는 서로 일치하지 아니하거나 상반되는 사실을 나타내는 두 문장을 이어 줄 때 쓰는 접속어 '하지만'이 들어가는 것이 가장 적절하다.

작품 해설 박경화, 「도시의 밤은 너무 눈부시다」　　[26~28]
- 갈래: 논설문
- 주제: 야간 인공 불빛의 문제점과 자제의 필요성
- 특징: 권위 있는 단체의 자료를 인용하여 글의 신뢰성을 높이고 문제점을 강조함.

---

26 제시된 글은 세계적인 과학 잡지인 『네이처』의 내용과 '국제아동백혈병학술회의'에 참가한 학자들의 의견을 인용하고 있다.

27 인공 불빛의 피해를 줄이기 위해서는 전등을 꺼서 인공 불빛을 줄여야 한다.

28 '증식'은 생물이나 조직 세포 따위가 세포 분열을 하여 그 수를 늘려 가는 것, 또는 그런 현상을 의미한다.

작품 해설 이진숙, 「밤이 아름다운 도시」　　[29~31]
- 갈래: 논설문(칼럼)
- 주제: 아름다운 야경을 위한 야간 조명의 필요성
- 특징: 다른 국가의 사례를 들어 주장을 뒷받침함.

---

29 제시된 글은 야간 조명이 도시의 밤을 아름답게 만드는 데 필요하다는 주장을 펼치는 '논설문'이다. 이러한 글은 중심 낱말과 중심 문장을 찾으며 요약해야 한다.

30 야경으로 유명한 도시의 사례를 제시하여, 도시에 조명 계획이 필요함을 강조하고 있다.

31 부다페스트는 세계에서 야경이 가장 아름다운 도시로 알려져 있고, 낮에는 다른 유럽 도시에 비해 내세울 것이 없는 평범한 모습이다.

32 제시된 글은 겉만 번지르르한 벽화 마을 조성을 그만두는 것이 좋다는 내용의 논설문이다. 논설문은 타당한 근거를 들어 다른 사람을 설득하기 위한 글이다.

33 가까이 있는 물체를 잘 볼 수 없는 것은 '원시안'에 대한 설명이다. '근시안적'은 앞날의 일이나 사물 전체를 보지 못하고 눈앞의 부분적인 현상에만 사로잡히는 것을 의미한다.

작품 해설 KBS 「명견만리」 제작진, 「착한 소비, 내 지갑 속의 투표용지」
[34~36]
- 갈래: 논설문
- 주제: 착한 소비의 효과와 그 필요성
- 특징: 시각적 자료를 활용하여 효과적으로 내용을 전달함.

---

34 제시된 글은 착한 소비를 통해 미래를 바꿀 수 있다는 내용의 논설문이다. 논설문은 글쓴이의 주장과 근거를 파악하며 읽어야 한다.

35 이기심을 바탕으로 한 경쟁으로 인해 환경 파괴, 물질 숭배, 지나친 경쟁, 인간성 상실 등 온갖 문제가 발생한다. 따라서 인간의 이타심으로 인해 사회적 문제가 발생했다는 내용은 옳지 않다.

36 ㉠에는 상반되는 사실을 나타내는 두 문장을 이어 줄 때 사용하는 접속어인 '하지만'이 들어가야 한다.

작품 해설 김종덕, 「느림의 가치를 재발견하자」 [37~38]
- 갈래: 논설문
- 주제: '느림'의 가치와 중요성
- 특징: '느림'과 '빠름'을 대조 · 비교하여 '느림'의 가치를 강조함.

---

37 제시된 글은 '느림'의 가치를 알고 '느림'을 실천해 보기를 권유하는 논설문이다. 논설문은 주장하는 내용이 합리적인지 파악하며 읽어야 한다.

38 ①은 '빨리빨리의 문화'가 가져온 긍정적인 변화이고, ② · ③ · ④는 '빨리빨리의 문화'가 가져온 부정적인 변화이다.

---

3 문법

01 ②	02 ④	03 ②	04 ④	05 ①
06 ①	07 ④	08 ②	09 ④	10 ②
11 ④	12 ②	13 ②	14 ③	15 ③
16 ①	17 ④	18 ③	19 ③	20 ④
21 ②	22 ④	23 ②	24 ①	25 ①
26 ①	27 ②	28 ③	29 ①	30 ②
31 ③	32 ②	33 ③	34 ③	35 ②

01 '언어의 자의성'은 대상을 표현하는 기호와 그 기호가 갖는 의미 사이에 필연적 관계가 있는 것은 아님을 뜻한다.

02 한 언어 사회에서 어떤 말소리에 어떤 의미가 맞붙어서 그것이 그 언어 구성원들에게 인정을 받고 관습적으로 통용되어 있으면 그 사회의 모든 사람이 따라야 하는 성질을 '언어의 사회성'이라 한다.

03 ① 속어: 통속적으로 쓰는 저속한 말.
③ 고유어: 오래 전부터 사용하던 순우리말.
④ 표준어: 교양 있는 사람들이 두루 쓰는 현대의 서울말.

04 • 고유어: 무지개, 하늘, 마음
• 한자어: 학교, 책상, 교실
• 외래어: 피아노, 버스, 케이크

05 • 'ㄱ': 혀뿌리가 목구멍을 닫는 모양(아음, 어금닛소리)
• 'ㄴ': 혀가 윗잇몸에 붙는 모양(설음, 혓소리)
• 'ㅁ': 입의 모양(순음, 입술소리)
• 'ㅇ': 목구멍의 모양(후음, 목구멍소리)

06 남한에서는 사이시옷을 사용하여 표기하는데, 북한에서는 사이시옷을 사용하지 않는다.

07 북한은 두음 법칙을 인정하지 않고, 의존명사는 붙여 쓴다. 따라서 '량심에 따라 행동할것이다.'라고 표기한다.

08 • 잇몸소리: ㄴ, ㄷ, ㄸ, ㅌ, ㄹ, ㅅ, ㅆ
• 센입천장소리: ㅈ, ㅉ, ㅊ

09 자음은 소리의 세기에 따라 예사소리, 된소리, 거센소리로 나누어지는데, 국어의 'ㅊ', 'ㅋ', 'ㅌ', 'ㅍ' 따위가 거센소리이다.

10 이중 모음(11개): 발음할 때 입술이나 혀가 움직이는 모음
• 반모음 'ㅣ'로 시작하는 것: 'ㅑ, ㅒ, ㅕ, ㅖ, ㅛ, ㅠ'
• 반모음 'ㅗ/ㅜ'로 시작하는 것: 'ㅘ, ㅙ, ㅝ, ㅞ'
• 반모음 'ㅣ'로 끝나는 것: 'ㅢ'

11
- 눈[눈]: 빛의 자극을 받아 물체를 볼 수 있는 감각 기관
- 눈[눈:]: 대기 중의 수증기가 얼어서 땅 위로 떨어지는 얼음 결정체

12
① 파생어(맨 + 발)
③ 합성어(물 + 병)
④ 파생어(알 + 밤)

13 ① · ③ · ④ 어근 앞에 접두사 '개–, 풋–, 헛–'이 결합한 파생어이다.
② '봄'과 '바람'이라는 두 어근이 결합한 합성어이다.

14 '앞'은 음절의 끝소리 규칙에 의해 'ㅍ'이 [ㅂ]으로 발음된다. 그러나 '꽃', '빛', '솥'의 'ㅊ', 'ㅈ', 'ㅌ'은 모두 [ㄷ]으로 발음된다.

15 ③ 꽃히다[꼬치다]

16 자음을 첫소리로 가지고 있는 음절의 'ㅢ'는 [ㅣ]로 발음하기 때문에 '무늬'는 [무니]로 발음한다.

17 용언의 활용형에 나타나는 '져, 쪄, 쳐'는 [저, 쩌, 처]로 발음하기 때문에 '가지어'의 준말 '가져'는 [가저]로 발음한다.

18 ③은 '만나게 되어서 기쁘다.'를 줄여 쓴 표현이다. 어간 모음 'ㅚ' 뒤에 '–어'가 결합하여 'ㅙ'로 줄어드는 경우 그대로 'ㅙ'로 적는다는 규정에 의해 '만나게 돼서 기쁘다.'로 표기하는 것이 옳다.

19 '부치다'와 '붙이다' 중 '맞닿아 떨어지지 아니하게 하다.'라는 의미로 사용되는 것은 '붙이다'이다. 따라서 ③은 '책상을 벽에 붙인다.'로 고쳐 써야 한다.

20 제시된 내용은 구개음화에 대한 설명이다. 구개음화는 끝소리가 'ㄷ', 'ㅌ'인 형태소가 조사나 접미사의 모음 'ㅣ'와 결합할 때 나타나는 현상이다. '달맞이'는 이러한 현상과 관계가 없다.

21
① 굳이[구지]: 구개음화
② 국화[구콰]: 'ㄱ'과 'ㅎ'이 결합하여 'ㅋ'으로 축약되었다.
③ 딸 + 님 → 따님: 'ㄹ' 탈락
④ 밥물[밤물]: 비음화

22 제시된 단어들은 대명사로, 명사를 대신하여 쓰인다. ①은 형용사, ②는 명사, ③은 조사에 대한 설명이다.

23 밑줄 친 단어들은 동사로, 사물의 동작이나 작용을 나타내는 품사이다.
① 명사: 사물의 이름을 나타내는 품사.
③ 형용사: 사물의 성질이나 상태를 나타내는 품사.
④ 수사: 사물의 수량이나 순서를 나타내는 품사.

24 ①의 '활짝'은 용언(동사, 형용사)을 꾸며 주는 부사이고, ② · ③ · ④의 '헌, 온갖, 어떤'은 체언(명사, 대명사, 수사)을 꾸며 주는 관형사이다.

25 목적어는 행위나 동작의 대상을 나타내는 문장 성분이다. ②는 보어, ③은 부사어, ④는 주어로 사용되었다.

26 문장 성분에는 주어, 서술어, 목적어, 보어, 관형어, 부사어, 독립어가 있다. 밑줄 친 '누나가'는 주어진 문장에서 주어로 쓰였으므로 밑줄 친 부분이 같은 문장 성분인 것은 ①번이다. ② · ③은 부사어, ④는 보어로 사용되었다.

27 주어(나는)와 서술어(걷는다)의 관계가 한 번만 나타나는 문장을 홑문장이라 한다. ① · ③ · ④는 주어와 서술어가 두 번 이상 나타나는 겹문장이다.

28 ③은 대등적으로 이어진 문장으로서 겹문장의 일종이다. 겹문장은 주어와 서술어의 관계가 두 번 이상 나타나는 문장으로서, 안은문장(안긴문장)과 이어진 문장이 있다. ① · ② · ④는 홑문장으로, 한 문장 안에 주어와 서술어의 관계가 한 번만 이루어진 문장이다.

29 명사절로 안긴문장은 문장 내에서 주어나 목적어 등의 역할을 한다. ②는 부사절, ③은 서술절, ④는 관형절로 안긴문장이다.

30 '게으른 놈 짐 많이 지기'는 게으른 사람이 일하기 싫어 한 번에 많이 해치우려고 하거나, 능력도 없으면서 일에 대한 욕심이 지나치게 많음을 빈정대어 이르는 속담이다.

31 '속담'은 교훈이나 풍자를 위해 비유적 표현이 사용된다. 따라서 의미 전달이 직설적이라는 표현은 옳지 않다.

32 관용어는 둘 이상의 단어가 결합하여 특별한 의미로 사용되는 말이다. 관용어에 사용되는 단어들은 지시적인 의미로 쓰이지 않기 때문에 단어의 의미만으로 전체의 의미를 파악하기 어렵다.

33 ⓒ은 '재물을 아끼는 태도가 몹시 지나친 사람'을 가리키는 말이다. '백성의 재물을 탐내어 빼앗는, 행실이 깨끗하지 못한 관리'는 '탐관오리'이다.

34
- 손이 작다: 물건이나 재물의 씀씀이가 깐깐하고 작다.
- 손에 익다: 일이 손에 익숙해지다.
① 손을 끊다: 교제나 거래 따위를 중단하다.
② 발 디딜 틈이 없다: 복작거리어 혼잡스럽다.
④ 발을 뻗다: 걱정되거나 애쓰던 일이 끝나 마음을 놓다.

35 관용어는 두 개 이상의 단어로 이루어져 있으면서 그 단어들의 의미만으로는 전체의 의미를 알 수 없는, 특수한 의미를 나타내는 어구를 뜻한다.
① 발을 끊다: 오가지 않거나 관계를 끊다.
③ 눈에 밟히다: 잊히지 않고 자꾸 눈에 떠오르다.
④ 목이 빠지게 기다리다: 몹시 안타깝게 기다리다.

1 서정

01 ①	02 ③	03 ②	04 ③	05 ①
06 ④	07 ①	08 ③	09 ②	10 ②
11 ①	12 ②	13 ③	14 ②	15 ①
16 ①	17 ④	18 ④	19 ①	20 ④
21 ③	22 ②	23 ④	24 ④	25 ①
26 ③	27 ④	28 ④	29 ④	

작품 해설 윤선도, 「오우가」 [01~03]

- 갈래: 고시조, 연시조
- 주제: 다섯 벗(물, 바위, 소나무, 대나무, 달)에 대한 예찬
- 특징
  - 문답법, 대구법 등 다양한 수사법을 사용함.
  - 자연물을 의인화하고, 그 속성을 유교적 이념과 연결하여 예찬함.

---

01 제시된 글은 4음보의 율격을 이루고 있는 시조이다.

02 제시된 글에서 오우(五友), 즉 '다섯 친구'는 '물, 바위, 소나무, 대나무, 달'이다. '국화'는 본문에 등장하지 않았다.

03 ⓒ '솔(소나무)'은 곧고 바름, 굳은 절개를 상징한다.

작품 해설 [04~06]

작자 미상, 「두꺼비 파리를 물고~」
- 갈래: 사설시조
- 주제: 양반 계층의 횡포와 허세 풍자
- 특징
  - 두꺼비를 통해 양반의 횡포를 우의적으로 풍자함.
  - 종장에서 화자를 변환해 해학적 효과를 높임.

홍랑, 「묏버들 가려 꺾어~」
- 갈래: 평시조, 단시조
- 주제: 임에 대한 사랑과 그리움
- 특징
  - 자연물을 통해 화자의 바람을 효과적으로 전달함.
  - 섬세한 여성적 어조로 애절한 분위기를 형성함.

---

04 (가)는 사설시조, (나)는 평시조이다. 사설시조와 평시조 모두 종장의 첫 음보는 3음절로 고정되어 있고, 초장·중장·종장 3장으로 구성되어 있다.

05 (가)는 약육강식과 위선적인 허세를 신랄하게 풍자한 사설시조로, 풍자적·우의적·해학적인 성격을 지닌다.

06 시적 화자의 분신이자, 시적 화자의 마음을 대신 전달하는 매개체이며, 임에게 보내는 사랑의 증표를 의미하는 시어는 '묏버들'이다.

작품 해설 김소월, 「먼 후일」 [07~09]

- 갈래: 자유시, 서정시
- 주제: 떠난 임에 대한 그리움
- 특징
  - 반어법으로 임에 대한 그리움을 효과적으로 표현함.
  - 같은 시어와 동일한 문장 구조의 반복을 통해 운율을 형성함.

---

07 제시된 글은 떠난 임에 대한 그리움을 노래한 시로, 민요적·애상적·서정적인 성격을 지닌다. 그리고 '-면'이라는 가정적 표현을 반복적으로 사용하여 시적 화자의 정서를 드러내고 있다.

08 제시된 글은 같은 시어와 동일한 문장 구조를 반복하여 운율을 형성하고 있다. 그리고 3음보의 율격을 지닌 시로, 임에 대한 그리움을 노래하고 있다.

09 ㉠에는 반어적 표현이 사용되었다. ①에는 영탄법, ③에는 직유법, ④에는 설의법이 사용되었다.

작품 해설 윤동주, 「햇비」 [10~12]

- 갈래: 현대시, 자유시, 서정시
- 주제: 햇비(여우비)를 맞으며 밝게 자라는 아이들의 모습
- 특징
  - 직유법, 의인법 등 다양한 비유법을 사용함.
  - 반복과 대구를 통해 운율을 형성함.
  - 밝은 느낌의 시어로 명랑한 분위기를 조성함.

---

10 제시된 글은 순우리말을 사용하여 밝게 자라는 아이들의 모습을 노래하고 있다. 따라서 한자어를 많이 사용했다는 표현은 옳지 않다.

11 제시된 글은 2음보의 율격을 지닌다.

12 ⓛ에는 직유법이 사용되었다.

작품 해설 이육사, 「청포도」   [13~15]
• 갈래: 자유시, 서정시
• 주제: 풍요롭고 평화로운 세계(조국 광복)에 대한 소망
• 특징
  – 색채 대비를 통해 화자의 소망과 기대를 드러냄.
  – 상징적 소재에 평화로운 삶에 대한 소망을 담아냄.

13 4연의 내용은 미래에 대한 기약으로, 시적 화자는 '손님(이상과 희망의 실현)'을 기다리고 있다. 4연에는 동일한 시어 반복이 나타나지 않는다.

14 '손님'은 시적 화자가 기다리는 대상으로 '조국의 광복'을 의미한다.

15 '흰 돛단배'에는 눈을 통해 빛깔, 모양, 움직임 등을 보는 듯한 느낌이 드는 시각적 심상이 쓰였다. ①에는 돈호법이 쓰였으며, 감각적 심상이 드러나지 않는다.

작품 해설 정호승, 「봄 길」   [16~18]
• 갈래: 자유시, 서정시
• 주제: 시련을 극복하고 스스로 사랑을 찾으려는 삶의 태도
• 특징
  – 단정적 어조를 통해 주제를 강조함.
  – 유사한 시구의 반복으로 운율을 형성함.

16 제시된 글은 동일한 언어 표현을 반복하여 주제를 강조하고 운율을 형성하고 있다. 또한, 단정적인 어조를 사용하여 시적 화자의 확신에 찬 태도를 드러내고 있으며, 대조적인 상황을 제시하여 '희망'을 강조하고 있다. 하지만 한자어의 사용이 두드러지지는 않는다.

17 ㉠에는 겉으로 보기에는 이치에 맞지 않지만 그 속에 진실을 담고 있는 '역설법'이 사용되었다. ④에는 역설법, ①에는 은유법, ②에는 직유법, ③에는 돈호법과 반복법이 사용되었다.

18 제시된 글에서 '길이 되는 사람', '사랑으로 남아있는 사람', '한없이 봄 길을 걸어가는 사람'은 긍정적이고 희망적인 의미로 사용되었다. 반면 '길이 끝나는 곳', '강물은 흐르다가 멈추고', '새들은 날아가 돌아오지 않고', '하늘과 땅 사이의 모든 꽃잎은 흩어져도'는 부정적이고 절망적인 의미로 사용되었다.

작품 해설 유안진, 「상처가 더 꽃이다」   [19~21]
• 갈래: 자유시, 서정시
• 주제: 꽃보다 더 아름답고 고귀한 상처
• 특징
  – 어린 매화나무와 고목의 대조를 통해 주제를 나타냄.
  – 상처가 꽃보다 아름답다는 역설적이고 참신한 발상을 드러냄.

19 ② '진동하겠지 상처의 향기'에 도치법이 사용되었다.
③ '맡았던 손에서 향기까지도 맡아 본다'에 후각적 심상이 사용되었다.
④ 어린 매화나무와 고목의 모습을 대조하며 의미를 강조하고 있다.

20 고통을 이겨 낸 고목의 상처가 지니는 의미를 비유적으로 표현한 시어는 '훈장'과 '부적'이다.

21 ㉣에는 역설법을 사용하여 고통을 이겨 낸 상처가 꽃보다 더 아름답다고 표현하고 있다.

작품 해설 안도현, 「우리가 눈발이라면」   [22~24]
• 갈래: 현대시, 자유시, 서정시
• 주제: 이웃과 더불어 따뜻한 삶을 살고 싶은 소망
• 특징
  – 상징을 활용하여 화자가 지향하는 삶의 태도를 나타냄.
  – 긍정적 시어와 부정적 시어의 대조를 통해 주제를 효과적으로 드러냄.

22 ① '쭈뼛쭈뼛'은 자꾸 머뭇머뭇하는 모양을 나타내는 말로, 의태법이 사용되었다.
② '-자'라는 청유형 문장을 사용하여 시적 화자의 의지를 드러내고 있다.
③ '우리가 눈발이라면'을 반복하여 사용하고 있다.
④ '그이의 깊고 붉은 상처 위에 돋는'에서 시각적 심상을 사용하고 있다.

23 제시된 글은 이웃과 더불어 따뜻한 삶을 살고 싶은 소망을 드러낸 작품으로, '상처받은 이웃에게 도움이 되는 존재가 되자.'라는 화자의 따뜻한 마음을 전하고 있다.

24 '함박눈, 편지, 새살'은 사람들에게 위로와 희망을 주는 긍정적인 존재이고, '진눈깨비', '상처'는 사람들을 힘들고 우울하게 하는 부정적인 존재이다.

- 갈래: 자유시, 참여시
- 주제: 자주적이고 평화적인 통일에 대한 염원
- 특징
  - '봄'과 '겨울'의 대조적인 상징적 이미지를 통해 시상을 전개함.
  - 단정적 어조로 화자의 의지와 소망을 드러냄.

25 제시된 글은 남북통일에 대한 시적 화자의 염원이 담겨있는 시로, 단정적인 어조를 사용하여 시적 화자의 의지와 소망을 드러내고 있다. '봄'과 '겨울'이라는 대립적인 시어를 사용하고 있지만 설의적 표현은 사용하고 있지 않다.

26 제시된 글에서 '봄'과 '겨울'은 대조적인 의미를 지닌다. '봄'은 너그럽고 빛나는 것, 우리들 가슴속에서 움트는 것, 우리가 디딘 아름다운 논밭에서 움트는 것, 미움의 쇠붙이들을 녹여 버리는 것이다. 하지만 '겨울'은 바다와 대륙 밖에서 매운 눈보라를 몰고 오는 것, 미움의 쇠붙이들이 강산을 덮는 것을 의미한다.

27 ① ⓛ: 외세
② ⓒ: 우리 국토
③ ⓔ: 고통과 시련

- 갈래: 자유시, 서정시
- 주제: 자연 파괴와 인간 소외 현상에 대한 비판
- 특징
  - 상징적 소재를 통해 시상을 전개함.
  - 선명한 감각적 이미지를 사용함.
  - 비둘기를 의인화하여 비판적 내용을 우의적으로 표현함.

28 제시된 글은 자연이 파괴되고 비인간화되어가는 현대 문명에 대한 비판이 드러나는 시로, 상징적 시어인 '비둘기'를 의인화하여 표현하고 있다. 비판적인 시각이 드러나기는 하지만 현실을 개혁하고 개선하고자 하는 강한 의지가 드러나지는 않는다.

29 ㉠에는 시각적 심상이 사용되었다. ①과 ③에는 청각적 심상, ②에는 촉각적 심상이 사용되었다.

4 문학

2 서사

01 ①	02 ④	03 ③	04 ③	05 ④
06 ①	07 ④	08 ④	09 ③	10 ③
11 ③	12 ②	13 ②	14 ③	15 ①
16 ③	17 ②	18 ④	19 ②	20 ④
21 ④	22 ③	23 ②	24 ②	25 ④
26 ③	27 ③	28 ②	29 ①	30 ④
31 ③	32 ④			

- 갈래: 설화 소설, 판소리계 소설
- 시점: 전지적 작가 시점
- 주제: 부모에 대한 지극한 효심과 인과응보(因果應報)
- 특징
  - 판소리 특유의 솔직하고 우스꽝스러운 대목이 많음.
  - 유교적 덕목인 '효(孝)'를 강조함.
  - 현실 세계를 중심으로 펼쳐지는 전반부와 환상적인 이야기 중심의 후반부로 내용이 구분됨.

01 제시된 글은 판소리를 거쳐 소설로 정착된 판소리계 소설이다. 판소리계 소설은 대체로 전지적 작가 시점을 사용한다.

02 자신도 눈을 다쳐 앞을 보지 못했을 때 불편했던 경험이 있기 때문에 심 봉사의 심정을 이해한다고 했으므로, 자신의 경험에 비추어 인물의 행동을 이해하고 있다고 볼 수 있다.

03 '정승'은 조선 시대의 벼슬 이름이다. 따라서 이를 통해 당시의 시대적 배경이 드러난다고 할 수 있다.

- 갈래: 고전 소설, 국문 소설, 역사 소설, 군담 소설
- 시점: 전지적 작가 시점
- 주제: 박 씨 부인의 영웅적 기상과 재주를 통해 병자호란의 패배에 대한 굴욕감 회복
- 특징
  - 변신 모티프를 사용함.
  - 영웅적 면모를 가진 여성을 주인공으로 함.
  - 병자호란의 패배를 소설 내에서 승리로 바꾸어 민족의 자긍심을 고취함.

04 제시된 글은 병자호란을 배경으로 하는 소설로, 병자호란의 굴욕감을 극복하고 민족의 자긍심을 높이고자 하는 이야기이다. 전지적 작가 시점으로 서술되고, 영웅적 인물이 등장하며, 비현실적인 사건이 전개된다. 하지만 배경 묘사 중심으로 이야기가 전개되는 것은 아니다.

05 제시된 글에서 '용골대'는 '박씨'에게 무릎을 꿇고, 조선의 왕비는 모셔 가지 않을 것이니 길을 열어 무사히 돌아가게 해달라고 애걸했다. 따라서 '용골대'는 조선의 왕비를 모셔 갈 수 없게 되었다고 해야 적절하다.

06 ㉠은 '계화'를, ㉡·㉢·㉣은 '박씨'를 가리킨다.

작품 해설   박지원, 「양반전」   [07~09]
- 갈래: 고전 소설, 한문 소설, 풍자 소설
- 시점: 전지적 작가 시점
- 주제: 양반의 무능함과 허위의식 비판
- 특징
  - 양반 신분 매매를 통해 양반들의 위선을 비판함.
  - 조선 후기의 사회상을 사실적으로 나타냄.

---

07 제시된 글에는 양반이라는 신분을 돈으로 사는 장면이 나온다. 이를 통해 당시에는 신분 질서가 혼란스럽고, 신분 매매로 계층 간 이동이 가능했음을 알 수 있다.

08 제시된 글의 주제는 양반의 허례허식과 무능함을 비판하는 것이다. 이러한 작가의 의식을 대변하고, 양반을 비판하는 인물은 '양반의 아내'이다.

09 신분, 지위 따위가 높다는 의미를 지닌 단어는 '귀하다'이다. '비천하지'는 '지위나 신분이 낮고 천하지'라는 의미이다.

작품 해설   허균, 「홍길동전」   [10~13]
- 갈래: 고전 소설, 한글 소설, 영웅 소설
- 시점: 전지적 작가 시점
- 주제: 모순된 사회 제도에 대한 저항과 이상국의 건설
- 특징: 전기적 요소가 강하며, 영웅의 일대기 구조가 나타남.

---

10 제시된 글은 고전 소설이다. 고전 소설은 평면적·전형적 인물, 우연적·비현실적 사건, 시간 순서에 따른 구성, 비현실적·유교적 내용, 권선징악의 주제, 전지적 작가 시점, 대체로 행복한 결말 등의 특징이 있다.

11 제시된 글은 적서 차별 제도의 철폐와 인간 평등을 다룬 소설이다. 소설은 현실을 반영하지만 상상으로써 허구의 세계를 지어낸 이야기이다. 따라서 역사적 사실을 객관적으로 전달하는 것은 아니다.

12 '인형'은 '길동'의 형이지만 '길동'을 체포해 한양으로 압송한다. '길동'이 '인형'을 만난 이유는 자수하기 위해서이다.

13 ㉠에서 길동은 하늘을 나는 비범한 능력으로 위기에서 벗어나고 있다.

작품 해설   채만식, 「이상한 선생님」   [14~16]
- 갈래: 현대 소설, 단편 소설
- 시점: 1인칭 관찰자 시점
- 주제: 해방 전후의 혼란한 사회 속에서 기회주의적으로 행동하는 인물 비판
- 특징: 어린아이를 서술자로 설정하여 주인공을 관찰함.

---

14 제시된 글은 1인칭 관찰자 시점의 소설이다. 1인칭 관찰자 시점은 서술자인 '나'가 주인공의 행동을 관찰하여 서술한다. 서술자인 '나'가 자신의 이야기를 서술하는 것은 1인칭 주인공 시점이다.

15 ② '강 선생님'과 '박 선생님'은 사이가 좋지 않다.
③ 일본을 추종하고 따르는 인물은 '박 선생님'이다.
④ '강 선생님'은 키가 크고, '박 선생님'은 키가 작다.

16 '낙방'은 시험, 모집, 선거 따위에 응했다가 떨어지는 것을 의미한다.

작품 해설   현진건, 「운수 좋은 날」   [17~19]
- 갈래: 단편 소설, 사실주의 소설
- 시점: 전지적 작가 시점
- 주제: 일제 강점기 하층민의 비참한 삶
- 특징
  - 비속어와 사투리를 사용하여 하층민의 삶을 사실적으로 나타냄.
  - 반어적 상황을 통해 비극성을 심화함.

---

17 제시된 글은 소설이다. 소설은 인물의 행동과 대화가 아니라, 작가의 서술에 의해 이야기가 전개된다.

18 돈을 많이 벌어서 운이 좋다고 생각하는 날, 아내의 죽음을 맞이한다. 이러한 반어적 상황을 통해 비극적 주제를 효과적으로 전달하고 있다.

19 '인력거꾼'은 인력거를 끄는 일을 직업으로 하는 사람으로, 이를 통해 1920년대의 시대적 배경과 당시 하층 노동자의 삶을 드러내고 있다.

• 갈래: 단편 소설, 농촌 소설, 순수 소설
• 시점: 1인칭 주인공 시점
• 주제: 산골 젊은 남녀의 순박한 사랑
• 특징
 – 사투리와 토속적 문체로 향토적 정서를 잘 표현함.
 – 역순행적 시간 순서에 따라 사건을 전개함.
 – 어리숙한 '나'를 화자로 설정하여 해학적 분위기를 조성함.

20 제시된 글은 1930년대 시골 마을을 배경으로 한 작품이다. 일제 강점기를 배경으로 하지만 착취당하는 농촌 마을의 실상을 구체적으로 표현하고 있지는 않다.

21 '굵은 감자 세 개'는 '나'에 대한 '점순'의 관심과 호의를 상징한다. 그런데 '나'가 '점순'의 호의를 눈치채지 못하고 거절하면서 '나'와 '점순'의 갈등이 시작된다. 따라서 '굵은 감자 세 개'는 '나'와 '점순'의 갈등의 매개체라고 할 수 있다.

22 제시된 글에서 '나'가 감자를 거절한 것은 '점순'의 관심과 호의를 무시한 것이 된다. 따라서 '점순'은 속상하고, 무안하고, 당황하고, 수치스러운 마음에 숨소리가 거칠어지고 얼굴이 새빨개지고 나중에는 눈물까지 어리다가 달아난 것으로 볼 수 있다. 따라서 '점순'의 마음이 홀가분하다는 표현은 적절하지 않다.

• 갈래: 단편 소설, 가족사 소설, 전후 소설
• 시점: 전지적 작가 시점과 3인칭 관찰자 시점 복합
• 주제: 민족적 수난과 그 극복 의지
• 특징
 – 부자(父子)가 겪는 수난을 통해 민족사적 비극을 드러냄.
 – 과거와 현재를 교차하여 서술함.

23 제시된 글은 3인칭 시점의 소설로, 작품 밖에 있는 서술자에 의해 이야기가 전개된다.

24 제시된 글은 일제 강점기부터 6.25 전쟁을 배경으로 한다. 이러한 사회·문화적 배경을 짐작하게 하는 소재는 '징용'이다. '징용'은 일제 강점기에 일본 제국주의자들이 조선 사람을 강제로 동원하여 부리던 일을 가리킨다.

25 제시된 글에서 '외나무다리'는 '만도'와 '진수' 앞에 놓인 장애물인 동시에, 두 인물이 함께 다리를 건넘으로써 서로 화합하게 만드는 역할을 한다.

• 갈래: 현대 소설, 단편 소설, 성장 소설
• 시점: 전지적 작가 시점
• 주제: 물질적 이익만을 추구하는 도시 사람들에 대한 비판
• 특징
 – 순진한 소년의 눈으로 어른들의 부도덕성을 고발함.
 – 도덕적으로 대립하는 두 인물을 설정하여 주제 의식을 강조함.

26 제시된 글은 주인공인 '수남'의 생각과 심리를 묘사함으로써 이야기를 전개하고 있다.

27 제시된 글에서 '수남'은 도둑질을 해서 순경에게 잡혀간 형의 일이 자기와 무관한 일이 아니란 생각이 들어 불안해하는 모습이 드러난다.

28 '수남'은 실수로 '신사'의 자가용에 흠을 내고도 수리비를 배상하지 않고 '도둑'처럼 도망을 친 일이 과연 옳은 행동이었는지 고민하며 양심의 가책을 느끼고 있다.

29 ㉡은 부도덕적이고 비양심적인 모습을 의미하고, ㉢은 본래의 도덕적이고 순수함을 되찾은 모습을 의미한다.

• 갈래: 현대 소설, 단편 소설
• 시점: 1인칭 관찰자 시점
• 주제: 급변하는 대도시 환경에 적응하지 못하는 도시 이주민들의 고통스러운 삶
• 특징
 – 어린 아이를 화자로 설정해 아버지의 삶을 객관적으로 바라봄.
 – '노새'를 통해 아버지의 삶을 상징적으로 나타냄.

30 제시된 글은 현실의 세계를 모방하여 작가의 상상에 의해 꾸며 쓴 소설이다.

31 제시된 글은 1인칭 관찰자 시점의 소설이다. ①은 1인칭 주인공 시점, ②는 작가 관찰자 시점, ④는 전지적 작가 시점에 대한 설명이다.

32 제시된 글에서 '노새'와 '아버지'는 도시의 변화에 적응하지 못하고, 시대의 변화에 뒤처져 있으며, 힘들고 고단한 삶을 살아가고 있다. 하지만 현실을 바꾸고자 하는 의지는 찾아볼 수 없다.

4 문학

3 극·수필

01 ③	02 ②	03 ②	04 ②	05 ①
06 ④	07 ③	08 ②	09 ④	10 ③
11 ②	12 ③	13 ②	14 ③	15 ③
16 ①	17 ③	18 ①	19 ②	20 ①
21 ②	22 ①	23 ①	24 ②	25 ④
26 ②	27 ①	28 ②	29 ④	30 ③

작품 해설 엄인희, 「토끼와 자라」 [01~03]

• 갈래: 희곡
• 주제: 용왕의 헛된 욕심과 토끼의 지혜
• 특징
 – 고전 소설을 현대적 희곡으로 각색함.
 – 인간을 동물에 빗대어 인간 사회를 우의적으로 풍자함.

01 제시된 글은 '희곡'이다. 촬영을 고려한 특수한 용어가 사용되는 글은 '시나리오'이다.

02 제시된 글에서 '용왕'은 자신의 건강만 생각하는 이기적이고 자기중심적 인물이며, 권위를 내세워 신하들을 다그치는 인물이다.

03 ⓒ은 공간적 배경을 나타낸다.

작품 해설 이강백, 「들판에서」 [04~06]

• 갈래: 희곡
• 주제: 형제간의 갈등과 화해, 분단에 대한 극복 의지
• 특징
 – 형제간 갈등을 통해 우리나라의 분단 현실을 나타냄.
 – 의도적으로 날씨를 설정하여 극 분위기를 조성함.

04 제시된 글은 '희곡'이다. 희곡은 인물의 말과 행동을 통해 사건이 전개되며, 이야기를 이끌어가는 서술자는 존재하지 않는다. 서술자에 의해 이야기가 전개되는 글은 '소설'이다.

05 제시된 부분의 구성 단계는 '대단원'이다. '대단원'은 갈등이 해소되고 모든 사건이 종결에 이르는 부분으로 긴장과 흥분이 해결된다. ②는 '절정', ③은 '전개', ④는 '발단'에 대한 설명이다.

06 제시된 글에서 '형'과 '아우'의 화해의 매개체이자, 우애의 극복을 상징하는 소재는 '민들레꽃'이다.

작품 해설 김우경 원작, 광대 각색, 「수일이와 수일이」 [07~09]

• 갈래: 희곡
• 주제: '가짜 수일'을 통해 깨달은 '나 다움'의 중요성
• 특징: 손톱을 먹인 쥐가 사람이 된다는 전래 동화를 차용하여 이야기를 전개함.

07 제시된 글의 종류는 희곡이다. 희곡은 무대 상연을 목적으로 하는 연극의 대본이다. 형식에 제약 없이 자유롭게 쓴 글은 수필이다.

08 제시된 글의 주된 갈등은 공부를 중요시 여기는 '엄마'와, 자신을 존중해주지 않는 엄마를 싫어하는 '수일'의 외적 갈등이다.

09 '아빠'는 '엄마'와 '수일' 사이를 중재하려고 노력하는 인물이다. '엄마'와 '수일' 양쪽의 마음을 헤아리기는 하지만, 둘 사이의 대립을 해결하고 화해를 이끌지는 못한다.

작품 해설 황순원 원작, 염일호 각본, 「소나기」 [10~12]

• 갈래: 시나리오(드라마)
• 주제: 소년과 소녀의 순수한 사랑
• 특징
 – 원작에는 없는 인물과 사건이 추가됨.
 – '소녀'의 죽음 이후의 이야기가 그려짐.

10 제시된 글에서 장면 번호 뒤에 나오는 '산마루'는 시간적 배경이 아니라 공간적 배경이다.

11 ㉠에는 봉순이의 변명에 답답해하는 소년의 마음을 표현할 수 있는 지시문이 들어가야 한다.

12 ① F.O. (Fade Out): 화면이 점차 어두워지는 것
② C.U. (Close Up): 어떤 대상이나 인물을 크게 확대해서 찍는 것
③ Insert: 인서트, 화면과 화면 사이에 다른 화면을 삽입하는 것
④ O.L. (Over Lap): 한 화면이 없어지기 전에 다음 화면이 천천히 나타나 겹쳐 보여 주는 것

• 갈래: 시나리오
• 주제: 총각 선생님의 대한 늦깎이 제자의 순수한 짝사랑
• 특징
 ― 하근찬의 소설 「여제자」를 각색함.
 ― 향토적인 소재와 일화를 통해 토속적 분위기를 표현함.

13 제시된 글은 영화나 드라마 상영을 전제로 하는 '시나리오'이다. '시나리오'는 장면 번호로 구성되고, '희곡'은 막과 장으로 구성된다.

14 제시된 글은 1960년대 시골 마을을 배경으로 하는 작품이다. 당시에는 다양한 연령대의 아이들은 한 교실에서 수업을 들었고, 동생을 돌볼 사람이 없어 동생을 업고 학교에 오는 학생도 있었다. ①·②·④는 당시의 시대상을 드러낸다고 볼 수 없다.

15 ⓒ은 '지시문'으로, 등장인물의 동작·표정·심리 등을 설명하고, 배경·분위기·효과 등을 지시한다.

작품 해설　이호준, 「장독대, 끝내 지켜 내던 가문의 상징」
　　　　　　　　　　　　　　　　　　　　[16~18]
• 갈래: 수필
• 주제: 장독대와 함께 사라져가는 우리 고유의 정과 사랑에 대한 아쉬움
• 특징
 ― 작가의 어린 시절의 경험을 바탕으로 함.
 ― 시대의 변화를 장독의 변화에 빗대어 표현함.

16 제시된 글은 수필로서, 지은이가 실제로 겪은 일을 소재로 하여 깨달은 바를 표현·전달하는 글이다. 그리고 교훈과 감동을 주는 것을 목적으로 한다.

17 제시된 글에서 철없는 어린 동생도 그날은 아무 말 없이 신작로를 걸어갔다고 표현하고 있다.

18 '자질구레한'은 모두가 잘고 시시하여 대수롭지 아니한 것을 의미한다.

작품 해설　문정희, 「흙을 밟고 싶다」　　　　　[19~21]
• 갈래: 수필
• 주제: 흙을 가까이하는 삶의 소중함과 가치
• 특징
 ― 등장인물 간의 대조적 관점이 드러남.
 ― 작가의 경험을 바탕으로 주제를 나타냄.

19 제시된 글은 일정한 형식에 따르지 않고 인생이나 자연 또는 일상생활에서의 느낌이나 체험을 생각나는 대로 쓴 '수필'이다. 근거를 들어 주장을 펼치는 것이 목적인 글은 '논설문'이다.

20 '증조할머니'는 흙은 생명의 근원이고, 영험함을 지녀 사람을 이롭게 하고, 사람을 치료하는 이로운 기운이 있다고 보았다.

21 '앙탈'은 생떼를 쓰고 고집을 부리거나 불평을 늘어놓는 짓을 의미한다.

작품 해설　나희덕, 「실수」　　　　　　　　　[22~24]
• 갈래: 수필
• 주제: 실수의 긍정적 의미, 실수를 너그럽게 용납해 주는 태도의 필요성
• 특징
 ― 작가의 경험담을 통해 독자의 관심과 흥미를 유발함.
 ― 단어의 뜻을 통해 제재에 의미를 부여함.

22 제시된 글은 수필이다. 수필은 일정한 형식을 따르지 않고 인생이나 자연 또는 일상생활에서의 느낌이나 체험을 생각나는 대로 쓴 글이다.

23 제시된 글에서 글쓴이는 겉으로는 비교적 차분하고 꼼꼼해 보이지만, 실수도 많고 모자란 구석이 많이 발견된다는 사실을 알 수 있다. 또한, 한번 어디에 정신을 집중하면 나머지 일에 대해서 거의 백지상태가 되는 버릇이 있다.

24 '내가 번번이 저지르는 실수'는 의외의 수확이나 즐거움을 가져다준다. 상대방이 긴장을 풀게 하고, 어색한 분위기가 가시게 하며, 초면에 쉽게 마음을 트게 되는 상황을 만들기도 한다. 하지만 상대방에게 믿음을 준다는 내용은 제시된 글에서 찾아볼 수 없다.

작품 해설　공선옥, 「그 시절 우리들의 집」　　　[25~27]
• 갈래: 수필
• 주제: 우리나라의 전통 집에 담긴 소중한 의미와 그에 대한 그리움
• 특징
 ― 3인칭 시점으로 '그'의 이야기를 서술함.
 ― 과거의 현재를 대비하여 주제를 나타냄.

25 제시된 글은 수필이다. 수필은 자유로운 형식, 제재의 다양성, 1인칭의 문학, 비전문적인 문학, 개성의 문학 등의 특징을 지닌다.

26 제시된 글에서 토담집을 짓는 과정을 제시한 것은 집에 담긴 소중한 의미를 이야기하고자 하는 의도가 담겨 있다.

27 제시된 글에서 '토담집'은 '그'가 태어난 곳이며, 가족들이 쉴 수 있는 안식처이고, 가족들을 든든하게 지키는 수호자이다.

작품 해설 장영희, 「괜찮아」 [28~30]

• 갈래: 수필
• 주제: 다른 사람을 배려하고 격려하는 자세의 소중함
• 특징: 어린 시절의 일화를 통해 타인에 대한 배려와 이해의 소중함을 강조함.

---

28 제시된 글은 글쓴이가 어린 시절 골목길에서 있었던 일을 회상하며, 자신의 경험에서 얻은 내용을 자유롭게 이야기한 수필이다.

29 ① '나'의 집은 골목 안에서 중앙이 아니라 구석 쪽에 있었다.
② 친구들은 놀이를 할 때 '나'를 위해 꼭 무언가 역할을 만들어 주었다.
③ '어머니'는 '나'가 집에서 책만 읽는 것을 싫어하셨다.
④ '괜찮아.'라는 깨엿 장수의 말을 듣고 '나'는 세상은 살 만한 곳이라고 믿기 시작했다.

30 '깨엿 장수'는 몸이 불편한 '나'를 배려하여 '깨엿'을 공짜로 주면서 괜찮다고 격려해 주었다.

국어 실전 문제

국어 실전 문제 1회

01 ②	02 ①	03 ③	04 ④	05 ②
06 ①	07 ①	08 ③	09 ①	10 ③
11 ③	12 ②	13 ③	14 ④	15 ④
16 ④	17 ③	18 ④	19 ④	20 ①
21 ①	22 ②	23 ②	24 ④	25 ④

01 토론에서 '사회자'는 토론이 열리게 된 배경과 토론의 논제를 소개하고, 토론자에게 토론 규칙을 알려주어, 규칙을 지키면서 토론을 할 수 있도록 유도해야 한다. 그리고 논제의 초점이 흐려지면 논점을 다시 정리하여 알려주고, 토론을 공정하고 원만하게 진행하는 역할을 한다. 토론에 참여하여 상대방의 주장을 논리적으로 반박하는 것은 '토론자'의 역할이다.

02 '세대 차이'를 느끼게 하는 것은 '팬클럽 문화의 긍정적인 모습'을 입증하는 사례가 아니라 '팬클럽 문화의 부정적인 모습'에 해당한다. 따라서 ㉠은 적절하지 않다.

03 제시된 글은 칭찬 댓글 달기 캠페인을 제안하는 글이다. 그러나 ㉢은 칭찬을 자제하자는 것으로 중심 내용에서 벗어난다. 따라서 통일성 있는 글을 쓰기 위해 생략하는 것이 좋다.

04 에너지 절약과 관련된 내용이고, 명령형 표현을 사용하고, 단어를 반복하는 조건을 모두 만족시키는 광고 문구를 찾아야 한다. 이런 조건을 모두 만족시키는 것은 ④이다.

작품 해설 「훈민정음(訓民正音) 언해본」 [05]

• 주제: 훈민정음 창제의 취지
• 의의: 15세기 국어의 중요한 자료
• 특징
 – 이어 적기(연철 표기)를 사용했다.
 – 방점을 사용하여 성조를 표현했다.
 – 어두 자음군이 사용되었다.
 – 모음조화를 엄격히 적용했다.

---

05 **한글의 창제 정신**
• 실용 정신: 누구나 쉽게 배우고 편하게 쓸 수 있는 글이 있어야 한다.
• 자주 정신: 한자로 우리말을 제대로 표현하는 데 한계가 있어 우리의 독창적인 문자가 필요하다.
• 애민 정신: 백성들이 글자를 몰라 억울한 일을 당하지 않도록 해야 한다.

06 '밟–'은 자음 앞에서 [밥]으로 발음하기 때문에 '밟다'는 [밥따]로 발음 한다.

07 '예쁘다', '많다'처럼 사물의 성질이나 상태를 나타내는 말의 품사는 형용사이며, ②·③·④처럼 사물의 동작이나 작용을 나타내는 말의 품사는 동사이다.

• 갈래: 설명문
• 주제: 고추의 발견과 고추가 우리나라에서 사랑받게 되기까지의 역사
• 특징
 – 고추의 발견과 전파 과정을 알기 쉽게 설명함.
 – 고추의 종류와 쓰임새 등을 다양한 예를 들어 설명함.

08 우리나라는 남에서 북쪽 방향으로 고추가 전파되었다.

09 고추는 중남미에서 포르투갈로, 포르투갈 상인으로부터 일본 규슈로, 일본을 거쳐 지금의 부산인 동래 왜관으로, 임진왜란 즈음에 경상도 일대로, 그리고 남에서 북으로 점차 확산되었다.

10 (나)에는 보건 복지부의 조사 내용을 인용하는 부분이 있다.

• 갈래: 논설문
• 주제: 택배 기사의 열악한 노동 환경과 올바른 소비자의 태도
• 특징
 – 귀납법과 연역법을 사용하여 내용을 전개함.
 – 통계 자료를 활용하여 주장을 뒷받침함.

11 제시된 글은 논설문으로, 글쓴이가 자신의 주장을 체계적으로 밝혀 쓴 글이다. 따라서 독자는 이러한 주장이 타당한지 비판적으로 살피며 읽어야 한다.

12 제시된 글에서 글쓴이는 배달은 무조건 빠른 것이 당연하다는 생각 때문에 교통사고가 증가하고 있다고 주장하고 있다. 따라서 ㉠에 대한 글쓴이의 태도는 비판적이다.

13 '이면'은 겉으로 나타나거나 눈에 보이지 않는 부분을 의미한다.

• 갈래: 자유시, 서정시
• 주제: 가난함 때문에 인간적 감정까지 버려야 하는 안타까움
• 특징
 – 반복적 표현을 통해 운율을 형성하고 주제를 강조함.
 – 다양한 감각적 이미지를 통해 현실 상황을 나타냄.

14 제시된 글에는 가난으로 인하며 모든 것을 버려야 하는 현실에 대한 안타까운 정서가 드러난다. 하지만 그러한 현실을 개혁하고자 하는 의지가 드러나지는 않는다.

15 '두 점을 치는 소리', '방범대원의 호각소리', '메밀묵 사려 소리' 등은 1970년대 산업화와 도시화가 급속도로 진행되던 당시의 사회·문화 적 배경이 드러난다.

16 ㉣에는 반복적 표현이 사용되었다.

• 갈래: 고전 소설, 한문 소설, 풍자 소설
• 시점: 전지적 작가 시점
• 주제: 무능한 지배층에 대한 비판 및 개혁 촉구
• 특징
 – 실학을 바탕으로 당대 현실 비판
 – 전형적 고전 소설의 결말에서 벗어난 미완의 결말 구조

17 제시된 글은 전지적 작가 시점의 소설이다. 전지적 작가 시점의 서술 자는 작품 밖에 있다.

18 '허생'은 생계에 관심이 없고, 경제적으로 무능한 사람으로, 글 읽기를 좋아한다. 비실용적이며 관념적인 성격을 지닌 인물이라고 할 수 있다.

19 ① 동고동락(同苦同樂): 괴로움도 즐거움도 함께 함.
② 지피지기(知彼知己): 적의 사정과 나의 사정을 자세히 앎.
③ 허장성세(虛張聲勢): 실속은 없으면서 큰소리치거나 허세를 부림.
④ 호구지책(糊口之策): 가난한 살림에서 그저 겨우 먹고살아 가는 방책.

작품 해설 윤흥길, 「기억 속의 들꽃」 [20~22]

- 갈래: 단편 소설, 현대 소설
- 시점: 1인칭 관찰자 시점
- 주제: 전쟁의 비극성과 비인간성
- 특징
  - 과거를 회상하는 형식으로 전개됨.
  - 어린아이를 화자로 설정하여 전쟁의 비극성을 부각시킴.
  - 사투리와 비속어의 사용으로 향토성과 사실성을 높임.

20 제시된 글은 1인칭 '나'를 서술자로 설정한 소설로, 1인칭 관찰자 시점으로 서술되었다.

21 제시된 글은 6.25 전쟁을 배경으로 하며, 전쟁으로 인해 인간성이 상실되어가는 비극을 이야기한 소설이다. '전쟁'의 상황을 가장 드러내는 소재는 '피란민'이다.

22 ⓑ는 엄지와 인지를 붙여 손가락으로 만든 동그라미이다. ⓐ·ⓒ·ⓓ는 모두 '금가락지'를 가리키는 말이다.

작품 해설 이문구, 「열보다 큰 아홉」 [23~25]

- 갈래: 수필
- 주제: 미완의 시기인 청소년기가 지니고 있는 미래를 향한 가능성
- 특징
  - 역설법, 관용어 등 다양한 표현 방식을 통해 숫자 열과 아홉을 비교함.
  - 다양한 예시를 들어 주제를 알기 쉽게 드러냄.

23 제시된 글은 '수필'이다. 수필은 누구나 쓸 수 있는 비전문적인 글이고, 정해진 형식이 없는 자유로운 글이다.

24 겉으로 보기에는 서로 이치에 어긋나거나 모순되는 것 같지만 속에는 어떤 진실을 담고 있는 표현 방법을 '역설적 표현'이라고 한다.

25 '부지기수'는 헤아릴 수가 없을 만큼 많음 또는 그렇게 많은 수효를 의미한다.

국어 실전 문제 2회

01	③	02	③	03	④	04	③	05	③
06	②	07	④	08	②	09	③	10	②
11	①	12	①	13	①	14	④	15	②
16	③	17	③	18	②	19	④	20	②
21	④	22	①	23	④	24	②	25	④

01 언어의 특징
- 사회성: 언어는 그것을 사용하는 사람들 사이의 약속이다.
- 역사성: 언어는 시대에 따라 의미나 형태가 변한다.
- 자의성: 언어의 내용과 형식은 임의로 결합한다.
- 규칙성: 언어에는 문법 등 일정한 법칙이 있다.
- 창조성: 사람들은 말을 할 때 새로운 문장을 만들어 쓴다.
- 기호성: 언어는 음성과 의미로 이루어진 일종의 기호이다.

02 소리의 세기에 따른 자음의 구분
- 평음(예사소리): 발음 기관에 힘이 조금 들어가서 약하게 터져 나오는 소리
  예 ㄱ, ㄷ, ㅂ, ㅅ, ㅈ
- 경음(된소리): 숨이 적게 터져 나오는 소리
  예 ㄲ, ㄸ, ㅃ, ㅆ, ㅉ
- 격음(거센소리): 숨이 거세게 터져 나오는 소리
  예 ㅋ, ㅌ, ㅍ, ㅊ

03 ① 논다(서술어)
② 점심을(목적어)
③ 소방관이(보어)
④ 착한(관형어)

04 '공감하며 말하기'는 상대방이 처한 상황을 이해하고 배려하는 말하기이다. ㉠에는 지갑을 잃어버린 상황에서 속상한 마음을 위로하는 말하기가 필요하다.

05 ①은 '제주도의 위치와 역사', ②·④는 '제주도의 생물과 자원'과 관련된 자료이다.

작품 해설 마틴 루서 킹, 「나에게는 꿈이 있습니다」 [06]

- 갈래: 연설(문)
- 주제: 흑인에 대한 인종 차별 철폐
- 특징
  - 주장의 정당성을 높이기 위해 역사적 사실을 제시함.
  - 흑인의 차별 사례를 통해 청중의 공감을 이끌어냄.

06 제시된 글은 자신의 주장이나 의견을 여러 사람 앞에서 전달하는 '연설하기'이다. 연설을 할 때에는 말하고자 하는 의도가 분명하게 드러나도록 하고, 주제에 맞는 적절한 자료를 제시하는 것이 좋다.

07 보고서를 작성할 때 사실에 입각하여 객관적으로 쓰고, 인용한 자료는 출처를 반드시 밝혀야 한다.

> **작품 해설** 김신, 「모두를 위한 디자인」 [08~10]
> - 갈래: 설명문
> - 주제: '모두를 위한 디자인'의 개념과 그 가치
> - 특징
>   – '모두를 위한 디자인' 개념의 변화를 소개함.
>   – 사례를 제시하여 독자의 이해를 도움.

08 제시된 글은 정보 전달을 목적으로 하는 '설명문'이다. 주장과 근거를 파악하며 읽어야 하는 글은 '논설문'이다.

09 '모두를 위한 디자인'은 개인이 사용하는 도구나 물건은 물론 공공시설 같은 환경으로까지 확대되고 있다.

10 ⓛ에는 앞의 내용과 뒤의 내용이 상반될 때 쓰는 접속어가 필요하다.

> **작품 해설** 엄지원, 「젓가락질 잘해야만 밥 잘 먹나요」 [11~13]
> - 갈래: 논설문(칼럼)
> - 주제: 우리나라의 전통 식사 예절과 젓가락질의 관계
> - 특징
>   – 전문가의 의견을 근거로 들어 주장의 타당성을 높임.
>   – 역사적·문화적 관점에서 젓가락질의 의미를 살펴봄.

11 제시된 글의 종류는 논설문이다. 논설문은 다른 사람을 설득하는 것을 목적으로 하는 글이다.

12 제시된 글은 젓가락·숟가락 문화를 오랫동안 연구한 교수의 의견을 제시하고 있다.

13 제시된 글에는 주영하 교수의 말을 인용하는 부분이 나온다. 또한, 옛 풍속화를 예로 들어 한국 문화에서 숟가락이 중요했음을 설명하고 있다. 그리고 차이점을 설명하는 대조의 방법을 사용하여 한국은 숟가락이 중요한 문화인 반면 일본은 젓가락이 중요한 문화라고 설명하고 있다.

> **작품 해설** [14~16]
> **(가) 정철, 「내 마음 베어 내어~」**
> - 갈래: 평시조
> - 주제: 임에 대한 사랑과 그리움, 연군지정
> - 특징
>   – 추상적 개념인 '마음'을 '달'이라는 구체적 대상으로 형상화함.
>   – 임을 그리워하는 마음을 우회적으로 표현함.
>
> **(나) 작자 미상, 「개를 여남은이나 기르되~」**
> - 갈래: 사설시조
> - 주제: 임을 그리워하는 마음
> - 특징: 의성어와 의태어를 사용하여 개의 행동을 생동감 있게 묘사함.

14 (가)는 평시조, (나)는 사설시조이다. 평시조와 사설시조의 공통점에는 초장·중장·종장 3장으로 구성된 것, 종장의 첫 음보는 3음절로 고정된 것 등이 있다.

15 (나)에는 설의적 표현, 해학적 표현, 우회적 표현, 상황을 가정하는 표현 등이 사용되고 있다.

16 ㉠은 시적 화자의 마음을 드러내는 중심 소재로, 임에 대한 사랑과 그리움을 의미한다.

> **작품 해설** 기형도, 「엄마 걱정」 [17~19]
> - 갈래: 현대시, 자유시, 서정시
> - 주제: 가난했던 어린 시절의 슬픔
> - 특징: 감각적 표현을 통해 화자의 정서를 효과적으로 드러냄.

17 '수미상관'은 첫 번째 연이나 행을 마지막 연이나 행에 반복하여 강조와 운율의 효과를 내는 기법을 말한다. 기형도의 「엄마 걱정」에는 수미상관이 나타나지 않는다.

18 시적 화자는 자신을 '찬밥'에 비유하여 찬밥처럼 방에 담겼다고 표현하고 있다. 이러한 표현에서 시적 화자의 쓸쓸함, 외로움 등을 느낄 수 있다.

19 ㉤ '내 눈시울을 뜨겁게 하는 / 그 시절'과 '아버지의 서늘한 옷자락'에는 모두 '촉각적 심상'이 사용되었다. ①은 후각적 심상, ②는 시각적 심상, ③은 청각적 심상의 예이다.

작품 해설 주요섭, 「사랑손님과 어머니」 [20~22]
- 갈래: 단편 소설, 현대 소설, 순수 소설
- 시점: 1인칭 관찰자 시점
- 주제: 사랑과 봉건적 윤리관 사이에서 갈등하는 어머니의 애틋한 사랑과 이별
- 특징: 어른들의 사랑과 심리를 어린아이의 시선을 통해 담아냄.

20 제시된 글은 1인칭 관찰자 시점의 소설이다. 1인칭 관찰자 시점은 작품 속에 등장하는 '나'가 주인공에 대해 이야기하는 서술 방식이다. 제시된 글은 순수하고 천진난만한 6살 어린아이 '옥희'를 서술자로 설정하여, 주인공인 어머니와 사랑손님의 사랑을 이야기하고 있다.

21 '삶은 달걀'은 '나'와 '아저씨'가 친해지는 계기가 되고, '아저씨'에 대한 '어머니'의 관심과 정성이 드러나는 소재이다.

22 '어머니'는 전통적이고 봉건적인 가치관을 지녔다면, '외삼촌'은 진보적이고 개방적인 가치관을 지녔다.

작품 해설 김정숙, 「오아시스 세탁소 습격 사건」 [23~25]
- 갈래: 희곡
- 주제: 이기적인 인간에 대한 풍자, 순수하고 인간적인 삶에 대한 지향
- 특징
  - 사람들의 행동을 과장하여 풍자적으로 묘사함.
  - 비현실적인 상황을 설정하여 주제를 효과적으로 드러냄.

23 제시된 글은 무대 상연을 전제로 하는 '희곡'으로, 직접적인 심리 묘사는 불가능하다.

24 '잡기장'은 아버지의 세탁 비법이 담겨 있는 것으로, 아버지에 대한 그리움을 느끼게 하는 소재이자, 할머니의 옷을 찾게 되는 계기를 마련하는 소재이다.

25 '방백'은 관객에게는 들리지만 다른 배우에게는 들리지 않는 것으로 약속하고 하는 말이다. ①은 '독백', ②는 '대화', ③은 '해설'에 대한 설명이다.

1 수와 연산

01 ③	**02** ④	**03** ③	**04** ②	**05** ②
06 ③	**07** ①	**08** ②	**09** ④	**10** ③
11 ④	**12** ④	**13** ④	**14** ②	**15** ③
16 ④	**17** ④	**18** ③	**19** ②	**20** ④
21 ①	**22** ②	**23** ④	**24** ④	**25** ②
26 ④	**27** ④	**28** ④	**29** ①	**30** ③
31 ②	**32** ④			

01
$$\begin{array}{r} 5\,)\underline{50\quad100\quad125} \\ 5\,)\underline{10\quad20\quad25} \\ 2\quad4\quad5 \end{array}$$
따라서 최대공약수는 $5 \times 5 = 25$

02
$$\begin{array}{r} 2\,)\underline{60} \\ 2\,)\underline{30} \\ 3\,)\underline{15} \\ 5 \end{array}$$
이므로 $60 = 2^2 \times 3 \times 5$

03 $24 = 2 \times 2 \times 2 \times 3 = 2^3 \times 3$ 이므로
$a = 3$

04 $(-8) - (-3) = (-8) + (+3)$
$$= -5$$

05 $(-4) - (-7) + 2 = (-4) + (+7) + (+2)$
$$= \{(-4) + (+7)\} + (+2)$$
$$= (+3) + (+2)$$
$$= 5$$

06 각각의 절댓값은 $|-7| = 7$, $|-3| = 3$, $|1| = 1$, $|5| = 5$ 이므로 주어진 수의 절댓값의 대소를 비교하면
$|1| < |-3| < |5| < |-7|$
따라서 절댓값이 가장 작은 수는 1 이다.

07 작은 수부터 차례로 나열하면 -8, -5, 0, 2, 12 이므로 두 번째 수는 -5 이다.

08 주어진 수를 작은 수부터 차례로 나열하면
-7, -2, 0, 6, 10

따라서 가장 작은 수는 -7, 가장 큰 수는 10 이므로 구하는 두 수의 합은
$(-7) + 10 = 3$

09 ① 음수끼리는 절댓값이 큰 수가 작으므로
$|-1| = 1 < |-5| = 5$ 에서 $-1 > -5$
② 양수끼리는 절댓값이 큰 수가 크므로
$$\frac{1}{2} < 4 = \frac{8}{2}$$
③ 양수는 0 보다 크므로 $0 < 7$
④ 음수끼리는 절댓값이 큰 수가 작으므로
$$\left|-\frac{8}{3}\right| = \frac{8}{3} > |-2| = \frac{6}{3}$$ 에서 $-\frac{8}{3} < -2$

10 ① -3 은 음의 정수이다.
② 0 은 정수이다.
③ $\frac{4}{5}$ 는 정수가 아닌 유리수이다.
④ $+2$ 는 양의 정수이다.

11 ③ $\dfrac{1}{9} = \dfrac{1}{3^2}$
④ $\dfrac{1}{10} = \dfrac{1}{2 \times 5}$

①, ②, ③은 기약분수의 분모에 2 나 5 이외의 소인수가 있으므로 순환소수이며, ④는 분모의 소인수가 2 나 5 뿐이므로 유한소수로 나타낼 수 있다.

12 ② $\dfrac{2 \times 3}{2^2 \times 5} = \dfrac{3}{2 \times 5}$
③ $\dfrac{3 \times 7}{2^2 \times 3 \times 5} = \dfrac{7}{2^2 \times 5}$
④ $\dfrac{5^2}{2^2 \times 3 \times 5} = \dfrac{5}{2^2 \times 3}$

①, ②, ③은 기약분수의 분모의 소인수가 2 나 5 뿐이므로 유한소수로 나타낼 수 있고, ④는 분모의 소인수에 3 이 있으므로 유한소수로 나타낼 수 없다.

13 순환소수 $0.26851851851 \cdots = 0.26\dot{8}5\dot{1}$ 이므로 순환마디는 851 이다.

14 $\dfrac{52}{99} = 0.525252 \cdots = 0.\dot{5}\dot{2}$ 이므로 순환마디는 52 이다.

15 $3\sqrt{7} + 5\sqrt{7} = (3 + 5)\sqrt{7} = 8\sqrt{7}$

16 $\sqrt{50} = \sqrt{5^2 \times 2} = 5\sqrt{2}$ 이므로 $a = 5$

17 $\sqrt{(-3)^2} \times (2\sqrt{3})^2 = \sqrt{9} \times 2\sqrt{3} \times 2\sqrt{3}$
$$= 3 \times 12 = 36$$

18 $\sqrt{48}-\sqrt{12}+\sqrt{3}=\sqrt{4^2\times3}-\sqrt{2^2\times3}+\sqrt{3}$
$$=4\sqrt{3}-2\sqrt{3}+\sqrt{3}$$
$$=(4-2+1)\sqrt{3}$$
$$=3\sqrt{3}$$

19 $x=\dfrac{1}{(\sqrt{2}-1)}$ 에서 분모를 유리화하면

$$x=\dfrac{(\sqrt{2}+1)}{(\sqrt{2}-1)(\sqrt{2}+1)}$$
$$=\dfrac{\sqrt{2}+1}{(\sqrt{2})^2-1^2}$$
$$=\dfrac{\sqrt{2}+1}{2-1}$$
$$=\sqrt{2}+1$$
$$\therefore\ x-\sqrt{2}=1$$

20 $\sqrt{32}-2\sqrt{18}+3\sqrt{8}$
$$=\sqrt{4^2\times2}-2\sqrt{3^2\times2}+3\sqrt{2^2\times2}$$
$$=4\sqrt{2}-6\sqrt{2}+6\sqrt{2}$$
$$=4\sqrt{2}$$

21 $\sqrt{8}-(-\sqrt{2})^2-\dfrac{4}{\sqrt{2}}+\sqrt{(-2)^2}$

$$=\sqrt{2^2\times2}-(-\sqrt{2})^2-\dfrac{4\times\sqrt{2}}{\sqrt{2}\times\sqrt{2}}+\sqrt{4}$$
$$=2\sqrt{2}-2-\dfrac{4\sqrt{2}}{2}+2$$
$$=2\sqrt{2}-2-2\sqrt{2}+2$$
$$=0$$

22 $\sqrt{(-2)^2}+\sqrt{4}=\sqrt{4}+\sqrt{4}=2+2=4$

23 $\dfrac{2}{\sqrt{7}}=\dfrac{2\times\sqrt{7}}{\sqrt{7}\times\sqrt{7}}=\dfrac{2\sqrt{7}}{7}$
따라서 □ 안에 알맞은 수는 7이다.

24 $\dfrac{\sqrt{6}-\sqrt{3}}{\sqrt{3}}=\dfrac{(\sqrt{3\times2}-\sqrt{3})\times\sqrt{3}}{\sqrt{3}\times\sqrt{3}}$
$$=\dfrac{3\sqrt{2}-3}{3}$$
$$=\sqrt{2}-1$$

25 $\dfrac{6}{\sqrt{3}}-\sqrt{18}=\dfrac{6\times\sqrt{3}}{\sqrt{3}\times\sqrt{3}}-\sqrt{3^2\times2}$
$$=2\sqrt{3}-3\sqrt{2}$$

26 $\sqrt{(-7)^2}=\sqrt{49}=7,\ \ \sqrt{(-5)^2}=\sqrt{25}=5$ 이므로
$$\sqrt{(-7)^2}\times\sqrt{(-5)^2}=7\times5=35$$

27 ① 1의 제곱근은 ±1
② 2의 제곱근은 $\pm\sqrt{2}$
③ 5의 제곱근은 $\pm\sqrt{5}$
④ 9의 제곱근은 $\pm\sqrt{9}=\pm3$

28 $\sqrt{32}-3\sqrt{2}=\sqrt{4^2\times2}-3\sqrt{2}$
$$=4\sqrt{2}-3\sqrt{2}$$
$$=(4-3)\sqrt{2}=\sqrt{2}$$

29 ① $\sqrt{3}\times\sqrt{2}=\sqrt{3\times2}=\sqrt{6}$
②·③ 제곱근의 덧셈·뺄셈은 근호 안의 수가 같아야 가능하므로
$$\sqrt{6}-\sqrt{3}\neq\sqrt{3},\ \ \sqrt{3}+\sqrt{2}\neq\sqrt{5}$$
④ $\sqrt{(-3)^2}=3$

30 ① $(\sqrt{2})^2=2>(1.4)^2=1.96$
② $\left(\dfrac{8}{5}\right)^2=\dfrac{64}{25}<\dfrac{75}{25}=(\sqrt{3})^2$
③ $6=\sqrt{36}<\sqrt{40}$
④ $\sqrt{15}<\sqrt{16}=4$

31 (직사각형의 넓이)=(가로)×(세로),
(정사각형의 넓이)=(한 변의 길이)^2
이므로 정사각형의 한 변의 길이를 x라 하면
$$4\times2=x^2$$
$$\therefore\ x=\sqrt{8}=2\sqrt{2}$$

32 (사다리꼴의 넓이) = (밑변 + 윗변) × 높이 × $\dfrac{1}{2}$ 이므로
(사다리꼴 ABCD의 넓이)
$$=(\sqrt{2}+1+\sqrt{2}-1)\times\sqrt{3}\times\dfrac{1}{2}$$
$$=2\sqrt{2}\times\sqrt{3}\times\dfrac{1}{2}$$
$$=\sqrt{6}\ (\text{cm}^2)$$

01 ②	02 ①	03 ④	04 ③	05 ②
06 ②	07 ①	08 ④	09 ②	10 ③
11 ④	12 ②	13 ④	14 ④	15 ④
16 ②	17 ③	18 ②	19 ②	20 ④
21 ③	22 ③	23 ②	24 ③	25 ②
26 ①	27 ②	28 ①	29 ②	30 ①
31 ④	32 ①	33 ④	34 ②	35 ④
36 ④	37 ③	38 ①	39 ②	40 ④
41 ②	42 ③	43 ③	44 ②	45 ④
46 ②	47 ②			

01 $a+a+a=3\times a \ (\mathrm{mL})$

02 $2x+7$에 $x=-3$을 대입하면
$2\times(-3)+7=(-6)+7=1$

03 ab에 a, b의 값을 각각 대입하면
$ab=(-2)\times(-1)=2$

04 주어진 식에 $x=-4$, $y=3$을 각각 대입하면
$-\dfrac{2x^2y}{x+y}=-\dfrac{2\times(-4)^2\times3}{-4+3}=96$

05 분배법칙과 결합법칙을 이용하면
$-3(2a+3b)-2(a-5b)$
$=-6a-9b-2a+10b$
$=(-6a-2a)+(-9b+10b)$
$=-8a+b$

06 x에 어떤 값을 대입해도 항상 참이 되는 등식이 항등식이다.
①·③·④는 좌변과 우변이 같지 않으므로 항등식이 아니다.
② (좌변)$=2(x-3)=2x-6=-6+2x=$ (우변)이므로 항등식
　이다.

07 $5x+10=3x$에서 $5x-3x=-10$
$(5-3)x=-10$, $2x=-10$
$\therefore \ x=-5$

08 $2\{5x-(1-x)\}+x+4=15$에서
(좌변)$=2(6x-1)+x+4$
　　　　$=12x-2+x+4$
이므로
$13x+2=15$, $13x=13$
$\therefore \ x=1$

09 $3^2\times3^8\div3^5=3^{2+8-5}=3^5$

10 $a^8\div a^4=a^{8-4}=a^4$

11 지수법칙을 이용하면
③ $x^3\times x^4=x^{3+4}=x^7$
④ $x^5\div x^3=x^{5-3}=x^2$

12 $(a^2b^3)^4\div(a^4b^2)^3$
$=a^{2\times4}b^{3\times4}\div a^{4\times3}b^{2\times3}$
$=a^8b^{12}\div a^{12}b^6$
$=a^8b^{12}\times\dfrac{1}{a^{12}b^6}$
$=\dfrac{b^6}{a^4}$

13 $(12x^2y+8xy^2)\div4xy$
$=\dfrac{12x^2y+8xy^2}{4xy}$
$=\dfrac{12x^2y}{4xy}+\dfrac{8xy^2}{4xy}$
$=3x+2y$

14 $2(x-1)>x+2$에서
$2x-2>x+2$
$2x-x>2+2$
$\therefore \ x>4$

15 양변에 같은 수를 더하거나 양변에서 같은 수를 빼어도 부등호의 방향
은 바뀌지 않는다. 그러나 음수를 곱하거나 음수로 나누면 부등호 방
향은 바뀐다.
따라서 $a<b$일 때
① $a+4<b+4$
② $a-5<b-5$
③ $\dfrac{a}{3}<\dfrac{b}{3}$
④ $-4a>-4b$

16 $2x+3>4x+5$에서
$2x-4x>5-3$
$-2x>2$
$\therefore \ x<-1$

17 $3(x-1)<9$의 양변을 3으로 나누면
$x-1<3$ $\therefore \ x<4$
따라서 주어진 일차부등식을 만족하는 자연수 x의 개수는 1, 2, 3의
3이다.

18 $2x - 5 > 1$ 에서 $2x > 1 + 5$

$2x > 6$ $\therefore x > 3$

따라서 이를 수직선에 나타내면 다음 그림과 같다.

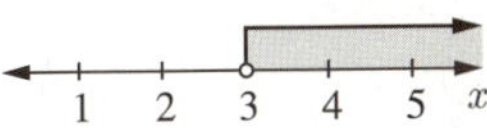

19 $\begin{cases} x + y = 8 & \cdots \ \text{㉠} \\ x - y = 2 & \cdots \ \text{㉡} \end{cases}$

㉠ $+$ ㉡을 하면 $2x = 10$

$\therefore x = 5$ $\cdots$ ㉢

㉢을 ㉠에 대입하면 $5 + y = 8$

$\therefore y = 3$

20 $\begin{cases} x + 2y = 10 & \cdots \ \text{㉠} \\ 2x - y = 5 & \cdots \ \text{㉡} \end{cases}$

㉠ $\times 2 -$ ㉡을 하면 $5y = 15$

$\therefore y = 3$ $\cdots$ ㉢

㉢을 ㉠에 대입하면 $x + 2 \times 3 = 10$

$\therefore x = 4$

21 $\begin{cases} 4x + 5y = 3 & \cdots \ \text{㉠} \\ x + y = a & \cdots \ \text{㉡} \end{cases}$

$x = 2$를 ㉠에 대입하면

$4 \times 2 + 5y = 3$, $5y = -5$

$\therefore y = -1$ $\cdots$ ㉢

㉢을 ㉡에 대입하면 $x + y = 2 + (-1) = 1$

$\therefore a = 1$

22 $\begin{cases} 0.3x + 0.5y = 1.5 & \cdots \ \text{㉠} \\ \dfrac{1}{4}x - \dfrac{2}{3}y = -2 & \cdots \ \text{㉡} \end{cases}$

㉠의 양변에 10을 곱하고, ㉡의 양변에 4와 3의 최소공배수 12를 곱하면

$\begin{cases} 3x + 5y = 15 & \cdots \ \text{㉢} \\ 3x - 8y = -24 & \cdots \ \text{㉣} \end{cases}$

㉢ $-$ ㉣을 하면 $13y = 39$

$\therefore y = 3$

$y = 3$을 ㉢에 대입하면 $3x = 0$

$\therefore x = 0$

23 아이스크림 1개의 가격을 x원, 음료 1잔의 가격을 y원이라 하면

$\begin{cases} y = 2x & \cdots \ \text{㉠} \\ 3x + 5y = 26000 & \cdots \ \text{㉡} \end{cases}$

㉠을 ㉡에 대입하면 $3x + 5 \times 2x = 26000$

$13x = 26000$ $\therefore x = 2000$

따라서 아이스크림 1개의 가격은 2,000원이다.

24 $(3x - 2)^2$

$= (3x)^2 - 2 \times 3x \times 2 + 2^2$

$= 9x^2 - 12x + 4$

25 $(x + 2)(x - 3)$

$= x^2 - 3x + 2x - 6$

$= x^2 - x - 6$

26 $(3a + 2b)(3a - 2b) = (3a)^2 - (2b)^2$

$= 9a^2 - 4b^2$

27 $(3x - 5)(x + 4) - 2(x - 1)(x + 5)$

$= (3x^2 + 12x - 5x - 20) - 2(x^2 + 4x - 5)$

$= (3x^2 + 7x - 20) - 2x^2 - 8x + 10$

$= x^2 - x - 10$

따라서 x에 대한 일차항의 계수는 -1이다.

28 $x^2 - 6x + 8$를 인수분해하면 $(x - 2)(x - 4)$ 이므로

$x^2 - 6x + 8$의 인수는 $x - 2$, $x - 4$이다.

29 $a^2 - ab - 2b^2$

$= (a - 2b)(a + b)$

$= (1.2 - 2 \times 0.6)(1.2 + 0.6)$

$= 0$

30 $x^2 - 5xy + y^2$

$= x^2 - 2xy + y^2 - 3xy$

$= (x - y)^2 - 3xy$

$= (-2\sqrt{2})^2 - 3 \times 4$

$= 8 - 12$

$= -4$

31 $x^3 + 2x^2 - x - 2$

$= x^2(x + 2) - (x + 2)$

$= (x + 2)(x^2 - 1)$

$= (x + 2)(x - 1)(x + 1)$

따라서 ① $x + 1$, ② $x - 1$, ③ $x + 2$는 $x^3 + 2x^2 - x - 2$의 인수이다.

32 $(x - 2)(x - 6) = x^2 - 6x - 2x + 12$

$= x^2 - 8x + 12$

이므로 $a = -8$, $b = 12$

$\therefore a - b = -20$

33 $(18 \times 25) - (18 \times 23)$

$= 18 \times (25 - 23)$

$= 18 \times 2$

$= 36$

34 $x^2 + \dfrac{7}{5}x + \square$ 에서 $\square = \left\{ \dfrac{1}{2} \times (x의\ 계수) \right\}^2$ 이므로

$\left(\dfrac{1}{2} \times \dfrac{7}{5} \right)^2 = \left(\dfrac{7}{10} \right)^2$ 에서

$x^2 + \dfrac{7}{5}x + \left(\dfrac{7}{10} \right)^2 = \left(x + \dfrac{7}{10} \right)^2$

따라서 $\square$ 안에 들어갈 알맞은 것을 차례로 나열하면 $\left(\dfrac{7}{10} \right)^2$, $\dfrac{7}{10}$ 이다.

35 $4x^2 + axy + 9y^2$ 에서
$4x^2 = (\pm 2x)^2$, $9y^2 = (\pm 3y)^2$ 이므로
$axy = 2(\pm 2x)(\pm 3y) = \pm 12xy$

36 $(x-1)^2 = 5$ 에서 $x - 1 = \pm \sqrt{5}$
$\therefore\ x = 1 \pm \sqrt{5}$

37 $x^2 - 2x - 15 = 0$ 을 인수분해하면
$(x+3)(x-5) = 0$
$\therefore\ x = -3$ 또는 $x = 5$

38 해가 2, 3인 이차방정식은 $(x-2)(x-3) = 0$ 이므로
$x^2 - 5x + 6 = 0$ 이다.
따라서 $a = -5$, $b = 6$ 이므로
$a + b = -5 + 6 = 1$

39 이차방정식 $x^2 + 3x + 1 = 0$ 의 근을 근의 공식을 이용하여 구하면

$x = \dfrac{-3 \pm \sqrt{3^2 - 4 \times 1 \times 1}}{2 \times 1}$

$= \dfrac{-3 \pm \sqrt{5}}{2}$

40 일차항 x의 계수가 짝수인 이차방정식 $2x^2 - 4x + 1 = 0$ 의 근을 근의 공식을 이용하여 구하면

$x = \dfrac{-(-2) \pm \sqrt{(-2)^2 - 2 \times 1}}{2}$

$= \dfrac{2 \pm \sqrt{2}}{2}$

41 주어진 이차방정식이 (완전제곱식)$= 0$의 꼴로 나타내어지면 이 방정식은 중근을 갖는다.
① $x^2 - 1 = 0$ 에서 $(x+1)(x-1) = 0$
　 $\therefore\ x = -1$ 또는 $x = 1$
② $x^2 + 6x + 9 = 0$ 에서 $(x+3)^2 = 0$
　 $\therefore\ x = -3$ (중근)
③ $x^2 - 4x - 5 = 0$ 에서 $(x+1)(x-5) = 0$
　 $\therefore\ x = -1$ 또는 $x = 5$
④ $(x+1)(x-1) = 2x - 1$ 에서 $x^2 - 2x = 0$
　 $x(x-2) = 0$ 　 $\therefore\ x = 0$ 또는 $x = 2$

42 x에 대한 이차방정식 $x^2 - 6x + k = 0$의 판별식을 D라 할 때, 중근을 가지려면 $\dfrac{D}{4} = (-3)^2 - k = 0$ 이어야 한다.
따라서 $9 - k = 0$ 에서 $k = 9$

43 $x = 1$을 $x^2 - 3x + a = 0$ 에 대입하면
$1 - 3 + a = 0$ 　 $\therefore\ a = 2$

44 $x = 2$를 $2x^2 - ax + 16 = 0$ 에 대입하면
$8 - 2a + 16 = 0$, $2a = 24$
$\therefore\ a = 12$
따라서 주어진 이차방정식은 $2x^2 - 12x + 16 = 0$ 이므로
$x^2 - 6x + 8 = 0$ 에서
$(x-2)(x-4) = 0$
따라서 다른 한 근은 4이다.

45 근이 a, b인 이차방정식은 $(x-a)(x-b) = 0$ 이므로
$x^2 - (a+b)x + ab = 0$ 이다.

이차방정식 $2x^2 - 8x + 7 = 0$ 에서 $x^2 - 4x + \dfrac{7}{2} = 0$ 이므로

$\alpha + \beta = 4$, $\alpha\beta = \dfrac{7}{2}$

$\therefore\ \alpha^2 + \beta^2 = (\alpha + \beta)^2 - 2\alpha\beta = 16 - 2 \times \dfrac{7}{2} = 9$

46 정사각형의 넓이는 (한 변)$\times$(한 변)이므로
$x^2 = 2$
$\therefore\ x = \pm \sqrt{2}$
이때 $x > 0$ 이므로 $x = \sqrt{2}$

47 어떤 수를 x라 하면 $x + x^2 = 42$
$x^2 + x - 42 = 0$ 에서 $(x+7)(x-6) = 0$
$\therefore\ x = -7$ 또는 $x = 6$
따라서 어떤 수가 될 수 있는 것은 -7, 6이다.

3 함수

01 ②	02 ②	03 ②	04 ①	05 ④
06 ④	07 ②	08 ④	09 ①	10 ③
11 ②	12 ①	13 ③	14 ①	15 ④
16 ①	17 ④	18 ②	19 ①	20 ①
21 ③	22 ②	23 ②	24 ①	25 ②
26 ①	27 ③	28 ②	29 ④	30 ②
31 ①	32 ④	33 ①	34 ④	35 ④
36 ②	37 ④	38 ②	39 ①	40 ①

01 점 P의 x좌표는 -2, y좌표는 3이므로 점 P의 좌표는 $\mathrm{P}(-2,\ 3)$이다.

02 $\mathrm{A}(2,\ 4)$, $\mathrm{B}(4,\ 2)$, $\mathrm{C}(-4,\ 2)$, $\mathrm{D}(2,\ -4)$이므로 순서쌍 $(4,\ 2)$를 좌표평면 위에 나타낸 점은 B이다.

03 좌표평면의 각 사분면 위의 점의 부호는 다음과 같다.
제1사분면은 $(+,\ +)$, 제2사분면은 $(-,\ +)$, 제3사분면은 $(-,\ -)$, 제4사분면은 $(+,\ -)$이다.
① 제3사분면　　　　　② 제2사분면
③ 제4사분면　　　　　④ 제1사분면

04 제4사분면 위의 점의 부호는 $(+,\ -)$, 제2사분면 위의 점의 부호는 $(-,\ +)$이다.
점 $\mathrm{A}(3,\ a)$는 제4사분면 위의 점이므로 $a < 0$
점 $\mathrm{B}(b,\ 1)$은 제2사분면 위의 점이므로 $b < 0$
$\therefore\ a+b < 0,\ ab > 0$
②와 ④의 부호는 알 수 없다.

05 x의 값이 2배, 3배, 4배, $\cdots$로 변함에 따라 y의 값도 2배, 3배, 4배, $\cdots$로 변할 때, y는 x에 정비례한다고 한다.
(정사각형의 둘레의 길이)
$=4\times$(정사각형의 한 변의 길이)
이므로 x와 y 사이의 관계식은 $y=4x$이다.

06 일정한 속력을 유지하다가 점점 속력을 줄여 속력이 0이 되었을 때 쉬고, 다시 출발하여 점점 속력이 올라가다가 일정한 속력을 유지하므로 그 그래프는 ④이다.

07 $f(x)=2x+1$에서 $x=2$를 대입하면
$f(2)=2\times2+1=5$

08 ① $x-4=0$은 일차방정식이다.
② $x+y-3$은 일차식이다.
③ $y=2y+1$에서 $y+1=0$은 일차방정식이다.
④ $y=2x+3$은 일차함수이다.

09 일차함수 $y=-2x-1$의 그래프는 기울기가 -2이고 y절편이 -1, x절편이 $-\dfrac{1}{2}$이므로 다음 그림과 같다.

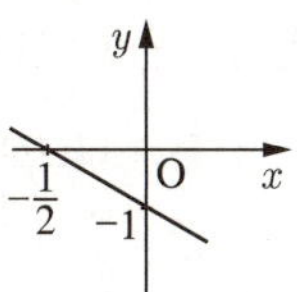

따라서 일차함수 $y=-2x-1$의 그래프는 제1사분면을 지나지 않는다.

10 일차함수 $y=x+a$의 그래프에서 y절편이 8이므로
$a=8$

11 일차함수 $y=x-2$의 그래프는 기울기가 1이고 x절편은 2, y절편은 -2이므로 다음 그림과 같다.

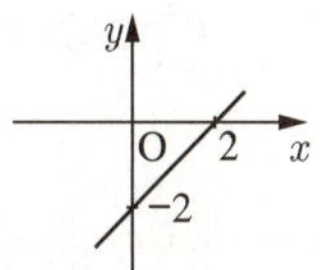

12 일차함수 $y=ax+b$에서
기울기 a는 그래프가 오른쪽 위로 향하므로 $a > 0$
y절편 b는 y축과 양의 부분에서 만나므로 $b > 0$

13 일차함수 $y=2x+1$의 그래프와 평행하므로 기울기는 2이고, y절편은 1이 아니어야 한다.
따라서 일차함수 $y=2x+1$의 그래프와 평행하는 그래프는
③ $y=2x-1$이다.

14 주어진 그래프는 두 점 $(0,\ 2),\ (1,\ 0)$을 지나므로 기울기는
$$\frac{0-2}{1-0}=-2$$

x의 값이 1만큼 증가할 때, y의 값은 2만큼 감소했으므로 기울기는
$$\frac{(y\text{값의 증가량})}{(x\text{값의 증가량})}=\frac{-2}{1}=-2$$

15 기울기 a와 y절편 b의 값이 주어졌으므로
$y=ax+b$에 $a=3$, $b=2$를 대입하면 $y=3x+2$

16 일차함수 $y=2x+5$의 그래프에 평행하고 y절편이 b인 일차함수의 식은
$y=2x+b$
이 일차함수의 그래프가 점 $(3,\ 2)$를 지나므로
$2=2\times3+b$　　$\therefore\ b=-4$
$\therefore\ y=2x-4$

17 두 점 $(1,\ 2)$, $(3,\ 3)$을 지나는 일차함수의 그래프의 기울기는
$$\frac{3-2}{3-1}=\frac{1}{2}$$

즉, 일차함수의 식을 $y=\frac{1}{2}x+b$라 하자.

이 그래프가 점 $(1,\ 2)$를 지나므로
$$2=\frac{1}{2}\times1+b \qquad \therefore\ b=\frac{3}{2}$$
$$\therefore\ y=\frac{1}{2}x+\frac{3}{2}$$

18 두 점 $(2,\ -1)$, $(6,\ 2)$를 지나는 일차함수의 그래프의 기울기는
$$\frac{2-(-1)}{6-2}=\frac{3}{4}$$

즉, 일차함수의 식을 $y=\frac{3}{4}x+p$라 하자.

이 그래프가 점 $(2,\ -1)$을 지나므로
$$-1=\frac{3}{4}\times2+p \qquad \therefore\ p=-\frac{5}{2}$$
$$\therefore\ y=\frac{3}{4}x-\frac{5}{2}$$

$y=0$을 대입하면 $0=\frac{3}{4}x-\frac{5}{2}$에서 $x=\frac{10}{3}$

따라서 x절편은 $\frac{10}{3}$이다.

19 연립방정식 $\begin{cases}ax-y+b=0\\cx-y+d=0\end{cases}$, 즉 $\begin{cases}y=ax+b\\y=cx+d\end{cases}$의 해는 두 그래프의
교점의 좌표와 같다.
따라서 $x=p$, $y=q$이다.

20 $3x-4y+12=0$에서 $y=\frac{3}{4}x+3$

따라서 일차방정식의 그래프는 기울기가 $\frac{3}{4}$이고, y절편이 3이므로
다음 그림과 같다.

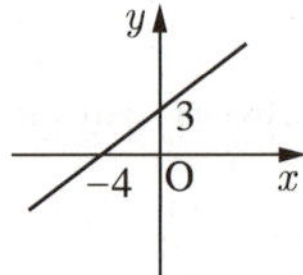

$y=0$을 대입하면 $0=\frac{3}{4}x+3$, $x=-4$

따라서 x절편은 -4이다.

21 두 직선의 방정식 $x=2$, $y=5$의 그래프와 x축, y축으로 둘러싸인
직사각형은 다음 그림의 어두운 부분과 같다.

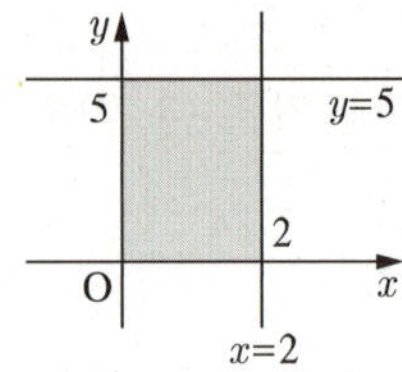

따라서 구하는 직사각형의 넓이는 $2\times5=10$

22 $\begin{cases}3x+7y=-4\\ax-by=8\end{cases}$에서 $\begin{cases}y=-\dfrac{3}{7}x-\dfrac{4}{7} & \cdots\ \text{㉠}\\[4pt]y=\dfrac{a}{b}x-\dfrac{8}{b} & \cdots\ \text{㉡}\end{cases}$

연립방정식의 해가 무수히 많으려면 ㉠, ㉡의 그래프가 일치해야 하므로
$$\frac{a}{b}=-\frac{3}{7},\ -\frac{8}{b}=-\frac{4}{7}$$
$$\therefore\ a=-6,\ b=14$$

23 두 일차방정식 $x+y=-7$, $x-y=-1$의 그래프가 점 $(-4,\ -3)$
에서 만나므로 연립방정식의 해는
$$x=-4,\ y=-3\text{이다.}$$

24 함수 $y=x^2$의 그래프는 x^2의 계수가 양수이므로 아래로 볼록한 포물선이고 꼭짓점의 좌표는 $(0,\ 0)$이다.
또, $x=1$일 때, $y=1$이므로 점 $(1,\ 1)$을 지난다.
따라서 함수 $y=x^2$의 그래프는 오른쪽 그림과 같다.

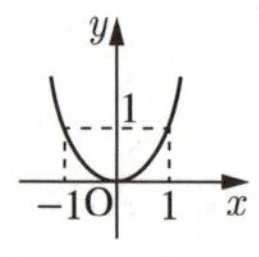

25 이차함수의 그래프가 점 $(3,\ 0)$을 지나므로
$$0=9-12+k \qquad \therefore\ k=3$$

26 이차항의 계수가 음수일 때 위로 볼록하고, 양수일 때 아래로 볼록한
그래프이다.
따라서 ①은 위로 볼록, ②, ③, ④는 아래로 볼록한 그래프이다.

27 이차함수 $y=ax^2+bx+c$의 그래프에서 y절편이 3이므로 $c=3$
그래프가 점 $(2,\ -1)$을 지나므로
$$-1=4a+2b+3 \quad \cdots\ \text{㉠}$$

축의 방정식은 $x=2$이므로 $-\frac{b}{2a}=2$
$$b=-4a$$
$b=-4a$를 ㉠에 대입하여 풀면
$$a=1,\ b=-4,\ c=3$$
$$\therefore\ a+b+c=0$$

28 이차함수 $y=ax^2$의 그래프에서 a의 절댓값이 작을수록 폭이 넓어진다.
$\left|-\dfrac{1}{3}\right|<\left|\dfrac{1}{2}\right|<|2|<|-3|$이므로 ② $y=-\dfrac{1}{3}x^2$의 그래프의 폭이 가장 넓다.

29 이차함수 $y=2x^2$의 그래프를 x축의 양의 방향으로 3만큼, y축의
양의 방향으로 5만큼 평행이동한 그래프를 나타내는 이차함수의 식은
$$y-5=2(x-3)^2, \text{ 즉 } y=2(x-3)^2+5$$

30 이차함수 $y=(x+1)^2+2$의 그래프의 꼭짓점의 좌표는 $(-1,\ 2)$
이다.

31 $y=x^2-4x=(x-2)^2-4$이므로 그래프는 오른쪽 그림과 같다.

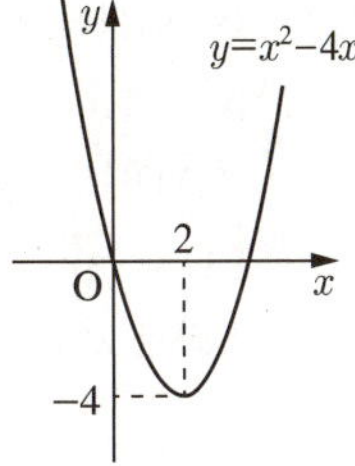

① $y=x^2-4x$에 $x=0$, $y=0$을 대입하면 식이 성립하므로 원점을 지난다.
② 이차항의 계수가 양수이므로 아래로 볼록한 포물선이다.
③ 축의 방정식은 $x=2$이다.
④ 꼭짓점의 좌표는 $(2, -4)$이다.

32 이차함수 $y=(x-2)^2+1$의 그래프에서
ㄱ. 꼭짓점의 좌표는 $(2, 1)$이다.
ㄴ. 이차항의 계수가 양수이므로 아래로 볼록한 포물선이다.
ㄷ. 축의 방정식은 $x=2$이다.
ㄹ. 이차함수 $y=x^2$의 그래프를 x축의 방향으로 2만큼, y축의 방향으로 1만큼 평행이동시킨 것이다.
따라서 옳은 것을 모두 고르면 ㄱ, ㄴ, ㄹ이다.

33 $y=2x^2+4x+1$
$\quad =2(x^2+2x)+1$
$\quad =2(x^2+2x+1-1)+1$
$\quad =2(x+1)^2-1$
따라서 이차함수 $y=2x^2+4x+1$의 그래프의 꼭짓점의 좌표는 $(-1, -1)$이다.

34 이차함수 $y=ax^2$의 그래프가 점 $(-2, 2)$를 지나므로
$x=-2$, $y=2$를 대입하면
$2=4a \quad \therefore a=\dfrac{1}{2}$

35 이차함수 $y=x^2-2x$의 그래프와 x축과의 교점 A의 좌표를 $(a, 0)$이라고 하면
$a^2-2a=0$, $a(a-2)=0 \quad \therefore a=0$ 또는 $a=2$
따라서 원점이 아닌 교점 A의 좌표는 $(2, 0)$이다.

36 x축과의 교점이 $(1, 0)$, $(4, 0)$이므로 $y=a(x-1)(x-4)$라 놓자.
그래프가 y축과 점 $(0, -4)$에서 만나므로
$-4=a\times(-1)\times(-4) \quad \therefore a=-1$
$y=-(x-1)(x-4)=-(x^2-5x+4)$
$\therefore y=-x^2+5x-4$

37 이차함수 $y=ax^2+bx+c$의 그래프의 꼭짓점의 좌표가 $(-1, 3)$이므로 $y=a(x+1)^2+3$이라 놓자.
이 그래프가 점 $(0, 6)$을 지나므로
$6=a+3 \quad \therefore a=3$
즉, $y=3(x+1)^2+3$에서 $y=3x^2+6x+6$
따라서 $a=3$, $b=6$, $c=6$이므로
$a+b+c=3+6+6=15$

38 꼭짓점의 좌표가 $(2, -1)$이므로 $y=a(x-2)^2-1$로 놓자.
이 그래프가 점 $(3, 0)$을 지나므로
$0=a(3-2)^2-1 \quad \therefore a=1$
즉, $y=(x-2)^2-1$에서 $y=x^2-4x+3$
따라서 $a=1$, $b=-4$, $c=3$이므로
$a-b-c=2$

39 $y=-2x^2+8x-5$
$\quad =-2(x^2-4x+4)+8-5$
$\quad =-2(x-2)^2+3$
이므로 그래프는 오른쪽 그림과 같다.
① 제2사분면을 지나지 않는다.

40 $y=2x^2+8x+9$
$\quad =2(x^2+4x+4)-8+9$
$\quad =2(x+2)^2+1$
이차함수 $y=2(x+2)^2+1$의 그래프는 이차함수 $y=2x^2$의 그래프를 x축의 방향으로 -2만큼, y축의 방향으로 1만큼 평행이동한 것이므로
$a=-2$, $b=1$
$\therefore a+b=-2+1=-1$

01 ③	02 ②	03 ②	04 ③	05 ④
06 ④	07 ①	08 ③	09 ④	10 ③
11 ④	12 ②	13 ④	14 ②	15 ②
16 ③	17 ③	18 ①	19 ④	20 ③
21 ①	22 ③	23 ③	24 ②	25 ②
26 ③	27 ①	28 ④	29 ②	30 ③
31 ②	32 ④	33 ④	34 ④	35 ②
36 ②	37 ②	38 ①	39 ③	40 ②
41 ③	42 ④	43 ③	44 ③	45 ①
46 ②	47 ④	48 ①	49 ①	50 ④
51 ③	52 ④	53 ②	54 ④	55 ③
56 ③	57 ②	58 ④		

01 모서리 AD와 평행한 모서리는 모서리 BE, 모서리 CF 이다.
① 모서리 AB는 모서리 AD와 한 점에서 만난다.
② 모서리 BC는 모서리 AD와 꼬인 위치에 있다.
④ 모서리 DE는 모서리 AD와 한 점에서 만난다.

02 $\overline{CD}$와 꼬인 위치에 있는 모서리는 $\overline{CD}$와 평행하지도 않고 만나지도 않는 모서리이다.
따라서 $\overline{CD}$와 꼬인 위치에 있는 모서리의 개수는 $\overline{AB}$, $\overline{AE}$, $\overline{BF}$, $\overline{EF}$ 의 4이다.

03 삼각형의 내각의 크기의 합은 $180°$이므로
$\angle AOD = 180° - (30° + 70°)$
$\qquad\quad = 80°$
맞꼭지각의 크기는 같으므로
$\angle COB = \angle AOD = 80°$
$\therefore \ \angle x = 180° - (80° + 60°) = 40°$

04 오른쪽 그림에서 $l /\!/ m$ 이므로
$\angle x = \angle a$ (엇각)
$\therefore \ \angle x = 180° - 130° = 50°$

05 $l /\!/ m$ 이 직선 q와 만날 때 생기는 동위각의 크기는 같으므로 $\angle a = 110°$
따라서 $\angle x + 110° = 180°$ 이므로
$\angle x = 70°$

06 나머지 한 각의 크기는
$180° - (40° + 80°) = 60°$
즉, 주어진 삼각형과 ④는 대응하는 한 변의 길이가 같고 그 양 끝 각의 크기가 같은 ASA 합동이다.

07 $\triangle ABC$는 정삼각형이고, $\overline{AD} = \overline{BE} = \overline{CF}$ 이므로
$\overline{AF} = \overline{BD} = \overline{CE}$
$\triangle ADF \equiv \triangle BED \equiv \triangle CFE$ (SAS 합동)이므로
$\overline{FD} = \overline{DE} = \overline{EF}$
따라서 $\triangle DEF$는 정삼각형이다.

08 $\angle BAE = 105°$, $\angle AED = 110°$, $\angle CDE = 100°$ 이고
(오각형의 내각의 합) $= 180° \times (5 - 2) = 540°$ 이므로
$\angle x = 540° - (105° + 110° + 100° + 95°)$
$\qquad = 540° - 410° = 130°$

09 $\overline{PS} /\!/ \overline{QR}$ 이므로 $\angle BRQ = \angle DPS = 20°$
$\triangle PQS$는 직각이등변삼각형이고, 삼각형의 한 외각의 크기는 이웃하지 않는 두 내각의 크기의 합과 같으므로 $\triangle PSD$에서
$\angle PDS + 20° = 45°$
$\therefore \ \angle PDS = 25°$

10 정n각형의 한 내각의 크기는 $\dfrac{180° \times (n - 2)}{n}$ 이므로
$\dfrac{180° \times (10 - 2)}{10} = 144°$

11 • 정삼각형으로 이루어진 정다면체: 정사면체, 정팔면체, 정이십면체
• 정사각형으로 이루어진 정다면체: 정육면체
• 정오각형으로 이루어진 정다면체: 정십이면체

12 원뿔 밑면의 반지름의 길이를 r cm 라 하자.
(오려내고 난 나머지 호의 길이)
$=$(원뿔 밑면의 둘레의 길이)
이므로
$2 \times \pi \times 12 \times \dfrac{3}{4} = 2\pi r \quad \therefore \ r = 9$
따라서 원뿔 밑면의 반지름의 길이는 9 cm 이다.

13 두 부채꼴 AOB와 COD의 넓이의 비는 중심각의 크기에 비례하므로
$20° : 140° = 8 :$ (부채꼴 COD의 넓이)
$1 : 7 = 8 :$ (부채꼴 COD의 넓이)
$\therefore$ (부채꼴 COD의 넓이) $= 56$ (cm^2)

14 모든 면이 합동인 정다각형이고 각 꼭짓점에 모인 면의 개수가 같은 입체도형을 정다면체라고 한다. 정다면체는 정사면체, 정육면체, 정팔면체, 정십이면체, 정이십면체의 5가지이며 이 중 각 면이 정사각형으로 이루어진 도형은 정육면체이다.

15 직사각형 ABCD를 직선 l을 축으로 하여 1회전 할 때 생기는 입체도형은 오른쪽 그림과 같은 원기둥이다.

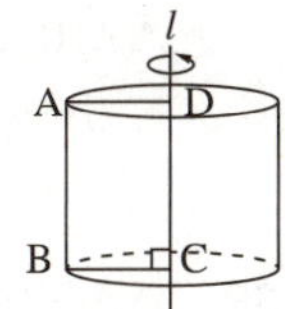

16 $\overline{AD}$는 이등변삼각형 ABC의 꼭지각의 이등분선이므로
$\overline{BD} = \dfrac{1}{2}\overline{BC}$ 이다.
$\therefore \overline{BC} = 2\overline{BD} = 2 \times 5 = 10 \,(\text{cm})$

17 삼각형 ABC는 $\overline{AB} = \overline{AC}$인 이등변삼각형이므로
$\angle C = \angle B = 50°$
삼각형의 한 외각의 크기는 이웃하지 않는 두 내각의 크기의 합과 같으므로
$\angle x = 50° + 50° = 100°$

18 삼각형 ABC의 세 변의 길이를 각각
$\overline{BC} = a\,\text{cm}$, $\overline{AC} = b\,\text{cm}$, $\overline{AB} = c\,\text{cm}$ 라 하면
$\triangle IBC = \dfrac{1}{2} \times a \times 4 = 2a$
$\triangle ICA = \dfrac{1}{2} \times b \times 4 = 2b$
$\triangle IAB = \dfrac{1}{2} \times c \times 4 = 2c$
이므로 $\triangle ABC = \triangle IBC + \triangle ICA + \triangle IAB$ 에서
$2a + 2b + 2c = 24$ $\therefore a + b + c = 12$
따라서 $\triangle ABC$의 세 변의 길이의 합은 12 cm 이다.

19 $\triangle ABC$의 외접원의 반지름의 길이를 r 라 하면
$2r = 10$ $\therefore r = 5$
따라서 외접원의 둘레의 길이는
$2\pi \times 5 = 10\pi$

20 각 꼭짓점에 이르는 거리가 모두 같은 것은 삼각형의 외심이다.

21 평행사변형은 두 쌍의 대변의 길이가 각각 같으므로 $\overline{AD} = \overline{BC}$ 이다.
$\therefore x = 6$
또, 평행사변형의 이웃하는 두 내각의 크기의 합은 $180°$이므로
$y + 120 = 180$
$\therefore y = 60$

22 $\triangle ABC$와 $\triangle DEF$의 닮음비가 $1 : 2$이므로
$\overline{AB} : \overline{DE} = 1 : 2$에서 $3 : x = 1 : 2$
$\therefore x = 6$

23 두 도형의 닮음비가 $1 : 2$이고, 직육면체 B의 x에 대응하는 직육면체 A의 모서리의 길이는 4이므로 $1 : 2 = 4 : x$
$\therefore x = 8$

24 닮음비 $m : n$일 때, 넓이의 비 $m^2 : n^2$이므로
두 원의 넓이의 비는 $2^2 : 3^2 = 4 : 9$

25 $\triangle ABC$에서 점 M, N이 각각 $\overline{AB}$, $\overline{AC}$의 중점이면
$\overline{MN} = \dfrac{1}{2}\overline{BC}$ 이므로
$\overline{BC} = 2\overline{MN} = 2 \times 3 = 6 \,(\text{cm})$

26 $\triangle ABC$에서 $\overline{BC} /\!/ \overline{DE}$이므로
$\overline{AD} : \overline{AB} = \overline{DE} : \overline{BC}$
$2 : 5 = 3 : x$, $2x = 15$ $\therefore x = 7.5$
따라서 $\overline{BC}$의 길이는 7.5 cm 이다.

27 $\triangle ABC$에서 $\overline{PQ} /\!/ \overline{BC}$이므로
$\overline{AP} : \overline{AB} = \overline{PQ} : \overline{BC}$
$5 : 15 = x : 9$, $15x = 45$
$\therefore x = 3$

28

$\overline{AC}$와 $\overline{EF}$가 만나는 점을 G라 하면
$\triangle ABC$에서 $\overline{EG} = \dfrac{1}{2}\overline{BC} = \dfrac{1}{2} \times 7 = 3.5 \,(\text{cm})$
$\triangle ACD$에서 $\overline{GF} = \dfrac{1}{2}\overline{AD} = \dfrac{1}{2} \times 3 = 1.5 \,(\text{cm})$
$\therefore \overline{EF} = \overline{EG} + \overline{GF} = 3.5 + 1.5 = 5 \,(\text{cm})$

29 $2 : 4 = x : 6$, $4x = 12$
$\therefore x = 3$

30 점 G가 $\triangle ABC$의 무게중심이므로
$\overline{AG} : \overline{GM} = 2 : 1$
높이가 같은 두 삼각형의 넓이의 비는 밑변의 길이의 비와 같으므로
$2 : 1 = \triangle ABG : \triangle BGM$
$2 : 1 = 6 : \triangle BGM$
$\therefore \triangle BGM = 3 \,(\text{cm}^2)$
$\therefore \triangle AMC = \triangle ABM = \triangle ABG + \triangle BGM = 9 \,(\text{cm}^2)$

31 점 G가 $\triangle ABC$의 무게중심이므로
$\overline{GD} = \dfrac{1}{3}\overline{AD} = \dfrac{1}{3} \times 18 = 6 \,(\text{cm})$
점 G$'$이 $\triangle GBC$의 무게중심이므로
$\overline{GG'} = \dfrac{2}{3}\overline{GD} = \dfrac{2}{3} \times 6 = 4 \,(\text{cm})$

32 피타고라스 정리에 의해 직각삼각형에서 빗변의 길이의 제곱은 직각을 끼고 있는 두 변의 길이의 제곱의 합과 같으므로
$$a^2 = b^2 + c^2$$

33 피타고라스 정리에 의해
$$2^2 + x^2 = 5^2,\ x^2 = 25 - 4 = 21$$
$$\therefore\ x = \sqrt{21}\ (\because x > 0)$$

34 $\overline{AB}$ 의 길이를 x cm 라 하자.
피타고라스 정리에 의해
$$x^2 + 5^2 = 13^2,\ x^2 = 169 - 25 = 144$$
$$\therefore\ x = 12\ (\because x > 0)$$
따라서 $\overline{AB}$ 의 길이는 12 cm 이다.

35 $\triangle DBC$ 에서 피타고라스 정리에 의해
$$x^2 = 8^2 + 6^2 = 100$$
$$\therefore\ x = \sqrt{100} = 10\ (\because x > 0)$$
따라서 $\overline{BD}$ 의 길이는 10 cm 이다.

36 이등변삼각형에서 $\overline{AH}$ 는 $\overline{BC}$ 의 수직이등분선이므로
$$\overline{BH} = \overline{HC} = 3\,\text{cm}$$
$\triangle ABH$ 에서 피타고라스 정리에 의해
$$3^2 + \overline{AH}^2 = 5^2$$
$$\therefore\ \overline{AH} = \sqrt{5^2 - 3^2} = \sqrt{16} = 4\,(\text{cm})$$

37

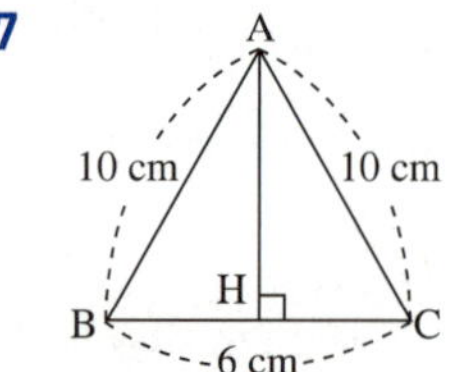

위의 그림과 같이 점 A 에서 $\overline{BC}$ 에 내린 수선의 발을 H 라 하면 $\overline{AH}$ 는 $\overline{BC}$ 의 수직이등분선이므로 $\overline{BH} = \overline{HC} = 3\,\text{cm}$
$\triangle ABH$ 에서 피타고라스 정리에 의해
$$3^2 + \overline{AH}^2 = 10^2$$
$$\therefore\ \overline{AH} = \sqrt{10^2 - 3^2} = \sqrt{91}\,(\text{cm})$$
$$\therefore\ \triangle ABC = \frac{1}{2} \times \sqrt{91} \times 6 = 3\sqrt{91}\,(\text{cm}^2)$$

38

점 A 에서 $\overline{BC}$ 에 내린 수선의 발을 H 라 하면
$\triangle ABH$ 에서 $4^2 + x^2 = 5^2$
$$\therefore\ x = \sqrt{25 - 16} = 3\ (\because x > 0)$$

$\triangle AHC$ 에서 $3^2 + y^2 = 4^2$
$$\therefore\ y = \sqrt{16 - 9} = \sqrt{7}\ (\because y > 0)$$

39 $\triangle AOB$ 에서 $\overline{OB}^2 = \overline{OA}^2 + \overline{AB}^2 = 4^2 + 4^2 = 32$
$\triangle BOC$ 에서 $\overline{OC}^2 = \overline{OB}^2 + \overline{BC}^2 = 32 + 4^2 = 48$
$\triangle COD$ 에서 $\overline{OD}^2 = \overline{OC}^2 + \overline{CD}^2 = 48 + 4^2 = 64$
$$\therefore\ \overline{OD} = \sqrt{64} = 8$$

40 $\triangle ABC$ 에서 피타고라스 정리에 의해
$$\overline{AB}^2 + 8^2 = 10^2$$
$$\therefore\ \overline{AB} = \sqrt{100 - 64} = \sqrt{36} = 6$$
$\overline{AD} = \overline{CD} = 8 - x$ 이므로
$\triangle ABD$ 에서 피타고라스 정리에 의해
$$6^2 + x^2 = (8 - x)^2,\ 16x = 28$$
$$\therefore\ x = \frac{7}{4}$$

41 ㉠ $\sin 60° = \dfrac{\sqrt{3}}{2}$

㉡ $\cos 30° = \dfrac{\sqrt{3}}{2}$

㉢ $\tan 45° = 1$

42 $\sin 30° = \dfrac{1}{2}$, $\cos 60° = \dfrac{1}{2}$, $\tan 45° = 1$ 이므로

$$\sin 30° + \cos 60° + \tan 45° = \frac{1}{2} + \frac{1}{2} + 1 = 2$$

43 $\sin 30° = \dfrac{1}{2}$, $\tan 45° = 1$ 이므로

$$\sin 30° \times \tan 45° = \frac{1}{2} \times 1 = \frac{1}{2}$$

44 $\sin A + \cos A = \dfrac{\overline{BC}}{\overline{AC}} + \dfrac{\overline{AB}}{\overline{AC}} = \dfrac{3}{5} + \dfrac{4}{5} = \dfrac{7}{5}$

45 피타고라스 정리에 의해
$$12^2 + \overline{AC}^2 = 13^2 \text{이므로}$$
$$\overline{AC} = \sqrt{13^2 - 12^2} = 5\,(\text{cm})$$
$$\therefore\ \tan B = \frac{\overline{AC}}{\overline{BC}} = \frac{5}{12}$$

46 피타고라스 정리에 의해
$$5^2 + \overline{AC}^2 = 13^2 \text{이므로}$$
$$\overline{AC} = \sqrt{169 - 25} = 12$$
$$\therefore\ \sin B = \frac{\overline{AC}}{\overline{AB}} = \frac{12}{13}$$

47 $\sin A = \dfrac{\overline{BC}}{\overline{AC}} = \dfrac{2}{3}$ 이므로

$\overline{AC} = 3$, $\overline{BC} = 2$, $\overline{AB} = x$ 라 하자.
피타고라스 정리에 의해
$2^2 + x^2 = 3^2$
$\therefore x = \sqrt{9-4} = \sqrt{5} \ (\because x > 0)$
$\therefore \tan A = \dfrac{\overline{BC}}{\overline{AB}} = \dfrac{2}{\sqrt{5}} = \dfrac{2\sqrt{5}}{5}$

48 $\angle ADB = 120°$, $\angle BAD = 30°$ 이므로 $\triangle ABD$는 이등변삼각형
이다.
$\therefore \overline{AD} = \overline{BD} = 6$
따라서 $\sin 60° = \dfrac{\sqrt{3}}{2}$ 이므로 $\triangle ADC$에서
$\dfrac{x}{6} = \dfrac{\sqrt{3}}{2}$ $\therefore x = 3\sqrt{3}$

49

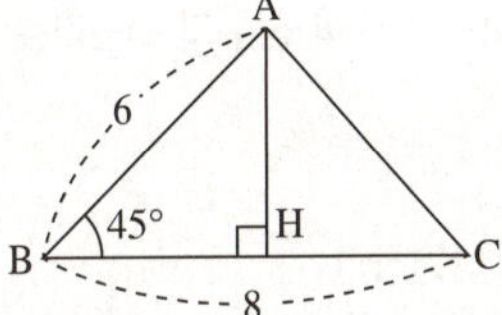

점 A에서 $\overline{BC}$에 내린 수선의 발을 H라 하자.
$\triangle ABH$에서 $\sin 45° = \dfrac{\overline{AH}}{\overline{AB}} = \dfrac{\overline{AH}}{6}$ 이므로
$\overline{AH} = 6 \times \sin 45° = 6 \times \dfrac{\sqrt{2}}{2} = 3\sqrt{2}$
$\therefore \triangle ABC = \dfrac{1}{2} \times 8 \times 3\sqrt{2} = 12\sqrt{2}$

50 $\triangle ABH$에서 $\sin 60° = \dfrac{\overline{AH}}{\overline{AB}} = \dfrac{\overline{AH}}{2}$ 이므로
$\overline{AH} = 2 \times \sin 60° = 2 \times \dfrac{\sqrt{3}}{2} = \sqrt{3}$ (cm)
$\triangle ABH$에서 피타고라스 정리에 의해
$\overline{BH}^2 + (\sqrt{3})^2 = 2^2$,
$\therefore \overline{BH} = \sqrt{4-3} = 1$ (cm)
$\therefore \triangle ABC = \dfrac{1}{2} \times 3 \times \sqrt{3} = \dfrac{3\sqrt{3}}{2}$ (cm^2)

51 반원에 대한 원주각의 크기는 $90°$이고 $\overline{AB}$는 원 O의 지름이므로
$\angle C = 90°$이다.

52 $\triangle OAH$에서 피타고라스 정리에 의해
$\overline{AH}^2 + 3^2 = 6^2$
$\therefore \overline{AH} = \sqrt{36-9} = 3\sqrt{3}$ (cm)
원의 중심에서 현에 내린 수선은 그 현을 수직이등분하므로
$\overline{AB} = 2\overline{AH} = 2 \times 3\sqrt{3} = 6\sqrt{3}$ (cm)

53 한 호에 대한 원주각의 크기는 중심각의 크기의 $\dfrac{1}{2}$ 이므로
$\angle x = 70° \times \dfrac{1}{2} = 35°$

54 호 AB에 대한 원주각의 크기는 중심각의 크기의 $\dfrac{1}{2}$ 이므로
$\dfrac{1}{2} \angle x = 80°$
$\therefore \angle x = 160°$

55 $\overline{PT} \perp \overline{OT}$ 이므로 $\triangle OPT$에서 피타고라스 정리에 의해
$\overline{PT} = \sqrt{13^2 - 5^2} = \sqrt{144} = 12$ (cm)

56 원의 접선과 그 접점이 지나는 현이 이루는 각의 크기는 그 각의 내부
에 있는 호에 대한 원주각의 크기와 같으므로
$\angle x = \angle BAT' = 70°$

57 호 AB에 대한 원주각의 크기가 $30°$이므로 중심각의 크기는 $60°$이다.
원 O의 반지름의 길이를 r cm 라 하면
$2\pi r : \overparen{AB} = 360° : 60°$
$2\pi r : 4\pi = 360° : 60°$
$\therefore r = 12$
따라서 원 O의 반지름의 길이는 12 cm 이다.

58 한 호에 대한 원주각의 크기는 중심각의 크기의 $\dfrac{1}{2}$ 이므로
$\angle AOB \times \dfrac{1}{2} = 60°$에서
$\angle AOB = 2 \times 60° = 120°$
따라서 부채꼴 OAB의 넓이는
$\pi \times 6^2 \times \dfrac{120°}{360°} = 12\pi$

01 ①	**02** ②	**03** ④	**04** ③	**05** ④
06 ②	**07** ②	**08** ②	**09** ③	**10** ③
11 ④	**12** ②	**13** ②	**14** ④	**15** ③
16 ④	**17** ④	**18** ④	**19** ①	**20** ①
21 ①				

01 책을 30권 이상 읽은 학생 수는 줄기 3에 해당하는 잎의 수와 같다.
따라서 30권, 32권, 33권, 35권을 읽은 4명이다.

02 ① 계급의 크기는 $150 - 145 = 5 \, (\text{cm})$
② (160 cm 미만인 학생 수)$= 4 + 11 + 17 = 32$ (명)
③ 도수가 11명인 계급은 150 cm 이상 155 cm 미만이므로 이 계급의 계급값은 $\dfrac{150 + 155}{2} = 152.5 \, (\text{cm})$ 이다.
④ 도수가 가장 큰 계급은 도수가 17명인 155 cm 이상 160 cm 미만이다.

03 도수는 성적이 높은 쪽에서부터 차례로 2, 6, 8이므로 상위 10등인 학생이 속하는 계급은 70점 이상 80점 미만이다.
따라서 구하는 계급값은
$$\frac{70 + 80}{2} = 75 \, (\text{점})$$

04 (계급의 상대도수)$= \dfrac{(\text{계급의 도수})}{(\text{도수의 총합})}$
도수의 총합은 30명, 윗몸일으키기 횟수가 20회 이상 30회 미만인 계급의 도수는 15명이므로 그 계급의 상대도수는
$$\frac{15}{30} = 0.5$$

05 서로 다른 4팀을 각각 a, b, c, d 라 하면

$a {<}^{b}_{c}_{d} \quad b {<}^{c}_{d} \quad c - d$

따라서 총 6회의 경기를 치른다.

06 시장을 뽑는 경우의 수는 2가지, 그 각각에 대하여 시의원 1명을 뽑는 경우의 수는 4가지이다.
따라서 구하는 경우의 수는 $2 \times 4 = 8$

07 모든 경우의 수는 $6 \times 6 = 36$
눈의 합이 5가 되는 경우의 수는
$(1, 4), (2, 3), (3, 2), (4, 1)$의 4이다.
따라서 구하는 확률은 $\dfrac{4}{36} = \dfrac{1}{9}$

08 모든 경우의 수는 $3 \times 3 = 9$
갑, 을이 내는 것을 순서쌍 (갑, 을)로 나타낼 때, 갑이 이기는 경우는 (가위, 보), (바위, 가위), (보, 바위)의 3가지이다.
따라서 갑이 이길 확률은 $\dfrac{3}{9} = \dfrac{1}{3}$

09 모든 경우의 수는 20
뽑힌 카드의 숫자가 4의 배수인 경우의 수는 4, 8, 12, 16, 20의 5이다.
따라서 구하는 확률은 $\dfrac{5}{20} = \dfrac{1}{4}$

10 모든 경우의 수는 $3 + 4 = 7$이고, 파란 구슬이 나오는 경우의 수는 4이다.
따라서 구하는 확률은 $\dfrac{4}{7}$

11 최빈값은 대푯값 중 하나로 자료의 변량 중에서 가장 많이 나타나는 값이다.
따라서 88점을 받은 학생이 4명이므로 수학 점수의 최빈값은 88점이다.

12 이 자료를 기록이 짧은 순서대로 나열하면
16초, 17초, 18초, 19초, 20초, 20초, 21초이다.
따라서 이 자료의 중앙값은 가운데 값인 19초이다.

13 (평균)$= \dfrac{40 \times 1 + 50 \times 3 + 60 \times 10 + 70 \times 5 + 80 \times 1}{20}$
$= 61 \, (\text{점})$

14 (평균)$= \dfrac{50 \times 2 + 60 \times 4 + 65 \times 6 + 80 \times 1 + 85 \times 2}{15}$
$= 65.33 \cdots$
따라서 소수 첫째 자리에서 반올림한 영어 듣기 평가 점수의 평균은 65점이다.

15 5회에 걸친 수학 쪽지 시험 점수의 평균이 7점이므로
$$\frac{7 + x + 8 + 9 + 5}{5} = 7$$
$29 + x = 35 \quad \therefore \ x = 6$

16 3회까지 수학 점수의 총점은 $3 \times 79 = 237$(점)이고, 4회까지의 수학 점수의 평균은 80점이다.
마지막 시험의 수학 점수를 x 라 하면
$$\frac{237 + x}{4} = 80 \text{에서} \ 237 + x = 320$$
$\therefore \ x = 83$
따라서 마지막 시험에서 영수의 수학 성적은 83점이다.

17 50점을 받은 학생 수를 x라 하면, 60점을 받은 학생 수는
$10-(3+x)=7-x$이므로

$$(평균)=\frac{30\times1+40\times1+50\times x+60\times(7-x)+70\times1}{10}$$

$$=\frac{560-10x}{10}$$

$$=56-x$$

$56-x=52$ $\therefore x=4$

따라서 50점을 받은 학생 수는 4이다.

18 $a=\dfrac{1+2+3+4+5}{5}=\dfrac{15}{5}=3$

$b=\dfrac{(1-3)^2+(2-3)^2+(3-3)^2+(4-3)^2+(5-3)^2}{5}$

$=\dfrac{4+1+1+4}{5}=\dfrac{10}{5}=2$

$\therefore a+b=3+2=5$

19 $(평균)=\dfrac{8+7+6+9+10}{5}=8$ (회)

$(분산)=\dfrac{(8-8)^2+(7-8)^2+(6-8)^2+(9-8)^2+(10-8)^2}{5}$

$=\dfrac{1+4+1+4}{5}=\dfrac{10}{5}=2$

$\therefore (표준편차)=\sqrt{(분산)}=\sqrt{2}$ (회)

20 음의 상관관계는 x의 값이 커짐에 따라 y의 값이 대체로 작아지는 관계이다.
① 운동량이 많아지면 비만도는 대체로 낮아지므로 음의 상관관계이다.
②·③·④ 양의 상관관계이다.

21 ① 양의 상관관계
②·④ 상관관계가 없음
③ 음의 상관관계

수학 실전 문제

수학 실전 문제 1회

01 ④	02 ②	03 ③	04 ①	05 ④
06 ③	07 ③	08 ①	09 ③	10 ①
11 ③	12 ③	13 ③	14 ②	15 ②
16 ③	17 ②	18 ②	19 ③	20 ③

01 180을 소인수분해하면
$180=2\times2\times3\times3\times5$
$=2^2\times3^2\times5$

02 $(-8)+(+3)=-(8-3)=-5$

03 $2x-3=7x+12$에서
$7x$와 -3을 각각 이항하면
$2x-7x=12+3$
양변을 정리하면 $-5x=15$
양변을 -5로 나누면 $x=-3$

04 $x=-5$를 $3x-4$에 대입하여 풀면
$3\times(-5)-4=-15-4=-19$

05 $x^2-25=x^2-5^2=(x+5)(x-5)$

06 $8x>48$에서 양변을 8로 나누면 $x>6$이다.
따라서 해의 범위를 수직선 위에 나타낸 것은 ③이다.

07 기울기가 a, y절편이 b일 때의 일차함수의 식은
$y=ax+b$이므로 구하는 일차함수의 식은
$y=-\dfrac{2}{3}x+5$

08 $\begin{cases} x+2y=8 \\ -2x+ay=5 \end{cases}$ 에서 $\begin{cases} y=-\dfrac{1}{2}x+4 & \cdots ㉠ \\ y=\dfrac{2}{a}x+\dfrac{5}{a} & \cdots ㉡ \end{cases}$

연립방정식의 해가 없으므로 일차함수 ㉠, ㉡의 그래프는 평행하다.
따라서 $-\dfrac{1}{2}=\dfrac{2}{a}$, $4\neq\dfrac{5}{a}$에서 $a=-4$

09 ② 주어진 이차함수의 식에 $x=0$을 대입하면
$y=-(0+2)^2+5=-4+5=1$
이므로 이 주어진 그래프는 점 $(0,\ 1)$을 지난다.
③ 직선 $x=-2$를 축으로 한다.

10 호의 길이는 중심각의 크기에 비례하므로

$3 : x = 25 : 150$, $25x = 450$

$\therefore x = 18$

11 삼각형의 한 외각의 크기는 이웃하지 않는 두 내각의 크기의 합과 같으므로

$\angle x = \angle A + \angle B = 60° + 55° = 115°$

12 ① 두 대각선이 서로 다른 것을 이등분하므로 평행사변형이다.
② 두 쌍의 대변의 길이가 각각 같으므로 평행사변형이다.
④ 두 쌍의 대각의 크기가 각각 같으므로 평행사변형이다.

13 닮음비가 $m : n$인 두 평면도형에서 넓이의 비는 $m^2 : n^2$이다.
즉, $\triangle ABC$와 $\triangle DEF$의 닮음비가 $1 : 3$이므로 $\triangle DEF$의 넓이는 $\triangle ABC$의 넓이의 $3^2 = 9$(배)이다.

14 삼각형 ABC는 직각삼각형이므로 피타고라스 정리에 의해

$\overline{AB} = \sqrt{\overline{BC}^2 + \overline{AC}^2} = \sqrt{6^2 + 8^2} = \sqrt{36 + 64} = \sqrt{100} = 10$

15 $\cos B = \dfrac{\overline{BC}}{\overline{AB}} = \dfrac{3\sqrt{2}}{6} = \dfrac{\sqrt{2}}{2}$

16 한 원에서 한 호에 대한 원주각의 크기는 일정하므로

$\angle APB = \angle AQB$ $\therefore \angle x = 40°$

17 한 호에 대한 원주각의 크기는 중심각의 크기의 $\dfrac{1}{2}$이므로

$\angle APB = \dfrac{1}{2} \times \angle AOB = \dfrac{1}{2} \times 130° = 65°$

18 최빈값은 주어진 자료 중 가장 많은 빈도로 나타나는 변량이다. 줄넘기 횟수가 27회인 학생이 4명으로 가장 많으므로 최빈값은 27회이다.

19 동화책 4권, 소설책 7권이 있으므로 이 중 한 권의 책을 선택하는 경우의 수는

$4 + 7 = 11$

20 $(\text{평균}) = \dfrac{(\text{자료의 값의 총합})}{(\text{자료의 총 개수})}$ 이므로

$a = \dfrac{8 + 9 + 10 + 10 + 8}{5} = \dfrac{45}{5} = 9$

$(\text{분산}) = \dfrac{\{(\text{편차})^2 \text{의 총합}\}}{(\text{변량의 개수})}$ 이므로

$b = \dfrac{\{(-1)^2 + 1^2 + 1^2 + (-1)^2\}}{5} = \dfrac{4}{5} = 0.8$

$\therefore ab = 9 \times 0.8 = 0.72$

01 ③	**02** ④	**03** ②	**04** ③	**05** ①
06 ④	**07** ②	**08** ②	**09** ②	**10** ①
11 ④	**12** ②	**13** ④	**14** ④	**15** ③
16 ③	**17** ①	**18** ③	**19** ④	**20** ②

01 96을 소인수분해하면

$96 = 32 \times 3 = 2^5 \times 3$이므로

$a = 5$

02 $5\sqrt{2} = \sqrt{5^2} \times \sqrt{2} = \sqrt{25 \times 2} = \sqrt{50}$

03 각각의 방정식의 해를 구하면

① $x + 2 = 3$에서 $x = 1$

② $x - 2 = -3$에서 $x = -1$

③ $2x - 1 = 0$에서 $x = \dfrac{1}{2}$

④ $2x + 1 = 1$에서 $x = 0$

다른 풀이

각각의 방정식에 $x = -1$을 대입하면

① $x + 2 = 3$에서 $(-1) + 2 = 3$이므로 $1 \neq 3$

② $x - 2 = -3$에서 $(-1) - 2 = -3$이므로 $-3 = -3$

③ $2x - 1 = 0$에서 $2 \times (-1) - 1 = 0$이므로 $-3 \neq 0$

④ $2x + 1 = 1$에서 $2 \times (-1) + 1 = 1$이므로 $-1 \neq 1$

따라서 해가 $x = -1$인 일차방정식은 ②이다.

04 $5x^3 \times 7x^5 = (5 \times 7) \times x^{3+5} = 35x^8$

05 $(x - 5)(x + 3) = 0$에서

$x - 5 = 0$ 또는 $x + 3 = 0$

$\therefore x = 5$ 또는 $x = -3$

따라서 다른 한 근은 -3이다.

06 일차함수 $y = ax + b$에서 a는 직선의 기울기를 나타낸다.

$(\text{기울기}) = \dfrac{(y\text{값의 증가량})}{(x\text{값의 증가량})}$

$\qquad = \dfrac{9}{3} = 3$

$\therefore a = 3$

다른 풀이

일차함수의 그래프는 점 $(-3, 0)$을 지나므로 주어진 일차함수의 식에 대입하여 풀면

$0 = a \times (-3) + 9$, $3a = 9$

$\therefore a = 3$

07 x의 값이 1씩 증가할 때, y의 값은 20씩 증가하므로 x와 y 사이의 관계식은 $y=20x$ 이다.

08 서로 다른 두 직선이 한 직선과 만날 때, 엇갈린 위치에 있는 각을 엇각이라고 한다.
따라서 주어진 그림에서 $\angle x$의 엇각은 $\angle b$이다.

09 사각형의 네 내각의 크기의 합은 $360°$이므로
$120°+\angle x+80°+90°=360°$
$\therefore\ \angle x=70°$

10 외심에서 삼각형의 꼭짓점까지의 거리는 외접원의 반지름으로 모두 같다.
$\therefore\ \overline{OA}=\overline{OB}=3$

11 평행사변형에서 두 쌍의 대변의 길이와 두 쌍의 대각의 크기는 각각 같다.
$\therefore\ x=8,\ \angle y=100°$

12 닮은 두 도형에서 대응변의 길이의 비를 닮음비라고 하므로 $\triangle ABC$와 $\triangle DEF$의 닮음비는 $\overline{BC}:\overline{EF}$인 $3:5$이다.

13 닮음비가 $m:n$인 두 입체도형에서 부피의 비는 $m^3:n^3$이다.
이때 주어진 두 삼각뿔의 닮음비가 $1:2$이므로 부피의 비는 $1:2^3$이다.
삼각뿔 B의 부피를 $x\,\mathrm{cm}^3$라 하면
$1:8=5:x$　$\therefore\ x=40$
따라서 삼각뿔 B의 부피는 $40\,\mathrm{cm}^3$이다.

14 ($\square$ ACHI의 넓이)
$=(\square$ ADEB의 넓이$)+(\square$ BFGC의 넓이$)$
$=64+36=100\,(\mathrm{cm}^2)$

다른 풀이
$\square$ ADEB의 넓이는 $64\,\mathrm{cm}^2$이므로 $\overline{AB}$의 길이는 $8\,\mathrm{cm}$,
$\square$ BFGC의 넓이가 $36\,\mathrm{cm}^2$이므로 $\overline{CB}$의 길이는 $6\,\mathrm{cm}$이다.
$\triangle ABC$에서 피타고라스 정리에 의하여
$\overline{AC}=\sqrt{8^2+6^2}=\sqrt{100}=10\,(\mathrm{cm})$
따라서 $\square$ ACHI의 넓이는
$10\times10=100\,(\mathrm{cm}^2)$

15 $\sin B=\dfrac{\overline{AC}}{\overline{AB}}=\dfrac{4\sqrt{3}}{8}=\dfrac{\sqrt{3}}{2}$

16 길이가 같은 호에 대한 원주각의 크기는 같으므로
$\angle CQD=\angle APB=30°$

17 원 밖의 한 점에서 그 원에 그은 두 접선의 접점까지의 거리는 서로 같으므로
$\overline{PB}=\overline{PA}=7\,\mathrm{cm}$

18 도수의 총합은 20이므로
$2+5+4+A+2=20$
$\therefore\ A=7$

19 1부터 9까지의 자연수 중에서 3의 배수는 3, 6, 9의 3가지이다.
이때 9개의 구슬 중 한 개의 구슬을 꺼낼 때, 3의 배수가 나올 확률은
$\dfrac{3}{9}=\dfrac{1}{3}$
따라서 3의 배수가 아닌 수가 나올 확률은
$1-\dfrac{1}{3}=\dfrac{2}{3}$

20 자료를 크기순으로 나열하면
$2,\ 5,\ 5,\ 5,\ 7,\ 8,\ 8,\ 12$
이므로 중앙값은 5와 7의 평균인 $\dfrac{5+7}{2}=6$이다.
또한 최빈값은 5이다.
따라서 중앙값과 최빈값의 합은
$6+5=11$

영어

1 문법

01 ①	02 ②	03 ④	04 ④	05 ②
06 ②	07 ③	08 ①	09 ③	10 ③
11 ②	12 ④	13 ①	14 ④	15 ④
16 ③	17 ①	18 ④	19 ③	20 ②
21 ①	22 ④	23 ②	24 ③	25 ④
26 ①	27 ③	28 ③	29 ③	30 ③
31 ②	32 ①	33 ④	34 ②	35 ④
36 ④	37 ④	38 ①	39 ①	40 ①
41 ②	42 ③	43 ①	44 ①	45 ②
46 ③	47 ④	48 ①	49 ④	50 ①
51 ①	52 ③	53 ①	54 ④	55 ②
56 ②	57 ③	58 ②	59 ②	60 ④
61 ①	62 ④	63 ④	64 ③	65 ②
66 ④	67 ②	68 ②	69 ②	70 ④
71 ④	72 ②	73 ③	74 ①	75 ④
76 ④	77 ②	78 ④	79 ③	80 ④
81 ③	82 ③	83 ④	84 ④	85 ③
86 ③	87 ①	88 ③	89 ②	90 ②
91 ③	92 ①			

01 문장의 동사가 went(과거)이므로 미래를 표현하는 ①은 올 수 없다.

[해석]
우리 가족은 어제[지난주 토요일에, 3일 전에] 캠핑을 갔다.

02 Is로 물어봤으므로 is로 대답해야 한다.

[해석]
A: 이거 너의 어머니의 가방이니?
B: 응, 어머니 거야.

03 lie는 자동사냐 타동사냐에 따라 의미가 달라지고, lay와 함께 동사 3단 불규칙 변화형이 혼동하기 쉬우므로 유의해야 한다.
혼동하기 쉬운 동사 변화
- lie – lay – lain: (자) 눕다, 놓여 있다
- lay – laid – laid: (타) ~을 놓다, 눕히다
- lie – lied – lied: (타) 거짓말하다

[해석]
그녀는 소파에 기대고 누워서 긴장을 풀려고 애썼다.

04 marry는 타동사로 전치사(with)가 필요 없다.
자동사로 착각하기 쉬운 타동사
- approach: 접근하다(to 필요 없음)
- enter: 들어가다(into 필요 없음)
- attend: 출석하다(at 필요 없음)
- discuss: 토론하다(about 필요 없음)

- resemble: 닮다(with 필요 없음)
- become: 어울리다(with 필요 없음)
- marry: 결혼하다(with 필요 없음)
- answer: 대답하다(to 필요 없음)
- greet: 인사하다(to 필요 없음)
- join: 참여하다(in 필요 없음)

[해석]
줄리아는 3년 전에 프랑스 남자와 결혼해서 지금 그들은 딸이 한 명 있다.

05 yesterday(어제)는 과거를 나타내는 단어이므로, go의 과거형인 went가 들어가야 한다.

[해석]
그들은 어제 낚시를 하러 갔다.

06 discuss(토론하다)는 타동사이므로, 전치사(about)가 필요 없다. 따라서 밑줄 친 부분에는 talk가 들어가야 한다.

[해석]
① 향긋한 냄새가 나요. 오늘 무슨 향수를 뿌렸어요?
② 오늘 오후에 앞으로 있을 회의에 대해 말해 주시겠습니까?
③ 나는 그가 길을 건너는 것을 우연히 보았다.
④ 질문이 있으면 손을 드세요.

07
- have: ~을 가지다
- have been to: ~에 간 적 있다(현재완료 경험)

[단어]
before: ~ 전에

[해석]
◦ 나는 두 형제와 한 자매가 있다.
◦ 나는 전에 미국에 간 적이 있다.

08
- take a picture: 사진 찍다
- take care of: 돌보다

[단어]
keep: 지키다, 유지하다

[해석]
◦ 나는 사진 찍기를 좋아한다.
◦ 너는 아기를 돌봐야 한다.

09 3년 전부터 지금까지 쭉 이어진 동작이므로, 빈칸에는 현재완료(have lived)가 적절하다.

[해석]
◦ 나는 3년 전 여기로 이사 왔다.
◦ 나는 아직 여기 산다.
→ 나는 3년째 여기서 살고 있다.

10 과거를 나타내는 last winter가 있으므로, 빈칸에는 과거동사(went)가 적절하다.

[해석]
나는 지난겨울 로스앤젤레스에 갔다.

11 주절의 시제가 과거(was)이며, 종속절이 그보다 앞선 과거이므로 과거완료(had rained)를 써야 한다.

해석
밤새 비가 내렸기 때문에 길이 매우 축축했다.

12 must: (틀림없이) ~일 것이다[~임에 틀림없다]

해석
나는 그가 선생님이라고 확신한다.
→ 그는 선생님임에 틀림없다.

13 cannot have + p.p.(과거분사): 과거의 부정적 추측

단어
behind: ~ 뒤에

해석
A: 나는 John 뒤에 앉아 있었어. 그러니 Carol이 날 봤을 리가 없지.
B: 하지만 그녀는 널 봤어.

14 • be used to + (동)명사: ~하는 데 익숙하다
• used to + 동사원형: ~하곤 했다(과거의 규칙적 습관)

해석
나는 학교에서 야구를 하곤 했다.

15 next month가 있으므로, 미래시제임을 알 수 있다.

단어
• be going to + 동사원형: ~할 예정이다
• grandparents: 조부모님
• visit: 방문하다
• next month: 다음 달

해석
A: 너는 너의 조부모님 댁에 방문할 예정이니?
B: 응, 나는 다음 달에 방문할 거야.

16 be going to(= will): ~할 것이다

단어
help: 돕다

해석
그녀는 자신의 어머니를 도울 것이다.

17 have to: ~해야 한다

단어
homework: 숙제

해석
나는 숙제를 해야 한다.

18 '명사 + 명사'의 합성어는 소유격으로 하지 않는다.

해석
A: 어디 가나요?
B: 서점에 갈 예정이에요.

19 the + 보통명사 → 추상명사

단어
the beggar: 거지근성

해석
사람이 곤궁해지면 거지근성이 나타나는 법이다.

20 all + 추상명사 = very[highly] + 형용사 = 추상명사 + itself

해석
그녀는 매우 자상하다.

21 • watchmaker's (shop): 시계방(금은방)
• ~'s 뒤의 명사 생략 가능: 건축물(house, shop, office 등)

단어
hospital: 병원

해석
그는 시계방에서 그녀를 위해 그것을 샀다.

22 '수사 + 명사'가 형용사적으로 쓰일 때에는 단수 형태로 한다.

해석
A: 너는 돈이 얼마나 있니?
B: 나는 10달러짜리 지폐 한 장을 가지고 있어.

23 • a TV set = one
• the TV set = it

단어
certain: 확실한

해석
A: 너는 TV를 가지고 있니?
B: 응, 갖고 있어.

24 권유, 의뢰, 긍정의 대답을 기대하는 의문문에서는 some을 쓴다.

해석
A: 좀 더 드시겠습니까?
B: 감사합니다, 그럴게요.

25 동사가 복수 동사이므로 주어는 복수이어야만 한다.

해석
나는 4명의 동생이 있는데, 한 명은 부산에 있고 나머지는 서울에 있다.

26 this[the latter]는 후자를 가리키고 that[the former]은 전자를 가리킨다.

해석
일과 놀이는 건강에 필수적이다. 후자는 우리에게 휴식을 주고, 전자는 우리에게 에너지를 준다.

27 • for oneself: 혼자 힘으로, 스스로
• not so much A as B: A라기보다는 (차라리) B이다

단어
• important: 중요한
• earn: 얻다, 구하다

해석
빵을 주는 것보다는 차라리 그에게 스스로 빵을 얻는 방법을 가르쳐
주는 것이 중요하다.

28 ③ it은 지시대명사로 '그것'이라고 해석한다.
①·②·④ it은 해석하지 않는다.

해석
① 오늘 날씨가 좋아요.
② 세 시예요.
③ 그것은 매우 멋진 가방이에요.
④ 서울에서 부산까지는 거리가 멀다.

29 빈칸에는 오렌지의 수를 표시하는 수량 형용사 many가 와야 한다.

해석
A: 오렌지를 조금 사려고 하는데요.
B: 몇 개나 원하세요?
A: 4개 주세요.

30 비교급＋than any other＋명사＝최상급

해석
그는 반에서 다른 어떤 소년보다 키가 크다.
= 그는 반에서 키가 제일 크다.

31 as many: 동수의(앞에 언급된 수만큼)

단어
as much: 동량의

해석
나는 여섯 개의 실수를 같은 수의 줄에서 발견했다.

32 가격(the price)이 '비싸다, 싸다'를 말할 때는 high, low를 쓴다.
expensive, cheap은 'The book is expensive[cheap].'와 같이 물건
자체를 대상으로 쓴다.

해석
그 책은 가격이 비싸다.

33 미나는 짐보다 더 일찍 학교에 도착하므로 earlier가 가장 적절하다.
① 연상의, ② 더 높은, ③ 더 큰

해석
미나: 나는 오전 8시에 학교에 가.
짐: 정말? 나는 오전 8시 30분에 학교에 가.
→ 미나는 짐보다 더 일찍 학교에 간다.

34 복숭아는 한 개에 500원이고 사과는 한 개에 1,000원이다.

단어
• cheap: 값이 싼
• expensive: 값이 비싼
• cheaper: 값이 더 싼
• more expensive: 값이 더 비싼

해석

과일	가격(개당)
복숭아	500원
사과	1,000원

→ 복숭아 한 개는 사과 한 개보다 더 싸다.

35 부사구가 여러 개 겹칠 때 '장소＋방법(빈도)＋시간부사' 순이다.
④ as a child = when I was a child

해석
A: 메트로폴리탄 미술관에 가 본 적이 있니?
B: 응, 내가 어렸을 때 정기적으로 그곳에 갔어.

36 turn down은 '타동사＋부사'로 이루어진 이어동사이다. 따라서 타동
사의 목적어가 대명사일 경우에는 대명사가 동사 바로 뒤에 위치해야
한다.
turn it down. (○) / turn down it. (×)

단어
turn down: (소리·온도 등을) 낮추다

해석
A: 라디오 소리가 너무 큰 것 같아.
B: 미안해. 소리 좀 줄일까?

37 arrived라는 과거동사가 있으므로 앞의 빈칸에는 ago를, '그 이후로
쭉'이라는 의미를 써야 하므로 since를 쓴다.

단어
since: 그 이후로 쭉

해석
나는 일주일 전에 이곳에 도착했고 그 이후로 쭉 여기에 있었다.

38 ago는 명백한 과거를 나타내는 표현이므로 과거시제만 사용할 수 있
고, 현재완료 시제에는 사용할 수 없다.

해석
◦ 그녀는 1분 전에 여기 있었다.
◦ 매우 오래전의 일이라 나는 내가 무엇을 들었는지 기억할 수 없었다.

39 • be interested in: ~에 흥미가 있다
• in: ~ 안에

해석
◦ 나는 수학에 흥미가 있어.
◦ 내 방에는 컴퓨터가 있다.

40 be proud of는 '~을 자랑스럽게 여기다'라는 숙어이고, be full of는
'~로 가득 차다'라는 숙어이므로 빈칸에 공통으로 들어갈 전치사는
of이다.

해석
◦ 나는 나의 아버지를 자랑스러워한다.
◦ 방은 사람들로 가득 차 있다.

41 by bus는 '버스로', by 7 o'clock은 '7시 정각까지'이다.

[단어]
- finish: 마치다, 끝내다
- report: 보고서
- o'clock: 정각
- of: ~의
- by: ~로, ~까지, ~ 옆에
- out: ~밖에, ~ 바깥쪽에
- from: ~로부터

[해석]
◦ 나는 버스로 학교에 간다.
◦ 나는 7시 정각<u>까지</u> 나의 보고서를 끝낼 것이다.

42 • be good at: ~을 잘하다
- at: ~에

[단어]
- cooking: 요리
- go to bed: 잠자리에 들다

[해석]
◦ 나는 요리를 잘합니다.
◦ 나는 10시에 잡니다.

43 by + 교통수단은 '~을 타고, ~로'의 뜻이다. 학교에 어떻게 가냐고 물었으므로, ① '버스로'가 가장 적절하다.
② 7시에, ③ 서울에, ④ 10분

[해석]
A: 어떻게 학교에 가니?
B: <u>버스로</u>.

44 on: ~위에

[단어]
- to: ~로, ~에게
- under: ~ 밑에, ~ 아래에
- behind: ~ 뒤에

[해석]
탁자 <u>위</u>에 책이 세 권 있다.

45 advise[order, tell] + 목적어 + to부정사(목적격 보어)

[해석]
의사는 내게 침대에 누워 있으라고 <u>권했다</u>.

46 'to부정사 + 전치사'의 형용사적 용법으로 something을 뒤에서 수식한다.

[해석]
나는 <u>앉을 것</u>을 원한다.

47 'to부정사 + 전치사'의 형용사적 용법으로 an easy man을 뒤에서 수식한다.

[해석]
나는 삼촌과 그 문제를 의논하고 싶었지만, 그는 같이 대화를 <u>나누기가</u> 쉬운 분이 아니었다.

48 주절의 시제(seemed)와 종속절의 시제(was)가 같을 때 단순부정사 (to be)를 쓴다.

[해석]
그녀는 아픈 것 같았다.

49 의문사 + to부정사 = 의문사 + 주어 + should + 동사원형

[해석]
<u>어떻게 해야 할지</u> 모르겠어.

50 too ~ to 구문은 '너무 ~해서 ~ 할 수 없다'라는 뜻이다.

[해석]
◦ 저 소년은 <u>너무</u> 어려서 그 영화를 볼 수 없다.
◦ 이 커피는 마시기에는 <u>너무</u> 뜨겁다.

51 성질을 나타내는 형용사(kind, nice, careless, foolish, careful, good 등)가 오면 의미상의 주어는 'of + 목적격'을 쓴다.

[해석]
◦ 그렇게 말하다니 당신은 친절하군요.
◦ 네가 와서 나를 도와주다니 정말 친절하구나.

52 look forward to + 동명사(= anticipate, expect)

[해석]
우리는 너를 <u>만나기</u>를 고대하고 있다.

53 be busy -ing: ~하느라 바쁘다

[해석]
그는 내 숙제를 <u>하느라</u> 바빴다.

54 • remember + 동명사 (과거의 사실)
- remember + to do (미래의 사실)

[해석]
나는 어릴 때 절에 <u>갔던</u> 기억이 난다.

55 Would you mind -ing?: ~해도 될까요?

[해석]
연필 좀 <u>빌려 주시겠습니까</u>?

56 • be interested in + (동)명사: ~에 관심이 있다
- like + -ing: ~하는 것을 좋아하다 (일반적 또는 습관적 내용)

[해석]
◦ 수영장에서 <u>수영하는 것</u>에 관심이 있니?
◦ 그녀는 편지 <u>쓰는 것</u>을 좋아한다.

57 • keep + 목적어 + -ing
- 지각동사 + 목적어 + 동사원형[현재분사]

[해석]
◦ 그는 나를 너무 오래 <u>기다리게</u> 했다.
◦ 나는 그 소녀가 버스를 <u>기다리는 것</u>을 보았다.

58 make oneself understood: 자기의 말[생각]을 남에게 이해시키다

해석

영어로 네 생각을 <u>이해시킬 수 있니?</u>

59 have[get] + 사물(목적어) + p.p.: 사물이 p.p. 되게 하다

해석

외투를 <u>세탁하고 다림질해야</u> 한다.

60 초식동물은 plant-eating animal이다.

해석

가젤은 <u>초식동물</u>이다.

61 ①은 현재분사로 동사의 현재진행을 나타내고 있고, ②·③·④는 동명사로 문장에서 각각 주격보어, 목적어, 주어의 역할을 하고 있다.

해석

① 그는 매우 빨리 달리고 있다.
② 내 취미는 우표수집이다.
③ 톰은 야구하는 것을 그만두었다.
④ 자전거 타기는 네 건강에 좋다.

62 ① writing → written
② playing → played
③ using → used

해석

① 어제 나는 영어로 쓰인 편지를 받았다.
② 이 음악이 연주되는 것을 들어 본 적이 있니?
③ 내 친구는 나에게 중고차를 샀다고 말했다.
④ 이것은 진실을 말해 주는 편지다.

63 It은 the gas를 가리키는 대명사이다. 가스는 행위의 주체가 될 수 없으므로 빈칸에는 수동태가 와야 한다.

해석

A: 잠깐만요! 가스 끄는 걸 깜빡했어요.
B: 걱정하지 마요. <u>이미 꺼져 있어요.</u>

64 cannot help -ing(~하지 않을 수 없다) + be satisfied with(~에 만족하다)

해석

그는 자신의 운명에 <u>만족하지</u> 않을 수 없었다.

65 ② as usual: 평소와 다름없이

단어

• used to + 동사원형: 항상 ~했다(과거의 상당한 기간에 걸친 상습적 동작·상태)
• unlikely: 믿기 힘든, 예상 밖의
• likewise: 똑같이, 비슷하게

해석

그 소년은 항상 수업에 지각하곤 했다. 그는 어제도 <u>평소와 다름없이</u> 늦었다.

66 ④ ~을 보면 안다, ① ~에게 알려지다, ③ ~로서 알려지다

해석

사귀는 친구를 <u>보면</u> 그 사람을 <u>알 수 있다.</u>

67 상태동사 resemble은 수동태를 쓰지 않으므로, ② is resembled → resembles가 되어야 한다.

단어

• resemble: 닮다, 비슷[유사]하다
• treat: 대하다[다루다/취급하다/대우하다]

해석

① 에펠탑은 철로 만들어졌다.
② 그는 아버지보다는 어머니를 더 닮았다.
③ 네가 대접받고 싶은 대로 다른 사람들을 대하라.
④ 셰익스피어가 쓴 희곡은 몇 개인가요?

68 be good at: ~에 능숙하다

해석

그는 테니스를 매우 잘 친다.
= 그는 <u>우수한</u> 테니스 선수이다.
= 그는 테니스를 잘한다.

69 첫 번째 문장에서 박물관이 서울에 세워지는 수동의 의미이므로 빈칸에는 조동사(will) 다음에 동사원형(be)이 들어가야 한다. 두 번째 문장에서 be opposed to는 '~에 반대하다'의 뜻이므로 빈칸에는 조동사(would) 다음에 동사원형(be)이 들어가야 한다.

단어

• museum: 박물관, 미술관
• personally: 개인적으로
• be opposed to: ~에 반대하다

해석

◦ 한글을 다룬 박물관이 서울에 <u>건설될 것이다.</u>
◦ 개인적으로, 나는 새로운 법에 <u>반대합니다.</u>

70 what의 관용어구로 what is better = more over = besides(게다가)

해석

이 책은 교훈적이고, <u>게다가</u> 재미있다.

71 of which the + top(소유격의 의미) = whose top

해석

<u>꼭대기가</u> 눈으로 뒤덮인 산을 보아라.

72 선행사가 부정어일 경우 유사관계대명사 but을 쓴다. 이때 but의 의미는 'that ~ not'이다.

해석

TV 시청을 좋아하지 <u>않는</u> 아이들은 거의 없다.

73 빈칸 앞에 콤마가 있으므로, 계속적 용법의 관계대명사 which가 적절하다. 앞에서부터 차례대로 해석하는 것이 자연스럽다.

해석

그는 외국인임에 틀림없는데, <u>그것은</u> 그의 외모에서 분명히 알 수 있다.

74 첫 번째 빈칸의 who는 의문대명사이고, 두 번째 빈칸의 who는 선행사(people)를 받는 관계대명사이다.

[해석]
◦ 그런데, 너는 누구를 만날 예정이냐?
◦ 사과를 먹는 사람들은 건강하다.

75 첫 번째 문장의 빈칸에는 '무엇'을 뜻하는 의문대명사 what이 들어가야 하고, 두 번째 문장의 빈칸에는 '~하는 것'을 뜻하는 관계대명사 what이 적절하다.

[해석]
◦ 너는 무엇을 사고 싶니?
◦ 그것이 내가 하고 싶었던 말이었다.

76 관계대명사 that을 쓰는 경우
선행사가 '사람 + 동물', '사람 + 사물'로 되어 있거나, 선행사 앞에 형용사의 최상급, 서수, the only, the very, the same, the last, all, every, any, no, 의문대명사 등이 올 때 관계대명사 that을 쓴다. that에는 소유격이 없으며, 또 전치사를 그 앞에 쓸 수 없다.

[해석]
① 책상 위에 있는 책들은 그의 것이다.
② 이것은 그녀가 어제 내게 주었던 책이다.
③ 이것이 그가 가진 돈 전부다.
④ 그는 그 파티에 온 첫 번째 사람이다.

77 주절에 주장, 명령, 제안, 요구를 나타내는 동사가 오면 종속절의 동사는 '(should) + 동사원형' 형태가 된다.

[해석]
그 나라의 법은 어떤 사람도 재판 없이 사형에 처해져서는 안 된다고 규정하고 있다.

78 'Are you ill?'은 의문사가 없는 의문문이므로 if나 whether를 쓴다.

[해석]
그녀는 내게 물었다. "창백해 보여. 아프니?"
= 그녀는 내가 창백해 보인다고 말했고, 아픈지 내게 물었다.

79 주절 동사의 시제가 과거(knew)이므로 that절 이하도 과거동사(could)로 시제를 일치시켜야 한다.

[해석]
그는 자신이 내일까지 그 보고서를 마무리할 시간이 없다는 것을 알고 있었다.

80 피전달문의 주어가 주절의 주어와 일치하므로 ④ he was가 적절하다.

[해석]
그는 나에게 말했다. "나는 행복해."
→ 그가 나에게 그는 행복했다고 말했다.

81 whether ~ or not: ~인지 아닌지

[해석]
그녀가 돌아올지 안 올지는 문제가 되지 않는다.

82 주절과 종속절의 내용이 상반될 때는 '비록 ~이지만'이라는 양보의 뜻을 갖는 종속접속사 though[although]를 쓴다.

[해석]
날은 어두웠지만, 우리는 마을로 가는 길을 발견할 수 있었다.

83 이유를 나타내는 접속사가 와야 한다.

[해석]
나는 피곤해서 너와 함께 영화 보러 갈 수 없다.

84 furthermore → (결과를 제시하는) therefore[thus/as a result]가 되어야 한다.

[단어]
• focus on: ~에 주력하다, 초점을 맞추다
• otherwise: (만약) 그렇지 않으면[않았다면]
• distracted: (정신이) 산만[산란]해진
• still: 아직(도) (계속해서)
• plane fare: 비행기 요금
• furthermore: 뿐만 아니라, 더욱이

[해석]
① 막차가 갔다. 그러므로, 우리는 걸어가야 할 것이다.
② 목표에 집중해야 할 것이다.; 그렇지 않으면, 산만해지기 쉽다.
③ 나는 설거지를 했다. 그러나, 그것들은 여전히 매우 더러워 보였다.
④ 비행기 요금은 너무 비쌌다; 그러므로 나는 가지 않기로 결정했다.

85 both A and B는 복수동사(셀 수 있는 명사인 경우)이므로, ③ likes → like가 되어야 한다.

[단어]
• not only A but also B / (n)either A (n)or B: B에 일치
• A as well as B: A에 일치

[해석]
① 그의 아버지도 어머니도 집에 없다.
② 그의 아버지나 어머니 둘 중 한 사람은 집에 없다.
③ 빌과 톰은 모두 테니스를 좋아한다.
④ 그뿐만 아니라 나도 네가 자기 전에 씻었으면 좋겠어.

86 I wish + 가정법 과거: I wish I could (play the piano).

[해석]
A: 피아노 칠 줄 아니?
B: 아니, 내가 칠 수 있었으면 좋겠어.

87 '명령문 + and ~'는 '~해라, 그러면 ~다'는 뜻이다.

[해석]
지금 바로 출발하면, 제시간에 도착할 겁니다.

88 과거의 사실에 반대되는 일에 대한 가정을 나타내므로 가정법 과거완료로 나타낼 수 있다(If + 주어 + had + p.p., 주어 + would[should, could, might] + have + p.p.).

[해석]
그가 타자치는 법을 알았더라면, 그 직장에 들어갈 텐데.

89 'If she had met the man before, …'에서 if가 생략되고 도치되었다.

해석

그녀가 이전에 그를 만났더라면, 그녀는 그를 알아볼 수 있었을 텐데.

90 would rather 다음에 절이 오면 가정법 과거 시제가 온다.

단어

for the time being: 당분간(= for the present, temporarily)

해석

난 네가 당분간 그것에 대해 아무것도 하지 않았으면 좋겠어.

91 if + 주어 + 과거동사: 만일 ~라면

92 가정법 현재: If + 주어 + 동사현재(원형) ~, 주어 + will/can/shall /may + 동사원형.

2 어휘

01 ①	02 ④	03 ②	04 ①	05 ①
06 ②	07 ③	08 ①	09 ①	10 ③
11 ③	12 ③	13 ②	14 ③	15 ②
16 ③	17 ④	18 ②	19 ③	20 ②
21 ①	22 ②	23 ①	24 ①	25 ④
26 ④	27 ①	28 ③	29 ③	30 ④
31 ②	32 ①	33 ③		

01 a piece of cake: 쉬운, 식은 죽 먹기(= easy)

단어

• gang: 갱단
• break into: 침입하다

해석

갱단이 성공적으로 세 개의 은행을 침입한 후에, 몇 채의 민가에 침입한 것은 식은 죽 먹기였다.

02 up to the present time: 지금까지는(= up to now, until now, so far)

단어

• by the time: 그때까지, ~할 때까지(는)
• so long as: ~하는 한
• now and then: 때때로, 가끔

해석

지금까지는 우리는 여행을 매우 즐겼다.

03 in fact: 실제로, 사실상(= actually, in point of fact)

단어

• hard: 열심히 하는, 어려운, 힘든
• besides: 게다가

해석

사실 그는 열심히 일하는 사람이다.

04 now that: ~이므로, ~이기 때문에(= since)

단어

go shopping: 쇼핑하러 가다

해석

당신이 여기 있어서 나는 쇼핑하러 갈 수 있다.

05 now and then: 가끔씩, 때때로(= sometimes)

단어

without end: 끝없이, 언제까지나

해석

비행기들이 우리 마을 위로 가끔씩 날아갔다.

06 nothing but: 오직, 그저 ~일 뿐인(= only)

해석

그 방에는 의자 하나만이 있었다.

07 take place: 일어나다, 발생하다(= happen)

단어

settle: 정착하다, 합의를 보다

해석

그 사고가 언제 일어났습니까?

08 look down on: 업신여기다, 얕잡아 보다(= despise)

단어

• astonish: 깜짝 놀라게 하다
• command: 명령하다, 지시하다

해석

그들은 우리를 항상 업신여긴다.

09 in spite of: ~에도 불구하고, ~을 무릅쓰고(= despite)

해석

비행기는 악천후에도 불구하고 이륙했다.

10 at last: 마지막에, 드디어, 마침내(= finally)

단어

at least: 적어도

해석

마침내 우리는 무엇이 실제로 발생했는지를 알았다.

11 depend on: 의지하다(= rely on)

단어

have to: ~해야 한다

해석

그들은 물을 얻기 위해 강에 의지해야 한다.

12 come up with: ~을 제안하다(= suggest), ~에 다가가다, 따라잡다 (= reach, overtake)

단어

• overtake: 추월하다

• adapt: 적응하다, 맞추다
• go over: ~을 건너다

해석
제인은 새로운 생각을 <u>제안했다</u>.

13 turn down: 거절하다(= reject)

단어
join the army: 입대하다

해석
그는 입대하려 했지만 <u>거절당했다</u>.

14 all but: 거의(= almost)

단어
exhausted: 기진맥진한

해석
그 도보여행자들은 기진맥진하여 그들이 발견되었을 때는 <u>거의</u> 얼어 있었다.

15 make up one's mind: 결심하다(= decide)

단어
• realize: 깨닫다
• invent: 발명하다

해석
그는 더욱 열심히 공부하기로 <u>결심했다</u>.

16 after all: 마침내(= finally, ultimately, decisively)

단어
entirely: 전적으로, 완전히, 전부

해석
그는 <u>결국</u> 성공했다.

17 call at: (집을) 방문하다(= visit)

단어
receive: 받다, 받아들이다

해석
그는 선생님 댁을 <u>방문했다</u>.

18 아빠, 엄마, 아들, 딸을 모두 포괄할 수 있는 단어는 가족(family)이다.
① 취미, ③ 꽃, ④ 계절

19 청바지, 조끼, 벨트, 티셔츠를 모두 포함하는 것은 의복(clothes)이다.
① 스포츠, ② 가족, ④ 나라들

20 테니스, 축구, 야구, 농구를 모두 포함하는 것은 스포츠(sports)이다.
① 색깔, ③ 모양, ④ 꽃

21 농부, 선생님, 예술가, 의사는 모두 직업(job)을 나타낸다.
② 음식, ③ 색깔, ④ (일 년 열두 달 중) 달, 월

22 빨강, 파랑, 검정, 노랑은 모두 색깔(color)을 나타낸다.
① 직업, ③ 스포츠, ④ 동물

23 머리, 어깨, 발, 다리는 모두 몸(body)의 일부분을 나타낸다.
② 음식, ③ 꽃, ④ 나라

24 요리사, 의사, 비행 조종사, 가수는 모두 직업(job)을 나타낸다.
② 음식, ③ 장소, ④ 나라

25 화가 난, 흥분된, 기쁜, 행복한, 슬픈은 모두 기분[느낌](feeling)을 나타낸다.
① 색깔, ② 취미, ③ 동물

26 ④는 반의 관계(산 – 바다), ①, ②, ③은 '상위어 – 하위어' 관계이다.
① 과일 – 사과, ② 색깔 – 빨강, ③ 동물 – 고양이

27 ①은 상대어 관계(다락방 – 문), ②, ③, ④는 '하위어 – 상위어' 관계이다.
② 개 – 동물, ③ 장미 – 꽃, ④ 역사 – 과목

28 ③은 유의관계(시작하다 – 시작하다), ①, ②, ④는 반의관계이다.
① 사다 – 팔다, ② 밀다 – 당기다, ④ 열다 – 닫다

29 ③은 유의 관계(큰 – 큰), ①, ②, ④는 반의 관계이다.
① 부유한 – 가난한, ② 긴 – 짧은, ④ 나이 든 – 어린

30 ④는 유의 관계(현명한 – 똑똑한), ①, ②, ③은 반의 관계이다.
① 깨끗한 – 더러운, ② 나이 든 – 어린, ③ 키가 큰 – 키가 작은

31 ②는 유의 관계(큰 – 큰), ①, ③, ④는 반의 관계이다.
① 낮은 – 높은, ③ 느린 – 빠른, ④ 쉬운 – 어려운

32 ①은 유의 관계(큰 – 큰), ②, ③, ④는 반의 관계이다.
② 높은 – 낮은, ③ 나이 든 – 어린, ④ 강한 – 약한

33 ③은 유의 관계(말하다 – 말하다), ①, ②, ④는 반의 관계이다.
① 사다 – 팔다, ② 시작하다 – 끝내다, ④ 묻다 – 답하다

3　생활 영어

01 ④	**02** ②	**03** ②	**04** ③	**05** ③
06 ②	**07** ③	**08** ②	**09** ④	**10** ③
11 ④	**12** ①	**13** ④	**14** ②	**15** ②
16 ①	**17** ①	**18** ②	**19** ②	**20** ③
21 ①	**22** ②	**23** ①	**24** ①	**25** ②
26 ①	**27** ④	**28** ③	**29** ④	**30** ③
31 ②	**32** ③	**33** ②	**34** ④	**35** ③
36 ③	**37** ②	**38** ①	**39** ①	**40** ②
41 ①	**42** ③	**43** ①	**44** ③	**45** ①
46 ④				

01 'How much ~?'는 '~ 얼마예요?'라는 뜻이다.

해석
A: 뭘 도와 드릴까요?
B: 사과를 몇 개 사려고요. 사과 하나에 얼마죠?
A: 500원이에요.

02 빈칸 다음에 '난 할 수 없어.'라고 했으므로, ② '미안하지만'이 들어가야 한다.

해석
A: 우리 오늘 오후에 축구 같이 할래?
B: 미안하지만, 난 안 되겠다. 어머니를 도와 드려야 해.

03 전화 통화에서 'This is ~.'는 '저는 ~입니다.'이다.

해석
(전화상에서)
A: 여보세요.
B: 톰과 통화할 수 있을까요?
A: 전데요.

04 '얼마나 자주 ~하니?'라고 횟수를 물을 때는 'How often ~?'이라고 묻는다.

해석
A: 너는 펜팔 친구가 있니?
B: 응. 그녀는 뉴욕에서 살고 있어.
A: 너는 그녀에게 얼마나 자주 편지를 쓰니?
B: 한 달에 한 번이나 두 번 정도.

05 빈칸 다음에 '저는 단지 보기만 할 거예요.'라고 했으므로, 거절의 뜻인 'No, thank you'가 적절하다.

해석
(상점에서)
A: 무엇을 도와 드릴까요?
B: 괜찮아요. 저는 단지 보기만 할 거예요.

06 'So do I.'(저도 그래요.)는 'I like 'Arirang', too.'라는 뜻이다.

07 'Would you like ~?'라고 물었을 때 긍정의 대답은 'Yes, please.'이다.

해석
A: 차가운 마실 것 좀 드릴까요?
B: 예, 부탁합니다.

08 대화의 마지막에서 'This is the place at which the number 16 bus stops.'라고 했으므로, 대화를 하는 장소는 ② '버스 정류장'임을 알 수 있다.

해석
A: 실례합니다. 도와 드릴까요?
B: 네, 서울역이 어디입니까?
A: 이 길 아래쪽에 있습니다. 걸어가기에는 좀 멉니다.
B: 어디서 버스를 탈 수 있을까요?
A: 이곳이 16번 버스가 서는 곳입니다.

09 B가 '스테이크 세 개 주세요.'라고 하면서 '하나는 중간으로, 두 개는 바싹 익혀서 주세요.'라고 했으므로, 대화가 이루어지고 있는 곳은 ④ '식당'임을 알 수 있다.

해석
A: 주문하시겠습니까, 손님?
B: 네, 스테이크 세 개 주세요.
A: 어떻게 (요리)해 드릴까요?
B: 하나는 중간으로 익혀 주시고, 두 개는 바싹 익혀서 주세요.
A: 마실 것도 주문하시겠습니까?
B: 물이면 좋겠네요(물이면 돼요).

10 빈칸 다음에서 '밥이 전화했다고 전해 주실래요?'라고 했으므로, 빈칸에는 ③ '메시지를 남기시겠어요?'가 들어가야 자연스럽다.

해석
A: 여보세요.
B: 여보세요. 전 밥이라고 하는데요. 알렉스 있나요?
A: 미안하지만 지금 없어요. 메시지를 남겨 줄까요?
B: 밥이 전화했다고 전해 주실래요?
A: 좋아요.
B: 고맙습니다.

11 감사 표현에 대한 응답은 ④ '천만에요.'가 적절하다.

해석
A: 실례합니다. 어느 버스가 수원으로 가죠?
B: 20번 버스입니다.
A: 정말 고마워요.
B: 천만에요.

12 'How long ~?'으로 물었으므로, '~ 동안'이라는 기간으로 대답해야 한다.

A: 서울에 얼마나 오래 계셨어요?

B: 두 달 동안이요.

13 ①은 동의 표현(저도 그렇게 생각해요.)이고, ②는 유감 표현(참 안됐네요.), ③은 상대방의 사과를 수용하는 표현(문제없어요.)이다. 작별할 때에는 ④ '네가 보고 싶을 거야.'라고 말하는 것이 가장 적절하다.

14 A가 '넌 어떠니?'라고 의견을 물었으므로, ② '좋은 생각이야.'라고 답하는 게 자연스럽다.

해석

A: 우리 수영하러 가자. 넌 어떠니?

B: 좋은 생각이야.

15 A가 물어보겠다고 했으므로, B는 '물론이야.'라고 한 다음에 ② '물어봐.'라고 답하는 게 자연스럽다.

해석

A: 나 뭐 하나만 물어볼게.

B: 그래, 물어봐.

16 가게에서 손님을 맞이하고 있으므로, 인삿말 다음에는 ① '무엇을 도와 드릴까요?'라고 하는 게 자연스럽다.

단어

• look for ∼: ∼을 찾다, ∼을 기대하다

• telescope: 망원경

해석

A: 어서 오세요, 손님. 무엇을 도와 드릴까요?

B: 아들에게 줄 조그만 망원경을 찾고 있어요.

A: 손님께서 좋아하실 만한 것이 여기 있습니다. 품질이 우수하죠.

B: 좋아 보이네요. 가격은 얼마인가요?

A: 세일 중이어서 20달러입니다.

B: 가격이 적당하군요.

17 빈칸 앞에서 B가 '기계들은 우리 현대 생활의 중요한 부분'이라고 했고, 빈칸 다음에서 A가 '우리의 삶은 기계에 얽매여 있다'고 했으므로, 빈칸에는 동의하는 표현이 들어가야 자연스럽다.

해석

A: 기계 없이도 살 수 있다고 생각하니?

B: 아니, 나는 그렇게 생각하지 않아. 기계들은 우리 현대 생활의 중요한 부분이야.

A: 나도 같은 생각이야. 우리의 삶은 기계에 얽매여 있어.

18 빈칸 앞에서 '포장해 주세요.'라고 했으므로, 빈칸에는 ③ '여기 있습니다.'가 들어가는 게 자연스럽다.

단어

wrap: 감싸다, 포장하다

해석

A: 이 CD 얼마입니까?

B: 10달러입니다.

A: 좋습니다. 이것을 사겠습니다. 포장해 주세요.

B: 여기 있습니다.

19 'Would you mind ∼?'로 물었으므로, 긍정의 답변에는 not이 들어가야 한다.

해석

A: 제가 창문을 열어도 괜찮겠습니까?

B: 물론이죠.

20 'I'm sorry ∼'에 대한 응답으로는 ③ '괜찮아'가 자연스럽다.

해석

A: 오늘 지각해서 정말 죄송합니다.

B: 괜찮아. 하지만 너는 자주 늦지 않잖아. 나는 네가 그럴 만한 이유가 있다고 생각해.

A: 열차를 놓쳐서 다음 열차를 20분 동안 기다려야 했어요.

21 'How about you?'는 'And you?'와 같은 의미이다.

해석

A: 요즘 어떻게 지내고 있니?

B: 좋아. 넌 어때?

A: 아주 좋아. 내 앞날에 대해 고민하고 있는 중이야.

B: 내년을 말하는 거니?

A: 아니, 내 평생 직업에 대한 것 말이야.

22 'What's wrong (with you)?', 'Is there anything wrong with you?'는 '무슨 일 있니?'라는 의미이다.

해석

A: 무슨 일 있니? 안색이 별로 좋지 않구나.

B: 심한 감기에 걸렸어.

23 'Why not?'은 '(권유 · 제안 등에 동의하여) 응 좋아, 그렇게 하지.'라는 의미이다.

해석

A: 나랑 영화 보러 갈래?

B: 그래. 몇 시에 만날까?

A: 오늘 오후 2시 30분에 만나자.

24 빈칸 다음에서 '안에 있는지 볼게요.'라고 했으므로, 빈칸에는 ① '끊지 말고 기다리세요.'가 자연스럽다.

해석

A: 여보세요, Mr. Kim인데요, Miss Lee 좀 바꿔 주세요.

B: 끊지 말고 기다리세요. 안에 있는지 볼게요.

25 이름을 말하며 3박을 예약했다고 했으므로, 체크인을 하려는 상황임을 알 수 있다.

단어

check in: (호텔에) 투숙하다, 숙박부에 기재하다(register) ↔ check out: (호텔에서) 완전히 나가다(leave a hotel after paying one's bill)

해석

A: 안녕하세요. 무엇을 도와 드릴까요?

B: 네, 체크인을 하려고 하는데요. 이름은 존 스미스라고 합니다. 3박을 예약했습니다.

26 스테이크의 익힘에 대한 질문에는 rare(핏기 있게 살짝만 굽기), medium(중간 굽기), well-done(바싹 익힘) 등의 단어를 활용해 대답한다.

해석
A: 스테이크를 어떻게 해 드릴까요?
B: 바싹 익혀 주세요.

27 'remember me to ~'는 '~에게 안부 전하다'라는 뜻이다.

해석
A: 당신 어머니는 안녕하십니까?
B: 네. 고맙습니다.
A: 어머니께 안부 전해 주세요.

28 빈칸 다음에서 '저도 여기가 처음입니다.'라고 했으므로, 정중하게 거절의 의미를 나타내는 ③이 들어가는 게 자연스럽다.

해석
A: 실례지만, 이 버스가 서울역까지 가는지 알려 주시겠어요?
B: 유감스럽지만, 저도 여기가 처음입니다.

29 '도착했습니다.', '다 왔습니다.'라는 의미로 가장 자연스러운 표현은 'Here we are.'이다.

단어
Here it is.(= Here you are.): (물건을 건네줄 때 사용하는 표현으로) 여기 있습니다.

해석
A: 김포공항에 다 왔습니다.
B: 고맙습니다. 요금이 얼마입니까?
A: 3,000원입니다.

30 일부러 민 것이 아니라고 말하는 사람에게 할 수 있는 말로 가장 적절한 것은 '괜찮습니다.'이다.

단어
mean to: ~할 작정이다(= intend to)

해석
A: 죄송합니다. 일부러 당신을 민 것이 아닙니다.
B: 괜찮습니다.

31 빈칸 앞에서 '시험에 대해 걱정하고 있다'고 했으므로, ② '진정해.'라고 하는 게 자연스럽다.

해석
A: 시험에 대해 걱정되고 있어.
B: 진정해.

32 'The line is busy.'는 '통화 중입니다.'의 의미이다.

해석
A: 여보세요, 메리 좀 바꿔 주시겠어요?
B: 죄송하지만 그녀는 지금 나가고 없습니다.[네, 전데요./전화 잘못 거셨어요.]

33 오늘(today)은 화창(sunny)했지만 내일(tomorrow)은 비(rain)가 온다고 했다.

해석
오늘은 화창했습니다. 하지만 내일은 많은 양의 비가 올 것입니다. 우산을 꼭 챙기시기 바랍니다.

34 club(동아리), join(가입하다) 등의 단어를 통해 동아리 가입에 대해 대화하고 있음을 알 수 있다.

단어
science: 과학

해석
A: 너는 무슨 동아리에 가입하고 싶어?
B: 나는 테니스 동아리에 가입하고 싶어. 너는?
A: 나는 과학 동아리에 가입할 거야.

35 올해(this year) 목표(goal)에 대해 이야기하고 있다.

단어
• get up: 일어나다
• early: 이른, 일찍
• learn: 배우다

해석
A: 너의 올해 목표는 무엇이니?
B: 나는 매일 아침 일찍 일어날 거야. 너는?
A: 나는 수영하는 방법을 배우고 싶어.

36 가장 좋아하는 과목(favorite subject)에 대해 이야기하고 있다.

단어
• music: 음악
• history: 역사

해석
A: 가장 좋아하는 과목이 뭐니?
B: 내가 가장 좋아하는 과목은 음악이야. 너는?
A: 나는 역사를 가장 좋아해.

37 짧은 머리에 곱슬머리(short and curly hair)를 한 남자(he)는 ②이다.

해석
A: 그는 어떻게 생겼니?
B: 그는 짧은 머리에 곱슬머리야.

38 한 블록을 직진한 뒤 왼쪽으로 돌았을 때 오른쪽에 있는 것은 은행(bank)이다.

단어
look for: ~을 찾다

해석
A: 실례합니다만, 제가 은행을 찾고 있습니다.
B: 한 블록 직진하시고 왼쪽으로 도세요. 당신 오른쪽에 있을 거예요.

39 빈도수를 물을 때에는 'How often do you ~?'라고 묻고, 방법에 대해 물을 때는 'How do you ~?'라고 묻는다.

단어
• often: 가끔

- once a month: 한 달에 한 번
- usually: 보통

해석

A: 병원에 얼마나 자주 가니?
B: 한 달에 한 번.
A: 보통 거기까지 어떻게 가니?
B: 택시로.

40 햄버거를 주문하자(B), 가져갈 것인지 묻고(C), 그에 대해 답하는(A) 내용이 이어지는 것이 자연스럽다.

해석

주문하시겠어요?
(B) 네, 햄버거 2개 주세요.
(C) 여기서 드실 건가요, 아니면 가져가실 건가요?
(A) 가져갈 겁니다.

41 어머니가 편찮으시다고 말하자(A), 안 됐다며 빨리 나으시길 바란다고 하고(C), 거기에 대해 고맙다고(B) 하는 것이 자연스럽다.

단어

- matter: 문제
- sick: 아픈, 편찮은
- get well: 나아지다, 좋아지다
- soon: 곧

해석

제니야, 무슨 일 있니?
(A) 엄마가 편찮으셔.
(C) 안됐구나. 어머니가 곧 좋아지시길 바랄게.
(B) 고마워. 나도 역시 그래.

42 'May I ~?'는 무언가를 요청(부탁)할 때 사용하는 표현이다. B는 A의 부탁에 연필을 사용하는 것을 승낙하고 있다.

해석

A: 네 연필 써도 되니?
B: 물론. 사용해도 돼.

43 '~하는 게 어때?'라고 제안하는 표현은 'Why don't we ~?'라고 말할 수 있다.

해석

A: 그 소식 들었니? 지호가 노래 대회에서 우승했대.
B: 잘됐다!
A: 지호를 위해서 파티를 하는 게 어때?
B: 좋은 생각이야.

44 B가 상자 옮기는 것을 도와줄 수 있는지 물었고, A가 문제없다고 했으므로 대화 직후 A는 상자를 운반할 것이다.

단어

- busy: 바쁜
- carry: 옮기다, 운반하다

해석

A: 너 바빠 보여. 내가 도와줄까?
B: 응. 이 상자들 좀 운반해 줄 수 있어?
A: 물론! 문제없어.

45 'I can't stand it.'은 '참을 수 없어.'라는 의미이다. 남동생이 새 카메라를 망가뜨리고 사과하지 않은 것에 대해 B가 몹시 화가 나 있음을 알 수 있다.

단어

- upset: 화난
- broke: break(망가뜨리다)의 과거형
- angry: 화난
- happy: 행복한
- scared: 무서운
- hopeful: 희망적인

해석

A: 무슨 문제 있어? 너 화난 것 같아.
B: 내 형제가 내 새 카메라를 망가뜨렸는데, "미안해,"라는 말도 안 했어. 난 참을 수가 없어.

46 여가 시간에 얼마나 자주 요리하는지 빈도를 물었으므로, ④ '일주일에 두 번'이라고 답하는 것이 가장 적절하다.

해석

니나: 여가 시간에 뭐하니, 잭?
잭 : 요리해.
니나: 얼마나 자주 요리하니?
잭 : 일주일에 두 번.

4 독해

01 ④	02 ③	03 ③	04 ④	05 ③
06 ②	07 ②	08 ①	09 ④	10 ④
11 ③	12 ①	13 ④	14 ④	15 ③
16 ①	17 ④	18 ③	19 ②	20 ④
21 ①	22 ①	23 ①	24 ④	25 ②
26 ③				

01 스티브가 소리친 이유는 바로 뒤에 나온 'because he left his bag at home(그가 집에 가방을 두고 나와서)'이라는 부분을 통해 알 수 있다.

해석

스티브는 아침 8시에 일어났다. 그는 옷을 챙겨 입었다. 버스 정류장으로 달려갔다. 그는 "오, 안 돼!"라고 소리쳤다. 왜냐하면 집에 가방을 두고 왔기 때문이다.

02 악기와 공연에 대한 이야기를 하고 있다.

해석

우리 음악 클럽에서는, 피아노, 기타, 드럼을 연주한다. 우리는 또한 노래도 부른다. 때때로, 우리는 공원에서 공연도 한다.

03 빈칸 다음에서 봄, 여름, 가을, 겨울 4계절에 대해 설명하고 있다.

해석

한국에는 사계절이 있다. 봄은 3월에 시작하고 따뜻하다. 여름에는 덥다. 가을에는 선선하다. 겨울에는 춥고 눈이 온다.

04 마지막 문장인 'Here are some tips for a safe climbing.'을 통해 바로 뒤에 '안전한 등산을 위한 조언'이 나온다는 것을 알 수 있다.

해석
요즘 많은 사람이 등산하는 것을 좋아한다. 그러나 때때로 등산은 위험할 수 있다. 여기 안전한 등산을 위한 조언이 있다.

05 맨 마지막 문장에 몇 가지 규칙을 준수해 달라고 했으므로 바로 뒤에 이어질 내용으로 ③ '컴퓨터실 사용 규칙'이 이어져야 한다.

해석
안녕하세요. 여러분! 우리는 마침내 새로운 컴퓨터실을 얻었어요. 여러분은 학교에 있는 시간 동안 언제든지 새로운 컴퓨터를 사용할 수 있어요. 이 방을 사용할 때 몇 가지 규칙을 따라 주세요.

06 '그것(It)'은 맛있다고 했으므로, 그것을 받는 our school food 뒤 문장 ②에 와야 문맥상 가장 적절하다.

해석
나는 학교에서 행복합니다. 첫째로 학교 음식을 좋아합니다. <u>그것은 맛있습니다.</u> 두 번째로 담임 선생님이신 김 선생님은 아주 상냥하십니다. 그는 또한 우리를 많이 웃게 만드십니다. 마지막으로, 나는 운동장에서 축구하는 것을 좋아합니다.

07 첫 문장에서 에너지를 절약하는 몇 가지 방법이 있다고 한 다음에 방법을 나열하고 있으므로, 글쓴이가 주장하는 것은 ② '에너지를 절약하자.'이다.

단어
• save: 절약하다, 보존하다
• lights: 전등
• turn off: 끄다, 잠그다
• distance: 거리
• instead of: ～ 대신에

해석
여기 에너지를 절약하는 몇 가지 쉬운 방법이 있다. 전등을 사용하지 않을 때 전등을 꺼라. 양치질하는 동안 수도꼭지를 잠가라. 짧은 거리는 차를 이용하는 대신 걸어가라.

08 'two things to do this Saturday(이번 주 토요일에 할 2가지 일)'에 대해 나열하는 글이다.

해석
나는 이번 주 토요일에 할 일이 두 가지 있다. 아침에, 나는 우리의 과학 프로젝트를 끝내기 위해 친구들과 만날 예정이다. 저녁에는, 가족과 영화를 볼 예정이다.

09 첫 번째 문장에서 'for our health'라고 했으므로, ④ '건강을 위한 생활 습관'이 주제이다.

단어
• exercise: 운동하다
• regularly: 규칙적으로
• enough: 충분한

해석
우리는 건강을 위해 규칙적으로 운동하고 충분히 잠을 자야 한다. 우리는 또한 손을 자주 씻어야 한다.

10 'various types of table manners(다양한 유형의 식사 예절)'라는 표현을 통해 이 글의 주제를 알 수 있다.

해석
세계에는 다양한 유형의 식사 예절이 있다. 여기에 두 가지 예가 있다. 한 가지 예는 중국에서는 사람들이 정중함을 표하기 위해 그릇에 음식을 약간 남긴다는 것이다. 다른 하나는, 인도에서는 대부분의 사람들이 그들의 오른손을 사용하여 음식을 먹는다는 것이다.

11 어제 경험한 활동에 대한 답변이 먼저 나오고, 그에 대한 추가 질문과 답변이 순서대로 나올 것으로 예측할 수 있다.

해석
어제 너는 무얼 했니?
(B) 영화 보러 갔어.
(C) 즐거웠니?
(A) 응, 매우 좋았어.

12 기타를 줘서 고맙다고 말하고 있으므로 '감사'를 목적으로 쓴 글이다.

단어
• guitar: 기타
• birthday: 생일
• someday: 언젠가

해석
친애하는 아빠께,
제 생일에 저에게 기타를 주셔서 감사드려요. 언젠가 아빠에게 이 은혜를 갚을게요. 고맙습니다.

13 강아지의 특징을 설명하며 강아지를 찾고 있으므로 ④ '잃어버린 개 찾기'가 글의 목적이다.

해석
강아지를 찾고 있습니다. 강아지는 두 살입니다. 작고 갈색입니다. 큰 귀와 짧은 다리를 가지고 있습니다. 만약, 이와 같은 강아지를 보셨다면 1234−5678로 전화주시기 바랍니다.

14 첫 문장에서 '나는 사람들 앞에서 말하는 게 힘들어요.'라고 한 다음에 마지막에 'I need your advice.'라고 했으므로, 이 글을 쓴 목적은 ④ '조언을 요청하기 위해'이다.

단어
• in front of: ～ 앞에서
• advice: 조언

해석
친애하는 앤에게,
저는 사람들 앞에서 말하는 것에 어려움이 있어요. 사람들이 있는 데서 말할 때마다, 제가 말하고 싶은 모든 것을 잊어버립니다. 어떻게 해야 합니까? 당신의 조언이 필요해요.
잭

15 없으면 살 수 없고, 매일 마시고, 샤워할 때 사용하는 밑줄 친 this는 ③ '물'이다.

해석
◦ 우리는 <u>이것</u> 없이는 살 수 없다.
◦ 우리는 <u>이것</u>을 매일 마신다.
◦ 우리는 <u>이것</u>으로 샤워한다.

16 세종대왕이 만든 24자의 표기 체계에 대한 내용이다.

단어
- letter: 문자, 자
- be known as: ~로 알려져 있다
- scientific: 과학적인, 체계적인
- beautiful: 아름다운
- writing system: 표기 체계

해석
<u>이것은</u> 한국의 알파벳이다. <u>이것은</u> 세종대왕이 만들었다. <u>이것은</u> 24자이다. <u>이것은</u> 과학적이고 아름다운 표기 체계라고 알려져 있다.

17 마지막 문장에서 '마침내 그는 성공적인 컴퓨터 회사를 세웠다.'라고 했으므로, ④가 정답이다.

단어
- be interested in: ~에 흥미가 있다
- spent: spend(보내다, 쓰다)의 과거형
- built: build(설립하다, 세우다)의 과거형
- successful: 성공적인

해석
잭은 컴퓨터에 매우 관심이 많았다. 그는 13세 나이에 컴퓨터 프로그램을 만들기 시작했다. 그는 컴퓨터 프로그램을 만드는 데 많은 시간을 썼다. 마침내, 그는 성공적인 컴퓨터 회사를 설립했다.

18 'I'는 방과 후에 도서관에 가서 책을 읽고 숙제를 했다.

단어
- library: 도서관
- school: 학교
- homework: 숙제

해석
나는 방과 후에 도서관에 갔다. 나는 책을 읽었고 그곳에서 숙제를 했다.

19 친구가 도움을 요청하는데, 너무 바빠서 도와줄 수 없을 때는 ② '미안하지만, 난 도와줄 수 없어.'라고 대답한다.

단어
- help: 돕다
- busy: 바쁜

해석
당신의 친구 데이빗이 도와 달라고 당신에게 요청했다. 그런데 당신은 지금 매우 바쁘기 때문에 그를 도와줄 수가 없다. 당신은 그에게 뭐라고 말할 것인가?

20 가족과 함께 캠핑을 가서 노래 부르고 별도 봐서 행복한 심경이다.

해석
우리 가족은 캠핑을 갔다. 우리는 함께 노래를 불렀고 하늘에 떠 있는 많은 별도 봤다. 아름다운 밤이었다. 나는 매우 행복했다.

21 'I'는 미국에서 왔으며 한국어를 잘 못한다고 했다. 마지막 문장에서 'It makes me feel terrible.'이라고 했으므로, 정답은 ① '답답함'이다.

해석
나는 미국에서 왔어. 나는 한국어를 잘 못해서, 잘 알아들을 수 없어. 그게 내 기분을 안 좋게 해.

22 빈칸 앞에서는 휴대 전화의 유용한 점을 말하고, 빈칸 다음에서는 휴대 전화를 사용할 때 조심하지 않으면 문제가 생길 수도 있다고 했으므로, 빈칸에는 ① 'However'가 적절하다.

단어
- cell phone: 휴대 전화
- useful: 유용한
- like: ~와 같은
- careful: 조심하는, 주의 깊은, 세심한
- public place: 공공장소
- cause: ~의 원인이 되다
- however: 그러나
- at first: 처음에는
- in short: 요약하면
- for example: 예를 들어

해석
우리는 휴대 전화로 통화를 하거나 음악을 듣는 것과 같은 많은 유용한 일들을 할 수 있다. <u>그러나</u>, 만약 우리가 공공장소에서 휴대 전화를 사용할 때 조심하지 않는다면, 그것은 문제의 원인이 될 수 있다.

23 세계의 다양한 축제들 중 한국과 일본의 축제를 예로 들어 설명하고 있으므로, ①이 가장 적절하다.

단어
- various: 다양한
- festival: 축제
- mud: 갯벌
- take pictures: 사진을 찍다
- piece: 조각

해석
세계에는 다양한 축제들이 있다. <u>예를 들어</u>, 한국에는 갯벌 축제가 있다. 이 축제에서, 당신은 갯벌에서 재미있게 놀 수 있다. 일본에서는, 눈 축제가 있다. 당신은 눈으로 만들어진 아름다운 예술 조각들의 사진을 찍을 수 있다.

24 첫 문장에서 'I'는 지난여름 가족과 제주도에 갔다고 했으므로, 글의 제목은 ④가 적절하다.

단어
- last: 지난
- stay: 머물다
- hike: 하이킹

해석
나는 지난여름 가족과 제주도에 갔다. 우리는 그곳에 5일 동안 머물렀다. 우리는 한라산 정상까지 하이킹을 했고 자연의 아름다움을 만끽했다. 우리는 좋은 시간을 가졌다! 나는 언젠가 그곳에 다시 가길 원한다.

25 첫 문장에서 'I'는 귀여운 개를 한 마리 갖고 있다고 했으므로, 글의 제목은 ②가 적절하다.

단어
• cute: 귀여운
• big: 큰
• long: 긴
• look like: ~처럼 보이다

해석
나는 귀여운 강아지를 가지고 있다. 그녀의 이름은 피피이다. 그녀는 두 살이다. 그녀는 큰 눈과 긴 귀를 가지고 있다. 그녀는 토끼처럼 생겼다.

26 다음 글은 자매의 결혼식에 대한 이야기이므로 ③ '자매의 결혼식'이 가장 적절하다.

해석
어제는 내 자매의 결혼식이었다. 내 자매는 하얀 드레스를 입었다. 그녀는 수줍었지만 행복해 보였다. 나는 그녀가 아름답다고 생각했다.

(영어 실전 문제)

영어 실전 문제 1회

01 ①	02 ④	03 ②	04 ③	05 ②
06 ②	07 ②	08 ②	09 ③	10 ③
11 ①	12 ②	13 ②	14 ③	15 ①
16 ④	17 ③	18 ④	19 ③	20 ④
21 ④	22 ④	23 ①	24 ③	25 ④

01 빵, 햄버거, 샐러드, 수프를 모두 포함하는 단어는 음식(food)이다. ② 꽃, ③ 계절, ④ 나라

단어
• bread: 빵
• hamburger: 햄버거
• salad: 샐러드
• soup: 수프

02 ④는 계절에 해당하는 동등한 관계의 단어들(겨울 – 여름)이다. 나머지는 '상위어 – 하위어' 관계이다.
① 신체 – 손, ② 색 – 파랑, ③ 동물 – 돼지

03 Is로 물어봤으므로 is를 사용해 대답해야 한다.

해석
A: 이거 너의 가방이니?
B: 응, 내 거야.

04 brother에 대해 묻고 있으므로 his가 들어가야 한다.

해석
A: 너 남자 형제 있니?
B: 응, 있어.
A: 그가 가장 좋아하는 과목이 뭐야?
B: 그는 수학을 좋아해.

05 제인을 찾는 질문에 ② '그녀가 자리에 없어요.'가 가장 적절하다.
① 당신입니다, ③ 내 것입니다, ④ 그거 좋겠군요

해석
A: 안녕하세요. 제인 좀 바꿔주시겠어요?
B: 죄송합니다. 그녀가 자리에 없어요.

06 그림 속 톰은 세차를 하고 있다. '세차하다'는 wash a car라고 한다. 따라서 정답은 ② 'Tom is washing a car(톰은 차를 닦고 있다).'이다.

해석
① 톰은 TV를 보고 있다.
③ 톰은 야구를 하고 있다.
④ 톰은 음악을 듣고 있다.

07
• be afraid of: ~을 두려워하다
• be full of: (공간이) ~으로 가득 차다

해석
◦ 그 개를 두려워하지 마라.
◦ 하늘은 별로 가득 차 있다.

08
• be born in: ~에 태어나다
• be interested in: ~에 관심[흥미]이 있다

해석
◦ 나는 1998년에 태어났다.
◦ 나는 동물들에 관심이 있다.

09
• look for: ~을 찾다, 구하다
• be famous for: ~으로 유명하다

해석
◦ 너는 무엇을 찾고 있니?
◦ 한국은 태권도로 유명하다.

10 대화는 이곳에서 자전거를 타면 안 된다(shouldn't ride a bike)는 내용이다.

해석
A: 실례합니다, 선생님. 이곳에서 자전거를 타면 안 됩니다.
B: 죄송합니다. 몰랐습니다.

11 케이크를 더 권유하는 물음에 'I'm full.'이라고 했으므로, 거절하는 표현임을 알 수 있다.

해석
A: 케이크 더 드실래요?
B: 아니오, 괜찮습니다. 배불러요.

12 그림에서 A가 있는 곳에서 한 블록 직진한 다음 좌회전하면 꽃 가게 옆에 있는 것은 ② '도서관'이다.

해석

A: 실례합니다. 도서관이 어디인가요?

B: 한 블록 직진하고 좌회전하세요. 꽃 가게 옆에 있어요.

13 B가 날씨가 좋아서 기분이 좋다고 답하고 있으므로, A는 기분이 어떤지 물었다는 것을 알 수 있다.

① 네 아버지는 어떠셔?

③ 네 남자 형제는 어디에 있어?

④ 네가 가장 좋아하는 영화는 뭐야?

해석

A: 기분이 어때?

B: 날씨가 오늘 굉장히 맑아서 기분이 좋아.

14 가장 좋아하는 과목(favorite subject)이 무엇인지 서로 묻고 답하고 있다.

해석

A: 가장 좋아하는 과목이 뭐니?

B: 내가 가장 좋아하는 과목은 수학이야. 너는?

A: 나는 영어를 가장 좋아해.

15 병원에서 아픈 사람들을 돌보는 사람은 의사이다.

해석

나는 병원에서 일해. 아픈 사람들을 돌봐. 나는 누구일까?

16 lost는 lose(잃어버리다)의 과거형이다.

해석

A: 어젯밤 영화 어땠어?

B: 나 그 영화 못 봤어. 지하철에서 영화표를 잃어버렸거든.

17 표 내용에 따르면 베쓰(13살)는 존(15살)보다 어리다.

① Meg is the youngest(→ oldest) of all.

② John is older(→ younger) than Meg.

④ Amy is the oldest(→ youngest) of all.

18 빈칸 앞에 있는 a dog가 선행사이므로, 관계대명사 which를 쓴다.

해석

○ 개가 한 마리 있다.

○ 그 개가 물을 마시고 있다.

→ 물을 마시고 있는 개가 한 마리 있다.

19 join은 '참여하다'라는 의미이며, English study에 관한 내용임을 알 수 있다.

해석

Fun-Fun 영어 스터디 그룹에 참여하는 것이 어떠세요? 매주 목요일, 우리는 함께 영어를 공부하기 위해 만납니다. 당신의 영어 실력을 향상시키기 위해, 123-9999로 우리에게 꼭 전화하세요.

20 마지막 문장에서 'Read the following useful tips on how to make new friends(새 친구를 사귀는 방법에 대한 유용한 다음 팁들을 읽어 보세요).'라고 했으므로, 글 바로 뒤에 이어질 내용으로는 ④ '새로운 친구를 사귀는 유용한 방법'이 가장 적절하다.

단어

make friends: 친구를 사귀다

해석

새 친구를 사귀는 데 어려움이 있으세요? 새 친구를 사귀는 방법에 대한 유용한 다음 팁들을 읽어 보세요.

21 사는 곳(시드니), 가족(아버지, 어머니, 남자형제), 취미(야구)에 대한 내용이 나와 있다. 장래 희망에 대한 이야기는 찾아 볼 수 없다.

해석

안녕! 내 이름은 메리야. 나는 시드니에 살고 있어. 나는 아버지, 어머니, 그리고 남자 형제와 함께 살아. 내 취미는 야구하기야. 나는 방과 후에 친구들과 야구를 해.

22 마지막 문장에서 'It eats fish(이 새는 물고기를 먹는다).'라고 했으므로 ④ '작은 열매를 먹는다.'는 글의 내용과 일치하지 않는다.

해석

이 새는 키가 140cm이다. 이것은 따뜻한 지역에 산다. 입은 큰 신발처럼 생겼다. 그것은 물고기를 먹는다.

23 마지막 문장에서 'So, we should take care of them(따라서 우리는 그것을 돌보아야 한다).'이라고 했으므로 글의 주장은 ① '숲을 보호하자.'가 가장 적절하다.

해석

숲은 우리에게 매우 중요하다. 그것은 우리에게 신선한 공기를 준다. 우리는 숲에서 신선한 공기를 들이마실 수 있다. 따라서, 우리는 그것을 돌보아야 한다.

24 파티 목적(생일 파티), 파티 장소(민호의 집), 초대한 사람(유미)에 대한 내용이 나와 있다. 초대장에 참석 인원은 나와 있지 않다.

해석

초대장

민호에게

내 생일 파티에 와 줄 수 있어?

*장소: 나의 집

*시간: 8월 6일 오후 5시

유미가

25 규칙적으로 운동하고, 잠을 충분히 자며, 손을 자주 씻는 것들이 건강을 위한 생활 습관이라고 설명하고 있다.

단어

• exercise: 운동하다

• regularly: 규칙적으로

• enough: 충분한

해석

어떤 습관들이 우리의 건강에 좋을까? 우리는 규칙적으로 운동하고 잠을 충분히 자야 한다. 우리는 또한 손을 자주 씻어야 한다.

01 ③	02 ①	03 ②	04 ④	05 ②
06 ④	07 ②	08 ①	09 ①	10 ②
11 ②	12 ④	13 ①	14 ③	15 ③
16 ③	17 ③	18 ②	19 ④	20 ①
21 ①	22 ③	23 ④	24 ②	25 ③

01 바지, 치마, 블라우스, 티셔츠는 모두 ③ 'clothes(옷)'에 속하는 단어들이다.
① 스포츠, ② 가족, ④ 나라들

02 ①은 상대어 관계(손 – 발)이고, 나머지는 모두 '하위어 – 상위어' 관계이다.
② 개 – 동물, ③ 장미 – 꽃, ④ 여름 – 계절

03 처음 만나 인사를 나눌 때에는 'Nice to meet you(만나서 반가워).'라고 할 수 있다.
[해석]
민호: 안녕, 유나야. 이쪽은 내 친구 샐리야.
유나: 만나서 반가워.
샐리: 나도 만나서 반가워.

04 ④에서 '좋아하는 동물이 무엇이니?'라고 물었는데, '응, 난 그것을 좋아해.'라고 대답했으므로 자연스럽지 않다.
[해석]
① A: 수영할 수 있니?
   B: 응, 할 수 있어.
② A: 축구 하자.
   B: 그래, 좋아.
③ A: 대단히 고맙습니다.
   B: 천만에요.
④ A: 좋아하는 동물이 무엇이니?
   B: 응, 난 그것을 좋아해.

05 글의 마지막에 'it will rain tonight(오늘밤 비가 올 예정입니다).'이라고 했으므로, 정답은 ②이다.
[해석]
안녕하세요. 오늘의 일기예보입니다. 오늘 오후에는 구름이 끼겠고, 오늘밤에는 비가 올 예정입니다.

06 'Yes, I am.'으로 대답했으므로, 'Are you ~?'라고 질문해야 한다.
[해석]
A: 너는 한국 문화에 관심이 있니?
B: 응, 있어.

07 'For two weeks.'라고 대답했으므로, 빈칸에는 기간을 물어보는 'How long'이 들어가야 한다.

[해석]
A: 너는 그 호텔에 얼마나 머물렀니?
B: 2주 동안.

08 길고(long) 곱슬(curly)인 머리에 안경(glasses)을 쓴 사람이다.
[해석]
A: 그녀는 어떻게 생겼니?
B: 그녀는 긴 곱슬머리를 가졌어. 그녀는 안경을 쓰고 있어.

09 빈도수를 묻는 질문에는 'How often ~?', 방법을 묻는 질문에는 'How do you ~?'라고 한다.
[단어]
• often: 가끔
• once a month: 한 달에 한 번
• usually: 보통
[해석]
A: 영화 보러 얼마나 자주 가니?
B: 한 달에 한 번.
A: 보통 거기까지 어떻게 가니?
B: 버스로.

10 turn on은 '~을 켜다', put on은 '~을 입다'라는 의미이다.
[해석]
◦ 라디오를 켜 주세요.
◦ 너는 코트를 입는 게 좋겠어. 밖이 추워.

11 숙제를 도와 줄 수 있냐는 물음에 '뭔데?'라고 물었으므로, 밑줄 친 'No problem.'은 승낙의 의미이다.
[해석]
A: 숙제하는 데 도와줄 수 있니?
B: 물론이야. 숙제가 뭔데?

12 B가 'Can I take pictures in this art museum?(여기 미술관 안에서 사진을 찍어도 되나요?)'이라고 물었으므로, 미술관에서 하는 대화임을 알 수 있다.
[단어]
• art museum: 미술관
• paintings: 그림
[해석]
A: 표를 보여 주시겠어요?
B: 여기 있어요. 여기 미술관 안에서 사진을 찍어도 되나요?
A: 아니요, 안 돼요. 그림을 망가뜨려요.

13 주말(this weekend) 계획에 대해 이야기하고 있다.
[단어]
• go fishing: 낚시하러 가다
• play basketball: 농구하다
[해석]
A: 이번 주말에 뭘 할 계획이니?
B: 나는 낚시하러 갈 거야. 너는?
A: 친구들과 농구를 할 거야.

14 레스토랑에서 일하는 사람의 직업은 요리사이다.

[해석]

나는 레스토랑에서 일한다. 나는 이탈리아식 요리를 잘한다. 나는 사람들이 내 요리를 좋아할 때 매우 행복하다.

15 음식을 주문하고, 가져갈 것인지 묻는 대화 내용을 통해 두 사람이 '식당 점원 – 고객'의 관계임을 알 수 있다.

[해석]

A: 주문하시겠어요?
B: 네, 햄버거 두 개 주세요.
A: 드시고 가시겠어요, 포장하시겠어요?
B: 포장이요.

16 마지막에 A가 'I'll wash the dishes now(지금 설거지할게요).'라고 했으므로, B를 위해 할 일로 가장 알맞은 것은 ③ '설거지하기'이다.

[단어]

wash the dishes: 설거지하다

[해석]

A: 엄마, 내가 뭐 도와 드릴 일이 있을까요?
B: 설거지해 줄 수 있니?
A: 물론이죠. 지금 설거지할게요.

17 B는 영화가 시작하려는데 표를 찾을 수 없어 당황하고 있다.

[해석]

A: 영화가 시작하려고 해. 안으로 들어가자.
B: 기다려! 영화표를 찾을 수 없어. 내 호주머니 안에 있었는데.
A: 농담하는 거지!
B: 아니야. 찾을 수가 없어.

18 경기를 봤는지에 대한 질문(A)과 그에 대한 대답, 어떤 팀이 승리했는지에 대한 질문(C)과 그에 대한 대답(B)이 이어지는 것이 적절하다.

[해석]

(A) 어제 야구 경기 봤니?
(C) 아니, 못 봤어. 어느 팀이 이겼니?
(B) 우리 한국 팀이 이겼어.

19 빈칸 앞에서는 관광 사업의 장점을 말했는데, 빈칸 뒤에서는 '관광 사업이 언제나 좋은 것만은 아니다'라고 했으므로, 빈칸에는 'However'가 적절하다.

[단어]

• tourism: 관광 사업
• bring into: 가져다[제공해] 주다
• damage: 손상을 주다, 피해를 입히다, 훼손하다

[해석]

관광 사업은 한 나라에 돈을 가져다준다. 그리고 그것은 많은 사람들에게 일자리를 제공한다. 하지만, 관광 사업이 언제나 좋은 것만은 아니다. 그것은 자연 영역과 현지 문화를 훼손시킬 수 있다.

20 빈칸 다음 문장에서 'First, you must ~', 'Second, you must ~'라고 해야 할 일을 말하고 있으므로, 문맥상 빈칸에는 ① 'rules'가 들어가야 한다.

[해석]

이곳의 규칙을 알려 드릴게요. 첫째, 각자 방을 청소해야 합니다. 둘째, 방 안에서 음식물을 먹어서는 안 됩니다. 질문 있나요?

21 첫 문장에서 'Soccer is my favorite sport(축구는 내가 가장 좋아하는 운동이다).'라고 했으므로, ① 'My Favorite Sport'가 제목으로 적절하다.

[해석]

축구는 내가 가장 좋아하는 운동이다. 그것은 재미있고 신난다. 나는 달리기와 공차기를 좋아한다. 나는 드래곤 팀에서 경기한다. 나는 매주 화요일과 토요일에 연습한다.

22 세 번째 문장에서 'Here are some tips to save water(여기 물을 아끼는 몇 가지 팁이 있다).'라고 했으므로, ③ '물을 절약하는 방법'이 주제로 적절하다.

[단어]

save: 아끼다, 절약하다

[해석]

물은 매우 중요하다. 그러나 사람들은 그것을 낭비한다. 여기 물을 아끼는 몇 가지 팁이 있다. 이를 닦을 때 물을 잠가 보라. 또한, 샤워를 빨리 해 보라.

23 광고에는 제목(Abraham Lincoln), 저자(David Herbert), 가격($ 12)은 나와 있지만, ④ '출판사'는 나와 있지 않다.

24 세상의 많은 흥미로운 직업들 중 몇 가지를 말하겠다고 했으므로, 제시된 문장 다음에는 ② '흥미로운 직업의 예'가 올 것이다.

[해석]

당신의 꿈의 직업은 무엇입니까? 세상에는 많은 흥미로운 직업들이 있습니다. 제가 그것들 중 몇 가지를 말씀드리겠습니다.

25 글의 마지막에서 'What should I do?(저는 어떻게 해야 할까요?) I need your advice(선생님의 조언이 필요합니다).'라고 했으므로, 글을 쓴 목적이 ③ '조언 요청'임을 알 수 있다.

[해석]

친애하는 박 선생님께,
안녕하세요. 저는 중학생입니다. 저는 요리하는 걸 좋아해요. 요리사가 되고 싶은데, 부모님께서는 제가 과학자가 되기를 원하십니다. 저는 어떻게 해야 할까요? 선생님의 조언이 필요합니다.

사회

1 지리

01 ②	02 ①	03 ②	04 ①	05 ②
06 ③	07 ④	08 ②	09 ②	10 ②
11 ②	12 ①	13 ②	14 ④	15 ③
16 ②	17 ③	18 ①	19 ①	20 ②
21 ④	22 ①	23 ②	24 ④	25 ③
26 ①	27 ②	28 ③	29 ③	30 ③
31 ①	32 ③	33 ③	34 ①	35 ④
36 ④	37 ③	38 ③	39 ③	40 ④
41 ③	42 ③	43 ②	44 ③	45 ①
46 ④	47 ②	48 ④	49 ②	50 ③

01 우리나라는 아시아 대륙에 속하며 그 중에서도 동아시아의 북쪽 부분에 위치한다.

02 지도의 분류
- 일반도: 다양한 목적을 위해 지표면의 일반적인 사항을 표현한 지도 예 지형도, 세계전도
- 주제도: 특정 목적을 위해 필요한 지표 현상만을 선택하여 표현한 지도 예 기상도, 산업도, 지질도
- 대축척지도: 좁은 지역을 자세히 표현한 지도 예 관광안내도, 지하철 주변 안내도
- 소축척지도: 넓은 지역을 간단하게 표현한 지도 예 우리나라 전도, 세계지도

03 ① 위도: 적도를 중심으로 지역의 위치가 남북으로 떨어진 정도를 나타낸 선이다.
③ 랜드마크: 주변 경관 중 눈에 가장 잘 띄는 상징물, 조형물 등이 위치를 파악하는데 도움을 준다. 예 에펠탑, 숭례문
④ 행정구역: 도로명 주소체계를 이용하여 정확한 위치를 표현한다.

04 ② 속성 정보: 어떤 지역의 특징에 관한 자료이다.
예 부산시의 인구는 약 340만 명이다.
③ 관계 정보: 어떤 지역이나 현상의 관계를 나타낸 자료이다.
예 중량구는 강북에 위치한다.
④ 위치 정보: 공간 자료의 근간이 되는 정보로서 경·위도의 좌표에 의해 표시한다.

05 ① 증강현실(AR): 사용자의 눈에 현실과 거의 비슷한 가상의 물체를 겹쳐 보여주는 서비스이다.
③ 지능형 교통시스템(ITS): 버스 정류장 혹은 도로에 설치된 전광판으로 사용자에게 버스 노선 정보, 도로 상황 정보 등을 제공한다.
④ 위성위치확인시스템(GPS): 인공위성이 보내는 신호를 통해 세계 어느 곳에서든지 위치를 파악할 수 있는 시스템이다.

06 플랜테이션
선진국의 자본과 개발도상국의 노동력을 결합하여 대규모 상품작물을 생산하는 것이다. 예 카카오, 천연고무, 바나나, 야자나무 등

07 제시된 그래프는 여름에는 고온 다습하고, 겨울에는 한랭 건조한 온대 계절풍 기후이다. 지중해성 기후는 여름에 고온 건조하고 겨울에 온난 다습하다. 7월의 평균 강수량은 350 mm이고, 8월의 강수량은 250 mm이므로 두 달의 평균 강수량은 약 300 mm가 된다.

08 두꺼운 벽과 작은 창은 강수량이 적은 건조 기후 지역의 가옥 특징이다.

09
- 기후를 구성하는 요소: 기온, 강수량, 바람 및 습도, 일사량, 증발량 등
- 기후 요소를 변하게 하는 요인: 위도, 지형, 해류, 격해도, 수륙 분포, 해발 고도, 식생의 피복 상태 등

10 한대 기후 지역(툰드라 지역)
- 강수량이 적으나 기온이 낮아 지표면의 습도가 높다.
- 여름의 평균 기온이 10 ℃ 미만이다.
- 백야, 빙하, 오로라 등을 체험하려는 관광객을 위한 산업이 발달한다.
- 석유, 천연가스 등의 지하자원 매장량이 많아 이를 수송하기 위한 철도, 파이프라인 등을 건설한다.

11
- 내인적 지형 형성 작용
지구 내부에 발생한 대규모의 열에너지가 지표에 작용하는 것으로, 주로 평탄한 지표면의 기복이 만들어지는 작용 → 조륙 운동(융기, 침강), 조산 운동(습곡, 단층), 화산 활동
- 외인적 지형 형성 작용
지구 외부의 태양 에너지와 중력에 의해 지형을 변화시키는 작용 → 소규모 지형 형성(침식, 운반, 풍화, 퇴적 작용)

12 고원: 해발 고도가 높지만 비교적 평탄한 지형으로, 화산 활동에 의해 현무암의 분출로 형성된 평탄한 지형을 용암대지라고 하고, 평탄했던 지형이 융기하면서 형성된 곳을 융기 고원이라고 한다.

13 ① 해식애: 암석이 깎여 형성된 절벽(해안 절벽)
③ 시 아치: 파랑의 침식 작용으로 형성된 아치 형태의 지형
④ 시 스택: 파랑에 의해 침식되지 않고 남은 외딴 바위

14 우리나라의 산지는 대부분 오랜 침식 작용을 받아서 고도가 비교적 낮고 경사가 완만하다.

15 ① 힌두교·불교의 발상지, 다양한 종교와 언어, 소를 신성시 함
② 크리스트교, 역사적 동질성, EU(유럽연합국가), 산업혁명, 백인문화권
④ 흑인, 식민지 지배, 부족 중심의 사회, 원시종교

16 ①, ③, ④는 침식 지형이고, ②는 화산 작용으로 생성된 지형이다.
칼데라
화산 폭발 후 화산의 정상부가 무너지며 형성된 지형 → 물이 고여 칼데라 호를 형성한다. 예 백두산 천지

17　① 불교 문화권: 사찰, 불상, 탑
　　② 힌두교 문화권: 다양한 신과 사원, 소의 신성시
　　④ 크리스트교 문화권: 첨탑, 십자가를 세운 성당, 교회

18　② 문화 변용: 다른 문화를 가진 사회가 문화 접촉과 문화 전파를 통해 서로의 문화에 변화를 일으키는 현상
　　③ 문화 접촉: 서로 다른 문화권에 있는 사람들이 문화적인 면에서 지속적으로 접촉하게 되는 현상
　　④ 문화 융합: 서로 다른 문화가 결합하여 새로운 문화가 만들어지는 현상

19　힌두−이슬람의 종교 갈등으로 인해 파키스탄이 분리·독립했으며, 현재도 카슈미르 지역은 인도와 파키스탄의 종교적 분쟁이 지속되고 있다.

20　②는 문화 동화에 대한 설명이다. 문화 동화란 한 문화가 다른 문화에 흡수되어 정체성이 없어지는 현상이다.

21　• 기후 재해: 홍수, 가뭄, 열대성 저기압(태풍), 폭염, 폭설, 한파, 토네이도
　　• 지각 변동 재해: 화산 활동, 지진, 지진 해일(쓰나미)

22　하천의 범람으로 토양이 비옥해지는 것은 홍수의 영향에 대한 내용이다.

23　방글라데시 뱅골만은 사이클론으로 인한 홍수 피해 지역이다.

24　① 가뭄, ② 홍수, ③ 화산 관련 자연 재해 대응법이다.

25　① 유용성: 자원은 자연물 가운데 인간생활에 필요하고 쓸모 있는 것이다.
　　② 편재성: 자원은 고르게 분포하는 것이 아니라 일부 지역에 편재되어 분포한다.
　　③ 가변성: 시대, 장소, 사회·문화적 배경에 따라 자원의 가치가 달라진다.
　　④ 유한성: 대부분의 자원은 매장량이 한정되어 있어 자원을 지속적으로 사용하면 고갈되는 성질을 지닌다.

26　인적 자원: 국민 개개인, 사회 및 국가의 발전에 필요한 노동력, 기술, 노동의 의욕, 창의성 등

27　②는 신에너지에 속한다.
　　신재생 에너지의 종류
　　• 신에너지: 연료전지, 석탄액화·가스화, 수소 에너지
　　• 재생 에너지: 태양열, 태양광발전, 바이오매스, 풍력, 소수력(小水力)발전, 지열, 해양 에너지, 폐기물 에너지

28　밀은 벼에 비해 기온이 낮고 강수량이 적은 지역에서도 재배 가능하여 생산 지역이 넓게 분포한다. 또한, 남반구에서 북반구로, 신대륙에서 구대륙으로 국제적인 이동량이 많다.

29　석유는 현대 산업의 가장 중요한 에너지 자원으로 페르시아 만 연안에 집중 매장되어 있고, 미국, 일본, 중국 등이 주요 소비 지역이다.

30　산업화 이전에는 자연적인 요소에 큰 영향을 받았고, 산업화 이후에는 인문·사회적 요인의 영향을 더 크게 받고 있다.

31　**인구 이동의 요인**
　　• 배출 요인: 빈곤, 낮은 임금, 교육·문화·의료시설 부족, 실업
　　• 흡인 요인: 높은 임금, 좋은 주거 환경, 고용 기회의 증대, 쾌적한 생활

32　**우리나라의 인구 문제**
　　• 고령화: 저출산과 의료 기술의 발달 등으로 장수 인구가 증가하고 경제 활동 인구의 감소로 노동력 감소 및 노인 복지 비용의 증가
　　• 저출산: 소득 및 고용 불안정, 결혼 연령의 상승, 자녀 양육 부담 등의 원인으로 출산 기피, 단일 가구의 증가가 나타남에 따라 노동력 부족, 경기침체 등의 문제가 발생

33　**인구가 희박한 지역**
　　• 남반구(오세아니아)　　• 열대, 적도, 극지방
　　• 내륙 지방 등의 건조 기후 지역(오스트레일리아, 몽골)
　　• 험준한 고산 지역

34　도시에는 인구가 많아 재화 및 서비스를 대량 생산하고 소비하므로 인구 밀도가 높다.

35　도시의 지나친 확대를 막기 위해 설정된 개발 제한 구역은 대체적으로 대도시를 둘러싸고 있는 농장, 산지 등으로 이루어져 있다. 이 구역 내에서는 건물의 건축과 증축을 금지하고 있다. 우리나라는 1971년 처음으로 서울 주변 지역에 개발 제한 구역(그린벨트)을 지정했다.

36　도시화는 농촌 인구가 도시로 모여들어 도시의 인구가 증가하는 현상이다.

37　최근 개발도상국의 많은 기업이 다국적 기업으로 성장했으며, 선진국은 물론 개발도상국에서도 다국적 기업의 활동이 증가하고 있다.

38　교통·통신의 발달로 국가 간의 정치·경제·사회·문화 간의 상호 의존성이 심화됨에 따라 세계화 현상이 나타나게 되었으며, 이는 전 세계를 대상으로 하는 다국적 기업 농업의 출현에 영향을 미치게 되었다.

39　보리, 쌀과 서류를 제외한 전체 곡물 자급률은 점차 낮아지고 있다.

40　**국제 연합 산하기구**
　　• 세계 보건 기구(WHO): 인류 건강의 증진 및 보건·위생 분야의 국제 협력 도모
　　• 유엔 난민 기구(UNHCR): 분쟁·재해에 의한 난민의 보호·구제 활동
　　• 유엔 평화 유지군(PKF): 세계 평화와 안전 유지를 위해 편성한 국제 군대

41 환경은 인간을 비롯한 모든 생물이 살아갈 수 있는 생활의 터전이다. 우리의 일상생활은 환경과 매우 밀접한 관계를 이루고 있다.

42 ① 석탄 액화: 고체 연료인 석탄을 휘발유 및 디젤유 등의 액체 연료로 전환시키는 기술
② 해양 에너지: 해양의 조수·파도·해류·온도차 등을 변환시켜 전기 또는 열을 생산하는 기술
④ 수력 에너지: 물의 유동 및 위치 에너지를 이용하여 발전시키는 기술

43 ① 과도시화: 도시의 부양 능력 이상으로 지나치게 많은 인구가 몰리는 현상
③ 이촌향도: 산업화·도시화에 따라 촌락 지역에 살던 사람들이 도시로 이주하는 현상
④ 종주 도시화: 특정 대형 도시나 중요 도시에 도시 기반 시설이 지나치게 집중되는 현상

44 ① 지역화: 다른 지역과 구별되는 지역성을 세계로 알리는 현상
② 지역 브랜드: 지역의 특성을 담고 있는 상품이나 서비스를 그 지역의 이미지와 결합하여 그 지역 자체를 브랜드처럼 만드는 것
④ 지리적 표시제: 특산품의 품질의 우수성과 특성이 뛰어나고 그 지역의 자연환경에서 생산·가공된 것을 국가가 그 지역명을 상표권으로 쓰도록 인정하는 제도

45 독도는 우리나라의 가장 동쪽 끝에 위치한 섬으로 서도와 동도 및 89개의 부속도서로 이루어져 있다. 지형적으로는 화산섬으로 제주도나 울릉도보다 형성 시기가 빠르다. 독도는 천연 보호 구역으로 지정된 생태계의 보고이고, 난류와 한류가 교차하는 조경 수역으로 풍부한 지하 자원이 매장되어 있다. 또한, 태평양을 향한 해상 전지 기지로의 군사적 요충지이며 우리나라 국민들에게 국토애를 심어주는 상징적인 장소이다.

46 지리적 표시제에 대한 설명이다.
지리적 표시제
지역 특산품을 보호하고 부가가치를 향상하여 지역 경제 발전에 기여한다. 그리고 판매자는 생산 품목의 전문화로 상품의 품질을 향상시키며, 소비자는 믿을 수 있는 상품을 구입할 수 있다.

47 ① 옥스팜: 국제 비정부 기구(NGO)의 일종으로 빈곤 해결책 제시, 자연재해와 분쟁 지역의 구호와 물적·인적 지원, 저개발국의 분쟁 조정 계획 수립, 공정무역 등을 지원
③ 성 불평등 지수: 유엔 개발 계획(UNDP)에서 각국의 성불평등 정도를 측정하여 발표한 수치로서 생식 건강, 여성 권한, 노동 참여 영역을 참조하여 여성의 수준과 격차를 고려한 지수
④ 새천년 개발 목표(MDGs): 2000년 국제 연합 본부에서 새천년 정상회담에서 가입국이 합의로 채택된 세계적 운동

48 문제에 제시된 지역은 석유, 천연가스 등의 자원 매장 지역으로, 자원의 매장지 범위가 여러 국가에 걸쳐 있거나 해상의 국경이 불분명하여 갈등이 발생한다.

49 외래종의 번식으로 고유종의 개체 수가 감소하는 것이 생물 다양성이 감소하는 원인이다.

50 **빈곤 극복을 위한 저개발국의 자체적 노력**
• 천연 자원을 개발(광물자원, 에너지 자원)
• 자연환경과 노동력 활용으로 관광산업의 육성
• 교육 기회의 확대와 교육 활동 투자로 적극적인 인재 육성
• 적극적인 외국 자본과 기술 유치로 경제 발전을 도모
• 관개시설의 확충과 다수확 품종의 개발로 식량 부족의 극복 노력
• 기반 시설의 확충으로 일자리 창출의 노력

2 사회

01 ④	02 ③	03 ④	04 ④	05 ①
06 ③	07 ②	08 ③	09 ②	10 ④
11 ④	12 ④	13 ①	14 ④	15 ②
16 ①	17 ①	18 ③	19 ③	20 ③
21 ②	22 ②	23 ③	24 ③	25 ③
26 ②	27 ③	28 ①	29 ④	30 ④
31 ③	32 ④	33 ②	34 ④	35 ④
36 ③	37 ④	38 ①	39 ①	40 ①
41 ④	42 ④	43 ④	44 ②	45 ③
46 ④	47 ①	48 ③	49 ②	50 ②

01 제시된 사례와 관련 있는 사회 개념은 재사회화이다.
재사회화
• 성인들이 새로운 사회 변화에 적응하기 위해 새로운 기술과 지식을 학습하는 과정이다.
• 빠르게 변화하는 사회로 인해 기존에 습득한 지식이나 생활양식으로는 사회에 적응하기 어려워졌기 때문이다.

02 차이는 타고난 특성, 자라온 환경, 가치관 등이 객관적으로 서로 다른 것으로, 차이를 인정하고 존중해야 한다.
① 차별: 단순한 차이를 주관적으로 판단하여 합리적 이유 없이 부당하게 대우하는 것으로 인간의 존엄성을 침해하는 행위이다.

03 자아 정체성이란 한 개인이 자신의 모습에 대해 가지고 있는 생각으로 '나'의 고민에서 자신에게 질문하고 이에 대한 답을 찾아가는 과정과 다른 사람과의 비교, 사회적 관계 속에서 자신의 위치와 역할 등을 통해 형성된다.

04 **구성원의 접촉 방식에 의한 사회 집단**
• 1차 집단: 성원들 사이의 친밀성, 정서적인 인간관계로 이루어진 집단 예 가족, 또래 집단
• 2차 집단: 목적의 달성을 위한 수단으로 결합된 집단 예 회사, 학교, 정당

05 넓은 의미의 문화: 한 사회의 구성원이 공유하는 생활양식의 총체
예 흑인 문화, 음식 문화, 전통 문화 등

06 상대적 기준으로 문화를 보는 관점
- 문화를 있는 그대로 이해하고자 한다.
- 각 사회의 문화는 그 사회의 자연환경이나 역사적 상황의 산물로서 그 사회만의 독특한 가치가 있는 것이므로, 각 문화는 우열을 가릴 수 없다.

07 문화 사대주의: 자신의 문화는 열등하다고 생각 → 정체성 훼손 → 문화 소멸 → 국가 소멸

08 문화 변동의 내부적 원인
- 발명: 원래 없던 것이 새로 만들어진 것
- 발견: 원래 있던 것을 뒤늦게 찾는 것

09 자연적·사회적·역사적 환경에 따라 서로 다른 모습을 나타내는 특성을 '특수성'이라 한다.

10 대중 매체의 발달로 여러 가지 문화가 알려지면서 사람들도 생활 속에서 쉽게 대중문화를 접할 수 있게 되었다. 대중 매체는 대량의 정보를 불특정 다수에게 동시에 전달하는 수단으로 그 종류에는 신문, 잡지, 라디오, 텔레비전, 인터넷, 이동 통신 등이 있다.

11 넓은 의미의 정치(본질적 의미)
- 이해관계의 대립이나 갈등을 조정하면서 공동체의 목표를 달성하기 위한 활동
- 배분 문제를 둘러싼 개인이나 집단 간의 갈등을 타협을 통해 해결해 가는 과정

12 선천적·후천적 속성의 차이를 고려하지 않는 형식적 평등은 실질적 불평등을 가져올 수 있으므로, 개인의 업적이나 능력에 따른 상대적·비례적 평등을 실현해야 한다.

13 국민 자치의 원리: 주권을 가진 국민이 스스로 나라를 다스려야 한다.

14 현대 사회에 보통 선거 제도가 정착되면서 일정한 나이가 되면 성별이나 사회적 신분에 관계없이 정치에 참여할 수 있는 권리를 누리게 되었다.

15 정책 결정에 따라 이익을 얻거나 또는 손해를 볼 수도 있고, 삶이 바뀔 수도 있으므로 적극적으로 정책 결정에 참여하는 것이 바람직하다.

16 시민이 정치에 참여하는 가장 기본적인 방법은 '선거'이며, 선거는 민주주의를 대표하는 것이므로 '민주주의의 꽃'이라고 한다.

17 정당·이익 집단·시민 단체 비교

구분	정당	이익 집단	시민 단체
구성원	정치적 견해를 같이 하는 사람들의 모임	자신들의 특수 이익을 실현하기 위한 사람들의 모임	공공의 이익을 실현하기 위한 시민의 모임
목적	정권 획득	특수 이익 실현	공익 실현
정치적 책임	있음	없음	없음
상호 관련성	지지 기반 구축을 위해 이익 집단과 연계	이익 집단의 이익 실현을 위해 정당 이용	공익 실현을 위해 정당 등 이용
공통점	정부에 압력 행사		

18 지방 자치 단체가 주민의 다양한 의견을 수렴하여 지방의 문제 등을 해결하는 정책을 결정하고 집행한다. 그러나 지방 자치 단체의 모든 정책을 주민 투표를 통해 결정하는 것은 경제적·현실적으로 가능하지 않다.

19 법은 국가의 질서를 유지하는 데 필요한 범위 내에서 도덕을 실효적으로 만든 것이므로 도덕이 법보다 광범위하다고 할 수 있다.

20 ① 형법: 범죄의 구성 요건과 형벌을 규정한 법
② 민법: 개인의 재산 관리와 가족 관계에 관한 법
④ 소송법: 재판의 소송 절차를 규정해 놓은 절차법

21 심급 제도
- 항소: 1심 판결에 불복하여 고등법원에 제소
- 상고: 고등법원의 판결에 불복하여 대법원에 제소
- 항소 + 상고 = 상소

22 ㉠ 사법: 개인과 개인 간의 생활, 즉 사적인 생활 관계를 규율하는 법
→ 국가는 법 규정에 어긋나는 경우에 한해 개입하여 분쟁 해결
㉡ 공법: 개인과 국가 기관 또는 국가 기관 간의 관계인 공적 생활을 규율하는 법 → 국가가 직접 규율

23 인간이 태어날 때부터 자연적으로 가지는 천부(天賦)의 권리로, 모든 인간은 태어나면서 자유롭고 평등한 권리를 가진다.

24 ① 청구권: 국가에 대해 일정한 청구를 할 수 있는 권리(다른 기본권 보장)
② 평등권: 법 앞의 평등, 동등한 기회 보장, 다른 기본권 보장의 전제 조건
④ 행복추구권: 인간의 존엄과 가치, 기본권 보장의 이념

25 국민 권익 위원회는 민원과 불합리한 행정제도로 인한 침해를 입었을 때에 권리를 구제해 주는 기관이다.

26 헌법 제32조는 근로자의 권익을 위해 노동 3권인 단결권, 단체 교섭권, 단체 행동권을 보장하고 있다.

27 음주운전에 따른 교통사고로 인해 상해를 입는 것은 개인의 범죄 행위에 의한 인권 침해이다.

28 국회
- 선거를 통해 국민이 직접 선출한 의원들로 구성된 국민의 대표 기관
- 국회는 입법 기능이 매우 중요하므로 '입법부'라고 한다.
- 4년 마다 국회의원 선거를 실시하여 지역구 국회의원과 비례 대표 국회의원으로 구성한다.

29 행정부에는 대통령, 국무총리, 국무회의, 행정 각부, 감사원 등이 있다.

30 행정부의 구성

대통령	행정부의 최고 책임자로 행정부의 일을 최종적으로 결정
국무총리	• 대통령을 보좌하며 행정 각부를 통할하여 관리·감독함 (헌법 제86조) • 국회의 동의를 얻어 대통령이 임명
국무회의	• 주요 정책을 논의·결정하는 행정부의 최고 심의 기관 • 대통령, 국무총리, 국무위원으로 구성
행정 각부	• 실질적인 행정업무 처리 • 각부 장관은 국무위원 중에서 임명, 각부의 행정 사무를 지휘·감독 • 기획재정부, 교육부, 국방부, 보건복지부, 고용노동부, 외교부, 행정안전부 등
감사원	• 세입·세출 결산 검사, 행정기관의 사무와 공무원의 직무를 감찰 • 대통령 직속기관으로서 독립적인 헌법 기관

31 국군 통수권은 행정부 수반으로의 권한이다.
대통령의 지위와 권한

국가 원수로서 의 권한	국가를 대표	외국 정상회담 참여, 외교 사절 접견, 조약 체결 및 비준권, 선전 포고와 강화권 등
	헌법 기관 구성	대법원장, 헌법재판소장, 감사원장 등의 임명권
	국가와 헌법 수호	긴급명령권, 계엄선포권 등
	국정 조정	국회 임시회 소집 요구, 국민 투표 제안 등
행정부 수반으로 의 권한	행정부 구성 및 지휘·감독권	
	국군 통수권	국군을 통솔하고 지휘
	공무원 임면권	고위 공무원의 임명과 해임
	대통령령 제정	법률 집행을 위해 필요한 사항에 대해 대통령령을 제정
	국무회의 의장	국무회의 주제, 국정을 최종 결정

32 헌법 제102조 제3항, 제103조는 사법권의 독립을 규정하는 대표적인 조항이다. 공정한 재판을 위해서는 사법권의 독립이 필수이며 이를 통해 국민의 기본권을 보장할 수 있다.

33 기회비용은 한 품목의 생산이 다른 품목의 생산 기회를 놓치게 한다는 관점에서, 어떤 품목의 생산 비용을 그것 때문에 생산을 포기한 품목의 가격으로 계산한 것이다.

34 경제 대공황 등 시장 경제 체제의 부작용이 드러남에 따라 시장 경제 체제에 계획 경제 체제를 가미한 혼합 경제 체제가 도입되었다.

35 기업은 기술 혁신을 위한 연구 개발, 투자 등으로 경제 성장을 촉진한다.

36 보험은 미래에 일어날 수 있는 각종 재난이나 사고로부터 자신이나 그 가족에게 경제적 손해를 보상해 주기 위한 제도이다.
③ 예금과 적금: 정해진 이자를 기대하고 금융 기관에 돈을 맡기는 것으로 수익성보다는 안전성을 우선시하는 경우에 선택한다.

37 자산의 유형
- 금융 자산: 보험, 주식, 채권, 예금, 현금 등
- 실물 자산: 토지·건물 등의 부동산, 자동차, 귀금속 등

38 수요 곡선은 가격에 따른 수요량의 변화를 나타내며, 가격이 하락할수록 수요량은 늘어나므로 수요 곡선은 우하향이 된다.

39 공급 법칙은 상품의 가격이 오르면 공급량은 증가하고, 상품의 가격이 내리면 공급량은 감소한다. 수요 법칙은 상품의 가격이 오르면 수요량은 감소하고, 상품의 가격이 내리면 수요량은 증가한다.

40 인구수의 변화는 수요 변화의 요인이다.
공급 변화의 요인
생산 기술의 변화, 생산 요소의 가격 변화, 조세와 정부보조금, 관련 상품의 가격 등

41 일할 능력과 의사가 있음에도 불구하고 일자리가 없어 얼마 동안 쉬고 있는 경우가 있는데, 이를 '비자발적 실업'이라 한다.

42 ④는 '국민 총생산(GNP)'에 대한 설명이다. 국내 총생산은 일정 기간(통상 1년) 동안 한 나라 안에서 생산된 재화와 용역의 가치를 화폐 단위로 합산한 것으로, 원료 및 중간 생산물은 제외한다.

43 경제 성장률은 금년의 국내 총생산이 전년도에 비해 얼마나 증가했는지를 백분율로 나타낸 것으로 국내 총생산의 증가 속도를 말한다.

44 물가 안정을 위해서 가계는 과도한 소비를 자제하고 저축을 늘려야 하며 기업은 경영 혁신, 신기술 개발을 통해 원가를 절감하고 품질을 개선해야 한다. 그리고 정부는 통화량을 줄이기 위한 정책(금리인상 등)과 안정적인 공급 기반을 확충하고 독과점 기업의 가격 인상을 규제해야 한다.

45 국제 사회의 특징
- 힘의 논리 지배: 약소국보다 강대국이 더 큰 영향력을 행사한다.
- 자국의 이익을 최우선으로 추구: 각국의 이해관계 충돌 시 분쟁이 발생한다.
- 협력과 갈등이 공존하는 사회이다.
- 무정부 상태: 강제력을 지닌 중앙 정부가 존재하지 않는다.

46 '국경 없는 의사회'는 정치, 종교, 인종, 이념을 초월한 국제 민간 의료 구호 단체이다.

47 영토 분쟁을 국제 사법 재판소로 가져가려는 것은 일본이 독도 문제에 대해 취하는 입장이다.

48 세계화의 배경
- 다국적 기업의 활동 증대
- 국제기구의 역할 증대
- 세계 무역 기구(WTO)의 출범
- 교통과 통신의 발달

49 '세계 무역 기구(WTO)'는 관세와 같은 무역장벽 제거, 국가의 특정 산업 보호나 지원금지 등 경제적 세계화 주도 등을 통해 자유무역의 확대를 목적으로 한다.
① 국제 통화 기금(IMF): 세계 무역의 안정을 위해 설립된 국제 금융 기구
③ 세계 보건 기구(WHO): 보건 위생 분야의 국제적인 협력을 위해 설립한 UN 전문 기구
④ 경제 협력 개발 기구(OECD): 경제 성장, 경제 도상국 원조, 무역 확대의 세 가지를 주요 목적으로 하는 국제 기구

50 정보화 사회에서는 정보와 지식에 기반을 둔 고부가가치 산업이 발달하게 되므로 정보와 지식이 부가가치의 원천이 될 것이다.

3 한국사

01 ①	02 ②	03 ④	04 ②	05 ③
06 ③	07 ②	08 ③	09 ④	10 ②
11 ④	12 ④	13 ②	14 ④	15 ③
16 ②	17 ②	18 ①	19 ①	20 ④
21 ①	22 ③	23 ④	24 ②	25 ②
26 ②	27 ④	28 ③	29 ④	30 ②
31 ②	32 ②	33 ④	34 ①	35 ②
36 ④	37 ④	38 ①	39 ③	40 ①
41 ①	42 ④	43 ②	44 ②	45 ③
46 ④	47 ④	48 ④	49 ④	50 ②
51 ①	52 ③	53 ①	54 ②	55 ④
56 ①	57 ②	58 ③		

01 '주먹도끼'는 뗀석기의 일종으로 구석기 시대의 대표적 유물이다.
②·③ 청동기 시대
④ 신석기 시대

02 제시된 유물은 가락바퀴와 빗살무늬 토기로 신석기 시대의 대표적 유물이다.
신석기 시대
- 유물: 간석기, 토기(빗살무늬 토기, 이른 민무늬 토기, 덧무늬 토기 등), 가락바퀴와 뼈바늘(의복, 그물 제작)
- 생활: 농경(잡곡류 재배) 시작, 목축 생활, 사냥, 채집
- 사회: 씨족 바탕의 부족 사회, 평등 사회
- 주거: 강가나 바닷가의 움집에 거주

03 고조선 사회는 8조법에 따라 다스려졌으며, 사회 조직과 법령 체제가 있었음을 알 수 있다.

04 발해
- 고구려의 장군이었던 대조영은 고구려의 유민과 말갈족을 이끌고 지금의 지린 성 동모산 근처에 발해를 건국했다(698).
- 선왕 때 '바다 동쪽의 번성한 나라'라는 뜻으로 중국에서 '해동성국'이라 불렸다(9세기 전반).

05 근초고왕은 국가 기틀을 완성하고 백제 시대 최대 영토를 확보했으며 중국의 요서 지방과 규수 지방에 진출하며 백제의 최대 전성기를 이끌었던 왕이다.
① 내물왕: 마립간이란 칭호를 처음 사용한 신라의 왕
② 법흥왕: 불교를 공인하고 율령을 반포한 신라의 왕
④ 소수림왕: 불교를 도입하고 인재를 기르기 위해 태학을 설립한 고구려의 왕

06 장수왕
- 남북조와 각각 교류하면서 중국을 견제
- 외교를 통해 중국과의 관계를 안정시킨 후 수도를 평양성으로 옮김 → 왕권 강화, 남진 정책을 추진
- 백제를 공격하여 수도 한성을 함락(475)시키고 한강 유역을 차지 → 한반도 중부 지방까지 영토를 확장

07 ㄴ. 신라 진흥왕(534~576)의 업적
　　 ㄷ. 발해 장보고(?~846)가 지금의 전남 완도에 설치한 진

08 고구려의 장수왕은 평양성으로 천도하고 남진 정책을 통해 죽령 지역까지 영토를 확장했다. 고구려의 한강 유역 진출은 충주 고구려비를 통해 확인할 수 있다.

09 고구려 진대법에 대한 설명이다.
　① 신라 때 골품에 따라 관직 승진에 제한을 둔 폐쇄적 신분 제도
　② 고려와 조선 시대에 시험을 치러 관리를 선발하던 제도
　③ 조선 인조 13년(1635)에 전세(田稅)를 풍흉에 관계없이 토지 1결당 쌀 4두로 고정한 법

10 고구려의 제가 회의, 백제의 정사암 회의, 신라의 화백 회의는 모두 귀족들이 참여했다.

11 신라 진흥왕의 업적에 대한 내용이다.
　① 중앙 집권 국가 확립, 김씨 왕위 세습, 왕호를 마립간으로 바꿈
　② 국호 신라 변경, 왕호 변경(마립간 → 왕), 우산국 정복
　③ 건원 연호 사용, 율령 반포(17관등, 골품제 정비), 불교 공인, 금관가야 정복, 병부 설치와 군사 지휘권 장악

12 통일 신라 시대에는 불교 문화가 발전하면서 불국사 다보탑, 석굴암, 성덕 대왕 신종이 만들어졌다.

13 김춘추는 태종 무열왕으로, 당과 연합하여 삼국 통일을 주도했다.

14 왕오천축국전은 통일 신라의 승려 혜초가 인도와 부근 여러 나라를 순례하고 그 행적을 적은 여행기로, 지금은 프랑스 파리 국립 도서관에 소장되어 있다.

15 ① 고려 성종은 최승로의 시무 28조를 수용하여 유교 정치 이념을 바탕으로 통치 제제를 정비했다.
　② 고려 광종 7년(956)에 노비안검법을 실시하여 양민이었던 노비를 해방시켰다.
　④ 고려 말 공민왕이 토지와 노비를 정리하기 위해 임시 관아로 전민변정도감을 설치했다.

16 광종의 정책
• 노비안검법 시행: 호족들의 노비를 양인으로 해방 → 호족 세력을 약화시켜 왕권 강화에 기여
• 과거제 시행: 왕에 충성하는 관료 양성, 호족 세력 견제

17 고려 성종은 최승로가 건의한 시무 28조를 수용하여 유교를 통치 이념으로 삼고 여러 제도를 정비했다.

18 묘청의 난
고려를 황제국으로 칭하며 독자적인 연호 사용, 금 정벌, 서경 천도 등을 주장한 묘청 일파가 나라 이름을 '대위국'이라 하고 연호를 '천개'로 하여 서경에서 반란(1135)을 일으켰으나 정부군에 의해 진압되었다.

19 ㉠ 이자겸의 난(1126) – ㉡ 묘청의 서경 천도 운동(1135) – ㉢ 무신정변(1170)

20 최충헌이 정권을 잡은 후 설치한 교정도감은 국정을 총괄하는 최고의 권력 기구이다.
　① 경대승이 설치한 무신 정권 사병 집단
　② 최우의 집에 두어 정부의 모든 인사 행정을 처리
　③ 무신 정권 초기의 최고 권력 기구(본래 무신들의 최고 회의 기관)

21 고려 최씨 무신 정권 때 최충헌의 노비인 만적이 신분 차별을 주장하며 반란을 도모했으나 사전에 발각되어 실패했다.

22 윤관은 여진 정벌 때 별무반을 이끌고 동북 9성을 설치한 인물이다. 거란 침입 시 1차 때 서희, 2차 때 양규, 3차 귀주 대첩 때는 강감찬이 활약했다.

23 신진 사대부는 고려 말에 등장한 새로운 정치 세력으로, 성리학을 수용하고 과거를 통해 중앙 정계로 진출했다. 기존 권력층이었던 권문세족의 불법성과 부패한 불교를 비판하고 농민 생활의 안정을 추구함으로써 고려 사회의 개혁을 추구했다. 대표적인 인물로 이색, 정몽주, 정도전 등이 있다.

24 태조는 유교를 정치 이념으로 삼았다.
　② 세종 때의 일이다.
　③ 성종 때의 일이다.

25 ① 춘추관: 역사 기록
　② 승정원: 국왕의 비서 기관
　③ 사헌부: 관리 감찰, 풍속 단속

26 도요토미 히데요시는 일본의 전국 시대를 통일한 후 대륙 침략을 결정했다. 일본은 명을 정벌하러 가는 길을 빌려 달라는 구실로 조선을 침략하여 임진왜란이 있어났다(1592). 수군 이순신은 옥포, 사천, 당포, 한산도 등지에서의 승리했고, 의병들은 유생, 농민, 승려(곽재우, 조헌, 고경명, 유정, 휴정 등)들로 향토 방어와 조국을 구하기 위해 자발적으로 조직되었다.

27 조선왕조실록
조선 왕조를 건립한 태조 때부터 철종의 통치기에 이르는 470여 년간의 왕조 역사를 담고 있다.

28 광해군은 명과 후금 사이에서 중립 외교 정책을 통한 실리적 외교 노선을 추구하여 국가 안정을 도모했다. 또한, 공납의 폐단을 개혁하고 백성의 생활을 안정시키기 위해 경기도부터 시범적으로 대동법을 시행했다.

29 토산물로 바치던 공납을 농토의 면적에 따라 쌀, 베, 돈 등으로 납부하게 한 대동법은 1608년 광해군 때 경기도에서 처음 시범 실시되어 숙종 때 평안도와 함경도를 제외한 전국으로 확대되었다.

30 영조·정조 때 각 붕당을 골고루 등용하는 탕평책 실시로 왕권 강화를 도모했다.

31 영조·정조의 업적

영조	서원 정리, 이조 전랑의 권한 약화, 탕평비 건립, 균역법 시행, 신문고 제도 부활, 문물제도 정비,『속대전』·『동국문헌비고』등 편찬
정조	규장각 설치, 장용영 설치, 수원화성 축조, 초계문신제 실시, 서얼과 노비에 대한 차별 완화, 통공 정책(자유로운 상업 활동 허용 → 금난전권 폐지),『대전통편』·『탁지지』등 편찬

32 목민심서는 정약용이 지방 수령이 지켜야 할 지침에 대해 저술한 것이다(1818).
① 조선 세종의 명령을 받아 정초 등이 지은 농서(1429)
② 조선 선조의 명령을 받아 허준이 편찬한 의학서(1610)
④ 고려 인종의 명령을 받아 김부식 등이 기전체로 편찬한 삼국의 역사서(1145)

33 흥선 대원군은 국가 재정의 확충을 위해 서원을 정리하고, 호포제를 통해 세제를 개혁했으며, 왕실의 권위를 높이기 위해 경복궁을 중건할 목적으로 당백전을 발행했다. 또한, 천주교에 대한 탄압, 통상 수교의 거부 정책을 고수했다.

34 척화비는 병인양요, 신미양요, 오페르트 도굴 사건 등으로 인한 통상 수교 반대 의지를 백성들에게 알리는 것이 목적이었다.
① 정묘호란(1627)은 인조반정 이후 인조의 친명 배금 정책 추진과 이괄의 난으로 인한 사회 혼란이 계기가 되어 일어난 사건이다.

35 강화도 조약(1876)은 우리나라가 외국과 맺은 최초의 근대적 조약이었으나 치외 법권을 인정한 불평등 조약이다. 이후 미국과 영국 등 서양 열강과 조약을 맺는 계기가 되었다.

36 고종(1894) 때 전라도 고부의 동학 접주 전봉준 등을 지도자로 동학교도와 농민들이 합세하여 동학 농민 운동을 일으켰다. 고부 군수 조병갑의 횡포와 착취에 대한 항거에서 발단해 한때 관군을 무찌르고 삼남 지방을 휩쓸었으나, 결국 청과 일본의 개입으로 실패로 끝났다.

37 독립 협회(1896)
• 을미사변과 아관 파천 이후 국민의 자주 독립의식 성장
• 서재필과 개화파 지식인들이 주도, 정부의 고관 및 각계각층 사람들이 참여
• 만민 공동회: 독립 협회가 종로에서 주관한 대규모 군중 집회 → 외세에 의존하는 정치 비판, 근대적 의회 정치 실시 등을 요구

38 일제는 3·1 운동을 계기로 무단 통치의 한계를 느끼고 한국인을 회유하여 지배에 잘 따르도록 하기 위해 문화 통치를 내세웠다.

39 한인 애국단은 1931년 중국 상하이에서 김구의 주도로 설립된 항일 독립운동 단체로, 자금·인력의 부족으로 인한 임시 정부의 활동 침체를 극복하기 위해 조직되었다.

40 김구는 3·1 운동 후 만주에서 임시 정부 조직을 주도했다. 1931년 한인 애국단을 결성했고 1944년 임시 정부 주석이 되었다. 광복 이후에는 신탁 통치와 남한 단독 총선에 반대하며 남북 협상을 진행했고, 이듬해 1949년 안두희에게 암살당했다.

41 3·1 운동(1919)
• 일제의 국권 침탈 후 강력한 민족의 응집력 발휘로 독립 의지 강화
• 도쿄의 2·8 독립 선언 소식에 민족의 독립 열망이 고조
• 민족 대표 33인의 독립 선언서 발표, 학생과 시민들은 탑골 공원에서 독립 선언서 낭독, 만세 시위 운동 등을 전개

42 ① 고구려가 수나라 양제의 침공을 격퇴하고 승리를 거둔 싸움
② 강감찬 장군이 고려 현종 때 거란 침략군을 귀주에서 물리쳐 승리한 싸움
③ 임진왜란 때 진주에서 조선군과 왜군이 벌인 두 차례의 싸움, 한산도대첩·행주대첩과 함께 임진왜란 3대 대첩 중 하나

43 임오군란 이후 조선에 대한 청의 간섭은 더욱 심해져 김옥균, 박영효 등 급진 개화파는 이에 불만을 품고 청의 간섭에서 벗어나 급진적 개혁을 추진하려 했다. 그 후 일본의 지원을 약속받은 급진 개화파는 우정총국 개국 축하연을 이용하여 갑신정변을 일으켰다(1884).

44 3·1 운동 이후 일본은 무단 통치에서 문화 통치로 통치 방식을 전환했는데, 이 시기 보통 경찰의 수가 3배 이상 증가했다.
1920년 일본은 농업 생산력이 부족해지자 쌀값 폭등과 일본 내부의 쌀 폭동 발생을 우려하여 조선에서 미곡 생산을 늘려 식량 부족을 해결하려 했다. 그런데 증산량보다 훨씬 많은 양의 쌀을 일본으로 반출하여 우리의 식량 사정이 매우 악화되었다.

45 삼국 간섭 이후 친러 내각이 수립되자 일본은 궁으로 난입하여 명성 황후를 시해하는 을미사변을 일으켰다(1895).

46 임오군란은 별기군과의 차별 대우에 대해 불만을 가진 구식 군인들이 일으킨 것으로, 일본 공사관을 습격해 별기군 일본인 교관을 살해했다. 군란을 청군이 진압하자 청의 내정 간섭이 더욱 심해졌다. 또한, 일본과는 제물포 조약을 체결해 막대한 배상금을 물어주게 되었으며 일본군이 서울에 주둔하는 것을 허용하게 되었다.

47 광주 학생 항일 운동은 1929년 11월 3일 광주에서 일어난 학생들의 대규모 집단 항일 운동이다. 통학 열차 안에서 일본인 학생이 조선 여학생을 성희롱한 것이 발단이 되어 집단 싸움이 일어났고 이것이 확대되어 전국적인 대규모 항일 학생 운동으로 발전했다.

48 안중근은 1909년에 만주 하얼빈에서 조선 침략의 주범인 이토 히로부미를 총살했다.
① 만주의 대한 독립군 지휘, 봉오동 전투
② 을사오적의 한 사람, 조선 고종 때의 친일파
③ 북로 군정서군 지휘, 청산리 대첩

49 물산 장려 운동은 1920년대 조만식 등을 중심으로 평양에서 시작되었으며, 민족 기업의 육성을 통한 경제적 자립을 시도했다. 이 운동은 '조선 사람 조선 것, 내 살림 내 것으로'라는 구호를 통해 전국적으로 확산되었다.

50 서상돈, 김광제 등의 제안으로 대구에서 시작된 국채 보상 운동은 일본에서 도입한 차관 1,300만 원을 갚아 경제적 주권을 회복하고자 했다. 각종 계몽 단체와 언론 기관들의 지원을 받아 전국 각지로 확산되었다.

51 일제는 한국인의 성과 이름을 일본식으로 바꾸도록 강요하고 신사 참배와 황국 신민 서사 암송을 강요하는 민족 말살 정책을 통해 한국인의 민족적 정체성을 말살하려 했다.

52 모스크바 3국 외상 회의(1945.12.)
대한민국 임시 정부 수립을 위한 미·소 공동 위원회 설치 → 4개국 (미·영·소·중)에 의한 5년간 강대국의 신탁 통치 결정

53 • 4·19 혁명: 1960년 4월에 학생을 중심으로 한 국민들이 이승만 자유당 정부의 독재와 부정부패, 부정 선거에 항의하여 벌인 민주 항쟁이다.
• 6월 민주 항쟁: 전두환 정권 시기에 박종철 고문치사 사건을 기점으로 독재 정권을 타도하기 위해 전국적으로 벌어졌고 그 결과 대통령을 국민이 직접 뽑게 되었으며 대통령의 임기가 5년 단임이 되었다.
• 5·18 민주화 운동: 12·12사태(1979년) 이후 집권한 신군부 세력을 반대하고 민주주의 헌정의 회복을 요구하며 전라도 광주 지역을 중심으로 1980년에 5·18 민주화 운동이 일어났다.

54 이승만과 자유당 정권의 3·15 부정 선거에 대한 항거로 민주주의 시민 혁명인 4·19 혁명이 발발했다. 그 결과 이승만이 하야하고 윤보선이 대통령으로 선출되었으며, 장면을 국무총리로 하는 장면 내각이 들어섰다.

55 신군부의 비상 계엄 확대에 항거하여 광주에서 일어난 5·18 민주화 운동은 신군부가 공수 부대를 동원하여 무력 진압에 나서자 학생과 시민들이 시민군을 결성하여 대항하면서 격화되었다.

56 6·25 전쟁의 배경
• 공산 정권의 수립: 북조선 임시 인민 위원회 구성(1946, 위원장–김일성)
• 냉전 체제: 38도선 부근에서 계속된 무력 충돌로 남북한 긴장감 최고
• 애치슨 선언 발표: 미국의 태평양 방위선에서 한국과 타이완 제외

57 박정희 정부는 한·일 협정을 체결하고(1965), 베트남에 국군을 파병했다. 또한, 경제 개발 5개년 계획을 추진하고, 경부 고속 국도를 건설하는 등 많은 사회 간접 자본을 확충했다.

58 김대중 정부는 IMF 외환 위기를 극복하고 분단 이후 최초로 남북 정상 회담을 개최했다(2000). 또한, 김대중 대통령은 민주화 투쟁과 남북 관계 개선의 공로를 인정받아 한국인 최초로 노벨 평화상을 받기도 했다.

사회 실전 문제

사회 실전 문제 1회

01 ④	02 ②	03 ②	04 ①	05 ④
06 ①	07 ③	08 ③	09 ①	10 ①
11 ③	12 ③	13 ③	14 ①	15 ③
16 ①	17 ④	18 ③	19 ①	20 ②
21 ③	22 ②	23 ④	24 ③	25 ②

01 경선은 지구를 세로로 나누는 선이며, 경선의 기준이 되는 선으로 영국의 그리니치를 지나는 것을 '본초 자오선'이라고 한다.

02 ① 한대 기후
③ 냉대 기후
④ 열대 기후

03 화산재에는 식물 성장에 필요한 인, 칼륨, 질소 등의 각종 영양소 등이 있어 토양을 비옥하게 한다.

04 문화는 자연 상태에서 벗어나 목적이나 이상을 실현하고자 구성원이 습득·공유·전달하는 행동 양식이나 생활양식의 과정 및 그 과정에서 이룩해 낸 물질적·정신적 소득을 의미한다.

05 국민연금 제도, 역모기지 제도, 노인들의 취업 기회 보장 등은 모두 고령화 사회에 대비한 주요 정책들이다.

06 • 도심: 도시의 중심업무지구(CDB)이고 교통 요충지이며 중심 업무기능, 관리 기능, 상업 기능 등을 수행한다. 주간에는 유동 인구가 많고 야간에는 인구 공동화 현상을 나타난다.
• 부도심: 도시가 성장하면서 교통의 요지에 도심의 기능을 나누어 맡는 지역으로서, 비교적 땅값이 저렴하여 주거지역과 공업지역 등이 형성된다.

07 다국적 기업의 성장 과정
단일 공장 기업 → 국내 공장 및 연구소 확대 → 해외 영업지점 및 대리점 설치 → 해외 생산 공장 및 연구소 설치

08 이촌향도는 공업과 서비스업이 발달하면서 농촌에 사는 사람들이 일자리가 많고 편의시설이 잘 갖춰진 도시로 떠나는 현상이다.

09 역할 가등은 개인이 여러 지위를 동시에 가짐으로써, 대립되는 역할이 요구되어 곤란을 느끼는 현상이다.

10 비물질 문화
• 제도적 요소: 정치, 경제, 법 등 사회 질서를 유지하는 기능을 담당
• 관념적 요소: 언어, 사상, 예술, 철학, 신앙 등 인간의 삶을 풍요롭게 하고 삶에 의미 부여

11 '형사 재판'은 사기, 강도, 절도나 폭행 등과 같이 사회 질서를 어지럽히는 행동을 한 사람에게 벌을 주기 위한 재판이다.
① 헌법 내용에 관한 다툼 해결
② 행정 기관의 부당한 권리 침해 해결
④ 개인 간 발생하는 갈등이나 다툼 해결

12 대통령제의 특징
• 대통령과 의원을 직접선거, 대통령 임기 중 안정
• 행정부는 법률안 제안 불가, 의회는 대통령 불신임 불가
• 의회 다수파의 횡포 방지, 독재화의 우려

13 지문의 내용은 다양한 이해관계가 나타나고 개인의 욕구 분출이 자유로워진 현대 다원화 사회에서 나타나는 사회 문제이다.

14 1인당 국내 총생산은 국내 총생산액을 그 나라의 인구수로 나누어 구한다. 2018년도 B국의 실질 국내 총생산은 1,000억 달러이고, 인구수는 2,000만 명이므로 1,000억 달러를 2,000만으로 나누면 5,000달러가 된다.

15 경기가 침체되어 실업이 늘어날 때는 정부가 적자 예산 정책을 통해 정부 지출을 늘려야 한다.
③ 통화량 증가를 억제하는 것은 물가가 상승했을 때의 물가 안정 정책이다.

16 ㄷ. 많은 자본과 기술을 투입하여 대량으로 작물을 재배하는 농업의 형태가 증가하고 있다.
ㄹ. 농약과 화학 비료 사용량이 증가하고 있다.

17 제시문은 고조선의 건국 신화와 관련 있는 내용이다.

18 신문왕
유교 정치 이념, 제도 정비, 관료전 지급, 녹읍 폐지 → 진골 세력들의 반란을 누르고 전제 왕권 확립

19 병자호란은 1636년 청나라가 조선을 침입했던 사건이다. 남한산성에서 항전했으나, 결국 삼전도(송파)에서 굴복하고 말았다.

20 정조의 정책
• 세력들 간의 분쟁을 줄이고 인재를 등용하려는 탕평책 실시
• 역대 왕들의 글·글씨 등과 어진을 보관하고, 각종 서적의 수집·편찬을 담당하던 왕실 도서관인 규장각 설치
• 왕권 강화를 위해 왕실의 친위대 군대 조직인 장용영 설치
• 정약용이 개발한 거중기를 활용하여 수원 화성 건설

21 박지원은 조선 후기의 대표적인 실학자로서『열하일기』,『양반전』등 여러 작품을 남겼으며, 청의 선진 문물을 적극 수용할 것을 강조했다. 또한, 수레와 선박, 화폐를 이용한 상공업의 진흥을 주장했다.

22 의병 항쟁의 배경과 성격
• 을미의병: 명성 황후 시해, 단발령
• 을사의병: 을사늑약, 친일 내각 처단
• 정미의병: 고종의 강제 퇴위, 군대 해산

23 1940년 충칭에서 대한민국 임시정부의 직할 부대로 창설된 한국 광복군은 일본에 선전 포고를 하여 태평양 전쟁에 참여하고 미국의 협조를 받아 국내 진공 작전을 준비했다.

24 ① 고려가 몽골에 대항하려고 강화로 천도했을 때 쌓았으며 신미양요 (1871) 때에는 미국과의 격전지였다.
② 조선 시대에 강화 해협을 지키던 요새로서, 병인양요·신미양요 때의 격전지였다.
④ 조선 시대에 해상으로 침입하는 적을 막기 위해 구축한 요새로서, 병인양요·신미양요 때의 격전지였다.

25 6·25 전쟁은 북한의 남침으로 시작하여 유엔군의 인천 상륙 작전으로 서울을 수복하고 압록강 유역까지 진격했으나 중국군의 개입으로 물러나게 되었다.

사회 실전 문제 2회

01 ①	02 ④	03 ①	04 ③	05 ③
06 ②	07 ②	08 ④	09 ②	10 ①
11 ②	12 ④	13 ①	14 ④	15 ②
16 ④	17 ④	18 ②	19 ③	20 ④
21 ④	22 ②	23 ③	24 ③	25 ①

01 태양열, 태양광 발전, 바이오매스, 풍력, 소수력 에너지, 지열, 해양 에너지, 폐기물 에너지 등은 재생 에너지에 속한다.

02 ① 서로 다른 문화가 같이 공존하는 것
② 한 지역의 문화가 다른 지역으로 옮겨가거나 주변으로 퍼져나가는 현상
③ 다른 문화를 가진 사회가 문화 접촉과 문화 전파를 통해 서로의 문화에 변화를 일으키는 현상

03 사헬 지대는 사하라 사막 남부의 세네갈에서 에티오피아에 이르는 지역으로 원래 사하라 사막과 열대 지역 사이의 초원 지대였다. 하지만 오랜 가뭄과 잘못된 토지 이용으로 최근 급속히 사막으로 변해가고 있다.

04 • 파식대: 파도의 침식 작용으로 형성된 해식애 아래의 평평한 침식면
• 사빈: 해안에 모래가 쌓여 형성된 퇴적 지형
• 석호: 모래가 쌓이면서 바다의 일부가 막혀서 형성된 호수
• 해안 사구: 사빈의 모래가 바람에 의해 퇴적되어 형성된 지형
• 해식애: 암석이 깎여 형성된 절벽(해안 절벽), 관광지로 이용
따라서 모래 해안에서 볼 수 있는 지형은 ㄴ, ㄷ, ㄹ이다.

05 통일이 되면 동북아시아 지역의 무역과 물류의 중심지, 지역 통합의 중심지로 발전하여 국제적 지위가 향상된다.

06 고기 습곡 산지는 오랜 침식을 받았기 때문에 해발 고도가 낮고 완만하며, 지각이 비교적 안정된 지역이다.
예 애팔래치아 산맥, 우랄 산맥, 스칸디나비아 산맥 등

07 농업 생산의 기업화에 따른 농업의 변화
농업의 기계화, 다수확 품종 개발, 화학 비료와 농약 사용 증가

08 ① 인간 이성의 힘으로 무지·불합리한 전통과 제도를 타파하여 인류 사회를 진보시킬 수 있다는 사상
② 국가는 자유롭고 각자 개개인의 계약에 의해 성립된다는 학설
③ 실정법(각 국의 법)의 범위 내에서 기본권을 인정하는 사상

09 제시문은 구성원들이 가진 가치관의 차이로 발생한 갈등의 사례들이다. 오늘날에는 구성원 간 이해관계의 대립이나 가치관의 차이 등으로 서로의 이익이 충돌하여 갈등이 유발될 수 있다.

10 기회비용은 하나를 선택함으로써 포기해야만 하는 다른 것의 가치 중 최상의 가치를 말하며, 제시된 내용에서 기회비용은 감자 1가마니 당 배추 30포기이다.

11 대체재와 보완재
• 대체재: 서로 다른 재화에서 같은 효용을 얻을 수 있는 재화
예 쌀과 빵, 고기와 생선, 커피와 홍차, 버터와 마가린, 샤프펜슬과 연필 등
• 보완재: 두 재화를 동시에 소비할 때 효용이 증가하는 재화
예 자동차와 휘발유, 커피와 설탕, 펜과 잉크, 빵과 버터 등

12 균형 가격이란 경쟁 시장에서 어떤 상품의 가격이 그 상품의 수요와 공급의 일치점에서 결정되는 가격이다.

13 정보화 시대의 역할
• 소비자: 소비의 주체인 동시에 생산에도 개입이 가능하게 되었다.
• 기업: 정보화 시대에 맞는 상품의 개발 및 생산이 필요하게 되었다.
• 정부: 정보화 추세에 걸맞은 법과 제도를 정비해야 한다.

14 제시문의 사례는 산업 구조의 개편에 따라 실업이 발생한 경우이므로 구조적 실업에 속한다.

15 경제 성장률이 낮을 경우에는 단위 사업장의 일자리가 줄어들어 실업률은 증가하게 된다. 실업자가 늘어나면 국민 소득이 줄어들어 생산물에 대한 수요가 크게 증가하지 않기 때문에 물가 상승률이 낮아진다.

16 자국의 이익을 먼저 추구하는 것은 국가 간 경쟁과 갈등을 일으킬 수 있다.

17 ① 서옥제: 고구려
② 무천: 동예
③ 민며느리제: 옥저

18 진흥왕은 화랑도 개편, 영토 확장(한강 유역 점령, 대가야 정복, 순수비·단양적성비 건립, 동해안을 따라 함경도까지 진출)

19 성균관은 조선 시대의 최고 교육 기관으로 양반 사대부 집안의 아들 가운데서도 과거 시험에 합격한 사람만 입학할 수 있었다.

20 해인사에서 보관 중인 팔만대장경은 몽골의 침입 당시 부처의 힘으로 몽골군을 물리치고자 하는 염원에 의해 조성되었다. 국보 제32호로 지정되어 있으며, 세계에서 가장 우수한 대장경으로 꼽힌다. 2007년에 유네스코 세계 기록 유산에 지정되었다.

21 공민왕은 원나라의 간섭에서 벗어나기 위해 친원파 숙청과 변발·몽골 옷과 같은 몽골의 풍습 금지 등 반원 개혁 정책을 추진했다.

22 ㄴ. 조선의 광해군은 즉위 원년(1608)에 경기도를 대상으로 대동법을 시범 실시했으며, 대동법이 전국적으로 확대되는 데는 100년이 걸렸다.
ㄷ. 조선의 정조 임금은 왕권 강화책의 일환으로 일종의 계획 도시인 수원 화성을 건설했다.

23 세도 정치는 왕실과 혼인 관계를 맺은 몇몇 가문이 권력을 독점하는 정치 형태이다.

24 윤봉길은 1932년 상하이 훙커우 공원에서 일본군을 향해 폭탄을 던졌다. 이 사건으로 중국 정부가 한국인의 항일 독립 운동에 적극 협력하는 계기가 되었다.

25 4·19 혁명은 자유당의 독재 정권이 3·15 부정 선거를 자행하여 학생·시민이 항쟁한 결과 이승만 대통령의 하야와 자유당 정권의 붕괴를 가져왔다.

과학

1 과학 ①

01 ②	02 ②	03 ④	04 ③	05 ③
06 ①	07 ③	08 ②	09 ①	10 ②
11 ③	12 ①	13 ②	14 ②	15 ③
16 ④	17 ④	18 ①	19 ④	20 ④
21 ②	22 ①	23 ②	24 ②	25 ②
26 ②	27 ④	28 ②	29 ②	30 ④
31 ②	32 ①	33 ②	34 ④	35 ①
36 ①	37 ①	38 ②	39 ①	40 ①
41 ①	42 ③	43 ④	44 ④	45 ①
46 ②	47 ①	48 ③	49 ①	50 ①
51 ①	52 ②	53 ③		

01 ㄴ. 상호작용은 각 권 내에서뿐만 아니라 서로 다른 권 사이에서도 일어난다.
ㄷ. 외권은 지구의 기권 바깥에 있는 우주 환경을 말한다.

02 맨틀은 지구 부피의 약 80 %를 차지한다.

03 지권의 층상 구조 중 두께가 가장 두꺼운 층은 맨틀이고, 다음으로는 외핵, 내핵, 지각 순서로 두께가 얇다.

04 A – 화강암, B – 반려암, C – 유문암, D – 현무암

05 응회암은 화산재가 쌓여서 굳어진 암석이다.

06 대리암은 석회암이 높은 온도와 압력을 받아 만들어진 변성암이다.
② 규암은 사암이 변성된 것이다.
③ 편마암은 화강암이나 셰일이 변성된 것이다.
④ 편암은 셰일이 변성된 것이다.

07 석영에 대한 설명이다.
① 장석: 흰색 또는 분홍색, 도자기 원료
② 흑운모: 검은색, 전기 절연물
④ 각섬석: 녹갈색

08 자철석에 대한 설명이다.
① 무색 또는 흰색이며, 유리 등에 이용된다.
③ 흰색이며, 조흔색도 흰색이다. 묽은 염산과 반응하여 기체가 발생하는 성질이 있다.
④ 검은색이며, 조흔색은 흰색이다.

09 지진파의 전파 모양은 대륙 이동의 증거와 무관하다.

10 ②는 관성의 예이다. 관성은 물체가 현재의 운동 상태를 그대로 유지하려는 성질이다.

11 용수철의 늘어간 길이는 매단 추의 무게에 비례한다.
따라서 $3\,N : 1\,cm = x : 3\,cm$이므로 $x = 9\,N$, 즉 추의 무게는 $9\,N$이다.

12 용수철이나 고무줄과 같은 물체를 당겼을 때 본래의 상태로 되돌아가려는 성질을 탄성이라 하고, 이때 되돌아가려는 힘을 탄성력이라고 한다.

13 용수철의 늘어난 길이와 탄성력은 비례하므로 이 관계를 그래프로 바르게 나타낸 것은 ②이다.

14 물체에 힘이 작용했음에도 물체가 정지해 있는 것은 물체에 작용한 힘과 같은 크기인 마찰력이 반대 방향으로 작용하기 때문이다.

15 마찰력의 크기는 접촉면의 거칠기와 물체가 접촉면을 누르는 힘(물체의 무게)에 따라 달라진다. 접촉면의 넓이는 마찰력의 크기에 영향을 미치지 않는다.

16 물체의 무게와 접촉면의 성질이 같다면 마찰력의 크기는 접촉면의 넓이와는 무관하므로 세 경우 모두 마찰력의 크기가 같다.

17 부력은 중력과 반대 방향으로 작용한다.

18 생물 분류의 가장 작은 단위는 종이다.

19 생물의 쓰임새는 인간의 편의에 따라 생물을 분류하는 인위 분류 방법에 해당한다.

20 핵막이 없어 세포 내 핵이 뚜렷하게 구분되지 않는 생물의 속하는 계는 원핵생물계이다.

21 A는 원생생물계로, 짚신벌레, 아메바, 김, 미역 등이 해당한다.

22 미역과 짚신벌레는 원생생물계, 우산이끼는 식물계에 해당한다.

23 (가)는 (나)보다 먹이 사슬이 단순하고 생물 종 수가 적으므로 생물 다양성이 낮다.

24 ① 생물의 수는 (가)와 (나)가 같다.
③ 생물 다양성이 높은 곳은 생물 종의 분포 비율이 더 고른 (나)이다.
④ 생태계가 안정적인 곳은 생물 다양성이 높은 (나)이다.

25 특정 동식물을 채집하는 일은 생물 다양성을 감소시키는 원인이 된다.

26 확산 현상이란 물질을 이루는 입자들이 밀도 차나 농도 차에 의해 스스로 운동하여 다른 곳으로 이동해 가는 현상이다.
②는 산화 현상에 해당한다.

27 액체 상태의 물질은 분자 운동으로 인해 서로 충돌하고 자리를 바꾸어 이동하기도 하므로 액체 표면에서 물질이 분자 상태로 기화하는데, 이것을 증발이라고 한다.

28 ㄴ·ㄹ. 확산에 해당한다.

29 기체 입자의 크기는 변함이 없다.

30 보일 법칙과 샤를 법칙은 기체의 부피와 연관 있는 법칙이다. 따라서 기체에 해당하는 산소에 적용할 수 있다.

31 보일 법칙에 따르면 온도가 일정할 때 일정량의 기체의 부피는 압력에 반비례한다. 즉, '압력×부피＝일정'이다. 따라서 압력이 증가하면 부피는 반비례하여 감소한다.
$$240 = 30 \times (가)$$
$$\therefore (가) = 8$$

32 ①는 기체의 압력과 부피의 관계를 설명한 보일 법칙과 관련된 현상이다.

33 액체는 담긴 용기에 따라 모양은 달라지지만 부피는 일정하다.

34 ① 일정한 모양이 없다.
② 온도가 일정할 때 압력이 높아지면 부피는 작아진다(반비례).
③ 고체와 액체의 성질이다.

35 얼음이 녹는 현상은 고체에서 액체로 되는 과정인 A이다.

36 기체가 냉각·압축되어 액체로 변하는 현상을 액화라고 한다.

37 ② 물질의 상태가 변할 때에는 열이 출입한다.
③ 고체나 액체의 부피는 압력의 영향을 거의 받지 않는다.
④ 물질의 상태가 변하면 모양과 부피는 변하지만 질량은 변하지 않는다.

38 끓는점에서는 열이 액체에서 기체로 상태 변화하는 데 모두 쓰이기 때문에 온도가 상승하지 않고 일정하다.

39 고체 물질이 액체로 융해될 때에는 열을 흡수하여 상태 변화에 사용하기 때문에 온도 변화가 없다.

40 액체가 응고되는 B 구간에서는 열을 방출한다.

41 더운 여름날 마당에 물을 뿌리면 물이 기화될 때 주변을 열을 흡수하므로 주변이 시원해진다.
②·③은 응고, ④는 액화로 상태 변화 시 열을 방출한다.

42 고체에서 액체 또는 기체로 상태(융해, 기화, 고체에서 기체로 승화)가 변할 때 열에너지를 흡수하고 분자 운동은 더욱 활발해진다.

43 목욕탕에서 안경에 김이 서린 것은 수증기가 안경 표면에서 액화된 것으로, 액화 시 열에너지를 방출한다.

44 열에너지를 가장 많이 가지고 있는 상태는 기체 상태이다.

45 그림자는 빛의 직진으로 물체 뒤쪽에 빛이 도달하지 않아 어둡게 보이는 현상이다.

46 빛의 삼원색은 빨간색, 파란색, 초록색이다.

47 빛의 성질 중 반사는 직진하던 빛이 물체에 닿아 되돌아오는 현상이다.

48 오목 거울은 거울 면의 중앙이 오목하게 들어간 거울로 가까이 있는 물체는 실물보다 크게, 멀리 있는 물체는 실물보다 작게 보인다.

49 망막 앞쪽에 상이 맺히는 근시안은 오목 렌즈로 교정해야 한다.

50 진폭은 파동의 중심에서 마루 또는 골까지의 거리이다.

51 마루는 횡파에서 가장 높은 부분이므로 A이고, 골은 가장 낮은 부분이므로 B이다.

52 파장은 횡파에서 마루에서 다음 마루까지 또는 골에서 다음 골까지의 거리이므로 4 m이고, 진폭은 진동 중심에서 마루 또는 골까지의 거리이므로 3 m이다.

53 **과학의 부정적인 영향**
환경오염, 사생활 침해, 윤리 문제와의 충돌 등

2 과학 ②

01 ②	02 ④	03 ④	04 ③	05 ④
06 ④	07 ③	08 ①	09 ①	10 ①
11 ④	12 ②	13 ②	14 ④	15 ②
16 ④	17 ②	18 ①	19 ②	20 ①
21 ④	22 ②	23 ④	24 ③	25 ③
26 ①	27 ④	28 ②	29 ①	30 ③
31 ④	32 ④	33 ③	34 ②	35 ③
36 ④	37 ②	38 ④	39 ②	40 ③
41 ②	42 ④	43 ②	44 ①	45 ③
46 ④	47 ③	48 ④	49 ③	50 ④
51 ④	52 ①	53 ①	54 ①	55 ①
56 ①	57 ②	58 ④	59 ④	60 ②
61 ③	62 ④			

01 K는 칼륨이며, 염소의 원소 기호는 Cl이다.

02 불꽃 반응에서 같은 금속 원소가 포함된 화합물은 같은 불꽃색을 나타낸다. 염화 나트륨과 질산 나트륨은 모두 노란색의 불꽃색이 나타난다.

03 원자는 원자핵과 전자로 구성되어 있으며, 원자핵은 양성자와 중성자로 이루어져 있다.

04 각각 한 개, 세 개의 원자로 이루어진 암모니아(NH_3)의 분자 모형이다.

05 분자식 앞에 쓰인 숫자는 분자의 개수를 뜻하므로 답이 ④임을 쉽게 알 수 있다.

06 전자를 하나 잃고 양이온이 되는 이온식이다.

07 Na_2CO_3(탄산 나트륨) + $CaCl_2$(염화 칼슘)
→ $2NaCl$(염화 나트륨) + $CaCO_3$(탄산 칼슘, 흰색)↓

08 반응 결과 앙금이 생겨도 반응 전과 후의 전체 원자 개수가 변하지 않으므로 전체 질량은 변하지 않는다.

09 전류가 잘 통하는 물질(도체)은 철, 구리, 알루미늄 등이다.

10 ② 마찰력: 물체의 운동을 방해하는 힘
③ 자기력: 자극 사이에 작용하는 힘
④ 탄성력: 변형된 물체가 원래의 모양으로 되돌아가려는 힘

11 서로 다른 종류의 물체를 마찰시켰을 때 물체의 마찰로 인해 전자가 다른 물체로 이동함으로써 정전기가 발생한다.

12 (−)전기를 띤 에보나이트 막대를 검전기의 금속판에 가까이 가져가면 금속판은 (+), 금속박은 (−)전하를 갖게 되어 금속박이 벌어진다.

13 전류는 전하의 흐름으로, 실제 전자의 이동 방향과는 반대로 전지의 (+)극에서 (−)극 쪽으로 흐른다.

14 $R = \dfrac{V}{I} = \dfrac{9}{0.9} = 10 \ \Omega$

15 저항 $= \dfrac{\text{전압}}{\text{전류}}$ 이므로 (가)와 (나)의 저항의 비는 $\dfrac{2}{0.2} : \dfrac{2}{0.1} = 1 : 2$ 이다.

16 세탁기, 냉장고, 진공 청소기에는 전동기가 사용되지만, 전기 토스터는 전류의 열작용을 이용한다.

17 실제 지구의 모양은 적도반지름(지구 중심에서 적도까지의 거리)이 극반지름(지구 중심에서 북극 혹은 남극까지의 거리)보다 조금 더 긴 구형에 가까운 타원체이다.

18 ② 수성이 금성보다 태양과 더 가까이에 있다.
③ 화성은 지구 바깥쪽에서 공전하는 외행성이다.
④ 태양계는 태양을 포함한 행성, 소행성, 위성, 혜성, 유성 등으로 구성되어 있다.

19 금성은 가장 밝은 내행성(태양과 지구 사이에서 공전하는 천체)이며, 샛별이라고도 불린다. 금성은 이산화 탄소로 뒤덮여 있으며, 표면 온도가 약 460 ℃이다.

20 • 내행성: 수성, 금성
• 외행성: 화성, 목성, 토성, 천왕성, 해왕성

21 목성형 행성은 지구형 행성보다 크기와 질량이 크고 위성 수도 많지만, 평균 밀도는 낮다.

22 ① 삭: 달이 보이지 않는다.
③ 상현: 오른쪽 반달(상현달)이 보인다.
④ 하현: 왼쪽 반달(하현달)이 보인다.

23 지구가 1회 자전하면 달도 같은 방향으로 지구 주위를 공전한다.

24 ㄴ. 채층: 태양의 광구 바로 위에 있는 얇은 대기층으로, 붉은색을 띤다.
ㄹ. 홍염: 광구에서 온도가 높은 물질이 대기로 솟아오르는 현상이다. 불꽃이나 고리 등 다양한 모양으로 나타난다.

25 녹색식물이 빛에너지를 이용하여 이산화 탄소와 물로부터 유기물을 합성하는 작용은 광합성이다.

26 광합성은 빛의 세기, 이산화 탄소의 농도, 온도에 영향을 받는다.

27 잎 뒷면의 기공을 통해 물이 기체 상태로 식물체를 빠져나가는 증산 작용이 일어난다.

28 식물도 밤낮으로 항상 호흡한다.

29 증산 작용은 햇빛이 강할수록, 온도가 높을수록, 습도가 낮을수록, 바람이 잘 불수록 잘 일어난다.

30 • 식물의 구성 단계: 세포 → 조직 → 조직계 → 기관 → 개체
• 동물의 구성 단계: 세포 → 조직 → 기관 → <u>기관계</u> → 개체

31 몸에서 에너지원으로 쓰이는 영양소는 탄수화물, 지방, 단백질이다. 무기염류는 에너지원으로 쓰이지 않는다.

32 바이타민은 체내에 많은 양을 필요로 하지 않으며 소량으로도 생리 기능을 조절할 수 있다. 하지만 부족할 시에는 결핍증이 발생하므로 신경을 써서 섭취해야 한다.

33 폐는 호흡 기관에 해당한다. 소화계는 입, 식도, 위, 소장, 대장으로 연결된 소화관과 간, 쓸개, 이자 등으로 구성된다.

34 대장에 대한 설명이다.
① 위: 단백질이 주로 소화되는 소화 기관이다.
③ 소장: 3대 영양소가 완전히 소화되는 곳으로, 길이는 약 7 m이다.
④ 십이지장: 길이가 약 25~30 cm 정도이다.

35 소장에서는 이자액과 소장 벽의 소화 효소 등에 의해 탄수화물, 지방, 단백질의 소화가 모두 일어나며, 소장의 융털을 통해 대부분의 영양소가 흡수된다.

36 온몸 순환은 '좌심실 → 대동맥(D) → 온몸 → 대정맥(C) → 우심방'의 단계로 이루어진다.

37 폐는 갈비뼈와 횡격막으로 둘러싸인 흉강 속에 들어 있으며, 수많은 폐포로 이루어져 있어 기체 교환이 효율적으로 일어난다.

38 들숨 때 갈비뼈는 올라가고, 횡격막이 내려가 흉강 내 부피가 커지므로 공기가 폐 안으로 들어온다. 날숨 때는 갈비뼈가 내려오고, 횡격막이 올라가 흉강 내 부피가 작아지므로 공기가 폐에서 밖으로 나간다.

39 세포가 생명 활동에 필요한 에너지를 얻기 위해 영양소를 분해하는 과정에서 노폐물이 생성되는데, 이 노폐물을 몸 밖으로 내보내는 작용을 배설이라고 한다.

40 암모니아는 간에서 독성이 적은 요소로 합성되어 오줌과 땀으로 배출된다.

41 순물질은 한 가지 종류로만 이루어진 물질로 수소, 금, 소금, 이산화 탄소, 다이아몬드 등이 있다.
② 우유는 혼합물에 해당한다.

42 가열 곡선에서 수평 부분이 나타나는 것은 순물질이며, 혼합물은 수평한 부분이 없거나 온도가 계속 높아진다.

43 물질의 특성이란 어떤 물질이 다른 물질과 구별되는 고유한 성질로, 밀도, 끓는점, 녹는점, 용해도 등이 있다.

44 분별 깔때기에 물과 식용유를 넣으면 식용유가 물 위에 뜨는 것을 알 수 있다. 이것은 밀도가 다르기 때문이다. 밀도가 작은 액체는 위층으로, 밀도가 큰 액체는 아래층으로 나누어진다.

45 액체의 냉각 곡선에서 수평한 부분은 어는점이며, 녹는점은 고체의 가열 곡선의 수평한 부분이다.

46 끓는점은 액체에서 기체 상태로 변화가 일어나는 온도이며, 고체가 액체 상태로 변하는 온도는 녹는점이다.

47 원유를 증류탑에 넣고 가열하면 끓는점의 차이에 따라 석유가스, 나프타, 등유, 경유, 중유 등의 순으로 원유가 분리된다.

48 혼합물의 각 성분이 용매에 따라 이동하는 속도 차이를 이용하여 혼합물을 분리하는 방법은 크로마토그래피이다. 크로마토그래피는 매우 적은 양의 혼합물도 분리할 수 있으며, 복잡한 혼합물도 한 번에 분리할 수 있는 장점을 가진다.

49 붕산과 염화 나트륨 혼합물은 용해도 차이를 이용하여 분리한다.

50 바닷물은 소금 등의 염류가 들어 있어서 수영장 물보다 밀도가 크기 때문에 사람이 더 잘 뜨게 되는 것이다.

51 대기 중의 수증기는 기권에 속한다.

52 수권에서 해수(97.47%), 빙하(1.76%), 지하수(0.76%), 하천수(0.01%) 순으로 지구상의 물의 양이 많다.

53 A – 혼합층, B – 수온약층, C와 D – 심해층이다.

54 염분은 해수 1 kg 속에 녹아 있는 염류의 총량을 g수로 나타낸 것이다. 따라서 바닷물 2 kg을 증발시켜 70 g의 염류를 얻었다면 1 kg의 해수에 35 g의 염류가 녹아 있는 것이므로 이 지역의 염분은 35 ‰이다.

55 햇빛이 강하고 건조한 지역의 바다는 염분이 가장 높은 지역이다.
해수의 염분에 영향을 미치는 요인
강수량과 증발량(가장 큰 영향), 육지에서 공급되는 하천수의 유입량, 빙하의 결빙량과 해빙량

56 • 북상하는 해류: 쿠로시오 해류, 동한 난류, 황해 난류 등
• 남하하는 해류: 리만 해류, 북한 한류 등

57 동한 난류와 북한 한류가 서로 만나는 곳에는 조경 수역이 형성된다. 여름에는 동한 난류의 세력이 북한 한류의 세력보다 강하고, 겨울에는 이와 반대가 되므로 조경 수역의 위치는 계절마다 다르다(여름철 북상, 겨울철 남하).

58 온도가 상이한 두 물체가 접촉할 경우 온도가 높은 물체에서 낮은 물체로 열이 이동하게 된다. 열평형 과정은 고온의 물체는 열량이 감소하고 저온의 물체는 열량이 증가하다가 어느 정도 시간이 지나면 열의 이동이 없어지는 것이다.

59 20 ℃인 물과 70 ℃의 물을 섞었으므로 열평형 온도는 20 ℃∼70 ℃ 사이의 온도가 된다. 따라서 열평형 온도는 74 ℃가 될 수 없다.

60 열의 전달 방식에는 전도, 대류, 복사가 있다.

61 ①·④는 전도, ②는 대류에 해당한다.

62 실내에서 난방 장치는 아래쪽에, 냉방 장치는 위쪽에 설치하는 것은 대류와 관련된 현상이다.

3 과학 ③

01 ①	02 ②	03 ④	04 ②	05 ④
06 ③	07 ④	08 ②	09 ④	10 ③
11 ②	12 ②	13 ④	14 ③	15 ①
16 ③	17 ②	18 ④	19 ③	20 ②
21 ②	22 ①	23 ②	24 ②	25 ①
26 ①	27 ②	28 ②	29 ④	30 ④
31 ②	32 ②	33 ④	34 ①	35 ③
36 ③	37 ③	38 ②	39 ④	40 ②
41 ③	42 ④	43 ③	44 ③	45 ②
46 ①	47 ②	48 ③	49 ④	50 ④
51 ②	52 ③			

01 화학 변화는 어떤 물질이 성질이 전혀 다른 새로운 물질로 변하는 현상이다.
① 물리 변화이다.

02 볼트(B) 5개와 너트(N) 10개를 사용하여 같은 종류의 화합물 모형 5개를 만들었다고 했으므로 볼트(B)와 너트(N)는 1 : 2의 비율로 화합물을 형성한다. 따라는 화합물 모형은 BN_2가 된다.

03 마그네슘이 산소와 반응하여 산화 마그네슘을 생성할 때의 질량비는 3 : 2 : 5이므로 ㉠은 10이다.

04 질량 보존 법칙은 화학 반응이 일어날 때 반응 전 물질의 총 질량과 반응 후 생성된 물질의 총 질량은 서로 같다는 것이다.

05 (나)는 볼트(B) 2개와 너트(N) 3개가 결합된 화합물이므로 B_2N_3으로 나타낼 수 있다.

06 온도와 압력이 일정할 때, 기체 사이의 반응에서 각 기체의 부피비는 분자 수 비와 같다. 따라서 수증기는 50 mL가 생성된다.

07 지구가 흡수하는 태양 복사 에너지의 양과 방출하는 지구 복사 에너지의 양이 서로 같은 복사 평형이 이루어져, 지구의 연평균 기온은 일정하게 유지된다.

08 성층권에서는 대류 현상이 일어나지 않으므로 대기층이 안정적이며, 성층권 하부 20∼30 km 구간에 오존층이 존재한다.

09 이슬점은 수증기가 응결하기 시작할 때의 온도로, 현재 공기의 실제 수증기량이 많을수록 이슬점이 높다. 따라서 이슬점이 가장 낮은 지점은 D이다.

10 공기가 상승하면 주변의 기압이 낮아져서 공기의 부피가 팽창한다.

11 따뜻한 공기가 찬 공기 쪽으로 이동하여 찬 공기 위로 올라갈 때 생기는 전선은 온난 전선으로, 전선면 기울기가 완만하며 층운형 구름이 형성되고, 넓은 지역에 지속적인 약한 비가 내리는 특징을 가진다.

12 구름은 공기 상승에 따른 단열 팽창으로 기온이 하강해 수증기가 응결한 것이다.

13 북태평양 기단은 한여름에 영향을 받는 기단이다.

14 여름철에는 해양에서 대륙으로 남동 계절풍이 불며, 겨울철에는 대륙에서 해양으로 북서 계절풍이 분다.
① 육지가 바다보다 온도가 높아 바다에서 육지로 부는 바람
② 바다가 육지보다 온도가 높아 육지에서 바다로 부는 바람
④ 산 정상과 골짜기 사이의 온도 차이에 의한 기압 차이로 발생하는 바람

15 시간-속력 그래프에서 그래프의 면적이 이동 거리에 해당한다. 따라서 물체가 0∼5초 동안 이동한 거리는 5×10=50(m)이다.

16 $36 \text{ km/h} = \dfrac{36,000 \text{ m}}{3,600 \text{ s}} = 10 \text{ m/s}$의 속력과 같으므로 10초 동안 이동한 거리는 100 m이다.

17 과학에서는 물체에 가한 힘의 크기와 힘의 방향으로 이동한 거리를 곱한 값을 '일'이라고 한다. 그러므로 책상에 앉아 사무를 처리하거나 물체를 들고 수평 방향으로 이동하는 경우는 과학에서 말하는 일이라고 할 수 없다.

18 10 N × 40 m = 400 J

19 위치 에너지는 9.8 × 질량 × 높이로 나타낸다. 따라서 높이가 높을수록, 질량이 클수록 물체의 위치 에너지는 증가한다.

20 수레의 운동 에너지가 수레가 나무 도막에 한 일이므로
$\dfrac{1}{2} \times 1 \times 2^2 = 2$ J이다.

21 눈으로 들어오는 빛의 양을 조절하는 것은 홍채이다. 어두울 때는 홍채가 축소되면서 동공이 커지고, 밝을 때는 홍채가 확장되면서 동공이 작아진다.

22
소리 → 귓바퀴 → 고막 → 귓속뼈 → 달팽이관(청각 세포) → 청신경 → 대뇌

23 후각은 사람의 감각 중 가장 예민한 감각이다.

24 다른 뉴런의 자극을 수용하는 곳은 가지 돌기이며, 축삭 돌기는 가지 돌기에서 받은 자극을 다른 뉴런이나 반응기로 전달한다.

25 연수는 호흡 운동, 심장 박동, 소화 운동 등을 조절하고, 침, 눈물, 재채기 등의 무조건 반사의 중추이다.

26 갑상샘에서 분비되며, 세포 호흡을 촉진하는 호르몬은 티록신이다.

27 혈당량이 낮을 때는 이자에서 글루카곤이 분비되어 혈당량을 증가시킨다.

28 ① 남자의 성염색체는 XY이다.
② 남·여의 염색체 수는 각각 46개로 같다.
③ 부모로부터 각각 23개씩 물려받았다.

29 몸을 구성하는 하나의 세포가 둘로 나누어지는 현상은 체세포 분열이다.

30 ①·②·③ 감수 분열에 대한 설명이다.

31 염색체가 세포 중앙에 배열되어 있으므로 중기에 해당한다.

32 생식 세포는 감수 분열을 하므로 생식 세포의 염색체 수는 체세포의 절반이 된다.

33 감수 1분열 전기에 상동 염색체끼리 접합해 2가 염색체를 형성한다.

34 수정란이 발생 초기에 빠르게 세포 분열을 하여 세포 수를 늘리는 과정은 난할이며, 난할을 거듭할수록 세포 수는 늘어나지만, 세포 하나의 크기는 점점 작아진다.

35 순종의 둥근 완두(RR)와 주름진 완두(rr)를 교배하면 잡종 1대에서는 모두 Rr의 유전자형을 가진 둥근 완두가 나온다.

36 순종의 둥근 완두(RR)와 주름진 완두(rr)를 교배하면 모두 Rr의 유전자형을 가진 잡종 1대가 나오며, 잡종 1대를 자가 수분하여 얻은 잡종 2대에서는 둥근 완두(RR, Rr)와 주름진 완두(rr)의 비율이 3 : 1로 나타난다.

37 B형의 유전자형은 BB, BO이며, O형의 유전자형은 OO이다. 따라서 BB × OO → B형, BO × OO → B형, O형이므로 자녀에게서 나타날 수 있는 혈액형은 B형과 O형이다.

38 형질을 결정하는 유전자가 X 염색체에 있어, 남녀에 따라 형질이 나타나는 빈도가 다른 것은 반성 유전에 해당한다.

39 공기의 저항을 무시할 때, 역학적 에너지는 보존되므로 처음 10 m 높이에 있을 때의 위치 에너지가 이 공의 역학적 에너지이며, 이때의 역학적 에너지와 4 m 높이의 역학적 에너지는 동일하다. 따라서 4 m 지점을 지날 때 역학적 에너지의 양은 9.8 × 2 × 10 = 196 J이다.

40 공이 지상 4 m 지점을 통과할 때, 공은 4 m에 해당하는 위치 에너지와 6 m에 해당하는 위치 에너지를 운동 에너지로 갖는다. 따라서 위치 에너지와 운동 에너지의 비는 4 : 6, 즉 2 : 3이다.

41 선풍기는 전기 에너지가 운동 에너지로 전환되는 전기 기구이다.

42 자석의 역학적 에너지가 전기 에너지로 전환된다.

43 에어컨의 소비 전력은 2,000 W이고 선풍기의 소비 전력은 50 W이므로, 에어컨 한 대의 소비 전력은 선풍기의 $\dfrac{2,000}{50} = 40$(배)이다.

44 롤러코스터에서 높이가 가장 낮을 때가 위치 에너지가 운동 에너지로 가장 많이 전환된 지점이므로 운동 에너지가 가장 큰 지점은 C이다.

45 공을 위로 던지면 위로 올라가는 동안 운동 에너지가 위치 에너지로 전환되므로 운동 에너지는 감소하고, 위치 에너지가 증가한다. 하지만 역학적 에너지는 변함없다.

46 별의 밝기는 그리스의 히파르코스가 밝은 순서에 따라 여섯 개의 등급으로 구별했는데 등급이 낮을수록 밝다.

47 별의 밝기는 거리의 제곱에 반비례하므로 1등급인 별의 거리가 10배 가까워진다면, 100배 밝아질 것이고 등급 차이로는 5등급 작아져 −4등급으로 보인다.

48 표면 온도가 높을수록 파장이 짧은 푸른색을, 표면 온도가 낮을수록 파장이 긴 붉은색을 띤다.

49 우리 은하는 태양계를 비롯하여 별과 성단, 성운, 성간 물질 등으로 이루어진 거대한 집단이다.

50 은하의 중심을 가로지르는 막대의 끝에서 나선팔이 휘어져 나온 모양을 하고 있는 은하는 막대 나선 은하이다.
① 나선팔이 없으며, 구형에 가깝거나 납작한 타원 모양의 은하
② 매우 강한 전파를 내는 은하
③ 중심에서 나선팔이 휘어져 나온 모양의 은하

51 성단에는 산개 성단과 구상 성단이 있는데, 푸른색 별이 많고 젊은 별의 집단은 산개 성단이다.

52 별과 별 사이의 넓은 공간에 퍼져 있는 가스와 먼지 등을 성간 물질이라고 하며, 이러한 성간 물질이 뒤쪽에서 오는 별빛을 차단하여 어둡게 보이는 천체를 암흑 성운이라고 한다.

(과학 실전 문제)

과학 실전 문제 1회

01 ④	02 ④	03 ③	04 ④	05 ①
06 ③	07 ④	08 ①	09 ③	10 ③
11 ④	12 ③	13 ③	14 ②	15 ①
16 ②	17 ①	18 ④	19 ②	20 ①
21 ③	22 ③	23 ①	24 ④	25 ①

01 현무암은 마그마가 식어서 굳어진 암석인 화성암에 해당한다.

02 물체의 위치에 관계없이 중력은 연직 아래 방향으로 작용한다.

03 멸종 위기 생물의 보호는 생물 다양성 감소에 따른 대책에 해당한다.

04 보일 법칙은 온도가 일정할 때 일정량의 기체의 부피는 압력에 반비례한다는 것이다.

05 고체가 액체로 상태 변화하는 것은 융해이다.

06 물질이 열을 흡수하면 주위의 온도는 내려가고 주위가 시원해지며, 열을 방출하면 주위의 온도는 올라가게 되고, 주위가 따뜻해진다.

07 D는 흰색이다. 빛의 삼원색이 모두 합쳐지면 흰색이 된다.

08 • 횡파: 파동의 진행 방향과 매질의 진동 방향과 직각인 파동
　　예 물결파, 지진파의 S파, 빛, 전자기파 등
• 종파: 파동의 진행 방향이 매질의 진동 방향과 나란한 파동
　　예 소리, 초음파, 지진파의 P파 등

09 불꽃 반응에서 불꽃색을 나타내는 원소는 금속 원소이다.
①·②·④ 나트륨은 노란색, 칼슘은 주황색, 구리는 청록색의 불꽃색을 나타낸다.

10 전자를 잃으면 양이온이 되는데, +1은 전자 1개, +2는 전자 2개를 잃은 것이다.

11 전하의 종류가 반대이면 서로 끌어당기고(인력), 전하의 종류가 같으면 서로 밀어낸다(척력).

12 화성은 표면이 붉은색을 띠고 있으며, 물이 흘렀던 흔적이 있다. 또한 극 지방에는 얼음과 드라이아이스로 만들어진 극관이 관측된다.

13 녹색 식물의 광합성 결과 포도당과 산소가 생성된다.

14 사람의 배설 기관으로는 콩팥, 오줌관, 방광, 요도 등이 있다.

15 순물질은 홑원소 물질과 화합물로 분류되는데, 구리는 홑원소 물질에 해당한다. 홑원소 물질이란 한 가지 원소로 이루어진 순물질이다.

16 빙하가 어는 지역에서는 물만 얼어 염분이 높아지고, 반대로 빙하가 녹는 지역은 담수가 유입되므로 염분이 낮아진다.

17 질량 보존 법칙
$$2H_2O \rightarrow 2H_2 + O_2$$
$$18\,g \rightarrow (\quad)g + 16\,g$$
$$\therefore (\quad) = 2$$

18 높이 올라갈수록 기온이 하강하고, 대류가 활발하며, 기상 현상이 나타나는 곳은 대류권이다.

19 속력 $= \dfrac{이동\ 거리}{걸린\ 시간}$ 이므로 $\dfrac{200}{20} = 10\ m/s$이다.

20 수정체는 빛을 굴절시켜 망막에 상이 맺히게 한다.

21 전정 기관은 몸의 기울어진 정도와 위치의 변화를 느끼는 곳이다.
① 달팽이관은 청각 세포가 있어 받아들인 소리의 진동을 청신경에 전달한다.
② 고막은 소리에 의해 진동하는 얇은 막이다.
④ 반고리관은 몸의 회전 자극을 받아들여 몸이 어느 방향으로 움직이는지 감지한다.

22 에스트로젠은 난소에서, 테스토스테론은 정소에서 분비된다.

23 핵분열기 중 가장 긴 시기는 전기이다.
② 가장 짧은 시기, 염색체 관찰이 가장 쉬움. 염색체가 세포의 중앙에 배열
③ 염색체가 방추사에 의해 양극으로 끌려가는 시기, 세포질 분리가 시작
④ 핵막이 나타나고 염색체가 풀어짐

24 핵발전에서는 핵분열(핵에너지)로 발생한 열(열에너지)로 물을 끓여서 터빈을 돌려(운동 에너지) 전기 에너지를 생산한다.

25 우리 은하는 위에서는 나선 구조, 옆에서는 볼록 렌즈 모양의 규칙 은하이며, 막대 나선 모양이다.

과학 실전 문제 2회

01 ③	02 ③	03 ②	04 ③	05 ④
06 ④	07 ①	08 ③	09 ④	10 ③
11 ④	12 ④	13 ③	14 ②	15 ③
16 ③	17 ②	18 ③	19 ④	20 ②
21 ②	22 ④	23 ④	24 ④	25 ④

01 화성암 중 화산암의 일종으로 감람석, 휘석, 각섬석을 많이 함유한 현무암에 대한 설명이다.

02 중력에는 인력만 있다.

03 벼, 고사리, 우산이끼, 버드나무는 생물의 5계 분류 중 식물계에 속한다.

04 일정한 온도에서 기체의 압력과 부피는 반비례한다(보일 법칙). 따라서 이 관계를 그래프로 나타내면 ③이다.

05 드라이아이스 덩어리가 점점 작아진 것은 고체에서 바로 기체로 승화가 일어난 것이다.
①은 액화, ②는 응고, ③은 기화이다.

06 ① 물이 응고될 때 열을 방출하므로 주위의 온도는 올라간다.
② 기화가 일어날 때 주위의 열을 흡수한다.
③ 물질의 상태 중 열에너지를 가장 많이 가지고 있는 것은 기체이다.

07 오목 거울은 나란히 들어온 빛을 반사시켜 한 곳으로 빛이 모이게 하며, 볼록 렌즈는 나란히 들어온 빛을 굴절시켜 한 곳으로 빛을 모은다.

08 (나) 종파의 예에는 소리, 초음파, 지진파의 P파가 있다.
(가) 빛은 횡파이다.

09 두 종류의 원자가 한 개씩 결합했으므로 일산화 탄소(CO)이다.
① 동일 원자 2개
② 원자 3개
③ 원자 4개

10 $NaCl$(염화 나트륨) → Na^+(나트륨 이온) + Cl^-(염화 이온)

11 전류의 흐름을 방해하는 정도를 나타내며, 단위로 Ω(옴)을 사용하는 것은 저항이다.

12 내행성은 지구보다 태양에 가까운 안쪽의 행성으로서 수성, 금성 등을 말한다. 수성은 태양에서 가장 가까운 행성으로 대기가 없으며, 일교차가 크다.

13 광합성은 물과 이산화 탄소로 빛에너지를 이용하여 포도당과 산소를 생성하는 과정이다.

14 혈액을 구성하는 혈구에는 적혈구, 백혈구, 혈소판이 있으며, 이 중에서 핵이 있고 식균 작용(몸 안에 들어온 세균을 잡아먹는 작용)을 하는 것은 백혈구이다.

15 부피는 물체가 차지하고 있는 공간의 크기로, 물질의 특성에 해당하지 않는다.

16 우리나라는 북태평양의 서쪽 해안을 따라 우리나라 쪽으로 북상하는 쿠로시오 해류의 영향을 가장 크게 받는다.

17 찬물이 얻은 열량은 금속 추가 잃은 열량과 같다. 따라서 금속 추가 잃은 열량은 150 kcal이다.

18 BN_2 10개의 질량 = $10 \times (10 + 2.5 \times 2) = 150$ g

19 • 봄·가을: 양쯔강 기단
• 여름: 북태평양 기단(한여름), 오호츠크해 기단(초여름)
• 겨울: 시베리아 기단

20 150 N × 3 m = 450 J

21 망막은 우리 눈에서 상이 맺히는 부분이다.
① 홍채: 눈으로 들어오는 빛의 양을 조절
③ 수정체: 빛을 굴절시켜 상을 망막에 맺히도록 함.
④ 눈꺼풀: 눈으로 들어오는 빛을 차단

22 무조건 반사에 대한 설명이다. 무조건 반사는 대뇌를 거치지 않는 반응으로 감각 신경에서 척수와 운동 신경만을 거쳐 일어난다.

23 서로 다른 대립 형질을 지닌 순종의 두 개체(우성 호모와 열성 호모)의 교배로 발생한 잡종 제1대(F_1)에서 우성의 형질만 나타나는 현상은 우열의 원리에 해당한다.

24 물체가 운동하고 있는 동안 마찰이 없다면 역학적 에너지는 일정하다.

25 절대 등급은 모든 별을 10 pc의 거리에 놓았다고 가정하고 보는 등급이다.

도덕

1 자신과의 관계

01 ②	02 ②	03 ②	04 ④	05 ②
06 ①	07 ②	08 ④	09 ③	10 ④
11 ①	12 ④	13 ④	14 ③	15 ④
16 ②	17 ④	18 ④	19 ④	20 ①
21 ④	22 ④	23 ②	24 ③	25 ②
26 ①	27 ④	28 ④	29 ②	30 ④
31 ③	32 ③	33 ④	34 ④	35 ④

01 양심

도덕적으로 잘못된 어떤 행동을 하려고 생각하거나 또 그런 행동을 하고 있을 때, 우리에게 착한 행동을 하라고 끊임없이 명령하는 윤리 의식을 말한다.

02 도덕 판단의 종류

• 일반적인 도덕 판단: 모든 사람 또는 어떤 종류의 행위나 성품 전체에 대해 내리는 판단
 – 사람은 정직해야 한다.
 – 공직자는 청렴해야 한다.
 – 다른 사람의 인격을 존중해야 한다.
• 개별적인 도덕 판단: 특정한 개인이나 하나의 행위에 대해 내리는 판단
 – 철수는 정직한 아이이다.
 – 네가 그렇게 한 행동은 옳지 않다.
 – 어려운 친구를 배려하는 민정이의 마음씨가 참 착하다.

03 도덕적 행동을 하기 위해서는 도덕적 지식, 도덕적 실천 동기, 도덕적 사고 능력이 갖추어져야 한다. 도덕적으로 옳지 않다는 것을 알면서도 도덕적 문제 상황을 그냥 지나치는 도덕적 무관심은 도덕적 행동을 하기 위한 필요 요소가 아니다.

04 도덕적 추론이란 어떤 행위에 대해 도덕 판단을 내릴 때 타당한 근거를 생각해 보는 과정이다. 도덕적 추론은 도덕 원리와 사실 판단을 찾은 후에 도덕 판단을 내리는 것이다. 따라서 ㉮는 도덕 원리, ㉯는 사실 판단, ㉰는 도덕 판단이며 ㉮와 ㉯는 도덕 판단을 내리는 데 있어 근거가 된다.

05 인간은 사회 속에서 도움을 주고받으며 언어, 지식, 생활 습관, 가치관 등을 배움으로써 살아가는 사회적 존재임을 설명하고 있다.
③ 불리한 신체적 조건을 극복하기 위해 도구를 만들었으며, 수준 높은 문화를 창조했다.
④ 인간은 옳고 그름을 따져 볼 수 있는 이성을 바탕으로 자신의 행동을 스스로 선택하고 반성할 수 있다.

06 자신의 삶에 대한 반성과 내면의 성찰을 통해 자아를 발견하고 삶의 진정한 의미를 찾을 수 있다.

07 인간의 특성으로는 이성적 · 사회적 · 유희적 · 도구적 · 윤리적 · 문화적 존재 등이 있다. 인간이 스스로의 삶을 반성하고 성찰하는 것은 윤리적 존재로서의 특징이다.

08 도덕적 실천 의지는 도덕적 지식과 판단을 바탕으로 주어진 상황에서 실제로 행동하려는 마음가짐으로서, 경우에 따라 자신의 도덕적 판단과 달리 비도덕적인 행동을 하는 것은 도덕적 실천 의지가 부족하기 때문이다.

09 도덕 판단

• 어떤 사람의 인격이나 행위를 도덕적 측면에서 '옳다, 옳지 않다, 해야 한다, 해서는 안 된다, 좋다, 나쁘다'라고 평가하는 것을 말한다.
• 가치 판단의 한 종류로 시비선악(是非善惡)에 대한 판단이다.
• 도덕 판단은 어떤 사람의 인격이나 행위에 대해 도덕적으로 평가하는 가치 판단이다.

10 다른 사람과 더불어 살아야 하는 사회에서는 나의 행동이 다른 사람에게 미치는 영향을 생각해 신중하게 행동해야 하며, 다른 구성원들과 협력하고 조화롭게 살아가기 위해서는 사회질서와 공중도덕을 지켜야 한다.
① · ② · ③ 타율에 의한 행동이다.

11 본래적 가치

그 자체가 귀중하고 목적으로서 추구되는 가치 예 행복, 건강

12 ㄴ. 도덕적 무지: 도덕적 문제 상황에 부딪혔을 때 도덕적으로 사고할 수 있고 판단할 수 있는 도덕적 지식이 부족하거나 도덕적으로 잘못된 신념을 가지고 있는 것
 ㄷ. 도덕적 무관심: 도덕적 사고와 판단이 가능한 사람이 도덕적으로 옳지 않은 문제에 대해 알게 되었을 때 그냥 지나치거나 방관하는 것

13 최고선이란 삶을 살면서 추구해야 하는 가장 높은 최고의 가치로 아리스토텔레스는 우리가 궁극적 목적으로 추구하는 것이 최고선이며 이것이 바로 행복이라고 말했다.

14 도덕적 실천 동기는 도덕적 행동을 일으키는 계기나 원인으로, 도덕적 행위를 이끄는 원동력이 된다. 도덕적 사고를 도덕적 행동으로 옮기기 위해서는 도덕적 실천 동기가 필요하다.

15 아리스토텔레스의 말은 도덕적 실천 의지는 한 번의 행동으로 되는 것이 아니라 계속적이고 반복적인 행동을 통해 비로소 형성된다는 의미로 받아들여야 한다. 따라서 올바른 습관이 형성될 수 있도록 노력해야 한다.

16 자아 정체성은 자신이 속한 사회의 문화와 다른 사람과의 사회적 관계 등의 영향을 받아 점진적으로 형성된다.

17 성무선악설은 인간의 본성이 본래 선도 아니고 악도 아니며, 교육하고 수양하는 것에 따라 달라지고, 그 과정에서 그 어느 품성으로도 될 수 있다는 입장이다.

18 도덕적 자아의 역할은 자신의 행동을 도덕적으로 바라보고, 도덕적으로 올바른지 반성하게 하는 것이다.

19 도덕적 추론의 구성 요소
- 도덕 원리: 원리의 근거로, 모든 사람이나 행위 전체에 대해 보편적으로 평가하는 도덕 판단이다.
- 사실 판단: 사실의 근거로, 참과 거짓을 객관적으로 확인하는 판단이다.
- 도덕 판단: 어떤 구체적인 도덕 문제에 대해 도덕 원리와 사실 판단을 통해 내리는 판단이다.

20 당위는 인간으로서 당연히 해야만 하는 것으로, 우리 사회는 더불어 살아가는 세상이므로 갈등 상황에서는 당위가 필요하다. 갈등 상황에서는 내가 하고 싶은 것과 해야만 하는 것이 일치하지 않는 경우가 더 많으므로 욕구와 당위 사이에 적합한 것을 선택하고 이를 행동으로 옮겨야 한다.

21 영규는 '커닝을 하는 것은 옳지 않다'는 도덕적 지식은 있었으나 실제로 '커닝을 하지 않는다'는 도덕적 행위는 하지 않았다.

22 양심은 도덕적으로 잘못된 행동을 할 경우 착한 행동을 하라고 명령하는 윤리 의식으로, 잘못을 저지를 때 부끄러움을 느끼고 바람직한 행동을 실천하도록 이끌어주는 것이다.

23 도덕은 인간이 살아가는 동안 지켜야 할 도리 또는 바람직한 행동 기준으로 지키지 않더라도 강제적 처벌을 받지 않으며, 지키는 것은 개인의 양심에 맡긴다.

24 영철이는 재우를 도와주어야 한다는 사실을 알고 있었지만, 보복을 두려워하지 않는 용기가 부족하여 도덕적 사고를 올바르게 했음에도 이를 실천하지 못했다.

25 제시문의 내용은 맹자가 주장한 성선설로, 맹자는 모든 사람은 태어날 때부터 다른 사람을 불쌍히 여기고 자신의 잘못을 부끄러워하며 상대방에게 양보하고, 옳고 그름을 분별할 수 있는 마음을 가지고 태어난다고 했다.

26 제시문의 내용은 도덕적 상상력에 대한 설명이다. 도덕적 상상력이란 문제를 해결하는 것으로 도덕적 문제에 부딪쳤을 때 어떤 일들이 벌어질 것인지 생각해 보고 해결책을 제시하는 것이다.

27 역사적인 인물을 탐색하여 본받는 것은 자신의 삶과 도덕적인 지향점을 분명하게 밝혀 자아 정체성 형성에 도움을 준다.

28 인간에게는 쾌락이나 재물 같은 것보다 인간이 인간답게 살도록 해주는 덕이 필요하며, 도덕적인 삶을 살아야 행복하게 살 수 있다.

29 제시문에서 설명하는 가치는 정식적 가치이다.
① 물질을 통해 만족감을 얻을 수 있는 것으로, 즐거움을 주는 쾌락 가치와 생활에 필요한 것을 주는 유용 가치가 있음.
③ 목표를 이루기 위한 도구로써의 가치로 다른 목적의 수단이 되는 가치
④ 다른 사람의 의견이나 관점과 상관없이 내가 느끼는 가치

30 제시문은 가치 전도 현상에 대한 설명이다.

31 인간은 생활상의 이해관계를 떠나 삶의 재미를 추구하는 유희적 존재이다. 인간은 놀이, 유머, 장난 등을 좋아하는 성향을 가지고 있으며 이는 다양한 문화적 활동의 기반을 이룬다.

32 도덕적으로 살아가는 사람들은 자신의 감정과 욕구를 무조건 따르는 것이 아니라, 이성적인 판단을 통해 자신의 욕구를 도덕적인 방향으로 조절할 수 있어야 한다.

33 사실 판단은 사실의 근거로 참과 거짓을 객관적으로 확인하는 판단이다. 도덕 원리와 사실 판단을 통해 도덕 판단이 이루어진다.

34 보편화 결과 검사
문제가 되는 도덕 원리를 모든 사람이 보편적으로 실천했을 때 나타날 수 있는 결과를 예상하여 도덕 원리의 적절성 여부를 검토하는 방법

35 도덕적 인물은 자기 삶의 중요한 도덕적 가치를 신념으로 삼고 이것을 끝까지 지켜나간다.

2 타인과의 관계

01 ①	02 ④	03 ②	04 ①	05 ③
06 ③	07 ①	08 ③	09 ②	10 ①
11 ①	12 ④	13 ④	14 ①	15 ②
16 ④	17 ①	18 ①	19 ②	20 ③
21 ①	22 ①	23 ④	24 ②	25 ③
26 ②	27 ④	28 ①	29 ④	30 ①
31 ④	32 ②	33 ④	34 ③	35 ①
36 ③	37 ③			

01 ② 성 역할에 대해 고정관념을 가지지 않는다.
③ 남성과 여성은 서로 다름을 인정한다.
④ 사랑에는 반드시 책임이 뒤따르게 되므로 심사숙고하여 책임을 질 수 있는 범위를 벗어날 경우를 삼가야 한다.

02 • 가정은 우리가 학습하고 성장할 수 있도록 도와준다.
• 가정은 우리의 삶에 필요한 정서적 안정감을 제공한다.
• 가정에서 우리는 살아가는 데 필요한 도덕성을 기르게 된다.

03 현대 사회의 이웃 관계
- 현대 사회에서 사람들은 한곳에 오랫동안 머물며 사는 일이 적어지면서 같은 마을의 사람들과 이웃관계를 맺기 어려워졌다.
- 산업의 발달과 분업화로 각자 하는 일이 달라서 이웃과 대화하고 친분을 나누는 일이 점차 사라지게 되었다.

04
- 소극적 평화: 전쟁, 테러와 같이 사람의 목숨과 신체에 위협을 가하는 직접적 폭력이 없는 상태
- 적극적 평화: 직접적 폭력뿐만 아니라 빈곤, 정치적 억압, 인종 차별과 같은 간접적 폭력까지 모두 없는 상태

05 바람직한 가정을 이루기 위해서는 가족의 상황과 개인의 능력에 따라 융통성 있게 역할을 분담해야 한다. 따라서 성별에 따라 역할 분담을 하는 것은 바람직한 가정을 이루기 위한 노력이 아니다.

06 ① 일회성으로 끝나는 것은 참된 의미의 봉사 활동이라고 보기 어렵다.
② 봉사 활동은 자유의사에 의해 자발적으로 하는 것이다.
④ 봉사 활동은 보수나 대가 없이 자신의 시간과 노력을 투자하여 남을 돕는 활동이다.

07 다른 사람의 의견을 듣지 않고 자기 의견을 일방적으로 관철하는 것은 갈등을 해결하는 자세가 아니다.

08 집단 따돌림은 특정 대상을 괴롭히는 것으로 학교 폭력에 해당되며 친구들 사이에 흔히 있는 장난으로 한 행동으로 여겨서는 안 되는 사회적 문제이다. 따돌림으로 인해 피해 학생은 인간답게 살 권리를 침해당하게 된다. 가해 학생은 피해 학생이 겪은 일에 대해 죄책감이나 반성하는 태도가 필요하다.

09 ① 벗과 사귐에는 믿음이 있어야 함
② 같은 편끼리 하는 싸움
③ 믿음으로써 벗을 사귐
④ 목이 잘리는 한이 있어도 마음을 변치 않고 사귀는 친한 사이

10 자애는 부모가 자녀에게 베푸는 희생적·헌신적·무조건적인 숭고한 사랑이며, 효도는 자녀가 부모를 받들어 섬기는 것으로 자식이 해야 할 마땅한 도리이다.

11 이성 간에 지켜야 할 예절
서로 다른 성을 이해하려는 마음에서 자신의 생각을 솔직하게 이야기하고 의논할 수 있어야 하며, 서로의 장단점을 보완하는 우정으로 발전시키기 위해 노력한다. 또한, 상대방과 적정한 거리를 유지하여 불편하게 느끼지 않도록 하며, 성적인 자극이나 편견을 가지게 하는 말을 함부로 하지 않는다.

12 봉사 활동을 하는 바람직한 태도
- 봉사 활동을 할 때는 함께한다는 마음가짐이 필요하다.
- 봉사를 하는 사람이나 받는 사람이나 서로 존중하는 마음을 가져야 한다.
- 상대방이 정말로 도움을 필요로 하는지 알아보는 것이 좋다.

13 네티즌 윤리강령에는 타인의 인권과 사생활 존중·보호, 건전한 정보의 제공과 올바른 사용, 불건전 정보의 배격과 유포 금지, 타인의 정보 보호와 자신의 정보 관리 철저, 비속어·욕설 사용 자제와 바른 언어 사용, 실명 활동과 자신의 ID로 행한 행동에 대한 책임 부담, 바이러스 유포나 해킹 등 불법적 행동 금지, 타인의 지적재산권 보호 등이 있다.

14 역할 갈등은 지위에 따른 개인의 역할들이 조화를 이루지 못하고 서로 충돌하거나 하나의 지위에 대해 기대되는 역할들이 서로 대립해 갈등을 일으키는 것으로 현대 사회로 올수록 역할 갈등이 점점 증가하고 있다.

15 ㄴ·ㄹ. 이성 교제를 할 때 나타날 수 있는 문제점이다.

16 편견과 고정관념을 버려야 진정한 소통이 이루어져 갈등을 평화롭게 해결할 수 있다.

17 우정은 친구 사이에서 주고받는 정신적 유대감이나 정을 의미하며, 우정을 쌓으려면 비난보다는 이해와 진심 어린 충고가 필요하다.

18 제시문의 가족은 가족 구성원이 모두 혼자 시간을 보내기 때문에 가족 간의 대화 시간이 줄어들어 의사소통이 이루어지지 않고 있다. 이런 가족 간의 단절 문제를 해결하기 위해 원활한 의사소통을 하도록 노력해야 한다.

19 두레는 농촌에서 농번기나 노동이 필요할 때 주민들이 공동으로 작업하던 노동 조직이다.

20 폭력으로 갈등 해결을 해선 안 된다. 폭력은 다른 사람을 신체적·언어적·정서적으로 공격하여 물리적·정신적 피해를 주는 행위이자 정당하지 않은 방식으로 내 의지를 관철시키려는 일방적인 힘의 행사로, 평화로운 삶을 위협한다.

21 바람직한 가정을 이루기 위해서는 평소 대화를 많이 하고 어려운 일이 있으면 도와주며 취미 생활이나 운동을 같이 하는 등 함께하는 시간을 많이 갖도록 노력한다.

22 영호는 하기 싫다는 이유로 과제를 하지 않았는데, 이는 해야 하는 일에 대한 책임 의식이 부족하기 때문이다.

23 인터넷 상에서는 상대방과 얼굴을 맞대지 않고도 자유롭게 소통이 가능한데 이것을 비대면성이라고 한다.

24 봉사는 자발적으로 타인과 사회를 위해 도움을 주고 고통을 함께 나누는 것으로, 물질적 보상과 대가를 바라지 않는다.

25 정보화 시대의 도덕적 원칙

존중의 원칙	사이버 공간에서도 현실 공간에서 사람들을 대하는 것과 동일하게 서로 존중하는 의무를 지녀야 함
책임의 원칙	정보 제공자 및 이용자는 자신의 행동이 가져올 결과를 신중히 생각하고 책임 있게 행동해야 함
정의의 원칙	정보의 진실성과 공정성, 완전성을 추구하며 다른 사람의 기본적 자유와 권리를 침해하지 않아야 함
해악 금지의 원칙	사이버상에서의 비도덕적 행동을 지양하고 타인에게 피해를 끼치지 않아야 함

26 폭력은 피해자와 가해자 모두에게 고통을 준다. 피해자는 가해자로부터 당한 폭력으로 인해 지속적인 불안과 공포를 느끼게 되고, 가해자는 자신의 폭력 행위로 받게 되는 법적 처벌과 피해자에 대한 양심의 가책으로 인해 심리적인 고통을 겪게 된다.

27 봉사활동을 할 때는 다른 사람들의 눈에 띄는 활동이 아니라, 상대방이 실제로 필요로 하는 활동을 하는 것이 중요하다.

28 이성과의 교제 시에는 언제나 상대방의 판단을 존중하며, 상대방에 대한 집착 없이 상대방과 적정한 거리를 유지하여 불편을 느끼지 않도록 해야 하고, 늘 예의를 지켜야 한다.

29 사이버 공간에서의 도덕적 실천 및 윤리가 가장 필요하다.

30 성의 의미

생물학적 성(sex)	생식 작용을 중심으로 육체적인 특성에 따라 남자와 여자를 구분하는 것
사회 문화적 성(gender)	사회적·문화적으로 만들어지는 여성다움과 남성다움을 통칭하는 것
욕망으로서의 성(sexuality)	성적 관심, 성적 활동 등 성적 욕망과 관련되는 것

31 사이버상에서는 비도덕적 행동을 지양하고 타인에게 피해를 끼치지 않는 해악 금지의 원칙을 지켜야 한다.

32 폭력은 가해자에게 내가 일방적으로 직간접적인 피해를 받는 것으로 당하면 내 탓으로 여기지 말고 자신의 의사를 명확하게 표현해야 하며, 주변에 적극적으로 도움을 요청해야 한다.

33 친한 친구 사이는 서로에 대한 믿음과 존중이 바탕이 되며, 서로에 대한 예의를 지킨다.

34 노인들은 오랫동안 육체적·정신적으로 사회 발전을 위해 수많은 노력을 기울여 왔으며 우리가 겪을 수 없는 값진 경험과 그로 인해 터득한 고귀한 지혜를 지녔으므로 이런 노인들을 존경하고 존중하는 태도를 가지는 것이 노인 공경이다.

35 사이버 공간의 특성 중 내 정체를 드러내지 않고 활동할 수 있다는 것은 익명성이다. 사이버 공간에서는 익명성을 악용하여 무책임하게 행동할 수 있으므로 이에 대한 도덕적 책임이 필요하다.

36 자애는 부모님의 자식에 대한 도리이고, 효는 자녀의 부모님에 대한 도리이며, 우애는 형제자매 간의 도리이다.

37 학교에서 생긴 마음의 상처를 가정에서 치유한다는 내용이므로 가정의 기능 중 정서적 안정감에 대한 설명이다.

3 사회·공동체와의 관계

01 ③	02 ①	03 ③	04 ④	05 ③
06 ①	07 ②	08 ③	09 ④	10 ④
11 ②	12 ②	13 ①	14 ①	15 ①
16 ④	17 ②	18 ②	19 ④	20 ③
21 ④	22 ①	23 ④	24 ①	25 ②
26 ④	27 ④	28 ③	29 ①	30 ③
31 ①	32 ③	33 ③	34 ③	35 ①
36 ①	37 ①	38 ③	39 ②	40 ③
41 ①	42 ④	43 ②	44 ④	45 ③

01 문화 상대주의
인류의 보편적 가치를 바탕으로 문화의 다양성을 인정하고 각 문화를 그 사회의 독특한 환경과 역사적·사회적 상황에 비추어 이해하는 태도

02 인간 존엄성
- 단 한 사람의 생명이라도 소중하게 여기는 가치를 말한다.
- 존엄성을 유지하며 살아가는 삶이 인간다운 삶이다.
- 인간의 존엄성은 인간이 가지는 천부적 인권이자 기본적인 인권이다.

03 양성 평등
- 사람이 살아가는 영역에서 남자와 여자 양쪽을 성별에 따른 차별 없이 동등하게 대우하는 것을 의미한다.
- 양성 평등 사회는 남자와 여자가 법률적·사회적으로 똑같은 기회를 부여받으며, 똑같이 권리와 이익을 누리게 된다.
- 똑같은 권리와 이익을 누리는 것은 자유, 행복 추구와 같은 기본적 인권에서 똑같은 대우를 받는 것을 말한다.

04 연대 의식
사회 구성원 상호간 또는 구성원과 사회 간의 상호의존을 지탱하는 의식으로 국가의 구성원들을 끈끈하게 하나로 묶어 주는 역할을 하는 정신적인 요소이다.

05 인간 존엄성
- 단 한 사람의 생명이라도 소중하게 여기는 가치를 인간의 존엄성이라고 한다.
- 인간의 존엄성은 인간이 가지는 천부적 인권이자 기본적인 인권이다.

06 통일의 필요성
- 민족의 참다운 역사
- 민족의 이해와 협동, 평화와 사랑
- 인간적인 삶의 문제를 해결
- 민족의 활동 무대의 확대
- 남북한의 경제 통합
- 한반도와 동북아시아의 평화 구축

07 우리나라가 지향하는 민주주의의 모습
- 법과 원칙이 잘 지켜진다.
- 부정부패와 부당한 차별이 없다.
- 소외된 사람들을 충분히 배려한다.

08 바람직한 문화 교류를 위한 자세
- 각 민족이나 국가마다 그 나름의 독특한 문화가 있다는 것을 인정하고 존중하는 태도를 가져야 한다.
- 모든 문화가 각각의 주체성을 가지고 있음을 인정하고, 우리 문화와는 다른 문화도 이해하고 상호 존중하는 가운데 문화 교류를 전개해야 한다.

09 양성평등은 차별이 아니라 남성과 여성의 차이를 인정하고 이를 존중하는 것이다.

10 북한 이탈 주민을 대하는 올바른 태도
- 존중과 배려
- 차이점에 대해 인정하고 편견 버리기
- 실질적인 경제적 도움
- 교육과 직업 훈련 등의 제도적 지원

11 문화는 사회가 가지고 있는 고유한 자연 환경이나 역사 또는 사회적 상황에 맞게 만들어진다. 사회 구성원이 처한 환경과 상황, 가치관에 따라 다양한 문화가 형성된다.

12 제시된 내용은 인간이기에 소중하며 존엄하게 대우 받아야 한다는 인간 존중을 강조하고 있다.

13 ② 언론과 출판의 표현의 자유가 보장되어 있지 않다.
③ 외국어와 컴퓨터 등과 같은 실용적인 교육을 받고 있다.
④ 공산주의 경제 체제의 구조로 심각한 경제난과 식량난을 겪고 있다.

14 우리나라는 전통적으로 남자는 바깥일을 여자는 집안일을 하는 것으로 성 역할이 명확하게 구분되었으나, 오늘날 여성의 사회 진출이 점점 증가하면서 남녀의 역할 구분이 점점 사라지고 있다.

15 국가는 사회적 약자들이 기본적인 생활 수준을 유지할 수 있도록 보호해야 하기 때문에 적극적인 복지 정책을 시행함으로써 국민의 삶의 실질적인 보장이 이루어지도록 해야 한다.

16 반전·반핵 운동은 전쟁과 핵무기 확산 및 사용을 반대하는 운동으로 세계 평화를 위한 노력이라 할 수 있다.

17 자신이 속한 문화가 다른 사회의 문화보다 낮다고 여기며 다른 사회의 문화를 우월하다고 생각하는 것을 문화 사대주의라 한다.
① 자기 문화의 우월성에 빠져서 자기 집단의 문화만을 우월하다고 여기고 다른 문화는 부정적으로 열등하게 평가하는 태도
③ 다른 나라의 문화를 배격하는 태도
④ 각 문화의 다양성을 인정하고, 문화가 생겨난 독특한 환경과 역사적·사회적 환경에서 그 문화를 이해하는 태도

18 준법은 법률이나 규칙을 좇아 잘 지키는 것으로서, 개인의 자유와 권리를 보호하고, 더 나아가 국가의 안전과 질서를 유지하기 위해서 준법정신이 필수적이다.

19 조직 활동은 사람들 사이의 협력을 통해 진행되는 경우가 많으므로 사람들 속에서 사회성과 협동심으로 조화를 이루어야 한다. 따라서 ④처럼 일을 분담해 협업하는 자세가 필요하다.

20 통일 한국의 미래상
- 열린 민족주의 국가 → 민족사의 정통성 계승
- 자유 민주주의 국가 → 자유와 인권, 정의와 평등 실현
- 복지 국가의 실현 → 세계 속의 국가 지향

21 청렴은 성품과 행실이 맑고 깨끗하여 재물 따위를 탐하지 않는 마음가짐이다. 공직자들은 재물에 욕심을 가지게 되면 국가와 사회의 일을 제대로 수행할 수 없기 때문에 청렴해야 한다.

22 주권은 대내적으로 국가를 다스리는 최고 권력을, 대외적으로는 다른 국가에 대해서 하나의 독립국임을 의미한다. 또한, 조상들이 오랫동안 살아온 방식이나 인간관계를 유지하면서 외부로부터의 간섭도 막아낼 수 있는 힘이라는 상징적 의미도 있다.

23 오늘날 사회가 변화하고 여성들의 사회 진출이 증가하면서 남성과 여성의 성 역할 구분이 사라지고 있다. 여자들이 직업을 가지고 일을 하는 경우가 늘어나고 있으며, 집에서 요리를 하는 남성 역시 증가하고 있다.

24 바람직한 현대 사회가 추구하는 정의는 사회를 유지하고 구성하는 데에 있어서 옳고 그름을 중립적인 입장에서 객관적으로 평가하는 공정함을 뜻한다. 또한, 공정한 사회 제도는 사회 구성원들의 합의에 근거해 인간의 기본권 보장, 공동선 추구 등이 가능한 제도를 뜻한다.

25 북한은 개인의 이익보다 집단이나 국가의 이익을 강조하여 국민 생활의 모든 영역을 통제하는 집단주의적 성향이 강하다.

26 남북한 간의 통일은 국내 문제이지만 동북아 평화와 세계 평화에 공헌하는 길이기 때문에 국제적인 관심의 대상이 되고 있다.

27 • 세계화 시대에 꼭 지켜야 할 것: 자아 정체성, 민족 정체성, 고유한 민족 문화, 미풍양속과 지역 문화의 특색, 경로 · 효친, 구성원 간의 공동체 의식, 동료 간의 신의
• 세계화 시대에 버리거나 고쳐야 할 것: 외국인에 대한 불친절, 민족 우월주의 혹은 배타주의, 맹목적 애국주의, 문화적 사대주의, 연고주의, 파벌 의식

28 남북한이 내면적으로도 통일을 이루려면 사회 · 문화의 통합과 함께 남북한이 같은 민족이라는 공동체 의식으로 민족 동질성을 회복해야 한다.

29 양성평등이란 남자와 여자 양쪽을 성별에 따른 차별 없이 동등하게 대우하는 것을 의미하는 것으로 육아 휴직제, 성 차별 금지제, 호주제 폐지 제도를 마련하여 양성평등을 실현할 수 있다.

30 법을 지켜야 하는 이유
• 타인과 국가 권력으로부터 개인의 자유와 권리를 지킬 수 있다.
• 법을 지킬 때 구성원 간의 충돌을 막아 사회 질서가 유지된다.
• 차별없이 누구나 공정하게 대우받는 정의로운 사회가 형성된다.
• 사회 정의의 실현을 위한 공동체 구성원의 의무이다.

31 남북 분단으로 이념적 갈등이 심화되고 있다.

32 국가의 역할과 기능
• 외적이나 자연재해로부터 국민의 생명과 재산을 보호한다.
• 국제 사회에서 국민들이 정당한 대우를 받을 수 있도록 해 준다.
• 국민들에게 소속감 같은 정신적 안정감을 줌으로써 더 행복하게 살 수 있게 해 준다.
• 법을 제정하고 집행하면서 사회 질서를 확립한다.

33 문화의 고유성과 상대적 가치를 이해하고 타 문화를 존중해야 하나, 인간의 존엄성 보장과 같은 보편적 도덕적 기준에 어긋나며 다른 사람들에게 피해를 주는 문화까지 받아들이면 안 된다.

34 부패의 문제점
• 타인의 권리와 이익 침해: 공정하지 못한 방법을 통해 자격이 없는 사람이 기회를 얻게 되면, 능력 있는 사람은 그만큼의 기회를 빼앗기게 된다.
• 구성원의 불신 조장: 사회 구성원 사이에 불신이 형성되어 사회 통합을 저해한다.
• 국가 발전 저해: 국제 사회에서 부패 국가로 인식되면 해외 자본 유치와 해외 진출이 곤란해진다.

35 사회적으로 불리한 조건에 처해 있어 인간다운 삶을 살아가는 데 어려움을 겪는 사람들을 일컫는 말로 장애인, 이주 노동자, 결혼 이주 여성, 독거노인, 결식아동 등이 있다. 그들을 돕기 위해서는 그들이 겪고 있는 어려움에 공감하고 배려해야 하며, 이를 인권 문제로 인식할 수 있어야 한다.

36 소모적인 국방비를 줄이고 이를 복지 사회 건설을 위해 사용하기 위해 통일을 해야 한다.

37 타 문화가 보편적 윤리에 어긋나지 않는다면 열린 마음으로 받아들이고 존중해야 한다.

38

국방의 의무	외부의 공격에 대해 국가를 방어할 의무를 지는 것
납세의 의무	국가의 유지에 필요한 경비를 부담해야 하는 것은 국민의 기본적인 의무
교육의 의무	국민이 보호하는 자녀에게 초등 교육과 법률이 정하는 교육을 받게 할 의무
근로의 의무	개인의 기본적인 생활을 유지하며 행복을 누리고 국가 경쟁력을 향상시키기 위해 근로를 해야 하는 의무

39 통일 한국의 모습
• 자주 민족 국가: 정치 · 군사적 측면과 경제 · 문화적 측면에서의 자주성의 위협이 없는 자주적 민족 국가
• 자유 민주 국가: 국민이 나라의 주인이며 국민을 위한 정치가 이루어지는 국가로 국민 모두에게 자유와 복지, 인간의 존엄성을 보장하는 선진 민주 국가
• 정의 복지 국가: 시장 경제를 바탕으로 구성원의 삶의 질을 인간답고 풍요롭게 만드는 선진 복지 국가
• 민족 공동체: 민족 동질성을 회복하고 진정한 사회 통합을 이룬 민족 공동체
• 문화 국가: 문화 자원을 발굴하고 육성하는 세계적인 문화 선진국
• 평화 공동체: 한반도의 평화 정착을 통해 동북아의 평화 공동체 건설에 기여하는 평화 지향 국가

40 사회 정의
• 공정한 사회 규칙이나 제도를 통해 사회 구성원을 공평하고 차별 없이 대하는 것이다.
• 개인 윤리 차원: 개인적인 차원에서 정의로운 사람이 되기 위한 노력을 말한다.
• 사회 윤리 차원: 사회 제도나 규칙을 개선하려는 구성원 전체의 노력을 말한다.

41 시민 불복종의 정당화 조건

목적의 정당성	법에 저항하는 목적이 개인의 이익이 아닌 사회 전체의 이익을 지향해야 함
비폭력성	폭력은 문제 해결의 근본적인 수단이 될 수 없고 서로에게 분노와 증오를 남길 우려가 있음
처벌 감수	위법 행위에 대한 처벌을 받아들이며 법을 존중하면서 정당한 법 체계를 세워야 함
최후의 수단	바람직하지 못한 법을 개선하려는 노력을 하되, 최후의 수단으로 시민 불복종을 해야 함

42 제시문의 내용은 인권에 대한 설명이다.
① 국민 개개인이나 집단 사이에서 갈등이나 대립이 일어나지 않는 상태를 말한다.

② 권리, 의무, 자격 등이 모든 사람에게 고르게 적용되는 것이다.
③ 사회를 유지하고 구성하는 데 있어서 옳고 그름을 중립적인 입장에서 객관적으로 평가하는 공정함을 말한다.

43 '뇌물이 오가는 등 부정부패가 널리 퍼져서'는 도덕적 타락을 엿볼 수 있는 대목으로, 도덕적 성숙이 국가 발전의 필수 요소임을 나타내고 있다.

44 국가의 구성 요소에는 영토, 국민, 주권, 연대 의식(소속감) 등이 있다.

45 양성평등이란 성별에 따른 차별 없이 남자와 여자를 동등하게 대우하는 것으로, 똑같은 기회를 부여하는 기회의 평등이지 실질적인 결과의 평등까지 보장하는 것은 아니다.

4 자연·초월과의 관계

01 ③	02 ④	03 ④	04 ②	05 ①
06 ②	07 ④	08 ②	09 ①	10 ③
11 ③	12 ③	13 ②	14 ③	15 ③
16 ①	17 ④	18 ④	19 ②	20 ③
21 ④	22 ③	23 ③	24 ④	25 ②
26 ③	27 ③	28 ②	29 ④	30 ①

01 지속 가능한 발전
인구 증가와 경제 성장으로 파생되는 전 지구적 문제를 해결하기 위해 자연과 공존하면서 풍요로운 삶을 누리고자 하는 의지에서 비롯되었다.

02 고통의 역할
• 성숙한 삶으로 인도: 고통을 견뎌내고 나서의 만족과 기쁨은 인간이 한층 성숙된 삶을 살 수 있도록 만든다.
• 새로운 문화를 창조: 인류 역사상 고통을 극복하기 위한 과정에서 인간은 다양한 새로운 문화를 창조하게 되었다.
• 더 큰 위험을 예방: 고통을 겪은 사람은 괴롭고 힘든 고통을 또다시 겪지 않기 위해 생활의 다양한 부분에서 고통이 발생하지 않도록 주의하게 된다.
• 도덕적 행동 함양: 다른 사람의 고통을 공감하는 과정에서 다른 사람이 고통을 겪지 않도록 도덕적인 행동을 실천하게 된다.

03 바람직한 소비 생활을 위해서는 필요한 물건을 구입해야 하며 자기과시를 위해 불필요한 물건을 구입하는 것은 바람직한 소비 생활의 자세가 아니다.

04 교통수단이 발달하면서 교류가 활발해지고 있으며 최첨단 의료 기술, 신약 등의 개발로 각종 질병을 치료하게 되면서 인류는 건강하고 오래 살 수 있게 되었다.

05 군자는 하늘의 도(道)를 내면화해 천지 운행을 주도하고, 만물의 화육(化育)을 도모하며, 철저한 자기 수양을 통해 하늘의 이치와 같은 삶을 사는 사람이고, 대동(大同) 사회는 인륜이 구현되고, 복지가 실현된 사회를 뜻한다. 이것은 유교의 이론으로 대표적인 사상가는 공자이다.

06 인간 중심주의는 인간은 자연보다 우월하므로 인간이 자연을 지배하여 인간의 풍요로운 삶을 위한 도구로 이용해야 한다는 관점이다.

07 생명 공학 기술의 발달로 인한 부작용으로 생명을 도구화하고 소중히 여기지 않는 풍조가 확산되어 인간 배아 복제, 안락사, 대리모, 유전자 조작 등 인간 존엄성을 훼손할 가능성이 높아졌다.

08 ㄴ·ㄹ. 의미 있는 삶을 살아가는 데 방해가 되는 태도이다.

09 생명 과학은 생명과 관련한 여러 현상을 연구해 의료, 환경 등과 같은 인류 복지에 활용되는 과학 분야이다.
②·③·④ 생명 과학을 잘못 활용할 경우 나타날 수 있는 문제점들이다.

10 소크라테스의 제자이자 아리스토텔레스의 스승인 플라톤은 이성(理性)에 따라 분별 있게 행동하도록 하는 덕(德)을 강조했다.

11 • 도교: 무위자연, 겸허와 부쟁(不爭)의 덕을 갖춘 지인
• 유교: 인의예지를 갖추고 인의를 실천하는 군자
• 플라톤: 지혜·용기·절제를 갖추고, 진리를 추구하며 영혼·육체의 조화를 이룬 철인
• 기독교: 아가페적인 사랑을 실천하는 사람

12 환경을 보존하기 위해서 과학 기술이 발달하기 이전으로 돌아갈 수는 없기 때문에 인간의 능력이 닿는 범위 안에서 적절한 개발로 최대한 환경보호를 위해 노력을 기울여야 한다.

13 제시문은 자연환경이 인간에게 '산과 숲, 바다'라는 편안한 쉼터를 제공하여 삶의 활력을 불어넣어 준다는 내용이다.

14 ①, ②, ④는 자연 중심적인 관점이며 ③은 인간 중심적인 관점이다.

15 자연을 인간의 풍요로운 삶을 위한 수단으로 생각하고 자연을 지배하고자 하는 인간의 이기심은 환경 파괴를 부추기게 된다. 하지만 이러한 이기심으로 인해 발생한 환경오염의 피해는 고스란히 우리에게 다시 되돌아오기 때문에 이기심을 줄여 나가는 노력이 필요하다.

16 지속 가능한 발전이란 환경이 주는 혜택을 누리면서도 환경을 보호하는 것이다. 인간은 자연과 더불어 함께 풍요롭게 사는 삶을 위해 지속 가능한 발전을 추구해야 하는 것이지 환경을 지속적으로 이용하기 위한 것이 아니다.

 지구 생태계는 자정 능력을 가지고 있지만 한계가 있기 때문에 오염 물질이 과다하게 배출되면 회복이 불가능하다.

18 빨래가 생길 때마다 세탁기를 이용하여 세탁하게 되면 물을 낭비하게 되고, 생활하수로 인해 하천을 오염시킬 수 있다.

19 우리는 미래 세대도 쾌적한 환경을 누릴 수 있도록 고갈되지 않는 자연을 이용하여 환경이 주는 혜택을 누리면서도 환경을 보호하는 지속 가능한 발전을 추구해야 한다.

20 지구 생태계는 자정 작용을 하면서 어느 정도의 회복 능력을 가지고 있지만, 구성 요소 중 한 부분이 심각하게 파괴되면 균형이 깨지게 되어 많은 문제가 발생한다.

21 과학 기술은 인류의 생활에 미치는 파급 효과가 매우 크다. 따라서 과학자 개인도 과학 기술의 발전에 대해 책임감을 가지고 있어야 하며, 과학 기술을 사용하는 개인도 책임감을 가지고 기술을 사용해야 한다.

22 생명 과학 기술의 발달로 생명을 도구나 수단으로 여기는 생명 윤리 문제가 발생하는 등 생명의 존엄성을 훼손하게 되었다.

23 고통이란 몸이나 마음의 괴로움이다. 고통의 육체적 괴로움과 정신적 괴로움은 명확히 구분되어 각각 나타나지 않으며 하나의 원인으로 인해 상호작용하여 동반되어 나타내는 경우가 대부분이다.

24 '하늘은 스스로 돕는 자를 돕는다.'는 어떤 일을 이루기 위해서는 자신의 노력이 중요하다는 것을 이르는 말로, 고통을 극복하기 위해서 스스로 노력하며 해결책을 찾는 모습을 표현하는 데 적절한 속담이다.

25 철수는 무릎의 상처로 인한 고통을 겪은 후에, 매사에 주의를 기울이면서 더 크게 다칠 수 있는 상황을 예방했다.

26 삶의 유한성을 자각하고 자신의 삶에 대한 반성과 내면 성찰을 통해 삶의 진정한 의미를 찾는 것이 중요하다.

27 인간의 이상적인 삶이란 문화를 지향하는 삶으로, 돈과 명예만을 얻기 위해 노력하는 행동은 다양한 문화를 구축할 수 있는 원동력과는 거리가 멀다.

28 유교에서는 자기 수양을 통해 사사로운 욕심을 제거함으로써 마음의 평화를 얻을 수 있다고 보았다.

29 도가에서 말하는 이상적 민간상은 자연과 하나되어 자연의 흐름에 따라 살아가는 사람이다.
① 그리스도교의 이상적 인간상이다.
② 불교의 이상적 인간상인 보살에 대한 설명이다.
③ 유교의 이상적 인간상인 군자에 대한 설명이다.

30 제시문의 내용은 토머스 모어의 유토피아에 대한 설명이다.

도덕 실전 문제

도덕 실전 문제 1회

01 ③	02 ③	03 ①	04 ④	05 ④
06 ②	07 ③	08 ④	09 ③	10 ③
11 ④	12 ②	13 ④	14 ④	15 ②
16 ①	17 ④	18 ③	19 ④	20 ④
21 ②	22 ①	23 ④	24 ②	25 ②

01 자아 정체성이 형성되면 나에 대한 인식이 일관성 있게 지속적으로 유지된다.

02 주체적인 삶을 살기 위해서는 가장 먼저 자아의 발견을 통해 내가 누구인지를 정확히 알아야 하므로 하고 싶은 일과 잘할 수 있는 일을 정확히 파악한다.

03 자아 존중감이 높은 사람은 스스로의 단점을 부끄럽게 여기기보다는 보완해야 할 대상이나 개성으로 인식한다. 또한, 스스로를 가치 있고 소중한 사람으로 생각하기 때문에 자신의 몸과 마음을 소중하게 생각한다.

04 아리스토텔레스는 우리가 궁극적 목적으로 추구하는 것이 최고선으로 이것이 바로 행복이라 했으며, 칸트는 최고선을 '도덕성'과 '행복'의 완전한 결합으로 규정했다.

05 성무선악설은 인간의 본성은 선이나 악으로 결정되어 있지 않고, 선악은 자신의 선택과 환경에 의해 결정된다는 주장으로 대표적인 사상가로 고자(告子)가 있다.

06 ( ) 안에 공통적으로 들어갈 말은 '행복'이다. 행복은 삶의 궁극적인 최상위 목적이며 기쁨이나 만족감과 같은 감정의 개념으로, 진정한 의미의 행복은 바람직한 가치를 추구하면서 삶 전체에 걸쳐 느끼는 지속적이고 정신적인 만족감이라 할 수 있다.

07 제시된 네 가지 내용은 '상부상조' 정신을 바탕으로 만들어진 것으로, '두레'는 농번기에 농사일을 공동으로 하기 위해 만든 조직이고 '품앗이'는 농민들이 일을 같이 하던 일대일 노동 교환 방식이며, '계'는 특정 목표를 이루기 위해 모인 전통 협동 조직, '향약'은 향촌 자치 규약이다.

08 제시문을 보면 아들은 부모님과 말이 안 통한다고 하고, 아버지는 아들에 대해 도통 모르겠다고 말한다. 이런 경우 서로를 이해하기 위해서는 가족 간의 의사소통이 필요하다.

09 '을'은 도덕적 상상력을 통해 갑을 이해하며 배려하고 있다. 도덕적 상상력은 자신의 도덕적 결정과 행동이 자신과 함께 다른 모든 사람에게도 큰 영향을 미치는 것을 이해하고 느끼는 것이다. 도덕적 상상력을 통해 타인의 입장을 생각해 이해하고 배려하는 자세를 기를 수 있다.

10 봉사 활동의 필요성
- 사회성을 기를 수 있다.
- 자신의 진로 선택에 도움이 된다.
- 봉사 활동을 통해 자신을 성장시킬 수 있다.

11 의학 기술의 발전으로 과거보다 평균 수명이 연장되고 있고 노인 인구가 급속하게 증가하고 있다. 반면 결혼 및 자녀 기피 현상으로 저출산이 지속되고 있다.

12 근묵자흑(近墨者黑)
"친구를 보면 그 사람을 알 수 있다."는 내용은 좋은 친구를 사귐으로써 서로 본받을 수 있다는 뜻이다.

13 가까운 사이일수록 예의를 갖추어야 한다. 가족 간에 예의를 갖추는 것이 바람직한 자세이다.

14 부패란 공정하지 못한 방법으로 자신의 이익을 챙기는 것으로 공정하지 못한 방법을 통해 자격이 없는 사람이 기회를 얻게 되면 능력 있는 사람은 그만큼의 기회를 빼앗기게 된다.

15 자민족 중심주의, 국수주의 등은 세계 시민으로서 가져서는 안 되는 사고방식이다.

16 통일은 단순히 남북 분단 이전의 상태로 돌아가기 위해서가 아니라, 남북한의 이질화된 이념과 제도 등을 극복하고 더 발전된 한반도의 미래를 위해서 필요하다.

17 국가를 이루는 요소
- 객관적 요소: 국민, 영토, 주권
- 주관적 요소: 소속감, 공동체 의식 등의 연대 의식

18 북한 이탈 주민 역시 우리와 같은 민족이고 함께 더불어 살아가야 할 이웃이다.
북한 이탈 주민을 대하는 올바른 태도
- 존중·배려하기
- 실질적인 경제적 도움 주기
- 차이점에 대한 인정과 편견 버리기

19 성 역할은 절대적인 것이 아니며 시대에 따라 사회에 따라 바뀔 수가 있다. 또한, 성 역할의 구분이 명확한 사회가 있고 명확하지 않은 사회가 있는 것처럼 성 역할은 사회 내에서 만들어지는 것이다.

20 인간은 누구나 조건에 관계없이 평등하게 존엄성을 유지하며 살아가야 한다. 따라서 비도덕적인 행동을 한 사람도 도덕적으로 비난을 받을 수는 있지만 인간의 존엄성이 훼손되어서는 안 된다.

21 환경을 보호하는 습관의 실천 방법
- 환경친화적 제품을 사용하여 에너지를 절약하고 자원 낭비를 줄일 수 있다.
- 쓰레기 줄이기, 재활용, 대중교통 이용 등 일상생활 속에서 환경친화적인 삶을 실천한다.

22 마음의 평화를 얻는 방법
- 스스로 감정과 욕구를 잘 다스려 다른 사람에게 상처를 주지 않도록 한다.
- 타인을 이해하고 용서하고자 노력한다.
- 내 상황과 내게 주어진 조건을 이해하고 이를 긍정적으로 생각하여 평정심을 유지한다.
- 도덕적 이상을 추구하며, 그 가운데 삶에서 필요한 것을 희망한다.

23 물품은 가능하면 오래 사용하고 돌려쓰며, 재사용이 가능한 물품을 사용한다.

24 보살(菩薩)
- 불교의 이상적 인간상으로 위로는 깨달음을 추구하고, 아래로는 다른 사람에게 자비를 베푸는 사람
- 자신이 깨달은 지혜를 통해 현실에서 고통 받는 사람들에게 조건 없이 사랑을 베푸는 사람

25 미래 세대를 고려한 환경 보전의 가치를 생각하여 환경친화적인 삶을 살아야 하며, 이는 개인의 노력만으로는 힘들다. 따라서 환경친화적인 삶을 실천하기 위해 정부에서 다양한 제도가 만들어졌으며 대표적인 것으로 환경 영향 평가 제도, 환경 개선 부담금, 환경 마크 제도, 탄소포인트 제도 등이 있다.

도덕 실전 문제 2회

01 ③	02 ④	03 ③	04 ④	05 ④
06 ①	07 ③	08 ③	09 ④	10 ③
11 ①	12 ③	13 ①	14 ④	15 ④
16 ④	17 ①	18 ④	19 ③	20 ③
21 ②	22 ②	23 ③	24 ③	25 ③

01 혜민이는 도덕적으로 어떤 행동이 옳은지 알고 있지만, 도덕적 실천 의지가 부족하여 도덕적 행동을 실천하지 못하고 있다.

02 양심이란 마음속의 재판관으로 행동의 옳고 그름을 가려주는 도덕적 의식이다. 양심은 도덕적으로 행동하고 반성할 수 있는 기회를 제공한다.

03 당위(當爲)
- 인간의 공동생활을 위해 마땅히 해야 하는 것
- '~해야 한다', '~해서는 안 된다' 등으로 표현된다.

04 '청소년의 다이어트'에 대한 도덕적 추론 과정
  - 도덕 원리: 청소년으로서 외모에만 지나치게 신경 쓰는 것은 좋지 않다.
  - 사실 판단: 청소년으로서 다이어트는 외모에만 지나치게 신경 쓰는 것이다.
  - 도덕 판단: 청소년으로서 다이어트를 하는 것은 좋지 않다.

05 현대 사회의 치열한 경쟁을 극복하기 위해 도덕적으로 성찰하는 삶을 살아야 하는 것이 아니다. 경쟁에서 이기는 것보다 도덕적으로 성찰하는 삶이 더 우선이고 중요하다.

06 제시품에서 설명하는 것은 경(敬)이다.
  ② 불교의 성찰 방법으로 스스로를 성찰하여 깨달음을 구하는 방법이다.
  ③ 혼자 있어도 도리에 어긋난 행동을 하지 않는 것이다.
  ④ 소크라테스의 성찰 방법으로 '나는 누구인가?'라는 질문을 통해 진리를 추구한다.

07 청소년들의 이성 교제는 공개적이고 개방적으로 해야 바람직하다.

08 성이 인격적 가치를 갖는다는 것의 의미는 동물의 성과는 구별되는 존엄성을 바탕으로 한 인간다운 성을 말한다. 사랑이 있는 성은 인간의 품위를 지켜 주며 인간을 인간답게 만들어 주는 핵심이므로 성의 인격적 가치는 인간다움을 표현한다고 할 수 있다.

09 폭력은 피해자와 가해자 모두에게 고통을 준다. 피해자는 가해자로부터 당한 폭력으로 인해 지속적인 불안과 공포를 느끼게 되고, 가해자는 자신의 폭력 행위로 받게 되는 법적 처벌과 피해자에 대한 양심의 가책으로 인해 심리적 고통을 겪게 된다.

10 폭력에는 신체적 폭력, 언어적 폭력, 정서적 폭력이 있다. 제시된 내용은 정서적 폭력에 관한 설명이다.
  ① 인격을 모독하는 말로 상대방에게 정신적인 피해를 주는 행동
  ② 살인, 구타와 같이 신체적인 상해를 입히거나 위협을 주는 폭력 행위

11 붕우유신(朋友有信)은 유학에서 지켜야 할 실천덕목인 오륜 중 하나로 벗 사이에 지켜야 할 도리는 믿음에 있다는 것이다. 교우이신(交友以信)은 신라 화랑의 규율인 세속오계 중 하나로 믿음으로써 벗을 사귄다는 뜻이며 이 두 사자성어는 친구 간의 관계를 나타내고 있다.

12 인터넷이 급속도로 발달하여 보급되면서 인터넷 상의 가상공간을 의미하는 '사이버 공간'이 새롭게 출현하게 되었다. 사이버 공간을 통해 사람들은 직접 만나지 않고도 의사소통이 가능하게 되었고, 지리적으로 멀리 떨어진 사람들과도 여러 활동을 함께 할 수 있게 되었다.

13 장애인과 이주민은 사회적 약자에 해당하지만 농업인은 단순히 농업에 종사하는 사람을 일컫는 말로 사회적 약자에 해당하지 않는다. 사회적 약자는 구성원의 수를 말하는 것이 아니라 그들이 한 사회 내에서 발휘하는 영향력 등을 고려한 표현이다.

14 제시된 글은 공자의 말로 인간은 모두 가치 있는 존재이므로 타인을 존엄하게 대우할 것을 강조하고 있다.

15 사회 정의가 실현되기 위해서는 국적, 인종, 성별, 나이, 학력, 외모, 장애 등에 상관없이 모든 인간이 기본적인 권리를 동등하게 보장받아야 한다.

16 국가는 외적이나 자연재해로부터 국민의 생명과 재산을 보호해야 한다.

17 시대와 사회에 따른 문화적 다양성의 이유
  - 환경과 상황의 다양성: 문화는 사회가 가지고 있는 고유한 자연환경이나 역사 또는 사회적 상황에 맞게 만들어진다.
  - 사회 구성원의 가치관 차이: 문화의 주체가 되는 사회 구성원이 바람직하다고 생각하는 가치가 시대별·사회별로 다르기 때문에 가치관에 따라 다양한 문화가 형성된다.

18 오늘날 사회가 변화하고 여성들의 사회 진출이 증가하면서 남성과 여성의 성 역할 구분이 사라지고 있다. 여자들이 직업을 가지고 일을 하는 경우가 늘어나고 있으며, 집에서 요리를 하는 남성 역시 증가하고 있다.

19 문학, 학술, 체육 등 분야의 문화적 교류를 통해 서로 협력하고 소통해 나가는 것이다.

20 비인간적이고 비도덕적인 행위에 대해서는 문화 상대주의 관점을 적용할 수 없으며 비판할 수 있어야 한다.

21 의미 있는 삶을 위한 노력
  - 현재의 삶에 충실하며, 현재에 최선을 다한다.
  - 시련과 고난이 와도 좌절하지 않고 이를 극복하는 과정에서 행복과 기쁨을 느낀다.
  - 내 삶에 관해 내가 좋아하는 것과 원치 않는 것을 파악하고 주체적인 삶을 영위한다.
  - 소질을 개발하고 재능을 발휘하여 자아실현을 하며, 이를 통해 인류에 봉사한다.

22 제시문의 내용은 유교에서 말한 마음의 평화를 얻기 위한 실천 방법이다.
  ① 불교에서는 교리 공부, 참선 등을 통해 깨달음을 추구했다.
  ③ 도교의 장자는 마음을 비워 깨끗이 하는 심재(心齋)를 실천해야 한다고 말했다.
  ④ 스토아학파는 감정이나 욕망을 절제하고 철저하게 이성에 따라야 한다고 주장했다.

23 용서의 중요성
  - 마음의 평화 제공: 용서는 나에게 상처를 준 사람에 대한 분노나 원한 등에서 벗어나 마음의 평화를 얻게 해 준다.
  - 사랑의 실천: 예수는 "네 원수를 사랑하라."라는 말로 용서를 통한 사랑의 실천을 강조했다.
  - 인간관계 개선 및 사회 화합의 계기: 용서는 다른 사람에 대한 부정적인 감정을 제거하여 원만한 인간관계를 형성하는 데 도움을 줄 뿐만 아니라 분쟁을 해결하고 서로 화합하는 데 도움이 된다.

24 과학 기술 발달에 따른 부작용

과학 기술에 대한 지나친 의존	인간이 오히려 과학 기술에 종속되어 인간의 주체성 상실과 비인간화 현상이 발생함
생명 과학 기술의 발달	생명을 도구나 수단으로 여기는 생명 윤리 문제가 발생하는 등 생명의 존엄성을 훼손함
대량 살상 무기 발명	원자력, 핵무기와 같은 무기들이 잠재적으로 인류의 평화를 위협함
정보·통신 기술의 발달	개인 정보 유출, 사이버 폭력, 위치 추적 시스템 등의 감시·통제 등으로 인권과 사생활 침해가 일어남
환경오염	무분별한 자연 훼손으로 환경오염과 생태계 파괴가 일어남

25 제시문의 내용은 노자가 주장한 소국과민(小國寡民) 사회에 대한 설명이다.

① 재화가 공평하게 분배되기 때문에 사람들이 빈곤을 걱정할 필요가 없고 남녀노소 모두가 신뢰하며 화목하게 지내는 사회

② 이성과 지혜를 갖춘 철학자가 통치하는 국가로, 통치자·군인·생산자의 세 계급으로 나누어져 있으며 각 계급은 자기 계급에 맞는 덕목을 갖추고 있음

④ 빈부 격차 없이 모든 인간이 경제적으로 풍족하며 소유와 생산에 있어 평등한 사회

우리가 해야할 일은 끊임없이 호기심을 갖고 새로운 생각을 시험해 보고 새로운 인상을 받는 것이다.

- 월터 페이터 -

2025 시대에듀 중졸 검정고시 한 권 합격

개정22판1쇄 발행	2025년 01월 15일 (인쇄 2024년 09월 13일)
초 판 발 행	1999년 01월 05일
발 행 인	박영일
책 임 편 집	이해욱
편 저	편집기획실
편 집 진 행	이미림 · 백나현 · 김하연 · 박누리별
표지디자인	하연주
편집디자인	장성복 · 김기화
발 행 처	㈜시대에듀
출 판 등 록	제10-1521호
주 소	서울시 마포구 큰우물로 75 [도화동 538 성지 B/D] 9F
전 화	1600-3600
팩 스	02-701-8823
홈 페 이 지	www.sdedu.co.kr
I S B N	979-11-383-7683-9 (13370)
정 가	34,000원